北京朝阳年鉴

BEIJING CHAOYANG NIANJIAN

2006

北京市朝阳区地方志编纂委员会

中 华 书 局

图书在版编目(CIP)数据

北京朝阳年鉴. 2006/北京市朝阳区地方志编纂委员会编.
-北京:中华书局,2006
ISBN 7-101-05375-0

Ⅰ. 北... Ⅱ. 北... Ⅲ. 朝阳区-2006-年鉴
Ⅳ. Z521.3

中国版本图书馆 **CIP** 数据核字(2006)第 132328 号

责任编辑:朱 慧
封面设计:张 春

北京朝阳年鉴(2006)
北京市朝阳区地方志编纂委员会编
*
中 华 书 局 出 版
(北京市丰台区太平桥西里 38 号 100073)
http://www.zhbc.com.cn
E-mail:zhbc@zhbc.com.cn
北京宽风图文制作公司设计制作
中国人民解放军第 4210 工厂印刷
*
787×1092 毫米 1/16 34.375 印张 98 插页 998 千字
2006 年 12 月第 1 版 2006 年 12 月第 1 次印刷
印数 1-3000 册 定价 100.00 元
ISBN 7-101-05375-0/**K**·2403

北京市朝阳区地方志编纂委员会

《北京朝阳年鉴》编辑部

序 言

北京市朝阳区人民政府区长 陈 刚

2005年3月，经中共北京市朝阳区委、朝阳区人民政府研究决定，从2005年起逐年编辑出版《北京朝阳年鉴》。

《北京朝阳年鉴》是连续出版的年度性的资料性的工具书，当年记述上一年度全区政治、经济、文化和社会生活诸方面的全面情况。年鉴和地方志一样，具有资治、存史、教化、致用的功能。朝阳区是北京市面积最大、人口最多的城区，由于特殊的地理位置和良好的发展基础，近年来各项事业发展迅猛。同时，北京筹办2008年奥运会各项工作的全面展开，北京商务中心区和绿化隔离地区建设的全面加快，使朝阳区在推进农村城市化、城市现代化、区域国际化进程中，如何实现更快更好地发展，面临着空前的机遇与挑战。因此，朝阳区特别需要有一部准确地全面地客观地记述每一年成长历程的年鉴，以丰富的资料及时向社会提供新信息。它对于今后发扬成绩、克服不足、科学规划远期任务都有着重要的借鉴意义。同时，也为将来编修地方志积累资料，打好基础。

生机勃勃的朝阳区的各项建设事业赋予《北京朝阳年鉴》以生命力。年鉴编辑工作是一项光荣而艰巨的任务。年鉴编辑工作者一定要本着实事求是的精神，在编辑工作中力求准确、全面、深刻、生动，要注意突出区域定位、突出区域优势，同时注意突出主体兼顾全貌，不但要记述区属各机关各单位的情况，对辖域内中央、市属有关单位的情况也要适当记述。

《北京朝阳年鉴》的编辑出版是集体智慧的结晶，离不开全区各级领导重视、支持，离不开全体撰稿人员和编辑人员的辛勤劳动。在此，我代表区委、区政府向同志们表示衷心的感谢。希望全区各方面能继续关心年鉴、阅读年鉴、运用年鉴，共同努力把编辑年鉴这项工作搞好，办好这块代表先进文化发展方向的园地。

编 辑 说 明

一、《北京朝阳年鉴》是在中共北京市朝阳区委和朝阳区人民政府领导下，由朝阳区地方志编纂委员会主持编纂的综合性资料性工具书。

二、本年鉴以马列主义、毛泽东思想、邓小平理论和“三个代表”重要思想为指导，坚持党的基本路线，实事求是，科学地反映客观情况。

三、本年鉴从2005年开始逐年编纂出版。当年出版的年鉴，全面系统地记述上一年度朝阳区在政治、经济、文化、社会各个领域各项事业发展变化的基本情况和发生的大事、要事、新事及有影响的新建设、新成就、新进展、新经验。为各级领导决策提供可资参考的依据，为各行各业提供有价值的资料，为各方面人士了解朝阳、研究朝阳提供最新信息。

四、本年鉴以记述朝阳区属各系统各单位情况为主，适当记述辖域内中央、市属单位情况，使主体突出又概括全貌。

五、本年鉴文字内容设大事记、特载、专文、政党团体、政权政协、政法军事、工商贸易旅游、农业水利气象、园区建设、综合经济管理、财政税务金融、城市建设、城市管理、科技教育、文化体育卫生、社会生活、地域、人物、统计资料、附录共21个一级栏目。除区情概述、大事记、特载、专文、人物、统计资料、附录外，其余均为条目体，下设二级栏目，二级栏目下设分目，分目下设条目。

六、本年鉴（2006）反映2005年1月1日至12月31日情况，文内一般直书月、日、年内，不再书写年份。

七、本年鉴所用文稿，均由区属各部门各单位和驻区有关单位专人撰写或提供，并经主管负责人审核。统计数字由朝阳区统计局提供。地图和照片由各有关单位提供。

八、本年鉴由《北京朝阳年鉴》编辑部负责编辑，编辑部设在朝阳区地方志编纂委员会办公室。在编辑出版工作中得到市与各兄弟区地方志编纂委员会办公室和全区各部门各单位的大力支持、指导和热情帮助，在此一并表示衷心感谢。年鉴中存在的不足或欠妥之处恳请各位读者批评指正。

中共北京市委书记刘淇到本区检查工作。

国务院副总理曾培炎在团结湖街道了解冬季供暖情况。

公安部长周永康到建外派出所检查工作，慰问干警。

全国人大常委会副委员长李铁映检查指导本区《劳动法》实施情况。

全国人大常委会副委员长何鲁丽参加使节夫人活动日活动。

全国政协副主席张怀西到麦子店街道视察工作。

市长王岐山视察亚运村街道。

市委副书记于均波视察高碑店地区服务大厅。

市委副书记龙新民到劲松街道幼儿园慰问。

市委副书记强卫到麦子店街道视察工作。

市委常委、市委统战部长龙兰田出席在朝外街道召开的北京市社区统战工作会议。

市委常委、市教工委书记朱善璐与平房小学学生交谈。

副市长吉林视察麦子店街道时翻阅《读麦周刊》。

副市长陆昊、博鳌亚洲论坛秘书长龙永图等领导参观国际商务节展览。

副市长牛有成到六里屯街道调研，与秀水园社区志愿者合影。

“红色的记忆”收藏品展览在潘家园旧货市场举办。

参观区档案馆举办的保持共产党员先进性教育展览。

平房地区举办主题演讲比赛。

参观安慧里南社区举办的党史展览。

区人大常委会委员在暑期学习班期间开展革命传统教育。

区政协常委们参观北京城市规划展。

区人大代表视察豆各庄村流动人口管理站。

政协委员参观张义祠堂。

中央商务区中心夜景。

国际商务节期间举办中国城市论坛北京峰会。

“中国企业的国际化”圆桌会议。

建设中的中央电视台工地。

第八届北京国际旅游文化节走进朝阳纪实

机关干部参观邓小平百年诞辰展览。

香河园街道组织老干部和社区干部到西柏坡参观学习。

“京城活雷锋”孙茂芳演讲。

与老党员一起学《读本》。

劲松地区纪念抗日战争胜利60周年文艺汇演。

黄埔军校同学会朝阳区联络组新年联欢会。

老干部聚会其乐融融。

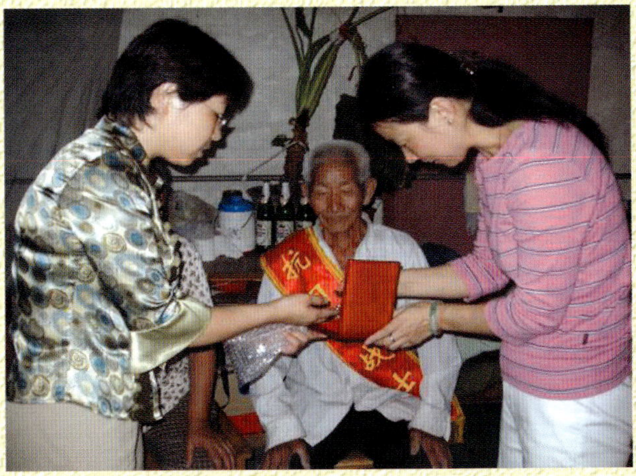

东风地区领导慰问抗日老战士。

世界卫生组织社区安全促进中心主席温斯朗考察望京街道安全社区建设。

联合国教科文组织项目官员深入三间房地区流动儿童家庭考察。

望京街道举办“外国人——我在北京过大年”活动。

外籍志愿者戴上治安巡逻双语红袖标。

全国第二届构建和谐社区高层论坛在建外举行。

朝阳区文化产业规划研究国际研讨会。

区家庭教育研究会承办北京家庭教育论坛。

中学 JIP 第三轮实验全国终结评估会。

中国侨联领导春节期间慰问老归侨。

香港廉政公署官员参观指导。

台湾地区亲民党妇女代表团参观亚运村街道。

马来西亚华裔青少年夏令营。

朝阳国际风情节开幕式。

奥林匹克文化节健身风采展示。

又一届双胞胎文化节。

学生艺术节闭幕式。

大屯街道办事处挂牌成立。

红丝带志愿者参加北京市"世界艾滋病日"宣传周启动仪式。

秀水市场拆迁全面启动。

大雨夜袭京城后红领巾公园桥下的积水。

作家梁晓声被聘请为亚运村街道首席奥运志愿者。

麦子店街道成立社区百姓艺术馆。

三里屯街道开展邻里节活动。

潘家园街道在少年儿童中开展文明教育活动。

台湾学者李敖到安华里五区拜望他小学时的班主任鲁荣坤老师。

大山子社区重阳节老年人联谊会。

望京街道组织三十多位老人学电脑。

大屯街道领导慰问本地区高龄老人。

南磨房乡进京创业青年集体婚礼。

劲松地区优秀外来务工人员董学法等先进事迹演讲活动进工地。

三里屯街道举办关爱西部女孩捐款活动。

生活在三间房地区的外来流动儿童。

建外地区各单位和居民踊跃为爱心家园捐款。

金盏乡工作人员正在将募捐的衣物打包。

机关干部踊跃献血。

燕韩美容美发学校献爱心活动。

区人事局人事人才工作剪影彩页。

三间房地区劳动力就业招聘会。

职业指导走进高校校园。

常营乡农村劳动力专场招聘。

区工会和区劳动和社会保障局联合举办专项职业技能竞赛。

区农村管理干部培训中心组织学员学习插花技术。

金盏乡举办家政服务员培训班，学员在老师指导下学习熨烫技术。

平房乡劳动力认真参加就业培训。

中央政法委与市政法委有关领导调研干警健康状况。

双桥法庭特邀调解员聘任仪式。

区法院召开新闻发布会推广庭外和解工作。

六里屯地区法律进校园活动。

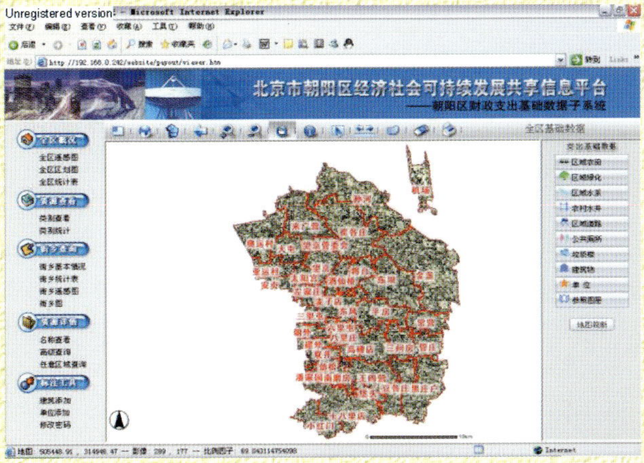

区财政局开发成功财政支出基础数据子系统一期工程。

区国税局与中国韩国商会联合召开驻区韩资企业税法宣传辅导会。

区地方税务局参加“两会”代表现场咨询活动。

税务干部向商户宣传税法知识。

区质监局组织名优产品推介活动。

区人口计生委在区文化馆举办婚育新风图片展览。

朝阳公安分局举办禁毒展览。

南磨房乡图书馆的法制图书角。

消防支队参加京广桥辅路部分坍塌救援工作。

工商管理人员严把中秋月饼安全关。

左家庄街道现场宣传消防知识。

香河园地区民兵应急小分队上街巡逻。

王晓荟、李晨朝两同学事迹报告会。

朝阳区中小学生体育运动会开幕式。

世界冠军谢军与朝阳小棋手车轮战。

中小学生健美操比赛。

歌唱家王昆在“黄河大合唱”文艺汇演上演唱。

相声演员马季与参观学生艺术节作品展的小观众交谈。

京剧艺术家梅葆玖在建外地区春节团拜会上演唱京剧。

歌唱家李光羲辅导潘家园文体志愿者。

朝阳区商业界职工歌咏比赛。

参加文化产业规划研究国际研讨会的专家学者参观潘家园古玩市场。

康家营村高跷老会一班人。

端午节，民俗博物馆里的巧手包粽子大赛。

华侨界群众性艺术活动。

朝外街道“走进民族大家庭创建和谐社区”文艺演出。

精彩的双胞胎呼拉圈表演。

机关文化节汇演。

国际田联官员考察世界青年田径锦标赛筹备情况。

全国排球联赛在朝阳体育馆举行。

区直机关体协组队参加全区第四届运动会。

迎奥运展风采职工篮球比赛。

农民新村姚家园小区。

坐落在平房地区的东方基业国际汽车城销售大厅一角。

温榆河孙河段一瞥。

八里庄街道绿无限公园雨水工程。

金盏乡郁金香花园秋菊展。

元大都公园一瞥。

炎黄艺术馆门前花坛。

来广营乡大绿地。

目　　录

政权　政协

政法　军事

工商　贸易　旅游

农业 水利 气象

园区建设

综合经济管理

财政　税务　金融

城市建设

城市管理

科技　教育

文化　体育　卫生

社会生活

地　域

人　物

统计资料

附　录

大 事 记

1月

6日　中共朝阳区委九届四次全体(扩大)会议举行。

＊　中国第13亿位小公民在六里屯市妇产医院出生。

＊　秀水市场闭市。

10日至12日　政协朝阳区十届二次会议召开。

11日至14日　朝阳区第十三届人民代表大会第二次会议召开。

11日　副市长吉林到朝阳区调研天然气压缩供应工作。

22日　区农村城市化工作会召开。

25日　区委召开保持共产党员先进性教育活动动员部署会议。

28日　区委举办支芬事迹报告会。

＊　区水务局成立。

2月

3日　中国残联主席邓朴方视察高碑店村村级残疾人协会工作。

＊　市委副书记于均波参加本区区级党员领导干部先进性教育学习交流会。

5日　区街道工作会召开。

＊　国家信访局领导慰问本区信访干部。

3月

1日　区四套班子主要领导深入基层,指导开展“创造新优势,奥运促发展,党员当先锋,建设现代化新朝阳”大讨论。

19日　区四套班子领导与各界群众到奥林匹克森林公园植树。

＊　秀水街大厦开业。

24日　中央军委领导郭伯雄、曹刚川、徐才厚和市委书记刘淇等到奥林匹克森林公园北园参加植树活动。

29日　区行政中心成立。

31日　区委召开党建工作会。

4月

2日　上午,胡锦涛、吴邦国、温家宝、贾庆林、曾庆红、黄菊、吴官正、罗干等中央领导同志到奥林匹克森林公园参加首都全民义务植树活动。

5日　世界卫生组织社区安全促进合作中心主席温斯朗到朝阳区考察安全社区创建工作。

7日　区基层文化工作会召开。

11日　全国政协副主席罗豪才视察朝阳区社区矫正工作。

15日　上午,全国政协副主席王忠禹、罗豪才、阿不来提·阿不都热西提、李兆焯、黄孟复及政协机关工作人员200余人,到奥林匹克森林公园参加植树活动。

28日　本区召开表彰劳动模范先进工作者暨庆祝“五一”国际劳动节大会。

5月

26日　市委副书记杜德印调研本区基层党建工作。

6月

7日　本区1.3万名考生参加高考。

9日　北京商务中心区金融商会成立,龙永图为名誉会长。

＊　普华永道北京事务所入住北京财富中心。

11日　市长王岐山等市领导到曹八里地区调研“城中村”整治工作。

14日　《红色的记忆》收藏展在潘家园旧货市场开展。

16日　国际贸易中心三期工程奠基。

21日　全国政协副主席张榕明到劲松职业高中考察职业教育发展情况。

24日 区委召开全区第一批保持共产党员先进性教育活动总结大会。

30日 奥林匹克森林公园和北京工业大学体育馆工程奠基。

7月

1日 刘淇、孙政才、孙安民等市领导出席朝阳区慈善协会成立及慈善助残活动。

* 刘淇、张茅、李士祥、陈刚等市、区领导到朝阳公园出席泰中友谊亭揭幕仪式暨泰国风情节开幕式。

* 《北京市朝阳区志》通过市地方志编纂委员会终审。

4日 市委副书记强卫调研平安朝阳创建工作。

5日 全区第二批保持共产党员先进性教育活动启动。

11日 本区召开深化基层平安建设工作大会,强卫出席。

13日 大屯街道办事处挂牌成立。

26日 区生产力促进中心成立。

27日至28日 区委九届五次全体(扩大)会议召开。

8月

5日 第二届全国构建和谐社区高层论坛在本区开幕。

9日 刘淇、强卫、吉林等市领导调研朝阳区和谐社区建设工作。

13日 本区隆重纪念抗日战争胜利60周年,百支合唱队同唱《黄河大合唱》,冼星海铜像落户朝阳公园。

15日 公安部长周永康到建外派出所检查工作,慰问干警。

* 国务院信息化工作办公室常务副主任曲维枝调研朝阳区信息安全风险评估试点工作。

18日 王岐山、张茅、吉林等市领导调研朝阳区流动人口管理工作。

23日 京棉生活区一期危改首批回迁的499户居民搬入新居。

25日 区房地产开发促进会成立。

31日 吉林视察麦子店城市综合管理指挥中心。

9月

2日 二百多名国际友人和一百多名中国抗战老战士在朝阳公园签署《北京和平宣言》。

8日 市委常委、统战部长尤兰田调研朝阳区社区统战工作。

15日 第六届北京朝阳国际商务节开幕。全国人大常委会副委员长何鲁丽、市长王岐山、联合国贸发组织全球化司司长海纳·弗莱斯贝克、北京商务中心区国际论坛理事长龙永图出席开幕式。

16日 中共朝阳区委主办马骏烈士诞辰110周年纪念活动在日坛公园马骏烈士墓举行。

18日 第六届北京朝阳国际商务节闭幕。

25日 50个国家和地区近2500人参加朝外大街盛装行进表演。

26日 市委副书记龙新民调研朝阳区流动人口子女入学问题。

26日至27日 共青团朝阳区第十次代表大会召开。

29日 本区与内蒙古察右后旗拓展帮扶合作领域,双方签署三个合作意向书。

10月

12日 本区两学子信函随"神六"上太空。

18日 首届国际化社区论坛开幕。全国政协副主席张怀西等出席开幕式。

19日 全国人大常委会副委员长李铁映率全国人大常委会《劳动法》执法检查组到朝阳区检查《劳动法》贯彻实施情况。

26日 区委常委扩大会专题研究流动人口管理工作。

27日 朝阳公园被评为国家AAAA级旅游景区。

* 本区人民捐献的40余万件衣被发往对口支援地区和灾区。

11月

3日 国际论坛会议中心揭牌。

7日 本区与黑龙江省鹤岗市签订友好市区协议书。

10日 朝阳区首届人口论坛举行。

11日 刘淇给花家地实验小学回信。

18日 刘淇、孙政才、翟鸿祥等市领导到朝阳区调研。

24日 国务院副总理曾培炎到朝阳区就冬季供热供气和出租汽车管理情况调研。

29日 本区召开保持共产党员先进性教育活动总结大会。

12月

1日 本区城市网格化管理平台启动。

2日 强卫到朝阳区调研平安建设工作。

* 高碑店村古典家具街举行"北京市特色商业

街”挂牌仪式。

7日 本区召开第一次全国经济普查总结表彰大会。

8日 联合国难民署采购信息中心在京广大厦挂牌成立。

9日 北京冬季书市在工人体育场开市。

19日至20日 区委召开九届六次全体(扩大)会议。

23日 俄罗斯伊尔库茨克州向北京市赠送新年树仪式在朝阳公园举行。

29日 中国电影博物馆开馆迎宾。

30日 刘淇、蔡赴朝、孙政才、孙安民到大山子文化艺术中心调研。

特　　载

加强城市管理　迎接奥运盛会　促进科学发展

——2005年12月20日在中共北京市朝阳区委九届六次全体(扩大)会议上的讲话

中共朝阳区委书记　李士祥

各位委员、同志们：

本次全会历时两天就要结束了。应该说这是继区委九届五次全会之后的又一次分析发展、研究规律的重要会议。会议的主要任务是：贯彻落实十六届五中全会、中央经济工作会议和市委九届十次全会精神，以科学发展观为指导总结“十五”工作，把握朝阳所处的发展阶段，研究“十一五”发展规划和明年的主要工作，确保“十一五”开好头、起好步。

从总的情况看，大会完成了预定的各项任务。昨天一天和今天上午，与会同志以高度的责任感和强烈的事业心，结合戴继楼同志关于编制“十一五”规划的说明和陈刚同志所作的政府工作报告，结合本地区、本单位实际工作，进行了认真细致、广泛深入的讨论，并充分发表意见，对于完善并落实“十一五”规划、明确明年的工作重点很有帮助。这是我们第二次以全会的形式研究“十一五”规划，目的就是集各方之智，举全区之力，做好朝阳区下一个五年的各项工作。今天上午区委常委(扩大)会听取了各组的讨论情况，根据大家的意见和建议，就继续完善规划进行了部署。下面，我讲三点意见。

一、“十五”工作的主要特点

五年来，在市委、市政府的领导下，我们坚持以邓小平理论和“三个代表”重要思想为指导，贯彻落实科学发展观，紧紧围绕“三化四区”发展目标，抓班子、带队伍、谋发展，想问题、抓落实、找规律，重基层、打基础、强基石，全面完成了“十五”计划的主要目标，科学执政、民主执政、依法执政水平不断提高。主要有以下四个特点：

一是抓规划引导发展。从2000年绿化隔离地区建设开始，提出了“心中有规划、手中有土地、发展有政策”的思路，坚持规划先行，以规划为龙头带动全面发展，各乡纷纷制定了乡域规划。2001年北京商务中心区建设，率先实施了国际规划设计招标。2003—2008年教育、科技、文化、卫生、体育事业发展五大纲要的制订，推动了规划目标由侧重经济增长向注重经济社会协调发展的内涵式转变。区九次党代会确定了“组团式规划、板块式发展”思路，通过规划促进了城市发展模式的转变，实现产业发展、基础设施、城市管理、社会发展相统筹，以规划优化发展布局、提升发展质量。区“十一五”规划坚持以科学发展观统领全局，进一步发挥规划的统筹和主导作用，确定了以三大功能区建设带动全面发展的战略。目前奥运、CBD、电子城三大功能区发展规划已初步完成，温榆河生态走廊、世青赛场馆区、世纪华侨城、大环文化产业等功能区的发展规划正在研究制定。五年来，全区规划意识由自发到自觉，规划观念逐步深入人心，规划内涵由经济发展到功能区建设，规划引导发展已经成为全区落实科学发展观的有效措施。

二是抓环境推动发展。环境是资源也是生产力。我们对环境的认识也经历了内涵不断丰富的过程。起初环境建设主要是拆除违法建设、整顿占路市场，维护市容市貌；进入“十五”以后，环境建设一度聚焦到投资环境、税源建设。我们在加大环境整治的同时，深化政务环境建设，完成了两次政府机构改革，精简43.3%的审批事项，建立“一站式”服务大厅，城乡实施全程办事代理制，建设服务型政府；加快基础设施建设，推进“畅通朝阳”、“清水朝阳”、“生态朝阳”、“数字朝阳”建设，全区路网密度达每平方公里3.26公里，污水处理率达70%；累计拆除违法建设361万平方米，21个街道达到市级“无违法建设街道”标准；绿化隔离地区完成绿化面积60.9平方公里，建成朝阳公园、元大都城垣遗址公园、太阳宫公园、北小河公园等一批绿化精品，城市绿化覆盖率达43%。实施“便民、建绿、兴水、治污、修路、危改”六大“民心”工程，把环境建设的着眼点由重投资环境向重群众需求、改善人居环境转变。2003年，区委、区政府将优化发展环境作为年度三项重点工作之一，召开优化发展环境大会，突出了环境建设对区域发展的基础作用。2004年区九次党代会把优化发展环境确定为区域发展战略，大力优化人文环境、社会环境、政务环境、生态环境，努力实现政府创造环境、社会创造财富。区委九届五次全会提出环境是科学发展之源，也是社会和谐之源，环境建设进入了以人为本、构建和谐的新阶段，更加注重环境保护，更加突出人与自然的和谐，统筹推进环境整治、基础设施、产业发展、社会事业、文化文明，促进区域人口、资源、环境相协调，建设节约型社会和环境友好型城市，不断提升城市品质。

三是抓管理服务发展。以落实北京市城市管理工作会精神为契机，我区城市管理工作由以往适应型、突击型进入到打基础、重长效阶段。推动管理重心下移，建立社区管理体制，实施卫生、城管、警务进社区，组建人大街道工作委员会，建立政协委员进社区联络组，探索建立了社区党建、居民服务、城市管理、社区自治“四位一体”的新模式；调整8乡1街行政区划，农村各乡全部转为地区办事处，推动城乡管理体制并轨，优化城市运行机制。落实市第五次城市管理工作会精神，着力推进“条块”结合，街道统筹辖区发展、监督专业管理、组织公共服务、指导社区建设的能力进一步提高。随着和谐社会建设目标的提出，社会建设和管理提上重要日程，城市管理开始向社会管理转变。政府公共财政职能进一步强化，公共教育、公共文化、公共卫生、社会保障与社会救助等公共服务水平不断提高。成立城市管理监督中心和指挥中心，推动城市管理走向标准化、精细化、动态化。积极培育社会组织，成立区慈善协会、区文联，积极发挥民间组织的管理作用，区域民间组织数已达355个。基本实现城乡低保并轨，为民服务体系逐步完善，解“八难”工作不断深化，培育了望京和谐社区、麦子店安全社区、孙河就业培训等典型。探索出东风乡“以房管人”的流动人口管理与服务模式，突出了科技强警、科技创安，基层平安建设逐步深化，群众安全感不断增强。城市管理实现了由关注“物”到关注“人”、由突击到长效的转变，更加注重以人为本，更加注重基层基础，更加注重社会和谐。

四是抓党建保证发展。区委始终坚持总揽全局抓大事、协调各方促发展，根据不同的发展阶段，确定符合朝阳实际的中心任务，全面推进“三化四区”建设。2002年，明确提出要为首都经济、城市、社会现代化做贡献，率先基本实现现代化；2003年，提出“创造新优势、奥运促发展”，明确优化发展环境、优化产业结构、优化空间布局，统筹经济社会发展；2004年，在总结实施“聚合力工程”的基础上，提出加强基层党组织、基层文化、基层稳定工作意见，进一步落实科学发展观；2005年，区委结合先进性教育活动整改要求，围绕市委、市政府对朝阳新的功能定位，进一步找准了影响科学发展的教育、文化、环境、稳定四大因素，提出以三大功能区带动全面发展的战略，推动朝阳经济社会全面协调可持续发展。与此同时，我们围绕中心工作，加强党的建设，全区上下昂扬向上，奋发有为，聚精会神搞建设，一心一意谋发展。

始终坚持抓班子、带队伍，为推动发展提供了干部保证和人才支撑。把思想政治建设放在首位，出台了关于加强思想政治建设的意见，先后开展“三个代表”学习教育和保持共产党员先进性教育等活动，组织赴西柏坡、井冈山进行革命传统教育，深入开展解放思想大讨论，增强了加快发展的紧迫感、责任感。构建大教育、大培训体系，干部理论素养和执政能力得到进一步提高。贯彻落实党政领导干部选拔任用工作条例，深化干部人事制度改革，坚持“赛马场上选良驹”，形成较为完备的选人用人机制，领导班子和干部队伍的结构不断优化，干部队伍活力进一步增强。坚持科学人才观，落实人才强区战略，全面实施人才队伍建设规划，推进年轻干部上挂下派和面向全国选拔优秀大学生“双百工程”，建立朝阳区人才市场，设立望京留学人员创业园，人才成长环境不断改善。落实党风廉政建设责任制，实施“目标管理、双百考核”，逐步构建教育、制度、监督并重的惩治和预防腐败体系，全区广大党员干部按照“为民、务实、清廉”的要求强化意识、规范行为。

始终坚持重基层、打基础、强基石,全面实施“聚合力工程”,为朝阳的发展提供了有力的组织保证。各级党组织适应新形势,拓宽工作领域,创新工作机制,区域党建工作格局初步形成。社区党组织深入开展“一个党员一面旗,党的宗旨进社区”活动,完善社区党建工作协调委员会机制,社区党建工作不断加强,2004年10月2日胡锦涛总书记来劲松中社区视察并发表了重要讲话。农村党组织围绕加快农村城市化,不断深化以“两个创新”为重点的“三级联创”,涌现了一批“五个好”乡党委、村支部。机关、学校、企业和社会组织等领域的党建工作进一步加强。目前共建立274个非公企业党组织,党的覆盖面不断扩大。积极推进基层党建工作创新,培育了具有时代特征、朝阳特色、个性鲜明的先进典型1758个,特别是涌现出了全国优秀教师马芯兰、全国劳动模范支芬、全国劳动模范殷金凤、北京市十大杰出青年董学法等一批先进模范人物,极大地鼓舞了全区干部、群众。各级党组织的战斗堡垒作用和广大党员的先锋模范作用日益凸显,党的创造力、凝聚力和战斗力不断增强,经受了抗击“非典”的严峻考验,党的先进性得到充分体现。

五年来,我们紧紧抓住绿化隔离地区建设机遇,坚持“绿化—规划—开发—产业”联动,农村城市化进一步提速;紧紧抓住CBD、奥运建设机遇,组团式规划,板块式发展,城市现代化进一步加快;实施功能区带动发展战略,区域国际化水平进一步提升。据统计,截至年底,地区生产总值预计达到1230.4亿元;区级财政收入预计达到84.7亿元,是“九五”末的2.3倍,年均增长17.7%,始终保持了自2000年以来十八区县之首;城镇居民人均可支配收入预计达到17411元,农民人均纯收入预计达到11085元;4.6万户9.7万人在新村建设中迁入新居,7.3万户居民在危旧房改造中改善居住条件。社会事业进一步发展,成为全国首批科技进步示范区、全国绿化模范区、全国社区建设示范城区、全国文明城市先进工作城区、全国民政工作先进区、全国村民自治模范区、国家级生态示范区、全国民族团结进步模范集体和首都文明城区、北京市教育工作先进区,实现了全国双拥模范城三连冠、市绿化隔离地区建设先进区四连冠。“十五”计划主要目标圆满完成,“三化四区”总体格局基本形成,为实施“十一五”规划奠定了坚实的基础。

二、落实科学发展观,努力实现“十一五”又快又好发展

“十一五”时期是落实科学发展观的关键时期。十六届五中全会和市委九届十次全会都明确提出要以科学发展观统领全局,切实把经济社会转入以人为本、全面协调可持续发展的轨道,实现又快又好地发展。

当前,北京人均GDP超过3000美元,经济社会发展进入转变增长方式和调整结构的关键阶段,快速推进城镇化、建设宜居城市的重要阶段和构建和谐社会首善之区的实施阶段。朝阳作为首都重要的功能拓展区,承载着“国际交往的重要窗口、中国与世界经济联系的重要节点、对外服务业发达地区、现代体育文化中心和高新技术产业基地”的城市功能,经济社会发展阶段性特征明显:一是三大功能区带动全面发展格局正在形成;二是农村城市化进入到优化产业结构、加强社会管理的关键时期;三是社会建设和管理步入以人为本、促进和谐的新阶段;四是教育、文化、环境、稳定四大要素对落实功能定位的作用日益显现;五是“高发展”与“高风险”并存。充分认识朝阳现阶段的发展特征,对于我们牢牢把握和切实用好2006年世青赛、2008年奥运会和首都功能拓展区的机遇,在更高水平上加快发展具有重要意义。我们必须按照中央提出的“立足科学发展,着力自主创新,完善体制机制,促进社会和谐”的总要求,牢牢抓住“科学发展、统筹管理、和谐建设”三个关键,全面推进“十一五”规划的贯彻落实。

一是科学发展。朝阳区在经历了农业发展、工业带动、外向推动三个阶段后,迎来了新世纪快速发展阶段。我们抓住绿化隔离地区、北京商务中心区和奥运建设三大历史机遇,组团式规划、板块式发展,加快推进“三化四区”建设。面对下一个五年,我们站在一个新的历史起点上。只有进一步转变发展观念、创新发展模式、提高发展质量,才能落实科学发展观,实现又快又好地发展。“快”就是要保持一定的发展速度。“十一五”时期,我们根据朝阳发展实际和对未来发展的判断,确定地区国内生产总值年均增速为10%,高出市里1个百分点,既保持两位数的增速,又充分留有余地,确保综合经济实力始终位居区县前列。“好”就是要保持速度与结构质量效益相统一。一方面,要按照中央的要求全面推进经济建设、政治建设、文化建设和社会建设;另一方面,要按照市委、市政府的要求正确处理好奥运促进发展、功能区带动发展的各个方面、各个环节的关系,保持各个方面、各个环节相适应,充分体现“五个统筹”,实现经济社会发展与人口、资源、环境相协调。当前,尤其要把奥运建设放在首位,要以主人翁的身份做好迎接奥运会工作,服务奥运建设;要以奥运为契机,着力提升区域基础设施、城市环境和文化文明,增强发展动力,全面提升城市现代化水平。第二是切实推进三大功能区建设,突出转变增长方式,着

力优化产业结构，形成以现代服务业为龙头、高新技术产业为支撑、现代制造业为补充的发展格局，发展循环经济，保护生态环境，为发展积蓄足够的后劲。第三是大力促进社会事业发展，创新政府主导、市场竞争和社会参与的机制，优先发展教育，全面繁荣文化，健全社会保障，结合本地区人口数量结构和实际需求加速发展社会事业，努力改变社会事业相对滞后于经济发展的局面，切实提高发展质量。最终推进朝阳从人口大区、经济大区向人才强区、综合实力强区转变，努力实现全面、协调、可持续发展。

二是统筹管理。朝阳区人均 GDP 已经超过 4000 美元，经济社会发展进入了"黄金机遇期"和"矛盾凸显期"。农村城市化、城市现代化、区域国际化进程加快，区域经济成分多样，社会结构复杂多元，人民群众的物质文化需求不断提高并更趋多样化，统筹兼顾各方面利益的难度加大，特别是 2006 年世青赛和 2008 年奥运会的日益临近，对我们传统的管理理念、管理方式、管理手段提出了全新挑战，对政府的宏观调控能力和精细化管理水平提出了更高要求。我们必须统筹推进管理的各个方面、各个层次、各个环节相协调，以管理促服务，以服务促发展。首先是创新机制。要在多年城市管理经验的基础上找规律，努力探索"社会治安、城市管理、公共服务"三者相结合的城市管理新模式，通过机制创新整合资源，形成合力。第二是科技创安。要围绕朝阳新的功能定位和世青赛、奥运会两大重要赛事，统筹安排全区安全稳定和基层平安创建工作。尤其是要增加科技投人，按照统一标准提升全区公安派出所硬件水平，整合全区电子监控资源，实施网格化管理，全区联网，资源共享，协同作战，保障稳定。第三是要发动群众。要建立"党委领导、政府负责、社会协同、公众参与"的管理格局，发挥基层党组织、基层自治组织、群团组织、社会中介组织和公益组织在社会管理中的积极作用，健全社会管理网络，解决社会建设和管理中的薄弱环节和突出问题，真正做到"人民城市人民建，管好城市靠大家"。

三是和谐建设。建设一个民主法治、公平正义、诚信友爱、充满活力、安定有序、人与自然和谐相处的社会已经成为"十一五"发展的必然要求。和谐建设必须激发全社会的创造活力，妥善协调各方面的利益关系，正确处理改革发展稳定的关系，统筹推进经济、政治、文化、社会建设的全面进步。首先是要全面繁荣城乡基层文化。通过党委领导、政府支持，大力培育基层文化组织，广泛开展群众喜闻乐见的文化文娱、学法普法、技能培训等活动，让群众在普遍参与中体验乐趣、增长知识、提高素质。第二要维护好群众的切身利益。要以人为本，解决好群众就学、就医、就业、住房、安全等问题，关键是要完善为民服务体系，健全社会保障体系。要特别关注困难群体，发挥慈善协会、社会志愿者的作用，探索社会救助的长效机制。第三要推进和谐社区、和谐村镇建设。要深入探索符合朝阳实际的和谐体系建设，建设好居委会、村委会和各级自治组织，充分发挥各级党组织和工会、共青团、妇联等群众组织的作用，整体联动，全民参与，把朝阳建设成为社会安定、环境优美、充满活力、安居乐业的文明城区。

三、围绕中心，突出重点，切实做好 2006 年工作

2006 年是"十一五"的开局之年，也是加快奥运建设的关键一年。明年工作总的要求是：认真贯彻落实十六届五中全会、中央经济工作会议和市委九届十次、十一次全会精神，以科学发展观统领经济社会发展全局，紧紧围绕"新北京、新奥运"的战略构想和北京城市总体规划对朝阳区的功能定位，举全区之力，加强城市管理，迎接奥运盛会，促进科学发展。

重点抓好以下五项工作：

（一）切实加强党的建设，保持党的先进性

从加强党的执政能力建设和先进性建设的高度，全面推进党的建设，进一步发挥党委总揽全局、协调各方的作用，加强和改进党对经济社会重大事务的综合协调，为发展提供有力保障。

加强领导班子建设。首先要注重理论学习。要围绕区委中心工作和区域发展重点任务，加强学习，在探索规律、推进创新上下功夫。依托大教育大培训体系，特别要发挥理论中心组作用，完善学习制度，创新学习方式，丰富学习内容。重点学习十六届五中全会、中央经济工作会议和市委九届十次、十一次全会精神，深入学习公务员法和信访条例，认真学习经济、法律、管理等专业知识。要通过学习武装头脑、增强党性，通过学习解放思想、适应形势，通过学习调整方法、指导工作。

注重能力建设。坚持想问题、抓落实、找规律的方法，切实提高三种能力：一是调查研究抓大事。要继续深化先进性教育整改，完善基层日制度，从区委做起带头深入基层、深入实际、深入群众开展调研，掌握影响改革发展稳定的关键问题，有针对性地提出解决办法，切实把调研成果转化到推动工作上来，提高抓大事、把方向的能力；二是统筹协调抓落实。紧紧围绕区委中心工作，调动一切有利于发展、有利于团结的因素，对内统筹、对外协调，切实增强执行力，确保各项决策有效落实；三是带好队伍善用人才促发展。树立科学的人才观，深化干部人事制度改革，优化人才发展环境，探索建立与事业发展需要和人才成长需求相适应的人才培养机制，为发展培养有用人才，通过发展锻炼人才，实现人才成长、事业发展。

注重作风建设。一要发扬民主。建立和健全党委内部决策机制,完善民主集中制,发挥班子每个成员的积极性,提高决策的科学化、民主化水平;二要团结协作。坚持事业为重,自觉做到淡泊名利、诚实待人、彼此尊重、加强沟通,多一些干好工作的执着和拼搏精神,多一些艰苦奋斗、不计得失的奉献精神,真正实现大局为重、相互团结、增强合力;三要联系群众。深入了解民情,倾听民意,善于统筹协调各方面利益关系,着力解决群众最关心、最直接、最现实的切身利益,解决特困群众生产生活问题,关注社会公平公正,促进社会和谐。

注重党风廉政建设。一要加强体系建设。进一步加强教育、制度、监督并重的惩治和预防腐败体系建设,发挥教育的基础作用、制度的保证作用、监督的关键作用。二要强化绩效考核。完善党风廉政建设责任制和目标管理双百考核,以考核促廉政。三要健全监督机制。切实加强对领导干部的党内监督、群众监督、法律监督和舆论监督,创新各级干部效能监察机制,切实使各级班子做到亲民、务实、清廉。

加强党群组织建设。落实推进基层党建工作创新的意见,深化"聚合力工程"。社区党组织要以落实人文奥运、构建和谐社区为目标,推广党员责任岗、民愿接待室等成功经验,切实发挥社区党建在社区建设工作中的龙头作用。农村党组织要强化"两个创新",深化"三级联创",把党的建设与促进经济发展、精神文明建设、加强社会管理、维护安全稳定结合起来,促进和谐乡村和新农村建设。国有企业党建要适应现代企业制度要求,创建政治素质好、经营业绩好、团结协作好、作风形象好的"四好"班子,发挥党组织在协调利益关系、理顺职工情绪方面的应有作用。机关、学校等党组织也要积极开展创新工作,有效融入党建工作大局,找准定位,发挥作用。要巩固和开拓"两新"组织的党建工作,特别要加强非公企业党组织建设,着力发挥引导监督、团结凝聚和组织协调作用,不断扩大党的工作覆盖面。

加强同民主党派合作共事,发挥民主党派智力密集、人才荟萃、联系广泛、服务面宽的优势,为朝阳的建设和发展建言献策、参政议政。支持各人民团体及各类群众团体依照法律和章程独立自主地开展工作,充分发挥他们联系群众的桥梁和纽带作用。建立健全区域党建工作联席会制度,加强与各驻区单位的协调与沟通,凝聚社会力量,集中各方智慧。

认真总结先进性教育经验,健全长效机制,强化党员教育和管理。各级基层党组织都要围绕"三个服务",做到哪里有群众、哪里就有党的工作,哪里有党员、哪里就有党的组织,哪里有党的组织、哪里就有健全的组织生活和坚强的战斗力。

加强思想政治工作。思想政治工作实质是做人的工作,做人的思想教育、转化、引导工作,就是要用科学的理论、先进的思想和正确的观点统一思想,凝聚人心,动员社会,发动群众,参与到科学发展和和谐建设中来。

要学会做思想政治工作。各级领导干部要围绕"加强城市管理,迎接奥运盛会,促进科学发展"这个中心任务,坚持思想政治工作先行,有效推进奥运功能区、CBD功能区、电子城功能区、世青赛场馆区、城乡结合部五个重点区域环境建设。要通过广泛深入的宣传、入情入理的教育、细致入微的引导,探索社会动员、利益实现、资源共享机制,切实在知晓、引导、共识、参与上取得实效。要充分发挥各级领导干部和广大党员的主体作用,建设一支政治强、业务精、纪律严、作风正的思想政治工作队伍。

要在继承创新中搭建平台。继续深化解放思想大讨论,认真开展"我为奥运增光、我为发展出力"主题教育活动;争创全国文明城区,切实把区域资源优势、群众需求与全区发展任务有机结合,大力加强精神文明建设,开展群众性创建活动。充分发挥区域文化资源优势,探索贴近实际、贴近生活、贴近群众的文化活动形式,让群众在文化活动中加强对朝阳发展形势的认知,把思想统一到科学发展上来。加强媒体宣传引导,充分整合区内各种媒体资源,加强与中央、市级媒体的联系,采取各种有效形式,切实把全区广大党员干部和人民群众的思想统一到为"十一五"目标共同奋斗上来。

(二)加强基层平安建设,全力维护安全稳定

维护首都安全稳定是我们第一位的责任,深化基层平安建设是科学发展的有力保障。要以建立健全长效机制为核心,以加强基层基础为重点,深入开展平安地区和平安单位建设,努力创造稳定、有序的社会环境。

要突出重点。突出抓好调解体系建设,完善人民调解、行政调解、司法调解体系,建立联动机制,提高调解工作的科学性、预见性和主动性,把矛盾纠纷化解在日常、化解在萌芽状态。突出抓好防控体系建设,加大科技创安力度,整合社会资源,探索多个部门协作、各种治安力量联动的立体式防控体系,实现全区三级防范体系和公安"四张网"的相互对接,形成打、防、控一体化网络。突出抓好流动人口和出租房屋管理体系建设,推广东风、望京的管理经验,通过以房管人、加强服务,调控规模、提高素质、合理布局,促进人口数量与城市承载力相适应,人口素质与发展要求相适应。要系统总结我区维护基层稳定、推进平安建设方面的经验,迎接北京市基层平安建设朝阳现场会的召开。

要夯实基础。加强基层党组织建设,发挥基层党

组织在平安建设工作中的宣传、引导、发动、凝聚作用；以构建和谐社区、村为契机，加强社区居委会、村委会建设，拓展服务功能，充分发挥城乡基层自治组织协调利益、化解矛盾、排忧解难的作用；加大投入力度，实现财政对政法和综治工作投入的逐年递增，通过统筹规划、系统研究、政策引导、机制创新，全面加强软、硬件建设，力争在2006年使三大功能区和世青赛场馆所在地区达到平安建设标准。

要整合力量。我区现有社区专职保安员、社区治安员、流动人口协管员、专职护村队、社区治安巡逻志愿者等各类治安队伍6.5万人。要加强对现有力量的整合，由区委政法委、区综治办牵头，规范全区治安巡防队建设，形成群防群治合力。加强执法力量的整合，划片包干，实行公安、工商、城管、卫生、文化等部门联合执法，提高执法效率。广泛发动社会力量，按照"谁主管、谁负责，谁经营、谁负责"的原则，充分调动广大人民群众和驻区单位、部队的积极性，形成共建平安、共享平安的良好局面。

（三）加快三大功能区建设，促进科学发展

全面落实奥运、CBD、电子城三大功能区发展规划，以三大功能区为龙头，带动全面发展。

坚持统筹推进。当前要重点抓好四个方面：一是产业支柱。按照功能定位，发展壮大主导产业、高端产业、优势产业，形成各具特色、功能互补的产业链，提升竞争力。二是城市文化。研究功能依托、资源整合、群众需求问题，大力培育和发展城市文化品牌，做大做强文化产业，提高市民素质，提升城市品质。三是精神文明。创新载体，凝聚力量，以精神文明建设振奋精神、激发活力、形成合力，共同推进三大功能区建设。四是党的建设。积极探索党建工作规律，以党的建设引导、服务、保障功能区科学发展。

坚持机制创新。加大功能区建设的组织领导力度，实施条块一体、整体联动。完善政策机制，系统研究国家、北京市有关功能区建设的政策，用足用活用好政策；系统研究制定功能区产业发展目录以及产业、土地、拆迁、投资、环境、人才等各方面的区域倾斜政策，建立政策保障和服务体系。创新考核机制，明确各项建设的任务量、时间表、责任制，依托功能区发展目标，制定不同的考核评价标准，加强绩效考核，提高工作效率。

坚持功能对接。抓紧研究制定三大功能区的产业发展、基础设施、环境景观、配套设施、社会事业等专项规划，实现与功能区规划有效衔接。三大功能区所在街乡，要尽快按照功能区规划调整各自的地区规划，明确定位，合理布局，有效衔接。要做好三大功能区与定福庄边缘集团、垡头边缘集团、温榆河生态走廊建设以及周边街乡发展的对接，依托功能区，找准地区发展定位，优化农村产业结构，全面实施"六九八"工程，加快推进农村城市化。通过功能对接，引导全区发展。

（四）加强城市管理，迎接奥运盛会

11届世青赛明年8月15日正式举办，2008年奥运会距今只剩下960天。作为奥运主场馆和世青赛所在地，朝阳区必须切实加强城市管理，以良好形象成为展示首都现代化建设和中华五千年文明成就的窗口。

坚持建管统一。落实城市建设、管理、发展三同步，做到同步规划，实现建设完成、管理到位。突出基础设施、环境整治、绿化美化、污水治理、拆违拆迁、流动人口管理、社会事业发展等重点，着力抓好五大重点区域环境建设，确保各项任务如期完成。特别是世青赛场馆区及周边建设，要确保2006年4月底前全面完成，场馆建设达到赛事标准。按照世青赛区域规划的范围，周边地区要加快市政基础设施建设，加大环境综合整治力度，提升城市建设和管理水平。

推进重心下移。强化街道办事处对城市管理的统筹、监管职能，整合政府部门、社会组织、驻区单位、群众力量，建立责权利相协调的城市管理体系。完善社区管理体制，增强社区民主自治功能，在"安全社区"创建、社区服务中心、社区文化、专职工作者队伍建设等方面加大投入，按照城乡一体化的标准，加快农村与城市管理对接。创新管理手段，大力推进城市网格化管理，重点抓好体系建设、平台搭建、技术依托、队伍建设，力争明年6月底对所有街道辖区实施网格化管理，2007年底前延伸到所有地区，实现无缝隙、全覆盖管理。

完善管理机制。深入推进政府职能转变，探索城市管理规律，努力构建"党委领导、政府负责、社会协同、公众参与"的管理格局。加大拆违拆迁、环卫、流动人口管理等方面机制改革力度，明确各级主体职责，强化责任考核，引入市场竞争，构建城市管理长效机制。加大条块统筹、资源整合力度，围绕重点路段、重点时段、重点区域，联合执法、动态管理、标本兼治，解决城市管理顽症，维护城市形象。

（五）坚持以人为本，服务人民群众

维护群众利益、提高人民生活水平是科学发展的出发点和落脚点。要研究群众需求、社会资源、政府职责的有机结合，坚持为了人民发展，依靠人民发展，发展成果由人民共享，切实提高服务群众的水平。

把握群众需求。从朝阳区目前的情况来看，经济发展的主要指标在全市区县名列前茅，但社会事业、公共服务、公益事业相对滞后，尤其是城乡之间的差距较大，发展不平衡，与群众的需求存在一定差距。各级党委、政府要加强调查研究，摸清辖区人口构成，根据职业、年龄等特征研究需求、把握需求。要分门别类，分清轻重缓急，哪些可以通过努力自己解决，哪些要由政府负责,哪些需要政府、市场、社会联动,要在统筹考虑地区发展和地区资源的基础上,加快制定服务规划。全区要在深化解“八难”的基础上,注重研究鳏寡孤独、下岗失业等困难群体以及流动人口的服务需求,真正使全体群众成为发展的受益者。

突出服务重点。认真解决人民群众最关心、最直接、最现实的利益问题,目前重点要在教育、文化、体育、卫生等方面下功夫。坚持教育均衡发展战略,瞄准全市一流水平苦练内功,加大优质教育资源引进力度,提高师资水平和管理水平,缩小城乡差距,全面提升教育整体水平。加强基层文化建设,制定并实施2006年人文奥运行动计划,充分调动和整合区域文化资源,发挥区文联以及各文艺团体的作用,依托“社区一家亲”、百姓书场等群众文化活动品牌,调动广大群众参与基层文化活动积极性,丰富群众文化生活。以筹备世青赛为契机,培养文明观众,健全体育健身设施,开展多种形式的群众体育活动,形成全民健身的良好氛围。加强公共卫生体系特别是社区卫生服务建设,推进区级医疗中心建设,完善保健服务网络和农村新型合作医疗,实现小病在社区、大病到医院、康复回社区,初步解决看病难问题。

完善服务机制。健全公共财政机制,加大对农村地区公共服务的财政倾斜力度,发挥财政资金“杠杆”作用,通过政府奖励、政府购买服务等方式引导社会资源参与公共服务事业。完善城乡社会救助体系,推动“农保”与“城保”衔接,进一步发挥区慈善协会、红十字会等组织的作用,加大扶贫帮困力度。建立群众自我服务机制,完善社区服务组织,加强社区志愿者队伍、群众文体活动队伍建设,提高互帮互助水平。完善为民服务体系,构建居民信息诉求平台,畅通民意渠道,办好“50件实事”,建立解“八难”工作保障机制,逐步建立为群众做好事、办实事、解难事的长效机制。

同志们,总结“十五”发展,我们信心百倍。研究部署“十一五”规划,我们深感机遇与挑战并存。所谓机遇,首先是发展的目标更加明确。市委、市政府确定了朝阳作为首都城市功能拓展区的49字功能定位,“十五”我们确定了三大功能区建设带动全面发展战略,依托产业发展推进农村城市化并进而明确了“六九八”产业发展格局。其二,发展要素更加聚集。经过“十五”发展,可以说朝阳的经济社会发展呈现出强劲势头,人流、物流、资金流、信息流充分汇集;加强党的建设,实施“聚合力工程”,全区上下形成了人心齐、谋发展的合力。其三,发展的空间更加广阔。随着功能区建设不断推进,组团式规划、板块式发展不断深入,基础设施建设全面加快,资源资本更加丰厚,城市功能拓展的内涵更加丰富,经济社会发展的空间更加广阔。如何抓住机遇,发展自己,对各级领导干部而言,也面临严峻挑战。首先要进一步提高统筹水平。核心在于要找准统筹的抓手,搭建更大范围的统筹平台。其次要进一步提高协调能力。核心是务必准确把握中央和市委的方针政策,全面把控全区发展的大局,增强与各方面协调的针对性,找准协调的结合点。第三要进一步提高工作效率。各级领导要明确职能职责的基本要求、具体要求,联系发展的形势和群众的需求,调整思想方法,创新工作方法,在创新中切实提高工作效率。最终是要提高落实科学发展观的执政能力,巩固“十五”的大好形势,继续开创朝阳“十一五”各项工作的新局面,向党和人民交上一份满意的答卷。

政府工作报告

——2006年1月6日在北京市朝阳区第十三届人民代表大会第三次会议上

朝阳区人民政府区长　陈　刚

各位代表:

现在,我代表朝阳区人民政府,向大会作工作报告,请予审议。

2005年工作回顾

2005年,是实施“十五”计划的最后一年,我们以邓小平理论和“三个代表”重要思想为指导，在市委、市政府和区委的领导下，在区人大、区政协的监督和支持下，以开展保持共产党员先进性教育活动为契机，按照科学发展观和构建和谐社会的要求，坚持规划引导发展、环境促进发展、管理服务发展，加强对内统筹和对外协调，进一步优化发展环境、优化空间布局、优化产业结构，全区经济社会保持快速健康发展，较好地完成了全年工作任务，如期实现了“十五”计划确定的工作目标。

（一）加快改革调整步伐，经济发展活力进一步增强

经济平稳较快发展，增长结构和质量有了新的改善。预计全年完成地区生产总值1230.4亿元，同比增长10%；完成区级财政收入85.3亿元，同比增长24.6%；实现社会消费品零售总额777.9亿元，同比增长13.9%；实现固定资产投资359亿元，同比增长9%；城镇居民人均可支配收入达到17411元，同比增长10.5%；农民人均纯收入达到11085元，同比增长8%。在落实宏观调控政策，合理控制投资规模的基础上，积极扩大消费需求、增加出口，1至10月社会消费品零售总额和外贸出口额在全市所占比重分别达到了26.6%和30.8%，有力拉动了经济增长。按照建设节约型社会的要求，强化对资源开发利用、产业导向机制、资源消耗综合评价等方面的研究，认真做好电力迎峰度夏、节约用水等工作，严格控制能源资源消耗高、土地利用率低的新上产业项目，推动经济增长方式转变，促进了可持续发展。

功能区建设全面推进，产业聚集效应继续增强。按照新修编的北京城市总体规划对朝阳区功能定位的要求，确定了奥运、CBD、电子城“三大功能区”带动全区发展战略。不断强化功能区产业拉动、辐射发展的作用，进一步巩固了现代服务业和高新技术产业的支柱地位。成立了CBD金融商会，组建了北京CBD国际论坛，中央电视台新址、北京电视中心等重大项目顺利推进，CBD区域开工项目已达24个，开工面积570万平方米，入驻企业达到3000余家，以金融保险为龙头的现代服务业健康发展。电子城北扩取得实质性进展，西区发展态势强劲，摩托罗拉、北电网络、爱立信研发中心等重大项目开工建设，入驻电子城的企业已达800余家，其中电子城西区已有11家跨国公司总部及研发中心落户。着力培育健翔科技园科技商务服务业发展，搭建了科技中介服务平台和数字园区平台，园区内高新技术企业达到118家。奥林匹克森林公园景观规划方案获市政府批准，公园建设全面展开。

改革继续深化，市场化开放度有了新的提高。加大国有资产监管运营力度，完成了国有企事业单位清产核资和行政事业单位不动产清查工作。京客隆集团香港上市、朝开公司与万科集团合作等工作进展顺利。投融资体制改革不断深化，对4个政府投资项目实行了“代建制”，引进社会资本参与了集中供水厂等市政设施建设。继续优化发展环境，完善了全程办事代理和网上审批制度，加强了政民互动平台和企业信用平台建设，组建了区行政投诉中心。进一步扩大对外交流与合作，成功举办了第六届北京朝阳国际商务节，加强了与各国在华商会和投资服务机构的联系，与巴黎拉德方斯地区、奥地利萨尔茨堡市建立了友好关系。1至11月，新增三资企业763家，实际利用外资14.6亿美元，占全市的42.7%，又有18家世界500强企业投资朝阳。1至10月，实现出口总额77亿美元，出口市场拓展到30多个国家和地区。

（二）加强城乡建设管理，服务发展的能力进一步提高

城乡建设明显加快。大规模的道路建设取得阶段性成果，朝阳路一期、东北城角联络线等16条主次干路和40条农村道路建成通车，西大望路等22条主次干路开工建设。“清水朝阳”建设稳步推进，坝河、亮马河、东直门干渠等7条河道实现四环路以内截污。高安屯垃圾渗沥液处理厂投入使用。绿化美化水平不断提高，建成了望京北小河公园一期工程、4处“万米绿地”、30条特色园林大街，完成了55个新老小区的环境改造和绿化建设，全区新增绿化面积268.4公顷，其中绿化隔离地区完成绿化201.3公顷，城市绿化覆盖率达到43%。认真做好城市拆迁安置工作，规范拆迁程序，实行了听证会制度，并积极探索拆迁安置“五个对接”，确保了市、区重点工程建设。危改工程稳步推进，三里屯、南营房等项目拆迁即将完成，京棉一期500多户居民回迁入住。农民新村建设继续加快，开复工面积371万平方米，6150户、1.5万人迁入新居。

环境整治深入开展。以“三大功能区”和世青赛场馆区、城乡结合部五大区域为重点，全面推进环境建设，拆除各类逾期临建和违法建设73.3万平方米，并对无照市场、“五小七黑”、户外广告、暴露垃圾等进行了集中整治。加大“城中村”整治力度，启动了针织路等13个项目，其中大郊亭村等8个项目已完成全部拆迁任务。以控制施工扬尘为重点，认真落实了控制大气污染的各项措施。创建国家生态示范区工作通过了国家环保总局考核验收。

城市管理不断创新。立足加强基层基础工作，以推进街道管理体制改革、创建安全社区、推行网格化管理为重点，深入落实市第五次城管会精神。在劲松等4个街道开展了城市管理体制改革试点，在八里庄等

街道试行了“大科制”。推进城市网格化管理,建立了区城管监督中心和指挥中心,组建了监督员队伍,启动了12个街道的网格化管理工作。在22个街道的37个社区开展了“安全社区”创建工作,望京等4个街道的试点经验得到世界卫生组织和国家、市有关部门的充分肯定。以完善社区自治组织、健全社区公示制度为重点,进一步加强了社区建设。

(三)加大城乡统筹力度,农村城市化进一步加快

农村经济健康发展。加快了农村产业结构调整步伐,奥运村龙翔商贸中心等12个项目开业,南磨房北京欢乐谷等12个项目开工。全年实现农村经济总收入410亿元,同比增长18.3%,第三产业比重达到67.3%,以三产为主导、二产为支撑的农村地区产业发展格局全面形成。制定了农村产权制度改革实施细则,产权制度改革工作有序推进。

农村社会管理明显加强。着眼于推进农村城市化进程,继续完善了城市化政策支撑体系。高度重视农村劳动力转移就业工作,全年培训农村劳动力1.5万人,实现转移就业6500人。加强了农村社会保障体系建设,积极促进农村社会保障向城镇社会保障并轨。加强农村地区城管监察、治安巡防和流动人口协管员队伍建设,积极探索“条专块统”的居住地实有人口管理模式,并通过拆除违法建设、优化产业结构、健全管理网络、加强综合治理等措施,改善农村地区的环境卫生和社会治安状况。大屯乡完成了乡级集体资产处置,成立了街道办事处。全年新建社区85个,农村的社区达到了115个,城市化进程进一步加快。

一批影响农村发展的问题得到有效解决。围绕代表委员关心、群众关注的难点、热点问题,集中力量加以解决。京润水上花园项目遗留问题取得突破,占地范围内农民的安置和社会保障工作基本完成。筹资2.83亿元,解决了1995年以来市政道路占用农村集体土地的补偿问题。全面完成了农村安全饮用水工程建设任务,建成了156处单村供水工程和豆各庄、楼梓庄两个集中供水厂。

(四)大力发展社会事业,发展协调性进一步增强

科教工作取得新成绩。以“均衡、优质”为重点,以农村教育为突破口,努力提高教育整体水平。出台了加快农村教育发展的多项措施,在改革农村义务教育管理体制、加大政府投入的同时,开展了城市教师支援农村教育工作。撤并了规模小、效益低的9所农村小学,在来广营、豆各庄等地区的新校建设中,引入了优质资源。继续加强示范校建设,又有4所普通高中校通过了市级示范校软件验收,2所幼儿园通过市级评审,新推出区级中、小学示范校24所。高度重视流动人口子女义务教育,接收了4.6万名流动人口子女进入公立学校就读,加大了对“打工子弟学校”的监管和支持力度。吸引社会资金4.9亿元投资民办教育,乐成国际学校建成开学。以落实国家科技进步示范区建设总体规划为重点,不断加强科技工作,开展了可持续发展示范行动、科技奥运示范行动等工作,建成了生产力促进中心,启动了创建全国科普示范区工作。

文化体育事业蓬勃发展。成功举办第八届北京国际旅游文化节盛装行进表演、流行音乐周等大型文化活动,促进了时尚文化、民俗文化、群众文化共同繁荣。着力加强基层文化建设,形成了“社区一家亲”等文化品牌,新建社区达标图书馆11个、街道文化广场5个,22个街道文化中心全部达到800平方米以上。积极引导和培育文化旅游产业发展,举办了文化创意产业发展国际研讨会,“朝阳文化馆”、“金色朝阳一日游”、“国际民俗旅游接待”等品牌影响不断扩大。围绕“迎奥运”主题,大力发展体育事业。举办了奥林匹克文化节、万人长走等全民健身活动,新建全民健身“居家工程”20个。区体育运动学校成为“国家高水平奥运人才训练基地”。加紧筹备世青赛,场馆建设等各项工作有序推进。按照“人文奥运”要求,不断加强精神文明建设,推出人文奥运朝阳宣言,实施了人文奥运行动计划。

卫生工作不断加强。完善突发公共卫生事件应急机制,完成了全区85所医院传染病诊室改造任务,精神卫生、艾滋病、结核病防治工作保持全市先进。完善医疗救助制度,将社区卫生服务组织全部纳入医疗救助机构。努力提高农村医疗卫生水平,扩大新型农村合作医疗覆盖面,农民大病统筹和基本医疗参保率均达到90%以上。扩建了东坝医院和金盏医院。开展了争创全国社区卫生服务示范区工作,投入400多万元,改善了社区卫生服务机构条件。社会办医保持良好发展势头。推行了全区退休人员医疗费报销的社会化管理。防控高致病性禽流感工作取得阶段性胜利。

与此同时,进一步加强人口战略研究,开展了1%的人口抽样调查。人口自然增长率为1.7‰。在全区上下的共同努力下,民族、宗教、双拥共建、国防教育、人民武装、残疾人、妇女儿童、人防、档案、老龄等各项社会事业实现了全面进步,推动了全区协调发展。

(五)维护社会安定稳定,和谐社会基础进一步巩固

民主法制建设进一步加强。始终依法将政府工作置于人大的法律监督和政协的民主监督之下,坚决贯彻执行区人大及其常委会决议,坚持重大事项报告制度,认真接受述职评议。主动邀请人大代表、政协委员在“十一五”规划编制等重点工作中献计献策。狠抓建议、提案办理工作,全年办复全国、市、区人大代表建

议、政协委员提案633件。制定实施了全面推进依法行政规划，切实规范行政执法行为。逐步推行行政复议案件公开审理和听证程序，开辟了行政复议网上咨询渠道。强化了政务信息公开工作，接受社会监督。

基层平安建设有效开展。着力建设打防控、人民内部矛盾调处调解等十大工作体系，加大对基层派出所和专群队伍建设的投入力度，最大限度地将警力下沉，全区重点部位技防覆盖率达到80%以上，社会治安的防控能力逐步提高。研究建立联动调解和矛盾排处机制，完善了调解网络，建立了领导包片包案、定期调度信访问题等工作制度。成立了区突发公共事件应急委员会，制定了突发公共事件总体应急预案，健全了应急处理机制，城市公共安全管理得到加强。全区安全生产形势平稳，1至11月“六非”事故和死亡人数同比下降了4%和9.7%。

就业与社会保障工作稳步推进。积极拓宽就业渠道，开发就业岗位10万个，2.7万人实现再就业，城镇登记失业率控制在2%以内。区、街（乡）、社区（村）三级劳动保障组织体系进一步完善，全区有222个社区、155个村建成基层劳动保障平台，劳动保障协管员队伍达到700人。社会保险扩面征缴工作进一步加强，养老、失业、工伤、基本医疗及生育保险基金收缴率均达到95%以上。

办实事工作扎实有效。完善为民服务体系建设，广泛建立民愿诉求平台，倾听群众呼声，顺利完成了2005年确定的50件实事。城市社区办公服务用房全部达到了300平方米以上。实施了楼房“平改坡”和老旧电梯改造工程。在统筹推进政府主导、民政托底的城乡救助体系建设的同时，积极探索社会救助与社会捐赠有机结合的新机制，成立了区慈善协会，建成一批专门帮扶困难群体的“爱心家园”。加强对流动人口服务，继续实施法律常识、安全和文明礼仪等教育培训工程，采取开办夜校、成立建筑工地流动电影放映队等形式，活跃民工业余生活。

一年来，我们抓住奥运机遇，坚持以科学发展观统领全局，实现了财税收入快速增长，奥运工程和道路等基础设施建设明显加快，城市管理不断创新，社会事业统筹推进，安全稳定基础进一步夯实，解决历史遗留问题取得突破性进展。但是，也要看到，政府工作中仍然存在不少问题和不足，主要是：第一，城市管理水平与举办奥运会的要求相比差距还很大，交通拥堵、环境脏乱等问题仍然突出，一些地区水、电、路等市政设施承载能力不足，安全稳定形势不容乐观，统筹兼顾各方面利益的难度加大；第二，教育、文化、卫生等各项社会事业与经济发展水平还不相适应，与人民群众追求高质量生活的需求相比还存在较大差距，协调发展的任务依然很重；第三，城市文明程度与人文奥运要求相比差距还很大，必须进一步创新机制，增强紧迫感，找准区域资源优势和群众渴望需求的结合点，切实提高精神文明创建水平。第四，发展任务越来越繁重，迫切需要加强政府职能部门和公务员队伍建设，狠抓基层基础工作，提高执行力，增强行政效能。

各位代表，过去的一年，我们在发展道路上又迈出了重要一步。成绩来之不易，这是在区委的领导和区人大、区政协的关心支持下，全区上下团结务实、开拓创新的结果，是驻区单位关心朝阳、鼎力支持的结果，是全区人民群策群力、努力奋斗的结果。在此，我代表区政府，向各位人大代表、政协委员、各民主党派和无党派人士、各人民团体、社会各界人士，向大力支持我们工作的驻区中央、市属单位和人民解放军、武警部队，表示衷心的感谢！

2006年工作任务

2006年是实施“十一五”规划的开局之年，也是落实“新北京、新奥运”战略构想和朝阳区城市功能新定位的重要一年，我们正站在一个新的历史起点上。开好头、起好步，意义重大。根据区委九届五次、六次全会的工作部署，我们要坚持以科学发展观统领经济社会发展全局，紧紧围绕“加强城市管理，迎接奥运盛会，促进科学发展”这一中心工作，着力抓好城乡建设，着力提高城市管理效能，着力推进功能区建设，着力加快社会事业发展，着力搞好基层平安建设，构建和谐社会首善之区，实现经济社会又快又好地发展。

（一）紧抓奥运机遇，全力加快城乡建设

当前，朝阳区正处在建设的高速期，统筹城乡发展，完善城市功能，是今后两年城乡建设的重中之重。要切实按照奥运倒排工期的要求，周密安排，切实抓好各项重点工程建设和市政基础设施建设任务，努力提高区域承载能力。

加强协调配合，确保重点工程顺利实施。加快推进奥林匹克森林公园建设，完成北园3平方公里的绿化和南园挖湖、堆山等建设任务。推进朝阳公园沙滩排球场及周边设施建设，启动朝阳体育馆改建工程。配合市有关部门做好国家体育场、国家游泳中心、北工大羽毛球馆等奥运场馆建设。确保4月底前世青赛场馆及市政配套设施全部投入试运行，满足8月份举办赛事需要。继续实施奥运承载区水环境建设，完成清河导流渠和仰山大沟治理，实现朝阳公园和红领巾公园两湖水系连通。协调推进京棉二期、酒仙桥、垂杨柳等重点危改项目拆迁建设。争取市政府支持，建设定向经济适用房，为城市拆迁创造条件。

加快城乡干路建设,改善交通环境。推进广渠路一期等14条主干路和平房西路一期等9条次干路续建工程,启动成府路等19条主干路和针织路等20条次干路建设,改造一批影响居民出行的社区路、胡同路、断头路,为20条市政道路安装路灯。推进“三大功能区”道路畅通连通,是今年道路建设的首要任务,要全面加快功能区内通惠河北路、西大望路、垡头南路、运动员村路、安立路、阜通东大街等道路建设,推进CBD区域银泰中心至航华大厦和中环广场两条地下人行通道建设,实施CBD智能交通体系建设,有效提高过境通行能力。

以市政配套设施和住房建设为重点,推进新农村建设。工作上优先安排、资金上重点倾斜,强化各项支农政策。推进红军营西路等10条农民新村配套道路建设,实现农民新村与市政自来水管网对接,完成25个村级供水站改造和部分管线改造任务。在小红门、来广营、金盏等地区建设变电站。解决8个乡农民新村用电问题。启动温榆河生态走廊相关基础设施建设。加快绿化隔离地区农民新村建设,实现8000户1.8万人搬迁上楼。在改善农村、农民居住环境和生活条件的同时,要始终按照农村城市化的要求,抓好产业调整和农民增收,解决历史遗留问题,统筹推进农村社会事业和精神文明建设。

(二)提高城市管理效能,创建良好的城市运行环境

今年8月在我区举办的世青赛,是具有重大影响的国际赛事,是2008年奥运会的重要预演和练兵。前不久,市政府成立了“2008”环境建设指挥部,我区也成立了专门机构,统筹协调环境建设工作。要按照市政府的统一部署,依法管理、科学管理、从严管理,努力营造整洁、优美、有序的城市环境,服务世青赛,备战奥运会。

全面开展环境综合整治,务求取得实效。继续以“三大功能区”和世青赛场馆区、城乡结合部为重点,在7月底前实现全区环境面貌明显改观。全面整治世青赛赛场周边、赛时驻地和交通沿线环境,提高景观建设水平。加大奥运场馆周边环境整治力度,规划、整治58条道路两侧户外广告,拆迁改造关西庄村等15片“城中村”。严肃城市规划管理,加大拆违力度,遏制新的违法建设出现。

狠抓绿化和治污工作,争创全国环保模范区。广泛动员社会力量,大力开展绿化美化建设。新增绿地220公顷,改造绿地110公顷,城市绿化覆盖率达到43.5%。新、改建城市集中绿地20处,在CBD建成一个区域性绿化主题公园。继续加大力度推进开发建设项目代征绿地的绿化和管理。以降低煤烟型污染、控制机动车尾气污染、治理施工扬尘污染为重点,认真落实控制大气污染的各项措施。加强对建筑工地、道路和居住区的噪声治理,创建一批安静居住小区和绿色工地。以河道截污为重点,对62条沟渠进行集中整治,改善四环路以内主要河道水质。配合市有关部门加快北苑、东坝、垡头、定福庄污水处理厂建设。继续推进高安屯垃圾处理中心项目建设,提高垃圾处理能力。按照“村收集、乡运输、区消纳”的办法,下大力气解决农村地区垃圾暴露问题。

推进网格化管理,促进城市管理社会化、精细化、信息化。提高区级网格化管理平台、城管监督中心和指挥中心建设水平,健全城管监督员队伍,完善网格化管理考核机制和“两级受理、分口处理”的工作机制,探索公共服务企业、社区、居民在新的城市管理模式下发挥作用的渠道。要通过网格化管理手段,加大对小广告、黑车、露天烧烤、施工扬尘、夜施扰民、无照经营等顽症的治理力度。

促进管理重心下移,建立责权利相协调的城市管理体系。加强街道办事处对城市管理、社区建设和居民服务的统筹规划、分类指导和政策监管,强化地区办事处的社会管理和公共服务职能,充分发挥职能部门、社会中介组织在城市管理中的作用。加强公安、城管监察、工商、卫生、文化等部门的联合执法。以奥运功能区及场馆所在街道为重点,深入开展“安全社区”创建活动。推进“和谐社区”、“和谐村镇”建设。

把城市安全放在更加突出的位置,加强应急体系建设。完善各项应急救援预案,整合区内应急救援资源,提高应对突发公共事件的能力。组建区安全生产应急救援指挥部,建立安全生产报告制度、例会制度、重点督察制度和应急演练制度。坚持责任到人,抓好对人员密集场所、地下空间和燃气、电力、电梯、锅炉等设备,以及消防、食品、药品、危险化学品的安全管理。

(三)推动产业结构调整和布局优化,提高区域经济竞争力

以“三大功能区”为龙头,带动全区发展,是朝阳区实现城市功能新定位的重要举措。要以增强功能区产业聚集、发展优势产业、转变增长方式、深化改革开放为重点,更加注重经济增长的速度与结构、质量、效益的协调,促进地方财力增加,确保区级财政收入增长12%的目标。

加快功能区建设,引导产业合理布局。制定功能区产业发展目录以及产业、土地、拆迁、投资、环境、人才等各方面的区域倾斜政策,建立政策保障和服务体系,合理配置项目,加快形成分工协作、重点突出的区域产业格局。推进奥林匹克公园中心区建设,形成具有国际影响力的体育、文化、娱乐、会展中心。抓好

CBD发展，加快中央电视台新址、国贸三期等重大项目建设，推进景观、智能交通和环境建设，尽快形成功能完善的国际化现代商务中心区和文化创意产业集聚地。推进电子城建设，制定电子城北扩区域规划，加快西区二期建设，抓好爱立信、IT产业园等重点项目建设，建成北电网络和摩托罗拉研发中心，加快打造跨国公司总部及研发中心聚集地和高新技术转化中心。做好“三大功能区”与定福庄边缘集团、垡头边缘集团、温榆河生态走廊建设以及周边街乡发展的对接，启动温榆河生态走廊的规划和建设，完善农村各乡乡域规划。全面实施农村产业发展“六九八”工程，加快重点产业项目的实施，促进各乡合理分工和特色发展。

推进产业优化升级，发展高端产业。大力发展现代服务业，强化金融保险、商务服务、会展旅游、商贸流通等优势行业。抓住我国金融业全面开放的契机，吸引国际金融机构落户朝阳。特别要充分利用我们得天独厚的条件，完善政策，优化环境，把文化创意产业作为今后重点发展的产业之一，尽快使朝阳区成为首都文化创意产业基地。依托朝阳公园、CBD传媒文化园、中国电影博物馆、潘家园文化园、北京欢乐谷公园等聚集文化资源，规划建设文化创意产业发展园区，重点促进影视、演出、艺术品经营、广告传媒、文化会展等行业发展。抓好旅游与文化、商业的有效结合，实施商业服务业迎奥运三年行动计划，做好重点地区商业服务设施建设和改造，加快培育市级特色商业街区，强化服务性消费的拉动作用。继续优化投资结构，促进房地产业健康发展。加快信息通信、软件、微电子等关键领域的技术研发和产品产业化，促进生物技术、新材料、新能源等潜力产业发展。

转变经济增长方式。认真落实发展循环经济的各项措施，加强节能、节水、节地管理，建设资源节约型城区。推行电力迎峰度夏工作预警机制，增强电力应急处理能力。加强土地节约、集约利用，做好土地利用总体规划修编工作，加大土地市场执法检查力度。加强能源需求侧管理，着力推动工业、交通、建筑节能。加强宣传引导，积极倡导绿色生产和绿色消费。

深化经济体制改革。鼓励、支持、引导非公经济发展，积极为非公企业创业和发展提供服务。推进土地、技术、劳动力等要素市场的发展。大力整顿市场经济秩序，完善市场监管体系。推进国有资产监管体制改革，逐步扩大由区国资委直接监管的国有资产范围。适时推进京客隆集团在香港上市，完成社区经济办、工业局、物资局下属企业的资源整合和改革重组。稳妥推进奥运村、南磨房、东风等乡的乡级集体资产处置工作。深化财政管理体制改革，提高财政资金使用效率，增强聚财理财能力。坚持厉行节约、艰苦奋斗，降低行政运行成本，将更多的财政资金投向公共服务，集中财力办大事、办实事。

探索服务创新。提高外资质量和水平，大力引进国外知名企业，引导外资投向现代服务业、高新技术产业。建立出口企业数据库，开展多种形式的企业培训和交流活动，支持区域内企业拓展国际市场，支持企业扩大具有自主知识产权、自主品牌的产品出口。搞好投资促进和跟踪服务工作，及时帮助企业解决困难。推进行政管理体制改革和机制创新，优化发展环境。办好第七届北京朝阳国际商务节。

（四）强化体制机制创新，实现社会事业更快更好地发展

坚持以人为本，在把握群众需求、突出服务重点、完善服务机制上下功夫，努力提高公共服务的质量和效益，促进社会事业快速发展和全面繁荣，让广大群众成为经济增长和发展成果的受益者。

优先发展教育，提升各级各类教育水平。全面实施素质教育，不断加强干部教师队伍建设，提高基础教育质量。通过政策倾斜、资源整合、优化存量、多元投入、完善管理等措施，改善农村义务教育办学条件。力争在各乡规划中落实1至2所规模中学、2至3所规模小学或1所九年一贯制学校。强化城市优质教育资源对农村学校的辐射作用，广泛开展城乡中小学“手拉手”活动，继续选派城区教师到农村支教，实施示范校对口帮扶，构建名校办分校机制，努力缩小校际差距和城乡差距。以日坛中学、九十四中学、华侨城配套中学等规模校建设为龙头，推进各类示范校建设。深化职业学校办学模式和办学体制改革，完善全区职业教育专业布局，建设1个市级实训基地、2个区级实训基地，并以就业为导向，促进校企结合、产教研结合，加快职业教育发展。推动学前教育改革创新，加强成人教育，支持民办教育，鼓励中外合作办学。深化学习型城区建设，争创全国社区教育示范区。

发展科技事业，促进区域自主创新。开展全国科普示范城区创建工作。完善科技资源整合机制和科技进步发展激励机制，实施科技奥运、科技商务、科技园区战略。积极引进风险投资、科技咨询、科技人才交流等科技中介服务机构。依托电子城和健翔科技园，发挥区生产力促进中心平台作用，推进区域内企业与高校、科研院所协同创新，构建产学研一体化体系，重点促进电子信息、生物医药、新材料等科技成果转化，提高区域自主创新水平。要牢固树立区域人才观，充分发挥区域人才资源优势，服务发展，实现双赢。

繁荣文化体育事业，提升城市品位。积极申办第九届北京国际旅游文化节，继续办好国际风情节、奥林匹克文化节、“社区一家亲”等系列文化活动。进一步

加强基层文化设施建设,加快各级公共图书馆数字化建设步伐,推进垡头文化中心及街乡社区文化中心、文化站建设。深化文化体制改革,积极培育文化市场主体。加强文化市场监管,确保文化市场健康有序。加强群众体育公共场地和设施建设,推进体育场所服务标准化,大力开展全民健身运动。做好北京市第十二届运动会备战和比赛工作,提高竞技体育水平。

提高医疗卫生服务水平,满足群众健康需求。继续加强公共卫生体系建设,完善疾病预防控制、卫生监督执法、医疗救治、公共卫生信息体系。加强对各类重大传染病的防控,做好城乡结合部的传染病控制和流动人口的公共卫生管理。深化医疗卫生体制改革,加快卫生资源向社区转移,推进社区卫生机构标准化建设,将乡卫生院全部转建为社区卫生服务中心,符合条件的村卫生室转建为社区卫生服务站。推行家庭责任医生制,实现每个街乡有一所社区卫生服务中心、每个社区有1名社区责任医生。完善农村合作医疗制度,推进乡办乡管的基本医疗,增加政府投入,提高保障水平。

加强精神文明建设,营造人文奥运氛围。举办世青赛、筹办奥运会,对精神文明建设提出了新要求。今年,要以"我为奥运增光、我为发展出力"为主题,落实人文奥运行动计划,实施市民素质提升工程、文化建设推进工程、城市景观营造工程和社会动员志愿培训工程,切实加强社会公德建设、文明礼仪教育、赛场文化建设、文明观众培养。要继续广泛开展区域联片共建、城乡联合共建、社会单位与街乡联手共建等活动,推进文明城区创建工作。健全未成年人思想道德教育体系,加强青少年心理健康和"三礼"教育。

(五)加强社会建设与管理,努力促进社会和谐

从解决人民群众最关心、最直接、最现实的利益问题入手,创新工作手段,健全管理体系,维护社会安全稳定,维护人民群众利益,努力构建和谐社会首善之区。

加强基层平安建设。完善社会治安长效机制,增强"严打"和治安重点地区集中整治工作的针对性、时效性。健全社会治安防控体系,建成覆盖重点区域、案件多发场所的电视监控和电子报警网络系统,实现三级防范体系和公安"四张网"对接。加大投入,提高基层派出所硬件水平。在所有社区建立警务站,整合各类治安队伍力量,形成群防群治合力。广泛开展平安街乡、平安学校等基层安全创建活动。健全联动调解和矛盾排处机制,加强和改进信访工作,畅通民愿诉求渠道,有效化解矛盾。进一步加强普法宣传教育,引导市民自觉遵循社会规则、规章制度和公共秩序,以合法方式表达诉求、用法律手段维护自身权益。

建立人口管理长效机制。按照与地区经济社会发展协调、与资源环境承载力适应的要求,在继续稳定低生育水平的同时,发挥产业政策对人口机械增长的调控作用,完善区、乡、村、单位四级网络,控制人口总量。创新社会管理方式,全面落实出租房屋管理、流动人口登记、"打工子弟学校"管理、取缔无照市场等相关措施。建立街乡出租房屋管理库,推进出租房屋"旅店式"管理。加强对流动人口的教育、培训、服务,维护流动人口权益,引导有序流动。

做好就业和社会保障工作。以促进城镇困难人员就业和农村富余劳动力转移就业为重点,建立城乡协调的就业机制,在开发岗位、落实政策、强化服务上下功夫,增强就业的稳定性。全年城镇登记失业率控制在2.4%以下。强化再就业培训和技能培训,实行公益性就业岗位定向调剂制度,促进农转居人员、残疾人员、城镇低保人员和"4050"失业人员等就业困难群体就业。加大农村劳动力教育培训和转移就业力度,年内培训农村劳动力1.3万人,实现转移就业6000人。以来京务工人员、灵活就业人员、非公企业人员为重点,推进城镇社会保险扩面征缴工作。扩大新型农村社会养老保险覆盖面,加快整建制农转居人员参加城镇社会保险,推进城乡社会保障体制并轨。

着力解决直接关系群众生活的突出问题。探索建立为民办实事的长效机制,以解决群众最关心的问题为重点,办好50件实事。采取更加有力的措施,增加城乡居民收入,实现城镇居民人均可支配收入和农民人均纯收入分别增长6%以上。

(六)加强政府自身建设,提高执行力

提高执行力,是当前工作任务重、工作标准高对政府自身建设的迫切要求。区政府各部门和全体公务员都要以提高执行力为核心,在依法履职、科学决策、提高效能、政令畅通等方面做出表率,推动发展,迎接挑战。

加强民主法制建设,严格依法履职。严格按照法定权限和程序行使权力、履行职责。坚决贯彻执行区人大及其常委会决议,自觉接受区人大及其常委会的监督,认真听取区政协、民主党派和人民团体的意见。着力提高人大议案、建议和政协提案的办理质量。认真落实朝阳区依法行政工作规划,实行行政执法责任制,加强部门间执法协调。认真做好行政复议,及时纠正执法偏差。

健全行政决策机制,提高决策水平。完善科学民主决策机制,严格执行"三重一大"制度,坚持重大问题集体决策,坚持和完善重大决策征求意见制度。整合培育决策咨询研究队伍,发挥专家和研究机构在行政决策中的作用。进一步完善政府内部决策规则和行

政决策程序，探索建立决策实施效果的评价机制，不断提高政府依法、民主、科学决策水平。

加强公务员队伍和政风建设，提高工作效率。认真执行国家公务员法，加强公务员登记、培训、教育和管理工作，吸引更多优秀人才进入公务员队伍。推动政府管理服务创新，提高工作效能和水平。按照“职责清、情况明、数字准”的要求，提高调查研究水平，加强基层基础工作。建立部门联动工作机制，明确职责，加强沟通，密切协作，共同推动工作开展，营造干事创业的良好氛围。坚持服务群众、服务基层，创造良好的服务环境。坚持“为民、务实、清廉”，抓好勤政廉政建设。

加强行政效能监察和责任追究，确保政令畅通。创新效能监察机制，进一步完善“目标管理、双百考核”办法，确保各项任务落到实处。建立健全教育制度和监督惩防体系，加大经济责任审计特别是干部任中经济责任审计力度。健全民主评议政风行风工作机制，完善行政投诉制度，深化政务公开和全程办事代理制工作。建立完善行政责任追究制，对影响行政执行力的行为严肃追究责任。

各位代表，加快“三化四区”建设，建设和谐社会首善之区，任务相当繁重，我们深感肩负的责任重大而光荣。让我们在市委、市政府和区委的坚强领导下，紧紧依靠全区广大干部群众，振奋精神，开拓创新，更加勤奋地工作，又快又好地建设朝阳，为实现“十一五”规划确定的蓝图而努力奋斗！

朝阳区人民代表大会常务委员会工作报告

——2006年1月8日在北京市朝阳区第十三届人民代表大会第三次会议上

朝阳区人大常委会主任　朱家麒

各位代表：

我受北京市朝阳区第十三届人民代表大会常务委员会的委托，向大会报告工作，请予审议。

2005年的主要工作

2005年，朝阳区人大常委会在中共朝阳区委的领导下，以邓小平理论和“三个代表”重要思想为指导，以科学发展观为统领，全面执行区十三届人大二次会议决议，按照本届人大确定的“五心”工作思路和“十民”工作方针，在继续坚持“三个致力于”的基础上，与时俱进，丰富内涵，开拓创新，努力实现监督工作“五个有所建树”的目标，积极发挥了地方国家权力机关的作用。

一、围绕中心，认真履职，促进各项事业发展

一年来，常委会在工作中坚持监督与支持有机结合，围绕全区中心工作、各项法律法规的执行情况和人民群众关注的热点难点问题实施监督。

（一）加强议案督办，促进农村发展与城市建设管理

区十三届人大二次会议确定的“加大解决遗留、疑难问题的力度，为建设和谐社会办实事”和“着力解决影响群众生活的深层次问题，不断提高城市管理水平”两项议案，涉及广大群众生活和切身利益，关系全区的改革发展和稳定，常委会将议案办理作为监督工作的重点，切实加大议案督办力度，提高办理质量。明确责任，加强沟通与协调。改进议案督办方式方法，由常委会副主任分工负责，区人大机关各委室密切配合、共同督办。针对议案涉及部门多、范围广、问题成因复杂、解决难度大等实际情况，加强了与政府承办部门的沟通与协调，明确了办理时限和要求。深入调研，找准问题的成因。常委会专门工作委员会先后召开12次专题会和8次督办会，共同研究分析问题，落实责任，有针对性地确定监督重点，在解决实际问题上下功夫。组织委员和代表深入20多个街乡、社区和政府职能部门进行调研，掌握了大量真实情况。在开展物业管理工作调研时，针对物业公司和业主之间矛盾突出的社会问题，召开街道、社区干部群众和物业公司管理人员座谈会20余次，征求意见450余人次，为找准问题、提

出建议、提高监督实效奠定了基础。在议案办理报告初审过程中,又组织代表进行了5次专题视察,使议案办理取得了明显成效。注重实效,解决群众生活难题。通过对两项议案的督办,历时13年的“京润水上花园项目”引发的征地后农民安置等一系列问题的解决,取得实质性突破。开发商已拨付专款用于失地农民的安置和社会保障。区政府还制定了农村超转人员与城市社会保险接轨方案,拟投入资金,使全区农村超转人员全部纳入社会保障体系。解决土地闲置等其它历史遗留问题的方案和措施正在逐步落实。对解决影响群众生活的深层次问题,区政府加大了工作力度,新建改建了社区卫生服务站、蔬菜供应站、停车管理样板街和停车场,新增了停车位,形成了有多家企业参与经营的早餐供应市场,通过公共职介机构开发了一批就业岗位。常委会对区政府办理两项议案情况的报告进行了认真深入的审议,及时对办理工作给予充分肯定,并就议案的持续办理、深化落实和巩固成果提出了建议。

(二)强化依法监督,促进我区经济社会协调发展

对“一府两院”实施法律监督和工作监督,是人大常委会依法行使职权的重要工作内容。采取多种形式,开展执法检查。常委会组织代表通过对涉及经济社会发展和功能区定位的法规重点查,对关系社会稳定和社会安全的法规提前查,对涉及广大群众切身利益的法规连续查,对在执法中容易出现反复的法规跟踪查等方式,先后对《规划法》、《绿化法》、《教育法》、《职业教育法》、《食品卫生法》、《水法》、《水污染防治法》、《北京市旅游管理条例》、《城市居民最低生活保障条例》等14部法律法规的实施情况进行了执法检查。促进了法规的宣传、贯彻和落实,推动了政府的依法行政,相继解决了一些诸如群众看病难和高碑店、孙河等地区13.5万居民饮用水等群众关心和代表关注的热点难点问题。开展调查研究,推进依法行政。围绕区委的中心工作和政府的工作重点,开展了“三大功能区”发展建设和制定“十一五”规划的重点调研;围绕全区经济和社会发展问题开展了推动循环经济、加强基层文化建设和促进职业教育发展的专题调研;围绕促进农村发展与城市建设管理工作,开展了对农村富余劳动力转移就业、城市绿化美化、奥运场馆周边环境整治、道路建设和“城中村”改造的跟踪调研;围绕人大代表和人民群众关注的热点、难点问题,开展了对征地超转、危旧房改造、社会救助等项工作的系列调研。为全面了解和掌握我区各项建设事业进展情况,依法实施有效监督打下了良好基础。根据国务院《全面推进依法行政实施纲要》的精神,常委会审议通过了《朝阳区推进依法行政规划》;决定开展“推进政府依法行政”课题调研。组织了9个系列的专题座谈、抽样调查以及论文征集等活动。以加强我区民主政治建设,推进依法行政和法治政府的建设。

监督“两院”工作,促进司法公正。常委会组织代表听取区人民法院关于人民法庭建设情况的汇报,针对区人民法院基层法庭存在的问题提出了继续加强法官队伍建设、强化司法为民、增加派出法庭审判力量和改善办公条件等工作建议。常委会审议区检察院开展反贪污贿赂工作,组织代表进行专题视察、调研,听取工作汇报,提出了强化法制教育、加强队伍业务素质培养和加大对反腐工作人财物的投入等建议。注重集思广益,提高审议质量。审议质量是监督水平的具体体现,也是强化监督实效的重要环节。常委会各工作委员会对“一府两院”提交常委会审议的报告认真进行初审,根据了解掌握的真实情况提出具有指导性和可操作性的意见和建议。常委会组成人员会前认真准备,结合审议的议题查阅、收集、分析大量资料,使所提建议更具有前瞻性、针对性,形成常委会审议意见,反馈给“一府两院”改进和完善相关工作。及时跟踪检查,增强监督效果。常委会对我区创建“国家级生态示范区”和“全国社区卫生服务示范区”工作进行全程监督,组织人大代表深入街乡和社区卫生服务中心,与社区干部群众和环保、医务人员座谈交流、了解情况。对在创建工作中发现的问题和不足,向区政府提出了“动员全社会加强环境建设”和“加强社区卫生服务工作的改革与创新”等意见和建议。对此,区政府高度重视,积极邀请专家对生态环境建设进行论证并制定出相应措施,同时对社区卫生服务工作制定了“四保证、三加强、二扶持、一调整”的支持保障政策。通过对创建工作的积极参与和有效监督,推进了创建工作,提高了我区生态环境水平和社区卫生服务水平。

改进工作方式,做好信访工作。常委会认真贯彻中央和全国人大常委会关于加强人大信访工作的指示精神,以落实国务院新的《信访条例》为契机,把接待来信来访作为维护人民群众合法权益,履行监督职能的重要渠道。采取繁简分流的方式,及时认真办理群众来信来访。全年共受理来信来访268件次,其中来信189件次,来访79批次,同比分别下降44%、25%。开办《和谐在线》,促进社会稳定。为拓展人大代表反映民意、汇集民智、诉求民愿的渠道,充分体现监督与支持有机结合,常委会与有关单位密切协作,在朝阳有线电视台开办了《和谐在线》栏目。栏目紧扣构建社会主义和谐社会这一时代主题,邀请人大代表及社会各界人士进行研究和探讨,畅所欲言、各抒己见、凝聚人心、形成共识,为我区构建和谐社会营造了良好舆论氛围,得到了区委和代表们的一致肯定。

常委会还对区政府“四五”普法教育情况进行了

检查;依法加强了对乡人大政权建设工作的指导,对乡人大主席、副主席及工作人员进行了业务培训;组织300多名区人大代表积极参与了“人民满意的政法干警(单位)”评选活动。一年来,常委会认真做好各项议题的审议工作,共召开常委会会议7次、主任会议11次,分别听取并审议了区政府关于国家科技进步示范区建设、推进依法行政规划、年度财政预算执行情况和其它财政收支情况等17项工作报告,依法作出了《关于批准〈北京市朝阳区国家级生态示范区生态区建设总体规划〉的决议》等19项决议、决定。认真行使任免权,共任免国家机关工作人员40人次,并对任命的4名国家机关工作人员在常委会会议上进行了述职评议;177名被任命的“一府两院”国家机关工作人员向常委会递交了书面述职报告,由常委会委托各专门工作委员会对每位述职人员进行了书面评议。

二、拓宽平台,加强服务,发挥代表主体作用

人大代表是人民代表大会的主体,做好代表工作是坚持和完善人民代表大会制度的重要保证。一年来,常委会进一步发挥人大代表在闭会期间的作用,为代表知情知政、依法履职提供服务,不断深化代表工作。

(一)加强基层组织建设

进一步落实人大街工委和地区代表小组工作职责,充实、丰富代表活动内容。对人大街工委主任、地区代表小组组长和工作人员进行5次学习培训,分别就学习贯彻中央9号文件精神、人大工作面临的新形势、新任务以及如何加强人大基层组织建设进行了学习、交流和研讨,使人大工作不断向基层延伸,更加贴近人民群众。

(二)进一步深化代表工作

积极探索和实践新形势下有效发挥代表主体作用的方法和途径,推动基层人大工作的开展,促进代表依法履行职责。拓展代表履职平台,为代表依法履职提供服务。继续坚持人大代表列席常委会、主任联系代表、代表集中听取政府工作汇报等工作制度。为全体区人大代表印发《朝阳人大信息》;协调“一府两院”定期编发《政情通报》、《法情通报》、《检情通报》、《朝阳警讯》、《司法信息》,拓宽了区人大代表了解区情的渠道;坚持人大系统信息员业务培训制度,不断提高信息采集和报送质量,为代表知情知政提供了有效服务。创新活动方式,丰富闭会期间代表活动。组织开展规范的代表活动,提高代表履职实效。按照“四访”和“四个第一时间”的工作要求,落实代表接待选民日、代表进社区议事等工作制度,为代表联系选民提供多种便利;注重发挥代表自身职业、专业和技术特长优势,通过划分专题组开展代表活动的方式,解决代表兼职与履职的矛盾;邀请代表列席有关会议,参加执法检查、工作监督、审议议案,引导代表运用多种方式为地区发展、建设出力献策;动员和组织代表自觉向选民述职、接受选民评议,全年共有390名代表进行了述职,占代表总数的96%。去年11月组织全体区人大代表开展了会前视察活动;通过讲座、培训等形式,促进代表深入学习法律法规及人大业务知识。各人大街工委和地区代表小组也采取多种形式,组织代表围绕依法履职、密切与选民的联系和如何提出批评建议等内容进行了交流、培训,增强了代表的人大意识,提高了履职水平。

(三)提高代表建议督办实效

在不断提高代表建议、批评和意见办理满意率的同时,常委会采取措施,坚持会前征求意见,重点在提高代表建议办理的办结率和满意率上下功夫。据统计,区十三届人大二次会议期间,代表提出的388件建议已全部办复,同意率和满意率为99.2%;闭会期间(截止到2005年10月31日),共收到代表平类建议69件,已办复42件,同意率和满意率为97.6%;区十三届人大二次会议前征集纳入财政预算的代表建议165件已全部办复,其中,有51件建议被纳入区政府财政预算和工作计划,目前已解决25件,尚需继续解决的12件,有待进一步研究的14件。在督办代表建议过程中,常委会将事关社会稳定的建议和代表反映多年未果的建议作为督办重点。王立华等代表多次提出的落实农转工政策的建议,涉及12家安置单位和357名农转工人员的切身利益,在督办中,区政府高度重视,主管副区长提出具体要求和解决方案,有关部门积极协调,落实了所需资金,使问题最终得到圆满解决。常委会还按照市人大要求,精心组织市人大朝阳团代表开展了多种形式活动。圆满完成了三间房、六里屯、垡头、小红门4个地区和解放军选区的代表补选工作。依法对管庄、金盏等6个乡人大主席、副主席、乡长、副乡长工作岗位调整变化后的补选工作进行了具体指导。

三、提高素质,健全制度,强化队伍自身建设

常委会从提高综合素质、加强学习研讨、推进工作规范化等方面入手,继续加强自身建设,不断激发人大工作的活力。

(一)以先进性教育为先导,不断提高自身素质

根据中央和市委、区委的统一部署,区人大常委会党组积极组织开展了保持共产党员先进性教育活动。常委会党组成员和全体组成人员中的党员以不同方式参加了先进性教育活动,并结合自身实际落实人大常

委会党组提出的“六个做到”要求,形成了同心同德、奋发进取、执政为民的良好氛围。在先进性教育活动中,常委会组成人员深刻理解和准确把握“坚持党的领导,人民当家作主,依法治国有机统一”的内涵,进一步增强了在区人大工作中坚持和依靠党的领导的自觉性。区人大常委会党组积极发挥领导核心作用,加强常委会思想建设,紧紧围绕区委中心工作开展依法履职活动。在依法行权的过程中,充分体现党的主张,凝聚人民的意愿,认真落实区委“抓班子、带队伍、谋发展”、“想问题、抓落实、找规律”和“重基层、打基础、强基石”的工作要求。结合落实保持共产党员先进性的基本要求和具体要求,常委会组成人员努力从自身做起,以对党和人民高度负责的态度和积极进取的精神,使常委会的监督工作有所突破、有所建树。通过开展保持共产党员先进性教育活动,进一步提高了常委会组成人员的政治素质、理论水平和履职能力。

(二)加强理论研讨,推进制度创新

常委会坚持读书班制度,定期进行理论学习,围绕监督工作“五个有所建树”的目标,深入研究、探讨如何更好地依法履行监督职责、创新监督方式。坚持每次举行常委会全体会议时,把学习重要文件和相关法律法规作为第一项议程,结合审议议题确定学习内容,理论联系实际,有的放矢,增强学习的针对性,提高审议质量。先后学习了《中共全国人大常委会党组关于进一步发挥全国人大代表作用,加强全国人大常委会制度建设的若干意见》等5个文件,以及有关法律法规,不断加强常委会的制度建设和工作创新。制定实施了《关于对选举和任命的“一府两院”工作人员的监督办法(试行)》,对常委会任命的国家机关工作人员,从任前考察、任中述职到任后监督做出了规定;制定实施了《关于对乡级人民代表大会审议通过行政措施备案的规定》,建立和完善了区人大常委会对乡级行政措施的审查备案机制;制定实施了《朝阳区预算监督办法(试行)》,加强了对预算编制、预算超收收入和预算外资金使用等方面的监督,规范了人大代表对预算编制的建议权;修订完善了《代表联系选民办法》,以“四访”为核心内容,对代表联系选民的各种形式作出了具体规定;修订完善了《代表视察办法》、《代表建议、批评和意见办理工作办法》。进一步推进了区人大常委会工作的规范化、程序化和制度化。

各位代表,一年来常委会工作取得的成绩是中共朝阳区委正确领导,区政府和区法院、区检察院的高度重视,社会有关方面和广大人民群众关心、支持、帮助的结果,凝聚了常委会组成人员、全体区人大代表的辛勤劳动和集体智慧。在此,我代表朝阳区人大常委会,向所有关心、支持、帮助人大工作的同志们、朋友们,表示崇高的敬意和衷心的感谢!

面对新形势、新任务,我们也清醒地看到,常委会工作与党的要求还有距离,与全体人大代表和全区人民的期望还有差距,对照“五个有所建树”的工作目标和新形势对人大工作的要求还存在不足。主要是:随着全区国民经济和社会各项事业的不断发展,对新形势下区情的全面把握有待于进一步深化;对依法履职中遇到的一些新问题有待于进一步研究;调研、审议工作和监督的方式方法有待于进一步完善。这些都是我们在今后工作中需要认真对待并加以改进和解决的重点问题。真诚欢迎各位代表对常委会的工作提出宝贵意见和建议。

2006年的工作重点

2006年是全面总结“十五”工作、开始实施“十一五”规划之年;也是加快奥运设施建设的关键一年。做好2006年的工作,任务艰巨,责任重大。在新的一年里,区人大常委会要继续以邓小平理论、“三个代表”重要思想和科学发展观为指导,认真贯彻区委九届六次全会精神,紧密围绕“加强城市管理,迎接奥运盛会,促进科学发展”这一全区中心工作,紧紧依靠全体人大代表,依法履行职责,不断丰富“三个致力于”的内涵,努力实现监督工作“五个有所建树”的目标,继续扎扎实实做好各项工作。

一、在狠抓落实、继续提高人大监督水平上有新突破

进一步准确把握人大与“一府两院”在实际工作中监督与支持、协调与配合的关系。按照区委提出的“科学发展、统筹管理、和谐建设”的要求,倾听民意,了解民情,关注民生,着力解决群众最关心、最直接、最现实的切身利益问题。力求通过高质量、求实效的监督,促进全区国民经济和社会各项事业的发展。重点在四个方面有所突破:一是在监督加强城市管理、迎接奥运盛会上有所突破。紧紧围绕确保举办世青赛、奥运会的基础设施建设基本到位,确保拆违拆迁和“城中村”问题基本解决,确保城市建设过程中的深层次矛盾基本解决有方,加强监督检查。二是在监督促进科学发展、加快功能区建设上有所突破。紧紧围绕实现我区功能区的规划、体制、机制基本到位,实现产业布局、发展方向基本落实,实现历史遗留问题解决基本有方,加强监督检查。三是在监督基层文化、教育改革上有所突破。紧紧围绕繁荣基层文化、适应多元格局、满足群众需求的工作基本到位,坚持均衡发展的教育改革方向基本落实,加强精神文明建设、提高全民素质

工程基本有方，加强监督检查。四是在监督加强基层平安建设、化解人民内部矛盾上有所突破。紧紧围绕维护稳定，建立调解机制、打击犯罪、治安防控、流动人口管理和服务方面基本有方，加强监督检查。

二、在改进作风、竭诚为代表履职提供服务上有新作为

人大代表是人大工作的主体。加强为代表服务、发挥好代表作用，事关民主法制建设的大局。重点在服务代表知情、知政、知法上有所作为；在服务代表如实反映民声、民愿、民意上有所作为；在服务代表开展监督、促进工作、落实措施、提高效能上有所作为。要通过培训、讲座、考察等多种方式，进一步提高代表素质。认真抓好人大代表所提议案、建议、批评和意见的督办工作，确保办理实效。加强对区人大街道工委、各地区代表小组的领导，充分发挥其职能作用，坚持完善代表联系选民的方式和途径，建立健全工作制度，为方便代表依法履职搭建可靠平台、提供优质服务。进一步保障人大代表不负选民重托，真正做到亲民、亲和、亲政，进一步代表好、实现好、维护好广大人民群众的根本利益。

三、在健全制度、加强人大常委会自身建设上有新发展

加强人大常委会的机构建设和制度研究。出台《朝阳区人大常委会重大事项报告办法》，以进一步加强对区“一府两院”重大事项的监督。认真执行《朝阳区预算监督办法(试行)》、《关于对选举和任命的“一府两院”工作人员的监督办法(试行)》。加强学习、培训、调研工作，不断提高常委会组成人员的整体素质和能力。完成区人大常委会关于《进一步加强基层人大在推进法治政府建设中的作用》的调研课题任务，为促进我区依法行政、建设法治政府提供意见建议和决策参考。

各位代表：让我们在中共朝阳区委的领导下，团结一致，振奋精神，扎实工作，开拓创新，为发展社会主义民主政治，建设社会主义政治文明，为全面建设小康社会、构建和谐社会，开创朝阳区更加美好的未来而努力奋斗。

朝阳区政协第十届委员会常务委员会工作报告

——2006年1月5日在政协北京市朝阳区第十届委员会第三次会议上

朝阳区政协主席 李 明

各位委员、同志们：

我受政协北京市朝阳区第十届委员会常务委员会委托，向大会作工作报告，请予审议。

2005年工作回顾

2005年，在中共朝阳区委的领导和市政协指导下，区政协常委会按照树立和落实科学发展观的要求，围绕全区工作大局，突出工作重点，团结和依靠各界委员，求真务实，同心同德，认真履行政治协商、民主监督和参政议政职能，较好地完成了常委会2005年工作任务，为我区的改革、发展和稳定做出了新的贡献。

一、围绕中心，服务大局，努力提高政治协商水平

一年来，区政协服务于全区工作大局，以政协全会、常委会议、专委会议等形式，积极开展协商议政。

围绕全区经济社会发展认真开展政治协商。政协全委会是政协最高层次的协商会议。二次全会期间，专题召开城市建设、经济科技和社会事业座谈会。政协委员围绕区“十一五”规划编制、提高城市管理水平、重视奥运软环境建设、推进文化教育和公共卫生事业发展、加大国企改革力度以及外来人口管理等方面积极建言献策，形成意见和建议82条。加强政协常委会议的协商，先后听取区政府关于落实2004年区政协常委会提交的建议案情况通报，多次邀请区政府主管领导和相关部门负责人到会通报区情，就政府采购和拆迁安置两个调研报告开展协商讨论,形成常委会建议案。各专委会分别听取区政府对口部门工作通报,进行对口协商65次,提出许多建设性的意见和建议。

围绕区"十一五"规划编制积极建言献策。编制国民经济和社会发展第十一个五年规划是关系我区今后五年经济社会发展全局的工作。"十一五"规划编制前期,围绕规划编制的重点课题加强调研,分别形成我区经济社会发展与奥运对接、基础设施现状与承载力、公共卫生体系建设和现代服务业发展等专题调研报告,为规划编制提供参考依据。规划编制期间,区政协通过召开专题通报会、座谈会等形式通报情况,加强协商。区政协十届八次常委会议、十一次常委(扩大)会议分别请区政府主管领导通报"十一五"规划编制情况。规划编制完成后,部分委员应邀参加征求意见座谈会,就编制"十一五"规划的相关问题提出意见建议。九个专委会和区委、区政府相关职能部门围绕12个专项规划积极开展对口协商,协助完善专项规划的编制工作。

二、建立机制,拓展渠道,切实增强民主监督实效

民主监督是人民政协的一项主要职能。区政协结合政协工作特点,建立和完善组织机制,不断拓展民主监督渠道和领域。

建立民主监督组织协调机制。成立了具有代表性和党派特点的民主监督工作领导小组,下设专题调研组开展工作,为区政协有计划、有步骤地开展民主监督活动提供组织保障。区政协政府采购工作调研组与区监察局、财政局密切配合,通过听取情况通报,召开座谈会,进行问卷调查和实地走访,就增强质量意识、完善制度建设、实现管办分离、放活采购方式、加大监督力度、正确处理投诉和提升服务水平等方面提出意见和建议。

进一步加强特约监督工作。受聘担任政府特约工作人员或特邀监督员是政协履行民主监督职能的有效形式。去年,担任政府特约工作人员和特邀监督员的73位政协委员,与行政监察、纪检部门配合,以高度的政治责任感和使命感,在监督岗位上认真履行职责。通过明查暗访、座谈问卷和现场评议等方式,分别参与区重点工程、政府采购、目标管理双百考核、执法检查、行风评议、党风廉政责任制检查、文明窗口检查评比和后备干部推荐评议工作的监督,有效地推动了我区廉政勤政建设和依法行政。为加强特约监督工作,区政协专题召开特约监督员座谈会,对特约监督工作进行研讨,成立了监督员工作组织协调小组,进一步加强特约监督工作的组织与协调。

围绕全区开展保持共产党员先进性教育活动坦诚建言。在全区开展党政机关保持共产党员先进性教育活动中,区委、区政府面向各党派团体和各界委员广泛征求意见。各民主党派和各界委员积极参与民主测评,认真填写《征求意见表》,提出意见建议85条。部分政协委员和民主党派成员还应邀参加区委、区政府以及相关部门召开的专题座谈会,就深入搞好保持共产党员先进性教育活动坦诚建言。先进性教育活动开展期间,共报送《社情民意信息》和情况专报32期,提出意见建议68条。

三、发挥优势,群策群力,不断提高参政议政质量

充分发挥政协人才荟萃、智力密集的优势,重视委员主体作用的发挥,把参政议政工作抓好抓实。

围绕三大功能区建设积极建言立论。城市功能定位后,多次组织委员深入奥运森林公园、CBD中央商务区、望京电子城高新技术园区调查研究。在认真调研的基础上,围绕三大功能区建设,区政协、区委统战部联合召开第一次议政会。19位政协委员和党派团体人士,围绕依法保障功能区建设、重视建设节约型功能区、建立完善协调机制和奥运安全应急机制等方面坦诚建言,提出意见和建议近百条,为区委、区政府决策提供参考依据。议政会后,根据士祥书记"要深层次研究,大力度落实"的要求,与区政府相关部门进行了延续研究和跟踪落实。

认真抓好提案办理。二次全会期间,经提案委员会审查立案222件,其中党派提案24件。在提案办理上,注重加强领导,规范办理,加强督查,促进工作。采取党派提案和重点提案领导督办、复杂提案联合商办等方式,加大办理力度。士祥书记十分重视党派提案办理工作,批示"要加强与政协的沟通,研究创新督办机制,关键在办案成果上下功夫,让党派满意,促进各项工作"。陈刚区长以及各位区级主管领导对党派提案、重点提案分别做出批示。由区政协领导带队,分别对农村生活饮用水管理、失地农民问题、望京地区业主委员会建设、加强职业技术教育培训等重点提案进行督办。提案委员会通过召开座谈会,分专题安排现场检查督办,促进提案办理。召开第二次提案工作座谈会,进一步规范提案工作。设立提案提交、办理网络系统,搭建提案审查、交办、督办、反馈、监督等运行平台。去年,提案办复率达100%,满意率达94.6%以上,共有26件党派、委员提案受到表彰。

扎实做好专题调研。去年,常委会和各专委会围绕政府采购、拆迁安置、文化产业、职业教育、公共卫生、流动人口、民族社区建设和蔬菜安全等重点课题,组成专题调研组深入调研,形成8个调研报告,提出意见和建议58个方面189条。拆迁安置专题调研组通过加强与政府相关部门的沟通，赴外省市学习考察，就转变拆迁观念、加大政府主导力度、调整拆迁政策、扶持贫困家庭、规范拆迁程序、发挥人大政协作用等方面提出切实可行的建议。与市政协教文卫体委员会合作，完成提升我市市民素质有关问题的调研报告，经市政协常委会审议通过，形成市政协常委会建议案。区老政协委员联谊会开展系列调研活动，完成5个调研报告。

*积极开展视察活动。*一年来，由区政协领导带队先后对功能区建设、农村基础设施建设、药品监督管理、环境保护、绿化美化、食品安全、现代服务业、文化教育和公共卫生事业等方面进行视察活动28次，提出意见和建议65条。各专委会分别组织委员对世青赛筹备工作、市场拆迁、公共卫生建设、文化产业聚集地、基层文化场馆、民族社区、宗教场所、职业学校、蔬菜市场以及外来人口聚集区开展视察活动45次，提出建设性意见120余条。全会前，组织全体委员进行集中视察，重点视察了天利深冷设备有限公司、东方冠捷电子股份有限公司、区垃圾无害化处理中心、向军北里城中村、三间房地区动漫基地、豆各庄地区张义祠堂等单位和场所。区委、区政府对委员视察活动高度重视，精心安排，区政府主管领导全程陪同，各接待单位主要领导亲自介绍情况，视察活动取得圆满成功。

*全力推进委员进社区工作。*成立委员进社区工作领导小组，完善36个委员社区活动联络小组，制定《委员进社区工作实施办法》，进一步规范委员进社区工作。各街乡重视制定小组活动计划，通过建立委员岗位责任制和委员视察、联系社区制度，采取聘请委员担任社区顾问，参与街道接待日活动等形式，积极为委员活动搭建平台。委员们立足本地区、本岗位，充分发挥自身优势，深入社区，参加居民代表会，协助街乡关注弱势群体，抓好基层文化建设，帮助解决群众关心的难点、热点问题，为构建和谐社区起到了积极的促进作用。

四、把握主题，凝聚力量，为构建和谐朝阳作出贡献

坚持团结和民主两大主题，重视发挥人民政协爱国统一战线组织作用，积极为构建社会主义和谐社会首善之区作出贡献。

*举行纪念抗日战争胜利60周年系列活动。*区政协举办形式多样的庆祝、纪念活动。组织常委赴东北抗日联军根据地和烈士陵园接受爱国主义教育，组织部分专委会委员参观"焦庄户地道战旧址"和《伟大的胜利——纪念中国人民抗日战争暨世界反法西斯战争胜利60周年大型主题展览》，进一步缅怀抗日英雄不朽功绩。召开专题座谈会，各民主党派、各界委员代表作专题发言，回顾各民主党派和中国共产党风雨同舟，肝胆相照，为中国抗日战争胜利共同奋斗的光辉历程，弘扬以爱国主义为核心的民族精神。

*发挥各党派团体和各界别委员作用。*认真学习贯彻中共中央5号文件、市委9号文件和区委相关文件精神，学习政协章程和统战知识，不断巩固团结合作的政治基础。重视发挥民主党派、工商联和无党派人士的作用，多次邀请各民主党派、工商联负责人参加政协会议，组织党派团体和无党派人士中的专家、学者参与课题调研。重视党派提案在我区民主政治生活中的重要作用，加大民主党派提案的督办力度。重视利用专委会联系各界委员开展工作，有效地发挥各党派团体和各界别委员作用。

*做好民族宗教和港澳台侨工作。*落实《北京市少数民族权益保障条例》和《宗教事务条例》，调研少数民族聚集区社区建设，视察我区清真寺和基督教堂建设，推动党的民族政策和宗教政策在我区的进一步贯彻落实。重视做好港澳台侨工作，先后组织学习贯彻全国"两会"精神和《反分裂国家法》，举办台海形势分析和加强新形势下侨务工作报告会，召开促进两岸关系发展座谈会，积极开展对台工作。

五、加强学习，营造氛围，推动政协各项工作有效开展

适应形势发展的要求，积极采取各种措施，加强自身建设，带动各项工作顺利开展。

*加强学习培训，不断提高议政能力。*常委会议安排专题讲座和理论学习，先后举办两岸关系的现状和趋势、人文奥运与软环境建设等专题辅导报告和党的十六届五中全会精神的专题学习。组织委员听取区政府相关部门的工作情况通报，举办学习中央5号文件精神等专题讲座，召开看国外奥运、解读北京人文奥运专题报告会。为委员订阅《人民政协报》、《朝阳报》，定期发放《政协简报》、《委员论坛》和《学习文选》等资料，不断提高委员知情议政能力。

*加强政协机关建设，推进各项工作上水平。*按照区委的要求和部署，区政协机关扎扎实实开展保持共产党员先进性教育活动，研究建立保持共产党员先进性的长效机制，努力提高机关党组织的建设水平，不断提高党员的政治觉悟和素质。进一步落实《朝阳区政协机关关于开展创建文明机关活动的实施意见》和《关于加强机关思想作风建设意见》，推进机关思想作风建设和文明创建工作。去年，区政协机关被评为全区文明机关单位。

*加强新闻宣传，做好文史资料工作。*利用朝阳有

线、《朝阳报》进行新闻和专题报道78次,宣传了政协的重要活动和工作。在《朝阳报》开辟“朝阳风物”专栏,与人大、广电中心创办《和谐在线》,拓展了委员参政议政渠道。《学习文选》和《委员论坛》等刊物,为委员履行职能提供了理论支持和舆论阵地。编辑出版《北京文史资料精选·朝阳卷》、《朝阳文史》,扩大了政协工作的社会影响。

加强联谊交流,有效促进政协工作。两次参加全国十三城区(市)政协工作研讨会,各专委会分别组织委员赴外地、外区县政协学习考察。多次接待全国政协、市政协领导以及城建环保委员会、社会和法制委员会、教文卫体委员会、民族和宗教委员会来我区的视察调研活动,市有关区(县)政协和兄弟省(市)政协来我区的交流考察,进一步扩大了联谊和交流。

各位委员,2005年所取得的工作成绩,是中共朝阳区委正确领导、市政协大力指导和区政府及社会各界全力支持的结果,是参加政协的各党派团体、各界委员共同努力的结果。在此,我代表区政协常委会向大家表示衷心的感谢!同时,也应该看到在工作中的不足,主要是:发挥委员主体作用方面有待提高;建言立论的水平和质量有待提高;政协机关的服务意识和能力有待提高等。这些问题都需要在今后工作中加以解决。

2006年主要任务

2006年是实施区“十一五”规划的开局之年,做好今年的工作,意义重大。区政协要坚持以邓小平理论和“三个代表”重要思想为指导,根据区委工作部署,围绕“加强城市管理、迎接奥运盛会和促进科学发展”的全区中心工作,服务大局,突出重点,扎实履行政协职能。今年主要任务是:

一、学习贯彻中央和市、区全会精神,增强履行职能的责任感和使命感

认真学习贯彻中共中央十六届五中全会和区委九届六次全会精神。常委会要从政协的特点和优势出发,通过专题学习和理论研究,指导实践,推动工作。要通过各专委会组织各界委员搞好学习,不断提高理论水平和政策水平,增强履行职能的责任感和使命感。通过深入学习,提高政协委员知情议政能力,为全面贯彻落实科学发展观,构建和谐社会,促进“十一五”期间朝阳区经济社会协调发展做出新的贡献。

二、围绕区“十一五”规划实施和全区重点工作,提升履行职能的水平

选择区“十一五”规划实施中的重要问题和城市管理、文化产业等重点工作,通过常委会议、主席会议以及议政会、座谈会等形式搞好政治协商。指导各专委会加强同区职能部门的对口协商,致力于全区的改革、发展和稳定。围绕党和国家方针政策的贯彻情况、区委和区政府决策的落实情况、法律法规的执行情况以及人民群众普遍关心的热点、难点问题,加强民主监督。准确把握参政议政的切入点,集中政协的优势资源,围绕功能区建设、城市基础设施建设和社会事业发展等问题开展视察调研,积极参政议政。

三、充分发挥专委会的基础作用和委员的主体作用,进一步活跃政协工作

发挥专委会基础作用,不断创新发挥委员主体作用的新形式、新渠道。以专委会为依托,围绕区委的中心工作,群众切身利益和改革、发展、稳定中存在的深层次问题搞好专题调研。坚持从实际出发,组织各界别委员围绕功能区建设、文化创意产业与现代传媒发展、城乡环境整治、安全社区建设以及社会保障体系完善等方面,通过对口协商、视察座谈等形式,积极建言献策。把发挥好界别委员的作用和加强反映社情民意工作列为专委会的重要工作,通过各个界别加大社情民意信息报送力度。围绕和谐社区、和谐乡村建设,进一步加强委员进社区工作。

四、发挥人民政协统一战线组织优势,为构建社会主义和谐社会贡献力量

贯彻落实中共中央5号文件和市、区相关文件精神,加强同各界委员的联系,增强人民政协的凝聚力。加强同民族宗教界代表的联系,促进民族和宗教政策的落实。加强与港澳台侨胞的联系交流,努力做好港澳台侨工作。了解各阶层人民群众的愿望和要求,多做察民情、解民忧的工作。适时组织以“构建和谐”为主题的慈善募捐活动,开展以“风雨同舟”为主题的委员联谊活动,做好以“与时俱进”为主题的政协总结工作。

五、不断提高政协自身建设水平,为履行好政协职能营造良好氛围

发挥常委会的集体领导作用,加强对专门委员会的领导。支持和引导各专委会的工作,组织好界别委员活动。创新委员知情议政途径,扩大委员信息量;创新委员学习培训方法,扩大委员的知识面;创新实效性活动载体,扩大委员的参与面。重视同区委、区政府相关部门的对口联系,重点加强政协与政府及职能部门沟通的制度化、规范化建设,增强履行职能的实效。巩

固和扩大先进性教育的成果，加强政协机关自身建设。重视同市政协、各区（县）政协和兄弟省、市政协的联系和交流，进一步做好政协新闻宣传和文史资料工作，促进政协工作整体水平的提高。

各位委员，新的形势令人鼓舞，新的任务催人奋进，实施国民经济和社会发展"十一五"规划为政协履行职能提供了广阔天地，让我们继续以邓小平理论和"三个代表"重要思想为指导，按照以科学发展观统领经济社会发展全局的要求，牢牢把握团结和民主两大主题，在中共朝阳区委的领导下，振奋精神，锐意进取，为开创我区"十一五"期间经济社会发展新局面做出新的更大的贡献！

朝阳区人民检察院工作报告（摘要）

——2006年1月8日在北京市朝阳区第十三届人民代表大会第三次会议上

朝阳区人民检察院检察长　王一俊

各位代表：

我代表朝阳区人民检察院向大会报告2005年的工作和2006年工作设想，请予审议。

2005年的主要工作

一、以构建和谐社会为目标，全面履行检察职能

（一）提高打击和预防刑事犯罪能力，全力维护社会稳定

认真履行审查批捕、审查起诉职能，共批准逮捕各类刑事犯罪嫌疑人3260人；提起公诉3002件4133人。

依法从重从快打击严重刑事犯罪。坚持把严重暴力犯罪、黑恶势力和有组织犯罪以及抢劫、抢夺、盗窃等影响群众安全感的多发性侵财犯罪作为打击重点。全年共批准逮捕"三类"重点案件犯罪嫌疑人2108人，提起公诉1487件2136人。参加严厉打击赌博违法犯罪统一专项斗争，共批准逮捕赌博犯罪嫌疑人38人，提起公诉34件52人。对"法轮功"邪教组织犯罪案件实行专案专办，全年提起公诉7件7人。

注重办案的法律效果、社会效果相统一。一是慎重处理因人民内部矛盾引发的案件，全年共对21名此类犯罪嫌疑人作出不批准逮捕决定，对29人作出不起诉决定，较好地化解了社会矛盾。二是妥善处理未成年人犯罪案件，立足于教育挽救，慎用逮捕措施，对5名未成年人作出不批准逮捕决定。

认真落实检察环节上的社会治安综合治理措施。把疏导化解矛盾贯穿于检察工作的各个环节，防止因工作不当或不周，出现新的矛盾纠纷。全年共接待来访群众843人次，办理各类信访案件663件。积极发挥检察建议的作用，全年共发出检察建议34份。

（二）提高依法打击和预防职务犯罪的能力，促进反腐败斗争不断深入

全年共受理贪污贿赂等职务犯罪案件92件130人，立案侦查25件34人。受理并初查渎职侵权职务犯罪案件11件，立案2件穴均为要案，现已移送审查起诉　雪。

深入查办贪污贿赂大案要案。立案侦查百万元以上大案10件，比上年增长150%；查办县处级以上领导干部犯罪要案4件4人；大案要案数占立案总数的80%。办理了中纪委、市纪委交办的专案2件，并通过缜密侦查，使2件专案的涉案金额均由立案之初的10余万元突破至上千万元，为国家挽回经济损失7000余万元。

集中力量查办渎职侵权职务犯罪案件。建立并完善行政执法与刑事执法相衔接的工作机制。加强对行政执法活动的监督，开展打击制售伪劣商品犯罪及侵犯知识产权犯罪立案监督专项活动。

积极开展犯罪预防工作。完善市国资委和区属国家机关预防职务犯罪网络，突出对主要工作环节、重要工作岗位的犯罪防范。积极参与奥运工程和重点工程的职务犯罪预防。深入开展调研和总结，撰写了多篇调研文章，得到北京市有关部门的高度重视。

（三）提高诉讼监督能力，推进法律的统一正确

实施

大力开展立案监督工作。坚持“有线索必查、有案件必办、办案必有结果”,受理刑事立案监督线索43件,要求公安机关说明不立案理由36件。以打击制假售假、侵犯知识权犯罪立案监督专项活动为契机,召开工商、税务、烟草等行政执法部门参加的联席会,形成打击合力。

全面进行侦查监督工作。逐案跟踪批准逮捕或不批准逮捕决定的执行情况及变更、撤销情况,对因事实不清、证据不足而不批准逮捕并附补查提纲的,加强对补查情况的跟踪监督。制发《应当逮捕犯罪嫌疑人意见书》8份,已追捕到案4人;对公安机关口头提出纠正违法意见26次,制发《纠正违法通知书》2份。

进一步强化审判监督和刑罚执行监督。依法提出刑事抗诉案件5件,上级检察机关支持抗诉4件,审判机关已改判2件。在刑罚执行监督方面,重点开展“减刑、假释、保外就医”专项检查活动;受理在押人员控告、检举案件11件,审结9件,依法保障在押人员合法权益。

深入开展民事行政检察监督。受理民事行政申诉案件121件,审结113件。首次派员出庭支持民事抗诉案件,为更好地发挥检察监督职能作出了有益尝试。对不服法院正确判决、裁定的97件申诉案件的当事人,做好息诉服判工作,化解误解,维护司法权威。

努力提升控告申诉检察工作水平。共对141件举报线索进行初查;办理刑事申诉案件12件、刑事赔偿案件4件。建立上门受理公民举报和回访举报人制度。推出《朝阳区人民检察院关于奖励举报有功人员工作办法》。

二、以开展“规范执法行为,促进执法公正”专项整改活动为载体,提高公正执法水平

(一)推行精细化管理,促进执法规范化

一方面抓程序环节的分解和细化;另一方面确立案件质量标准,以提高案件质量。完善了业务部门、案件评查部门、检察委员会和检察长的四级监督网络,强化规范化建设。成立线索评估小组,加强对案件线索的管理。建立案件质量复查监控机制,确保案件质量。

(二)出台执法为民新举措,维护诉讼参与人合法权益

一是改进干警工作作风,杜绝不文明现象。二是认真落实便民维权措施,完善对犯罪嫌疑人、被害人、申诉人和律师的权益保障制度。三是与北京市红十字会紧急救援中心签订合作协议,设立“999”急救站。

(三)加大科技强检力度,提升检察工作质量和效率

对自侦案件实行全程同步录音录像;实行赃证物的网上管理与监督,对赃证物收结情况通过网络进行查询、统计,对临近办案期限的赃证物进行预警。自主研发了网上办公系统和自侦案件侦查指挥系统。

(四)拓宽外部监督途径,强化检务公开

向人大常委会专题报告反贪工作,邀请人大代表进行座谈,认真办理人大常委会交办的信访案件,组织特约监督员旁听刑事案件庭审。积极拓宽人民群众以及媒体的监督渠道,增强工作透明度。

三、以开展先进性教育活动为契机,加强检察队伍建设

(一)抓思想建设,认真开展先进性教育活动

加大对先进人物的宣传力度,组织全体干警认真学习先进典型事迹,在干警中树立了保持共产党员先进性的具体标尺。制定了《朝阳区人民检察院推进基层党建工作创新的意见》。

(二)抓人才培养,锻造高层次专业化人才队伍

一是突出班子建设,提升班子科学决策水平和领导能力。二是强化对处、室领导和后备干部的培养力度,提高他们的综合素质。三是开展“检学共建”活动,突出对新知识、新技能、新本领的培训。四是注重对办案技能的培养,提高干警揭露犯罪、明晰法理的论辩水平。五是成立理论研究会和写作小组,开展调查研究,提升队伍理论研究的水平。

(三)抓机制创新,提高队伍管理科学化水平

一是建立健全职位说明书及配套管理制度,增强队伍的责任意识。二是创新招录方式,严把进人关,增加对抗式辩论和心理测试等内容,确保人员素质。三是优化人员配置,降低用人成本。

面对新任务、新要求,我们也清醒地认识到工作中还存在一些与形势不适应的问题。主要是:检察人员法律监督的意识和能力需要进一步加强;队伍整体素质和执法规范化程度有待进一步提高;专家型人才的培养力度需要进一步加大;检察宣传工作需要进一步提升;检察理论研究需要进一步深化等。对于这些问题,我们将以高度的责任心,认真总结经验教训,分析产生问题的根源,有针对性地采取得力措施,努力加以解决。

2006年工作设想

一、着力加强法律监督能力建设,确保全面正确履行法律监督职责

继续增强法律监督能力,拓宽监督渠道,提高监督实效。积极推进反贪工作侦查一体化、执法规范化、管

理科学化、队伍专业化和装备现代化的“五化建设”。深入开展职务犯罪预防工作，强化宣传和警示效果。探索在检察环节打防结合的社会治安防控举措，完善维护稳定工作机制。综合运用法律、政策等手段和调解等方法，立足于在检察环节解决矛盾纠纷。

二、着力增强检察队伍整体素质，为履行法律监督职责提供保障

以推进检察业务、队伍和信息化建设“三位一体”的工作机制为重点，进一步加大教育培训工作力度。巩固先进性教育活动的成果，牢固树立正确的执法观，倡导和弘扬“忠诚、公正、清廉、严明”的检察职业道德。制定多层次培养计划，按业务类型推荐并确定重点培养人员，建立人才培养长效机制。

三、着力深化改革和规范管理，为履行法律监督职责提供新的动力

继续深入开展“规范执法行为，促进执法公正”专项整改活动，大力推进执法规范化建设。统一执法标准，明确岗位职责，完善执法责任追究制度。健全事前、事中、事后相衔接的监督制约制度。完善办案质量考核评估办法，加强案件流程管理和质量控制。建立执法档案，完善干警执法诚信制度。探索建立检务督察制度。

四、自觉接受人大监督，确保履行法律监督职责的正确方向

继续改进和深化接受人大监督工作。定期向人大代表报送检察信息，邀请代表参加检察业务活动。在本院互联网页设置人大代表专栏，加强与代表的联系，认真听取代表的意见和建议，积极整改。

面对新的形势，我们要高举邓小平理论和“三个代表”重要思想伟大旗帜，全面落实科学发展观，以高度的政治责任感、紧迫感和使命感，扎实开展检察工作，为开创“十一五”时期经济社会新局面，构建社会主义和谐社会，维护首都良好稳定的社会环境，促进我区“三化四区”建设，作出新的更大贡献！

朝阳区人民法院工作报告（摘要）

——2006年1月8日在北京市朝阳区第十三届人民代表大会第三次会议上

朝阳区人民法院院长　李新生

各位代表：

现在，我将朝阳区人民法院2005年的工作情况和2006年的工作思路报告如下，请予审议。

2005年的工作回顾

一、充分发挥审判职能，审判、执行工作取得新成果

2005年共收案51783件，结案50751件，同比分别上升9.9%和16.8%，结案率为98%；人均结案154件，审均结案293件。

刑事审判工作：严厉打击、惩治抢夺、抢劫等严重危害社会治安的犯罪分子和破坏社会义市场经济秩序犯罪、职务犯罪、“法轮功”犯罪等各种犯罪行为。全年审结刑事案件3166件，判处犯罪分子4334人，同比分别上升11.2%和13.7%。民商事审判工作：认真处理公司、金融债券、保险、知识产权等案件，审结民商事案件33227件，同比上升12.4%。行政审判工作：妥善审结行政案件576件，有效维护了公民、法人和其它组织的合法权益，促进依法行政。执行工作：加大对生效判决的执行力度，执结案件13559件，执结率为98.4%，执行标的到位率为96%。通过审判和执行工作，处理案件标的额达50亿元，为辖区挽回直接经济损失14亿元、避免间接经济损失20亿元。

积极参与社会治安综合治理，加强和改进司法建议工作，全年发出司法建议40条，努力促进有关单位堵塞漏洞、加强管理。

二、大力创新工作机制,司法改革取得新进展

(一)着眼和谐与发展,全面推广庭外和解工作

在全国法院系统率先推出"三项制度"为主体的庭外和解模式。一是法官助理庭前调解制度。二是特邀调解员参与调解制度。三是律师主持和解制度。与北京市律师协会签订意向书,与区司法局沟通开通三条律师和解热线。年内,对已立案的案件,庭外和解、法官调解、立案息诉化解纠纷等共计2.3万件。此项工作得到了中央、北京市有关领导的充分肯定。市委书记刘淇认为"可在全市逐步推广朝阳法院经验";中央政法委副书记周永康指出"北京朝阳法院的经验值得推广,形成人民调解、治安行政调解和司法调解有机结合的工作机制,实现了化解矛盾纠纷、构建和谐社会的目标"。

(二)着眼公正与效率,初步探索均衡结案工作

推出了《关于均衡结案工作的管理规定》,合理确定季度、月结案指标;严格实行级级负责制;明确责任追究制;加强数据统计,统筹安排。全面开展均衡结案工作以来,创下了月结案6972件的记录,平均月结案保持在6300件左右。

庭外和解与均衡结案两项重点措施,有效促进了审判质量和效率的同步提高,全年各类案件改判率为5.5%,发回重审率为1.8%。

三、坚持便民、利民、护民思想,司法为民取得新成绩

(一)以建设和解大厅、和解室为重点,进一步强化亲民意识,打造爱民形象,营造良好的诉讼环境

全院共有和解室64个,打破传统的审判法庭庄严肃穆的格调,体现传统文化的特点。北京市高级人民法院院长秦正安陪同人大代表视察了和解室,代表们认为"和解室温馨优雅,让人不觉得紧张,有利于矛盾的解决"。

(二)以开展"先进性教育活动"和"规范司法行为、促进司法公正"活动为契机,进一步强化审判管理工作,努力提高人民群众满意度

一是加强领导班子建设。出台了《关于院级领导在各项工作中以身作则发挥带头作用的决定》。二是加大管理力度。对审判管理、队伍建设等各方面的规章制度,进行系统的废、改、立。三是进一步发挥人民陪审员的作用。全年邀请人民陪审员参与审判1263人次,陪审案件835件。四是开展专题教育活动。认真学习先进典型的先进事迹。五是高度重视信访工作。设立信访办公室,制定《信访工作办法》,规范信访程序,及时处理信访问题。

(三)以强化司法宣传工作为手段,为人民群众知法、守法、依法维权提供法律服务

选择典型案件、焦点案件以及与人民群众生活密切相关的类型化案件,实行就地审判,进行法制宣传;开展"送法进社区"、"送法进街乡"、"送法进企业"等活动;组织中央、市、区各种媒体宣传先进典型,扩大影响力。

四、多方位拓宽接受人大监督渠道,司法水平获得新提高

全年办理人大代表提出的建议21件,全部在期限内办复;加强对重大事件、重要活动的信息报送工作,每月制作"法情通报",由区人大集中送到每位代表手中。邀请人大代表担任特邀监督员鸦拓展接受人大代表监督的范围,邀请人大代表跟踪案件审理、深入执行现场等重要活动;认真倾听人大代表的意见和建议。

五、尊重、关心干警,队伍建设取得新成效

一是促进干警政治上的成长与进步。建立个人业绩档案,作为使用、晋升、评优的依据。二是努力提升干警业务水平。加大业务培训力度,开办"法官讲坛",邀请专家学者进行研讨和论证。三是关注干警思想动态。出台了《领导干部谈话谈心制度》、《队伍建设工作联系点制度》、《政工联席会议制度》等规定。四是努力改善工作和生活条件。初步缓解了办公用房紧张的状况,解决了部分庭室的公车配备和派出法庭的用餐问题。

在肯定成绩的同时,也清醒地认识到工作中仍存在着许多不足。主要是:审判任务与审判力量严重失调的矛盾日益突出;在少数法官思想中,宗旨意识、群众观念尚未牢固树立;一些人民群众反映的突出问题还没有得到根本解决;整体素质尚不能完全适应区域环境和发展的需求;遵循审判规律,细化制度管理,提升工作水准仍需探索和完善;为年轻干警搭建成长平台、创造发展机遇的途径仍需拓宽。对此,我们将加大整改力度,并恳请各位代表予以理解、帮助和监督。

2006年工作思路

2006年,我们将重点做好以下几方面的工作:

第一、抓核心,继续做好审判、执行工作

严厉打击影响我区稳定的恶性犯罪和破坏社会主义市场经济秩序的犯罪;正确处理新形势下人民内部矛盾,认真解决人民群众最关心、最直接、最现实的利益问题,及时审理婚姻家庭、劳动争议、房地产等案件;妥善处理公司、企业、金融、知识产权、行政等纠纷;加大强制执行力度,提高执行实效;继续延伸审判职能,从基层普法入手,抓好法治共建工作,提高人民群众的

法律意识。

第二、抓关键，巩固和深化司法改革

一是继续完善庭外和解工作。全面树立调解和解思想，总结调解经验，提高调解水平，保证调解效果；二是大力抓好均衡结案工作。发挥人员的主动性和创造性，多措并举，推动审判工作的良性运转。

第三、抓根本，努力造就一支高素质法官队伍

一是增强审判工作的细致性。对存在的问题不回避、不袒护，从解决问题入手，从细节入手，二是增强人员使用的科学性。进一步探索和完善激励与使用机制。三是增强人员培养的规划性。充分发挥老法官的宗旨意识较强、审判经验丰富、审判技能娴熟的优势，对年轻法官进行培养，尽快实现年轻法官从知识优势到能力优势的转变。

第四、抓实效，进一步做好基础工作

一方面，提升内部管理水平调整工作思路，抓规范管理，抓细节落实，加强基础性工作，为人民群众提供良好的司法环境。另一方面，完善接受监督机制。继续加大改进和深化接受人大监督的工作力度，创新形式，拓宽范围，为人大代表深层次了解法院工作创造条件，增进代表对法院工作的理解、帮助和支持。

新的一年，我院要在区委的领导、区人大的监督和区政府的大力支持下，全面落实科学发展观，用“公正与效率”检验工作，用尊重和关心凝聚士气，用司法为民贴近百姓，振奋精神，扎实工作，抓住机遇，迎接挑战，为深化基层平安建设创造新成绩、做出新贡献！

朝阳区2005年国民经济和社会发展计划执行情况与2006年国民经济和社会发展计划草案的报告(摘要)

——2006年1月在北京市朝阳区第十三届人民代表大会第三次会议上

朝阳区发展和改革委员会主任　张春秀

一、2005年国民经济和社会发展计划执行情况

全年地区生产总值完成1230.4亿元，同比增长10%；区级财政收入完成85.3亿元，同比增长24.6%，完成年计划的112.9%；社会消费品零售总额完成777.9亿元，同比增长13.9%；固定资产投资完成359亿元，同比增长9%。1至10月完成外贸出口总额77亿美元，占全市的30.8%。城镇居民人均可支配收入17411元，同比增长10.5%，完成年计划的102.3%；农民人均纯收入11085元，同比增长8%，完成年计划的100%。城镇登记失业率控制在2%的计划范围内；城镇登记失业人员再就业率53.57%。人口自然增长率1.7‰。建成区生活垃圾无害化处理率达到100%，完成年初目标。

(一)区域经济总量持续增长，结构质量效益稳步改善

经济运行效益快速提升，综合引力继续增强。全区当年财力稳步提升，达到61.2亿元，同比增长29.1%。区域投资吸引力明显增强。新登记内资企业1.82万户，同比增长6.4%；全区累计登记注册企业17.36万户，同比增长26.3%。新增三资企业763家，同比增长62.7%，18家世界500强企业新入驻我区；实际利用外资14.6亿美元，同比增长13.2%，占全市实际利用外资额的42.7%。

增长方式加快转变，经济质量稳步提升。土地综合收益得到提高，资源节约程度进一步提升。结合“十一五”规划编制，深入开展区域循环经济研究，明确了发展循环经济的初步思路。

空间布局更加合理，核心产业加快发展。加大基础设施建设力度，功能区产业聚集效应不断提升。CBD区域内以金融保险、信息咨询、文化传媒等为主的现代服务业加速聚集。电子城地区高新技术企业入驻和重点项目建设同步加快，产业发展空间进一步扩展。农村地区产业结构不断优化，二、三产业比重逐步提升。

(二)基础环境建设力度加大，区域发展承载力不断提升

奥运工程建设有序推进。完成了《朝阳区2008年奥运工程建设计划》蓝皮书的编制工作。奥运森林公园景观南北区4000余亩园林绿化任务已完成。推进了奥运体育中心、国家游泳馆等主场馆建设。奥运承载区水环境治理进展顺利。

公共交通体系构建力度加大。朝阳路一期等5条城市主干路和松榆北路等11条城市次干路建成通车,推进西大望路、通惠河北路等22条道路的建设,提高了CBD、望京等重点区域的交通效率。推进了地铁5号线、10号线站点周边的拆迁工作。

区域综合环境整治工作取得新成效。水环境建设加快推进。加大“城中村”整治和拆除违法建筑工作力度。制定实施了朝阳区环境建设规划,加强重点地区周边环境的整治力度。制定了《朝阳区户外广告规划设置实施意见》。加大了绿化建设力度和大气环境监测、治理。

(三)社会事业快速发展,公共服务能力显著增强

科技创新支持力度加大。完善创新服务体系,成立了生产力促进中心,在信息、政策等方面加大对企业、中介组织和科研机构的服务支持力度,推进了企业技术创新能力的提升,加速科技成果转化。

教育体系更加完善。强化“教育为本”思路,兼顾均衡、优质两个重点,提升区域教育整体水平。加强农村小学的撤并改造,加大教育资金投入,促进城乡教育均衡发展。挖掘教育潜力,缓解来京务工人员子女的入学难问题。深化办学体制改革,吸引社会资金4.9亿元,扩充我区优质教育资源。

公共文化事业发展稳步推进。文化设施建设进一步加快,继续开展“社区一家亲”等群众性文体活动,丰富人民群众的文化生活。成功举办首都学生艺术节、国际风情节等文化活动,朝阳文化特色品牌逐步形成。

公共卫生服务体系得到健全。创建全国社区卫生服务示范区工作顺利通过市级评估和国家级复评验收。推进社区卫生服务体系建设。新型农村合作医疗稳步推进,农业人口基本医疗参保率达95.66%。健全卫生防病三级网络,加大医疗救助体系建设,社区卫生服务组织全部纳入医疗救助机构。

各项体育事业加快发展。世青赛主体育场已基本建成并投入使用,其他工程项目加紧建设。公共体育设施建设稳步进行,丰富市民的体育生活。

(四)区域改革力度加大,各项机制不断创新

政府投资体制改革继续深化。规范政府投资项目管理,降低建设成本。多渠道筹措资金,拓宽基础设施建设的融资渠道。依据行政许可法,对《政府核准投资目录》以外的非政府投资项目全面实行备案制,落实企业投资自主权。

城市管理体制改革有序展开。制定了《朝阳区关于加强城市现代化管理的实施意见》。启动了12个街道的网格化管理工作,加快人口、环境和市政设施等信息数据库的建设,城市精细化管理水平提升。加强基层社区建设,完善社区服务体系。

国有资产管理体制改革稳步推进。完成清产核资工作,为确定下一步全区国有经济布局和结构调整提供依据。区属国有企业改制步伐加快,对国有资产的监管力度加大,制定了全区国有资产处置办法和重大事项报告制度。

(五)注重区域发展公平保障,努力构建和谐社会

劳动就业服务力度加强。就业服务组织体系不断完善,建成基层劳动保障平台;依托职介机构共开发岗位10万个,加大就业培训力度,实现转移就业。

社会保障体系更加完善。出台《朝阳区新型农村社会养老保险试行办法》及《实施细则》,基本形成了完整的农村保障政策体系。

实事工程全面推进。农民饮用水工程全部完成,初步解决农村安全饮水问题;危改与农民新村建设稳步推进;市挂帐的10处垃圾堆已全部治理完毕。

困难群体利益保障得到加强。在全市率先实现了城乡低保制度的并轨。加大社会救助力度。制定并实施《2005年至2007年无障碍设施建设和改造“倒排工期”工作预案》。

2005年国民经济和社会发展计划执行情况良好,主要得益于三项重点工作的开展:一是全面加快重点功能区建设,促进区域产业结构调整和优化升级。二是大力推进农村城市化进程,促进区域统筹协调发展。三是做好“十一五”各项规划编制,超前谋划区域发展战略。

在充分肯定成绩的同时,我们也清醒的认识到,在发展中仍然存在一些问题和挑战:一是重点建设任务繁重,短期内高强度的建设任务给区财力、人力造成很大压力,急需深入研究实现资金统筹与建设需求对接的有效方法。二是区域基础设施承载力、流动人口管理等问题对区域发展的制约作用日益明显,城市综合压力进一步增大。三是城市管理机制尚不完善,如何进一步提高社会公共服务的能力和水平,已成为落实首都城市功能拓展区定位要求过程中急需解决的重要问题。

二、2006年经济社会发展计划总体考虑和措施安排

2006年我区国民经济和社会发展主要调控目标安排如下:区域财政收入同口径增长12%;城镇居民

人均收入和农民人均纯收入增长6%以上；城镇登记失业率控制在2.5%以内，失业人员再就业率达到60%以上；城市绿化覆盖率达到43.5%。

（一）以科学发展观为统领，加快功能区建设，奠定“十一五”经济发展良好开局

深化可持续发展理念，提升区域经济运行质量。完善有利于现有资源节约的政策体系和工作机制。细化区域产业发展指导目录。加强重要资源的监测分析，健全土地投资强度和产出强度、单位能耗产值等指标体系，建立资源动态监督和统计机制。发挥中小企业产业发展资金的作用，支持企业技术改造。建立能源价格引导长效机制，引导企业有效利用资源。

落实功能区布局思路，推进产业结构优化升级。加快奥运功能区建设，制定《奥运功能区配套服务设施规划》。

大力提升CBD影响力，突出CBD国际金融、信息咨询、文化传媒功能特色定位，带动现代服务业加快发展。强化电子城发展基础，抓住自主创新能力提高和高端产业链引进，加快重点项目建设。强化与在京的中央部委、科研院所和大企业的联系，实现有效对接，促进功能区的加快发展。积极整合文化资源，规划建设文化创意产业发展园区。调整完善农村乡域规划，加快重点产业项目建设。

打造区域综合环境，提升经济发展速度。加大对外资进入的引导力度，优化利用外资结构，提高利用外资质量，带动区内产业升级。优化区域经济环境，在政府管理方式上与国际惯例接轨。发挥政府的引导、催化作用，增强市场自我服务功能。完善出台《朝阳区中小企业担保资金使用办法》，进一步明确担保资金的支持重点。

（二）以实现奥运建设目标为着力点，加快基础设施建设步伐，营造区域良好发展环境

保证奥运工程建设进度。全面启动奥运森林公园相关配套市政基础设施和公园景观工程。加快奥运周边道路建设和奥运承载区水环境治理。切实做好功能区配套设施建设。加快CBD地区道路及能源基础设施建设，满足区域发展需要。全面加快城市综合环境整治。统筹城乡道路规划，优化路网结构、提升道路设施质量。加强能源基础设施建设；加强水环境治理；加快新村建设和农民搬迁上楼步伐；继续做好绿化美化工作；加大大气污染控制力度。重点做好三大功能区、世青赛场馆周边和城乡结合部的环境整治。

（三）以提升公共服务能力为目标，加快社会事业建设，实现统筹协调发展

健全服务体系。优化公共教育服务体系，加快促进公共教育的标准化发展；深化办学体制改革，加快朝阳国际教育服务发展；加强对全区职业教育专业布局的规划和调整；完善科技服务和科技创新支持体系。健全公共卫生体系，加快社区医疗服务中心建设，稳步推进城乡医疗卫生体制改革，实现多种所有制医疗机构的共同发展。建立公共文化体育服务体系，加强文化设施建设与有效运营，广泛开展公共文化服务，提高全民健康水平。

促进均衡发展。按照城乡统筹原则，优先支持农村社会事业发展，促进基础教育、公共卫生、公共文化等资源配置均衡化。加强社区综合服务体系建设，从设施建设、健全功能等方面完善社区公共服务网络。

创新供给模式。推进公共服务资源整合，盘活尚未有效利用的社会事业资产，推进社会公共服务配套设施建设，满足人民群众需求。实行设施建设分类管理，鼓励社会公共服务主体多元化、供给模式多样化和运营方式市场化的发展。

（四）以提高公共行政效率为重点，深化各项体制改革，增强经济社会发展活力

深化政府投资体制改革。完善项目储备制度，健全政府投资项目前期评审、实施监管、建成评估和责任追溯制度，研究政府建设资金统筹管理和统一使用的工作机制，从粗放型向集约型转变。推进多渠道筹资，吸引社会资本参与道路、水环境建设。

加快国企和国有资产管理体制改革。健全国有资产监管体系，建立业绩考核、收益收缴、统计评价和审计监督制度。推进国有企业改革，加快以法人治理机构为主要特征的现代企业制度建设。

强化城市管理体制改革。完善城市网格化管理平台、城市管理监督中心和指挥中心的功能，健全城市监督员队伍与协管员队伍，探索政府行政与社区自治有效途径，最大限度贴近居民。

（五）以实现社会公平为核心，健全社会保障体系，努力构建和谐社会

扩大劳动就业规模。发挥社区组织、社会中介组织力量，建立岗位信息收集网络。加强定岗就业培训，采取定向招生、定单培训等方式，加大培训力度。促进就业困难人员就业，加大对就业困难群体的帮扶力度。健全社会保障体系。扩大社会保险覆盖范围，确保各项保险基金征缴率达到95%以上。扩大新型农村社会养老保险覆盖面。关注保护弱势群体。探索建立社会救助长效机制，推进救助社会化进程，推进社会救助体系建设。建设基层平安工程。加大奥运功能区所在街道的安全社区创建力度。加强科技创安工作，完善地区电子监控、楼宇对讲等。加强流动人口管理与服务，控制流动人口数量，优化流动人口就业和居住环境；促进城市居民出租房屋的规范管理。完善城市应

急机制。健全突发公共卫生事件总预案和相关应急分预案,建立“朝阳区公共卫生应急指挥中心”,完善急救网络应急体系。

2006年是“十一五”规划落实的第一年,全区上下将在市委、市政府和区委的领导下,在人大的监督支持下,以科学的态度、务实的作风和只争朝夕的精神,努力完成国民经济和社会发展计划的各项任务,为实现“十一五”规划的良好开局而努力奋斗。

朝阳区2005年财政预算执行情况和2006年财政预算草案的报告(摘要)

——2006年1月在北京市朝阳区第十三届人民代表大会第三次会议上

朝阳区财政局局长　尚　焰

一、2005年财政预算执行情况

(一)2005年财政收支总体情况

2005年,我区区级财政收入完成853037万元,比上年增加168142万元,增长24.6%,完成预算的112.9%。其中:固定收入107355万元,增长11.5%;共享收入718601万元,增长25.1%;非税收入18896万元,增长62.9%;基金收入8185万元,增长204.4%。主要收入科目完成情况是:营业税405451万元,完成预算的111.5%;企业所得税169247万元,完成预算的122.6%;增值税97560万元,完成预算的108.5%;房产税82444万元,完成预算的102.2%。

2005年我区当年财力完成611626万元,比上年增加137901万元,增长29.1%。其中:区级财政收入853037万元,扣除体制上解363698万元,加上体制补助42358万元,体制财力为531697万元,比上年增长23.7%,完成预算的110.2%;市追加专项53942万元,市区体制完善新增财力25987万元。

2005年财政支出完成604397万元,比上年增加133647万元,增长28.4%。主要支出科目完成情况是:基本建设及城市维护费支出109699万元,完成预算的123.7%;科技三项费用及科学支出7410万元,完成预算的102.4%;农业、林业、水利和气象支出19733万元,完成预算的136.2%;教育支出97518万元,完成预算的110.3%;医疗卫生支出33808万元,完成预算的128.3%;抚恤社救、行政事业单位离退休及社会保障补助支出105342万元,完成预算的115.5%;行政管理费和公检法司支出117463万元,完成预算的120.7%;基金支出8206万元,完成预算的284.8%。

当年超收收入75084万元的主要支出情况是:住房改革资金10000万元;教育法定支出增加9048万元;街乡经费预留6850万元;人防办建设128工程及检察院、人事局人才交流中心办公楼建设经费6753万元;风险准备金4215万元;征地超转人员补贴预留4000万元;城市网格化管理平台建设资金3898万元;2004年税源建设奖励追加2406万元;管委应急等工作经费2000万元;阳光财产保险股份有限公司享受CBD金融产业政策1451万元;经济社会可持续发展共享系统建设资金1150万元;工大附中示范校建设1000万元等。

以上相抵,实现“收支平衡、略有结余”。其他需要说明的有:

预备费支出7822万元,完成预算的97.8%,主要用于疫病防治、强化流动人口管理、解决农村地区历史遗留问题等政策性及临时性项目。

预算外资金收支情况是:预算外收入完成36925万元,同比减少17837万元,下降32.6%,主要是部分收入项目取消或纳入预算内管理。预算外支出48632万元,同比增加5032万元,增长11.5%。当年动用结余11707万元。

以上数字待决算完成后,会有所变化。

(二)2005年财政收支特点

1. 两大税种带动财政收入快速增长

企业所得税和营业税是拉动本期财政收入增长的主要力量。两税合计完成57.5亿元,实现增量12.2

亿元，对财政收入的贡献率达到72.3%。

2. 公共财政投入力度继续加大

教育部门总支出完成15.5亿元，依法实现了“三个增长”；科技、农业分别投入0.7亿元、2亿元，有力促进了科技进步和农业结构调整；社会保障、行政和公检法司支出分别达到10.5亿元和11.7亿元，加强了政权建设，维护了社会稳定和政治安定。文体广播支出1亿元，推动了文化体育等事业的发展。基础设施、环境建设及城市维护投入11亿元，进一步改善了城乡面貌。

3. 财政支出统筹兼顾，支持和谐社会构建

安排社会保障资金10.5亿元，增长10.4%。安排医疗卫生资金3.4亿元，增长33.7%。安排城市维护费7亿元，增长43.1%。安排0.9亿元，加快农村安全饮水工程建立。安排城市网格化建设资金0.4亿元，促进城市管理水平的提高。

（三）2005年财政管理工作

1. 努力增收节支，确保财政收支平衡

一是大力组织收入，确保完成年度预算任务。二是硬化预算约束，节约财政资金。

2. 狠抓机遇，精打细算，完善财政管理体制

一是财政部门紧紧抓住完善市区财政体制的契机，千方百计争取体制财力。二是及时研究出台新的朝阳区街乡财政管理体制，推行“单位成本控制”理念，推进街乡财政管理的科学化和规范化。

3. 强化基础工作，推进财政可视化、精细化管理

一是发挥全区各部门合力，整合资源，积极推进财政支出可视化与精细化管理。二是强化财政部门内部基础工作，搭建了朝阳区基础信息数据库，为科学核定各部门定额标准提供有力依据。三是实现预算编制、审核、执行以及政府采购、国库集中支付的数据衔接和资源共享。四是保持共产党员结合先进性教育活动，加强全区基层财务人员队伍建设，提高全区各部门理财意识和管财水平。

4. 统筹谋划，积极推进财政三大改革

一是进一步完善部门预算改革，细化预算编制。以“部门预算的编制要与国库集中支付改革相配套”为改革目标，启动2006年部门预算编制工作。二是深入推进政府采购工作，规范工作流程。广泛听取人大代表和政协委员意见，继续扩大采购规模，拓宽采购范围；加大监管力度，确保程序合法公正。三是积极推进国库管理制度改革，启动国库集中支付试点。出台我区推进国库管理制度改革的实施方案；开设国库集中支付预算单位零余额账户，为国库集中支付改革的全面推进打好基础。

2005年财政预算较好地实现了区十三届人大二次会议确定的目标，但财政运行中还存在一些突出的矛盾和问题：一是财政支出范围和结构不尽合理。二是支出管理的精细化程度仍有待进一步加强。三是财政对重点大额资金以及对中介机构和定点供应商的监管力度仍需进一步加强。四是部门预算、政府采购和国库集中支付三大改革的统筹兼顾，协调发展需进一步推进，公共财政通过资源配置对区域经济的调控职能有待进一步加强。

二、2006年财政预算草案和主要工作

（一）2006年预算草案情况

在充分听取人大代表意见的基础上，区政府编制了2006年财政收支预算草案，提请大会审议：

区级财政收入955400万元，比上年增长12%，实现了与国内生产总值增长相适应的要求。

当年体制财力597000万元，比上年增长23.7%。

财政支出安排597000万元，比上年增长23.7%。

财力与支出相抵，当年预算收支平衡。

2006年财政支出预算安排的总体情况是：基本支出256222万元（其中人员支出141371万元，对个人和家庭补助支出85046万元，公用支出29805万元）；项目支出340778万元。

主要支出项目安排情况是：基本建设支出46000万元；科技三项费用及科学支出8955万元；农业、林业、水利和气象支出18210万元；教育支出113192万元；医疗卫生支出32620万元；抚恤社救、行政事业单位离退休及社会保障补助支出97930万元；行政管理费及公检法司支出112549万元；城市维护费83755万元；预备费8000万元。

（二）2006年财政工作

1. 依法加强征管、努力完善体制，确保财力稳定增长

一是坚持“发展是第一要务”的方针，牢固树立全面、协调、可持续的发展观，广开地方财源。结合全区“十一五”规划，加强税源结构分析，着力培育和构建以营业税、房产税为主的稳定的地方财源体系；认真贯彻国务院“加强征管，堵塞漏洞，惩治腐败，清缴欠税”的工作方针，改进和完善税收征管手段，努力做到应收尽收；结合税制改革，提前做好增值税、企业所得税尤其是物业税改革的前期调查研究，有针对性的开展前瞻性工作，为税制改革做好充分的准备。二是进一步抓好市、区、街乡三级财政管理体制建设。围绕“财权与事权统一”的原则，继续加大与市有关部门的协调力度，促进我区财力持续稳定增长；做好对新的街乡财政管理体制第一年运行情况的跟踪、分析和反馈，及时总结经验，确保街乡财政体制的平稳运行。

2. 调整支出结构,加大重点支出保障力度,促进经济社会协调发展

按照“厉行节约、统筹兼顾、确保重点”的基本原则,财力增量部分重点向奥运基础设施建设、平安建设、社会保障、“三农”、教科文卫体等领域倾斜。一是围绕奥运和“三个优化”建设,大力支持基础设施建设和环境综合整治。

二是确保维护安全稳定建设各项资金的足额到位。着眼于构建社会主义和谐社会首善之区。三是支持社会保障体系建设,做好“两个确保”和“低保”工作,进一步衔接好“三条保障线”,促进下岗职工和农民就业再就业。四是加大对“三农”支持力度,除乡体制资金按16%的增幅安排3.5亿元外,还安排“三农”支持资金2.4亿元,较上年增长14.4%;五是确保教科文卫等公共事业的顺利推进。

3. 硬化预算约束,强化政府采购,大力深化国库集中支付改革

一是继续推进部门预算改革。减少预算追加,加强预算约束,细化预算执行,严格实行月拨款计划制度;加快绩效预算研究和推进力度,促进预算管理从重分配到重管理的转变。二是进一步强化政府采购和招投标管理,深入推进政府投资代建制,透明采购程序,增强采购诚信,促进政府采购与国库集中支付改革的有效衔接。三是全面推进国库集中支付改革。加强对全区各部门的宣传培训力度,及时总结试点经验,适时扩大试点单位范围,加快改革进度;形成“部门预算为基础、政府采购为手段、国库集中支付为方向”的公共财政体制管理框架。

4. 强化资金管理,提高财政资金使用效益

一是进一步加大财政投资评审力度,逐步扩大中介评审范围,强化预算评审在市专项资金争取中的重要作用,推进项目申报、落实和反馈的规范化管理。二是做好大额专项资金的监管工作,加强对绩效考评工作的探索,提高预算安排合理性。三是继续推进“单位成本控制”的管理理念,逐步深化和强化财政资金管理的科学性。四是继续严格执行《朝阳区行政事业单位结存资金管理办法》,提高结存资金使用效益。五是加强市场化运作力度,进一步推广垃圾市场化运作试点的成功经验,全面推进会计委托代理记账工作。

2006年的财政预算收支和管理任务仍然较为繁重,我们将高举邓小平理论伟大旗帜,按照“三个代表”重要思想的要求,全面贯彻十六大、十六届三中、四中、五中全会及中央经济工作会议精神,在区委的正确领导下,在区人大、政协的监督和支持下,振奋精神,锐意进取,狠抓落实,确保年度预算平衡,为迎办奥运创造和谐良好的社会环境,为实现我区“三化四区”的宏伟目标作出新贡献。

专 文

北京市朝阳区国民经济和社会发展第十一个五年规划纲要

序 言

“十一五”时期(2006—2010年),是朝阳区创造新优势、奥运促发展,建设现代化新朝阳的重要战略机遇期,同时也是必须高度关注并且积极应对的矛盾凸显期。

这个时期,第29届夏季奥运会将在北京举办,朝阳区是奥运会主会场所在地,地区基础设施将加快完善,城市形象将加快提升,区域国际化进程将加快推进。需要在服务奥运的同时,紧抓奥运机遇,实现借势发展。

这个时期,“三化四区”建设进入了全面拓展城市功能的阶段,需要更加深化“组团式规划、板块式发展”,加快推进功能区建设,在增强整体服务能力的同时,扩展外向服务功能和优化空间配置。

这个时期,是全面建设小康社会的关键时期,经济社会结构将深刻转型,高发展与高风险并存,需要更加注重推进增长方式转变和发展模式创新,立足科学发展,着力自主创新,完善体制机制,促进社会和谐,努力开创朝阳区经济建设、政治建设、文化建设、和谐社会建设的新局面。

根据中央、市委关于制定“十一五”规划纲要的建议以及《北京城市总体规划(2004—2020年)》和区委九届五次、六次全会精神,结合朝阳区实际,制定《北京市朝阳区国民经济和社会发展第十一个五年规划纲要》。本规划以增强政府经济调节、市场监管、社会管理、公共服务四大职能为基本点,明确了“十一五”时期朝阳区经济社会发展的战略目标、发展重点和主要任务,是全区人民共同奋斗的行动纲领。

一、规划背景

(一)良好基础

“十五”时期,全区人民以邓小平理论和“三个代表”重要思想为指导,落实科学发展观,推进“三化四区”建设,经济社会发展取得重要成就。

综合实力进一步增强。地区生产总值预计达到1230.4亿元。区级财政收入达到85.3亿元,是“九五”的2.3倍。第三产业比重进一步提高,在经济增长中的主导地位显著增强,初步形成以现代服务业主导、高新技术产业支撑、先进制造业补充的产业发展格局,经济增长的质量、效益明显提高。

城市功能进一步完善。农村城市化快速发展,农村地区城市功能显著提升;城市现代化建设和管理水平不断提高,城市承载能力明显增强;区域国际化进程不断加快,国际交往窗口和对外服务的功能进一步增强。以奥运、CBD、电子城三大功能区为带动的“组团式规划、板块式发展”格局正在形成。

社会事业进一步发展。“一流教育”目标扎实推进,优质教育规模稳步扩展。科技对经济社会发展的支撑作用进一步增强。医疗卫生服务体系逐步完善,文化、体育事业蓬勃发展。朝阳区成为全国首批科技进步示范区、全国社区建设示范城区、全国文明城市先进工作城区、国家级生态示范区和首都文明城区、北京市教育工作先进区。

人民生活进一步提高。城镇居民人均可支配收入和农民人均纯收入分别达到17506元和11085元。

4.6万户农(居)民在新村建设中迁入新居,7.3万户居民在城市危旧房改造中改善居住条件。城镇登记失业率控制在2%以下。社会保障体系不断完善,社会安定、政治稳定,人民安居乐业。

(二)发展机遇

朝阳区具有区位条件优越、涉外资源丰厚、重点功能区聚集等独特优势。这些优势在以下因素作用下,使朝阳区进入了重要战略机遇期。

北京承办2008年奥运会。朝阳区是奥运会主会场所在地,奥运会的举办将有力提升基础设施承载能力,提高城市管理服务水平,提高城市文明水平和全区人民综合素质,显著提升国际影响力,创造新的发展优势。

落实新的北京城市总体规划。朝阳区是城市功能拓展区,将成为国际交往的重要窗口、中国与世界经济联系的重要节点、对外服务业发达地区、现代体育文化中心和高新技术产业基地,城市功能将得到显著提升。

国际产业转移和国内区域协作加快。朝阳区得以充分发挥良好的区位优势和丰厚的涉外资源优势,在更高层次和水平上参与国际和区域间的协作分工,提高综合竞争能力。

(三)面临挑战

“十一五”时期,朝阳区进入社会转型期,经济社会发展进入关键阶段,机遇与挑战并存,必须妥善应对。

人口规模扩大与城市承载能力约束的矛盾加剧。全区常住人口、流动人口规模不断扩大,土地、水、电、气等资源约束的刚性增强,城市管理和公共服务的任务加重,可持续发展面临挑战。

城乡之间以及经济与社会之间发展还不协调。城乡之间的基础设施、基本公共服务和收入水平存在差距,社会事业整体上还相对滞后于经济发展,统筹发展还有很多工作要做。

适应科学发展观要求的体制机制需要完善。市场化、开放度还需进一步加大,规范行政行为、完善行政机制亟待加强,特别是在坚持以人为本、创新公共服务提供模式和动员社会力量、发挥群众作用方面,需要建立新机制。

加强城市管理、服务奥运建设的能力亟待提高。城市管理水平还不能适应新的城市功能定位的要求,交通拥堵、环境污染、流动人口管理服务薄弱等问题仍然比较突出,影响安全稳定的突发因素和不确定因素增多,维护安全稳定任务依然很重。

“十一五”时期,既是战略机遇期,也是矛盾凸显期,总体上机遇大于挑战,要切实增强机遇意识和忧患意识,聚精会神搞建设,一心一意谋发展,努力实现经济社会又快又好地发展。

二、总体思路与发展目标

(一)指导思想

以邓小平理论和“三个代表”重要思想为指导,以科学发展观统领全局,全面落实北京城市总体规划对朝阳区新的功能定位,坚持教育为本、文化为魂、环境为源、稳定为根,服务奥运建设,提升城市品质,推进城乡统筹,促进社会和谐,为“新北京、新奥运”做出贡献,让发展的成果惠及全区人民。

(二)发展战略

1. 奥运促进战略。发挥奥运会主会场优势,坚持服务奥运和借势发展并举,举全区之力保障2008年奥运会,推进奥运功能区建设,落实绿色奥运、科技奥运、人文奥运理念,创造新的发展优势。

2. 协调发展战略。坚持以人为本、统筹兼顾,促进城乡统筹发展,促进经济社会协调发展,促进人口资源环境协调发展,不断满足群众日益增长的精神文化需求,提高群众的健康水平,推动经济社会发展转入科学发展轨道。

3. 文教引领战略。坚持人才强区,优先发展教育,全面繁荣文化,提升城市文明水平,提高人口综合素质,强化人才支撑,为经济社会可持续发展提供强有力的精神动力和智力保障。

4. 资源集约战略。坚持科技兴区,促进自主创新,转变增长方式,加强土地管理,加强人口调控,发展循环经济,促进资源节约和集约利用,实现速度、结构、质量、效益相统一。

5. 稳定保障战略。加强社会管理和公共服务,妥善协调各方面利益关系,正确处理各种社会矛盾,有力应对各种挑战和风险,发展社会事业,扩大劳动就业,完善社会保障,促进社会公平,努力构建社会主义和谐社会首善之区。

(三)发展目标

紧紧围绕“新北京、新奥运”战略构想,继续推进“三化四区”建设,加快奥运、CBD、电子城三大功能区发展,全面提升国际交往的重要窗口、中国与世界经济联系的重要节点、对外服务业发达地区、现代体育文化中心和高新技术产业基地的城市功能。

经济发展水平显著提高。产业结构进一步优化升级,对外服务业发达地区的功能进一步提升,现代服务业在经济增长中的主导地位显著提高。综合经济实力进一步增强,地区生产总值预期年均增长10%,区级财政收入预期年均增长12%。

自主创新能力显著提高。区域创新体系进一步完善,创新氛围更加浓厚,专利申请总量达到6000件以上。科技成果转化体系进一步完善，高新技术产业基地的功能显著增强。

持续发展能力显著提高。经济增长方式明显转变，资源利用效率明显提高，万元地区生产总值的能耗、水耗比“十五”末明显下降。生态环境质量显著改善，主要河道基本实现水体还清，城市绿化覆盖率达到45%。基础设施进一步完善，路网密度达到3.75公里/平方公里。教育的基础性作用、城市的文化品位、人口的综合素质明显提升。

城市管理水平显著提高。城市管理体制改革进一步深化，社会管理体制进一步健全，社会服务网络逐步完善，管理社会化、精细化、信息化水平进一步提升，流动人口登记率达到90%，平安街道（地区）和平安社区（村）达到85%。

人民生活品质显著提高。城乡居民收入稳定增长，就业和社会保障水平进一步提高，医疗卫生等公共服务水平进一步提升，城镇居民人均可支配收入和农民人均纯收入年均增长6%，城镇登记失业率控制在3.3%以下。

三、主要任务

（一）转变增长方式

坚持发展第一要务，立足存量，整合资源，挖掘内涵，高效利用资源，减少环境污染，提高质量效益，提高人口素质，促进节约发展、清洁发展、安全发展，实现可持续发展，建设资源节约型、环境友好型社会。

1. 促进产业升级

调整不符合功能定位的产业。走高端产业发展之路，严格限制高能耗、高物耗、高污染、低附加值产业发展。加快小商品批发市场、集贸市场改造升级，限制并淘汰低级次产业，提高产业发展层次和技术水平，提高规模和集聚效益。对限制类新建项目禁止投资，对属于限制类的已投资项目加快改造升级。

优先发展现代服务业。按照对外服务业发达地区的功能定位要求，完善政策，改进服务，优化服务业发展环境，稳定提升金融保险、商务服务、会展旅游、商贸流通等优势行业，加快发展文化传媒、教育培训、医疗保健、体育健身、信息服务等需求潜力大的行业，构建“高增值、强辐射、广就业”的现代服务业体系，增强现代服务业的主导作用。依托CBD等重点功能区，大力发展总部经济，吸引更多跨国公司在区设立地区总部、投资公司、研发中心和采购中心，带动会计、审计、评估、律师、信息咨询等中介服务业发展，使朝阳成为国内外跨国公司和国际机构的集聚地，提高朝阳区综合服务能力。

大力发展高新技术产业。坚持园区带动，整合电子城、健翔园、金盏、双桥等地区的高新技术产业资源，提升园区辐射带动功能，促进高新技术产业集群发展。打造高科技产业链，逐步形成若干以大企业为龙头、中小企业为基础具有国际竞争力的高科技产业群。加快电子城功能区建设，吸引电子信息类国内外企业研发中心和跨国公司地区总部聚集电子城功能区，打造具有国际影响力的电子信息类企业总部和研发中心聚集地。促进双桥生物医药板块建设，发展壮大生物医药产业，形成生物医药产业群。

改造提升传统产业。围绕提升城市功能、促进劳动力就业，推动商贸、餐饮、交通运输、社区服务、物业管理等服务业加快发展。运用先进适用技术，大力提升服装、家居、包装、食品、印刷等都市型工业水平。坚持大商贸、大流通发展方向，规范引导特色市场、专业市场发展。充分利用绿色资源，以市场为导向，重点发展符合城市化要求的都市农业和绿色产业。引导房地产业发展，优先支持增强经济发展后劲和整体竞争力的房地产项目，合理控制住宅开发规模，促进房地产二级市场发展。

2. 发展循环经济

推进循环经济体系建设。健全产业筛选机制，完善项目筛选的资源利用和环境评价指标体系，把水耗、能耗和环境要求等指标作为审核项目的重要依据。建立资源消耗综合评价机制，加强重点行业领域的资源消耗管理，重点推进节能、节水、节地、节材。完善节能监管监察体系和节能技术服务体系，加强建筑节能，推进工业节能，加强商业和民用节能。强化电力需求侧管理。推进节水型城区建设。

加强土地资源管理。完善土地储备制度，合理安排土地投放的数量，优化土地资源配置，节约和集约利用土地。挖潜土地存量，整理利用闲置土地，加强土地供应总量和结构的调控。坚持“组团式规划、板块式发展”，推进边缘集团建设，促进绿化隔离地区建设，构建奥运、CBD、电子城、温榆河、定福庄、垡头六大城市组团布局。合理利用城市地下空间，推进地下交通系统、地下人防系统和地下公共设施系统建设。

促进人口与经济、社会协调发展。积极调控人口规模，建立人口承载力预警机制，对人口资源环境协调发展实施动态监测，有效遏制人口过快增长。优化人口布局，结合城市功能和布局调整，引导人口合理分布。提高人口素质，坚持计划生育基本国策，继续稳定低生育水平。加强流动人口管理与服务，加强出租房屋和地下空间管理，控制流动人口规模。

倡导绿色生产和消费。深入开展循环经济示范创建活动。推进生态社区、生态村试点，加强以蟹岛循环经济发展模式为示范的生态产业园、清洁生产示范企业试点。实施绿色照明街道、节能环保建筑、再生水回用、雨洪利用等示范工程。实施政府绿色采购制度,推广能效标识产品、节能节水认证产品和环保标志产品、绿色标志产品。开展绿色消费社区、村、家庭示范工程建设,引导全社会强化勤俭节约的生产和消费方式。

3. 保护生态环境

加强绿化美化。提升绿化隔离地区绿化水平。加快温榆河、京沈高速路、五环路、京承高速路、机场高速路等重点林带建设,加快奥林匹克森林公园、太阳宫公园、朝阳公园、高碑店兴隆公园、东坝千亩湖生态公园等重点公园建设,创造一批精品公园。加快完成三大功能区规划绿地建设,积极推进城市集中绿地、居住区绿化建设,加强新增道路、河道水系、社区公园建设,加强湿地保护和建设。

加强环境建设和保护。巩固和发展国家级生态示范区创建成果,推进国家环境保护模范城区和全国生态区建设。加强水环境建设,加大对清河、坝河、凉水河等主要河道及骨干排水沟的截污治理力度,加强污水排放管线和截流管线建设,强化对污染排放的监管,全面改善区域水环境质量。加强大气污染防治,严格控制扬尘、燃煤、机动车排放和餐饮业油烟污染。加强噪声污染防治,推进安静小区建设。加强固体废弃物污染防治,完成高安屯垃圾无害化处理中心建设,完善回收和集中处理体系,加强环卫配套基础设施建设,推进城市垃圾分类收集和减量化、资源化、无害化处理。切实落实环境卫生管理责任制,加强执法监督。发展环境卫生保护志愿者和社区公益性组织,提高全社会参与管理的责任意识,引导公众养成文明、健康的卫生习惯。

4. 发展开放型经济

提升利用外资质量。继续优化发展环境,进一步扩大利用外资规模。加强利用外资的引导,促进外资投向现代服务业、高新技术产业等领域,引导外资向三大功能区等重点区域集中。加大引进先进技术、管理经验和优秀人才的力度,吸引国际高级管理、技术人才在区域聚集,为发展高端产业服务。

提高对外贸易水平。发展服务贸易,提高层次和水平。巩固提高货物贸易,坚持以质取胜,扩大电子信息、生物医药、光机电一体化等高技术产品和高附加值产品出口,促进货物贸易转型升级。鼓励企业积极应对国际贸易摩擦,提高企业解决贸易纠纷的能力。

提高参与国际竞争和区域合作的能力。加强对驻区国际组织的服务,加强国际交流,促进民间外事活动开展,提高区域国际化水平。跟踪世界产业发展动态,定期向社会发布相关信息。支持区域内企业拓展国际市场。积极参与 CEPA 合作,加强与港澳台地区经贸交流。积极参与京津冀区域一体化发展。

(二)促进自主创新

把增强自主创新能力作为科技发展的基点和转变增长方式的中心环节,大力促进科技成果转化,将科技全方位导入经济社会发展各个领域,提升区域核心竞争力。

1. 培育创新主体

打造电子城科技园创新高地。发挥中关村科技园和中国北京(望京)留学人员创业园的政策优势,吸引国际、国内知名高新技术企业研发中心聚集电子城科技园,形成研发总部基地。积极争取国家和北京市重大科技基地和重大攻关项目落户园区,重点在电子信息和生物医药领域抢占战略制高点。

加大企业创新促进力度。整合区域内科技资源,推进区域内企业与高校、科研院所协同创新,建立联合研发中心,创办多元化科技企业孵化器,构建产学研一体化体系。支持企业加强技术研发中心建设,开发具有自主知识产权的关键技术和产品。支持企业与跨国公司开展科技合作,高起点引进国外先进技术。支持民营科技企业发展。引导企业建立专利工作机制,鼓励企业加强专利技术开发。

2. 完善转化体系

搭建科技转化平台。加快健翔科技园建设,完善园区市政基础设施,优化园区发展环境,发展科技商务,提升科技交流与转化功能。完善朝阳区生产力促进中心的功能,建立专业化、社会化的技术创新服务和科技信息服务网络。完善中小企业融资担保体系,搭建融资平台。完善科技兴区委员会工作机制,加强与中科院等科研机构的人才和技术合作,完善科技副职工作机制。加强高科技人才引进,壮大科技创新人才队伍。

强化科技成果运用。加强环境保护和资源再利用的科技成果运用,推广应用节约资源的新型技术和工艺,支持发展循环经济的重大项目,推进可持续发展实验区建设。加强农村城市化进程中的科技成果运用,开展农业环境保护与资源高效利用、农业观光旅游、食品安全等关键技术的示范。加强信息技术在政务、商务、城市管理、社会事业等领域的运用,建设朝阳公用信息平台和城管信息网,推进奥运、CBD、电子城“数字化”功能区建设。在卫生、文化、教育、体育、防灾减灾和安全稳定等方面开展科技示范和推广活动,在社区开展在线远程医疗、在线远程教育、在线远程咨询等科技示范。

3. 优化创新环境

完善创新激励机制。继续保证科技三项费和科普经费的投入,调整科技三项费的使用方向,主要用于完善科技创新服务体系和成果转化服务体系。加大创新奖励力度，对在科技创新、管理创新、制度创新领域做出突出贡献者进行奖励。加强对高新技术企业的认证管理。完善街乡及职能部门科技管理考核机制，开展科技工作先进单位创建活动。

健全群众参与机制。落实科技创新政策，鼓励单位或个人以专利技术、科技成果参与企业的生产和分配。努力创建全国科普示范城区。加强科普基础设施建设，建设奥林匹克公园科普主题大道和红领巾公园等科普主题公园，完善社区科普画廊等科普宣传设施。加强青少年科普工作，建设科普教育示范校。深入开展科普教育和科技进社区活动。

建立社会推动机制。培育发展科技评估、技术成果交易、创业投资等成果转化服务机构和科技中介服务组织，发挥中介组织在推动科技创新方面的作用。加强知识产权保护，加大侵犯知识产权行为的查处和打击力度，维护良好的创新环境。

（三）完善基础设施

坚持适度超前、城乡统筹，紧紧围绕服务奥运和宜居、兴业，加强科学规划，加大建设力度，提高管理水平，增强基础设施承载能力，为经济社会发展提供支撑和保障。

1. 加强交通设施建设

大力发展公共交通。坚持公交优先，在规划、投资、建设、服务等各个环节，为公共交通发展提供优先条件。配合市里推进交通枢纽和交通中心站建设，推进轨道交通建设，形成以换乘站为节点，各种交通方式有机衔接的公共交通体系。推进公共汽（电）车线网和场站的布局调整。加强对路网交通流的调控，严格道路交通执法。加快交通信息化建设，完善综合交通指挥调度系统，实施交通智能化管理。

完善道路交通网络。加快林萃路、通惠河北路、农展南路、广渠路二期等快速路和主干路建设，打通北苑路、西大望路南北延长线等市区联络线，完成朝阳路、安立路等城市主干路改造，完善辖区骨干交通体系。打通城区断头路、堵头路，完善区域道路微循环系统。加大对交通堵点的治理力度，加强小区道路建设，完善行人过街设施和步道系统，方便百姓出行。

2. 健全能源和水资源设施

加快电力设施建设。做好重要节点的变电站建设，优化地区电网结构，保证供电安全，保障发展需要。根据市级建设安排，推进太阳宫、电子城热电厂以及500千伏变电站等项目实施，完成南泥沟、建外、朝阳公园等110千伏变电站建设。进一步推进城乡电网改造工程和城乡居民住宅配电设施“一户一表”改造工程。优化农村电网结构，采取增建变电站、增容扩容等方式，提高供电能力。

推进燃气、热力设施建设。协调推进区域内调压站、天然气输配管道等燃气设施建设。推进三大功能区的供气管道改造。加快边缘集团、温榆河生态走廊沿线气源设施建设，扩大天然气管网覆盖率。配合市里建设太阳宫集中供热的后备热源，完成奥林匹克公园周边供热主干线建设。鼓励发展安全、高效、清洁的新能源、新技术等其他供暖方式。

加强水资源保障设施建设。完善集中供水设施和配套管网，完成农村地区供水管网改造，逐步扩大自来水管网覆盖区域，确保饮用水安全，城市供水水质达标率达到95%。加强地下水资源保护和综合利用，对地下水进行实时监测。配合市里落实定福庄、垡头、北苑、东坝污水处理厂建设，提高区域污水处理能力。完善城市中水回用系统，加强雨洪利用，促进城市雨水资源化。加强防洪设施建设，提高防洪能力。

3. 推进便民服务设施建设

完善社区服务设施。坚持便民、利民，关注群众日常生活中的难点问题，吸引多元投资主体参与，加强社区生活服务设施、安全保障设施、医疗保健设施和文化教育设施建设，增强社区服务功能。

完善市政公用设施。坚持城乡统筹，加强污水管网、生活垃圾转运站、公共厕所等设施建设。促进居住小区电信、通讯、邮政等公用设施建设与小区开发同步规划、同步建设，并加强维护管理。加强街边电话亭、报刊亭、阅报栏、座椅、垃圾桶、指路牌等公用设施建设，在三大功能区建设双语标示牌。完善公交港湾、道路标志、标线、信号和照明等交通工程附属设施，加强盲道等无障碍设施建设。加强公共停车设施建设。

改善小区居住环境。加强老旧居住小区改造，完善生活配套服务设施。加强新建小区管理，实施居住小区配套设施公示制，加强居住区配套设施的审核、整合和收缴管理，严格落实新建小区各项配套设施建设。实行住宅工程竣工“一户一验”制度，加强住宅工程质量监督，使人民群众住上放心房。

（四）优先发展教育

实行规划优先、投入优先、建设优先，整合资源，创新机制，提升教育整体水平，满足群众教育需求，提高人口综合素质，增强教育对经济社会发展的支撑作用。

1. 强化基础教育

推进均衡发展。整合教育资源，构建与人口分布和地区功能定位相协调的教育布局。在保障教育经费三个增长的基础上，进一步加大教育投入，缩小校际差距。强化政府对义务教育的保障责任，九年义务教育免收杂费、教科书费，对困难学生给予补助。完成中小学办学条件标准化建设，使全区义务教育中小学校办学条件全部达到北京市颁布的新标准。实行政策倾斜,深化农村教育管理体制改革,调配优秀教师到农村校任教,建立农村专任教师培训制度,改善农村校办学条件,提高农村校教育质量。促进特殊教育发展。结合全区整体发展要求,妥善解决好外来务工经商人员子女接受义务教育的问题。

扩大优质资源。完善教育质量监督评价和督导评估体系,加大规模校建设力度,加大知名品牌学校引进力度,扩大优质教育资源供给能力。加强教育信息化建设,以信息化增强优质教育资源的辐射带动作用。深化教学改革,全面实施素质教育,加强青少年校外教育,加强学生创新精神和实践能力的培养,提高青少年学生以爱国主义为核心的思想道德、科学文化、身体健康和心理健康素质。实施名校长和骨干教师培养工程,加强教师和干部队伍建设。

2. 发展职业教育

提升职业教育水平。加强对职业教育的统筹管理,增加资金投入,继续提高职业教育经费占城市教育费附加的比例。加强职业教育国家级、市级重点学校和重点专业建设,提升职业学校培养高素质技能型人才的能力。对提高农民就业技能的中等职业教育,政府予以重点支持。促进职业教育与普通高中教育和成人教育融通。整合职业教育资源,依托各类教育培训和培训机构开展职业教育,形成覆盖城乡的职业教育网络。

增强职业教育发展活力。深化职业教育办学体制改革,强化政府在统筹职业教育发展方面的责任,组织动员社会力量举办职业教育,形成政府主导、依靠企业、充分发挥行业作用、社会力量积极参与的多元办学格局。推动公办职业学校办学体制改革与创新,探索以公有制为主导、产权明晰、多种所有制并存的办学体制,走规模化、集团化、连锁化办学的路子。加大对民办职业教育的支持力度。扩大职业教育对外开放,引进优质资源,推进职业教育领域中外合作办学。推动职业院校与企业密切结合,实行多种形式联合办学,开展"订单"培训。认真实施就业准入制度和职业资格证书制度,引导劳动者积极参加职业技能培训。

3. 提升民办教育和国际教育

促进民办教育发展。完善和规范以政府投入为主、多渠道筹措经费的教育投入体制,形成公办学校和民办学校共同发展的格局。幼教、职教等非义务教育实行更加开放、灵活的办学体制。落实《民办教育促进法》,优化民办教育发展环境。发挥区民办教育协会功能,发展为民办教育服务的社会中介组织。打造民办教育品牌,推进优秀民办学校集团办学。

推动国际教育发展。加强与国外教育资源合作,引进国外名校来朝阳投资办学。在三大功能区,推进多种形式的中外联合办学,发展国际学校。加强教师队伍建设的国际交流,选派骨干教师出国培训、开展国际合作研究,引进国外教师来区任教。规范教育市场,加强监管力度,促进出国留学中介机构发展。

4. 构建终身教育体系

发展社区教育与成人教育。建立健全社区教育的管理体制和运行机制,健全社区教育网络,加强社区教育专兼职工作者队伍建设。加强社区教育中心建设,指导各街道、地区发挥社区内各类教育资源作用,开展面向社区居民的市民教育、老年教育和职业技术培训。坚持成人教育社区化的发展方向,健全成人教育网络,开展多层次、多渠道的职业培训。充分发挥社区学院在成人教育中的龙头作用,完善区、街乡、社区(村)三级办学网络,建立多规格、多层次的成人教育培训体系。发展远程教育,推进教育信息化。

建设学习型城区。落实区委关于建设学习型城区的决定和朝阳区建设学习型城区规划,健全学习型城区建设工作指导体系,进一步强化终身学习的理念,推进学习型社区、学习型企业、学习型机关等各类学习型组织建设。

(五)全面繁荣文化

坚持先进文化的前进方向,繁荣文化事业,发展文化产业,塑造文化品牌,提升城市文明,营造体现城市精神和凝聚力的人文环境,以文化促文明,以文明促和谐,增强区域发展的活力、魅力和竞争力。

1. 加强精神文明建设

落实人文奥运。围绕服务奥运,全面落实《人文奥运行动计划实施意见》和《人文奥运朝阳宣言》,深入开展"我为奥运争光、我为发展出力"主题实践活动,推进市民素质提升工程、文化建设推进工程、城市景观营造工程、社会动员志愿培训工程实施。开展群众性精神文明创建活动,提高文明街乡、文明社区(村)、文明单位、文明示范街等创建水平,培育一批首都级和国家级创建工作先进典型。办好文明市民总校、文明市民中心校和社区、村文明市民分校,在完成达标考核基础上,创建一批文明市民学校示范校。加强社区宣传栏、社区活动站、精神文明网站等基础设施建设。广泛开展区域联片共建、城乡联合共建和社会单位与街乡联手共建活动,组织动员社会各界参与精神文明建设。坚持面向基层、面向群众,发挥群众在精神文明建设中的主体作用。努力争创全国文明城区。

加强思想道德建设。大力开展思想政治教育,加强国情教育,弘扬以爱国主义为核心的民族精神。加强市情、区情教育,引导全区人民强化首都意识,增强"知朝阳、爱朝阳、建朝阳"的自觉性。推进社会公德、职业道德、家庭美德教育，倡导爱国守法、明礼诚信、团结友善、勤俭自强、敬业奉献的基本道德规范。健全学校、家庭、社会相结合的未成年人思想道德教育体系，加强青少年心理健康教育，深化“三礼教育校园行”，推进“三礼教育社区行”，不断加强和改进未成年人思想道德建设。

培育文化精神。加强对区域内博物馆、艺术馆、纪念馆、名人故居、历史文物等资源的整合、挖掘，实施新一轮朝阳地方志修编工作，进一步办好朝阳年鉴，激活历史文化底蕴，增强群众对朝阳的内在情感。加强建筑、绿化、城市雕塑、公共标识、宣传窗口等领域的文化景观设计，提高城市文化品位。

2. 完善公共文化体系

加强公共文化设施建设。加大对公共文化事业的投入，推进公共文化设施建设，进一步完善文化馆、图书馆、博物馆、青少年活动中心、老年活动中心等文化设施，推进群团组织文化活动设施建设，建成新档案馆。加强社区(村)文化馆、图书室、社区文化中心、文化广场等基层文化设施建设，社区(村)文化活动室覆盖面达到100%。利用城市公园等城市空间，建设面向市民的户外文化活动场所。

促进文化事业发展。增强区文化馆、图书馆、博物馆带动基层公共文化发展的功能。发挥区文联作用，整合区域内各种文化资源，发挥专业文化团体和文化人士丰富的资源优势，加强文化队伍建设，繁荣朝阳文艺舞台。以社区文化活动为重点，进一步丰富群众文化活动。加强文物保护利用工作。加强文艺创作，鼓励创作反映朝阳精神风貌、风土人情、建设成就和历史变革等方面的文艺作品，激励人们更加热爱朝阳。

打造地区文化精品。继续办好北京朝阳国际商务节、国际流行音乐周、国际风情节，培育更多的文化名节。提升日坛公园、红领巾公园、元大都城垣遗址公园的文化特色，丰富奥林匹克森林公园、北京欢乐谷的文化内涵，推进朝阳公园时尚文化建设，培育一批文化名园。加强三里屯等时尚文化街区建设，力争一街一品。深化“社区一家亲”等群众文化活动，加强企业文化、校园文化、社区文化、村落文化、广场文化、家庭文化建设，培育一批群众文化活动品牌。

3. 加快文化产业发展

大力发展文化创意产业。完善文化创意产业发展促进政策，制定文化创意产业发展行动计划，加强创意人才队伍建设，营造优良的文化创意产业发展环境，以文化创意产业推动区域产业升级。重点发展文化传媒产业，吸引国际、国内传媒企业聚集朝阳。积极推进表演艺术、出版、影视、广告、设计等文化创意产业发展，形成更多竞争优势。大力推进CBD传媒文化园、潘家园文化园等特色文化园区建设，提高文化创意产业的规模效应。进一步促进古旧文化品交易、民俗文化产业发展，培育更多知名品牌。

深化文化体制改革。深化经营性文化单位企业化改革，鼓励、引导社会资本进入文化市场，形成多元化文化产业投入机制。鼓励和扶持文化中介组织发展，发挥文化中介组织促进文化产业发展的作用。落实国家、北京市关于促进文化市场对外开放的政策，发挥区对外文化交流协会等民间团体的作用，加大对外宣传力度，加强与世界文化名城的交往，办好区域文化名节，促进民间文化交流。

加强文化市场管理。推进文化市场管理信息网络建设，强化基础工作。严厉打击盗版、非法出版、非法营销等不法行为，规范文化市场秩序，营造扶持健康文化、抵制落后文化的社会环境。加强社会监督，促进行业自律，规范文化企业经营活动。

(六)发展卫生体育

以全面提高群众健康水平为中心，加快建立公平、可及、多样化的医疗卫生服务体系，切实提高公共卫生和医疗服务水平，促进全民健身运动开展，不断满足人民群众的健康需求。

1. 加强公共卫生服务

健全公共卫生体系。完善突发公共卫生事件应急处理机制，建立公共卫生应急指挥中心，完善应急监测预警制度、社区应急网络和各种突发事件应急预案，提高应对突发公共卫生事件的快速反应能力和应急救治能力。构建现代化的疾病预防控制体系，健全传染病监测控制、健康管理服务、公共卫生监测控制网络。完善公共卫生信息系统。构建现代化的卫生监督管理体系，推进卫生执法监督工作重心下移，加强医疗服务机构、药品、保健品和食品的执法检查和市场监管，维护良好的医疗卫生服务秩序。

加强重大疾病控制。坚持预防为主，强化预警监测机制，加强对重大传染性疾病的防控，切实做到早发现、早报告、早隔离、早治疗。建立法定传染病隔离治疗的免费制度，对低保人员和贫困人口中的患者实施免费治疗。规范预防免疫接种工作。进一步加强对慢性非传染病的防治工作。加强城乡结合部的传染病控制和流动人口的公共卫生管理。

加大心理卫生干预。开展心理卫生服务，提高区域人群的心理健康素质。积极开展社会突发事件的心理危机干预。加强精神疾病的预防和控制，加强重点精神疾病的治疗与康复，预防和减少精神障碍的发生。

2. 提高医疗服务水平

完善医疗服务网络。整合医疗资源，调整医疗机构布局，逐步形成社区卫生服务组织、专科医院和现代综合医院服务层次清晰、合理分工、双向转诊的两级医疗服务模式。推进垂杨柳医院等现代医学中心建设,加强三大功能区和北苑、定福庄、垡头、东坝边缘集团区域医疗中心建设,提升专科疾病诊疗中心服务水平。加强医疗卫生基础建设,健全社区(村)卫生服务网络,提高公共卫生和基本医疗服务能力。

加强医疗救治救助。完善应急救治体系基层网点布局,健全紧急医疗救援网络,畅通急救绿色通道,提高突发事件急救反应速度。建立紧急医疗救援信息数据平台和家庭急救呼叫指挥系统。加强急救培训,普及市民自救、互救知识与技能。构建以五所二级定点医院、金盏医疗救助医院为核心,以社区卫生服务中心(站)为基础的医疗救助网络。

促进多元化办医。在充分发挥政府主导作用的基础上,进一步放开医疗服务市场,以老年医学、康复医学、精神卫生为重点,鼓励和引导社会资源规范有序地进入医疗领域,促进多元化办医。加大资源重组力度,重点发展具有一定规模的专科及国际化医疗卫生机构,促进健康服务产业发展,不断满足人民群众多样化的医疗卫生服务需求。

3. 加强社区卫生建设

扩大社区卫生覆盖。加快卫生资源向社区转移,加大社区卫生服务投入。根据社区人口规模和密度,合理布局、分类设置社区卫生服务中心(站)。2008 年完成全区社区卫生服务机构基本建设规划任务,提高社区卫生服务能力。引入竞争机制,鼓励社会力量参与社区卫生服务建设,满足群众多样化的医疗保健需求。落实新建小区卫生配套,保证社区卫生服务机构用房。加强对农村地区的社区医疗卫生人员配备和业务骨干培训,将乡卫生院全部转建为社区卫生服务中心,将符合条件的村卫生室转建为社区卫生服务站,实现社区卫生服务机构设置的城乡全覆盖。

完善社区卫生服务功能。加强社区卫生服务中心(站)标准化建设,建立社区卫生服务考核评价机制,强化社区基本医疗保险服务功能。开展健康教育和健康促进活动,加强慢性非传染性疾病管理,健全社区卫生服务中心预防、保健、基本医疗、健康教育、康复、计划生育技术指导“六位一体”服务体系,实现“小病不出社区,大病及时转诊”,切实解决群众看病难、看病贵的问题。

4. 大力发展体育事业

促进全民健身。以北京承办 2006 年世界青年田径锦标赛和 2008 年奥运会为契机,优化健身环境,丰富群众体育活动,培育全民健身活动品牌。健全健身服务体系,加强国民体质监测中心建设,加强体育设施建设,形成完善的健身组织、健身设施、健身指导、健身活动、体质测试、体育宣传与教育培训六大全民健身服务体系。提高全民健身活动社会参与水平,建立政府主导、社会团体和企业积极组织、群众广泛参与的全民健身服务体制,促进全民健身持续健康发展。

提升竞技体育。高标准、高质量完成 2006 年世界青年田径锦标赛组织工作,做好 2008 年奥运会的组织保障工作,提高承办国内、国际赛事的竞赛组织水平。重点围绕 2008 年奥运会,提高竞技训练规模和水平,培养高水平的体育后备人才,力争在国内外赛事中取得优异成绩,竞技体育整体水平在全市取得新突破。

发展体育产业。挖掘体育资源,积极引进高水平的体育赛事和体育竞技项目入驻朝阳,培育体育赛事、健身、休闲、经纪等体育产业品牌。促进各类体育俱乐部发展,活跃体育产业市场,扩大产业规模。依法加强行业管理,促进体育产业规范有序发展。

(七)维护安全稳定

着眼于构建社会主义和谐社会首善之区,坚持发展是第一要务、稳定是第一责任,加强城市管理,促进社会公平,加强民主法制,提高人民生活品质,努力形成人人各尽其能、各得其所而又和谐相处的发展格局。

1. 加强城市管理

实施城市网格化管理。以数字城市技术为依托,建立以人口、社会单位、环境和市政设施为主要内容的社会管理和服务数据信息库,对城市实行精细化管理。在全区开展“人民城市人民建,美化家园靠大家”实践活动,强化属地管理、行业监督,加强群众协同管理。

加强环境综合整治。加大“城中村”和危旧房改造力度,基本完成“城中村”和危旧房改造任务。以奥运功能区、世青赛场馆区、CBD 功能区、电子城功能区、城乡结合部五大区域为重点,加大对乱摆摊点、占道经营、街头小广告等环境问题的治理,着力解决环境脏、乱、差问题。

加强公共安全管理。建立城市公共安全管理应急机制,建设应急管理信息平台,建立专业救灾抢险队伍,健全救灾物资储备,提高保障公共安全的能力。建立社会预警体系,完善信访工作责任制,加强舆情分析,提高处置突发公共事件的能力。完善人民调解、行政调解、司法调解工作制度,积极预防和妥善处理群体性事件,引导群众依法理性表达利益诉求。加强社会治安综合治理。健全专群结合、群防群治的工作体系,完善社区防范体系,实施警力下沉,加强派出所、社区警务站、司法所建设。推进科技创安,建立区级监控中枢平台、构建覆盖重点区域的电视监控系统和覆盖全区的电子报警网络系统。加强安全生产基础建设,健全安全生产监管体制,落实安全生产责任,加强人员密集场所、地下空间、特种设备以及消防、食品、药品、危险化学品等的安全管理,遏制重大事故发生。非正常死亡总人数严格控制在市下达指标以下,食品安全监测抽查合格率达到94%。

加强社区建设。推进和谐社区建设,完善社区居委会与驻区单位共同参与的协商议事制度,加强居民委员会与业主委员会、物业管理公司、驻社区单位的联系,畅通群众利益诉求渠道。发展社区服务组织,完善社区养老、便民、卫生、就业、社会保障、法律援助等服务体系,健全为民服务网络,提高社区服务水平。推进安全社区建设,开展基层平安创建活动。2008年全区平安街道(地区)和平安社区(村)达到80%,其中奥运、CBD、电子城三大功能区达到100%。2010年全区平安街道(地区)和平安社区(村)达到85%。

2. 扩大劳动就业

多渠道促进就业。加强就业与产业的对接,重点开发饮食服务、商贸流通、交通运输和专业特色市场等领域的就业岗位,挖掘物业、家政、配送和保健等领域的社区就业潜力,拓展就业空间。促进符合区域功能定位的劳动密集型行业和中小企业发展,增加就业容量。以"4050"失业人员和低保、残疾、农转非失业人员为重点,完善促进就业政策,鼓励失业人员自谋职业和自主创业。对转居人员、低保人员和失地农民采取积极的促进就业措施。完善农村劳动力转移就业政策支撑体系和城乡一体化就业服务体系,促进农村劳动力就业。健全就业和失业统计分析制度,建立失业预警机制。强化劳动合同管理,完善劳动保障监察制度,依法加强劳动用工管理,维护劳动者的合法权益。

加强技能培训和就业服务。广泛发动社会资源,为劳动者开展多层次、多形式的职业培训和创业培训,提高劳动者就业能力和创业能力。加强区、街(乡)、社区劳动力市场建设,实现各级公共服务就业机构的信息共享,提高劳动力市场的服务功能。发展和规范各种专业性职业中介机构和劳务派遣、职业咨询指导、就业信息服务等社会化服务组织,鼓励社会各类职业中介机构为城乡劳动者提供诚信、有效的就业服务。完善职业介绍补贴政策,建立与服务成效挂钩的机制,对提供免费职业介绍服务的各类职业中介机构给予补贴。

3. 健全社会保障体系

完善社会保险体系。完善基本养老保险、补充养老保险、个人储蓄性养老保险相结合的多层次养老保险制度体系。深化医疗保险制度改革,加强对定点医疗机构的管理,加大特困人员医疗救助的落实力度。确保失业人员失业金及退休人员养老金按时足额发放。继续加强工伤医疗费用管理。推进生育保险工作。强化征收管理,扩大社会保险覆盖面,社会保险基金征缴率达到97%。加快社会保险的社会化管理服务体系建设,构建区、街(乡)、社区(村)三级社会化管理服务机构,实现企业退休人员社会化管理。

完善社会救助体系。建立救助体系信息库,准确掌握救助群体的信息。健全经常性救灾捐赠和救灾物资储备制度。完善城乡居民最低生活保障制度,构建低保与医疗、教育、住房等专项救助有机结合的多层次解困机制。完善流浪乞讨人员的救助制度。积极推动社会互助和慈善事业发展。

发展社会福利事业。认真贯彻男女平等基本国策和儿童优先原则,保护妇女和儿童合法权利,促进妇女、儿童事业发展。抓住残奥会契机,加强城市无障碍设施建设,加强残疾人教育、培训、就业和生活、医疗保障工作。完善老年人服务体系,加强养老设施建设,提升老年人生活品质。鼓励和支持社会力量兴办社会福利机构。

4. 加强民主法制建设

推进依法治区。坚持依法行政,严格执行行政许可法,规范政府行为,完善监督制约机制,提高政府的法治化管理水平,建设法治政府。加强公务员法制培训,完善公务员依法行政考核奖惩机制、告诫制度和举报投诉制度,提高公务员依法行政能力和水平。加强行政执法队伍建设,实行行政执法责任制,促进文明执法。推进综合行政执法体制改革,健全行政执法主体资格制度,完善行政执法体制。深入开展法制宣传教育工作,努力提高以领导干部和公职人员为重点的全民法律素质。发展法律服务事业,加强对法律服务市场的监管,完善法律服务体系,推动法律服务介入经济、社会各个领域。加强街、乡和社团法律援助工作站建设,完善法律援助工作的三级网络和体系。

发展社会主义民主。坚持人民代表大会制度、中国共产党领导的多党合作制度。积极做好民族、宗教、侨务、对台工作。加强基层民主政治建设,健全村民自治机制,完善社区自治功能,完善职工代表大会和其他形式的企事业民主管理制度,推进厂务公开、村务公开、政务公开。加强国防教育和国防后备力量建设,加强双拥工作,巩固和发展军政、军民团结。

(八)推进综合改革

把握重点环节和关键领域,推进包括政府、市场、企业、社会在内的综合改革,推动政府管理体制转型,促进经济管理体制创新,探索社会领域改革,为落实科学发展观提供体制机制保障。

1. 加快行政管理体制改革

转变政府职能。推进政企分开、政资分开、政事分开、政府与市场中介组织分开,深化行政审批制度改革,建立科学的政府绩效评估体系和经济社会发展综合评价体系,强化经济调节、市场监管、社会管理、公共服务职能。

加快政府管理创新。加强政务公开制度建设,增强政府工作透明度。完善行政决策程序,健全重大事项的协商和协调机制,建立健全决策信息公开和重大决策听证制度、政府法律顾问制度,提高民主决策、科学决策水平。大力推进电子政务建设,推进政府部门资源整合、信息共享,推进行政工作规范化、服务标准化,提高行政效率,降低行政成本。

完善公共财政体系。根据政府职能定位,坚持有所为、有所不为,优化财政支出结构,保障公共服务、社会管理、重点工程等方面的支出需要。完善区与街乡财政体制。继续深化部门预算、国库集中收付管理制度改革,完善政府采购制度,提高财政资金使用效率。健全财政转移支付机制,加强对基础相对薄弱地区和环节的倾斜支持。

2. 深化经济管理体制改革

深化国有资产监督管理体制改革。完善国有资产监管体系,提高国有资产监管效率。制定国有资本收益收缴、国有资本经营预算、国有资本统计评价和审计监督、国有企事业单位负责人经营业绩考核等相关制度。继续改革和完善国有企业经营管理人员选拔和任用方式。积极探索行政事业资产监督管理的有效方式。

推进国有、集体经济布局和结构战略性调整。基本完成国有企业改革。具备条件的企业,通过重组改制、合资合作、股票上市、引入战略投资等多种形式,建立现代企业制度;小企业通过多种方式实现国有资本有序退出。健全国有资本合理流动机制,推动优势国有资本向功能区集中,向基础设施和公共服务领域集中,向实力较强的企业集中。积极探索集体资产监管方式,推进集体企业改革。

大力发展非公有制经济。鼓励、支持、引导非公有制经济发展,落实保护非公有制经济合法权益的法律法规,积极为非公有制企业创业和发展提供服务,允许非公有资本进入一切法律法规未禁止的领域。建立适应非公有制经济发展的投融资机制,完善中小企业信用担保体系。强化政府监管,保障职工合法权益,维护市场良好秩序。

完善市场体系。规范土地市场,健全经营性用地“招拍挂”制度,推进集体土地使用权流转试点。加强技术、劳动力等要素市场建设。强化政府市场监管职能,完善市场监管体系,建立行政执法、行业自律、舆论监督、群众参与相结合的市场监管机制。加大打击制假售假、商业欺诈、乱收费等市场违法行为的力度,维护市场秩序。以食品、药品安全为重点,加强产品质量管理,维护群众生命健康和人身安全。加强价格监督检查,切实维护群众利益。推进社会信用体系建设,完善信用管理制度,培育信用服务中介机构,加强社会诚信宣传和教育,在党政机关、窗口行业和社会组织中开展诚信建设活动,营造诚实守信的社会环境。

3. 推进社会管理体制改革

深化城市管理体制改革。强化街道统筹辖区发展、监督专业管理、组织公共服务、指导社区建设的职能。推进管理重心下移,加强基层基础工作。推进管理模式创新,发挥社会组织和广大市民协同管理的作用。完善城市管理决策机制,对涉及群众利益的重大事项,实行公示听证制度。

改革社会事业管理体制。按照“政事分开、管办分离”的原则,实行公共服务分类管理,强化政府承担基本公共服务的职责,创新基本公共服务的提供模式。推进非公共服务举办主体多元化,全面开放经营性社会公共服务市场,引导社会主体参与社会公共服务设施建设和服务运营。

建立社会化管理网络。积极培育各类社团、行业、中介和公益组织,建立政府行政功能与社会自治功能互补,政府管理力量与社会调节力量互动的社会化管理网络。加强基层自治组织建设,充分发挥基层自治组织协调利益、化解矛盾、排忧解难的作用。完善社区居委会和村委会工作经费保障制度,改善基层工作条件,提高基层服务能力。健全社会组织动员机制,畅通群众参与社会管理的渠道。

四、抓好三大重点

(一)全面服务奥运

围绕举办2008年奥运会,全面提高各项工作水平,举全区之力,改善区域环境,发展奥运经济,为举办奥运会提供优质服务,为奥运后朝阳区经济社会协调发展奠定基础。

1. 完成奥运工程建设

完成奥林匹克森林公园建设。完成朝阳体育中心、朝阳体育馆修缮任务。完成朝阳公园沙滩排球场周边设施建设和环境整治工作。配合做好国家体育场、国家游泳中心、国家体育馆等奥运主场馆建设。

加快奥运周边道路建设,确保奥运场馆周边市政道路全部建成通车,市政综合管线同步建成。完成奥运场馆及周边地区“城中村”改造,整治改善奥运场馆及周边环境。完成清河导流渠、仰山大沟治理、朝阳公园和红领巾公园水系连通等奥运承载区水环境治理和景观工程建设。

2. 完善奥运赛时保障

按照北京市各项奥运行动专项计划的要求,制定奥运安全保卫、医疗卫生、交通组织、食品安全等方面的工作方案。加强安保体系建设,落实防恐措施。建立完善的奥运会医疗安全和公共卫生安全网络。加强奥运食品安全监控,确保食品、生活饮用水安全。建立奥运志愿服务体系,建立高素质的志愿者服务队伍。

3. 发展奥运经济

促进产业发展。鼓励、支持企业参与奥运市场开发计划,策划、包装产业项目,参加奥运市场推介活动,培育企业品牌。整合奥运会景观资源和文化资源,加强旅游服务设施建设和旅游产品开发,推动奥运旅游产业发展。整合国际会议中心及周边商务、酒店、文化休闲等资源,促进国际商务会展产业发展。依托奥运场馆及配套设施,促进文艺演出、体育比赛等大型会展活动聚集奥运功能区,带动周边商贸、酒店等行业发展。

加强投资调控。加大奥运后经济走势的动态监测分析力度,有针对性地搞好投资引导。2008 年前,组织、引导资金重点投向奥运工程和三大功能区建设,改善基础设施,优化发展环境,为奥运会后经济可持续发展奠定基础。奥运会后,有序做好温榆河绿色生态走廊、定福庄边缘集团、垡头边缘集团三大组团的建设,保持奥运会后区域经济平稳发展。

(二)加快功能区建设

功能区带动是实现朝阳区经济社会发展战略转型的重要举措。按照北京城市总体规划对朝阳区新的功能定位要求,“十一五”期间,重点建设奥运、CBD 和电子城三大功能区,以三大功能区带动全区发展。

1. 奥运功能区

功能定位。以奥林匹克森林公园为核心,辐射奥运村、大屯、亚运村、来广营西部、安贞、和平街、小关、香河园、太阳宫北部等地区,发展体育、文化、旅游会展产业,强化具有国际影响力的体育、娱乐、会展中心和奥运标志旅游地的功能。规划范围西、北、南至区界,东至来广营地区东北界—京承高速公路—东北四环路—曙光路—香河园东界。

发展重点。依托奥林匹克公园,以中轴线为轴心,建设奥运景观大道和奥林匹克森林公园,发展商务、会展、旅游、体育健身等主导产业,提升奥运标志旅游地和国际化会展中心的功能;依托奥运会积淀的文化底蕴,推进奥林匹克公园周边街乡奥运文化社区建设,提升文化、体育等公共服务功能,建设环境优美、生活便捷的宜居生活区。

建设安排。以服务奥运建设为中心,完成奥运场馆、奥运景观配套和奥运森林公园建设,奥运森林公园 2008 年向社会开放。加快完善道路交通网络,实施智能交通系统应用示范工程,健全能源和水资源供应设施,增强地区的基础设施承载能力。加强地区环境建设,强化社区管理,提高城市管理水平。加快发展社会事业,妥善解决转居农民的就业、社会保障问题,增强公共服务能力。落实“绿色奥运”,加强生态环境建设和资源集约利用,推进可持续发展。大力促进奥运旅游、商务会展、科技商务和休闲娱乐业发展,以奥运旅游为龙头,融合各类产业发展,2010 年基本确立具有国际影响的奥运标志旅游地的地位。

2. CBD 功能区

功能定位。以北京商务中心区为核心,辐射建外、朝外、呼家楼、三里屯、六里屯、麦子店、团结湖、八里庄、双井、劲松、潘家园、左家庄、东风、高碑店、平房、南磨房北部、太阳宫南部等地区,着力完善和提升 CBD 国际化现代商务中心区功能。规划范围西起区界,东至定福庄边缘集团西边界,北至左家庄西北界—曙光路—东北四环路—亮马河北路—东风地区东北界,南到高碑店地区南边界—南磨房路东延线—劲松和潘家园南边界。

发展重点。提升国际金融、文化传媒、现代商务等现代服务业主导功能,形成具有国际影响的以国际金融为龙头的商务中心区,逐步成为新北京的标志性地区;大力发展总部经济,加快跨国公司地区总部聚集,成为重要的区域经济管理和资源配置中心;推进国际时尚文化街区建设,完善核心区外围辐射地区基础设施、公共服务设施,建设具有国际水准的现代生活区,为核心区产业外溢和产业聚集提供空间支撑。

建设安排。加快北京商务中心区建设,2008 年完成国贸三期、中央电视台、北京财富中心等重点项目建设,使核心区建设面积达到 800 万平方米左右,拓展产业发展空间。加快道路等基础设施建设,增强功能区城市承载能力。2008 年完成核心区道路以及周边重点道路建设,建成核心区智能交通体系,落实地下空间利用规划,全面优化功能区发展环境。加快生态环境建设,完成核心区四大公园建设,实现核心区绿化规划,完成功能区“城中村”改造。加强城市管理,建成功能区网格化城市管理信息平台。加强辐射区国际时尚文化街区建设,提升功能区各街乡文化、教育、卫生等公共服务功能,形成一批影响力强的国际化社区。

3. 电子城功能区

功能定位。以电子城科技园区为核心,辐射望京、来广营东部、酒仙桥、将台、东坝、崔各庄西部等地区。重点强化国际研发总部聚集、技术创新转化等功能,成为高新技术研发转化中心。规划范围西至京承高速公路—东北四环路,东至东坝边缘集团东界,北至香江北路—北扩区东边界—大环园区北边界—东坝边缘集团东北边界,南至东坝边缘集团南界。

发展重点。以电子城科技园区为龙头,在中关村政策区,促进电子城东区、西区、北区一体化统筹发展,东区重点建设高新技术产业发展区,西区重点建设国际电子通讯总部及研发中心聚集地,北区重点建设以电子通讯产业研发为主、高端制造业为补充的产业发展新区。在中关村非政策区东翼的将台、崔各庄地区和东坝边缘集团,拓展发展空间,发展电子城配套产业,完善城市服务功能,推动社会事业发展。在中关村非政策区西翼的望京、酒仙桥地区,建设综合服务区,完善公共服务及商业商务配套等功能。

建设安排。加快电子城西区建设,2008 年基本完成北电网络、摩托罗拉研发中心等国际电子信息总部项目和望京商业文化核心区等商业配套项目建设,增强研发中心聚集功能。加快推进电子城北区规划建设,为高端制造业聚集拓展空间。加快电子城东区改造,推进 IT 产业园和万红里国际电子总部基地建设,促进东区产业结构升级。围绕促进东区、西区、北区一体化发展,完善交通等基础设施,提升教育、文化、卫生等公共服务承载能力,优化人文、生态等城市环境,2010 年功能区基本形成比较完善的基础设施承载体系和公共服务体系。

(三)加快农村城市化

坚持产业发展、培训就业、产权改革、社会保障、基础设施、新村建设、环境保护、社会管理八位一体,推进社会主义新农村建设,显著提高农村城市化综合实现水平,基本确立城乡一体化的产业支撑体系、社会保障体系、就业服务体系、公共服务体系和城市建设管理体系。

1. 促进农民就业增收

加强农村劳动力技能培训。实施农村劳动力技能培训工程,加强政府引导,促进企业、学校和社会共同参与,建立初级、中级、高级职业教育相联系,学历教育与非学历教育相结合,长期培训与短期培训相配合的劳动力教育培训体系,开展定单培训、定向培训和品牌培训,提高农民职业技能,使每个农村劳动力得到一次免费培训,取得一个职业资格证书。

统一城乡就业服务。实行城乡统一的劳动力就业登记、管理和服务制度,完善乡、村就业服务体系。按照市场调剂就业、政府引导就业、劳动者自主择业的原则,构建自主择业、自主创业和托底安置相结合的就业体系。加强劳动力派遣组织建设,完善劳动力就业登记制度,促进农村劳动力多渠道、多形式就业。

加强农村社会保障建设。依据各乡经济实力和农民群众意愿,分步实施,梯次推进,逐步提高农民群众保障水平,解决农民后顾之忧。妥善解决政策性转居人员、隐性转居自谋职业人员的社会保障问题。多渠道筹集资金,推进经济条件较好的乡整建制转居,实现与城镇社会保障体系的完全并轨。鼓励农民以农民工身份进入城镇社会保障体系。完善农村新型养老保险制度,逐步扩大农村新型社会养老保险覆盖面。逐步提高农村已退休人员的生活补贴标准。实现农村新型合作医疗制度全覆盖。

深化农村集体经济组织改革。按照"资产变股权、农民当股东"的基本原则,改革农村集体资产管理体制。按照"宜乡则乡、宜村则村、宜股则股、宜分则分、试点先行、稳步推进"的原则,采取股份制或股份合作制两种形式,构建产权明晰、农民入股、主体多元、充满生机和活力的新型经济组织。按照"盘活存量、引进增量、增加总量"的思路,鼓励乡村集体经济组织实行开放式经营,吸收社会法人、个人和其他出资者投资参股,实现投资主体多元化、经营形式多样化,优化集体资产资源配置,逐步实现资产配置的城乡一体化。乡村集体经济组织不再兴办集体独资企业。

2. 加快培育产业支撑

促进各乡合理分工和特色发展。坚持组团式规划、板块式发展,落实"六九八"工程,促进重点产业组团建设,推进重点产业板块发展,打造特色产业链,全面优化农村地区产业结构。CBD 功能区所在各乡,重点发展商务配套等产业。奥运功能区所在各乡,重点发展旅游、文化、体育产业。电子城所在各乡,重点发展高新技术产业和为生产生活配套的服务产业。管庄、三间房、常营所在的定福庄边缘集团组团,大力发展文化、教育和高新技术产业。十八里店、小红门、王四营、豆各庄、黑庄户、南磨房所在的垡头边缘集团组团,大力发展现代商业、物流产业,严格限制低级市场发展,推进规范化市场建设,发展特色专业市场。孙河、金盏、崔各庄所在的温榆河绿色生态走廊组团,大力发展绿色休闲、旅游观光等产业。

促进产业可持续发展。切实走高端、高效发展之路,把现代服务业放在优先位置,把高新技术产业作为发展重点,以高新技术提升都市农业,提高农村地区的产业层次和技术水平。妥善处理当前利益和长远利益、局部利益和整体利益的关系,严格限制低级次产业发展,推进工业生态园、农业生态园和清洁生产企业建设,提高资源利用效率,减少能源消耗,促进可持续发展。加强劳动密集型企业的行业监管,切实保障安全发展。

3. 统筹城乡建设与管理

加强科学规划。坚持"组团式规划、板块式发展",围绕提升城市功能,完善各乡发展规划,进一步制定地区景观规划、基础设施规划、教育、文化、医疗卫生等公共服务设施规划,强化规划引导发展的龙头作用。

加强基础设施建设和环境建设。进一步加强农村地区市政道路、污水处理等基础设施建设,完善供水、供电、供气、供热网络,提高主要河道和骨干排水沟的防洪能力。加强绿化美化,实施绿化精品工程,实现绿色板块之间全部连接。加强环境卫生综合治理,推进垃圾资源化、无害化和减量化处理,整治环境脏乱点,加强违法建设整治和防控,营造优良的发展环境。

加快社会事业发展。加大区级财政对农村社会事业的投入力度,加强教育、文化、卫生、体育等公共服务设施建设,改善办学条件、办学规模,完善农村医疗卫生服务体系,保障群众文化和体育健身需求,推进人文奥运进农村,引导群众形成健康文明的生活方式。

提高城市建设和管理水平。加快推进农民新村建设。推进农村行政管理体制改革,加快具备条件的乡改街道办事处步伐。推进乡综合管理体制改革,重点由经济管理和行政管理向社会管理和公共服务转变。加强农村地区社区建设,农村新村等建成区全部实现社区管理。依法理顺社区民主自治和村民自治之间的关系,培育社区中介组织,完善公民参与机制。加强和谐乡村建设,健全治安防范体系,妥善处理农村城市化过程中的历史遗留问题,保护农民利益,促进社会和谐稳定发展。

五、实施保障

(一)政策保障

充分利用政策。认真贯彻落实国家、北京市各项宏观调控政策,结合国家、北京市出台的优化投资结构、扩大消费需求、提高进出口质量的政策,制定配套政策,提高投资的效益和质量,提高地区整体消费能力,提高进出口对经济发展的促进作用。认真研究奥运政策,制定配套措施,以奥运促发展。

强化配套政策。根据街乡不同功能定位,实施差别政策,制定功能区与街乡利益协调政策,把功能区的核心带动优势与街乡的空间保障优势有机结合,促进功能区发展,带动全面发展。研究制定转变增长方式的配套政策,促进循环经济发展。制定深化行政管理体制改革、经济管理体制改革、社会管理体制改革的具体措施,提高市场化水平。制定产业发展政策,引导产业升级。坚持"多予、少取、放活"的方针,实行向农村城市化倾斜投入政策,落实惠农政策,完善富民政策,加强政策集成,推进农村城市化。

(二)资金保障

加强政府投资管理。完善政府投资项目储备制度,强化政府投资项目计划管理,转变政府投资方式,加强招投标管理,对非经营性政府投资项目全面推行"代建制",对经营性基础设施和社会事业项目探索实行特许经营制,引进外资和社会投资推进规划项目实施。推进资源整合、资产盘活,加强融资工作和管理。

加强财政预算管理。实施公共财政政策,财政资金从一般竞争性领域退出,重点向公共服务、基础设施、生态环境、社会保障、安全稳定、奥运工程等领域转移。整合专项资金,规范使用管理,确保投向关键领域和薄弱环节,最大限度地发挥财政资金的使用效益。严格控制行政经费增长,厉行勤俭节约。

加强税源建设。进一步完善税源建设的政策措施,涵养税源、稳定税源。加强财税结构分析,提高税源建设的针对性、实效性。依法加强税源监控和税收征缴,确保税收及时足额入库。

(三)人才保障

完善选人用人机制。深入贯彻《党政领导干部选拔任用工作条例》。不断深化党政领导干部制度改革,建立健全科学的干部考核评价机制,领导干部职务优化配置机制,干部发现择优机制及干部监督机制。按照《中华人民共和国公务员法》的各项配套政策法规的规定,全面落实公务员管理制度,加强公务员队伍建设。推行聘用制和岗位管理制度,深化事业单位人事制度改革。推进企业经营管理者市场化、职业化。

加强人才培养。完善大教育、大培训体系,制定人才能力建设评价指标体系,推行教育培训档案制度和登记制度,规范公务员初任培训,抓好任职培训,加强技能培训,加大人才培养力度。实施重点人才建设工程,加强高层次、紧缺急需人才队伍建设。

加强人才引进。完善人才市场体系,强化朝阳区人才服务中心功能,建立区域人才需求信息系统,创新区域人才开发与管理机制,提高人才引进的服务水平。优化人才发展环境,依托功能区、科技园区、留学人员创业园区,搭建人才创业载体,鼓励区域内跨国企业、高等院校和科研院所创办科研实验室、企业技术中心、技术研发中心等,以产业聚才,用项目引才。

(四)组织管理保障

统筹进度安排。以北京市举办2008年奥运会为标志,按照"前三后二"两个时期依次推进。奥运前三年,重点确保奥运。坚持奥运促进,紧抓奥运契机,高质量完成建园、修路、整治、服务等任务,为2008年奥运会提供强有力保障,为奥运之后经济社会持续发展奠定坚实基础。奥运后两年,重点促进可持续发展。以稳定经济社会发展为主要目标,进一步加快奥运、CBD和电子城三大功能区建设,带动温榆河绿色生态走廊、定福庄边缘集团、垡头边缘集团组团发展,在盘活存量、提高质量、挖掘内涵上下功夫,着力提升区域综合竞争力。

实施重大项目。突出重点,组织实施一批增强管理效能的项目,主要是朝阳区经济社会可持续发展共享信息系统、城市网格化管理系统、城市公共安全应急管理系统等。组织实施一批增强服务功能的项目,主要是完善基础设施、生态环境、资源节约利用、教育文化卫生等领域的项目。组织实施一批便民项目,主要是社区建设、食品安全、环境整治等领域的项目。

完善规划体系。依据规划纲要,实施好专项规划,加强专项规划的管理,促进各规划之间的衔接,为规划纲要的顺利实施提供有力支撑。

加强监督考核。健全重大事项报告制度,定期将规划目标和主要任务进展情况向区人大常委会报告,向区政协通报。进一步强化信息公开,及时披露规划实施的相关政策和信息,接受社会监督。发挥新闻媒体和群众社团的监督作用,接受舆论监督和群众监督。实施“折子工程”,建立责任追究制度,加强廉政监察、执法监察和效能监察。

动员社会力量。面向企业和公众,深入社区和农村,广泛组织好规划宣传,让社会各界和基层群众全面了解规划,形成全社会关心规划、参与实施和共同监督的良好氛围。发挥各民主党派和工会、共青团、妇联等人民团体以及各类社会组织的作用,调动一切积极因素,促进“三化四区”建设。

在朝阳区保持共产党员先进性教育活动总结大会上的讲话

区委书记　李士祥

(2005年11月29日)

同志们:

今天,我们在这里召开朝阳区保持共产党员先进性教育活动总结大会,目的是回顾和总结一年来的先进性教育活动工作,不断巩固和扩大整改成果,探索先进性建设的长效机制,充分发挥各级党组织的战斗堡垒作用和党员的先锋模范作用,全面促进朝阳区的各项工作。

按照中央的要求和市委的部署,从今年1月至11月,全区共554个单位、3667个党组织、113040名党员,分两批开展了以实践“三个代表”重要思想为主要内容的保持共产党员先进性教育活动。在市委的领导和市委督导组、市委巡回检查组的精心指导下,全区各级党组织按照“严肃纪律、严格步骤、严谨务实”的标准,牢牢把握“关键是要取得实效”和“成为群众满意工程”的要求,把“抓班子带队伍谋发展”、“重基层打基础强基石”、“想问题抓落实找规律”贯穿先进性教育的全过程,圆满完成了学习动员、分析评议和整改提高三个阶段的各项任务,得到了中央督导组、中央巡回检查组、市委市政府领导以及市委督导组、市委巡回检查组的充分肯定,得到了全区广大党员、群众的拥护和社会各界的好评。全区先进性教育活动覆盖率、党员群众对全区整个教育活动和各基层单位教育活动的满意及基本满意率均达到98%以上。集中教育活动达到了预期目的,取得了比较明显的成效。今天,市委先进性教育巡回检查组的范德来同志莅临会场指导工作,表明市委对朝阳先进性教育活动总结大会的高度重视和大力支持。下面,我讲三个问题:

一、我区先进性教育活动的主要特点

第一,超前谋划,注重引导。在先进性教育活动正式启动前,区委组织区处两级班子到西柏坡、井冈山接受革命传统教育,开展“创造新优势,奥运促发展,建设现代化新朝阳”解放思想大讨论,出台《加强领导班子思想政治建设的意见》,全面实施“聚合力工程”,开展全区党员基本状况专项调研,探索党员分类管理机制,赴福建漳州考察先进性教育试点经验等举措,为开展先进性教育做好了充分准备。第一批先进性教育活动启动后,随即启动了第二批先进性教育活动的试点工作,试点单位在市委确定2家的基础上增加6家,分布在全区七大系统,覆盖了全区基层党组织的各种类型,试点工作的及时启动和有益探索,为开展第二批教育活动积累了经验。在第二批先进性教育活动启动前，成立专题调研组，通过调查问卷、访谈、座谈会、实地考察等形式，对第二批先进性教育活动单位的党组织和党员情况进行了广泛调研，形成了针对性强、富有创造性的意见和建议，发挥了积极的引导作用。

第二，典型引路，注重创新。举办了支芬、殷金凤等优秀共产党员先进事迹报告会，组建各系统、各单位的先进事迹报告团，开展了545场先进事迹巡回报告；建立了覆盖全区各行各业的“典型库”，收录了1758个具有时代特征、朝阳特色、个性鲜明的先进典型；编辑出版《朝阳区优秀共产党员风采》专刊，并进行广泛宣传，极大地激发了广大党员的内在动力，全区形成了人人学典型、个个争先进的良好氛围。各级党组织在完成先进性教育活动“规定动作”的同时，充分发挥原创精神，在自选动作上努力创新，体现特色，创造了许多鲜活的经验。如区直机关工委为方便年老体弱党员参加先进性教育活动，实行离退休党支部委员、老干部工作人员、经常参加活动的老党员同年老体弱、行动不便党员“三结对子”；区各职能部门党组、党委普遍采取由现职处级领导与局保持先进性教育领导小组一名成员共同联系一个基层支部，指导工作，收集意见、解决问题，效果良好；非公系统针对不同的党组织类型，分别采取了“严格式”、“灵活式”、“网络式”等多种教育方式，有效地提高了教育覆盖率和学习效果，促进了先进性教育活动的深入开展。

第三，整体联动，注重实效。区四套班子及其成员按照区委的“三严”标准，围绕区委提出的“六个基本要求”、“六大整改重点”，分别研究撰写领导班子和个人的心得体会、党性分析材料、整改措施，形成“一盘棋”。与此同时，采取多种形式，广泛征求区人大代表、政协委员、民主党派、无党派人士、局处级离退休老干部、驻区社会单位、基层党员群众等社会各界的意见，收集各类意见上千条，作为制定整改方案的依据。通过区领导“基层日”、信访接待日、民愿接待室制度，沉到基层，指导工作，解决问题，让群众见实效。在区级班子的带动下，全区处级班子认真学习调研，深入查找问题，理清发展思路，明确努力方向。发改委、建委、市政管委等部门狠抓作风建设，先后研究出台08奥运环境建设手册，明确任务量、时间表、责任人；CBD管委会、奥运森林公园管委会、财政局等部门加强对外协调，在争取重点工程建设财政资金支持上取得了突破性进展；各职能部门、各街乡围绕区委、区政府确定的切实加强领导班子作风建设、加快三大功能区建设、优化农村产业结构强化农村社会管理、做好城市拆迁安置工作、改善特困群众生活、深化基层平安建设六大整改重点，制定整改措施、安排推进工作，实现了抓整改、促发展，“两不误、两促进”；特别是在编制“十一五”规划、解决历史遗留问题、城市拆迁安置以及环境综合整治等各项工作中，全区各级班子党政联动，表现出了迎接挑战、紧抓机遇、统筹推进地区发展的良好精神状态。

二、我区先进性教育活动的主要成效

通过先进性教育活动，党的自身建设不断加强，各级党组织和广大党员按照区委要求，改进作风，提高能力，推动发展，服务群众，使先进性教育活动切实成为群众满意工程。

（一）党员素质明显提高

党性修养得到进一步锤炼。全区党员普遍经受了深刻的马克思主义教育，展示出忠实理想、强化宗旨、真抓实干、爱岗敬业、无私奉献的良好风貌。从调查情况看，仅第二批先进性教育活动开展过程中，就有超过90%的受访对象认为入党是为了实现理想，更好地为人民服务；近85%认为在贯彻执行党的方针政策方面，本单位的党员比群众先进，特别是在重大事件中，广大党员自觉地与党中央保持高度一致；80%认为在关键部门、关键岗位、关键业务、关键时刻还是靠共产党员。

党员的归属感、荣誉感和责任感不断增强。党员积极向上的内在动力被充分激发，特别是在本职岗位上创一流业绩的思想更加牢固，坚持把先锋模范作用体现在工作岗位上，并用自己的思想和行动影响周围群众。非公企业党员出现了从不敢表明身份到戴党徽、亮身份、做名副其实的共产党员的新变化。流动党员从过去党组织千方百计找党员，到现在党员积极主动找组织，全区有3613名长期未与党组织联系或不参加组织活动的党员回归到党组织，2300多人申请入党，新发展党员900多名。

党员的服务宗旨不断强化。1758名具有“时代特征、朝阳特色、鲜明个性”的先进典型，就是我区党员服务群众、服务发展、服务和谐的突出代表。街道系统以党员责任岗为载体，近4.2万名党员认岗，认岗率达92.8%，并带动了近2万名群众认领责任岗，形成了以责任岗带动，凝聚党员、带领群众、共同参与和推进社区建设的良好局面。农村系统持续开展了以“解读政策、解疑释惑、解压除忧、解难帮困”的党员联系户主题实践活动，倾听民声、结对帮扶，取得了良好效果。目前全区党员中呈现出“四主动”的局面：即主动参加组织活动的人多了，主动学习典型争当先进的人多了，主动结对子开展帮困和服务群众的人多了，主动深入基层抓落实的干部多了。这些可喜变化表明，党员的思想政治素质进一步提高，党员意识进一步增强，先进性得到了集中体现。

（二）基层组织建设进一步加强

始终将先进性教育活动与深化“聚合力工程”有机结合，切实加强基层党组织建设。全区新建党组织110个，进一步调整了党组织的设置，理顺了党组织的隶属关系，优化结构，增强了整体功能。基层党组织负责人和党务工作者受到了一次全面系统的政治和业务培训，知识和专业素质得到较大提高，发挥党组织思想政治的优势，做好新时期基层党建工作的能力明显增强。切实加强党对工会、共青团、妇联等各类群团组织的领导，促进群团组织作用的发挥，研究制定《关于以党建带团建，全面推进青年工作的意见》，进一步形成了党组织总揽全局、各类组织齐抓共管的工作格局。一些基层党建的薄弱环节得到有效突破，整顿充实软弱涣散的基层党组织10个，在8个无党员村委会中加大党员发展力度，目前已发展了4个村的6名村委会成员入党，扩大了党在基层政权的影响力。通过先进性教育活动，全区基层党组织建设得到了切实加强，基层党建的组织覆盖、工作覆盖和凝聚力覆盖进一步扩大，有力地促进了全区经济社会各项事业的发展和政治稳定。

积极探索建立长效机制。各级党组织认真学习贯彻中央关于建立保持共产党员先进性长效机制的通知精神和市委《关于推进基层党建工作创新的意见》，从完善和创新党员学习机制、教育机制、管理机制、联系群众机制和党内民主参与机制等方面，不断强化党组织的凝聚、服务、管理和保障功能。如机关系统58个单位的党组织与特困家庭“结对子”，开展帮扶，形成长效机制。街工委以服务群众为重点，全面推广党员责任岗活动，探索新的载体，形成新的机制，进一步深化了社区党建工作。农工委确定了围绕富裕群众和服务群众，实现“三联三增”的农村基层党建工作新思路。街道系统和农村系统联合搭建了交流、人才、服务、文化“四个平台”，开展城乡手拉手活动，共同推进基层党建工作创新。教工委着力建立基层党建工作检查和评估机制，建立健全党员自查自评制度、谈心制度和信息反馈制度，并积极探索民办校党组织工作管理模式。卫生局党委着力从强化党组织政治功能、保障功能、渗透功能、服务功能四个方面，探索形成长效机制。国资委系统重点围绕发挥企业党组织政治核心作用和党员先锋模范作用，完善党组织参与“三重一大”问题决策、提高企业核心竞争力、促进企业健康发展的有效机制。非公系统从服务职工党员和加强党员教育管理等方面完善了制度。全区各基层党组织在先进性教育活动中，也积极探索保持党员先进性和基层党建工作的长效机制，高碑店地区高井村搭建领导班子建设、非公企业党建、党员服务、培育党建后备力量和网络党建交流“五大平台”；平房地区工委推出“一卡一线”活动，架起服务群众的桥梁；三里屯街道探索建立社区党员代表常任制，充分发挥党代表作用；建外街道采取“三建一加强”措施，积极探索新建住宅小区党建工作的新模式；酒仙桥街道建立在职党员“周末党支部”，方便在职党员开展组织活动；香河园街道组建“党员工作队”，形成为居民群众办实事的制度，等等，从而进一步形成了提高基层党组织的创造力、凝聚力和战斗力，服务群众的切实可行的有效机制。

（三）各项工作全面推进

各级党组织按照“想问题、抓落实、找规律”的要求，坚持抓重点谋划全局、抓执行破解难题、抓服务执政为民，不断增强统揽全局、科学决策的能力，提高推进工作、服务群众的水平，全区各项工作呈现重点突破、整体带动的良好局面。

一是以重点功能区带动全面发展的格局初步形成。紧紧围绕北京城市总体规划对朝阳区的功能定位，按照“组团式规划，板块式发展”的要求，提出以奥运、CBD和电子城三大功能区建设带动全面发展的战略，并写入“十一五”规划。明确功能区的地域范围、功能定位、发展战略和主导产业，统筹推进功能区配套建设，加大功能区的道路建设、环境整治和“城中村”改造力度，制定了朝阳区道路建设三年计划和2008奥运工程蓝皮书。目前，奥运场馆区和奥林匹克森林公园的拆迁任务已经完成，奥林匹克森林公园建设全面启动；通惠河北路、东北城角联络线、朝阳路一期、西大望路等27条城市主、次干路全面开工，嘉里北路等6条道路建成通车；实施了坝河、亮马河、肖太后河等8条河道四环路内截污工程，两湖连通项目、北小河工程等有序推进；在市挂帐的垃圾治理和特色园林创建工作全部完成，实现绿化面积239万平米；学习东城区经验，积极推进城市网格化管理，制定城市网格化管理平台建设实施意见，设立区城市管理监督中心和指挥中心。功能区的基础设施和城市管理日益完善，辐射带动效应日益显现。截至11月16日，CBD入住企业达到3010家，其中世界500强企业达到101家。成立了CBD金融商会，金融产业的聚集效应进一步强化，金融企业达到39家，恒生银行、汇丰银行、普华永道、瑞银证券、中国财险公司等一批知名企业入驻CBD。今年前三个季度，CBD地税收入16.98亿，占全区地税收入的13.13%。电子城西区已有摩托罗拉、北电网络、爱立信、朗讯等11家跨国公司总部及研发中心落户，聚集了200余家科技创新型中小企业，成为跨国公司地区总部及研发中心、国内非公经济企业总部的聚集地。

二是以流动人口管理为载体，基层平安建设扎实推进。7月11日召开全区深化基层平安建设动员大会,出台深化基层平安建设的决定,明确了基层平安建设的任务,努力建设打防控、人民内部矛盾调处调解、流动人口管理服务等十大体系。把流动人口管理、促进科学发展纳入重要议事日程,赴江、浙、沪考察学习先进经验,召开朝阳区首届人口论坛,加强区域人口战略研究。从治理低水平产业项目、低水平出租房屋和低水平基础管理入手,统筹治安管理、城市管理和社会管理,不断提高维护安全稳定工作的基础管理水平。目前,对人口的管理与控制工作进入标本兼治阶段。出租房屋管理得到进一步加强,推出了东风乡六里屯村、来广营乡朝来绿色家园、金盏乡综治办等典型,探索了流动人口管理模式;拆违力度进一步加大,在平房、崔各庄等地区全面开展环境整治,拆除了东风粮油市场等一批影响地区环境、流动人口集聚的低级次市场,取缔无照市场1200多个,清理"四小"、"七黑"600家,共拆除违法建设57万平米。抓住世青赛和奥运会的契机,重点推进奥运功能区、CBD功能区、世青赛场馆区、电子城高新技术产业园区、城乡结合部五大区域的环境建设。我们的目标是到2008年奥运会前期,将流动人口控制在60万左右。

与此同时,推进基层安全创建活动,在22个街道的37个社区开展了"安全社区"创建工作,望京等4个试点街道的创建工作得到了世界卫生组织和国家、市有关部门的充分肯定。加强城市公共安全工作,成立区突发公共事件应急委员会,制定了突发公共事件总体应急预案,筹建应急指挥中心,健全突发事件应急处理机制。总结双桥法庭和解大厅经验,研究人民调解、行政调解、司法调解联动机制,着手构建和谐调解体系。安全稳定工作取得良好成效。

三是以产业结构调整为抓手,农村城市化进程全面加快。编制了农村产业发展规划、六大组团总体规划以及各乡专项规划,提出了建设六大组团、构建九大经济板块、打造八条产业链的"六九八"工程。推出了一批特色休闲旅游项目和绿色产业项目,大洋路商业街、莱太花街、高碑店古家具街等特色街的聚集效应明显增强,奥运村龙翔商贸中心一期等项目建成开业,常营北京国际商务使馆花园等项目开工建设,新的经济增长点不断涌现,产业结构进一步优化,农村经济在调整中实现较快增长。产权制度改革顺利推进,制定出台实施办法和细则,完成奥运村乡村级集体资产处置和乡级资产清产核资工作,启动管庄乡集体资产处置工作,高碑店、太阳宫、南磨房等乡制定资产处置方案。制定了加快农村社区建设的实施意见,农村地区已建社区100个。按照"产业、岗位、培训、就业"工作方针,加强农村劳动力教育培训,完善农村劳动力转移就业政策体系,实现农村劳动力转移就业,完成就业培训12068人,实现转移就业4450人。农村保障制度建设取得新突破,1748人进入城镇社会保障体系,新型农村社会养老保险进一步推广。

四是以文化教育工作为重点,社会事业统筹发展。区委九届五次全会在分析制约我区长远发展瓶颈问题的基础上,明确提出"文化是魂、教育是本",按照北京城市总体规划对朝阳功能定位的要求,大力发展文化文明,全面提升区域品质,提高区民素质,优化发展环境。文化方面,4月7日召开全区基层文化工作会,8月19日召开基层文化建设专题研究会,10月12日召开基层文化干部座谈会,推广东坝等基层文化工作经验,建立基层文化工作联席会议制度,举办"朝阳区文化产业规划研究国际研讨会",进一步明确文化发展方向。目前,基层文化正在蓬勃发展,形成了潘家园旧货市场、朝阳公园、"社区一家亲"等一批文化品牌。教育方面,确定"放开幼教、职教,提升普教,争取到2008年幼教、职教处于全市领先地位"的工作目标,稳步推进了4所市级高中示范校建设,出台加强农村教育工作的意见,大力促进教育资源整合和教育均衡发展;开展职业教育专题研究,转变思想观念、办学体制机制和模式,探索职业教育特色之路。

五是以拆迁安置工作为突破,城市建设探索出新模式。坚持"拆迁为民,迁者有其居"的原则,实行"阳光拆迁、依法拆迁、有情拆迁",推行审批文件、拆迁政策、工作纪律、工作程序、拆迁实施单位及拆迁工作人员身份、投诉渠道"六公开"制度,规范行政强拆程序,严格执行拆迁行风承诺制、保证金等制度,确保拆迁顺利进行。提出了拆迁安置与经济适用房、与二手房、与空置房源、与开发商自备安置房源、与政府合作建房定向安置五对接,取得良好成效。目前,中央电视台新址一期拆迁已有66%的居民签订了搬迁协议,和平村拆迁通过与翠城经济适用房对接,已与49%的居民达成拆迁协议;三里屯地区拆迁基本完成;列入整治项目的15片"城中村",已拆迁31万多平米,占总拆迁任务的80%。今年以来,全区通过各种方式动迁居民7915户,完成年计划的123%。

六是以促进社会和谐为目标,群众利益得到有效维护。利用"基层活动日",加强为民服务。先后解决了社区专职工作者待遇低、奥运村地区"口袋党员"管理以及潘家园菜市场、来广营集贸市场周边环境整治问题。东郊殡仪馆道路拓宽、首都儿研所停车和周边环境整治、北京朝阳糖尿病医院等地区环境整治、北十里堡居民要求就地回购住房、朝外地区清真穆斯林群众要求归还清真寺寺产等问题已取得阶段性成果,正在进一步推进。着力解决群众生活"八难"等热点难点问题,基本解决了社区办公服务用房不足问题。特困群众生活不断改善。研究制定了改善特困群众生活的实施意见,统筹推进政府主导、民政托底的城乡救助体系建设。实现城乡低保并轨,将每月290元的补助标准上调到每月319元,保障水平为全市最高。积极探索社会救助与社会捐赠有机结合的新机制,建成一批专门帮扶困难群体的“爱心家园”。成立区慈善协会,首批接受社会捐赠4000余万元。广泛开展“党心连民心,温暖千万家”慰问活动,共走访慰问困难群众3561户,慰问钱物价值180多万元,营造了扶危济困的良好氛围。解决历史遗留问题实现了新突破。京润水上花园别墅项目取得了突破性进展,已协调市规委调整了建筑容积率,解决了资金平衡问题;协调开发商提供1.7亿元资金专款用于农民安置和社会保障问题。参加商业保险的超转人员纳入政府保障范围问题,已初步确定了工作方案。修建市政道路和商业网点占用农村集体土地问题,均取得了较大进展,有效地维护了群众利益、确保了安全稳定。

在这次先进性教育活动中,全区各级党员领导干部率先垂范,全体党员齐参与,广大群众和社会各界给予极大关心和支持,正是大家的辛勤劳动,确保了先进性教育活动的顺利开展和取得明显实效。截至11月25日,我区实现区级财政收入79.1亿元,提前完成全年任务,全年预计将达到81亿;地区生产总值预计实现902亿元;城镇居民人均可支配收入和农民人均纯收入预计分别达到17411元和11085元。朝阳区继续保持持续快速发展的良好态势。

三、抓住重点,深化整改,永葆党的先进性

最近,中央下发了关于在保持共产党员先进性教育活动中认真学习贯彻党的十六届五中全会精神、认真做好“保持共产党员先进性教育活动与党的先进性建设”理论研讨工作两个通知,要求加强党的先进性建设理论研究、建立健全保持共产党员先进性长效机制。按照中央要求,市里出台了《关于推进基层党建工作创新的意见》和《关于建设和谐社区和谐村镇的若干意见》,以先进性教育活动为契机,全面加强基层基础工作。

11月18日上午,中央政治局委员、市委书记刘淇同志和市委常委、常务副市长翟鸿祥,市委常委、市委秘书长孙政才同志到朝阳调研。在听取了区委关于今年工作进展情况、明年工作思路和“十一五”规划的汇报后,刘淇书记做了重要讲话,强调朝阳区在全市占有重要地位,要抓住当前的大好机遇,实现又快又好发展,对全市的发展起到主力军的作用。“快”就是要保持一定的发展速度,确保综合实力始终位居全市各区县之首。根据北京城市总体规划,全市六大功能区朝阳拥有CBD、奥林匹克公园和中关村一区五园的电子城科技园,占将近一半。拓展首都城市功能,丰富新北京内涵,从某种意义上说看朝阳,市委、市政府也寄予厚望。特别是朝阳作为08年奥运会主场馆和06年世青赛所在地,办好世青赛,备战奥运会,朝阳肩负光荣使命。因此,朝阳必须切实担起责任,始终保持快速发展的态势,发挥主力军作用,为拓展首都城市功能,展示“新北京、新奥运”风采做出积极贡献。“好”主要体现为优化结构、提高效益、降低消耗、减少污染;体现为速度和结构、质量、效益相统一;体现为转变发展观念、创新发展模式、提高发展质量;体现为经济发展与人口、资源、环境相协调,发展循环经济,建设节约型社会;体现为真正把发展转到以人为本,全面协调可持续的科学发展轨道上来。要实现刘淇书记又快又好的发展要求,必须紧紧围绕“加强城市管理,迎接奥运盛会,促进科学发展”这个中心,重点抓好以下三项工作:

第一,加强党的先进性建设,为又快又好发展提供保障

认真研究和实践先进性教育的长效机制。推进先进性建设必须结合先进性教育的特点和经验,探索规律,建立长效。总结若干年来我区党的建设,特别是先进性教育实践,主要有四方面的经验:一是必须坚持抓班子带队伍谋发展,不断提高执政能力,推进朝阳区现代化建设;二是必须坚持重基层打基础强基石,不断增强基层党组织的凝聚力;三是必须坚持想问题抓落实找规律,不断推进全区党建工作的创新;四是必须坚持立党为公、执政为民,以群众满意为标准,不断实现广大人民的根本利益。要在此基础上,系统总结全区开展先进性教育以来探索的180多项长效机制,在学习教育、组织生活、监督制约、工作促进等方面继续探索和完善。区委将在近期召开“深化‘聚合力工程’,推进基层党建工作创新”研讨会,组织编撰基层党建工作创新典型经验汇编;开展“保持共产党员先进性教育活动与党的先进性建设”征文和理论研讨,召开全区基层党组织强化服务功能经验交流会;研究推进基层党建工作创新的各项措施,出台基层党建经费管理、流动党员管理、党员教育等具体办法,切实把先进性教育过程中形成的实践成果、制度成果和理论成果转化为推进党建工作创新的新起点。

全面加强新时期思想政治工作。目前,朝阳区人均GDP已超过3000美元,经济社会进入了“黄金机遇期”和“矛盾凸显期”,发展面临着更为复杂的形势。2008年奥运会距今只剩下980天,世青赛明年8月15日正式举办,作为奥运主场馆和世青赛所在地,朝阳必

须以良好的城市形象、高效的城市管理和现代的城市文明,为成功举办世青赛、奥运会做贡献。形势紧迫,任务繁重,必须充分发挥党的思想政治工作优势,坚持思想政治工作先行,统一思想,动员群众,发动社会,举全区之力、集各方之智,加强城市管理,迎接奥运盛会,促进科学发展。当前,思想政治工作要与主题教育、文明城区创建和奥运环境建设紧密结合。

一是在全区范围内开展"我为奥运争光、我为发展出力"主题教育活动。要以各级党组织为核心,发挥工青妇等群团组织以及人大代表、政协委员的作用,以民间社会团体、先进典型、基层文化活动品牌、市民学校为抓手,搭建动员社会、联系媒体、利益调解三大平台,制定系统的实施方案,有计划、有步骤地推进;要改进思想方法和工作方法,把政府倡导与群众自愿结合起来,研究财政支持政策,研究利益实现机制,研究群众参与方式,激发全社会参与建设、投身发展的积极性和创造性,不断把主题教育活动推向高潮,形成"我为奥运争光,我为发展出力"的浓厚氛围。

二是争创全国文明城区。思想政治工作就是要提升人的文明素质,提升社会的文明水平。创建全国文明城区离不开思想政治工作,要把思想政治工作贯穿争创的全过程。以"三贴近"为突破口,把解决群众反映强烈的问题作为主攻目标,引导社会单位和广大市民主动参与,形成区域联片共建、城乡联合共建、以及社会单位与街乡联手共建的局面。培养文明观众,发挥宣传部门、社会媒体、文明市民学校、社区活动站等教育资源的作用,开展文明观众主题教育活动,开展赛事欣赏、比赛规则、文明啦啦队等知识普及培训,开展文明观众竞赛、群众参与制定文明观众标准等活动,加强对群众的引导,养成文明观比赛、理智对输赢的良好习惯。

三是推进奥运环境建设。把思想政治工作作为奥运环境建设的软手段,以深入细致的思想政治工作,发动广大群众、动员社会单位自觉、自愿参与奥运环境建设。加强志愿者服务体系建设,按照《人文奥运朝阳宣言》的总体要求,通过广泛的思想政治工作,鼓励市民参与志愿服务,并以做好世青赛志愿者工作为契机,为奥运志愿服务积累经验。要突出奥运功能区、CBD功能区、世青赛场馆区、电子城高新技术产业园区、城乡结合部五大重点区域,统筹环境整治、基础设施、产业发展、社会事业、人文环境等内容,整体推进,分别由朱家麒、戴继楼、宋连娣、佟克克、张和平五位同志牵头,部门协同、属地负责,集中打好五个地区环境整治攻坚战。同时,成立奥运环境建设督查组,由王力军同志和张洋同志负责,建立监督检查和责任追究机制。要进一步建立健全工作机制、协调机制、宣传机制和监督机制,建立区政府——街乡——社区——驻区单位的环境整治责任体系,依法、高效地推进环境建设,努力创造与奥运盛会相匹配的整洁、优美、和谐、有序的城市环境。

第二,加快三大功能区建设,促进科学发展

目前,奥运、CBD、电子城三大功能区的地域范围、功能定位、发展战略和主导产业已经明确,发展规划基本完成。下一步,要在全面落实规划的基础上,在健全工作机制、培育主导产业、完善基础设施三个方面下功夫,以三大功能区建设带动全区发展。

要健全工作机制。一是实施条块一体。全区各部门、各街乡,尤其是三大功能区所在街乡,要统一思想,齐心协力,聚焦三大功能区建设,按照三大功能区发展规划调整相应规划,统一研究功能区的产业发展、基础设施、社会事业、资源环境、党的建设等工作。二是完善联席会议制度。由区级领导牵头,功能区各街乡、重点单位和区有关职能部门参加,负责协调解决规划实施过程中的重大问题。三是建立专题工作会制度。研究解决功能区建设过程中遇到的问题,明确工作任务,加强工作调度。

要培育主导产业。CBD 功能区要制定促进现代服务业发展的政策和产业引导目录,加强对主导产业的扶持引导,继续吸引跨国公司总部入驻 CBD,强化金融产业聚集效应,发挥功能区文化与传媒的资源优势,打造北京 CBD 文化传媒园区,培育新的经济增长点。奥运功能区要围绕建设现代体育文化产业中心,研究奥运功能区产业拉动周边地区体育产业、文化与信息产业、会展业、旅游业等产业的发展,在空间上形成与 CBD 功能区、望京高新技术产业园区的优势互补和产业联动,同时还要研究体育文化产业与社会事业的互动机制,以体育文化产业促进科、教、文、卫、体等社会事业发展。电子城功能区要抓住园区北扩的机遇,与酒仙桥电子城整合资源,功能互补,继续吸引跨国公司和创新型高新技术企业入驻园区,真正建成总部基地和研发中心。

要完善基础设施。奥运功能区要围绕奥运森林公园建设,着力抓好道路建设和绿化工作,全部完成园区绿化任务,完成挖湖、堆山等景观建设,推进一级道路建设。CBD 功能区要完善地下空间和景观绿化规划,建设智能交通指挥中心,推进网格化管理,修建东大桥路南延线等 8 条道路,初步形成南北通透、东西贯通的 CBD 网格化道路格局。电子城功能区要重点研究与研发总部相适应的前瞻性交通规划,加快重点项目周边道路建设,构建畅通的道路交通体系,完善城乡环卫基础设施建设,建设电子城信息网络服务平台,为打造高新技术产业基地创造条件。

第三,深化基层平安建设,构建和谐社会

科学朝阳,稳定为根。要坚持预防为本、夯实基础,牢牢抓住化解矛盾纠纷、建设防范体系、完善管理机制等重点,维护全区和谐稳定。

建设和谐社区、和谐乡村。要加大公共事业投入,完善公共财政体制,健全公共服务体系,提高便民利民、就业、社会保障、教育、卫生、体育等方面的服务水平。通过合理规划、整合扩充文体资源,积极开展“社区一家亲”等文化娱乐活动,丰富群众精神生活,发挥文化凝聚人心、促进和谐的作用。进一步提高城市社区建设水平,加快农村社区建设进程,提高基层社会管理能力。要深化“聚合力工程”建设,切实发挥基层党组织作用,认真总结党员责任岗、民愿接待室等好的经验,努力在城市管理、安全生产、群防群治等方面有所创新。

构建和谐调解体系。区委、区政府正在按照“党委领导、政府负责、社会协同、群众参与”的原则,加快完善人民调解、行政调解、司法调解三个网络和联动调解、矛盾排处两个机制,建设和谐调解体系,力争在12月底出台专门意见。调解体系将在准确分析我区矛盾纠纷的类型、性质、特点的基础上,立足工作统筹、资源整合、手段多元,进一步完善调解网络建设,变矛盾纠纷的集中化解为日常化解,不断提高调解工作的科学性、准确性、预见性和防范性。

加强防控体系建设。要在完善打击违法犯罪分子及敌对势力工作体系的同时,加快防范体系建设工作。增加科技强警投入,按照统一标准提升全区48个公安派出所硬件水平;整合全区电子监控资源,全区联网、资源共享;加大协同作战力度,将全区分为8个片区,实行公安、工商、城管、文化等部门联合执法;加强基层警力配备,在200个重点社区分别配备一名全日制民警。通过提高安全防范水平,努力为朝阳区的现代化建设,特别是奥运会、世青赛创造一个安全、稳定、和谐的社会环境。

同志们,先进性教育活动虽然基本结束了,但先进性建设永无止境。加强城市管理、迎接奥运盛会、促进科学发展,我们任重道远。全区各级党组织和广大党员必须不断巩固、扩大先进性教育成果,以扎实的工作体现党的先进性,以党的先进性建设不断促进各项工作,确保朝阳又快又好发展。

政党 团体

中国共产党北京市朝阳区委员会

概 述

年内,中共朝阳区委按照落实科学发展观和构建社会主义和谐社会要求,认真落实市委、市政府对朝阳区的功能定位,总揽全局,协调各方,抓规划引导发展,抓环境推动发展,抓管理服务发展,抓党建保证发展,科学执政、民主执政、依法执政水平不断提高。全面加强党的建设。组织开展"我为奥运增光,我为发展出力"主题教育活动和"加强城市管理、迎接奥运盛会、促进科学发展"主题大讨论。研究制定关于落实市委加强党政领导班子建设规划纲要实施意见,推进干部制度改革。建立健全科学的考核评价机制,加快干部信息化建设,对全区近700名处级党政领导干部实施综合素质评价,开展地区办事处主任公开选拔。培训领导干部1959人次。编制干部队伍建设"十一五"规划,建立人才储备库,继续推行年轻干部上挂下派和面向全国选拔优秀大学生,对科级及科级以下干部在不同地区之间交流。加强党风廉政建设,推进责任制落实、双百考核,着力构建教育、制度、监督并重的惩治和预防腐败体系。按照严肃纪律、严格步骤、严谨务实要求,全区超前谋划、注重引导,典型引路、注重创新,整体联动、注重实效,分两批开展保持共产党员先进性教育活动,教育活动覆盖率、党员群众对全区整个教育活动和各基层单位教育活动满意及基本满意率均达98%以上。编制《北京市朝阳区国民经济和社会发展第十一个五年规划纲要》。按照组团式规划、板块式发展要求,提出以奥运、CBD(商务中心区)和电子城三大功能区建设带动全面发展战略。大力发展现代服务业、高新技术产业,加快文化创意产业发展。恒生银行、汇丰银行、普华永道、瑞银证券、中国财险公司等知名企业入驻CBD。电子城西区吸纳摩托罗拉、北电网络、爱立信、朗讯等11家跨国公司总部及研发中心,聚集200余家科技创新型中小企业。健翔科技园科技商务服务业快速发展。奥林匹克森林公园等奥运工程建设全面推进。继续深化经济体制改革,加大国有资产监管运营力度,完成国有企事业单位清产核资和行政事业单位不动产清查工作,投融资体制改革不断深化,对4个政府投资项目实行代建制,京客隆集团香港上市、朝开公司与万科集团合作等工作进展顺利。制定朝阳区道路建设三年计划和2008奥运工程蓝皮书。顺利完成朝阳区第一次全国经济普查工作。不断加快农村城市化进程。编制农村产业发展规划、六大组团总体规划以及各乡专项规划,提出建设六大组团、构建九大经济板块、打造八条产业链工程。推出一批特色休闲旅游项目和绿色产业项目。大屯乡完成乡级集体资产处置,成立了街道办事处,完成奥运村乡村级集体资产处置和乡级资产清产核资工作。启动管庄乡集体资产处置工作。高碑店、太阳宫、南磨房等乡制定资产处置方案。制定加快农村社区建设实施意见,新建社区85个,农村社区达到115个。推广东坝等基层文化工作经验,建立基层文化工作联席会议制度,举办朝阳区文化产业规划研究国际研讨会,进一步明确文化发展方向,形成朝阳公园、望京文化广场、"社区一家亲"等一批文化品牌。稳步推进4所市级高中示范校建设,出台加强农村教育工作意见,大力促进教育资源整合和教育均衡发展,探索职业教育特色之路。逐步完善公共卫生服务体系,全国社区卫生服务示范区通过验收;努力扩大新型农村合作医疗覆盖面,农民大病统筹和基本医疗参保率均达到90%以上,在完善农村卫生院向社区卫生服务中心转轨同时,将符合条件的村卫生室转建为社区卫生服务站,推进乡村医疗机构管理一体化工作;推行全区退休人员医疗费报销的社会化管理;防控高致病性禽流感工作取得阶段性胜利。积极推进城市网格化管理,设立朝阳区城市管理监督中心和指挥中心。完善城市应急管理体系,制定朝阳区突发公共事件总体应急预案,成立朝阳区突发公共事件应急委员会,筹建应急指挥中心。举办朝阳区首届人口论坛。成立建筑业联合会、房地产开发促进会。成立朝阳区2008环境建设指挥部,以奥运功能区、CBD功能区、电子城功能区、世青赛场馆区和城乡结合部为重点,全面加大环境整治力度。妥善做好拆迁安置工作,实行阳光拆迁、依法拆迁、有情拆迁,推行审批文件、拆迁政策、工作纪律、工作程序、拆迁实施单位及拆迁工作人员身份、投诉渠道六公开制度,规范行政强拆程序,严格执行拆迁行风承诺制、保证金等制度,提出拆迁安置与经济适用房、与二手房、与空置房源、与开发商自备安置房源、与政府合作建房定向安置五对接。加快"城中村"改造步伐。广泛深入地开展创建无违城区工作。从治理低级次产业、低档次出租、低水平基层管理入手,加强流动人口管理与服务。出台《关于深化基层平安建设工作的决定》。探索建立健全包含治安综合防控体系、矛盾联合化解体系、社会保障救助体系、城市科学管理体系、安全稳定保证体系、城市应急指挥体系等六大体系在内的基层平安建设工作体系。大力推进和谐社区、乡村建设,深入开展平安地区和各类平安单位创建活动,着手构建和谐调解体系。组建区政府法律顾问团,建立区级领导信访接待日、区级领导基层活动日、职能部门参与接待、领导接待件督办等制度,完善信访专题会议制度。推出麦子店街道、人民日报社区等6个市级平安建设示范街乡和社区(村),望京地区一网三库建设、东风地区流动人口管理、高碑店地区治安巡防队建设、左家庄百盏红灯进社区、酒仙桥小红帽等平安创建经验受到上级领导关注,尤其是区法院庭外和解三项制度得到中央和市领导高度肯定。组建区行政投诉中心,把一站式服务和全程事务代理制向农村地区延伸。建立并完善96105政府热线呼叫中心。完善人大街工委和政协委员进社区、人大代表联系选民、代表接待日、政协委员和侨联统战人士定期联系沟通等制度。朝阳有线电视台创办"和谐在线"栏目。探索解决群众生活八难问题长效机制。全面完成农村安全饮用水工程建设,建成156处单村供水工程和豆各庄、楼梓庄两个集中供水厂,基本解决社区办公服务用房不足问题。研究制定改善特困群众生活的实施意见,统筹推进社会救助体系建设,实现城乡低保并轨,实施贴心、托底、关爱、温暖、自强、维权六大工程,广泛开展"党心连民心,温暖千万家"慰问活动,成立区慈善协会,首批筹款4000余万元。京润水上花园项目取得实质性进展,解决了1995年以来市政道路占用农村集体土地补偿问题,参加商业保险的超转人员纳入政府保障范围问题初步解决。

地址:日坛北街33号
电话:65094217
邮编:100020

(宋永光)

主要工作和重大活动

【区委九届四次全会】 1月6日,召开区委九届四次全会。会议认真学习贯彻中央经济工作会议和市委九届九次全会精神,总结2004年经济社会发展工作,研究部署2005年经济社会发展各项任务。区委书记李士祥在讲话中指出,全区上下要从提高执政能力、落实科学发展观战略高度和政治要求出发,转变思想方法,改进工作方法,强化作风建设,提高工作效能,并在统一思想、摸清底数、明确责任三个方面下功夫。

(宋永光)

【信访调处工作暨表彰大会】 1月7日,召开2003—2004年度信访调处工作暨表彰大会,研究进一步加强全区信访工作。市信访办主任吴世民、区四套班子领导出席。区委副书记、区人大常委会主任朱家麒作2003—2004年度信访排查调处工作报告。副区长佟克克宣读关于表彰朝阳区信访排查调处工作先进单位、先进工作者和积极分子决定。先进单位代表劲松街道工委、办事处,先进工作者三间房乡信访办主任白苏玲作典型发言。李士祥在讲话中指出,加强信访工作是长期任务,是执政能力建设重要内容,是新时期党的建设和思想政治工作的必然要求,要坚持想问题、抓落实、找规律,不断提高信访工作水平。

(宋永光)

【保持共产党员先进性教育活动】 1月至11月,按照中央要求和市委部署,朝阳区554个单位、3667个党组织、113040名党员,分两批开展以实践"三个代表"重要思想为主要内容的保持共产党员先进性教育活动。全区各级党组织按照"严肃纪律、严格步骤、严谨务实"的标准,牢牢把握"关键是要取得实效"和"成为群众满意工程"的要求,圆满完成学习动员、分析评议和整改提高三个阶段的各项任务,受到中央督导组、中央巡回检查组、市委市政府领导以及市委督导组、市委巡回检查组肯定。全区先进性教育活动覆盖率、党员群众对全区整个教育活动和各基层单位教育活动的满意及基本满意率均达98%以上。

（宋永光）

【农村城市化工作会议】　1月22日，召开农村城市化工作会议。会议总结近年来朝阳区农村城市化工作，对2005年各项任务进行部署，对南磨房等8个农村"五个好"乡党委暨全面发展先进乡、常营等9个优化发展环境先进乡、孙河等7个农村劳动力培训就业先进单位以及北京市蟹岛绿色生态度假村有限公司等18个经济发展先进单位进行表彰。副区长宋连娣作工作报告。李士祥在讲话中强调，要着力在"调控推动发展"上下功夫，加强五个方面的工作，即转变思想方法、狠抓党的建设、夯实基层基础、突出精神文明、构建和谐乡村。

（宋永光）

【街道工作会议】　2月5日，召开街道工作会议。会议认真总结2004年工作，全面部署2005年任务，提出"以社区党建为龙头，以服务居民为根本，全力推进城市现代化建设进程"的工作目标。区四套班子领导出席，陈刚主持会议。区委副书记韩子荣宣读表彰决定，授予劲松街道突出贡献奖，左家庄街道、建外街道、和平街街道改革创新奖，酒仙桥街道、望京街道等5个单位社区党建优秀奖，麦子店街道、八里庄街道等6个单位社区建设优秀奖，亚运村街道、香河园街道等6个单位环境建设优秀奖，六里屯街道秀水园社区、朝外街道吉祥里社区等36个社区创建品牌社区优秀奖。副区长李国作工作报告。李士祥指出，街道工作要以市第五次城市管理工作会精神为指导，吃透上情，结合区情，继续坚持社区党建、服务群众、城市管理、居民自治四位一体，着力在基层基础工作上下功夫，牢牢抓住三个方面：一是以社区党建为龙头，夯实基层基础；二是以为民服务为根本，提高管理水平；三是以"人文奥运"为依托，构建和谐社会。

（宋永光）

【党建工作会】　3月31日，召开党建工作会。会议总结2004年党建工作，全面部署2005年党建工作任务。区四套班子领导出席，陈刚主持会议。张洋、辛燕琴、沈乃宏、王少峰分别对朝阳区2005年纪检、组织、统战和宣传工作进行了部署。李士祥在讲话中指出，面对机遇和考验，必须克服浮躁，提高效率。当前，朝阳进入到历史上机遇最好、发展最快、压力空前的时期，全区广大党员一定要注意学习、注意思考、注意实践、注意总结，一定要紧抓机遇、经受锻炼、应对挑战，不断提高自己，真正把抓班子带队伍谋发展、想问题抓落实找规律、重基层打基础强基石等工作落到实处。

（宋永光）

【基层文化工作会】　4月7日，召开基层文化工作会，贯彻全区社会事业发展大会和朝阳区《关于推进基层文化建设的实施意见》精神，总结基层文化工作，部署2005年和今后一段时期全区基层文化工作任务。会议提出，到2007年朝阳区基本形成能够满足人民群众日常文化需求的基层文化活动体系。陈刚主持会议。韩子荣作工作报告。会上，对基层文化工作先进单位、先进工作者进行表彰。李士祥在讲话中指出，朝阳区基层文化建设进入新阶段，面临新机遇。基层文化工作要切实把握好发展家庭文化、加强青少年文化、活跃社会文化三个落脚点，并在"规划引导、协调服务、创作交流、组织监管"16个字上下功夫，向社会、向人民群众提供好公共服务和公共文化产品。

（宋永光）

【纪念建党84周年优秀共产党员座谈会】　6月29日，召开纪念建党84周年优秀共产党员座谈会，弘扬优秀党员的先进精神，激励和带动全区党员学习先进，更好地保持先进性。区四套班子领导出席，陈刚主持会议。部分优秀共产党员作典型发言。李士祥高度评价与会优秀党员先进事迹和先进精神，强调基层党组织建设发展到现阶段，必须开拓创新，适应形势，探索机制，开创局面，一要强化服务功能；二要深化实践途径；三要探索长效机制。

（宋永光）

【深化基层平安建设工作大会】　7月11日，召开深化基层平安建设工作大会，部署深化基层平安建设工作。市委副书记强卫、区四套班子领导出席。陈刚主持会议。朱家麒宣读《关于深化基层平安建设工作的决定》。区委副书记王力军宣读《区委、区政府关于表彰基层平安建设示范单位的决定》，授予麦子店街道、东风地区"基层平安建设示范街道（地区）"称号，潘家园街道松榆东里社区、高碑店地区高碑店村等7个社区（村）"基层平安建设示范社区（村）"称号，蓝岛大厦、八十中等15个单位"基层平安建设示范单位"称号，并予以表彰。强卫充分肯定朝阳区基层平安建设工作，强调朝阳区要扎实推进工作部署，力争取得实实在在成效，为全市基层平安建设深入开展提供成功经验。李士祥在讲话中指出，要正确认识朝阳区安全稳定工作的形势，牢固树立科学稳定观，从治理低水平产业项目、低水平出租房屋和低水平基础管理入手，在统筹规划、健全机制、夯实基础、鼓励创新、加强宣传、探索规律六个环节上狠下功夫，以求真务实的精神，把基层平安建设工作引向深入。

（宋永光）

【区委九届五次全体(扩大)会议】　7月27—28日召开区委九届五次全体(扩大)会议。会议围绕贯彻落实市委、市政府上半年经济形势分析会精神,就巩固和发展朝阳区的大好形势,更好地构建和谐朝阳、促进科学发展,全面超额完成全年各项任务,进行深入研究,并对朝阳区"十一五"规划工作进行了研讨。陈刚作主题发言。李士祥就分析发展、研究规律和总揽全局、提高能力讲话。

(宋永光)

【区委九届六次全体(扩大)会议】　12月19—20日召开区委九届六次全体(扩大)会议。全会研讨朝阳区"十一五"规划纲要(草案)和2006年工作重点,审议通过《中共北京市朝阳区委九届六次全体(扩大)会议决议》。陈刚作工作报告。区委常委、常务副区长戴继楼作《关于北京市朝阳区国民经济和社会发展第十一个五年规划纲要(草案)的说明》。李士祥在全会闭幕式上作题为《加强城市管理,迎接奥运盛会,促进科学发展》的讲话,总结"十五"工作主要特点,指出要牢牢抓住"科学发展、统筹管理、和谐建设"三个关键,全面推进"十一五"规划的贯彻落实,并就围绕中心,突出重点,切实做好2006年工作提出要求。

(宋永光)

组织工作

【概况】　中共朝阳区委组织部是区委主管党的组织建设、干部队伍建设和人才队伍建设的职能部门。行政事业编32名,工勤人员事业编制3名,设干部科、组织科、综合科、人才科、研究室、办公室。年内,深入开展保持共产党员先进性教育活动,采取有效措施加强领导班子思想政治建设。合理调整干部,科学配备班子,进一步加强处级领导班子和干部队伍建设,不断加大干部制度改革探索推进力度。坚持党管人才原则,推进人才队伍建设。着力加大干部培训力度,落实培训规划,切实提高领导干部能力素质。加强基层党组织建设,深化"聚合力工程"。加快干部信息管理系统建设,加强组工信息、调研工作。坚持高标准严要求开展部内先进性教育活动,努力巩固和发展"树组工干部形象"集中学习教育活动成果,把组工干部能力建设作为工作重点,切实加强组织部门自身建设。年内,发展党员1155名,其中35岁以下党员659名,占57.06%。入党积极分子总数8182名,其中35岁以下的占64.13%。至年底,全区有基层党委283个、党工委48个、党总支255个、党支部3335个。党员总数114677名,其中:女党员48866名,占42.61%;大学、专科以上学历的占35.30%;中专、高中学历的占25.34%;初中及以下学历的占39.36%。

地址:日坛北街33号
邮编:100020
电话:65094313

(卓晓奕　战福国)

【保持共产党员先进性教育活动】　1月,区委制定并下发《关于在全区开展先进性教育活动的实施意见》,成立区委保持共产党员先进性教育活动领导小组及其办公室。25日,区委召开全区开展保持共产党员先进性教育活动动员部署会,要求全区各级党组织和广大共产党员按照"严肃纪律、严格步骤、严谨务实"要求开展好先进性教育活动。此次先进性教育活动有554家单位、3667个党组织、113040名党员参加。活动分两批进行,第一批是区党政机关和部分事业单位,第二批是街道、社区和乡、村及各类企事业单位、中介组织等。先进性教育活动期间,区委先后派出15个督导组(第一批10个、第二批5个),深入各单位督查指导教育活动。举办专题报告会,区委书记为全区党员讲党课。在全区范围组织开展"创造新优势,奥运促发展,党员当先锋,建设现代化新朝阳"主题实践活动。举办支芬、殷金凤等优秀共产党员先进事迹报告会,组建各系统、各单位先进事迹报告团,全区共进行454场先进事迹巡回报告。建立典型库,收录1758个具有时代特征、朝阳特色、个性鲜明的先进典型,编辑出版《朝阳区优秀共产党员风采》专刊。区委组织部全体党员参加第二批先进性教育活动,认真扎实完成每一阶段工作任务。活动中,组织部把开展先进性教育活动与加强部内自身建设相结合,与巩固树组工干部形象集中教育活动成果相结合,广泛征求部内调出老同志、有关工委和区属单位意见,深入查摆问题,制定整改措施,加强制度建设。两批教育活动结束后,都分别完成"回头看"工作。11月29日,区委召开先进性教育活动总结大会,全区先进性教育活动覆盖率、党员群众对全区整个教育活动和各基层单位教育活动满意及基本满意率均达到98%以上。

(战福国)

【举办专家新春团拜会】　1月,区委、区政府举办2005年专家新春团拜会。区委、区政府决定分别设立优秀科研人才和优秀青年专家项目资助,首批共计资助23个项目,其中,资助优秀人才科研项目18项,青年专家科研项目5项。

(王东胜)

【三级联创工作】　1月,市委检查组对2004年"三级联创"进行检查,朝阳区工作得到检查组高度评价。4月,对2005年农村"三级联创”工作进行部署，明确新一轮创建工作要求和目标。6月，区委组织部、区委农工委对31个农村“五个好”先进党组织进行表彰。

（战福国）

【慰问老党员】 1月，对建国前入党老党员和生活困难党员进行“春节”慰问，慰问人数83人，慰问金额8.3万元。2月，根据市委组织部有关文件精神，转发市委《关于给予建国前入党的农村户口的老党员生活补助的通知》，制定朝阳区《关于给予建国前入党的拿不到离退休工资的城镇居民户口的老党员生活补助的通知》，对建国前入党的农村户口老党员和不享受离退休金的城镇居民户口的老党员给予每人每月200元生活补助。“七一”前，慰问建国前入党老党员和生活困难党员，慰问人数260人，慰问金额26万元。9月，区委组织部、区委先进性教育领导小组办公室以及区委各主管工委的主要领导，分别对区委先进性事迹报告团成员和区委各系统先进性事迹报告团成员、优秀党员及优秀的基层党务工作者进行了“中秋”走访和慰问，慰问人数80人，慰问金额8万元。年内，全区有22名农村户口老党员和110名城镇居民户口老党员符合生活补助条件，发放补助金30万余元。

（战福国）

【年轻干部和后备干部工作】 1至11月，先后选调两批共35名年轻干部参加先进性教育督导组工作，增强年轻干部实践能力，锤炼干部党性。8至12月，选派10名街乡年轻干部到区信访办进行实践锻炼。9月，总结第二批上挂下派工作。11月，研究建立年轻干部实践锻炼长效机制，与区人事局联合下发本区年轻干部挂职锻炼办法，举办上挂下派工作动员暨培训会，选派101名年轻干部参加第三批上挂下派，其中：60人从机关下派到街乡等基层单位，41人从街乡上挂到机关单位。年内，建立后备干部培养档案，依托全区干部信息管理系统，完善后备干部人才库，全面记录后备干部情况。坚持将后备干部队伍思想政治建设和能力建设放在首位，对后备干部进行培训，不断提高后备干部队伍的整体素质。

（刘　欣）

【完善职位说明书和建立实绩考核机制】 2月，将职位说明书工作申报为本区软科学研究项目。总结职位说明书前期编制工作，初步形成政府职位设计等方面6篇理论调研成果。深入开展调研，召开11家委办局单位参加的座谈会，对其主要领导进行访谈，为说明书修改和完善奠定基础。3月，下发《关于进一步推进党政机关处级领导干部职位说明书编制工作的通知》，要求委办局领导干部结合在先进性教育过程中形成的对部门职能、自身职责和工作标准认识，对职位说明书进行修改完善。年内，结合部门职能，设计职责模块，建立处级领导干部职责模块库，使职位说明书能够更好地适应干部人员变化、分工调整等情况。在深入调研实绩考核工作基础上，以地区办事处为试点，完善办事处领导班子绩效考核办法，初步建立领导班子实绩考核指标体系。为有效发挥职位说明书在干部考核中作用，联合软件公司研究开发干部职责与绩效管理系统，并在“朝阳组工专网”初步建立“干部职责管理”专栏。

（刘　欣）

【政工职称评定】 2至12月，完成常年政工职称评审工作，3人获高级政工师资格，1人获政工师资格，10人获助理政工师资格。开展机关正处级领导干部政工职称评定工作，35名正处级干部取得高级政工师任职资格，11名取得政工师任职资格，1名取得助理政工师资格。

（刘星川）

【干部监督管理】 3月，组织召开经济责任审计联席会。审批局处级正常退休36人。7月，组织局级干部学习中组部[2005]4号文件和市委干部监督工作座谈会议精神，总结本区近年来干部监督工作成效，明确下一步干部监督工作重点，切实做好干部选拔任用监督工作。年内，组织完成32名局级、1060名处级领导干部收入申报和重大事项报告工作，申报率100%。全年局处级干部报告重大事项31人37项。年底，采用个人述职、民主测评等方式，对区属二级班子进行年度考核。

（刘　欣）

【党员电教工作】 3月，经区编办批准，新增一个专职电教干部的编制。6月，酒仙桥街道小红帽、高碑店村两个基层党组织典型宣传片分别荣获北京市第七届党员电化教育观摩评比活动三等奖和优秀奖。

（战福国）

【公开选拔地区办主任】 4月，面向全区公开选拔地区办事处主任。126人报名考试，41人参加面试，考察21人，4人任职，同时储备大批后备人才。在总结历次公开选拔经验基础上，此次采取公开选拔，一是岗位职责定标准，参照职位说明书，依据地区办事处主任岗位职责，合理确定职位能力素质标准；二是文化考试测素质，围绕职位的要求和特点设计文化考试内容；三是专家参与测心理，聘请专家建立基本心理素质模型，对应试者进行心理素质测试；四是情境模拟测实力，将当前农村中难点工作设成面试情境考题，从实践角度测试应试者的综合实力；五是书记参与测经验，聘请多年在农村工作的党委书记参与面试评分,重点测试应试者基层工作经验;六是民主测评测民意,测试应试者在群众中的认可程度;七是人岗相适定人选,依据岗位职责要求,在综合考虑干部能力素质基础上确定人选。

(刘 欣)

【人才工作】 5月,区人才工作领导小组召开会议,宣布区人才工作领导小组调整后的成员名单,讨论通过《北京市朝阳区2005年人才工作要点》、《北京市朝阳区人才工作领导小组及办事机构工作职责》、《北京市朝阳区人才工作领导小组工作规则》等,确定12项重点工作任务。同月,22个街道、20个地区办事处(乡)分别成立人才工作领导小组及其办公室。领导小组确定人才工作联络员,办公室设在组织部门。街乡人才工作领导小组主要职责是,落实区委、区政府关于人才工作部署和要求,联系区域内单位和人才,对人才培养、吸引、使用以及人才流动、激励等方面进行协调、指导,对影响本区域人才资源开发的重点、难点问题进行研究并提出建议。7月15日,组织专家健康疗养休假,四类人才代表12人参加。区人才工作领导小组先后四次召开工作协调会,了解工作进展,加强协调沟通。年内,由区委组织部、区人事局、中国人事科学研究院专家等组成课题研究小组,围绕本区人才队伍发展变化、工作情况、人才环境、人才预测、政策措施等方面,开展朝阳区"十一五"人才队伍建设研究。面向社会发放调查问卷6000份,召开8个座谈会,收集分析大量资料,完成主报告和6个分报告,首次运用预测和环境分析方法,对区域人才总量进行预测,2005年为51万人,2008年为56万人,2010年为58万人。对区域人才发展环境进行系统研究,提出了三大功能区、农村社区基层、高层次人才队伍建设和开发利用区域人才四个战略重点,明确人才队伍建设总体构想。本年度,5人获北京市优秀人才培养个人项目资助,资助金额总计10.5万元。4人获朝阳区优秀人才培养个人项目资助,资助金额总计3万元。全年出刊《朝阳人才工作信息》四期,栏目有领导讲话、工作动态、经验交流、朝阳英才、工作简讯、理论研究等,采编信息共63条,先后总结文化委、麦子店、南磨房、垂杨柳医院等9个单位经验。

(王东胜)

【纪念建党84周年】 6月,制定下发《关于开展纪念中国共产党成立84周年活动的通知》,全区各基层单位结合先进性教育活动,广泛深入地开展形式多样的宣传、表彰、研讨、慰问等活动。召开全区纪念建党84周年优秀共产党员座谈会,举办两场慰问全区党员和干部专场演出。

(战福国)

【组织工作信息化建设】 6月,与北大软件公司共同研制设计出符合本区党员和党组织特点的党员动态管理系统。全区524个党组织安装使用党员信息管理系统。8月,筹建朝阳组工专网平台,包含信息板块、系统板块、工作板块、温馨板块和互动板块等内容,面向全区发布。9月,与区人事局、区国资委、区劳动局、区信息办等单位共同研究,依托政务网,研发人才信息管理平台,逐步构建包含党政人才、企业经营管理人才、专业技术人才、技能人才以及区域人才信息集成库。全区156个单位采集各类人才信息近6400人。年内,利用信息化手段完成党政人才资源统计工作。采取全员库自动生成报表方式,用5天时间完成5000余人报表统计。进一步完善干部管理信息系统,实现全员库与干部管理信息系统衔接。

(汪雪琴)

【关爱干部健康】 6至8月,为深入了解干部队伍心理状况,提高干部应对压力能力,在本区首次使用心理学测量工具,开展大样本定量与定性分析相结合干部心理测试。针对测试结果,制定系列措施,建立干部思想、生活、工作、学习、身体五关爱机制,全面促进干部健康。

(刘 欣)

【科技副职、团职军转和挂职干部工作】 7月,对任职期满的14名科技副职进行考察。9月,召开科技副职工作总结交流会。经征求任职单位和本人意见,任职期满的10名科技副职结束任职,4名科技副职继续在本区留任。12月,召开团职军转干部见面暨安置工作动员会,就接收的69名团职军转干部安置、集中培训和实践锻炼工作进行具体部署。年内,接收中央两部委、市直机关、内蒙古呼和浩特市及安徽合肥4批挂职干部33人。

(刘 欣)

【农村社区党建工作】 7—10月,区委成立朝阳区农村社区审批领导小组,明确农村地区开展社区建设和社区党建工作,集中审批100个农村社区,建立68个社区党委。

(战福国)

【落实市委创新意见】 8月,学习贯彻市委《关于推进基层党建工作创新的意见》,并纳入先进性教育活动学习和督导内容。10月,区委组织部与区委保持共产党员先进性教育活动督导组分别召开座谈会,听取各系统关于推进基层党建创新工作思路。12月,区委分系统召开5次基层党建工作创新研讨会,明确朝阳区推进基层党建工作创新思路。成立区党建专家顾问组,12名专家学者被聘为首批专家顾问。年内,全区为落实市委《意见》而举办的区级培训班、研讨会14次,党员干部1500余人次参加。

（战福国）

【因私出国工作】 10月，下发《关于加强本区处级以上领导干部因私事出国（境）证件管理工作的通知》，将本区处级以上领导干部（含非领导职务）名单，在市公安局出入境管理处进行更新报备登记。对其私人护照进行集中保存，确保对全区处级以上领导干部因私事出国（境）监督到位。

（战福国）

【党建专家顾问组成立】 12月，区党建专家顾问组正式成立，由12名在党的建设、社会管理、社区建设等领域具有长期实践经历和较高理论修养的专家、学者组成。区党建专家顾问团将主要对朝阳区党建工作开展提供咨询论证、调研指导和专题辅导三方面的智力支持。

（王东胜）

【干部培训】 年内，选送处级干部7人到北京大学进修学习3个月；分批开展共产党员先进性教育学习活动，约1000名处级干部参加培训；举办新任党政正职领导干部培训班一期，培训34人；举办副处级干部进修班两期，培训68人；举办中青年干部培训班两期，培训84人。举办新闻发言人培训班、基层文化建设培训班、生态建设专题培训班、BFT英语培训班、区属企业经营管理人员培训班各1期，培训248人次。与农工委、街工委合作，举办农村社区干部培训班、街道社区干部培训班各1期，210人次参加培训。举办审计知识、财政知识及音乐欣赏讲座3次，约400人次参加。

（刘星川）

【处级班子调整】 年内，调整班子120个，涉及干部181人次，其中：干部调整156人次，兼任职务16人次，机构更名9人。在调整干部中，新提拔干部79人次，交流和转任61人次，退二线14人次，其他2人。

（刘 欣）

【调整和理顺党的基层组织】 年内，理顺农村地区中小学和医院党组织的隶属关系，将农村地区79所中小学和18所医院党组织分别划归区教育工委和区卫生局党委，对区供销社党组织实行垂直管理，将国土资源局朝阳分局、区委党校、红十字会、慈善协会党组织关系划归区直机关工委管理，将北京爱慕内衣有限公司党的组织关系由区工业局党委划归望京高新技术产业区工委；接纳一批如民生证券等非公企业党组织关系，将其纳入非公工委系统管理；对国资委系统多年未进行换届和改选的党组织，进行换届和改选。

（战福国）

【调研信息工作】 年内，承担市委组织部3项调研课题，起草完成《对在新时期加强组工干部队伍能力建设的实践与思考》、《关于朝阳区处级以上领导干部专业化问题调研》及《关于领导干部绩效管理若干问题的研究》3篇调研报告。结合全区组织工作实际，在认真开展调研基础上，形成《关于做好第二批保持共产党员先进性教育活动的几点思考》、《关于党的代表大会闭会期间发挥代表作用途径和形式的调查》、《重视干部心理健康问题》、《完善制度真抓实干加强党员队伍建设》、《着眼解决问题推动工作实践—关于处级干部能力素质调研的做法和体会》、《适应形势明确职责进一步加强和改进非公经济党建工作》等一系列调研报告。这些调研报告成果，有些直接转化为区委相关文件，有些被中央或市级刊物采用。全年上报市委组织部信息66篇，被中组部采用1篇，被市委组织部采用30篇，其中领导批示2篇，优秀信息4篇；上报区委办信息81条，被市委办公厅采用6篇，区委办采用53篇，其中优秀信息4篇。

（卓晓奕）

宣传与精神文明工作

【概况】 朝阳区委宣传部、区文明办，是负责全区宣传思想和精神文明建设工作职能部门。内设办公室、宣传科、理论科、综合科、创建科、基层科、研究室、外宣办。
地址：日坛北街33号
电话：65099315
邮编：100020

（张维维）

【宣传基层干部典型】 2-3月，在保持共产党员先进性教育活动期间，呼家楼呼北社区党委书记殷金凤被区委宣传部、市委宣传部确定为基层干部宣传典型，对其先进事迹进行深入细致挖掘和整理，并在全市进行宣传报道。《人民日报》于2月22和23日在保持共产党员先进性专栏对她的为民解难事事迹进行报道，北京电视台、《北京日报》等对她的事迹进行广泛深入报道。2月21日，朝阳区召开殷金凤同志事迹报告会，编辑了《一颗爱心解千家难事——“解难书记”殷金凤为民解难事迹选编》。

（张维维）

【推出人文奥运朝阳宣言】 3月5日，朝阳区组织召开了人文奥运朝阳行动动员大会暨主题报告会。会上，陈刚代表区委、区政府、区文明委宣读《人文奥运朝阳宣言》，向全社会做出创建一流市民素质、一流城市环境、一流文化氛围和一流社会风尚承诺。北京奥组委执行副主席蒋效愚作关于北京2008年奥运会筹备情况的报告。

(李 蕊)

【工作培训】 4月7日下午到9日上午,举办全区宣传思想精神文明工作培训班。会议集中全区各委办局、各街乡、企业、人民团体等单位的宣传思想和精神文明工作干部350余人。会议安排七个单元内容,听了4场报告、举行两次座谈会、听取了6个街乡典型发言,表彰2004年宣传思想优秀调研报告、《感动朝阳》十大新闻人物和十大新闻事件。9月20日,朝阳区举行职业礼仪培训暨风采展示活动。教育部礼仪老师王小灿为大家进行文明礼仪规范讲座。蓝岛大厦、朝阳公园、京客隆、区机关服务中心、朝阳宾馆等单位结合本单位工作特点,以小品、歌舞、仪态展示等形式进行职业风采展示。9月21日,首都文明办在本区举行北京市窗口行业迎奥运培训启动仪式。按照首都文明办总体部署,全区消防、卫生防疫、餐饮、旅店、美容美发、洗浴等窗口行业认真开展一系列法律法规和知识技能培训活动。9月22日—23日,区委宣传部在蟹岛举办全区二级班子理论中心组学习秘书培训班。参加人员有街、乡主管副书记,中心组学习秘书,总计84人。培训班邀请中宣部理论局张磊作《中心组学习应当注意的几个问题》的报告、市委宣传部陈建文作《当前理论工作热点难点》的讲座,区政府办副主任王先勇作朝阳区区情讲座。10月29日、11月3日,区文明办和中国人民大学人文奥运研究中心联合组织朝阳人文奥运素质培训班,为高碑店村、北京化工大学农民、学生们举办奥运志愿者培训工作专题讲座。12月15日,朝阳区召开商业服务业迎奥运动员部署大会。会议制定下发《朝阳区贯彻〈北京市商业服务业迎奥运三年行动计划〉的实施意见》,启动奥运场馆和世青赛周边地区语言、刷卡无障碍建设。窗口行业代表约四百人参加会议。

(张维维 李 蕊 丰春秋)

【编撰出版《朝阳视野》】 7月1日,由宣传部主办的思想政治理论刊物《朝阳视野》杂志试刊。刊物以传递信息、研讨业务、指导工作、服务基层为办刊宗旨,以办成具有权威性、指导性、思想性和知识性为一体的区内综合刊物为目标,设置了本刊观点、主题阅读、人文朝阳、基层巡礼、八面来风、随笔杂谈等11个栏目。

(张维维)

【组织参观主题展览】 7月,区委宣传部组织全区9000名干部群众参观"伟大胜利——纪念中国人民抗日战争暨世界反法西斯战争胜利60周年大型主题展览"。

(丰春秋)

【喜结国际姊妹节】 8月4日,在英国斯托克顿艺术节开幕式上,北京朝阳国际风情节和英国斯托克顿市河畔国际艺术节结为姊妹节。

(张维维)

【朝阳文明网站改版】 9月起,北京朝阳文明网站进行改版,新版有文明素质、文明创建、军民共建、专题报道、相关资料等栏目,开通网上办公平台,开设建设学习型城区、未成年人思想道德建设、人文朝阳3个专题,制定相关报送和考核办法,年底试运行。

(李 蕊)

【机构设置】 9月14日,召开朝阳区私营个体经济精神文明建设工作委员会成立大会。区私营个体经济文明委将在区文明委指导下,组织全区40多万户私营个体经济企业开展精神文明建设工作。重点是以创建文明单位为主线,以行业分会为主体,以诚信论坛、诚信承诺公示、失信行为举报信箱、企业诚信形象展示大赛等活动为载体,在非公经济领域深入开展以"诚信经营促发展,文明服务添光彩"为主题的教育实践活动。

(丰春秋)

【纪念马骏烈士诞辰110周年】 9月16日上午,区委宣传部组织开展马骏烈士诞辰110周年纪念活动。活动介绍马骏烈士生平,南下坡民族小学学生代表向马骏烈士墓敬献花篮。中央党史研究室、中国伊斯兰教协会、市委宣传部、中国人民解放军总装备部、中央电视台、中国国际广播电台等各部门、各界代表参加纪念活动。活动中向中共宁安市委、吉林省第一中学、天津南开中学、天津市觉悟社纪念馆、北京市民族学校、南下坡小学、日坛公园马骏纪念室赠送《马骏烈士》画册。

(张维维)

【主题宣传教育活动】 9月,区委宣传部、区文明办、朝阳交通支队联合区委街工委、区委农工委等部门共同举办朝阳区首届"百万市民齐参与,交通文明伴我行"有奖征文大赛。积极倡导交通文明"四知",即:交通秩序整治主题、目标、内容和规范。重点推出交通文明"四让",即:人让人让出一片温情,人让车让出一片秩序,车让人让出一片安全,车让车让出一片理解。活动收到各类作品5000余篇。各系统评选产生各类奖项535名。区级共评选产生特等奖10名,一等奖20名,二等奖50名,三等奖100名及优秀组织奖14名。按照首都文明办统一部署,9、10月定为"情系奥运文明礼仪伴我行"主题宣传教育实践活动展示月,组织开展一系列校园文明礼仪教育实践活动。

如:开学典礼上好爱国主义教育第一课;全面实施朝阳区“三礼”教育地方教材,纳入中小学地方课程;开展万名教师礼仪规范网上签约活动;组织“十、百、千、万”评选表彰活动;开展校园礼仪展示和校园巡礼行动。

(丰春秋)

【舆情调查】 年内,与北京工业大学人文社科学院联合开展针对流动人口、街道社区干部、农村村级干部和农民思想状况和生活状况调查研究,完成《朝阳区流动人口状况调查》、《朝阳区社区居委会思想状况调查》、《朝阳区农村干部思想状况调查》、《朝阳区农民公共意识调查》4个调研分析报告。

(张维维)

【正确引导社会舆论】 年内,围绕保持共产党员先进性教育活动、人文奥运、第六届北京朝阳国际商务节、三大功能区规划与定位、基层文化建设、基层平安建设、城市建设与城市管理、为民办实事等区委区政府重点工作、中心工作以及人民群众关心的热点问题,精心策划、突出重点,在对内、对外宣传质量和覆盖面上初步形成规模效应。据统计,《人民日报》等中央以及市属媒体对朝阳的报道共计11000多篇,平面媒体8000多篇,电视和广播媒体各占3000多篇。

(张维维)

【宣传系统信息化建设】 年内,开展对宣传系统5000余人次人才、党员、干部基本信息采集、录入工作,整体完成宣传系统人才信息库、党员信息库、干部信息库基础建设。

(张维维)

【新批准两家爱国主义教育基地】 年内,新批准服装学院民族服饰博物馆、民俗博物馆两家爱国主义教育基地,区域内爱国主义教育基地达13家,其中区级7家,市级3家。

(张维维)

【感动朝阳人物、事件评选】 年内,开展“感动朝阳”2004年十大新闻事件十大新闻人物评选,当选的十大新闻人物有:支芬、那忠、武文兰、刘汉卿、徐伟、李大林、董学法、齐文、齐国民、刘兰芳。当选的十大新闻事件有:中共北京市朝阳区第九次代表大会、北京市朝阳区第十三届人民代表大会一次会议和政协北京市朝阳区第十届委员会一次会议胜利召开;中共中央总书记胡锦涛到劲松视察工作;朝阳区建立新闻发布制度;第五届北京朝阳国际商务节成功举办;朝阳公园全园开放;老秀水马路市场闭市;“五一”朝阳国际流行音乐周成功推出;朝阳区被评为全国绿化模范城区;朝阳区行政区划调整圆满完成;垡头居民喝上符合卫生标准的饮用水。这次评选活动由区广播电视新闻中心主办,根据上年《朝阳报》、朝阳有线以及中央和市属媒体对某一新闻人物的关注程度、报道频率和平时工作成绩以及在百姓中的口碑,由广大读者、电视观众和网民从16名候选新闻人物和15件候选新闻事件中评选出来。活动收到选票13541张。

(张维维)

【实施重点课题调研制度】 年内,区委宣传部继续实行宣传思想、精神文明建设重点调研课题立项申报制度。32家单位参加,20家单位获准立项。经市委宣传部、《前线》杂志社、中国人民大学以及区内有关专家学者匿名评审,评出一、二、三等奖10名,并编辑出版《实践者的思考——2005年宣传思想基层重点调研课题优秀论文集》。

(张维维)

【外来工走进免费夜校】 年内,全区工地普遍开展依法维权基本知识、安全生产基本常识和文明市民基本准则培训和提供一本进城务工教育读本、一套教学光盘、一个师资库服务,到年底,已覆盖全区330个工地、50个市场的32.6万名来京务工人员。

(丰春秋)

统一战线工作

【概况】 中共朝阳区委统战部、区台办、区侨办三个部门合属办公,内设办公室、民主党派工作科、综合科、对台办、侨办。年内,贯彻区委九届五次全会精神,围绕“创造新形势,奥运促发展,建设现代化新朝阳”总体工作思路,开展朝阳区统一战线工作。年初,作为第一批进入单位,认真开展先进性教育活动并以先进性教育活动为契机,发挥优势,整合资源,夯实基础,全面加强和推进统战领域各项工作。

地址:日坛北街33号

邮编:100020

电话:65094619

(姚德文)

【党员教育】 1-6月,在区委的统一部署下,统战部19名党员参加学习、分析评议、整改提高三个阶段的教育,综合素质得到提高。经过以无记名投票方式,从提高党员素质、加强基层组织、服务人民群众、促进各项工作及对统战部先进性教育活动总体情况评价等方面进行群众满意度测评,向民主党派及所联系单位发放问卷70份,收回问卷62份,其中对提高党员素质的满意、基本满意98%,其他方面满意、基本满意100%。

(姚德文)

【走访台资企业】 1月7日,区委统战部长沈乃宏、区台办主任王建荣等走访台资企业—北京太平洋百货有限公司,慰问黄秉安总经理及公司中4位台籍干部,并与企业家们进行亲切交谈,向台资企业家们赠送5本精装《北京百科全书·朝阳卷》。全年区领导和台办走访慰问台资企业52家,做到及时了解企业情况,积极协调矛盾,快速反映问题,为台资企业排忧解难。

(姚德文)

【除夕之日走访慰问台胞台属】 2月8日,李士祥、孙世超等区领导和团结湖街道工委领导,走访慰问台属张永森、台胞吴醒余夫妇,两位老人均是退休教师,统战部、区台办信息员。李士祥感谢他们对区、街道和社区工作的支持,代表区委区政府向他们及家属致以节日问候。年内,区委统战部组织对各界党外人士走访慰问。先后到家中慰问区各民主党派老领导、无党派人士及各界代表人士,统战系统中生活较为困难的统战人士100余人。

(姚德文)

【贯彻多党合作新文件】 2月18日中共中央颁发《中共中央关于进一步加强中国共产党领导的多党合作和政治协商制度建设的意见》。6月14日北京市委下发《关于贯彻落实〈中共中央关于进一步加强中国共产党领导的多党合作和政治协商制度建设的意见〉的实施意见》。文件下发后,区委把学习贯彻新文件精神作为一项重要政治任务进行认真部署。李士祥在区委常委会上指出,全区各级党组织要加强和改善对统一战线工作的领导,团结各民主党派、工商联和无党派人士,同心同德,合作共事,把朝阳的事情办好。结合区统战工作实际,《中共北京市朝阳区委关于贯彻落实〈中共中央关于进一步加强中国共产党领导的多党合作和政治协商制度建设的意见〉的实施意见》于8月19日向全区下发。为便于《实施意见》具体落实,8月25日制定《实施意见》配套措施《实施细则》。

(姚德文)

【调研工作】 3月22日,市委统战部领导对管庄、十里河等基督教聚会点及朝外街道三丰里社区进行调研;6月16日,台盟中央副主席林文漪到区台资企业－兴京木制品(北京)有限公司进行调研;8月30日,市民委主任张恕贤到劲松街道磨房北里社区调研民族工作;9月8日,市统战部长尤兰田到朝外街道调研社区统战工作,并参观非公经济企业。年内,组织八个民主党派,针对本区在经济建设和社会发展中的重大事项,开展专题调研活动。各民主党派结合调研课题,在整合智力人才优势的基础上,先后组成20余个专题调研组,深入各街乡、相关单位和部门开展调查研究,形成23篇调研报告,经评审,其中15篇调研报告分获区级一、二、三等奖。统战部向市委统战部上报的《关于朝阳区民主党派区委机关制度建设的调查与思考》获市统战系统优秀调查研究成果一等奖。区台办撰写的《落实"新北京、新奥运"的战略构想,积极做好对台工作》一文,刊登在第2期《北京对台工作》上。区侨办撰写的《关于加强人文奥运宣传的思考》一文,刊登在第4期《北京侨务工作》上。区委统战部被市委统战部评为调研工作优秀组织奖。

(姚德文)

【学习和宣传《反分裂国家法》】 3月26日,区台办召开有30余人参加的学习《反分裂国家法》座谈会。为配合学习和宣传,区台办向全区处级领导及统战部全体人员赠送《反分裂国家法》单行本,向各街、乡及社区发放《涉台宣传教育材料》800份,主要内容是:胡锦涛就新形势下发展两岸关系提出的四点意见、《反分裂国家法》及说明等。

(姚德文)

【召开对台工作会议】 3月30日,区台办召开贯彻市委《对台工作规划纲要(2004—2008年)》对台工作会议,各街道、乡和区重点单位主管领导、对台干部80余人参加会议。会议传达文件精神,部署贯彻实施意见及朝阳区对台工作要点,提出全面落实市委22号文件精神要以邓小平理论和"三个代表"重要思想为指导,按照中共中央台办、国务院台办的总体部署和市委关于对台工作的具体要求,以反对"台独"、遏制"台独"为首要任务,做好台湾人民工作,坚定不移地贯彻"和平统一、一国两制"的基本方针,充分发挥台办的组织、指导、管理、协调的职能,健全机制,完善服务,整合资源,开拓创新,结合"新北京、新奥运"战略构想的实施,深入推进各项对台工作,为两个文明建设、祖国统一做出贡献。

(姚德文)

【社区统战工作】 4月22日,召开区社区统战工作会议,22个街道主管统战工作的副书记、统战干部及各社区党委书记参加会议。会议推广朝外街道三丰里社区、香河园街道西坝河东里社区、劲松街道工委等单位开展社区统战工作经验,并将其经验作法汇编成册,下发各单位交流学习。在工作实践中,总结出社区统战工作的"12345工作法"。即:明确一个定位,社区统战工作是社区党建工作的一项重要内容;做好双向服务,社区为统战人士服务,统战人士为社区建设献计出力;建立三级网络,街道、社区、居民党支部三级社区统战工作网络;发挥四个作用,在工作中,充分发挥统战人士凝聚人心、化解矛盾、民主监督、文明示范的作用;健全五项制度,完善学习、例会、情况通报、联谊交友、走访慰问等。

(姚德文)

【欢迎连战来访】 4月28日区台办和区教委组织呼家楼中心小学100名小学生在首都机场热烈欢迎国民党主席连战到北京访问的仪式。连战兴高采烈地三次走到小学生的欢迎队伍中,与前来欢迎的小学生和教师合影并握手问候,此次学生的欢迎活动受到国台办、市台办表扬。

(姚德文)

【新社会阶层工作】 4月28日,区委统战部举行新社会阶层30余名代表人士参加的与市、区领导见面会。市委统战部副部长李卫东、工商经济处处长谭林;区领导韩子荣、沈乃宏、束为、刘乃晨;区有关部门:工商联、司法局、工商局、旅游局、旅游协会、个私企协会领导出席。沈乃宏向与会人士介绍开展新社会阶层工作的目的、意义,介绍区情及区委、区政府主要工作和区统战部相关工作情况。与会人士分别作自我介绍,开展对话交流。年内,区委统战部采取多种形式,搭建与70余新社会阶层人士联系沟通平台。一是结合形势经常性地组织报告会,宣传党的各项方针政策;二是组织朝阳一日游,让新社会阶层人士身在朝阳,了解朝阳,知朝阳,爱朝阳,为区经济发展和社会进步献计出力;三是组织不定期见面会,增进区有关领导与新社会阶层人士的相互了解,加强沟通与交流;四是建立区新社会阶层人士人才库、智囊团,为新社会阶层人士参与朝阳区工作,发挥作用提供平台。

(姚德文)

【信息工作】 4月29日,召开统战系统信息工作会,会议对2004年度信息工作先进个人进行表彰,颁发光荣册和奖牌。邀请中央统战部研究室编刊处《统战工作》编辑黎晓明作题为如何做好统战信息工作专题辅导报告。全年统战部报送317条,市统战部采用77条,被市统战部评为统战系统信息工作先进单位。全年区台办报送信息133条,被北京市台办采用21条,获市台办2004—2005年对台专项工作优秀信息单位称号。全年侨办报送信息74条,大部分被市侨办采用,一部分被中国侨网采用,一部分反映问题的舆情信息得到市侨办领导重视和批示。

(姚德文)

【区领导与台、侨商交流】 6月2日,区长陈刚、区委常委沈乃宏、副区长孙世超、区政协副主席刘乃晨及区发改委、投资促进局、工商局等部门的领导,以区领导接待日的方式,与台资企业太平洋公司、远中房地产开发有限公司等著名台资、侨资企业30名企业家进行交流。应邀前来的台商和侨商们首先到北京规划展览馆,参观北京市总体规划,重点考察朝阳区规划建设情况;随后在京广中心顶层,俯瞰CBD中央商务区的建设情况。在郡王府,陈刚向台商、侨商介绍本区规划发展、环境与基础设施建设方面情况,征询台商、侨商对区建设规划的意见与建议。陈刚表示,今后区委、区政府将不断优化投资环境,建立良好服务机制,使更多的台资、侨资企业与朝阳区共发展、共繁荣。

(姚德文)

【救治台胞重返台湾】 6月,到北京的台胞吴和益突患脑出血摔倒在路上,被送到武警医院抢救,区台办及时与武警医院联系,积极救治,病人起初卧床不能走动,生活不能自理,精神差、失语。护士反映他曾说过台湾其家境困难,在大陆也是只身一人。经诊治,病人病情稳定并逐渐康复,经过一段时间的治疗,11月经国台办、市台办、区台办努力,将吴和益送至香港转飞台湾。

(姚德文)

【京台青少年交流周活动】 7月11日至7月17日区台办组织相约2008京台青少年交流周的活动,接待台湾参访的9所中学师生49人。为确保这次交流活动安全,区台办与公安局、教委、卫生局、新闻中心等单位联手合作。交流周活动期间,区教育学会与台湾大自然教育协会签订交流协议;区残联与台湾盲人社团的阿甘达成登长城、登玉山比赛意向;台湾大自然教育协会邀请陈经纶中学学生于十一期间赴台湾进行回访。

(姚德文)

【接待华裔青少年夏令营】 7月18日至29日,区侨办接待美国底特律—北京青少年夏令营17人。接待期间,安排营员们学习汉语、书法绘画、武术、手工、烹饪等课程。组织他们参加世界汉语大会开幕式,观看芭蕾舞剧《白毛女》,游览北戴河海滨、秦皇岛老龙头、天下第一关、颐和园、中关村、红桥市场和秀水街等,整个夏令营活动丰富多彩。结业式上,区侨办向老师和营员赠送精美纪念品。

(姚德文)

【议政会】 8月24日,区政协、区委统战部在二十一世纪饭店召开第一次议政会。就北京城市规划给朝阳区的定位、朝阳区三大功能区建设,听取了民主党派、工商联和无党派人士意见。区四套班子有关领导及委办局领导出席会议。

(姚德文)

【及时处理涉台突发事件】 9月7日,区台办接市台办电话关于台胞汤桂贤在芳草地使馆区闹事被朝外派出所带走询问一事,随即与朝外派出所取得联系,了解情况。汤桂贤疑似精神病患者,其所持台胞旅游通行证已过期。为保证台胞的人身安全,按市台办指示精神,当天与派出所同志将其安置在朝外京雅旅馆住宿,并请两位护工进行昼夜护理、安排食宿与生活,给予必要的社会救助。10月经国台办、市台办、区台办的共同努力,将汤桂贤送至澳门转飞台湾。

(姚德文)

【朝阳报宣传新文件】 10月12日,统战部以认真学习贯彻多党合作新文件精神,全面开创朝阳区统一战线工作新局面为题,向全区下发《朝阳报》统战专页。专页发表沈乃宏题为《认真学习贯彻中共中央今年5号文件精神,开创朝阳区统战工作新局面》的文章,阐述新时期学习贯彻多党合作新文件重要意义,明确区委落实新文件工作思路和部署,代表区委提出五点具体要求。专页还发表区各民主党派学习体会文章。

(姚德文)

【专题会议】 11月2日,区委召开区民主党派工作专题会议暨侨务工作会议。各街道工委、地区工委(乡党委)书记,主管统战工作的副书记,区委、区政府各部委办局主管统战工作的领导及各人民团体、区直属企事业单位负责统战工作的领导及统战干部200余人出席会议。沈乃宏到会并作题为《认真学习贯彻新文件精神,努力开创朝阳区民主党派工作新局面》的讲话。区长助理彭波代表区政府总结近六年侨务工作,部署今后侨务工作。

(姚德文)

【对口联系】 11月17日,区委统战部召开区政府有关部门与区各民主党派建立对口联系工作会议。确定对口联系的单位分别是:区教委与民进朝阳区委、民盟朝阳区委;区卫生局与农工党朝阳区委、民革朝阳区委和九三学社朝阳区委;区科委与九三学社朝阳区委;区台办与台盟朝阳区工委;区侨办与致公党朝阳区委;区商务局与民建朝阳区委。

(姚德文)

【北京基督教朝阳堂开堂仪式】 12月16日,在新建成的北京基督教朝阳堂举行开堂典礼仪式。市人大、市政协、市委统战部、市宗教局及朝阳区委、区人大、区政府、区政协的领导同1000余名信徒共同参加开堂典礼。

(姚德文)

【召开东岳庙恢复宗教活动协调会】 12月26日,区委常委、统战部长沈乃宏,区委常委、宣传部长王少峰,副区长关三多主持召开东岳庙恢复宗教活动协调会,宣布东岳庙恢复道教活动工作小组成立。12月28日,再次召开协调会,向市有关部门汇报东岳庙恢复宗教活动推进情况。市人大、市政协、市委统战部、市宗教局、市文物局有关领导听取朝阳区东岳庙恢复道教活动工作小组情况介绍。

(姚德文)

【对台交流交往工作】 年内,区台办组织教育交流团、社区教育交流团、青联交流团、非公经济交流团等134人到台湾岛进行交流活动。全年269人赴台,对所有赴台人员进行行前教育工作,交流后了解情况。

(姚德文)

【党派团体协商通报座谈会】 年内,区委先后就保持共产党员先进性教育、学习贯彻中央多党合作新文件、社院培训、开展专项调研、纪念中国人民抗日战争暨世界反法西斯战争胜利六十周年、《反分裂国家法》、加强民主党派机关建设等内容,召开议政会和8次党派、团体协商、通报、座谈会。会上,与会人士坦诚建言,各抒己见,提出有见地的意见建议。

(姚德文)

【协助民主党派加强机关建设】 年内,区委统战部采取一系列措施协助民主党派加强机关建设。针对民主党派区委机关"牌子大,机构小;任务重,人员少;头绪多,影响大"等特点,结合党派区委领导班子成员多为兼职,投入党派工作的时间和精力有限等情况,在深入调研基础上,采取七项措施协助民主党派进一步加强机关建设。一是区委统战部对党派区委机关建设进行调研;二是以专题讲座、座谈、研讨等形式对党派专职驻会负责人和驻会干部进行系列培训;三是由区委统战部牵头,各党派共同参与起草《关于进一步加强朝阳区民主党派机关建设座谈会纪要》,主要内容包括四点意见和十项制度,6月1日起在民主党派机关中试行;四是组织党派驻会负责人赴外省市考察学习;五是指导协助党派区委加强内设机构及机关制度建设;六是协助党派区委理顺工作机制;七是协助民主党派区委配备机关专职驻会干部。

(姚德文)

【办实事】 年内,区委统战部把改造民主党派综合办公楼地下室作为为民主党派办实事的重点项目,投资335万元,改造增设多功能厅、报告厅、培训室及图书阅览室等,并添置音响及健身器材等设施。改造工程于3月底开始施工,11月底完成,施工面积近千平米。

(姚德文)

【培训工作】 年内，朝阳区社会主义学院举办七期民主党派培训班、四期统战理论专题辅导讲座。参加培训人数700余人次。主要培训内容：中央5号文件专题辅导讲座；台海形势报告；民主党派的参政议政和社会服务工作；信息、提案的撰写；民主党派发展史；多党合作史；民主党派参政议政与构建社会主义和谐社会；朝阳区的统战工作实践及区情介绍等。

（姚德文）

【建立工作制度】 年内，区侨办牵头建立“五侨”联系会制度。由区人大内司委、区政协港澳台侨委、区侨办、区侨联、致公党区委五个涉侨部门组成。“五侨”联席会定期研究、通报本区侨务工作状况，加强各涉侨部门的协调配合。建立“三日”制度。即：“走访日、联谊日、接待日”，通过开展“三日”活动，沟通了解区内侨界动态。

（姚德文）

【举办侨务工作报告会】 年内，举办加强新形势下侨务工作报告会。邀请国务院侨办政研司综合处处长，从文件的出台背景、文件的筹备和起草过程、文件新思想和新观点以及如何理解全国侨务工作会议与文件之间的联系等四个方面的问题向大家作详细讲解。

（姚德文）

【联谊活动】 年内，区台办利用传统节日春节、元宵节、中秋节，积极开展联谊活动和茶话会。2月20日组织台胞台属30余人，参观新落成的天文馆，观看立体穹幕电影。暑期台办组织重点台属赴成都进行学习考察活动。

（姚德文）

【帮贫济困工作】 年内，区侨办在全区范围内对贫困归侨侨眷进行摸底调查，核实全区特困归侨12人、侨眷2人。春节前夕在全区开展慰问走访贫困归侨侨眷活动。结合“基层日”走访慰问特困归侨12人，给他们送去11400元慰问金和慰问品。区侨办与北京市证泰律师事务所联合向区21个街道侨务部门，各发放1万元法律服务免费券，为侨界人士提供法律援助。为归侨侨眷排忧解难协调解困2件。

（姚德文）

老干部工作

【概况】 中共朝阳区委老干部局，隶属区委组织部领导。负责落实党的老干部政策，为本区离休和副处级以上退休干部开展服务工作。全区有离休干部817人，易地安置离休干部116人，副处级以上退休干部725人。
地址：团结湖南里甲1号
邮编：100026
电话：85975641

（张守伟）

【召开区第18次老干部座谈会】 1月21日，区第18次老干部座谈会在朝阳宾馆召开。座谈会贯彻落实全国老干部“双先”表彰大会、北京市第18次老干部座谈会精神，总结上年老干部工作，安排部署工作。李士祥、陈刚、朱家麒、李明、王力军和刘永国、尹建华、杨荣梅出席。全区局职离退休老同志、各单位离退休老干部代表及各单位主管书记、部分老干部工作人员280余人参加座谈。

（张守伟）

【走访慰问老干部】 在元旦、春节等重大节日期间，区四套班子领导和各单位党政领导分别走访看望老干部，并召开座谈会、团拜会、茶话会等81场次，参会老干部达2515人次；全区各级党政领导走访慰问1136位老同志，送去慰问品和慰问金总价值132万元。

（张守伟）

【纪念抗日战争胜利60周年】 3月下旬至5月中旬，对全区抗日时期参加革命工作的225名老干部和4名特困遗属走访慰问，帮助他们解决生活困难和实际问题34个。4月14日，组织72名抗日时期老干部参观门头沟区斋堂镇爨底下村冀热察挺进军司令部旧址。5月23日、24日，分两场在朝阳宾馆举办离退休老干部高唱革命歌曲，弘扬革命精神歌咏比赛，来自全区各系统21支合唱队的442名老干部参赛。7月，组织74名老干部参观卢沟桥抗日战争纪念馆。8月23日，本区纪念抗日战争胜利60周年座谈会在欧陆风韵一层会议厅举行。全区参加过两万五千里长征的老红军邱复天，1940年前参加工作的局职抗日老战士尹建华、齐纪、张轩、张文达、高凤岐参加座谈会。区领导向参会的121名抗日老干部颁发中共中央、国务院、中央军委特制的纪念章，区委、区政府特制的纪念手表和每人1000元慰问金。李士祥代表270万朝阳人民向各位老领导、老同志表示崇高的敬意，并通报本区工作。8月底，由区属离退休老干部自己创作的126幅书画、摄影作品在老干部活动中心展出，400多名老干部观摩交流。9月1日，特邀北京军休莲花艺术团在朝阳剧场举行纪念抗战胜利60周年专场文艺演出，近千名离退休干部观看节目。9月2日在《朝阳报》编发图文并茂的纪念专版，刊用图片18幅、文字3000字，在全区营造歌颂老同志功绩、弘扬抗战精神的浓厚氛围。

（张守伟）

【落实老干部政治待遇】 “七一”

前夕,本局与区委组织部、团区委共同举办由离休干部和优秀青年党员、团干部参加的纪念建党84周年党员论坛活动。中秋之际,组织局职离休干部参观了CBD商务中心区,区四套班子领导与老同志共庆佳节。重阳节,组织登山活动。年内,举办4场形势报告会,参加的老同志达5000人次。这些报告会内容紧跟形势、贴近实际,受到老同志欢迎。组织老干部参观市交通指挥中心、城市规划展览、北京经济技术开发区、特色工业区等。

(张守伟)

【开展先进性教育活动】 年内,在保持共产党员先进性教育活动中,全区各级党委(党组)按照市委印发的《指导意见》,把抓好教育活动作为加强老干部党员思想建设、组织建设的头等大事,从离退休干部党员实际出发,认真制定实施方案,精心安排与部署,采取集中学习与分散自学相结合、座谈讨论与专题辅导相结合、主题活动与外出参观相结合等多种形式,不断把教育活动引向深入。本局组织广大老干部开展讲革命传统,葆革命本色主题教育活动;区老干部党校举办3期培训班,有276名老同志参加学习培训。各级党委、组织部门积极为老同志提供学习资料,对行动不便或生病住院不能参加学习的老干部,安排专人负责,送学上门,通报教育活动情况,确保教育活动落实到每一位老干部党员。广大老干部党员克服年高体弱、居住分散等多种困难,积极参加每一阶段教育活动。

(张守伟)

【老干部党支部建设】 年内,举办局职老干部和老干部党支部书记学习班;组织机关党员参加部分单位老干部党支部活动,对基层老干部党建工作进行调研,积极探索高龄条件下老干部党支部工作新思路。各单位党委普遍把老干部党支部建设作为基层党建工作的重要组成部分,列入重要议事日程,做到与党建工作同部署、同检查、同总结、同评比,老干部党支部建设得到进一步加强。

(张守伟)

【落实老干部生活待遇】 年内,为抗日老同志和居住在朝阳区的区属离休干部安装666个网络呼叫服务器,使老同志在出现紧急情况时能够得到及时的救护。关注老干部普遍关心的问题,围绕落实老干部两费、住房补贴、健康休养、看病体检等问题,继续加大工作力度。对全区行政机关事业单位离退休干部规范工资情况进行认真调查,为7位离休干部补发了一次性生活补贴。组织200多名老干部分别赴贵州、北戴河、广西等地健康休养。组织全区1200余名老干部,在小庄医院进行一年一度健康体检;对不能外出参加体检的99位老同志,专门安排医护人员上门体检;为172位未享受干部门诊的抗日老同志办理朝阳医院干部门诊手续。为易地来京安置离休干部解决10.8万元拖欠医药费。

(张守伟)

【落实老干部五种需求】 年内,针对离休干部高龄化实际,从调查和落实离休干部在身体、生活、看病、学习、活动等五个方面需求入手,积极探索建立单位管理与利用社区优势和社会化服务相结合的离休干部管理服务新机制。深入调研,将离休干部五种需求细化为46个项目,制成《朝阳区区属离休干部及易地离休干部"五种需求"表》,发至全区离休干部手中。通过访谈和调查问卷,了解和掌握离休干部群体呈现出四多特征,即80岁以上高龄人数多、生活不能自理的多、丧偶离休干部增多、空巢家庭人口增多;摸清离休干部实际需求状况。在全面调查基础上,对老干部需求内容分类汇总,分别由离休干部所在单位、所在社区和老干部局备案,从而为全区997名区属和易地离休干部建立起内容详实的数据档案。对离休干部各种需求,按照工作范围和职责分工,明确离休干部管理单位和离休干部所在社区责任,普遍制定保证措施,分类分步骤抓好落实。同时组织力量进行跟踪检查,确保每一位离休干部的需求都得到落实。

(张守伟)

【老干部工作先进社区创建活动】 年内,在上年8个街道试点取得初步经验基础上,继续开展老干部工作先进社区创建活动,范围扩大到19个街道、9个地区。涌现出团结湖街道三四条社区等一批先进典型。经过基层单位评选推荐和本局检查验收,有21个社区被评为朝阳区老干部工作先进社区。

(张守伟)

【双百分考核】 年内,联合区委组织部对各单位贯彻落实《北京市老干部工作领导责任制》情况全面检查;举办4期老干部工作人员培训班,深入学习贯彻《北京市老干部工作者行为规范》。在全区各单位和老干部工作人员中开展双百分考核以及评选老干部工作先进集体、先进个人活动,对21个先进单位和23名先进个人进行表彰。

(张守伟)

保密工作

【概况】 中共朝阳区委保密委员会办公室(简称区委保密办),是区委保密委员会办事机构,又是区政府管理保密工作职能部门,由区委办公室管理。内设综合科和保密检查技术科。行政编制8名。年内,按照《中共中央关于加强新形势下保密工作的决定》和胡锦涛总书记关于加强保密工作重要批示,统一思想、服务大局、立足当前、着眼长远,突出重点、整体推进,为实现“新北京、新奥运”战略目标和建设现代化新朝阳提供保障。

地址:日坛北街33号

邮编:100020

电话:65094302

(郎春颖)

【国家秘密载体定点复制单位年审】 3月,开展国家秘密载体定点复制单位年审。区内原有国家秘密载体定点复制企业5个,其中1个国家秘密载体定点复制企业主动申请注销国家秘密载体定点复制资格并办理注销手续。其它4企业按照年检要求对本单位上一年度承印国家秘密载体次数、数量等进行详细统计,并对保密工作情况作出书面总结。在此基础上,区保密局对4个企业经营环境、保密组织机构、保密制度措施、印制类别、数量以及保密安全设备等情况进行检查,提出做好保密工作具体要求。

(郎春颖)

【保密工作会】 4月1日,召开保密委员会工作会议。会议听取2004年保密工作情况汇报,讨论通过《北京市朝阳区2005年保密工作要点》,通报2004年本市发生的泄密事件。4月7日召开保密工作大会。会议要求:深入开展保密宣传教育,迎接普法验收;加强保密工作领导,进一步健全各级保密组织;强化保密检查,促进各项规章制度落实;做好国家教育考试保密工作,确保考试顺利进行;加强党政领导机关保密工作,确保国家秘密安全;加强保密干部队伍建设,努力提高综合素质。

(郎春颖)

【互联网站专项检查】 4月29日至5月15日开展互联网站专项检查,按照中共中央保密委员会办公室、国家保密局要求,区保密局会同区信息办下发《关于对传播国家秘密信息的互联网站开展检查整顿的通知》,对本区范围内互联网站开展检查整顿工作。要求各单位保密委员会检查单位内部和辖区内互联网站中有无涉及政治、经济、社会稳定、国家安全等方面内容,对查出的有传播国家秘密信息的互联网站,记录上网时间、网站名称和内容,并将自查结果报送区保密局。经过检查,未发现本辖区内网站传播国家秘密信息。

(郎春颖)

【保密工作座谈会】 5月18日,召开保密法制宣传教育座谈会,区属单位近20名保密干部参加座谈。与会同志结合本单位实际情况,围绕“四五”普法活动期间保密法制宣传教育总体情况、取得效果和经验以及存在问题等畅所欲言,探讨本区新时期保密工作面临的新问题、新挑战以及如何应对。

(郎春颖)

【保密法制宣传月】 5月,开展保密法制宣传月活动。为完成《朝阳区“四五”普法期间保密法制宣传教育规划》规定的各项任务和做好宣传教育规划落实情况总结、检查、验收工作,要求区属各单位在宣传月期间,根据《北京市朝阳区2005年保密工作要点》,结合本单位工作实际,通过开展形式多样、扎实有效的宣传教育活动,宣传《保密法》及其配套法律法规和规章制度。活动期间,区保密局向160个区属单位发放保密知识宣传挂图,在区委区政府办公楼大厅摆放宣传展板,举办保密教育展览,提供《神圣的使命》、《筑起网上长城》、《信息安全－紧迫的危机》、《海南席世国窃密案纪实》、《闪光的足迹》等保密宣传教育资料光盘供各单位观看。区保密局网页刊登保密知识和活动动态。朝阳有线电视新闻时间循环播出保密法制宣传字幕。

(郎春颖)

【高考保密检查】 5月,成立检查小组,按照《国家教育考试考务安全保密工作规定》要求,对区招生考试中心保密工作安排、试卷保密室位置和结构、试卷保密室工作人员设置、防盗设施、视频监控系统、密码铁柜配备及周边环境等具体情况进行全面检查,要求区考试中心加强对试卷保密室工作人员安全保密教育,确保试卷保密室中安全保密设备正常、有效地发挥作用。高考期间,对八十中学、劲松四中、一一九中学等考点进行巡视检查,对试卷取、存、送安全保密制度措施落实情况进行监督检查。

(郎春颖)

【保密培训】 6月15日至16日,举办保密干部持证上岗培训班。122个单位160名保密干部和网络管理人员参加培训并考试,全部取得上岗证书。市保密局副局长等保密工作方面专家为培训班授课,课程内容围绕当前保密工作面临的形势和任务、保密监督检查及定密工作、保密技术防范知识、保密法律法规和保密宣传教育工作等方面展开。课上播放保密宣传教育资料片。

(郎春颖)

【保密工作检查】 年内,两次检查区属单位保密工作。在各单位全面自查基础上,对区检察院、区文化委、麦子店街道等单位进行检查。检查内容包括日常定密工作、领导干部保密工作责任制落实、保密宣传教育开展、保密要害部门部位管理情况、计算机及网络安全保密管理。重点检查连接政务办公网、国际互联网和其它公共信息网计算机中是否存储、传递和处理涉密信息和不宜公开的内部工作信息,并利用网络安全检查系统检测计算机,及时将检测结果和改进意见反馈给被查单位,督促有关单位尽快弥补漏洞,消除隐患,提高技术防范能力。

(郎春颖)

【编印保密管理手册】 年内,根据保密工作的法律法规编印《保密要害部门、部位管理手册》。该手册明确国家秘密管理者职责,对保密要害部门、部位确定、管理以及涉密场所、措施、设备、涉密载体和涉密人员提出具体要求。《手册》于年末发放到区属各单位。

(郎春颖)

【检查潘家园旧货市场】 年内,会同有关部门检查潘家园旧货市场。要求市场管理部门成立保密工作领导小组,加强保密工作领导,建立健全保密管理规章制度,经常开展对市场管理人员和商户的保密教育工作,加大检查力度,如发现市场内有出售涉密文件资料情况,要立即收缴全部涉密材料并上报区保密局。

(郎春颖)

【评选表彰先进】 年内,根据《北京市朝阳区保密工作系统表彰奖励暂行办法》,与区人事局共同开展2003－2004年度朝阳区先进保密工作集体、先进保密工作者评选工作。在全区各单位和保密干部自荐基础上,评选领导小组结合实际认真评议,评选出先进保密工作集体15个、先进保密工作者40名。

(郎春颖)

区直机关工作

【概况】 中共朝阳区委区直属机关工作委员会是主管区直属机关党的建设和思想政治建设工作的区委工作部门,领导区直属机关纪律检查工作委员会工作,内设4个职能科室,行政编制11人。年内,区直机关工委下属58个处级单位,设8个党委、14个党总支、36个党支部有党员7660名。

地址:日坛北街33号

邮编:100020

电话:65099304

(邬晓青)

【党建工作】 1月始,按照区委统一部署和要求,机关工委集中主要精力,做好机关系统保持共产党员先进性教育活动各项工作,机关系统58个单位的7660名党员分两批参加保持共产党员先进性教育活动。3月,配合先进性教育活动开展,组织区直机关系统“我身边的共产党员”征文比赛和演讲会,宣传先进单位和优秀党员的典型事迹,推广党建工作的好经验、好做法,以机关系统的先进典型教育机关系统的广大党员。年内,落实区委《关于进一步深化党政干部制度改革,加强干部队伍建设的意见》,初步形成以党员学习教育机制、党员管理机制、党员联系群众机制、党内民主参与机制为主要内容的机关党的《基层组织建设和党员教育管理工作长效机制》;贯彻落实市委《关于推进基层党建工作创新的意见》和区委《关于强化党组织服务功能深化“聚合力工程”的意见》。举办机关系统推进基层党建工作创新专题报告会,组织党务工作者赴福建省直机关工委学习,三次组织直属党组织负责人进行培训、学习、研讨,初步形成《机关系统推进党建工作创新的意见》。

(邬晓青)

【举办书法绘画摄影比赛】 5月,举办以“丹青迎奥运,方寸赞朝阳”为主题的书法、绘画、摄影比赛活动。征集到26个单位选送的300余幅作品,从中精选出180余幅举办作品展览。

(邬晓青)

【慈善助残活动】 6月27日,区直机关工委、区残联、区慈善协会举行区直机关党组织慈善助残活动启动仪式,区四套班子领导和区直机关系统党组织率先开展捐款活动,机关系统58个单位的党组织与100户特困残疾人家庭结成对子,帮助他们联系解决实际困难和问题。为100户贫困重度肢体残疾人捐助100把轮椅。12月14日,积极响应“博爱在京城,博爱在朝阳”活动和全市开展的“共产党员献爱心”活动。年内,共为灾区捐款3.4万余元,捐赠衣被5000余件。

(邬晓青)

【参观爱国主义教育基地】 6月29日,开展“重温党史,永葆先进”主题党日活动。机关系统33名预备党员到香山双清别墅参观学习,重温历史,接受教育,并面对党旗进行庄严宣誓。

(邬晓青)

党校工作

【概况】 中共朝阳区委党校是区委直接领导,培养领导干部、理论宣传干部和国家公务员的学校,兼有区行政干部学校、区社会主义学院、市委党校成人教育学院朝阳党校分院职能,四块牌子一支队伍。内设教研室、培训处、成教处、电教信息中心等8个处室。在职教职员工42人,其中教师12人。主要任务是轮训培训处级领导干部、中青年后备干部、国家公务员、基层党员、积极分子和成人学历教育等工作。

地址:静安庄1区4号

邮编:100028
电话:64651199

(张永珍)

【**开展保持共产党员先进性教育活动**】 1至6月,开展保持共产党员先进性教育活动。主要进行学习、分析评议、整改提高三个阶段工作。活动中广泛开展征求意见和谈心活动;撰写党性分析材料;设置先进性教育意见箱、发放调查问卷和意见反馈表;召开各层次座谈会。4月12日和13日各党支部分别召开了专题组织生活会,与会党员本着实事求是原则,坚持"惩前毖后、治病救人"方针,从团结的愿望出发和对同志高度负责态度,开展批评与自我批评。4月14日,校领导班子召开专题民主生活会,全体班子成员进行自我剖析并接受民主评议。6月16日召开党员先进性教育整改工作情况通报暨群众满意度测评会,会上党委书记就整改工作情况和领导班子的整改方案进行通报,全体党员和部分群众代表57人参加测评,总体测评结果:满意率70.18%;基本满意率29.82%。为全区保持共产党员先进性教育活动全程录制、整理、编辑、制作学习光盘650余张,发到各单位。

(张永珍)

【**法制宣传**】 4月8日,挂牌成立"朝阳区领导干部法律培训中心",把法律知识教育培训纳入领导干部培训总体计划之中,科学设置培训内容,精心设计培训方式,配齐配强师资力量。年内,采取多种形式加强普法宣传教育工作,开展送法进基层活动,结合学习、宣传《行政处罚法》、《合同法》、《宪法》、《行政许可法》、新修订的国务院《信访条例》等各专题,为区各单位普法工作举办各类培训讲座30余次,满足机关和基层不同培训需求。

(张永珍)

【**全员竞聘上岗**】 9月1—8日,进行第二轮全员竞聘上岗工作。在中层干部竞聘工作过程中,进行全校测评、评委会测评、校领导测评、全校公示4个程序,坚持公正、公开、公平原则,坚持民主。完善全员竞聘上岗选人用人机制,为党校下一步发展和实现创建北京市区县级一流党校总目标奠定基础。

(张永珍)

【**台州市妇联干部培训班**】 11月7—17日,举办台州市妇联干部培训班,培训45人。学习内容:领导管理、经济管理、科技知识、创新思维、执政党能力建设等11个专题讲座。

(张永珍)

【**主体培训**】 年内,与区委统战部举办各党派人士参加的统战理论培训和专题讲座班8期,培训学员492人。举办区"生态朝阳"建设专题研讨班、基层文化干部培训班、BFT英语班、新闻发言人班、区妇联干部教育培训班、团校第一期团干部培训班各1期,培训463人。开办副处级干部进修班2期,参加培训65人。开办中青年干部培训班2期,参加培训84人,开展7个单元、34个专题课学习和各种形式活动。开办国家公务员正、副科级任职培训班4期,参加培训127人。并以"创建目标化和谐社区"为主题,组织参观深圳桃源居社区、香港屯门区社区,通过学员论坛形式,检验学习成果。举办市药监局和区地税局国家公务员科级干部任职培训,参加培训59人。举办新任党政正职领导干部培训班1期,参加培训34人。举办国家公务员初任培训班1期,培训69人。在各类培训中,引进新的培训方法,努力实现教学内容与形式与时俱进,将案例式、研究式、小班、专题、论坛、辩论、答辩等教学模式运用到各班次中,突出教学内容"精、新、实、特"(精:精品课多,信息量大;新:观念新,内容新,教学方法新,管理学员方法更新;实:课程设置有理论有案例,实用性强;特:每个班有特色,每个专题有特点,每个环节有重点),推动教学管理程序化、规范化、科学化。

(张永珍)

【**教学形成新制度**】 年内,教学形成新制度。一是试讲制度。无论是学历班还是主体班,凡是新开课必须经过试讲,评议合格后才能讲授。二是公开课听课制度。每学期推出学历班公开课,全体专兼职教师和成教处主任参加,课后大家畅所欲言,肯定成绩,提出改进意见。要求教师每年完成不少于40课时的听课任务。三是教师培训制度。根据教学改革重点,寒假用1周时间,聘请国家行政学院、市委党校等专家就小班教学、案例教学等内容,对专兼职教师进行有针对性的业务知识培训。

(张永珍)

【**调研工作**】 年内,选派教师配合中国农村政策研究中心课题组,就朝阳区处级领导干部参加学历培训费用报销现状、问题及政策研究进行调研。配合农业大学课题组,就朝阳区街乡处级领导干部培训需求进行调研。由班主任完成《朝阳区2004年中青班班主任团队建设》调研报告。参与市委党校政治思想研究会"创新思想教育,加强领导干部执政能力建设"调研课题(分课题)撰写。培训班上,为每个小组安排"青年干部成长中的困惑与思考"调研课题。形成4个调研报告,面对全班同学及评委们进行答辩。同学们对调研报告内容、观点、问题展开辩论。组织全体专、兼职教师利用暑期去内蒙古调研考察,与呼和浩特市委党校同行就教学内容和形式进行交流和探讨,并考察蒙牛集团、兆君集团等企业。

(张永珍)

【基层教育培训】 年内,为街、乡、委办局11个单位设计、组织培训科级、后备、党的积极分子等各种培训班。教师32人次到来广营、金盏、区卫生局、常营、区疾控中心、孙河等31个单位,讲授邓小平理论、创新思维、青年干部素质和成长进步、先进性教育、执政能力建设、党的基础知识和国际形势等20个专题课,听众2580人次。

(张永珍)

【学历教育】 年内,学历教育设研究生、本科、专科35个教学班。录取新生484人。其中本科生186人(工商管理137人、行政管理49人);大专生262人(经济管理156人、行政管理42人、计算机23人、物业41人);中央党校研究生班36人。完成授课8245学时。

(张永珍)

党史资料征集

【概况】 中共朝阳区委党史资料征集办公室是中共北京市朝阳区委主管党史工作的职能部门。人员编制6名。年内出版《朝阳英模——风采篇》、《朝阳英模——名录篇》、《朝阳党史》2期,完成《建设史》(第一稿);1篇文章发表于《北京党史》。《朝阳党史》获北京市第五届党史研究优秀成果奖;区党史办获北京市党史工作先进集体称号。

地址:日坛北街33号

电话:65099222

邮编:100020

(王瑞虹)

【完成《建设史》第一稿撰写工作】 年初,党史办选聘退休老同志组成《朝阳区社会主义建设史》编写小组,并根据历史分期分别确定撰稿人。年内,编写组查阅档案资料700余卷,查阅《跨世纪的发展纪略》系列丛书、《朝阳区改革开放纪事》和有关专题资料200余份;先后与海淀、丰台、石景山、通州、怀柔等区分别召开4次编写业务研讨会;参加市委党史研究室组织的业务培训,聘请有关领导和专家7次到朝阳区讲课答疑;邀请本区部分离退休老领导、老同志27人分别召开若干次座谈会,在不断修改完善基础上完成第一稿撰写。第一稿共7章44节43万余字,时限为1949年1月至2003年12月。

(王瑞虹)

【资料丛书《朝阳英模》出版发行】 9月,出版资料丛书《朝阳英模——名录篇》、《朝阳英模——风采篇》,计50万字。本书收录建国以来朝阳区的烈士104人。获国家及部委级奖励的先进集体62个,奖项179个。全国劳模、先进工作者16人;全国五一劳动奖章获得者9人;部委级劳模、先进工作者82人;市级劳模、先进工作者1462人;在外埠或外区县评的全国和省部级劳模、先进工作者94人。9月16日,与区总工会联合举行劳动模范中秋联欢会暨《朝阳英模》首发式。

(王瑞虹)

【党史宣传】 年内,在先进性教育活动初期,为区委先进性教育活动领导小组办公室提供《共产党对党员先进性的探索历程》、《回顾我们党历史上的党章修改》、《不同历史时期的入党誓词》等6篇党史研究文章。主动与区内多家媒体合作,形成互动宣传氛围。一是将《朝阳区优秀共产党员风采》中典型资料全部提供给区典型库,网上公开;二是与《朝阳报》联合开办“党员风采”专栏,每期宣传一位优秀人物;三是为朝阳电视台、《朝阳视野》、朝阳网等媒体提供资料。配合全区保持共产党员先进性教育活动,会同区档案局、区委各工委和有关单位,编纂出版《朝阳党史》保持共产党员先进性教育活动专刊——《朝阳区优秀共产党员风采》。专刊辑录全区42名不同历史时期优秀共产党员典型事迹。《朝阳党史》第2期以纪念抗战胜利60周年为主题,登载8篇纪念文章,从不同角度回顾中国人民抗战的历史,声讨日本帝国主义侵略中国的罪行,教育人民铭记历史,勿忘国耻,振奋精神,开创未来。该期还以农村城市化为主题,重点登载反映朝阳区农村城市化进程的文章,从不同角度记述全区以绿化隔离地区建设为契机,加快产业结构调整,推进集体经济产权制度改革,开展土地确权,加快农村社会保障向城镇社会保障体系并轨,加强农村基层党建,使农村地区生态环境、发展环境、居住环境和市政基础设施不断发展改善,大力推进农村城市化的历史进程。《朝阳党史》全年出刊两期,登载文章73篇,约26万字。

(王瑞虹)

【千册图书送社区】 8月,开展千册图书送社区活动。活动覆盖建外、团结湖、和平街等18个街道社区图书馆,赠送图书4类10套2500余本,包括《北京市朝阳区重要会议资料汇编》、《跨世纪的五年》丛书、《北京市朝阳区2004年换届专辑》等图书。

(王瑞虹)

纪检监察

【概况】 中共朝阳区纪律检查委员会是主管全区党的纪律检查工作的区委工作机构,朝阳区监察局是主管全区行政监察工作的区政府职能部门。区纪委与区监察局合署办公。区纪委、区监察局在区委、区政府和市纪委、市监察局双重领导下进行工作。内设办公室、宣传教育研究室、自律室、信访室、案件检查室、案件审理室、执法监察室、纠风室、行政投诉中心。区纪委、区监察局行政编制40名。年内,中纪委授予范小明"全国纪检监察信息工作先进个人"称号。市纪委授予"朝阳区11.3梁荣贪污、挪用公款及巨额财产来源不明案"专案组集体一等功,授予专案组刘阅个人一等功,张雪倩、燕海涛个人三等功。授予"朝阳区2.8靳雪琪挪用公款案"专案组集体三等功,授予专案组刘一凡、屈国华个人三等功。

地址:日坛北街33号

电话:65094420

邮编:100020

(陈伟航)

【案件(线索)信息通报例会制度】 年初,区纪委、区监察局与区政法委、区公安分局、区检察院、区法院、区审计局制订《朝阳区大要案协调领导小组成员单位案件(线索)信息通报例会制度》。通报各单位掌握的区属党员、干部违纪违法案件线索,了解移送司法机关区属党员领导干部案件情况以及各单位工作重点任务。9月初,与区检察院举报中心制订《朝阳区纪委、区检察院关于区属党员、干部举报件转办制度》,以月报表的形式,及时沟通区属处级干部及党员、干部举报件办理情况。年内,组织召开6次大要案协调领导小组成员单位信息沟通例会,重要案件信息随时报,综合信息定期报。

(杜娟娟)

【完善法纪联席会制度】 1月31日,组织召开全区法纪联席会。会议宣布调整后的区大要案协调领导小组名单,由李士祥任组长,朱家麒、张洋任副组长;完善法纪联席会制度,将成员单位扩展到30余个,涉及司法机关、行政执法机关、职能部门和人大、政协以及重点岗位、有业务处置权单位。

(杜娟娟)

【领导干部廉洁自律督查】 2月2日,下发《关于对2005年元旦、春节期间遵守廉洁自律规定,禁止奢侈浪费行为开展专项督查的通知》,采取单位自查、主管纪工委督查、区纪委抽查三种方式,在全区范围内开展专项检查。6月10日,转发《关于贯彻中共中央纪委、中共中央组织部、监察部和国务院国资委〈国有企业领导人员廉洁从业若干规定(试行)〉的通知》。6月20日,下发《中共北京市朝阳区委办公室、朝阳区人民政府办公室关于转发区纪委、区财政局、区监察局〈关于做好全区党政机关违规配备和使用小汽车专项清理纠正工作的意见〉的通知》,对全区党政机关、全额拨款事业单位违规配备和使用小汽车进行专项清理。

(田 华)

【纠正医药购销不正之风】 3月1日至10日,根据市纠风办《关于对2004年药品和医用耗材集中招标采购情况进行联合检查的通知》要求,全区卫生系统46家医院参加2004年八城区医疗保险定点医疗机构部分医用耗材集中招标采购工作和药品集中招标采购工作医疗机构,对中标品种使用情况及价格执行情况进行自查。24至25日,区纠正医药购销不正之风成员单位对部分医疗机构进行抽查,市纠风办对区第二医院和中医医院进行重点检查,未发现违规问题。

(李福硕)

【行政投诉中心成立】 3月29日,区行政投诉中心成立。年内,接待各类投诉260件次,受理投诉205件次。其中:直查39件,督查转办33件,协调解决133件;年底办结194件,转下年处理11件,办结率为94.6%。在所投诉问题中,拆迁问题占30%,职能部门服务态度问题占20%,绿化、宅基地纠纷占15%,其它35%。

(李奕华 赵 伟)

【党风廉政建设责任制】 5月20日,下发区委办、区政府办《关于印发〈2005年朝阳区党风廉政建设和反腐败工作主要任务〉的通知》,对全年党风廉政建设和反腐败各项工作任务进行细化,将主要任务分解为40项,由13位区委、区政府领导分管,确定牵头单位25个。10月14日,下发《关于对全区贯彻执行党风廉政建设责任制情况进行检查的通知》。10月下旬至11月中旬,对全区各单位贯彻执行党风廉政建设责任制情况、党风廉政建设和反腐败主要任务完成情况进行检查和重点抽查。11月24日,市委副书记龙新民带队,市贯彻执行党风廉政建设责任制检查组到本区进行检查,对本区贯彻落实党风廉政建设责任制工作给予充分肯定。

(胡建东)

【目标管理双百考核】 6月,下发《北京市朝阳区2005年继续深化目标管理双百考核工作实施意见》,修订完善《朝阳区效能监察评价指标体系》和《朝阳区优化发展环境评价指标体系》。对全区40个政府职能部门通过领导小组成员职能评议、网上评议、民意测评、特约监察员民主评议、主管领导评议、互查互评工作交流等六种方式进行考核;通过综合考核,确定15个目标管理双百考核综合先进单位和10个单项先进单位,街乡系统评出17个效能监察综合先进单位和13个单项先进单位。

(李福硕)

【效能监察】 6月,下发《朝阳区2005年继续深入开展目标管理双百考核工作的意见》,修订《效能监察的考核评分标准》。年内,全区各级纪检监察组织围绕区委区政府中心工作进行效能监察立项261项,实现效能监察工作与政府中心工作同步布置、同步落实。

(屈国华)

【政务公开】 6月,制订《朝阳区2005年继续深入开展政务公开和全程办事代理制工作实施意见》,将政务公开由办事层面向决策层面推进,全区形成主要领导亲自抓、分管领导具体抓、责任部门抓落实工作机制。年内,建立区属部门3736条政务公开目录,将政务公开内容按职能、许可、服务、决策、法规文件和工作动态等六大类进行规范。

(张卫红)

【政民互动】 7月,对政民互动平台进行改版升级,整合96105呼叫热线。年内,政民互动平台受理群众来信8401件,办理8335件,其中,办理市政风行风热线1104件,群众满意率87%,规定期限内办结率99%。政民互动各类信件比例是:咨询类2750件,占总件数33%;反映问题类4001件,占总件数48%;投诉类750件,占总件数9%;建议类417件,占总件数5%;申请信息公开类334件,占总件数4%;举报类83件,占总件数1%。

(张卫红)

【奥运工程监督】 7月,下发区政府《关于进一步加强奥运场馆工程建设监督工作的意见》,与18家对奥运工程建设负有监督监管职责的区政府委办局和业主单位签订《奥运场馆工程建设监督工作责任书》。10月,下发《奥运场馆工程建设监督工作备案制度》,对奥运工程建设监督检查工作实行月报制,同时按季度向北京市奥运场馆工程建设监督工作领导小组办公室上报区政府承担的《"2008"折子工程季度分解任务》完成情况。

(屈国华)

【治理中小学乱收费】 9月17日,开展治理教育乱收费秋季专项检查,在全区249所中小学校自查基础上,对部分重点中学、小学及职高校、直属单位及群众举报单位的42个单位进行收费抽查。年内,下发《2005年朝阳区治理教育乱收费工作意见》,健全和完善区治理教育乱收费局际联席会议制度。

(张卫红)

【党风廉政宣传教育】 年内,开展《建立健全教育、制度、监督并重的诚挚和预防腐败体系实施纲要》知识问答活动,全区27114名党员干部参加。结合先进性教育活动开展正面典型教育,会同区委组织部、区委宣传部将本区优秀党员领导干部先进事迹收集整理,通过《朝阳报》、《朝阳有线》、《是与非》以及"党风廉政知识园地"等多种媒体和形式广泛宣传;开展反面案例警示教育,选取近年来本区农村系统党员干部违纪违法案件制成展板在基层单位巡回展出,组织全区党员干部近2万人到中华世纪坛参观《北京市反腐倡廉警示教育展》。

(米　岩)

【廉政文化】 年内,按照中纪委、市纪委部署,将开展廉政文化建设活动作为全区党风廉政宣传教育工作重点,强化从政道德教育,构建"思廉"线;强化社会舆论氛围,构建"崇廉"线;强化家庭亲情作用,构建"助廉"线。开展廉政文化进机关、进学校、进企业、进家庭、进社区、进农村活动。在东大桥街心公园建立长85米廉政文化长廊,围绕"弘扬廉政文化,构建和谐社会"主题分为廉政警句、廉政文化风采、优秀党员情怀、廉政故事、人文奥运、和谐朝阳等6大板块。编辑《党风廉政学习资料摘编》,下发党员、领导干部和基层党组织5000册。

(杨　钦)

【五好一创评选】 年内,参加市纪委、市监察局反腐倡廉宣传教育"五好一创"评选活动。廉政歌曲《公仆情》获"好作品"一等奖,区纪检监察网站获"好网站"一等奖,《为民办事认真　群众锦旗致谢》获"好新闻"三等奖,《廉政文化显魅力》获"好新闻"优秀奖,《弘扬廉政文化构建和谐社会》获"好作品"优秀奖。

(米　岩)

【信息宣传调研】 年内,向中纪委、市纪委、区委区政府上报信息191条,被中纪委采用5条,市纪委采用39条,区委、区政府采用48条,信息工作名列全市纪检监察系统第二名,被市纪委、区委办评为信息工作"三优"单位。被中央、市、区媒体刊发稿件129篇，其中，中央级媒体13篇，市级媒体37篇，区级媒体79篇。自创廉政歌曲《公仆情》获“全国反腐倡廉歌曲创作三等奖”，入选中纪委“反腐倡廉优秀歌曲100首”。《中国纪检监察报》朝阳通联站获“优秀通联站”称号。在《朝阳报》开设4期《党风廉政知识园地》专栏。区委副书记张洋的调研报告《朝阳区构建惩治和预防腐败体系的实践和思考》获市纪委监察系统调研成果一等奖。

（杨　钦）

【查办案件】　年内，立案30件，其中大要案16件，占立案总数53.33%；涉及处级干部3件3人，科级干部9件9人；区纪委直查案件13件，同比上升30%；向司法机关移送2件2人。通过查办案件，为国家和集体挽回经济损失1416万元。结案21件，处分21人，涉及处级干部2人，科级9人，一般党员干部10人，其中：开除党籍11人，留党察看1人，党内严重警告3人，党内警告3人；行政开除1人，行政记大过1人，行政警告1人；受理申诉案件1件，撤销原开除党籍处分。

（张颖辉）

【阳光工程建设】　年内，按照北京市阳光工程“十公开、十不准”要求，严把招投标工作程序关。年内，参与政府投资重大工程招投标项目监督23个，100万元以上重点政府采购项目34个，依法处理招标与采购方面投诉10余件，提出合理化意见和建议48条，节约资金2649.1万元，节资率11%。

（屈国华）

【特约监察员工作】　年内，组织特约监察员参与对全区40个政府职能部门监督检查工作，召开座谈会108次，明查暗访465次，登记台账406份，发放调查问卷4000余份，提出各类意见建议236条。

（张卫红）

民主党派

民革朝阳区委

【概况】　中国国民党革命委员会朝阳区委员会（简称民革朝阳区委）下设提案调研、社会服务、祖国统一、老龄妇女四个专委会。年内，新发展党员31名，转来党员12名。到年底，有基层支部17个（15个综合支部及中日友好医院支部和北京工业大学支部），党员558人。

地址：团结湖北五条8号（党派楼）204室

电话：65094936

邮编：100026

（闫少峰）

【参政议政】　1月10日，在区政协十届二次会议上，提交党派提案4件，13位委员提交提案34件，党派提案“关于垃圾分类处理存在的问题及建议”获优秀奖。4月29日，课题调研组召开会议，对参政议政调研课题进行讨论，拟定4个调研课题。年内，完成调研报告3篇，其中《关于朝阳区体育场馆产业发展情况的调研报告》和《促进朝阳区非公立医疗机构的健康发展的调研报告》被统战部评为二等奖。

（闫少峰）

【主要活动】　1月29日，全区220余名党员参加团拜会，民革朝阳区委向党员祝词，部分党员即兴表演节目。3月20日，召开学习《反分裂国家法》座谈会。6月3日，组织各支部委员赴承德召开换届预备会议。8月24日，合唱队50余人参加民革市委纪念中国人民抗日战争暨世界反法西斯战争胜利60周年“共铸中华魂”大型诗歌演唱会序幕演出。8月26日，组织部分党员到国家博物馆参观“南京大屠杀”展览。10月10日，组织100余名老党员赴顺义万科农艺园欢度“重阳节”。在农艺园，老党员们参观蔬菜种植地、枣园，品尝农家菜，并在乡村俱乐部联欢。

（闫少峰）

【思想组织建设】　2月24日，民革中央、市委联合调研组到民革朝阳区委，就干部后备力量和青年党员培养等进行座谈。5月20至21日，40余名党员参加区委统战部举办的统战理论学习班，区委统战部、民革中央等领导分别就《中共中央关于进一步加强中国共产党领导的多党合作和政治协商制度建设的意见》（即中央5号文件）、台海形势和社会服务工作开设讲座。6月至9月中旬，各支部进行3年一次的换届工作。换届工作结束后，增加了5个支部，支部委员增至81人。10月21日，召开区委扩大会议，学习有关文件及今后组织工作重点，各支部就换届后工作规划及设想进行宣讲，对今后各项工作安排及要求进行布置。10月15日至16日，十一、十二、十三、十五4个支部在北京南口军事训练基地联合举办军训活动，通过队列训练、实弹射击、党章学习、篮球友谊赛、联谊晚会等一系列活动,深化党员组织纪律意识,促进党员相互了解和沟通,为支部之间横向联系活动和今后各项工作开展打下基础。

(闫少峰)

【宣传工作】 4月29日,统战部召开信息工作表彰会议,民革区委获先进信息工作单位称号;6人分获特等和一、二、三等奖。年内,区委机关刊物《潮流》出版4期。区委信息工作组向有关单位报送信息267条。

(闫少峰)

【社会服务】 8月,与各支部继续向房山大石窝镇2名特困生捐赠助学款4400元。12月29日,第三、十一、十二、十三、十五支部联合在北京松堂关怀医院举行“爱心基地”揭牌仪式。

(闫少峰)

民盟朝阳区委员会

【概况】 中国民主同盟朝阳区委员会(简称民盟朝阳区委)有盟员932人,34个支部,盟员中具有中高级职称的812人,有全国政协委员4人,市政协委员5人,区政协委员19人(其中副主席1人,常委3人);区十届人大代表8人(其中常委1人);区政府特约监督人员6人。

地址:团结湖北五条8号(党派楼)
电话:65094938
邮编:100026

(王 铮)

【参政议政】 年初,在区政协十届二次会议上提交4件党派提案,其中《关于加强职业技术教育提高朝阳区劳动力素质的建议》获区政协党派优秀提案奖;提交委员提案19件,其中《关于大力开展未成年人思想道德建设的建议》、《关于加强朝阳区饮食行业食品卫生检查监督力度的建议》获区政协委员优秀提案奖;《关于建立奥运安全应急机制的建议》获区委统战部调研报告二等奖,并得到中共北京市委书记刘淇批示。2月4日,召开人文奥运座谈会,会后向中共朝阳区委上交《人文奥运战略规划建议》。7月7日,召开参政议政工作会议,讨论确定区政协、统战部议政会发言题目《关于奥运安全应急机制的建议》、《关于CBD国际传媒产业集群规划的建议》。参加会议的有民盟区委委员参政议政委员会委员。

(王 铮)

【学习活动】 3月8日,组织庆祝“三八”妇女节活动,学习《中共中央关于进一步加强中国共产党领导的多党合作和政治协商制度建设的意见》。40余位女盟员参加。4月1日,召开二届九次全委(扩大)会议,传达学习《中共中央关于进一步加强中国共产党领导的多党合作和政治协商制度建设的意见》精神,交流学习体会。4月21日至22日,在区社会主义学院举办统战理论学习班,参加学习的有部分民盟区委委员、骨干盟员和新盟员40余人。会上听取《中共中央关于进一步加强中国共产党领导的多党合作和政治协商制度建设的意见》辅导报告和区情报告;学习盟史材料。

(王 铮)

【届中调整】 5月,增补王姮隽为区委副主委,增补范子奇、徐海秀、窦卫霖为区委委员。

(王 铮)

【社会服务】 7月9日,组织中日友好医院、八里庄医院、团结湖医院部分盟员医生到常营回族乡为村民义诊。

(王 铮)

【组织工作交流会】 12月2日,召开组织工作会议,民盟区委对换届以来组织工作经验、体会、存在问题及今后工作方向作总结发言,各支部分别介绍本支部组织工作经验和体会。所属基层支部主委、组织委员50余人参加会议。

(王 铮)

民建朝阳区委

【概况】 中国民主建国会朝阳区委员会(简称民建朝阳区委)有3个总支、28个支部、1030名会员。其中综合支部10个,专业支部17个,离退休老年支部1个。会员中,大专以上学历762人,全国政协委员2人,市人大代表2人,市政协委员4人,区人大代表3人(其中常委会委员1人),区政协委员18人(其中常委3人,外区1人);担任各级政府特邀监督员的15人,区青联委员7人。

地址:团结湖北五条8号(党派楼)
电话:65094054
邮编:100026

(吴名涛)

【社会服务】 春节前,走访困难会员及老会员,积极参加民建市委组织的植树造林活动。“六一”前夕,去顺义儿童村看望服刑人员子女并为他们捐资捐物。重阳节期间,组织部分会员慰问老会员。年内,民建朝阳区委举办企业文化专题座谈会,社会服务专委会组织参观海淀区公共安全馆,科七支部开展环保登山活动。

(吴名涛)

【思想建设和宣传工作】 年内,以学习中共中央十六届四中、五中全会精神和《中共中央关于进一步加强中国共产党领导的多党合作和政治协商制度建设的意见》为重点,以民建成立60周年为契机，在广大会员和干部中进行广泛而深入的思想教育活动，举办各种形式学习座谈；编印会内报纸《民声》，积极向民建市委报纸投稿；积极组织讲座，就社会热点、焦点问题及大家共同关心的问题进行交流；举办庆祝民建成立60周年会史知识竞赛和两期骨干会员统战理论学习班。在中国民主建国会成立60周年之际，民建朝阳区委联合一支部获全国先进支部称号，叶青、黄勇、许艳梅获全国先进个人称号。

（吴名涛）

【组织建设】 年内，成立第二（CBD）总支和第三（亚奥）总支。扩大兄弟组织之间交流，民建朝阳区委联合一支部与民建福建省直三支部就基层组织建设进行座谈；科技三支部与民建天津南开区综合支部建立友好支部关系。

（吴名涛）

【参政议政】 年内，调研报告《关于朝阳区信息化发展研究报告》、《用高新技术改造与提升现代制造业，推进现代制造业与科技园区的结合》获区民主党派专项调研优秀成果一等奖，《建议借北京CBD顺势构建'大传媒区'》获区民主党派专项调研优秀成果二等奖。《朝阳区失地农民问题与对策》获区政协年度优秀提案奖，4人获得个人优秀提案奖。民建朝阳区委获得民建北京市委年度宣传工作先进集体一等奖。

（吴名涛）

民进朝阳区委

【概况】 中国民主促进会朝阳区委员会（简称民进朝阳区委）有会员369人，支部19个。其中：具有中、高级职称的342人，占94%，文化、教育界人士占82%；有市人大代表2人、市政协委员3人、区人大代表2人、区政协委员15人；5人被聘为区政府有关部门特约监督员。

地址：团结湖北五条8号党派楼211室

电话：65094935

邮编：100026

（赵建萍）

【思想建设】 5月13日，民进朝阳区委部分委员和支部主任参加区委统战部组织的《中共中央关于进一步加强中国共产党领导的多党合作和政治协商制度建设的意见》学习辅导报告会，报告会由中央统战部巡视员孙凌雁主讲。10月15—16日，民进朝阳区委在区社会主义学院举办骨干会员统战理论培训班。培训班上，区委统战部长沈乃宏作"统战理论与实践"专题辅导报告，民进中央副秘书长、议政调研部部长虞音就"如何撰写提案和调研报告"进行专题讲座，民进北京市委副主委朱蓉先就中央5号文件和如何做好民主党派监督工作作辅导报告。培训班安排民进经济支部、东方德才支部围绕如何搞好支部工作进行经验介绍。民进朝阳区委委员、民进骨干会员及部分新会员52人次参加培训。

（赵建萍）

【组织建设】 7月，选送陈经纶支部和劲松职业高中支部女声独唱和男声独唱参加民进市委组织的"革命歌曲大家唱"活动，获优秀组织奖。10月20日，为庆祝教师节、中秋节、国庆节、重阳节，组织全体会员在昌平万科艺园举办四节合一游园活动。11月2－6日，组织区委委员、各支部主任、支委共23人到绍兴鲁迅故里、叶圣陶纪念馆等地参观学习。年内，有3个支部参加民进市委在基层开展的"一次有特色的支部活动"，东方德才学校支部到内蒙古支教活动获创意奖，经济支部工作经验交流会和北片联合支部为庆祝抗日战争胜利60周年组织的活动获凝聚力奖。响应民进市委号召，参加"爱满民进—为北京贫困儿童捐助活动"，13个支部、119名会员参加，捐款5010元。

（赵建萍）

【参政议政】 7月25日，民进朝阳区委、北京求实职业学校在北京求实职业学校望京分校举办职业教育改革与发展研讨会，就职业教育存在的问题和发展方向进行研讨，并提出意见和建议。8月24日，区政协、区委统战部第一次议政会召开。区政协委员、民进会员杨爱军代表民进朝阳区委作题为《统一协调朝外商业街建设，建议成立商业街管委会和重视节约型功能区建设》的发言。年内，区政协委员陈纪生、林安杰等人的提案《关于进一步完善政府采购工作的建议》被评为区政协年度优秀个人提案。民进朝阳区委报送的调研报告《从卫星遥感监测数据看朝阳区土地使用中存在的问题及今后应采取的措施》，在区委统战部举办的朝阳区民主党派专项调研优秀成果评比中获二等奖；调研报告《关于朝阳区文化设施建设的几点认识与建议》被区文明办立项。

（赵建萍）

农工党朝阳区委

【概况】 中国农工民主党北京市朝阳区委员会（简称农工党朝阳区委）有18个支部，党员467名，主要由医药卫生界中高级知识分子组成。其中初级职称47人，占党员总数10%；中级职称70人，占党员总数15%；高级职称57人，占党员总数12%。党员中，全国政协委员1

人,市政协委员3人(常委1人),区政协委员17人(常委5人),区人大代表4人(常委1人);市级特邀监督员3人,区级特邀监督员7人;享受政府特殊津贴2人。
地址:团结湖北五条8号206室
电话:65094937
邮编:100026

(管文东)

【文化活动】　1月20日下午,在农工党市委多功能厅举办农工党朝阳区委2004年度表彰会暨新春联欢会,会上对先进支部、优秀支部和优秀党员、信息员、提案员进行表彰,上演精彩文艺节目,席间穿插猜谜、小游戏和抽奖活动等。6月28日上午,组织老龄党员参观北京市规划展览馆。8月12—13日,组织部分老龄党员赴韩村河建筑公司参观,游览十渡风景区。9月6日上午,组织党员参观中国人民抗日战争纪念馆。9月27日下午,在农工党市委多功能厅举办卡拉OK舞会。9月29日上午,组织老龄党员参观太申祥和山庄国际敬老院。

(管文东)

【参政议政】　1月,向区政协十届二次会议提交《关于朝阳区精神卫生服务需求与发展的提案》、《建议关注朝阳区政法系统干警的健康状况》、《关于加强我区城市公共环境治理的几点建议》、《建议正确解决我区歧视外来农民工问题》、《建议我区小学校开展心理卫生教育》5件党派提案,其中《关于朝阳区精神卫生服务需求与发展的提案》获得优秀提案奖。陈静娴提交的《关于建议成立区废油脂管理办公室》、鲁建玲提交的《关于创建国家卫生区长效机制的建议》两件提案获委员个人优秀提案奖。3月至9月,《城市老龄化趋势及我区应该采取的对策》和《关于朝阳区医疗废物处置过程中存在问题》两篇调研报告上交区委统战部,其中第一篇获区统战系统优秀调研报告一等奖,第二篇获三等奖。8月24日,区委委员吕立秋、综合支部主委刘东业参加区政协、区委统战部议政会,分别以《人文奥运与市民素质的提高》、《CBD范围内如何解决拆迁难问题》为题发言。年内,向农工党市委、区委统战部、区政协上报信息64条,大部分被采用。

(管文东)

【思想建设】　5月27—28日,在区社会主义学院举办统战理论学习班,请农工党中央社会服务部部长焦平生作《中共中央关于进一步加强中国共产党领导的多党合作和政治协商制度建设的意见》学习辅导报告;请农工党市委参政议政委员会主任周永增讲如何写好提案;请农工党市委参政议政处处长马家麟讲如何写好信息。年内,组织全体党员认真学习贯彻中共十六届四中全会、五中全会精神和《中共中央关于进一步加强中国共产党领导的多党合作和政治协商制度建设的意见》及中共北京市委和朝阳区委有关文件。为组织好对上述文件的学习,及时制定学习贯彻计划,并按照计划从上到下,层层布置,号召全体农工党员,认真学习文件精神,用文件精神指导具体工作,并长期坚持下去。

(管文东)

【社会服务】　9月26日及12月29日,安贞街道办事处聘请区委委员廉小淞分别进行青年人心理健康、老年人心理健康科普讲座。11月18日上午,举办第十七届国际科学与和平周系列公益活动,到区精神病人救助站,为贫困精神病人献爱心,捐赠衣物512件。12月1日上午,组织参加朝阳区世界艾滋病日主题宣传活动,3名农工党员接受红丝带志愿者聘书。12月初,区委委员、民航总医院口腔科主任白淑珍聘请北大口腔医院专家为朝阳区部分社区医院开设治疗牙周炎新进展等口腔保健知识讲座。

(管文东)

【组织建设】　10月下旬至12月20日,所属18个支部完成换届调整工作,选举出新一届支部委员。年内,发展党员2名。

(管文东)

致公党朝阳区委

【概况】　致公党朝阳区委有党员368人,分为9个支部。其中男党员174人,女党员194人;归侨、侨眷、侨属、港澳台属、留学归国人员285人,占党员总数77.4%,其他83人,占党员总数22.6%;硕士学历以上52人,占党员总数14.1%,大学学历216人,占党员总数58.7%;高级职称179人,占党员总数48.6%,中级职称173人,占党员总数47%。党员中有全国人大常委1人、全国政协委员5人、致公党中央委员4人(常委1人)、市人大代表3人、市政协委员2人、致公党北京市委委员7人(其中常委2人)、区政协委员18人(其中常委2人、副秘书长1人、专委会主任1人)、区人大代表3人(其中常委1人)。国土资源部特约监察专员3人、市特约监察员2人、区教育督导员1人、区工商监督员1人、区卫生监督员1人、区劳动和社会保障监督员1人、区监察局特约监督员1人、区民政局特约监督员1人、区市政管委特约监督员1人、区人民法院陪审员2人。
地址:团结湖北五条8号楼207室
电话:65094933
邮编:100026

(陈丽娟)

【参政议政】 年初，向区政协十届二次全会提交党派提案2件，其中《关于在"十一五"规划中制定提升朝阳区服务业经济实力的建议》获优秀党派提案奖；提交委员提案26件，其中《关于在区"十一五"规划编制过程中加强防灾减灾调研工作的建议》、《关于政协委员进社区工作亟待规范化和制度化的建议》、《关于"加强领导完善机制使审计监督走向透明"的建议》获委员优秀提案奖。向区十三届人大二次会议提交23条建议，提交10人以上联名议案，分别是《关于落实区档案馆新馆建设的建议案》和《关于尽快新建或扩建区精神卫生中心的建议》。年内，《关于朝阳区未成年人思想道德建设中亟待解决问题的调查报告》获区统战系统调研成果一等奖，《努力构建和谐社区完善基层财务公开》获区统战系统调研成果二等奖。在区政协、区委统战部联合组织的议政会上，围绕三大功能区带动全区发展战略，两位党员代表致公党朝阳区委发言，分别提出"强化朝阳区政府在推进电子城科学建设发展中的主导作用"和"整合朝阳区三大功能区科技资源促进高新技术转化区加快发展"的建议。向致公党北京市委、朝阳区委统战部提供社情民意信息155条。

（陈丽娟）

【海外联络】 1月6日至14日，两位党员随致公党北京市代表团出访美国旧金山、洛杉矶、华盛顿和纽约四城市，接触近20个在美侨团组织和300多位华侨华人，与几十位留学生进行座谈和交流，受到当地华侨华人社团和洪门组织热情接待。4月21日至27日，区委副主委兼秘书长陈丽娟随致公党北京市委访问团前往菲律宾首都马尼拉，出席菲律宾中国洪门联合总会第五次全菲恳亲大会，拜访菲律宾华商联合总会、洪门"五房"、洪门联合总会、近南学校，访问宿务总领事馆、中国洪门致公党宿务支部筹委会、宿务菲华联谊会、宿务菲华各界联合会、宿务菲华志愿防火会，受到洪门组织热情接待。年内，接待来访人员300余人次，出境考察、参加会议和旅游30余人次。

（陈丽娟）

【联谊活动】 1月8日，召开上年工作总结暨新春联欢会，140余名党员参加。7月2日，组织归国留学党员和新阶层党员开展联谊活动，参观本党党员在秦皇岛的企业，召开相关座谈和研讨会，28名党员参加活动。7月9日，组织部分党员参观北京市规划展。9月16日，召开中秋茶话会，25名党员参加。

（陈丽娟）

【自身建设】 11月20日，致公党朝阳区委思想政治工作委员会召开专题研讨会。为纪念中国人民抗日战争暨世界反法西斯战争胜利60周年，组织留学归国人员特别是留日归国人员围绕中日关系、中日文化等议题进行座谈和讨论。年内，组织区委委员、各级人大代表和政协委员、政府特约工作人员、区各专委会成员和各支部委员，深入学习《中共中央关于进一步加强中国共产党领导的多党合作和政治协商制度建设的意见》、《中共北京市委关于贯彻落实＜中共中央关于进一步加强中国共产党领导的多党合作和政治协商制度建设的意见＞的实施意见》、《中共北京市朝阳区委关于贯彻落实〈中共中央关于进一步加强中国共产党领导的多党合作和政治协商制度建设的意见〉的实施意见》、《反分裂国家法》、《关于加强新形势下侨务工作的意见》等文件，举办骨干成员学习班、新党员学习班、台情报告会、时政形势报告会等活动。独立举办各种类型学习班、研讨班14次，参加人数177人次。

（陈丽娟）

【组织建设】 11月20日，召开组织工作会。12月11日，成立侨海联谊会、经济与法律工作委员会两个专业工作委员会。年内，调整充实部分支部领导班子，发展30名党员，其中博士5人，硕士8人，平均年龄36岁。

（陈丽娟）

九三学社朝阳区委

【概况】 九三学社朝阳区委员会设办公室、组织部、宣传部、参政议政委员会、社会工作委员会。截至年底，有基层支社21个，社员701名，均在朝阳区域内的科研院所、高等院校、医院、国家机关、企事业等单位从事科技、教育、医疗卫生等工作，其中具有高级技术职称的534人，占76.2%；博士40人；硕士118人。达到退休年龄的350人。社员中，全国人大常委会委员1人、全国政协委员2人（常委1人）、全国青联委员1人、国务院参事1人、市政协委员6人（常委1人）、区级人大代表8人（常委2人）、区政协委员16人（常委4人）、各级政府特约监察员14人；九三学社中央委员5人、九三学社市委委员11人（副主任委员2人，常委4人）。

地址：团结湖北五条8号楼205室
电话：65094932、65094059
邮编：100026
邮箱：jiusanchaoyang@ sina. com

（刘向菲）

【自身建设】 4月，召开会议布置下发《中共中央关于进一步加强中国共产党领导的多党合作和政治协商制度建设的意见》学习指导意见及相关学习辅导材料，21个支社分别通过组织学习班、报告会、座谈会等多种形式开展学习,约400人参加。其中10余人次参加中央统战部及社中央学习,30余人次参加市委统战部及社市委学习,60余人次参加社区委组织的学习。9月3日,社区委组织社员参加社中央多党合作和政治协商及社史知识竞赛活动,约400多人参加竞赛答题;参加社市委纪念建社60周年征文活动。年内,参加先进社组织、优秀社员和优秀社务工作者评选活动,评出7名优秀社员和1个先进支社报送九三学社中央。请中央社会主义学院教授作《中国民主党派历史及多党合作史》报告。请社中央副主席贺铿作"构建和谐社会与民主党派参政议政"报告。配合社市委组织部做市委统战部联合对民主党派部分中青年成员思想调研的问卷调查活动。有60名社员参加区委统战部举办的民主党派骨干理论学习班,100余名社员、社友参加九三学社北京市委举办的入社前、新社员、中青年骨干、宣传干部等学习班的学习,有的支社结合学习胡锦涛重要讲话、十六届五中全会精神和纪念抗战胜利60周年等大事、要事进行专门学习,发表学习体会。

(刘向菲)

【社会服务】 4月,由轻工支社发起,举办"真情呼唤构建和谐"主题活动,九三社员资助朝阳区残疾人家庭和贫困家庭的15名中小学生完成学业。7月,与三间房地区办事处在定福庄一小共同举办庆祝申奥成功五周年宣传活动,制作奥林匹克图片宣传展板在活动期间展出,主要面向社区和中小学校特别是民工子弟校,宣传奥运知识,弘扬奥林匹克精神。6月,轻工支社支委会成员为活跃贫困学生课余生活和身心健康,带领资助的8名贫困学生参加活动。8月,为受捐助同学送去学习生活用品。为受资助的十余名贫困学生到王四营医院进行体检。12月,副主委茅玉麟为抚养的4名贫困学生送去祝福和新年礼物。

(刘向菲)

【参政议政】 年内,围绕中共朝阳区委、区政府中心工作,针对朝阳区在经济建设和社会发展中的突出问题,注意发挥自身专业特长,组织成员开展党派专题调研活动。"关于对朝阳区大病致贫城区居民进行救助的调研报告"、"关于加快发展北京CBD电视广播传媒产业的建议"、"构建和谐社会,关注朝阳社区文化"、"北京市朝阳区外来农民工现状调查与政策建议"4篇调查报告中,首篇获区统战系统党派调研报告一等奖,第二、第三篇获区统战系统党派调研报告三等奖。在区政协十届二次全会上,区委提出党派提案3件,分别为《关于"科学规划布局,优化发展环境,创建首都名牌"的建议》、《关于有效整合属地科技资源,促进地域经济发展的几点建议》、《城乡统筹,鼓励农民参与观光休闲农业》。其中第二篇获区政协优秀党派提案奖。提交委员个人提案17件。组织中国企业社会责任论证会,参加社中央调研课题投标(名称中国企业社会责任),已基本立项。参加社市委城市管理问题、发展现代生态农业两个调研课题。根据《北京城市总体规划》、北京市"十一五"规划纲要和中共朝阳区委关于制定朝阳区国民经济和社会发展第十一个五年规划的指示精神,区委重点围绕朝阳区奥林匹克公园功能区、CBD功能区、电子城功能区三大功能区建设开展调查研究,编写《关于朝阳区电子城发展规划的若干建议》、《关于CBD公寓住宅问题以及安全保障设施的两点建议》两篇议政会材料。编写出版《朝阳九三专刊》4期、《朝阳九三特刊》2期。分别向九三学社市委、区委统战部、区政协报送信息130余篇。其中九三学社朝阳区委参政议政委员会副主任、北京化工研究院支社副主委朱良的信息《对松花江污染事故可考虑不停水方案》于12月9日得到国务院副总理曾培炎批示。

(刘向菲)

【联谊活动】 年内,九三学社朝阳区委舞蹈小组分别参加区政协、区统战系统新年联欢会和社市委"三八"节、社市委老龄委联欢会、社海淀区委新春联欢会等活动。为纪念九三学社建社60周年,同时庆祝第21个教师节,九三朝阳区委、清华大学委员会和社市委宣传部联合举办以构建和谐社会为主题的演讲会。看望慰问高龄老社员和因病住院社员,帮助社员联系法律咨询服务。各基层支社根据地域、工作性质和共同关心的社会热点问题经常组织联合活动。

(刘向菲)

台盟朝阳区工委

【概况】 台湾民主自治同盟朝阳区工作委员会(简称台盟朝阳区工委)是台盟北京市委派出机构。下设文教医卫、科技经济和离退休3个支部。盟员69人,主要从事高等教育、文教医卫、经济科技、行政管理等工作。盟员中全国政协委员2人,市人大代表1人,市政协委员5人,区人大常委会副主任1人,区政协委员5人,市特邀检察员1人,区特邀人员2人。

地址:团结湖北五条8号

电话:65094943

邮编:100026

(于　英)

【参政议政】 年初,在区政协十届二次全会上,提交《关于推进朝阳区景观建设》党派提案，区政府领导陈刚、李国做出具体批示。区市政管委、区绿化局、区水务局、区规划局召开专门会议研究制定提案办理方案。该提案获区民主党派优秀提案奖。5月，区工委举办学习班，安排“如何写好提案”、“如何报道社情民意”专题讲座。8月24日，在朝阳区第一次议政会上，区工委发表《北京CBD功能区产业定位与开发商自主招商的‘错位’问题》和《加快北京CBD金融产业发展》两篇议政论文。11月24日，台盟朝阳区工委召开一名盟员一条建议议政日活动。年内，区工委抓紧落实信息工作制度，责任到人，保证信息质量，继续组织相关知识学习和培训，全年报送信息49条。调研报告《朝阳区优化空间布局分析研究》获区民主党派专项调研优秀成果三等奖。

（于 英）

【自身建设】 2月，中共中央颁发《中共中央关于进一步加强中国共产党领导的多党合作和政治协商制度建设的意见》，台盟区工委组织盟员开展多种形式学习贯彻活动6次。4月8日，区工委组织全区中青年盟员听中央统战部一局副局长袁廷华在台盟中央主讲的中央5号文件学习辅导报告。5月13日，区工委组织老盟员参加区委统战部举办的由中央统战部局级巡视员孙凌雁作中央5号文件学习辅导报告会。5月27—28日，台盟区工委与农工党朝阳区委联合举办统战理论学习班，把学习中央5号文件作为主题，由农工党中央焦平生作专题讲座，13位中青年盟员参加学习班。8月，区工委组织老盟员参观中国人民抗日战争纪念馆。10月21－22日，区工委组织中青年盟员在蟹岛畅谈学习十六届五中全会和中央5号文件感想体会，18位中青年盟员参加座谈会。11月30日，区工委组织青年支部主任、新盟员参加区委统战部举办的新时期统一战线工作专题讲座。年内，区工委定期召开6次区工委工作会议，及时对区工委阶段性工作进行总结，研究制定下一阶段工作内容。

（于 英）

【对台工作】 3月3日，区工委组织20余位盟员参加区台办举办的台海形势报告会。3月24日，部分盟员参加市台盟举办的学习贯彻全国“两会”精神报告会。3月26日，台盟区工委与区政协港澳台侨委员会、区台办联合举行《反分裂国家法》学习座谈会。与会者一致认为胡锦涛总书记的《四点意见》和《反分裂国家法》有利于遏制“台独”和维护台海和平稳定，带来两岸发展的新局面。近20人参加了座谈会。4月29日，台盟区工委与台盟东城区工委联合举办台情研讨会，就两岸关系发展，连、宋应邀先后访问大陆举行座谈。在区工委主办的《台盟朝阳简讯》上，全文刊登《反分裂国家法》，提供给每位盟员，用来自学及向岛内广泛宣传。年内，在胡锦涛关于发展两岸关系的《四点意见》和《反分裂国家法》发表后，区工委深入开展学习和研讨活动4次。与台湾学生、学者开展联谊活动3次。

（于 英）

【中青年干部培养】 年内，区工委集中组织中青年盟员学习贯彻中央5号文件、十六届五中全会精神和“十一五”规划建议，采用听辅导报告、举办学习班、召开座谈会等形式，全面提高中青年盟员思想和理论水平；让中青年骨干通过座谈、网络、电话广泛参与议政工作，承担撰写提案、议政论文等项任务，使后备干部参政能力和协商共事能力迅速提升。根据一段时间考察、培养，经过组织程序增补两名优秀的中青年骨干为支部副主任。

（于 英）

【开展特色主题活动】 年内，围绕纪念抗日战争胜利六十周年，老盟员支部组织参观爱国将领张学良工作、起居的地方和卢沟桥抗日战争纪念馆。开展学唱革命歌曲等老盟员喜闻乐见的活动。中青年支部利用休息日外出开展滑雪、度假、学习班、培训班等活动。加强中青年之间了解、沟通。编辑出版4期《台盟朝阳简讯》。走访慰问12位老盟员。

（于 英）

团 体

朝阳区总工会

【概况】 朝阳区总工会是区委领导下的群众组织，是党联系职工群众的桥梁和纽带。全区有基层工会组织1114个、工会会员169640人。
地址：日坛北街33号
电话：65094612

邮编:100020
网址:http://gonghui. bjchy. gov. cn
（刘　鼎）

【长效帮扶机制建设】 1月11日,在朝阳公园举行2005年送温暖活动启动仪式。两节期间,下拨专项资金437000元,发放米面油等慰问品6000余公斤。全区各级工会组织筹措慰问款700余万元,组织800余支贴心人服务队,走访慰问近万户困难职工、退休职工和劳模。1月25日,区总工会主席王玉英看望蓝岛大厦等5单位5名身患癌症女职工,送去慰问品和女工特殊疾病保险理赔金107000元。3月8日,区总工会女职工委员会为66名困难女职工入女职工"四病"险。6月11日,举办满足民营企业发展需要的技能人才招聘会,120多个单位提供1800个就业岗位,1500多名职工参加招聘会,1140名职工达成就职意向。8月24日,通过5名劳模与社会各界一起参加金秋助学活动,184名职工子女受到14万余元资助。10月20日,区总工会举行法律工作会暨与清华大学法学院、《劳动午报》社签约仪式,合作开展法律援助工作。年内,全区职工投保总额6091万余元,理赔103.9万余元,受益职工达700余人。全年接咨询电话2689人次,接待来访130人次,有效减少了劳动争议、劳动诉讼案件。
（刘　鼎）

【职工文体活动】 1月20日,与区委组织部、区委宣传部、区精神文明办、区体育局联合举办迎新春处级党政工领导干部保龄球比赛,加强与党政领导交流与沟通。5月25日,与区商务局等4家单位联合举办商界职工歌咏比赛,1310个单位15000余名职工参与此次活动。全区各级工会组织以"五月的鲜花"为龙头,广泛开展不同形式的职工文体活动。大屯街道工会开展非公企业职工歌咏比赛活动,三间房乡工会举办职工演讲比赛,区直机关工会、6901工厂工会举办书画展,朝阳公园工会、环卫中心工会、六里屯街道工会分别举办职工运动会等,丰富职工文体生活。7月,与区体育局在全区组织开展三人制职工篮球比赛,并组队参加市职工三人制篮球赛活动,取得女子冠军、男子第五的成绩。
（刘　鼎）

【工会干部培训】 3月29日,举办新任工会主席培训班,40多名新任工会主席、副主席参加培训。此次培训采取区总工会机关干部授课方式。年内,加大工会干部培训力度,通过强化调研意识、创新意识、实践意识增强培训针对性和实效性;将培训对象向基层延伸,扩大培训覆盖面,根据不同情况采取直办、联办或协办等方式。
（刘　鼎）

【十一届十次委员会】 4月14日,区总工会召开第十一届十次委员会议,总结第一季度的工作,部署下一步重点工作。会议讨论通过评选5名朝阳金牌职工名单。
（刘　鼎）

【建设学习型工会】 4月19日,区总工会、区建委、区文明办、区流管办联合召开朝阳区工地夜校培训工作会,按照整合资源、共同推进、注重实效原则,在全区330个工地对外来务工人员进行依法维权基本知识、安全生产基本常识、文明市民基本准则培训,为外来务工人员培训提供《进城务工教育读本》、法律法规知识等内容的影视光盘、以区社区学院教师为主的师资库。发放培训教材和宣传材料10万余份(册),影视光盘134套,教师工地授课636学时,培训外来务工人员近10万人。年内,在上年建立学习型工会评价体系基础上,制定《朝阳区创建学习型工会评价考核标准》、《朝阳区建设学习型班组评价考核标准》和《朝阳区争做知识型职工评价考核标准》。区总工会实施首都职工素质教育工程,培训对象以区域内企事业单位工会班组长为主,涵盖一线工人、管理人员和技术人员。以区委党校、朝阳公园为依托建培训工作站(点),开展《个人与团队管理》、《实用法律基础》、《应用写作能力》、《企业的发展与运营》、《创业设计》等方面知识培训。全区有551名职工参加首都职工素质教育工程通用能力阶段培训,区总工会被首都职工素质教育工程领导小组评为优秀组织单位。
（刘　鼎）

【"五一"表彰劳模】 4月28日,召开表彰劳动模范、先进工作者暨庆祝"五一"国际劳动节大会。市总工会党组副书记、副主席侯小丽,区领导李士祥、陈刚、朱家麒,新当选的3名全国劳模、48名市级劳模、9个市级模范集体、5名朝阳金牌职工、历届劳模、先进人物代表及区二级班子党政工领导、各界职工代表1200多人出席会议,会上,宣读《关于表彰劳动模范、先进工作者、模范集体、朝阳金牌职工的决定》和《关于成立朝阳区劳模先进事迹宣讲团的决定》,市、区领导为劳动模范、模范集体及金牌职工颁奖。李士祥代表四套班子表示热烈祝贺,并强调指出:各级党委要以人为本,加强领导;各级工会要充分履职,发挥作用;全区广大干部职工要奋发有为,争当先锋。5月13日,朝阳区首场劳模事迹报告会在香河园街道举行。全国劳动模范、呼家楼北社区党委书记殷金凤,市劳动模范、燕丰商场营养组组长任淑兰,朝阳金牌职工、荷塘月色素食餐饮公司厨师长王辉分别作先进事迹报告。区总工会结合党员先进性教育活动第三阶段开展，在全区各系统、各行业，针对不同群体举办多场劳模事迹报告会，在全区职工中掀起学劳模、比贡献、争做新时期朝阳人高潮。

（刘 鼎）

【联席会议】 8月23日，区国资委与区总工会召开联席会议，针对本区国资委系统企业改制过程中协调稳定劳动关系、维护职工合法权益、促进企业改革和发展等问题进行专题研究，形成《朝阳区国资委系统企事业单位厂务公开实施意见》、《关于加强工会参与企业改制工作的意见》和《关于进一步加强国资委系统工会干部协管工作的意见》等文件，并确定每季度召开一次会议，加强日常联系和沟通的工作机制，整合资源，形成合力，共同促进朝阳区企业改革、发展和职工队伍稳定。12月12日，区政府与区总工会召开联席会议，区总工会汇报2005年工作和上年区政府与区总工会联席会议议题落实情况，讨论关于参加北京市第九届职工体育运动会、关于贯彻落实《北京市集体合同条例》积极推进工资集体协商工作、关于将区工人文化宫建设列入区“十一五”规划的建议、关于进一步加强工会组织安全生产监督职能作用等四项议题。此外，区总工会与区安全生产监督管理局建立联席会议制度，加大工会组织在安全生产工作中的监督力度。

（刘 鼎）

【会员优惠服务】 9月9日，区总工会召开工会会员优惠服务启动仪式，经过近9个月运作和筹备，工会会员优惠服务体系基本建成。优惠服务项目包括法律援助服务、技能培训及就业指导服务、医疗卫生服务、日常消费服务、文化娱乐服务、体育健身服务。

（刘 鼎）

【经济技术创新工程】 10月28日，与区委宣传部、区人事局、区外事办、区劳动和社会保障局联合举办朝阳区第二届职工迎奥运英语情景模拟大奖赛，全区121个基层单位积极参与，经过层层选拔有30个代表队参加决赛，参赛队员达150多人。12月15日，区总工会与区劳动和社会保障局共同举办商品营业员、餐厅服务员两个工种专项职业技能大赛，15000余人参赛，有800人取得初、中、高级职业资格证书。年内，各级工会组织以经济技术创新工程为载体，分别组织开展职工计算机比赛、非公企业职工美容美发赛、调酒员技能大赛等。

（刘 鼎）

【建会工作】 年内，结合朝阳非公企业发展快、劳动关系复杂特点，按照突出重点、巩固成果、创新模式、突破难点思路，以外资企业组建工会和行业性工会联合会为重点，采取依照法律推进建会、强化服务吸引入会方法，积极探索在特殊行业组建工会新途径，民办学校、民办医院及中介服务组织建会工作取得突破，拓展了建会领域，扩大了工会组织覆盖面。据统计，全区在民办学校成立工会联合会，覆盖101家民办学校，发展会员2034人；在民营医院成立工会联合会，覆盖30家民营医院，发展会员1630人；在中介服务组织组建工会，发展会员120人。积极探索组团式布局、板块式发展中工会组建模式，启动CBD地区工会联合会组建工作。截至年底，全区新建企业建会527家，发展会员36822人。

（刘 鼎）

【厂务公开民主管理工作】 年内，调整完善区厂务公开工作领导体制和工作机制。开展民主管理月活动，全面推进厂务公开行政主体到位，并根据企、事业单位不同特点分类推进；规范国有（集体）企事业单位厂务公开工作；进行街道系统非公企业区域性职代会试点；协调小组成员单位对厂务公开工作落实情况进行抽查。

（刘 鼎）

【安全生产工作】 年内，组织全区安全班组评比活动，开展朝阳区2005年度安康杯知识竞赛和安全生产月及百日安全竞赛等活动。区总工会采取基层自查和区安康杯竞赛领导小组重点抽查方式，开展安全生产检查、验收活动，发挥工会组织在安全生产中的群众监督作用，调动职工参与监督积极性，提高职工自我保护意识。

（刘 鼎）

【平等协商集体合同和三方协商机制建设】 年内，在坚持区级劳动关系三方协商机制同时，向街、乡延伸，全区42个街乡均建立劳动关系三方协商机制。以签订区域性、行业性集体合同为重点，推进平等协商、签订集体合同制度。有1025家企业签订集体合同，覆盖职工21068人；有237家企业签订工资集体协议。全区各基层工会以贯彻《北京市集体合同条例》为契机，加强集体合同宣传，开展《北京市集体合同条例》知识竞赛活动，下发基层职工试卷18000份。

（刘 鼎）

共青团朝阳区委员会

【概况】 共青团朝阳区委员会是朝阳区先进青年的群众组织。下设办公室、组宣工作部（研究室）、基层工作部（文体部）、社会工作部（统战部、权益部、青联秘书处、区未成年人保护委员会办公室），下辖青年志愿者协会、青少年指导服务中心两个事业单位。年底，全区有二级团组织113家,其中街道系统二级团组织22个,农村系统二级团组织20个,青工(局、公司、厂)系统二级团组织51个,非公经济及民办高校二级团组织20个。区属单位14周岁至35周岁青年241727人,其中14周岁至28周岁青年数172028人,共青团员总数68744人。

地址:日坛北街33号

电话:65094384

邮编:100020

(常凤娟)

【全委常委会】 3月9日,九届七次全委(扩大)会议在朝阳宾馆召开。会议审议、通过题为《夯实基础,提升能力,开拓创新,为建设现代化新朝阳贡献青春力量》的工作报告,命名表彰2004年度朝阳区"青年文明号"、"青年岗位能手"、"学习型青少年文明社区"、"青年文明街",表彰信息工作先进单位和个人,增选7名委员和增补2名常委。7月7日,召开九届九次常委会,讨论《关于召开共青团北京市朝阳区第十次代表大会的决定》、《关于共青团北京市朝阳区第十次代表大会代表选举工作的通知》、《关于共青团北京市朝阳区第十次代表大会委员、候补委员候选人提名工作的通知》、第十次团代会代表资格审查委员会组成名单、代表名额分配情况,通报第十次团代会筹备工作组织机构构成情况。同日,召开九届八次全委(扩大)会,通过《关于召开共青团北京市朝阳区第十次代表大会的决定》,部署第十次团代会代表选举工作有关事项。9月27日,召开共青团北京市朝阳区第十届委员会第一次全体会议,选举产生第十届委员会常委,吕岚当选为书记,于良佐、郑宇、汪斌为副书记。

(常凤娟)

【团员意识主题教育】 3月,在全区分青年党员、共青团员、青年群众三个层次开展增强团员意识主题教育活动。联合区委组织部、区委党校、区人事局恢复区团校,将团干部培训纳入全区干部教育培训体系,建立长效机制。联合区委组织部、区委老干部局举办"党旗辉映团旗红"老中青三代党员论坛,使广大青年进一步坚定了永远跟党走的信念。落实区委先进性教育活动整改措施,在扶助弱势群体工作中,推出以助老、助残、助孤、助困、助学为内容的志愿行动。教育活动取得良好成效,形成早动员、广覆盖、多形式、树典型、建机制、求实效的工作特点。6月,市先进性教育活动领导小组办公室简报全文转发朝阳共青团在先进性教育活动中的典型做法。9月,团区委作为区县团组织代表在北京市增强共青团员意识主题教育活动工作会上作典型发言。11月,团区委代表北京市基层团组织向团中央团员意识教育活动督察组汇报工作经验,接受督察组检查,得到团中央、团市委领导充分肯定。

(常凤娟)

【青少年科学文化节】 4月至12月,举办朝阳区第十七届青少年科学文化节暨第三届朝阳青年学习节。4月30日,承办由团市委主办的"文明礼仪耀京城,志愿服务迎奥运"北京市青少年主题教育实践活动暨青春微笑行动动员大会,启动第十七届青少年科学文化节,同时启动朝阳区青春朝阳微笑行动以及青春朝阳奥运志愿行动。5月28日,区委宣传部、区文明办、区委教工委、区教委、团区委和少工委联合,在北京武警指挥学院礼堂隆重举行朝阳区庆祝"六一"国际儿童节表彰大会暨文艺汇演。5月12日,在朝阳公园启动朝阳区系列青年体育赛事,并举行定向越野趣味赛。5月18日,由北京青年政治学院、团区委、望京街道办事处共同举办的青年志愿者社区实践活动签约暨青春朝阳卡发放仪式在青年政治学院报告厅隆重举行。8月24至27日,朝阳区青年五人制篮球赛在红领巾公园区第三业余体育学校举行。8月30日,朝阳区青年韵律操比赛暨朝阳区系列青年体育赛事闭幕式在朝阳体育馆东方歌舞厅举行。11月11日,2008年奥运会倒记时1000天之际,由团区委、区委教工委、区教委主办,区少工委、奥运村地区办事处、垂杨柳学区承办的"青春朝阳奥运社区文明行动暨做奥运小主人千日行动计划"启动仪式在奥运村地区举行。12月8日,由团区委联合区委宣传部、区文明办、区委教工委举办的第十七届青少年科学文化节闭幕式暨第三届中华古诗文经典诵读、唱响新童谣比赛决赛在朝阳区文化馆隆重举行,由呼家楼街道团工委推荐的快板《数唱北京》获特等奖,团结湖小学《古诗联唱》、石佛营小学说唱歌舞《童心奥运》获一等奖。

(常凤娟)

【区第十次团代会】 9月25至27日,召开共青团朝阳区第十次代表大会,审议、通过题为《坚定理想信念,争做时代先锋,团结带领朝阳青年为建设现代化国际城区而努力奋斗》的工作报告,全面总结过去五年工作经验,明确今后五年按照科学发展观和构建和谐社会的要求统领共青团工作和团结带领广大青年积极投身社会主义政治、经济、文化、社会建设的思路,选举产生新一届委员会。区委书记李士祥、团市委书记关成华等出席大会并做重要讲话。

(常凤娟)

【未成年人保护工作】 12月,区未委会代表市区县未委会接受市人大对未保工作检查,得到市人大代表好评。年内,广泛开展形式多样教育活动,举办第十七届青少年科学文化节,举行第三届中华古诗文经典颂读暨唱响新童谣比赛,成立青春朝阳艺术团,承办北京市青少年主题教育实践活动暨青春微笑行动启动仪式,开展"插上科学的翅膀,我们与'神舟'六号共翱翔"、"做奥运小主人千日行动计划"等主题教育活动。开展流动人口中未成年人保护状况调研、"四五"普法验收,举行画说未成年人保护、社区青少年远离毒品活动,开办预防艾滋病宣传教育讲座,举办2005年未保工作会和预防办第一次会议,成立预防青少年犯罪办公室等,进一步加强未成年人思想道德建设。

(常凤娟)

【党建工作】 年内,按照区委统一部署和区委督导组要求,开展保持共产党员先进性教育活动,推进学习动员、分析评议、整改提高三个阶段工作。开展青年状况调查及形势分析,掌握全区青年党员、团员基本情况和需求。规范机关各项制度,加强班子建设,锻炼干部队伍,扩大教育活动范围,引导机关团员青年广泛参与先进性教育活动。开展"扶贫济困1+1春风送温暖"、"党心连民心,温暖送到家"、保持共产党员先进性献爱心捐赠、向家庭贫困优秀学生献爱心等一系列活动,转变工作作风,帮助青少年解决实际困难。

(常凤娟)

【信息工作】 年内,进一步完善基层信息上报、录用积分制度,共编发《先进性教育活动专报》31期、《朝阳共青团工作通讯》30期、《朝阳共青团信息》182篇、《朝阳青年动态》16期。北京电视台、朝阳有线电视台、《北京日报》、《北京青年报》、《新京报》、《京华时报》、《朝阳报》等十余家新闻媒体对朝阳共青团工作进行50余次宣传报道。完善"青春朝阳网"和"青春朝阳志愿网",在"青春朝阳网"上开辟"青年朝阳论坛",团代会期间特别增加团代会专题网站,拓宽团组织宣传阵地。

(常凤娟)

【建功成才示范活动】 年内,开展青年文明号、青年岗位能手等建功成才示范活动,发挥示范活动人才效益、社会效益和经济效益,引导广大青年立足岗位、建功立业、历练成才,评选出青年文明号73家,"青年岗位能手"237名。开展"达标创优"竞赛活动,授予10个团(工)委"五四红旗团委标兵"称号,授予77个团(工)委"五四红旗团委"称号,授予116个团支部"五四红旗团支部"称号,授予90名同志"优秀团干部"称号,授予347名同志"优秀团员"称号,授予18个志愿者组织"青年志愿者行动组织奖"称号,授予21个志愿者组织"优秀集体"称号,授予55名同志"优秀青年志愿者称号"。联合区委宣传部、区直机关工委、街工委、农工委、政法委、教工委、国资委、人事局等部门在全区范围内开展朝阳区第三届"十佳百星"评选活动,评选出"十佳青年岗位标兵"、"十佳青年创业明星"、"十佳志愿者"、"十佳青少年工作者"、"十佳中小学生"、"十佳青年白衣天使"、"十佳青年学习之星"、"十佳青年政法干警"、"十佳青年科技工作者"、"十佳青年公务员"共100名。联合区委宣传部、区直机关工委、区街工委、区农工委、区流管办、区建委等部门在全区范围内开展第八届朝阳区十佳"第二故乡奉献奖"等评选活动,授予10名同志朝阳区十佳"第二故乡奉献奖",授予10家集体朝阳区十佳"进京创业青年先进集体"称号,授予10名同志朝阳区十佳"进京创业青年之友"称号。

(常凤娟)

【希望工程捐助活动】 年内,希望工程北京捐助中心朝阳区工作站继续做好资助贫困青少年工作,发放"青春朝阳"青少年发展基金、"希望之星1+1"奖学金、"学子阳光"助学金、"金龙鱼"农民工子女助学基金等各类助学基金共256400元,资助贫困青少年1106人次。

(常凤娟)

【青年志愿者活动】 年内,扎实推进志愿组织社会化、专业化、国际化和规范化建设,出台实施《青春朝阳奥运志愿行动规划》,推出菜单式《青春朝阳志愿服务手册》,开通青春朝阳志愿服务热线,通过ISO9001:2000质量体系认证。联合区委宣传部、区文明办推出6名朝阳区志愿者形象大使,拍摄《朝阳区志愿者形象大使风采录》。联合区委组织部,探索开展"区校共建——高校博士进朝阳"活动,采取课题研究、项目合作、咨询讲学等方式,首批引进50名在读博士,在朝阳区开展为期一年的志愿服务实践锻炼。服务区域建设,累计为朝阳国际商务节、第二届朝阳流行音乐周、第五届全民健身体育节长走活动、志愿北京7.13人型演唱会等市区大型活动提供2万小时志愿服务。

(常凤娟)

【调研工作】 年内,先后到43家基层单位进行12次调研,完成青少年发展需求状况、区域青年人才资源开发与利用等课题研究。其中,区域青年人才开发与利用调研报告获2005朝阳区宣传思想工作优秀调研报告一等奖。

(常凤娟)

朝阳区妇女联合会

【概况】 朝阳区妇女联合会是区委领导下的社会群众团体。下设办公室、妇女儿童工作委员会办公室、维权部、组联部、事业发展部、妇女发展服务中心。年内,积极协调推进《朝阳区“十五”时期妇女发展规划》和《朝阳区“十五”时期儿童发展规划》指标落实,紧紧抓住构建和谐社会和人文奥运两大主题,各项工作扎实开展,稳步推进。

地址:日坛北街33号

电话:65090978

邮编:100020

(周晓彦)

【慰问活动】 1月2日至春节前,结合保持共产党员先进性教育活动,广泛开展送温暖活动,走访慰问各层面女性群体,为妇女群众办好事、实事。一是到结对子的朝外街道体东社区看望并慰问6名贫困儿童及孙河乡西甸村3户贫困家庭妇女;二是慰问6名曾在妇联岗位工作过的离退休老干部;三是回访在信访接待过程中需要帮助的贫困妇女5户;四是慰问垡头地区患高血压等慢性病的贫困妇女171人,送慰问金和油、米、面等食物折合人民币12450元。

(周晓彦)

【宣传教育】 1月20日,区委宣传部、区文明办、区妇联在中国传媒大学幼儿园举行朝阳区“生活礼仪进我家”启动仪式暨亲子互动活动。韩子荣、王少峰等区领导向市、区级五好文明家庭、学习型家庭代表发放《文明礼仪普及读本》和宣传家庭生活礼仪的春联和年历。4月3日,由区妇儿工委办公室牵头,组织成员单位区卫生局、区计生委、区民政局、区司法局、区残联、区委宣传部等七家单位在东大桥广场开展宣传咨询日活动。制作婚检知识和有关生殖健康等宣传展板35块,为200多名群众提供咨询和义诊服务,发放宣传资料1000余份。

(周晓彦)

【十届六次执委(扩大)会】 2月22日,区妇联召开第十届六次执委(扩大)会议。会议听取区妇联十届执委会2004年工作总结及2005年工作任务的报告,通过区妇联第十届执委会委员替补人选和常委会增补人选建议名单。区妇联第十届执委会委员,各街乡主管书记、妇联主席及部分社区妇联主席、村妇代会主任共260余人参加了会议。

(周晓彦)

【纪念“三八”妇女节】 3月8日上午,区委、区政府在武警北京指挥学院礼堂隆重召开朝阳区纪念“三八”国际劳动妇女节95周年暨表彰大会。会上,表彰200户学习型家庭、50名农家女创业明星、26个大众读书会阵地建设先进单位。妇联系统市级先进集体孙河地区妇联、学习型家庭代表赵寰及农家女创业明星——北京金路易食品有限公司总经理黄全胜分别介绍先进事迹。

(周晓彦)

【考察访问】 4月12日,国务院妇女儿童工作委员会办公室与联合国教科文组织驻华代表杜铭那克女士及来自海淀区、大兴区和成都市的30余名代表到三间房地区,深入流动儿童家中了解家庭生活状况,实地考察三西里社区支持流动儿童活动站、福怡苑社区活动站和万册图书馆等。4月26日,台湾亲民党妇女访问团一行8人,在台盟北京市委和朝阳区妇联的陪同下,到亚运村街道、望京街道参观考察社区建设及妇女儿童工作。7月25日,香港离岛妇女联会访问团一行22人来朝阳区参观访问。在亚运村街道办事处以“社区妇女工作者如何为基层妇女办实事”为主题进行了交流与座谈。

(周晓彦)

【领导调整】 6月1日,经区委常委会研究决定,黄敏任区妇联党组书记、主席;王琳调任区慈善协会会长。

(周晓彦)

【家长教育论坛】 6月24－25日,在朝阳宾馆举办北京家长教育论坛。论坛以家长教育与国民素质为主题,北京联合大学师范学院中国家长教育研究所所长齐大辉,北京大学国民素质研究中心主任解思忠,中国性学会青少年性教育专业委员会主任陈一筠,北京联合大学师范学院中国家长教育研究所教授王东异、戴洁及中国青年政治学院副教授任苇等分别围绕《家长教育的理论模型与操作模式》、《家长教育与国民素质》、《青少年网络成瘾治疗》、《亲子关系沟通的技巧》、《解读青春密码》等题目演讲,并与参会人员互动交流。来自新疆巴州家庭教育研究会、安徽文艺出版社、山东青岛崂山区妇联、辽宁大连黑石礁未来英语学校的代表,北京市各区县妇联主席和朝阳区各街乡妇联主管领导、妇联干部、部分幼教工作者近160人参加论坛。

(周晓彦)

【妇女发展论坛】 8月12日,区妇女儿童工作委员会、区妇联、中华女子学院在朝阳宾馆联合举办第二届妇女发展论坛,隆重纪念联合国第四次世界妇女大会在北京召开十周年。论坛以平等就业机会与性别平等为主题,邀请中华女子学院、中国人民大学等知名高校教授作主旨发言,从不同角度观察和关注妇女就业问题,从理论上探讨如何解决妇女就业过程中面临的挑战。参会人员现场还就朝阳区女性就业现状、女性平等就业权利的法律保护等实践问题与专家互动讨论。

(周晓彦)

【捐款助学】 9月6日下午,在台盟北京市委会议室举行周杰伦捐助优秀贫困学生捐款仪式。朝阳区10名品学兼优贫困学生接受台湾歌手周杰伦捐助的每人2000元助学金。这10名学生已全部考上大学。

（周晓彦）

【**教育培训**】 9月7日，区妇联邀请成人教育高级教师马成奎为处级女领导干部讲授心理健康、情绪调节与控制、意志的建立、良好的自我意识、良好的人际关系等；请市舞蹈家协会会员、区文化馆舞蹈教师王凤教民族舞，近30多名女领导参加讲座和培训。11月10日、11月15日，区妇联与区政法委联合举办两期反家暴项目培训，由中国法学会反对家庭暴力网络项目组成员、中国知名高校教授对本区300多名公、检、法、司系统和妇联系统干部进行城市社区反家暴项目培训。11月24—25日，在区委党校举办为期2天的集中培训班。260名区街乡、社区（村）妇联专干参加此次培训。培训主要内容：艺术欣赏与摄影入门、信访接待与以案说法、国际形势与国际热点分析、家庭教育与做合格母亲、怎样欣赏音乐、奥运筹办概况与经济发展等。

（周晓彦）

【**使节夫人活动日**】 9月17日下午，第六届北京朝阳国际商务节使节夫人活动日活动在高碑店华夏民俗文化园举行。活动以中国古典家具展示、中华民间工艺制作、蕴含运河文化的民俗表演为主要内容，让中外来宾亲身感受中国传统文化魅力，感受朝阳人民对世界各国人民的友好情谊。参加活动的有：驻华21个国家的86位大使、大使夫人、公使夫人、代办夫人、公使衔参赞夫人、商务参赞夫人、联合国组织的代表及友好城市代表；全国人大常委会副委员长何鲁丽，全国归侨联合会副主席林丽韫，全国妇联副主席赵少华、刘晓连；中央、北京市各民主党派、团体的女领导及朝阳区四套班子领导共200多人。

（周晓彦）

【**组织无业妇女参加国际项目培训**】 10月9日，在市妇联与联合国开发计划署联合开展的“妇女创业与发展”项目创业者培训班颁证仪式上，本区14名无业妇女取得由劳动部和国际劳动组织颁发的创业培训合格证书。

（周晓彦）

【**女大学生辩论赛**】 10月16－30日，与五洲女子医院联合在北京第二外国语学院举办朝阳区首届“五洲女子杯”女大学生辩论赛。辩论赛以创和谐家庭，建和谐社会为主题，北京第二外国语学院、对外经济贸易大学、首都经济贸易大学、中国传媒大学、北京化工大学、北京联合大学、北京中医药大学、中华女子学院等高校女大学生代表队参加。经初赛、复赛，中国传媒大学夺冠，北京第二外国语学院获得亚军。

（周晓彦）

【**家庭教育研究会会员代表大会**】 11月3日，在朝阳宾馆召开朝阳区家庭教育研究会第三届会员代表大会。会上，家教研究会60名新老会员听取区家庭教育研究会第二届理事会工作报告；通过朝阳区家庭教育研究会理事增补人选建议名单。新任朝阳区家庭教育研究会会长黄敏部署家庭教育研究会下一步工作。

（周晓彦）

朝阳区青年联合会

【**概况**】 朝阳区青年联合会是朝阳区各族各界优秀青年的爱国统一战线组织。按委员代表性分为社团劳模组、经济一组、经济二组、新闻组、公务员组、科教卫组、政法组、文体组、港澳台侨民族宗教组，有委员338名，其中主席团成员16人，常委49人，民主党派人士和无党派人士占委员总数43.73%。青年之友联谊会（区青联的外围组织，区青联的一部分，会员主要包括因为超龄、卸职的青联委员和拟发展为青联委员的后备人员）现有会员76名。

地址：日坛北街33号

电话：65094331　65099178

邮编：100020

（崔　洁）

【**全委（扩大）会**】 7月8日，三届三次全委（扩大）会议在华润饭店召开，会议审议并通过青联第三届常务委员会所作工作报告，宣读关于增补丁燕峰等29名同志为区青联委员的决议以及增补区青联青年之友联谊会会员、增补区青联常委、调整区青联主席团和青联秘书长的决议，启动“和谐中没有孤独——青春朝阳助老志愿行动”。会议结束后，区委组织部、区青联共同组织召开朝阳青年专家座谈会。来自高校、科研院所、企事业单位的青年专家代表围绕朝阳区人才环境，高校、企业、区域人才工作对接，如何有效发挥青年专家作用服务朝阳区域发展等话题进行广泛研讨。

（崔　洁）

【**国际友好交流**】 8月，应韩国汉城市江南区政府和日本东京都大田区政府邀请，本区青少年分别赴韩国和日本进行友好访问。9月起，区青联在成功举办两届中加国际青年结对社区实践项目基础上，承担第三届中加国际青年结对社区实践项目组织工作，这是由中国青年国际人才交流中心与加拿大世界青年组织（CanadaWorldYouth）联合组织实施的一项青年人才培养计划。实施项目分别在加拿大和北京市朝阳区进行,项目通过在全区范围内选拔优秀青年,开展多种国际交流项目,在教育、体育、文化等方面广泛合作,为外事外联工作提供一种新思路和新尝试,为青年人才国际化培养搭建平台。20名中加青年通过互助结对、入住家庭、志愿服务、集中教育、社区活动等形式,对两国青年教育体系、社区志愿服务活动、跨文化交流等进行系统实践和深入探索。在朝阳实践的三个月,中加志愿者多次参与社区组织的志愿服务活动,到敬老院慰问老人,到朝阳文化馆英语角做志愿服务英语老师,深入社区与居民进行文化交流,并参加朝阳有线《和谐在线》志愿者专题访谈节目录制等活动。10月,应比利时布鲁塞尔市圣皮埃尔区邀请,"朝阳区——圣皮埃尔区青年实践项目"首批朝阳区青年实践团一行13人赴比利时进行为期15天的交流实践活动。

(崔 洁 常凤娟)

【青春朝阳健身工程】 年内,延续多年来开展的多种形式的健身活动,以青春朝阳足球队为基础,每周定期活动,每季定期比赛,使青联委员健身工程成为青联组织制度化建设的一个重要组成部分。

(崔 洁)

【委员看朝阳】 年内,举办委员看朝阳系列活动,通过参观、座谈、交流形式,搭建青联委员交流平台,拓宽青年参与社会公共事务管理渠道。活动陆续邀请青联委员和青联青年之友联谊会会员走进朝阳区,近距离感受朝阳,亲身体验朝阳日新月异的发展变化,让广大委员更加认识朝阳、了解朝阳、热爱朝阳,为朝阳的发展献计献策。

(崔 洁 常凤娟)

朝阳区工商业联合会

【概况】 朝阳区工商业联合会(简称区工商联)是中共朝阳区委领导下的以统战性为主,兼有经济性、民间性的人民团体和民间商会,是党和政府联系非公有制经济人士的桥梁和纽带,是政府管理非公经济的助手。中共朝阳区非公经济工作委员会(简称非公经济工委)与工商联合署,工委书记由区工商联党组书记担任。非公经济工委的主要职责是:在工商联会员企业中建立党组织;负责对会员企业中的党组织进行管理。

地址:团结湖北五条8号楼

电话:65094397

邮编:100026

(刘斯平)

【主要活动】 1月25日下午,区工商联组织非公企业会员北京华东电气股份有限公司、北京福润达化工有限责任公司、北京体之杰体育用品有限公司、北京英达利城建有限公司在河南大厦参加京津两地企业经济合作项目推介会。3月29日,在燕京饭店4楼多功能厅,中国民(私)营经济研究会举办解读《国务院鼓励支持和引导非公有制经济发展若干意见》报告会,区工商联组织20家非公经济人士参加报告会。4月15日上午在新静酒楼,区工商联举办国有商业与私营经济联谊恳谈会,26名非公企业家参加。4月28日下午,区工商联组织部分非公企业参加在北京会议中心举办的朝阳区全国劳动模范、北京市劳动模范、北京市模范集体、朝阳金牌职工表彰大会,区工商联聂启明、汪宏坤、付秀平、洪作刚等荣获北京市劳动模范称号并受到大会表彰。4月底,组织15位非公经济人士参加市工商联在昌平温泉度假村举行的"庆五一向建设者致敬"大型活动。5月11日上午,区工商联组织15家非公企业人士参加北京市光彩促进会举办的促进非公经济发展、带动农民就业增收大会。5月13日上午,在朝阳宾馆多功能厅,区工商联组织25家非公经济人士参加区委统战部举办的学习贯彻落实中央5号文件辅导大会。5月27日上午,在五洲大酒店国际会议中心举行承德市赴京投资环境说明暨项目推荐会,区工商联组织北京住总正通市政工程有限公司、北京金三元新世纪投资集团有限责任公司、北京华阳市政工程有限公司、北京华阳玻璃制品有限公司、北京蟹岛产业集团参加会议。5月28日至29日,在金色假日酒店,区工商联协助北京岁月留痕文化艺术有限公司成功举办文化艺术品拍卖会,组织30余家企业近40人参加。6月7日上午,区劳动局、区总工会、区工商联在太阳宫公园联合举行民营企业招聘周启动仪式,24家非公企业会员参加。6月10日上午,在劳动局招聘大厅举行应届大中专院校毕业生招聘会,区工商联组织近10家非公企业参加。7月9日上午,组织10家非公企业200名员工参加本区在朝阳公园礼花广场举行的万人长走活动。7月20日上午,在北京会议中心第一会议室,召开北京市农商行沟通会,区工商联组织12家非公经济人士参加。8月10日至12日,全国工商联、大连市政府举办"民营企业参与东北老工业基地国企改制论坛",区工商联组织7家非公经济人士共9人赴大连参加。10月25日至28日,组织北京体之杰体育用品有限公司、北京华叶油脂有限公司、北京环通视野工贸有限公司赴湖北南水北调工程库区参加湖北省政府组织的光彩事业项目考察活动。11月9日至18日,应台方邀请,区工商联组织10家非公经济人士为成员,一行14人赴台进行为期10天的商务访问和考察。

11月22日下午，区工商联组织14家非公企业参加市工商联系统优秀内报内刊表彰和经验交流会，区工商联有12家非公经济会员内报内刊获得优秀奖，北京金吉列企业集团有限公司《金吉列》、北京叶氏企业集团有限公司《叶氏纵横》编辑负责人，在大会上作典型经验介绍。11月28日上午，在嘉里中心饭店二层大宴会厅举行第九届京港经济合作研讨洽谈会开幕式及投资香港说明会，区工商联组织12家非公企业经济人士参加。

（刘斯平）

【党建工作】 5月31日，在区人大常委会议室举办入党积极分子培训班，44名申请入党积极分子参加培训班。年内，工商联机关和非公经济工委所属基层党组织中深入开展保持共产党员先进性教育活动。参加本区第二批先进性教育活动的非公经济系统涉及36家单位，党组织118个，其中，党委8个，党总支10个，党支部100个；党员总数1591名，其中，在职党员890名，退休党员292名，下岗党员160名，流动党员249名。工委针对非公经济党组织工作基础弱、党务工作经验少、党员管理松散、流动性大、教育活动组织难度大的特点，研究制定切实可行的活动方案和整改方案。各基层党组织较好地完成预期任务。新建党委1个，党支部5个，28名积极分子加入党组织。截至年底，39家非公企业建立党组织135个，其中，党委10个，党总支10个，党支部115个。

（刘斯平）

【光彩事业和社会公益事业】 6月11日，与区劳动局、区工会在朝阳公园南门举办朝阳区民营企业招聘周活动，26家企业提供116个岗位、885人就业机会，其中，有240人与会员企业签订用工协议。12月14日，区工商联向100家非公企业会员发出号召，开展向受灾和贫困地区捐献棉衣棉被献爱心活动，15家企业捐赠棉衣、棉被、毛衣、毛毯等共9417件，捐赠现金30485元。年内，会员企业积极投身光彩事业和社会公益事业。中达国际经贸集团长白山中草药材、金三元新世纪投资公司金色假日酒店、蟹岛产业集团赤峰养殖基地3个项目被确定为北京市光彩事业项目，投资总额达1.35亿元。会员企业安置下岗职工10431人，安置农民就业9052人。会员企业向区慈善协会捐款1400万元。

（刘斯平）

【参政议政】 年内，非公经济人士中的全国、市、区人大代表、政协委员就区域经济和社会发展中的重大问题建言献策，分别提出建议和提案40余件，受到各方面的普遍关注。通过对朝阳区部分民营企业发展情况及党建工作情况进行调查，区工商联完成《浅析政府在民营经济成长发展中的作用》、《加大非公经济组织党建工作力度，推动非公经济企业健康发展》、《适应形势，明确职责，进一步加强和改进非公经济党建工作》、《关于对非公经济队伍的分析》等调研报告，提出建议近20条。同时积极配合和协助市工商联、区委组织部、区人事局、区发改委等在非公企业中进行"十一五"期间人才队伍建设、党组织、党员情况、"十一五"期间重点项目等多项调查问卷工作。

（刘斯平）

【创建文明单位】 年内，区工商联在非公企业会员中深入开展文明单位创建活动，3家企业获得"首都文明单位标兵"称号，4家企业获得市工商联系统"文明单位标兵"称号，6家企业获"首都文明单位"称号，28家企业分别获得朝阳区和市工商联系统"文明单位"称号，7人获得市劳动模范称号，4人获得优秀中国特色社会主义事业建设者称号，2家企业获"全国民营企业思想政治工作先进单位"称号，58家企业被市工商局评为"守信企业"，11家企业被评为质量先进单位，7家企业被评为纳税先进单位，7家企业的10个岗位被评为巾帼文明示范岗。

（刘斯平）

【咨询服务】 年内，区工商联与区有关部门共同走访会员企业，对企业技术改造、新产品开发项目提供咨询和指导，协助他们申报计划项目和技术创新项目11个，10家企业获区发改委技术创新奖励，获奖金162万元。区商联建立"基层日"制度，深入走访会员企业80余家，了解会员企业发展和生产经营情况，及时协调解决实际问题140余个。

（刘斯平）

朝阳区归国华侨联合会

【概况】 朝阳区归国华侨联合会，是在中共朝阳区委领导下，由朝阳区归国华侨、侨眷组成的人民团体，是党和政府联系广大归侨侨眷和海外侨胞的桥梁和纽带。年内，接待海内外外籍及侨界人士100多人，增进了海内外华侨、华人对望京科技园区、CBD中央商务区和朝阳区的了解。在区政协十届二次全委会和十三届区人大二次会议期间，提交团体提案2件，个人提案44件。

地址：团结湖北五条8号楼
电话：65094372
邮编：100026
信箱：bjchyql@ yahoo. com. cn

（刘玉安）

【开展活动】　1月31日和2月1日,在区文化馆梨园剧场分别召开有区侨联委员、老归侨代表和街道侨务干部、街道侨联主席共150余人参加的朝阳区侨联迎新春联谊会。2月22日,分别召开区属老归侨和街道侨务干部、侨联主席元宵佳节座谈会。3月31日至4月1日,在密云云湖度假村召开全区街道系统侨联工作会。4月27日,组织部分老归侨40多人,到大兴区北普陀影视城春游。5月19日,组织街道、乡侨联主席和侨务干部到龙庆峡春游。6月29日,在区文化馆举办庆祝中国共产党建党八十四周年、区侨联建会20周年暨第二届首都新侨乡文化系列活动文艺汇演和书画摄影展览。区侨联在此次活动中获市侨联第二届首都新侨乡文化系列活动最佳组织奖。8月11日,为纪念中国人民抗战胜利六十周年,区侨联在区文化馆举办革命歌曲演唱会。9月13日,与区科协在区侨联会议室召开侨界高级人才科普工作研讨会。10月13－14日,组织部分老归侨及街道侨联主席、侨务干部秋游。11月11日,为8位区属老归侨集体过生日。11月24－25日和12月1－2日,在蟹岛度假村分别举办两期街道侨联主席和区侨联委员、街道侨务干部学习研讨班。年内,发放各种宣传资料1000余份,编发《朝阳侨讯》3200余份。编发《朝阳区侨联成立二十周年》画册专刊1500本。

(刘玉安)

【为归侨侨眷送温暖】　春节前夕,区侨联重点看望身患癌症的老归侨、街道侨联主席及在福利院的孤寡归侨等人,通过各种途径慰问归侨侨眷近330余人,发送困难归侨侨眷补助款近5万元。2月2日上午,中国侨联主席林兆枢在市侨联主席李昭玲、区委统战部长沈乃宏等陪同下到本区看望慰问生活困难的老归侨丛肇良、王绵花。2月6日,市侨联、区侨联领导慰问香河园地区副部级离休老干部、曾多次向灾区捐款数万元的侨眷李一民夫妇。

(刘玉安)

【宣传落实归侨侨眷权益保护法】　3月3日,会同区残联、朝外街道工委研究解决印尼归侨残疾人黄复明入住福利院及费用问题。9月7日至9日,中国侨联在北京召开信访工作座谈会,区侨联主席作为本市区级侨联代表参加会议,并以"扎实做好侨联信访工作,努力为构建和谐社会贡献力量"为题发言。截至9月,区侨联在全区各街道建立健全维护归侨侨眷合法权益绿色通道制度。年内,为归侨、侨眷提供法律帮助、办实事几十件,发放《归侨侨眷权益保护法》宣传资料2000份。

(刘玉安)

【友好交往】　4月6日,德国威尔克集团董事长、全球华人支持北京办奥运联合委员会秘书长、德籍华人刘雨雄,在市、区侨联领导陪同下,到麦子店街道社区考察。5月18日,区侨联主席、亚运村街道侨联主席等拜访中国侨联海外顾问、美国大华府中国和平统一促进会秘书长、美籍华人吴大为。6月16日,新疆维吾尔自治区侨联副主席、新疆哈密地区侨务办公室副主任等一行四人到区侨联访问考察。8月8日,海外侨界高新技术人才为国服务志愿团到望京新兴产业区参观考察。10月16日,应新疆哈密地区侨联邀请,以沈乃宏为团长的朝阳区代表团一行9人,赴哈密与哈密地区侨联签订友好侨联协议。

(刘玉安)

【总结表彰】　9月16日,在区文化馆召开庆祝朝阳区侨联建会二十周年暨侨联工作表彰大会,对获市侨联工作示范单位的5个街道工委、获首都街道侨联工作先进集体的6个街道侨联、获区街道侨联工作先进集体的9个街道侨联、23名首都街道侨联工作先进个人和45名区街道侨联工作先进个人予以表彰。

(刘玉安)

朝阳区科学技术学会

【概况】　朝阳区科学技术协会(简称区科协)是区委领导下科学技术工作者的群众性组织,是党和政府联系科学技术工作者的桥梁和纽带。下属事业单位区科技协作中心由驻区科研单位、大专院校、大中型企业和区属部门组成,有32家分部。年内,科协举办科普讲座248场;科技周期间,组织科普活动563项;科普之夏期间,开展科普活动1100余项;成立了我区科普志愿者总队、科普活动志愿者分队;以潘家园街道办事处为试点,成立了12个社区科普工作室;朝阳区获得中国科协、中央文明办授予的全国"科教进社区"活动优秀组织奖;被中国科协评为全国"科普日"活动优秀组织奖;区科协被评为2005年度北京市科协系统信息工作先进集体;获北京市反邪教办公室授予的"好创意奖";获"2005北京市百万家庭技能大赛"团体总分第一名;区科协组织科技人员开展了金桥工程、学术月活动;组织开展了科普文化节、反"法轮功"邪教、青少年科技等一系列活动;开展了科普产业、科普示范城区、科技场馆建设调研。经中国科协审核本区成为第三批创建全国科普示范城区单位。协作中心技术性收入300万元,上交营业税近20万元。

地址:松榆里43号楼

邮编:100021

电话:67312860

(徐国林)

【工作调研】 年初，成立科技场馆调研小组，与中国科协、市科普发展中心和海淀、丰台、石景山、门头沟等科技馆领导座谈。9月6－16日，区科协组织专家赴合肥、镇江、南通、嘉兴、绍兴五市科技馆考察，就科技馆功能定位、策划发展、展品更新等问题调研，结合朝阳区实际提出科技馆建设管理的对策建议。9月21－29日，区科普教育基地和有关办事处同志参加合肥召开的中国（合肥）科普产业论坛。9月28日，考察上海市科普产业化工作，与上海市科技咨询服务中心同志座谈，学习上海成功经验。11月12日，区科协组织部分街道办事处、社区领导，赴厦门、深圳、佛山、肇庆等地考察，学习厦门等市创建全国科普示范城区经验。当日考察团在厦门参加中国科协继续教育中心举办的第二期城市社区科普教育工作创新培训研讨会，15日到深圳市宝安区参观学习，16日到南山区科协听取总体工作介绍，17日在佛山学习禅城区科协创建全国科普示范城区经验和张搓镇科协以建设为中心开展科普教育和四技服务的工作经验。

（徐国林）

【青少年机器人活动】 1月17日，为学校配备12套机器人设备。5月，与区教委联合举办朝阳区首届青少年机器人联赛，14所中小学的54支队参加足球、单项、工程设计及FLL四大类7项竞赛，陈经纶中学分校、东方培新学校、日坛中学、崔各庄小学分获各项目第一名。5月21日，由区科协、区教委主办的第五届中国青少年电脑机器人竞赛朝阳赛区选拔赛在陈经纶中学分校举行，54组选手参加，有机器人营救、机器人足球比赛等6个项目。7月9日至12日，在中国科协主办的第五届中国青少年机器人竞赛中，陈经纶中学分校获智能机器人单项赛初中组第三名。10月4至6日，在天津举行的第七届机器人国际奥林匹克大赛中国选拔赛中，本区获两个一等奖、三个二等奖、五个三等奖，北京工业大学附属中学机器人小组获机器人创意项目和机器人障碍赛跑两个全国一等奖，取得代表中国参加世界大赛资格。

（徐国林）

【科普活动】 1月，组织学会参加区委组织的“三下乡”活动，开展科技咨询。4月中旬学生科技节，区科协制作400多块展板，在日坛中学等80所中、小学校展出，科普展主题分别是《相信科学不迷信》、《保护我们的绿色家园》、《身边的科学》、《关注生命，关注健康》、《神奇的纳米科技》、《防灾、减灾、安全教育》等，

（徐国林）

【百万家庭数字生活技能大赛】 1－5月，区科协主办，陈经纶中学分校和八十中学承办首届数字校园杯选拔赛，选出3位优胜选手参加市级大赛。5月20日，在北京信息职业技术学院，区科协主办，北京电子学会承办朝阳区百万家庭技能大赛培训，项目有家庭影院系统装配、电视机频道调节和电冰箱、洗衣机、电饭煲、微波炉等使用常识，5个学生队、3个家庭队参加培训。6月11日，北京市百万家庭技能大赛决赛在市科协举行，包括数码摄影、网上冲浪、短信息交流、数字家庭生活体验、DV短片拍摄、网上答题多个项目。本区学生队获网上冲浪第一名和手机收发短信第一名；家庭队获得体验数字家庭生活第一名；朝阳区获网上科普知识答题第一名和团体总分第一名。6月24日，区科协董文华在市百万家庭数字生活技能大赛总结表彰大会上介绍朝阳区的经验。10月22日，在望京举行朝阳区百万家庭技能大赛开幕式，内容有组装家庭影院系统、电视机频道按指定顺序设置和电冰箱、洗衣机、电饭煲、微波炉使用常识问答与笔试答卷。

（徐国林）

【科普大课堂】 2月3日，科普之春大课堂启动，讲座采取两种方式：与北京科普情报研究所合作，围绕24节气和百姓生活密切相关内容，开展48讲科普讲座，讲座内容制成光盘，发放到各社区；将168个科普讲座题目汇编下发各街道，由百姓根据需要自主选择讲座题目，专家讲课之后由听众提出意见，专家结合意见改进讲座内容，使科普讲座更适合百姓需求。开展科普讲座248场，受益群众2万余人次。

（徐国林）

【同“法轮功”邪教组织斗争】 3月，区科协被区委、区政府评为2004年同“法轮功”邪教组织斗争先进集体。8月24日，区科协代表朝阳区参加市610办公室举办的反邪教警示教育好创意有奖征集活动，区科协报送的《科普展板进校园》获市610办公室反邪教警示教育好创意奖和《警示教育好创意奖》证书。

（徐国林）

【创建全国科普示范城区】 3月23日，成立区创建全国科普示范城区工作领导小组，区委办、区政府办下发《关于印发朝阳区创建全国科普示范城区领导小组名单和任务分解表》的通知，4月14日，陈刚、姚庆筱到科协就创建全国科普示范城区调研，听取科协工作汇报，陈刚肯定科协工作成绩，就创建工作作重要指示。8月30日，本区创建报告与方案通过市科协组织的专家团初审。11月11日，中国科协审核通过朝阳区为第三批创建全国科普示范城区单位。

（徐国林）

【青少年科技活动】 3月25日至4月1日,在北京市第25届青少年科技创新大赛中,本区获2项一等奖、9项二等奖,二等奖以上项目数居全市第三。4月21日,朝阳区学生科技节总结表彰会在八十中举行,会议表彰先进集体和先进个人。8月中旬,在第20届全国青少年创新大赛上,团结湖二小优秀科技实践活动项目获一等奖,八十中获优秀项目三等奖,陈经纶中学分校获科幻画三等奖,陈经纶中学分校马玉芳老师获优秀科技辅导员荣誉证书。11月4日,在教育部、中国科协、香港周凯旋基金会举办的全国第五届"明天小小科学家"评选中,八十中关雪映的用抽油烟机用静电除油烟装置研究获二等奖。11月11日,关雪映获第四届北京青少年科技创新市长奖候选人资格。八十中孙磊《新型节水喷头》、关雪映《家用抽油烟机用静电除油烟装置研究》、李旭《不耗电能的自动门》分获2005年第15届全国发明展览会金奖、银奖、铜奖,并在中国科协主办、市科协承办的全国科普日"你我共参与——珍惜资源,同建节约型社会"活动中展出。

(徐国林)

【金桥工程】 4月,完成农村远程信息服务系统建设及应用推广、生态高校林地间作模式示范和推广、北京油鸡产业开发示范工程、出口菜加工体系建设等9项金桥工程立项申报和其中8个项目奖励申报,这些项目实施后将产生经济效益8291.37万元。11月上旬,完成科协人才管理信息统计上报。12月下旬,完成第九届中国青年科技奖候选人推荐工作。

(徐国林)

【科技协作中心工作】 4月、9月,协作中心以提高企业科技人员创新能力和发挥企业科协科技工作者作用为主题,组织企业科协赴厦门和新疆考察,学习兄弟省市企业科协经验和做法。协作中心全年技术性收入300万元,上交营业税近20万元。

(徐国林)

【北京科技周活动】 5月14日,朝阳区科技周开幕式在中科院生物物理研究所举行,科技部、中国科协、中国科学院的领导和区科协、区科委、各街乡办事处领导及大专院校师生600多人参加。5月15日,区科协主办,和平街街道和中国制浆造纸研究院承办的造纸机械展示会在朝师附小举行,1000余名中、小学生和社区居民参加。5月16日,区科协、区文明办、区街办、区卫生局、区红十字会等单位主办的"科普进家庭、创建安全社区"现场展示活动在朝外街道吉庆里举行,现场咨询和宣传艾滋病防治、家庭心脑血管病防治、家庭急救知识、食品安全、消防安全、减灾防灾等方面的知识,受到近800名居民赞扬。5月17日,市体育局、市卫生局、市社会体育管理局、区体育局、区卫生局和区科协等单位联合主办有氧健身教与练活动,香河园街道近1000名居民参加。5月19日,区科协主办的社区环保实验室展示活动在来广营地区朝来绿色家园举行。5月20日,市科协主办,区科协承办的城市生态建设科普报告区县行活动在八十中举行,中国科学院生态所所长、首席科学家高吉喜教授做"生态城市建设的理念与应用"专题报告。5月20日,区科协、区科委、区体育局、区卫生局、区文化委、区街办、区红十字会主办的科普讲座在社区现场研讨会在团结湖社区图书馆举行,围绕科技周活动与设计进行研讨,团结湖社区居民现场观摩有氧健身教与练。科技周期间,组织科普活动563项,受益群众40余万人次。

(徐国林)

【科普之夏】 7月18日,区科协承办的北京第七届科普之夏活动在和平街城铁公园开幕。本区科普志愿者总队、科普活动志愿者分队在开幕式上成立,42名街道(地区)办事处同志成为本区第一批科普志愿者。9月16日,潘家园街道承办朝阳区科普之夏闭幕式,22个街道科普志愿者服务队和潘家园街道12个社区的社区科普工作室宣告成立。活动期间,本区组织健康关怀进科学院、"同一个世界、同一个梦想"(面对残疾人群)、公务员科普日、科普进军营、归侨高级人才科普工作研讨会、"技能从我做起—志愿者网上招募"、中科院专家建言献策研讨会、科普志愿者队伍建立等重点活动。开展科普活动1100余项,受益群众50万人次。

(徐国林)

【科技辅导员活动】 9月,与区教委举办朝阳区青少年创新大赛VCD录像放映点评会,20多所学校科技教师、辅导员观看创新大赛实况,研讨适合青少年研发的科技项目,区科协赠发《北京市青少年创新大赛》VCD光盘60多套。

(徐国林)

【全国科普日】 9月17-18日,中国科协主办的全国科普日活动在国华北京电力公司广场举行。区科协组织社区居民、武警战士、中小学生1800人参加活动。中共中央政治局常委、国家副主席曾庆红和王兆国、刘淇、刘云山、周永康、贺国强、王刚、徐才厚、何勇、陈至立、周光召、邓楠等参加科普日活动。9月17日,区科协主办的全国科普日分会场在来广营地区朝莱农艺园举行。活动有科普讲座、专家咨询、科普展览、科技互动等区域,8个国家级和区属学协会的科技工作者及500余名社区居民参加活动。

(徐国林)

【学术交流】 9－10月，组织区学会参加市科协学术交流月活动，围绕农业信息技术应用、科普志愿者队伍管理机制探讨、节约型社会建设、宠物饲养与环境保护、农业经济发展趋势、环境建设与污染防治、建筑风水与自然环境的利用等内容组织26次学术交流活动，形成论文21篇。上报市科协《乡镇企业调整定位，扩大就业渠道，建立专业化服务队伍的建议》、《黑庄户乡观赏鱼产业带的发展思路》、《利用资源优势、发展食用菌产业》等9篇科技论文。上报市科协“关于做好美国白蛾普查工作的建议”、“农业节约促发展科技推动助奥运”、“树立和落实科学发展观，大力发展农村远程教育”、“落实科学发展观，推进朝阳区绿色食用农产品专供服务产业建设进程”、“突发性公共卫生事件中心理咨询热线的应用分析”、“2003年秋冬季朝阳区发热情况与气温相关性的分析”等8项建议。

（徐国林）

【技术合同登记】 年内，区技术合同登记处认定登记技术合同7项，合同金额667.90万元，其中技术交易额664万元。

（徐国林）

朝阳区残疾人联合会

【概况】 朝阳区残疾人联合会（简称区残联）归口区委政法委员会管理，业务上接受市残联指导。区残联设办公室、组联部、教就部、康复部、财务部、活动中心。辖区42个街道（地区）办事处均设残联，309个社区（村）成立残疾人协会，形成三级组织工作网络。

地址：西坝河东里16号院内
电话：84552317
邮编：100028
网址：http://www.cycl.org.cn

（苏丽波）

【党建工作】 年内，残联党组织坚持理论联系实际，务求实效，把先进性教育活动放到残疾人事业发展全局来谋划。建立5个领导干部联系点，残疾人就业、社会保障等多项难点工作得到推进。通过开展先进性教育活动，达到提高党员素质、加强基层组织、服务人民群众、促进各项工作目的。群众对教育活动满意度为92%。

（苏丽波）

【基层组织进一步健全】 年内，全区建立社区残协192个，村残协117个。23个社区残协被北京市命名为“温馨家园”，建成区级“温馨家园”25个。51名社区（村）残协专职委员获得每月500元生活补助。

（苏丽波）

【残疾人康复工作】 年内，完成白内障复明手术2038例，低视力配镜17例，免费植入人工晶体149例，聋儿、智力残疾儿童、脑瘫儿童、肢体残疾人319名得到康复训练，聋儿语训171例。供应用品用具2200件。投入71.04万元对贫困残疾人进行免费康复救助。完成6万名有康复需求者输机工作。开设精神残疾人音乐心理疏导班。投入10多万元扶持民办康复机构。区残联利用区慈善协会成立契机争取到150万元善款，开展“走进有声世界”项目，为7名聋儿佩带人工电子耳蜗，100名贫困老人佩带助听器，1名聋儿实施耳道开通术，6名贫困聋儿配带助听器。成立金盏成人智障实习基地。在天乐老年公寓开展成年智力残疾人托养。大柳树精神残疾人康复基地设立缝纫、编织、农疗等日间照料项目。

（苏丽波）

【残疾人教育培训】 年内，全区残疾儿童少年九年义务教育入学率达100%。对上年通过中、高考的47名残疾考生和在市残疾人职业技能比赛中的7名获奖选手给予3.7万元奖励；对362名贫困残疾人高中生、大学生及低保残疾人子女高中、大学生发放助学金28万元。397人参加肢体残疾人计算机培训、盲人按摩师培训、足底按摩师培训、盲人按摩师雅思英语中级培训，取证率30%。

（苏丽波）

【安排残疾人就业】 年内，通过社区就业、弹性就业和个体就业等多种形式，残疾人就业率达86%以上。按比例安置残疾人就业新增170人，社区安置残疾人就业97人，扶持个体就业48人，集中安置10人，智障人洗车项目4人，职介推荐就业30人。完成失业登记489人。依法收缴残疾人就业保障金2426万元。

（苏丽波）

【贫困残疾人生活保障】 年内，对全区2886名贫困残疾人落实最低生活保障，对634人落实重残人生活困难补助，对2722名残疾人落实特困、待业、临时生活困难补助政策。21名残疾人得到6.42万元临时生活救助。投入40万元对12户农村残疾人危旧房进行改造。为72名外地盲人按摩师办理免费乘车证。全区走访残疾人家庭5584户7791人，送慰问金（品）160多万元。

（苏丽波）

【全国助残日】 在全国助残日期间，全区围绕“平等共享，促进残疾人就业”主题，举行一系列活动，推动就业工作开展，创办智力残疾人洗车项目，安置4名智力残疾人就业；与芳草工艺品厂联合举办聋人缝纫培训班，建立10个社区残疾人便民商亭;在高碑店古典家具一条街开设摊位,促进残疾人布贴画销售。助残日当天,全区参加助残活动2.3万人次,受助残疾人近9000人。制作板报、横幅、标语1121条(块),发放宣传材料2.32万份,提供法律咨询1166人。

(苏丽波)

【残疾人文体生活】 年内,举办智力、精神残疾人舞蹈班,组织区残疾人艺术团慰问人大代表专场演出、助残日文化广场及“社区一家亲”启动仪式演出、世界红十字会日演出、到街乡巡回演出周等活动。举办残疾人社区文艺选拔赛。在市第六届残疾人文艺汇演、全国第六届残疾人文艺汇演、北京市合唱节比赛、“舞动北京”新秧歌大赛等比赛中,本区残疾人都取得优秀成绩。举办第二届朝阳区残疾人运动会。769名残疾人运动员分别参加乒乓球、羽毛球等5大项、118个小项比赛。组织朝阳区轮椅方阵表演赛。为国家队输送了5名残疾人运动员。完成3021名特奥运动员统计任务。全年区残疾人活动中心组织残疾人活动达两万多人次。

(苏丽波)

【残疾人专门协会工作】 年内,区残联组织5个专门协会到山西参观学习,并继续完善硬件设施,规范工作制度,立足于把协会工作下沉到社区。各专门协会做到“有人办事、有钱办事、有事可办”,围绕残联中心工作,开展丰富多彩活动。盲人协会召开维护盲人合法权益座谈会及拓宽盲人就业渠道研讨会,成为《中国残疾人》杂志社《盲人月刊》首家基层工作联系站;聋人协会与北京中医药大学手语社联合举办手语展示联谊会。

(苏丽波)

【无障碍设施建设与改造】 年内,朝阳区将奥运场馆、CBD等重点地区无障碍设施建设与改造工作列入政府折子工程。制定《2005年—2007年无障碍设施建设和改造“倒排工期”工作预案》,对全区各行业提出改造任务及完成时限。全区新建工程100%达标;新改建城市道路23条,修建盲道11.48公里,路口坡化669个,改造破损路口417个。三星级以上宾馆、饭店和文化馆、图书馆、剧场、影院、体育场馆等公共建筑设施全部完成改造。新改造中、小学校及幼儿园70所。进行手语培训1000余人次;举办了首届手语公开赛。

(苏丽波)

朝阳区红十字会

【概况】 朝阳区红十字会是从事人道主义的社会救助团体,负责组织开展全区红十字工作。年内,新增团体会员单位418个,个人会员29367名。

地址:日坛北街33号

电话:65094673

邮编:100020

网 址: http://www.bjchy.gov.cn/bjchyhh/index.htm

(周秀玲)

【组织建设】 4月18日,亚运村街道红十字会成立地区红十字会奥运志愿服务队,同时进行会务知识和自救互救知识培训。7月28日,朝阳区CBD红十字志愿者协会在建外街道成立。地区内110名会员代表参加成立大会。会议按照法定程序通过协会章程,推选出执行机构和负责人。京剧表演艺术家梅葆玖、书法家刘泽、北京人民广播电台副台长常青等人担任协会名誉理事,京剧演员耿巧云、书法家曹铁山、企业家罗昕、119中学校长金云峰等人担当协会理事。协会成立后,为地区和社会提供志愿服务、进行社会公益服务和其他人道主义服务,完成人民政府委托的公共服务及特殊服务,同时广泛团结各界爱心人士,积极发挥社团组织作用,为开展公益活动搭建平台,为构建和谐社会发挥力量。

(周秀玲)

【募捐救助工作】 5月7日,区会在朝阳区文化馆广场前举办纪念“五八”世界红十字日暨“博爱在京城,博爱在朝阳”募捐启动仪式,出席会议的领导有中国红十字会副会长郭长江、市红十字会常务副会长李雪奴、区红十字会会长关三多等。本会结合区情制定并下发“博爱在京城、博爱在朝阳”募捐救助方案,各街、地区(乡)红十字会、红十字会学校工作委员会积极投入募捐活动,募集善款4534724.20元,全部上缴市红十字会。全年博爱助学、博爱助困、博爱助残、博爱助老救助困难家庭2581户,使用救助款125.4万元;对口支援内蒙古、新疆、河北等外省市红十字会救助款15万元。

(周秀玲)

【七次会员代表大会】 7月14-15日,第七次红十字会员代表大会在朝阳宾馆多功能厅召开,全区各基层红十字会组织的会员代表178人参加大会。市红十字会常务副会长李雪奴和区领导陈刚、王少峰、关三多、谢郁等出席大会。大会对过去七年工作进行总结,制定并通过朝阳区红十字会2005—2009年发展规划。选举产生新一届理事会,并选举产生会长、副会长、秘书长等。

(周秀玲)

【宣传工作】 年内,利用各种宣传活动日,开展红十字宣传与传播工作。区会及各街乡红十字会利用

“五八”世界红十字日举行大型募捐救助活动，既宣传红十字精神又为有爱心的人们搭建了奉献的平台。6月14日世界献血者日，区献血办与区红十字会在安贞华联联合举行大型宣传活动，安贞街道红十字会积极协调有关单位并组织社区志愿者为献血状元表演文艺节目。团结湖街道红十字会结合纪念《红十字会法》颁布12周年之日，开展“我参与、我健康——关爱生命健康大课堂”活动，使地区居民既学习健康知识也了解红十字会宗旨。六里屯街道红十字会利用艾滋病宣传日发起红丝带志愿服务活动，为艾滋病病人回归社会提供帮助。

（周秀玲）

【自救互救工程】 年内，有871人取得初级急救员证书，15000人次接受卫生救护知识普及和健康教育知识讲座。增加10名有医疗知识、授课能力强的培训教师。亚运村、建外、垡头、左家庄、高碑店、三间房等街道、地区(乡)红十字会积极组织人员开展自救互救培训。组建亚运村、建外和求实职业中学3支红十字区级救援队，为应对突发事件做好准备。10月29日，市会在朝阳体育馆举行市红十字会系统应对灾难救护演练大型活动，副区长关三多组织协调，各有关单位积极配合，活动圆满结束。

（周秀玲）

【少儿住院互助金工作】 年内，有10.86万名符合条件的中小学生、婴幼儿加入互助金，参加率62%。在学校、医院及街乡积极配合下，市、区两级红十字会为1371名困难中小学生、婴幼儿发放博爱医疗卡，资助他们加入少儿互助金，使用救助款68550元。

（周秀玲）

【红十字青少年工作】 年内，重新调整区红十字会学校工作委员会成员，充实学工委力量。对全区中小学校建立红十字会组织进行重新申请、填表登记，为本区红十字青少年工作开展奠定组织基础。本区有60所学校建立红十字会组织，收缴会费4150元。学校建立红十字会组织和开展红十字活动成为北京市健康促进学校考核验收项目。利用各种形式向青少年宣传“人道、博爱、奉献”的红十字精神，结合北京市红十字会学校工作委员会成立50周年，开展卡通作品征文活动，有5幅作品被选送到市红十字会。

（周秀玲）

政权 政协

北京市朝阳区人民代表大会常务委员会

【概况】 朝阳区人民代表大会常务委员会是朝阳区人民代表大会常设机构。年内,先后召开常委会会议7次,主任会议11次,听取审议区人民政府、区人民法院、区人民检察院17项工作报告;依法行使重大事项决定权和人事任免权,作出19项决议、决定,任免国家机关工作人员40人次。制定实施《关于对选举和任命的"一府两院"工作人员的监督办法(试行)》、《关于对乡级人民代表大会审议通过行政措施备案的规定》、《朝阳区预算监督办法(试行)》;修订完善《代表联系选民办法》、《代表视察办法》、《代表建议、批评和意见办理工作办法》。

地址:团结湖北五条5号
电话:65094479
邮编:100026

(陈 洪)

【第8次人大常委会】 1月5日上午,区人大常委会举行第8次会议。会议通过关于区十三届人大二次会议主席团成员进行个别调整的决定。会议任命李新生为区人民法院副院长、审判委员会委员、审判员。决定李新生代理北京市朝阳区人民法院院长。

(陈 洪)

【十三届人大二次会议】 1月10日至14日,区第十三届人民代表大会第二次会议在华润饭店举行。394名代表出席会议。本次会议主席团成员51名。大会期间,听取并审议区长陈刚所作的政府工作报告、区人大常委会主任朱家麒所作的人大常委会工作报告、区人民法院代院长李新生所作的人民法院工作报告、区人民检察院检察长王一俊所作的人民检察院工作报告,审议《关于朝阳区2004年国民经济和社会发展计划执行情况与2005年国民经济和社会发展计划草案的报告》、《关于朝阳区2004年财政预算执行情况和2005年财政预算草案的报告》,并通过对上述报告各项决议;大会通过无记名投票选举李新生为区人民法院院长。会上组织了大型代表询问活动,大会主席团常务主席李士祥、朱家麒、安训生、王力军、韩子荣、张洋、任强、闫学锋、于五一、孔德琴、谢正观,区政府区长陈刚,副区长戴继楼、孙世超、宋连娣、李国、关三多、佟克克、束为、姚庆筱,区长助理彭斌柏,区法院代院长李新生,区检察院检察长王一俊参加询问活动。区人大常委会、区政府及其41个职能部门、区法院和区检察院等单位共330余名负责人和工作人员,接受200余名代表们询问。对代表提出的178个问题,分别以当场答复解决、说明解释或作为建议于会后研究办理。会议收到代表提出的议案20件,按照代表大会议事规则规定分别作了处理。作为建议、批评和意见处理的,交由本区有关部门研究办理并答复代表的有16件。

(陈 洪)

【第9次人大常委会】 3月4日上午,区人大常委会举行第9次会议。会议决定免去陈家康区监察局局长职务,任命张树安为区监察局局长。会议听取区政府关于承办区十三届人大二次会议代表建议、批评和意见情况的汇报。会议审议通过《北京市朝阳区人民代表大会代表建议、批评和意见办理工作办法修正案(草案)》、《北京市朝阳区人民代表大会代表视察办法(修订草案)》、《北京市朝阳区人大常委会代表联系选民办法(试行草案)》、《朝阳区人大常委会2005年工作要点(草案)》。会议决定接受张树安、葛向荣和巩树林3名代表辞去代表职务请求;听取区人大常委会代表资格审查委员会主任委员于五一所作的关于代表资格的审查报告，决定三间房地区和解放军总装备部选区补选朝阳区第十三届人民代表大会代表2名。会上，委员们认真学习胡锦涛在纪念全国人大成立50周年大会上的讲话摘要和胡锦涛在省部级领导干部提高构建社会主义和谐社会能力专题研讨班开班仪式上的讲话摘要。

（陈 洪）

【第10次人大常委会】 5月17日上午，区人大常委会举行第10次会议。会议审议并通过《北京市朝阳区国家科技进步示范区建设总体规划》，作出《关于批准<北京市朝阳区国家科技进步示范区建设总体规划>的决议》。会议听取审议区政府贯彻落实《国务院全面推进依法行政实施纲要》和制定《区政府推进依法行政规划》情况的报告；听取审议区政府《关于朝阳区2004年预算执行和其他财政收支的审计工作报告》；审查批准《关于朝阳区2004年财政决算的报告》。会议审议通过《北京市朝阳区预算监督办法(试行)》。会议听取十三届人民代表大会常务委员会代表资格审查委员会副主任委员辛荣军所作的《关于补选朝阳区第十三届人民代表大会代表资格的审查报告》。会议听取并评议区人民检察院副检察长张幸民的述职报告；书面审议区监察局局长张树安的就职报告；书面汇报关于“一府两院”被任命人员向区人大常委会进行2004年度述职报告、全国十五城市市辖区人大工作研讨会情况的汇报。

（陈 洪）

【第11次人大常委会】 7月7日上午，区人大常委会举行第11次会议。会议听取审议区人民法院院长李新生所作的《区人民法院关于派出人民法庭工作情况的报告》。会议审议并通过《北京市朝阳区人民代表大会常务委员会关于选举和任命的“一府两院”工作人员监督办法(试行草案)》。会议听取副区长束为、区农委主任赵增华、区体育局局长田巨清述职报告并进行评议和测评。会议决定，接受姚庆筱因任职期满辞去区政府副区长职务的请求，免去杨新京区人民检察院副检察长、检察委员会委员职务。

（陈 洪）

【举办暑期学习班】 7月14日至21日，区人大常委会举办常委会组成人员暑期学习班。学习班期间，区人大常委会组成人员就区人大常委会如何依法履行监督职责进行深入研讨；与满洲里市人大常委会领导座谈交流；开展革命传统教育，参观满洲里爱国主义教育基地—红色国际秘密交通线。

（陈 洪）

【第12次人大常委会】 8月19日上午，区人大常委会举行第12次会议。会议听取审议副区长关三多所作的《关于进一步完善社区卫生服务功能，创建全国社区卫生服务示范区情况的报告》、副区长李国所作的《关于“以人为本，方便生活，着力解决群众生活的深层次问题，不断提高城市管理水平”议案办理情况的报告》、区发展和改革委员主任张春秀所作的《关于朝阳区2005年国民经济和社会发展计划上半年执行情况的报告》、区财政局局长尚焰所作的《关于朝阳区2005年财政预算上半年执行情况的报告》、区人民检察院检察长王一俊所作的《区人民检察院关于反贪污贿赂检查工作情况的报告》。会议审议通过《北京市朝阳区人民代表大会常务委员会关于乡级人民代表大会审议通过行政措施备案的规定》。会议决定接受杨德勤等4名代表辞去代表职务请求。会议听取区人大常委会代表资格审查委员会副主任委员辛荣军所作的《朝阳区第十三届人民代表大会代表资格审查委员会关于代表资格的审查报告》。会议表决通过《朝阳区人大常委会关于补选朝阳区第十三届人民代表大会代表的决定》。区人大常委会办公室书面汇报了区人大常委会2005年述职评议情况。

（陈 洪）

【第13次人大常委会】 10月20日上午，区人大常委会举行第13次会议。会议听取审议副区长佟克克所作的《关于社会救助工作情况的报告》、《关于“四五”普法工作情况的报告》。会议听取审议区政府《关于“深化政策研究，落实工作责任，加大解决遗留、疑难问题的力度，为建设和谐社会办实事”议案办理情况的报告》。会议听取了区财政局局长尚焰受区政府委托所作的《关于朝阳区2005年超收收入使用方案的报告》，并作出决议。会议听取区人大常委会代表资格审查委员会主任委员于五一所作的《关于补选朝阳区第十三届人民代表大会代表资格的审查报告》。会议任命贺荣为区人民政府副区长；任命马龙为区人大常委会六里屯街道工作委员会主任，王建军为区人大常委会垡头街道工作委员会主任；任命付晓梅、郑锴为朝阳区人民检察院检察员。会议书面审议2005年述职评议人员整改措施的报告。

（陈 洪）

【教科文卫工作联席会】 11月4日，区人大承办城八区人大教科文卫委工作联席会。市人大教科文卫体办公室和城八区人大教科文卫工作委员会50名代表出席联席会。联席会围绕议题初审和专题视察等工作进行交流，并就法律法规执法检查做法、检查重点及检查形式进行探讨。

（陈 洪）

【**区人大代表视察**】　11月22日、23日,区人大常委会组织327名区人大代表就本区经济和社会发展、“一府两院”贯彻执行区十三届人大二次会议各项决议情况,对奥运森林公园、电子城、CBD三大功能区建设及城建环保工作、教科文卫工作、经济工作、政法工作进行会前视察。区政府领导和有关部门领导陪同视察并介绍有关工作情况。代表们充分肯定近一年来全区经济社会和各项建设事业取得的显著成就,高度评价区“一府两院”在区委的领导和区人大的监督支持下所做的各项工作。同时,代表们就总结“十五”工作和制订“十一五”规划、推进“三化四区”建设、落实我区三大功能区定位、迎接奥运会等方面工作提出意见和建议。

(陈　洪)

【**第14次人大常委会**】　12月13日,区人大常委会举行第14次会议。会议听取审议副区长佟克克所作的《关于办理区十三届人大二次会议代表建议、批评和意见情况报告》、区人大常委会代表联络室主任辛荣军所作的《关于区十三届人大二次会议代表建议、批评和意见督办情况的报告》。常务副区长戴继楼所作的《朝阳区国民经济和社会发展第十个五年计划完成情况的报告》,并作出决议。会议听取并初步审查区财政局局长尚焰所作的《关于朝阳区2006年财政预算草案主要内容的报告》、常务副区长戴继楼所作的《朝阳区国民经济和社会发展第十一个五年规划纲要(草案)主要内容的报告》。会议讨论通过区人大常委会工作报告(征求意见稿)。表决通过关于召开区十三届人大三次会议的决定;区十三届人大三次会议议程(草案);区十三届人大三次会议主席团、秘书长名单(草案);国民经济、社会发展计划和财政预算审查委员会主任委员、副主任委员、委员名单(草案);议案审查委员会主任委员、副主任委员、委员名单(草案)。书面审议区政府办理区人大常委会第十次会议、第十二次会议审议意见情况的报告和全国十五城市市辖区人大工作研讨会第三十一次会议情况的汇报。会议决定免去胡建军的区人民检察院检察员职务;免去杨彦军等14人的区人民法院审判委员会委员等职务。任命张雯、刘双玉、毛力为区人民法院审判委员会委员;钟蔚莉为区人民法院审判监督庭庭长;王继红为区人民法院南磨房人民法庭庭长;姜春玲为区人民法院双桥人民法庭庭长;王莹为区人民法院望京人民法庭庭长;侯军为区人民法院安贞人民法庭庭长;李全胜为区人民法院大屯人民法庭庭长。

(陈　洪)

【**第15次人大常委会**】　12月26日上午,区人大常委会举行第15次会议。会议决定接受孙世超、束为辞去区政府副区长职务的请求,任命谢朝斌、赵全保为区人民政府副区长。

(陈　洪)

【**加强预算监督**】　年内,常委会第10次会议审议通过《北京市朝阳区预算监督办法(试行)》并作出《关于颁布实施<北京市朝阳区预算监督办法(试行)>的决定》。这个决定颁布实施,进一步加强了对预算超收收入的监督;加强了对预算编制的监督;加强了对预算外资金的监督;加强了对决算的审查和批准力度。

(陈　洪)

北京市朝阳区人民政府

概　述

年内,北京市朝阳区人民政府以开展保持共产党员先进性教育活动为契机,按照科学发展观和构建和谐社会要求,加强对内统筹和对外协调,全区经济社会保持快速健康发展。经济平稳较快发展,增长结构和质量有新改善。完成地区生产总值1230.4亿元,同比增长10%;完成区级财政收入85.3亿元,同比增长24.5%;实现社会消费品零售总额778.4亿元,同比增长14%;实现固定资产投资360.5亿元,同比增长9.2%;城镇居民人均可支配收入17506元,同比增长11.1%;农民人均纯收入11085元,同比增长8%。进一步巩固现代服务业和高新技术产业支柱地位。成立了CBD金融商会,组建了北京CBD国际论坛,CBD区域入驻企业达到3000余家,以金融保险为龙头的现代服务业健康发展。电子城北扩取得实质性进展,西区发展态势强劲,摩托罗拉、北电网络、爱立信研发中心等重大项目开工建设,入驻电子城企业达800余家。着力培育健翔科技园科技商务服务业发展,搭建科技中介服务平台和数字园区平台,园区内高新技术企业达到118家。奥林匹克森林公园景观规划方案获市政府批准,公园建设全面展开。加大国有资产监管运营力度,完成国有企事业单位清产核资和行政事业单位不动产清查工作。京客隆集团香港上市、朝开公司与万科集团合作等工作进展顺利。投融资体制改革不断深化,对4个政府投资项目实行“代建制”,引进社会资本参与集中供水厂等市政设施建设。完善全程办事代理和网上审批制度,加强政民互动平台和企业信用平台建设,组建了区行政投诉中心。成功举办第六届朝阳国际商务节,加强与各国在华商会和投资服务机构的联系,与巴黎拉德方斯地区、奥地利萨尔茨堡市建立友好关系。新增三资企业830家,实际利用外资15.3亿美元,又有18家世界500强企业投资朝阳。城乡建设明显加快。16条主次干路和40条农村道路建成通车。“清水朝阳”建设稳步推进,7条河道实现四环路以内截污。高安屯垃圾渗沥液处理厂投入使用。建成望京北小河公园一期工程、4处万米绿地、30条特色园林大街,完成55个新老小区环境改造和绿化建设,全区新增绿化面积268.4公顷,城市绿化覆盖率43%。京棉一期500多户居民回迁入住。农民新村建设开复工面积371万平方米,6150户、1.5万人迁入新居。拆除各类逾期临建和违法建设73.3万平方米,集中整治无照市场、“五小七黑”、户外广告、暴露垃圾等。加大“城中村”整治力度。创建国家生态示范区工作通过国家环保总局考核验收。推进城市网格化管理,建立区城管监督中心和指挥中心,组建监督员队伍,启动12个街道的网格化管理工作。在22个街道的37个社区开展“安全社区”创建工作。农村经济总收入410亿元,同比增长18.3%,第三产业比重达到67.3%。制定农村产权制度改革实施细则,产权制度改革工作有序推进。培训农村劳动力1.5万人,实现转移就业6500人。积极促进农村社会保障向城镇社会保障并轨。加强农村地区城管监察、治安巡防和流动人口协管员队伍建设,积极探索“条专块统”居住地实有人口管理模式。大屯乡完成乡级集体资产处置,转成街道办事处。新建社区85个,农村社区达到115个。筹资2.83亿元,解决了1995年以来市政道路占用农村集体土地补偿问题。全面完成农村安全饮用水工程建设任务,建成156处单村供水工程和豆各庄、楼梓庄两个集中供水厂。改革农村义务教育管理体制,加大政府投入,开展城市教师支援农村教育工作。撤并规模小、效益低的9所农村小学,在新校建设中引入优质资源。4所普通高中通过市级示范校软件验收,2所幼儿园通过市级评审,新推出区级中、小学示范校24所。接收4.6万名流动人口子女进入公立学校就读。吸引社会资金4.9亿元投资民办教育,乐成国际学校建成开学。以落实国家科技进步示范区建设总体规划为重点加强科技工作,开展可持续发展示范行动、科技奥运示范行动,建成生产力促进中心,启动了创建全国科普示范区工作。成功举办第八届北京国际旅游文化节盛装行进表演、流行音乐周等大型文化活动,着力加强基层文化建设,形成“社区一家亲”等文化品牌,新建社区达标图书馆11个、街道文化广场5个,22个街道文化中心全部达到800平方米以上。举办文化创意产业发展国际研讨会,朝阳文化馆、金色朝阳一日游、国际民俗旅游接待等品牌影响不断扩大。举办奥林匹克文化节、万人长走等全民健身活动,新建全民健身“居家工程”20个。加紧筹备世青赛,场馆建设等各项工作有序推进。完善突发公共卫生事件应急机制,完成85所医院传染病诊室改造任务,精神卫生、艾滋病、结核病防治工作保持全市先进。社区卫生服务组织全部纳入医疗救助机构,农民大病统筹和基本医疗参保率均达90%以上。办复全国、市、区人大代表建议、政协委员提案633件。制定实施全面推进依法行政规划,切实规范行政执法行为。逐步推行行政复议案件公开审理和听证程序,开辟行政复议网上咨询渠道。强化政务信息公开工作,接受社会监督。着力建设打防控、人民内部矛盾调处调解等十大工作体系,加大基层派出所和专群队伍建设投入力度,最大限度地将警力下沉,全区重点部位技防覆盖率80%以上。研究建立联动调解和矛盾排处机制,完善调解网络,建立领导包片包案、定期调度信访问题等工作制度。制定突发公共事件总体应急预案,健全应急处理机制。开发就业岗位10万个,2.7万人实现再就业,城镇登记失业率控制在2%以内。区、街(乡)、社区(村)三级劳动保障组织体系进一步完善。社会保险扩面征缴工作进一步加强,养老、失业、工伤、基本医疗及生育保险基金收缴率均95%以上。完成2005年确定的50件实事。城市社区办公服务用房全部达到300平方米以上。实施楼房“平改坡”和老旧电梯改造工程。成立区慈善协会,建成一批专门帮扶困难群体的“爱心家园”。加强对流动人口服务,继续实施教育培训工程,并采取成立建筑工地流动电影放映队等多种形式,活跃民工业余生活。

地址:日坛北街33号
电话:65094221
邮编:100020

(刘亚晖)

主要工作和重大活动

【区政府常务会】 1月5日,区政府召开第1次常务会议,议题有区农委关于2005年农村城市化工作会议筹备情况、区安全生产监督管理局关于区安全生产情况、区发改委关于筹融资体制建设有关情况、区法制办关于区政府法制工作情况及对今后一个时期推进依法行政工作建议、区政府办关于“两会”筹备情况汇报等。1月31日,区政府召开第2次常务会议,议题有区政府办关于2005年在直接关系群众生活方面拟办重要实事和区政府折子工程汇报、区监察局关于上年网上评议政府(政民互动)工作情况汇报、区国资委关于建立国有资产重大事项报告制度的请示等。2月28日,区政府第3次常务会听取区法院院长李新生关于《依法行政与领导干部的法定职责》专题讲座和区政府办关于全国“两会”保障工作通报,传达国务院第三次廉政工作会议精神。3月14日,区政府第4次常务会听取区市政管委关于城市管理有关情况汇报和北京城市管理台关于“城管广播”有关情况介绍后,陈刚指出:各部门要高度重视城管工作在经济社会发展中的重要位置;要正确认识城市管理中存在的问题,要通过“城管广播”渠道曝光问题,达到解决问题的目的;要以优化发展环境为目标,按照区委提出的“想问题、抓落实、找规律”的方法去发现问题、解决问题。3月29日,区政府召开第5次常务会,听取区监察局关于区行政投诉中心成立情况及《工作规则》(试行)汇报、区政府办关于办理区人大十三届二次会议议案情况汇报、大屯地区关于撤乡建立街道办事处有关情况请示、区文化委关于基层文化工作会筹备情况汇报等。4月25日,区政府第6次常务会,听取市社会科学联合会副主席马仲良关于市第五次城市管理工作会精神讲座,此后议题有区信访办关于贯彻落实国务院《信访条例》意见的汇报,区审计局、区财政局、区法制办拟提交区人大常委会审议的关于2004年度区预算执行和其他财政收支的审计工作报告、2004年财政决算的报告、贯彻落实国务院及北京市依法行政工作纲要和区政府制定行政规划情况的报告,区科委关于《中关村科技园发展规划》的汇报,区管委关于《朝阳区环境建设规划及折子工作》和《朝阳区2005年环境建设任务及实施方案》的汇报等。5月31日,区政府召开第7次常务会议,议题有奥运森林公园建设、奥运道路建设、环境整治、沙滩排球项目建设、场馆改造等2008年奥运会相关工程落实情况。6月13日,区政府召开第8次常务会,议题有区统计局关于1%人口抽样调查工作,区法制办关于我区行政强拆内部工作程序,区经管站关于农村集体经济组织产权制度改革实施办法、推进区农村信息化建设意见的汇报,通报关于规范行业场所经营行为整治社会环境秩序百日专项行动工作方案。7月5日,区政府召开第9次常务会。市政府新闻办公室主任王惠作《领导干部如何面对媒体》的讲座,会议就区街办关于进一步加强城市现代化管理意见、区农委关于农村地区迎接奥运环境建设工作方案的汇报进行讨论。7月25日,区政府召开第10次常务会传达北京市半年经济工作会议精神,并就陈刚在区委九届五次全会上的报告起草情况、成立区应急委员会有关情况进行讨论。8月8日,区政府召开第11次区政府常务会,议题有区街办关于“以人为本,方便生活,着力解决群众生活的深层次问题,不断提高城市管理水平”议案办理情况报告,区卫生局关于进一步完善社区卫生服务功能、创建全国社区卫生服务示范区情况报告,区发改委关于2005年国民经济和社会发展计划上半年执行情况报告,区财政局关于2005年财政预算上半年执行情况报告、财政国库管理制度改革实施方案汇报。8月29日,区政府召开第12次常务会。陈刚强调,政府各部门要按照区委书记李士祥在第21次区委常委(扩大)会上提出的“加大对内统筹和对外协调力度”总体要求,重点做好七项工作:抓好阶段性成果,总结工作经验,宣传发展成就;认真做好“十一五”规划编制工作;进一步落实关于三大功能区的规划问题;研究好关于街乡财政体制的有关问题;做好2006年各项基础设施建设项目的规划和立项准备;抓好年初确定的折子工程、50件实事落实;抓好网格化建设和安全社区创建工作。会议还就区公安分局消防处关于构筑平安朝阳消防网络、建立三项消防安全系统工程方案汇报,区交通支队关于交通秩序环境整治有关情况通报进行了讨论。10月9日,区政府召开第13次常务会,议题有区财政局关于公共财政和预算管理的专题介绍、区农委关于办理《深化政策研究,落实工作职责,加大解决遗留、疑难问题的力度,为建设和谐社会办实事》议案情况的报告、区民政局关于区政府社会救助工作情况的报告、区司法局关于落实区人大《关于开展第四个五年法制宣传教育的决议》工作情况的报告、区统计局关于朝阳区第一次经济普查情况的汇报、区国资委关于进行国有资产产权登记工作情况的汇报、区人口计生委关于举办朝阳区首届人口论坛工作情况的汇报。10月24日,区政府召开第14次常务会,议题有区民政局关于改善朝阳区特困群众生活措施情况、区市政管委关于冬季供暖工作情况的汇报等,陈刚传达市委九届十次会议精神。11月21日,区政府召开第15次常务会,议题有区公安分局关于朝阳区烟花爆竹安全管理工作的汇报,区国资委关于朝开改制工作情况的汇报,区农委关于加强农村地区环境建设拆除违法建设有关工作意见、关于防控高致病性禽流感工作情况的汇报，区发改委关于完成朝阳区国民经济和社会发展“十五”计划情况、关于区政府“十一五”规划草案主要内容的报告，区财政局关于朝阳区2006年财政预算草案主要内容的报告，区政府办关于办理区十三届人大二次会议代表建议、批评和意见情况的报告等。12月12日，区政府召开第16次常务会，议题有区发改委关于朝阳区2005年国民经济和社会发展计划执行情况与2006年国民经济和社会发展计划草案的报告、区政府办关于《政府工作报告》起草情况的汇报、区财政局关于朝阳区2005年财政预算执行情况和2006年财政预算草案的报告。

（马小勇）

【区长办公会】 1月10日，区政府召开2005年第1次区长办公会，议题有区政府办关于朝阳区2005年在直接关系群众生活方面拟办重要实事的汇报、区街办关于街道系统落实社区300平方米办公服务用房解决方案的汇报等。1月20日，区政府召开第2次区长办公会。陈刚就做好区政府第一季度工作强调：一要抓好起步，做好全年各项工作的部署；二要加强基层基础工作，加大调查研究和对基层工作的指导；三要结合分管工作，确定全年重点，有计划地推进投融资体制改革、全年重点项目推进、历史遗留问题的解决、规划等四项重点工作。同时对做好全区安全工作提出了进一步要求。会议议题有区卫生局关于在流动人口中加强预防麻疹工作的汇报、区水利局关于区水务局组建方案的汇报及区政府办关于2005年区政府折子工程、50件实事、重点调研题目和政府工作报告修改意见的汇报。1月31日，区政府召开第3次区长办公会，议题有区国资委关于北京朝阳公园开发经营公司转让北京南湖花园公寓有限公司45%股权处理意见的汇报。2月7日，区政府召开第4次区长办公会，议题有区国土房管局关于区土地储备分中心订购经济适用房有关情况的汇报、区监察局关于表彰2004年朝阳区目标管理双百考核先进单位的请示。2月21日，区政府召开第5次区长办公会，就CBD管委会关于促进北京CBD金融业发展若干措施（试行）的汇报、区管委关于燃气限压节能工作的汇报进行了讨论，并对近期重点工作进行了部署。3月4日，区政府召开第6次区长办公会，议题有区人防办关于建设区人民防空指挥所的请示、宝嘉恒基础设施投资公司关于平衡道路建设资金开发管庄地区土地资源的请示、区水务局关于区农村饮用水安全工作的汇报、CBD管委会关于我区促进北京CBD国际金融业发展若干措施（试行）的汇报、区司法局关于在我区建立治安行政调解与民间纠纷调解联动机制有关问题的请示，区总工会主席王玉英通报北京市劳动模范和先进工作者先进集体评选情况。3月21日，区政府召开第7次区长办公会通报贯彻落实刘淇书记、王岐山市长关于加大整治力度，查处违建，维护规划和建设规章严肃性指示精神会议内容，并就区药品安全监管体系有关事宜，推进CBD、奥运、电子城三大板块发展意见，财政支出有关问题，召开区基层文化工作会的请示，本区新建改建居住区配套设施建设管理中存在问题和建议，高安屯再生资源回收体系建设有关情况进行讨论。3月29日，区政府召开第8次区长办公会，陈刚就先进性教育活动分析评议阶段区政府领导班子成员需要重点抓好的有关工作进行部署。4月4日，区政府召开第9次区长办公会，议题有2005年北京国际长走活动有关情况，2005—2008年区环境建设规划有关情况，道路征用集体土地补偿安置有关问题，奥运建设、产业发展、环境整治与市有关部门对接准备情况。4月11日，区政府召开第10次区长办公会，议题有区民政局关于2004年7月1日前已完成征地手续未办超转安置等遗留问题的解决意见，征地后参加商业保险及乡自管超转人员生活和医疗保障问题的解决意见；区农委关于解决“京润水上花园别墅项目”有关问题，农村社区建设问题，解决区供销社和粮店系统占用农村集体土地建设商业网点有关问题，绿化隔离地区农民新村自住房免交公共维修基金问题，对农村集体土地进行全面清查登记发放集体土地使用证问题。4月19日，区政府召开第11次区长办公会，议题有区发改委关于一季度经济形势分析的汇报，区财政局关于对街乡奖励区级固定税收意见的汇报、关于追加区规划分局建设北京市规划展览馆朝阳展区新增资金的请示、关于追加区环卫中心融雪剂经费的请示，区街办关于落实第五次城管工作会议精神有关情况的汇报，区农委关于我区产权制度改革进展情况和实施细则的汇报。5月9日，区政府召开第12次区长办公会，各位区长就5月份工作安排进行沟通，并就区教委关于召开农村教育工作会的请示进行讨论。5月16日，区政府召开第13次区长办公会，议题有望京高新技术产业区管委会关于电子城西区东扩、区信息办关于区政府热线呼叫中心、区管委关于东城区城管新模式——万米网格经验有关情况的汇报。5月26日，区政府召开第14次区长办公会，会议讨论了关于追加区法院新增办公楼修缮经费、关于贯彻落实《信访条例》意见、关于退休职工医药费报销社会化的有关问题，通报了1—4月份重要会议部分议定事项的进展情况，区政府党组就保持共产党员先进性教育活动第三阶段的整改措施进行了讨论。6月6日，区政府召开第15次区长办公会,议题有区发改委关于“十一五”规划框架有关情况的汇报、关于2004年度税源建设奖励相关工作的请示,区民政局关于慈善协会筹备情况的汇报。6月20日,区政府召开第16次区长办公会,议题有区街办关于贯彻落实市第五次城管会实施方案、区管委关于进一步推进迎奥运建设的意见、区残联关于开展区领导和区直机关系统党组织与贫困残疾人家庭结对子扶助活动方案的汇报。6月27日,区政府召开第17次区长办公会,会议就区发改委关于市补助资金使用调整方案的汇报进行讨论,并就奥运建设、三大功能区建设、农村工作、城市管理与构建和谐社会四方面问题进行重点研究。7月11日,区政府召开第18次区长办公会,议题有区信息办关于城市网格化管理平台建设工作方案的汇报、CBD管委会关于优化CBD西北角交通组织方案的汇报。8月1日,区政府召开第19次区长办公会,议题有金盏地区办事处关于北京慕尼黑蟹岛啤酒节土地规划使用及京港汽车公园东扩赛道用地有关情况的汇报、文化委关于举办纪念抗日战争胜利60周年大型文艺活动的请示。8月8日,区政府召开第20次区长办公会议,议题有区监察局、区财政局关于全区党政机关违规配备和使用小汽车处理意见的汇报。8月15日,区政府召开第21次区长办公会,议题有2005北京朝阳首届国际情景音乐烟花艺术节暨国际烟花邀请赛活动筹备情况、我区文化产业发展研究情况、上报北京市2005年度土地供应计划朝阳区指标安排使用方案等。8月17日,区政府召开第22次区长办公会,议题有区发改委关于区“十五”计划完成情况、区财政局关于落实区政协加强政府采购工作建议案办理意见的汇报。8月22日,区政府召开第23次区长办公会,议题有区市政管委关于落实《北京市户外广告设置管理办法》实施意见的汇报、关于批准京顺路等21条道路户外广告规划的请示,区国土资源分局关于审批区集体所有土地指界推荐办法的请示。9月5日,区政府召开第24次区长办公会,议题有区街办关于安全社区工作有关情况,区人事局关于望京高新技术产业区管理机构实行政企分开后有关问题,望京高新技术产业区管委会关于望京产业区发展情况及相关工作,区旅游局关于第八届国际旅游文化节筹备情况,区教委关于召开朝阳区支援农村教育工作会筹备情况的汇报。9月19日,区政府召开第26次区长办公会,陈刚对各部门协同配合,圆满完成第六届北京朝阳国际商务节各项工作给予肯定,认为本届商务节主体明确、特色鲜明;品牌确立、档次提高;组织严密、反映良好。并强调下一阶段工作要突出的重点,会议还就区环保局关于实施朝阳区创建国家级生态示范区验收准备工作的汇报、区质量技术监督局关于朝阳区居民住宅老旧电梯安全隐患整改工作的汇报、区发改委关于建立中小企业及产业发展担保资金方案的汇报、区财政局关于朝阳区街道财政管理体制实施办法的汇报进行了讨论,并对区安全生产监督管理局关于朝阳区1—9月份安全生产形势有关情况、区教委关于崔各庄地区职业学校合作办校及学校调整方案以及区体育局关于朝阳区区域机关干部运动会筹备情况进行文字通报。10月8日,区政府召开第27次区长办公会,议题有区农委关于加强农村地区流动人口管理工作意见的汇报、区人事局关于区城市管理指挥中心设置问题有关意见的汇报。10月18日,区政府召开第28次区长办公会,议题有区商务局关于朝阳区贯彻《北京商业服务业迎奥运三年行动计划》实施意见等四项议题。11月7日,区政府召开第29次区长办公会,议题有区网格办关于朝阳区城市网格化管理平台建设进展情况的汇报、区人事局关于望京高新技术产业区管理机构实行政企分开后有关问题意见的汇报、区国土资源分局关于审核朝阳区2006年度土地储备开发计划的请示、区农委关于防控高致病性禽流感工作情况的汇报,并对本区征兵工作、承办全国排球联赛北京赛区工作、开展城市居民最低生活保障家庭住房情况调查工作进行文字通报。11月10日,区政府召开第30次区长办公会,议题有区财政局关于2006年财政预算编制情况、区国资委关于朝阳区行政事业单位不动产处置管理办法(试行)、区商务局关于举办“时尚朝阳,激情狂欢”活动安排意见、区国土资源分局关于迎接国土资源部对本市两次卫片执法检查工作进行抽查情况的汇报。11月28日,区政府召开第31次区长办公会,议题有区网格办关于朝阳区城市网格化管理平台启动准备工作情况的汇报,区环保局关于创建全国环保模范城区工作的汇报,区公安分局关于近期煤气中毒情况的汇报,区安全生产监督管理局关于冬季安全生产情况的汇报,区发改委关于落实“城中村”项目区配套资金情况、关于朝阳区国民经济和社会发展“十五”计划完成情况及相关问题说明的汇报,区卫生局关于调整2006年新型农村合作医疗有关工作的请示。12月6日,区政府召开第32次区长办公会,议题有区发改委关于朝阳区2005年国民经济和社会发展计划执行情况与2006年国民经济和社会发展计划草案的报告、区财政局关于朝阳区2005年财政预算执行情况和2006年财政预算草案的报告、区政府办关于《政府工作报告》起草情况的汇报。12月19日,区政府召开第33次区长办公会,议题有区民政局关于困难群体救助工作有关安排的汇报、区综治办关于年底安全稳定工作有关安排的汇报。12月31日，区政府召开第35次区长办公会，议题有区建委关于京津城际铁路拆迁有关工作的汇报、区体育局关于亚洲冰球联赛筹备工作有关情况的汇报。

（马小勇）

【"十一五"规划编制工作会议】 4月29日，召开"十一五"规划编制工作会议，陈刚、戴继楼参加。陈刚指出：一要加强与市整体规划的对接，把朝阳区的编制工作置于全市发展的大局中考虑。二要加强工作针对性。加强基础工作，开展区域资源调查，对"十一五"时期关系全局发展的土地、基础设施等重点领域做到底数清。同时，要提高专家研究的针对性，按照"专家研究课题、政府编制规划"的思路，发挥多方面的咨询顾问作用。三要加强规划编制的组织工作。加强总体规划对各部门专项规划编制的培训和指导，并召开全区规划编制会议，细化下一阶段的工作任务。

（马小勇）

【第六届北京朝阳国际商务节】 9月15日至18日，举办第六届北京朝阳国际商务节。全国人大常委会副委员长何鲁丽，北京市市长王岐山，中央统战部副部长黄跃金，博鳌亚洲论坛秘书长龙永图，市领导索连生、黄承祥、刘晓晨，北京奥组委副主席蒋效愚，区四套班子领导出席开幕式暨北京CBD国际论坛。300余名国内外政府官员、各国驻华商会代表、部分市区人大代表和政协委员、跨国公司总裁、经济学界专家学者参加商务节活动。商务节期间相继举办北京CBD国际论坛、城市功能发展论坛、商务节签约仪式和朝阳文化产业规划研究国际研讨会等商务活动。

（马小勇）

【国际化社区论坛】 10月18日，在长城饭店举行国际化社区论坛。全国政协副主席张怀西，市政协副主席韩汝琦，市委副秘书长张清，市政府副秘书长李伟，区领导陈刚、刘英男、任强、李国出席开幕式。论坛上，国内外专家就推进国际化社区建设进行研讨。

（马小勇）

人事管理

【概况】 朝阳区人事局是区政府综合管理全区人事人才工作的职能机构，内设办公室、公务员管理科、专业技术人员管理科、教育培训科、工资福利科、流动调配科、人事仲裁科。有公务员27人。区机构编制委员会办公室与区人事局合署办公。

地址：日坛北街33号
电话：65094869
邮编：100020

（丁明圆）

【人才招聘】 2月26－27日，在农业展览馆成功主办春季大型人才招聘会。参展单位累计620余家，提供各类职位约1.6万个，约有4.4万余人入场参加。3月16、17日，区劳动和社会保障局、区法院、区检察院、区文化委等21个部门下属30家事业单位在朝阳人才市场开展公开招聘现场洽谈及报名工作，提供岗位70个。按照事业单位补充工作人员政策规定，结合用人单位具体招聘条件，面向社会在职人员、应届毕业生进行招聘。有777人报名，其中男性285人；硕士45人，本科605人；党员及预备党员222人；35岁以下749人；免试人员318人。8月下旬，人才市场在每周二、五定期招聘会基础上增加周日定期招聘会。9月7日起在每周三开办专场招聘会，先后举办电子、机械化工、金融商务、广告传媒、医药医疗等7场分行业招聘会。参会单位210家，提供专业职位2600个，参会个人3500人次。年内，开展2005年毕业生供需见面、双向选择招聘月活动，举办4场招聘会，有120家用人单位、近5000名毕业生参会。接收毕业生1991人，非北京生源毕业生381名，非公经济单位引进毕业生1205人。

（丁明圆）

【年度考核奖励】 3月，完成2004年公务员考核工作，全区有698人优秀，74人记三等功，19人记二等功，6人基本称职。

（丁明圆）

【机构调整】 4月，按照精简、统一、效能的原则，在区科委加挂知识产权局牌子，并相应调整人员编制，明确本区知识产权管理和保护等工作，推动本区知识产权和专利事业的规范发展。5月，完成水务局组建工作将原区水利局承担的全部水行政管理职能和区市政管委承担的排水、城区计划用水和节约用水管理职能整合，一并划入区水务局。将工作任务相近的市政管委所属节水办和原水利局所属节水事务中心合并，将防汛办改组为市政排水管理所。完成国土资源和房屋管理体制改革工作。撤销原国土资源和房屋管理局，将其承担的组织实施本行政区域内土地、矿产资源行政管理职责交市国土资源局，将房屋行政管理和住房制度改革职责划入区建委，按照职能界定对相关人员编制和所属事业单位进行划转，完成国土资源和房屋管理体制改革涉及的机构编制调整工作。

（丁明圆）

【北京朝阳人才网运营】 7月，启动会员式管理运营机制，向经营性网站过渡。至10月底，网站拥有注册个人会员28121人,有效电子简历16000余份;注册企业会员4018家,发布有效招聘信息企业逾1051家。

(丁明圆)

【**教育培训**】　9月,举办信息技术与学科教学整合市级高研班。采取导师引导、微格训练、讲授研讨、实践考察、研究制作等研修形式,培养了25名信息技术环境下教学技能的研究者、实践者和带头人。12月,开展《公务员法》宣传教育活动,举办以学习《公务员法》为内容的骨干培训班。集中培训全区182名从事人事管理工作的主管领导和人事科长,组织全体公务员进行《公务员法》考试。年内,以公务员的权利和义务及区情教育为主要内容,举办初任培训班1期,培训新录用公务员69人;以领导方法与艺术、依法行政、公共管理等综合知识为内容,举办任职培训班6期,培训99名正科级公务员和85名副科级公务员。

(丁明圆)

【**建立区城管监督指挥中心**】　11月,成立区城市管理监督指挥中心,为区政府正处级行政机构,主要承担本区城市管理思维监督与评价工作。在街乡,设立监督员管理分队,包括22个街道、20个乡和望京产业区在内43个分队。各分队队长使用行政执法专项编制;城管监督员则以社区为基本单位进行配备,实行合同制聘用,不使用正式编制。

(丁明圆)

【**军转干部安置**】　年内,接收安置军队转业干部237人。其中团职69人,营职65人,连排职27人,技术干部76人。安置到机关185人,事业单位51人,自谋职业1人。

(丁明圆)

【**农口干部交流工作**】　年内,在全市率先制定出台《关于朝阳区地区办事处(乡)国家公务员交流工作的实施意见》,并组织实施交流科长33人,回避6人。

(丁明圆)

【**公务员挂职锻炼**】　年内,实施《朝阳区公务员挂职锻炼实施办法》,在全区广泛动员的基础上,区级机关下派街乡60人,街乡上挂机关40人。

(丁明圆)

【**编制人才发展规划**】　年内,由区委组织部牵头,区人事局具体负责编制《朝阳区“十一五”时期人才发展规划》。规划内容:“十五”时期人才工作回顾和“十一五”时期面临形势;“十一五”时期人才事业发展指导思想和规划目标;深化人事制度改革,构建科学、公正的选人用人机制;以提高能力建设为核心,加大人才培养力度;优化人才发展环境,全方位吸纳优秀人才和紧缺人才;完善收入分配制度,健全竞争激励机制;逐步完善人才市场体系,加大人才资源市场配置力度;实施四大重点人才建设工程,服务朝阳经济社会发展;加快人才工作法制化建设和科研工作;加强组织保障,以规划落实带动人才工作发展。

(丁明圆)

【**晋升职务级别工资**】　年内,全区有92家机关单位,687人晋升级别工资,月增资额31084元,人均增资45.2元。晋升级别人员中,长倒级差28人。处级人员中有111人晋升级别,长倒级差13人。正科级人员(含主任科员)中有207人晋升级别,长倒级差13人。副科级人员(含副主任科员)中有94人晋升级别,长倒级差1人。科员中有235人晋升级别,长倒级差1人。

(丁明圆)

【**流动党员先进性教育活动**】　年内,开展流动党员保持先进性教育活动。通过电话、挂号信、学习资料、网站、论坛等做法摸清1400余名党员基本情况,使活动参与率达96.5%。通过先进性教育活动,新建直属支部42个,企业支部6个,支部总计55个,完成先进性教育试点任务。

(丁明圆)

民族宗教工作

【**概况**】　朝阳区民族宗教办公室是主管全区民族宗教事务的政府职能部门。区内有汉、回、满、蒙、朝、藏等52个民族,少数民族人口14万人。有1个少数民族街道(朝外街道)和1个少数民族乡(常营回族乡)、11个民族村。有民族中、小学7所,其中,北京民族艺术职业高中、北京市民族学校成为北京市民族教育对外窗口学校。有伊斯兰教清真寺9座、天主教堂1座、基督教教堂1座及聚会点6处,另有外国人宗教临时聚会点4处,宗教信徒约6万余人,其中天主教、基督教(含国外信徒)约1万余人,伊斯兰教(全民信教民族)约5万人。

地址:团结湖北五条5号

电话:65094755

邮编:100026

(马舍尔巴)

【**对清真饮副食经营单位进行民族政策检查**】　1月28日,与区商务局、区工商局等部门组织人员对全区清真饮副食经营单位和个体工商户进行民族政策检查。从检查情况总体看,全区清真饮副食经营单位和个体餐饮业对落实党的民族政策工作重视程度有所提高,为少数民族服务、尊重少数民族风俗习惯意识得到加强,贯彻党的民族政策在本区清真食品、饮副食管理经营中得到较好体现。11月14日，市民委、市商务局对京客隆集团所属4个商场清真牛羊肉专柜进行民族政策和规范化管理全面检查。从检查情况看，被检查的京客隆机场、双龙、劲松、垡头4商场加强对从业人员民族政策教育，按要求定岗定位，配备少数民族人员，在管理上有制度、有要求，清真食品规范化管理工作得到加强。

（马舍尔巴）

【宗教节日】 1月21日古尔邦（宰牲）节，全区穆斯林群众2481人，其中包括外国穆斯林159人在本区9座清真寺参加节日会礼。各清真寺宰牛57头，羊96只。市、区领导到各清真寺祝贺节日。3月27日，是天主教、基督教的传统节日——复活节。有800余名信徒（通州、顺义及河北信徒居多）在平房天主教堂参加弥撒活动，鲍静波神父主持弥撒仪式。欧美、韩国等近4000名外籍基督教信徒在中日友好交流中心的3个临时外国人聚会点参加复活节庆祝活动。11月3日是我国信仰伊斯兰教的回族、维吾尔族、哈萨克族等10个少数民族的传统节日——开斋（尔代）节，约6000余中外穆斯林在全区9座清真寺参加穆斯林节日会礼。12月25日，是天主教基督教的传统节日圣诞节。当日，北京基督教朝阳教堂、天主教平房教堂及4处外国人基督教临时聚会点举行庆祝圣诞节宗教活动，约3500名中外基督教信徒在各自场所参加庆祝仪式。

（马舍尔巴）

【专场演出】 5月25日，由区民宗办、区文委、朝外街道办事处共同主办、中央民族歌舞团专场慰问演出在日坛公园举行，全场精彩歌舞表演，博得现场观众阵阵掌声。朝外地区各族群众、中小学生、武警战士、外地来京建筑工人等1500余人观看演出。

（马舍尔巴）

【获全国民族团结进步模范称号】 5月27日，第四次全国民族团结进步表彰大会暨全国民族工作会在人民大会堂隆重召开，朝阳区获全国民族团结进步模范单位称号，受到国务院表彰，李士祥作为模范单位代表出席表彰大会。区民族宗教办主任王均堂被国务院授予全国民族团结进步模范个人称号。

（马舍尔巴）

【涉外宗教活动管理】 6月10日，在中日青年交流中心进行宗教活动的BICF基督教英语聚会点、韩国基督教安息日聚会点和韩国基督教联合聚会点依法获得新一年度进行宗教临时活动批准证书。11月9日，经市宗教局审批，望京湖光中街8号被批准为韩国人基督教望京临时聚会点。

（马舍尔巴）

【民族宗教干部培训】 6月23日至24日，在中央民族干部学院召开全区民族宗教干部培训班。来自全区各街、乡主管民族宗教工作的领导和干部及相关单位人员近80余人参加培训。市宗教局副局长季文渊就如何学习贯彻国务院新近颁发的《宗教事务条例》作辅导报告。

（马舍尔巴）

【民族社区工作交流会】 6月28日，市政协民族和宗教委员会在朝阳文化馆召开民族社区工作交流会。市民委主任张恕贤传达中央民族工作会议精神，朝阳区政府、宣武区牛街办事处介绍在少数民族聚集社区民族工作主要作法和经验。副市长孙安民、市政协副主席王长连等领导出席会议，各区县政协及民族宗教工作部门领导参加会议。

（马舍尔巴）

【全国人大民委调研】 7月4日，全国人大民族委员会调研组一行5人在全国人大民委副主任委员陈士能的带领下，到常营回族乡进行调研。调研组参观了常营清真寺、北京市民族学校和常营民族家园，听取朝阳区民族工作情况介绍，对北京市和朝阳区在民族工作方面取得的成绩给予充分肯定。

（马舍尔巴）

【马来西亚副总理到南下坡清真寺礼拜】 9月2日，在北京访问的马来西亚副总理纳吉布·敦·拉扎克一行30多人到朝外南下坡清真寺礼拜，受到热情接待。礼拜后拉扎克副总理与清真寺负责人交谈，并接受清真寺赠与的礼物。

（马舍尔巴）

【基督教朝阳教堂开堂典礼】 12月16日上午，北京基督教朝阳教堂举行盛大开堂典礼。尤兰田、赵久合、王长连等市领导出席。新落成的北京基督教朝阳教堂位于朝阳区东风南路，于2003年11月奠基动工，2005年9月峻工，占地7亩。内部分主堂、副堂及办公区，主、副堂可同时容纳1500人进行宗教活动。

（马舍尔巴）

外事工作

【概况】 朝阳区人民政府外事办公室（简称区外事办），是负责朝阳区国际交往和处理涉外及港澳事务等工作的政府职能部门和区委外事工作领导小组办事机构。内设因公出入境管理科、国际交流科，行政编制8人。年内，外事工作重点把握为经济社会协调发展服务和为区域国际化建设服务两条主线，扩大和深化对外交往，统筹和整合涉外资源，改善和优化涉外环境，规范和提升外事工作水平。接待20个国外代表团220多人次来访,就经贸、金融、文化、城市管理等内容进行访问与交流;办理各类因公出访团组179个703人,增强出访考察针对性和实用性,节约财政支出。结合"人文奥运"战略构想,深入开展市民讲外语活动。

地址:日坛北街33号
电话:65099237
邮编:100020

(李　采)

【工作会议】　1月,召开区外事工作领导小组会,总结上年工作,确定2005年外事工作指导思想;召开书记会和常委会,对因公出访主题和因公出访组团计划进行专题研究,规定凡不在年初组团计划之内团组,必须严格履行初审制度,并书面写明出访理由报书记会。3月28日,召开区外事工作会议,传达中央外事工作指导思想和北京市外事工作会议精神,束为作《围绕中心工作、服务发展大局,建设国际化新朝阳》工作报告,下发《朝阳区因公出入境工作指南》,规范因公出入境管理工作。10月,召开贯彻《北京市局级及其以下人员因公临时出国管理规定》座谈会,结合因公出访工作出现的情况和问题,就审批权限、出访原则和要求、出访期间管理和注意事项、经费管理以及纪律监督等内容,研究贯彻落实措施:贯彻处级以上领导干部出访审核程序,杜绝先办件后请假情况;执行组团初审制度把好第一道关;加强年内二次出国人员审批。

(李　采)

【市民讲外语活动】　5月28－30日,在朝阳公园承办北京市外语游园会,吸引6.5万余名市民参与,游园会包括成果展览、外语教学咨询、留学中介咨询、外语专题讲座、市民外语角等内容,营造全民学外语良好氛围。年内,从区公务员队伍中选拔42名外语优秀人员,每周二下午集中培训,商务节期间组织他们参与外事接待和翻译工作。依托街乡和社区,开展讲外语活动,188个社区开设免费外语学习班,参与上课居民10万人次,团结湖街道成立奥运英语协会。部分重点涉外街道进行道路标识、服务设施双语改造工作。1678名公安干警取得北京市英语口语初、中、高级等级证书,蓝岛大厦对营业员进行英语口语培训,京客隆集团自编英语学习宣传手册。

(李　采)

【文化艺术交流】　5月,意大利国家生产活动部向本区赠送马可.波罗雕塑,意大利国家生产活动部副部长和意大利驻华大使出席揭幕仪式。7月,承办市外办和泰国驻华使馆联合在朝阳公园举办"泰国节"大型游园活动,中泰友谊亭建在朝阳公园新西门景区,泰国总理他信、副总理批尼,市委书记刘淇、副市长张茅等中外贵宾出席揭幕仪式。9月15日,德国柏林市米特区政府赠送柏林城市象征柏林熊雕塑,纪念两区结好两周年,米特区区长和陈刚为雕塑揭幕。朝阳公园新西门广场国际雕塑园接受国外雕塑11座。

(李　采)

【区政府代表团出访】　7月,李士祥率团对瑞典、德国进行考察访问,走访爱立信、宝马等世界500强企业总部,落实宝马汽车在望京高新技术产业区设立研发中心具体事宜。8月,李明率经贸考察团访问美国纽约布鲁克林区,考察当地现代服务业,达成双方开展友好交流意向。8月下旬,朱家麒率团对英国进行访问,考察伦敦商务中心区—道克兰建设发展情况,为两区建立友好关系打通渠道。10月,组织13名年轻公务员赴比利时布鲁塞尔圣皮埃尔区进行实践,深入了解国外政府运行机制和企业管理模式。区卫生局组团,由区领导带队,先后赴美国、加拿大考察疾病防控体系及民营医疗机构管理运营机制;区体育局组团赴美国考察大型体育赛事组织和筹备工作;奥运森林公园管委会组团赴美国、希腊考察奥运配套设施赛后合理利用和奥运森林公园运营管理工作,以专业项目考察为重点,推进专业项目领域交流与合作。协助区委组织部、区人事局组织11个团组132人次,先后赴美国、澳大利亚、新加坡就人力资源管理、公共事务管理等方面知识开展学习和培训。配合区财政局赴德国、澳大利亚进行公共财政管理培训,组织教育系统赴国外进行教育管理考察和培训。

(李　采)

【建立友好城市】　7月31日,陈刚率团出访法国,与法国巴黎拉德方斯区正式结成友好城市,签署《友好合作协议书》。10月22日,区政府与奥地利文化和音乐中心——萨尔茨堡市建立友好关系。

(李　采)

【国外代表团来访】　9月15日至9月18日,邀请美国纽约市布鲁克林区、德国柏林市米特区、德国恺撒斯劳滕市3个政府代表团和德国柏林国际机场、希腊欧中研究发展中心两个企业代表团参加第六届商务节,分别参加开幕式、北京CBD国际论坛、城市功能规划发展论坛、CBD金融发展论坛、文化产业规划研究国际研讨会、使节夫人活动日。10月,奥地利萨尔茨堡州副州长率政府代表团和经贸团一行30人来本区进行友好访问,会晤区政府领导,为双方深入开展经贸合作奠定基础。

(李　采)

【民间交往】 年内,保持与日本东京都大田区、韩国汉城市江南区青少年夏令营交流活动,组织中学生代表团互访。邀请澳大利亚乡村歌手参加朝阳国际流行音乐周,进行5场免费演出。老同志创作的精品书画,参加日本老年书画展。

（李 采）

【建立英文网站】 7月,北京朝阳国际网英文网站一期投入试运行。网站分为区情、朝阳新闻、国际交流、特色活动等十多个板块。

（李 采）

【国际化社区】 年内,推进麦子店街道国际化社区和英语无障碍示范街建设:作为涉外工作重点,列入市外办重点支持区县涉外工作之一;深入调研,为发展规划提供建议,对英语无障碍示范街建设工作给予具体指导;配合麦子店街道举办外国人过大年、英语角、国际化社区论坛活动。

（李 采）

【境外媒体采访】 年内,接待16家境外媒体采访,朝日电视台、法国电视二台、日本电视网广播公司等媒体对新秀水市场进行正面宣传报道;意大利电视七台拍摄婚姻登记过程;美国探索频道来本区取景拍摄纪录片《中国建筑奇观》;《南华早报》对家庭旅社活动进行报道。

（李 采）

法制工作

【概述】 朝阳区人民政府法制办公室是区政府主管政府法制工作办事机构,对区政府法制工作负有指导、协调、组织和监督责任,内设综审科、监督科、复议科、信访复查科,行政编制17人。年内,贯彻落实国务院《全面推进依法行政实施纲要》,制定《朝阳区全面推进依法行政规划》和任务分解。贯彻落实行政许可法、行政处罚法、行政复议法、信访条例等行政法律、法规,努力推进依法行政。加强对政府规范性文件审核工作,全年审核规范性文件19件,积极承办法规、规章草案征求意见工作,开展法律、法规和规章学习、宣传、培训,依法代理应诉案件和审理行政复议、复审、信访复查案件,组织完成强制拆迁工作,加强对全区31个执法单位监督、检查和指导,落实行政执法责任制。充分发挥法制部门参谋助手和顾问作用。

地址:日坛北街33号。

邮编:100020

电话:65094421

（汪 虎）

【推进依法行政】 1月31日,成立由陈刚任组长,区委组织部、区委宣传部、区政府办、区人大内司委、区政协城建处等14个部门主要领导为成员的区推进依法行政工作领导小组。3月8日,领导小组第一次全体会议通过《朝阳区推进依法行政工作领导小组工作规则》和《朝阳区推进依法行政工作领导小组办公室工作规则》,组织实施《朝阳区政府全面推进依法行政规划》(简称《规划》)起草工作。4月25日,区政府第六次政府常务会听取《规划》起草情况汇报并讨论通过,5月17日正式通过区人大常务委员会审议。11月对《规划》中的任务分解至各部门。

（汪 虎）

【启动法定职责编撰】 6月15日,对各委、办、局法制干部和选派的法定职责编撰人员进行专门培训,在全市率先进行法定职责编撰。

（汪 虎）

【案卷评查】 8月,抽取10个部门10本案卷参加全市行政处罚案卷评查,全部被评为优秀卷,获全市2005年度行政处罚案卷评查第一名。同时在全市率先开展行政许可案卷评查工作。

（汪 虎）

【成立依法行政专家顾问组】 9月12日,成立区依法行政专家顾问组,聘任全国行政法学界知名专家应松年、马怀德等8名专家学者为顾问。

（汪 虎）

【法规规章征求意见】 年内,开展对《北京市关于禁止燃放烟花爆竹的规定》等规章草案征求意见座谈会4次,办理《北京市国有建设用地供应办法》、《北京市行政区域界线管理办法》等法规规章草案征求意见16件。

（汪 虎）

【信访复查案件办理】 年内,受理信访复查案件186件,办结172件,其中:全部维持115件;部分维持3件;建议转有权机关处理3件;建议诉讼21件;重新答复19件;不予复查6件;本人撤销2件;不予支持3件。

（汪 虎）

【行政复议案件审理】 年内,审理行政复议案件79件,其中不予受理7件,维持49件,申请人主动撤回申请6件,因行政机关行为依法变更申请人撤回行政复议申请13件,确认违法1件,终止2件,其它1件,行政复议纠错率19.4%。办理行政复审案件22件。

（汪 虎）

【承办行政诉讼应诉代理】 年内,代区政府办理行政诉讼和行政复议案件197起,经人民法院和市政府法制办审理,维持21件,驳回诉讼请求3件,驳回起诉164件,原告撤诉(申请人拆回行政复议申请)8件,未结1件。

(汪　虎)

【行政强制拆迁工作】 年内,制定《朝阳区行政强制拆迁内部工作程序》。受理行政强拆申请171件,结案180件(含上年未结案40件),依法做出《责令限期搬迁决定书》113件,组织行政强拆24批53户。

(汪　虎)

信息工作

【概况】 朝阳区信息化工作办公室,是全区信息化主管部门,负责指导、组织和实施辖区内信息化建设。下设信息化推进科、系统建设科和信息网络中心,编制20人,以计算机、通信方面专业技术人员为主,平均年龄30岁;学历大学本科以上,分别来自北大、清华、北航等重点院校,其中7人具有硕士学位。年内,制定朝阳区信息化"十一五"规划,启动城市网格化管理工作,完善政民互动系统及96105区政府热线呼叫中心,开展信息安全风险评估工作,开发全程代办系统等。

地址:日坛北街33号

电话:65094288

邮编:100020

(张　丹)

【城市网格化管理】 7月,朝阳区作为国家建设部确定的首批数字化城市管理试点工作的10家城市(城区)之一,启动城市网格化管理平台建设工作,提出区城市网格化管理平台建设工作"1221"总体框架,即一个平台,两个中心,两支队伍,一个机制。11月24日,朝阳区城市网格化管理平台在建外、朝外、呼家楼等3个街道试运行。11月底,三环路以内11个街道及望京街道作为第一期纳入网格化管理范围。12月1日,城市网格化管理平台正式启动运行。12月31日,与市级平台实现对接,并在市信息化城市管理系统落成仪式上,作为城八区代表进行实际案例演示。平台运行第一个月,处理案件5000多件。

(张　丹)

【信息安全风险评估】 8月15日,国信办常务副主任曲维枝到本区进行信息安全风险评估试点工作调研,充分肯定朝阳区网络安全方面取得的成绩,同时提出整改意见。

(张　丹)

【信息化培训】 8月、9月,与区街办、区监察局联合,先后两次使用视频会议系统召开街道全程代办系统使用培训会。11月底,召开农村地区使用培训会。11月,为街道、委办局、城市管理监督中心进行网格化管理信息平台培训工作,包括介绍平台使用及监督员培训等。年内,与经管站联合召开两次农村管理信息系统培训会,具体讲解系统使用及维护方法。

(张　丹)

【朝阳区信息化"十一五"规划】 10月,成立信息化"十一五"规划制订工作组,在全区范围内开展调研,制订《朝阳区信息化"十一五"规划》,主要包括规划背景、总体思路与发展目标、主要任务和保障措施等四个方面内容,明确未来五年重点工作,为2008年北京奥运会做准备。

(张　丹)

【视频会议】 10月底,区政府和街乡数字多媒体视频会议一期工程建设完毕,年底前二期工程启动,在财政局采购办立项,进入政府采购阶段。

(张　丹)

【完善应急指挥系统】 10月底,建设完成朝阳区应急指挥系统,依托政务专网和800兆无线专网,整合通信、视频资源,为重点单位配备800M数字集群设备,为每个单位配备一部IP数字红机并安装视频会议系统,在突发事件发生时,区领导可以通过指挥中心及时了解全区范围的情况,制订应急方案,作出应对措施。

(张　丹)

【全程代办信息系统运行】 11月1日,全区22个街道正式使用全程代办为民服务系统,12月1日,农村地区正式投入使用,截至年底各街乡共办理13200多件。通过各单位自评、网上监控、上门检查等多种途径对42个街乡全程代办工作建设情况和综合表现进行全面深入细致地了解,评出劲松、双井、亚运村、酒仙桥、朝外、潘家园、八里庄、大屯、高碑店等9个街道(地区)办事处为"全程办事代理制工作优秀单位"。

(张　丹)

【信息化普及活动】 11月初,与区妇联、区科协等部门联合开展"百万家庭上网"活动,并选派优秀代表参加北京市竞赛,我区获得团体总分第一名,学生代表队还获"网上冲浪"和"短信息"交流两个分项奖,王恒家庭队获"数码摄影"单项奖。

(张　丹)

【区政府门户网站】 12月,区政府门户网站获全市机关网站评比第一名,并获政务公开与公共服务两个单项奖。与区监察局、区档案局合作,在区政府网站首页建立政务公开目录;利用我区各涉外单位所掌握的丰富外事信息资源,建立朝阳区国际交流平台暨区政府网站外文版;整合本区旅游信息资源,将区政府网站旅游相关栏目扩充为旅游频道，为国内外旅游者提供吃、穿、住、行、游、乐等信息指南；建立朝阳新闻网，实现朝阳报、朝阳有线上网，并将信息来源扩展到《媒体朝阳》、《政务信息》、《朝阳信息》等刊物。

（张　丹）

【政民互动平台】　年内，政民互动平台受理市民咨询、建议、投诉、申请政务公开以及网上法律援助等事项5205件，办结4991件，办结95.89%；完善网上政府评议打分系统，人大代表、政协委员和市民全年参与网上政府评议打分38317次，42个政府职能部门平均得分87.9分。

（张　丹）

【政府热线呼叫中心】　年内，96105政府热线呼叫中心受理电话、网上信件33069件，其中市民直接拨打电话咨询、反映问题的30655件，市政风行风转办件1202件，区长信箱1212件，其中市民拨打电话坐席员当时就给予解答及转办后办结的32907件，办结率99.51%。从来电、来信内容看，反映比较突出的问题包括：环境卫生、噪音扰民、拆迁占地、百姓生活、供暖问题等。

（张　丹）

信访工作

【概况】　中共北京市朝阳区委、朝阳区人民政府信访办公室是区委、区政府主管信访工作的职能机构，内设综合科、受理来信科、接待来访科、排查科和人民建议征集科，有行政编制15人。年内，学习、宣传、贯彻国务院《信访条例》，受理群众来信来访6462件（批）次，同比增加17.7%。其中，接待来访1985批次6421人次，接待集体访234批次2625人次。受理来信4477件次，受理联名信417件、39475人。本区群众到国家信访局集体访14批次906人次，到市政府集体访57批次1894人次。

地址：日坛北街33号
电话：65099121
邮编：100020

（周林鹏）

【学习贯彻信访条例】　3月30日，召开学习、宣传、贯彻国务院新修订《信访条例》工作动员部署大会，区属各单位党政正职、信访工作主管领导及信访干部400余人参加动员会。《条例》实施后，区委理论中心组先后两次组织学习，邀请市信访办主任为四套班子领导和全区党政一把手解读《条例》。举办3期区各单位主管领导和信访干部培训班，就如何做好来信办理和来访受理及如何使用信访信息系统进行讲解，有600余人参加。选派干部深入基层开展培训、授课、讲解《信访条例》10余次，实现对全区领导干部和信访干部培训一遍目标。年内，对照新的《信访条例》，调整规范各项工作制度，完善工作程序。在工作规范上，修改完善接待群众来访工作程序和要求与处理群众来信工作程序和要求、信访工作考核、奖惩等办法；制定朝阳区领导接待工作程序和要求、区接访工作规则；在制度机制上，明确畅通信访渠道制度，改进信访工作接待制度，规范信访事项办理制度，建立信访事项复查制度，完善信访工作考核制度，建立信访情况通报制度，建立联席会议制度，建立信访事项专题调度会，完善矛盾纠纷排查调处机制，明确突发群体性信访事件快速处置机制，建立信访事项督查机制，建立后备干部到信访部门锻炼制度。在畅通信访渠道上，开发朝阳信访信息网络系统。

（周林鹏）

【信访条例宣传】　4月19日为《信访条例》主题宣传日，配合国家信访局和市政府在活动主会场朝阳公园举行学习宣传《信访条例》启动仪式。4月，为本区学习贯彻新《信访条例》宣传月，编印《信访条例》问答手册和学习辅导材料及各种宣传品10万余册，《朝阳报》信访专版和信访专刊各一期8万余份向社会发放；与朝阳新闻中心联合摄制解读《信访条例》专题片4集，在《朝阳有线》"和谐在线"栏目播出。各街乡（地区）、各部门、各社会单位向群众发放宣传品、宣传画、宣传纪念品30余万份，悬挂宣传横幅2000余条，设置宣传橱窗500余个，张贴《信访条例》和《维护信访秩序公告》1200余处。

（周林鹏）

【优秀青年干部到信访部门锻炼】　8月至12月，区委组织部从街、乡选拔14名优秀青年干部分三批到区信访办学习锻炼，完成《落实属地管理责任，有效推动解决疑难信访问题》、《关于劲松街道、三间房地区长期征而未建引发诸多社会矛盾的调查》等7篇调研报告。

（周林鹏）

【加大信访问题解决力度】　年内，区委召开5次常委会、3次书记办公会，专题研究解决信访问题；区政府召开6次专题调度会，区长亲自对重大疑难信访问题进行调度，解决了京润水上花园等一大批历史遗留问题。区信访办接待群众来访1374件信访事项中，解决468件，占34%；通过工作控制化解矛盾768件，占56%；138件信访事项没有得到解决，占10%。在办理群众来信的2449件信访事项中，解决735件，占30%；通过工作控制化解1347件，占55%；367件信访事项没有得到解决，占15%。

（周林鹏）

【人民内部矛盾排查调处】 年内,根据朝阳区人民内部矛盾排查调处工作领导小组的决定,在全区开展1次拉网式大排查、4次专项排查,对不稳定因素进行全面清理。立案244件,结办173件,结办率达71%。承办中央、北京市处理信访突出问题及群体性事件联席会议交办越级群访、无理“非正常访”重点案件73件。配合奥运场馆建设、危改工程、地铁5号、地铁10号线、CBD项目工程、电子城西区、绿化隔离带建设、中央电视台新址工程等20项重点工程建设的依法行政强制拆迁听证136户,执行行政强制拆迁49户,133次深入重点工程现场化解群体矛盾,保证重点工程顺利施工。

(周林鹏)

招商引资工作

【概况】 朝阳区投资促进局是区政府直属事业单位。内设办公室、投资服务大厅管理办公室、资讯中心、投资服务科、投资推广科、投诉中心,编制25人。主要职责:组织和参与投资促进活动,推介区域投资环境和重点发展产业,开展有针对性招商引资和投资促进活动;开展重点协调服务,实现以资引资;搭建多种形式投资促进服务平台;管理“一站式”投资服务大厅,协调开展网上审批工作等。

地址:京广中心商务楼4层

电话:86-10-65978998

邮编:100020

(张　瑾)

【窗口服务】 年初,区文化委窗口将原有4个管理科室审批职能集中到新成立的审批管理科,从以前咨询服务、科室受理,改为“一站式”办公。3月15日起,区质量技术监督局窗口将代码证书办理时限由3—5个工作日改为3个工作日,由原来一周去市里取两次IC卡,改为每天取卡,缩短办事时限。区卫生局实行临时许可证,解决投资者先装修后办营业执照问题,在行政许可规定时限内缩短审批时限50%。区商务局窗口实行审批专用章,将《外商来华邀请函》办理事项纳入到大厅服务窗口;对外资企业区内地址变更、董事会人员变更(在人数不变的条件下)改为备案制,取消外商批准证书复印件;将外资企业设立、变更所需资料和外资企业承诺书格式在网上及时公布并保持更新。大厅内审批、服务101项,其中行政许可事项56项,占进驻大厅15个许可单位总许可事项40%。登记类事项基本上立等可取。办理一般性投资、咨询类企业,全部注册、登记手续由最初55个工作日减至15个工作日。

(刘秀芹)

【举办新春联谊会】 2月,与区商务局组织驻区跨国公司政府事务总监新春联谊会,50余位跨国公司政府事务总监参加联谊会,建立、完善跨国公司与政府沟通渠道。

(张　玲)

【推介朝阳活动】 2月21日,在京城俱乐部拜会普惠公司,推介朝阳。3月24日,向北京外国语大学MBA外国留学生介绍朝阳区发展现状。4月12日,向俄罗斯库尔斯克州州长推介朝阳。4月21日,拜访法国金盛保险公司,推介朝阳。7月25日,接待澳大利亚议员 MichaelJohnson 先生,向议员介绍朝阳。9月12日,接待以色列企业家代表团,推介朝阳。11月8日,接待加拿大安大略省企业代表团,推介朝阳。年内,投资促进局与中国美国商会、法国商会、加中贸易理事会、澳大利亚商会等多家外国商协会联合举办多场朝阳投资环境说明会。

(黄文娟)

【网络管理】 9月21日,朝阳工商分局网上登记系统在区投资服务大厅开通。9月,“投资朝阳”网站改版完成,新版网站利用中、英、法、日、韩、西班牙等多种文字,展现朝阳区投资环境。开发出项目管理信息、咨询服务信息和企业管理信息等三大系统。11月底,区投资促进局办公自动化系统正式在局内运行。

(张　瑾)

【建立投资促进联络员体系】 11月18日,按照朝阳区委、区政府关于城乡统筹、区域统筹、经济社会统筹要求,朝阳区投资促进联络员体系建立,该体系51人,包括来自22个街道、20个地区、三大功能区及重点委办局相关工作人员。其中,本科以上学历占55%,科级以上干部占53%。

(黄文娟)

【协调服务】 年内,投资促进局为爱立信(中国)协调其新公司环保事宜,为索尼爱立信公司协调朝阳区财政局和发改委落实所得税扶持政策,为易初莲花、麦德龙等知名企业选址提供协调服务,协助中韩合资汽车设计公司办理设立手续等。

(张　玲)

【以楼招商】 年内,普华永道入驻财富中心,恒生银行落户嘉里中心,中英人寿迁址佳程广场。

(赵　伟)

【与外国商协会合作体系】 9月16日朝阳国际商务节签约仪式上,与中国澳大利亚商会、中国香港(地区)商会、英中贸易协会、中国瑞士商会、中国新加坡商会、中国西班牙商会达成战略合作伙伴关系,双方将在为外资企业服务、信息资源共享、人员培训、活动组织等方面加强合作与交流。年内,先后与17家外国商协会建立长期联系。

（黄文娟）

【投资服务大厅情况】　年内,投资服务大厅受理审批317470件次、审批308720件。其中,新批内资企业23283家,比去年同期增加59%;新批外资企业820家,比去年同期增加53%。接待投资者咨询896016人次。大厅内中国银行、兴业银行、建设银行全年入资62.2亿元,比去年同期增加18%。

（刘秀芹）

【编发刊物】　年内,投资促进局编发11期35000册中英双文杂志《商务朝阳》,向中外投资者宣传介绍区域投资环境、最新政策及合作机会等信息。杂志先后报道朝阳区国际化社区建设、"两会"、特色旅游、人才教育、商务节及文化产业等方面情况,介绍普华永道、ABB、松下、通用电器、汇丰银行、微软等驻区跨国公司,并邀请专家就朝阳区发展循环经济、文化传媒产业及投资环境打造等方面进行深度探讨。编发《每日经济参考》,摘登国内外当日经济要闻,利用互联网和电子邮件对外发布,将其中最有价值的信息,上报区委区政府,为区领导决策提供有益参考。

（李　妍）

档案工作

【概况】　朝阳区档案局与朝阳区档案馆合署办公,为区政府直属全额拨款事业单位。区档案局为区政府负责本区档案事业行政管理的主管部门,履行本区档案事业行政管理职能;档案馆负责本区档案和有关资料收集、保管和开发利用等工作。内设办公室、业务科、法规科、管理科、收集科、利用科、信息化科共7个科室,编制41名。

地址:日坛北街33号,

电话:65094976

邮编:100020

（杨馨珠）

【人员培训】　4月,对18个地区(乡)的160名档案员进行村级档案规范化管理培训。9月,举办以信息时代文档工作服务理念、有效沟通技巧、依法行政建设法制政府、全区档案执法检查情况和档案规范整理等若干问题为主要内容的继续教育培训班,区属各单位146名档案人员参加培训。

（杨馨珠）

【档案编研】　4月,与区先进性教育活动领导小组办公室、区委党史办联合收录编辑朝阳区各个历史时期42名荣获市级以上劳动模范和优秀共产党员称号的共产党员先进事迹《朝阳区优秀共产党员风采—保持共产党员先进性教育活动〈朝阳党史〉专刊》出版。同月,与区委党史办合作编辑《朝阳英模(风采篇)》出版。

（杨馨珠）

【档案馆爱国主义教育基地工作】　6月14日,与潘家园街道、潘家园国际民间文化发展中心、中国收藏家协会合作举办的《红色的回忆—保持共产党员先进性教育暨红色收藏品展览》在潘家园旧货市场开展,5万名各界群众参观展览。7月,由北京市档案馆主办,18家区县档案馆协办的《保持共产党员先进性,永远走在时代前列——保持共产党员先进性教育展览》在区档案馆开展。之后,在朝阳区4个地区巡回展出,255个单位的3752名党员参观。10月,介绍抗日英雄王二小等英雄事迹的《烽火童年——抗日战争中的小英雄》在网上展览。

（杨馨珠）

【档案管理】　6月,布置建立家庭档案试点工作。对六里屯街道居民印秀华老人进行家庭档案建档工作试点指导。整理出家族历史类、报刊剪报类、书信类、证书证件类、收藏类、健康保健类、照片等17卷500多件档案。先后被多家媒体采访、报道。年内,对机要文件和录像带进行数字化扫描,并刻录光盘;完成29.8万余条婚姻档案数据录入工作。

（杨馨珠）

【档案行政执法检查】　7月25日,国家档案局副局长郭树银率国家档案局档案执法检查组对区档案馆贯彻落实档案法情况进行检查。7月至8月,按照《朝阳区2005年度档案行政执法监督检查标准(试行)》,对区属48个单位和部门进行全区档案行政执法检查和档案目标管理复查。《行政许可法》实施,首次办理3家单位档案移交进馆期限变更的行政许可事项。10月,对一基层单位丢失现金日记账、银行存款账会计档案案立案。经调查取证,决定对该单位和当事人予以处罚。11月9日,市档案局行政执法、优秀馆复查检查组对朝阳区贯彻落实《档案法》、《北京市实施〈档案法〉办法》、优秀档案馆认定情况进行检查。

（杨馨珠）

【档案鉴定开放】　8月,向社会开放第8批635卷档案。9月,对区档案馆馆藏到期档案进行鉴定,完成对10个全宗1711卷短期和馆藏1955年形成的30个全宗共计407卷2602件档案的审查。

（杨馨珠）

【档案目标管理】　年内,小关街道办事处晋升为北京市区县级机关档案工作目标管理市一级单位。区人民防空办公室晋升为北京市区县级机关档案工作目标管理市二级单位。金朝阳商贸国有资本运营公司认定为企业市级先进单位。

(杨馨珠)

【档案收集】　年内,接收第六届国际商务节、农村体制改革、农村土地确权、区经济普查等重大活动档案和其它档案12753卷、2461件,照片1305张,以及光盘、录像带和国家级先进证书、奖牌等档案74件,检查接收电子目录56415条。

(杨馨珠)

【档案利用】　年内,接待查档6267人次。其中公民个人利用5390人次,占总人次86%,同比增长6.82%;利用档案11658卷次,同比增长17.44%;出具证明4427份,外借档案86卷。群众自由索取《朝阳区人民政府公报》1040本,行政规范性文件供群众在网上和利用大厅查询,3.4余万人次点击。档案信息网站外网点击率2.3余万次。

(杨馨珠)

地方志工作

【概况】　朝阳区地方志办公室,是区政府直属事业单位。年内,组织全区开展编纂首卷年鉴工作,完成《朝阳区志》终审稿,完成《北京年鉴》供稿任务。

地址:日坛北街33号

电话:65094347

邮编:100020

(党京华)

【编纂首卷年鉴】　4月,成立《北京朝阳年鉴》编辑部。5月12日,召开编辑《北京朝阳年鉴》工作动员大会。副区长孙世超作动员,强调要提高认识、加强领导、精心组织、落实责任。《北京年鉴》常务副主编赵庚奇就如何撰写年鉴作辅导报告。5月26日,举办各单位年鉴主笔培训班,邀请东城区、崇文区有关人员就年鉴的要素、结构、体例、条目撰写及书写规范、撰稿人职责和任务等诸多方面进行讲解和辅导。

(党京华)

【《北京市朝阳区志》通过终审】　7月1日,在市地方志编委会常务副主任段柄仁主持下,《北京市朝阳区志》通过终审。市地方志办公室领导和有关专家、责任编审对《北京市朝阳区志》(终审稿)提出最后修改意见,该稿修改后交北京出版社出版。

(党京华)

【参加全国城市区志研讨会】　11月29日至12月2日,区志办2名编修人员参加在云南省玉溪市召开的第十七次全国城市区志研讨会,学习兄弟城区修志工作经验与作法。

(党京华)

中国人民政治协商会议
北京市朝阳区委员会

【概况】　中国人民政治协商会议北京市朝阳区委员会是朝阳区地方政协组织。区政协第十届委员会设提案委员会、学习文史委员会、经济科技委员会、城市建设与管理委员会、教育委员会、文卫体委员会、社会和法制委员会、民族和宗教委员会、港澳台侨委员会,机关设办公室、城建处、经济处、文教处、联络处。

地址:团结湖北五条5号。

电话:65094484

邮编:100026

(许　治)

【十届二次全委会议】　1月9日至1月12日召开十届二次全委会议。会议审议副主席张和平代表政协朝阳区第十届委员会常务委员会所作的工作报告和副主席刘乃晨所作的提案工作报告;听取提案审查委员会关于十届二次会议提案审查情况的报告;通过政协朝阳区第十届委员会第二次会议决议。会议期间,委员们列席区人大十三届二次会议开幕式,听取并讨论《政府工作报告》。中共朝阳区委、区政府领导和各职能部门负责人到会听取委员意见和建议。会议围绕城市建设与管理、经济科技、社会事业三个专题座谈。市政协副主席黄以云出席开幕式。区委书记李士祥在闭幕式讲话。

(许　治)

【第7次常委会议】　1月12日召开第七次常委会议。会议审议并通过《政协北京市朝阳区第十届委员会常务委员会2005年工作计划要点(草案)》,同意作进一步修改后实施。

(许　治)

【举办台海形势报告会】　3月3日,区政协、区委统战部联合举办台海形势报告会,邀请中国社科院台湾研究所研究员、国台办专家组专家刘红作专题报告。区政协各专委会负责人、港澳台侨委员会委员和部分台胞台属以及区政协、区委统战部、区民主党派和工商联等机关干部听取报告。

（许　治）

【全国政协体育界委员考察朝阳公园】 3月11日，全国政协体育界委员由全国政协常委、国家体育总局副局长张发强带队，到朝阳公园考察。区政协主席李明等陪同考察。

（许　治）

【第8次常委（扩大）会议】 3月22日召开第8次常委（扩大）会议。会议邀请全国政协委员、区政协常委胡克勤传达全国政协十届三次会议主要精神；听取各专门委员会2005年工作计划汇报。区发改委主任张春秀向常委会通报朝阳区“十一五”规划编制进展情况。会议邀请中国社会科学院台湾研究所所长、研究员周志怀作“《反分裂国家法》与两岸关系的现状和趋势”专题辅导报告。

（许　治）

【举办学习反分裂国家法座谈会】 3月26日，区政协、区委统战部联合举办学习《反分裂国家法》座谈会。座谈会上，大家一致认为，《反分裂国家法》是一部有利于推动祖国和平统一大业、有利于遏制“台独”分裂势力及其活动、有利于维护台海乃至亚太地区和平稳定的法律。《反分裂国家法》的制定顺应民心、民意，对维护国家主权、领土完整，早日完成祖国统一大业具有重大现实意义和深远历史意义。表示坚决拥护和支持《反分裂国家法》的颁布和实施。

（许　治）

【学习贯彻中共中央5号文件】 5月13日，区政协和区委统战部联合举办学习贯彻中央5号文件专题辅导报告会，邀请中央统战部巡视员孙凌雁就学习贯彻《关于进一步加强中国共产党领导的多党合作和政治协商制度建设的意见》作专题辅导报告。各民主党派、工商联、各族各界代表人士约300多人出席报告会。

（许　治）

【第9次常委（扩大）会议】 6月2日召开第9次常委（扩大）会议。副区长孙世超、关三多、姚庆筱到会通报2004年朝阳区政协常委会三份建议案落实情况。会议听取姚庆筱就落实《关于优化我区科技资源配制机制的建议案》情况所作的通报，孙世超就落实《关于大力发展我区农村基础教育的建议案》情况所作的通报，关三多就落实《关于推进我区农村卫生工作的建议案》情况所作的通报。听取区政协政府采购工作调研组对《朝阳区政府采购工作中存在的问题与建议》调研报告所作的说明；审议并通过《关于改进我区政府采购工作的建议案》（草案）及相关调研报告，同意进一步修改后作为区政协常委会建议案报送区委、区政府参考。会议还听取区政协常委、北京国际城市发展研究院院长连玉明所作的“人文奥运与软环境建设”专题辅导报告。

（许　治）

【召开第一次议政会】 8月24日，区政协、区委统战部第一次议政会在二十一世纪饭店举行。朝阳区各民主党派、工商联和无党派人士代表，围绕朝阳区三大功能区建设积极建言献策。区委书记李士祥出席会议并讲话。区长陈刚到会通报三大功能区建设情况。区委、区政府有关部门负责人到会听取委员意见和建议。

（许　治）

【第10次常委（扩大）会议】 8月26日召开第10次常委（扩大）会议。常务副区长戴继楼到会通报区政府上半年工作情况。会议以书面形式通报区政协上半年提案工作情况，听取刘乃晨就委员进社区工作开展情况所作的通报，听取区政协拆迁安置工作专题调研组对《关于加强和规范我区拆迁安置工作的几点建议》调研报告所做的说明；审议并通过《关于加强和规范我区拆迁安置工作的建议案》（草案）及相关调研报告，同意进一步修改后作为区政协常委会建议案报送区委、区政府参考。张和平就如何发挥委员主体作用作专题发言。

（许　治）

【召开第二次提案工作座谈会】 11月4日，区政协召开第二次提案工作座谈会。会议传达学习市政协第四次提案工作会议精神，总结区政协十届一次会议以来的提案工作情况，演示区政协提案管理系统。会议以关注质量、讲究落实，不断提高提案工作水平为主题，就如何提高提案质量和办理质量进行充分座谈研讨。各民主党派代表、部分政协委员以专题发言形式，就搞好党派提案调研，不断提高党派提案水平和质量；围绕中心选好题，发挥优势提提案；提高提案质量，精心打造精品提案等方面进行经验体会交流，并就提案工作创新，进一步规范提案工作；加强领导，提高提案工作质量等方面提出意见建议。

（许　治）

【第11次常委（扩大）会议】 11月8日召开第11次常委（扩大）会议。会议学习贯彻十六届五中全会精神，提出要深刻认识十六届四中全会以来党和国家各项事业所取得的新的巨大成就，深刻认识我国经济社会发展的阶段性特征和中共中央提出的发展目标、任务、方针和政策,深刻认识科学发展观的重要地位和指导作用,深刻认识中共中央关于"十一五"时期的战略部署,深刻认识增强"五种意识"、提高"四个能力"要求。会议听取副区长宋连娣就落实《关于维护农民利益有关问题的建议案》情况所作的通报,副区长佟克克就落实《关于治理朝阳区交通拥堵问题的建议案》情况所作的通报。会议听取常务副区长戴继楼就朝阳区"十一五"规划编制情况所作的说明。秘书长王苏华就朝阳区政协近期工作安排进行了通报。

(许　治)

【组织委员集中视察】　11月25日,区政协组织全体委员集中视察,了解本区经济社会发展情况。政协委员分三路分别视察天利深冷设备有限公司、东方冠捷电子股份有限公司、高家屯垃圾无害化处理中心、向军北里城中村、三间房地区动漫基地、豆各庄地区张义祠堂等场所,听取有关单位领导情况介绍,进行专题座谈。

(许　治)

【第12次常委会议】　12月21日召开第12次常委会议。会议审议并通过政协朝阳区第十届委员会第三次会议议程(草案)、日程安排(草案)、决议起草委员会名单(草案),审议《政协北京市朝阳区第十届委员会常务委员会工作报告》、《政协北京市朝阳区第十届委员会常务委员会关于十届二次会议以来提案工作情况的报告》,同意两个报告修改后提交政协朝阳区第十届委员会第三次会议审议。会议听取各专门委员会2005年工作总结及2006年工作思路汇报,专题听取区统计局局长刘野就本区第一次全国经济普查情况所作的通报。

(许　治)

【提案委员会工作】　年内,提案委员会收到提案286件,其中,大会期间268件,会后18件;委员提案261件,民主党派、工商联、人民团体提案24件,专委会提案1件。经提案委员会审查立案222件。对不符合提案条例规定的19件提案未予立案。有182位委员提出提案,占委员总数56.25%。立案提案内容涉及有关经济发展方面24件,占立案提案总数10.8%;城市建设与管理方面85件,占38.3%;有关教育、科技、文化、卫生、体育方面61件,占27.5%;有关政策法规、民族、宗教、侨务及政协工作方面52件,占23.4%。截至年底,交办提案全部办理完毕。委员对办理结果表示满意的有210件,占办复提案94.6%。

(许　治)

【学习文史委员会工作】　年内,组织委员学习中共十六届五中全会和全国"两会"精神;召开《反分裂国家法》座谈会和"促进两岸关系发展"座谈会;举办"看国外奥运,解读北京人文奥运"专题报告会和"北京学和北京文史"知识讲座;围绕社会重点和热点问题,编辑《学习文选》和《委员论坛》,辅导委员学习。组织委员开展系列视察、参观活动:视察王四营乡群众文化开展活动和麦子店国际化文化社区建设情况以及三间房乡动漫基地规划与建设情况;参观天桥民俗文化市场、历代帝王庙、广济寺、恭王府等古迹,并就朝阳区经济和各项社会事业发展提出意见和建议。完成32万字的《北京市文史资料·朝阳卷》编审,《朝阳文史》第五辑于年底前正式出版。

(许　治)

【经济科技委员会工作】　年内,组织4项专题调研,开展视察、参观、座谈、联谊活动44次,提出意见和建议百余条。围绕"十一五"规划编制中的重大问题,如朝阳区现代服务业发展研究、关于政府采购、关于蔬菜安全管理、关于文化产业发展等组成调研组深入开展专题调研。积极探索民主监督新渠道,把民主监督工作和专委会提案办理结合起来,和反映社情民意结合起来,和座谈视察结合起来,收到良好效果。

(许　治)

【城市建设与管理委员会工作】　年内,组织调研、视察、座谈等活动27次。围绕本区拆迁安置工作,打破专委会界限,组成专题调研小组,深入朝外、双井等地区调研,并到上海、天津等地学习考察拆迁安置经验和做法,形成调研报告。围绕本区流动人口管理开展调研,形成调研报告送交有关领导和部门。就本区景观建设等问题开展视察,推荐十几名委员担任区市政管委、区民政局等单位特邀监督员。

(许　治)

【教育委员会工作】　年内,组织委员参加专题辅导报告和讲座;召开座谈会,学习党和政府方针政策,努力提高委员参政议政能力。组成专题调研组,围绕朝阳区职业教育深入开展调研,形成的《大力发展朝阳区职业教育的对策》调研报告,送有关部门参考并在《委员论坛》上发表。听取对口部门工作情况通报,和对口部门加强沟通。积极开展联谊活动,举办教师节茶话会,增进友谊,增强凝聚力。

(许　治)

【文卫体委员会工作】　年内,为编制朝阳区"十一五"规划,围绕加强公共卫生体系建设开展调研并形成调研报告,向有关部门提出意见和建议。听取区体育局关于筹备第十一届世界青年田径锦标赛情况通报,视察朝阳体育中心,就场馆规划、环境建设等方面提出意见和建议。视察王四营乡群众文化开展情况、豆各庄乡文化发展规划情况、麦子店街道国际文化社区建设情况、三间房乡动漫基地规划建设情况,参与市政协教科文卫体委员会就市民素质有关问题开展的专题调研,调研报告形成市政协常委会建议案。

（许　治）

【社会和法制委员会工作】　年内,组织各种调研、视察、参观、座谈等活动28次,提出意见和建议60多条。组成专题调研组,围绕加强对本区流动人口管理,听取区建委、区市政管委、区教委等十几个部门情况通报,深入东风乡、崔各庄乡等流动人口聚集区开展调研,形成调研报告送交区委、区政府有关领导和部门参考。部分委员参与关于朝阳区拆迁工作专题调研,为规范和加强拆迁工作献计出力。听取对口部门工作情况通报;视察新落成的检察院大楼;推荐十几名委员担任对口部门特邀监督员,通过明察暗访,调查研究,履行民主监督职责。组织委员参加学习活动并到外地进行参观考察。

（许　治）

【民族和宗教委员会工作】　年内,组织调研、视察、学习、座谈等活动十余次。组织委员学习座谈《反分裂国家法》,进一步认识和明确《反分裂国家法》主要内容和在推进祖国和平统一大业中的重大意义。组成调研组,围绕本区少数民族社区建设,深入朝外、望京等街道调研,提出加强少数民族社区建设6条建议。视察正在建设中的基督教朝阳堂,并和区政府对口部门开展经常性协商和联谊活动。

（许　治）

【港澳台侨委员会工作】　年内,开展各种活动12次,参加专题调研10次,提出提案14份。组织举办台海形势报告会和加强新形势下侨务工作报告会以及学习《反分裂国家法》座谈会和促进两岸关系发展座谈会,充分发挥本专委会委员优势,通过多种渠道和形式,凝聚民心,遏制台独分裂活动,维护祖国和平统一。利用元宵节、中秋节,积极开展联谊交流活动,组织委员参加“朝阳一日游”,联络感情,增进友谊。和有关部门加强沟通和工作交流,部分委员参加关于政府采购工作专题调研,有效地履行政协委员职责。

（许　治）

政法　军事

政　法

政法委员会工作

【概况】 中共朝阳区委政法委员会是领导政法工作的区委工作部门。
地址:日坛北街33号
电话:65099388
邮编:100020

(张　博)

【市领导检查工作】 2月26日下午,市委副书记、政法委书记强卫,市委政法委常务副书记慕平等领导到朝阳区"两会"代表委员驻地燕翔饭店、河南大厦、广西大厦检查安全保卫工作。强卫书记先后察看三个驻地安全设施、监控设施和服务设施,听取了三家饭店汇报。区人大常委会主任、政法委书记朱家麒和区委常委、公安分局局长肖兴国分别汇报本区"两会"安保工作整体情况及驻地周边安全保卫工作情况。强卫强调:一是在思想上要高度重视"两会"期间安全保卫工作和社会稳定工作,北京无小事,特别是"两会"期间,服务和安全都要以更高标准,采取更严格措施,不能有丝毫松懈;二是要在工作中反复认真研究可能会出问题的环节,明确分工,落实责任,在细节上加大工作力度;三是驻地内部和驻地外围各相关单位、部门要加强配合,畅通信息,发现问题及时处置,既要保证驻地的安全,又要保证驻地周边和线路不发生问题,确保工作万无一失。

(张　博)

【红袖标上街巡逻】 2月28日上午,在望京体育场举行以创平安社区、保两会安全为主题的红袖标上街巡逻启动仪式。市委政法委秘书长、首都综治办副主任李万均,公安部治安管理局副局长杨加林,向参加启动仪式的治安巡逻志愿者、治保积极分子、社区保安、流动人口协管员、联防队、保安公司、街乡干部、城管大队、公安干警等12个方队代表授"治安巡逻志愿者"袖标和"两会保卫巡逻队"队旗。"两会"期间,本区有8万余名治保力量投入到全国"两会"期间安全保卫工作中,全力保障"两会"安全召开。

(张　博)

【确保全国"两会"顺利进行】 全国"两会"期间,认真贯彻市委市政府各项工作部署,紧紧围绕全国"两会"安全保卫这一中心任务,精心组织,全力以赴,扎实工作,以饱满工作热情和强烈责任感,认真做好全国"两会"各项安全保卫工作。"两会"期间,全区出动警力84899人次,出动各种治安力量60余万人次,完成各类警卫任务233件,妥善处理各类涉及"两会"上访15起29人次,保证了代表委员92批970人次在本区各类场所活动安全,实现"法轮功"零指标,越级访、集体访零指标,未发生影响"两会"安全稳定的生产事故和刑事案件,有力确保了"两会"顺利进行。

(张　博)

【国际禁毒日宣传】 6月26日是国际禁毒宣传日,在红领巾公园设立禁毒宣传站,由区法院、区检察院、公安分局、区卫生局、区司法局、团区委、区残联组成专家团进行现场咨询。并于上午10时举行北京市社区药物维持治疗第二门诊部授牌仪式和禁毒警示宣传牌发放仪式。市卫生局常务副局长梁万年等领导出席仪式。滚石娱乐有限公司代表向全区娱乐场所宣读倡议书。

(张　博)

【深化基层平安建设工作大会】 7月11日,召开深化基层平安建设工作大会。强卫、李万钧、李士祥、陈刚、朱家麒等市、区领导以及全区各部、委、办、局、企业、人民团体、各街乡主要领导，政法各单位中层以上干部及社区保安、治保积极分子等1000余人参加大会。强卫在大会上高度肯定本区开展的基层平安建设工作，他指出：这是朝阳区全面贯彻"三个代表"重要思想，落实科学发展观，着眼于构建社会主义和谐社会首善之区和成功举办2008年奥运会，全面规划和构建和谐稳定新朝阳的一个重要举措；是贯彻全市基层平安建设工作部署，紧密结合朝阳区改革、发展、稳定的实际采取的一项重要工作措施；也是全面提升基层平安建设层次，拓展基层平安建设范围，深化基层平安建设内涵的新探索、新实践。

（张　博）

【参观抗战胜利60周年主题展览】

7月29日上午，政法委党总支组织部分党员、干部到中国人民抗日战争纪念馆参观"伟大胜利——纪念中国人民抗日战争暨世界反法西斯战争胜利60周年大型主题展览"。干部们认真观看8个部分展览内容，重温抗战历史，为英雄先烈可歌可泣事迹所感动，感受到伟大的抗战精神。

（张　博）

【严厉打击赌博违法犯罪活动】

年内，贯彻落实全国和北京市严厉打击赌博违法犯罪活动专项行动电视电话会议精神，加强各项措施开展工作。成立专项行动领导小组，深入开展调查摸底，认真梳理案件线索。主动发现利用互联网进行赌博违法活动线索，对属地网络运营服务商加强管理，对其提供的托管主机、虚拟主机服务开展全面监控、检查。明确重点，主动出击，通过加强重点区域、重点部位、重点人员、重点通讯工具监控，及时对以各种形式、各种名义存在的"六合彩"、赌球、"百家乐"以及网络赌博活动开展精确打击。依法从严处理，坚决防止以罚代刑。对隐藏或附着于赌博团伙内的其他违法犯罪活动继续审查深挖。加强宣传、营造声势。通过宣传有关法律法规，制定专项奖励制度，增强群众法制观念，调动群众参与打击赌博违法犯罪活动积极性，震慑违法犯罪分子。

（张　博）

社会治安综合治理

【概况】　朝阳区社会治安综合治理办公室，与区委政法委合署办公。

地址：日坛北街33号

电话：65099395

邮编：100020

（张海民）

【综治委全会】　3月6日，区综治委全会听取2004年度综治工作报告，审议通过2004年度考核结果，讨论通过2005年度综治任务书和工作要点。7月6日，全会专题研究深化基层平安建设工作，研究讨论区委、区政府《关于深化基层平安建设工作的决定》及其实施意见。12月15日，全会讨论通过《2005年度朝阳区社会治安综合治理目标管理考核办法》，对年终考核等系列工作进行部署。

（张海民）

【重点整治】　年内，以朝外百脑汇、朝阳公园周边和大屯、双龙旧货市场等市、区挂账的治安重点地区为重点，紧紧抓住群众反映强烈、新闻媒体曝光的站街招嫖、聚众赌博、制贩三假、贩卖淫秽光盘和扰乱公共秩序等突出治安问题，有针对性地开展打击整治。先后开展打击新疆未成年人扒窃、打击偷盗自行车、统一查禁娼赌黄、清理整治羌藏族游商、制贩三假、整治学校周边治安秩序、扫黄打非集中统一行动、对乞讨要饭人员进行集中救助等20余种专项行动，重点整治打击治安乱点43处，治安拘留以上处理5405人，查获卖淫嫖娼及介绍容留卖淫嫖娼人员2589人，接收救助1502人次。

（张海民）

【百日整治专项行动】　从6月始，以黑洗浴、黑歌厅、黑发廊等"七黑"场所为重点，组织协调开展规范行业场所经营行为整治社会环境秩序百日整治专项行动。共出动各类人员9.7万人次（其中公安1.4万人次、工商0.7万人次、城管2.6万人次、文化卫生0.2万人次、各街乡4.8万人次）。经过三个月整治行动，市级1315个挂账问题已全部销账，并完成账外整治任务847处。整治中，检查监督经营户5000余户，查处人力黑三轮车5270辆、黑摩的439辆、黑车561辆；查处无照摊贩2089起、非法大排档210处，取缔露天烧烤260起，查处无照流动收废品134起；检查施工工地796家、夜施扰民431起；查处土方未覆盖、车轮带泥行驶、围档不规范201起，道路遗撒、非法洗车98起；查处非法散发张贴喷涂小广告1000余起、黑窝点60个，没收非法小广告400余万张；取缔非法行医279处，罚款近70万元，罚没物品折合人民币2万余元。查处各类违法人员1876人，做拘留以上处理302人，其中刑拘15人、治拘287人，罚款17人，警告、批评教育1557人。

（张海民）

【治安巡防队伍建设】　年内，制定《朝阳区关于加强治安巡防队建设的意见》，对全区各类专职群防群治队伍进行整顿，基本达到名称统一、任务统一、服装统一、管理统一。全区区和街乡两级政府出资组建的专职治安巡防队伍人数年底达

4150人,占全区实有人口千分之一点五以上。其中,由区财政出资为全区各社区配备2160名专职保安员和专职治安员,由街乡出资自行组建1890人的专职巡防队伍,在农村地区建立了10576人的专职护村队伍。

(张海民)

【综治信息宣传】 年内,编写《朝阳综治》52期,向首都综治办报送信息100余条,被采用3条。认真组织社会治安综合治理宣传月各项活动,举办全区性社会治安综合治理宣传日,制作社区社会治安综合治理工作指南光盘。参加首都综治好新闻评选活动,报送参评作品5件。组织"6.26"国际禁毒日、"11.9"防火宣传日等全区性宣传活动。全区征订2006年度《长安》杂志3026份。

(张海民)

流动人口管理

【概况】 朝阳区流动人口管理领导小组办公室为区综治办内设机构。
地址:日坛北街33号
电话:65094741
邮编:100020

(李登超)

【流动人口党员调查】 年初,为配合基层保持共产党员先进性教育活动,区流动人口管理工作领导小组办公室在各街乡大力配合下,组织对全区流动人口中的党员情况调查摸底。截至3月统计,全区有流动人口党员2432人,分布在20个街道、18个乡和望京产业区,已建立流动党支部74个,下一步计划再建党支部58个。街道中流动人口党员较多的是呼家楼209人、双井160人、望京132人、大屯124人,农村地区流动人口党员较多的是平房306人、高碑店166人、十八里店135人、东坝108人。劲松街道、垡头街道、常营地区、孙河地区上报本地区流动人口党员数为0。

(李登超)

【年度工作会】 3月22日至24日,专题召开流动人口管理服务工作年度会,会议总结2004年度全区流动人口管理服务工作情况,部署2005年全区流动人口管理服务工作任务和具体要求,6个街乡代表分别在会议上发言,他们分别结合各自街乡实际,从不同侧面围绕工作重点和去年取得的经验相互交流,较好地发挥了典型示范作用。全区各街乡主管领导、流动人口管理办公室负责人、派出所分管领导参加会议。

(李登超)

【调查研究】 5月12日,市政协委员20余人到本区就出租房屋和流动人口管理服务工作专题调研,他们深入到流动人口数量较多的崔各庄乡善各庄村、东风乡豆各庄村实地考察基层流动人口、出租房屋管理站建设情况。6月3日,国务院研究室副主任韩长赋率领农民工问题课题组,专题到东风乡豆各庄村就农民工服务和出租房屋管理情况进行调研。8月18日下午,王岐山、张茅、吉林等市领导深入本区街道和流动人口密集区,调查研究流动人口管理工作,先后察看十八里店乡流动人口聚居区、东风乡腾龙粮油批发市场拆迁现场和豆各庄村流动人口服务管理站、培训学校和活动中心等地。对本区流动人口管理服务工作创造的新经验给予充分肯定。9月20日,李士祥、朱家麒等领导专题调研流动人口管理及拆违工作,先后实地查看来广营地区北湖村、来广营村和崔各庄地区奶西村流动人口聚居现状,听取崔各庄、来广营、奥运村三地区和区有关部门关于流动人口管理及拆违工作汇报。各相关部门也分别就如何抓好流动人口管理工作谈意见。李士祥强调,全区上下要按照落实科学发展观和构建和谐社会的要求,围绕城市功能定位和迎接北京奥运会的任务,牢牢抓住城市管理和安全稳定两大重点,真抓实干,扎实推进,促进全区发展的良性循环。9月26日,龙新民到本区调研流动人口子女入学问题,参观十八里店地区文华学校、光明学校两所打工子弟学校,详细了解两所学校现状和困难,仔细询问学校师资情况、教师日常生活等,并听取本区流动人口子女入学情况汇报。龙新民充分肯定本区在解决流动人口子女入学方面所做的工作。他指出,朝阳区创新了许多好做法、好经验,有很强的借鉴作用。要把流动人员子女入学问题纳入全区教育的总体规划中;采取一切有利措施,确保所有打工子弟学校的安全,政府职能部门要加强监督检查,发现问题,立即整改;继续坚持淘汰一批,审批一批,扶持一批的原则,对不具备办学条件的,有安全隐患的,要下决心淘汰;抓紧审批一批基本符合办学条件的,并帮助他们加大软硬件建设,加强师资力量;千方百计为打工子弟学校办好事、办实事;公办学校要充分挖掘潜力,尽可能招收流动人口子女入学。

(李登超)

【流动人口出租房屋观摩交流】 5月23日、24日,区流管办分别在东风乡六里屯村、来广营乡召开流动人口出租房屋管理站观摩交流会。

(李登超)

【进京创业者报告会】 8月18日上午,区流管办在北京武警指挥学院千人大礼堂隆重举行进京创业者报告会,16名报告团成员中的6名同志分别结合自己进京创业奋斗经历和成长过程作专题报告。他们中有33次勇于同歹徒搏斗的社区保洁员，有八年如一日照顾社区孤寡老人的纺织女工，有十余年自愿捐助资金、财物20余万元救助贫困孩子的个体户主，有艰苦创业、实现个人理想的务工子弟学校校长、企业厂长、保安队长。报告会时常被他们的真情实感所感动，被热烈的掌声所打断。全区各街乡主管领导，综治办、流管办负责人，领导小组成员单位，流动人口代表1000余人参加会议。区流管办为参会每一名同志送上《进京创业者报告会文集》，并为报告团成员配带绶带。

（李登超）

【流动人口管理工作列为区委中心工作】 9月12日，针对崔各庄乡食物中毒和在奶西村租房居住的河南人抢车作案两起事件发生，区委及时召开流动人口管理及拆违情况专题会。会议首先听取区农委关于控制流动人口、维护安全稳定的汇报，听取综治办、建委、卫生局等部门情况介绍和工作建议。刘希泉、肖兴国、佟克克等区领导先后就流动人口管理和拆除违法建筑工作发言。最后区委书记李士祥作重要讲话。他强调，朝阳区流动人口管理工作事不等人，非常紧迫，要客观分析，严肃对待，系统研究，建长效机制；要解决好有思路手段软的问题，解决好就事论事缺乏系统研究的问题，解决好部门工作各干各没形成拳头的问题。他结合本区流动人口管理工作，从统一思想、联合执法、全面调查、解剖麻雀、研究政策、请示汇报等6个方面进行部署并落实责任领导。他要求从这次会议开始，流动人口管理工作要列为区委、区政府中心工作，区委常委会每月听一次汇报，一直听到2008年。

（李登超）

【区委常委会议专题研究流动人口管理工作】 10月26日，区委常委（扩大）会议，专题研究流动人口管理问题。会议首先听取9个地区办事处、4个职能部门就流动人口管理问题的汇报。朱家麒、陈刚先后分别讲了四点意见，最后李士祥发表重要讲话。

（李登超）

【流动人口情况调查】 年内，贯彻区委区政府关于朝阳区流动人口情况调查的有关会议精神，区发改委、区流管办等有关部门联合组织召开会议，专题安排部署此项工作。充分依托本区出租房屋流动人口协管员这支队伍积极开展工作，为确保此项工作及时、准确、完整、全面，在调查公司大力支持下，分别组织16场次学习对全区协管员、审核员、复核员进行培训。全区各街乡高度重视，积极协调有关部门和人员入户调查。潘家园、机场、劲松、亚运村、双井等街道和十八里店、来广营、南磨房、东坝、金盏、小红门、高碑店、东风、常营等乡专门成立调查领导小组，领导带头组织街乡机关干部放弃休息日时间搞好调查，使流动人口调查工作较好地得到落实。按照区里安排担负培训场地保障的12个街乡，为配合调查培训工作开展，积极协调，提前准备，想方设法，圆满地完成培训保障任务。

（李登超）

防范和处理邪教问题工作

【概况】 中共朝阳区委防范和处理邪教问题领导小组办公室，又称区委610办公室，内设信息调研科和督察指导科。

地址：日坛北街33号

电话：65094972

邮编：100020

（许智勇）

【防控工作】 2月25日，召开全区切实做好"两会"期间防范"法轮功"工作部署会，对"两会"期间防范"法轮功"工作进行周密部署和安排；公安等职能部门加大打击工作力度，消除滋事隐患；突出重点，深入摸排，落实了防范责任制，对代表驻地和重点地区组织力量进行多次实地检查。各街乡、有关单位对防范"法轮功"滋事工作高度重视，落实政治责任制，结合本地区实际，积极协调各方面力量，专群结合，综合防控，动员组织社区干部、社区保安、治保积极分子、社区民警对不放心的"法轮功"人员和辖区内高大建筑、立交桥、过街天桥进行监控；成立巡逻队维护有线电视网络传输设备安全。年内，在防范工作中紧紧扣住平时和战时两个不同时段开展防控工作。在平时防控工作中与"四无"创建活动相结合，与综治、城管等各部门工作相结合，纳入人防、物防、技防一体化防范体系。在敏感期战时阶段，全面启动敏感期防控工作方案，以基层党组织为核心，广泛发动，在平时防控基础上，进一步加强力量，加大力度，明确政治责任，明确防控重点，明确重要时段，明确工作目标，严密防控，平稳渡过15个敏感期（日），确保零指标。

（许智勇）

【干部培训】 5月，全区610系统干部70余人参加为期两天的培训班。在培训中，针对新任610干部多，对同"法轮功"邪教斗争情况不熟悉，工作不适应问题集中培训，提高基层610系统干部防处邪教工作水平．在培训内容上安排专家讲座授课，组织街乡610办公室干部就如何当好基层610办公室主任进行交流。

（许智勇）

【反邪教警示教育好创意评选】　8月19日，下发《关于开展“警示教育好创意”评选活动的通知》，要求每个街乡至少推荐一个参评项目，突出新颖、有特色的教育活动或有创意的工作思路。各街乡认真总结本地区警示教育的好做法、好创意，积极推荐上报，共上报好创意活动项目50个。经过认真评选，选出9个项目推荐到市委610办公室，其中5个在市委610办公室反邪教警示教育好创意活动评选中获奖。

(许智勇)

【教育转化工作】　年内，举办教育转化学习班12期，有12名法轮功痴迷者实现转化。同时紧紧抓住先进性教育有利契机，依托基层党组织开展的聚合力工程，充分发挥党员先锋模范作用，对在落实政策中未解脱的“法轮功”人员通过党员责任岗、党员结对子、党员联系户等形式，建起一张以党员为骨干的巩固帮教工作网，纳入每月基层党组织生活和对党员的评优，纳入对基层党组织的考核。党员加入到巩固帮教工作网中，巩固帮教工作坚持思想教育、有效管理、帮困服务经常化。全区已转化人员巩固率99.22%。

(许智勇)

公安工作

【概况】　北京市公安局朝阳分局担负本区刑侦、治安、预审、治安巡逻、户籍、消防、外事警卫等项工作，由16个职能处室和48个户籍派出所、4个治安派出所组成。年内，坚持整体防控、精确指导、精确打击的工作思路，推出命案侦破、大型活动安保、治安管理、境外人员动态管控四大工作举措，破获刑事案件7573起，铲除犯罪团伙741个，抓获团伙成员3375人。加大社会治安整治力度，开展夏季治安攻势、“清七黑”、危险物品专项整治和查禁赌博、打击卖淫嫖娼、打击盗贩自行车等一系列专项行动，抓获各类违法嫌疑人152030人，收缴各类枪支49支、子弹481发、管制刀具553把，仿真枪336把，检查网吧1036家(次)，排除安全隐患315个。进一步开展技防建设，居民住宅小区创安达标率61%，重点部位技防覆盖率80%。建立内保防控网络二级监管系统，对银行、商场、学校等要害部位进行实时监控和精确指导，会同城管、工商、交通等部门开展校园周边专项整治，有效地维护校园周边治安秩序。受理群众来信来访4198件，初次信访结办率96.1%，重点信访结办率94.9%，在公安机关开门大接访期间，局领导亲自接待来访群众，积极化解矛盾妥善处置群众来信来访和群体性聚集事件，投入警力33775人，圆满完成大型展览、展销、表演、比赛活动455项、1520场(次)安全保卫工作。

地址:道家园1号

电话:85953400

邮编:100025

(丁义川)

【案件侦破】　2月4日，分局治安支队会同有关单位，在麦子店街清境明湖公寓M1号房间内，查获利用电脑进行网络赌博嫌疑人刀某某(男,34岁,云南省景谷县人)，当场起获作案用惠普牌笔记本电脑1台，经北京网络行业协会电子数据司法鉴定中心对其笔记本电脑鉴定，认定其以用户名"TT959"多次登陆"新宝3"境外赌博网站，参赌下注512813笔，涉案流水金额共1.6亿元。3月30日下午，在花家地招待所南侧小河边发现一装有人体尸块的皮箱，3月31日，刑侦支队在刑侦总队和有关部门配合下，在河北省承德市将抢劫汽车杀人碎尸犯罪嫌疑人王某某(男,25岁,承德市人、无业)、马某某(男,19岁,河南省开封市人、无业)、刘某某(男,19岁,承德市人、学生)抓获，经讯问，三人对3月以来两次来北京以租车为名抢劫汽车杀害司机并在南四环旧机动车交易市场销得赃款6.3万元犯罪事实供认不讳。4月11日13时许，刑侦支队与香河园派出所密切配合在西坝河中里13楼4门前将轮胎花纹足迹系列入室盗窃案犯罪嫌疑人张某某(男,39岁,三次前科)抓获，当场从身上起获压力钳、撬棍、手套等作案工具和其所穿的康师牌轮胎底纹皮鞋。经审查，张供认:自2003年以来专门选择三环路沿线塔楼和高层板楼，用压力钳剪断护窗栏钻窗入室盗窃作案90余起，涉案金额10万元的犯罪事实。5月17日，在坝河驼房营水闸西侧260米岸边发现一女性尸块。5月26日，刑侦支队将犯罪嫌疑人李某(男,26岁,职员,住花家地)抓获，经审查，李供认5月8日22时许驾车行至四环路霄云桥附近结识站街卖淫女周某某(女,17岁)并带回家中，后二人因嫖资问题发生争执，李用绳子将其勒死进行肢解后分别装入三个垃圾袋抛入丽都饭店附近河内的犯罪事实。12月22日，刑侦支队在市局有关部门配合下，打掉一个采用驾驶汽车捆绑、殴打、注射毒品等恶劣手段专门绑架、抢劫、轮奸女青年的犯罪团伙，抓获金某(男,22岁,内蒙古赤峰市人)、杨某某(男,37岁,辽宁省铁岭市人)潘某(男,36岁,内蒙古赤峰人)、钟某某(男,26岁,吉林省白城市人)等4名犯罪嫌疑人，经审查四人供认:自8月以来多次驾驶汽车在朝阳、东城等地实施抢劫、强奸作案15起(核实7起)，抢劫现金15万元及手机、首饰等物品，12月22日潘驾驶从内蒙古租来的汽车到北京与金、钟等人在六里屯一餐厅内预谋再次作案时被抓获。

(丁义川)

【安全保卫】　4月2日，胡锦涛等党和国家领导人到奥林匹克森林公园植树，分局制定周密警卫方案，出动警力278人确保安全。7月20日至27日，西班牙皇家马德里足球队和英国曼彻斯特联足球队分别到北京进行交流访问和比赛，公安分局制定皇家马德里和曼联足球队在京活动安全保卫方案，出动警力2483人，圆满完成两个住地、六个商务活动、两场训练及两场比赛的警卫任务。9月13日至18日，第六届北京朝阳国际商务节在中国国际贸易中心等八个活动地点举行，共接待游客20万人次、外宾4600人次，公安分局共出动警力630人次，圆满完成商务节安全保卫任务。9月24日上午，第八届北京国际旅游文化节暨盛装行进表演活动在朝外大街至工体南门举行，分局出动民警500人，维护现场秩序，确保表演活动顺利进行。

（丁义川）

【开门大接访】　5月至9月，落实公安部关于全国公安机关集中处理群众信访问题的指示精神，开展为期5个月的开门大接访工作，信访部门对近两年来的信访案件进行梳理，摸清底数，采取多种有效措施，确保集中处理信访案件工作中“人人受到局长接待，件件得到依法处理”。大接访期间，分局主要领导接待来访群众90批152人，对群众反映的问题认真调查，依法处理，做到接待一个，解决一个，息访一个。

（丁义川）

【禁毒宣传】　6月26日，在红领巾公园开展禁毒宣传日活动，50名禁毒志愿者向50个娱乐场所法人代表发放禁毒警示宣传牌，在推广娱乐场所悬挂禁毒宣传警示牌同时，采取在娱乐场所播放禁毒公益广告、张贴禁毒宣传画、发放宣传资料、对场所经营者及从业人员开展禁毒教育和培训并建立社区药物维持治疗门诊部等措施推动禁毒工作的全面展开。

（丁义川）

【危险物品专项整治】　7月至9月，开展为期两个月的危险物品专项整治工作，出动警力1912人次，车辆513辆次，检查从业单位、各类门店、市场2625家，发现并解决安全隐患5处，同时建立责权明晰、相互配合、有效监督的长效管理机制，实现危险物品库看守人员思想素质、身体状况、年龄结构、持证上岗合格率100%，危险物品库技防设施安装及联网合格率100%，爆炸物品、剧毒化学品运输车安装GPS合格率100%，爆炸物品流向登记合格率100%，危险物品从业单位建章建制合格率100%。

（丁义川）

【执法处罚周活动】　9月，各派出所集中开展执法处罚活动周活动，出动警力4900余人次，协警力量8900余人次，入户检查出租房屋4970户19500间，发放各类宣传材料13200余份，悬挂宣传板415块，发放《限期整改通知单》2378份，警告违法出租房主186人，处罚违法出租房主32人，罚款3370元。

（丁义川）

【社区民警送平安活动】　9月11日，各派出所开展社区民警送平安宣传活动，496名社区民警深入辖区入户宣传，召开群众宣传大会，悬挂横幅484条，制作展板462块，发放宣传材料8万余份，发放门磁报警装置1700余个，受宣传群众达10万余人。

（丁义川）

【内保防控网二级监管平台投入使用】　10月20日，分局内保防控网二级监管平台建设工程顺利竣工，监控室面积40平方米，监管平台终端由6台计算机和3台大屏幕等离子显示器组成，通过光纤网络实现视频、报警信号实时传输，民警通过监管平台操作，可监控、调用所管辖单位重点、要害部位安全防控以及保卫力量值班、巡逻的视频信号，同时可以通过音频系统发布紧急指令，实现公安机关对内部单位管理实时监控和精确指导。

（丁义川）

【示范刑事科技室晋级】　12月14日上午，公安部刑侦局刑事科学技术工作处处长葛百川带领由50余名全国各省市刑事科学技术专家组成的评审团，对公安分局刑事科学技术室进行考核验收，公安部专家评审团根据《全国一级示范刑事科学技术室标准》分别对技术室的软、硬件建设及规范化管理等进行自主考察后，宣布公安分局刑事科学技术室为全国一级示范刑事科学技术室。

（丁义川）

【打击娼赌黄】　年内，打掉卖淫嫖娼窝点337个，抓获处理组织介绍容留卖淫及卖淫嫖娼人员3180人；打掉网络赌球、百家乐、推牌九、电子游艺赌等方式赌博团伙450个，抓获处理赌博人员3562人，收缴赌资359万余元、赌具2000余幅；打掉批发贩卖淫秽书刊、光盘及盗版光盘、非法出版物窝点65个，抓获407人，收缴淫秽物品（光盘、书刊等）15792件、非法出版物35.8万余册、盗版光盘50.1万余张；打掉文娱服务场所内脱衣舞淫秽表演、吸食贩卖毒品违法窝点23个，抓获违法人员221人。

（丁义川）

【养犬登记年检】　年内，公安分局投资105万余元，在全区171个社区设立201块养犬管理法制专栏，宣传贯彻《北京市养犬管理规定》。养犬登记年检注册期间,登记年检57121只,其中重点管理区35379只,一般管理区21742只,比上年增加7111只,增幅14.2%。

(丁义川)

【打击偷盗自行车专项行动】 年内,针对偷盗贩卖自行车违法犯罪突出情况,组织开展打击偷盗贩卖自行车专项行动,破获偷盗贩卖自行车案件1099起,打掉盗窃自行车团伙36个,抓获偷盗贩卖自行车嫌疑人1186人,刑事拘留179人,治安拘留1007人,收缴自行车1695辆。

(丁义川)

【打击制假贩假】 年内,组织开展打击制贩三假专项行动,打掉制贩三假犯罪团伙窝点12个,破获案件203起,抓获违法犯罪嫌疑人235人,收缴制假用电脑16台、假公章3905枚、假证件35932张。

(丁义川)

【煤气中毒防范】 年内,会同有关部门开展预防煤气中毒宣传检查工作,出动警力11522人次,其他力量33765人次,利用有线电视宣传324次、广播宣传9331次,张贴标语22341条,制作板报613块,发放各种宣传材料67万份,检查出租房153167间次、门店23845个次、工地3274个次,签订责任书73万份,销毁不合格炉具7954个,安装风斗5833个,有效遏制煤气中毒死亡事故发生。

(丁义川)

【社会救助】 年内,配合民政局、卫生局、城管等部门对使领馆区、繁华大街、交通枢纽、商厦饭店等地区流浪乞讨人员开展社会救助工作,救助各类人员1122人,其中救助危重病人106人、未成年人184人、外地来京精神病人26人、其他806人。

(丁义川)

【整顿市场经济秩序】 年内,出动警力373人次,配合技术监督局、工商局、烟草专卖局和药监局等部门联合执法146次,拆除违章建筑30余万平方米;抓获违法犯罪嫌疑人16人,收缴假烟35217条、非法渠道香烟17850条,取缔非法私屠乱宰窝点6处,收缴生猪75头;取缔非法行医诊所40余家,收缴药品、医疗器械2000余件。

(丁义川)

【第二代身份证换发】 年内,加强第二代居民身份证换发工作,纠正重号289对、错号1180件、非法区域代码2816件,办理第二代居民身份证1374649张,收回旧证128万余张,16周岁以上人口换证率89.59%。

(丁义川)

【人民调解】 年内,48个户籍派出所全部设立民间纠纷调解联合接待室,接待室面积805平方米,配备专职民警96人,接报民事纠纷调解案件26783件,调解24292件,调解率90.7%;接报治安调解案件28489件,调解25991件,调解率91.2%。

(丁义川)

【创造良好教学环境】 年内,开展校园及周边治安专项整治行动19次,清理出租房屋161家,清理整顿集贸摊群市场6个,配合拆除违章建筑1150平米,清理无照摊贩461个、黑摩的34辆,收缴盗版光盘500余张,盗版图书700余册,同时在学校门前安装警告、限速、慢行、让行交通标志牌,增设人行横道线。

(丁义川)

检察工作

【概况】 朝阳区人民检察院是国家法律监督机关,设反贪污贿赂局、侦查监督处、公诉一处、公诉二处、监所检察处、渎职侵权检察处、职务犯罪预防处、民事行政检察处、控告申诉检察处、法律政策研究室、政治处、监察处、案件督察室、检察技术处、行政装备处、办公室、法警队。年内,区检察院受理公安机关及本院自侦部门提请逮捕的犯罪案件2619件3716人,经审查批准逮捕各类刑事犯罪嫌疑人2343件3260人;受理移送审查起诉的各类刑事案件3294件4686人,经审查提起公诉3002件4133人。坚持把严重暴力犯罪、黑恶势力和有组织犯罪以及抢劫、抢夺等严重影响群众安全感的多发性犯罪作为打击重点,批准逮捕"三类"重点犯罪案件犯罪嫌疑人2108人,提起公诉1487件2136人;严厉打击赌博违法犯罪活动专项斗争,批准逮捕赌博犯罪嫌疑人38人,提起公诉34件52人。对"法轮功"案件实行专案专办,提起公诉7件7人。加大查办职务犯罪工作力度,受理贪污贿赂等职务犯罪案件92件130人,立案侦查25件34人,其中涉案金额在百万元以上的案件10件,比上年增长150%;查办县处级以上领导干部犯罪要案4件4人,大案要案数占立案总数的80%。受理渎职侵权职务犯罪案件11件,立案2件,均为大案。本院通过办案为国家和集体挽回经济损失近1亿元。积极开展职务犯罪预防工作,完善市国资委和区属国家机关预防职务犯罪网络,突出对主要工作环节、重要工作岗位犯罪防范;积极参与奥运工程和重点工程职务犯罪预防,先后与国家体育场、国家游泳中心、国际会议中心、北京电视台等施工单位签订携手共建阳光工程协议书。积极发挥检察建议的作用，针对办案中发现的问题，及时向涉案单位提出整改意见，全年共发出检察建议34份。依法履行检察机关刑事、民事和行政诉讼监督职责，受理刑事立案监督线索43件，要求公安机关说明不立案理由36件，制发《应当逮捕犯罪嫌疑人意见书》8份，追捕到案4人；发出纠正违法通知书2份，口头提出纠正违法意见26次；以“纠正刑讯逼供为重点的专项侦查监督”为介入点，提高监督实效。对法院刑事判决依法提起抗诉5件，上级检察机关支持抗诉4件，审判机关已改判2件。受理民事申诉案件121件，结案113件，息诉97件。首次派员出庭支持民事抗诉案件。受理来信663件，来访843人次，办理刑事申诉案件12件，刑事赔偿案件4件。建立上门受理公民举报和回访举报人制度，推出《朝阳区人民检察院关于奖励举报有功人员工作办法》，规范奖励举报工作。监所检察重点开展减刑、假释、保外就医专项检察活动，受理在押人员控告、检举案件11件，审结9件，纠正北京市第一中级人民法院终审裁定书刑期折抵有误一案，减少服刑人员刑期131天。加强信息调研和宣传工作，有14篇被国家级报刊及其他媒体转发，30篇次被市级报刊及其他媒体转发。自主研发的网上办公系统和自侦案件侦查指挥系统在全院投入使用；侦查指挥系统入选市检察系统十大信息化建设示范工程，并作为先进经验在全国检察系统推广。

地址：道家园17号

电话：65843128

邮编：100025

（李　翊）

【实施全程同步录音录像】　1月，对职务犯罪案件讯问活动全面推行全程同步录音录像。具体做法是：在硬件方面通过采取时钟对比记录方式反映录制讯问过程连续性等手段保障录音录像资料的客观性，一方面采取讯问与侦查指挥、技术操作相分离方法保障侦查活动顺利进行；在过程中抓好技术支持、过程控制、形成和运用、存储归档四个环节。年内，投入使用该系统44案次，制作视听资料44件，形成光盘56份，犯罪嫌疑人技术档案29份，明显提高固定证据、突破犯罪、证实犯罪能力。

（李　翊）

【聘用合同制书记员】　3月1日，择优聘用合同制书记员二十余人，分派到公诉、批捕等部门。

（李　翊）

【警示教育片获奖】　3月12日，与区纪委、区广播电视新闻中心联合摄制的内部教育片《歧途——赵凯维犯罪案件警示录》，在市纪委开展的“五好一创”作品评比活动中以主题鲜明、制作精湛、内容真实和拍摄手法多样获得评审委员会一致好评，获一等奖。该片在朝阳区各机关、单位内部发行。

（李　翊）

【奖励举报有功单位】　3月20日，试行《北京市朝阳区人民检察院关于奖励举报有功人员工作办法》，规范奖励举报工作。6月20日，举行奖励举报有功单位发奖仪式，向2个举报单位及1名举报人颁发奖杯和证书。

（李　翊）

【完善行政刑事执法衔接机制】　3月，与区工商行政管理局建立协作配合机制，明确四方面工作内容：建立联席会制度；健全和完善案件移送制度；加强案件查处工作中的协作配合；加强信息交流和专业咨询工作。8月，与区安全生产监督管理局制定《关于对安全生产工作中国家机关工作人员的严重渎职行为移送检察机关追究刑事责任的管理办法》，广泛利用各种条件和方法搜集线索。定期走访朝阳分局等区属行政执法单位，加强对行政执法活动监督。

（李　翊）

【法律进校园】　3月31日，组织检察官志愿者前往北京市汽车工业学校举办“法律进校园—模拟法庭”志愿者法制教育活动。在检察官指导下，学生根据典型案例自编自演，再现案情；检察官通过模拟法庭，点评案件，现场答疑。

（李　翊）

【两篇论文获奖】　4月22日，在第六届全国检察理论研究优秀论文评比中，最高人民检察院检察理论领导小组对收到的735篇论文进行了严格评审，评选出优秀论文58篇，区检察院有两篇文章获三等奖。

（李　翊）

【专项整改】　6月，投入规范执法行为、促进执法公正专项整改活动中，清理各项制度45个共1100余条，内容涉及工作流程、工作标准和考核评价规则等方面；完善11项制度，包括明确细化主诉检察官、助理检察员及书记员责任；建立直接听取诉讼当事人意见制度等；出台加强检察队伍建设、检察业务建设和检务保障建设意见，进一步实现检察工作规范化。

（李　翊）

【执法为民新举措】　7月，公诉部门改进对被害人告知方式，实行电话与信函双告知，保证被害人知情权。8月，反贪部门与北京市“999”红十字急救中心签订合作协议，在本院设立“999”急救站，用于开展对审讯及处理上访过程中涉案人员出现突发疾病、自伤、自残等情况急救工作,更好地维护诉讼参与人合法权益;侦查监督部门进一步完善推行案件听取制度,制定听取辩解告知书实施细则,保证及时发现和纠正侦查活动中违法行为。

(李　翊)

【区人大常委会考察检察员】 8月26日,区人大常委会、区政法委部分领导组成考察组来到区检察院,对本院提请任命的检察员进行任前考察,这是上月区人大常委会《关于对选举和任命的"一府两院"工作人员的监督办法(试行)》颁布以来首次进行的任前考察。

(李　翊)

【特约监督员旁听庭审】 8月,邀请8名特约监督员在区人民法院旁听庭审。庭审结束后,本院通过与特约监督员座谈、请特约监督员填写评查表等形式,听取意见及建议。

(李　翊)

【来访】 9月5日,香港廉政公署代表团一行8人在高检院、市检院领导陪同下来到区检察院参观访问。双方就开展反贪污贿赂和职务犯罪预防工作方面经验做法进行深入细致交流,对共同面临的深入打击贪污犯罪活动、扩大职务犯罪预防效果、促进侦查过程中的协查配合以及规范官员考核培训机制等问题广泛地交换意见。12月5日,希腊共和国总检察长利诺斯及夫人、副总检察长恺撒瑞斯及夫人来区检察院参观并座谈。座谈期间,双方就中希两国在检察体制、公诉制度、公诉人培养等方面进行广泛深入交流。年内,来自上海、河南等地300多个检察机关同志来到区检察院参观交流并座谈。来访的各兄弟单位对本院业务楼超前设计、文化内涵及信息化建设给予高度评价。

(李　翊)

【网上办公系统推广使用】 9月20日,区检察院申请承担开发的用车管理、会议室管理、内部公文管理、赃证物管理和图书馆管理模块顺利通过测试,网上办公办案系统在全院正式推广使用。

(李　翊)

【推出民行申诉风险告知书】 9月,区检察院民行处推出《民行申诉案件风险告知书》,对在申诉过程中可能存在的四种申诉风险予以提示告知。这四种风险是:在申诉案件审查期间,有可能错过法院申诉期限;根据法律规定,申诉期间不影响法院对生效裁决执行;提出抗诉申请,不必然进入抗诉程序,是否抗诉由检察机关审查后决定;进入抗诉程序不必然导致法院改判。

(李　翊)

【四个环节规范法律文书制作】 9月,区检察院在四个环节上规范法律文书制作:写作环节上,完善法律文书格式模板,提高法律文书说理性和准确性;培训环节上,由案件评查人员和优秀公诉人就如何规范法律文书进行专题讲座,通过网络设立优秀法律文书展示栏;评查环节上,由案件质量评查部门专人负责对所有法律文书质量评查,每月写出质量评查报告,向检委会汇报,并将发现的问题及时通过内部网向相关处室反馈;制度环节上,细化检察人员、书记员应当承担的责任,由审查备案的处长和内勤予以检查监督。

(李　翊)

【职位说明书及配套制度】 9月,区检察院建立健全各类检察人员职位说明书及配套管理制度。以绩效为核心,实行百分制考核。对因办案责任心不强造成失误、办案质量不高的责任人实行诫勉、离岗培训直至调离岗位的制度,增强队伍责任意识。

(李　翊)

【审查逮捕质量标准座谈会】 12月14日,最高人民检察院组织的审查逮捕案件质量标准座谈会在区检察院举行。最高人民检察院副检察长朱孝清、市人民检察院副检察长项明等领导以及朝阳、东城、海淀、通州区院主管检察长、处长参加座谈。参会人员对最高人民检察院拟定的《人民检察院审查逮捕质量标准》(征求意见稿)进行讨论,提出修改意见和建议。

(李　翊)

【犯罪预防】 12月22日,区检察院组织承担北京2008年奥运会主场馆建设任务的北京城建集团、北京建工集团、北京北辰集团、北京国华置业有限公司、中建一局建设发展公司等相关单位召开奥运重点工程建设预防职务犯罪工作研讨会,推动预防理论与实践有机结合。年内,区检察院职务犯罪预防实现两个延伸。一是向教育领域延伸,即与北京工业大学、首都经贸大学纪委召开案件总结研讨会,提出预防高校职务犯罪具体措施;二是向行政执法领域延伸,即在公安部边防局、区银行系统开展以强化廉政建设,规范职务行为为主题的预防职务犯罪讲座。与朝阳公安分局看守所中层以上干部进行座谈,就监管工作如何预防渎职行为开展法制宣传,收到较好效果。

(李　翊)

【接受人大监督工作】 年内,积极加强接受人大监督工作,多渠道拓宽接受人大监督途径。邀请区人大代表80余人来院视察工作;向区人大常委会内司委委员汇报近三年反贪工作;召开市区两级人大代表座谈会;邀请特约监督员旁听法院庭审,使特约监督员进一步了解检察公诉工作，推动公诉工作的完善；定期向人大代表发送《朝阳检情通报》，寄发订阅的最高人民检察院刊物《人民检察》，及时反馈检察工作信息和运作情况。

（李　翊）

审判工作

【概况】 朝阳区人民法院是国家审判机关，设刑事审判一庭、刑事审判二庭、民事审判一庭、民事审判二庭、民事审判三庭、民事审判四庭、执行庭、行政庭、审监庭、立案庭、研究室、政治处、监察室、法警队、办公室和双桥、安贞、大屯、望京、酒仙桥、南磨房6个法庭。年内，受理各类案件48138件，结案50751件。其中，受理刑事案件3037件，审结3166件，判处犯罪分子4334人；受理民商事案件31165件，审结33227件，解决诉讼标的23.1亿元；受理行政案件565件，审结576件；受理执行案件13155件，执结13559件，执结标的金额23.4亿元。全年收案数、结案数、人均结案数、审均结案数位居全市法院系统第一。

地址：朝阳公园南路甲2号

电话：65021021

邮编：100026

（汤光玮）

【拆迁安置腾退纠纷案】 1月，为配合市政府绿化隔离带改造工程，原告十八里店乡政府对西燕窝村进行旧村改造，与被告廉某某、裴某某、廉某签订旧村改造腾退安置协议，约定3被告于2005年1月31日将所居住该村61号房屋院落交原告拆除，同时原告为其安置位于周庄嘉园的房屋3套。之后，廉某某、裴某某二人离婚，西燕窝村61号房屋由裴某某、廉某2人居住使用。原告认为裴某某、廉某行为违反旧村改造安置腾退协议，要求裴某某、廉某立即将西燕窝村61号房屋院落腾退并交其拆除。区法院经审理认为，安置腾退协议系双方当事人真实意思表示，不违反法律、法规强制性规定，且廉某某当时与裴某某尚系夫妻关系，3被告均系家庭成员，故廉某某代表其他2被告与原告签订的协议合法、有效。该协议对原、被告均有约束力，各方均应如约履行。依法判令被告裴某某、廉某将西燕窝村61号房屋院落腾退给原告拆除。一审宣判后，原、被告双方均未提出上诉。

（汤光玮）

【高速路收费纠纷案】 3月17日，原告胡某某乘坐出租车自三元桥驶入首都机场高速公路，至杨林收费站出口驶出，交纳车辆通行费10元。半小时后，胡某某乘车从杨林大道驶入高速路，行至天竺收费站出口时，再次被收取车辆通行费10元。原告认为，被告收费行为时间间隔只有半小时，且杨林大道出口距天竺收费站出口仅300米左右，第二次收费数额明显过高，要求撤销被告第二次收费行为，返还车辆通行费10元。区法院经审理认为，被告作为首都机场高速公路经营管理者，按照市物价局《关于降低首都机场高速路通行费标准的通知》，计次收取车辆通行费不违反法律规定。此外，被告经审核设立高速公路收费站，亦符合法律规定。因此，被告向原告收费行为并无违法性，故依法判决驳回原告诉讼请求。一审宣判后，原告不服提出上诉。市第二中级法院经审理，于11月29日依法驳回上诉，维持原判。

（汤光玮）

【京民大厦火灾案】 6月6日，以重大责任事故罪，分别依法判处张道醇、朱家龙有期徒刑6年，陈宝东有期徒刑5年，田合朋有期徒刑3年。一审判决后，被告人朱家龙、陈宝东、田合朋不服，提出上诉。市第二中级法院经审理，于7月29日依法驳回上诉，维持原判。2001年2月，被告人张道醇（男，44岁）作为北京锐标装饰装潢有限公司总经理，指使其公司员工被告人朱家龙（男，28岁）伪造建筑企业资质证书、变造注册资本金，取得京民大厦装修工程资格。2004年3月15日，北京锐标公司与京民大厦签订游泳馆装修工程合同，之后张道醇在明知朱家龙没有取得项目经理资格证书、不具备相应管理资格情况下，任命其为项目经理全面负责该游泳馆装修工程。在施工过程中，张道醇、朱家龙均未按照国家有关规定，设置专职安全人员负责施工现场安全工作。2004年6月9日，为赶工程进度，被告人朱家龙、陈宝东（男，32岁）、田合朋（男，35岁）在明知防水作业和不锈钢切割、焊接作业交叉施工存在安全隐患情况下，仍指派工人违章冒险作业，致使当日施工现场发生重大火灾，造成12人死亡、4人重伤、4人轻伤、22人轻微伤，直接财产损失81.9万元。区法院经审理认为，被告人张道醇、朱家龙、陈宝东、田合朋违反安全生产法规，发生特别重大伤亡事故，造成多人死亡、重伤、轻伤严重后果，其行为均已构成重大责任事故罪。

（汤光玮）

【探索多元化纠纷解决机制】 年内，推行以法官助理庭前调解、特邀调解员参与调解、律师主持和解三项制度为主体的多元化纠纷解决机制。主要内容是：在充分发挥审判长、法官调解作用同时，合理整合内部资源，法官助理经法官授权主持庭前调解；聘请148名居委会或村委会干部、人民调解员、司法所所长及司法助理员作为特邀调解员，发挥其熟悉辖区人员特点和乡规民约优势，协助法官进行调解；发挥律师专业优势，对双方当事人均聘有律师案件,由律师居中主持当事人进行庭外和解。为此,建立3个和解大厅、64个和解室,专供法官助理、特邀调解员及律师主持当事人进行和解使用,并推出法官助理、特邀调解员及律师主持和解案件减收案件受理费制度。在商事审判、刑事自诉、刑事附带民事诉讼、立案、执行、审监、信访等各领域全面推广庭外和解工作,确保调解效果最大化。全年以调解和解方式化解纠纷2.3万件,市委书记刘淇、中央政法委副书记周永康两次作出重要批示。刘淇认为“可在全市逐步推广朝阳法院经验”;周永康指出“北京朝阳法院的经验值得推广,形成人民调解、治安行政调解和司法调解有机结合的工作机制,实现化解矛盾纠纷、构建和谐社会的目标”。中央电视台、人民日报、新华社等全国各大媒体均进行重点报道。

(汤光玮)

【推行均衡结案管理】 年内,面对案件激增严峻形势,实行均衡结案管理。根据审判工作规律和特点,科学制定阶段性结案指标,合理配置审判资源,建立科学、严谨的审判管理体系,从而提高审判质量和效率,实现收结案良性运转。具体规定全院各审判庭(执行庭另行规定)各季度结案率应分别达到:一季度60%,二季度75%,三季度85%,四季度不低于95%。结案指标落实工作分两级管理:院级管理由院党组按季度下达结案率指标,由分管院长组织实施;庭级管理由各审判业务庭按月下达结案数指标,分解至每一位审判人员。连续3个月或累计5个月未完成指标的庭室领导在中层以上干部会议上做检查。对工作缺乏主动性创造性、组织管理能力较差、不能完成本职工作的庭长、院长可提请院党组对其工作岗位予以调整。对均衡结案工作表现突出人员,成绩记入干警业绩档案,作为评优创先和晋升提拔重要依据。自实行该制度起,本院连续4个月结案量保持在5000件以上。

(汤光玮)

【人民代表进法庭】 年内,开展“人民代表进法庭”活动,邀请30余名市、区级人大代表分别深入6个人民法庭视察和检查工作。代表们通过参观法庭、旁听审判、跟随审判人员外出送达诉讼文书、和法庭干警座谈、与干警共进午餐等形式,详细了解法庭干警工作和生活状况,对法院工作有了进一步认识,表示将充分发挥人大代表职能作用,在加强监督同时,大力支持人民法院工作。

(汤光玮)

【重视信访工作】 年内,成立专职信访工作机构信访办公室,将原先分散管理的信访工作集中到信访办公室统一管理,负责全院来信来访接待、办理和回复以及有关部门督办案件处理工作。出台并向社会公布《朝阳区人民法院信访工作办法(试行)》和《院、庭长信访接待规定(试行)》,并向社会公布,同时公布信访办公室通信地址、投诉电话、电子信箱和接待地点等事项。全年处理人民来信1013件,接待群众来访796人次。

(汤光玮)

【建立干警业绩档案】 年内,在深入调研基础上建立干警业绩档案。该档案是将干警自入院以来在各项工作中取得的成绩和工作情况进行系统统计,从而使干警工作表现、业绩考评、晋级晋升有机衔接。其内容主要包括政治思想工作、审判工作、行政管理工作、调研宣传信息工作等情况。

(汤光玮)

【人才培养】 年内,通过举办学术研讨会、邀请资深法官传授经验、聘请知名专家研讨案件、观摩庭审互相学习等形式,促进法官司法能力不断提高。理论研究方面取得丰硕成果,有3篇文章在全国法院系统获奖,8篇文章在市法院系统获奖,获奖总数位居北京市第二位,并出版发行70余万字的论文和案例集。至年底在法院有2人在职攻读博士学位,105人具有研究生学历或学位,89人通过国家司法考试。

(汤光玮)

司法行政工作

【概况】 朝阳区司法局是区政府主管本区司法行政工作的职能部门,业务上受市司法局指导。局机关设办公室、政工科、基层工作科、法制宣传教育科、公证律师管理科、法律援助工作指导科和法制科。由区纪委派驻纪检组、监察科各一个,下辖42个街乡司法所、15个法律事务所、所属4家律师事务所。区依法治区领导小组办公室、区安置帮教领导小组办公室、区社区矫正领导小组办公室、区法律法规培训中心均设在区司法局。

地址:六里屯西里5号

电话:65025495(白)65094925(夜)

邮编:100026

网站:http://sfj.bjchy.gov.cn

(宇娅薇)

【法律援助】 年初,在区建委设法律援助工作室,组织12家律师事务所的26名律师参与“两节”期间农民工工资清欠工作,接待、解答咨询,免费审查劳务合同,出具法律意见书,及时疏导过激情绪,防止和平息极端做法,对符合条件的法律援助申请快速反馈回区法援中心,保证农民工获得及时的法律援助。接待来访500余人次,涉及农民工总数1万余人。"三八"妇女节期间，与区妇联共同开展妇女维权周活动；全国助残日期间，在为贫困残疾人提供无障碍法律援助方面推出五项新举措：建立以区法律援助中心为核心、以街乡司法所及社团组织为依托，以社区调解员为信息员的三级法律援助网络，构筑起残疾人维权平台；设立残疾人法律援助维权示范岗，发挥好示范作用；组织法律援助信息员以社区为单位，为贫困残疾者发放法律援助便民服务卡；为残疾人提供优先、优质法律服务，适当放宽残疾人法律援助受援标准；对符合条件的法律援助案件就近指派律师实施法律援助。法援中心审批办理法律援助案件527件。扩大受援范围。引进律师事务所投入社区法律咨询服务活动，吸纳在校学生组建法律援助志愿小分队参与服务，以社区居住的法律专业人员为主建立志愿队伍。全区初步形成以司法所人员、成员单位人员、社区信息员为主，社区法律工作者、律师和法律援助志愿者为辅的法律援助志愿者队伍。

（曹　宏）

【队伍建设】　年初，召开司法行政工作会，抓住为全系统工作人员颁发工作证契机，组织大家宣读公务员誓词，进一步明确任务，增强责任感。上半年，深入开展保持共产党员先进性教育活动。活动中，扎扎实实开展读书学习、事迹交流、评优表彰等系列活动，坚持"两不误，两促进"原则，把先进性教育与推进司法行政工作再发展紧密结合，把提高素质作为先进性教育基础性工作，并以此为契机，切实加强全区司法行政队伍整体建设。4月，组织召开全系统司法行政业务培训会，邀请有关专家就各项业务对司法助理员进行全面、深入培训，并请人事部人才科学研究院专家为全系统干警进行现代管理心理测评，为在本区司法行政系统探索建立科学的人才评价机制和人才选拔任用机制奠定理论基础。6月23日，本局召开总结表彰大会，对先进性教育活动进行了全面总结，党组提出关于建立使党员长期受教育、永葆先进性长效机制基本思路，对评选出来的先进党支部和优秀党员隆重表彰，号召全系统广大干警向市先进工作者、八里庄司法所所长李书显学习，进一步从各自职能出发，认真做好本职工作。

（朱蕴芳）

【社区矫正】　年初，与42个司法所签订《社区矫正工作责任书》，制定《参加朝阳区社区矫正工作劳教干警管理规定》、《劳教干警领队职责》、《朝阳区社区矫正工作细则》，进一步明确司法所长、劳教干警工作职责，强化风险意识和责任意识，确保管理到位。建立社区服刑人员情况动态分析机制，全面实施分类管理和分阶段教育。各司法所完成对社区服刑人员测量、分类、确定管理类别等工作。成立区阳光社区矫正服务中心，中心下设心理评估与咨询、志愿者工作、劳动培训与救助、理论研究、综合协调等部门，聘请一批专家、学者协助中心开展工作。5月20日，成立区阳光社区矫正志愿者服务团，以此为起点，充分利用朝阳区资源优势，继续扩大和发展社区矫正志愿者队伍。中心成立后，本局请专家对全区司法助理员进行心理咨询与测量知识培训，先后对155名社区服刑人员进行心理测量，对社区服刑人员重新犯罪风险和犯罪基因需求进行评估，在此基础上调整全区矫正计划，有关部门、专家、学者共同研究探讨建立起了本区风险管理新模式。年内，制定《朝阳区社区矫正工作突发事件处置预案》，建立监管安全责任制。

（张　静）

【罗豪才视察社区矫正工作】　4月11日，全国政协副主席罗豪才到朝阳区视察社区矫正工作，陪同调研的有全国政协社会和法制委员会副主任、原司法部副部长肖建章，司法部副部长张军，市政协副主席王长连等。

（宇娅薇）

【普法教育】　6月13日至22日，区依法治区领导小组对各重点行业系统和42个街乡普法工作进行全面验收。市检查验收组充分肯定本区"四五"普法工作，认为本局工作思路明确、注重创新、成效显著。年内，以"四五"普法检查验收为契机，全面推进普法依法治理各项工作。积极开展第二批民主法治示范村创建工作。及时总结法制型社区建设经验，坚持社区党建、服务居民、城市管理、社区自治四位一体工作思路。与区委组织部、区委党校联合，区领导干部法律培训中心成立。拟用三年时间，对全区副处级以上领导干部进行一次系统法律专题轮训。成功举办朝阳区社区居委会、农村两委干部法律知识大赛。全区459个社区居委会、行政村通过选拔赛，推荐出42支代表队、168名基层干部参加全区法律知识大赛。太阳宫、十八里店、八里庄、亚运村等单位分别获一、二、三等奖，代表朝阳区参加全市比赛。

（刘　勇）

【人民调解】　年内，开展人民调解宣传周活动，全区印发宣传材料6万余份，制作宣传展板200余块，出宣传橱窗（板报）2000余块，组织主题文艺演出20余场次，解答群众法律咨询700余人次，直接受教育群众达20余万。在《朝阳报》开设专版集中宣传人民调解工作。各街、乡通过闭路电视、广播、橱窗、文艺宣传队等开展宣传活动。全区纠纷排查调处工作实现规范化、制度化。

各司法所发挥基层调解组织职能作用,在节假日和重大活动期间,加强对辖区内人民内部矛盾纠纷及隐患全面排查,对可能影响地区稳定的重大纠纷或可能引发集体访、聚众械斗等恶性事件的纠纷会同有关部门依法疏导、防止激化,做到组织领导、人员安排、职责分工、工作措施、信息反馈五落实。1至9月,全区调处各类纠纷11372件,调解成功10832件,成功率95.3%。防止矛盾激化44件、涉及2928人。本局对影响全区社会稳定的多发性矛盾纠纷进行深入调研,指导各司法所开拓思路、整合资源、创新人民调解组织形式和工作机制、拓展业务领域。香河园街道整合社区调解资源,建立物业纠纷专业调委会,为有效化解城市物业管理纠纷提供了新思路。酒仙桥街道在万客隆酒仙桥店建立调解组织网络,平均每月化解各类纠纷100余件,有效维护客户、职工和店方合法权益。本局与公安分局共同制定《朝阳区治安行政调解与人民调解联动工作机制的实施意见》转发全区,制定《朝阳区治安行政调解与人民调解联合接待室管理办法》等规范性文件,确保调处工作有章可循。全区选定专职调解员96人,有31个联合接待室挂牌办公。

(杨积钢)

【安置帮教】 年内,本区有安置帮教对象2441人,其中重点人员31人。本局专门设计开发安置帮教专职社会工作者队伍和刑释解教人员数据库管理系统,为加强安置就业和社会保障工作以及对释解人员实行分级管理、重点防控等提供现代化科技手段。对重点对象进行经常性走访和重点帮教,对其中有特殊困难的给予生活扶助。先后对市帮教办提供的《朝阳区籍重新犯罪人员名册》涉及的79名对象进行核对分析并提出相关建议;对全区女性帮教对象安置帮教情况进行调查分析并提出工作对策和建议;对全区五年内刑释人员及三年内解教人员共3197人全部进行核查。重大节日和敏感期间,本区帮教对象和社区服刑人员无一人违法犯罪。

(杨积钢)

【法律服务】 年内,组织人员赴上海就区级司法行政机关对律师事务所管理工作进行调研,结合本区实际情况制定、完善与区级律师管理工作相配套的各项规章。积极做好区域内律师事务所部分行政管理权下放的接收工作,通过对部分律师事务所走访调研,初步摸清律师机构和队伍状况。成立律师联谊会,听取商务区形势发展报告,组织参观798艺术园区,与公安、法院同志座谈等。创办《朝阳律师》专刊,在朝阳司法行政网站上开通"朝阳律师"专栏,及时将朝阳区经济社会发展和政府工作相关信息传递给律师,及时反映律师行业发展动态和先进管理经验,为广大律师提供交流平台。组织顾问团律师为区政府及各部门提供法律服务38次,参加区领导信访接待37次,协助区领导接待来访群众367批次2047人次,其中集体访65批次1453人次。

(曹　宏)

【公证工作】 年内,组织开展两次公证质量大检查,对国内民事类公证7667件、涉外民事类公证4562件进行5%随机抽查,所查案卷均达到公证程序合法、公证书格式规范的办证要求,未发现错证、假证。积极推进公证接待方式、文书格式与分配制度改革。区公证处共办理公证事项9092件,其中:国内民事4386件,国内经济326件,涉外民事4380件。

(曹　宏)

交通管理工作

【概况】 朝阳交通支队作为执法行政单位,对朝阳区道路交通依法进行管理。年内,完成交通警卫任务2377次(一级275次,二级591次,三级1339次),确保每次勤务万无一失。组织各类法制培训94次,培训1450人次。重点对管界内挂账的14处拥堵点段、10处秩序乱点和1处事故黑点进行集中整治。开展各种专项整顿152次,取缔游商3500人次,纠正双超、禁限货车13.5万辆,暂扣摩的、黑三轮车2801辆,其他主要违章30万起,收缴动力装置2000多台。执法总量200.8万起,罚款总额288.9万元,其中非现场执法处罚总量1036348笔,占全年执法总量55%;非现场执法罚款167654745元,占全年罚款总额比重63%。非现场执法处罚总量同比上年上升266%;非现场执法罚款总额同比上年上升331%。

地址:南磨房甲5号

电话:68399501

邮编:100022

(刘　鹤)

【爱岗敬业教育活动】 4月起,在全局开展的"准确人生定位,珍惜职业回报"教育活动中,通过看一次录象、开展一次讨论、进行一次比较、开展一次"寻找位置"活动、组织一次参观、开展一次专题学习辅导、写一篇心得体会,与违纪人员、贫困地区群众、下岗职工比较,用真情感动民警、用事实说服民警、用道理打动民警、用观念转变民警,达到增强民警对自己、对家庭职责意识,有效促进队伍健康发展。

(刘　鹤)

【开展素质定位工作】 6月至9月,组织全体民警开展全员参与、务求实效素质定位教育,对道路交通法律、法规及交通民警业务知识进行综合培训和考试。各执勤队分别组织自考8次，支队组织集中考试15次。据10月统计，各执勤队非现场执法撤销率及群众投诉、复议均比9月有不同程度下降。

（刘　鹤）

【聘用百名交通路况信息观察员】 7月6日，在工人体育场东门举行交通路况信息观察员上岗仪式，区委及市公安交通管理局有关领导向路况信息观察员颁发聘书和上岗证。成立交通路况信息观察员队伍旨在全面、快捷发现朝阳区在交通标志设施、路面交通异常和涉及交通民警执法等方面存在的问题。观察员队伍由朝阳交通支队从驻区单位聘请120名机动车驾驶员组成。

（刘　鹤）

【村级交通安全服务网开通】 8月2日，与高碑店乡高井村合作开发村级交通安全宣传局域网“中国高井网”开通仪式在高井村举行。

（刘　鹤）

【实施违法停车提示措施】 10月起，推出对违法停放机动车使用交警提示，先行提示，对再犯者实施处罚，达到教育与处罚相结合的目的。10月中旬至年底，粘贴32000余张。使现代城周边、光华路日坛公园南门等街区违法停车问题明显减少。11月2日，市交管局新闻中心与朝阳交通支队就实施这一管理措施联合召开新闻发布会。新华社、中央人民广播电台、北京电视台、北京青年报等20余家媒体到支队采访。

（刘　鹤）

【侦破一死三伤交通肇事逃逸案】 10月4日5时许，将台洼路屠宰场口发生一起小客车撞人事故，造成一死三伤，肇事司机逃逸。经对现场散落物勘察及对证人提供线索排查，确定肇事车为蓝色富康牌出租车。10月9日上午，肇事司机化某某在团结湖路其家中被抓获，移送朝阳分局刑事拘留。

（刘　鹤）

【创建社区交通安全培训中心】 11月10日，朝阳交通支队与麦子店街道办事处联合建立的社区交通安全培训中心启用。通过道路模拟沙盘、电脑教学软件、投影配合播放等科技手段应用，实现多媒体教学。培训中心可模拟14类125种交通违法行为，真实再现交通事故现场，让人们直观了解道路交通事故发生的危害，还可根据市民关注的典型交通事故模拟事故现场。

（刘　鹤）

【道路交通基础设施建设】 年内，结合管界交通组织需要，进一步完善规范交通设施和路面交通秩序。新增交通标志1125面，其中，警告标志510面、禁令标志145面、指示标志418面、大悬臂指路标志53面；施、复划标线47700米，人行横道线100处；安装信号灯15处；调整相位灯20处；安装护栏5800米；路口优化渠化40处；路口工程改造10处。

（刘　鹤）

【严格道路施工审批】 年内，以创建人性化交通管理环境为工作目标，审批道路施工347处，施工总长度90公里。其中，管线施工167处，道路改扩建33处，道路维修、加铺道路28条，危桥改建加固、新建天桥及地下通道13座，开辟道口27处，处置突发（跑、冒、漏）事件27起，重点工程施工（地铁五号线、十号线等）27处，其他类（地质勘探、桥梁检测）42处。参加区政府会议102次，施工配合会议161次，夜间配合142次，检查施工754次，现场勘察426次，现场办公291次。

（刘　鹤）

【推广交通安全管理建议书】 年内，率先设计《交通安全管理建议书》，对在管理中发现的交通安全隐患以书面形式告知社会单位，提出有针对性的整改措施，这一措施实施，不仅对社会单位起到预防事故作用，而且得到市安办认可，并在全市进行推广。全年发放建议书2000余份，单位按照建议书建议情况制定整改方案1700余份，停车整顿550余辆次，调整驾驶员工作岗位286名，辞退驾驶员97名。

（刘　鹤）

【122接处警加大回访力度】 年内，接122报警信息319680起，其中事故报警201012起，拥堵报警67639起，情况反映及咨询51029起。122接处警台通过加强对122回访和电视监控等手段，加大考核力度，确保快速反映。四环路内事故回访率95.6%。

（刘　鹤）

军　　事

人民武装

【概况】 中国人民解放军朝阳区人民武装部受北京卫戍区和中共朝阳区委双重领导,负责朝阳区军事工作,既是区委军事指挥机关,又是区政府兵役机关。部内设军事、政工、后勤3个科。年内完成民兵整组、军事训练、政治教育、国防教育、双拥共建和征兵等各项任务;武器弹药安全管理保持40年无事故、无案件;先后被北京军区、北京卫戍区和北京市人民政府评为"先进人民武装部"。

地址:麦子店正街80号
电话:65021043
邮编:100026

(李玉国)

【民兵整组】 3月至5月,在采取属地编、单独编、行业(系统)编三种编组方式基础上,对全区民兵组织编制、结构和布局进行整组。由于部分国有大中型企业搬迁、改制、合并以及人员分流等原因,有5个企业单位撤销民兵组织。按照哪里有兵就在哪里编组原则调整民兵布局,在若干个经营比较稳定、适龄人数比较多的新型企业建立民兵组织。组建第二个民兵应急营,投资50万元配备交通工具和必要应急器材。通过进一步整、改、扩、组,使民兵组织建设全部落实,做到组织落实到位、建制编组合理、营连建设规范、设施资料完备。

(李玉国)

【民兵军事训练】 5月,采取集中授课、专家辅导、专题研讨、参观等方法组织全区街乡武装部长进行为期7天的业务集训。6月5日,组织民兵高炮分队一个营在66322部队进行为期30天的专业训练。7月6日,组织一个民兵高炮连赴河北乐亭高炮靶场进行高炮实弹射击,取得击落击中拖靶各一个的好成绩。8月,组织民兵工化分队进行专业训练。9月,组织民兵通信分队在卫戍区通信站进行专业训练。

(李玉国)

【国防教育】 5月,邀请军事科学院教授彭光谦少将为全区处级以上领导干部讲国内外形势和台海形势。"八一"期间,组织区四套班子领导到部队过军事日,参观武警特警装备和表演。一些街道、地区办事处自发组织多种类型国防教育宣传活动。10月20日,在朝阳体育中心举办第六届少年军校军训成果汇报表演,由37所少年军校2238名学生参加表演,中央电视台等多家新闻媒体给予宣传报道。年内,全区组织形势报告会35场次,各街道、地区领导到部队过军事日26次,组织文艺演出5场。积极抓好少年军校建设,着力在规范化、制度化上下功夫,组织力量编写《朝阳区国防教育通俗读本》、《朝阳区少年军校画册》,补充完善《朝阳区少年军校建设暂行规定》。广泛开展国防教育进机关、进企业、进学校、进社区、进家庭活动,在八里庄街道设国防教育基地。

(李玉国)

【双拥工作】 6月8日,协商区委办、区政府办、区民政局、区劳动和社会保障局、区财政局和有关街乡武装部长等组成慰问团,前往云南武警总队第二支队慰问本区入伍新战士,在警营引起强烈反响。年内,积极协调驻区部队参加地方"三个文明"建设。参加防汛抢险、绿化美化和环境综合整治,出动官兵76500余人次、车辆560台次,植树10.2万棵,整治街道及社区环境20多万平方米,协调驻区9支部队与16户残疾人困难家庭结成帮扶对子,签定帮扶协议。协调地方政府为部队排忧解难,加大随军家属就业安置力度,安置随军家属136人,联系部队子女入学入托36人。

(李玉国)

【正规化建设】 年内,严格执行条令条例,狠抓作风养成,开展作风纪律整顿,对办公秩序、物品摆放和营院环保进行整治,修订各类人员和车辆管理规定,各项管理得到加强,机关工作作风和正规化秩序有明显进步。

(李玉国)

【民兵参建】 年内,坚持把民兵参建"三个文明"建设作为练兵重要途径,在用兵中练兵。组织民兵成建制支援奥运公园建设和各街道、地区绿化植树、环境整治工作,为本区道路改造、城区综合治理以及绿化隔离带建设做出积极贡献。本区民兵应急分队多次圆满完成区委、区政府交给的防汛演习等急、难、险、重任务。

(李玉国)

【后勤工作】 年内,后勤工作实行党委领导下分工负责制,制定《财务管理规定》,坚持党委集体理财,集体决策,严格经费开支、报销制度,控制招待费开支,规范贵重物品采购和管理,办公用品实行政府采购。加强安全管理，对司机进行经常性安全行车教育，全年行车20多万公里安全无事故。

（李玉国）

【武器装备管理】 年内，加强对武器看管人员政审、教育、管理，确保武器装备安全。投资10万元对仓库监控系统进行全面检修，对存放的高机进行全面保养，重新更换消防器材，对库区避雷针进行检测，实现连续40年武器装备安全无事故。

（李玉国）

【征兵工作】 年内，认真贯彻《兵役法》和《北京市征兵工作条例》，先后进行兵役登记、征兵集中宣传、体检、政审等工作。全区1374名适龄青年上站体检，合格793名。11月6日，市委常委、北京军区副司令员刘逢君来区检查征兵工作时，评价本区征兵工作组织好、宣传好、把关好、优抚好、环境好。9月，本区被国防部评为全国征兵工作先进单位。

（李玉国）

【民兵政治教育】 年内，以总政编写的四课教材为主要内容，结合本区实际，重点抓四个结合、四个纳入。四个结合是：平时教育与职工政治教育相结合；课堂教育与刊授教育相结合；平时教育与随机教育相结合；组织教育与自我教育相结合；四个纳入是：把民兵政治教育纳入职工政治教育计划；纳入企业思想政治工作例会；纳入企业创优评优活动；纳入企业政工经费开支计划。各基层武装部组织民兵广泛开展学刊、用刊活动，利用板报、厂报、橱窗、广播进行民兵职能、任务、地位作用、形势政策、爱国主义、遵纪守法教育。同时，注重抓好民兵应急分队和训练分队、民兵参建活动中的教育和思想政治工作，民兵政治教育面95%以上。

（李玉国）

人民防空

【概况】 朝阳区人民防空办公室是区国防动员委员会常设机构，也是区政府主管人民防空工作的职能部门，设综合科、指挥通信科、工程管理科、法规科，下设人防工程管理所、人防工程经营管理中心。

地址：甜水园东街7号院

电话：65851257

邮编：100026

（梁茂存）

【整治隐患工程】 1月10—26日，对全区重点隐患工程检查取证。经查，72处重点隐患工程主要存在擅自打隔断、拆除密闭门，风机房、滤毒室堆放杂物、通道不畅，无喷淋、烟感及强排烟系统等问题。此次检查出动231人次，直接送达违章通知书70份。3月22日，与区安监局、区检察院及区消防处联合召开重大隐患工程处理协调会，5处用于人员居住工程的产权单位、使用单位负责人参加会议。会上，根据《北京市人民防空工程和普通地下室安全使用管理办法》有关规定，按照谁所有谁负责，谁使用谁负责原则，明确各职能部门、产权单位及使用单位职责，并对5处隐患工程采取立即整顿措施。

（梁茂存）

【人防工程检查】 1月18日，市人防办主任李长栓到本区检查人防安全工作。3月2日，副区长李国、束为到区人防办调研，听取区人防办领导关于区128工程建设立案方案、86客栈筹建计划和区人防办新办公楼设计情况汇报，并作出指示。3月3日、4日，副区长佟克克带领区联合检查组对全区7个代表驻地周边地区进行安全检查。检查组随机抽查华威里5号楼和安慧里二区9号楼、10号楼人防工程，对工程安全出入口、灭火器、应急灯、疏散标志、电线电路、相关证照、环境卫生进行严格检查，对值班情况、人员登记、住宿人数、治安状况进行详细询问。3月15日上午，市民防协会领导到区人防办调研，听取关于128工程建设、新办公楼装修、86客栈筹建和人防开发经营管理等情况汇报。4月5日，区人大城建环保委员刘学培到区人防办调研了解区政府为民办50件实事中第41项“对40处人防工程电力改造、100处人防工程出口管理用房装修”工作进展情况，听取区人防办关于施工前准备情况、工程地址、施工单位、标准及完成时限工作汇报，并对今后如何加强人防工程管理提出建设性意见。6月16日，市政府督察室副主任刘晓勋在市人防办领导陪同下检查本区人防工程使用情况。先后检查朝外86客栈和呼家楼北街1、3、17号楼人防工程，对人防工程使用管理情况提出具体要求。

（梁茂存）

【行政执法】 1月24日至12月28日，受理人防工程违法使用案件225起，其中完成行政处罚案件123起，上缴罚款37.6万元；责令限期改正93起；责令停止使用11起（其中2起并处罚款）。

（梁茂存）

【警报工作】 2月5日至6月9日，按照市人防办有关要求，对全区现有警报器更换遥控设备，更换后四环以内人员居住密集区音响覆盖率100%。

（梁茂存）

【人防工程清查整顿】 3月1日至10月31日，贯彻落实市人防办《关于全面开展人防工程清查整顿加强安全管理的意见》精神，开展人防工程清查整顿工作。这次清查整顿工作分调查摸底、清理整顿、分析总结三个阶段。清查整顿重点内容是:进一步摸清全区人防工程底数,界定与中央、国家机关、军队交叉管理的人防工程;重点检查人员聚集场所人防工程,包括旅馆、招待所、员工集体宿舍、人员居住、文体娱乐、人货混住、商(市)场等;清查在用人防工程中存在的安全隐患问题,进一步规范在用人防工程合理使用。

(梁茂存)

【人防工程改造维修】 3月11日至11月15日,对2005年区政府为民拟办50件实事中人防部门拟完成的“对40处居民区内在用人员居住及活动的人防工程实施电力改造,并对100处人防出口管理用房进行装修维护”项目制定出具体完成计划和实施方案,分为规划筹备、施工准备、施工阶段、验收认可4个阶段,于11月15日前全部完成。

(梁茂存)

【档案管理达市二级标准】 3月25日起,在区档案局大力协助下,对各类档案进行规范、系统整理,分11大类,整理归档档案8538卷(件)。12月13日,经区档案局考评组验收考评,区人防办档案管理达到市二级标准。

(梁茂存)

【人防工程防汛】 4月18日至9月15日,切实将先进性教育活动落实到防汛工作中,提前积极做好防汛准备工作,编制完成《2005年人防工程防汛预案》,并向各街道、地区办事处及人防工程使用单位(个人)分别下发《关于做好人防工程2005年防汛安全工作的通知》,结合当前人防工程使用情况,提出本年度防汛具体要求。6月2日,市人防办副主任宗绪盛带领市人防办防汛检查组对本区人防工程防汛工作进行检查,检查组首先听取区人防办有关领导关于区防汛工作基本情况及防汛预案制定和演练情况工作汇报。尔后抽查防汛物资储备情况并提出要求。年内,汛期人防工程无重大安全事故发生。

(梁茂存)

【宣传教育】 7月15日,为全区22个街道、20个地区办事处、1个开发区、222个社区、162个行政村、74所中学制作人民防空知识教育电视专题片80余套,下发《居民防空防灾应急手册》5万册,使全区居民和在校中学生掌握防空防灾基本知识和自救互救技能,为增强防空防灾意识提供保证。

(梁茂存)

工商 贸易 旅游

工 业

【概况】 北京市朝阳区发展和改革委员会是负责研究提出全区经济和社会发展战略、政策,进行综合平衡,指导本区总体经济体制改革工作的区政府组成部门。内设办公室、国民经济综合科、发展规划科、投资科、价格法制科、产业发展科(区经济协作办公室)、国民经济动员办公室(区招标投标管理办公室)、资源环境管理办公室(区电力管理办公室)。年内,全区规模以上工业企业实现现价总产值699.7亿元,同比增长11.2%,其中:高新技术产业实现现价总产值298.7亿元,同比增长6.1%。工业品出口形势相对稳定,规模以上工业实现出口交货值92.6亿元,同比增长19.3%。规模以上工业经济效益综合指数为133.42%,同比下降18.88个百分点;实现利润总额16.3亿元,同比下降60%。三大重点行业通信设备计算机及其他电子设备制造业、交通运输设备制造业、化学原料及化学制品制造业分别实现现价产值166.2亿元、84.7亿元和75.2亿元,同比分别下降4.7%、12.1%和7.2%,此三大行业实现产值326.1亿元,占规模以上工业产值46.6%,比重比去年下降9.3个百分点。以现代服务业为主的第三产业对经济增长的推动力进一步增强。占园区企业数量65.4%的高科技服务业企业收入占到园区经济总量34.9%,对电子城园区总收入增长的贡献率达到89.3%,第三产业过亿元企业达10家。

地址:团结湖南里12号

电话:65012644

邮编:100026

(王建军)

【技术改造】 年内,技改项目29项,项目总投资1.82亿元,其中固定资产投资1.38亿元,占总投资76%。针对印刷、服装、食品等传统产业技术含量低、设备工艺落后等特点,为促进产品升级换代和产业结构优化,继续加大传统产业改造力度。以印刷行业为例,发展高档包装印刷、广告设计。共批印刷项目17项,总投资9593万元。

(王建军)

【电子城经济指标稳步增长】 年内,电子城科技园经济增长和出口创汇增速平稳,经济总量保持18%增长幅度,企业创新能力大幅增长。从产业增长结构看,现代服务业成为拉动电子城园区经济增长主要产业。截至11月,认定高新技术企业161家,注册资金总额为138831.2万元。其中内资企业128家,三资企业33家。电子城科技园高新技术企业存活802家。从入园企业技术领域看,电子与信息技术共105家,占新入园企业总数65.2%,从入园企业经济类型来看,有限责任公司125家,全民所有制1家,股份合作1家,其它1家,外商独资23家,中外合资10家。按独立法人单位口径预计电子城园区内高新技术企业完成技工贸总收入410亿元,同比增长18.4%;产品销售收入280亿元,同比增长4%;技术收入24亿元,同比增长54.8%;出口创汇8.4亿美元,同比增长12%,上缴税费19亿元,同比增长13.1%。其中过10亿元企业7家,过亿元企业55家(含10亿元以上企业),占园区经济总量87.1%。

(王建军)

【望京产业区自主创新】 年内,望京科技园博士后科研工作站暨海湾集团博士后科研工作站分站在望京高新技术产业区揭牌。该站作为高新技术产业孵化基地,将为望京科技园区自主创新发挥重要推动作用,同时成为建立健全博士后高层次人才机制、完善人才服务平台的一项重要举措。望京科技园博士后工作站下设海湾集团、金汉王集团、摩托罗拉中国技术有限公司3个博士后科研工作分站。在揭牌现场,海湾博士站便收到区政府10万元资助资金。据了解,望京高科技产业区出台的措施在同类园区中力度最大。

(王建军)

【多家企业为神六助力】 年内,区6家企业为“神六”载人航天工程做出直接贡献。为“神舟”六号飞船系统提供的相关配套产品有北京福润达集团生产的绝缘材料,北京晨晶电子有限公司生产的晶体振荡器,北京七一八友益电子有 限责任公司生产的电阻网络、钽电容器和线绕电阻,北京七星飞行电子有限公司生产的磁芯和独石电容器,京东方超大功率调制真空管和低温特种封接玻粉,瑞普北光公司生产的光电耦合器等。

(王建军)

【推进中小企业服务体系建设】 年内,制定《研究建立朝阳区中小企业服务中心工作方案》,明确朝阳区中小企业服务体系定位及工作职能。得到市工业促进局100万元资金支持。

(王蕴生 刘 琳)

【争取市政府资金支持】 年内,自主知识产权、技术创新、新技术产业成果转化和贷款贴息等项目积极争取市发改委、市工业促进局工业发展资金,有8个企业得到总计1千余万元资金。

(王蕴生)

【健全融资担保体系】 年内,对全区现有贷款担保资金情况和存在问题进行分析研究,结合区域实际情况和各方面意见,以实现担保资金的集中统筹使用和市场化、专业化、规范化管理为重点,提出初步思路和工作方案。出台《关于建立中小企业及产业发展担保资金的初步方案》及其细则。

(刘 琳)

【经济体制改革】 年内,京客隆上市申请国内部分相关手续基本完成,区国资委与万科集团初步达成朝开公司股权转让协议,区社区办、区工业局、区物资局企业改革、资产重组工作启动。对国有资产监管力度加大,制定全区国有资产处置办法和重大事项报告制度,为加强国有资产监督管理提供了制度保障。

(艾 航)

【乡镇企业改制工作】 年内,对农村集体企业未改制情况进行摸底调查;抓好规模企业改制试点。转制企业有8家,改制形式均为有限责任公司,盘活资产7962万元。改制企业中乡办企业占75%,净资产百万元以上企业占63%。对规模企业北京市燕京制药厂进行改制试点方案确定。

(王建军)

商　务

【概况】 朝阳区商务局,是负责区内外贸易和对外经济合作的区政府组成部门,内设办公室、市场科、综合科、外资科、经贸科。年内,实现社会消费品零售额778.4亿元,同比增长14%。其中23家连锁企业、1187家门店,实现社会消费品零售额233.4亿元,同比增长54.6%,占社会消费品零售总额的30%,比去年提高7.9个百分点。新批外资企业830家,同比增长54.6%;投资总额39.7亿美元,同比下降10.6%;注册资本29.9亿美元,同比增长7.2%;合同利用外资25.5亿美元,同比增长5.4%;实际利用外资15.4亿美元,同比增长16.7%。引进世界500强18家,全区世界500强企业140余家,将近占北京市的一半。投资大户比重增大,投资额超过1000万美元的新批企业33家,入资额超过2000万美元的企业19家,同比增加73%。外贸出口额60.5亿美元,同比增长59%。出口商品结构进一步优化。机电产品出口比重56%。高新技术产品出口比重40%。

地址:日坛北街33号
电话:65099185
邮编:100020

(褚志磊)

【落实两个规范动员大会】 1月28日,与区发改委、区工商分局联合召开落实促销行为规范和交易行为规范动员大会。区商业企业约200家参加会议,区商联会代表全体商业企业发起遵守两个规范倡议书。两个行为规范涉及到对保护消费者的合法权益、促销信息公开明示、商家依法经营、商品质量管理、合同管理等方面,是国内首个针对交易行为和促销行为所提出的行业规范。

(褚志磊)

【新春联谊】 2月2日,在郡王府召开区重点商业企业和驻区跨国公司政府事务总监新春联谊会，燕莎友谊商城等区内重点企业25家参加，会上针对节前安全生产进行专项部署，陈刚、束为到会与各商业企业座谈，并对区商业发展进行展望。22日，召开驻区跨国公司政府事务总监新春联谊会，50余位驻区知名跨国公司政府事务总监在郡王府参加，陈刚区长到会致新年贺词。

（褚志磊）

【有形市场规范大会】 3月2日，与区工商分局等有关部门召开全区有形市场规范大会。驻区有形市场50家参会，会上，按照《朝阳区有形市场发展建设的指导意见》要求，提出升级改造市场42个，转型淘汰市场21个；严格市场准入，逐步实施有形市场分级分类管理和市场预警长效机制，研究推动有形市场发展激励机制。

（褚志磊）

【ABB研发中心落户朝阳】 3月30日，ABB（世界500强排名185位）设在北京的研发中心正式开业，它是ABB全球研发实验室的组成部分之一。

（褚志磊）

【望京丽港购物中心开业】 4月24日，望京丽港购物中心开业，经营业态主要为百货，经营面积15000平方米。

（褚志磊）

【商务部调研回收行业】 5月24日，商务部商业改革发展司一行3人到中兴废旧物资回收中心现场调研，市商务局、市再生资源协会、区商务局有关领导陪同调研和座谈。座谈会上，市、区商务局就再生资源回收发展规划、管理状况等情况向商务部进行汇报。

（褚志磊）

【联合检查食盐市场】 5月24日、25日，与相关执法部门出动21人次，检查城乡结合部和农村地区市场、小商店、小餐馆经营和使用加碘食盐情况。被检查的4个市场、50个商户中，有12户存在经营不合格食盐现象；6个小商店中，有2个存在经营不合格食盐现象；5个小餐馆中，有1个使用从市场上买来的不合格盐。没收186袋（1公斤装）问题盐。

（褚志磊）

【餐饮企业安全培训】 6月17日，召开全区餐饮企业安全培训会，餐饮企业共200家参会，会上转发《北京市餐饮业安全管理规范（试行）》。

（褚志磊）

【80名旧货从业人员持证上岗】 7月17日，中国旧货业协会在东坝乡东豫盛市场对首批经过培训并考试合格的80名从业人员颁发《旧货从业人员上岗证》。该协会会长杨殿宗说，旧货行业决定在全国范围内开展培训工作，推行从业人员上岗许可证制度。协会组织专家编写了《旧货经营基础知识》教材。

（据《人民日报》）

【高碑店成立古典家具行业协会】 8月26日，高碑店古典家具行业协会正式成立，会员百余家。12月2日，高碑店古典家具街举行挂牌仪式。

（褚志磊）

【国际车展豪华名车平均每天卖一辆】 截至9月8日，北京国际商务车展期间，世界豪华名车平均每天卖出一辆。成交车辆包括1辆700多万元的劳斯莱斯、1辆688万元的世爵跑车、1辆700多万元的迈巴赫、2辆360多万元的法拉利。除迈巴赫外，其余4辆被北京人买走。其它品牌40辆轿车总交易额1500万元。

（据《法制晚报》）

【进出口协会成立】 9月22日，朝阳区进出口协会成立，第一批会员企业79家，协会本着“服务为本，企业至上”的宗旨，做好对进出口企业协调、咨询、服务、培训等工作。

（褚志磊）

【朝外商业中心开街】 9月24日，21万平方米的昆泰国际中心全面竣工，作为继王府井、西单之后的第三大市级商业中心——朝外商业中心举行隆重的开街庆典。朝外大街总建筑面积近100万平方米。基本形成集商业、酒店、餐饮、娱乐、健身、服务、金融保险、商住及商务于一体的现代化市级商业中心体系。整个朝外大街功能定位东部为传统商业，面向大众，中档消费层次；西部则商务与商业相结合，主要面向高档消费层次。

（褚志磊）

【饮食专业委员会成立】 10月26日，区饮食业专业委员会成立。协会主要任务是贯彻《中华人民共和国食品卫生法》和《餐饮业食品卫生管理办法》等相关法规；制订推广餐饮业服务质量标准和餐饮企业等级标准；依托行业协会加强行业自律，开展餐饮业等级评定工作，配合各项迎奥运筹备工作，做好餐饮企业等级评定，开展专业技术、奥运知识、英语手语培训等。提升全行业整体水平，行使好双向服务职能，真正发挥桥梁和纽带作用。

（褚志磊）

【联合国难民署采购信息中心成立】 12月8日，联合国难民署采购信息中心在京广中心商务楼成立。

（褚志磊）

【激情时尚嘉年华活动】　12月23日,区商业联合会、区旅游行业协会、区饮食服务旅店行业协会在圣诞和新年期间举办的“激情时尚嘉年华”活动正式启动。此次活动,由“流光溢彩亮丽街”、“开心购物享欢乐”、“特色美食任君尝”、“娱乐狂欢嘉年华”“浪漫风情齐欢享”五大各具特色活动组成。

(褚志磊)

朝阳副食品总公司

【概况】　朝阳副食品总公司是区国资委直接监管的国有企业。年内,原物业部和开发部合并,更名为房地产管理开发部,增加从办公室划出的安全工作。劳资部更名为劳动工资退休人员管理部,此外设财计部、办公室、党委办公室。下属单位有腾远兴业汽车服务有限公司和职工宿舍管理站。公司管理职工6393人,其中离退休4160人,在岗职工211人,内部退休1557人,内部待岗424人,其他未在岗41人。公司投资腾远公司941万元,占其总资本62.73%。加强对国有资产管理,收取租赁店租金2256.3万元。配合城市危改、开发建设,拆除网点12处,面积11010平方米;上缴区社保中心养老、失业、医疗、工伤、生育保险1089.1万元。接收医疗保险单据4350份,金额1888万元,区医保中心拨付1232万元,企业补报164万元。

地址:红庙北里4号楼

电话:65867726

邮编:100025

(吴静轩)

【办理房地产证】　上半年,公司集中人力、物力,多方搜集资料,查找房屋土地一手调拨凭证,通过查阅档案资料、走访了解情况、公示征求意见、请有关部门实地勘查、测量鉴定等方式,办理房地产证。年内,办理房产证30件,使有房产证房产达137处,建筑面积17.5万平方米,占自有房产面积86.9%。完成61宗土地使用权确认手续和51处房屋租赁许可证登记工作,新办理土地证5件。

(吴静轩)

【党的建设】　下半年,公司开展保持共产党员先进性教育活动。针对党员不在岗的多,有病的多和居住分散等特点,朝副公司党委精心组织,周密安排,区别对待,突出重点,使参加教育活动的党员覆盖面达到100%,满意和基本满意率100%。公司党委重新完善《公司党委会会议制度》、《公司领导班子理论中心组学习实施细则》、《公司党风廉政建设责任制实施办法》等文件,对党委参与“三重一大”的内容、议事程序、议事原则和会议纪律做出明确规定,促进各项决策科学化、制度化和规范化。公司党委还制订了学习、教育、管理、联系群众、民主参与等长效机制。

(吴静轩)

【开拓经营谋发展】　12月16日,下属腾远公司利用从医药公司收回的康家沟库房和办公用房开办康体健身中心营业,经营球类、健身等项目和网吧。年内,公司在支持腾远公司做好汽车销售同时,扩大汽车维修业务,将中国人民财产保险股份有限公司北京市和朝阳区定损中心引进厂内办公。腾远公司全年实现销售收入15520万元,其中销售汽车2533台,销售收入13008万元;维修各类车辆41479台,维修收入1318万元。

(吴静轩)

【落实投资收益】　年内,收回对京客隆集团公司股权回报2946.72万元。同时,作为国有股代表,参与原一元堂医药连锁有限公司的股权调整和领导体制改变等相关工作,将副食公司持有的医药公司36.065%的国有股股权(1446.79万元)置换成嘉事堂药业有限公司股份,交由区国资委直接管理。

(吴静轩)

【鼓励待岗职工自主择业】　年内,公司制订《内待员工自谋职业的暂行办法》,引导职工面向市场,走向社会,自谋职业,自我发展。通过开动员会、组织下岗再就业经验交流会等多种方式工作,有39名内待职工选择自谋职业,副食公司为此支付一次性经济补助费113.6万元。

(吴静轩)

【完善帮扶机制】　年内,公司针对负责管理的内退、内待职工人数多收入低的实际,建立长效帮扶机制,协调社会各方面力量,在区总工会和区红十字会大力帮助下,为97名困难职工子女分别发放200—800元不等助学款,为6名特困职工申请医疗救助7.5万元。全年慰问患病、困难职工269人次,发放慰问品、慰问金、助学款8.32万元。为符合申报社会保险补助的409人申报社会保险补助费89万余元。为待岗人员提供厂家信息员、促销员等工作170人次,21人实现上岗。为1800余名女职工进行妇科体检。同时邀请区妇幼保健院专家,为内退女职工进行妇女保健知识专场讲座,并将重点内容整理印制,与妇幼保健知识宣传品一起发放,增加女职工自我保健意识和相关知识。

(吴静轩)

【管理制度建设】　年内,制定关于劳动考勤、合同管理、员工调动、女工保护、医疗期人员管理、医疗保险报销、员工供养直系亲属报销等涉及职工福利、劳动保护等关于劳动管理的规章制度16项。

（吴静轩）

【清产核资工作】 年内，按照市、区政府部署，对公司自身及因商业改革并入的原团结湖百货、劲松百货、瑞达公司等4家企业清产核资。按照全面彻底、不重不漏、账实相符要求，对企业资产、账务进行清理核查。查账、取证、实地盘点固定资产213项422件；清理、申报各项资产损益356笔；起草说明、提供申报表、技术鉴定表等1300份；查阅评估报告、合同、协议、凭证550余本；复印各种资料18000余页；装订资料120本。通过清产核资，部分历史遗留问题得到解决。年底，按照区国资委对核销账目审批结果进行账务处理。

（吴静轩）

蓝岛大厦

【概况】 蓝岛大厦是朝阳区国有资产监督管理委员会直属下的国有大型百货商场，地处东大桥路口，毗邻CBD和使馆区，分东、西区两部分，总建筑面积4.5万平方米，营业面积2.4万平方米，汇聚10万余花色品种商品。

地址：朝外大街8号

电话：85634422

邮编：100020

（龚立卓）

【消费者联谊会】 1月20日，举办消费者联谊会，会上推出10名品牌服务明星集体亮相，与消费者进行互动交流，并作出服务承诺。

（龚立卓）

【倡导诚信】 3月15日，与区发展改革委员会联合举办服务咨询活动。与区工商局、区商务局、区质监局、区药监局、区科委及市知识产权局在蓝岛门前设立咨询台发放宣传材料，向消费者宣传消费常识，答疑解难。

（龚立卓）

【营销活动】 5月14日，拉开夏凉文化夜市序幕，以时尚夏装、应季新品、特惠热卖等特色营销活动为亮点，周末假日在门前广场组织文艺演出、婚纱走秀、户外运动、新品发布等多项娱乐活动。年内，组织百余项主题营销活动，开展让利酬宾促销、单项季节促销、旺季节庆促销、规模反季促销、品牌应季推展等多种形式促销活动，增销创利效果明显。同时，结合品牌提升战略推进，在五节一庆、“三八”妇女节、“五一”黄金周、第三届舞动金秋购物节、友情卡返利酬宾月等销售黄金时期，策划组织40余次大型促销活动。

（龚立卓）

【员工培训】 7月18日，人力资源部组织36名员工参加英语小教员培训班。9月20—23日，来自9个卖场的136名收银员业务技能和服务规范考核，业务技能合格率83.8%，服务规范合格率100%。10月22日，人力资源部组织员工参加北京市商业英语统一考试，14人取得初级资格，2人取得中级资格。11月9日，工会和人力资源部联合组织开展蓝岛大厦职工专业职业技能竞赛，50名营业员参加初赛，10名成绩优秀者参加全区笔试复赛，5人通过考试进入30人的总决赛，并获高级营业员职业资格。

（龚立卓）

【店内改造】 8月20日，改造后的运动休闲卖场全新亮相，体育广场举行揭幕仪式，以耐克、阿迪达斯为代表的国际知名品牌形象店，带动运动休闲类和体育类商品整体热销。下半年，体育服装类商品销售同比上升65.9%。家居礼品卖场通过布局调整，床上用品类商品销售同比增长82.45%。通过压缩库房，开辟出东区二、三层皮服厅和羽绒服厅等特色厅，新增经营面积500平方米，扩大服装类商品经营规模，经过经营布局和经营结构调整，销售同比增势显著。

（龚立卓）

国有资产监督管理

【概况】 朝阳区国有资产监督管理委员会代表国家履行国有资产出资人职责。年内，不断强化国有资产监管基础工作，完成全区清产核资任务，摸清国有资产底数，以此为基础研究全区国有经济布局和结构战略性调整规划；积极稳步推进国有企业改革，加快推进京客隆上市，完成朝开公司改制，组建弘朝伟业国有资产经营有限责任公司，妥善完成一元堂股权置换工作；建立重大事项报告制度，研究业绩考核体系、企业负责人薪酬管理制度和国有资产收益收缴制度，探索非经营性国有资产集中管理体制，确保国有资产保值增值；加强和改进国有企事业单位党建工作，开展保持共产党员先进性教育活动；不断完善国资委机关内部制度建设和法制建设，各项工作取得积极进展和阶段性成果。

地址：日坛北街33号
邮编：100020
电话：65099197

（张　洁）

【清产核资】　3月至10月，区清产核资办公室依据国务院国资委、市国资委制定的清产核资政策法规，按照区政府批准的清产核资工作方案，经过企业自查、主管部门汇总、中介机构审计三个工作阶段，清产办、中介机构采取现场指导、重大问题协调解决等方式，规范有序地完成全区清产核资工作，初步摸清国有资产底数。全区清产核资分为企事业单位清产核资和行政事业性单位不动产（房屋、土地）清查两部分，计953户。全区企事业单位资产总额293.93亿元，负债总额219.15亿元，净资产总额74.78亿元。其中26家监管单位及其所属资产总额216.32亿元，负债总额150.37亿元，净资产总额65.95亿元。清产核资中清查的损失盈亏相抵后盘盈1.34亿元（其中原制度盘盈2.90亿元，新制度预计损失1.56亿元）。不动产清查账面价值合计40.04亿元，估价值合计400亿元。其中：土地使用权面积1251万平方米，账面价值222.47万元，估价值351.05亿元；房屋建筑物面积364.50万平方米，账面价值33.08亿元，估价值39.44亿元；在建工程估价值2亿元；构筑物估价值7.61亿元。

（张　洁）

【建章立制】　4月1日，以区政府名义下发《关于区政府授权监管的国有资产重大事项报告制度暂行办法》，加强对所属单位重大事项的管理，规范和监控所属单位投资、担保等行为。5月10日，与区发改委、区财政局联合下发《关于进一步明确行政事业单位国有资产监督管理部门的通知》，进一步明确了国有资产各管理部门职责，并要求各单位严格按照国资委与财政局对国有资产管理职责的划分，申请办理相关事项。7月12日，制定下发《朝阳区国有房地产权属确认审核办法（试行）》，对国有房屋拆迁、国有房地受让及转让、国有房地产出租等行为进行规范和统一。审核办理房产确权18处，建筑面积13万平方米；土地确权7宗，面积60万平方米；房屋场所证明20件。11月15日，国资委内部办公自动化系统（OA系统）试运行，初步实现了网上传递信息、科室资源共享及处理日常事务等项功能。年内，建立信访工作领导小组，制定信访工作流程，建立信息报告、重点矛盾排查制度，受理人民来信来访62件次，均按照规定告知和答复，有效化解矛盾。结合清产核资成果，及时建立国资委监管单位会计人员档案，取消行业会计制度，在全区统一执行《企业会计制度》和《小企业会计制度》，为企业加强内部管理和经营绩效考核奠定基础。

（张　洁）

【一元堂股权置换】　4月7日，一元堂医药连锁有限公司25个自然人股东将所持有的29.87%股份转让给嘉事堂药业股份有限公司，嘉事堂药业股份有限公司占有一元堂医药连锁有限公司股份达到64.935%，成为控股股东。在此基础上，一元堂医药连锁有限公司依法变更为嘉事朝阳医药有限公司。国资委采取资本运作方式，将本区在一元堂股权置换为嘉事堂药业股份有限公司股权，国资委成为嘉事堂药业股份有限公司股东。

（张　洁）

【试行企业法人代表向国资委述职】　4月7日至8日，举行企业法人代表述职会，本着依法履职、创新方式、调整内容、突出重点原则，选择朝阳公园、京客隆股份有限公司、望京产业区、昆泰集团、朝阳城建开发公司等5家单位企业法人代表向国资委述职，探索性地推进企业主要负责人考评方式改革试点工作。

（张　洁）

【朝开改制】　6月27日，区政府与万科企业股份有限公司就朝开公司以引入战略投资人方式改制签订合作意向。7月至12月，进行资产审计评估、方案制订等基础性工作。12月2日，区政府与万科企业股份有限公司签署合作协议。12月20日，区国资委通过市产权交易所公开发布转让朝万房地产开发中心60%产权信息，寻求战略投资者。经过20个工作日公示期，万科集团作为该项目的唯一意向受让人最终取得该项产权。

（张　洁）

【京客隆上市工作】　8月，国资委针对京客隆股份制改造后遗留的政策性、技术性问题，协助其进行规范和完善，正式向证监会报送全部申报文件。9月，与保荐人共同向中国证监会国际合作部境外上市处沟通。11月23日，取得中国证监会关于同意受理公司境外上市申请的函。11月30日，向香港联交所递交了创业板上市申请。

（张　洁）

【组建弘朝伟业国有资产经营有限责任公司】　8月至12月，区社区办、区工业局和区物资局三家单位按照统一领导、确保稳定、股份改革、重组发展思路组建弘朝伟业国有资产经营有限责任公司。12月26日，区政府正式下发通知，授权北京弘朝伟业国有资产经营有限责任公司监管区社区经济管理办公室及所属各单位、区工业局及所属各单位、区物资局及所属各单位。主要职责是作为区国资委授权的资产运营机构，对授权范围内的国有资产行使监督、运营和管理职责，并管理授权范围内城镇集体资产。

（张　洁）

【聘请法律顾问】 9月22日，区国资委与宏威律师事务所正式签约，聘请其作为常年法律顾问，为国资委重大决策、重大经济合同签订、重要法律文书和法律事务以及国有企业改革改制等提供法律服务。

（张　洁）

【区属企业国有资产产权登记】 10月至12月，开展区属企业国有资产产权重新登记工作，办理产权重新登记193户，其中办理占有登记124户、变更登记39户、注销登记30户，并为符合条件的92户企业发放由国务院国资委统一印制的产权登记证。

（张　洁）

【研究全区国有经济布局和结构战略性调整规划】 年内，在清产核资、摸清底数基础上，结合全区"十一五"规划编制，开展国有经济布局和结构调整规划编制工作。分析国有经济布局现状和存在的问题，挖掘国有资产优势，研究国资进退领域，实现国有资产有进有退、进而有为、退而有序发展目标。

（张　洁）

安全生产

【概况】 朝阳区安全生产监督管理局是负责本区安全生产综合管理工作的职能单位。内设办公室、安全生产综合管理科（区安全生产委员会办公室、区道口管理办公室）、安全事故调查处理科、安全生产监察科、危险化学品管理科、职业危害监督检查科、安全抢险协调科（区安全生产应急指挥部办公室）。

地址：双龙南里128号楼

电话：87312475

邮编：100021

（王　欣　陈　京）

【市安委会督查组检查工作】 1月25日，市安委会督查组听取本区安全生产情况汇报后，查阅本区公共预案、安全检查记录等档案，并对朝外德园工地和太平洋百货进行检查。

（王　欣　陈　京）

【安全生产月活动】 6月，为全国第四次安全生产月，各有关部门开展安全知识竞赛、宣传咨询日、专题培训、讲座等宣传教育活动，借助媒体传播安全文化，在广大群众中普及安全知识。据不完全统计，活动期间召开各种动员会议852次，受教育人数240万人；发放《中小学安全宣传教育手册》、《朝阳区安全生产检查指导手册》等宣传材料34万册，宣传板报专栏3257个，发放宣传画2800余张、横幅1970条，举办各种宣传活动432次；检查企业3872个，查出隐患1052个；新闻报道115篇。

（王　欣　陈　京）

【生产安全事故】 年内，区域内发生六项非正常死亡事故268起死亡291人，比上年同期分别下降1.8%和7.9%。具体为，交通事故222起、死亡233人，比上年同期分别下降3.5%和8.6%；火灾事故5起、死亡6人，比上年同期下降28.6%和64.7%；生产安全事故29起、死亡32人，比上年同期分别上升38%和45.5%；煤气中毒事故11起、死亡19人，比上年同期分别下降26.7%和13.6%；淹溺事故无死亡；食物中毒事故1起死亡1人。

（王　欣　陈　京）

【安全生产专项整治】 年内，进行多项安全生产专项整治工作：打击烟花爆竹非法销售活动。与有关单位联合检查33家烟花爆竹销售网点，查处非法储存、销售燃放烟花爆竹案件385起，治安拘留97人，教育400余人，收缴各类烟花爆竹500余万头；开展非煤矿山安全检查。检查单位42家，对未取得安全生产资格的负责人和安全管理人员组织培训和考核，合格率达100%；开展危险化学品专项整治。与区公安分局、区质监局、区消防处等部门对全区危险化学品从业单位进行大检查，查出隐患47个，下达整改指令书2份；开展人员密集场所专项整治。检查单位233个，查出隐患914处；开展公建燃气锅炉双休日临时停止供暖专项整治。检查单位67家，检查锅炉41台；开展电力线下隐患专项整治。对69项输电线路和12项配电线路线下隐患逐一摸底，要求责任单位认真整改。

（王　欣　陈　京）

【安全生产执法检查】 年内，加强元旦、春节、"两会"、"五一"、"十一"、冬季安全生产以及"财富论坛"、抗日战争60周年纪念活动、

“法兰西之夜”等21项重大活动场所以及对奥运工程安全检查工作。联合相关执法部门,对重点地区、重点行业、重点单位和重点部位尤其是市级挂账隐患单位开展多次联合执法检查。据不完全统计,全区各安全监管部门现场检查执法35025次,发现隐患问题22432个,查处各类事故312起;收缴罚款2.6875亿元,追究事故责任人刑事责任10起14人次。其中区安监局罚款144.25万元,占全市安监部门处罚的17%。

(王　欣　陈　京)

【市级挂账隐患整改】　年内,有市级挂账安全隐患372项,其中生产安全隐患23项,整改完成16项,整改率88%;消防安全隐患11项,整改完成7项,整改率64%;电力安全隐患59项,整改完成34处,整改率58%,超额完成市政府50%的整治标准;老旧电梯安全隐患279项,落实隐患整改计划资金的有175部,整改资金落实率63%,其中整改完成17部,已进入整改实施阶段75部,尚有108部电梯整改资金未落实。

(王　欣　陈　京)

【应急演练】　年内,召开危险化学品应急救援演练示范观摩会,在各行业进行推广有机化工厂等单位应急演练模式,指导各街乡、220家危化企业及重点部门、重点单位制定应急预案,明确5支安全生产应急救援队伍。

(王　欣　陈　京)

【培训工作】　年内,举办企业负责人、安全负责人培训班180个,培训人员9000余人,对加油站站长140人、特种作业人员3746人、道口监护员102人进行培训。

(王　欣　陈　京)

社区经济管理

【概况】　朝阳区社区经济管理办公室为区政府全额拨款事业单位。年末,全系统职工总数1264人,离退休职工4158人,退养职工2483人。总资产6.2亿元,负债4.3亿元,净资产1.9亿元。原社区经济管理中心所属615家企业有574家完成改制。因治理环境,所属市场多被拆除,尚有17个。全年经济总收入3.5亿元,总利润468.5万元,税收1705.4万元。

地址:左家庄东里14号

电话:84541940

邮编:100028

(张卫东)

【秀水市场撤市】　1月6日,秀水市场全面拆除,历时8个月的撤市工作安全稳妥结束。上年5月,因市场是毗邻日坛使馆区的露天棚亭临时占路市场,存在规划、市政、消防安全、外事等诸多问题,被列为市重大火灾隐患单位。区政府决定撤市,引起国内外媒体和各界人士高度关注,有关专家学者提出质疑,众多商户不理解。建外社区经管中心克服阻力,接待来访商户近500人次,配合信访部门接待3次近百人集体访,做了大量思想政治工作和说服解释工作,并积极协调疏导,争取优惠价格妥善安置老摊主,取得商户各界和媒体一定程度理解。

(张卫东)

【爱心捐助月活动】　1月15日,由朝外社区经济管理中心海南马自达北京京联盛销售服务店主办的真情互动—爱心捐助月活动连续四年在房山区大石窝镇下滩完全小学如期举行。该校二百多名师生、海南马自达车热心客户及房山区、镇、村有关领导出席捐助仪式。海马京联盛销售服务店向学校捐赠体育器材、广播设备等教学用品,20多位海南马自达车主踊跃捐款捐物。

(张卫东)

【加强市场管理】　春节前,和平街社区经济管理中心先后投入近40万元盖采光隔音棚、建厕所,整治环境,同时规范市场各项管理制度。寰球家委会几位主任代表居民给和平街中心送来一面绣着“心系百姓爱居民,管理到位得民心”大字的锦旗以表谢意。左家庄社区经济管理中心对投资200多万元升级改造的三源里市场加大管理力度,受到4月29日来检查工作的市、区领导及多家新闻媒体好评。5月17日,市场通过首都综治办领导创建平安市场检查验收。6月1日,在首都平安建设大会上,三源里市场被首都综治办命名为首都平安示范单位。

(张卫东)

【开发新的经济增长点】　3月,建外社区经济管理中心筹资2000万元,与中信实业银行和民生银行签定银企合作协议。建外中心投入资金2000万元注册成立融川投资担保有限责任公司,经过8个月运营实现效益100万元。7月,建外中心通过融川投资担保公司与香港裕福珠宝集团合作,入股成立北京裕福珠宝有限公司,注册资金5000万元。其中,融川投资担保公司投资

1000 万元。8 月，推出购珠宝钻戒保值增值等活动，打造裕福珠宝品牌，实现当年投资当年见效。同月，三里屯社区经济管理中心投资 180 万元，在丽都百鸟园建成总建筑面积 890 平方米的 3 个酒吧，预计两年内收回投资并盈利经营。其中北京瀚彰文化艺术有限公司（美容美甲）11 月正式营业。

（张卫东）

【垡头东区集贸市场改造】 4 月，垡头社区经济管理中心采取引资改造、长期使用、定期交租、稳步增长、到期产权归中心的转型改造发展模式，充分利用社会资源，对东区集贸市场进行升级改造。7 月完成一期改造工程，800 平方米特色饮食爆肚馆 8 月开张营业，效益很好。年底完成二期改造工程 2000 多平方米，厅室化市场主体轻钢结构、装修统一标准、整体建筑和谐一体。

（张卫东）

【农展北路集贸市场改造】 7 月，麦子店社区经济管理中心投资 300 万元对农展北路集贸市场进行全面升级改造建设，9 月底重张开业。市场在原占地面积基础上建成两层钢架结构小楼，营业面积 1500 平方米，消防设施齐备，购物环境整洁规范，满足了街道建造国际化社区整体形象要求和 7000 户社区居民生活需要。

（张卫东）

【旭捷大厦营业】 11 月，由北京市挑补绣花厂用原厂区（关东店南街 2 号院，现旺座中心）场地置换投资 9000 万元在劲松桥东 500 米建设的 15 层旭捷大厦，迎来首批客户。北京挑补绣花厂与北京北控高科技发展有限公司签定承租协议。

（张卫东）

【建立流动儿童乐园】 11 月 10 日，国务院妇女儿童工作委员会办公室及市、区、管庄地区妇联有关领导来到管庄社区经济管理中心开办的定福聚缘市场，对在市场内建立的流动儿童乐园管理及学龄前儿童早期教育情况进行视察指导。该市场投入使用后，许多外地流动商贩的学龄前子女跟着父母早出晚归，风餐露宿，失于教育和照管。管庄中心投入 2 万元腾出一间商业用房，和地区妇联联手建立流动儿童乐园，为十多名流动儿童办实事。

（张卫东）

【弘朝伟业公司成立】 12 月 29 日，由区国有资产监督管理委员会和北京金朝阳商贸国有资本运营公司共同出资，组建北京弘朝伟业国有资产经营有限责任公司，注册资本 1000 万元。公司接受区委、区政府委托，监管区社区经济管理办公室、区工业局、区物资局及其所属各单位，经营管理授权范围内的国有资产及集体资产，负责所属单位改革改制工作。公司总资产 12.8 亿元，总负债 9.3 亿元，所有者权益 3.5 亿元，对外担保总额 3727.1 万元。公司有职工 3081 人（其中在岗 2362 人，不在岗 719 人），离退休、退养人员 10417 人（其中退养 2483 人）。公司所属社区经济管理中心 22 个，企业 85 家，其中国有企业 19 家，集体企业 46 家，有限责任公司 17 家，股份制企业 3 家。公司有房产 78436 平方米，土地资源 162733 平方米。公司有各类市场 17 个，其中 5 个为办事处移交市场，12 个中心自建市场，占地 54226 平方米，建筑面积 40487 平方米，摊位 3489 个，市场从业人员 4605 人（其中本市 737 人），全年市场收入 1518 万元，支出 1312 万元。

（张卫东）

【干部培训】 年内，组织两期全系统安全生产培训，30 多个单位负责安全工作的主管领导干部参加培训学习和区安监局备案的取证考试。与市校办产业管理培训中心联合举办会计人员继续教育培训班，全系统 230 名财务人员参加培训。

（张卫东）

旅 游

【概况】 朝阳区旅游局是主管本区旅游业管理工作的区政府直属机构。下设办公室、规划开发科、综合管理科、北京旅游咨询服务中心朝阳服务站和区旅游行业协会。年内，引进北京国际旅游文化节盛装游行活动，打造国际民俗旅游接待社区，营造“人文奥运”良好氛围，提高朝阳区国际旅游知名度；丰富旅游内涵，以金色朝阳一日游打造朝阳都市旅游新名片；开通朝阳旅游信息网站，拍摄《欢乐朝阳》旅游宣传片，编辑出版《朝阳旅游精彩炫生活》丛书，参加第六届北京朝阳国际商务节举办旅游产业展览，加强形象宣传，推介朝阳旅游资源；依托假日旅游黄金周，策划组织各类主题旅游文化活动，借助市旅游局举办北京风情舞动伦敦活动，具有 119 年历史的高碑店高跷老会高跷队在英国伦敦的鸽子广场展风采。

地址:日坛北街33号
电话:65099077
邮编:100020

(牛宇阂)

【旅游黄金周】　春节,举办走近朝阳、感受北京——外国友人喜游朝阳活动。朝阳公园举办2005北京朝阳国际风情节,高碑店村举办漕运庙会,郁金香温泉度假村举办第三届梅花展,蟹岛绿色生态度假村举办多彩民俗游和鸡祥年夜饭活动。市旅游局举办北京风情舞动伦敦活动,高碑店高跷老会赴英演出。区内12个景区接待游人686111人次,综合收入791.7万元,与上年同期相比分别增长49.5%、59.2%。五一黄金周,以流行音乐周为首十余项节庆活动新颖别致。区内11个景点实现接待游人438714人次,与上年相比人数增长6.29%,综合收入1280.81万元,增长9%。十一黄金周,接待游客49.8万人次,实现综合收入1198.8万元,与上年相比增长44.94%,无安全隐患和投诉。

(牛宇阂)

【朝阳高跷舞动伦敦】　春节,市旅游局举办北京风情舞动伦敦活动。有119年历史的高碑店高跷老会在英国伦敦鸽子广场展风采。回国后,高碑店制作了高跷队舞动伦敦的光盘,出版《风采高碑店》一书。

(牛宇阂)

【国际民俗旅游社区】　4月8日,高碑店国际民俗旅游接待社区举行启动仪式。9月28日,高碑店村被市旅游局授予市级民俗旅游村称号,颁发北京市民俗旅游接待村证书及标牌。年内,区旅游局制定《国际民俗旅游接待社区评定标准》、《国际民俗旅游接待户评定标准》和《国际民俗旅游接待标准》。到年底,10户民俗旅游接待户接待游客574人。

(牛宇阂)

【国际旅游文化节活动】　9月25日,第八届北京国际旅游文化节盛装行进表演在朝外大街举行。23个国家的29支表演队伍和国内8个省市自治区的10支表演队伍约2500名演员、13辆彩车参加盛装行进表演。盛装行进表演由锻炼乐趣、高跷荟萃、五彩缤纷三个板块组成,加上序曲闻鸡起舞和尾声奔向明天,5个部分48个节目,是历年来规模最大一次。当晚,12个国家的13支表演队伍和2支国内表演队伍约400名演员来到麦子店国际社区,参加第八届国际旅游文化节——朝阳之约中外演员联欢会。

(牛宇阂)

【朝阳旅游展】　9月,朝阳旅游展首次亮相第六届北京朝阳国际商务节。展览以蓝色为主调,通过独特造型和动感力十足的设计,成为展览中的一道风景。展览期间,接待参加商务节活动各界人士3280余人次,北京电视台、朝阳有线电视台等20余家媒体进行了20余次宣传报道。

(牛宇阂)

【旅游行业管理】　年内,区旅游局加强行业管理职能,落实区安全生产责任制,明确监管职责,督促企业切实将安全生产责任落实到位。不断完善健全监督机制,建立安全生产工作台账,实行安全工作月报制度,排查安全隐患17处。采取联合检查、联组互查与抽查等多种形式,先后对辖区旅游企业进行5次全面检查。完成区域旅游企业夏季迎峰度夏的节电和节气工作,开展安全生产月、百日安全竞赛和创建平安景区活动,推进景区治安防范体系建设,团结湖公园作为首批10家首都平安旅游示范景区备选景点通过验收,朝阳公园和元大都城垣遗址公园通过国家AAAA级景区评定。至此,本区拥有中华民族园和中国紫檀博物馆等4家AAAA级景区,成为全市AAAA级景区之首。

(牛宇阂)

【出版旅游丛书】　年内,出版《北京朝阳精彩炫生活》旅游丛书3册。丛书以服务2008年奥运会和朝阳区三大功能区建设为契机,全面宣传区域旅游资源和整体形象。丛书风格特异、个性张扬、内涵丰富,分为吃、住、行、游、购、娱6个板块,介绍旅游企业600余家。

(牛宇阂)

【旅游宣传】　年内,组织、策划拍摄旅游宣传片《欢乐朝阳》和《北京风情舞动伦敦》、《第八届北京国际旅游文化节》等专题片,在《朝阳报》刊出旅游宣传专版。全年京城媒体报道朝阳旅游800余次。接待旅游咨询11065人次,其中外宾8120人次。

(牛宇阂)

农业 水利 气象

农村经济

【概况】 中共朝阳区委农村工作委员会、朝阳区农业委员会合署办公,是负责本区农村经济发展和配套改革、规划建设、产业结构调整、绿化隔离地区建设、构建和谐社会等精神文明建设、基层组织建设以及农业综合执法等工作一级法人的综合职能部门。内设办公室、组织人事科、环境和信访科、宣传文体科、社区建设科、规划建设科、农村经济发展科、产业结构调整发展科、执法科、农村纪律检查工作委员会(监察科)和财务科,行政编制46名。

地址:日坛北街33号
电话:65090114
邮编:100020

(佟 庆)

【经济结构进一步优化】 年内,农村经济结构不断优化,三次产业比重由"九五"末期的5.6∶42.3∶52.1调整为1∶31.4∶67.6,非公经济比重由20.4%上升到35.7%。以商贸旅游、仓储物流、汽车服务等为重点的现代服务业支柱作用日趋明显,以电子信息、生物医药为重点的高新技术产业快速发展,以出口菜、观赏鱼为主的创汇农业和以蟹岛、朝来农艺园为龙头的观光农业发展态势良好,初步形成以现代服务业领衔、高新技术产业为支撑、现代制造业为补充、以绿色产业和都市型现代农业为特色的发展格局。产业发展促进农民增收,农民人均劳动所得达13161元。

(佟 庆)

【实现跨越式发展】 年内,农村经济呈现增速加快、效益提高、活力增强发展态势,主要经济指标连续五年名列全市第一。农村经济总收入447.5亿元,在2000年基础上翻一番多,实现年均19.8%快速增长;利润总额32.7亿元,是2000年2倍;辖区税收年均增长20%以上,总额达到40.3亿元。十八里店、高碑店、南磨房三个乡经济总收入超过50亿元。

(佟 庆)

【绿化隔离地区建设】 年内,按照绿化、规划、开发、产业的工作思路,加快推进绿化隔离地区建设,累计实施绿化68平方公里(其中第一道绿化隔离地区60.9平方公里,第二道绿化隔离地区7.1平方公里),形成3个超万亩绿化板块,建成28项绿色精品工程。在全市率先启动农民新村建设,农民新村和商品房累计开工1526万平方米,竣工997万平方米,4.6万户9.7万农(居)民喜迁新居。绿化隔离地区17个乡取得控制性详细规划,温榆河地区东三乡以绿色空间为主的规划定位和建设用地原则布局获批复。修建改造农村道路332条,全长592公里,初步形成便捷畅通的农村路网体系。"清水朝阳"工程全面启动,群众安全饮用水问题得到根本解决,水环境建设、治污工作取得新进展。低压电网改造全面完成,农村用电难问题有效缓解。农村投资环境明显改善,引进社会投资72亿元,建成重点项目150个。一批国内外知名企业相继落户朝阳农村。绿化隔离地区建设的快速推进,加快了本区农村城市化进程,目前农村城市化综合实现程度达87%,比"九五"期末提高16个百分点。

(佟 庆)

【非公经济发展】 年内,农村非公经济实现收入159.7亿元,同比增长38.2%,占区农村经济总收入35.7%;实现利润17.2亿元,同比增长25.4%,占利润总额的52.6%;上缴税金3.9亿元,同比增长40.3%。私营企业规模不断扩大,从业人员29797人,同比增长26.9%。私营企业注册资金总额

20.7亿元,注册资本在100万元以上的私营企业249家;新增固定资产原值超过100万元以上的有27家,比去年同期增加5家。非公经济第三产业收入102.7亿元,占农村非公经济总额70.3%。其中,私营企业第三产业实现收入为71.1亿元。

(佟　庆)

农村企业管理

【概况】　朝阳区农村企业发展局是负责朝阳区农村企业综合管理工作的行政机构。内设办公室、企业管理科、产业指导科、财务信息统计科、科技贸易科,行政编制18名。年内,朝阳区农村企业873家,总收入197亿元,同比增长38.4%;利润5.8亿元,同比增长11.5%;上缴税金5.2亿元,与同期持平;完成增加值25.4亿元,同比增长17.1%;出口交货值4.2亿元。农村产业层级不断提升,三次产业比例调整为1.3∶42.2∶56.5。农村地区第三产业有企业308家,实现收入111.2亿元,同比增长50.8%,占农村企业总收入56.5%;利润3.3亿元,同比增长26.9%,占农村企业利润的55.5%。第二产业有农村企业542家,实现收入83.1亿元,同比增长25.7%,占农村企业总收入42.2%;实现利润2.4亿元,与同期持平,占农村企业利润总额40.8%。

地址:东苇路51号

电话:84317533

邮编:100018

(张维民)

【农民自主创业】　4月份,市政府在高碑店村召开北京郊区农民自主创业现场工作会,高碑店村作为全市先进典型介绍经验。高碑店村借助古家具一条街,开展国际民俗旅游入户接待工作,鼓励农民自主创业,目前有30户农户从事国际旅游接待,每户年收入3.5万元。年内,农企局对农村地区农民自主创业情况进行调查摸底,初步掌握农民自主创业基本情况,并重点推出高碑店村、崔各庄金圣萝兰顺新食品厂、金盏小渔赵家餐馆3个自主创业先进典型。

(张维民)

【培育主导产业】　年内,积极指导各乡围绕产业规划思路进行调整,培育主导产业,推动板块形成。高碑店古家具一条街被确定为北京市特色街,与华夏民俗文化园、国际民俗旅游接待户、维奇奥手工艺品步行街等促进了通惠河文化产业板块产业聚集;和众物流等物流企业发展壮大,与大洋路特色商业街、城外诚家居广场等商业企业共同推动东南现代物流及商业会展板块形成;温榆河绿色生态产业板块、双桥生物医药板块、CBD配套服务业板块初显雏形。

(张维民)

【28个重点建设项目开业】　年内,农村地区93项重点经济建设项目中,完工28项,在建24项,拟建41项。总投资268亿元,其中引资171.3亿元。项目中总投资在10亿元以上的有8个,比上年多2个;总投资在1亿元至10亿元的有47个,比上年多3个,占总数51%。高碑店华膳园大酒店、金盏迈克尔公司等17个新开业项目,当年新增收入4.7亿元,利税4600万元,提供就业岗位3100个,其中解决本地劳动力1510人。

(张维民)

【争取资金扶持二三产业】　年内,通过强化基础工作、加强项目推进等措施,协调各方,为企业申报项目提供全程指导、项目包装和跟踪服务,加大争取政策扶持资金力度,争取到总额1859.91万元市级扶持资金,在全市近郊中名列首位。扶持资金主要用于盘活闲置资产新建重组项目、技改项目、服务型重点项目、市级农产品加工示范基地、非农就业产业基地建设、“彩虹工程”建设、推进农民自主创业、绿化隔离地区建设等重点工作。截至年底,880.91万元资金到位。

(张维民)

【农产品加工业稳步发展】　年内,农村企业有农产品加工重点企业23家,实现收入2.7亿元,同比增长12.5%。9月,蟹岛、方圆平安等10家企业参加了农业部举办的中国农产品加工业发展与奥运经济论坛暨北京市农产品加工业投资洽谈会,方圆平安食品开发有限公司、朝来农艺园、蟹岛种养殖有限公司产品参加评比,被农业部推荐给奥组委,参加奥运会供应商的竞争。结合本区地域、交通、科技等资源优势,农产品加工企业运用低温冷藏技术,提升冷链物流能力。大洋路农副产品市场投资4800万元,新建7300平方米冷藏、保鲜库及附助设施,库存容量5500吨。朝来农艺园有限责任公司扩建加工车间5850平方米,扩建的冷库、保鲜库容量达1600吨。

(张维民)

【彩虹工程】 年内,本区农村企业申报彩虹工程项目21个,15个项目被确定为2005年市级重点项目,占全市重点项目的50%。将台医疗设备有限公司等3个企业项目获彩虹工程示范项目称号,崔各庄乡政府等3个单位项目被评为优秀项目,这6个项目获市级扶持资金46万元。区农村企业发展局被授予北京市彩虹工程优秀组织奖。

(张维民)

【技能培训】 年内,农村企业组织物业管理、电工、电焊工、计算机等各类农民技能培训班百期,2435人参加培训,其中1388人取得证书。

(张维民)

【职称评审】 年内,有620名专业技术人员参加经济、统计、会计、工程技术四个专业职称申报,其中申报高级职称10人、中级职称93人、初级职称517人。初级职称评审会已完成,申报名单及相关材料上报到主管部门,中、高级职称申报材料上报待批。

(张维民)

【实施名牌战略】 年内,根据农业部开展乡镇企业创名牌重点企业的通知精神,农企局继续组织农村企业开展争创名牌活动。北京长虹开关厂、北京双桥燕京中药饮片厂被评为"农业部创名牌重点企业"和"北京市乡镇企业创名牌重点企业"。本区获农业部和市乡镇企业创名牌重点企业称号企业分别达到11家和12家。

(张维民)

【集体企业转制工作】 年内,重点抓规模企业改制工作,以管庄乡燕京制药厂为典型,为规模企业改制提供经验。8家企业进行改制,改制形式均为有限责任公司,盘活资产7962万元。其中乡办企业占75%,净资产百万元以上企业占63%。

(张维民)

【出口创汇4.2亿元】 年内,农村出口企业20家实现出口交货值4.2亿元,同比持平,实现总收入7亿元,利润3200万元,就业职工人数4800人。天鉴服装有限公司加强科技开发,完成出口产品交货值1.7亿元,同比增长13.3%。京运铸造厂实现出口4000万元,同比增长51.2%。十八里店富润达化工厂实现出口1470万元,同比增长206%。农产品加工企业加大基础设施投入,扩大特色农产品出口,实现出口交货值1.2亿元。方圆平安食品开发有限公司改造加工车间1800平方米,新增制冷设备60组,新建冷库1万平方米,扩大蔬菜种植15万亩,增强蔬菜加工、储藏及流通能力,实现出口6155万元。

(张维民)

农业综合技术服务

【概况】 朝阳区农业综合技术服务中心由原区农林局所属的植物保护站、农业科学研究所、种子公司、原种场、蔬菜花卉育苗示范站合并组建,为区农委所属全民所有制事业单位,内设办公室、行政科、财务科、农业技术推广科、科教科、植物保护科、品种资源科、农业综合信息科、植物检疫科、检验化验科、经济发展科。

地址:石佛营西里12号楼丰苑大厦B座6层
电话:85822136
邮编:100025

(靳　为)

【金桥工程】 9月26日,区农学会充分发挥学术团体桥梁纽带作用,积极在科研单位、高等院校与本区农业园区基地之间搭建科技合作金桥,组织区、乡有关单位实施的蔬菜品种更新、农村远程信息服务系统建设及应用推广、北京油鸡产业开发示范、出口菜加工体系建设、农村信息化服务体系建设、生态高效林地间作模式示范和推广及中华本草园林药间作模式示范与推广等7个金桥工程项目全部完成。

(靳　为)

【林地间作】 年内,发展林地间作面积698.06公顷,其中蔬菜141.27公顷,粮食277.6公顷,药材52.13公顷,苗木花卉33.73公顷,牧草193.33公顷。蔬菜、粮食、药材3项总产值514.58万元,总效益301.3万元。蔬菜每公顷平均产量21.33吨,产值2.21万元,效益1.22万元;粮食每公顷平均产量1.88吨,产值0.56万元,效益0.38万元;药材每公顷平均产量2.4吨,产值0.9万元,效益0.45万元。

(靳　为)

【蔬菜品种更新工程】 年内,本区被确定为北京市蔬菜品种更新工程示范区,以蟹岛等6大产业化园区为示范窗口,示范推广樱桃番茄绿宝石、迷你黄瓜等56个蔬菜新品种,面积173.33公顷,通过专题培训、参观学习等形式培训技术人员,累计增收400余万元。引进试种蒲公英、紫苏、薄荷、枸杞等10余个药用蔬菜品种,应用立体高效种植、营养平衡施肥、新型肥料施用、药用蔬菜综合栽培、节水、病虫草害综合防治等6项配套技术,从出苗、长势、产量等生育性状及经济效益看,蒲公英、紫苏等品种比较适宜本区种植。

(新　为)

【提升园区管理水平】　年内,根据区内农业园区农田土壤质地、土壤肥力等差异情况,对农作物种植进行合理布局,加强技术指导,提高农产品档次,建立农田作物种植档案,为消费者购买无公害产品提供可追溯依据。本区有农业园区基地22个,总规模0.11万公顷,年总收入4亿元(包括生产经营收入3.2亿元,旅游收入0.8亿元),提供就业岗位5463个。其中10个园区具备注册商标品牌,14个园区是北京市标准化生产基地,15个园区获得食品等级认证。

(新　为)

【农村远程教育和农业信息服务】

年内,对区内18个远程教育站点加强管理和指导,组织农业科技远程教育培训35次3400多人,点播各类课件76个(包括农业节水、民俗旅游及药用蔬菜与中草药栽培、采收、加工技术等内容)。在网上发布各类农业信息736条(包括工作动态、市场信息、农情预报、品种介绍、实用技术等内容)。每月编写1期《信息与技术》发到各乡,累计发放12期370余份。本中心被确定为北京农村远程教育智农培训优秀示范基地,并与蟹岛种植养殖有限公司、朝来农艺园被确定为2005—2006年度北京农民远程教育智农培训示范基地。

(新　为)

【农业信息技术应用】　年内,积极推广应用农业专家决策系统、现代农村信息服务方式及信息终端产品等,组织培训19次1.5万人,发放各类宣传材料1000余份。全区推广专家决策系统1333.33公顷,其中蔬菜666.67公顷,果树333.33公顷,粮食333.33公顷。示范区较之传统种植区,平均效益增加13.07%,每公顷平均增收1479元,节支300元,增收节支1779元,总增收节支237.20万元。

(新　为)

【毒饵站灭鼠】　年内,完成1万公顷农区灭鼠任务,防效超过90%。为避免环境污染和防止人畜中毒,采用毒饵站灭鼠技术,分别设立毒饵站灭鼠中心示范区0.13万公顷和辐射示范区0.53万公顷。

(新　为)

【防治病虫草害】　年内,根据病虫害发生情况及时进行田间调查,指导各乡防治粮菜病虫害,并结合有害生物普查,对本区所有农田进行病虫害普查,发现问题及时解决。据统计,每年粮菜主要病虫害发生面积超过0.67万公顷,防治面积超过2.67万公顷次。

(新　为)

【植物检疫】　年内,在本区相关作物上进行网幕毛虫等6种危险性有害生物普查,其中网幕毛虫、小麦腥黑穗病、豚草、葡萄根瘤蚜、红火蚁未发现疫情。在来广营乡朝来农艺园、金盏郁金香花园先后发现西花蓟马为害。市植保站检疫人员向两个基地下发《检疫处理通知单》,送去防治药剂,监督指导按照规定药剂、规定浓度、规定时间进行防治,西花蓟马虫量明显降低。全年调运检疫26批次,没有发现危险性有害生物,全部获得检疫证书。

(新　为)

【农药残留检测】　年内,区农服中心检测站《食用农产品安全生产标准化检测技术开发与应用》项目获市政府推广三等奖、区科技项目一等奖。为把好食品安全关,该站抽检朝来农艺园等16个安全食品生产基地80多个品种、1370多个样品,合格率超96%。对配备农药残留速测仪的朝来农艺园、方圆平安公司、豆各庄格林万德农业公司、蟹岛种养殖公司等4个农产品生产基地检测人员进行农产品自测业务培训和技术指导,对其农产品安全上市起到明显效果。

(新　为)

农业机械服务

【概况】　朝阳区农机服务中心属差额拨款事业单位。内设办公室、财务科、农业机械技术推广科、农业设施技术推广科、农机技术试验室、经济发展科、行政科。人员编制48人。

地址:团结湖北三条
电话:85975507
邮编:100026

(冯丽静)

【保护性耕作技术推广】　年内,承担市农业局《推广保护性耕作技术》项目任务,签定《推广保护性耕作技术》合同书。实施保护性耕作面积483.5公顷,占春播面积89%,其中春玉米433.5公顷、大豆70公顷。超额完成市农业局下达400公顷指标。各乡购置农机具11台件,其中大中型拖拉机2台、玉米免耕播种机2台。秸秆粉碎机3台、打药机2台、小型播种机2台,投资28.96万元,其中市财政资金12.5万元,自筹资金16.46万元。全区共投入资金47.5万元,比去年减少42%;其中市财政经费15万元、乡村自筹资金32.5万元。

(杨育才)

【确保三夏三秋农机作业】 年内,三夏、三秋农机投入159台件,培训农机操作人员217人次,农机维修人员13人次。机播玉米675公顷、机播小麦132公顷、机收小麦178公顷、机收玉米442公顷、机收青饲玉米200公顷、机收大豆56公顷,玉米秸杆综合利用474公顷。机收率95%以上。

(杨育才)

【秸秆禁烧】 年内,按照《朝阳区三夏三秋秸秆禁烧工作意见》精神,中心业务人员协同各粮食生产乡管理部门,三夏三秋期间深入各乡巡回检查禁烧执行情况。

(杨育才)

【小型园田管理机械推广】 年内,根据区内农业种植结构调整发展需要,引进、推广小型园田管理机械29台套,分布在金盏、孙河、黑庄户、三间房、豆各庄、崔各庄等6个乡29个农户手中,投入资金19.32万元,其中市财政投入11.59万元,农户自筹资金7.73万元。

(杨育才)

水产养殖服务

【概况】 朝阳区水产养殖服务中心隶属于区农业委员会,属差额拨款事业单位,内设办公室、生产经营科、水产技术推广站、水产科技园、财务科和行政科。年内,全区渔业养殖面积517.8公顷。食用鱼产量180.5万公斤,生产观赏鱼1.2亿尾。渔业总产值9091.6万元。其中食用鱼产值3310.5万元,观赏鱼产值5781.1万元。观赏鱼直接出口创汇289.4万美元,间接出口额2315万元。

地址:团结湖北里9号

电话:85982756

邮编:100026

(高晓新)

【观赏鱼出口创汇】 年内,组织专业技术人员对全区观赏鱼产业发展现状进行调研,结合调研情况和市场发展形势,提出总体发展思路、工作目标、区域规划和保障措施。协助黑庄户养殖发展中心加强基础设施建设和优质观赏鱼引进与培育。投资300万元对原有3.4公顷观赏鱼养殖池塘和3万多平方米场区进行整体护坡和绿化。从江苏等地引进锦鲤、宫廷金鱼等亲鱼6000余尾,进行孵化,共孵化观赏鱼水花1亿尾。观赏鱼直接出口创汇和间接出口创汇比上年分别增长15%和35%。

(高晓新)

【科技入户】 年内,水产中心确立以黑庄户观赏鱼产业为主的科技入户工程,从全乡养殖户中筛选30个科技示范户,建立示范户专门档案,科技人员与养殖户签订科技入户技术服务合同。科技人员为养殖户提供水质监测和鱼病诊断等技术服务。积极争取区财政支持,免费为养殖示范户提供技术资料、有关书籍和光盘,赠送水质改良剂和水质分析盒,根据养殖户生产实际编印、发放《观赏鱼健康养殖技术》手册,全年科技入户400多户次。

(高晓新)

【强化水产品质量安全管理】 年内,水产中心在水产品质量安全管理方面重点做了五项工作:对区水产重点养殖单位(户)进行定期、定点水质监测;与水产技术推广站签定水生动物病害监测合同书,在4—10月份对全区养殖的淡水蓝鲨、彩虹鲷、草鱼、鲤鱼和观赏鱼等品种进行病害监测;加强对渔业禁用药物宣传、检查与规范管理;开展健康养殖技术试验与推广;完成区水生动物疫病防治站建设项目申报工作。

(高晓新)

【水域养殖许可证发放】 年内,办理水域养殖许可证42本,办证面积518.6公顷,占全区渔业总面积(582.74公顷)89%。

(高晓新)

【苗种孵化】 年内,市级水产良种场朝阳区水产科技园在孵化过程中克服天气不稳定等不利因素,探索新经验,运用早繁技术,在亲鱼选育、水质调节上下工夫。孵化鲤、鲫鱼水花2.9亿尾,同比增长3.6%。尤其是"杂交6号"鲤鱼,具有生长速度快、抗病力强和起捕率高等优点,苗种除满足本地区外,远销河北、天津、内蒙古等地。

(高晓新)

畜牧兽医技术服务

【概况】 朝阳区畜牧兽医技术服务中心是区农业委员会所属差额拨款事业单位,内设防疫科、检疫科、化验监测科、科技信息科、行政科、办公室、财务室。
地址:豆各庄乡何家坟村
电话:85369510
邮编:100024

(刘冬生)

【禽流感防控】 年内,按照北京市"乡不漏村,村不漏户,户不漏针"要求,对全区禽类实行强制免疫,发放H5亚型禽流感疫苗18.725万毫升,免疫率100%;监测血样2568份,无阳性,监测率100%;对禽类圈舍及环境进行全面消毒,发放消毒药品44.5吨,全区累计消毒面积400万平方米。家禽禽流感免疫30399只,免疫率100%。对全区20.58万只鸽子进行禽流感强制免疫,其中农村地区16.68万只,街道3.9万只,达到应免鸽子的100%。

(刘冬生)

【犬防疫】 年内,全区免疫犬53589只,占全部注册犬数54014只的99.2%,较去年同期增加3898只。

(刘冬生)

【动物检疫】 年内,检疫外埠进京猪肉26.8万头,牛羊肉185.7万公斤,禽类36.1万只,屠宰检疫25万头,其它各类动物产品复检282万公斤,出区境动物产品检疫32.85万公斤,检疫各类动物2437头(只),检疫观赏鱼4800尾,检查车辆13194辆。对不合格动物产品坚决不让其进入朝阳区市场,保证全区动物源性食品安全。

(刘冬生)

【监测】 年内,完成监测禽流感2568份、新城疫1894份、口蹄疫1594份、布鲁氏病979份、结核菌病559份、马鼻疽和马传贫618份。检出马传贫阳性3匹,按照相关规定进行无害化处理,其它疫病未发现阳性。

(刘冬生)

【医政药政】 年内,会同农业综合执法大队等部门对50家动物诊疗机构、56家兽药生产经营单位进行检查。对违法行为进行处罚。办理新申请《动物防疫合格证》1255件,《动物诊疗许可证》10件、《兽药经营许可证》14件,审批狂犬病疫苗定点注射单位2家,检疫标志使用单位9家。

(刘冬生)

【养殖业存栏】 年内,全区牛存栏4161头,羊存栏13028只,猪存栏4554头,马属动物存栏309匹,注册犬54014只、鸽子260145只、观赏鸟20811只,其它偶蹄动物存栏108头。

(刘冬生)

农村人员培训

【概况】 朝阳区农村管理干部培训中心(区农村劳动力教育培训服务中心)属全额拨款事业单位,隶属于区农委,内设招生办、就业办、教务处、总务处、办公室、财务室,有专职教师13人,兼职教师30余人,有12个技能培训工种资质。年内培训8298人次,实现学员数据库动态管理,创建培训—跟踪调查—就业推介一条龙服务模式。
地址:东坝红松园13号
电话:65493070
邮编:100018
网址:http://www.ncpx.com(外网)
http://ncpx.chy.egov.cn(内网)

(李 梅)

【就业推介】 年初,设立就业办公室,负责农村劳动力就业指导、就业推介工作,创建培训—跟踪调查—就业推介一条龙服务模式。年内,召开学员座谈会2次,完成职业指导576人次,发放就业推荐材料600余份,开发岗位231个,举办招聘会1次,组织学员外出应聘4次,对1700名学员进行信息采集,建立数据库,对1400名学员实现信息动态跟踪。

(李 梅)

【培训就业宣传】 年内,向各乡发放培训、就业宣传资料及宣传彩页8000份,相继搭建8块宣传栏,涵盖培训、设施、招生、就业、党建等方面内容,并两次更新,录制电教宣传光盘;《人民日报》、《北京日报》、《农民日报》、《经济日报》采访报道相关培训信息，市委《前线》也刊登了宣传文章。

（李 梅）

【树立农村劳动力培训品牌】 年内，召开各乡农村劳动力培训主管领导座谈会4次，深入乡村调研20余次，结合乡情、学员层次以及对培训、就业的需求制定相应具有针对性和实用性的培训方案；成立教师顾问团，丰富教学内容；开展有针对性的案例教学，引入分组讨论及外出参观活动等；通过座谈、调查问卷等形式及时收集反馈信息，改进教学。完成《朝阳区引导性培训教育读本》并投入使用。累计完成农村劳动力转移引导性培训12383人次。培训计算机操作员、物业管理员、插花员、绿化工、家政服务员、汽车修理工、中式烹调师等12个培训工种，其中计算机操作员、插花员、绿化工培训834人次。

（李 梅）

【培训成果】 年内，培训学员8298人次，其中开展转移引导性培训41期，培训5987人次，培训合格率99%以上；开展职业技能培训34期，培训1906人次，培训合格率97%；开展农村管理干部培训325人次，党校学历教育80人次。当年技能培训内容有计算机操作员、物业管理员、插花员、绿化工、家政服务员、汽车修理工、中式烹调师、保安员、保洁员、电工、电梯维修工、商品保管员12个培训工种，培训范围包括全区14个乡。按照区农村劳动力教育培训联席会办公室要求，对全区引导性培训试卷进行考核存档，整理9060份试卷，建立区农村劳动力培训档案。

（李 梅）

农村经济管理

【概况】 朝阳区农村合作经济经营管理站（简称区经管站）是区政府农村集体经济管理部门，正处级全额拨款事业单位，内设办公室、集体资产管理科、财务管理科、审计科、合同管理科、农经培训科及农村集体经济调解仲裁委员会办公室、农民负担监督管理办公室。

地址：团结湖北里9号楼4层

电话：85983940

邮编：100026

（王玉艳）

【农村管理信息化建设】 5月，按照全市农村管理信息化工作统一部署，根据《关于推进朝阳区农村管理信息化建设的意见》精神，启动农村管理信息化工作，完成农村管理信息化基础设施建设，建成区级数据处理中心一个、乡级农村综合信息处理站21个，区内163个村统一配备计算机及附属设备，培训乡、村两级信息化工作人员450人，村级基础数据调查采集工作人员1200名，完成农村人口、农村劳动力、农户家庭、土地确权、农村收益分配、财政专项补助资金等六大模块600余指标总计500余万个数据采集和录入工作，到12月底，初步实现市、区、乡三级网络联通。

（王玉艳）

【农村集体资产产权制度改革】 年内，推进农村集体资产产权制度改革，制定下发《朝阳区农村集体经济组织产权制度改革实施细则》、《朝阳区农村集体经济组织产权制度改革操作手册》，协助十八里店乡10个集体企业完成改制工作，通过改制，明晰集体资产产权。

（王玉艳）

【农村集体资产管理】 年内，制定下发《关于加强农村集体资产管理工作的意见》。结合农村集体资产产权登记和年检，对区内农村集体资产总量和结构进行核实，提出建设性意见。继续完善工作程序，对撤制村队资产处置和乡村集体企业改制过程中清产核资结果审核认定，对资产处置方案和评估结果备案。协助完成奥运村乡洼里村、洼边村、关西庄村、龙王堂村和平房乡黄杉木店村等21个生产队资产处置工作。

（王玉艳）

【财务管理】 年内，继续规范村级财务管理，崔各庄乡在总结试点工作经验的基础上，继续推行村级代理记账制度。王四营乡观音堂、南花园、孛罗营3个村开展农村财务村账托管试点工作。

（王玉艳）

【集体经济审计】 年内，组织各乡开展财务收支、经营成果、经济效益和农民负担等农村集体经济审计工作，累计完成审计项目1854个，审计金额251亿元，提出审计建议354条，采纳222条。

（王玉艳）

【专业技术人员培训】 年内，根据财政部《会计从业资格管理办法》组织完成区内农村3418名会计人员继续教育工作。根据《北京市农民农业和乡镇企业技术职称工作暂行规定》、《2005年北京市会计、经济专业农民技术职称考评工作的通知》要求,对36名申报农民会计师、12名申报农民经济师人员进行培训,经过全市统一考试及市农民中级专业技术职务评审委员会评审,学员全部取得农民中级专业技术职务任职资格。

(王玉艳)

【农村合同管理】 年内,以土地确权为契机,继续规范合同管理,制定下发《关于进一步加强合同管理工作意见》、《关于调整不规范合同意见》。依法规范农村集体土地合法有序流转,签订农业承包(租赁)合同9882份,承包(租赁)合同约定经营使用面积8153.3公顷,年承包租赁费7.13亿元;通过依法调整不规范土地承包(租赁)合同,直接增加集体土地收益7800多万元。

(王玉艳)

【减轻农民负担】 年内,执行涉农价格和收费公示制度、义务教育一费制度、村级报刊订阅费用限额控制制度和涉及农民负担案(事)件责任追究制度,按照市农村负担监督管理领导小组办公室部署,开展春、秋两季农民负担专项执法检查,重点开展农村报刊订阅、低压电网改造、中小学教育收费等专项治理工作;按照核定的村级干部数量,检查每年市、区财政用于村级正常运转固定补贴资金落实情况。

(王玉艳)

【专项审计】 年内,依据市农委、市绿化隔离地区建设总指挥部《关于2005年北京市绿化隔离地区搬迁企业贷款贴息资金进行审计》要求,对来广营、太阳宫、高碑店、南磨房、王四营、平房6个乡34家申请2005年北京市绿化隔离地区搬迁企业贷款贴息资金的企业进行审计。

(王玉艳)

农业综合执法

【概况】 朝阳区农业综合执法大队隶属区农业委员会,属全额拨款事业单位,在区域内集中行使兽医卫生、兽药、农药、种子、肥料、农机、渔政、饲料及饲料添加剂和农业转基因生物及其产品9项行政管理与处罚权。内设综合办公室、兽医卫生监督检验所、农业机械监理站、种子管理站、农药检定所、渔政管理站和白鹿、大羊坊两个公路兽医卫生检疫监督站(简称公路检疫站)。监管对象主要包括180家商场、超市,106家各类市场,124家农资生产经营单位,3万余家宾馆、饭店、餐厅、食堂和189台(辆)农业机械。

地址:石佛营西里12号B座丰苑大厦2层
电话:85827521
邮编:100025
电子邮箱:cynyzfdd@ sohu. com

(徐战虎)

【农业综合执法试点】 3月底,区农业综合执法大队试行农业综合执法模式。在各站所人员重组基础上,分片管理监督,集中执法包治,兽医卫生监督检验所、种子管理站、农药检定所和农机监理站打破执法行业界限,按照划定的监管区域,全面履行兽医卫生监督、兽药药政、饲料及饲料添加剂管理、农药检定、肥料管理、农机监理、种子管理、农业转基因生物产品管理8项执法监督职能。渔政管理站依托分片管理站所,在全区范围内开展渔政监督管理。各站所保持原有名称不变,保持与市农业局相关部门对应关系,具体负责贯彻落实各相关部门部署的各项工作任务。

(徐战虎)

【专项整治】 5月30日起,集中整治饭店、宾馆、餐厅、食堂购进动物产品行为。年内,检查餐饮企业993个次,查处违法行为232起,通过宣传、检查和规范,餐饮单位基本建立《兽医官方登记记录》,在购进动物产品时认真核对并留存《检疫合格证明》原件或复印件,保证动物防疫可追溯制度落实。

(徐战虎)

【食用农产品生产基地检查】 7月至10月,对辖区内生产蔬菜、果品的18家食用农产品生产基地施用农药情况进行专项执法检查,深入田间地头检查各生产基地施用农药实际情况,要求生产基地建立农药施用档案并跟踪检查,由技术部门对生产的食用农产品进行农药残留检测,农药残留超标的不允许进入市场销售。这18家安全食品基地除3家停止生产外,其余15家未发现施用违禁农药行为。

(徐战虎)

【防控重大动物疫病】 年内,积极开展防控重大动物疫病工作。加强公路检疫站监督检查工作,坚决封堵不符合规定的外埠动物及动物产品进京。拦截染疫生猪4头,并及时进行无害化处理。加大对肉类市场、商场、超市和经营性冷库等执法检查力度，落实兽医官方登记记录和防疫消毒制度。贯彻落实新实施的《北京市实施〈中华人民共和国动物防疫法〉办法》，规范餐饮企业加工、使用动物及其产品行为。防控禽流感期间，坚决杜绝现场宰杀销售活禽，防止疫情发生和传播。加强对生猪屠宰厂管理，确保其猪源合格、屠宰规范、检疫认真、记录完整。与区内700多家宾馆、饭店、食堂、商场（超市）和市场签订动物防疫责任书，明确各类管理相对人在动物防疫方面责任。查处兽医卫生方面的违法行为423起。

（徐战虎）

【农业执法】 年内，白鹿、大羊坊两个公路检疫站检查外埠进京动物及其产品运输车辆30691车次，拦截不符合规定运输动物及其产品进京车辆135车次；对外埠进京390万余头（只）活体动物、43.9万吨动物产品进行监督检查和消毒。各项执法检查出动人员14508人次、执法车辆2818台次。检查各类农业生产经营单位和个人11770个次，组织联合执法行动252次，处理群众举报64起。查处各类违法案件530件，罚没款71.1万元。

（徐战虎）

【农业法制宣传培训】 年内，坚持服务与管理结合、执法与宣传同步监管方针，开展法律法规宣传活动。制发针对餐饮行业、商场、超市和各类市场告知书9千余份，重点宣传新实施的《兽药管理条例》和《北京市实施〈中华人民共和国动物防疫法〉办法》，增强宣传告知针对性。组织对65家种子经营单位、172家商业和餐饮企业从业人员的法规知识培训。在重要节假日和重大活动期间，在京客隆购物中心、望京农贸批发市场等地举办大型主题宣传活动，向消费者宣传各项农业法律法规知识和购买食用农产品常识等，增强消费者自我保护意识和主动监督意识。在区政务网开设农业综合执法网页，公布大队职能、执法依据、联系电话和执法动态等内容，落实政务公开制度。制发《执法便民卡》2000余张，公布大队职能、地理位置、咨询举报电话等。组织社会宣传和培训活动21次，参加人员1.8万人，发放资料4.2万份。

（徐战虎）

水　　务

【概况】 朝阳区水务局是负责本区水行政管理工作的区政府组成部门，1月28日在原水利局基础上组建水务局，主要职责：贯彻有关水务法规和政策，研究制定区域水务可持续发展的规划和计划，统一管理区域水资源、供水、节水、水污染防治、中水利用、水务工程设施、防汛抗旱和水政监察与执法等工作。内设党委办公室、局办公室、计划建设科、水资源管理科、排水科、防汛抗旱科、法规科、科教信息科、财务审计科。设置纪委，与区监察局派驻监察科合署办公。

地址：团结湖上泗路90号

电话：85970722

邮编：100026

（关　颖）

【编制《“十一五”规划》】 1月始，开展《朝阳区“十一五”期间水环境整治与建设规划》编制工作。《规划》结合本区组团式规划、板块式发展特色，按照有目标措施、有具体项目安排、有资金需求分析、有时间形象进度、有空间布局要求，广泛征求意见，反复论证，几经修改，10月底提交区人大常委会审查。

（王飞力）

【世行贷款水环境治理启动】 2月，朝阳区世行贷款水环境治理项目启动。治理项目包括两湖连通、坝河、北小河及萧太后河四个子项目，总投资108049.01万元，拟用世行贷款5900万美元。通过实施世行贷款水环境治理项目，本区将建成两湖水系连通城市景观公园、坝河自然景观公园、北小河绿色空间和萧太后河宜居景观公园等四大景观公园，并实现区域内骨干河道、排水沟水流、水位、水质的自动监控与管理。

（王飞力）

【水利】 3月，萧太后河四环路以上段治理工程公开招投标，朝阳水利工程公司以396.6万元中标。工程3月底开工，工程为坝河千亩湖二期建设工程调整项目，内容包括990米河道疏挖治理，沿线铺设直径1200毫米污水截流管道。9月竣工验收，质量等级评定为优良。6月10日至9月底，实施完成张万坟桥改建工程。张万坟桥位于崔各庄乡黑桥村，为跨北小河公路拱桥，由于多年运行，现状桥体破损严重，存在严重交通、防汛安全隐患，经市政工程研究院鉴定为危桥。区水务局积极协调市交通管理局施行车辆限行措施，克服汛期施工难度，保质保量完成施工任务。年内，青年路沟姚家园村段治理工程完成。青年路沟位于青年路中段东侧，年久失修，淤积严重,水环境差。其中,姚家园村段与周边富华园小区等开发建设不相称。区水务局争取社会资金775万元,对此段河道进行治理。工程起点青年路,终点平房西路桥西,长814.5米。工程质量评定为优良。

(王飞力)

【机构设置】 11月8日,节约用水办公室与区节约用水事务管理中心合并为区节约用水管理中心。主要职责是:负责本区节约用水管理的相关事务工作;负责节约用水、计划用水的统计工作;负责节约用水技术、设备推广应用及相关宣传工作;负责依法收取水资源费、超计划加价水费和污水处理费。12月8日,撤销区防汛指挥部城区防汛办公室,将其承担的行政职能划入区水务局防汛抗旱科。防汛事务性职能与排水事务性职能合并,组建区市政排水管理所。主要职责是:负责职责范围内的排水工作;负责区管雨水、污水排放设施和防汛设备的维护与管理工作;负责河道截污工程的配合工作;负责本区防汛工作组织、实施和检查,完成上级交办的防汛抢险任务。

(关　颖)

【水务建设检查】 11月30日,市发改委、市农委、市水务局、市卫生局以及各平原区县组成的检查团对朝阳区水务建设进行现场检查。检查重点为农民安全饮水、农业节水、水土保持与乡村水环境、雨洪利用、基层水务建设。检查团对朝阳区水务工作给予充分肯定并提出建设性意见。

(王飞力)

【农村安全饮水工程】 年内,朝阳区农村安全饮水工程实施完成。农村安全饮水工程建设内容包括156处单村供水工程和新建豆各庄、楼梓庄两集中供水厂,工程投资1.689亿元。副市长牛有成出席农村安全饮水工程竣工通水仪式。至此,区内农村17个地区13.5万人喝上达标水。

(关　颖)

【建立清水朝阳项目库】 年内,建立"清水朝阳"项目库。清河导流渠和仰山大沟、青年路沟、大柳树沟及支沟、小场沟、西干沟、沈家坟干渠、大羊坊沟治理与截污工程、坝河酒仙桥闸、电子桥改建工程9个项目首批入选。区水务局牵头,区发改委、区农委配合,委托中国水科院编制《朝阳区都市型现代农业节水规划》。

(王飞力)

【截污与治污】 年内,实施完成8项截污治污工程,分别是:朝阳干渠(腾龙市场和石佛营小区)污水截流工程、金盏家东排水沟污水处理工程、东南郊干渠(敬老院)截污及引中水工程、十八里店大羊坊(对外经贸大学)截污工程、沈家坟干渠及鸭子湖入北小河污水处理工程、亮马河上游水质改善工程、大稿沟下段治污工程、河道重点污水口监测工程。工程总投资1137.2万元,区政府补助666.7万元。工程共铺设截污管道975米,治理河道750米,截流污水口14个,金盏家东排水沟污水处理工程、沈家坟干渠及鸭子湖入北小河污水处理工程每日可处理污水4500立方米。工程实施后,大稿沟下段实现雨污分流,东南郊干渠窑洼湖以上段河道截污并引用中水形成景观河道,亮马河上游水华现象得到改善。

(王飞力)

【污水处理厂外部管线拆迁】 年内,市排水集团采用BOT形式新建北苑、东坝、定福庄、垡头污水处理厂工程启动,本区负责北苑、东坝、定福庄、垡头污水处理厂外部管线及南四环、铁路环线污水管线拆迁工作。经调查核算,拆迁资金需3.28亿元。年底,南四环污水管线拆迁工作完成,北苑污水处理厂外部管线拆迁完成79%。由于拆迁资金缺口大,东坝、定福庄、铁路环线污水管线拆迁分别完成7%、23%、12%,垡头污水处理厂外部管线拆迁工作未启动。

(王飞力)

气象与服务

【概况】 朝阳区气象局实行上级主管机构市气象局与区政府双重领导,以上级气象主管机构领导为主的管理体制,承担本区气象工作行政管理职能。机构设业务科、综合科、办公室。年内,区域气候特点:气温偏高,降水基本持平。年内平均气温12.5℃,比常年(12.0℃)偏高0.5℃;极端最高气温37.4℃(7月5日);极端最低气温-12.9℃(2月20日)。从季节上看,春、夏、秋季气温偏高,冬季气温偏低。年度降水量581.1毫米,与常年(581.6毫米)基本持平。从季节上看,冬、春、夏季降水偏多,秋季偏少。一日最大降水量为114.9毫米,出现在8月3日;最长连续降水日数6天,降水量94.2毫米,出现在8月12日至17日;最长连续无降水日数为36天,出现在10月28日至12月2日。
地址:酒仙桥南十里居1号
电话:64377870
邮编:100016

（陶立新　李耀宁）

【气象灾害】 5月31日,出现两次冰雹天气过程,最大冰雹最大直径分别为12毫米和10毫米,冰雹最大平均重量为1克,造成直接经济损失350万元,年度雷暴日数37天,出现4次大风天气过程。

（陶立新　李珊珊）

【气象服务】 年内,新建楼梓庄、来广营、黑庄户三个自动观测气象站。气象资料每5分钟采集一次,通过CDMA无线传输方式传输到气候中心,使气候中心能够及时、准确了解本区范围内气象要素变化情况。年度常规气象服务1300多件(次),重要气象信息(气象预警发布、重大事件气象保障、重大天气过程)服务30多件(次),继续完善气象预报预警系统。

（陶立新）

【防雷减灾管理】 年内,对全区范围内多个单位建筑物和构筑物进行防雷检测。其中,一类防雷建筑单位82个、二类防雷建筑单位299个、三类防雷建筑单位182个。对46个竣工项目进行验收。

（陶立新　崔月生）

【依法行政】 年内,审批施放升空气球事项330件,并对施放气球单位进行不定期检查,查出违法施放升空气球事件4起,对违法操作单位进行批评教育和行政处罚。

（陶立新　李耀宁）

园区建设

北京商务中心区

【概况】 北京商务中心区(CBD)位于朝阳区中东部,东起西大望路,西至东大桥路,南临通惠河,北接朝阳路-朝阳北路,区域面积3.99平方公里,分属建外和呼家楼两个街道办事处管辖。中心区管理委员会为市政府在商务中心区设立的行政机构,同时也是北京商务中心区建设联席会办事机构,代表市政府统一行使北京商务中心区开发建设和管理职能,由朝阳区政府代管。管委会内设4个处室,工作人员中硕士研究生14人,本科生13人。年内,域内规划建设项目38个,累计开工项目26个,开工面积约440万平方米。CBD地下空间规划获市政府批复。制定CBD地下通道建设计划。完成CBD西轴线南广场景观设计方案。CBD管委会启动协同办公系统。CBD中英文网站增设投资服务信箱,公布投资服务热线。世界500强企业美国铝业亚太区总部入驻CBD。中航三星人寿保险公司开业,新加坡嘉德置地集团签约整体购买中环世贸中心A/B栋写字楼。区域各类法人单位3674家,同比增加1057家,其中服务业企业2181家,占企业总数59.36%;外资及港澳台企业900多家;金融机构39家;世界500强企业102家。初步形成跨国公司、世界500强企业聚集态势和以金融保险证券、咨询中介、IT通讯等现代服务业为主导产业格局,吸引从业人员8万余人。全年实际利用外资6.9亿美元,占朝阳区实际利用外资49%。地税入库22.7亿元,占朝阳区地税13.14%。

地址:东大桥路甲25号

电话:85631699

邮编:100020

(韩 冰)

【土地出让金返还】 3月,CBD区域合同项目用地缴地价款和土地出让金53.94亿元,取得市确认返还资金36.36亿元,实现预付资金20亿元,将CBD基础设施建设涉及拆迁、绿化以及地下通道建设等所需资金纳入返还范畴,解决了因通惠河拆迁所承担5.96亿元信托资金和其它历史遗留问题。明确CBD区域项目已交纳地价款全额返还,对今后交纳地价款实行即收即返办法。

(韩 冰)

【项目拆迁】 5月10日,位于东大桥路20号原双鹤制药厂世贸公寓二期世贸商业中心项目拆迁工作完成。拆迁居民楼1栋,居民60户,整个拆迁过程依法、平稳、有序,无一例上访。10月19日,通惠河北路桥区拆迁工作启动,拆迁居民164户,搬迁企业9家。12月拆迁结束,节约资金约上千万元。年内,依法推进CCTV新址、财源国际中心、国润大厦、温莎大道等项目拆迁,1098户居民签订拆迁补偿协议,占总拆迁量67%,搬迁企业6家。

(韩 冰)

【CBD金融商会成立】 6月9日,管委会与驻区瑞士银行、加拿大蒙特利尔银行、渣打银行、法国巴黎银行、美国银行、摩根大通银行等26家国际金融机构以及部分国内金融机构共同发起成立北京CBD金融商会。当日,金融商会在欧陆风韵召开第一次理事会和会员代表大会。随后举行招待会,原中国证监会主席周道炯、银监局局长赖小民、证监局局长张新文、保监局副局长丁小燕、中国人民银行管理部副主任李文辉等出席。

(韩 冰)

【普华永道入住财富中心】 6月9日,全球著名专业服务机构普华永道会计师事务所在北京财富中心新办公楼举行乔迁庆典新闻发布会。

普华永道在 CBD 北京财富中心的新办公场所共有 9 层，办公面积超过 20000 平方米，是普华永道在亚太地区的最大总部。

（韩　冰）

【泰国盘谷银行升格为分行】 7 月 1 日，在 CBD 新华保险大厦举行泰国盘谷银行获准升格为分行的庆祝典礼。泰国总理他信主持庆典，中国银监会主席刘明康、朝阳区区长陈刚等应邀出席庆祝仪式。盘谷银行是泰国最大商业银行，拥有 350 亿美元资产、1.8 万名员工，在国内外有 690 家分行，年内净盈利达 44050 万美元。

（韩　冰）

【项目建设】 7 月 18 日，北京电视中心钢结构高 236.4 米综合业务楼封顶。12 月 16 日，北京银泰中心高 249.9 米中央主楼举行封顶典礼。

（韩　冰）

【编制产业研究分析】 8 月，管委会委托国务院发展研究中心产业经济研究部编制完成《北京 CBD 产业发展研究》。分报告题目是：北京 CBD 产业发展现状、环境和条件研究；北京 CBD 产业发展思路和对策研究；北京 CBD 金融产业发展规划研究；北京 CBD 知识性服务业发展规划研究；北京 CBD 信息技术服务业发展规划研究；北京 CBD 发展总部经济规划研究。全国人大财经委、国家发改委、国务院研究室、中国社会科学院、国务院发展研究中心、北京市政府研究室、首都经贸大学等单位 8 位专家对研究报告进行全面深入评审并予原则通过。

（韩　冰）

【国际论坛成立】 9 月 14 日，北京 CBD 国际论坛成立暨第一次理事会在北京 CBD 国际论坛会议中心举办。美国国际集团前董事长兼首席执行官、现 C. V. Starr 基金会主席格林伯格任名誉理事长。11 月 3 日，北京 CBD 国际论坛会议中心揭牌仪式举行。北京市副市长张茅、格林伯格名誉理事长为会议中心揭牌。国家外汇局副局长魏本华、北京 CBD 国际论坛理事长龙永图、朝阳区区长陈刚、美国康地集团总裁霍廷昌等来自政府机构、国内外金融机构、企业界的人士出席揭牌仪式，参加"中国企业的国际化"圆桌会议，围绕中国企业如何走向国际化深入交流，就 C. V. Starr 基金会对外投资及各自企业国际化发展思路与格林伯格先生进行对话。

（韩　冰）

【朝阳国际商务节】 9 月 15－18 日，举办第六届北京朝阳国际商务节。这期间，组织"北京 CBD 国际论坛（2005）"、"CBD 金融发展论坛"、"城市功能规划发展论坛"、"2005 年中国城市论坛北京峰会"、"朝阳区文化产业规划研究国际研讨会"、"WTO 与中国：北京国际论坛（2005）"等，举办城市功能规划暨产业发展项目展和国际商务车展，举行商务参赞峰会、使节夫人活动日、北京国际流行音乐节商务文化活动，吸引来自国内外 7 个友好城市和地区代表团约 20 位国际组织官员。100 余位来自 50 多个国家的大使及使馆官员、40 余位各国驻京商会及世界 500 强企业高层近 6 万名国内外嘉宾参加。

（韩　冰）

【通过东西街绿廊天桥方案】 9 月，中心区都市绿廊景观规划核心——商务中心东西街绿廊天桥方案由市规划委审查原则通过。

（韩　冰）

【地区宜居论坛召开】 11 月 11 日，题为"CBD、泛 CBD 地区宜居吗？——论中央居住区的发展现状"区域论坛在京伦饭店举行。相关业内人士、CBD 及其周边地区三十多位房地产开发商参加论坛。与会专家、领导和嘉宾关注 CBD 基础设施建设及产业发展情况，认为建设要以人为本，走可持续发展道路。

（韩　冰）

【道路建设】 年内，规划建设城市道路 16 条（段）12.188 公里。竣工、基本完工路段 7 条：建外 SOHO 东侧路、光辉里一号路北段（光华路至铁印南路）、光辉里二号路南段（建国路至铁印南路）、商务中心东西街（关东店南街至东三环）、商务中心一号路（关东店南街至东大桥东侧路）、商务中心七号路（东大桥路至商务中心四号路）、永安南里一街（东三环至商务中心中轴路）。

（韩　冰）

电子城新区

【概况】 北京电子城新区管理服务办公室（原望京高新技术产业管理区），为区政府的派出机构。电子城新区总体规划面积约 7.95 平方公里，是一个集居住、文化、教育、科研、高新技术产业为一体的大型综合性高科技园区。年内，望京产业纳税企业有 812 家,上缴税收 7.4 亿元,其中区级财政收入 4631 万元;望京高科技园有入园企业 156 家,其中虚拟注册企业 190 家、留学生创办企业 67 家;索尼爱立信、摩托罗拉、宝马、安捷伦、LG、松下、爱德华、天利、朗讯、北电网络、三星、伟创力等跨国公司研发中心先后落户望京产业区,电子类研发中心聚集效应显现。全年累计完成增加值 27.36 亿元,同比增长 1.58 倍;实现技工贸总收入 132.84 亿元,同比增长 2.93 倍;上缴各种税金总额 7.4 亿元,同比增长 2.36 倍。(2005 年统计数据为 812 家企业,2004 年同期为 445 家企业)

地址:望京西园 220 楼西配楼
电话:64716671
邮编:100102

(韩　晶)

【伟创力公司入驻电子城西区】　8 月 15 日,通过北京金汉王通讯公司牵线搭桥,年收入达 134 亿美元的世界 500 强企业伟创力公司签约入驻电子城西区。伟创力公司是在五大洲 29 个国家拥有设计、工程、制造和后勤业务的大型全球性运营公司,大约 9.5 万名员工,总部设在美国,是一家为科技公司提供运营服务的全球电子制造服务(EMS)供应商,可为客户提供包括部件生产、装配、设计和承包设计生产商(CDM)产品在内的一套完整服务。

(张维刚　万　孟)

【“十一五”发展规划通过专家评审】　11 月 24 日,组织召开专家评审会,邀请中国发展战略研究会、北京大学、首都经济贸易大学、市发改委、市科委等单位专家,对电子城功能区规划前瞻性、指导性和操作性进行讨论和评审,专家对规划给予充分肯定。评审组专家认为,本课题研究报告内容详实,结构合理,逻辑严谨,论证充分,研究成果符合科学发展观基本要求,符合朝阳区功能定位和北京市产业导向,具有一定前瞻性,是一个水平较高的、具有指导性和可操作性的发展规划。

(张浩琦　邓　芳)

【东湖街道办事处筹备处成立】
年内,成立东湖街道办事处筹备处,为区政府的派出机构。主要负责辖区内城市管理、社会管理和居民管理等行政管理工作。电子城新区管理服务办公室与东湖街道办事处筹备处合署办公,实行一套人马、两块牌子办公体制。

(韩　晶)

【综合开发公司更名】　年内,望京新兴产业区综合开发公司更名为望京高新技术产业综合开发总公司,为区直属企业,归口区国资委管理。其主要职责为:按照北京城市总体规划和市委、市政府对本区城市功能定位要求,负责产业区建设总体规划和产业发展规划;负责产业区市政基础设施和配套服务设施建设;负责按产业区功能定位招商引资,促进高新技术产业发展;负责望京留学人员创业园发展工作。

(张爱霞　韩　晶)

奥林匹克森林公园

【概况】　奥运森林公园建设管理委员会是区政府临时常设机构。按照区委、区政府关于全力推进奥林匹克森林公园建设及“阳光奥运”要求,开展立项、融资、征地、拆迁、劳动力安置及审计、监察等各项协调工作,履行政府职能。年内,管委会调整工作职能,保留综合办公室和审计监察处,取消政策融资处和规划建设处。世奥公司履行企业职能,公司内设行政部、财务部、规划部、园林工程部、市政工程部、市场开发部、人力资源部;总公司下设绿化公司、保洁公司、保安公司。

地址:奥运村地区办事处东侧
电话:84911959
邮编:100107

(赵振霞)

【转居转工工作】　1 月至 4 月,根据市政府有关规定和国家批准项目征占集体土地上生活的农民转居安置相关政策,按照法定程序,对 295 名年龄在 16 周岁以上劳动力进行在校生认定工作。涉及全市 130 所学校,走访调查 1000 余次,认定在校生 160 名。3 月,为 197 名病残人员进行病残鉴定,完成 1091 人超转老人、残疾人接收和社会保险及资金补偿工作。4 月初,2554 人签定《劳动合同书》。到 6 月,有 387 人农转工自谋职业,并办理公证手续。

(赵振霞)

【百位将军义务植树】　3 月 24 日,郭伯雄、曹刚川、徐才厚等中央军委领导,解放军四总部,驻京部队各大单位、武警部队和军委办公厅等 100 余位将军到奥林匹克森林公园北园参加义务植树劳动,刘淇、王岐山、李士祥、陈刚等市、区领导一同参加植树劳动,种下 1000 多棵常绿树。

(赵振霞)

【签订用地协议】 4月6日，世奥公司与华北电网有限公司北京电力公司就奥运村220千伏变电站签订用地协议，在奥运森林公园用地范围内即朝阳区清河南侧、北五环路北侧、白庙村路西侧，土地面积约12000平方米永久使用权移交给华北电网公司北京电力公司，并由该方承担全部建设费用。11月10日，区政府与市2008工程建设指挥部办公室签订协议书，至2008年年底，区政府在奥林匹克森林公园用地范围内无偿向乙方提供第29届奥运会网球、曲棍球、射箭赛场三个临建场馆用地。

（赵振霞）

【"十一五"专项规划编制】 4月，管委会承接奥运功能区的"十一五"专项规划编写任务，即对奥运功能区内9个街道和地区办事处及有关职能部门走访、调研，收集资料。两次邀请17个职能部门和9个街道和地区办事处领导召开专项规划意见征求会。完成奥运功能区"十一五"专项规划征求意见稿两次修正工作。11月底完成了专项规划第三稿。12月底完成定稿。同时完成奥运功能区环境整治规划方案。

（赵振霞）

【确定招标代理机构】 6月15日，参照区发改委、区建委提供的北京市招标代理机构名单，在奥运森林公园建设管理委员会二楼会议室，6名评委针对4家公司综合实力进行评选，确定北京科技园拍卖招标有限公司为奥林匹克森林公园项目土方工程招标代理机构。6月17日进行监理、造价和勘察的代理机构比选，邀请参加的比选单位7家，7名评委对各单位经营业绩陈述和综合实力评议，最终确定北京科技园拍卖招标有限公司为奥林匹克森林公园项目监理、造价、勘察的招标代理机构。参加评审会议监督部门有区发改委、区监察局、区审计局、区财政局。评审委员由管委会及世奥公司领导组成。11月28日，公司召开经理办公会，同意在下一步工程建设招标工作中继续延用该公司作为招标服务代理机构。

（赵振霞）

【公园奠基】 6月30日上午，在奥林匹克森林公园南园举行森林公园开工奠基仪式。副市长翟鸿祥等出席仪式，并为开工奠基。12月29日，奥林匹克森林公园南园土石方工程动工。

（赵振霞）

【招投标工作】 7月5日，景观设计项目完成开标、评标工作。7月25日建设场地勘查项目进行开标、评标工作。8月24日进行绿化工程施工监理开标、评标工作。8月30日建设工程施工监理完成开标评标工作。10月24日造价咨询项目进行开标、评标。12月19—20日土石方工程施工进行开标、评标工作。奥林匹克森林公园各个项目均采用公开招标方式在标办进行，由管委会审计监察处负责全过程监督，市监察局、2008办公室、区发改委、监察局、审计局、财政局参与监督，评审委员会委员由标办随机抽取。

（赵振霞）

【市环保局批复环境报告】 7月8日，在奥运森林公园建设管理委员会，市环保局主持召开奥运森林公园环评方案比选专家评审会。与会专家经过对五家参选单位投标书认真细致审核和评选，综合各方因素，最终确定北京市环境保护科学研究院和中国环境科学研究院两家作为下一步编制环评大纲工作的比选中标单位。12月10日取得《北京市环境保护局关于奥运森林公园建设项目环境影响报告书的批复》。

（赵振霞）

【合同评审】 8月13日，召开奥林匹克森林公园场地勘查合同评审会。11月10日，召开奥林匹克森林公园设计合同评审会。11月30日，召开奥林匹克森林公园规划方案设计及技术服务合同评审会。12月30日召开奥林匹克森林公园园林绿化工程监理和建设工程监理合同评审会。12月30日召开奥林匹克森林公园土石方工程施工合同评审会，世奥公司合同评审小组成员一致同意上述合同符合《中华人民共和国合同法》的有关规定，同意报"2008"工程办公室审核。

（赵振霞）

【职工培训】 8月22日至9月23日，世奥公司组织第一批七期近700余名职工参加的员工上岗培训。课程安排《劳动法》、《就业指导》、奥运森林公园规划、公司制度、员工守则及相关专业知识。通过专业考试，有69人取得市劳动和社会保障局颁发的《北京市职业技能培训结业证书》。

（赵振霞）

【市委同意规划方案】 10月27日，刘淇主持召开市委专题会，听取市规划委和朝阳区政府关于奥林匹克森林公园景观规划设计方案及建设计划情况汇报。会议认为，该设计方案以自然森林为主，定位准确、规划合理，较好地体现了2008年奥运会的"三大理念"，要进一步细化完善，抓紧实施。会议原则同意此方案。

（赵振霞）

健翔科技园

【概况】 中关村科技园区健翔园管委会是健翔科技园园区内科技企业管理和服务部门。健翔园坐落在朝阳区,规划面积约4.04平方公里,辖区范围:东至北辰西路,南至裕民路,西至八达岭高速,北至科荟路(其中北土城西路以北为政策区)。截至年底,园区内有高新技术企业149家,其中外资企业6家,注册资金1000万以上企业22家。主营业务收入4亿元,上缴税费总额0.1亿元。园区高新技术企业实现技工贸总收入12.94亿元,同比增长73.63%;技术收入3.45亿元,同比增长349.9%;总产值6.8亿元,同比增长99.71%;上缴税费0.5亿元,同比增长156.68%。

地址:大屯路西奥中心座22层

电话:64862731

邮编:100101

(张　红)

【科技讲座】 4月12日上午,管委会办公室在创业大厦一层报告厅举办融资担保讲座,中关村企业信用促进会副秘书长刘英、中关村科技担保有限公司德胜事业部经理王建功介绍中关村各项资金申办条件、办理流程及企业在融资担保过程中所遇常见的问题和解决办法。10月13日下午,市生产力促进中心和区生产力促进中心共同举办人力资源主题培训沙龙活动,邀请高级人力资源顾问、清华大学工商管理总裁班讲师胡斌就企业如何识人、聚人、用人和留人,并将人力资源转化为企业核心竞争力等问题进行讲解。

(张　红)

【生产力促进中心运作】 5月上旬,启动生产力促进中心创新机制课题研究。结合生产力促进中心宣传工作要求,完成中心网站一期、二期建设方案及网站域名(www.cyppc.gov.cn)申请,初步完成网站模板制作和内容搜集,朝阳区生产力促进中心宣传网页正式对外发布。5月24日,在朝阳宾馆402会议室举办中介机构座谈会,各中介机构对生产力促进中心提供的服务项目以及交流与合作进行充分的探讨和研究。7月22日,市科委批复同意成立区生产力促进中心,纳入市生产力促进体系。7月26日,在西奥中心B座大堂举行区生产力促进中心成立暨科技中介入驻签约仪式。

(张　红)

【促进国际科技交流】 6月22日,与澳大利亚亚洲食品农业开发中心正式签定合作意向,双方将按照协议规定,致力于推动中、澳及其它国家之间科技发展,积极寻找科技投资、转让以及商业化等方面合作机会,共同开发双方在贸易合作上的基本框架和机制,促进中澳两国科技合作与交流。

(张　红)

【园区企业获专项资金资助】 9月,在中关村科技园区技术创新专项资金立项项目年度评审中,园区高新技术企业北京慈济医院管理有限公司慈济健康体检信息管理软件项目和北京中欧江川生物科技有限公司J卡生物空气净化技术被评为中小企业技术创新专项资金立项项目,分别获得35万元和25万元无偿资助。

(张　红)

【举办人才现场办公会】 11月16日,中关村科技园区健翔园管委会、区生产力促进中心邀请区人事局、朝阳人才服务中心在西奥中心为园区高新技术企业举办人才现场办公会,并为30多家企业现场办理单位立户、企业委托存档、办理工作居住证及2006年毕业生需求补报等工作。

(张　红)

【为企业办实事】 11月,管委会为园区前三个季度纳税前50家高新技术企业免费订阅2006年《人民日报》和《北京日报》。12月底,为园区内73名两院院士及经园区认证的149家高新技术企业免费订阅《朝阳报》,通过直投和邮寄方式送至院士和企业手中。

(张　红)

【两研发中心同日成立】 12月8日,新时代国珍研发中心和新世界软件(中国)研发中心同日成立,这两个中心成立将带动健翔科技园生命科学和电子信息产业发展。

(张　红)

【高新技术企业统计年报培训】 12月29日,管委会在北京市教工休养院举办高新技术企业统计年报培训,园区高新技术企业代表100余人参加。培训结束后,区工商局、区国税局、区地税局等相关部门工作人员现场解答企业咨询。

(张　红)

【孵化器建设】 年内,健翔科技园管委会与中科院生物所控股子公司——北京百奥药业有限责任公司和北京中生北控科技股份有限公司达成在健翔科技园内共同建设生物医药孵化器的意向，完成《中关村科技园区公共专业技术支撑服务平台项目》申报。该项目获得中关村科技园区公共专业技术支撑服务平台支持资金500万元。

（张　红）

温榆河生态走廊

【概况】 温榆河生态走廊建设管理委员会办公室是朝阳区政府常设办事机构，设规划部、计划经营部、前期部、财务部、综合部。负责组织落实温榆河地区孙河、金盏、崔各庄三乡土地利用、交通、市政等各项规划，研究制定产业发展政策，实施道路及市政设施建设，实施项目建设的征地、拆迁工作；协助三乡进行绿化及生态环境建设；组织项目招商及工程建设；制定资金平衡计划和融资方案。

地址：金盏乡金盏东街9号
电话：84334239
邮编：100018

（朱林涛）

【区领导专题调研】 3月23日，陈刚到温榆河进行专题调研，调研中深刻分析温榆河地区规划建设与北京市总体规划关系，与通州、空港、顺义在产业发展上的关系，与北京市土地政策和保护农民利益的关系，同时提出工作要求：严格按照规划发展；切实保护农民利益；加强对市政基础设施投入力度。6月23日，李士祥、陈刚到温榆河调研，认真听取土地利用、交通、市政、产业等方面汇报，要求从科学发展观和构建和谐社会出发，突出循环经济和可持续发展思路，进一步完善规划，稳步推动规划上报市规委的各项工作程序，同时加紧研究后期配套政策。

（朱林涛）

【参加第六届朝阳国际商务节】 9月15日至18日参展期间全方位展示规划成果，接待多位重要领导、外地市长参观团及大量观众。

（朱林涛）

【规划编制上报工作深入进行】 年内，坚持统筹规划、市政先行，同步完成水、电、气、热、道路、通讯等专项配套规划，从单一土地利用规划过渡到综合性整体规划，形成比较完整规划体系，增强科学性和可操作性。

（朱林涛）

综合经济管理

计　划

【概况】　朝阳区发展和改革委员会是负责研究提出全区经济和社会发展战略、政策,进行综合平衡,指导本区总体经济体制改革工作的区政府组成部门。内设办公室、国民经济综合科、发展规划科、投资科、价格法制科、产业发展科(区经济协作办公室)、国民经济动员办公室(区招标投标管理办公室)、资源环境管理办公室(区电力管理办公室)。

地址:团结湖南里12号
电话:65012644
邮编:100026

(周　静)

【项目调查】　1月至2月,通过与区市政管委、建委、文化委、水务局等17个部门和单位,就区域范围内道路交通、水系治理、环卫和垃圾处理设施、环境整治、供电设施等12类基础设施建设项目进行调查,全区基础设施建设项目共181项,其中,市区共建项目38个,区建项目125个,单位自建项目18个;按照各单位上报数据统计,项目总投资202.8亿元,本年计划投资75.6亿元。7月,对全区2005年和2006-2008年道路基础设施、产业发展、环境资源、公共安全及社会事业等重点建设项目进行调查。收集项目449个,初步确定214个项目为2006年全区重点建设项目。9月,组织区规划、国土、工商、商务、质监、建设、城管负责人对区内14家汽车配件市场逐一梳理和排查,了解市场基本情况,核实建设、经营审批手续,并上报市发改委,为市政府决策提供依据。

(丁　萍)

【推进专项规划编制】　5月12日,召开全区"十一五"规划编制工作大会,正式启动专项规划编制工作,会议下发《朝阳区关于进一步推进"十一五"专项规划编制工作的意见》,提出区"十一五"规划编制方向和任务,明确了1个总规加28个专项的"十一五"规划体系。10月14日,区政府办转发了区"十一五"规划编制工作办公室关于《"十一五"专项规划编制工作进展情况及下一步工作安排》。为推进专项规划研究编制,制定了《朝阳区"十一五"专项规划服务协调工作方案》,对各规划进行定期追踪、指导,随时保持专项规划与规划纲要衔接,并通过组织召开专项规划专题会请区领导直接调度,加大专项规划编制力度。28个专项规划编制工作均定稿。

(金　虎)

【推进奥运工程建设】　6月,奥运工程建设领导小组编制《朝阳区2008奥运建设工程蓝皮书》,明确奥运森林公园建设、奥运场馆建设(包括朝阳体育中心和朝阳体育馆改造、朝阳公园沙滩排球场建设),奥运周边24条道路拆迁或建设、奥运场馆周边16片城中村整治、24片奥运场馆及相关设施周边、32条新改扩建道路和2座桥梁周边以及27条奥运会赛时交通组织周边环境整治等建设92个项目,总投资153.34亿元。年内,建立每月两次例会制度,统筹协调各种资源,协调解决项目推进中需要决策的问题。建立奥运工程督察制度,研究制定《朝阳区奥运工程建设目标责任书》,抓好各项工作进度落实。加大协调力度,加快奥运工程前期手续办理,24条奥运周边道路中,除工体南路外,全部取得立项批复,16片城中村整治项目中,本年实施的6个项目全部取得立项批复。

(丁　萍)

【研究编制区"十一五"规划纲要】
上半年,按照中央和市委关于编制"十一五"规划的要求,在分析朝阳发展基础和环境，充分吸收前期研究课题和专项规划成果的基础上，区“十一五”规划编制工作办公室（设在区发改委）在区“十一五”规划编制工作领导小组指导下，制定了《纲要》。《纲要》形成过程中，广泛征求各委办局、各街乡意见，听取区人大代表、政协委员、区级老领导、各民主党派和工商联负责人、无党派人士以及专家学者的意见。7月27日至28日，朝阳区委九届五次全体（扩大）会议听取“十一五”规划纲要编制工作情况汇报。12月20日，朝阳区委九届六次全体（扩大）会议讨论审议《纲要（草案）》。

（金　虎）

【电力需求侧管理】 夏季用电高峰时期，落实市政府下达给朝阳区的各项保证电力供需平衡对策，利用价格杠杆，日均削减高峰负荷3.5万千瓦左右；轮流周休措施日均削减负荷1.87万千瓦；高温休假措施日均削减负荷1.65万千瓦。全区近600家党政机关、企事业单位办公楼空调全部设置在26摄氏度以上，完成市政府下达的削峰降荷指标。

（邢春生）

【固定资产年度计划】 11月，上报2006年商品房建设计划，计划投资475.5亿元，建筑面积2927万平方米。其中：内资商品房建设计划投资387亿元，建筑面积2214万平方米（其中住宅面积524万平方米）；外资商品房建设计划投资88.5亿元，建筑面积713万平方米（其中住宅面积277万平方米）。

（丁　萍）

【金融】 年内，深入研究城市基础设施建设资金筹措方式。协调推进融资平台建设，协助区水务局等单位，采取吸引社会资本、银行融资、财政投入等多种方式，注资搭建了昭阳国研水务投资公司，拓宽了基础设施建设的融资渠道。全市首条引入社会资金参与建设的城市主干路亮马河北路开工建设。

（艾　航）

【税源建设】 年内，区委区政府为进一步调动纳税企业积极性，有效涵养税源，决定给予2004年度43家纳税贡献突出企业发放奖励。在奖励过程中，与企业进行沟通，进一步了解企业发展需要，为促进税源建设工作夯实基础。积极探索税源建设工作新规律，促进税源建设工作从单纯清理异地纳税向注重吸引、培育、涵养服务税源转变。以调动街乡参与税源建设工作积极性，引导重点产业项目向本区聚集、促进产业优化调整为目标，研究税源奖励政策，在政策中突出产业发展方向和优化政府服务环境等内容。

（艾　航）

【网上审批二期工程】 年内，区电子政务网上审批二期工程启动后，各项工作进展顺利，实现与市级平台相连。区内301项许可事项，涉及35个委办局，其中17个委办局的146项审批业务实现表单和附件网上下载以及流程公示，可以进行网上、网下结合申报审批，6个委办局的29项业务完全实现网上审批。整理完成税务和质监的企业数据达11万多个，完成29个委办局和服务大厅大部分公务员用户创建，朝阳区审批平台环境已经进入测试阶段。

（艾　航）

【建设朝阳共享信息平台】 年内，积极创新信息管理与分析研究手段，大力推进共享信息系统开发，开展建设方案招标工作，提出系统建设深化设计方案，确定今后系统平台搭建、基本功能定位以及系统维护管理工作基本思路。完成税源管理子系统、财政支出子系统建设，启动城中村管理、药品监察管理、教育资源管理、水务管理等相关子系统开发，为解决全区各部门之间信息有而不用、用而不准、准而不深问题，打破信息分割局面夯实基础。从而解决领导决策信息支持和政府部门横向信息共享问题，让各级领导和管理部门掌握真实基础数据。

（艾　航）

【道路建设】 年内，落实市交通委、发改委等八部门联合下发的《加快基础设施项目前期工作的意见》，指导、协助建设单位加快本区道路建设项目前期手续办理。上报市发改委申请立项道路项目30个，取得立项批复29个，本委自行批复道路项目10个。对全区建设的部分已竣工农村道路进行了检查验收。

（丁　萍）

【争取市政府资金和政策支持】 年内，与CBD管委会、区财政局等部门沟通，在摸清底数前提下，协调相关部门，加强CBD土地出让金返还问题研究，共同争取市政府政策支持，申请转变按项目返还方式为按土地出让金实际缴纳额一次性返还，争取到CBD土地出让金返还20亿元。

（丁　萍）

【总结评估“十五”计划执行情况】 年内，协调全区各部门对“十五”期间本部门、本领域工作进行总结，对“十五”计划纲要及各个区级专项规划主要任务、主要指标实施完成情况等内容全面评估，形成《朝阳区国民经济和社会发展第十个五年计划完成情况的报告》。12月14日，经区十三届人大14次常委会审议通过。

（金　虎）

【区域功能定位研究】　年内,与区规划分局、CBD管委会等相关部门共同深入研究区域功能定位以及奥运、CBD和望京—电子城三大功能区发展问题,起草《朝阳区关于落实"区县功能定位及评价指标体系"工作的汇报》、《朝阳区"十一五"期间三大功能区和温榆河生态走廊(及机场地区)发展的基本思路》、《功能区和组团区划范围研究》等研究报告,并请市规划委三位专家对功能区和组团边界划分论证评估。

(金　虎)

【加强循环经济建设】　年内,大力推行循环经济各项工作,将全国节能宣传周与电力迎峰度夏工作相结合,加大节能、节电宣传力度。在全国节能宣传周活动期间,联合朝阳供电公司、呼家楼街道以"加快发展循环经济,建设节约型城市"、"加强电力需求侧管理,强化科学、合理、安全用电"为主题共同举办节能、节电宣传日活动。向全区发出创建节约型城区倡议书,倡议各党政机关、企事业单位和广大市民,从我做起节能节电,促进迎峰度夏工作的开展和节约型社会建设。切实做好资源综合利用初审推荐工作。初审验收资源综合利用企业三批共19家,全区资源综合利用企业达38家。推荐上报"国家发改委第三批当前国家鼓励发展的环保设备(产品)目录"。组织申报国家发改委可再生能源和新能源高新技术产业化专项工作。组织并向市发改委推荐高安屯垃圾处理中心项目申报工作。协调区教委积极落实北京市(百万只)绿色照明工程第二批暨全市中小学全部更换高效照明产品工作。

(薛　蕾)

【电力隐患整治】　年内,贯彻市政府电力安全隐患整治专题会议精神,认真分析市级挂账的59处电力安全隐患的形成原因和基本情况,加强组织和协调工作。区发改委牵头,区安监局、区城管大队和北京电力输电公司等单位紧密配合,积极开展电力安全隐患摸排、检查工作,迅速成立整治工作联合办公室,建立执法联动机制、组织联系机制、协调督查机制、信息反馈机制和专项整治检查机制,制定周密工作方案,有效加大执法检查力度。年底确认清理隐患34处。

(薛　蕾)

【对口支援和经济协作】　年内,逐步把对口支援工作由输血型向造血型转变,从无偿公益型向联合经营型拓展。重点加强项目援助,实现援助资金与当地资源优势结合,积极扶持支柱企业,增强"造血"功能,实现经济可持续发展。援助100万元用于内蒙古察右后旗建设绿色蔬菜高标准温室和新型建材免烧砖项目。援助350万元用于拉萨城关区阳城广场建设。无偿捐助拉萨市城关区50台电脑。

(王建军)

【依法行政】　年内,在全委范围内明确委内14项行政许可事项,修订行政许可配套制度,编排印制区发改委行政许可规范性文书,公布行政许可工作流程,按照许可法要求开展工作。

(郭京阳)

统　　计

【概况】　朝阳区统计局是区政府负责综合统计工作的职能部门。设监察科、管理科、社会科、农村科、经济科、法规科,农调队、商调队、城调队、执法队,计算机中心、普查中心,办公室。年内,完成市、区的各项统计报表及专项统计调查;对区经济运行情况及时进行统计分析预测,为领导决策提供依据。

地址:日坛北街33号

电话:65094423

邮编:100020

邮箱:office@chystats.gov.cn

(刘冬梅)

【网上直报】　年初,统计局投入资金和设备,改善网上直报环境,提高技术水平。同时组织40余场次业务培训,培训企业4000余家,印发培训手册和各种辅导材料6000余份。网报企业数量达到3000家。

(刘冬梅)

【统计信息化建设】　7月底,数据信息资源管理系统进入实质性开发阶段。开发完成的模块具备主要功能,并提前使用OLAP在线分析工具。

(刘冬梅)

【建立统计指数】　8月,宏观经济预警指数、朝房景气指数和居民满意度指数经一年运行正式向社会发布。三个指数运用统计理论分析数据与政策调整和市场变化,为准确把握宏观经济运行趋势和经济社会协调发展,促进宏观经济调控发挥作用。

(刘冬梅)

【发布国民经济和社会发展公报】　年内,发布《2004年朝阳区国民经济和社会发展统计公报》，公报整合部门数据资源，适当增加社会经济、城乡以及人与自然协调发展等方面的指标，较全面的反映了区域经济和社会发展情况，并印制成册，发放至政府部门和社会各界。

（刘冬梅）

【经济普查】 年内，制定《普查资料开发方案》，并着手实施。同时对主要经济指标进行系统分析，制成DVD宣传片向区政府领导及有关部门进行汇报。为区域内20余家部门提供大量普查数据，用于“十一五”规划和制定。为深入挖掘普查成果，专门组织专家和相关部门围绕全区经济和社会发展重点进行深入研究，确定50余项研究课题，以集中反映普查成果。

（刘冬梅）

【1%人口抽样调查】 年内，1%人口抽样调查涉及全区各街乡近2万户家庭，5万名调查对象。统计局从提高调查数据质量入手，采取措施，细划调查方案，查找工作漏洞，严格人员选调，加强培训和考核，确保入户清查和登记的源头数据质量，顺利完成了摸底、登记、编码以及数据处理各阶段工作。

（刘冬梅）

【拓展统计服务领域】 年内，针对经济发展过程中的新特点和新趋势，撰写了《“三个优化”推动企业良性发展》、《三大需求因素对朝阳区经济发展的作用分析》等多篇调研报告。针对建设和谐社会发展中的一些情况，撰写《走进低保家庭》、《解读我区低收入家庭现状》等分析文章反映弱势群体生活状况；撰写《朝阳区“三农”问题研究》和《对朝阳区当前农民就业和社会保障问题的调研报告》，反映本区农村人口生存环境和生活现状。同时又针对区委区政府领导高度关注的流动人口问题，专门进行研究，及时撰写专题分析。

（刘冬梅）

【统计专项调查】 年内，开展低保调查、春节调查、教育与就业调查、工业企业数据质量调查、旅游调查、党风廉政调查、社区平安调查等多项调查。

（刘冬梅）

【统计执法检查】 年内，开展了统计执法大检查工作。区统计局执法队、各专业科室和街乡统计部门共检查561个单位，立案64起，其中：警告19起，罚款39起，罚款金额288000元，销案6起。统计局深入研究执法程序和文书制作，在执法程序中委托授权书等法律文书使用已被全市各区县统计执法系统推广使用。

（刘冬梅）

【统计“四五”普法】 年内，结合2005年年报工作，统计局统一印制22000份《致法定代表人的一封信》，并100%发放到报表单位，创新普法宣传方式，并对“四五”普法期间工作进行了全面总结。

（刘冬梅）

【修订管理和考核办法】 年内，建立《朝阳区数据质量责任追究办法》、《街乡统计资料管理办法》、《朝阳区统计法制工作要点》、《朝阳区统计局企业信用信息管理办法》；修订完善《朝阳区统计局级数据质量评估办法》、《科级数据质量评估制度》、《街、乡统计工作考核评比办法》、《朝阳区统计局基本单位名录库管理办法》、《行政效能考核管理办法》和《中层干部的考核管理办法》等十余项管理制度。

（刘冬梅）

【街乡基础工作】 年内，统计局加强基层基础工作，工作重心向街乡倾斜。一是从加强街乡统计资料管理入手，强化统计基础工作。对街乡建立健全统计台帐、完善统计资料、统计单位名录库进行系统辅导；二是提高了对街乡统计工作的要求和标准，加强业务垂直管理；三是为了确保源头统计数据质量，以提高街乡数据评估能力为重点，采取集中培训10余次、定点走访20余次等形式加强对街乡统计业务工作指导。

（刘冬梅）

劳动和社会保障

【概况】 朝阳区劳动和社会保障局是区政府综合管理全区劳动和社会保障工作的职能机构。下属事业单位有：朝阳区职业介绍服务中心、社会保险基金管理中心、医疗保险基金管理中心、农村保险事务管理中心、劳动服务管理中心、职业技术学校、劳动监察大队、北京市第八职业技能鉴定所。

地址：霄云路34号

电话：64671648

邮编：100027

网址：http//cyld. bjchy. gov. cn

（宋春萍）

【社会保障体系建设】 6月1日，

《朝阳区新型农村社会养老保险试行办法》及《实施细则》正式实施，标志着以农村新型合作医疗、农村最低生活保障制度以及新型农村社会养老保险制度为主要保障形式的农村社会保障体系在全区形成。年内，明确各科室、事业单位职责，依托街乡落实责任、明确指标、加强考核，对扩面工作先进单位给予表彰，建立激励机制以推动扩面征缴工作顺利开展；42个街乡开通网上申报和社保登记系统，为外地农民工及时参统、提高经办效率打下基础；为巩固提高朝阳区社会保险监督系统使用效果，建立新注册企业信息收集、信息录入、政策同步入户、后期监察督办工作流程；以街乡为主体推动工伤保险宣传力度，同时加大对建筑工地的检查和督办，有重点地推动各建筑工地为农民工参加工伤保险。深化农村社会保障体系改革。按照《关于加强农村社会养老保险基金管理的紧急通知》文件精神，从统筹基金管理与监督角度出发，本局通过分析研究完成《农保基金管理办法的探索》可行性分析报告，并进行多次论证，将调研转化为成果，确定农保基金实施收支两线管理制度。农保基金收缴全部纳入局财务中心专项管理，并于9月底将农保基金2000万元拨入局财务中心管理的农保基金专用账户，其中1000万元购买国债，顺利完成资金管理与运营转移与衔接工作，确保农保基金安全与保值增值。整建制农转居工作被列为折子工程，本局对涉及的南磨房、将台、东风、太阳宫4乡开展整建制农转居工作意向调查，并将调查结果及建议以信息调研形式向市局、区领导呈报；为配合区农委等相关部门积极推动此项工作开展，根据《关于在通州区永顺镇试行<北京市整建制农转居人员参加社会保险试行办法>的通知》文件精神，结合本区实际情况，本局拟定《朝阳区鼓励整建制农转居人员参加城镇社会保险试行办法》(讨论稿)，待市局正式出台办法后修改完善，为本区启动整建制转居工作做好前期准备工作。

(宋春萍)

【政策宣传】　10月18日，开展农民工劳动保障权益普法宣传活动，劳动和社会保障部副部长步正发、副市长孙安民等领导参加活动，20家企业代表发起“维护农民工合法权益，我们共同的责任”签名活动。此次活动，印制《致来京务工人员的一封信》、《建筑施工企业办理社会保险须知》、《〈北京市工资支付规定〉问答解答》、《劳动仲裁政策问答》等8种劳动保障宣传材料，设立宣传展板50余块。宣传当日，全区42个宣传点，吸引万余人到场，为8000余人进行政策咨询，发放宣传材料50000余份。

(宋春萍)

【李铁映检查劳动法执行情况】　10月19日，全国人大常委会副委员长李铁映率领全国人大《劳动法》执法情况检查小组到本区检查。检查组在听取汇报后，在市、区领导陪同下分别到北京东方冠捷电子有限公司、北京卷烟厂、北京紫竹药业有限公司等企业实地检查。

(宋春萍)

【劳动力市场建设】　年内，出台《关于加强公共事务性岗位安置农村就业困难人员的意见》、《朝阳区鼓励用人单位招用本区农村劳动力给予社会保险补贴的实施办法》、《朝阳区促进农村劳动力灵活就业暂行办法》等文件，拓宽农村劳动力就业渠道，加大农村劳动力转移就业政策扶持力度，将促进就业政策覆盖到农村劳动力所有就业形式，形成城乡协调促进就业政策体系，使农村劳动力与城镇失业人员享有平等就业机会。夯实失业人员管理基础，提高特殊群体就业服务水平。印发《朝阳区关于进一步加强失业人员动态管理，强化特殊群体就业服务的意见》，将特殊群体就业服务工作纳入街乡培训就业工作要点；开展“掌握就业动态，夯实服务基础”主题月活动，明确服务对象；采取报表会审和通报等形式，确保各项工作贯彻落实；利用失业人员信息管理系统对特殊群体的档案、失业登记、领取失业保险金等情况进行管理，通过就业服务电子台账对特殊群体的职业指导、推荐就业、技能培训等情况进行跟踪；强化服务，开展“特殊群体就业服务”主题月活动，确保有效岗位信息和培训信息送到特殊群体手中。制定《朝阳区民办职业技能培训机构管理暂行办法(试行)》和《朝阳区职业技能鉴定考核管理暂行办法》，规范培训机构办学行为；强化监督，依托网络媒介，建立各培训机构管理电子档案，及时向社会公布学校办学管理情况。

(宋春萍)

【再就业与职业培训】　年内，开发就业岗位104574个，其中为农村劳动力开发就业岗位(适合农村劳动力求职特点的商业服务业、交通业、仓储物流业、社会服务业、家政服务业、园林绿化业六大行业)17570个，分别完成全年工作指标的104.57%和292.83%；安置失业人员29852人，其中农村劳动力实现转移就业6573人。失业人员技能培训8139人，组织9885人参加职业技能鉴定。

(宋春萍)

【社会保险】　年内，养老保险缴费单位14237户，缴费人员656193人，同比分别增长25.47%、16.23%，征缴基金534731万元，同比增长37.81%。支出基本养老金376508万元，同比增长12.88%。

医疗保险缴费单位14438户,缴费人员1015278人,其中外地农民工46353人,同比分别增长25.87%、15.11%。征缴基金271857万元,同比增长40.16%。医疗保险基金支出207389万元,同比增长28.12%。补充医疗保险的覆盖面保持在90%以上。失业保险缴费单位14494户,缴费人员738698人,同比分别增长27.41%、22.01%,征缴基金41239万元,同比增长23.80%,支出失业保险金21992万元,同比增长28.64%。工伤保险缴费单位13737户,缴费人员593571人,同比分别增长30.95%、24.56%。征缴基金9712万元,同比增长17.31%,支付工伤职工各项支出2810万元,同比增长27.26%。参加农村社会养老保险6580人,其中新参保763人,收缴保费1384万元;农保累计参保31046人,累计收缴保费1.5亿元。新增退休人员247人,全年发放养老金307万元;领取农保养老金2231人,发放养老金历年累计1133万元。7月1日《北京市企业职工生育保险规定》开始实施,保险缴费单位11644户,缴费人员440658人,收缴保费5099万元,支出保费1206万元。

(宋春萍)

【城镇登记失业】 年内,全区登记失业人员累计52741人(含上年结转失业人员7257人,新增45484人,其中就业转失业人员28508人)。其中29852人实现再就业,再就业率为56.60%。在实现再就业的人员中"4050"(女40岁以上,男50岁以上)人员就业率为64.87%。年末,实有失业人员19413人,城镇登记失业率控制在2.23%。

(宋春萍)

【劳动监察】 年内,检查用人单位13654家,涉及劳动者471348人,立案5668件,受理举报、投诉案件4604件;对345家有严重违法行为的用人单位进行行政处罚,送达处罚金额211.51万元;对17家严重侵犯劳动者合法权益用人单位进行行政处理;为11925名劳动者追回工资2131.234万元;为16335名劳动者追缴社会保险费989.75万元;责令711家用人单位与16398劳动者补签劳动合同;依法取缔非法职业介绍机构201家。

(宋春萍)

【劳动合同】 年内,全区100%街道、地区办事处建立劳动关系三方会议制度;抽样调查私营企业、股份联营企业和个人工商户劳动合同签订率分别达70%、85%和35%以上;具有资质的建筑施工企业与农民工劳动合同签订率达到95%以上。

(宋春萍)

【集体合同】 年内,接受集体合同审核备案112份,涉及企业405户,职工81443人,工资集体协商82份,涉及职工7626人。

(宋春萍)

【劳动争议仲裁】 年内,受理劳动争议仲裁案件2697件,其中:立案1822件(含集体案件79件);立案案件涉及职工1822人。法定时限内结案1817件,结案率为99.73%。从全部案件统计,以裁决方式结案833件,占已结案的45.7%;按调解和经调解后撤诉结案的745件,占已结案件的41%;撤诉处理的案件239件,占已结案件的13.1%。20起劳动关系得到确认。927人参加劳动争议案件公开审理。

(宋春萍)

【公费医疗】 年内,公费医疗经费支出30151万元,同比增长11.52%。其中,中央单位支出12117万元,同比增长11.23%;区属单位支出18034万元,同比增长11.77%。全区人均支出3787.43元,同比增长11.52%。

(宋春萍)

【职业技能竞赛】 年内,组织开展以"提升奥运服务水平,促进农村劳动力转移就业"为主题的职业技能竞赛。各街道开设餐厅服务员、商品营业员等竞赛项目,150余家企事业单位参与,初赛选手5000余人,涉赛人数15000余人,累计比赛200余场,800多人脱颖而出。

(宋春萍)

工商行政管理

【概况】 北京市工商行政管理局朝阳分局(简称工商朝阳分局),主要负责辖区内市场经济主体登记注册、商标广告监管、经济合同监管、市场竞争监管、打假维权,以及规范市场经济秩序等工作。全局下设33个部门,其中15个职能科室、12个工商所、1个执法检查队、5个事业单位。

地址:霄云路霄云里1号
电话:51069009
邮编:100016
网址:http://www.hd315.gov.cn/

gongshang/new/index. asp

(贾向文)

【消费者权益保护】 1月8日,根据举报一举端掉南磨房乡一户特大制售假酒的黑窝点,查获京酒、红星二锅头等多个品牌假酒410箱。4月,在小望京村查扣5吨假冒食盐、私盐。4月28日,组织全市消保系统在华堂商场亚运村店召开强化食品冷链销售管理现场会,向全市推广华堂商场冷链销售管理先进经验。6月,在平房乡端掉了3个粽子黑窝点,查扣非法加工粽子4000余个。9月14日,在西马庄村取缔无照月饼黑窝点,查扣10箱黑月饼;年内,抽检果脯蜜饯类食品780件次,不合格315件次,合格率60%;抽检干果类食品121件次,不合格45件次,合格率63%,所有不合格食品均已责令下架。全年办理消费者权益保护案件1841件,罚没款总额1203万元。在区内建工商工作站118个(其中社区工作站91个,校园工作站9个,村镇工作站8个,军营工作站6个,工地工作站4个),消费者维权网络化建设得到有力推进。年底,全区达到冷链要求的大中型商场、超市超过70%。

(贾向文)

【商标监督管理】 1月,在大黄庄附近查获一假冒"阿迪达斯"商标等品牌运动鞋的窝点,查扣近5000双侵权运动鞋。2月至10月,工商朝阳分局保护知识产权机动队多次有重点地对秀水街、雅秀等服装市场公开销售"LV"、"香奈尔"等国外知名品牌商品违法行为展开专项整治,查扣大量假冒"香奈尔"、"万宝龙"、"GUCCI"等品牌侵权商品,立案查处95件,结案89件,罚款36万元。通过张贴通告、宣传法规、召开座谈会、派人驻场、集中整治,秀水街等服装市场公开销售侵权商品现象得到遏制。4月中旬,组织太平洋百货等9家挂牌"无假冒商标示范单位"和区内部分信誉较好的商业企业座谈。4月26日,结合《奥林匹克标志保护条例》实施三周年纪念日,同北京奥组委在燕莎友谊商城开展以保护"奥林匹克知识产权"为主题的宣传活动。年内,查处侵犯奥林匹克知识产权的案件14件,罚款27.3万元。5月,在分钟寺桥北一库房内查获假冒"鲨鱼"服装16993件,案值近百万元。7月,查获北京天成隆胜商贸中心使用侵权包装的861箱青岛啤酒。9月,在四惠桥东南侧库房内查获一销售"雷士"牌灯具黑窝点,查扣灯具117箱;同月,在小红门乡肖村一所出租房屋内,查获侵犯"长城"注册商标的干红葡萄酒1486箱。10月,在国贸晨曦中心查获侵犯"维多利亚秘密"商标专用权的内衣1200余件。年内,选出著名商标复审2件,推荐新认定商标6件。

(贾向文)

【有形市场监督管理】 1月底,对辖区140个市场中130个经营活禽的摊位进行拉网式检查,对不符合活禽经营条件的15个摊位予以停业整顿。2月初,集中力量对8个农副产品市场重点检查,发现并责令34户限期整改。9月22日,北京市实施奥运食品安全行动纲要暨市场升级改造现场会在本区召开。年内,根据《北京市朝阳区有形市场发展建设指导意见》,完成计划内升级改造的市场30家,转型淘汰市场12家,投入资金8000余万元。加大有形市场落实冷藏销售制度和活禽摊位升级改造指导力度,62家市场内经营熟肉、豆制品、乳制品等食品的285个摊位实行冷藏销售,熊猫环岛、周庄弘燕、大柳树、朝来万通等29个市场的73个活禽摊位改造完毕。区内新开市场36家,新生成空壳市场40家。

(贾向文)

【食品安全监督管理】 1月至9月,区卫生、工商、农委、质监等部门联合查处食品安全违法案件1231件,查处金额120万元(其中工商朝阳分局630件,查处金额51万元);联合食品抽样检测4520样次,合格4099样次。年内,区内农副产品市场121家,涉及食品经营的商场、超市783家,农副食品加工企业864家,食品批发、零售企业1961家,从事食品经营的个体工商户14044户,餐饮企业3149家,建筑工地700家,学校食堂99家。根据《北京市人民政府办公厅关于进一步明确本市食品安全区(县)属地管理职责有关问题的通知》精神,区政府下发《关于建立朝阳区食品安全三级防控网络的通知》,明确建立区食品安全三级防控网络(区政府为一级,街乡政府为二级,社区、村为三级),要求社区、村设立食品安全协管员,建立食品经营企业台账,制定《朝阳区食品经营企业分级监督管理办法》,将食品经营企业管理与企业监督分类分级管理相结合,实行食品经营企业分类分级网格化管理。全年区内发生食品中毒案件5起,中毒人数69人,死亡1人。

(贾向文)

【查扣苏丹红】 2月,在华润超级市场京通新城分店销售的亨氏美味源牌金唛桂林辣椒酱内,发现本市和全国首例含有苏丹红1号的食品。3月8日,接到举报反映亨氏美味源(广州)食品有限公司生产的一批含有苏丹红1号的辣椒油正由广州发往北京,工商朝阳分局立即组织执法力量到东郊火车站蹲守,将这批发往北京的639箱涉嫌含有苏丹红1号的辣椒油成功截获。在随后的"涉红"食品专项整治中,共查扣含有苏丹红的美味源牌酱制品61件,美味源牌辣椒油639箱(15336件),查扣肯德基"涉红"食品10697件(其中辣鸡翅

5480件，劲爆鸡米花112件，香辣鸡腿堡4639件，新奥尔良腌料、酱汁粉、辣腌泡粉466件)。

(贾向文)

【私营个体协会工作】 6月，在原三里屯酒吧行业分会基础上，成立区私个协系统内第一个跨地域行业性组织。7月，区私营个体协会由双龙南里129楼迁至霄云路霄云里1号。9月，成立区私个经济精神文明建设委员会，工商朝阳分局局长任主任，18个局、委、办负责人任成员，办公室设在区私个协。年内，协会共有私营企业会员8550户、个体会员16825户；推荐参加"守信企业"118家(其中52户为新申报企业，66户为复查企业)；为永顺华蔬菜有限公司等7家企业申请银行贷款贴息、财政拨款及补助1100万元；组织国门大厦等96家企业参加各类洽谈会、考察16次；代表会员利益向各级政府部门反映各类问题8件，协调解决各种经济纠纷6起，为会员挽回经济损失80余万元。

(贾向文)

【广告监督管理】 上半年，对辖区内媒介单位广告经营资格展开全面检查，应参检媒介单位256户，实际参检247户，参检率96.5%，9户媒介单位因公告后仍查无下落，被吊销广告经营许可证。根据市工商行政管理局《关于改革广告监管工作的意见》精神，对媒介广告监测工作进行重大改革，对查处违法广告工作，由以往眼看手记改为通过计算机广告监管系统全程监控。重点加强医疗、保健食品等虚假广告查处力度，实行行政告诫，建立约见制度，及时沟通情况，再实行立案查处，有效地遏制媒介广告违法势头，降低媒介广告违法率。年内，查处各类违法广告案件263件，罚没款390.4万元。

(贾向文)

【合同监督管理】 上半年，与市市场协会、市汽车工业协会共同研究制定行业守信企业公示标准。年内，推荐守信企业数547家，初审通过512家，比上年多113家。牵头制作《"北京市汽车买卖合同"示范文本》，在亚运村汽车市场、东方基业汽车交易市场试用。本年是实施《经纪人管理办法》(修改版)第一年，工商朝阳分局采取媒介宣传、社会监督、年检备案等方式加强监督管理，使经纪类公司备案率达87%。截至年底，办结合同违法案件100起(合同欺诈26起，经纪人68起，拍卖2起，其它4起)，罚没款42.96万元，较上年度提高一倍。

(贾向文)

【整治"七黑"专项行动】 上半年，对辖区内旅店业、废旧金属收购业、二手手机旧货业和歌舞厅、洗浴、电子游艺、美容美发等7类行业场所无照经营、违反专项审批规定的超范围经营违法行为和无照经营聚集区展开专项整治，并建立7类行业场所无照经营、超范围经营台账及无照经营聚集区台账样本。截至7月1日，统计上报七种严打行业无照无证户1315户(其中，旅店业22户、电子游艺14户、废旧金属收购业64户、歌舞厅84户、洗浴业50户、二手手机旧货业83户、美容美发812户，以及区综治办告知186户)；无照经营聚集区84个(内有无照经营户5620户)。截至9月底，销账1103户，销账率为83.88%；无照经营聚集区减少19个。

(贾向文)

【查处贩卖月球土地案】 10月14日至28日，北京月球村航天科技发展有限公司以每英亩2美元价格，从美国人丹尼斯·霍普处购进"月球土地"48英亩，再以每英亩298元人民币价格售出。根据中国加入联合国《关于各国探索和利用包括月球和其他天体在外层空间活动的原则条约》(即《外层空间条约》)第一条规定："探索和利用外层空间(包括月球和其他天体)，应为所有国家谋福利和利益，而不论其经济或科学发展程度如何，并应为全人类的开发范围"。此规定表明，月球土地属于全人类开发的范围，并未允许个人占有或牟利。申请人公然出售月球土地的行为，违背中国加入的《外层空间条约》。另根据《合同法》有关"出卖的标的物，应当属于出卖人所有或者出卖人有权处分"的规定，申请人对其所售月球土地，无法提供属于其所有或有权处分的事实和法律依据。经市工商行政管理局认定，该公司行为违反《投机倒把行政处罚暂行条例》和《投机倒把行政处罚暂行条例施行细则》有关规定，作出责令退还所售月球土地销售款，罚款5万元、吊销营业执照的处罚决定。该案被北京市工商行政管理局评为2005年度十大典型案例之一。

(贾向文)

【工商登记注册】 年内，本着服务企业、方便群众的原则，制作并印制企业设立(开业)、变更登记、股东(董事)会决议、股权转让协议、章程修正案等各种填写参考样式；设置一部拥有八路共用的语音咨询电话，用于缓解电话咨询的困难；改变传统工商登记注册方式，建立工商朝阳分局网上登记注册系统。办理内资企业开业登记20245户，同比增长10.38%；私营企业开业登记2976户，同比增长135.07%；个体工商户开业登记33608户，同比增长45.86%(含为下岗人员办照8828户，免收个体管理费93.853万元)；市场登记开业19户，同比增长216.67%。企业改制登记282户，同比增长29.95%；迁入企业3614户，同比增长92.23%；迁出企业1488户,同比增长36.14%;企业变更登记21869户,同比增长18.76%;互联网上转告相关部门后置审批企业户数2105户(2186项),通过406户(423项);修补登记数据5372户。登记注册市场主体总数累计176428户,注册资本(金)7790392万元。

(贾向文)

【企业年检和个体验照】 年内,按照市工商行政管理局关于结合年检清理民办社科研究机构的要求,清理民办社科研究机构269户,发放《民办社科研究机构转换登记告知书》227份。内资企业年检56408户,年检率88.89%,比上年提高2.79%(免审通过48707户,占86.34%);外资企业年检3124户,年检率84.96%,比去年提高1.86%(免审通过2735户,占87.55%);私营企业年检1688户,年检率44.35%,比去年提高7.35%(免审通过1582户,占93.7%);个体工商户验照45212户,验照率62.19%。内资未检企业6961户,占应检企业10.97%,比上年降低3.5%,未检企业吊销5409户,吊销率81.65%;外资未检企业522户,占应检企业15%,上报吊销302户,报吊率54.79%;个体未验照27485户,占应验照37.8%(其中下岗职工未验5941户,占未验21.6%),吊销5267户,吊销率19.16%。

(贾向文)

【查处特大假种子案】 年内,工商朝阳分局通过对农业部、中国种子集团公司、北京海关及上海、广东、四川、江苏、吉林等省市有关部门调查取证,依据《种子法》,对北京大一种苗有限公司生产经营假种子一案做出没收非法所得601598.92元、没收成品萝卜种子991.83千克、罚款3008000元的处罚决定。

(贾向文)

【信息化建设】 年内,完成处罚决定书网上公示程序开发,并在全市工商行政管理系统推广使用;正式开通网上登记注册系统;完成区内企业信用信息系统内、外网搭建,录入良好信息366条、提示信息3390条、警示信息19138条、个人身份信息61万个;正式开通机关及工商所视频会议系统及远程监控系统;完成外网网站移植以及改版工作;开发完成个体档案管理程序。

(贾向文)

【消费投诉各类案件】 年内,受理消费者投诉6671件,办结6669件,办结率99.9%,投诉受理数比上年同比增长3261件,为消费者挽回经济损失462.32万元;受理各类举报5900件(经查属实3280件,立案调查2522件,罚没款1655.26万元),办结5717件,办结率96.89%,举报受理数比上年同期增长3328件。

(贾向文)

【目标管理“双百”考核】 年底,由区纪检监察部门牵头,对全区40个职能部门开展的《朝阳区优化发展环境评价指标体系》和《朝阳区效能监察评价指标体系》两个百分制(简称“双百”)考核中,工商朝阳分局位列第七名。其中,完成行政审批、食品安全效能监察立项,以及对年检验照、重大案件、12315快反机制、公物仓管理的效能监察工作;坚持重大事项决策、重要项目安排、重要干部任免、大额资金使用集体讨论制度;建立联系簿制度;制作办事指南卡和《对涉案行政相对人回访征求意见单》;规范行政执法案卷和案件评查制度。

(贾向文)

物价管理

【概况】 朝阳区发展和改革委员会价格管理科负责全区物价管理工作,物价检查所依法进行物价监督检查、接待并处理群众来信来访等。

地址:团结湖南里12号

电话:65931877

邮编:100026

(郭京阳)

【价格法制宣传】 “3·15”期间,开展“倡导诚实守信,构建和谐社会”集中宣传活动。此次活动以“3·15”为起点,利用一个月左右的时间,通过在繁华商业场所现场咨询、走入社区街道进行政策解释、印制价格服务便民手册等多种方式大力宣传维权法律法规,提供信息咨询服务,倡导科学消费行为,倡导诚信、健康、安全的经营理念。12月4日,在全国第五个法制宣传日到来之际,和北京青年政治学院青年法律社、区图书馆,联合在普法广场举行大规模法律宣传咨询活动。多位资深法律专家和法律工作者围绕这一主题,现场解答了群众提出的有关网络诈骗、教育、医疗、物业收费、流动人口租房管理、远离毒品、交通安全等方面的问题。

(郭京阳)

【年审换证】 年内,联合区财政

局，通过政府网站公示办法对全区教育系统、街乡系统、各委办局职能部门开展行政事业性收费许可证年审换证工作。收费单位660家。通过此次年审换证工作，全面清理全区行政事业性收费单位、收费项目和收费标准。

（郭京阳）

【价格监测与审核】 年内，加强市场价格监测，对12个监测点15大类173个商品进行日常价格监测，监测商品主要是与广大群众密切相关的蔬菜、粮油、农副产品和基础性工业用品，保证“两节”、“五一”、“十一”期间节日市场价格稳定，全年报送各类监测报表359余份。全年共核准停车场停车收费110家，备案自制标价签企业60家，民办教育收费备案84家，公园门票调整2次。

（郭京阳）

【市场价格专项调查】 年内，先后开展全区中小学住宿费收费情况调查、物业管理企业物业收费情况调查、药品实际出厂价格情况调查、游览参观点基本情况调查、特殊行业用水情况调查、成品油销售供应情况调查。通过调查，摸清底数，掌握特殊行业价格收费情况；将调查情况分析汇总，反映企业、群众意见呼声，为领导制定价格政策提供参考。

（郭京阳）

【价格服务进社区】 年内，分别在酒仙桥高家园社区、香河园柳芳南里社区、高碑店乡高碑店村、三里屯幸福一村社区开展价格服务进社区活动，全区22个街道、9个乡共232个社区参加。向社区居民发放资料《价格服务指南》5万余册，直接面向广大群众宣传《价格法》等有关法律法规。

（苏　虹）

【专项检查】 年内，开展对农资、涉农收费、教育、机动车停车场、药品和医疗服务等价格执行情况专项检查，查出价格违法涉案金额161.54万元。

（苏　虹）

【市场价格检查】 年内，对1135个单位价格执行情况进行检查，查处价格违法案件35件，罚没款1.78万元，其中没收0.06万元，退款0.05万元，罚款1.67万元。

（苏　虹）

【价格举报】 年内，受理价格举报咨询1543件，立案616件，处理31件，罚款12859元，为消费者挽回经济损失190余万元。

（苏　虹）

质量技术监督

【概况】 朝阳区质量技术监督局，内设5科1室1队，所属区产品质量监督检验所、区计量检测所、区特种设备检测所和区组织机构代码办公室4个事业单位。年内，认真抓以老旧居民住宅电梯整改工作为重点的特种设备安全工作，狠抓以食品生产领域质量安全专项整治为重点的产品质量安全系列活动，较好地完成车用油、燃煤质量监管工作，加强了标准化、计量和法制工作；制定完善《朝阳区质量技术监督事业“十一五”期间发展规划》。累计开展执法活动3056起，行政处罚751起，罚没款合计150.96万元。完成行政事业性收入合计2092.30万余元，经营性收入455.70万余元。办理代码证书43153份，检测特种设备25171台（部），检定计量设备85186台（件），检验产品质量样品4512份。

地址：双龙南里130号

电话：87311655

邮编：100021

（陈　波）

【区质检所通过CNAL评审】 3月，区质检所具备了按照国际标准开展授权检测服务的技术能力。获得国家实验室认证认可委员会颁发的认证证书。其出具的检测报告不仅得到国内机构认可，还将获得欧美及亚太60多个国家和地区自动承认。

（陈　波）

【“3.15”突出健康安全主题】 “3.15”以“健康安全”为活动主题，开展特种设备、计量器具、眼镜制配器具、苏丹红排查、染料、建材、灯具等7项执法检查，净化了消费环境。在管庄刨花板市场（2场）、蓝岛大厦、十里河灯饰城、太平洋百货、东方家园、文化广场、京客隆双龙超市等地参与组织8场产品质量宣传推介活动，营造放心的消费环境。召开行政相对人和企业法人参加的先进教育活动征求意见会议，在全系统开展立足本职岗位，服务人民群众的先进性教育主题实践活动。

（陈　波）

【及时更换新增出租车计价器】 4月5日，区计量检测所创下一天检测计价器551台的记录。年内，为保证全市计划新增“现代”出租车早日投入运营,计量检测所认真筹划,妥善安排每个点上工作人员工作,采取与出租车公司电话预约、强化检测场管理等方法,保证车辆疏导、登记、检测、发证各个环节秩序井然,最大限度地提高工作效率,基本实现车辆随到随检。

(陈　波)

【为商户免费检测石材】 5月8日至6月8日,区产品质量监督检验所面向本市各大建材市场开展石材、陶瓷砖产品质量免费检测活动。活动内容包括:为各建材市场经销的石材、陶瓷砖产品依据执行标准进行质量检验并出具合格检验报告;为广大消费者提供技术咨询服务。活动期间检测石材样品83个,解答消费者咨询1130个。

(陈　波)

【食品生产专项整治】 6月23日,组织全区158个食品生产企业负责人和质量管理人员召开质量安全工作会议,研究分析上半年食品质量安全形势,部署食品生产领域质量安全专项整治工作。会议决定利用一年半时间进行全区食品生产加工领域质量安全专项整治。在食品种类上,突出以大米、食用植物油等实施食品生产许可证管理的食品为重点;在监管区域上,以本区城乡结合部为重点;在企业类型上,以小型企业,有过生产不合格食品行为的企业以及非连续生产企业、异地生产企业、委托加工企业、分装企业为重点;在查处案件上,以使用非食品原料、不合格食品原料和滥用食品添加剂加工食品等涉及食品安全的大案要案为重点。专项整治期间,重点加强对食品企业资质和食品质量管理,突出食品企业原料进货、按标准组织生产、加强出厂检验、质量安全承诺四个环节监管。通过专项整治,宣扬和扶持一大批质量长期稳定、信誉度知名度较高、市场占有率较大的企业;查处、曝光和取缔一批不具备保证食品质量安全必备条件的食品生产加工企业;摸清和改造一大批小作坊式的食品加工企业,保证食品加工企业符合市场准入要求,确保不发生区域性食品质量事故案件。

(陈　波)

【老旧住宅电梯隐患整改】 7月20日北京市老旧居民住宅电梯安全隐患整改动员大会后,区委、区政府高度重视老旧居民住宅电梯安全隐患整改工作,成立以副区长佟克克为组长,区政府办、质监局、安监局、建委、监察局等相关部门参加的领导小组,办公室设在质监局。老旧电梯整改,全市计划整改652部,朝阳区占311部。区质监局组织24名电梯检验专家于8月底前做出评估结论,决定对279部电梯进行整改。

(陈　波)

【探寻进口食品质量监管新招】 9月29日,本局执法人员与市出入境检验检疫局、区工商分局开展联合执法检查,在燕莎友谊商城对部分进口食品进行抽样检查。各方商定由质监局负责抽样,检验检疫部门负责检验,工商部门负责后期处理。从而建立长期协作工作机制,开辟了强化进口食品质量监管新路子。

(陈　波)

【质量月活动内容丰富】 9月,广泛开展“质量月”活动。充分利用区内媒体引导,营造活动氛围。在朝阳有线、大型商业企业电子屏幕播发“质量月”宣传标语和食品质量安全知识。局主管领导带领有关人员利用下企业检查、抽样检查、巡查等时机,把《食品质量健康消费手册》、食品安全小知识、能效标识等宣传材料共6000份送到社区、企业和商场。邀请市局领导为全区164个实施工业产品许可证管理企业负责人宣讲《中华人民共和国工业产品生产许可证管理条例》,请本区食品质量安全专家为蓝岛、贵友等15家大型商业企业讲解食品进货过程中应注意的质量问题;请区安全生产管理局局长为生产和销售企业分析食品质量安全形势。举办大型宣传咨询活动,公开受理投诉举报。16名工作人员分别参加在家乐福国展店、天客隆双井店、京客隆望京店、易初莲花朝阳路店组织大型宣传咨询,公开接受各类食品质量投诉举报。组织龙菲业、金龙鱼、胡姬花、光明乳业等名优企业参加名优产品推介活动,展示部分名优产品。9月20日,质监局会同区食品办、工商分局、卫生局召开了食品抽样检查不合格食品生产企业负责人会议,通报自开展全区食品生产领域食品安全专项整治以来抽样检查不合格的16家食品生产企业,责令强化整改。

(陈　波)

【液态奶生产监管】 从12月5日起,区质监局派出2名质量监管人员进驻北京三元公司乳品一厂,实施为期三周的驻厂监管。监管人员对企业原料进货数量、质量、产地等情况和乳品生产过程、产品流向进行全程监控。驻厂期间,局领导多次听取汇报,提出要求。市质监局巡视员梁益圃带领机关工作人员检查驻厂监管人员工作情况,听取三元集团、乳品一厂和朝阳区情况介绍,并就液态奶质量监管有关方面的问题回答了北京日报、北京晚报、北京电视台等新闻媒体记者提问。12月22日,国家质检总局执法司、中国标准化研究院、农业部食品质检中心、中国农业大学等单位6名专家对朝阳区进行监督检查,对朝阳区和三元乳品一厂工作给予了充分肯定。

(陈　波)

【建立37类食品企业质量档案】 12月10日，完成对全区食品生产企业质量档案审核工作，建立实施生产许可证管理的28+2类食品生产企业和预备实施生产许可证管理的7类食品生产企业质量档案100个。根据区食品生产领域质量安全专项整治动员大会安排，按照区领导要求，质监局规范对食品生产企业特别是纳入生产许可证管理企业的监督管理，按照国家质检总局统一的内容，区分企业的基本情况、质量管理情况、产品质量状况、标准化管理、计量管理等12个方面情况对本区食品企业逐项录入数据库。还结合食品企业建档工作，对全区195家进行生产的食品企业逐家检查核实，抽样检查141家，对37类国家重点监管的食品企业建立质量档案。

（陈　波）

【编制质监事业“十一五”规划】 根据《中华人民共和国产品质量法》第七条“各级人民政府应当把提高产品质量纳入国民经济和社会发展规划”和国务院关于编制国民经济与社会发展规划的有关要求，及时成立了“十一五”规划编制工作领导小组，多次召开局党组会和局务会专题研究，并征求相关单位意见，制定了本区质监事业“十一五”规划。《规划》根据对全市质监事业发展的理解和展望，注重把朝阳质量技术监督事业的发展与本区“三化四区”建设的功能定位和“新北京、新奥运”战略构想相结合，发扬质监工作在经济和社会发展中的作用，突出战略性、前瞻性和可行性。《规划》分为总体目标、质量名牌发展规划、人才战略发展规划、技术机构发展规划、重点任务保障规划五个部分，明确了本区质监事业“十一五”期间的发展方向和工作目标，是本区质量技术监督工作“十一五”期间的纲领性文件。

（陈　波）

【指导街乡治理土锅炉】 年内，与区安监局联合开展“土锅炉”专项整治工作，下发《关于加强对“土锅炉”安全检查取缔工作的通知》，制定了“土锅炉”安全参照标准，指导街乡清理了“土锅炉”，较好地保证了小锅炉使用安全，市质监局转发了本局经验做法。专项整治活动时间贯穿整个采暖期。重点区域为城乡结合部、集贸市场周边地区以及其它外地来京人员聚集地区；重点工作是清除小型浴池、服装加工、食品加工作坊等处使用废旧铁皮钢板非法焊制、汽油桶或其它废旧容器改装的“土锅炉”。活动期间，查处违反《中华人民共和国安全生产法》、《特种设备安全监察条例》、《北京市安全生产条例》使用锅炉的行为6起，清理规范各类小锅炉38起，指导使用单位使用符合技术标准的小型锅炉100多台次。

（陈　波）

【防控禽流感】 年内，及时向食品生产企业发出通知，要求把好原料进口关和出厂检验关。利用组织北京市首届食品安全知识大赛参赛活动之机，向食品生产企业宣传防控禽流感常识，检查落实通知精神情况。执法人员对北京金福德烤鸭食品有限公司等12个加工禽类食品的生产企业进行监督检查，检查生料进货渠道、检疫证明、进货发票和生料品质，并抽取熟食样品14个送指定机构检验。加强对防疫物资质量安全监管，确保疫苗、防疫消毒物资质量安全可靠。本局执法和检验人员对区畜牧兽医技术服务中心储存的防疫物资进行监督检查。

（陈　波）

【煤炭质量监管】 年内，对143家常年用煤单位、冬季取暖用煤单位和蜂窝煤生产单位进行有效监管。出动执法人员1560人次，开展监督检查566家次。抽样419个（散煤使用煤炭单位402家次，蜂窝煤加工单位17家次），查煤量37万吨，蜂窝煤7万块。煤样质量合格的326个，不合格的93个（硫和灰分双超的22个，硫超标18个，灰分超标的53个）；年度总合格率78%，比上年上升四个百分点。

（陈　波）

【油品质量合格率高】 年内，检查储油库2个，抽查油样4个，合格率为100%；检查加油站143家、加油机648台、加油枪1728支，检定合格率99.9%。在油品质量检查中，抽查194家，抽样315个，汽油、柴油抽样合格率分别为97.5%、99.1%。

（陈　波）

审　　计

【概况】 朝阳区审计局是负责本区审计工作的政府部门,设办公室、信息调研科、综合法制科、财政金融审计科、行政事业审计科、经济责任审计科、固定资产投资审计科、经贸审计科和审计指导中心(事业机构)。年内,审计(调查)42 项 214 个单位,查处各类违纪违规金额 30781 万元,其中:应上缴财政 1584 万元,已上缴财政 1584 万元;增收节支 772 万元;核减工程支出 7551 万元。查处百万元以上违规单位 7 个,涉及金额 23764 万元。发出报告、调研及信息 189 篇,被采用 123 篇 251 篇次。

地址:新源西里中街甲 5 号

电话:01084512275

邮编:100027

邮箱:cysj2003@263. net

(尹建华)

【预算执行审计】 年内,加强对财政、环卫等重点部门,教育、社会保障、信息化建设等重点资金,政府投融资建设等重点项目审计,审计(调查)77 项(户),查处并纠正违规金额 23196 万元、管理不规范金额 8111 万元。加大审计决定和意见执行跟踪力度,政府采购公开招投标金额达到实际采购金额的 91.73%,工程公开招投标率 93.34%,区财政局等四部门出台《朝阳区信息化建设专项资金管理办法》,区地税局清缴以前年度欠税约 8000 万元。

(尹建华)

【固定资产投资审计】 年内,合理有效利用审计监督体系,形成以政府审计为主导,内部审计和社会审计为补充,政府审计与委托审计、内部审计相结合的审计监督网络;建立了由区发改委、纪检监察、财政局、审计局等单位为成员的审计联席会议制度,初步确立大监督工作格局。全年完成对原奥运网球中心(含曲棍球赛场)拆迁、区政府办公楼和元大都城垣遗址公园改造,区水利局千亩湖工程等建设项目的审计,审计资金逾 10 亿。

(尹建华)

【经济责任审计】 年内,坚持监督与服务并举。根据审计建议,区委进一步明确领导干部工作交接纪律,提出审计知识进党校、财经法规初任领导必读等要求,并将经济责任纳入领导干部依法行政责任制考核。同时,以提醒、规范为目的,尝试开展领导干部任中经济责任审计,并在全市率先试行网上审前公示,不定期发布审计信息,为审计结果社会公告奠定基础。

(尹建华)

【专项资金审计与审计调查】 年内,对医疗保险、最低生活保障、新型农村合作医疗等城乡社会保障资金、政府投融资、粮食直补等建设性和补助性资金进行审计或审计调查,审计资金上百亿,延伸单位百余户。对绿化隔离带建设资金审计,针对政策不配套、拆迁企业损失挂账等问题,建议完善相关政策,解决遗留问题。区领导批示并责成有关部门研究落实。对新型农村合作医疗资金审计,针对筹资标准低等问题,提出完善制度、合理负担等意见,区政府采纳并出台完善新型农村合作医疗制度的意见,农民权益进一步保障。

(尹建华)

【企业审计】 年内,对朝阳公园建园 20 年资产、负债、损益情况进行审计,重点对企业资金平衡能力及偿债能力进行分析,对遗留问题以及经营现状做出全面、客观的评价。

(尹建华)

【效益审计】 年内,在审计思路、组织形式、审计方法和评价标准等方面进行有益尝试。对高安屯垃圾处理填埋场效益审计,在评价资金使用的经济性、效益性和效果性基础上,将垃圾填埋场对周边地下水、土壤、大气影响进行环境评估,得到专家肯定。

(尹建华)

【内部审计】 年内,全区 121 个内审单位完成审计项目 1951 个,纠正违纪违规金额 7884 万元,提出建议 252 条。

(尹建华)

烟草专卖

【概况】 朝阳区烟草专卖局设办公室(法制科)、专卖监督管理科、访销信息科、财务统计科、政工保卫科(人事劳资科),专卖监督管理科下设稽查大队和 6 个市场检查队。年内,出动执法检查 3100 次,同比增加 442%,打假、打私出动执法人员 31460 人次，同比增加 61%，查获各类违法案件 563 起，同比增长 130%，其中假烟案件 160 起，同比增加 103%，走私烟案件 93 起，同比增加 90%，无证运输案件 36 起，同比增加 50%，非渠道案件 19 起，混合案由案件 193 起，无证批发案件 7 起，5 万元以上案件 34 起（其中 5 万－20 万 23 起，20 万－50 万 5 起，50 万－100 万 6 起），同比增加 209%，查获各类卷烟 3657 万支，同比增长 44%，总案值 1134 万元，其中查获假冒卷烟 2366 万支，同比增加 26%，查获走私烟 439 万支，同比增加 1026%，罚没款 210 万元，同比增加 88%。全年销售卷烟 47.0379 亿支，同比增长 4.5%，实现销售收入 10.31 亿元，实现税利 1.62 亿元，实现利润 1.35 亿元，上交税金 2749 万元。

地址：和平街十三区甲 17 号
电话：64207306
邮编：100013

（丰国月）

【法制宣传】 3 月 12 日，组织参加区依法治区领导小组办公室在朝阳普法广场组织的大型法制宣传活动。3 月 15 日，分别在东郊市场、华堂商场十里堡店等 6 个不同地点开展以消费者权益保护为主题的宣传。5 月 31 日，全市销毁假冒卷烟现场会在北神树垃圾填埋场举行。本区销毁假冒卷烟 75000 条，标值 45 万元。

（丰国月）

【推进联合执法】 5 月，与区工商分局联合组织对执法人员卷烟真伪鉴别培训。5 月 31 日，与区工商分局就联合取缔无证经营工作进行研讨，促进对无证经营联合执法力度。7 月，与区公安、工商等十部门联合对三里屯酒吧一条街进行整治。年内，成功移送工商分局 3 起案件。与公安派出所加强区域协管，接受派出所移送涉烟案件 4 起，案值 20 余万元。加强与区运输管理处联系，召开 4 次座谈会，形成对货运站场齐抓共管会议纪要，联合在不同货运站场召开近百家货运公司参加的座谈会。

（丰国月）

【推进信息化建设】 11 月开始全面运行北京烟草办公自动化系统，实现了网上公文流转，建立了朝阳区局主页并实现了即时更新。12 月 1 日起全面实行网上办案。年内，全面完成专卖管理信息化推广应用工作。根据市局统一部署，今年多次派人参加市局专卖管理信息系统学习。对信息系统中通知公告模块确保点击率达到 100%。全年未发生因操作不当对系统造成影响事件。

（丰国月）

【行政执法案卷评查】 年内，适用一般程序行政处罚案件 509 起，简易程序案件 54 起，采用集体讨论决定处理案件 35 起。在市局组织的四个季度行政处罚案卷评查和区政府法制办组织的年度案卷评查中，所有参评案卷都被评定为优秀卷。连续第四年代表区政府参加市政府法制办组织的全市案卷评查，参评卷被评为优秀卷。全年未发生行政诉讼案件，发生 1 起行政复议案件，后申请人撤回申请。

（丰国月）

【依法追刑工作取得进展】 年内，上年建立涉烟犯罪追刑工作机制基础上，先后两次与区检察院座谈，5 次与公安分局座谈，3 次向区政法委汇报工作。与公安分局建立涉烟案件信息共享机制，明确相互移送案件制度，联合成立打击制售假烟网络办公室。与区检察院建立涉烟犯罪案件通报制度，制度明确移送公安案件同时通报检察院，检察院对涉烟犯罪案件给予立案监督。有 13 起案件移送司法机关处理，案件移送率 100%，同比增加 333%，3 起案件法院作出有罪刑事判决，同比增加 200%，7 人被刑事拘留。

（丰国月）

【依法实施行政许可】 年内，受理行政许可咨询 8000 余人次，受理行政许可 2056 项，办理完毕 2056 项，其中准予行政许可 1827 项，不予行政许可 229 项。在市局组织的季度许可案卷评查中，合格率达到 100%，二季度优秀率达到 60%，三季度实现优秀率 100%。

（丰国月）

【队伍建设】 年内，组织执法培训累计 45 次 210 学时，参加人员为全体执法人员、市场检查队队员、行政许可经办人员等不同范围。培训内容涉及行政许可法及行政许可文书；行政处罚法与执法程序，行政处罚文书、案卷；调查取证；执法纪律教育（职务犯罪）；涉烟犯罪追刑；文明执法行为规范。两次组织执法人员到朝阳法院旁听行政诉讼和刑事诉讼案件。增加客户经理人员配备，由原来 11 人增加到 28 人，全年客户经理培训 12 次。

（丰国月）

财政　税务　金融

财政管理

【概况】　朝阳区财政局是朝阳区政府领导下主管本区财政收支和财政监督工作的职能部门。设办公室、综计科、预算科、国库科、街乡科、行财科、政府采购办、经建科、社保科、农财科、金融科、会计科、监察科、人事科,下属监督检查所、国库集中收付中心、信息中心3个事业单位。年内,完成区级财政收入853038万元,比上年增加168143万元,增长24.6%,完成年初预算的112.9%。当年财力612379万元,同比增加138654万元,增长29.3%。全区财政支出604394万元,比上年增加133644万元,增长28.4%,完成全年预算的125.2%。

地址:日坛北路3号
电话:65090308
邮编:100020

(辛　丽)

【公共财政投入】　年内,教育部门总支出154630万元,依法实现普教事业费增长高于经常性财政收入增长、生均教育事业费逐年增长、生均公用经费逐年增长。科技、农业分别投入7410万元、19733万元。社会保障、行政和公检法司支出分别达105082万元和115466万元。文体广播支出9336万元。基础设施、环境建设及城市维护投入112363万元。

(辛　丽)

【统筹财政支出】　年内,为抚恤社救等社会保障事业,支出社会保障资金105082万元,增长10.2%。公共卫生体系建设支出33760万元,增长33.5%。建设国家卫生区及安全社区,促进道路清扫保洁、垃圾消纳等社会公共事业发展,支出城市维护费72869万元,增长48.6%。农村安全饮水工程支出0.9亿元。城市网格化建设支出3408万元。

(辛　丽)

【财政管理体制】　年内,提出城市管理事权理念,取得成效。调节机制取消、个人所得税超收返还等多项新政策出台,取得体制财力增加和市财政对朝阳区专项资金支持;出台新的朝阳区街乡财政管理体制,引入和推行单位成本控制财政管理体制理念,结合街乡辖区人口、辖区面积事权数据,推进街乡财政管理科学化和规范化。

(辛　丽)

【财政基础工作】　年内,收集整理农田、绿化、水系等八类财政相关数据,依托朝阳区经济社会可持续发展共享信息平台,搭建财政支出基础数据子系统;收集整理全区政府人员、车辆、公用信息等原始资料,搭建朝阳区基础信息数据库,为科学核定各部门定额标准提供有力依据;积极推进财政综合业务管理系统,提高财政信息化管理水平。

(辛　丽)

【部门预算改革】　年内,按照内容完整、项目明细、定额科学、程序规范原则,以部门预算编制与国库集中支付改革相配套为改革目标,将项目预算设为政府采购、直接支付和授权支付三种支付方式,并将基本支出等符合条件的项目资金纳入集中支付范围。细化项目预算编制,重新分为11类,规范项目支出管理。改变部门预算编制方法,依托现有的工资统发数据库,实现人员数据库与人员经费预算对接。

(辛　丽)

【政府采购】　年内,项目资金全部进入政府采购专户规范管理,严把采购项目审核关;继续扩大采购规模,拓宽采购范围;改革工作程序,提高工作效率;加大监管力度,确保程序合法公正。完成采购额

43199.24万元。

（辛 丽）

【国库管理制度改革】 年内，按照总体规划、分步实施、规范运作、强化管理要求，出台《朝阳区推进国库管理制度改革实施方案》；构建层次清晰、内容全面的制度框架；完成国库集中支付系统研发和代理银行招标；实现全区除教委、卫生系统外全部行政事业单位离、退休人员工资纳入统发；开设国库集中支付预算单位零余额账户，试运行操作流程，为国库集中支付改革的全面推进打下基础。

（辛 丽）

【财政性资金管理】 年内，开展财政绩效考评工作；加大财政投资评审工作力度，完善中介评审机制，总送审金额达13.62亿元，审定金额12.33亿元；逐渐探索形成财政资金专户管理工作思路；按照《朝阳区行政事业单位结存资金管理办法》规定，进一步加强对专项结余、经常性结余、事业各项基金结余管理；有针对性地开展单位预算执行情况和专项资金使用情况检查，规范财政资金管理，提高财政资金使用效益。在全区所有街道和乡的社保所全面实行会计委托代理记账制度，对崔各庄乡4个村委会进行试点，取得会计代理记账新突破。

（辛 丽）

国家税务

【概况】 朝阳区国家税务局隶属于市国家税务局。局内设行政科室11个、基层机构12个（其中5个征收所、5个管理所、2个稽查所见附录）、事业单位3个、直属机构1个。全局干部职工550人，管辖各类纳税户65205户，其中内资企业50417户，外商投资企业2440户，外国企业141户，分支机构5997户，个体工商户5472户，其他单位738户。年内，组织各项税收收入1663377万元，同比增收436505万元，增长35.58%，其中增值税入库461328万元，同比增收22051万元，增长5.02%；所得税入库1108182万元，同比增收412186万元，增长59.22%；消费税入库59471万元，同比增收3953万元，增长7.12%；利息税入库34256万元，同比减收124万元；其它税收入库140万元，提前108天完成全年税收任务。组织区级收入246059万元，同比增收57361万元，增长30.40%，区级收入增长幅度创历年最高。

地址：左家庄东里甲3号

电话：64653418

邮编：100028

（郭 倩）

【税收宣传】 4月，围绕依法诚信纳税、共建小康社会全国税收宣传月主题，结合“四五”普法，利用电视、广播、报刊、语音电话、手机短信、网上申报系统、公交车移动电视广告及征期集中宣传等方式开展税收宣传。在十里河建材市场、新秀水市场开展依法诚信纳税商户签名活动。联合高碑店、奥运村两地区办事处与辖区内企业召开推进富民发展进程、树立依法诚信纳税理念和奥运与诚信纳税研讨会。年内，对纳税人开展各类业务培训辅导87次，参加人员14307人次。《北京日报》、《人民日报》、《法制日报》、《中国税务报》、《京华时报》、北京人民广播电台等多家新闻媒体先后40余次对税收宣传活动进行报道。

（郭 倩）

【发票管理】 9月，推行电脑版机动车销售统一发票，开发完成电脑版机动车销售统一发票机打程序，改变手工版发票填写不规范等情况，实现开票信息自动存储到企业申报IC卡中，在纳税申报时税务所自动接收数据，企业不再手工录入机动车销售统一发票清单。年内，全面落实审核检查增值税抵扣凭证工作。针对海关进口增值税专用缴款书、货物运输发票、税务机关代开增值税专用发票、废旧物资发票（以下简称四小票）审核工作存在的数据采集质量差，技术性错误造成比对不符信息较多问题，采取加强对申请抵扣非防伪税控发票企业在征税期申报的审核，在数据采集环节增加逻辑关系校验，在申报系统中加装“只抵扣四小票企业”提示，建立增值税抵扣凭证审核核查工作考核机制，完善管理所与稽查局委托协查、受托协查、协查回复的操作流程等措施，有效制约不符发票、虚假发票的申报抵扣。全年查出有问题发票5125份，查补税款450万元。

（郭 倩）

【确保税收】 年内，注重提高税源分析质量，从税源总体结构变化情况和趋势入手，细化税收分析要素。在收入分析上改变以往汇总分析模式，突出主要税种、重要区域，自主开发朝阳区特色区域税收收入统计程序，增加对奥运村、CBD商区、电子城等重点功能区域以及重点税源大户税收情况统计分析。完善重点税源监控体系,密切关注重大税款入库情况,科学判断收入变动趋势,掌握收入主动权。加强欠税管理,摸清欠税底数,掌握构成情况及形成原因,制定清理欠税管理办法。截至年底,核查清缴入库欠税 90 万元,更正 29 户次 57 万元虚假欠税信息。继续推行小规模企业增值税和企业所得税核定征收,督促纳税人规范财务核算。纳税人有税率逐步提高,其中小规模企业有税率达 60% 以上,提高 15 个百分点;所得税申报综合有税率达 34.33%,提高 23 个百分点。积极推行集贸市场委托代征,制定《集贸市场税收分类管理办法(试行)》和《集贸市场税收管理和代开发票管理办法(试行)》,重点监控中小型市场 132 个,对全区 79 个市场实行委托代征,实行就地纳税、就地开票,方便纳税人。截至年底,全区集贸市场税收 5760 万元。

(郭　倩)

【流转税管理】　年内,对增值税一般纳税人实行分类管理,按不同经济性质、行业、税负分成五类企业实施纳税评估,评估企业 1201 户。由于在评估中及时发现企业存在问题,走逃企业明显减少,一般纳税人走逃 25 户,同比减少 115 户;失控发票 427 份,同比减少 2915 份。继续加大增值税专用发票抵扣网络认证推行力度,实行电话预约认证制度,延时等候接收认证数据,可将认证期限延长到月末的 24 时。截至年底,网上认证企业 1532 户,12 月网上认证发票 107748 份,占全月发票认证数 51%。

(郭　倩)

【企业所得税管理】　年内,认真做好企业所得税汇算清缴工作。加大申报审核力度,自主研发收入比对程序,对纳税人申报的各项数据与地税信息进行比对,防止虚假申报。要求企业所得税双零企业提交账簿和财务报表,发现问题及时汇总并通报全局,双零申报现象得到有效控制。本年汇算申报双零企业 774 户,同比减少 1157 户。继续推行企业所得税核定征收,扩大核定征收范围。对汇算审核中收入与流转税申报收入比对不符,年度申报企业所得税双零及不能准确核算收入或成本费用等符合核定征收条件的企业实行核定征收。全年核定征收企业 14600 户,入库税款 7553 万元,同比增收 7016 万元,增长 13 倍。

(郭　倩)

【出口退税】　年内,利用社会资源建立出口退税网络申报系统,在出口退税管理机关和进出口企业之间建立起便捷的电子通道,将各种数字型申报数据和交流型文字信息在通道中进行存放、传递、检查和发布等电子处理,方便纳税人办理出口退税业务。受理 400 户次网上申报退税,占有业务企业总数的 90% 以上。在与外交部礼宾司、税务总局和市国税局等部门召开研讨会后,开发完成驻华外交代表机构增值税退税申报审批电子管理系统并投入使用。针对美国新建馆舍退税问题开展研究,建立美国使馆、海关、国税局三方退税资料交接登记制度,从接收到退款,退税全过程限定为 20 天。与地方政府、财政部门沟通协调,同银行紧密配合,加快退税速度,全年办理退免税 17 亿元(含免、抵、调库 1.5 亿元)。

(郭　倩)

【推进信息化建设】　年内,完成三大应用系统数据整合工作,实现发票一体化售卖,一般纳税人基本档案信息自动交换和共享,中国税收征管信息系统纳税申报表与出口退税免、抵、退汇总表有效衔接和相互校验核对等功能。将信息化先进手段运用到小规模企业增值税和企业所得税核定征收、所得税申报收入比对、个体阳光评税参数制定、纳税评估、四小票审核清理以及税务稽查等多项工作中,积极拓宽信息化应用领域。在监控走逃企业认定环节上,开发增值税一般纳税人走逃企业预警软件。税务所一般纳税人受理岗、核查岗,在受理、核查新办一般纳税人时,遇有重复信息出现,立即报警提示,防止走逃企业法人或财务负责人重复注册骗取一般纳税人资格。

(郭　倩)

【依法治税严格检查】　年内,开展各单位自查、日常检查和重点检查,加大税收执法检查力度和考核力度。实施各类税务行政处罚 3077 件,入库罚款 338 万元。审理重大税务案件 9 件、稽查立案 81 件。清理 2004 年制发的税收文件 137 份。在开展专项检查基础上,组织开展四小票协查、所得税弥补亏损检查、房地产清算、征管质量考核、清理欠税等工作。检查纳税户 1958 户,查补税款 5700 万元,其中及时查处定性专案 6 起,追缴税款 148 万元,罚款 39 万元;向司法机关移送案件 2 起,依法逮捕 3 人。受理举报案件 212 起,查补税款 720 万元,罚款 308 万元。受托金税协查增值税专用发票 2100 份,涉及税款 3862.44 万元,回复率 100%;委托金税协查增值税专用发票 563 份,涉及税款 1753.69 万元。

(郭　倩)

【推行个体阳光评税】　年内,在全区推行阳光评税工作。建立个体税负公示制度;主动征求纳税人的意见,提前化解评税过程中可能出现的问题和矛盾,取得个体工商户对此项工作的理解和支持;划分四类地区和特殊地域,科学合理确定分行业定额系数；制定《个体双定业户定额核定管理暂行办法》及操作规程；将《定额核定（调整）通知书》和《税务文书送达回证》及时送到5000余户纳税人手中。全年调整税额户645户，月增加税收4.2万元。个体户纳税申报率由推行前97.36%提高到99.08%。

（郭 倩）

地方税务

【概况】 朝阳区地方税务局在市地方税务局和区政府领导下在区域内行使地方税收管辖权。设13个科室（含后勤服务中心），7个税务所（见附录），1个稽查局（下设检查科3个，立案、审理、执行科各1个）、1个服务所。截至年底，管辖纳税登记89773户，其中内资企业67882户（包括国有企业2934户，集体企业3049户，股份合作企业4797户，联营企业91户，有限责任公司7932户，股份有限公司312户，私营企业45847户，其他企业2920户）；港澳台商投资企业1135户；外商投资企业2278户；个体工商户16150户；其他2328户。年内，组织各项收入1726635万元，比上年同期增加316110万元，增长22.41%。各项收入中，税收收入合计完成1679038万元，比上年同期增加312091万元，增长22.83%，完成市局下达年度指标155亿元的108.33%；其他收入本期入库47597万元，比上年同期增加4019万元，增长9.22%。区级收入完成582553万元，比上年同期增加97440万元，增长20.09%，完成区政府下达年度计划指标535500万元的108.79%。从税种看，主体税种所占比重大。营业税、个人所得税、企业所得税共计1398901万元，占各项收入81.02%。从行业看，房地产业及社会服务业增幅较大。房地产业入库税款361597万元，同比增加109996万元，增长43.66%。社会服务业入库税收收入765033万元，同比增加140790万元，增长22.15%，占税收比重44.31%。从企业性质看，涉外企业发展迅速。涉外企业4625户，入库税款599584万元，增长19.25%。从政策区域看，电子城高新技术企业与北京CBD商务中心区企业入库税款增幅较高。电子城高新技术企业659户入库5.6亿元，同比增长12.15%；北京CBD商务中心区3378户入库税款22.7亿元，增长12.21%。从税源分类看，三级重点税源企业入库占总收入三分之二。三级重点户1365户，占全局总收入69.99%，其中：市、区两级重点税源166户企业入库税收占全局完成总收入36.25%。

地址：安苑东里3区1号

电话：64919361

邮编：100029；

网址：http://www.bjltb.gov.cn

（徐 毓）

【就近纳税】 年内，实行全区通办纳税事项，打破原来税务所辖区概念，让纳税人就近享受跨辖区服务，纳税人可以在全区范围内任意一个征收所办理税务登记、发票购买、表票发放、个体和零散税源征收等11项纳税事项，按照朝阳地税6个征收所情况，相当于比原来增加5倍办税网点。

（徐 毓）

【扩展网上服务】 年内，继续更新完善本局网页各栏目内容，补充增加税控商方面信息，添加税控客户新安装程序指南、外挂机培训步骤、税控发票机简要操作指南等具体培训内容，方便纳税人查阅和下载，在外网用弹出框方式通知纳税人车船税征期即将结束及无应纳税款申报制度实行；增加残疾人税收优惠专题、税源普查相关下载、二手房交易新政策等三个新栏目；队伍建设栏目开辟保持共产党员先进性教育活动网刊专栏，使有能力上网的纳税人享受到周到细致的网上服务。依托市局开发的纳税服务电子邮件系统，为8万多正常管户建立免费邮箱，通过邮件系统向纳税人发出欢迎纳税人使用免费邮箱、无应纳税款申报告知、发票改版提醒、关注网站提醒等内容邮件共48万余封。得到纳税人各种回复邮件200封以上，其中感谢信30余封，纳税企业对税务机关采用这种纳税服务方式给予认可。推进网上地税局建设。在外网逐步实现与纳税人密切相关的涉税工作职能，实现网上政务公开，开展高效网上办税服务；与市局“12366”热线搭建系统咨询服务网络，推广应用为“12366”的远程业务支持坐席，完善咨询服务体系。

（徐 毓）

【建立涉奥重点纳税人联系制度】 年内，在辖区内根据掌握奥运建设及涉奥重点纳税人动态信息结合本辖区A级企业涉税情况进行综合分析，选出8户涉奥重点纳税户建立联系制度，并按照联系服务制度制定出具体服务计划，实行点对点联系。

（徐 毓）

【加强零散税源征收】 年内,按照加强协作、平稳交接、规范管理、分步实施原则,完成个体税源交接工作,新办理个体登记4519户,签订集贸市场代征协议152份,征收税款1000余万元。创新征管手段,积极推行委托街乡代征工作,先后与13个街乡签订出租房屋委托代征协议,突破原有管理模式,促进零散税源的精细化管理,个人出租房屋征税工作成效显著。全年征收个人出租房屋税款4586.43万元,同比增加3689.78万元,同比增长411.5%。

(徐　铳)

【档案整理】 年内,本着积极开发、注意实效原则,在各类档案正确收集、整理、归档基础上,采取多种形式,充分发挥库藏档案作用。收集整理登记类档案31101卷、失效户1911卷、注销户1668卷、申报类档案1472卷82箱、缴款书类391卷193箱、税费管理类1419卷370盒、检查类308卷74盒、其他类627卷108盒;文书档案375件,电子档案152件,实物档案35件,照片档案118张,会计档案285卷,设备档案6卷,基建档案78卷。

(徐　铳)

【契税直征工作】 年内,开展契税直征工作,将纳税服务、方便纳税人作为开展各项工作出发点。规范批量代办手续,完善批量代办制度,加强与房土部门业务协作和交流,有效堵塞税收漏洞,保证税款及时足额入库。受理契税纳税申报59674份,征收税款83539万元。

(徐　铳)

【车船使用税征收】 年内,通过与市交通台联合制作、朝阳有线播放专题片、局网站通知、张贴宣传公告等多种形式开展税收宣传告知纳税人。征收个人机动车23万辆使用税,同比增收3.2万辆使用税,征收税款4340万元,同比增收709万元。

(徐　铳)

【企业所得税】 年内,在汇算期内审核268件审批事项,受理备案事项共计592件。审批下岗再就业减免470户,其他政策性减免149户、退税360件,退税金额15262万元,对5100户申请返2%手续费的企业进行了审核,退还手续费5167万元。售付会完税凭证开具工作,开具258份售付汇凭证,代扣代缴营业税1042.12万元,代扣代缴个人所得税税款5.33万元。

(徐　铳)

【个人所得税网上申报】 年内,以个人所得税服务管理信息系统运行为基础,全面实施《个人所得税申报管理暂行办法》和《开具个人所得税完税证明管理办法》。个人所得税网上申报率达82%,个人开具个人所得税完税证明的有715人,批量打印个人所得税完税证明单位64户,约2万人。

(徐　铳)

【税政联席会议制度】 年内,制定《北京市朝阳区地方税务局税政管理部门联席会议管理规则》,建立税政联席会议制度,召开联席会议3次。

(徐　铳)

【纳税评估】 年内,成立纳税评估科,加强对纳税评估人员培训;合理改进完善评估指标体系,避免机械运用现行分析指标;明确征收、评估、稽查三个环节间资料传递步骤、时限、责任单位。依靠科技手段,在现有征管、申报资料基础上,广泛采集各方面信息。对602户实施尝试性纳税评估,发现有问题的401户,有问题率66%,转入立案检查的401户;函告约76户,补缴收入1507.7万元,入库1397.6万元,入库率92.7%。

(徐　铳)

【稽查检查】 年内,贯彻落实开展专项检查工作要求,认真分析行业特点,及时制定检查计划,合理组织实施。对餐饮业和美容美发业开展专项检查。探索汇审制应用,改变单一审理模式为复合审理模式,增强集体定案准确性和权威性,审结案件300余件,形成处理决定300余个。做好涉税举报工作。认真执行信访条例,在举报案件受理、呈批、转办、督办、奖励以及答复等工作中热情、积极、耐心,获得举报人理解和认同。接到举报849件。对401户纳税人进行税务检查,有问题338户,查补税款3142.39万元,滞纳金340.12万元,罚款161.53万元,合计3644.04万元。

(徐　铳)

【成立兼职法制员队伍】 年内,从各部门选拔法制水平和业务能力较高干部进行定期和不定期培训、交流,培养一批工作在税收征管第一线的法制工作骨干,使他们成为一支工作在执法前沿最方便、最快捷、最可靠的法制力量,全面推进依法行政工作,更好的发挥税收法制机构的职能作用。目前,有兼职法制员27名。

(徐　铳)

【税收宣传】 年内,开展税法宣传进社区。在富力城广场举行契税直通车活动启动仪式,现场向在富力家园购房者征收税款并开具契税完税证。在新秀水市场与区国税局联合开展个体、集贸市场税法宣传活动;在城外诚家居广场举办以倡导诚信经商、依法诚信纳税、共建和谐社会为主题的税法宣传活动,此次税法宣传活动是朝阳区诚信兴商宣传月一项重要内容。举办地税开放日活动，邀请壳牌（中国）有限公司、毕马威华振会计师事务所、西门子（中国）有限公司等21家知名外资企业参加。开放日活动包括情况介绍、观看税收宣传片、互动交流、实地参观、体验税收工作。

（徐　铳）

【信息化建设】 年内，开发完成《朝阳区地方税务局税收数据综合查询暨税收管理员电子手册》，通过重新整合核心征管系统、发票税控系统和个人所得税明细申报系统相关数据，与国税等政府部门建立数据交换，把与所有税收信息全部集中到本局服务器上。利用广域网与ftp工具搭建数据交换平台，实现与国税数据交换，并具备同其他相关部门数据交换能力。

（徐　铳）

【网上学院】 年内，在市地方税务局网院大力支持下，开通北京地税网上管理学院朝阳分院。本局利用网院开展《电子签名法》、《公务员法》《党政领导干部选拔任用条例》、《“五重”、“五做”知识问答》等内容学习和考试。

（徐　铳）

金　融

【概述】 年内，驻区银行支行以上企业单位共有164家，较上年增加10家，其中，中国银行股份有限公司北京市分行有57家支行、中国工商银行北京分行有5家支行、中国建设银行股份有限公司北京分公司有4家支行、中国交通银行北京分行有3家支行、中国农业银行北京分行有19家支行、北京银行有18家支行、中国光大银行北京分行有8家支行、中国民生银行股份有限公司有12家支行、中信实业银行北京分行有13家支行、华夏银行股份有限公司北京分行有9家支行、兴业银行北京分行有6家支行、广东发展银行股份有限公司北京分行有6家支行、深圳发展银行北京分行有3家支行、招商银行股份有限公司北京分行有3家支行及德富泰银行有限公司北京代表处和新加坡大华银行有限公司北京分行。另有农村信用合作社17家及中粮财务有限责任公司、北京国际信托投资有限公司、中信信托投资有限责任公司、中信控股有限责任公司、中国航空集团财务有限责任公司、中国中信集团公司银基担保有限公司、中国国际金融有限公司、中国石化财务有限责任公司、中国信达资产管理公司北京办事处、西门子财务服务有限责任公司、中国旅游国际信托投资有限公司等44家非银行金融企业。

（赵　思）

中国银行朝阳支行

【概况】 中国银行北京朝阳支行地处北京市商务中心。内设7个部室，下设34个网点支行，1个储蓄所，总资产规模370亿元。截至年底，实现经营利润6.3亿元，较上年增长1.6亿元，增长35%；资产规模比年初增长50亿元，达到370亿元。各项收入达到12.7亿元，同比增长34%。支行资产总额和营业利润大幅度增加。主要指标增长在北京分行连年名列第一，市场份额不断提升。获得“全国金融系统五一劳动奖状”和“中国银行北京市分行突出贡献单位”等荣誉。

地址：东三环北路霞光里18号

电话：59207166

邮编：100027

（马　丽）

【经营管理新机制】 年内，实行基层网点分类管理和内部核算考核体系。一批好的网点支行平均年增存款在3亿元以上，个别网点超过8亿元，较差网点年增长近1亿元。大部分网点年营业利润在千万元以上，有7家超过3000万元，1家实现利润近1亿元，平均增长速度超过30%。

（马　丽）

【营销】 年内，新开发丰田汽车（中国）投资有限公司、宝马汽车销售有限公司、首创股份、住总集团、中国出版集团、北京热力集团等授信客户，挖潜城建股份等原有大客户，公司贷款余额达19亿元。抓住北京奔驰、松下电子等一批大客户，大力发展票据贴现业务，年累计贴现27亿元。以发展票据贴现和国际结算业务带动网点存款、结算业务发展；大力开展网上银行、外汇买卖、结售汇等优势业务，为诺基亚等跨国集团实现财务集中管理，为中国出版集团等大企业集团公司全国资金统收统支提供支持，并为数百家大企业提供网上银行服务，12月，开通网银户266户，汇划交易量132亿元，在分行中名列前茅。积极开办代办公积金消费信贷业务，打破该业务被建行垄断的格局，将朝阳区住房资金管理中心公积金贷款业务转到本行办理,使公积金贷款余额达到11亿元。在个人投资方面,大力发展理财业务,建立特色网点和理财室,成立支行理财专家小组,培养理财经理,促进理财团队的建设和发展;积极开办汇聚理财、奥运金、"春夏秋冬"外汇理财等业务,推出将保险、基金等产品打包的理财套餐,同时创新保险代理方式,实行网点自行选择代理保险公司合作方式,并与保险公司联手制定阶段竞赛方案,激发网点积极性。全年发展零售VIP客户2994户,新增1282户,中银卡成功发卡5177张,完成分行任务的113%;累计销售2089万美元,汇聚宝累计销售1.4亿美元,代理保险销售8700万元,销售额均排名分行第一。全年中间业务净收入达到11757万元,增长46%。走访优质大客户,随时了解动态与需求,并在最短时间制定解决方案,为客户提供授信、结算等全方位的金融服务。成功营销了宝马中国、大众汽车、IBM、拜耳生物、中国出版集团、北京燃气集团等大企业,同时在武警、国资委管理的国企、高校等客户营销上也取得突破,新增亿元存款大户10余个,人民币存款较年初净增74亿元,增长34%。

(马　丽)

【宣传活动】 年内,举办大型客户联谊活动和多期理财沙龙讲座,增进与高端客户感情。创办朝阳支行理财月刊,扩大理财业务宣传,为理财经理与客户营造畅通交流平台。创新服务领域,成功举办"冬日暖阳"迎新年中行理财客户艺术沙龙。

(马　丽)

【网点建设】 年内,新建网点8家,搬迁7家,扩建改造7家,新建、改造后的网点面貌焕然一新,客户数量不断增长,资产规模快速增长。新网点开业一年基本实现盈亏平衡,开业不到两年,资产规模就能够达到3亿元,有的网点达到6亿多元。

(马　丽)

【清收】 年内,专门成立清收保全小组,制定《清收考核办法》,通过电话、上门催收以及法律诉讼等多种方式,积极开展清收工作,同时与开发商加强沟通交流,督促个人客户还款,盘活不良项目。年底,零售贷款不良压缩9658万元,不良率比年初下降1.22个百分点。公司贷款不良压缩1400万元。

(马　丽)

中国工商银行朝阳支行

【概况】 中国工商银行朝阳支行在工商银行总行系统城区支行经营40强中排名第28,在分行年度经营绩效综合考核中列第24。支行设15个部室、1个营业部;下设10个网点支行、1个分理处、22个储蓄所。年内,实现账面利润6.36亿元,同比增加0.41亿元;实现封闭利润6.67亿元,人均利润83.58万元。年末本外币资产总额497亿元,比年初增加16亿元;负债总额490亿元,比年初增加15亿元。

地址:朝外大街1号

电话:65015538

邮编:100020

(宋怡宁)

【营业网点】 年内,朝阳支行设有1个营业室、10个网点支行、1个分理处、22个储蓄所,分别是:支行营业室(朝外大街1号)、八里庄支行(八里庄西里100号1层2层)、管庄支行(朝阳路京通新城A座底商)、燕莎支行(麦子店街41号)、国航大厦支行(霄云路36号国航大厦1层01号)、甜水园支行(六里屯北里18号楼A座底商)、大望路支行(小庄南里邮局西侧)、十里堡支行(八里庄东里单身丙楼)、团结湖支行(团结湖路5号楼南侧)、左家庄支行(左家庄北里35楼)、金台路分理处(朝阳门外小庄6号)、雅宝路储蓄所(朝阳门南大街14号)、金台北里储蓄所(金台路北口)、三里屯储蓄所(工体东路15号)、团结湖南区储蓄所(团结湖二区42号)、团结湖东区储蓄所(团结湖北三区10号)、呼家楼储蓄所(呼家楼北街乙4号)、双桥新村储蓄所(双桥农场温泉北里小区1号)、管庄储蓄所(管庄大院54号)、定福庄储蓄所(定福庄2号)、甘露园储蓄所(甘露园南里18号)、八里庄储蓄所(八里庄东里单身丙楼)、幸福村储蓄所(工人体育场北门对面)、幸福三村储蓄所(东直门外大街22号楼)、新源里储蓄所(新源里东街6号楼)、三元桥南储蓄所(左家庄小区三源里南小街4号)、柳芳南里储蓄所(柳芳南里甲1号)、八里庄北里储蓄所(后八里庄第三印染厂正门旁)、慈云寺储蓄所(延静里中街乙5号)、顺源街储蓄所(左家庄小区顺源街45号楼)、关东店北街储蓄所(朝外大街1号)、朝外大街储蓄所(朝外大街1号)、六里屯储蓄所(甜水园东里45号楼)。

(宋怡宁)

【存贷款】 年内,办理票据贴现8.20亿元。中间业务收入9280万元,同比增长30%。办理国际结算业务23.50亿美元。办理结售汇14.50亿美元。年末,各项存款余额477亿元,较年初增加11亿元。其中:人民币对公存款日均(含同业)余额214.22亿元,同比增加21.13亿元;时点余额230.78亿元,比年初下降5.32亿元;人民币储蓄存款216.71亿元,比年初增加

25.71 亿元。各项外币存款余额(含同业)3.66 亿美元。其中,对公存款 1.93 亿美元;储蓄存款 1.73 亿美元。各项贷款余额 71 亿元。其中,人民币流动资金贷款余额 21.84 亿元;人民币项目贷款余额 12.41 亿元;住房开发贷款余额 13.04 亿元;个人住房按揭贷款余额 21.57 亿元;个人消费贷款余额 1.13 亿元;外汇贷款余额 30 万美元。

(宋怡宁)

【网上银行】 年内,企业网上银行新开户 301 户,实现交易额 941 亿元;企业电话银行新注册 730 户;企业网上银行普及版开户 544 户。个人网上银行和电话银行开户数分别为 4.59 万户和 4.46 万户。

(宋怡宁)

【其他业务】 年内,新增理财金账户 6231 户、特约商户 9 家、灵通卡 8.77 万张、缴费通 1.41 万户、B2C 商户 3 户、牡丹卡 1445 张,新增个人客户证书(U 盾)客户 1227 户。销售个人外汇理财产品 2385.2 万美元。累计发行各类基金 2724.4 万元,发售凭证式国债 11.40 亿元,代理保险 6.48 亿元,代发养老金 247.16 万笔,代发工资 189.81 万笔。全年保管箱出租 1014 个,实现收入 48.37 万元;资信业务收入 14.43 万元。

(宋怡宁)

中国工商银行望京支行

【概况】 中国工商银行望京支行内设 12 个部室、1 个营业部;下设 3 个网点支行、6 个分理处、16 个储蓄所;附属现金营运中心。全年实现利润 2.52 亿元,人均利润 58 万元,上缴税金 841 万元。

地址:酒仙桥路甲 10 号

电话:64388313

邮编:100016

(刘 蕾)

【营业网点】 年内,望京支行境内营业网点分别有:支行营业部(酒仙桥路甲 10 号)、香河园支行(樱花东街 5 号)、首都机场支行(首都机场梨园小区)、望京南支行(望京中路 3 号院)、四元桥分理处(望京中环南路 9 号)、西坝河中里分理处(西坝河中里 34 号)、新空港分理处(首都机新候机楼首层)、科技园区分理处(利泽中园 105 号)、东坝分理处(东坝红松园北里甲 2 号)、口岸分理处(首都机场天柱路 12 号)、花家地西里储蓄所(花家地西里 117 号楼)、南湖东园储蓄所(望京南湖东园 101 楼)、樱花西街储蓄所(樱花西街 8 号)、青年沟路储蓄所(和平街 13 区甲 3 号)、芍药居储蓄所(芍药居北里 30 号楼)、首都机场南储蓄所(首都机场职工俱乐部东)、望京新城储蓄所(新文望京 A 四区 III 组团底商)、高家园储蓄所(高家园小区 106 楼)、将台路储蓄所(酒仙桥芳园里 37 楼)、酒仙桥商场储蓄所(南十里居 15 号院 13 楼北)、王爷坟储蓄所(酒仙桥路 11 号楼北)、六街坊储蓄所(酒仙桥路 29 号)、大山子储蓄所(酒仙桥路甲 4 号)、香河园储蓄所(西坝河西里 4 号)、坝河东里储蓄所(西坝河东里 14 号)、光熙门北里储蓄所(西坝河光熙门北里 31 号)。

(刘 蕾)

【存贷款】 年末,本外币各项存款余额 213.73 亿元,其中对公存款 67.52 亿元,增加 21.70 亿元;储蓄存款 146.21 亿元,增加 30.61 亿元。本外币各项贷款余额 27.41 亿元;其中个人住房贷款 1.3 亿元;个人消费贷款余额 2.1 亿元。

(刘 蕾)

中国工商银行北京商务中心区支行

【概况】 中国工商银行北京商务中心区支行经营业务涉及结算、代理、理财、信贷、国际结算、投资银行、电子银行外汇、理财等各个领域。内设行长室和 7 个部室,1 个营业部;下设 1 个网点支行、4 个分理处、4 个储蓄所。年末在册员工 233 人,截止 12 月底,本外币资产总额 145 亿元。

地址:建国路 110 号

电话:65661600

邮编:100022

(许会玲)

【营业网点】 年内,有 1 个网点支行、4 个分理处、4 个储蓄所,分别是:建国路网点支行(建外大街 12 号)、国贸大厦分理处(建外大街 1 号国贸大厦二座 1 层)、光华路分理处(关东店南街 2 号旺座中心)、现代城分理处(建国路 88 号)、支行营业室(建国路 110 号)、建外大街储蓄所(建外大街 1 号国贸大厦一座 1 层)、永安西里储蓄所(建华南路 11 号)。

(许会玲)

【国际业务】 年内,国际结算量 122764 万美元,结售汇交易额 83626 万美元,累计实现汇兑收入较去年同期增幅 175.10%。

(许会玲)

【电子银行类业务】 年内,注重对电子银行业务管理和营销,加强业务培训,向优质客户推介网上结算等业务功能,提高该项业务创收能力,累计实现收入 188.83 万元。

(许会玲)

【经营规模和效益】 年末,本外币资产总额145亿元,人均资产6254万元,本外币负债总额143亿元,实现本外币经营利润2.2亿元,本外币资产利润率1.52%,人均实现利润95.18万元,经营利润同比增加29.64%

(许会玲)

中国工商银行九龙山支行

【概况】 中国工商银行九龙山支行内设9个部室、1个营业室;下设3个网点支行、2个分理处、9个储蓄所;附属现金中心。全年实现利润4968万元,人均利润13.8万元。

地址:广渠路甲40号

电话:67710822

邮编:100021

(文　颖)

【营业网点】 年内,有1个营业室、3个网点支行、2个分理处、9个储蓄所,分别是:支行营业室(广渠路甲40号)、广渠路支行(广渠门外大街22号楼)、潘家园支行(农光南里1号)、石门支行(石门村2号);劲松三区分理处(劲松三区301号楼)、武圣里分理处(武圣东里52号);劲松八区储蓄所(劲松八区816楼)、华威西里储蓄所(华威北里甲17号楼)、垡头储蓄所(垡头居民区)、光明桥储蓄所(广和南里二条12号楼)、垂杨柳储蓄所(垂杨柳中街14号)、南新园储蓄所(南新园26号楼)、双花园储蓄所(双井路口北侧路东)、九龙山储蓄所(双井路口西侧)、双井储蓄所(双井环路宾馆东侧)。

(文　颖)

【金融业务】 年末,本外币各项存款余额1156634万元,增加96325万元,其中对公存款323442万元,增加13411万元;储蓄存款833193万元,增加82915万元。本外币各项贷款余额162112万元;其中个人住房贷款28341万元,增加14865万元;个人消费贷款余额15067万元。发行牡丹卡信用卡12张,发行牡丹贷记卡7张,牡丹国际卡869张。

(文　颖)

中国工商银行股份有限公司亚运村支行

【概况】 中国工商银行股份有限公司亚运村支行内设10个部室、1个营业部,下设3个网点支行、4个分理处、5个储蓄所和附属机构现金营运中心。年内,实现利润2.09亿元。

地址:慧忠北里407号楼

电话:64863545

邮编:100012

(石　健)

【营业网点】 年内,营业网点分别有:支行营业室(慧忠北里407号楼)、北辰路网点支行(北辰东路8号汇欣大厦首层)、惠新网点支行(安苑路20号世纪兴源大厦一层)、世纪村网点支行(育慧北路8号)、化信分理处(安定路33号首层)、安慧分理处(安慧北里秀园15号)、北苑家园分理处(北苑家园清友园19号楼)、中航油分理处(海淀区冠城园8号楼首层)、航空城储蓄所(北苑新路3号院)、苇子坑储蓄所(德外苇子坑大街路北)、祁家豁子储蓄所(华严北里40号楼)、惠新里储蓄所(和平里樱花东街1号)、双北桥储蓄所(朝阳区安外安贞西里二区)。

(石　健)

【金融业务】 年末,本外币各项存款(含同业)余额145.68亿元,比年初增加30.53亿元,其中对公存款(含同业)时点比年初增加12.16亿元,日均比去年增加1.51亿元;储蓄存款比年初增加17.00亿元。本外币各项贷款余额25.99亿元,比年初减少2.61亿元。其中公司贷款比去年增加0.88亿元,个人住房贷款和消费贷款则分别比去年下降2.83亿元和0.67亿元,票据贴现比年初增加1.1亿元。个人电话银行开户新增27214户,个人网上银行开户新增26865户,信用卡开卡1291张。

(石　健)

中国建设银行朝阳支行

【概况】 中国建设银行朝阳支行内设14个部室,下设1个营业部、8个升格支行、11个储蓄所,有干部职工382人。年末,本外币全口径存款余额202.93亿元,其中人民币存款余额194.27亿元,贷款余额94.42亿元,实现利润4.1亿元。

地址:朝外大街乙10号

电话:65994806

邮编:100020

(张　艳)

【营业网点】 年内,营业网点有:营业部(朝外大街乙10号)、国贸支行(建国门外大街1号)、航华科贸支行(东环南路2号航华科贸中心101)、呼家楼支行(向军北里4号楼)、静安庄支行(西坝河东里83号楼)、新源支行(亮马桥32号高斓大厦)、电子城科技园区支行(酒仙桥路2号)、雅宝路支行(朝外头条甲93号)、樱花支行(樱花西街28号楼)、霞光里储蓄所(霞光里30号院5号楼)、中纺街储蓄所(中纺街甲30号)、左家庄东里储蓄所(左家庄东里3号楼)、红庙储蓄所(金台里甲15号楼)、架松储蓄所(潘家园华威西里38号楼)、金台路储蓄所(甜水园东里7号楼)、酒仙桥储蓄所（酒仙桥高家园5区2号楼一层）、十里堡储蓄所（十里堡鑫帝大厦一层）、顺源里储蓄所（顺源里2号楼）、团结湖路储蓄所（团结湖路7号）和外交部南街储蓄所（东城区外交部南街8号）

（张　艳）

【金融业务】 年内，制定公司金融业务持续、稳定、健康发展目标，强化市场营销、深化信贷管理。通过开展联动营销、综合营销，先后与多家大型企业、集团类客户、知名跨国公司等建立良好合作关系。资产质量、客户结构得到优化，重点客户营销呈现良好态势，成功中标朝阳区财政局国库直接支付业务和授权支付业务，成功归集中央国家机关住房资金管理中心资金。企业存款余额110.57亿元，较上年新增38.48亿元。

（张　艳）

【中间业务与国际业务】 年内，中间业务加强与资产业务捆绑营销，树立综合营销思路，完成中间业务收入5200余万元。国际业务以结算为业务特色，以效益为业务核心，以着手业务拓展、培育客户、储备人员为工作重心，以重点客户营销为依托，以产品推广促发展，实现客户数量、业务规模、市场份额和相关效益上的较大提高。

（张　艳）

【个人金融业务】 年末，人民币储蓄存款余额76.63亿元，较上年新增12.70亿元。大力开展营销竞赛活动，以公私联动为契机开展综合营销，所均余额达到3.8亿元。个人住房贷款业务利用开展主题营销活动，增强服务意识，优化业务流程，提高服务效率，增强市场竞争力；形成公积金归集资金业务和公积金贷款业务服务优势地位。

（张　艳）

【信贷资产质量】 年末，贷款余额94.4亿元，五级分类不良贷款余额为3.85亿元，不良贷款率4.07%。实现存量五级分类企业不良贷款压缩额3076万元，计划完成率135%。实现不良贷款现金回收6976万元，计划完成率111%；超值现金回收3100万元，计划完成率达310%。

（张　艳）

中国民生银行总行营业部

【概况】 中国民生银行总行营业部在朝阳区设有建国门支行（建外大街21号国际俱乐部一层）、西坝河支行（西坝河西里甲18号）、工体北路支行（工体北路9号）、安定门支行（安外大街1号信义大厦）、国贸支行（建国路128号一航大厦）、朝阳门支行（朝外大街22号泛利大厦首层）、亚运村支行（惠新西街3号）、奥运村支行（安立路66号安立花园C座）、三元支行（东三环北路甲2号京信大厦西南配楼首层）、劲松支行（劲松三区甲302号华滕大厦一层）、电子城支行（酒仙桥路14号兆维大厦首层）、首都机场支行（首都机场航安路）、建国门外支行（建国门外大街甲12号）、京广支行（呼家楼京广商务楼首层）。截至12月31日，民生银行14家支行总资产277亿元，税前利润4.9亿元。

地址：西城区复兴门内大街2号中国民生银行大厦
电话：58560088
邮编：100031

（杨雪松）

【银政合作】 年内，围绕朝阳区、CBD“抓大不放小”，支行总资产在截至年底达到70亿元。国贸支行与朝阳区建立银政合作关系，不断加大对朝阳区资源开发力度和深度，提升对朝阳区业务金融服务支持力度，紧紧抓住CBD基础设施重点项目工程，公司业务和个人业务联动，为支行持续发展奠定了基础。

（杨雪松）

【开发优质客户】 年内，以产品、服务和团队为依托，先后开发20多个世界级和国家级优质客户。

（杨雪松）

北京国际信托投资有限公司

【概况】 北京国际信托投资有限公司下设信托总部、营销总部、投资总部、投资银行部、信托财会部、计划财务部、法律事务部、企业管理部、研究发展部、人力资源部、稽核审计部、风险管理部、董事会办公室、党群工作部、总经理办公室15个部室，在朝阳区设立的下属企业有北京渔阳饭店有限公司、北信投资控股有限责任公司、北京北信东方实业发展有限公司三家。公司员工118人。公司股东11家，资本金14亿元。

地址：安定路5号北京金融信托大厦C座
电话：64436553
邮编：100029
网址：www.bjitic.com

（王连顺）

【金融信托业务】 年内，管理的信托财产余额112亿元，比上年增长53%；营业收入1.85亿元，同比增长20.9%，实现利润7,606万元。

（王连顺）

【投资业务】 年内，投资组建的北京国投公路建设发展有限公司所承担的110国道改造建设项目，先后完成国家环保总局、交通部、国土资源部、北京市发改委、交通委、市规委各项审批手续，取得国家发改委核准批复,拆迁工作展开,工程建设部分路段投入施工。与石景山区政府签署共同组建房地产开发公司投资合作协议。

(王连顺)

【中介业务】 年内,承办的京津、武广城际铁路客运专线财务顾问工作进展顺利,与日本丸红株式会社签署相关战略合作协议,在北京召开项目推进委员会第一次会议。公司承办的山西联盛集团境外上市财务顾问工作进展迅速,引资方案等工作完成。

(王连顺)

【增资扩股】 年内,中石化入资2亿元,公司资本金由12亿元增加至14亿元,成为公司第二大股东。

(王连顺)

保　　险

【概述】 年内,驻区保险企业有中国人寿保险股份有限公司、中国人寿保险股份有限公司北京市分公司、中国人寿保险股份有限公司朝阳区支公司、新华人寿保险股份有限公司阳支公司、民生保险经纪有限公司、民生人寿保险股份有限公司北京分公司、中国太平洋人寿保险股份有限公司朝阳支公司、中国太平洋财产保险股份有限公司朝阳支公司、中国平安保险股份有限公司朝阳支公司、中国人民财产保险股份有限公司朝阳支公司和新落户本区的中国人民健康保险股份有限公北京分公司、合众人寿保险股份有限公司北京分公司等国内保险企业及美国友邦保险有限公司北京分公司等国外知名保险企业共74家。

(赵　思)

中国人寿保险股份有限公司

【概况】 中国人寿保险股份有限公司总部设23个部门,下设北京分公司及省级、地(市)及区县级分公支机构。年内,实现保费收入1609.49亿元,比上年增长7.31%。截至12月31日,公司拥有超过7,000万份有效的个人和团体寿险保单、年金合同及长期健康保险单;根据中国保监会公布数据,公司所占市场份额为44.07%,继续保持在中国寿险市场的领先地位;按照中国会计准则计算,实现利润54.56亿元,比上年增长86.91%;公司总资产为5,218.04亿元,股东权益合计629.50亿元。偿付能力额度为法定最低偿付能力额度的2.73倍。

地址:朝外大街16号

电话:85659999

邮编:100020

(张书逢)

【最喜爱品牌】 3月,在人民日报社市场信息中心举办的首届中国消费者(用户)最喜爱品牌民意调查大型公益活动中,公司被推选为中国保险服务市场消费者最满意最喜爱第一品牌。

(张书逢)

【财务管理】 年内,探索并初步形成财务管理体制架构,完善财务管理制度体系,加强对各级财务人员教育培训,会计基础建设得到加强。开展全面预算管理,实行分类分级绩效考核,充分发挥预算管理导向作用和费用政策的杠杠作用,较好地处理了发展与调整的关系,引导业务结构进一步优化。完善营业费用预算控制体系,强化资金高度集中体制,加强固定资产管理,推行大宗物品和服务的集中采购,有效地降低了经营成本。排查财务控制风险点,修订和完善一系列制度,强化财务监督检查力度,针对薄弱环节及时制定整改措施和方案等,提高财务制度执行力。通过完善财务会计系统,组织相关人员进行新的财务管理系统的专项研究及可行性论证,不断改进财务内部控制,保证了财务信息质量。

(张书逢)

【业务管理】 年内,继续致力于加强核保、核赔管理和提升客户服务水平,制定并修订一系列制度和管理规定,调整和优化业务流程,规范业务管理。通过对分支机构的核保/核赔授权和对核保/核赔人员依级别配置,实施核保、核赔作业流程管理及风险控制。在核保管理方面,引进世界领先再保险公司核保评点系统;在核赔管理方面,加大赔案调查力度,防范保险欺诈。

(张书逢)

【制度建设】 年内,编写《团体年金实务手册》,修订《寿险实务》、《保全手册》、《理赔手册》等业务基础管理手册约计100万字;制定《银保通业务管理办法》、《外汇业务管理办法》等单行管理制度。其中,《寿险实务》、《保全手册》等业务管理手册自推广以来已经成为业务管理的纲要性制度,从根本上规范和统一了公司的基础性业务管理工作。《团体年金实务手册》的下发和《寿险实务》等管理手册的修订，引入全新的省级集中管理理念和运营管理模式，调整和优化了业务流程，规范了新生业务的管理，突出了内部控制和质量监控。这些制度的陆续出台，逐步搭建起一个更加科学规范的管理制度平台。

（张书逢）

【客户服务系统】 年内，客户服务系统更加完备，服务品质继续改善。“95519”电话服务中心荣获“2005中国最佳呼叫中心奖”，这是唯一获此奖项的寿险公司，也是本公司连续第二年获此奖项。

（张书逢）

【理赔】 年内，在黑龙江省“6.10”特大洪灾、青海省“5.13”特大自然灾害事故、安徽省宿州市泗县大庄镇中小学生疫苗中毒事件中，公司本着“特事特办”原则，启动《中国人寿保险股份有限公司处置重大突发事件应急预案》，成立理赔应急小组赶赴现场，积极主动配合当地政府，做好救助、勘查及理赔工作。

（张书逢）

【风险管控】 年内，公司董事会、管理层进行调整，为适应境内外监管要求，调整和充实董事会及其专业委员会，强化独立董事作用。根据香港联交所要求，实现董事长和总经理分设，发挥董事长和总经理各自作用。通过董事会及其下设的审计委员会、风险管理委员会，公司监事会，公司管理层下设的内控及风险管理委员会，与相关部门共同构成内部控制与风险管埋监督控制体系。自上市以来，公司一直重视对财务、投资、业务三类风险监控与管理，不断完善信息披露机制。公司垂直领导、统一管理的内部审计体制进一步完善，内部审计人员得到充实和加强。根据美国《萨班斯－奥克斯利法案》404条款遵循和美国证监会的有关要求，开展旨在提高内部控制水平，促进风险防范的404条款遵循工作。为规范项目管理，制定推行7项管理制度，从工作流程、质量考核、缺陷整改、信息沟通、文档管理等方面进行规范，完善与财务报告相关的内控流程，形成各类控制文档近11万篇，约3.2亿字，设计了一系列切实可行的工作模版及配套指引，构建了一套较为完整的项目管理制度体系，整合了一部简明实用的《萨班斯法案404条款遵循工作手册》，推进了全系统信息技术工作标准化管理。

（张书逢）

【诚信合规服务】 年内，响应中国保监会“诚信建设年”号召，制定并实施《关于进一步加强诚信建设的方案》，向社会公众发布《中国人寿保险股份有限公司服务承诺》，承诺诚信合规销售、方便客户联络、快速理赔服务、专业电话服务等15项服务内容，举办诚信建设主题活动。通过创建“文明优质服务示范窗口”和“青年文明号”等形式，组织开展文明优质服务活动，推出各种诚信服务举措，通过完善95519客户服务专线电话服务、聘请社会监督员，自觉接受社会监督，宣传和展示中国人寿“用心经营、诚信服务”和“成己为人、成人达己”经营理念，树立诚信服务的良好形象，赢得客户理解、信任和尊重。各地通过举办客户服务节、成立客户俱乐部等多种形式，与客户开展联谊、联欢活动，让客户通过亲身体验和感受，增进对中国人寿的了解。

（张书逢）

【进入500强】 8月，2005中国企业500强发布会上，中国人寿以1801.98亿元营业收入位居第六。9月，由世界品牌实验室和世界经理人周刊联合主办的世界品牌大会发布的2005年中国500强最具价值品牌排行榜，“中国人寿”品牌排名位列前十位。年内，由美国《财富》杂志评出的2005年“世界500强企业”，中国人寿（集团）公司名列第212位（公司是中国人寿集团的核心成员）。

（张书逢）

中国人寿保险股份有限公司北京市分公司

【概况】 中国人寿保险股份有限公司北京市分公司在朝阳区下设有朝阳支公司（金台北街7号）、一个营业部、一个营销区部和一个收展业务部。年末，分公司实现保险费收入41.39亿元，同比增长1.2%（另外代理中国人寿集团公司保费收入4.06亿元），其中，个人业务保费收入16.61亿元；团险业务保费收入10.84亿元；银行代理业务保费收入13.67亿元。在保费收入持续增长同时，业务结构明显改善，风险型和效益型业务总量提升很快。

地址：朝外市场街20号

邮编：100020

电话：85635599

（罗伟文）

【构建业务支持平台】 年内，完成团险销售人员个人信息采集和档案维护工作，为进一步细化管理奠定基础；充分利用团险业务管理系统（GMIS）和分析型客户关系管理系统（ACRM），为一线提供销售支持；加强信息技术建设，重点做好网络改造和数据中心建设，不断提高运营管理水平；做好代理人风险预警系统（ARPS）和代理人信用评价系统（ACRS）推广应用，完善个人代理人风险督察工作机制。

（罗伟文）

【业务管理】　年内,加强对核保核赔人员培训和管理,严把双核关,进一步落实重要单证四级管理体系,通过对理赔统计进行动态监控、业管人员积极参与承保方案讨论和业务谈判、参与产品开发和推广工作等措施,改进风险管控方法和手段。配合“404”项目工作,全面梳理内控机制;完善客户疑难问题协调解决委员会制度;严格执行收支两条线管理办法,进一步加强资金和帐户管理;全面实行基层财务人员派驻制,加强对基层单位的财务管理和费用监控;严格规范公司法律事务管理,实行潜在诉讼事件报告制度;加强品质管理工作,规范工作流程,顺利通过英国标准协会的外部审核。

(罗伟文)

【业务发展和服务】　年内,在销售创新方面,公司制定意外险业务发展策略,在产品、销售渠道、销售方法等方面不断开拓创新,促进意外险快速发展;不断创新产品说明会形式和内容,聘请高水平讲师,推广客户答谢会;创新代理人培训方式,采用主管轮训、新兵训练营、产品技能大赛等行之有效的方式;在服务创新方面,公司推出新单跟踪机制,保证及时出单;开发生存金领取外挂程序和领取后回访程序,实现生存金领取自动转帐付费;95519手机短信息服务新增客户付费确认通知、保单失效通知、划账不成功通知,开通以公司名义、以业务员个人名义向客户发送节日祝福的短信服务。柜面服务和管理水平有较大提高,客户对公司整体服务满意度进一步提高;95519客服电话中心在总公司的年度考核中被评为A类;客户投诉明显减少,投诉处理能力不断提高。

(罗伟文)

中国太平洋财产保险股份有限公司朝阳支公司

【概况】　中国太平洋财产保险股份有限公司朝阳支公司内设内勤服务、外勤服务公司;车险、非车险、水险、直销、中介5个业务科和综合、理赔、财务、客服4个职能科室;下设机场营业部、拥有员工近60人,与5家专业保险代理公司和近30家保险兼业代理机构建立合作关系。业务范围包括:承保人民币和外币的各种财产保险,包括财产损失保险、工程保险、责任保险、信用保险、短期健康险、人身意外伤害保险等保险业务;办理经中国保险监督管理委员会批准的其他业务。年末,保费收入1.2亿,较上年增长26%。

地址:霄云路霄云里6号楼城宝饭店配楼
电话:84482495
邮编:100016

(杨　静)

【理赔】　年内,赔款0.59亿元。在民族文化宫热水管破裂、中钢集团长江22029号轮船碰撞倾覆、皇木厂经济合作社火灾事故等重大突发灾难性事件中,公司迅速开展理赔工作,为被保险企业分忧解难,赢得客户好评。

(杨　静)

【客户服务】　年内,坚持在发展中调整、调整中发展的工作方针,致力于建立健全集中、精简、高效的管理体制,根据市场和客户需求,不断拓宽服务领域,逐步形成自己的品牌优势和特色经营,逐步实现业务规模与经济效益的协调发展,并通过技术创新和机制创新实现技术、人才、经营管理手段的最佳组合,实现企业可持续发展。本年度在首都保险业杰出服务精英评选活动中,有一名同志获“北京保险业服务形象大使”称号、两名同志获“北京保险业杰出服务精英”称号。

(杨　静)

美国友邦保险有限公司北京分公司

【概况】　美国友邦保险有限公司北京分公司在安华大厦设朝阳亚运村销售服务部,嬴嘉中心设朝阳建国路销售服务部,年末,公司总资产人民币217702万元,全年实现保费收入145338万元,个人新单保费市场份额位列北京外资保险公司首位。

地址:东环南路10号京汇大厦3层
电话:65683338
邮编:100022

(王昌夏)

【联谊活动】　1月1日,分公司意外险精英俱乐部成立。分公司贵宾会(VIP俱乐部)和人身意外险部陆续举办营养与健康、家庭紧急救护、财务规划、儿童教育等客户联谊活动和知识讲座。5月18日,友邦北京3周年庆典活动之一的关爱儿童有奖征文绘画摄影比赛拉开序幕,比赛收到参赛作品1300余份。7月23日,分公司成立3周年专场歌舞晚会在北展剧场举行,中国歌舞团特邀演出“秘境之旅”节目。

(王昌夏)

【开通移动管理系统】　2月1日,开通代理人“一掌通”移动信息管理系统,为代理人进行日常业务管理提供现代化信息手段和方式。10月,代理人笔记本系统、公司网站“代理人天地”中的“学习园地”栏目及“行政通知”栏目陆续开通并投入使用。

(王昌夏)

【加强培训，提高素质】 3月3日，友邦北京培训中心启用。6月27日，“菁英计划”启动大会在培训中心礼堂举行，旨在塑造专业、优质代理人队伍。7月10日，分公司第一期荣誉讲师团颁奖仪式暨TTT专业培训在培训中心举行，公司荣誉讲师制度建立。11月23日，与中央财经大学保险系举行保险理财规划师资格认证培训签约仪式。该项目将为公司代理人提供更加全面、更加专业的保险理财知识培训。12月1日、2日，在北京保监局指导下，分公司和北京保险行业协会联合承办首届北京寿险经营经验交流会。来自北京15家寿险公司的高级管理人员就营运与内控和业务发展两项主题展开讨论。年内，公司在发展代理人队伍规模、实现人力增长同时，严格控制代理人品质，注重代理人团队建设和整体素质提高，坚持代理人100%持证上岗，对代理人加以系统、规范的培训，同时强调爱心、责任心和使命感，使之成长为诚信可靠的专业保险人才。

（王昌夏）

【热心公益】 1月11日，分公司及全体内外勤员工为东南亚海啸灾区踊跃捐款15万元。4月22日，友邦北京助学金颁发仪式在分公司培训中心举行，来自北京大学、中国人民大学、中央财经大学的30名品学兼优但家境贫困的保险相关专业学生获分公司颁发的“友邦助学金”。5月24日，公司向昌平区流村中心小学捐赠40套价值约16万元人民币的电脑设备，用以改善该校的教学设备，提高办学条件。电脑设备捐赠仪式在流村中心小学下属西峰山小学举行，该小学也被昌平区教委命名为友邦西峰山希望小学。捐赠仪式同时举行友邦西峰山希望小学揭牌仪式。

（王昌夏）

【创新产品】 11月3日，推出首个终身寿险产品《友邦常青树终身寿险（分红型）》和首个集年金领取、增值红利、现金红利于一体的分红型年金保险产品《友邦金福年金保险（分红型）》等新产品，并建立、完善售后监控系统，从销售业绩、费用控制、赔付、退保等各个方面进行监控，不断地改进、完善产品开发和市场推广机制。

（王昌夏）

中美大都会人寿保险有限公司昆泰营销服务部

【概况】 中美大都会人寿保险有限公司（MetLife）是首都机场集团公司与美国大都会集团关联企业，由首都机场集团公司和美国大都会人寿保险公司合资组建。中美大都会人寿保险有限公司通过专业顾问行销系统和其他多元行销渠道提供人身、意外和健康保险方案。

地址：朝外大街乙12号昆泰国际大厦5层

电话：58280088

邮编：100020

（朴池英）

【业务与培训】 6月10日，中美大都会人寿北京第二营销服务部成立。年内，完成保费收入1194.04万元（首年保费），实现保费收入1235.32万元，为3000多个家庭提供寿险服务。代理人月人均保费收入9000元左右。截至年底，昆泰营销服务部共培养专业寿险规划师437人。

（朴池英）

合众人寿保险股份有限公司北京分公司

【概况】 合众人寿保险股份有限公司北京分公司是合众人寿保险股份有限公司在全国设立的第五家分支机构。公司设人事行政部、财务部、运营管理部、营销部、培训部、团体业务发展部、企划部、银代业务部8个部门。主要负责北京地区业务开展和经营管理工作，履行业务拓展、人员培训、技术支持、风险控制与管理及客户服务职能。

地址：朝外大街乙12号昆泰国际大厦20层

邮编：100020

电话：58797755－82027

（姜　宁）

【业务】 6月7日，分公司获保监会颁发的经营许可证。6月15日，拿到营业执照挂牌营业。7月5日，在人民大会堂举办开业庆典，分公司向首都科学家代表赠送价值1.62亿元的保险。7月，正式开通客户服务电话号码95515，为客户提供高效快捷的理赔服务通道。并推出200元当场给付、1000元3日给付、常规非调查案件10日内结案的快速理赔服务，开通24小时报案热线88390690。为营造私密体检空间，与爱诺信泰公司签约，为高端客户提供上门体检服务。可直接登录爱诺信泰网站，利用专属密码查询体检结果并免费得到健康指导和咨询服务。

（姜　宁）

【培训】 年内，组织形式多样培训，聘请专业训练师，以提升服务理念和专业技能为主题，面向业务团队举办6次学习班，500多人次参加。公司还定期聘请专家进行专题讲座，对员工进行培训和技术指导，以期不断加强公司内部员工素质，更好地为客户提供友善、便捷、专业的服务。

（姜　宁）

中国人民健康保险股份有限公司北京分公司

【概况】 中国人民健康保险股份有限公司北京分公司设办公室、人力资源部、计划财务部、渠道拓展部、团险销售/结合市场部、个险销售部、客户服务中心/业务管理部及健康管理部。主营范围包括各种人民币和外币健康保险业务、意外伤害保险业务，与国家医疗保障政策配套、受政府委托的健康保险业务，与健康保险有关的咨询服务业务及代理业务，经中国保监会批准并经总公司授权的其他业务。首年规模保费收入2805万元。

地址：朝外大街乙12号昆泰国际大厦12层

电话：58696688

邮编：100020

（邵丹丹）

【业务与活动】 1月24日，分公司筹备组正式成立。8月2日，获保监会颁发的《经营保险业务许可证》。8月5日，取得市工商局颁发的营业执照。8月11日，分公司开业暨个人健康保险第一单发布仪式在中国人保控股公司万春园多功能厅举行。9月8日，分公司中介机构合作交流会在万春园成功召开。9月24日，分公司在人济山庄举办健康顾问进社区活动。6月20日，首期业务培训班在分公司职场开训。10月24日，与阜外医院签署合作协议书，双方确定战略合作关系。11月7日，与中日友好医院签署特需医疗服务合作协议书。12月19日，研究并最终确定公司战略发展三年规划。

（邵丹丹）

阳光财产保险股份有限公司

【概况】 阳光财产保险股份有限公司是一家经营财产保险业务的全国性保险公司，公司注册资本金11亿元人民币，总部设在北京。由中国石化、南方航空、中国铝业、中国外运、粤电力等国有特大型企业发起组建。公司股东总资产近万亿元人民币，下属企业遍布除西藏、台湾外的30个省、市、自治区。

地址：朝外大街乙12号1号楼昆泰国际大厦28层

电话：+86－10－58289999

邮编：100020

（王　钊）

【业务】 7月，经中国保险监督管理委员会批准成立公司。年内，阳光财险江苏、山东、黑龙江、重庆、北京、河南等分公司先后开业。截至年底，公司实现保费收入5719万元。

（王　钊）

【对外交流】 年内，先后与国内外著名保险公司如瑞士再保险公司、法国再保险集团、美国利宝互助保险公司、日本财产保险公司、台湾中国产物保险公司、美国亚瑟.J.盖勒格公司、怡安再保险公司、中国再保险集团公司、中国财产再保险公司建立合作伙伴关系。

（王　钊）

阳光财产保险股份有限公司北京分公司

【概况】 阳光财产保险股份有限公司北京分公司主要保险业务包括：机动车车辆保险、财产损失保险、责任保险、进出口货物运输保险、工程险、信用保险和保证保险、健康保险和意外伤害保险。公司设总经理室、人事行政部、财务部、车险部、意外和健康险部、财产险部、销售管理部、业务部等部门和5个营销服务部。

地址：东三环中路7号财富中心写字楼A501

电话：65308855。

邮编：100020，

（李　雪）

【业务】 9月29日，经保监局验收取得《经营保险业务许可证》，10月26日，经市工商局核准取得营业执照；11月28日开业成立。到年底，实现保费收入280万元，其中车险保费收入228万元，财产险保费收入51万元，意外和健康险保费收入1万元。

（李　雪）

城市建设

规划管理

【概况】 北京市规划委员会朝阳分局作为市规划委员会派出机构，接受市规划委员会垂直领导，按照《市规划委各分局规划管理权限方案》行使行政职权，负责本区城乡规划管理工作。内设办公室、综合科、规划用地科、建设工程管理科、市政交通规划管理科、监督检查科。
地址:农展馆南路5号
邮编:100026
电话:65950808

(毛新爱)

【专项规划研究编制】 年内，在上年组团式规划建设、板块式经济发展研究基础上，提出城市功能区系统理论，并根据系统论原则对功能区组成和结构进行研究。经分析研究，“十一五”城市发展与建设专项规划总结朝阳区当前发展存在的机遇和问题，明确城市近期发展方向、规模和空间布局，按照功能区建设理论提出朝阳区发展构想，确定未来五年朝阳区城市发展重点和建设时序，提出“基础设施先行、产业发展优先、建设宜居城市”策略，并对近期建设项目进行归纳。完成《十一五规划专项规划的研究和编制》成果包括文本、附表附图、附录3部分，近6万字。

(毛新爱)

【中心地区控制性详细规划修编】 年内，开展中心地区控制性详细规划修编工作。广泛收集国内外相关资料110余篇，听取社会各界及专家学者意见和建议，提出对1999年版控制性详细规划意见和本次控制性详细规划编制技术及管理办法的建议，依据组团式规划建设、板块式经济发展战略对三里屯地区产业发展提出设想和规划调整建议，探索中心城区城市功能优化和更新策略。调研成果《北京城市中心地区控规整合调研报告——以三里屯地区为例》得到市规划委肯定。

(毛新爱)

【重点项目规划研究和审批协调】 年内，围绕市、区重点工作，落实雅宝路仓储中心、朝来商城、王四营仓储中心、来广营体育文化活动中心和小红门绿色产业项目、十八里店大洋路农贸市场综合商贸楼、来广营森林公园项目等绿隔地区产业项目规划审批工作；开展区国防后备力量教育训练基地、亮都奥特莱斯二期项目、垂杨柳综合医院、南下坡清真寺改造、区交通指挥中心等区重点项目协调工作；积极推动温榆河地区规划编制和审批；解决京润水上花园等历史遗留项目问题；加快办理2006世青赛场相关场馆项目；完成垂杨柳地区危改、京棉地区危改、电子城地区危改项目方案复函审定；完成“城中村”项目审批；着手进行区市政交通规划展望、地铁10号线车站周边土地利用情况调查、三里屯地区及奥运地区市政交通调研工作；协调完成通惠河北路道路建设方案局部调整、高碑店路与铁路平面交叉路口改造为立体交叉方案审定、定福庄集团污水处理厂规划选址调整、小红门乡110KV电站用地性质调整等项工作；完成南皋路、影西路环境整治及景观设计工作；配合区有关部门完成2004年各街乡道路修建检查验收，制定朝阳区年道路修建计划。

(毛新爱)

【朝阳商务节布展】 年内，参与商务节展区布展工作，设计完成规划展区全部文字、图片宣传资料；制作完成展区规划模型，规划模型长12米、宽9米，集中体现奥运、CBD、电子城三大功能区和清水朝阳、畅通朝阳、生态朝阳三大主题。

(毛新爱)

【规划审批】 年内，完成2817.4

万平方米建设工程类项目审批。其中:建设工程规划许可证992件(含临时建设);建设用地规划许可证35件;规划意见书207件。

(毛新爱)

【规划监督检查】 年内,办理规划验线298件,建筑规模755万平方米;正负零复核215件,建筑规模549万平方米;规划验收293件,建筑规模650万平方米。违法建设行政处罚案6件,违法建设面积42034平方米,处罚金额1457.7万元。

(毛新爱)

【逾期临建拆除】 年内,超额完成年逾期临建拆除任务,其中拆除挂账逾期临建175件,建设规模14.9万平方米,拆除账外逾期临建40件,建设规模4.5万平方米。

(毛新爱)

【遗留代征地地上拆除】 年内,完成市挂账历史遗留代征地上建筑物腾退任务,腾退4处,占地面积约8.2万平方米,腾退地上建筑物约4.6万平方米。

(毛新爱)

建设管理

【概况】 朝阳区建设委员会是负责全区城市建设、房屋管理以及住房制度改革等行政管理工作的区政府职能部门,设办公室、建设综合开发办公室(副处级)、危旧房改造办公室(副处级)、工程建设管理科、建筑业管理科、重大工程办公室、配套管理办公室、工程质量管理科、房屋市场管理科、房屋权属科、拆迁管理科、住房制度改革科、物业管理科、房屋安全管理科、政策法规科、人事科、财务科、信访办公室、党委办公室(工会、团委)19个行政科室,下设区建筑行业管理处、区建设工程质量监督站、区建设工程施工安全监督站、区建设工程发包承包交易中心、职工学校、左家庄房屋管理所、朝外房屋管理所、团结湖房屋管理所、呼家楼房屋管理所、八里庄房屋管理所、劲松房屋管理所、测绘队、器材供应中心、房屋修缮管理中心、房屋权属登记中心、信息档案管理中心、供暖中心、供暖中心左家庄供暖所、供暖中心劲松供暖所、供暖中心团结湖供暖所、供暖中心热力供暖所、供暖中心安装队、房屋安全鉴定站、北京东方建设拆迁服务中心、朝阳人才中心房屋管理人才分中心等事业单位。年内,全区施工工地1069个,同比增长2.2%,开复工面积4300万平方米,同比增长22.9%,竣工面积1108.9万平方米。其中,房地产开发开复工面积2347.7万平方米,同比增长10.0%;竣工面积806.4万平方米,同比增长54.0%;商品房销售面积476.3万平方米,增长66.1%;商品住宅销售面积440.8万平方米,同比增长62.6%,商品房空置面积236.7万平方米,增长60.8%。全区经济适用房竣工面积27.4万平方米。全区房地产开发累计完成投资267.9亿元,同比增长11.1%。对全区335家房地产开发企业进行资质年检,296家合格,其中一级房地产开发企业6家,二级房地产开发企业11家,三级房地产开发企业5家。

地址:呼家楼向军北里23号

电话:65001728

邮编:100020

(孙立全)

【区建设工程发包承包交易中心投入使用】 1月4日,朝阳区建设工程发包承包交易中心正式开始对外办公,1月21日,在交易中心开标室顺利开出第1标—区教委新源里中学教学实验楼工程。

(孙立全)

【安全生产】 年初,对春节期间不停工的工程项目进行统计并作工作部署。要求继续施工工地加强春节期间安全生产,加强施工现场消防、保卫、预防煤气中毒等工作,对易燃、易爆材料加强管理,制定工地紧急预案,及时发放农民工工资,加强值班,确保通讯畅通。改善施工人员生活,安排好农民工娱乐活动,保证农民工“春节”期间物质与精神生活,确保农民工度过一个安全、祥和的春节。1月,组织6个检查组对在施工地开展冬季施工安全工作大检查,检查工地121个,对存在问题工地进行了处理。春节期间,班子成员分别对部分在施工地进行慰问与安全检查。2月,对“两会”代表驻地周围500米范围内施工项目进行摸底,下发《朝阳区建设系统关于保障全国政协、人大会议安全工作的通知》,加强监督检查工作,要求各参建单位加强安全生产、文明施工、外施队伍及人员管理、安全保卫等各项工作,确保“两会”期间安全稳定。3月17日,区建设系统召开安全质量工作大会,总结全区2004年安全、质量工作情况。部署2005年安全、质量工作任务。对2004年23个市级文明安全工地、5个区级文明安全工地的获奖单位进行表彰。同月，制定《2005 年朝阳区建设工程施工现场管理工作要点》，明确全年工作目标和工作措施：杜绝三级及三级以上重大安全事故发生，减少一般事故，对高处坠落、触电、坍塌、大型机械、火灾、中毒、疫情等隐患开展专项治理检查，杜绝重大刑事案件发生。落实市政府治理大气污染各阶段措施，按照"绿色施工"要求，以重点建设工程项目为切入点，带动全区施工现场环境治理工作。建立施工工地电子信息档案，实行工地预警机制管理。加强属地内来京施工企业的监督管理，加大检查、执法力度，坚决打击违法用工、拖欠民工工资的黑包工头，维护民工合法权益。及时排查民扰和扰民隐患，随时处理群众来信来访，杜绝群体事件发生。3 月 28 日至 4 月 1 日，开展施工现场管理专项检查，查工地 45 个，整改 18 个，停工整改 10 个，协调各种纠纷 10 起，对 5 家违章企业进行处罚。4 月 7 日，召开街道、地区业务工作会议，布置本年施工现场安全生产管理工作，要求各街乡要认清形势，明确工作职责，加大检查执法力度，在施工现场安全生产保证体系的完善落实、规范用工、施工现场环境治理、农民工生活管理、规范夜间施工审批程序等方面要加强管理。4 月 16 日，组织 6 个检查组开展维护首都社会稳定专项检查，分别对使馆及敏感地区周边 22 个工地安全生产、文明施工、安全保卫、人员管理、周围环境等工作进行重点检查。5 月下旬，部署本年防汛工作并开展专项检查，督促各施工工地平安度汛。中、高考期间，要求各施工单位自 6 月 1 日起至中考结束，除抢险工程外，一律停止夜间施工，为学生营造良好学习和休息环境。6 月，开展安全生产月活动，组织朝阳区施工工地万人签名；向全区 781 个在施工地下发建筑施工企业员工安全生产教育光盘，加强对施工人员教育，提高对施工过程中易发生事故环节的认识，提高自我防护意识，保证全区在施工程顺利地进行。7 月，建立施工工地安全生产管理网络，对区域内所有施工工地安全生产工作按属地原则实行网格化管理，实施三级联动监督机制，明确责任，提高效率。8 月 27 日、28 日，9 月 12 日至 14 日，组织 43 个检查组进行两次拉网式大检查，检查工地 762 个，对安全保证体系不健全、安全责任制度不落实、存在安全隐患工地进行处理，限期整改 461 个，停工整改 96 个。9 月 10 日，召开朝阳区建筑施工安全生产大会，对进一步加强建筑施工安全生产工作，完善各项安全生产措施，确保建筑施工安全生产，促进全区建筑工程安全生产管理水平整体提高提出要求，对下一步工作做出部署。10 月 15 日、16 日，对在施工地进行专项检查，重点检查各施工工地安全生产保证体系建立落实、施工方案制定、临电设施、大型机械设备管理及消防等内容，做到发现问题立即整改，检查工地 26 个，其中限期整改 2 个，停工整改 5 个，对 4 家违章单位进行行政处罚。11 月，布置冬季施工安全生产管理工作。要求各部门、各有关单位发挥施工工地安全生产管理网络作用，提高检查工地覆盖率，做到群防群治；要求各施工工地加强对生活区内取暖工作管理，严禁使用燃煤取暖，杜绝煤气中毒；强化临电管理，生活区禁止使用电炉子、电褥子、电热水棒和碘钨灯取暖；加强临电、电焊等作业防护措施，防止各类火灾事故发生。12 月 9 日，召开建设系统冬季施工安全工作动员大会，要求各部门、各单位提高对安全生产工作的认识。认真反思"8.21"大兴区建筑模板坍塌事故和"9.5"西城区西西工程 4#地项目模板支撑体系倒塌事故，特别要吸取"12.4"重特大交通安全事故的教训，采取坚决有效的措施，克服麻痹、麻木思想，全面做好冬季施工安全生产工作。年内，检查工地 4800 个次，对工地限期整改 2600 个次、停工 372 个次，对 64 家存在违法、违章单位处以罚款 420.03 万元。

（孙立全）

【三间房建成大型社区服务中心】 2 月 2 日，美晟房地产公司将总建筑面积达 2200 多平方米的美燃动力小区配套用房正式上交区建委配套办和三间房地区办事处作社区服务中心使用。

（孙立全）

【民宅质量一户一验工作实施】 3 月 1 日起，实行住宅工程一户一验制度。按照《建筑工程施工质量验收统一标准》及相关规范，对强制性标准、使用功能、装修质量等方面以检验批形式进行质量验收，验收过程实测实量，验收汇总表向每户业主进行公示。未按要求一户一验的住宅工程，建设单位不得组织单位工程竣工验收，不予备案。区建设工程质量监督站对建设单位、监理单位、施工单位一户一验结果随机抽查，发现弄虚作假，依据有关法规对责任单位处罚并责令整改。年内，实行一户一验方式验收的居民住宅未出现一起质量投诉事件。

（孙立全）

【房屋市场管理工作】 3 月 15 日，本市启用网上签约备案系统，本委积极调整和改进原有工作方式，及时熟悉掌握信息管理操作系统，保证新备案登记制度顺利实施。全年办理房屋预售合同登记 50567 套。为促进新建小区配套建设，通过抓好房屋预售环节，建立配套建设协商机制，要求开发企业在办理预售登记备案前，与项目所在地办事处协商解决有关配套建设问题。通过对开发项目管理前期介入，加快小区配套建设步伐,为提高城市管理水平起到积极促进作用。加强市场监管,根据建设部《城市房地产中介服务管理规定》的要求,对房地产经纪机构实行网上备案及信用公示制度,加强对房屋中介市场日常管理和巡查。巡查房地产经纪机构50余家,受理投诉30余起,通过调解解决16起。

(赵轶炜)

【危旧房改造】 6月,开始落实危改拆迁安置工作与经济适用房对接、与二手房对接、与空置房对接、与定向安置对接、与开发商自备房对接具体工作措施,白家庄西里、东八里庄危改项目拆迁安置与回龙观、朝阳新城、天通苑等经济适用房进行对接。三间房乡和东坝乡定向安置用房建设选址工作初步完成,待市里出台相关政策后即开工建设。8月,京棉地区危改首批回迁居民提前7个月入住新居,2栋回迁楼总建筑面积5万余平方米,可安置回迁居民499户。京棉地区危改工作自2003年8月23日启动第一期拆迁工作,近2800户居民动迁,回迁房屋开工面积15万余平方米。北三里屯、南三里屯、南营房、金蝉庵、慈云寺等项目拆迁进入扫尾阶段。白家庄西里、幸福三村、雅宝路二期、京棉二期等项目启动拆迁。年内,全区通过各种方式动迁居民9209户,完成年计划153%。京棉地区7栋回迁楼房陆续竣工,2500户居民陆续回迁入住新居。

(孙立全)

【机构改革】 上半年,按照市委、市政府批转的《北京市国土资源和房屋管理局体制改革方案》,原区国土资源和房屋管理局机构改革工作顺利完成,房屋管理职能划入区建设委员会。拟定《朝阳区国土资源和房屋管理局机构改革实施方案》,完成机构划分和人员划转工作,重新制定区建设委员会职能配置、内设机构和人员编制报区编办批准实施,并按照新三定方案修定机关科室及相关工作岗位《职位说明书》。机构改革后,房管系统各部门职责明确、人员到位,各项工作全面、有序展开。

(赵轶炜)

【文明安全工地评定】 6月始,历时5个月,进行年度文明安全工地评定。通过施工单位认真准备、积极配合、严格检查评比,田华建筑集团五公司施工的电子城西区E8研发中心A楼被市建委评为"文明安全样板工地",田华建筑集团四公司施工的山水文园A区6#7#12－15#楼等14个项目被市建委评为"文明安全工地",区建筑公司施工的呼家楼房管所办公管理用房等4个项目被评为朝阳区"文明安全工地"。

(孙立全)

【施工现场扬尘治理】 7月,成立区工地扬尘专项治理小组,下发《2005年朝阳区建设系统扬尘治理工作方案》,要求施工工地加强扬尘治理工作。按照属地管理原则,要求各街道、地区积极组织推动绿色工地创建工作,利用多种形式加大宣传,使辖区内在施工地做到人人爱环保、人人讲环保、人人参与环保;认真落实各项扬尘治理措施,查找漏洞,及时整改,确保工地扬尘治理达标;加大对CBD、奥运、绿化隔离带等重点建设工程以及建外、呼家楼、朝外、二环、三环、四环等重点地区及道路两侧工程检查、执法力度;对不落实扬尘治理各项措施、治理不达标在施工地进行严肃处理,情节严重的责令停工整改,并追究相关责任。

(孙立全)

【建筑业联合会换届】 8月3日,区建筑业联合会第二届一次会员大会召开,选举产生区建筑业联合会第二届组织机构和领导成员,联合会152名会员单位代表参加会议。

(孙立全)

【房地产开发促进会】 8月24日,区房地产开发促进会成立大会暨一届一次会议召开。会议通过《北京市朝阳区房地产开发促进会章程》、《朝阳区"宜居小区"评选办法》,并做出《关于实施评选朝阳区"宜居小区"的决定》;选举产生朝阳区房地产开发促进会第一届组织机构和领导成员;宣读《创建"安全社区"倡议书》和《"绿色奥运,从我做起"倡议书》,172家开发促进会会员单位代表出席会议。

(孙立全)

【质量通病治理】 9月21日,区建设工程质量通病治理小组成立。小组成员由建工集团、城建集团、住总集团、中建集团及部分进京施工大型企业30余名专家组成。10月10日,召开第一次质量通病治理研讨会,与会人员针对当前工程中发生的质量通病进行研讨。将外墙外保温开裂、屋面渗漏、陶粒混凝土地面裂缝控制、混凝土楼板裂缝、隔墙板开裂、设备管路安装渗漏、砌体工程常见质量问题等质量通病研究课题,分别由有关单位深入研究,提交研究成果。11月25日,在六里屯17号楼项目工程建设现场召开建设工程质量观摩会。田华建筑集团第五分公司介绍创优经验:地下部分墙体采用小钢模整体拼装,超高墙体定型大模板支撑,后浇带梳子板模板和箍筋加工采用轴承式定型板手等工艺措施,受到观摩人员好评。12月21日,召开第二次质量通病治理研讨会。各治理通病小组成员单位分别提交课题研究成果:《混凝土裂缝防治措施》提交单位建工集团、《防水质量通病的治理》

提交单位城建集团、《砌体结构质量通病控制措施》提交单位城乡集团、《保温墙体裂缝专项治理总结报告》提交单位住总集团、《预制现浇陶粒混凝土垫层开裂空鼓探讨》提交单位新兴保信公司、《隔墙板质量通病的防治措施》提交单位田华集团、《PP－R管与金属附件接口处滴漏质量通病的防治》提交单位江苏苏中公司。与会专家对提交的课题研究成果进行研讨，提出治理质量通病既要符合各项法律法规、规范标准，又要切合实际，降低造价，30余名质量通病治理小组专家学者参加研讨。

（孙立全）

【二级建造师执业资格考核认定】 9月20日，市人事局、市建委在市人事考试网上公布北京市二级建造师执业资格考核认定结果，本区有83家企业288人通过考核认定，涉及房屋建筑工程、市政公用工程、装修装饰工程、机电安装工程等9个专业，整体通过率75.6%。区属田华集团34人、朝建公司10人，日盛达集团4人通过考核认定。

（孙立全）

【电影下工地】 11月1日，区施工工地流动放映队成立，在中央电视台新址施工现场进行首场放映。流动放映队配置车辆、投影机、EVD等设备，分成四个放映组，每天在各施工工地巡回放映，使施工人员每月看一场电影。

（孙立全）

【宜居小区】 11月6日至9日，组织朝阳区宜居小区评选，专家们以生态、健康、环保、舒适、人文为原则，按照宜居小区评选标准，将实地考察与审阅音像、图文等资料相结合，评选出星河湾、山水文园、万象新天、万科青青家园、公园大道、银岭国际、傲城、富力城、阳光上东园、珠江帝景、百子湾一号院、朝来绿色家园、北苑家园、翠城等14个宜居小区综合奖和13个单项奖。12月9日，召开一届一次常务理事会，29名常务理事单位、监事长单位代表出席会议，部分区人大代表、区政协委员应邀参加会议。会议听取开展宜居小区评选活动汇报，通过上述获奖名单。12月23日，与北京日报共同主办2005朝阳宜居论坛，论坛以朝阳区宜居建设为主要内容，结合城市规划，就宜居小区开发建设中存在的具体问题集中研讨，开发促进会129个会员单位代表出席论坛。

（孙立全）

【供暖及设备维修工作】 11月7日起，所属13处燃煤、9处燃气、1处电锅炉房共23处锅炉房，31处热交换站相继点火试运行，11月15日全部正式供暖。年内，完成设备大修、更新工程项目163个，其中更新使用年限30年以上外线管道6251延长米，工程经验收全部达到质量标准。成立供暖办公室，设立运行检查、服务接待、应急抢险等队伍，全体司炉人员全部持证上岗。

（赵轶炜）

【曾培炎刘淇王岐山视察冬季供暖】 11月24日，国务院副总理曾培炎在市领导刘淇、王岐山陪同下到团结湖北区锅炉房视察设备运行、燃料储备等情况，作出重要指示。并重点走访辖区居民，询问冬季供暖情况。

（赵轶炜）

【清理拖欠工程款民工工资】 11月，与各工程建设单位和施工总承包单位签订《2005年朝阳区建设系统工程款、劳务费支付工作责任书》，要求：建设单位应根据合同约定和工程施工实际情况，制定工程款具体支付计划；施工总承包单位不得以工程款不到位为由拖欠劳务费；将工程发包、分包或者转包给不具备用工主体资格的组织或者个人及黑包工头的，发生拖欠工资时，按谁发包、谁负责原则，由发包单位或发包单位上级支付所拖欠工资；对于恶意拖欠工程款、劳务费而产生纠纷、导致发生群体事件的建设单位，将依法给予限制新项目开工、停工、降低资质等级、通报批评、清出北京市建筑市场等处理。12月20日，成立由区建委牵头，会同区信访办、区劳动和社会保障局、朝阳公安分局、区司法局、区总工会组成解决农民工工资拖欠问题联合协调工作组开展工作，累计接待投诉案件321起。在正式立案的182起案件中，工程款案件7起，涉及金额4061万元；劳务费案件9起，涉及金额2072万元，涉及1609人；其余151起均为农民工工资拖欠案件，涉及金额1064万元，涉及3794人。

（孙立全）

【建筑工程】 年内，位于东三环南路双井桥西侧的北京富力城住宅项目一期竣工，规划建筑面积56.8万平方米，投资约30亿元，3269户入住。位于北苑红军营东路8号的北京青年城住宅工程全部竣工，总投资约13.5亿元，面积21.9万平方米，入住1500户，其中7#、12#、16#、17#、青年公寓楼被评为结构长城杯工程。位于来广营地区的朝来绿色家园项目一期竣工，建筑面积20.2万平方米，入住1052户。地处朝阳路、青年路交界处的朝阳园高档公寓工程全部竣工交付，规划建筑面积28万平方米，总投资约为15亿元，入住1464户。位于黑庄户地区郎辛庄的怡景城花园公寓、别墅工程全部竣工，建筑面积18.9万平方米，总投资2.8亿元，入住700户。地处东坝地区的北京奥林匹克花园项目一期住宅项目22万平方米竣工，总投资约12.2亿元，入住1486

户。位于垡头的经济适用房项目翠城馨园C区项目竣工13.3万平方米,完成投资1.4亿元,入住957户。位于朝阳北路的经济适用房项目青年路居住小区中区竣工10.1万平方米,完成投资2亿元,入住734户。地处朝阳北路和四季星河路交界的北京星河湾国际公寓一期竣工,面积26万平方米,完成投资近12亿元,入住695户。

(孙立全)

【重点工程建设】　年内,区内各奥运场馆及配套设施工程进入全面施工建设阶段。北京轨道交通首都国际机场线拆迁工作结束。地铁十号线工程除芍药居站、大北窑站外,其余拆迁工作完成,施工单位进场施工。京津城际铁路、京津第二快速通道工程地上物调查和概算编制工作完成,正在办理征地手续。朝阳交通指挥中心、朝阳靶场建设选址确定。

(孙立全)

【开发小区临时用电问题】　年内,全区830栋楼存在接用临时用电问题。142栋楼接通正式用电,623栋楼的开发建设单位拿出供电方案及建设计划,65栋楼存在历史遗留问题,在协调解决。

(孙立全)

【加强配套设施审核收缴工作】　年内,审核新建居住开发项目55个,总建筑面积1956.3万平方米,配套面积55.08万平方米。整合8个3000平方米至5000平方米大型社区服务中心及行政办公用房,酒仙桥、来广营办事处办公用房交用。落实解决5个社区居委会面积不达标问题。对17个乡绿化隔离带项目配套设施重新审核。为11个街乡收缴20多处300平方米以上社区活动中心和社区居委会办公用房。年内,收缴配套设施总面积9.11万平方米,其中行政社区配套用房3.74万平方米、教育配套设施5.37万平方米。继续实行小区配套设施公示牌制度,公示在建小区配套设施公示牌47块,涉及住宅1130.43万平方米,配套设施631项、158.96万平方米。全区在建商品房小区公示率90%以上。

(孙立全)

【质量监督检查】　年内,区质量监督站监督工程面积2772.8万平方米;办理注册面积1159万平方米;办理竣工备案面积781.3万平方米。经济适用房项目办理竣工备案面积54.1万平方米。在监督执法过程中,对存在质量问题工程停工28项,限期整改65项,处理质量投诉45起,均认真及时处理,处理率100%。区建委质量监督站对深基础工程、奥运场馆和市、区重点工程186项进行3次专项大检查,面积539.6万平方米。从检查结果看,工程总体质量水平比往年略有提高。检查中发现有质量问题的项目,依据法规进行处理,要求施工单位立即进行整改,将整改结果以书面形式报送质量监督站复查。

(孙立全)

【房地产业与建筑业】　年内,新增备案房地产企业83家,区属房地产开发企业有朝阳城市建设综合开发公司、区房地产经营开发公司、宝嘉恒基础设施投资公司、昆泰房地产开发集团、华阳经济开发公司和东方新城房地产开发有限公司。在全区施工的总承包企业1050家,外地注册施工人员40万人,占全市40%。截至年末,纳入本区资质行业管理的建筑企业556家,其中施工总承包企业74家,专业承包企业459家,劳务分包企业23家;556家企业中一级企业39家,二级企业146家,三级企业339家,不分级企业32家。556家建筑企业完成总产值285.3亿元,增长5.1%。区属建设企业有区建筑工程公司、区第二建筑工程公司、田华建筑集团公司。

(孙立全)

【优质工程评选】　年内,深入开展创朝阳杯优质工程评选活动,评出87项朝阳杯优质工程,其中,结构朝阳杯金奖工程30项、结构朝阳杯银奖工程27项;竣工朝阳杯金奖工程7项,竣工朝阳杯银奖工程23项。8月,2004年度北京市长城杯优质工程评选揭晓,在本区监督的工程有124项被评为优质工程,其中结构长城杯金奖39项,结构长城杯银奖64项;竣工长城杯金奖8项,竣工长城杯银奖13项。

(孙立全)

【城市房屋拆迁管理】　年内,在拆迁审批、裁决等环节中,严把政策关,按照程序合法、审批守法、补偿依法原则,加强责任意识,坚持层级管理。核准45个单位拆迁公示申请,核发《房屋拆迁许可证》45个,拆迁居民8651户,拆除房屋63万余平方米。落实区委区政府关于拆迁工作“五个对接”指示精神,积极推进全区拆迁工作进程,通过对近年来本区拆迁工作总体情况调研分析,提出进一步做好城市房屋拆迁工作的思路和建议,制定《关于住宅房屋拆迁实行产权调换的内部工作程序》。为规范全区的拆迁裁决听证及行政强制拆迁听证工作,拟订《朝阳区拆迁裁决听证工作实施意见》和《朝阳区行政强制拆迁听证工作实施意见》两个规范性文件,其中《行政强制拆迁听证工作实施意见》由区政府作为《朝阳区行政强制拆迁内部工作程序》在全区推行。听证办法实施以来,分别为中央电视台新址建设项目及和平一、二、三村土地一级开发项目组织召开拆迁裁决听证会;为14个拆迁项目召开行政强拆听证会33次。完成北工大奥运羽毛球馆、地铁十号线、奥运周边6条道路及区折子工程6条道路、北三里屯危改等重点项目拆迁工作，对拆迁难度大的和平村危改项目现场办公，积极研究政策，解决难题，通过提供翠城经济适用房、召开政策宣传大会、配合办事处拆除违章建筑、做好本单位被拆迁职工思想工作等方式，积极推动拆迁进程，有53%居民签定拆迁补偿协议；中央电视台新址270户居民拆迁工作进展过半。年末，完成181户居民拆迁。

（赵轶炜）

【加强物业管理企业管理】 年内，在全区范围内开展物业管理规范化活动。继续加强对物业管理企业指导与监督。针对本年区政府折子工程以及区人大议案进行认真研究，制定落实方案。对物业管理企业人员开展以贯彻《物业管理条例》为主要内容的培训活动，重点加强从业人员政策法规水平、职业道德教育和职业技能教育。新增物业管理企业107家，取得物业管理资质等级的物业企业463家，其中一级资质8家，二级资质25家，三级资质430家。根据日常检查和业主投诉，查处物业管理企业75家，处理物业管理信访件73起，其中政协委员提案与人大代表建议12件，重点排查件12件，对发生的重大物业管理纠纷及时调处解决。加强对业主大会和业主委员会政策指导。有15个业主委员会在本委备案，业主委员会备案数达106个，占全市27.3%。通过定期举办对业主大会及筹备组政策法规培训工作，宣传法规，解读政策，使业主正确理解业主大会性质及作用，在组织召开业主大会、选举业主委员会过程中做到依法、公平、公正。继续开展优秀小区、大厦评比及复验工作，有138个小区（大厦）获得全国或市级优秀小区（大厦）称号。

（赵轶炜）

【房屋安全管理工作】 年内，机构改革后增设房屋安全管理科，根据市建委部署，开展对全区普通地下室使用（出租）情况登记备案工作，全区2700余处普通地下室完成网上登记的有506处、完成备案工作的有93处、制作标志牌65栋。针对群众反映突出的城镇住宅楼首层拆改用于经商的问题，对辖区内城镇住宅首层拆改情况统计汇总，并向市建委和区人大等部门书面汇报，建议尽快出台相关政策法规，加大管理力度。

（赵轶炜）

【住房制度改革】 年内，审核受理房改单位625个，售、调、变更产权房屋5906套；完成市委办公厅、区机关后勤服务中心等83个单位安居住房产权备案核准工作。积极推进廉租住房管理工作，为59户家庭办理廉租房租金补贴配租核准登记，为其中27户办理配租手续。组织开展城市最低生活保障家庭住房调查，为进一步制定和完善城市住房保障体系奠定基础。

（赵轶炜）

【平改坡一期改造工程】 年内，在工程设计、施工、验收中严格执行各项制度，确保施工安全和工程质量，完成劲松一三区、团结湖路、水碓东路、曙光西里等43幢楼房2.7万平方米平屋面改坡屋面和外墙粉刷、更换雨水管、避雷设施安装任务，直接受益居民436户。

（赵轶炜）

【房屋权属登记管理】 年内，完成商品房（包括经济适用房）登记41453件、二手房登记12772件、单位房产登记1062件、房改房12200件、抵押登记20546件。下半年启动房屋权属档案数字化录入加工工作，通过试录择优，与录入公司合作，完成36万卷750万页档案影像扫描工作。

（赵轶炜）

【完善语音咨询系统】 年内，升级完善建委房管机关语音咨询系统，加强与区政府便民服务热线合作，对座席员进行业务知识培训。凡是咨询政策性、程序性业务问题用户，拨打64160033，通过语音提示，可直接转到区政府96105人工服务热线平台，会有专业人员提供详细解答。

（赵轶炜）

【直管公房管理】 年内，直管公房租金收缴18430524.36元，收缴率99.43%，同比增长0.23%。按照年度直管公房修缮计划，大修完成平房翻挑11间、楼房屋面防水45幢，坡顶挑修1幢。零修服务完成住户维修59586户次，预检预修楼房974幢、平房2289间。零修及时率99.06%；工程质量合格品率100%，优质品率23.56%。

（赵轶炜）

【城镇房屋安全度汛】 年内，在汛期开始前，针对今年降雨量大特点制定一整套安全渡汛措施，对防汛工作严密部署，狠抓基础工作落实，全面系统地进行房屋安全检查，按时完成防汛保安全工程项目；调整防汛组织机构，完善各项规章制度，层层落实岗位责任制，细化防汛预案；充分做好汛前各项准备工作，加强宣传动员、信息沟通和工作协调；严格执行雨季值班制度、巡回检查制度和抢修抢险制度。

（赵轶炜）

【加强内部建设】 年内，先后制定《机关财务管理暂行办法》、《车辆管理办法》、《职工休养管理办法》、

《机关公务员工作津贴和绩效奖金发放管理暂行办法》、《非住宅房屋出租管理暂行办法》、《企事业单位管理岗位与专业技术岗位聘任管理暂行办法》。为加强法律诉讼工作管理,制定《法律顾问工作管理暂行办法》、建立诉讼案件报告制度、诉讼代理制度、档案归档制度,初步形成法律顾问工作管理体系。成立资产管理办公室,对所属各单位非住宅房屋登记建账,实行租赁审批制度,加强使用管理力度,确保国有资产保值增值。建立建委领导与房管所联系机制,进一步加强内部工作沟通与协调;加强对直管公房租金管理,提高租金使用效益,制定《公有房屋租金收支管理暂行办法》,与各所签定《2006年度房屋安全管理责任书》,加强基层领导干部安全责任意识。

(赵轶炜)

宝嘉恒基础设施投资公司

【概况】 宝嘉恒基础设施投资公司为区政府投资组建的国有独资公司,承担着资源整合、优化资源配置、利用资本运营、提高国有资产收益等重要职能。公司设前期部、拆迁部、工程一部、工程二部、工程三部、市场运营部、投资开发部、财务部、审计部、办公室。

地址:小亮马桥东方东路6号

电话:84551546。

邮编:100027

(刘　虹)

【道路拆迁】 年内,计划拆迁道路中:西大望路、广渠路一期、阜通东大街、成寿寺路、惠新西街立交、安立路、白庙村路、朝阳路(一期)、朝阳路(二期)全部启动拆迁。完成单位拆迁58家,拆迁面积41015.76平方米,拆迁资金约10104万元。计划外新增拆迁道路中:111国道完成拆迁,单位拆迁1家,拆迁面积1100平方米,拆迁资金约为1300万元;湖光中街立交随建设随拆迁,立交西侧在调整方案;四方桥立交、姚家园立交2条道路在办理征地手续,进行协议拆迁。次干路拆迁情况计划拆迁道路17条、计划外新增道路4条。建华路、工体西路、朝阳体育馆东侧路、小营路、青年路、平房西路、劲松路东延、热电厂北路、北苑东路、广顺大街二期、针织路、东大桥东侧路、铁道部印刷厂南路、南沙滩路、熏皮厂路、小营北路、广顺大街一期、南皋路、影视城西路、朝阳体育场东侧路、朝阳公园西侧路共21条次干路完成拆迁企、事业单位57家,房屋面积47200平方米,资金约8662万元;拆迁居民10户,房屋面积829平方米,资金347万元。北苑、东坝、垡头三个污水处理厂完成钉桩勘探、地上附属物评估及转居安置人数确定。定福庄污水处理厂完成改址工作。

(刘　虹)

【道路建设】 年内,续建CBD1号路、广顺大街北沿、松榆北路、南沙滩路、熏皮厂路、左安东路和红军营南路等7条路,除熏皮厂路南段100米因拆迁未施工外,其它道路主路均已通车。市重点工程和奥运重点工程道路南皋路、影视城西路建成通车,运动员村路建成。东段熏皮厂路至北辰西路铺完底层油,西段熏皮厂至白庙村路完成无机料铺设。奥运周边道路工体西侧路、朝阳体育馆东侧路、小营路、青年路、平房西路、劲松东延路、广顺北大街二期、北苑东路、热电厂北路、建华路进场进行施工前准备,随房屋拆迁、树木伐移及架空线改移,道路建设同步进行。世青赛场馆周边道路朝阳体育场东侧路以及区自建道路中果家店中街、辛庄一路、东大桥东侧路、铁道部印刷厂南侧路、金台西路、星火路完成施工招投标,产生施工和监理中标单位。工体规划一路、工体规划二路、枣营路(朝阳公园路)进行施工招投标,12月28日完成评标工作。道路建设资金支出约31287万元。

(刘　虹)

【融资工作】 年内,为区政府融资12.6亿元(含利息),按期偿还北京银行0.5亿元短期贷款,与民生银行进行5.7亿元贷款续贷工作。为区政府搭建融资平台,解决将台乡IT科技园区2.5亿元还贷资金需求。落实区财政2亿元增资和市交委贴息补助5000万元,南皋路、影视城西路补助资金2500万元。绿化隔离地区基础设施开发公司04-05年预分利润500万元。

(刘　虹)

昆泰房地产开发集团

【概况】 昆泰房地产开发集团是隶属于区政府的国有企业,设管理经营部、设计预算部、开发规划部、工程管理部、财务部和办公室。注册资金1亿元人民币,经营范围:房地产开发,商业、饮食服务业经营管理,拆迁服务。集团主要负责开发建设朝外市级商业中心,建成昆泰大厦、昆泰商城、昆泰国际中心、中国人寿大厦、泛利大厦、联合大厦和丰联广场,总建筑面积76万平方米。集团现有11个下属公司或参股公司,负责三里屯雅秀服装市场、昆泰科技商厦、昆泰大酒店、静安庄综合市场等项目管理,资产总额超过50亿元人民币。

地址:朝外大街10号昆泰大厦

电话:65995801

邮编:100020

(范　郁)

【朝外商业中心开街】 8月,历时

两年8个月开发建设的昆泰国际中心全面竣工交用。9月24日，由区政府主办、昆泰集团承办的"这里通向世界——朝外市级商业中心开街庆典晚会"在昆泰文化广场举行，庆祝朝外市级商业中心经过13年建设全面建成。

（范 郁）

【昆泰嘉华酒店开业】 9月1日，朝外大街五星级酒店北京昆泰嘉华酒店试营业，9月20日正式开业。酒店位于朝外大街南侧中心位置，拥有358间各式客房，并配备不同风格餐饮、会议和娱乐设施。

（范 郁）

【吉林视察静安庄综合市场】 9月22日下午，副市长吉林和18个区县主管商业的副区长、副县长及区相关部门领导，在实施《奥运食品安全行动纲要》及市场升级改造现场会过程中，到北京市两个升级改造示范市场之一昆泰集团所属静安庄综合市场视察。

（范 郁）

华阳经济开发公司

【概况】 华阳经济开发公司隶属区国资委。有华阳房地产发展有限公司、华阳饭店服务公司、华阳电子通讯技术公司、精工汽车修理部、薪水居物业管理有限公司5家权属及参股公司。年内，实现营业收入15782万元、利润47万元。上缴税金909万元。
地址：呼家楼向军南里甲三号
电话：65978762
邮编：100020

（魏晋中）

【清产核资】 3月10日，按照区国资委要求，确定华阳公司、华阳饭服公司、精工汽车修理部、薪水居物管四家为清产核资单位，在中平建会计师事务所指导下，完成四家单位账物清理、资产清查、价值重估、损益认定、资金核实、报表汇总、审核上报等项工作。区国资委对四家清产核资工作作了批复。

（魏晋中）

【房地产开发】 年内，与加拿大国际投资公司合作组建联合置地房地产开发公司开发的朝阳广场工程（位于朝阳门立交桥东北角）已具备合同、章程中规定的华阳公司向合作公司转让10%股权条件，待相关单位审批。华阳房地产公司抓紧华阳家园、畜牧场1期等项目房屋销售工作，加强畜牧场2期危改项目（位于潘家园地区）启动及拆迁工作，经过华阳公司、潘家园街道、华阳房地产公司积极努力，在市、区两级市政管委部门支持下，畜牧场2期危改拆迁列入"城中村"改造项目，162户被拆迁居民拆迁近50%。华阳房地产公司收入15512万元，实现利润85.6万元，上缴税金896万元。

（魏晋中）

【物业管理】 年内，华阳饭服公司管理的涉外迪阳公寓（位于芳草地），占地面积5342.1平方米，建筑面积19628.1平方米。在为业主服务提质创优同时，清洁公寓外墙1385平方米，养护草坪1187.5平方米。在区小区办指导下协助业主对迪阳公寓业主委员会换届选举。擦京广中心玻璃幕墙4次总计14.5万平方米，清掏污水池3次89个，每天保洁面积2000平方米，处理垃圾1吨。四季度与丰台区地税局签订保安、保洁服务合同，进驻丰台地税局实施管理。一年营业收入162.8万元、上缴税金9万元。薪水居物管公司管理的望京薪水居住宅楼营业收入26.45万元，上缴税金1.7万元。

（魏晋中）

【多元化经营】 年内，精工汽修部承接、保养、修理各型汽车500多台次。经华安财产保险股份有限公司北京分公司严格审核，被确定为该保险公司定点维修企业。完成营业收入96万元，上缴税金6.3万元。

（魏晋中）

朝阳城市建设综合开发公司

【概况】 朝阳城市建设综合开发公司是区政府所属国有大型房地产开发公司，设工程管理部、经济管理部、房产经营部、前期开发部、财务部和综合办公室。
地址：甜水园街6号
电话：58619530
邮编：100026

（李建华）

【开发建设】 年内，开复工面积16.9万平方米，竣工面积9.4万平方米；完成投资3.06亿元；销售商品房6.66万平方米，实现销售收入4.46亿元；全年实现利税0.68亿。

（李建华）

【改制】 年内，完成区国资委下达的清产核资任务，为本公司与万科公司合作进行改制前的准备工作。

（李建华）

国华置业有限公司

【概况】 国华置业有限公司是国有国华电力有限责任公司联合金源华创投资有限公司、鲁能英大集团有限公司、国利能源投资有限公司组建的国有房地产开发公司，设工程管理中心、客户服务中心、市场营销中心、综合管理部、财务部、内控部、前期部、商业公司筹备处、经营部。经营范围：房地产开发，销售商品房,投资管理,商业设施,文化体育设施的经营与管理,自有房产的物业管理。
地址:西大望路甲6号
电话:85952288
邮编:100025
网址:www. huamao. cc

(李占舟)

【开发项目】 3月22日,公司开发项目华贸中心住宅一期正式交付使用。8月17日,华贸中心住宅工程1期、2期工程双双获得2004年度北京市建筑(结构)长城杯金质奖。8月26日,总建筑面积19.9万平方米的华贸写字楼一期(1、2号写字楼)封顶仪式举行。9月6日,华贸中心写字楼二期(3号楼)开工。9月17日,总建筑面积18万平方米的华贸中心商城封顶。9月28日,华贸中心住宅二期正式交付使用。10月25日,华贸中心住宅三期正式交付业主使用。至此,住宅部分全部交付。

(李占舟)

【签署合作协议】 7月1日,国华置业公司董事长、总经理房超和泰国素拉潘塔哇尼有限公司董事长斯里塔罗札纳普勒在人民大会堂签署关于合作开发建设丽思卡尔顿和JW万豪酒店的协议。10月4日,国华置业有限公司、华联集团在台北与新光三越签署意向性合作协议,新光三越百货店将落户华贸商城。

(李占舟)

【物业公司节能工作】 年内,物业公司对各楼座大堂、电梯厅、公共区域、地下车库、地下公共卫生间、园区庭院与道路的照明系统进行了节能改造。

(李占舟)

朝阳区建筑工程公司

【概况】 朝阳区建筑工程公司是区属国有建筑企业,具有房屋建筑工程总承包二级、装饰二级、市政三级资质。经营范围包括房地产开发、工业与民用建筑、机械施工、装修装饰、市政公用、物业管理。注册资金2000万元。内设职能部室10个,下设乾元房地产开发有限公司、润情物业管理分公司、市政公司、装饰公司、项目经理部、三产经营部、幼儿园等19个基层单位。年内,产值完成1.7亿元,完成年计划的116.5%(统计上报产值1.2亿元,因甲方拖欠工程款,造成5253万元工程量无法统计);开复工面积完成123000平方米,完成年计划的94.6%(未含装饰工程面积5300平方米);竣工面积完成20914平方米,完成年计划的42%。实现利税总额553.8万元,比上年同期下降87.8万元,下降幅度13.7%,其中企业利润总额31.2万元;应交税金532.1万元,实际上缴542.9万元。
地址:花家地金兴路6号楼
电话:64674601
邮编:100102
网址:www. bjcj. com. cn

(俞　森)

【培训】 3月9日、10日,公司举办企业技术、工程管理、工程质量三项标准培训班,结合国家有关工程建设标准的强制性条文和《北京市建筑安装分项工程施工工艺流程规程》进行培训,按土建、水通、电气等专业进行施工技术规范考试。基层项目部经理、技术负责人、工长、质检员、试验员共62人参加培训。年内,公司组织十项新技术、物业管理、建造师等专业共44项内容的培训,参加培训人员1304人次。对9个基层项目部874名外地务工人员进行了入场安全生产培训。

(王凤兰)

【工程建设】 7月1日,十八项目部承建的密云中嘉吉鼎商贸城工程竣工,6栋2至4层框架结构商业楼,建筑面积14986平方米。12月20日,市政公司承建的呼家楼房管所翻扩建工程竣工,框架结构,地下一层地上三层,建筑面积2674平方米。12月25日,八项目部承建的三源物业管理中心工程竣工,坡屋顶框架结构,建筑面积3254平方米。

(俞　森)

【物业管理公司成立】 8月25日,公司所属乾元房地产开发有限公司润情物业管理分公司成立,三级资质。

(俞　森)

【学术论文获奖】 12月1日,在区土木建筑学会学术论文年会上,本公司报送8篇论文中,刘庆一的《EPS现浇砼外墙外保温施工技术》获二等奖(一等奖空缺),另获三等奖两篇,纪念奖五篇。

(王凤兰)

【外用工队伍管理】 年内,签订劳务合同6份,备案人数385人。劳务队伍实行动态管理,坚持月检和定期检查监督,及时纠正劳务分包出现的问题,发出违章通知书11份,罚款500元,处理8起劳务纠纷,其中4起被区劳动局监察。

(王凤兰)

【清欠劳务费】 年内,清欠劳务费653万元,占应清欠劳务费99.7%。

(王凤兰)

【清产核资工作】 年内,经区国资委审批,确认公司申报资产净损失252.76万元。其中:按原会计制度清查资产净损失 160.34 万元；按新会计制度预计资产损失 92.42 万元。固定资产盘盈 92.71 万元。

（王凤兰）

【房地产开发建设】 年内，公司开发项目平谷迎宾花园国际公寓进入全面建设阶段。5 月，由十四项目部承建的一期 1#—11#楼工程开工，11 月，由十七项目部承建的二期 12#—16#、21#、22#楼开工，同时施工的有中建六局四公司和土木公司，公司所属润情物业介入该项目前期工作。小区占地面积 77932.57 平方米，总建筑面积 150300 平方米，多层、高层及附属公建共 32 栋楼。计划全部投资 24000 万元，完成投资 7700 万元，完成销售 5000 万元。

（俞　森）

田华建筑集团公司

【概况】 田华建筑集团公司设 24 个分公司，其中 1—6 分公司为集团核心层，7—15 是集团工程部，其余是原农场局回归乡建筑分公司。年开复工面积 323 万平方米，竣工面积 81 万平方米；年产值 13 亿元，利税总额 8278 万元。

地址：金台路甲 25 号楼

电话：85995936

邮编：100026

（吴　国）

【获奖工程】 11 月，获 2005 年度北京市长城杯奖 18 项，其中蒋府园 B1#、B2#、E1#、E3#楼工程和富地大厦等三项工程总面积 168500 平方米获竣工长城杯金奖，广内电话局工程和兴隆小区 10#、15#楼工程等三项总面积 115978 平方米获竣工长城杯银奖，世纪东方嘉园 1 区 4#楼及地下车库工程等四项共计 242600 平方米获结构长城杯金奖，建外 SOHO 四期 12#楼地下车库等 8 项工程共计 551698 平方米获结构长城杯银奖。电子城西区 E8 研发中心 A 楼、摩托罗拉北京新园 1 期等 2 项工程被评为北京市文明安全样板工地，六里屯 17－1#、2#、3#楼及地下车库等 16 项工程被评为北京市文明安全工地。

（吴　国）

【安全管理】 年内，层层签订安全责任书，形成网络管理，确保不发生任何安全事故，集团公司、分公司、项目部这三级机构分别制定各时期安全保障措施和应急预案，对施工现场安全施工、噪声、防火、扬尘、垃圾清运、渣土遗撒等方面进行重点检查。坚持开展工人教育、培训，发放入场教育试卷 51800 份，做到每一名工人先培训，考核合格后上岗。坚持开展四做：外事内做，及时收集通报外单位的事故教训，作为自己工作中的一面镜子；小题大做，把安全生产中的小隐患和小苗头当作事故来抓，把安全事故无小事理念扎根于每一个人心中；大题细做，安全生产中存在的问题、隐患必须明确谁来做，什么时间做，谁监督检查落实整改情况；少说多做，及时消除身边不安全因素，做到不伤害自己、不伤害他人，不被他人伤害。

（吴　国）

【促和谐保稳定】 年内，根据市建委关于年前农民工工资必须 100% 兑付指示精神，与集团各分公司层层签订责任书。召开专题大会，落实市建委关于两节之前加强兑付民工工资工作精神；集团公司和各分公司同时成立民工工资清欠领导小组，各分公司行政一把手是各项工作第一责任人；建立健全各项劳务管理制度，加强对劳务用工管理，落实劳务用工实名制和劳务费月结季清制度，确保农民工工资直接发放到工人手中，全年无投诉。

（吴　国）

【三项国际标准一体化】 年内，在获三项国际认证管理体系基础上，对 ISO 国际质量、环境和职业健康手册、程序文件三版合一，将原来程序文件中的 40 个程序精减到 30 个，使三个体系形成有机整体，充分整合资源，对实际工作更具有指导性和可操作性。重新印制《贯标须知指导手册》和《宣传手册》8000 多册，下发到各分公司。

（吴　国）

【技术创新】 年内，有 2 项成果荣获市建筑企业联合会优秀 QC 小组称号。其中六里屯 17#楼住宅工程 6 万多平米的住宅工程，地上地下整体质量均衡一致，细部节点作法干净利索，长城杯专家评审组认为代表了全市工程建设质量最高水平，市建筑业协会在全市范围内组织长城杯评审组 17 位组长和业内人士进行观摩，在全市推广。

（吴　国）

国土资源管理

【概况】 北京市国土资源局朝阳分局为北京市国土资源局派出机构,负责组织实施本行政区域内土地、矿产资源行政管理工作。设7个职能科室,6个事业单位。
地址:三里屯南3号
电话:64165145
邮编:100027

(杨 振)

【朝阳港前期调查及拆迁测算】 7月中旬,为朝阳港项目征用十八里店乡约5600亩土地做好前期征地拆迁调查,经过一月有余紧张工作,圆满完成该项目所有用地上拆迁调查测算统计。

(杨 振)

【和平村土地一级开发工程拆迁】 10月21日,和平村土地一级开发工程居民拆迁完成45%,非住宅拆迁完成99%。

(杨 振)

【土地利用总体规划】 年内,依据市国土局关于开展区县土地利用总体规划(2006-2020)修编前期工作要求,朝阳国土分局对建设项目用地预审现场踏勘、实地检查,利用2004年土地利用现状公示机会积极接受群众监督,并采取下乡调研、开研讨会等方式广泛发动基层干部群众参与规划修编讨论。制定了《朝阳区土地利用总体规划(2006-2020)》修编前期工作实施方案。

(杨 振)

【土地供应和土地储备】 年内,编制《北京市2005年度土地供应计划朝阳区指标安排使用方案》,申报供应土地40宗,总用地面积332.59公顷,其中新增197.66公顷,存量134.93公顷。北京市2005年度土地供应计划朝阳区后备项目方案中后备项目用地共61宗,总用地面积1819.53公顷,其中新增1208.17公顷,存量611.36公顷。根据市国土局、市发改委《关于编制2006年度土地储备开发计划的函》要求,经过认真组织、严格筛选,编制《朝阳区2006年度土地储备开发计划》,共计申报项目95个,总用地面积约1811.58公顷。其中,取得市国土局授权一级开发批复项目26个,用地面积929.56公顷。

(杨 振)

【土地征用】 年内,受理征地申报13件,拟征地1376.50亩。受理征地及农转用报批4件,其中两项目取得市政府征地批复,共计征地122.98亩。办理征地结案9件。

(杨 振)

【国有建设用地(存量)核勘】 年内,完成各类国有建设用地(存量)核勘项目22件,拟使用国有建设用地139.02公顷。

(杨 振)

【建设项目土地预审】 年内,受理建设项目土地预审125件,完成116件,涉及用地总面积1754.7公顷,其中涉及耕地663.1公顷。

(杨 振)

【北苑中区南部土地开发】 年内,北苑集团中区南部地区土地一级开发(简称170公顷项目)项目分别取得市国土局一级开发批复、建设用地预审批复、市发改委项目核准批复、市规划委规划意见书,并完成用地内高压电网迁移控规调整、土地一级开发成本调查测算等工作。

(杨 振)

【执法检查】 年内,三次利用卫星遥感技术照片(简称卫片)进行执法检查,分别是:第五次卫片执法检查工作、八市(区)卫片执法检查工作和房屋涨价与土地利用关系调查工作。三次调查工作涉及6个街道办事处、20个乡、3个国营农场,调查各种用地490宗,占地总面积22757.95亩。在外业调查基础上,认真做好内业数据整理,同时拿出书面分析报告;对两次卫片检查中的227宗违法用地,依法分别提出处理意见上报市国土局和区政府,对其中违法用地行为在查处之中。

(杨 振)

【土地权属登记】 年内,完成出让国有土地发证375件,819.99万平方米;划拨国有土地发证385件,686.03万平方米;竣工项目地价款核实125项;处理法院查封95件;抵押登记225件,注销登记45件。

(杨 振)

【矿产资源管理】 年内,完成为全区矿产企业换发采矿许可证初审备案工作。对32件建设工程用地地质灾害危险性评估报告进行初审备案。拟定《朝阳区整治非法开采砂石工作方案》;在整治非法开采砂石工作中,查扣盗采砂石设备5台、运输车辆11台,治理沙坑40亩,清理砂石料16355吨。

(杨 振)

公用事业

燃气供应与管理

【概况】 北京市燃气集团有限责任公司下设燃气销售一分公司、燃气销售二分公司和输配分公司，负责朝阳区内管道燃气销售、用户管理和管网管理。燃气销售二分公司第一管理所在安贞西里三区8号，第三管理所在三间房南里3号，第四管理所在水碓子1号楼。输配分公司第一管网管理所在甜水园北里17号楼，负责朝阳区内燃气管网设施日常运行管理工作，生产发展性任务配合工作以及管网急抢修环节配合工作。年内，境内管线总长251公里，新建5.1公里；调压站14座，调压箱137个，闸井84个。输配分公司第四输配厂位于王四营桥南侧，负责储备天然气和煤气，经调压、加臭后输送到城市管网及煤气储罐内，年内供气2.5万立方米。

地址：西城区南小街22号

电话：66205589

邮编：100035

（李　伟　王京花　穆　旸）

【燃气限供】 1月7日至3月15日，天然气供应紧张。销售二分公司按照市政管委关于做好天然气供应系统调节工作的紧急通知要求，对所有宾馆、饭店及10T以上大小锅炉用户实施限量停气。区政府及各单位积极配合，圆满完成各阶段供气调节任务，保障燃气安全运行。

（王京花）

【燃气安全宣传】 6月12日，销售二分公司在朝阳公园举办“遵章守法，关爱生命”宣传活动。同时，所属各管理所也分别在辖区设立宣传点，利用宣传展板、张贴安全宣传画和现场咨询等多种形式，进行燃气使用安全宣传和咨询活动，发放宣传资料22500份，现场解答1200余人次。

（王京花）

【抢险演习】 8月24日，销售二分公司在中华民族园进行大型燃气泄漏事故抢修抢险演习，当晚模拟北四环发生大范围燃气泄漏造成停气事故，要求各抢修分队按抢险预案要求快速集结，并按现场模拟事故情况完成抢险实操演练。演习调动5个管理所及多种经营单位抢险人员85人、25部抢险车辆，全面检验了分公司应对突发性事故整体作战能力。

（王京花）

【天然气置换】 10月11日至11月8日，分三期进行天然气置换工作，销售一分公司完成28783户民用户、111户公服用户、4户锅炉用户置换任务。

（李　伟）

【收费指标与工作业绩挂钩考核】 年内，销售一分公司进行销售量测算、人员核算、基数工资核算等工作，对全员挂钩考核进行测算，并组织召开重点收费指标挂钩考核工作座谈会。在不断完善现有考核方案同时，对五费统收、IC卡收费、公服收费等工作全面实施重点收费指标与工资考核，使营销考核工作更加全面、规范、有序。

（李　伟）

【IC卡充值系统转入金融机构代售】 年内，销售一分公司积极开展IC卡充值系统转入金融机构代售工作，克服难度大、问题多等困难，积极做好与银行、开发商、物业、厂家的协调工作，为用户办理金融机构代售IC卡工作。

（李　伟）

【燃气维修进社区】 年内，销售一分公司多次开会对深入开展维修服务进社区工作进行探讨。各管理所不同程度形成基本框架思路，建立领导小组，制定实施方案、工作流程、承包管理制度。公司提出燃气进社区服务的关键是“先进去”的主导思路，制订《公司燃气维修进社区服务工作指导意见、推进意见》，并在此基础上进一步完善各项实施方案，细化工作流程和管理制度，加大投入力度，加强公司各部门协调配合，做好服务衔接和过度，使之规范和规模化。截至年底共建社区服务点31个。

（李　伟）

【用户安全】 年内，销售一分公司对存在安全隐患重新确认，加大检查力度。针对存在安全隐患用户，公司积极采取有效措施，制定预案，逐一落实解决。对平房用户和土暖气用户加大检查和宣传力度，制定相应应急抢修预案，进行技术改造，定期巡查，责任到人，并积极联系当地政府解决；对无人户登记跟踪，及时通知。全年无安全责任事故和重大、特大事故。

（李　伟）

【专业化抢修抢险】 年内，销售一分公司为提高快速应对燃气突发事件能力，依照专业化管理模式，在第六管理所成立专业抢修抢险队。专业抢修抢险队具有机动性强、反应快速、专业技术过硬、规模作业、规范服务等特点。负责公司辖区内

24小时抢修抢险、夜间及节假日维报修任务,并运用正规化管理手段对班组人员、抢修设备器材进行集中管理,发挥专业化作业优势,为燃气用户提供安全、及时、便捷、周到的服务。

(李 伟)

【发展用户】 年内,销售二分公司在朝阳区境内发展居民用户55798户、公服用户378户、采暖制冷户100个、生产用户1个。

(王京花)

热力供应与管理

【概况】 北京市热力集团有限责任公司是市政府投资组建的国有独资公司,设行政部、劳人部、计财部、生产部、技术部、工程部、发展部、安保部、企管部、办公室。下设热源、输配、销售3个分公司和十几个子公司。承担着5座热电厂和5个供热厂热能输送、供热管理工作。主营蒸汽、热水生产购销,热力设备制造,热力工程设计、施工,供热设备材料供应,热力站、管网运行与维护,供热技术开发、咨询等。固定资产值110亿元。新发展供热面积964.8万平方米,集中供热面积1.01亿平方米。有热力站1753座,供热管线长625公里。左家庄供热厂隶属热源分公司,主要负责北京东部地区使馆、宾馆、居民采暖供应工作。有热水锅炉12台、蒸汽锅炉2台、3000千瓦背压式发电机组2台,总供热能力400兆瓦,最大供热面积600万平方米,年发电量800万千瓦,固定资产2亿元。销售分公司东区销售管理所主要负责供热站供热运行、维护及检修工作,管辖区内热力站972座(含蒸汽热力站142座),供热面积35072.8万平方米(含蒸汽供热面积531.2万平方米)。输配分公司管网一所主要负责热力管网(包括蒸汽、热水管网)运行、检修、维护及抢修任务,管辖热力管网总长302.3公里,其中朝阳区境内240.4公里。

地址:西大望路1号

电话:65339500

邮编:100026

(袁 野)

【建立三标一体管理平台】 4月18日,通过兴源认证中心认证审核,取得三标一体认证管理体系证书。

(袁 野)

【热源建设】 10月8日,配合相关部门通过太阳宫热电厂可行性研究报告审查,获市发改委核准。12月底,太阳宫热电厂奠基投入建设。年内,配合二热改造,编制郑常庄热电厂配套管网可行性研究报告。

(袁 野)

【热网建设】 截至11月15日,投资86861万元,建设热网干线19.64公里,完成代办工程热力站100座、支户线112条。年内,车公庄西延热力主干线工程开工建设。完成奥体公园及周边地区热力管网建设前期工作和京昌高速、安立路、惠新东街等5条管线规划意见书及设计招标。北辰西路、中一路、熏皮厂路、北一路等热力管线进入施工阶段。

(袁 野)

【多热源联网运行】 年内,全市集中供热实现多热源联网运行,东部4800万平方米,装机容量2846兆瓦,西部2478万平方米,装机容量1512兆瓦。热网循环水量为5.44吨/万平方米。

(袁 野)

【调度】 年内,生产调度部门详细编制05-06采暖季供热主方案、供热启动方案、供热应急方案和天然气预警方案,对电厂购入量、热网管损和热力站耗热量进行严格控制,科学、经济调度,并对供热指标和有关参数反复计算分析和推敲,合理下达调度供热指令。在供热采暖季,每日核算供热调度数字,下达供热参数;每两周核算各热电厂购入量和各热力站耗热量计算出管损;每月对热网运行情况进行分析、总结。从11月15日至12月30日运行情况统计看,万平方米耗热量比前三年平均值下降155吉焦,在耗热总量上节约128万吉焦,节省成本3200万元。

(袁 野)

【完善制度严格考核】 年内,根据"三标一体"质量管理体系要求,重新修订供热生产部调度中心《岗位职责》和《集中供热调度管理办法》及《供热生产考核奖惩实施方案》,制订《供热调度信息传递反馈管理办法》和《调度经济运行管理考核办法》。为加强对主业以外供热生产运行子公司管理,纳入集团公司生产调度管理范围,对其实行生产、安全一体化管理。

(袁 野)

【提高供热服务质量】 年内,通过技术改造,消除设备隐患,不断改善管网工作状况,为改善用户供热质量创造条件。通过提高集团供热质量监督热线电话接听质量,与用户建立沟通服务的桥梁。集团在调度中心开设热线电话,完善供热服务热线规范,不断增强报务人员品牌意识和服务意识。服务热线接听电话6103次,回复率100%。

(袁 野)

【技术设备更新改造】 年内,安排重大技改项目52项,投入资金约3.6亿元。完成左热厂蓄能罐改造建设工程、除氧设备改造,南湖渠热力站建设工程和左热厂6KV配电室改造等项目;遵照市政府关于消除地下管线安全隐患要求,对14条计7.5公里管线翻修改造。各分公司全面完成设备常规检修工作,完成大、中修28674项,其中热源分公司461项、输配分公司8141项、销售分公司20072项。集团综合数据平台发展管理系统、供热生产系统、收费管理系统正式投入使用,整理台账数据8000多条;完成本年互联网站数据更新及集团办公网络升级工作。

(袁　野)

【追缴欠费】　年内,加大收费工作管理和追缴欠费力度,通过科学测算收费指标,合理布置收费任务,认真分析,制定相应措施,包括利用法律手段进行欠费追缴。收缴热费18.15亿元,完成年收费任务。

(袁　野)

【依法维护企业权益】　年内,制定《法律纠纷案件管理办法》,要求集团各单位提高运用法律手段解决经济纠纷、维护权益意识。集团公司通过法律手段解决与北内集团、正荣公司等企业纠纷,有利地维护了集团合法权益,避免了国有资产损失。

(袁　野)

供　电

【概况】　朝阳供电公司是北京电力公司直属供电企业,担负朝阳地区工农业生产、政府部门、各大商业户及居民生活供用电任务,供电区域470.8平方公里,年售电量92.23亿千瓦时,约占北京电力公司售电量五分之一,是北京电力公司下属第一大公司。公司集变电、配电、线路、营销、调度、电力工程施工为一体,体制配备齐全,设经理办公室、政工办公室、监察室、劳动人事处、财务处、生产技术处、综合计划处、行政保卫处、安全监察处、工程建设处、市场营销处、农电管理处、调度所、客户服务中心、变电运行处、配电运行处、检修处、用电管理中心、计量室、稽查室、核算中心,下设安华、小庄、华威、洼里、金盏、东郊、双桥、东风、小红门、望京10个供电所。截至年底,公司管辖110千伏变电站26座、35千伏变电站4座,安装主变压器75台,主变压器容量共计3284兆伏安。10千伏开闭站110座,小区配电室556座、箱式变420座,共计1086个,配电变压器1659台,总容量121.43万千伏安。10千伏架空线路179路,线路总长度1544公里,柱上变压器4435台。总容量109.7万千伏安,低压架空线路798.2公里。10千伏电缆5239条,总长2303公里,低压电缆9735条,长度860.41公里。瞬时最高负荷2129兆瓦,用电户数65.68万户,其中卡表数55.68万户,抄表户数10万户。年内,编制《朝阳地区中压配网规划报告》。

地址:关东店24号

电话:63123683

邮编:100020

(罗　希)

【三级营销体系建设】　下半年,根据北京电力公司推进三级营销体系建设文件精神和工作要求,结合“两改一同价”工程顺利实施和朝阳区农村城市化实际情况,公司通过整合成立10个供电所,其中通过对原营业站和社服工区整合成立4个供电所,将原有17个农村供电所整合为6个供电所。新供电所定位为供电公司第三级营销组织机构,为综合性业务部门,目前业务范围主要为所辖区域内10千伏及以下营销业务管理。

(罗　希)

【电网建设】　12月底,完成金盏35千伏输变电项目、平乐园110千伏输变电项目。年内,完成来广营110千伏输变电、平房增容改造、三元发电任务。

(罗　希)

【安全生产】　年内,先后出台《朝阳供电公司用户供电可靠性管理办法》、《加强10千伏带电作业管理的规定》等7项管理办法和《关于朝阳供电公司安全日标准化的规定》,实现三个“百日安全生产长周期”。

(罗　希)

【奥运工程】　年内,制定《奥运场馆及配套设施供电绿色通道和成立朝阳供电公司客户服务中心奥运场馆及配套设施供电协调工作小组的通知》和《奥运项目进度表》等管理办法,完成国家体育场、国家体育馆、水立方、数码大厦、记者村等项目施工用电任务和奥林匹克体育中心、记者村等项目永久供电方案,完成奥林匹克体育公园10千伏电缆网规划工作。

(罗　希)

【电网运行】　年内,制定《朝阳电网负荷管理规定(试行)》。所辖变电站编写本年事故预案,完成《2005年调度度夏方式运行报告》及《2005年朝阳地区事故预案》,7月20日朝阳地区最大负荷202.3兆瓦。

(罗　希)

信息产业

【概况】　北京市东区邮电局是北京市邮政管理局直属二级通信企业,承担北京市东城、朝阳两个行政区及西城区、崇文区部分区域505平方公里邮政服务任务,服务人口400余万人。内设局长办公室、党群工作部、人事教育部、计财基建部、通信运营部、通信检查部、安全保卫部、审计监察部、科技设备部、工会10个职能机构;下设邮票公司、速递公司、发行公司、邮购公司、实业公司、商函分局、储汇分局、物流中心、鲜花礼仪中心9个专业公司;另有后勤物业公司、宣传中心、维修中心、计算机中心、大客户中心、人力资源中心等支撑部门。全局下辖30个支局,160个邮电所。经办国际国内函件、包裹、特快专递、汇兑、西联汇款、电报、电话和报刊发行、集邮、邮政储蓄等业务;经营商业信函、鲜花礼仪、同城速递、货运、邮购、图书音像制品、通讯器材;提供代理保险、代缴水电费、通讯费等多种代办业务。年底,固定资产总额3.03亿元,资产净值1.66亿元。年内,实现业务收入7.4亿元,同比增长3.51%;业务总量8.12亿元,比上年增长6.58%;收支差额3.69亿元,与上年持平;全员劳动生产率24.66万元。

地址:金台路北街6号

电话:65006003

邮编:100026

(李　季)

【两会服务】　3月,全国人大、政协两会期间,王府井局、北苑局、酒仙桥局、垂杨柳局、慈云寺局、亚运村局6个支局直接参与,分别在北京饭店、贵宾楼、北京会议中心、二十一世纪饭店、河南大厦、广西大厦、长安大厦、华润饭店、五洲大酒店等9处委员、代表驻地设邮政服务点开展服务工作。提供290多种邮品,出动服务人员530余人次,收寄邮件8.56万余件,出售邮品20余万枚(册),业务收入246.6万余元。

(李　季)

【行业管理】　4月11日,对海义发物流有限公司朝阳分公司冒用邮政专用品进行处罚。6月9日,对身穿邮政标志服的假投递员贾某某进行处罚。10月10日,对凯宾斯基饭店违反邮票由邮政企业专营的规定进行处罚。11月9日,对李某违法冒用邮政专用标志行为进行处罚。年内,东区局坚持依法治理企业,加强合同管理和营业执照管理,积极开展诉讼应对。加大对低资费收寄、跨界揽收等各类违规经营行为查处力度,重点对商厦集中区域进行执法检查,全年对外执法282次,检查经营场所381处,立案96起,罚款12.2万元。

(李　季)

【开发大型演唱会邮折门票】　7月13日,是北京申奥成功四周年,为启动2008奥运志愿者项目,营造全市人民迎奥运志愿服务氛围,由北京奥运志愿者协调小组牵头,市委宣传部、奥组委人事部、团市委、市精神文明办主办的“志愿北京7·13大型演唱会”在北京工人体育场上演。水碓子邮电局成功开发7·13演唱会邮折门票,票面左上角嵌着一枚面值0.8元个性化邮票,创业务收入15万元。

(李　季)

【万科星园邮电局开业】　8月18日,万科星园邮电局开业。万科局位于仰山路万科星园甲7号,正南距亚运村2.5公里,西临奥运森林公园和正在建设的奥运会媒体村,处在北辰绿色家园、傲城小区、天月园小区和万科星园小区的包围之中,预计服务人口超过20万人。万科局建筑面积2200多平方米,营业厅宽敞明亮,面积345平方米,设7个邮政储蓄窗口,专门为邮储大户开辟贵宾理财室,叫号机、等候座椅一应俱全。邮政综合台为敞开式中低型柜台,人性化设计,便于营业员与用户的交流。万科局环境优美、设备精良,是一个大型全业务功能现代化邮政支局,办理现行开办的所有邮政业务及代办业务。

(李　季)

【慧忠北里临时邮局开业】　9月28日,慧忠北里临时邮局正式对外营业。至此,引起社会普遍关注的慧忠北里小区“邮局变饭馆”事件有了阶段性结果。慧忠北里小区是大型居民社区,拥有住宅楼46幢,7000余户居民。1995年,东区邮电局与小区开发商签订邮政配套设施建设协议书。1999年配套邮局建成后,开发商没有履行协议,自行将配套邮局场所出租给一家饭馆,引起社会普遍关注。2004年北京市“两会”期间,200多位市人大代表提出相关议案。市人大对此十分重视,将这些议案列入常委会头号督办提案。6月14日,市人大常委会在朝阳区政府召开会议,就慧忠北里邮政配套设施被挪用问题再次现场督办,明确提出处理意见:慧忠北里西小区1074平方米配套邮局在开发商签署的出租合同2010年期满时,即按北京市有关规定交付邮局使用;为解决小区居民用邮问题,将小区物业首层800平方米用房作为临时邮局无偿交给东区邮电局使用。

（李　季）

【基本建设】 年内,东区局新建慧忠北里局和万科星园局。完成改造项目28项,改造面积9772平方米。改造完成后,扩大面积4503平方米,增加营业场地1712平方米。改造柜台207个,增加邮政柜台33个、储蓄柜台81个。顺利完成青青家园邮电所、惠新东街邮电所接收工作。新设秀水所和佳程所2个商厦所、富邦大厦等5个服务点。新增大市口等5个储蓄网点。圆满完成国家局部署的两网互通工程,确保90个电子汇兑网点换版工作顺利实施。按期完成管局布置的特快专递协议客户系统工作,在速递公司和各支局进行推广。新增联网邮电所55个。更新微机282台,更新打印机、电子秤等设备800台套;新装储蓄叫号机9套,更新点钞机86台;大修邮资机31台;新增、更新空调85台。

（李　季）

【局所增加】 年内,东区局新增邮电局所7个,其中新增支局2个,划归东区局支局1个,新增邮电所4个。新增:万科星园邮电局,位于仰山万科星园甲7号,编号107支局,邮政编码100012;慧忠北里临时邮电局,位于慧忠北里小区307号楼,编号108支局,邮政编码100108;正义路邮电局划归东区局,位于前门东街7号,编号2支局,邮政编码100006;秀水街邮电所,位于建国门外秀水东街8号,编号待定,属呼家楼邮电局管辖,邮政编码100020;双桥东路邮电所,位于双桥东路318号,编号981,属三间房邮电局管辖,邮政编码100024;佳程邮电所,东三环北路霞光里18号,编号待定,属三源里邮电局管辖,邮政编码100027;望京花园邮电所,位于望京花园119楼,编号983,属花家地邮电局管辖,邮政编码100102。

（李　季）

【SOHO邮电所超常发展】 年内,SOHO邮电所在营销状元苗秀明带领下,经过一年投揽一体、综合营销运作实践,月收入最高时达43万元,累计创收320万元,成为商厦所发展典范。苗秀明灵活应用智能邮务通移动营销系统,立项58个,创收百余万元,特别是她开发同一客户速递、商函、个性化邮票、同城速递等8种业务,成为具有综合能力的营销员。

（李　季）

【先进集体东区速递公司】 年内,东区速递公司发挥CBD、望京韩国城、秀水市场等地域优势,在国家邮政局开展的以保时限、保安全、保质量、保衔接、保效益为主要内容的劳动竞赛中被评为先进集体。截至年底,进口邮件410万件,投递准时妥投率95.4%,邮件投递上网率98.9%,及时率为99.43%。规格质量合格率96.2%,用户满意度95%以上,实现专业收入1.87亿元。根据市管局、市速递总公司"全夜航"竞赛工作部署,公司制定《东区邮电局速递公司"全夜航"劳动竞赛方案》,出台《"全夜航"业务收寄和投递重点环节操作方式及要求》,明确各环节工作职责,进一步细化投递道段,优化投递网络,形成严谨细致的收寄、投递工作流程,确保服务质量和时限。作为北京局特快专递协议客户管理系统唯一试点单位,东区速递公司制定完整的操作流程,组织各支局和相关单位人员进行规范操作培训,三个多月时间完成试点工作,确保协议客户管理系统正常运行。公司通过东区邮电局自行研发的邮务通智能营销系统平台,成功组织"卡哈拉成员国在京企业"、"对日在京企业"、"总部经济公司"、"民办高校录取通知书"等四项专项营销活动。在"全夜航"劳动竞赛中,涌现出以管局"全夜航"劳动竞赛先进个人赵云鹏、李晓华、何利为代表的一批业务骨干,保证了"全夜航"业务顺利开展。

（李　季）

城市管理

市政管理

【概况】 朝阳区市政管理委员会是负责本区市政基础设施、公用事业、城市景观建设、环境卫生、城市市容环境综合整治、爱国卫生工作以及综合协调城市管理工作的区政府组成部门,挂朝阳区城市环境综合整治委员会办公室、朝阳区爱国卫生运动委员会办公室、朝阳区人民政府供暖办公室和朝阳区国防动员委员会交通战备办公室牌子。设办公室、市政基础设施科、公用事业科、行政审批科、爱国卫生科、环卫设施科、环境建设综合管理科、财务审计科,下属个体出租管理站、市政基础设施协调中心、市政所、景观中心4个事业单位。

地址:松榆东里甲38号楼

电话:67325578

传真:67327299

邮编:100021

(赵玉茹)

【节约天然气工作】 1月7日,对区内62个燃气企业进行分析,拟订公建、部分民用燃气企业燃气总量控制工作方案。成立各街道、地区办事处工作队,负责本辖区内所有燃气锅炉房(包括民用、公建等)的督促工作。由区政府有关职能部门组成8个监督检查组和工作队,检查各街道、地区办事处燃气锅炉房天然气控制使用落实情况,检查部分居民室温(有群众反映室温偏低)。截止到1月11日,全区节约燃气138万立方米,超额完成市里下达的123.8万立方米节气任务。

(赵玉茹)

【安装路灯】 1月底,东坝中街实施安装路灯工程,"春节"之前亮灯。五环路取消收费后,东坝乡机动车流量大增,给东坝中街道路通行造成很大压力,该路没有照明设施,有两个90度转弯,交通事故频发,市区人大代表、人民群众呼吁强烈。区市政管委了解到此情况后,立即与市路灯处联系,进行现场勘察、设计安装。年内,协调相关部门为37条道路安装了路灯。

(赵玉茹)

【燃气安全监督】 1月31日至2月1日,组织区安全生产监督管理局、区质量技术监督局、朝阳分局消防处、区城管大队及有关地区办事处对朝阳区液化石油气供应企业联合检查。检查中发现用电安全、冬季取暖安全存在一些问题,对存在安全隐患部分设备进行了清理,对存在安全问题单位,联合检查组要求现场整改或提出整改意见及安全再教育等措施。

(赵玉茹)

【取缔地下私炼废油脂点】 3月3日,《劳动午报》维权部呈书市政府"关于朝阳区部分地区地下私炼废油脂情况的反映",其中涉及到朝阳区7个地区11个点。4月20日,区管委组织相关部门对11处炼油点逐一验收,据统计,此次开展清理整顿废油脂点活动中,铲除炼油用小炉灶60余个,没收工具(锅、桶等)70余件,拆除违法建设150平方米,清理无证外来人员80余人。

(赵玉茹)

【统一灭鼠】 3月22日至24日,区爱卫办制定专项工作方案,进行统一部署,周密安排,督促各街乡做好宣传动员和集中灭鼠前后鼠密度数据监测工作。区爱卫办拨专款5万元购置灭鼠专用药品,分发各街乡。此次灭鼠投药活动出动人员32015人,清除垃圾40吨,出动车辆110辆,投放各类鼠药870箱,有效降低全区鼠密度。

(赵玉茹)

【清明节安全保障】 3月25日,区市政管委召集区农委、区民政局、交通支队、城管大队和平房、金盏、东坝、黑庄户四乡及朝阳陵园、东郊殡仪馆等有关部门和单位参加会议,部署“清明节”期间扫墓人员停车秩序和地区交通安全等工作。

(赵玉茹)

【环境整治】 3月31日上午,全区各街乡、社区、村委会分别开展爱国卫生月主题宣传日活动,全区出动109340人次,设宣传站43个,221个居(家)委会和56个村委会分别组织活动。发放各种宣传材料217800份,清除痰迹23700处,清理小广告5140处,清洗广告牌匾517块,清理卫生死角786处,清运垃圾、堆积物634吨,保洁绿地1158900平方米,捡拾白色垃圾50公斤,擦拭栏杆1500余米。3月,大型户外广告拆除工作自东大桥13号楼楼顶开始。年内,拆除影响市容户外广告810块,13000平方米;整改牌匾标识310块;拆除46条道路路灯杆灯箱5800块,4100平方米;拆除53条道路灯杆挂旗9550面。8月11日,区市政管委组织召开环境建设重点区域集中整治工作动员会,为期一个月的环境建设重点区域集中整治月全面开始。9月,高安屯卫生填埋场东侧垃圾大坝整治工程开工。9月6日上午,市市政管委在朝阳区召开10个区、县垃圾堆治理工作汇报会,区市政管委对朝阳区在市挂账的10处垃圾堆治理情况进行全面汇报。9月16日至18日,开展“让世界清洁起来”活动,三天发放宣传材料32万余份,清扫面积192万多平方米,清理垃圾329吨,近5万人参加活动。9月22日,区市政管委和区农委加大对农村地区迎奥运环境整治力度。到10月10日,摸底调查发现的266处暴露垃圾点已初步治理。区市政管委对农村地区暴露垃圾清理情况进行检查验收。11月7日上午,市市政管委环境处调研朝阳区在市挂账垃圾堆治理情况,对朝阳区垃圾治理成果表示满意,对在治理过程中实行的“两个城乡一体化”(从财政上、管理上形成城乡一体化)和“五个到位”(思想认识到位、组织领导到位、资金投入到位、工作任务到位、措施保障到位)表示肯定。11月30日,高安屯卫生填埋场东侧垃圾大坝整形工作基本完成,清运垃圾719000立方米,第一层30厘米黄土覆盖工作完毕。年内,区爱卫办组织11次“城市清洁日”活动,结合每个阶段重点工作和中心任务,积极发动各街乡组织志愿者、机关干部、社会单位职工、社区物业、居(家)委会、村委会以及广大群众积极参加,清理卫生死角和堆物堆料,保洁绿地。全年发动13万人次,清理小街小巷上百条,清理堆物堆料、积存垃圾和积雪78吨,出动车辆126台次,清除非法张贴物32万处,保洁绿地上万平方米,整顿集贸市场89个,发放各种宣传品5万余份,投放鼠药18吨。

(赵玉茹)

【停止企业牌匾标识审批】 4月1日起,停止企业牌匾标识审批。驻区企业按照《北京市牌匾标识设置管理规范》要求,可自行安装企业自设牌匾标志,不用再到市政管委和工商局等部门办理审批手续,政府各有关部门实施事后监督与管理。

(赵玉茹)

【实施环境建设规划】 4月26日上午,在朝阳宾馆多功能厅召开朝阳区环境建设规划实施动员大会。4月29日下午,区委宣传部、区市政管委和区广电新闻中心联合在朝阳宾馆举行朝阳区环境建设规划新闻通气会。北京日报、北京晚报、北京晨报、京华时报、北京人民广播电台、人民网、香港文汇报等20多家新闻媒体参加。

(赵玉茹)

【道路建设】 3月11日至17日,为配合秀水市场开业,区市政管委对秀水市场周边部分道路改造。区市政所投入两支施工队伍及数台施工机械,施工人员连续加班七个昼夜,完成东大桥路加宽改造和秀水东街道路改造任务。4月28日,由宝嘉恒基础设施投资公司负责建设的嘉里北路历时半年左右,建成东三环路至关东店南街路段。交通部门对该路段进行划线,“五一”前正式通车。6月底,广顺大街北延一期建成通车。9月中旬,红军营南路西部堵头部分完工,至此,全长4.8公里的红军营南路全线贯通。红军营南路堵头部分1.1公里,西起北苑路,东至来广营新村家园,规划红线45米,为城市次干路。该路由宝嘉恒基础设施投资公司于上年10月起开始拆迁建设。年内,上年启动的22个续建道路建设项目完成10个,36个新建项目完成2个,投入资金7600多万元,大、中修区属市政道路46条,维修社区路和街坊路48条,新建、改建农村道路40条,为37条道路安装路灯。针对百姓反映的道路坑凹影响车辆通行和行人出行等问题,对潘家园东路、河南大厦北侧路、建华路、日坛路、东土城北路和黄寺大街等30条道路进行修补和维护,维护沥青砼总面积2822.4平方米,维护步道面积65平方米。

(赵玉茹)

【创建北京市卫生村】 4月29日上午,区爱卫办组织各地区办事处在高碑店村召开朝阳区创建北京市卫生村工作现场交流会,进行观摩学习。全区21个地区办事处爱国卫生主管主任、科长40余人参加会议。会后参观高碑店村容村貌、密闭式垃圾房、封闭式垃圾中转站和无害化公厕。

(赵玉茹)

【高安屯渗沥液处理工程】 6月10日,高安屯卫生填埋场渗沥液处理工程历经10个月的建设,通过土建工程验收和设备整体感观验收。7月20日上午10时,开始正常试运行。9月中旬达到设计日处理200吨能力。12月30日,吉林、陈刚等市、区领导出席渗沥液处理厂启动仪式。

(赵玉茹)

【户外广告照明限电】 7月8日,夏季用电高峰到来,电力供应形势十分严峻。根据市、区政府指示精神,区市政管委向区内户外广告媒体产权单位下发《夏季户外广告照明设施限制用电的通知》,要求即日起凡用电高峰时,室外温度达摄氏37度(含37度)以上,所有本区范围内设置的户外广告媒体灯光照明设施一律在晚上10点钟关闭。

(赵玉茹 秦 磊)

【垃圾分类验收】 7月22日,由市市政管委领导、专家组成的垃圾分类资料检查组对朝阳区11家参与垃圾分类的小区、大厦、政府机关进行检查验收。通过检查,市市政管委检查组对朝阳区垃圾分类工作表示满意,对参与垃圾分类单位付出的劳动和取得的成绩给予肯定。

(赵玉茹 秦 磊)

【解决占压地下管线隐患】 7月25日,区市政管委召开有关部门、地区办事处和管线单位会议,部署解决占压输油(气)地下管线隐患问题工作。年末,区内重点占压隐患问题14处全部解决。

(赵玉茹 秦 磊)

【应对台风麦莎】 8月初,台风麦莎预计经过京城,区市政管委紧密动员和部署,全力做好防台风、防汛各项准备工作。区市政所迅速安排部署车辆,调配人员准备各种防汛抢险设施,各抢险组立即进入戒备状态,严阵以待。为防止台风过京期间,户外广告发生危险,区市政管委组织200多家广告公司和单位开展对户外广告全面安全检查,排除各类不安全隐患。

(赵玉茹 秦 磊)

【健康知识进农家】 8月11日,健康知识进农家百场健康知识讲座在高碑店地区启动,市爱卫办、市健康教育所、区爱卫办、区卫生局、区疾控中心、农委宣和全区20个地区办事处主管领导、高碑店地区村民和乡政府机关工作人员近200人参加。12月9日,在十八里店地区办事处礼堂举办"健康知识进农家、百场健康知识讲座"总结表彰暨农民健康知识竞赛活动。高碑店乡获得一等奖,十八里店乡和豆各庄乡获得二等奖,三间房乡、孙河乡、黑庄户乡和金盏乡获得三等奖。高碑店乡作为此次比赛的第一名将代表朝阳区参加北京市"健康知识进农家、百场健康知识讲座"农民健康知识竞赛活动。

(苏朝伟)

【开通行政许可查阅系统】 8月28日,正式开通区市政管委行政许可网页,社会单位可在外网,区内各委办局单位可直接在朝阳内部办公平台上查阅区市政管委八项行政许可项目许可文书。文书公示内容包括行政许可事项、行政许可办事程序、资料下载、政策法规查询、行政许可决定查询、监督检查举报等。

(苏朝伟)

【东北城角联络线拆迁】 10月13日下午,区市政管委、和平街办事处、区城管大队、公安朝阳分局等相关部门和近60名公安干警、城管队员分成8个小组,到东北城角联络线区域入户做说服工作,至晚19时,最后9户居民全部自行搬迁撤离。原定于10月14日上午对东北城角联络线区域违法建设的强拆工作因此取消。12月5日,在区政府大力推进下,东北城角联络线进出京道路建设最后一个市场开始腾退,市场面积700平方米。

(苏朝伟)

【奥运功能区及周边广告整顿】 10月14日,召开奥运功能区周边重点大街户外广告规范整治工作会,奥运村、亚运村、小关、大屯、太阳宫、来广营、和平街、香河园、安贞9个街乡主管领导参加会议,动员整治上述街乡辖区内主次干路两侧户外广告及牌匾标识。

(苏朝伟)

【水源系统除四害接受检查】 10月25日,市检查组对水源八厂、九厂等4个单位除四害工作进行检查。检查中,市爱卫会检查组对如何进一步搞好除四害工作提出建议。

(苏朝伟)

【奥运倒计时牌启动】 11月10日,位于北辰桥边的北京2008年奥运会倒计时牌启动,北京奥组委执行副主席蒋效愚、副秘书长郝远和区委书记李士祥、区长陈刚、欧米茄公司代表、奥运会冠军杨凌出席启动仪式。

(苏朝伟)

【电影博物馆周边环境整治】 11月底,历时两个多月的中国电影博物馆周边环境整治完成。此次整治,拆迁企业22家,建筑面积17411.21平方米;拆迁居民12户,建筑面积1639平方米;铺种草坪72000平方米,修建4座二类以上公厕、1座封闭式垃圾站。

(苏朝伟)

【交通调查】 11月底，启动为期两个多月的交通调查工作。12月1日上午，在全区范围内开展第三次全市交通综合调查宣传日活动。12月1日下午，34个街乡480余名调查人员入户开始居民一日出行调查工作。到12月23日，发放并回收调查问卷17040份，其中有车户5385户，外来人口1551户。

（苏朝伟）

【无烟医院】 12月中旬，市爱卫会专家组对区第二医院、北京妇产医院、煤炭总医院、亚运村医院等4家创建无烟医院工作检查验收。加上已通过验收的区妇幼保健院和朝阳医院，朝阳区无烟医院共6家。

（苏朝伟）

【节日夜景照明】 年内，对节日夜景照明工作提前安排布置，保证春节、"五一"、"十一"及圣诞节期间各类照明设施安全、正常使用。4月28日至5月7日开放长安街及其延长线夜景照明设施。12月23日，为烘托圣诞和元旦节日气氛，在国贸桥至燕莎桥两侧用装饰灯打造流光溢彩亮丽街，东三环辅路两侧约400棵树和7处集中绿地安装彩色灯泡和夜景照明设备。

（苏朝伟）

【环境保障工作】 年内，完成"两会"、"诺贝尔奖获得者北京论坛"、"走进中华环保"大型晚会、《信访条例》宣传活动、"五一"、"十一"、"中国电影百年庆典"等多项活动期间环境保障工作。加强对重点地区、主要道路、街巷胡同、商业区、公厕、垃圾楼（房）及其它人流密集场所卫生保洁工作。强化责任意识，坚持每日巡视检查，及时协调组织、调配力量解决突发事件；保证日常清扫保洁作业质量，确保环境整洁优美。

（苏朝伟）

【户外广告】 年内，区市政管委做好节日期间户外广告安全保障工作，查找可能发生的各类隐患，防患于未然；要求各街乡在"五一"、"十一"、春节、元旦等节日前组织开展对辖区内户外广告的安全检查工作；各广告公司、社会单位也对自有的户外广告、牌匾、标识进行自查。节日期间，区市政管委加强对各主要道路、大街、地区的户外广告的检查，对查出的问题，及时通知设置单位进行整改，确保安全。区市政管委对广渠路、安立路、北苑路、秀水东街、秀水街、日坛东一街、日坛东路等20条道路两侧的户外广告及牌匾标识进行清理整顿，编制完成《朝阳区户外广告规划设置实施意见》和82条道路两侧户外广告的规划设计方案。

（苏朝伟）

【城中村改造】 年内，争取市区资金4.7亿多元，全年启动13片城中村的整治，总占地面积38.9万平方米，涉及拆迁居民1871户。

（苏朝伟）

【新建改建公厕】 年内，新建、改建城市公厕50座。在公厕的规划建设上，环卫中心坚持以人为本的原则，各种便民措施不断完善，如设置留言簿、举报电话、装有针线、小剪刀、创可贴的便民包、老年呼救器等；同时，着眼于奥运会的标准，因地制宜，舒适、环保、科技的理念贯穿始终，这50座公厕全部达到二类以上的建设标准。结合创建北京市卫生村工作，改建农村公厕39座，超额完成任务30%。

（苏朝伟）

【市级拨款】 年内，区市政管委积极争取市级对口部门资金补助。市级拨付各类环境建设（"城中村"拆迁、世青赛环境整治、便民路工程、影视城西路和南皋路拆迁绿化工程及其他补助款）和燃煤油补贴、供暖燃油燃煤补贴拨款共7.45亿元。

（苏朝伟）

【督查落实】 年内，办理三级人大代表、政协委员建议、提案185件，办理区领导批示、督查件320个，办复率95%；信访件195件，办复率88%；办理区长信箱信件65件，办复率100%；网格平台510件，办复率100%；供暖、环境卫生、井盖等热线电话接听5100多个。

（苏朝伟）

【行政许可】 年内，受理条幅标语等临时性宣传品新批续批349件，机动车停车场备案484件，审批占、掘路工程项目95个。

（苏朝伟）

【个体出租车行业管理】 年内，在册运营车辆101部，其中夏利车4部，富康车38部，桑塔纳及其以上车型57部，更新过程中车辆2部。个体司机133人，其中从业人员32人。出租汽车累计运营里程500余万公里，运送乘客80万人次，没有发生大的服务质量事故。完成经济效益价值400余万元，代征代缴税费38.5万元。办理个体出租汽车司机资质年审、报表98人次，办理运营证79辆次，司机治安证120个，车辆治安证79个。组织安装GPS卫星定位系统。开展安全教育活动和日常培训，不断提高全站规范化服务水平。

（苏朝伟）

朝阳区市政管理所

【概况】 朝阳区市政管理所隶属区市政管委，为差额拨款事业单位。有3个施工队、2个维护队，负责区属283条市政道路、34座桥梁管理、改扩建工作。养护道路、步道及桥梁等总面积572.83万平方米，无人管道路246条，面积241.46万平方米。固定资产3018万元，其中机械设备75台(大型设备压路机20台、平地机2台、推土机1台等)，交通运输设备42台。
地址：大北窑厂坡村甲2号
电话：87783623
邮编：100022

(苏朝伟)

【道路改扩建】 年内，根据区政府投资基本建设项目计划安排，大、中修道路50条，总长度约39公里，面积约50万平方米；维修改建48条街坊路、微循环路，面积12万平方米。

(苏朝伟)

【道路维护】 年内，维护养护道路191条，面积20916平方米；更换井圈井盖、雨水箅子等1800余套；掘路工程20385平方米。

(苏朝伟)

【道路防汛】 年内，汛期出动各种车辆300台次、各种机械设备200台次，出动抢险人员2000人次，动用各种石屑、砖、灰等材料50余吨，防汛工作主要地段有青年路口、高碑店路口、红领巾桥、垂杨柳地区、望和桥、小红门地区等。

(苏朝伟)

节水管理

【概况】 朝阳区节约用水办公室负责全区节约用水工作，落实有关节约用水法规和条例；组织编制节约用水规划和年度计划，下达年度计划用水指标，对用水指标进行核定和管理；负责节水设施落实、节水技术推广应用和宣传工作。另设朝阳区节约用水管理中心为局属全民所有制事业单位，主要负责本区节约用水管理相关事务工作；负责节约用水、计划用水统计工作；负责节约用水技术、设备推广应用及相关宣传工作；负责依法收取水资源费、超计划加价水费和污水处理费。
地址：团结湖上泗路90号
电话：85970772
邮编：100026

(王飞力)

【节水征文活动】 1月至5月，水务局面向全区开展《朝阳节水专刊》征文活动。各街乡、群众投稿169份。垡头街道、大屯街道、和平街街道、六里屯街道供稿件数名列前茅。

(王飞力)

【节水宣传】 5月1日，《北京市节约用水办法》颁布实施，全区开展多种形式学习、宣传活动。潘家园街道组织12个社区及部分用水单位参观节水器具展，亚运村街道上街发放宣传资料，大屯街道将《北京市节约用水办法》编成知识问答，高碑店乡开展节能宣传活动，推广节水小窍门。5月15日至21日，节水宣传周活动在全区展开，共设4个主会场及29个分会场，3000余人参与上街宣传。宣传周期间，水务局及各街乡共印发宣传材料13万份，发放印有节水标志的宣传物品2万份，制作展板2000块，组织表演40场，受教育群众达7万余人。

(王飞力)

【城区平房一户一表改造】 5月至8月，城区平房院居民用水一户一表改造工程实施，此次改造团结湖水碓子745户、六里屯甜水园416户，工程总投资158.7万元，区政府补助69.7万元。一户一表工程是针对供水管线老化、渗漏严重、供水压力不足实施的，通过改造，解决城区居民院和筒子楼计量、缴费、节水、水质等问题，为和睦邻里关系、创建和谐社会创造了条件。鉴于团结湖地区改造对象为筒子楼，住户情况复杂，管理混乱，不能使用通常改造方式，水务局认真研究，大胆创新，对筒子楼用户采用一表多卡式供水系统，获市一户一表办公室高度评价，并在全市推广应用。

(王飞力)

【雨水灌溉工程】 5月，开始建设绿无限公园雨水工程，7月完工。绿无限公园位于八里庄街道朝阳无限小区，占地面积14500平方米，绿地养护及景观采用微喷灌技术。工程包括新建3个贮水池、控制系统、6000米管网及350个喷嘴，总投资220万元。收集的雨水作为主要水源，中水作为辅助水源，既保证公园景观效果又节约水资源。经专家测算，雨水替代自来水，公园绿化用水每年可节水16963吨。10月，开始建设双花园小区雨水工程，11月完工。双花园小区绿地面积11500平方米，以小区道路、楼顶为雨水汇水面，新建6个贮水池、3500米管网及201个喷嘴，工程总投资330万元。双花园小区绿地年计划用水量16790吨，小区年收集雨水25200吨，可满足绿地用水需要。

(王飞力)

【节水型单位小区创建】 年内，在全区开展市级节水型单位和节水型小区创建活动，通过审查，香河园街道光熙门北里光南社区、望京圣星家园社区、水碓子中学和京客隆劲松店等7家单位和37个居民小区进入候选名单。

（王飞力）

防　汛

【概况】　朝阳区防汛抗旱指挥部办公室负责制定全区防汛抗旱规划、年度工作计划、责任制和防汛抢险预案，并督促检查落实情况；负责协调解决排水矛盾；负责雨洪利用技术的研究、应用和推广工作；负责防汛工程和雨洪利用工程实施工作。

地址：团结湖上泗路90号

电话：85970772

邮编：100026

（王飞力）

【编制落实防汛预案】　年初，根据市防汛抗旱指挥部办公室要求，区防汛办下发编制防汛预案通知，对各街、乡防汛组织、防汛责任制、抢险队伍、抢险措施、安置地点、信息报送提出具体要求。按照防汛应急等级，各级防汛指挥部门制定详细地区防汛减灾应急预案。区防汛指挥部与各街、乡防汛指挥部门签订防汛安全责任书，明确各级防汛指挥部门责任。

（王飞力）

【雨量遥测设备更新】　3月初至4月26日，对区雨量遥测系统进行更新。本区雨量遥测系统建于20世纪90年代初，主要用于收集、监测全区23个雨量点雨量遥测数据，为防汛指挥提供第一手材料。经过常年运行，系统分站多次出现故障，中央系统无法正常接收信号。区防汛办实地考察，反复论证，于上汛前完成雨量遥测设备更新和调试工作。新站点在数量不变基础上重新布局，做到覆盖面广，不留死角，计算机系统软件升级为网页浏览，与防汛应急指挥系统实现数据共享，即在任何一台电脑上都能看到实时雨情、各类统计数据及图表。

（王飞力）

【垡头地区应急排水工程】　6月初至7月中旬，为解决垡头地区雨水积滞、排除不畅问题，区防汛办紧急启用防汛应急资金，实施垡头地区应急排水工程，对染料厂宿舍、垡头东里、垡头商业街三处严重积水地区施工，铺设排水管线1578米，沥青混凝土路面3500平方米。施工正值汛期，防汛办调集精干力量，大汛前完工。此后几场强降雨，该地区无明显积水。

（王飞力）

【实施防汛工程】　7月汛前，完成劲松二区、虎城中路、大山子、安翔路、六里屯清真寺雨水管线工程和小龙河、吕家营沟、西干沟、楼梓庄东八排水沟、亮马场排水沟疏挖清淤工程及驹子房排水沟大花窑段治理工程、半壁店沟北岸直墙修复工程、东南郊干渠大柳树桥下护砌工程，确保安全度汛。

（王飞力）

【坝河三岔河出现近年最大流量】　8月3日10时35分，坝河三岔河水文站观测到近年来最大流量每秒101.25立方米，水位21.42米。区东部地区河道普遍满溢，造成城市雨水管线顶托。平房地区降雨132.5毫米，短时降雨强度接近20年一遇，造成大范围积水和室内进水。

（王飞力）

防　火

【概况】　朝阳区公安消防支队隶属于市公安消防总队，为现役部队正团职编制。支队机关设司令部、政治处、后勤处和防火监督处。全区现有公共消火栓5573座，消防支队备防车辆63辆，其中，水罐车23辆，泡沫车12辆，云梯车5辆，其余为救助车、照明车、破拆车、排烟车、化学洗消车。下辖红庙、酒仙桥、垡头、左家庄特勤、亚运村、百子湾、楼梓庄、建国门、四惠和华威10个消防中队。

地址：十八里店乡吕家营村

电话：87649559

邮编：100023

（李　超）

【化工二厂发生火灾】　1月18日0时40分，北京化工二厂发生爆炸泄漏火灾事故,消防局119调度指挥中心接到报警后,先后调集百子湾、华威、楼梓庄、红庙、建国门等18个消防中队55部消防车前往扑救。火灾于19日6时05分扑灭,火灾造成7名工人受伤。

(卢立堂)

【左家庄特勤消防中队通过国家验收】 10月,经中央、北京市政府三年共同努力,左家庄特勤消防中队顺利完成全国第二期消防特勤队伍建设任务,国家发改委、财政部、公安部等领导莅临该中队进行特勤考核验收工作。

(李　超)

【消防宣传】 11月7日上午,市领导刘淇、王岐山、强卫、孙政才、吉林、刘晓晨,公安部消防局、市公安局及市公安消防总队有关领导和李士祥、陈刚等区领导出席北京市第十五届"119"消防宣传周启动仪式暨朝阳区第十五届119消防宣传周启动仪式,并参观特种消防车辆及器材展示。11月12日,区委、区政府在十八里店乡举行朝阳区冬季防火专项行动启动仪式,市公安局消防局局长赵子新、区长陈刚等领导参加启动仪式。11月5日至11日,各街乡、委办局、重点单位按照区防火安全委员会下发的《关于做好第十五届119消防宣传周活动的通知》要求,积极开展各种消防宣传活动,设立宣传站140余个,发放各种宣传材料20万张(册)。

(卢立堂)

【区公安消防支队成立】 12月8日上午,区公安消防支队隆重召开成立揭牌仪式。新成立的区消防支队由北京市公安消防总队原第二支队红庙、垡头、左家庄、百子湾、楼梓庄、酒仙桥、四惠、华威等中队和原第一支队亚运村、建国门中队以及公安朝阳分局原消防监督处合并而成,负责全区灭火和防火任务。

(李　超)

【火灾】 年内,全区发生火灾1136起,死2人,伤19人,直接经济损失961826元。与上年同期相比,起数增长78.3%,死亡人数下降88%,受伤人数下降61%,直接经济损失下降70%。从发生火灾原因分析,电气、用火不慎、吸烟是引起火灾主要原因。电气引起火灾居多,发生263起,用火不慎引起火灾210起,吸烟引起火灾29起,其余依次为:违章操作、放火、玩火、自燃。从起火场所分析,房屋、交通工具、堆场火灾居多,其中房屋火灾最多,引起火灾496起,交通工具引起火灾178起,堆场引起火灾6起,。从行业类别分析,交通运输业、商业、社会服务业发生火灾最多,交通运输业发生火灾177起,商业发生火灾47起,社会服务业发生火灾13起。从火灾发生时分析,16时至18时、18时至20时、14时至16时时间段发生火灾最多,16时至18时发生火灾226起,8时至20时发生火灾222起,14时至16时发生火灾202起。无重特大火灾发生。

(卢立堂)

【确保重大节日消防安全】 年内,完成一系列重大政治活动和重要节日消防保卫任务。全区各单位在区委、区政府领导下,本着及早动手,周密部署,"以点带面,以面保点,点面结合"的原则,层层发动,早动手,早安排,进行摸底调查,将单位逐一拉出账单,采取不同形式,不同方法,进行全面检查和重点抽查,消除隐患,落实措施,各项消防保卫工作取得成效。

(卢立堂)

【专项治理】 年内,检查单位1442个,发现问题1765件,当场督促解决282件,发《责令限期改正通知书》41份,其中35件到期并整改。检查学校68个,检查学校周边单位104个。发现火灾隐患131起,整改123个,填发《责令限期改正通知书》8份。处罚11起,罚款75000元。检查中小旅馆81个,发现火灾隐患131处,整改123处,填发《责令限期改正通知书》40份,《责令当场改正通知书》91份。检查商市场185个,发现问题241件,解决220件,21件在限期整改之中,处罚43起,罚款85000元。检查单位135个,发现问题141件,当场解决119件,限改22件,处罚14起,罚款85000元。检查易燃易爆危险物品场所36家,发现问题29件,及时解决26件,处罚5起,罚款25000元。

(卢立堂)

防　　震

【概况】 朝阳区地震办公室为本区防震减灾工作主管部门。年内,认真贯彻《中华人民共和国防震减灾法》、《北京市实施〈中华人民共和国防震减灾法〉办法》,进一步建立健全防震减灾工作监测预报、震害防御、应急救援三大体系,积极推进应急避难场所建设,强化防震减灾宣传,增强人民群众的防震减灾意识,提高自救互救能力。

地址:甜水园东街7号院
电话:65851259
邮编:100026

(张燕琴)

【修订应急预案】 3月7日至6月20日,在前两次修订《朝阳区地震应急预案》基础上,按照市地震局要求,根据《北京市地震应急预案》(第四稿),再次修订《朝阳区地震应急预案》。

(张燕琴)

【优秀成果奖】 4月5日,本办编写的《北京市朝阳区元大都城垣遗址公园地震应急避难场所疏散与安置研究》课题,在市地震局地方防震减灾优秀成果奖项目评审会上获二等奖。

(张燕琴)

【应急避难场所考察接待】 4月18日,江苏省地震应急考察团一行7人,考察元大都城垣遗址公园及朝阳公园应急避难场所。5月11日,石家庄市地震局考察团一行50多人,考察元大都城垣遗址公园应急避难场所。11月21日,山东省泰安市地震局一行5人,到元大都城垣遗址公园应急避难场所和朝阳公园应急避难场所参观学习。

(张燕琴)

【防震减灾宣传】 5月17日,区人防(地震)办领导参加朝外办事处组织的"科普进家庭、创建安全社区"现场展示活动,免费发放宣传材料3000余份,制作宣传展板4块,设立咨询台解答群众问题。7月28日地震宣传日之前,区人防(地震)办公室投资23万元组织人员编制的《居民防空防灾知识手册》免费发放到42个街道、地区办事处和70所公立中学、9所私立中学、16所职高、169所小学、9所自属小学及22所幼儿园,总共发放41540册。

(董彦迪)

【地震台网建设】 12月5日,区内完成9台地震数字强震台土建工程。至年底,安装数字强震台10部、压磁仪器8部。年内,为消除安全隐患,确保下属地震观测站人员、仪器安全,对下属观测站全部进行了安全检查。

(董彦迪)

城管监察

【概况】 朝阳区城市管理监察大队设办公室、政工科、法制科、宣传科、督查科、监察科、行财科、行政科、指挥中心和4个督查队,下设43个街乡城管监察分队。行使市政管理、公用事业管理、城市节水管理、停车管理、环保管理、施工现场管理、城市河湖管理等共计14个方面308项处罚权。年内,规范"门前三包"单位44017家,取缔无照经营43840起、露天烧烤1079起,查处各类运营黑车4500辆,拆除大型户外广告12块、灯杆灯箱6000余个、灯杆旗5830面,查处非法小广告窝点590个、收缴非法小广告1600万张,查缴盗版光盘12万张,引导、告知、救助352人次,拆除违法建设73.3万平方米,罚款600万元。办理人大代表、政协委员提案、建议及群众来信来访268件、群众热线举报3万余件、各类督办事项12139件,全部办结。发生行政诉讼160起,未出现诉讼败诉案件,发生行政复议2起,未出现复议被变更的现象。

地址:大望路平乐园36号
电话:87718506
邮编:100022

(孟利君)

【拆除违法建筑】 年初,为保证世青赛顺利举办,贯彻依法拆违、以德拆违精神,开展耐心细致的摸底调查和说服动员工作,在依法按程序调查同时,协调区规划分局逐一作出违法建筑认定,对拒不履行拆除决定的,与法院积极协调、联系,共申请法院强制执行11起。到9月底,拆除14处,其中2起为强制执行,共35413平方米。7月,对雅宝市场、朝外鸿发盛世打包站、雅宝天地商品市场、崔各庄乡奶西村奶西市场、东风乡腾龙粮油批发市场等处违法建筑进行拆除。同时,上辛堡村鲍斯生物工程有限公司3024平方米违法建筑、沙子营村朝教江达物业管理有限公司院内2000平方米违法建筑、东北郊苗圃70间8897平方米违法建筑予以强制拆除。

(王妍卉)

【暖心便民工程】 1月16日,由副市长吉林参加的"暖心便民工程"启动仪式在松榆里社区举行,城管大队机关和各分队自此开展形式多样服务活动。年内,城管大队通过招标、设计、选址、施工,以法规宣传为主要内容,在人员密集的社区、学校、繁华街道等地区,安装了壁挂式公示栏450个、落地式公示牌136

个、立体式信息岛56座。

(程惠晶 袁 辉)

【开通朝阳城管栏目】 1月16日,朝阳有线电视台开通《朝阳城管》栏目,每周一期,于每周日晚19:40在BTV-9准时播出。通过简讯、专题、以案说法等板块,宣传报道本区城市管理方面情况。

(袁 辉)

【建立城市管理指挥中心】 4月25日,按照区委区政府《关于建立朝阳区城市网格化管理平台的实施意见》及工作方案,区信息办到指挥中心考察调研区级网格化管理指挥平台选址。10月,在原有城管指挥中心基础上开始搭建区城市管理指挥中心,与区网格办、监督中心及各职能委办局、地区办事处、社会单位一起,共同对朝阳区进行万米单元网格化城市管理。11月15日,指挥中心大厅主体改造完毕,网络铺设工作完成。12月1日至31日,先期对接成功的12个街道办事处、12个城管分队、22个委办局试运行。试运行期间网络畅通,案件派遣顺利。

(林 森)

【干部培训】 6月20日至6月29日,分三批对城管大队各城管监察分队常务副分队长、党支部书记、内勤及大队机关监察干部共230余人进行《中华人民共和国公务员法》、《北京市城市管理综合行政执法机关行业作风建设暂行规定》、数字集群电台使用及简单维修、朝阳城管执法系统接入使用及简单维护、微机操作系统使用及简单维护、网络常识及军事训练等方面综合培训。根据市城管执法局《开展主题学习教育活动的通知》及《全市城管执法系统知识竞赛组织工作安排》,朝阳城管大队参加并负责承办第一组预赛工作。10月初,组织成立由6名参赛选手和2名主持人组成的参赛工作小组,分别于12日和19日进行实战演习。10月27日上午,朝阳、东城、宣武、通州等区城管大队和市局督察大队参赛队在首都图书馆预赛,朝阳城管大队获第一名。

(王妍卉)

园林绿化

【概况】 朝阳区绿化局是区政府对城乡绿化美化施行统一建设规划管理职能部门,职能业务归市林业局、市园林局领导及监督指导。内设科室11个,下设基层单位13个。年内,新增绿化面积268.4公顷,完成计划的134.2%,实现绿化改造273公顷。全区城市绿化覆盖率43%,人均公共绿地面积15平方米,森林覆盖率26.25%,全面超额完成"十五"计划任务。利用绿化改造重点建设工体西路、阜通东大街等30条园林特色大街,完成面积207.98公顷。在东四环石林、秀木广场增加应急避难设施建设和15处街头绿地改造面积51公顷。完成二环路断带改造面积1.67公顷,立交桥绿化面积1.1公顷以及三环路十几处亮景点建设。完成城区13条道路新建、改造绿化,面积5.92公顷。完成亮马河灌渠水景花园、八里庄朝阳无限生态片林、松榆里小区花园改造、三源里夏园4处万米大绿地、呼家楼北里、麦子店曲苑风荷等11处小绿地建设。对金地花园、松榆里、团结湖北里、新源里等新旧居住区进行绿化、美化建设改造,创建绿色社区23个完成整治面积26.1公顷;对单位庭院绿化整治23处,新增绿化面积17.51公顷;旧小区改造19处,完成面积8.91公顷;新建小区绿化23处,绿化面积17.51公顷;屋顶绿化15处,绿化面积23530平方米;拆墙透绿8处长度7780延长米,完成透绿面积19970平方米;垂直绿化2处,完成绿化长度730米。利用花卉对环境进行布置,选用60余品种花卉在城区栽、摆330.5万盆。国庆节期间栽摆花卉180万盆。全区各单位门前栽摆鲜花40万盆。全区收回代征绿地66处,面积516公顷,其中未进行绿化面积246.2公顷。开展对全区42个街乡绿化普查工作,涉及面积258.14平方公里。全区现有森林面积6823.7公顷,四旁树折合2018.2公顷,林木覆盖面积8841.9公顷,森林覆盖率26.25%。农村绿化隔离地区完成绿化面积243.05公顷;农村地区植树11.5万株;农村林业及道路绿化建设、清河林片林全部完工;完成农村道路东坝西路、青年路北段、星河湾中路和南路、南磨房弘燕路、高井工业区路和常营北路改造建设。全局办理绿化审批2413件,未发生投诉。对造林成活、保存率进行检查验收,21条林带更新保存率93.2%。启动卫星定位系统对全区古树进行调查、核实、拍照等。

地址:道家园甲16号
电话:65042238
邮编:100025

(王荣先)

【万达广场一期室外绿化工程】 2月27日,万达广场一期室外绿化工程开工,7月10日完成东区建设,11月3日西区建设竣工。工程位于建国路,北京万达房地产开发有限公司投资,法国埃尔萨景观设计事物所设计,区绿化一队施工,总绿化面积12000平方米,工程投资667万元。设计风格以混合式园林种植方式为主,两个高达20余米雕塑周围栽植大面积宿根花卉突出色彩丰富视觉效果,构成小区主景观。栽植乔木833株、灌木6700株、宿根花卉710平方米、月季3700株、草坪5200平方米,清运渣土及回填土共3500立方米。

(王 君)

【清明期间森林防火】 3月初,成立森林防火领导小组落实全区防火工作。森林防火指挥部针对东郊殡仪馆、朝阳陵园、外侨公墓、长青园清明扫墓期间易形成火灾隐患等情况,制定森林扑火工作预案。组织森林干警到墓葬坟头分布地区进行森林防火宣传,设立防火标示,张贴防火标语,增设广播宣传,提醒扫墓者时刻提高安全防火意识,严防火灾发生。森林指挥部及时安排干警到各地区有林单位检查,考评森林防火目标责任制落实情况。3月24日至4月21日,森林防火领导小组及办公室相关人员全部停休,对重点部位严防死守。管片民警按责任区加强巡逻检查,发现问题及时协调解决,清明期间全区未发生森林火险与火灾。

(王荣先)

【CBD国际高尔夫会所景观建设】 3月8日,CBD国际高尔夫会所景观建设开工,4月10日竣工并通过验收,投资110万元。工程位于王四营乡,京沈高速路化工厂出口北侧,绿化用地10052平方米。北京青泽建筑装饰设计咨询有限公司设计,红领巾公园负责施工,设计风格融合东西方园林特色,既体现东方步移景异、曲径通幽造景手法,同时运用西方园林图案、轴线等造景元素。植物品种全、规格大、数量多,以雪松、油松、华山松、云杉、蜀桧、河南桧、北京桧、铺地柏等苗木为主。配植法桐、合欢、栾树、银杏、立柳、西府海棠、玉兰、樱花、紫叶李、红碧桃、榆叶梅、紫薇、紫叶矮樱、早园竹、箬竹及时令花卉9880株,冷季型草坪8900平方米。

(王 玲)

【观唐项目北侧林带环境绿化建设】 3月15日,观唐项目北侧林带环境绿化建设开工,12月10日竣工。工程位于崔各庄乡境内观唐项目北侧,占地31000平方米,北京创新景观园林设计有限责任公司设计,区绿化一队施工,绿化工程投资500万元。对林带绿化环境设计借鉴中国传统园林意境表现形式,吸收中国传统园林表现诗情画意造景精髓,强调突出园艺景观小中见大意境。动土2.5万立方米,形成湖面3000平方米,地面铺装1800平方米。种植常乔209株、落乔999株、常绿灌木4870株、落叶灌木713株、月季类5608株、宿根花卉55200株、绿篱50300株、草坪23900平方米。

(冯 刚 张 静)

【阜通东大街绿化改造】 3月18日,阜通东大街绿化改造开工,4月30日竣工。工程位于望京地区,南起北四环路,北至广顺南大街,阜通东大街道路全长1804米,绿化总面积19673平方米。望京街道办事处投资476.23万元,北京朝园弘园林绿化有限责任公司设计,区绿化二队施工。移植常乔73株、常灌5000株、落灌5023株、竹子15000株。栽植乔木1569株、灌木2086株、宿根花卉121451株、竹子22575株、草坪13800平方米、绿篱26230株,安布景石60吨。铺装面积242平方米、路牙96米。进好土1040立方米,清运渣土1280立方米。安装喷灌覆盖面积17707平方米。运用机械419.5台班,人工2980个。在改造中配合园林科研所对银杏树做地下埋管透气处理,促进树木茁壮生长。

(杨 戈)

【绿化美化总结表彰】 3月19日,朝阳区在北京市武警指挥学院召开绿化美化总结表彰动员大会。会上宣布表彰2004年度绿化美化工作先进单位和积极分子决定。会后区四套班子领导到奥林匹克森林公园与机关干部、驻地军警、中小学生及群众1000余人参加全民义务植树活动。种植油松、白皮松、桧柏、银杏等树木2000余棵。北京日报、北京青年报、北京晚报等媒体以朝阳区打响今春绿化第一枪为题进行报道。

(王金波)

【丽水嘉园一期工程竣工】 3月24日,丽水嘉园一期工程开工,6月10日竣工并通过验收。工程投资189万元,位于六里屯地区,紧邻朝阳公园,属中高档公寓社区,绿化用地6197平方米。北京新天地园林景观设计有限公司设计,红领巾公园施工,景观设计采用中式小游园设计风格,以1055平方米人工湖为中心,设置音乐喷泉广场、树阵广场、假山叠水、石涌泉、木亭、石桥、汀步等小品点缀整体景观。栽植华山松、油松、西安桧、元宝枫、银杏、水杉、法桐、白蜡及栾树等高大乔木,玉兰、雪球海棠、绚丽海棠及西府海棠等开花乔木,金叶接骨木、碧桃、榆叶梅、金银木、早园竹、紫叶李、连翘、红王子锦带、沙地柏及桧柏球等灌木,凤尾兰、紫薇、大花萱草、品种月季、曼海姆、金娃娃、石竹、睡莲、千屈菜及叶芦竹等花卉。

(王 玲)

【无检疫对象苗圃】 3月24日,大黄庄苗圃、五方园林绿化有限公司获市级无检疫对象苗圃称号。

(陈淑峰)

【中央领导参加义务植树】 4月2日上午,胡锦涛、吴邦国、温家宝、贾庆林、曾庆红、黄菊、吴官正、罗干等中央领导到奥林匹克森林公园参加首都全民义务植树活动。胡锦涛与周围群众边栽树,边聊天,强调环境是经济社会可持续发展的依托,是我们共同生活的家园。加强环境保护和建设,让人民群众喝上干净的水,呼吸上清洁的空气,吃上放心的食物是树立和落实科学发展观的必然要求,是坚持以人为本的具体体现。要求全社会都要坚持不懈地做好爱护环境、保护环境、建设环境工作,努力实现人与自然和谐发展目标。植树活动中栽植白皮松、油松、华山松、银杏、国槐、侧柏等树木2200余株。市委市政府领导、全国林业战线劳动模范、优秀共产党员代表和朝阳区少先队员代表以及首都各界群众代表一同参加植树活动。

(王荣先)

【东山墅别墅区景观建设工程】 4月2日,东山墅别墅区景观建设工程开工,11月29日竣工并通过验收。工程位于东风乡,北四环中路北侧,庭院铺装占地10430平方米,中国风景园林规划设计研究中心设计,红领巾公园施工。工程分宗地一北及宗地二西两个区域,包括花坛、道路、小区分户围墙、人工湖、廊架和亭子等园林设施。

(王　玲)

【东三环路绿化整治】 4月3日,东三环路绿化整治工程开工,8月27日竣工。三环路长虹桥至分钟寺桥之间道路绿化改造,面积61944平方米,工程投资527万元,区绿化一队设计并施工。栽植乔木290株、灌木31494株、绿篱2786米、色带194平方米、攀缘植物2015株、花卉7817平方米、竹子27771株、冷季型草8940平方米,挡土墙252.2米,树池口104.4米、铁艺栏杆631米,舒普拉克砖铺装221.51米,补路牙30米。

(郭金凤)

【打击破坏森林资源专项行动】 4月初,成立区打击破坏森林资源专项行动领导小组,制定《朝阳区开展打击破坏森林资源专项行动工作方案》。4月12日,区政府召开打击破坏森林资源专项行动动员会强调,全区各部门开展专项打击破坏森林资源活动要统一思想、提高认识、抓住重点、明确责任、依法办案。

(王荣先)

【农展南路绿化改造】 4月11日,农展南路绿化改造开工,6月23日竣工,投资725万元。农展南路全长2公里,绿化宽度44.8米,绿化总面积55915平方米,区绿化一队设计并施工。设计理念主要是增强原有重要地段绿地景观效果,突出绿化美化亮点。种植常绿乔木31株、落叶乔木141株、常绿灌木5162株、落叶灌木2446株、绿篱2990株、月季7969株、宿根花卉26923株、应时花卉28450株、草坪38440平方米。

(罗春宇)

【工体西路绿化改造】 4月13日,工体西路绿化改造开工,5月11日竣工。工程投资129.75万元,绿化改造面积6022平方米,道路长0.7公里,区绿化一队设计并施工,设计风格以自然式种植方式,顺蜿蜒起伏园路精心布置景点。设置造型独特景石,铺设健身石子路,开辟4个小型休闲广场供周围居民休息。种植常绿乔木8株、落叶乔木15株、常绿灌木2176株、落叶灌木393株、月季1905株、绿篱1520株、色块5400株、宿根花卉10020堆,铺冷季型草4250平方米,应时花卉3330株。回填好土3312立方米,清运渣土1800立方米。

(罗春宇)

【东北三环路靓丽工程】 4月14日东北三环路靓丽工程开工,6月2日竣工。工程位于长虹桥至安华桥之间重点路段,投资696.67万元。工程对机动车和非机动车之间分车带及步道外侧绿地进行调整,区绿化二队设计并施工,改造绿化面积38500平方米。栽植乔木474株、灌木3818株、竹子17050株、绿篱19998株、色块27858株、宿根花卉224627株、草坪32836平方米,置放布景石51.5吨。对部分桥区上下桥植物种植位置作立体化处理,景观提高0.8至1.4米,地形自然起伏突出绿化层次感,打破三环路绿化同一高度单调面貌。

(项　悦)

【全国政协领导义务植树】 4月15日上午,全国政协副主席王忠禹、罗豪才、阿不来提·阿不都热西提、李兆焯、黄孟复及政协机关工作人员200余人,到奥林匹克森林公园参加植树活动。栽植国槐、侧柏等树木1500多株。全国政协机关在植树活动现场举行共建绿色家园签名仪式,表达情系奥运共建绿色家园美好愿望。

(王荣先)

【工体北路绿化改造】 4月24日,工体北路绿化改造开工,5月20日竣工。工程投资178万元。施工面积8500平方米,区绿化一队设计并施工。在植物栽植形式上首次采用花境形式,选用新优品种黄金菊、金叶莸等植物,表现花卉金黄亮丽色彩。栽植乔木539株、灌木4618

株、绿篱5330株、色带520株、宿根花卉26800株、草坪5917平方米、其他61753株。

（罗春宇）

【区检察院环境绿化】 4月28日，区检察院环境绿化工程竣工（上年11月10日开工），绿地面积5077平方米。区检察院位于东四环红领巾桥西北侧，面向东四环辅路，门前广场开阔适宜进行绿化。工程投资92万元，由区绿化一队设计并施工。绿化施工清运渣土216立方米，种植19个品种5316株苗木，其中落叶乔木187株，应时花卉1120株，落叶灌木70株，攀缘植物11株，木本花卉711株，宿根花卉150株，常绿灌木17株，大叶黄杨3050株，铺高羊茅草坪4800平方米。

（陆 勇）

【群众义务植树点】 4月，金盏郁金香花园、崔各庄乡京承路绿化隔离带地区被确定为义务植树点。4月2日，两个植树点接待义务植树群众1500余人，栽植乔木树900株、花灌木1500株。

（王荣先）

【住邦2000环境绿化】 4月，住邦2000环境绿化工程开工，10月9日竣工，12月13日通过验收，投资600万元。住邦2000位于慈云寺桥东南角，由北京住邦房地产开发有限公司投资建设，区绿化一队设计并施工。工程面积15000平方米，其中铺装石材12000平方米，绿地面积3000平方米。工程以矩形树阵形及修剪规则的绿篱色块主要手法，体现欧式规则园林设计风格。清运渣土400多立方米，回填好土200多立方米，栽植乔木159株、灌木67株、色块2200平方米、铺冷季型草坪700多平方米。

（陆 勇）

【农村林业管理】 5月，出台《农村绿化建设管理办法（试行）》、《农村工程造林养护管理办法（试行）》、《农村养护管理评比标准（试行）》。对农村地区林业工作实施制度化、法制化管理。年内，对农村地区养护工作实地检查两次，对各地区办事处林地及养护管理工作进行总体评价，实现以检查促养护以养护促发展目的。

（张振香）

【鸿华高尔夫家园环境绿化】 5月1日，鸿华高尔夫家园环境绿化工程开工，8月28日竣工，投资330万元。鸿华高尔夫家园位于立水桥东南角，绿化面积5000平方米，由区绿化一队设计并施工，设计风格以水面喷泉为中心，沿迂回曲折园路，通过水池和植物结合草地，花木合理搭配，做到层次分明，展现出自然景观效果。种植30余个品种，30000余株苗木，其中乔木176株，灌木24993株，常绿树1025株，时令花卉5256株，草坪1678平方米。

（于惠来）

【外环境景观工程】 5月12日佳程广场外环境景观工程开工，9月28日竣工。工程绿化面积6420平方米，铺装面积5100平方米，佳程房地产开发有限公司投资751万元，北京新天地景观设计公司设计，区绿化二队施工。栽植常乔23株、落乔23株、常灌16603株、落灌16422株、花卉16740株、草坪3330平方米，回填好土6405.2方，清运渣土992方。

（李 卓）

【西坝河西里绿化改造】 5月28日西坝河西里绿化改造工程开工，6月4日竣工，总绿化面积3万余平方米。香河园街道出资46.36万元，区绿化二队设计并施工，改造工程面积3462平方米。移植各种苗木17株，栽植常绿乔木5株、常绿灌1410株、落灌470株、早园竹206株、品种月季4350株、宿根花卉29761株、时令花卉4600株，铺草坪900平方米，进好土65方，清运渣土168方。

（李 卓）

【光明桥桥区立体绿化改造】 5月30日，光明桥桥区立体绿化改造工程开工，7月底竣工，工程投资52万元。区绿化一队与北京林业大学联合设计，绿化一队负责施工。工程设计分为三部分，第一部分在桥区地锦边沿、东西方向、拐弯处放置白色树叶形金属花架，全长230米。在其下方栽植藤本月季御庸马车900株，在花架上采用设计跳动韵律曲线形式悬挂垂吊牵牛花1200盆。白色花架与爬蔓地锦协调搭配，垂吊牵牛植物与地栽月季御庸马车上下交相呼应，使整个桥体变成一片锦色花墙。第二部分在桥区大绿地前内侧和二环主路出口处，在绿岛上放置红、黄、蓝三色不同规格球形镂空花纹雕塑14个，下方栽植藤本月季御庸马车1600株。第三部分在球形雕塑与白色花架以及草花色带周边，堆砌汉白玉道牙280延长米。

（韩文洋）

【东外大街绿化改造】 6月3日，东外大街绿化改造工程开工，7月2日全面竣工。工程东起东三环北路西至春秀路，区财政投资107.9万元，区绿化二队设计并施工，工程改造面积11598平方米。栽植乔木18株、灌木3539株、色块1100株、绿篱17700株、宿根花卉28895株，铺草坪10409平方米。此次改造以植物造景为主，并把喷灌设施引入绿地。

（杨 戈）

【东二环路绿化改造】 6月13日，东二环路绿化改造工程开工，9月12日竣工，投资213.47万元。工程位于雅宝路地区，面积18732平方米，区绿化一队设计并施工。设计理念强调在原有植物基础上进行创新、提高，在雅宝路以北绿地内做小型庭园，院内设置座椅、花池、健身甬路等。种植乔木41株、灌木2979株、色带18320株、宿根花卉16915株、冷季型草15911平方米。运出渣土936.6立方米，回填好土1251.6立方米。

（罗春宇）

【中农春雨果园通过资质认证】 6月，金盏乡皮村中农春雨果园通过市资质认证，成为本区第一家有机产品认证果园。

（常继秋）

【图书编印】 7月，区林业站主编的《常见林果病虫害特征及防治》一书完成排版印刷。林业站多名专业技术人员在做好日常工作之余参与创作撰稿，经过半年努力，编纂完成。一次印制1500册，全部发放到全区各专业绿化队、22个街道和21个乡级林业部门专业技术人员手中。年内，技术人员把调研结果分类整理，结合自身专业理论编辑《家庭养花病虫害防治手册》，字数2万字，印制1500本，介绍常见花卉病害40余种、虫害10余种，无偿发放到局属基层单位和部分酷爱养花居民手中。

（张　丽　何凤英）

【北小河公园建设】 8月，北小河公园建设开工，11月15日，一期工程完成。此前，全区清查代征城市绿地56块、面积401.9公顷，其中望京北小河地区一块面积24.8公顷代征绿地长期闲置，经区政府有关部门批准，建集休闲、娱乐、健身于一体社区公园一处。北京朝园弘公司承建，朝阳绿化一队和二队负责施工。公园内建设美术欣赏区、露天森林剧场、山地休闲区、诗词小广场和诗词小径、儿童游乐区和健身活动区六大功能景区，预计绿化美化工作将于2006年完成。

（王荣先）

【观唐项目红线内小区环境绿化】 9月25日，观唐项目红线内小区环境绿化工程开工，12月10日验收竣工，工程投资510万元。工程位于崔各庄乡，占地15000平方米，由北京创新景观园林设计有限责任公司设计，区绿化一队施工。绿化种植常绿乔木34株、落叶乔木199株、常绿灌木7870株、落叶灌木1660株、丛生竹13700根、月季类10900株、宿根花卉16573株、绿篱色块36456株、藤本类54株，白三叶25平方米、麦冬17平方米、草坪11090平方米。设计构思着力表现水景和园林植物巧妙搭配效果，与小区建筑风格和谐相映。

（冯　刚）

【隔离地区绿化】 年内，完成农村绿化隔离地区绿化建设任务243.05公顷。其中完成第一道隔离地区绿化123.19公顷，第二道隔离地区绿化119.87公顷。完成年计划任务121%。

（张振香）

【农村道路绿化】 年内，农村地区完成以东坝西路、星河湾中路及南路、南磨房弘燕路、来广营西路及红军营四号路、高碑店高井工业区路、常营北路、十八里店小五基村委会路、豆各庄新村北路等一批道路新建及改造绿化工程。由各所在地区办事处筹集资金，自行设计与施工。星河湾小区开发商北京富华园房地产公司投资1500万元，在平房乡修建星河湾中路。绿化规划采用坡型设计，安装自动排灌水设施，主要栽植栾树、雪松、白皮松、金丝柳及花灌木等植物近10种。道路绿化风格和星河湾小区与周边绿化相互呼应、融为一体。

（张振香）

【东南四环百米绿化带整治】 年内，东南四环百米绿化带整治范围包括南磨房、十八里店和小红门三个地区路段加上绿化局专业负责地段，改造道路全长约18公里，面积约100公顷。区绿化局制定工程实施方案，各地区办事处负责组织工作，并派出绿化专业队伍直接参与改造施工，完成补植各种树木21841株、常绿树14337株、落叶树7504株，建景点两处，面积3万余平方米。

（张振香）

【播草盖沙绿化】 年内，治理风沙源工程正式启动，率先在东坝七棵树地段展开工作。东坝地区农业服务中心负责施工，在东五环东坝段百米绿带两侧40公顷(600亩)林下播种二月兰、紫花苜蓿、少量栽植美国地锦、沙地柏等灌木，完成面积33.33公顷(500亩)。播种工作在6月下旬至7月初雨季进行，灌木栽植在雨季与秋季之间施工。

（张振香）

【郎家园枣观光园基地建设】 年内，郎家园枣王四营观光园基地全面建成竣工，面积13.33公顷。加上早期建成的孙河乡郎家园枣观光园在内，朝阳区观光园基地建设全面完成，基地总面积186.67公顷。郎家园枣观光园基地又称北方枣种质基地观光园。2004年北京枣种质资源基地建设项目被列入市重点项目，规划总投资360万元。区林业站负责牵头项目规划设计工作，乡政府负责建设项目施工。经过近两年集中建设，完成枣品种展示观赏区、纪念林区、郎家园枣观光采摘区、枣丰产试验示范推广区、果品储藏和产后加工区建设。

（高宝宽　常继秋）

【果树观光采摘】 年内，全区果树面积1.4万亩，产量200万公斤，构成以郎家园枣为主绿色产业体系。本区把果树果品经营作为农民脱贫致富重要支柱产业，有6家果园被列为北京市定点观光果园。全区各果园接待观光、采摘者1200人次，观光销售水果5万公斤，采摘售果1万公斤。

（高宝宽）

【道路绿化增新优品种花卉】 年内，绿化一队利用道路绿化改造机会，增加造景植物品种。农展南路改造保持原有树木及草坪，增加栽植多色花卉古代稀、热烈红火天竺葵、典雅高贵芍药、独特形状羽扇豆等。工体西路改造增植色泽艳丽的黄晶菊及白晶菊、花期长的勋章菊、穗状蓝色鼠尾草配植黄色金叶莸。东三环路绿化改造中增植树型玫瑰。朝阳北路增植新型报春花、藕荷色矮牵牛等花卉品种。

（张　静）

【林木有害生物测报网络建设】 年内，本区林木有害生物测报点新增14个，累计58个。其中国家级1个，市级39个，区级18个，均匀覆盖绿化分布地区，形成科学测报管理网络。发生在本区的有害虫类主要有美国白蛾、春尺蠖、国槐尺蠖、草履蚧等10余种林木有害生物，累计发送测报防治信息16期900余份。各测报点备有防治捕杀害虫各类工具，主要有诱芯、诱液、诱捕器、黑光灯等。

（陈淑峰）

【依法行政】 年内，办理行政许可审批2413件，全部在网络上公开，未发生一起投诉案件。区绿化局执行现行有效法律、法规和规章24部，限定行政执法权限100项，其中行政处罚47项，行政许可31项，行政确认3项，行政强制5项，行政征收4项，其他10项。办理农村地区树木伐、移手续276件27674株。批准采伐树木181件12101株。批准移植95件15573株。审核征用林地4件，面积8.4827公顷。恢复林地面积4公顷。森林防火及动植物保护工作，坚持签订防火责任书，落实岗位责任制，形成领导体系和分级管理网络。进行定期防火检查2次，随机检查多次，实现零火警、零火灾目标。查处森林案件21起，收缴罚款4万余元，责令补种树2445株。推行林业种子生产许可证和苗木经营许可证制度，完成两证办理林业站35个。

（王荣先）

【农村绿化管护检查】 年内，聘请林业工作专家组成检查组，检查组成员由林业、林保专家及有关技术人员5人组成。检查工作分别在初春和11月份进行，主要检查各地区绿化养护责任制落实、管护方案落实、病虫害防治、修剪、浇水、除草、林地卫生、补植补造、林木保护、林地卫生、绿化档案材料等情况。检查程序按绿化工程类别依次进行，包括五河十路绿色通道两侧绿化带、四环五环路两侧绿化带、一道隔离地区绿化、原大环境绿化工程。检查工作采取随机抽样检查与定期检查相结合，对各农村地区办事处各项绿化工程统一编号，抽取其中地块随机检查；随机抽查五河十路、四环路和五环两侧绿化带地区林地99块，抽样检查率10%。

（张振香）

【520万元草木毁于融雪剂】 年内，据融雪剂毁草木调查，融雪剂“烧死”全区乔木2682株、花灌木45.21万株、草坪6.17万平方米，直接经济损失约520万元。据市园林局科研所化学分析，证实造成植物大量死亡的原因是融雪剂中的盐超标。

（据《北京青年报》）

日坛公园

【概况】 日坛公园隶属区绿化局，是全民所有制差额拨款事业单位。公园占地面积20.62公顷，绿地面积11.25公顷，绿化覆盖面积16.5公顷。年内，保持ISO90001国际质量管理体系，ISO14001国际环境管理体系标准，顺利通过认证复评。完成重大节日摆花任务，“十一”期间公园北门摆放“京韵”主题花坛荣获北京市国庆花坛评比三等奖。组织举办为贵州贫困地区慈善捐款活动、第七届“晨练汇演”文化活动等，接待游客3468352人次。

地址：日坛北路6号

电话：85622612

邮编：100020

（张艳清）

【古树认养】 5月15日，举办古树认养活动。意大利驻华大使高凯帝、国际家庭和6家单位认养古树8棵，认养期1年，资金投入8万元。立名轩文化咨询服务有限公司认养公园千年古树九龙柏，认养期10年，投入资金20万元。中外小朋友在募捐箱前排起长队，捐出零用钱699.24元。市园林局和市林业局四名古树专家被聘为朝阳区古树名木管理技术顾问。年内，认养古树19株，绿地认养率41%。

（曹　伟　孙　莹）

【荷兰奶牛展】 12月29日始，由荷兰大使馆主办、日坛公园协办荷兰奶牛展在公园举办。公园神路两侧展出使用PVC化学制品制作的母牛模型26头，牛体表面分别涂满欧盟成员国民族象征典型图案。

(孙　莹)

【工程】 年内,完成朝阳体育休闲健身中心改扩建工程、朝外大街南营房小区移伐树工程和山水文园四路通东侧山体景观工程,山水文园四路通东侧山体一项工程完成土方量3万立方米,工程总造价70万元。

(张艳清)

【培训】 年内,组织票班等服务班组进行英语培训,开展对园内信息员、绿化业务培训及临时工岗位培训,增强管理人员及绿化职工岗位知识和专业技能。

(张艳清)

朝阳公园

【概况】 朝阳公园开发经营公司设党委办公室、总经理办公室、纪检监察办公室、工会办公室、计划财务部、人力资源部、综合管理部、资产管理部、工程管理部、园林部、公园管理部;下设物业公司、园区经营公司、网球中心、保洁公司、园林公司、工程维修中心6个基层单位和1家合作企业北京朝阳勇敢者天地游乐园有限公司。朝阳公园为国家4A级景区,是经国务院批准的《北京城市总体规划》中确定的重点项目之一,规划总面积288.7公顷,其中水面面积68.2公顷,绿地占有率87%。年内,接待游客287万人,经营收入5581.41万元。

地址:农展南路1号

电话:65915258

邮编:100026

(孔　雁)

【游园活动】 2月9日至15日,北京朝阳"国际风情节"春节游园活动隆重举行。来自英国、美国、法国、俄罗斯、古巴等国家的文艺团体进行演出,入园人数22.5万人次。4月2日,2005朝阳公园音乐年暨首都学生艺术节在公园隆重举行,开幕式由副区长关三多主持,市委宣传部、市文化局领导出席。歌唱家李光曦及来自北京民族艺术学校等院校师生表演节目。5月1－7日,第二届朝阳流行音乐周举行。国内外70多个知名演艺团体、乐队、歌手和音乐人在5个大型舞台上竞展各国、各民族传统文化、民间文化和流行艺术风采。活动期间接待游客近26.7万人。7月1－3日,由泰国驻华大使馆与北京市政府共同主办,市外事办和朝阳区政府承办的庆祝中泰建交30周年暨"泰·美好2005泰国风情节"在朝阳公园举办。8月13日,为纪念中国人民抗日战争暨世界反法西斯战争胜利60周年,朝阳区万人黄河大合唱大型文艺活动在公园万人草坪广场隆重举行。参加活动游客17239人。9月10－11日,由欧盟驻华代表团主办,英国使馆文化教育处、朝阳公园协办庆祝中欧建交30周年欧洲风情街活动在礼花广场举行。来自欧洲14个表演团体参加演出,宣传富有各国特色旅游、贸易和科技等文化。外交部副部长张业遂、欧洲委员会驻华大使赛日·安博先生、欧盟驻华使馆工作人员及朝阳区相关领导出席开幕式。参加活动游客人数31043人。10月1－7日,以国庆佳节·魅力朝阳·欢乐游园为主题的朝阳公园"十一欢乐游园会"活动隆重举行。10月29日,第二届"温馨家庭"购物游园会拉开帷幕,来自全国二十几个省市的名、特、优产品参展。

(孔　雁　王　静)

【市民学外语活动】 5月28日,由市市民讲外语活动组委会、市委宣传部、朝阳区政府主办的2005年北京市民学外语活动周在朝阳公园举行。此次活动以"迎奥运,学外语"为主题,提升市民外语学习热情,普及外语学习相关知识,参加活动游客17557人。

(王　静)

【举办雷恩跨越音乐节活动】 6月18至19日,国家中外文化交流中心、区文委、法国雷恩国际音乐节组委会、法国驻华大使馆现代音乐推广站联合承办、朝阳公园协办法国现代音乐盛事雷恩跨越音乐节在朝阳公园举行,此次活动是中法文化年重点项目,参加活动游客27635人。

(王　静)

【第三届北京2008奥林匹克文化节】 7月9日,第三届北京2008奥林匹克文化节奥运文化活动举行。活动包括迎奥运万人健步走、女子大鼓队表演、儿童自绘并放飞风筝、大型文艺展演、奥运精神电影回顾、社区时尚健身展示及奥运展览等活动。参加活动游客15101人。

(王　静)

【一个男人两个世界雕塑揭幕】 6月1日,意大利对外贸易委员会赠送朝阳区人民政府汉白玉雕塑"一个男人、两个世界"在朝阳公园落成揭幕。意大利国家生产和活动部副部长乌尔索、意大利驻华大使梅凯蒂、意大利对外贸易委员会北京办事处首席代表赖世平、朝阳区副区长束为出席雕塑揭幕仪式。

(孔　雁)

【中泰友谊亭揭幕】 7月1日,泰国总理他信,北京市委书记刘淇、副市长张茅等领导出席"中泰友谊亭"揭幕仪式及泰国风情节开幕式。

(孔　雁)

【和平墙揭幕】 9月2日,《北京和

平宣言》签署暨北京和平墙揭幕仪式在朝阳公园隆重举行,来自22个国家的200多位“世界二战老兵国宾团”成员和100多位著名中国抗战将领及抗联老战士出席仪式。

(孔 雁)

【国家AAAA级旅游景区】 10月27日,经过朝阳区旅游局、北京市旅游局、国家旅游局先后检查验收,朝阳公园被评为国家AAAA级旅游景区。

(孔 雁)

【沙滩排球场建设】 12月28日,奥运沙滩排球场建设工程奠基仪式隆重举行,朝阳公园奥运工程全面进入施工阶段。年内,公园完成奥运沙滩排球场红线外配套基础设施立项审批、政府投资建设预算方案。完成奥运沙滩排球场旧建筑拆除工程,拆除房屋7600平方米,地面挖除处理25000平方米,外运土方24000立方米。

(王 静)

【体育园建设】 年内,完成园内体育园建设工程。体育园位于朝阳公园原东门,占地近9万平方米,其中绿化面积7.1万平方米。配备1100米超长健身路径、3000平方米健身广场、200米大理石轮滑道、6块5人制人工草坪足球场、7块聚氨酯塑胶篮球场、20组健身器材及20张乒乓球台。东门区和南门区分别建有占地1万平方米木杆高尔夫球场和占地5000平方米室外游泳场。栽植乔木1576株、花卉296平方米、铺草2.3万平方米,播种地被植物白三叶4.5万平方米。体育园为全民健身提供多样化运动场地和丰富的健身器材。9月5日,朝阳公园被国家体育总局授予“全国优秀体育公园”称号,成为北京市唯一获此称号的公园。

(王 静 孔 雁)

【半岛绿化改造】 4月21日半岛绿化改造工程开工,5月15日竣工。半岛景区位于公园北小湖西侧,属纯苗木种植工程。栽植乔木580株、灌木730株,播种地被植物1.2万平方米。

(王 静)

红领巾公园

【概况】 红领巾公园管理处隶属区绿化局,是全民所有制差额拨款事业单位。公园占地419400平方米,其中水面160820平方米,绿地161922平方米,道路广场铺装面积60288平方米,草坪129866平方米,实有树种93种,各类树木26595株,乔木4199株,灌木14158株,其它4714株,攀缘覆盖面积172平方米;绿化覆盖率58%。年内,修订《岗位职责》等制度,建立班组数据库管理模式,把班组人员信息、承包协议、岗位职责、考核细则、检查记录及个人卫生责任区等信息输入电脑统筹管理。继续贯彻执行ISO9001国际质量管理体系和ISO14001国际环境管理体系标准,通过认证复审。接待游客6543666人次。

地址:后八里庄5号
电话:85810901
邮编:100025

(王 玲)

【红领巾环保科普游园会】 6月1－5日,由红领巾公园主办、国家环保总局宣教司、朝阳区科学技术协会等多家单位协办的红领巾环保科普游园会在红领巾公园举行。本届游园会巧妙将“六一”国际儿童节与“六五”世界环境日联系在一起,把科技与环保融为一体。有环保知识展、天文知识展、动物标本展等知识性展览,帮助与培养少年儿童增长环保知识,提高环保意识。活动期间接待游客5万人。

(王 玲)

【第二届双胞胎文化节】 10月2－3日,红领巾公园主办,北京市旅游局、北京河沿文化传播中心和TOM网站等单位协办第二届北京双胞胎文化节在红领巾公园举行。600余对双胞胎齐聚红领巾公园,年纪最长者88岁,最小者未满月。活动项目设双胞胎专场文艺演出、影像双胞胎、游戏双胞胎、亲子双胞胎及指纹识别双胞胎等。双胞胎自行表演舞蹈、歌唱及书法节目。增设主办方与游客之间短信互动形式,评选出观众最喜爱的节目,公园现场为获奖双胞胎颁奖。

(王 玲)

【公园建设】 年内,完成南游乐场改造工程,新增木质小火车头、独木桥、游戏沙坑和室内游乐园等游乐设备和设施。安装更换路椅、果皮箱、垃圾筒及警示牌等基础设施。栽植及更换各类乔灌木530株、水生植物800株,更新草坪135000平方米。

(王 玲)

团结湖公园

【概况】 团结湖公园隶属于区绿化局,是全民所有制差额拨款事业单位。公园固定资产总值1946万元。占地12.3公顷,其中水面积5.4公顷。全园有树木8691株,草坪36970平方米,古树2株,绿化覆盖率80%。年内,修订《团结湖公园行业目标管理细则》等制度,接待游客4485475人次。

地址:团结湖南里15号
电话:85962151
邮编:100026

(李洪静)

【管理养护】 年内,利用最佳季节对园内树木进行修剪,施用科技手段提前草坪返青时间。对公园西门处低洼绿地及荫湿绿地进行整体改造,重新调整植物配置,草地全部采用草籽播种。

(李洪静)

【文化活动】 年内,组织成立英语角,举办第二届踏青赏花游园活动、第三届"迎奥运、讲公德"及"颂歌永远献给党"文艺汇演等活动。

(李洪静)

【绿地认养】 年内,社会单位及个人认养绿地面积25211平方米,树木91株,认养面积占全园绿化面积60%。

(李洪静)

【工程建设】 年内,完成万科青青绿化工程12300平方米、奥运森林公园中央领导植树点外围绿化工程33000平方米。

(李洪静)

四得公园

【概况】 四得公园管理处隶属于区绿化局,是全民所有制差额拨款事业单位。园名由首都绿化界知名专家陈向远以游人进园能得到自然清静乐趣、得到一定锻炼、得到一定植物知识和得到健康长寿为依据命名。占地16.13公顷。年内,接待游客100万人次。

地址:将台西路

电话:64384057

邮编:100016

(关春明)

【庆"七一"文艺演出】 6月26日上午,区绿化局组织四得公园老年业余合唱团、健身队和业余舞蹈队与芳园里社区、将台地区东风合唱团、飞燕舞蹈队、北京兆维集团和武警指挥学院等7家单位,在四得公园舞场举办庆"七一"文艺演出。芳园里社区老年模特队进行服装展示表演;武警官兵军歌嘹亮,擒拿格斗表演虎虎生风;附近社区小朋友们舞蹈表演天真活泼;近千名游人观看演出。

(关春明)

【公园建设】 7月20日,体育休闲文化馆工程开工,12月28日竣工。该文化馆位于公园东侧,面积3521平方米,区三建第六建筑工程公司第五工程部施工,北京仁泽监理公司监理。馆内设置国家标准羽毛球场地10块、篮球场地1块、乒乓球台2张及台球桌2张。年内,对公园南大门及两侧进行绿地改造,增设喷泉水景。改造园内绿地2万平方米,植树603株,铺装5430平方米。

(关春明)

【绿地认养】 年内,绿地认建认养面积60875平方米,认养率占全园绿化面积51.16%。

(关春明)

元大都城垣遗址公园

【概况】 元大都城垣遗址公园朝阳段隶属区绿化局,为全民所有制差额拨款事业单位。位于中轴路东西两侧及奥林匹克公园、中华民族园南侧。公园全长4.8公里,总占地面积67公顷,是北京市重点文物保护单位、国家AAAA级旅游景区、北京市应急避难场所建设试点、北京市精品公园。年内,公园坚持ISO9001国际质量管理体系和ISO14001国际环境管理体系标准,通过认证复审。年内,接待游客419.5万人次。

地址:太阳宫乡芍药居村

电话:64222820

邮编:100102

(程桂清)

【游园活动】 4月9-17日,第八届海棠花节在公园海棠花溪景区举办,本届海棠花节以赏花、踏青、游园为主要内容。活动包括中国美术家协会7名画家展示绘画作品、武警战士表演威风锣鼓及各类舞蹈、话剧等节目。活动期间接待游客30万人。年内,举办大都酒吧街消夏采风及周岁大都酒吧庆典等活动。

(程桂清)

【绿化】 年内,补植绿篱苗木11860株、丹麦草31317平米、冷型草5000平米,种植各类花卉10万余株,绿化覆盖面积445661平方米。"十一"园内布置"同一个世界同一个梦想"主题花坛,使用花卉28000盆,面积1500平方米,获市公园行业国庆花坛评比二等奖。

(程桂清)

【安全防火】 年内,修订安全生产制度、各工种操作规程、安全预案、消防预案及突发事件处置预案等。举办干部、职工及驻园单位参加灭火、自救、逃生主题消防知识讲座,特邀市专业消防教官讲课。

(程桂清)

中华民族园

【概况】 中华民族园属非企业性事业单位,属自收自支、独立核算、自负盈亏民办事业单位,国家AAAA级旅游景区、市级文明景区及青少年民族团结教育基地。占地28.2公顷,绿化面积24公顷,水面积4.3公顷。年内,被国务院授予"全国民族团结进步模范集体"称号。全年接待游客169842人次。

地址:民族园路1号
电话:62063616
邮编:100101

(汪 昆)

【景区建设】 年内,购买蒙古、哈萨克等多民族毡包,搭建游牧民族景区,建设保安族民居,复建畲族景区畲族廊桥,重建羌族景区观音庙。完成藏族景区部分墙壁粉刷、布展,傣族景区道路设施改造,景颇族景区村寨广场扩建,佤族景区杆栏及围墙修缮等。

(汪 昆)

【文化活动】 年内,举办京台青年文化交流活动周、华裔青少年巴蜀文化行、第16届国际生物奥林匹克竞赛、北京2005童星舫艺术之旅开营仪式、首都残疾人"迎奥运、展风采、做贡献"活动、第三届欧亚道路运输大会庆祝晚宴等活动。召开春季新闻发布会暨记者招待会,成功举办"五一""十一"黄金周、傣族泼水节、金银花生态节、葫芦文化节等系列民族文化活动。

(汪 昆)

金盏郁金香花园

【概况】 金盏郁金香花园隶属金盏乡,属集体所有制企业。固定资产1亿元。金盏郁金香花园位于朝阳区东北部,东纬路北段,首都机场南端,西与酒仙桥电子城接壤。公园占地面积26.5公顷,其中水面面积2.5公顷。花园是仿照荷兰阿姆斯特丹柯肯霍夫公园模式建造的,是朝阳区农业科技示范基地重点建设项目之一,是金盏乡都市农业建设试点。园内有餐饮住宿、休闲娱乐、垂钓及室内水上项目摩锐水世界等项目。按照行业管理要求节约能源降低消耗,雨水收集入湖,作为花园绿化养护用水;花园污水进行处理并且二次利用,作为绿化浇灌使用。花园内共有乔木3377株,花灌木3万多株,黄土不露天不外溢,绿化覆盖率80%。年内,接待游人237000人次,创收2000多万元。
地址:金盏乡金盏西大街路北
电话:84337410
邮编:10018

(李凤桐)

【游园活动】 1月25日至2月15日,第三届梅花展在郁金香花园举办,展出梅花4大派系,2000余盆,接待游人10000人。4月20日至5月10日,第七届郁金香展在郁金香花园举办,展出郁金香20余种,20万株。6月,郁金香花园举行"小雨滴现爱心"捐资活动,以解决祖国西部贫困学生入学问题。7月15日至9月25日,举办夏季荷花展。9月25日至10月15日,第四届金秋菊展展出各类百余种菊花30万株,使用经过特殊栽培技术整形品种异型菊,构成雄鸡报晓、龙、凤、孔雀及海豚等各种造型及单株开放1000余朵菊花的大立菊。

(孙丽丽 李凤桐)

环境管理

【概况】 朝阳区环境保护局是区政府领导下的环境保护专职机构。设办公室、组宣科、审批科、综合科、管理科、监测站、监理站、监察队、水环境污染监督管理和生态建设办公室9个科室。年内,创建国家级生态示范区通过国家环保总局考核验收;建成全市首个环境保护应急监测系统和环境信息监控中心;完成市政府控制大气污染第十一阶段各项任务;不断加强环境综合整治力度,清水朝阳、绿色朝阳建设工程稳步推进。
地址:农展南路5号楼
电话:65947126
邮编:100026

(胡朝颖)

【创建国家级生态示范区】 年初,根据《朝阳区国家级生态示范区、生态区建设总体规划》,为创建国家级生态示范区出台工作方案,进行任务分解,工作全面展开。4月14日,区长陈刚、副区长李国等区领导到区环保局就创建国家级生态示范区、全国生态区工作调研指导。4月26日,召开朝阳区2005年创建国家级生态示范区、生态区工作动员会。邀请中国科学院、国务院研究室、国家发改委、中国环科院专家和国家环保总局、市环保局领导参加会议。动员会后,以治理大气污染、改善区域水环境、加强绿化美化建设、强化环境基础设施建设和环境综合整治、加大声环境污染控制力度、推进循环经济发展和带动生态文化建设为重点的共计七大类34项生态环境建设工程全面展开。10月14日,国家环境保护总局和市环境保护局组织对朝阳区创建国家级生态示范区工作进行考核验收。国家环保总局考核验收组认为:朝阳区的生态示范区创建工作达到国家级生态示范区建设指标要求。

(胡朝颖)

【控制大气污染】 4月20日,区政府召开控制大气污染第十一阶段工作动员会。截至年底,完成市里下达的二级和好于二级天数任务指标;建设绿色施工样板工地42个,投入6610.81万元,工地环保管理和自律意识增强;检测机动车尾气15万辆任务完成,通过进京路口24小时检测、主干道夜间大型货运车检测、入户检测和道路巡查等,累计检测机动车160078辆,合格149313辆,尾气合格率93.3%;加强20吨以上燃煤锅炉污染治理和监管,督促其采取脱硫、除尘等治理措施,实现稳定达标排放;控制扬尘污染,环卫部门每日对92条道路334万平方米路面保洁和洒水压尘;农村地区对3500亩农田实施秋收作物留茬免耕,增加生物覆盖面积3000亩。

(胡朝颖)

【环境保护和生态建设规划】 5月,开始编制《朝阳区"十一五"时期环境保护和生态建设规划》。8月30日,陈刚、戴继楼听取专题汇报,对规划编制修改工作做出具体指示。11月14日,市环保局组织专家对《规划》进行评审,认为规划编制前期工作充分、细致,规划符合朝阳区实际情况,在全面总结"十五"期间朝阳区环保工作基础上,对当前环境形势和存在问题进行分析,并对"十一五"时期发展趋势进行科学预测。

(胡朝颖)

【环保及相关产业调查】 8月,区环保及相关产业基本情况调查工作完成。通过对上年朝阳区环保及相关产业调查和数据统计,上年环保及相关产业从业人数9455人,环保及相关工业总产值19.85亿元。其中:资源综合利用类产业销售产值13.6亿,占总产值68.5%;全市环保及相关产业工业总产值为74.5亿,本区占全市26.6%,位居全市前列。

(胡朝颖)

【二级天指标】 截至12月31日,农展馆子站二级和好于二级天数达到239天,二级天比例为67.32%,位居全市第一。奥体中心二级天数229天,二级天比例为62.74%。

(胡朝颖)

【燃煤锅炉改造】 年内,区环保局提前超额完成市政府下达的45台、208蒸吨锅炉燃煤锅炉改用清洁能源改造任务,改造燃煤锅炉66台、260.5吨。小关、垡头两街道辖区内所有20吨以下燃煤锅炉全部改成清洁能源,成为无煤区。

(胡朝颖)

【安静居住小区】 年内,持续开展创建安静居住小区工作。有16个小区开展以安装减速带、限速牌,治理小区污染源,出台装修、限制犬吠等多项管理制度为主要内容的创建活动,均通过市环保局初步审查。待网上公示结束后,市环保局将对符合创建标准,且公示期内无异议的安静居住小区予以正式命名授牌。

(胡朝颖)

【乡村生态建设】 年内,在老城区生态环境建设中,开展绿色社区、安静居住小区、环境优美乡镇、生态文明村等一系列绿色细胞创建工程。太阳宫乡、南磨房乡、将台乡和高碑店乡高碑店村、高井村,三间房乡北双桥村,黑庄户乡幺铺村结合绿化隔离地区和新村建设,加大基础设施建设和绿化美化力度,使乡容村貌焕然一新,10月通过市级环境优美乡镇和生态文明村验收。

(胡朝颖)

【环境应急机制建设】 年内,为吸取松花江污染事故教训,保障全区环境安全,应对突发环境污染事件,区环保局建立环境污染事故应急机制,制定应急预案。强化硬件设施建设,投入500多万元对实验室进行更新改造。建立环境应急监测系统,投资近200万元购置全市第一辆应急监测车,能够在发生污染事故现场,对水、大气等多项污染物快速进行应急监测,为决策部门提供准确的技术依据和数据支持。

(胡朝颖)

【环境信息与监控中心】 年内,建成环境信息与监控中心。监控中心主要包括视频实时监控系统、污染源在线监测系统、环境质量在线监测系统、应急监测与指挥系统、环境地理信息(GIS)系统。设置15个视频监控点位,实时监控重点地区、重点工地和进京路口尾气监测情况;实时在线监控全区二级以上医院、20吨以上大吨位燃煤锅炉房、重点企业等重点污染源排放情况;实时在线监控国控子站运行情况和可吸入颗粒物监测点空气质量状况;在10个安静居住小区安装在线噪声监测仪,实时监控辖区声环境状况;建立全区污染源空间地理信息数据库,实现各种环境信息数据的自动处理、汇总分析和资源共享;实现污染事故的应急监测、应急指挥及应急处置。

(胡朝颖)

【信访和建议提案】 年内,受理环保问题各类信访投诉2502件,其中12369热线921件、大气类1263件、噪声类1193件,处理率100%;办理各级建议、提案16件,办复率100%。

(胡朝颖)

【环保审批和验收】 年内,受理"三同时"环保审批项目1775件,与上年同比增加70%;完成审批批复建设项目1649个,施工工地登记备案85个,验收建设项目393个。

在审批、验收过程中，严格把关，确保环保审批零差错。

（胡朝颖）

【排污申报登记与收费】 年内，对重点污染源单位、医院、燃煤锅炉单位、汽修厂、污水处理厂、固废处理厂等800家单位进行申报登记、核定排污量，对其中267家排污单位征收排污费250.37万元，并按规定对收费额度全部进行公示。

（胡朝颖）

【环境监测】 年内，加强对环保监测人员专业技术培训，严格按照计量认证质量体系规范文件要求，执行各类监测业务，完成各项监测任务，累计监测污染源单位2625家，取得监测数据12067个。

（胡朝颖）

【环保宣传】 年内，区委组织部、区环保局联合举办生态朝阳建设专题研讨班，全区42个街乡近百名处级领导和城建城管科干部参加研讨。在迎接国家级生态示范区验收工作中，在三、四环路和主要干道两侧制作数块大型户外宣传牌，设立宣传灯箱，悬挂宣传路旗，拍摄制作20分钟生态朝阳建设专题片，制作1000本反映本区生态环境现状的宣传画册，编印五万份朝阳报专刊，组织开展"生态朝阳"摄影大赛和征文比赛，组织各街乡采取悬挂宣传横幅、张贴宣传画、专题讲座等多种形式进行生态示范区创建工作宣传，提高公众知晓率。完成商务节"生态朝阳"展区布展工作，将本区生态区建设规划和生态建设取得的成绩向社会各界展示。

（胡朝颖）

环境卫生

朝阳区环境卫生服务中心

【概况】 朝阳区环境卫生服务中心为朝阳区环境卫生专业作业服务队伍，是区属全额拨款的正处级事业单位，中心下设环卫一、二、三、四队，第一、二、三、四清洁车辆场和劳动服务开发中心9个基层作业单位。担负着全区主要干路的清扫保洁、垃圾清运、粪便抽运及处理、公厕管理与保洁等环卫作业生产工作。拥有各种作业生产和服务保障车辆500多辆。年内，完成干路清扫217条、面积1943.9万平方米，保洁过街天桥71座，道路冲刷和喷雾降尘各378.5万平方米，垃圾清运103万吨，粪便清运30万吨，管理保洁公厕486座、垃圾楼152座。其中干路清扫面积较上年增加38万平方米，同比增长2%；干路机扫面积增加223万平方米，同比增长20%，道路冲刷、喷雾降尘面积增加17.7万平方米，同比增长5%；保洁过街天桥较上年增加8座，同比增长13%；粪便处理率95%。完成春冬季扫雪铲冰工作，确保雪天干路交通畅通。成功为"两节"、"两会"、朝阳公园国际风情节、东岳庙庙会、"五一""十一"黄金周、中央和市领导来区活动及北京市国际旅游文化节等重大节日和活动提供优质环卫服务保障。

地址：香河园中里

电话：64628653

邮编：100028

（付怀涛）

【粪便清运及消纳应急预案】 1月21日，出台《粪便清运及消纳应急预案》。《预案》以大规模停电和消纳设备出现严重故障、所属酒仙桥和北小河两处粪便消纳站一处或两处不能进行正常运转为假想紧急情况，以设立紧急情况临时储粪池和一处不能正常运转消往另一处、两处不能正常运转消往紧急临时储粪池等预防措施，以杜绝紧急情况下出现粪便满、溢和乱排乱放现象，确保所属公厕粪便清运和消纳工作正常运转。

（付怀涛）

【建立安全稳定长效机制】 1月26日，举行安全稳定责任书签订仪式，9个基层单位党政一把手作为本单位安全稳定工作第一责任人向中心递交安全稳定责任书。照此模式，各基层场队与分队之间、分队与每一位职工之间层层签订责任书，详细规定各级领导及每一位职工对安全稳定工作的责任和奖惩办法，安全稳定工作落实到每个人。

（付怀涛）

【规章制度汇编】 1月28日，《朝阳区环境卫生服务中心规章制度汇编》下发机关及所属各基层单位。该《汇编》是区环卫中心为推进内部管理规范化、科学化建设，在原有各项规章制度基础上修订完善而成的。《汇编》包括议事工作规则、组织人事管理、党风廉政建设、职工教育培训、业务基建、安全保卫、财务经济、民主管理、机关管理等九大类79项规章制度。

（付怀涛）

【国有资产清产核资】 4月1日至11月中旬,按照区国资委统一要求,全面开展国有资产清产核资工作。查清历年来区环卫专业队伍资产负债和损益情况,摸清家底,为管好用好国有资产,确保国有资产保值增值提供条件。

(付怀涛)

【环卫职工趣味运动会】 5月21日,区环卫中心职工趣味体育运动会在望京白家庄小学举行,区政府、区总工会及劳动午报社等有关部门和领导出席开幕式。环卫中心机关、基层各场队组成9个职工方队,以良好精神风貌和精心设计的队形,接受与会区领导检阅。此次运动会设集体跳绳、拔河等10个比赛项目,300多名环卫职工参加比赛。

(付怀涛)

【陈刚检查亮马厂公共卫生间】 9月19日下午,陈刚检查朝阳北路亮马厂公共卫生间,详细询问在班职工工作情况、作息时间以及生活和待遇情况,对该公共卫生间卫生情况给予肯定,要求所有公共卫生间和公厕环境卫生都要达到亮马厂公共卫生间洁净水平,并要求环卫中心务必保证本年度新建公厕任务如期完成。

(付怀涛)

【公开竞聘副处级领导职位】 10月21日,由区国资委组织实施,在环卫中心内部公开选拔竞聘副处级领导干部,此次竞聘职位是环卫中心党委副书记或副主任1名,参加竞聘的条件是环卫中心范围内具有大专以上学历、任职满2年的正科级干部。环卫中心符合条件的9名正科级干部全部参加竞聘演讲,之后胜出的前5名竞聘者进入面试和组织考察环节。

(付怀涛)

【机场地区居民如厕难得到解决】 11月10日,由区环卫中心与机场街道办事处联合选址,并由环卫中心出资在机场地区新建2座和改造1座二类以上公厕全部竣工投入使用,至此困扰该地区居民多年的如厕难问题得到解决。

(付怀涛)

【柳芳城铁站垃圾楼启用】 12月5日,柳芳城铁站垃圾楼建成并投入使用,从根本上解决困扰该地区6000多户居民多年垃圾露天堆放和脏乱问题。由环卫中心设计、建设的该密闭压缩式垃圾清洁站每日收集、转运垃圾20多吨。

(付怀涛)

【两创两迎保障工作】 年内,区环卫中心为迎接国家和北京市创建国家卫生区和创建国家文明区(简称两创两迎)检查验收工作,成立两创两迎环卫保障工作领导小组。先后召开专题工作调度会8次;发动干部职工开展城市清洁日活动12次;统一投放灭蟑、灭鼠药物5次;开展环境卫生综合大检查6次,投入资金900多万元。接受市、区环境卫生大检查26次,其中市级检查12次、区级检查14次,完成所担负的创建国家卫生区6项任务和两创两迎的环卫服务保障工作。

(付怀涛)

【提高粪便处理率】 年内,区环卫中心克服本区地域面积大、公厕分散等不利因素,采取五项措施提高粪便处理率:所属两处粪便处理站实行全日制运转,增加粪便进站处理量;合理调整粪便抽运业务责任段,增加粪便抽运车辆工作班次;积极为绿色蔬菜基地、果园提供粪便肥料服务,实现消纳粪便与提高效益双赢;有效控制公共卫生间保洁作业用水量,从源头上减少粪便产生量;新建公厕全部使用2升节水冲便器和免冲水小便斗,利用科技手段减少冲厕用水量。实施五项措施后,年度粪便集中处理率95%以上。

(付怀涛)

【基础设施建设】 年内,完成市区挂账折子工程50座二类以上公共卫生间和5座垃圾压缩站建设任务,通过有关方面验收投入使用。建立10处环卫一线职工休息点。

(付怀涛)

朝阳区垃圾无害化处理中心

【概况】 朝阳区垃圾无害化处理中心为区直属全民所有制全额拨款事业单位,归口区市政管委,行政级别处级。内设办公室、工程业务科、经营管理科、项目开发科,下辖高安屯卫生填埋场、区垃圾渣土粪便管理站、区垃圾渣土转运站和北京绿赛克环保科技开发有限责任公司。

地址:金盏乡高安屯村

电话:65417429

邮编:100024

(顾来茹)

【基础设施建设】 12月30日,渗沥液处理车间正式启用,渗沥液处理车间建设工程,由朝阳区垃圾无害化处理中心承建。渗沥液处理车间日处理规模200吨,处理后85%达到排放标准,可用于绿化和降尘,15%浓缩液进行再处理。年底,高安屯卫生填埋场30米绿化隔离带、720米防飞散网、编织袋护坡、陈腐垃圾倒运、洗车台、调节池除臭系统建设、试验室监测设备采购等8项配套工程建设全面完成。

(顾来茹)

【垃圾无害处理】 年内,卫生填埋场消纳居民生活垃圾85万吨,比上年增长18%;平均日处理2329吨,平均日进场489.6车次。全区渣土消纳598万吨,城区居民生活垃圾无害化处理率100%。办理渣土消纳证9040张,受理文书43份。

(顾来茹)

【填埋气单体点燃装置】 年内,由垃圾无害化处理中心专业技术人员自行研制填埋气单体点燃火炬装置,截至年底安装31个,有效解决了气味污染问题。

(顾来茹)

【环境监测】 年内,按照国家建设部和市相关规定,垃圾无害化处理中心对高安屯卫生填埋场大气、地下水、渗沥液、沼气、噪音等5项内容36项指标进行自检和委托监测,同时,接受市环境检测站和区环境检测站监督检查,各项数据均在控制标准内。

(顾来茹)

【创建一流卫生填埋场】 年内,卫生填埋场控制缩小作业面,减少垃圾暴露面;加强中心范围内综合治理,修缮道路、边沟,平整场地。自9月起,每天在卫生填埋场垃圾堆体上喷洒除臭药剂,控制气味污染。在春、夏、秋三季打药灭蝇,定期投放灭鼠药剂,防止传染病孳生。按照建设部颁布的"城市卫生填埋场操作规范",加强高安屯卫生填埋场现场管理,完善填埋场设施建设,在国家一级卫生设施专家评比中,高安屯卫生填埋场获得北京市区县级卫生设施评比第一名。

(顾来茹)

科技 教育

科 技

【概况】 朝阳区科学技术委员会是区政府主管全区科技工作的综合职能部门,通过制定规划、落实政策、营造环境和积极引导,加大全区高新技术转化力度,统一管理全区技术创新、新产品开发和科技成果推广工作,促进产业结构调整和升级,不断开拓新的工作局面,把“科技是第一生产力”落到实处。年内,围绕为经济社会全面、协调和可持续发展提供科技支撑,全面贯彻《北京市朝阳区国家科技进步示范区建设总体规划》,认真落实科学发展观,抓紧实施科技惠民工程各项重点任务。

地址:松榆里43号楼

电话:67310709 67329045(fax)

邮编:100021

邮箱:kewei0001@yahoo.com.cn

(刘伟凡)

【科技兴区委员会工作】 2月4日下午,在朝阳宾馆召开新一届朝阳区科技兴区委员会成立大会。成立区科技兴区委员会是区委区政府落实科学发展观、优化区域科技资源配置、充分发挥科技资源优势和科技人才优势重要途径之一,委员23名,由驻区高等院校、科研院所领导、专家、教授等组成。年内召开两次工作会,通过《朝阳区科技兴区委员会工作章程》和《朝阳区科技兴区委员会奖励制度》,完成《朝阳区高速发展中的风险与规避研究》等调研课题。

(刘伟凡)

【召开科技工作会议】 3月11日上午,朝阳区科技工作会议在朝阳宾馆隆重召开。大会系统总结创建全国科技进步示范区工作,表彰17家在创建全国科技进步示范区过程中做出突出贡献单位,部署2005年及今后一段时期全区科技重点工作。会上还表彰了32家朝阳区科技进步奖获奖项目和31家科普工作先进单位。

(刘伟凡)

【3.15知识产权咨询活动】 3月15日上午,市知识产权局、区科委、蓝岛大厦等部门在蓝岛大厦门前举行保护消费者权益咨询服务活动。咨询活动主题是“尊重知识产权、保护消费者权益”。活动期间,发放宣传材料300余份,为群众宣传、咨询、解答有关如何辨别合法专利标识,以及如何保护知识产权等方面相关知识。

(刘伟凡)

【“十一五”科技发展规划编制】 5月12日,朝阳区启动“十一五”专项规划编制工作,区科委高度重视本部门承担的“十一五”时期科技发展规划,认真组织规划编制工作,制定编制工作方案并积极推进规划编制各项工作。规划包括:对“十五”期间朝阳区科技发展的系统分析;提出“十一五”时期朝阳区科技发展主要目标和发展思路;明确战略任务和与之配套的重大项目;提出具体保障措施。

(刘伟凡)

【生产力促进中心成立】 7月26日上午,在西奥中心大堂举办朝阳区生产力促进中心暨科技中介入驻签约仪式。该中心是为增强朝阳区高新技术企业技术创新能力、加速科技成果转化、改善区域投资发展软环境而专门设立的综合服务机构,位于中关村科技园区健翔园内,引进各类资信良好的科技中介机构,将为园区高新技术企业提供人才、知识产权、会计、法律、资产评估、投资、培训、登记注册等优质、高效服务。

(刘伟凡)

【摩托罗拉科技合作经费资助项目

启动】　11 月 2 日上午,朝阳区政府、摩托罗拉公司和北京工业大学废旧电子电器资源化成套技术及关键设备研发项目启动。该项目是朝阳区摩托罗拉科技合作经费所资助的第一个项目,作为支持环保事业发展的一个重要课题,主要针对典型电子电器件,包括手机、计算机、通讯设备、工业电器上涉及的电子部件,开发无污染可盈利高效处理技术。该项目研发将实现自主创新和技术实用化,在国内最大限度地回收利用资源,资源回收利用率80%以上。

(刘伟凡)

【科技计划项目管理】　年内,按照国家科技进步示范区建设要求,全面组织实施朝阳区四大科技计划。组织实施区级计划项目 29 项,安排科技计划项目资金 1074.07 万元,其中可持续发展计划 2 项,科技奥运计划 3 项,区火炬计划 17 项,社会发展计划 7 项。这些项目实施,有效地推动了温榆河生态走廊规划完成,加强了本区可持续发展能力建设,促进了资源合理利用。积极推荐申报并组织实施市级以上科技计划,加强与国家、北京市科技计划项目、成果衔接与配套,提升区级计划水平。组织实施市级以上科技计划 9 项,其中国家新产品计划 4 项,国家级火炬计划 4 项,北京市火炬计划 1 项。

(刘伟凡)

【知识产权工作】　年内,区科委加强知识产权基础工作建设,围绕朝阳区发展和保护知识产权工作重点,积极打造知识产权服务平台及其软硬件环境建设,鼓励技术创新和具有自主知识产权的专利技术申请。全年专利申请量和授权量分别达到 5066 件、2295 件,其中发明专利申请量和授权量分别为 2936 件、903 件。

(刘伟凡)

【高新技术企业认证管理】　年内,经科委认证高新技术企业 217 家,其中,非公经济企业占企业总数 95% 以上,非公经济企业中涌现出一大批符合市场运行机制、拥有自主知识产权、经济增长迅猛的高新技术企业。

(刘伟凡)

【科技发展进步奖评审】　年内,通过广泛申报、专家评审,对经济指标突出、社会效益显著、能发挥科技引领作用、促进本区经济社会发展的 53 个科技参评项目进行评选,最终 28 个项目获奖,其中一等奖 9 项,二等奖 12 项,三等奖 6 项。

(刘伟凡)

【软科学课题研究】　年内,区科委通过专家推荐,按照软课题管理办法,确定《朝阳区高速发展中的风险与规避研究》、《朝阳区城市化进程中农村劳动力转移就业问题研究》等 8 项软科学研究题目。

(刘伟凡)

教　　育

【概况】　朝阳区教育委员会是区政府主管教育事业的职能机构。区委教工委是区委负责本区教育系统党的建设、思想政治工作和干部教育管理工作的派出机构,与区教委合署办公。年内,深入开展先进性教育活动,党的建设进一步加强。落实国务院和北京市《关于加强和改进未成年人思想道德建设若干意见》,加大对德育工作领导。在组织管理、队伍建设、内容创新、典型培育等方面有新突破。积极构建以职业教育为基础的终身教育体系。全面落实北京市郊区农村教育工作会精神,召开全区农村教育大会,明确未来五年农村教育发展目标、任务、措施。通过示范校建设,带动整体发展。推进双名工程建设。充分发挥教育发展指导团的作用,扎实开展导师带教工作。进一步加强干部队伍建设。实行工作思路汇报制、工作问询制、廉政谈话制等方式加强干部管理和进行工作指导;对 249 名校级干部和 127 名后备干部进行分类培训;推进中小学、幼儿园任期制,制定《关于校级行政正职领导干部任期制实施意见》、《关于基层党支部(总支)书记任期制实施意见》和任期目标制定分类指导意见,目前,小学、幼儿园党政正职领导干部任期目标已制定完成。进一步加强教师队伍建设。规范和完善聘用合同制,稳步实行教师资格准入制度。进一步完善教师成长激励机制。重视师德建设。按照区委九届五次全会“放开两头,提升中间”部署,积极探索学前、职业教育开放办学发展思路和工作模式,初步形成工作意见。规范对 5 所办学体制改革试验校管理,基本理顺国有资产监督使用关系,规范使用行为,健全监督机制,确保国有资产保值增值。通过规范管理,发挥学校办学积极性、主动性。在呼家楼学区推进体制改革试点,试行学区管理委员会制度,将学区管理实体化。

为330所民办校换发办学许可证,新审批民办学校24所,吸引资金3000余万元。乐成国际学校、世青中学、精诚文化学校、刘诗昆音乐艺术幼儿园等一批办学质量较好、办学特色突出的品牌校脱颖而出。通过构建机制、强化培训、典型引路、活动展示等方式方法,使全区课程改革向纵深发展。积极开发地方课程。以科研促教研,以教研促课堂教学质量提高。从目标教学到JIP,再到多元智能在全区推广。小学整体教育质量与中、高考成绩继续稳步提升。以信息化促教育现代化,完成布局稳定中小学校园网建设任务,203所布局稳定校实现班班通目标。初步实现中小学生学籍数字化管理。截至年底,全区有公立中学64所(其中农村16所),在校生52079人;公立小学155所(其中农村63所),在校生80364人;幼儿园149所(其中教委办22所,部门办127所),在校生39303人;职业高中8所,在校生11390人;民办学校31所,在校生17224人;民办培训机构300所,在校生372209人;国际学校11所,在校生2500人;流动人口子女学校99所,在校生53361人。

地址:石佛营西里2号
电话:85851086
邮编:100025

(张燕平)

学前教育

【托幼园所建设】 1月,王四营乡幼儿园新园建设工程竣工并投入使用。新园占地面积5320平方米,建筑面积2898平方米,户外活动场地2451平方米,园舍拥有办公室、会议室、资料室、活动室、睡眠室、保健室、音体室等教学设施,安装有视频监控系统,可容纳350名幼儿学习和生活。3月1日,北京美格双语幼儿园千鹤园开园。该园位于千鹤家园小区,占地2387平方米,建筑面积2070平方米,总投资160万元。设大、中、小、托5个教学班,70名幼儿,教职工36人,其中专任教师20人,包括学前教育专业硕士两名。开设日全英语教学、奥尔夫音乐、轮滑、钢琴、游泳等课程。这是美格双语幼儿园第一所分园。同日,陶乐园托幼中心开园。该园占地面积1350平方米,建筑面积680平方米,设大、中、小、托5个教学班,55名幼儿,教职工19人,其中专任教师10人,总投资100万元。6月6日,惠新里幼儿园家长阅览室投入使用。该阅览室建筑面积35平方米,配备图书架、阅览桌椅等设施。拥有工具书、教育理论书籍、中外优秀儿童作品及期刊杂志等800册。9月1日,中国教育学会实验幼儿园西奥园开园。该园是由中国教育学会——中育教育集团筹集资金120万元建成的德式建筑风格的全日制幼儿园,占地面积4200平方米,户外活动场地1600平方米。拥有感统教室、蒙氏专用教室、奥尔夫音乐教室、电脑室等专业教室,可开设大、中、小、婴、亲子12个教学班。9月16日,三里屯幼儿园举行新址开园仪式。该园新址位于朝外吉庆里小区。占地面积3276平方米,建筑面积2872平方米,拥有9个教学班和1个早教亲子班。拥有配套活动室、资料室、音体室等设施。总投资500万元。12月21日,新源里幼儿园感觉统合资源教室建成。该教室主要针对患有脑障、触觉失调、自闭症等发育迟缓幼儿进行早期干预专业训练。教室建筑面积50平方米。配有大陀螺、平衡踩踏车、阳光隧道、横竖抱筒、大龙球等35种感觉统合训练实操材料。前期投入15万元。

(张燕平)

【基础薄弱园调研】 3月16日,区教委对楼梓庄乡中心幼儿园、化工研究院幼儿园、双井街道中心幼儿园等9所无级无类幼儿园进行调研。针对教师学历不达标、办园经费困难、幼儿园班额超编等制约园所发展问题,教委提出指导意见并与园所达成共识:教委对幼儿园予以政策倾斜,通过调研、确定“手拉手”、加大视导力度、开展业务培训等途径,切实提升园所办园水平;幼儿园上级主管部门要明确制约园所发展核心问题,积极扶持园所走上规范办园、优质办园良性发展轨道;幼儿园自身应解放思想,端正办园态度,充分发挥办园自主性,以级类达标为途径,拓宽园所发展出路,以质量谋发展。至年底,上述园所经验收已达到相应级类标准。

(张燕平)

【福怡苑分园成立流动儿童活动站】 4月1日,团结湖第一幼儿园福怡苑分园在定福庄西街农贸市场成立流动儿童活动站。活动站面积10.5平方米,在地区妇联配合下,主要为流动人口0－3岁子女提供早教服务。每周一、三、五上午,教师自带图书玩具或市场内现有资源组织市场内幼儿开展游戏活动。至年底,开展早教活动108次,864人次参加。

(张燕平)

【龙新民调研新童谣推广】 4月11日下午,市委副书记龙新民到劲松第一幼儿园调研推广、普及新童谣情况。在参观幼儿园、观摩幼儿户外活动及室内游戏中进行的童谣表演,听取相关工作汇报后,龙新民肯定朝阳区的相关工作,希望朝阳区做好典型人物和典型单位宣传。

(张燕平)

【学前教育现场会】 5月11日,区教委举办借鉴多元智能理论学前教育实践研究展示会暨论文案例评比颁奖会。亚运村第二幼儿园“爸爸长大了”、京通幼儿园“培养幼儿在合作剪纸中发展人际交往智能”、垡头幼儿园“太阳饺子”、西坝河第一幼儿园“大蒜为什么不发芽”等教学案例做现场展示。5月17日，区教委召开社区早期教育工作现场会。会议观摩中国传媒大学组织外来务工人员子女开展的亲子活动，听取两所市级早教基地经验介绍。会议总结“十五”社区早期教育工作成绩，明确继续扩大0－3岁婴幼儿受教育覆盖面工作目标，要求各类型幼儿园结合自身特点，探索新的服务途径。至年底，全区有114所幼儿园开展社区早期教育活动，其中面向社区开放1104次；举办宣传咨询活动556次；下发宣传材料28185份；举办家长育儿知识讲座302场；社区早教班接收0－3岁幼儿3458名；送教下社区162次，接受早期教育服务的幼儿2592名。本区0－3岁婴幼儿接受不同形式早期教育服务的占89.2%。

（张燕平）

【幼儿园特色活动】　6月1日，水碓北里幼儿园举办图书玩具跳蚤市场活动。活动结合大班“幼小衔接”主题教育，让幼儿把珍藏的书籍、玩具、手工制作等，在“跳蚤市场”上出售。在教师、家长指导下完成定价、推销商品、交易、保管钱物全过程。全园40名幼儿参与，收入所得487元用于购买上学所需书籍和学习用具。10月28日，北京旅游实验幼儿园举办自制体育玩教具展示活动。该活动由全园教师、幼儿和家长共同参与，制作锻炼幼儿走、跑、跳、投、钻、平衡、力量等体育玩教具材料818件，推出“狮子钻洞”、“青蛙跳荷叶”、“邮递员”、“袋鼠跳”、“打怪兽”等多项游戏。400位家长和幼儿参加。10月30日，中国传媒大学在定南里社区开办“小童星亲子园社区活动站”。该活动站面积15平方米，面向社区招收0－3岁幼儿35名。由教师深入社区，指导家长和幼儿共同进行体育、音乐等游戏活动，并定期免费向家长发放早教宣传材料。12月20日，北京旅游实验幼儿园举办庆祝建园20周年文艺演出活动。该活动邀请市、区有关领导和历届老园长、老教师回顾20年发展历程。幼儿园师生同台演出时装表演、歌舞剧《拔萝卜》、杂技《抖空竹》等节目。

（张燕平）

【特级教师师德报告会】　6月8日，区教委邀请北京市幼教系统特级教师卢姗姗为全区156所幼儿园骨干教师、优秀教师做“在平凡人生中实现自我价值”师德报告会。卢姗姗以高尚的道德情操、敬业精神和教育经验，引导、激励广大幼儿教师身体力行，用积极向上的情感态度影响幼儿。

（张燕平）

【家园合作教育】　8月19日，区教委在全国实施《幼儿园教育指导纲要（试行）》经验交流会——行政区域推进专题分论坛上作“朝阳下的家园合作教育”发言。发言着重介绍“家园合作教育”工作开展的背景、原则、方法和途径以及所取得的经验成果。惠新里幼儿园在“家园社区合作”专题论坛上发言，介绍家园共同学习育儿知识、提高育儿水平，为幼儿创设良好成长环境方面所做的探索和尝试。

（张燕平）

【优秀幼儿教师获市级表彰】　9月9日，在北京市幼教系统庆祝教师节暨优秀教育活动、教育案例表彰大会上，和平街幼儿园教师安平的《我们要演皮影戏》、西坝河一幼李凤莲的《买衣服》、和平街幼儿园李延萍的《美丽的海底世界》分获优秀教育活动一、二、三等奖。此外，团结湖一幼及其福怡苑分园、望京大西洋新城幼儿园、水碓北里幼儿园、新源里幼儿园等单位推荐的15个活动案例荣获案例评选一、二、三等奖。

（张燕平）

【区级示范园增6所】　10月31日，朝阳区第五批区级示范幼儿园评审工作结束。通过园所申报、园长陈述、答辩、实地考核、评委打分、意见反馈等程序，垡头幼儿园、北京师范大学望京大西洋新城幼儿园、北京电子城幼儿园等6所幼儿园通过认定。评审工作吸纳市级示范园园长及区十佳幼儿教师担任评委。至年底，本区有市级示范幼儿园4所，区级示范园32所。

（张燕平）

【发展迟缓儿童项目结题】　12月1日，北京新运弱智儿童养育院承担的富邦发展迟缓儿童项目研究结题。该项目历时3年，针对15名3—6岁中轻度智障儿童进行全方位强化教育训练，结果显示：该实验班有进步的儿童100%，进步突出者73.3%，有进步26.7%，无进步的为零。该实验已建立动态管理数据库和较完整的儿童训练前后评估训练记录档案。

（张燕平）

中小学教育

【小棋手与世界冠军车轮战】　1月1日，国际象棋世界冠军谢军和齐布尔达尼泽来到三里屯小学，并分别与20名学校小棋手进行车轮大战，迎接新年到来。三里屯小学与北京棋院共建北京市国际象棋青少年培训基地，并努力创建国际象棋特色校。在训练基地成立一年时间里，学校小棋手们曾两次夺得北京市国际象棋团体冠军,一次获得三项棋比赛团体亚军,小棋手个人也多次获得北京市国际象棋比赛冠、亚、季军。

(张燕平)

【科技教育】　1月21日,八十中被确定为全国无线电测向重点校。该校1990年代初开始开展无线电测向活动,由于成绩突出被首批命名为北京市无线电测向重点校。15年来,学校500名学生参加无线电测向运动,在全国、市、区比赛中获金牌40余块,获得北京市最高奖——金鹏奖6次。学校运动员远赴澳大利亚、日本参加国际定向、测向比赛。学校将无线电测向活动列为选修课程。3月11日,朝阳区科技工作大会召开,在会上,朝阳教委被授予“科普工作先进单位”、“创建全国科技进步示范区突出贡献单位”称号,工大附中、和平街一中、陈经纶中学分校、高家园小学、南磨房中心小学五校也获得“科普工作先进单位”称号。朝阳教委2004年科技教育成绩显著,7所学校被评为市科技教育示范校,51所学校被认定为区级科技教育示范校,全区2000多人次获市级以上科技奖项。4月24日,朝阳区中小学师生电脑作品评选活动暨机器人竞赛项目比赛举行。全区7所学校29支队伍参加机器人灭火、足球、舞蹈三个项目的角逐。通过紧张激烈的分组比赛,崔各庄小学、南湖中园小学获小学组灭火竞赛前两名;八十中学包揽初中组灭火竞赛前两名;陈经纶中学包揽高中组灭火竞赛前两名;崔各庄小学获小学组足球竞赛冠军;陈经纶分校获得初中组足球竞赛冠军。获奖队伍将代表朝阳区参加市级比赛。“五一”期间,东方德才学校无线电测向小组在全国无线电测向北方分赛区比赛中取得初中组个人男女全能第一名、团体第二名。11月19日,在北京市第二十三届学生科技节闭幕式上,陈经纶中学、新源里中学、和平街一中、青少年活动中心共获8项北京市金鹏科技奖。曹飞、顾佳依等7名同学因在国际、国内重大赛事中表现出色、成绩突出,荣获银帆奖。同日,在第11届全国青少年信息学奥林匹克联赛北京赛区复赛中,八十中学生范敬凡获一等奖,柯宇等5位同学获二等奖。年内,在第五届中国青少年电脑机器人竞赛北京赛区选拔赛上,八十中、陈经纶中学等参赛学校共获一等奖1个、二等奖8个和三等奖4个。其中,陈经纶中学分校李申煜、李璇将代表北京市参加全国青少年电脑机器人竞赛。朝阳区代表队在第20届全国青少年科技创新大赛中获佳绩:团结湖二小“探觅大自然的语言——物候研究活动”获优秀科技实践活动一等奖;八十中刘锦程“蜻蜓的外部形态特征与蜻蜓起飞和飞行的关系初探”获优秀项目三等奖;陈经纶中学分校获优秀组织奖,该校王珏畾“探索新世界”获科幻画三等奖,马玉芳获组委会颁发的《全国青少年科技创新大赛科技教师荣誉证书。召开第23届学生科技节总结表彰会,会上总结上年朝阳区学校科技教育成绩:朝阳区被评选为全国科技进步示范城区,区教委被评为创建全国科技进步示范城区突出贡献单位,全区46所学校、78名教师获得先进集体、先进个人称号。7所学校被评为市级科技教育示范校;5名同学获银帆奖;1人获国际级个人一等奖,获4项国家级团体一等奖,6人获国家级个人一等奖,获国家级团体其他奖项6项,18人获国家级个人其他奖项,市级团体一等奖2项,市级个人一等奖56人。

(张燕平)

【打工子弟学校管理】　2月28日,区教委在十八里店乡召开进城务工农民子女学校管理工作现场会,向金地老君堂实验、博文、弘善三所进城务工农民子女学校颁发许可证,并向全区进城务工农民子女学生下发《中小学安全教育手册》。12月2日,区教委与市律师协会联合为全区打工子弟学校免费配备法制副校长。第一批13名执业律师愉快地接过百年实验学校、育英学校、腾龙学校等13所打工子弟学校聘书。他们将为这些打工子弟学校学生义务开展法制讲座、为师生免费进行法律咨询、协助学校完善各项规范管理制度。年内,区教委为打工子弟学校学生义务开展法制讲座,免费进行法律咨询,协助学校完善各项规范管理制度;通过定期和不定期安全检查,确保学校安全稳定;通过加强校长教师培训,提高学校内部管理和教育教学水平。对99所学校举办者和校长进行为期30小时的培训,对287名教师进行56小时继续教育培训。

(张燕平)

【教育教学课题】　3月15－17日,中学JIP第三轮实验全国终结评估会在朝阳区召开。会议对实验进行总结和表彰。与会专家学者作专题讲座,朝阳区作典型发言。区领导、区教委领导及各省市JIP实验区教研部门和实验校领导、教师260余人参加会议。本区53所中学参加,积极探索和实践,使整个实验得以顺利推进,并取得明显成效。年内,日坛中学开展的课题《新课程背景下中小学数字图书馆建设与应用研究》,在全国教育科学“十五”规划重点课题国家资源项目总结表彰大会上,荣获集体研究成果特别奖,学校另有12名教师获得二、三等奖等奖项。

(张燕平)

【体育赛事】　3月17－19日,朝阳区第49届中小学生田径运动会召开,来自300所中小学近千名运动员参加高中组32个小项、初中组30个小项、小学组24个小项比赛。在开幕式上,来自各中小学的近万名学生身着节日盛装,组成45个方队入场表演。3月26日,陈经纶中学承办上海合作组织足球联谊赛。中国、俄罗斯、哈萨克斯坦、吉尔吉斯斯坦、塔吉克斯坦和乌兹别克斯坦6国代表队参加比赛。五国驻华大使亲临赛场,为球队呐喊助威。参赛各方对学校体育俱乐部科学管理和周到服务给予高度评价。10月22日,朝阳区首届小学生游泳比赛在京通苑游泳馆举行,19所学校150余名小运动员分别参加100米蛙泳、50米仰泳、50米自由泳等13个比赛项目角逐。京通小学、白家庄小学、朝阳实验小学、光华路一小、酒仙桥二小、武圣庙小学分获团体总分一至六名。定福庄二小、新源西里小学、武圣庙小学、小关北里小学、芳草地小学(远洋分校)、光华路一小、光华路二小、团结湖二小、青苗小学获精神文明奖。年内,中华慈善总会十佳冠军基金工程在在流动人口子女育英学校举行启动仪式。奥运冠军邓亚萍代表基金会向孩子们捐赠体育器材。中国奥委会副主席何惠娴出席仪式。三里屯小学学生王珏,在2005年国际象棋世界杯分龄组比赛中,发挥出色,以9胜2负的成绩勇夺女子10岁组冠军。来自全区60多家单位的700余名中小学生,参加朝阳区首届秋季中小学生田径运动会96个项目角逐,陈经纶中学、建院附中、新源里中学分获高中组前三名,九十四中、八十中、首师大附属实验学校及管庄中心小学、十八里店中心小学、南磨房中心小学分获初中、小学组前三名。

(张燕平)

【和谐家庭创新教育工程启动】 3月18日,朝阳区人文奥运和谐家庭创新教育工程启动仪式在望京创业园举行。会上,北京联大师范学院家长教育研究所所长齐大辉教授介绍和谐家庭创新教育工程,向齐大辉、连玉明等专家颁发顾问聘书。

(张燕平)

【诚信教育】 3月26日,呼家楼学区和花家地小学在朝阳剧场联合召开了"三礼"教育阶段总结大会暨诚信教育启动大会。会上,呼家楼学区和花家地小学的学生向全市倡议:做人诚实,不说谎话;真诚交往,恪守诺言;说到做到,言行一致;一诺千金,信用为首。副市长范伯元出席会议。

(张燕平)

【启动名师工程】 3月29日下午,朝阳教委"名师工程"启动暨市级学科带头人、骨干教师表彰大会在八十中召开。会议对上年评选的高萍等17名北京市学科教学带头人、郭建京等184名北京市骨干教师进行表彰,向马芯兰等名师带教专家颁发聘书。

(张燕平)

【地方课程实验】 3月下旬,本区地方教材通过市教委地方教材审定委员会初审。首批三套教材《礼仪、礼节、礼貌》、《走进朝阳》、《分享奥林匹克》自秋季起在基础教育阶段1—8年级进行课程实验。教材编写以新课程理念为宗旨,体现综合性课程设计思路,打破单一学科知识框架。

(张燕平)

【对外合作交流】 4月21日,安慧里中心小学接待东南亚6国华文学校管理者访华团。在与各国教育工作者就弘扬中华文化、培育民族精神课题进行研讨后,学校展示语文课《梅花魂》和中国民间艺术手工课"染纸",并组织学生民乐团表演,受到来宾们称赞。年内,新源里中学开展"外教进课堂"教学研究活动,邀请美国教师到校培训英语教师,并派学校英语教师定期到国际学校观摩学习。花家地实验小学接待美国哥伦比亚大学教授来校观摩,双方就美术教育活动进行交流。劲松一幼接待马来西亚创价幼儿园老师交流访问,就幼儿园语言、英语、主题游戏等方面进行友好研讨和交流。松榆里幼儿园与日本东进幼儿园互访观摩,交流办园理念,研讨合作办学事宜。

(张燕平)

【文化活动】 4月,在第24届北京市中学生瞭望杯时事知识竞赛中,朝阳区总分排名全市第三,陈经纶中学分校夺得全市参赛校第一名,在参赛的40名同学中,7名获一等奖、10名获小灵通奖。5月12－15日,朝阳区"新奥运、新北京、新朝阳"师生优秀美术、摄影作品暨第八届学生艺术节美术作品展在炎黄艺术馆展出。马季、李增瑞等艺术家出席开幕式。展览会展出500多幅美术作品和100多幅摄影作品,作品选自本届艺术节获奖学生和全区12所美术、摄影特色校师生创作。5月25日,心灵的痕迹——安华学校智障孩子美术作品展开幕式在朝阳剧场举行。此次画展为期8天,展出智障学生作品100余幅。年内,在北京市中小学金帆艺术团承办校授牌及中小学生金帆、银帆奖颁奖仪式上,八十中、和平街一中、日坛中学、安慧里中心小学和安华里一小被认定为学生金帆艺术团承办校;新源里中学邓思远、信息附中朱虹、东方德才学校费海亮、安慧里中心小学张潇冉、徐可欣获银帆奖。垂杨柳中学张丹雷、团结湖小学张奇琛参加"我给航天员叔叔写封信"征文活动,作品在全市中小学生40000多封信中脱颖而出,入围10名特等奖。青少年活动中心美术班学员刘逸伦参加“飞上太空的心愿—神州六号搭载少年太空画活动”,作品“北京2008”入选十佳。三名同学书信、绘画作品随“神六”遨游太空。大山子小学学生在埃及开罗举行的第十届世界和平书画展国际青少年儿童书画评奖活动中,2人获金字塔特别金奖、5人获金字塔金奖、3人获金字塔银奖、6人获金字塔铜奖,学校美术老师获组织辅导优秀园丁奖。

(张燕平)

【素质教育展示】 5月13日,由区教委承办的素质教育展示活动在芳草地小学举行。原市人大常委会副主任陶西平、清华大学教授史静寰等及来自各区县教委、中小学的领导约300人参加此次活动。会上,芳草地小学校长苏国华作《开放办学的思考与实践》专题报告。与会领导走进课堂,观看15节现场课,并参观校园环境和学生社团活动。其中万国旗大厅、中华国粹艺术走廊、砂岩浮雕、双语电视台等教学硬件设施给大家留下深刻印象。11月11日,“走进朝阳实验小学——北京市中小学素质教育展示活动”举行。活动以“网络背景下的师生成长”为主题,向全市展示学校实施素质教育、进行教育改革与创新的成果。亚太地区联合国教科文组织协会联合会主席陶西平出席活动。

(张燕平)

【农村义务教育】 5月27日,召开全区农村教育大会,明确未来五年农村教育发展目标、任务、措施,重点做三项工作:兼并重组,引进优质。在农村城市化进程中,全面加强农村中小学建设。通过整合资源,撤并规模小、效益低的农村小学6所,在来广营、豆各庄等地区新建学校中,引入花家地实验小学、呼家楼中心小学等优质资源,提升该地区教育水平。推进改革,加大投入。制定《朝阳区农村义务教育管理体制改革方案》及实施意见。实行资金倾斜,拿出预算外资金1200万元,增加农村教育公用经费,保证农村学校经费支出。对农村学校教师实行补贴,投入950万元,用于提高农村教师工资,并提高农村校骨干教师、中高级教师评选比例。扩大规模,重点帮扶。妥善解决流动人口子女入学问题。全区现有流动人口子女10万多名,约占全市1/3。通过专项投入,改善设施,建立专门接收流动人口子女学校等挖掘潜力措施,使4.6万名流动人口子女进入公立学校就读;建立和完善流动人口子女学校审批工作机制,审批学校13所,通过无偿提供腾退设备设施、专项资金支持、安排手拉手互助校、开展校长教师培训等渠道,促进流动人口子女学校规范发展。

(张燕平)

【两学生被评为市优秀中学生】 5月30日,由市教委组织的北京市优秀中学生评选揭晓,全市13名学生获此殊荣,十七中王帅、八十中孔祥云榜上有名。在市教委组织的北京市优秀学生事迹报告会上,王帅作事迹报告。报告讲述了她身残志坚、乐观向上、不断进取,并最终在雅典残奥会上取得4×100米混合泳第五名的事迹。

(张燕平)

【乐成国际学校开学】 8月28日,位于CBD商圈内的乐成国际学校开学。乐成集团投资4.6亿元建成的这所学校按照国际标准建造,跨学前、小学、初中、高中阶段,有来自美国、澳大利亚、加拿大、英国、中国等7个国家的22名教师。首批招收的学前班和小学阶段的100多名学生中,中国籍学生只有1名。据介绍,招收中国学生比例不超过20%,是为了保持学校国际性的特点。

(据《北京日报》)

【龙新民调研流动人口子女入学】 9月26日,市委副书记龙新民到朝阳区调研流动人口子女入学问题。在察看了两所打工子弟学校后,龙新民指出:要把解决流动人员子女入学问题纳入全区经济社会发展规划中,统一部署;确保所有打工子弟学校安全;要坚持撤销一批、审批一批、扶持一批的工作思路,下决心撤销不具备办学条件、有安全隐患的学校;抓紧时间审批一批基本具备办学条件的学校;要切实为打工子弟学校办好事、办实事,支持学校办学;要充分挖掘公办学校接收潜力,为全市创造经验。

(张燕平)

【推广白家庄小学文明礼仪经验】 10月27日,朝阳区“情系奥运,文明礼仪伴我行”暨白家庄小学文明礼仪“四个一”教育展示会举行。会上,向全区推广了学校以“一张笑脸、一句问候、一声致谢、一句道歉”为切入点的文明礼仪教育,并向17所“北京市文明礼仪示范校”颁发奖牌。

(张燕平)

【刘淇给花家地实验小学回信】 11月7日,市委书记、北京奥组委主席刘淇给花家地实验小学回信,赞赏该校成立“小小奥组委”,举行“一班一国奥运千日倒计时祝愿活动”,希望该校借北京筹办2008年奥运会之机,不断加强学生体育运动,促进学生身心健康发展,并通过体育运动培养学生昂扬向上、顽强拼搏、公平竞争、互相尊重、友爱互助的精神;加强素质教育,将学生培养成德、智、体全面发展的合格人才。

(张燕平)

【市教委推广朝阳区校园安全工作经验】 12月22日,北京市中小学校园安全工作现场会在求实职业学校召开，18 区县、教委领导和本区中小学校长 200 余人参加会议。会上，朝阳区介绍校园安全工作经验：高度重视，建立健全组织机构；预防为主，大力开展宣传教育；定期检查，加大科技创安力度；及时整改，建立完善应急预案。市委常委、市教工委书记朱善璐讲话，肯定朝阳区校园安全工作，认为形成了经验，可供推广借鉴。会后，与会人员参观求实职业学校技防设施。

（张燕平）

【市级示范高中又增四所】　12 月 28 日，市教委向新一批示范性普通高中颁牌，十七中、九十四中、和平街一中、日坛中学榜上有名。至此，朝阳区市级示范高中校达 7 所。

（张燕平）

【确定小升初入学方式】　年内，区教委确定小升初入学方式：将全区划分为若干区域，小学毕业生免试就近升入初中；九年一贯制学校小学毕业生直升本校初中部就读；文艺、体育、科技特长生可自主选择升入传统项目学校；进行特色教育实验，满足不同学生升学要求；办学体制改革试点校和民办学校，除有寄宿条件的可跨区县招收初中新生外，其它学校均限在本区内按批准计划接收，其入学计划由学校拟订，报区招生考试中心批准。

（张燕平）

【整治学校周边环境】　年内，对 58 所学校周边安全、交通环境全面整治：协调交通支队解决门前停车和交通拥堵问题，为新源里中学、新源里小学等 35 所学校安装禁停机动车标志牌 30 块、注意行人标志牌 80 块，画人行横道线 35 条；协调卫生局、卫生监督所检查监督民族学校、朝师附小等 34 所住宿校食堂及周边饭馆、饮食摊点；协调城管、工商部门清除永安里小学、劲松一中等 32 所学校门前无照经营。

（张燕平）

【采取措施节约天然气】　年内，区教委在供暖期间积极做好节约用天然气工作：要求各学校派专人负责，将教室、办公室供暖温度限定在 16 度，测量室内温度不得超过上限温度；要求各学校司炉工配合室温测量人员，调整锅炉燃烧时间、供回水温度，保证室温在 16 度；要求各学校缩短锅炉燃烧时间，分段、分时供暖，午休时、学校放学前半小时调整燃烧器工作状态，放学后室温保持在不冻设备程度，即 5－7 度；各学校放假后，室内温度不得超过 6 度，司炉工及值班老师要及时巡视各教室及供暖末端，防止冻坏暖气设备。

（张燕平）

职业与成人教育

【李晨朝获市五四奖章】　在北京市第十九届“五四奖章”评选中，劲松职高国际酒店管理专业高二年级学生李晨朝获得这一荣誉。作为一名中学生志愿者，她经常带领同学们参加劲松敬老院服务、为社区清理白色垃圾、美化社区环境、植树、“社区日”宣传活动等，尤其是她两年如一日参加 300 路外环车队服务基地成人预备期志愿服务活动。

（张燕平）

【张榕明考察职业教育】　6 月 21 日，全国政协副主席、民建中央常务副主席张榕明率全国政协常委吴祖强、陈益群、王德炳等到劲松职业高中考察职业教育发展情况。张榕明高度肯定朝阳区职业教育发展情况，认为朝阳职业教育与市场、国际接轨的办学理念、办学目标明确，在专业设置、教材编写等教学创新方面表现突出，学校教学装备一流，有一支高水平的干部、教师队伍。副市长范伯元、市政协副主席王长连等陪同视察。

（张燕平）

【民族(新疆)团结班开班】　9 月 5 日，民族文化艺术职业学校举行民族(新疆)团结班开班典礼。学校免费从新疆和田地区招收 22 名维吾尔族艺术类学生，在三年里将教会他们学习各种文化知识、专业技能。

（张燕平）

【艺术作品获奖】　9 月 23 日，东方职业学校推荐的作品“诚招天下客”在第三届农业博览会“绿色国际港”主题插花比赛中获一等奖，“鹤舞欢九州”等 9 个作品获三等奖。

（张燕平）

【推介四名职高校长办学思想】　12 月 21 日，区教委在望京科技创业园举行职业高中校长职业教育发展研究会，向社会介绍劲松职高、求实职业学校、电气工程学校、民族文化艺术职业学校校长办学思想。研讨会的召开是本区推进双名工程，加快形成、扩大名校长群体的举措之一。

（张燕平）

【王晓荟被评为全国十佳中学生】　年内，在团中央、教育部主办的首届“全国十佳中学生”评选中，求实职业学校 2001 级文秘专业学生王晓荟榜上有名，她是“十佳”中全国唯一一名来自职业学校的中学生，也是北京市唯一一名当选的中学生。

（张燕平）

【建立职业高中德育工作机制】　年内，区教委建立职业高中德育工作机制：1、从激励教育入手，以“爱在长远、严在当前、遵循规律、侧重养成、注重实践”为原则，培养学生自我意识。2、在抓好课程建设同时,结合行业特色和行业职业道德规范,开展形式多样、主题鲜明的系列教育活动和才艺技能展示活动,调动学生积极性和主动性。3、不断加强对学生的职业指导、创业教育和心理健康教育,培养学生协作意识、创新意识、责任意识和服务意识。4、采取疏堵结合方式,以课堂教育为主渠道,通过开展谈心、家访、组织参加志愿服务等活动,加强职业高中问题学生教育转化工作。5、建立以家庭、学校、社区为一体的综合管理机构,形成全员、全方位、全过程互动育人机制。

（张燕平）

【开展面向农村的成人教育服务】 年内,区教委重视农村劳动力培训工作,进一步推进职业学校与乡、村合作,推进教育资源向农村开放。社区学院和各职业学校围绕为农民提供教育服务工作,主动与部分乡政府座谈,探讨开展"菜单式"培训途径。北京市电气工程学校进一步扩大农村地区成人学历教育,中专、大专、大本在校生达1600人。东方职业学校对朝阳公园近100名农转工进行中等职业教育学历培训,毕业后将获得市教委统一发放的职业高中证书。区职业技术学校(工读学校)与崔各庄、来广营、高碑店、管庄4个乡开展电梯维修培训,不限人数、不限时间,随时进行滚动实操训练,第一批培训135名,合格率100%,并已全部免费推荐安排工作。社区学院面向来广营、孙河两乡开展农民引导性培训。民族文化艺术职业学校与孙河乡签订共建协议,并对家政服务员和机关干部开展两期礼仪培训。

（张燕平）

朝阳社区学院

【概况】 朝阳社区学院1999年9月8日由北京市电大朝阳分校、朝阳师范学校与朝阳区职工大学整合而成。学院立足社区、服务于社区,有和平里、和平西街、双龙南里、首都机场、管庄5个教学区,占地124467平方米,设14个大专层次专业和6个大本层次专业,学历教育在校生近四千人,非学历教育年均培训万余人次。有教职工123人,专任教师54人,其中硕士以上学历14人,具有高级职称的10人。

地址:和平里南口砖角楼北里5号

电话:64211719

邮编:100013

（陈　岩）

【社区物业专题调研】 3月上旬、中旬,本院社区工作研究室对社区物业进行专题调研。调研活动分四次进行,集中在目前物业问题较突出的望京、潘家园地区。调研围绕社区居委会与物业公司关系,物业公司与业主矛盾,社区居委会、物业公司、业主委员会三者之间关系展开。

（陈　岩）

【范伯诚事迹报告会】 3月25日,本院保持共产党员先进性教育主题活动范伯诚事迹报告会举行。学院离休干部范伯诚常年热心环保公益事业,曾被评为"北京市环保之星"。他报告的题目为《发扬革命传统　公益活动不停　努力落实三个代表》。

（陈　岩）

【流动人口培训】 下半年开始,本院社区工作研究室通过朝阳社区教育网站为流动人口募集学习图书6000多册,并利用每次培训机会,将图书送到农民工手中。年内,流动人口培训工作持续7个月,25场次,培训6600余人次。培训课程包括安全常识、城市文明、维权知识等。为配合培训工作,学院在原有20人讲师团基础上组建一支70人流动人口教育志愿者讲师团,社区工作研究室对志愿者进行了系统培训。

（陈　岩）

【教职工下社区】 9月,本院启动全院教职工下社区活动。这项活动是为进一步落实学院立足社区、服务社区办学宗旨,加强学院与区域社区共建和联系,建立健全学院社区教育网络,使学院更好地为区域经济社会发展服务。学院教职工在下社区活动中进行社区教育、社区服务、招生宣传等工作。

（陈　岩）

【学习型朝阳讲坛】 10月15日,国家民政部基层政权与社区建设司司长詹成付在朝阳文化馆影剧院为四百多名社区居委会干部作题为《传播学习理念,构建和谐社区》的报告。年内,本院结合和谐社会建设与人文奥运大背景及朝阳区学习化城区建设进程,确定和谐社会、人文奥运两条主线和主讲坛、分论坛、网上论坛三种形式讲坛运行方案,完成主讲坛两次、分论坛6次。

（陈　岩）

【电大教育专家组实地考察】 11月12日,教育部评估专家马德青、谢国东等对北京电大朝阳分校进行实地考察。专家组听取朝阳分校关于"中央广播电视大学人才培养模式改革及开放教育试点"项目开展情况和取得的主要成绩汇报。

（陈　岩）

【学习考察】 11月23日至24日,社区学院社区工作研究室组织区各街道、乡社区教育干部40人到丰台区学习考察。

（陈　岩）

【学习型城区实践探索】 12月13日,朝阳区建设学习型城区研究会与呼家楼街道核桃园社区共同举办主题为“构建和谐社区—和睦家庭邻里关系”讲座。本次活动旨在结合当前家庭关系紧张,邻里关系淡漠现实,从如何处理婆媳关系、子女关系、夫妻关系、邻里关系、守望相助、睦邻友好等方面,用生动案例、浅显道理向居民传播人际和谐理念。12月28日,朝阳区建设学习型城区研究会与光熙门北里北社区联手推出“爱我家园,从环保做起”环保知识竞赛。这次活动旨在传播爱护环境的科学理念,减少污染环境行为;普及环境保护常识,增强居民环保意识;提倡人人参与环保宣传并采取行动保护环境;推进人与环境和谐发展。

(陈 岩)

教育督导

【概况】 朝阳区人民政府教育督导室负责对区内幼儿园、中小学、职业高中、成人教育等各类学校办学方向、管理水平和教育质量进行监督、检查、评估和指导;对区有关委办局、街道办事处和乡政府履行教育法律法规执行责任和实施素质教育目标责任制落实情况进行监督检查;对区有关行政部门领导和管理教育工作情况实施督导,对教育工作中重大问题进行调查研究,提出意见和建议。

地址:石佛营西里2号
电话:85851122/1123
传真:85851143
邮编:100025

(张 明)

【召开年会】 3月9日,召开第六届教育督导网络年度工作会。8位督导站站长在会上分别介绍开展督导工作的经验,督学们在进一步总结督评工作经验同时对下一阶段学校自评、自主发展工作评价方法等提出不少意见和建议,会议完成交流经验、专题研讨、教育形势报告和部署工作等多项任务。

(张 明)

【素质教育自评和接受检查工作】 3月至10月中旬,依据《北京市区县政府全面实施素质教育评价方案》,组织全区29个委办局和所有街道办事处及乡政府,对本单位推进素质教育有关工作进行自评;完成本区接受市人民政府教育督导室2003-2005年全面实施素质教育督导评价组织工作。专家组充分肯定本区实施素质教育取得的成绩,对迎检组织工作给予高度评价。

(张 明)

【教育执法检查】 5月10日,完成2005年度教育执法检查部署工作,出台工作意见,明确检查内容、重点,提出具体要求。7月,组织各相关责任单位按要求开展自查工作,完成《2005年本区教育执法检查自查报告》。

(张 明)

【专项督导】 5月22日至6月22日,依据市有关部门上年对本区执行教育法律法规情况检查结果中提出的改进建议,组织督导站对13所办学困难的初中校教学设施设备使用与管理情况进行专项督导检查。在督导中发现个别学校心理咨询教师没有上岗证,1所学校师生阅览室面积狭小,督学们当场提出改进建议,建议教育行政部门加以重视,尽快解决。年内,通过听取工作汇报;访谈干部、教师、专兼职教研员以及80余所中小学有关领导、问卷调查等方式,在认真整理信息基础上,经反复分析和研究,形成对朝阳分院和教研中心调研结果分析报告,并就调研结果分别与分院、教研中心领导进行口头回复和交流,并依据两个单位制定的改进工作方案制定了督导室检查方案。

(张 明)

【九年义务教育监测】 9月10日,开展九年义务教育情况监测工作。其中,12周岁人口初等教育完成率100%;小学毕业率98.70%。15周岁人口初中教育完成率99.85%;初中毕业率98.86%。预算内小学生年均教育事业费3477元,比上一年增长259元,其中生年均公用经费1147元,比上年增57元。预算内初中生年均教育事业费4542元,比上年增554元;其中生年均公用经费1454元,比上年增73元。

(张 明)

【表彰奖励】 12月27日,在对2003-2005年各学校加强制度建设、健全管理机制、常规管理实效显著等方面工作复查复评基础上,对36所全面实施素质教育规范管理的先进学校进行了表彰奖励。

(张 明)

【中小学综合督评】 年内,依据《北京市普通中小学全面实施素质教育评价方案》,对本区中小学各项工作管理和学生质量两方面工作综合督导,发放教师、学生和家长问卷6万余份,完成几百万个数据分析统计工作和215所学校督导回复意见。并评选出成绩突出校85所,进步显著学校7所。

(张 明)

【专兼职督学培训】 年内,依据实际把培训与推动工作有机结合。根据综合督评工作进程和需要开展业务培训,从埋论上、实践上介绍现代管理理念,督导工作的性质、职能,课改要求、方向等,在帮助督学转变观念、提高认识水平同时熟悉综合评价内容,掌握重点和操作方法。

(张 明)

文化　体育　卫生

文　化

【概况】　朝阳区文化委员会是主管本区文化、文物、新闻出版和广播电视工作的区政府组成部门。内设办公室、组宣人事科、文化科、文物管理科、出版发行管理科(审批管理科)、电视音像管理科(调研室)及文化行政执法队。直属单位有文化馆、图书馆、北京民俗博物馆、朝阳剧场、紫光影城、劲松影院、香河园文化娱乐中心、曙光影剧院、朝阳评剧团、群众文化厅、区电影发行放映公司。区内有中央、市属科研院所159家,大学28所,新闻出版单位17家,专业文化团体和艺术院校15家,博物馆18座,影剧院20座。国家级文物保护单位2处,市级6处,区级8处,暂保45处,地下4处,流散石刻117项。有文化活动中心53个;文化活动室365个、总面积54039平方米;文化广场186个,总面积520402平方米;社区图书馆53家,总面积8168平方米,藏书量70余万册。有文化娱乐场所347家,互联网上网服务营业场所190家,音像零售单位445家,印刷企业285家,出版物零售店1073家。

地址:东三环北路36号

电话:65014855

邮编:100026

(李宏钧)

【民俗文化节】　2月8日至15日,北京民俗博物馆举办第四届北京民俗文化节(第七届东岳庙春节文化庙会)。这次庙会以“北京人过大年”为主题,延续以往福文化特色。传统项目展览、讲座又增新内容,尽显中华民俗文化。8天接待游客20余万人。

(李宏钧)

【东岳民俗论坛】　2月14日至15日,作为第四届北京民俗文化节暨第七届东岳庙文化庙会重要组成部分,由中国民俗学会和北京民俗博物馆共同举办的东岳论坛“民族国家的日历:传统节日与法定假日国际研讨会”在建国饭店隆重召开。中国民俗学会理事长刘魁立、美国民俗学会会长迈克尔·琼斯等43位中外学者参会,探讨有关传统节日与法定节日的关系与演变、有关节日文化遗产的继承与保护等理论问题。有20多家在京媒体作了报道。

(李宏钧)

【人大代表参观东岳庙】　3月12日,香港特别行政区全国人大代表李连生、山东省全国人大代表吴泽浩,在全国人代会休会期间参观东岳庙—北京民俗博物馆。博物馆工作人员向他们介绍东岳庙历史沿革、博物馆发展状况,陪同参观庙区和“老北京商业民俗文物展”。代表们表现出浓厚兴趣,驻足良久,临别前赠言“大力发扬中华文化”、“巍巍泰山,悠悠苍松,中华文明在我东岳”。

(李宏钧)

【基层文化工作会】　4月7日,区基层文化工作会在首都图书馆召开。韩子荣作《坚持先进文化方向　夯实和谐社会基础　动员全社会力量建设文化朝阳》主题报告,回顾过去工作和经验,提出今后总体目标和主要任务。李士祥讲话中提出两点意见:一是进入新阶段面临新机遇,二是基层文化工作重在群众参与。会上还对2004年基层文化工作、“扫黄”“打非”和文物保护工作36个先进单位和178名先进个人进行表彰,全国先进社区代表介绍经验。

(李宏钧)

【2131工程数字影院启动】　4月,区农村电影放映“2131”工程启动。截至11月,放映电影1200场,其中农村电影放映813场,观众近36万人,超额完成了“2131”工程年度任

务。12 月 23 日，区农村电影“2131”工程暨基层电影工作总结表彰在东坝乡举行。市文化局、市电影发行放映协会、区有关领导及基层放映队代表和放映员参加会议。14 支优秀基层放映队和邢献丽等 7 名优秀放映员获得奖励。

（李宏钧）

【朝阳流行音乐周】 5 月 1 日至 7 日，第二届朝阳流行音乐周顺利举行。沙宝亮、孙悦、水木年华、张娜拉、AdamHarvey 等国内外 70 多个知名演艺团体、乐队、歌手和音乐人在朝阳公园 5 个大型舞台上竞展各国、各民族传统文化、民间文化和流行艺术风采。特别是万人草坪剧场 14 场精彩演出，每场都聚集上万观众，场面十分壮观。7 天共接待游客 30 万人。

（李宏钧）

【文物出土】 6 月 7 日晚六点多，城建道桥公司现场施工人员在通惠河北路工地挖出巨型石像，经文物专家鉴定，石像是清代石像生“翁仲”，属于乾隆四女儿佛手公主陵寝神道上的石像。6 月 15 日，北京城建集团中央电视台新台址施工工地挖出上万年前的野牛头骨化石。文物专家称，野牛头骨化石的出土对古北京、古永定河、古气象、古动物、古环境有极高研究价值。8 月 23 日下午，通惠河北路工地继挖出石像生“翁仲”后，挖出一匹石像生石马。区文委两名专家称，石马是乾隆女儿佛手公主与驸马福隆安合葬墓的陪葬品。

（据《京华时报》、《北京青年报》）

【8.13 大型演出活动】 8 月 13 日上午，朝阳区隆重纪念中国人民抗日战争暨世界反法西斯战争胜利 60 周年大型文艺活动在朝阳公园万人草坪剧场举办。中共北京市委常委、宣传部长蔡赴朝和李树文、周巍峙、欧阳山尊等老艺术家出席。活动由冼星海铜像落成、老艺术家歌曲演唱和万人黄河大合唱三部分组成。42 个街乡近万人参与。

（李宏钧）

【现代文学馆收藏艾芜手稿】 9 月 9 日，中国现代文学馆接受作家艾芜身后留下的一批珍贵文物。包括藏书 4000 余册；著作手稿、作家书信 700 余件，其中有《南行记》部分手稿、《南行记续篇》《南行记新篇》完整手稿、上世纪 50 年代创作的剧本《昨日之花》手稿；900 余张照片及书房家具用品。

（据《北京晚报》）

【新四军老战士为子弟兵高歌】 9 月 16 日晚，新四军老战士合唱团一行 80 余人到驻守在本区的武警十三支队，为官兵们献上一台大型歌会。新四军老战士合唱团前身是新四军歌咏队，是将军合唱团的延续，由老红军、八路军、新四军、志愿军老战士和老前辈后代与解放军组成。

（据《京华时报》）

【文化创意产业国际研讨会】 9 月 17 日至 18 日，由朝阳区政府、中国传媒大学和第六届朝阳国际商务节组委会共同组办的朝阳区文化产业规划研究国际研讨会在京召开。英国当代艺术中心主席菲利浦·多德、联合国教科文组织亚太区文化事务主管理查德·恩格尔哈特等，文化产业研究专家学者张西明、花建、沈望舒等参加。各路专家结合自己研究成果，为朝阳文化产业规划和发展出谋划策。蔡赴朝出席开幕式。

（李宏钧）

【区人大常委会审议基层文化工作】 9 月 28 日，区人大常委会根据今年工作要点，审议区政府落实《关于推进基层文化建设的实施意见》情况。委员们认真听取区文化委主任李龙吟汇报，肯定区政府在硬件建设和基层文化活动中的显著成绩，指出工作中存在的问题和不足，提出中肯建议。

（李宏钧）

【袁熙坤向美国灾民献爱心】 9 月，全国政协委员、金台艺术馆馆长袁熙坤委托世界华人总会，将他新近创作的林肯、爱因斯坦、欧勒、甘地及达尔文五尊塑像，送往纽约联合国总部参加联合国成立 60 周年庆典展。其中，林肯、欧勒、达尔文塑像将由美国博物馆等机构收藏；爱因斯坦和甘地塑像的义卖款，将捐赠给美国南部地区灾民。

（据《人民日报》）

【三无社区建设】 12 月 1 日，“三无社区”授牌仪式在小关街道惠新北里社区举行，授予团结湖街道南北里社区、三里屯街道东三里社区等 14 个社区为“三无社区”。年内，被列为区政府为民办的 50 件实事之一的三无社区（即无贩卖盗版光盘、淫秽光盘、非法出版物）创建活动，得到各街道和社区广泛支持。

（李宏钧）

【社区图书馆折子工程】 12 月 21 日，随着左家庄社区图书馆挂牌，朝阳区建成 53 家社区图书馆，标志着 2005 年朝阳区社区图书馆折子工程建设任务圆满完成。53 家图书馆总面积 8000 余平方米，藏书量 70 余万册，相当于新建一个朝阳区图书馆，其中 25 家图书馆实现了一卡通联网通借通还。

（李宏钧）

【对外文化交流】 12 月 25 日，朝阳区“十五”期间对外文化交流成果展在朝阳区文化馆揭幕。共展出 280 张精彩图片和 20 余件珍贵文物。图片内容包括斯里兰卡总统库马拉通加夫人访华并饶有兴致地夜探潘家园旧货市场，51 国 300 名儿童共度“六一”儿童节等照片。展览实物中有联合国秘书长安南参观东岳庙时亲手书写的祈福牌和福布。

（李宏钧）

【“十一五”专项规划编制】 年内，编制“十一五”时期文化发展专项规划，经过对全区文化产业和基层文化调研，提出完善公共文化体系、发展文化创意产业、建设 9 大文化创意产业园长远规划。11 月始分别征求上级单位、人大代表、政协委员、专家学者意见，于年末定稿送审。

（李宏钧）

【社区一家亲】 年内，直接参加“社区一家亲”系列文化活动群众 10 余万人次，观众 100 余万人次。参赛节目近 800 个，222 个节目(作品)分别荣获一、二、三等奖，148 个节目(作品)获优秀奖，43 个单位荣获优秀组织奖。经过 5 年精心培育的“社区一家亲”活动，发展成备受百姓关注的品牌活动，在全区群众文化活动中形成广泛影响力和号召力。活动紧扣构建和谐社会主题，突出公共性、多样性、广泛性、参与性和原创性。

（李宏钧）

【扫黄打非】 年内，全区各执法部门扫黄打非，出动检查 3154 次，出动执法人员 17064 人次，检查场所 9019 家次，清理游商 1347 个次，取缔无照书摊 167 个，收缴非法图书 160 余万册，查缴盗版光盘 57 万余张，其中含淫秽内容的 996 张。立案 38 件，结案 36 件，罚款 23.4 万元，逾期加处罚款 2160 元，没收违法所得 11742 元，警告 33 家，责令整改 36 家，注销经营许可证 2 家，移交案件 1 件。

（李宏钧）

新闻传播

【概况】 朝阳区广播电视新闻中心隶属于区委、区政府，是受区委宣传部直接领导的全额拨款事业单位，负责本区新闻宣传工作和新闻宣传队伍建设。拥有《朝阳报》、朝阳有线电视和朝阳新闻网三个媒体平台。新闻中心编制 120 人，现有人数 117 名，是北京第一家实行全员聘用制广播电视新闻机构。中心下设办公室、总编室、人事科、财务科、资料室、新闻科、采访科、报纸编辑科、要闻内参科、有线电视社会新闻科、有线电视专题科、有线电视技术科等 12 个科室。

地址：六里屯北里 3 号

电话：65025172

邮编：100026

（倪遥远）

【区内新闻传媒】 年内，《朝阳报》出刊 103 期，专刊、专版、专页 62 期，发稿 5000 余篇 200 余万字，图片 600 余张。朝阳有线电视《朝阳新闻》制作 300 期节目，时长 2719 分钟。《一周新闻综述》完成 44 期节目，《朝阳城管》47 期，《和谐在线》45 期。一报一台宣传内容涉及保持共产党员先进性教育活动、人文奥运宣言、节能环保、志愿者服务、安全生产、社会保障、双拥共建、第六届北京朝阳国际商务节、安全社区创建、全国 1% 人口抽样调查、燃放烟花爆竹禁改限、拆除违法建设和清理低级次产品等诸方面。

（倪遥远）

【新闻外宣】 年内，《人民日报》、《光明日报》、中央电视台、凤凰卫视、旅游卫视、北京电视台、《北京日报》等中央以及市属媒体对朝阳区的报道共计 6546 篇，约 300 多万字，对朝阳区经济社会发展的重大举措、突出成就进行全方位宣传。区广播电视新闻中心注重服务基层，深入基层指导新闻策划，搭建基层单位与区外媒体自主交流平台，帮助基层单位召开新闻发布会，加大对基层单位宣传力度。

（倪遥远）

【人事制度改革】 年内，先后两次开展全员聘用工作。其中 6 月聘用 81 人，解聘 13 人；12 月聘用 107 人，解聘 3 人。为配合聘任工作顺利进行，先后修改完善聘用合同、岗位协议书；制定完善部门和岗位责任制；配合其他部门共同制订各项管理制度，编制员工手册，同时组织员工进行统一体检。建立本单位人才信息库和区域人才信息库。首次实行全员年度考核，参加考核 85 人，优秀 8 人，合格 77 人。

（孙凤琴）

潘家园国际民间文化发展中心

【概况】 潘家园国际民间文化发展中心是由区国有资产监督管理委员会授权经营管理的国有独资企业。中心除从事生产经营活动外，负责承担潘家园旧货市场国有资产经营运作，并对经营管理的全部国有资产承担保值增值责任。潘家园旧货市场占地 48500 平方米，经营面积 26000 平方米，由工艺品大棚区、古建经营区、古旧书刊区、石雕石刻区、古典家具和现代收藏大厅、餐饮服务区等组成，拥有摊位 4000 余个，直接从业人员近万人。截至年底，市场资产总额 10218 万元，负债总额 1524 万元，所有者权益 8694 万元，税后利润 1759 万元。

地址：华威里 18 号

电话:67741869
邮编:100021
网址:www. bjpiy. com. cn

(米建京)

【外事活动】 6月29日上午,捷克总理帕劳贝克到潘家园旧货市场游览购物。8月7日上午,美国众议院议长哈斯德特来市场游览购物。8月30日晚上,斯里兰卡总统库马拉通加夫人来市场游览购物。

(米建京)

【红色的回忆展览】 6月14日,由潘家园街道工委、中藏协徽章收藏委员会和潘家园国际民间文化发展中心联合举办的"红色的回忆——保持共产党员先进性教育暨红色收藏品展览"在潘家园旧货市场开幕。展览在全国收藏界广泛征集15个品类上万件藏品,从中精选近千件具有史料价值的精品,其中包括毛泽东各个历史时期著作单行本、党在各个历史时期重要文献、四大以来的入党志愿书、雷锋和其他英模遗物及纪念章等。5万余人参观展览。

(米建京)

【拓展经营面积】 9月22日始,市场拓展的工艺品大棚区600余个地摊周四、周五开市,新增摊位全部为新入场商户,经营项目为古玩杂项。10月1日,市场新建古典家具大棚开市,大棚为钢结构,经营面积800平方米。新增60个摊位全部为新入场商户,经营项目为古典家具。

(米建京)

体　　育

【概况】 朝阳区体育局是主管全区体育工作的区政府工作部门。下设区体育运动学校(区第一少儿业余体校)、区第二少儿业余体校、区第三少儿业余体校、开发中心、郡王府体育中心、朝阳体育馆、朝阳体育健身休闲公园、区社会体育管理中心(体育总会)、体育科研所9个事业单位。年内,紧紧抓住2008年北京奥运会和2006年承办第十一届世界青年田径锦标赛两大契机,围绕开展保持共产党员先进性教育活动、筹备世界青年田径锦标赛和备战北京市第十二届运动会三项重点任务,全面推进朝阳区体育事业发展。
地址:姚家园路10号
电话:85971365
邮编:100026

(姜　文　刘金娟)

【人才基地揭牌仪式】 年初,朝阳区体育运动学校被国家体育总局命名为"国家高水平后备人才基地"。4月8日,人才基地揭牌仪式在朝阳区体育运动学校训练馆举行。

(姜　文　刘金娟)

【世青赛筹备工作】 1月14日和9月15日,国际田联技术官员威廉·贝利和国际田联主席迪亚克一行先后到朝阳区体育健身休闲公园考察2006年世青赛筹备组织工作。10月24日,世青赛组委会成立,为配合工作,朝阳区成立世青赛朝阳工作委员会,下设13个部门,主要负责工程环境建设任务,并积极配合组委会各部门开展工作。同时以"我为奥运争光,我为发展出力"为主题开展宣传工作:召开新闻发布会,在三、四环内以及国贸大厦等地设置10块宣传广告牌,利用多家新闻媒体对世青赛进行宣传报道,并开展世青赛知识培训和普及工作,拟定宣传口号,制作宣传折页,在全区营造迎接世青赛氛围。10月28日,第11届世青赛朝阳区工作委员会动员大会隆重召开。11月中旬,世青赛主体育场、运动员检录处、射击射箭中心、新闻中心取得规划建设项目许可证;田径热身区和三片投掷训练区地面基础建设完成;新闻中心和国际田联办公区(射击射箭中心)主体结构及二次结构全部完工;市政设施建设开始启动。年内,世青赛筹备工作得到国家体育总局、市委市政府、北京奥组委、区委区政府高度重视和相关部门大力支持。国家体育总局副局长段世杰,副市长刘敬民、赵凤桐、牛有成及北京奥组委副主席杨树安给予高度关注。李士祥、陈刚多次专题调度世青赛筹备工作。北京奥组委、市2008工程建设办公室和市区各有关部门等积极支持配合开展工作,各项筹备工作顺利推进。

(姜　文　刘金娟)

【群众体育】 2月2日,在朝阳体育馆举行朝阳区迎新春群众健身风采大展示活动,20支代表队表演健身沙罐舞、腰鼓、五套工间操、街舞等16项大众健身项目。3月25日,在垡头街道举办朝阳区基层体育工作年系列活动启动仪式。5月21日,区农委、区体育局在97中学共同举办朝阳区农村地区平房杯乒乓球比赛,21个乡分别组队参加。5月28日,由区体育局、区街办主办,香河园街道办事处承办的朝阳区基层体育工作年系列活动暨香河园杯社区武术比赛在北京服装学院附中举行。6月10日,区体育总会、区老龄办在朝阳体育健身休闲公园联合举办朝阳区第五届老年人运动会,1200余名运动员参加16个单项比赛。10月15日,朝阳区域机关干部运动会在朝阳区体育健身休闲公园举行。朝阳区各机关单位、驻区国家机关、企业及武警部队等11支代表队参加开幕式及相关比赛,参与人数1万余人。年内,体育局积极指导支持街道、地区办事处举办地区家庭运动会、家庭健身科普课堂系列讲座、社会名人与社区家庭互动、健康家庭倡议书签字仪式等活动,使体育健身真正融入到和谐社会建设当中。

(姜　文　刘金娟)

【奥林匹克文化节】　7月9日,北京市第三届奥林匹克文化节暨第五届全民健身体育节万人长走活动在朝阳公园举行。同时,区体育局举办朝阳区优秀健身项目展示、奥林匹克知识展览、体质测试等系列活动。

(姜　文　刘金娟)

【体育总会换届】　7月23日,朝阳区体育总会换届大会暨首届会员大会在京广中心召开。会上总结区体育总会成立10年来主要工作成绩,提出今后体育总会职责任务和发展方向。田巨清当选为新一届体育总会主席。

(姜　文　刘金娟)

【朝阳国际商务节参展】　9月15日至18日,第六届北京朝阳国际商务节城市功能规划暨产业发展项目展在国贸会展中心举行。体育产业作为社会事业一项重要内容参展。区体育局为区域内体育企业搭建平台,让更多人了解朝阳区体育产业发展优势和潜力,充分展现朝阳区宜发展、宜工作、宜生活整体风貌。

(姜　文　刘金娟)

【奥运开幕倒计时健身展示】　11月11日,1000余人齐聚在朝阳体育馆,以优秀健身项目展示的方式庆祝北京2008年奥运会开幕倒计时1000天。

(姜　文　刘金娟)

【承办赛事活动】　年内,朝阳体育馆陆续承接全国排球联赛15场、双星杯全国街舞电视大赛决赛3场、文化部纪念抗日战争胜利60周年彩排活动以及中直机关乒乓球比赛等大型活动。

(姜　文　刘金娟)

【备战市第十二届运动会】　年内,备战第十二届市运会,调整项目布局,确定21个参赛项目,明确12个夺金重点项目;加强外聘教练员管理,弥补项目缺陷;引进高水平运动员195名,提高自身竞争实力;健全竞争机制,与全体教练员签订市运会任务协议,实行教练员工资改革;添置训练器材,加大训练投入,提供硬件保障;加强体能检测、营养补剂力度,以量化指标作为训练依据,突出科学训练。

(姜　文　刘金娟)

【竞技比赛】　年内,朝阳籍运动员代表北京市参加第十届全国运动会,女子足球队三名队员获团体金牌,其它项目比赛获银牌、铜牌各一枚;朝阳区体育运动学校参加各项北京市青少年比赛,获得154枚金牌;朝阳区第三少儿业余体校女子手球队获北京市青少年女子手球锦标赛第一名;朝阳区体育训练中心向北京市一线队伍输送运动员1人,向二线队伍输送运动员48人,输送总数列北京市各区县第二位。

(姜　文　刘金娟)

【优化健身环境】　年内,兴建全民健身"居家工程"20处,国民体质测试站10处,资金投入682390元,工程总占地面积1.8万平方米;培训各级各类体育指导员1303名,青年体育志愿者460名;在街道社区开展筷子舞、中老年时尚韵律操等多项培训;积极配合市体育局开展国民体质监测工作,测试居民2141人;批准开设晨晚练培训辅导站70家。对全区76家经营性健身房进行为期一个月安全管理规范专项检查,查出隐患233处;暑期游泳旺季,组织有关单位对近百个游泳场所进行拉网式检查,全区游泳场馆全年无一例溺亡事故发生。

(姜　文　刘金娟)

【组织单项赛事】　年内,依托单项体育协会和社会力量,指导、协助相关部门开展单项赛事。组织领导干部网球比赛、保龄球赛、老年运动会、乒乓球赛等具有一定影响力的区域性赛事,累计70余项。

(姜　文　刘金娟)

医疗卫生

【概况】 朝阳区卫生局是区政府负责全区卫生事业管理的职能部门。辖域内有医疗机构908个(含科研教学防疫机构14个)。有区属卫生机构51个,其中:全民34个,集体17个。全区床位12064张,卫生技术人员19449人,其中医生8069人(西医7259人,中医810人);注册护士7279人;药剂人员1126人;检验人员839人;其他卫生技术人员2136人。全区每千人口平均有执业医师4.79人、卫生技术人员11.55人、护理人员4.32人、床位7.16张。年内,政府投资1220万元,新建金盏医院病房楼2200平方米;政府投资1570万元,扩建东坝医院病房楼4500平方米。市、区政府共投入2292万元,改扩建85家医疗单位传染病用房,建筑总面积16356平方米。市政府投入360万元,在朝阳区建36个急救站点,总面积1620平方米,形成覆盖全区城乡的医疗急救网络。财政拨付医疗卫生事业费12343.57万元,其中:公共卫生经费4298万元。全年收入(包括财政拨医疗卫生事业费收入)88996.82万元。全年支出(包括财政拨医疗卫生事业费支出)86044.25万元。固定资产总额49661.06万元。全区出生8172人,出生率5.09‰;死亡8156人,死亡率4.76‰;因病死亡7919人,占死亡总数97.10%。平均期望寿命79.54岁,男:78.22岁;女:80.88岁。死因顺位前十位为:心脏病、恶性肿瘤、脑血管病、呼吸系统疾病、内分泌系统疾病、损伤和中毒、消化系统疾病、泌尿生殖系统疾病、传染病、神经系统疾病。

地址:甜水园东里甲1号
电话:65859680
邮编:100026

(孙育红)

【卫生改革】 年内,通过贯彻《行政许可法》,逐步解决政府工作错位、越位、缺位问题,依法行使职能。改革行政审批制度,区卫生局卫生监督所各类卫生许可受理时间减半,尤其是定型包装食品,从受理到取证由30个工作日缩短至5个工作日;通过实行首问负责制、修订卫生许可证办证指南等办法,有效方便申办人。审批医疗机构127家,居全市首位。在区卫生局大力支持下,成立非公有制医疗机构协会,促进全行业管理。完成管庄医院与管庄中医院医疗组团,基本实现政府、患者、职工三满意的目标,在此基础上,管庄医院与卫生部生物制品研究所医务室签订资源整合协议,减轻企业负担。双桥医院与黑庄户医院组团式发展取得实质性进展。孙河乡结合行政区域调整整合卫生资源,全乡统一规划,乡、村统一出资,新建9个社区卫生服务站,乡办乡管合作医疗直通车式报销方式得到农民普遍欢迎。为缓解卫生系统人才紧缺状况,区卫生局与区人才服务中心联合举办专场招聘会,吸引来自全市的671名卫生专业技术人员,157人现场达成初步意向。区卫生局制定人才引进优惠政策,先后为引进人才解决住房20套,并在区人事局支持下,解决其配偶工作及子女入学、入托问题。区卫生局建立专业技术人才数据库和区域人才库,引进21名专业技术骨干,积极推进人事代理工作,为人才合理流动、科学配置奠定基础。在上年临床用血改革试点基础上,将第二批8所一、二级试点医院,分别挂靠到安贞、朝阳、306、华信、民航等医院,签订用血协议书,制定取血用血工作流程,进一步规范改革试点工作。

(孙育红)

【农村卫生】 年内,参加大病统筹128739人,其中农民参保121771人,占农业人口90.60%;参加基本医疗136648人,参合率95.66%。新型农村合作医疗总筹资4347.64万元。大病统筹报销2667人次,支付金额1429.36万元;基本医疗报销361237人次,支付金额2527.37万元。有12人达到大病统筹封顶线。区审计局调查问卷显示,农民对大病医疗、基本医疗政策满意或基本满意分别占88.17%、86.82%;94.22%被调查者认为,新型合作医疗政策对农民有益。出台《关于进一步做好新型农村合作医疗基本医疗工作的意见》。开会表彰新型农村合作医疗工作17个先进集体和141名先进个人,区领导和19个地区办事处领导签订2006年《朝阳区农村合作医疗工作目标责任书》。将村卫生室转建社区卫生服务站与乡村医疗机构管理一体化工作紧密结合起来,实现社区卫生服务中心对社区卫生服务站统一管理。有8个乡实现由四规范转向四统一。对完成硬件建设、符合转建条件的65个村卫生室,统一配发市政府调拨的尿分析仪等34种设备设施。区政府对转建的社区卫生服务中心和站分别给予5万元和2万元专项投入;为农村社区卫生服务站,统一安装服务标识。区卫生局组织20个地区办事处主管主任、22家乡卫生院院长赴大兴参观考察学习,在参观学习基础上,各地区办事处相继启动制定本地区社区卫生服务设置规划。

(孙育红)

【社区卫生服务】 年内,全区大力开展创建全国社区卫生服务示范区活动,通过北京市和国家级评估,成功创建全国社区卫生服务示范区。在创建过程中,根据《创建全国社区卫生服务示范区考核办法》、《北京市社区卫生服务绩效考核标准》,制订《朝阳区社区卫生服务考核标准》,对社区卫生服务机构实行统一、规范化管理,请各街道(地区)办事处、居委会、居民对社区卫生服务机构监督、考核,将社会监督考评结果与年终奖励结合,增强社会和居民对社区卫生服务机构监督和管理力度,提高群众满意率。区卫生局接受北京市终期评估检查,圆满完成市政府143号折子工程(生活方式疾病综合防治示范社区项目)各项工作任务;与区财政局、区民政局、区劳动和社会保障局联合制定《关于调整城市特困人员医疗救助政策有关问题的通知》,将社区卫生服务组织全部纳入医疗救助机构。区卫生局出资为每个定点机构和社区卫生服务中心(站)统一制作医疗救助公示牌,公布咨询服务及监督电话。举办10期社区全科医师、社区护士培训班及考前辅导班,经全市统一考试,全科医师136名、社区护士138名、防保医师48人取得北京市社区服务人员岗位证书;与中国医师协会联合举办社区医师中国行——走进朝阳专题培训,参加人员320名;各社区卫生服务机构专业技术人员参加各级各类继续教育课程,全部获得继续教育合格证书。

(孙育红)

【疾病控制】 年内,0-6岁儿童四苗全程合格接种率96.15%,其中:卡介苗98.72%,脊髓灰质炎疫苗100%,百白破三联疫苗100%,麻疹疫苗97.43%。四苗及时接种率88.46%,其中:卡介苗96.15%,脊髓灰质炎疫苗98.72%,百白破三联疫苗98.72%,麻疹疫苗92.31%。报告甲乙类传染病16071例,发病率610.17/10万。病毒性肝炎1635例,发病率62.08/10万;痢疾发病8813例,发病率334.61/10万;麻疹1117例,发病率42.41/10万;急性肠道感染4例,发病率0.15/10万;流行性出血热36例,发病率1.37/10万;无野毒株引起的麻痹病例。采取4项防治禽流感措施:收集分析国内外禽流感疫情动态,及时上报区政府,同时下发朝阳区各医疗单位,传达相关信息、知识;进行流感、禽流感相关知识培训;开展流感疫苗预防接种工作,接种各类高危人群1026人,其中饲养人员295人、候鸟监测人员6人、经营人员710人、运输人员15人;开展专项督导检查和实战演习,不断加强禽流感防控工作。通过4家哨点医院对社会人群类流感进行监测,监测141008人次,报告类流感病例2826人,监测发病率20.0%;对高危人群禽流感监测实施日报告,监测123名养殖销售等禽流感高危人员,类流感病例均为零;对流动人群实施禽流感监测,未报告有类流感病例。朝阳区各医院未报告有高危人群类流感、不明原因肺炎、疑似禽流感病例。报告性病5421例,其中:淋病1120例,尖锐湿疣1149例,梅毒739例,非淋菌性尿道炎2192例,生殖器疱疹158例,艾滋病毒感染者63例(其中艾滋病病人21例),性病淋巴肉芽肿0例,软下疳0例。地方病发病率为0。结核病防治门诊6320人次,做结核菌素试验34158例(含大学新生22915例),试验反应人数33390人(含大学新生22372人),其中:强阳性3617例(含大学新生3607人),阴性9769人(含大学新生7675人)。预防性投药33例。监化治疗痰菌阳性患者203人,其中:本市63人,外地140人。因结核病死亡1人。活产儿11944人,其中11155人接种卡介苗,接种率93.39%。创建社区精神病人网络会诊系统,患者到所在社区中心预约即可通过电脑视频会诊系统免费得到专家诊疗指导。全区精神科门诊17409人次,建卡管理精神患者9220人,监护率88.3%;显好率97.8%;参与社会率85.8%。住院治疗335人。社区建立家庭病床38张。区精神卫生中心设精神科病床180张,收治精神障碍患者342人次。

(孙育红)

【慢性病防治】 年内,健全慢病防治管理体系。在区卫生防病工作委员会领导下,各街(乡)成立以街(乡)、医院主管领导任组长,街(乡)、医院相关职能部门负责人为成员的慢病防治工作领导小组,共同组织辖区内慢病防治工作。形成区卫生局、区疾控中心慢病防治所——街(乡)、社区卫生服务中心(医院)——居(村)委会、社区卫生服务站(村医务室)三级慢病防治工作网络。加强培训,提高基层慢病队伍的业务管理水平。进行定期检查与评估。制定了《朝阳区慢性病防治工作考核标准》,年终由区卫生局对医院(社区卫生服务中心、站)进行考核评估。区卫生防病工作委员会印发《朝阳区2005年慢性非传染性疾病防治工作计划》,对慢病防治工作进行部署;制定《朝阳区慢病防治工作手册》,规范档案管理,统一慢病档案格式,便于基层操作;组织召开健康教育、慢病防治工作大会,对上年度先进单位和先进个人进行表彰;在朝外、高碑店举办两场健康知识和技能比赛;完成300余人尿钠监测工作;完成所有岗哨单位居民体质监测;完成6岁以上2200人生活方式疾病及行为危险因素监测；完成为期两年的市政府143号折子工程生活方式疾病示范社区综合防治项目验收工作，以优异成绩通过市卫生局组织的项目终期考评；开展成人慢病及相关危险因素监测，监测内容包括：问卷调查、体格测量、血压测量和实验室检查，27个监测点（9个生活社区、18个社会功能单位）全部完成监测任务，共监测2878人；辖区内各医院开展各类慢病防治宣传232次、义务咨询活动140余次，出板报353期，发放慢病宣传品11万份，组织各类健康知识竞赛10场，膳食比赛6场，趣味运动会11场，成立高血压、糖尿病等俱乐部10个，不同程度地开展干预活动93项；举办朝阳区农民健康知识竞赛；全区组织与慢病防治知识相关的健康大课堂、知识讲座461场，内容涉及高血压、糖尿病、膳食平衡、运动等相关知识，直接受益人群达2万余次；举办为期4天的慢病防治培训班，培训来自医院的专（兼）职慢病人员、街乡卫生专干120人。朝阳区慢病防治工作获全市慢病防治二等奖。

（孙育红）

【公共卫生】　年内，复验卫生许可证5877户，换发卫生许可证5877户，复验发证率100%。监督52568户次，合格46403户次，合格率88.27%。复验公共场所卫生许可证679户，换发卫生许可证679户，复验发证率100%。监督6614户次，合格5801户次，合格率87.71%。对生活饮用水供水单位监督检查1645户次，合格1382户次，合格率84.01%。对自备水源单位监督检查94户次，合格46户次，合格率48.94%。生活饮用水审批189户，发放卫生许可证189户，合格率100%。审批食品生产经营单位7086户，发放卫生许可证7086个，审批发证率100%。复验卫生许可证4699户，复验发证率100%。监督42049户次，合格37224户次，合格率88.53%。实施行政处罚1267起，罚款1577802.05元。完成全区50%餐饮业和95%学校食堂评定工作，3252家通过食品卫生量化分级评审。完成有职业病危害企事业用人单位经常性职业卫生监督619户次。举办从业人员卫生知识培训20场，内容包括《职业病防治法》、朝阳区用人单位职业病危害因素分布与职业危害现状调查、作业场所职业病危害因素识别、防护等，培训1430人。开展经常性放射卫生监督484户次。监督学校卫生153户次，合格140户次，合格率91.50%。朝阳区学生发育评价分析，体检66046人，其中上等15324人，占23.20%，中等46087人，占69.78%，下等4635人，占7.02%；学生营养评价分析，体检17844人，其中轻度营养不良8229人，占46.12%，中度营养不良1737人，占9.73%，重度营养不良124人，占0.69%，超重2966人，占16.62%，肥胖4788人，占26.83%；学生疾病检测情况，视力不良检查62823人，其中视力不良患者36701人，视力不良率58.42%；贫血检查75226人，其中贫血患者3471人，贫血患病率4.61%；龋齿检查47955人，其中龋齿患者12895人，龋齿患病率26.89%。开展包括职业病防治、艾滋病防治、结核病防治、其它传染病防治及生活饮用水健康等专业健康教育活动110次，形式有宣传品制作及发放、培训讲座、知识竞赛、宣传日及宣传周活动以及特殊人群体检及宣传。监督检查传染病与消毒产品504户次，其中医疗卫生机构传染病484户次，合格281户次，合格率58.06%；消毒生产企业4户次；消毒产品经营单位16户次，其中消毒剂检查76件，办证率100%；消毒器械检查10件，办证率100%；卫生用品检查33件，办证率100%。监督检查一级医院84户次，二级医院6户次，三级医院10户次，医务室及其它医疗机构49户次，个体医15户次，卫生所9户次，门诊部63户次，全部有医疗机构执业许可证。检查献血单位85户次，采血单位85户次，全部有医疗机构执业许可证，从业人员均有医师资格证书和医师执业证书。

（孙育红）

【妇幼保健】　年内，孕产妇8685人，建册率93.85%。孕产妇系统管理8375人，系统管理率96.43%，围产儿死亡57人，死亡率6.5‰，孕产妇死亡1人，孕产妇死亡率11.4/10万。全区有从事助产技术服务单位16所，人员287名；有产科床位307张，母婴同室床位307张，占产科总床位100%。0－4个月母乳喂养率91.39%，20所医院开展出生缺陷检测，监测围产儿13031例，出生缺陷发生144例。建立女工保健三级网，妇女病普查率85.2%，妇女病治疗率89.60%。婚前检查率5.15%。全年活产儿8712人，新生儿访视8103人，访视率93.01%，对67174名儿童进行系统管理，系统管理率99.01%。对66947名儿童进行大体检，体检率98.67%。婴儿死亡35人，死亡率4.02‰。5岁以下儿童死亡40人，死亡率4.59‰。管理托幼园所237个，入托儿童35814人。有97个园所发生传染病，发病422例，病种以水痘、手足口病为主，传染病暴发58例（其中水痘暴发23例，手足口病暴发35例）。区妇幼保健院为191个园所6311名保教人员进行体检，体检率97.66%。配合“全国九省市儿童体格发育调查”工作，完成3461名儿童体格发育调查。婚检医学检查1401人，婚前检查率5.15%。查出婚育疾病患者134人，暂缓结婚3人，不宜生育0人，疾病检出率100%。全年做各项计划生育手术72643例。

（孙育红）

【医疗工作】　年内，完成诊疗3371206人次，门诊3049179人次，急诊322027人次，急诊观察23962人次。住院危重症抢救1672人次，区级医院急诊抢救成功率96.17%、病房抢救成功率80.64%。住院14802人次，出院14834人次，区级医院病床使用率75.45%，病床周转次数17.21次/年，治愈率56.49%，好转率23.88%、病死率3.03%。住院病人七日确诊率为98.58%，出院诊断符合率99.38%，临床与病理诊断符合率99.64%，术后十日死亡率0.48%，手术前后诊断符合率99.67%，无菌手术化脓率0.25%，院内感染发生率3.25%。对全区一、二级医院进行督导。各医疗机构以医疗安全为中心，以抓严格管理、抓建章立制、抓肃风正纪为契机，加强基础管理，提高医疗质量，提升服务水平，改善医患关系，创建人民满意医院。完成一级以下医疗机构评审工作，为规范管理奠定基础。组织筹备有96所医院参加的开展医院管理年工作启动会议，将400份《医院管理评价指南（试行）》和《中医医院管理评价指南（试行）》及管理年活动方案下发至辖区各医疗机构；组织召开医院管理年考评标准培训，92所一级医院和9所二级医院248人参加培训。批准医疗机构设置133家，验收合格并颁发《医疗机构执业许可证》141家、医疗机构变更执业登记166家、医疗机构校验审核327个单位，完成核发《医疗机构执业许可证》126个单位，限期整改45个单位，暂缓校验41个单位，医疗机构注销38个单位；在区卫生局注册执业医师和执业助理医师1618人；护士首次执业注册和变更注册1397人，护士再次执业注册46人，有8549名护士持证上岗；完成920名医师资格考试报名、资格审核和实践技能考试工作，报考执业医师612人，其中：临床类410人、口腔类30人、公共卫生类52人、中医类120人；报考执业助理医师308人，其中：临床类210人、口腔类17人、公共卫生类31人、中医类50人。完成高考体检12830人；征兵体检1374人。办理离休干部优诊卡259个单位522人。处理医疗纠纷147起；处理信访147件；区医学会受理医疗事故鉴定101起，鉴定54起，由区卫生局移交55起，有9起鉴定为医疗事故。其中：2起定为一级医疗事故，1起定为二级医疗事故，3起定为三级医疗事故，3起定为四级医疗事故。在二级以上及部分一级医院成立急救小分队，为1131户家庭安装急救呼叫器，同比增长23%；投入820万元扩建金盏精神病医疗救助医院，与5所医疗救治定点医院和全区社区卫生服务机构构建覆盖全区的医疗救助网络。召开全区整顿医疗秩序、打击非法行医大会。与街乡、公安等部门联合对崔各庄乡、来广营乡、王四营乡等22个地区无证行医进行65次联合执法，取缔黑窝点552个，没收药品重约10吨；监督检查医疗机构603家，处罚41家，罚款12万余元；实施行政处罚2729户次，罚款157.8万元，医疗市场秩序明显改善。对口支援内蒙古、西藏、怀柔等地区，派出兼职、挂职医务人员331人次；开展义诊105次；讲授健康教育课291次；朝阳医院援藏设备价值25万元，安贞医院支援怀柔医疗设备价值25万元；华信、煤炭、亚运村、新源里等医院捐赠药品价值4.8万元。各医院为发展农村卫生事业、构建和谐社会做出贡献。组织35个单位71名护士长在南戴河举办两期护士长培训班。请市护理学会秘书长及北京市护理专家为14所二级医院98名护士长进行医院管理年护理工作评审培训；成立区护理质量管理委员会；每季度一期朝阳区护理工作信息，发布护理工作信息50余件。外出培训、进修学习98人次，培训费37300元；其中外出参加护士长管理培训班28人；护理论文刊物发表7篇。成立区医院感染管理委员会；组织全员培训4次，800余人次；组织对45家医疗机构进行医疗废物管理专项检查；配合市医院感染控制管理中心完成二、三级医院感染现患率调查；组织78所一级以上医疗机构93名医院感染专、兼职人员，分两次参加市卫生局医院感染专业人员岗位培训班；按市卫生局要求，组织区CDC、区卫生监督员到平谷区两次检查防控禽流感情况，检查2所二级医院、6所一级医院、2个社区卫生服务站；对36所基层医疗机构进行非典防控督查；全区二级以上医院25所，建感染性疾病科医院20所。

（孙育红）

【血液管理】　年内，加大宣传力度，提倡自愿无偿献血。在朝阳有线电视台、北京有线电视公共频道、《北京日报》、《新京报》、《北京晚报》、北京献血网等多家媒体，宣传、报道无偿献血相关工作90次，利用《朝阳报》发行献血专版1次，并在朝阳有线电视台每天播放献血公益广告2周。发挥区临床输血委员会专家指导作用，先后召开6次工作会议，专题研讨临床用血工作，结合实际针对问题提出干预措施，指导全区科学合理用血。对一、二级医院血库、检验科人员及临床医生进行血液管理、成分输血等知识技能培训，有21个单位、80名人员接受培训，组织区输血委员会专家对用血医院检查两次，邀请市输血委员会专家参加指导。检查组对30所医院检查结果进行分析、评价，并将检查情况通报全区各有关医院,对存在问题提出整改意见,限期整改。全年完成区属献血指标1509人份,区域献血指标17004人份,指标献血完成率100%;完成自愿无偿献血30050人份,同比提高119.4%。辖区38所用血医院总用血量75996袋(200ml/袋)。其中:全血1680袋,成分血74316袋,自体输血14593袋,血浆48318袋。成分输血率98%,同比提高15%;自体输血率19%,同比提高20%。在北京第二外国语学院、北京工业大学、首都经贸大学、对外经贸大学、北京艺术设计学院5所高校,开展朝阳区首批指标献血向预约登记自愿无偿献血转轨试点,自愿献血2506袋,比计划指标超额完成170袋。组织沙特阿拉伯学校北京分校、完美(中国)日用品有限公司等9个无献血指标的社会单位开展自愿无偿献血,献血255袋,51000毫升。

(孙育红)

【医学教育】 年内,审批区级继续教育项目394项、区级继续教育基地3个,全区29个区级继续教育基地实施区级项目394项。开展学术讲座449场539讲,参加学习学员47244人次。举办各种类型培训班31期,培训学员3439人,其中社区卫生技术人员培训班12期,培训全科医师732人;社区护士367人。举办第二期乡村医生中医药临床知识与技能培训班,109名乡村医生参加。全面落实15种重点传染病防治知识培训工作,举办培训教师班,参加市骨干师资班培训19人,培养区培训师资268人;组织全区医疗机构全员培训18255人,参加统一考试18134人,成绩在80分以上的占98.3%。在乡村7个乡村医生教育基地开展培训,培训乡村医生275人,考试及格率100%。完成全区护理人员,二级以下医疗机构医、药、技卫生技术人员继续教育审核工作,每名卫生技术人员均完成25学分继续教育学习。全区卫生技术人员完成继续教育指标,合格16171人。开展远程教育,参加网络继续教育学习6200人。在学医学大专学历245人,医学本科毕业65人。全年医学教育费支出176.68万元。

(孙育红)

北京朝阳医院

【概况】 首都医科大学附属北京朝阳医院是三级甲等医院。本部职工2 226人,其中卫生技术人员1 816人,包括主任医师(含相应职称,下同)100人(医师96人,技师4人),副主任医师198人(医师175人,护师8人,技师7人,药师7人,营养师1人),主治医师317人(医师143人,护师108人,技师42人,药师23人,营养师1人),医师830人(医师264人,护师396人,技师110人,药师57人,营养师3人),护士313人(护士263人,技士29人,药士21人),未聘58人;其他专业技术人员128人;行政人员74人;后勤人员208人。设病床1 030张。另有京西院区。

地址:白家庄路8号

电话:85231000

邮编:100020

网址:www.bjcyh.com.cn

(黄维佳)

【医院管理】 年内,落实卫生部"以病人为中心,以提高医疗服务质量为主题"的医院管理年活动,医院做了大量工作:实行"夏时制"门诊;单病种限价管理;开辟西小院第二门诊,改善就医环境,优化就诊流程;全面使用电子处方;将院内停车位留给病人;调整行政科室办公地点,扩大医疗用房。从依法执业、医政管理、医院管理、科室管理等方面入手,寻找医院工作中存在的问题,制定出有针对性的整改措施,以持续提高医院的管理水平。12月15日北京市卫生局督导组分为管理组、医疗组、护理组、医院感染组、病案组全面检查了医院落实"医院管理年,以病人为中心,创建人民满意医院"的各项工作。作为卫生部确定的北京地区创建"无烟医院"试点单位,院领导和全体职工高度重视,积极组织落实,成立了创建"无烟医院"组织机构,在院内各显著位置张贴禁止吸烟标识,设立室内、室外吸烟区,加强控烟环境建设。举办控烟知识和戒烟技巧知识讨论,免费向患者提供控烟宣传材料,加强控烟宣传教育。设立了专项资金,制定了无烟科室每人每月可获得奖金50元,发现有三人次吸烟的科室,取消科室全部人员奖金等规定。先后两次进行全院职工吸烟情况调查。协助中国控烟协会召开全国控烟工作座谈会。卫生部、中国控烟协会、市爱卫会和市人大常委会对医院进行多次检查,领导们均对医院控烟工作给予肯定和表扬。

(黄维佳)

【医疗工作】 4月8日,接河北40余名患者就诊,职业病与中毒医学中心迅速确诊为砷化氢气体中毒。医院当即启动应急预案,多学科通力协作,抢救集体中毒患者,无一例死亡。4月15日,医院高压氧科与德国莫瑙医院合作成立"中德高压氧医学合作中心"并挂牌;"全球心血管介入研究培训中心"挂牌,心外科完成冠状动脉搭桥手术2000余例。9月,北京市病案质量控制与改进中心在院成立,医院为中心主任单位。年内,本部门诊总量1255557人次,急诊114544人次,急诊重症抢救4996人次,抢救成功率94.6%。孕产妇死亡率0,新生儿死亡率0.38%,围产儿死亡率1.24%。住院患者26152人次,出院患者26101人次。病床使用率93.5%,病床周转率23.89人次,平均住院日13.99天。治愈率45.84%,好转率46.39%,死亡率3.47%。医院感染率6.46%。病房手术10595例(含第五住院部1546例),门诊手术20116例。全年体检31588人次。呼吸中心完成首例肺移植术,标志着医院对呼吸系统疾病从预防到终末期治疗形成完整体系。医院已是北京市对肾、肝、胰腺、骨髓干细胞、心脏、肺脏等移植种类最多的医院,移植数量及质量均达到国内领先水平。医院在7年来坚持365日天天门诊基础上,在夏季7、8两个月把开诊时间提前到早7点,停诊时间延长到晚6点。每天增加两个小时门诊时间。与去年同期相比,两个月门急诊量增加32204人次,约70%患者中午之前即可就诊完毕。在医院西侧中图院内开辟门诊二部,内设干部门诊、健康呼吸中心、特需医疗部、临床药理基地,并配置有挂号处、收费处、药房、化验室、超声检查室及会议室、报告厅等。至此,医院门诊体系可为病人提供特需点名专家门诊、特需专业门诊、普通专家门诊、普通专业门诊四种就医形式。医院"门诊医嘱传输系统(OCS)"实现全面使用电子处方,进一步规范了医疗行为。组织"健康沙龙"讲座33次,1555人次参加。

(黄维佳)

【医保工作】　10月,医院被北京市劳动和社会保障局正式认定为A类定点医疗机构,这是2005年度北京市唯一一家进入A类定点机构的医院。全市医保参保者可不受个人选定的定点医疗机构限制,直接到院就医,无需选择及转诊,费用均可以报销。成为A类医院后,医院医保市场份额由过去90万人扩大到覆盖全市的550万人。

(黄维佳)

【护理工作】　年内,为满足男患者临床关于手术区备皮、导尿、膀胱冲洗等操作,招收5名男护士,男护士达9人(含京西院区3名),分别在ICU、急诊、手术室、肝胆外科、职业科等部门工作。

(黄维佳)

【科研工作】　年内,科研课题批准立项58项,资助646.2万元。其中独立承担"十五"国家科技攻关计划2项;市中医管理局3项;国家自然科学基金2项;市教委3项;市自然科学基金2项;首都医科大学基础临床科研合作基金1项;市科委科技新星计划2项;市优秀人才培养专项资助3项;市科委2项;市引进国外人才项目1项;卫生部三项国家体育总局科研项目1项;教育部留学回国人员科研启动基金2项。超过25万元经费的项目共25项。科研成果获奖情况:呼吸支持技术的临床应用研究获北京市科学技术二等奖。作为合作单位获中华医学科技三等奖1项、国家科学技术进步二等奖1项。SCI收录8篇论著,在全国医疗机构中排名第39位,在市属医院排名第一;Medline收录论文数在全国医疗机构中居第59位;中国科技论文与引文数据库收录论文数居第94位。在首医系统中,中文引文医院排名第4位。医院上年接受药物临床试验机构复审后,通过Ⅱ期临床试验验收,正在申报Ⅰ期药物临床试验。全年签订临床试验项目50项,金额275.6305万元。

(黄维佳)

北京安贞医院

【概况】　北京安贞医院是三级甲等医院。职工2122人,其中专业技术人员1849人,包括正高级职称98人,副高级职称173人,中级职称780人,初级职称780人(以上均含相应职称),未定职称65人,行政人员104人(含专业技术人员84人),工勤人员169人。地址:安贞里

电话:64412431(总机)

邮编:100029

(许　峰)

【机构设置】　6月,原综合科正式更名为特需医疗科,床位设置27张;呼吸科重症监护室投入使用,设置床位6张;骨科由原来的25张调整为17张;眼科病房由原来的10张调整为5张;整形激光科由原来的9张调整为5张;耳鼻喉科病房设立10张病床;中医科病床暂时取消;干部医疗保健中心由原来的52张床位调整为48张。7月1日,医院健康体检中心开始试运营,9月16日正式运营。

(许　峰)

【医疗工作】　年内,门诊674563人次,比上年上升9%,其中普通门诊42821人次,专科门诊198455人次,专台门诊265120人次,专家门诊151585人次,其他16582人次;急诊63416人次,上升7.39%,门急诊抢救3529人次,抢救成功率93%。开放床位908张,年入院人数23267人次,比上年增加12.9%,出院人数23322人次,比上年上升13.16%。平均床位周转次数为25.34人次/每床,平均住院日13.47天,比上年下降1天,7日确诊率99.17%,出入院诊断符合率99.65%,治愈率39.05%,好转率54.70%,出院病人死亡率2.02%,比上年降低0.3个百分点。孕产妇死亡率为0,新生儿死亡率1.29‰,围产儿死亡率5.15‰。全年住院手术8205例,比上年增长10.26%,同比增加763例,其中心脏手术3696例(不包括心外科覆膜支架术54例),心脏手术中冠状动脉搭桥

1390例,比上年上升24.22%,心血管内科完成冠状动脉造影7490例,比上年上升25.36%,PTCA3079例,比上年上升44.76%。永久起搏器380例,射频消融580例。全年开展的新技术新项目有:OPCAB中主动脉近端吻合时创新地采用水囊法,OPCAB中主动脉近端吻合时采用Heartstring吻合器,外科手术和导管介入治疗相结合的同期治疗,髂动脉完全闭塞得病例手术取拴同时放置支架,二尖瓣扩张术,心脏同步化(CRT)治疗,药物洗脱支架在肾动脉狭窄的应用,复杂冠脉病变的介入治疗,冠脉旁路血管的介入治疗,脑血管介入治疗,神经心理检查,血脂透析预防脑卒中,纵隔肿瘤切除、人工血管置换左无名静脉,放射性粒子植入治疗肺癌,肺癌右上叶及隆突切除、隆突成型,人工晶体置换术,Phaco + IOL + 瞳孔切开术治疗青光眼术后瞳孔上移,YAG激光治疗眼前节多种疾病,脂肪肝肥胖门诊,24小时食道测压,床旁纤维支气管镜检查、吸痰、治疗,对顽固性胸水,开展arrow管穿刺持续引流,气管切开病人应用人工鼻,微量泵入合贝爽治疗严重肺动脉高压,心外术后为重病人纤维支气管镜检查,体外连续监测自动除颤,和心外科合作应用ECMO治疗ARDS,腹腔镜手术术式的拓展,前列腺放射性粒子植入术,前列腺超生理疗。牙体冷光没白,机械-化学去腐,微创拔牙,种植机拔牙,角化银移植术,种植支抗钉植入术,冠延长术,咬合诱导,儿童早期牙齿矫正,磁性附着体,铸磁贴面,全瓷冠,腭护板,钛合金支架,金沉积冠,种植支抗压低过长牙,改良合型即刻负重种植覆盖义齿;腹腔镜大网膜切除术 + 腹腔镜多点活检 + 淋巴取样手术,腹腔镜回肠代阴道成形术,腹腔镜输卵管复通术,原位肝移植,口内切口颌骨整形,等离子肛肠治疗,肥厚型鼻炎行等离子射频消融术 + 下甲外移术。开展医院管理年,创建人民满意医院。根据《执业医师法》、《医疗事故处理条例》、《医疗机构管理条例》等法律法规和评分标准中对十二项核心医疗制度的要求,进一步修改和完善医疗规章制度,重新修订的核心制度包括《首诊负责制度》、《三级医师查房制度》、《疑难病例讨论制度》、《会诊制度》、《危重患者抢救制度》、《术前讨论制度》、《死亡病例讨论制度》、《查对制度》、《病历书写基本规范》、《交接班制度》;对涉及依法执业、技术准入、突发事件应急处理等关键环节的《进修医师管理制度》、《新技术、新疗法申报制度》、《突发事件应急预案》等进一步完善,对这些制度中的40余处进行修改。新建立的制度包括《医患沟通制度》、《医疗行为告知制度》、《投诉管理制度》、《人禽流感防控预案》、《医疗准入制度》、《医师院外会诊管理制度》等6项制度;将创建人民满意医院"十条标准"和"五个知道,五个明白"编制成胸卡,发放到每一位医务人员手中。组织相关科室完成《北京安贞医院医疗制度汇编》、《北京安贞医院输血制度汇编》、《北京安贞医院医院感染制度汇编》、《北京安贞医院病案书写制度汇编》等文件汇编;先后制定《进修医生带教制度》、《医疗纠纷处理流程》、《医师注册管理制度》等管理制度;制度涉及了医疗护理、应急预案等方面,为规范医疗安全、提高医疗质量提供了重要保障。组织各类培训10余次,包括医院评审动员会、病案书写培训、医疗纠纷的防范及举证责任、医师自律维权、《医疗事故处理条例》的理解和把握、传染病防治法培训等。病案质量控制组检查终末病案23195份,工作量比上年增长15%。其中甲级93.67%,乙级6.15%,丙级0.18%。

(许　峰)

【医保工作】　年内,加强医保政策宣传教育,将医疗保险、公费医疗管理要求纳入医疗管理范围,根据医疗保险出台的各项政策,及时研究制定出医院管理措施,抓好每个环节,避免出现违规现象。全年医保拒付额较上年下降76%。医保管理考核获市三等奖。

(许　峰)

【护理工作】　年内,把护理质量纳入全面医疗质量管理重要组成部分,建立护理部主任、科护士长、护士长三级护理管理机制,成立护理质量管理委员会。贯彻落实规范化服务达标标准,进一步完善三级护理制度,使医院整体护理水平得到提高。八项主要质量指标均达到市卫生局要求合格标准:其中病房管理93.91分,基础护理98分,专业理论技术操作89.35分,消毒隔离97.66分,治疗室管理97.66分,护理文件书写94分,急救物品及药品管理98.16分,病人满意度98.94分。

(许　峰)

【科研工作】　年内,院、所共有各类在研课题68项。其中国家自然科学基金课题8项,北京自然科学基金课题9项,市科委课题6项,市委组织部课题8项,市人事局留学回国人员5项,市卫生局课题8项,卫生局首都医学发展基金课题8项,其他课题16项,累计科研经费1036万元。全年共获科研成果奖4项,其中市级科技进步二等奖2项,三等奖2项。申请鉴定科技成果9项,通过成果初评9项。发表各项科研论文347篇。

(许　峰)

首都儿科研究所

【概况】　首都儿科研究所是以研

究儿科疾病和儿童保健为主,治疗儿童疾病为重点的医疗、医学研究机构。职工908人,其中科研、卫生技术人员688人,包括正高级职称44人,副高级职称63人,中级职称214人,初级职称325人;行政人员87人,工勤人员77人。年内,中国宋庆龄基金会儿科医学奖励基金委员会挂靠所内,积极鼓励中青年医疗、科研人员致力于儿科事业发展。附属儿童医院增设耳鼻喉科病房,床位6张。以手术病人为主,包括腺样体肥大、扁桃体手术、气管食道异物等,也收治急性喉炎等非手术病人。

地址:雅宝路2号

电话:85637766(总机)

邮编:100020

网址:www.shouer.com.cn

E-mail:shoues@mail.bjhb.gov.cn

（胡　爽　陈关君）

【科研工作】　年内,在研经费达3100万元。部、市以上级以上课题59项(国际合作项目7项,国家级课题10项,部市级课题42项),在全市公益型院所改革试点考核评比中得到一致好评。研究所在禽流感防治工作中发挥了重要作用。病毒研究室被确定为北京市禽流感初筛实验室和一级复核实验室,成为承担此项公共卫生任务的国家和北京市七大研究机构之一。钱渊研究员、刘哲伟研究员作为市卫生局特聘专家,参与北京市防控禽流感工作,编写了网络实验室运行方案。陈博文研究员牵头成功申报的国家科研攻关项目"重大疾病社区预防与控制适宜技术研究"获得450万元资助。米杰研究员牵头的市科委重大课题"营养转型期儿童成人慢性病综合性防治研究"通过年度评审,部分成果纳入北京市学校卫生防病工作规划。张霆研究员牵头的"中国人口出生缺陷的遗传和环境可控性研究"首次揭示山西项目地区出生缺陷的高发规律及其环境、遗传、营养对疾病的影响。在项目进展中,发挥科研与临床结合优势,多次派出医疗队为当地儿童诊治,进行手术76例,并与北京华夏慈善基金会及当地政府共同启动救治出生缺陷患儿"建苗工程"。李辉研究员牵头进行第四次"全国九省市儿童体格调查",获得动态分析数据资料,为国家卫生行政部门制定政策提供重要科学依据。钱渊研究员主持的"儿童急性呼吸道感染的病毒病原研究"、陈育智研究员主持的"中国儿童过敏性疾病与哮喘的国际间对比研究"分别通过京市卫生局专家评审组鉴定。董声焕研究员负责的"肺表面活性剂(珂立苏)的研究"历时20余载,11月获得国家药品监督管理局颁发的国家二类新药证书。此药对救治新生儿呼吸窘迫综合征具有特殊疗效,研究所与双鹤药业合作进一步推广应用。修订"科技开发项目管理办法"。开发临床技术服务项目59项,总收入同比增长37.5%。科研人员在国内核心期刊、国外刊物和学术会议上发表论文124篇。

（胡　爽　陈关君）

【医疗工作】　4月,外科收治一例卵巢巨大肿瘤病人并成功切除。患儿为10岁女孩,左侧卵巢囊肿为13×12×8cm,占据整个盆腔,同时,囊肿蒂扭转540度,病理证实为卵巢囊性成熟性畸胎瘤。10月,医院首例造血干细胞移植治疗恶性淋巴瘤获得成功。患儿为12岁男孩,经过一系列精心医治,造血功能顺利重建。医院风湿免疫科成功实施自体干细胞移植治疗幼年皮肌炎。该患儿1岁7个月发病,经激素免疫抑制剂治疗1年多无效,经自体移植后,皮疹消退,肌力达5级。年内,医院门急诊120余万人次,与上年相比增加18.6%。医院16000平方米新病房楼投入使用一年来,为患儿提供宽敞、温馨、舒适的住院环境。全年收治病人11269人次,住院手术病人1635例,治愈好转率96.10%,7日确诊率97.43%,抢救成功率84.48%,出入院诊断符合率99.35%,院内感染率3.35%。医院不断打造人文环境,修缮基础设施,装饰候诊区域,改善就诊条件。为优化就医流程,医院合理调整布局,实行挂号、划价、收费窗口动态开放、统一管理,减少患者排队等候。推出多项便民措施:门诊咨询台、初检改为开放式服务;门诊区增设叫号系统;为患者提供轮椅、电话、餐饮;对残疾患者实行就诊无障碍服务;设立触摸屏,方便患者查询各项收费标准,广泛接受群众监督。为增进医患沟通,推出"投诉无借口"管理办法,实行科主任负责制,提供门诊接待室和医、门、护、院办一站式服务,强化医务人员的服务意识,完善病人投诉接待程序。积极响应卫生部万名医生支援农村号召,先后派出内科张宝红博士、耳鼻喉科谷庆隆副主任医师赴内蒙古开展扶助贫困地区医疗活动。全年医务人员拒收红包43300元,收到患者锦旗40余面。

（胡　爽　陈关君）

【护理工作】　3月,护理部召开医院护理论文交流会,收到文章19篇。5月12日国际护士节当天,护理部召开大会表彰优秀护士20人,单项奖59人。7月,在全国儿科护理专业学术交流会上,医院有7篇文章入选,其中大会发言2篇,会议交流5篇。10月,国际护理学术会议在北京召开,医院有7篇文章入选,其中分会发言1篇,会议交流6篇。特诊护士长杨淑霞所写论文《给氧方式对暖箱内氧浓度和温湿度影响的研究》在第八届北京市青年优秀科技论文评选中获三等奖。年内,采用合同制方式引进护士85人,满足新病房楼床位扩增需要。

护理部与哮喘科、儿保中心联合举办国家级继续护理学教育认可项目"儿童哮喘的护理及管理新进展"学习班和"儿童早期干预与保健护理"培训班。护理部与保洁公司共同举办首儿所护理员培训班。各护理单元进行计算机升级并正常运转,护士长及主录人员参加系统培训班。各护理单元备有英语会话光盘供业余学习,积极推动双语服务。所院年终总结大会上,表彰先进护士5人,单项奖13人。

(胡 爽 陈关君)

中日友好医院

【概况】 中日友好医院由日本国政府提供无偿援助,中日两国合建。有职工2783人,其中临床医师673人,包括主任医师141人,副主任医师197人,主治医师176人,医师159人,硕士研究生学历以上319人(其中硕士236人、博士82人、博士后1人),护理人员907人,临床医技人员388人;行政人员334人;工勤人员290人;企业及其他人员191人。设有53个临床、医技科室,床位数1265张。22个行政职能处室,附设中日友好临床医学研究所及培训中心。

地址:和平里樱花东街1号
电话:64221122(总机)
邮编:100029
网址:www.zryhyy.com.cn

(郭素英)

【医疗工作】 年内,门诊病人数998645人,急诊117430人,急诊危重症抢救数4815人,抢救成功率97.01%,手术例数(门诊)5534例。住院人数26650人,出院26758人,床位周转次数21.13,床位使用率89.84%,平均住院日15.8天,七日确诊率98.9%,出入院诊断符合率99.46%,治愈好转率94.90%,死亡率2.31%。院内感染率4.13%,住院手术例数12313例。手术量17847人次。孕产妇死亡率0,新生儿死亡率1.4‰,围产儿死亡率5.4‰。承担中央保健工作的全年门诊量1106人次,住院人数129人,出院125人。接受各种会议医疗保健任务17次,208天,74人次。国际医疗部诊治127个国家和地区的患者25242人次。对病案质量全面监控,病案甲级率99.48%。

(郭素英)

【医保工作】 年内,出台《中日友好医院门诊处方管理暂行办法》、《中日友好医院住院医保患者医疗费用拒付管理暂行办法》等8项加强医保管理的规章制度,建制配合医保管理的《住院患者医疗付费方式确认告知书》、《中日友好医院医疗保险自费项目协议书》、《住院医保患者拒付及存在问题反馈表》等表格文书10余种,同时建立院内医保三级管理网络,明确医保专管员职责及考核办法,实行每月例会制,通报院内医保管理进展及相关注意事项;此外,医保办在院内开展多形式多层次轮训,通过深入临床科室,与医师就医保政策实现双向互动,取得良好效果。全年出院医疗保险患者7220人,次均费用15283元,低于全市三级综合医院平均水平;平均住院日20天。分获北京市2005年度基本医疗保险定点医疗机构评比二等奖及朝阳区医保管理优秀奖。

(郭素英)

【护理工作】 年内,护理工作实行护理部、科护士长、护士长三级质量管理体系,注重通过完善基础质量、环节质量提高终末质量。加大科研发展力度,完成部级课题"研究确定近五年内优先开展的专科护理领域及对相应专科护士能力、水平、培训内容的要求"的研究工作,对制定我国专科护理发展的五年计划提供了重要依据。通过强化服务流程管理,规范护士行为,加强临床技能培训等,临床护理质量持续改进和提高,近两年,医院委托公司对1000名以上患者作满意度调查,患者对护理的总体满意度提升,2005年为91.68%;比上年上升8.48%。

(郭素英)

【科研工作】 年内,获省部级以上科研课题29项,其中国家"十五"科技攻关课题2项,国家973项目1项,国家自然科学基金项目5项。获北京市科技进步奖1项,中华中医药奖1项,中国中西医结合学会奖1项,中华中医药著作奖4项,获卫生部"十年百项推广项目"1项。新药开发3项。获院外科研经费830万元。

(郭素英)

煤炭总医院

【概况】 煤炭总医院隶属于国家安全生产监督管理总局,面向社会开放。有职工791人,其中医护技人员592人。医护技人员中医疗人员252人,护理263人,医技77人。其他技术人员30人,管理人员37人,工勤人员106人,其他26人。具有副高级以上专业技术职称人员153人,享受国务院政府特殊津贴专家15人。医院设临床科室29个,医技科室7个,行政后勤处室22个。床位数500张。

地址:西坝河南里29号
电话:64667755
邮编:100028
网址:www.mtzyy.com

(高 艳)

【医疗工作】 年内,门急诊266237

人次,日平均门诊量1020人次。住院5441人次,出院5476人次,床位周转次数12.915,床位使用率59.99%,病床周转率12.9%,平均住院日16.98天,门诊手术3866例,住院手术1863例,出入院诊断符合率99.89%,治愈率54%,好转率39.89%,死亡率5.43%,围产儿死亡率0.65%。全年开展新技术、新疗法14项,甲级病历率100%。

(高　艳)

【医保工作】　年内,选择本院作为就医定点医院人数升至98000人。全年举办16期培训班,确保医保政策传达到全院,医院连续5年荣获北京市医保管理奖。住院人均费用和平均住院天数分别低于同级同类医院1.09%和1天,就诊人均费用与同级、同类医院比均低于15%。

(高　艳)

【护理工作】　年内,护理管理方式为院长领导下的科主任负责制,护理部对全院护理质量、护理人员继续教育、护理科研、护理临床教学进行直接管理,对护理管理人员任免及护理人员调配有建议权。护理管理实行三级管理,对护理质量实行三级控制,形成质量控制网,即护理部质量管理组——大科质量管理组——病区质量管理人员,每月有计划、分不同层次与不同问题进行质量检查,检查人员填写护理质量检查表,及时反馈给受检查单位进行整改。护理人员继续教育与科研方面,本院每年承担市、区、院级人员继续教育项目。

(高　艳)

【科研工作】　年内,院级立项15项,均在进行之中。有两项科研课题获省部级科学技术奖。全院医务人员外投学术文章91篇,在各类专业杂志上发表论文53篇,其中在国家级杂志上发表论文41篇,省级杂志上发表论文12篇。

(高　艳)

民航总医院

【概况】　民航总医院职工654人(含合同人员),其中卫生技术人员511人,包括正高职称11人,副高职称32人,主治医师(含相应职称,以下同)149人,医师205人,护士114人,行政后勤人员117人,其他专业人员26人。万元以上设备444台(件)。新购置50台(件),其中有彩色超声诊断仪、中央监护系统、呼吸机和透析机等。

地址:朝外高井甲一号
电话:85762244
邮编:100025

(茅砚云)

【医疗工作】　年内,门诊306583人次;急诊65700人次;入院病人5116例;出院病人5118例;抢救危重病人683例,抢救成功率91%;完成大中型手术1585例、健康人员体检29695人次。组织义诊活动4次、艾滋病宣传活动2次、计划生育和各种宣传日活动3次。组织毒麻药品、传染病、放射防护等培训30次。开展新项目:普外科对腔镜下甲状腺瘤切除术和小切口阑尾炎切除术进行尝试;神经外科开展血管内介入动脉瘤栓塞术、动脉瘤夹闭术、颅内血肿微创清除术和颈内动脉内膜剥脱术等;泌尿外科开展镜下肾上腺肿瘤切除术和经皮肾穿刺微创取石碎石术获得成功。皮肤科使用阴道镜检测尖锐湿疣亚临床感染取得新进展。检验科将快速人体轮状病毒的检测用于临床。儿科开展对病毒性腹泻的免疫治疗并尝试将快速人体轮状病毒的检测手段用于儿科疾病。

(茅砚云)

【护理工作】　年内,狠抓护理质量,不断增强护理安全意识,护理部组织护士学习《医疗事故处理条例》,及时为新护士举办护理事故案例分析讲座;针对护理工作中发生的差错进行剖析,从中汲取教训,使护理安全周期得以延长。开展护理知识竞赛活动,增强护士的责任感和使命感。重新修订护理规章制度和岗位职责154项,完成《护士手册》编写出版工作。护理质控检查108次,全年一级护理合格率94.2%,护理文件书写合格率94.1%,皮肤压伤发生率0.08%。继续教育培训13次、1253人次;三基培训201次、3900人次;技术操作考核2139人次,合格率92.7%;送外院进修7人,新护士岗前培训18人。

(茅砚云)

北京华信医院(清华大学第一附属医院)

【概况】　北京华信医院为清华大学第一附属医院。职工1067人,其中卫生技术人员872人:主任医师15人、副主任医师84人、主治医师149人、医师74人、主任技师1人、副主任技师2人、主管技师22人、技师48人、技士12人、主任药师1人、主管药师20人、药师18人、药士10人、主管护师74人、护师266人、护士76人;其它系列技术人员38人;行政后勤人员157人;开设床位501张。

地址:酒仙桥一街坊六号
电话:64361322
邮编:100016

(蒋立红　刘　莉)

【医疗工作】　年内,门急诊529681人次,住院病人9648人次,床位使用率75.53%,周转19.55次/床,平均住院日14.1天,择期手术前平均住院日 3.9 天，住院手术 4566 例，7 日确诊率 99.64%、抢救成功率 80.58%。完成成年人各类体检 56703 人次，儿童体检 7800 人次，预防接种 31481 人次。危重症抢救成功率 80.58%，治愈好转率 92.20%，其中治愈率 50.17%，好转率 42.03%，病死率 3.58%。检查出院病历 8922 份，甲级病案率 99.57%；院内感染控制指标达到卫生部指控标准。心脏中心收治住院患者 1770 人次，进行各种心脏介入检查和治疗 1297 例次，完成心外科手术 401 例，采用多种创新技术治疗复杂、疑难、危重症心脏病，复杂心脏畸形先心病占 60%、危重症心血管疾病患者 85%，整体手术死亡率不到 5%。泌尿医学中心完成肾移植手术 73 例，肾移植平均费用控制在 5.8 万元左右。开展肾移植后可控回肠代膀胱术、胰肾联合移植后第二次肾移植术、无髂外静脉的肾移植术、双侧肾动脉狭窄肾性高血压，体外血管成型自体肾移植术、肾移植后肠结核完全性肠梗阻，小肠成型术，无浅表血管尸体搭桥内瘘术等。透析室完成透析 7980 人次，使用血液灌流技术与血液透析滤过（HDF）技术，用于清除尿毒症中分子毒素，治疗尿毒症神经系统并发症，使患者临床症状明显改善。消化医学中心手术 810 例，其中中型、大型手术 91.7%，急诊手术 52%。成功完成肝门部胆管癌切除、胰十二指肠切除、肝肾联合移植、右半肝切除等标志性手术，开展“架桥式”肝管空肠内引流术、腔镜下微创甲状腺肿物切除术、经内镜胆胰疾病治疗等新技术，骨科新开展严重肩关节骨折的人工半肩关节置换手术及应用微创技术（LISS、LCP）治疗难以处理的股骨踝粉碎性骨折，呼吸内科结合无创机械通气，缩短病人上机时间，降低住院费用。开展肺泡灌洗检查 2 例。神经外科开展显微外科手术，其中完成高血压脑出血微创手术数十例，取得良好效果。妇产科在全国出生缺陷监测工作中成绩突出，监测经验和方法被专家肯定并在全市推广。眼科开展了眼底荧光血管造影的检查 184 例，提高了眼底疾病的诊断水平。超声科开展了超声引导下经皮组织学穿刺活检诊断，为今后的介入超声打下了良好的基础。检验科新开展 HCV－RNA、HPV 基因分型、轮状病毒、唐氏综合症筛查、快速 CRP 检测、CMV－IgM 抗体检测等项工作。通过卫生部专家组组织的临床基因扩增检验实验室技术验收，并取得合格证书。病理科增加了 7 项免疫组化检查项目，对疾病的分类，特别是肿瘤的分类有了明显的帮助；开展了图像形态定量分析，对大体标本、相片、切开包含的组织成份、细胞可进行测量。血液肿瘤科开展个体化、规范化的肿瘤综合治疗，按照 GLP 实验室的管理模式，建立化疗质量控制管理，保证了医疗质量和安全。完成教育部“长江学者”会议医疗保障任务。

（蒋立红　刘　莉）

【护理工作】　年内，制定护理规章制度 6 项，补充 8 项护理操作规程。制定各级护理人员培训计划和考核制度，对不同年资护理人员进行理论和技术考核 835 人次。完成护士继续教育讲座 12 次，听课 1018 人次。建立护士继续教育学分 IC 卡管理制度，全院护士继续教育培训合格率 100%，在上级主管部门对护士继续教育基地检查中获得“基地管理严谨有序，教学教材管理制度完善，ICME 系统管理到位”评价，总评分 96.5 分。接收实习护士 101 人。制定新“护理工作奖惩条例”，使护理管理工作更加严谨，可操作性更强。坚持每季度组织全院护理指控检查、住院病人座谈会、病人满意度问卷调查、护士长业务查房，组织护士长夜查岗（包括节假日）148 次。新聘护士 51 人。组织召开第一届护理工作研讨会。组织护士英语口语短训班。

（蒋立红　刘　莉）

【科研与教育】　年内，召开第一届学术年会，成立第一届学术委员会，规范管理章程及管理机制，出台鼓励科研及对外发表论文的规章制度，全院职工累计发表核心期刊论文 52 篇。申报各类科研基金 45 项，1 人入选北京市科技市新星计划。截至年底，科研课题在账经费 282.5 万元，其中《蛋白酶激活受体在慢性阻塞性肺疾病肺气肿中作用的研究》课题获得国家自然科学基金委员会资助批准。自筹 93 万元资助院内科研课题 8 项。第一个综合型基础研究实验室投入使用，可满足免疫、病理、药理及分子生物学等不同学科研究要求，细胞库开始建立。

（蒋立红　刘　莉）

垂杨柳医院

【概况】　垂杨柳医院为区卫生局直属二级甲等医院。医院设心血管疾病、神经疾病、呼吸疾病、消化疾病、骨与关节疾病、泌尿疾病、妇女疾病、母婴、头颈疾病、麻醉医学、急救医学、中医学、皮肤疾病、社区卫生服务等 14 个临床医疗中心；影像医学、药理学、实验医学、病理学 4 个医学技术中心。卫生技术人员 598 名，包括主任医师 15 名、副主任医师 45 名、副主任护师 1 名、副主任药师 1 名。年内，医院学科带头人中，博士学历占 6.2%，硕士学位占 41%，其中具有硕士生导师资格的 7 人。全院有博士学位 8 人，硕士学位 51 人，有高级职称的 74 人。投资 109 万元，对门、急诊就诊环境进行改造；维修、保养液氧罐；整修医院绿化环境；改造营养食堂房屋布局。投资30万元,完成煤气、天然气置换及医疗垃圾处理站改造。改建日中PLDD培训中心,改造门、急诊就诊环境200余平方米,投入资金50余万元。

地址:垂杨柳南街2号

电话:67718822(总机)

邮编:100021

网址:www.cylh.com

E-mail:webmaster@cylh.com

(王海燕)

【医疗工作】　年内,门诊455072人次,急诊数91456人次,急诊危重病抢救数1399人次,急诊抢救成功率97.57%,门诊手术例数7667人次。住院9284人次,出院9312人次,床位周转次数23.22次/年,床位使用率82.17%,平均住院日12.83天,7日确诊率98.89%,出入院诊断符合率99.50%,治愈好转率85.42%,死亡率3.43%,院内感染率4.26%,住院手术例数4922人次,孕产妇死亡率0,新生儿死亡率5.0826‰,围产儿死亡率10.1652‰。全年开展经皮椎体成形术、经皮椎体后凸矫形术、内镜下水囊置放及取出术、腹腔镜胃穿孔修补术、穴位伏贴、呼吸道及消化道相关疾病复合脉冲磁性治疗、免疫组织化学P57(用于早期葡萄胎的病理鉴别诊断)、国产氯普鲁卡因用于腰麻等新技术、新疗法8项。全年甲级病历率99.71%。

(王海燕)

【医保工作】　年内,医保住院患者3360人次,占总住院人数36%,费用4300万元。

(王海燕)

【护理工作】　年内,完善并修订《护理工作制度》、《护理文件书写手册》、《护理常规》,共约23万字;制定护理质量检查量化标准17项;规范护理管理常规7项。医院护理质量管理安全委员会定期对基础理论、基本操作、基础护理和护士素质进行专项监督、检查及抽查。全年病房管理合格率91.32%,消毒隔离合格率96.73%,基础护理合格率93.04%,特一级护理合格率91.68%,护理事故发生次数0。全院评选出护理服务标兵10名,静脉穿刺技术能手10名,护理示范岗4个。

(王海燕)

【医学教育与科研】　年内,医院研究生导师录取硕士研究生6人;参加毕业后教育(住院医师培训105人,参加继续医学教育人数692人,全部合格。举办国家级继续医学教育项目1项,市级继续医学教育讲座6讲、区级45讲、院级16讲,院内参加各级继续教育讲座10222人次,院外5000余人次。外送脱产学习133人次。接收河北医科大学等院校实习生46人,接收外院进修人员16人。新开科研课题17项,其中区科技计划项目3项、院级科研项目14项,共获区科研资助45万元,医院自有资金投入10万元。全年发表论文44篇(第一作者),交流论文2篇,其中在国家级杂志上发表20篇。《药物治疗学》(翟所迪主编)由中央广播电视大学出版社出版。

(王海燕)

【国际交流与合作】　6月23日,日中医学交流中心中国PLDD培训基地成立仪式暨首届全国PLDD培训班开幕式在本院举行,日中医学交流中心常务理事、国际著名PLDD专家丸茂仁教授对此次会议发来贺信。9月8日,德国专家Tibor博士来院作关于德国呼吸疾病治疗进展讲座。

(王海燕)

朝阳区第二医院

【概况】　朝阳区第二医院为区卫生局所属二级甲等医院。占地8039.7平方米,总建筑面积16290平方米,其中病房楼面积6820平方米,门诊楼面积7029平方米。床位200张。固定资产总值5183万元。万元以上大型医疗仪器设备193件价值16228144元,其中10万元以上设备49台。拥有螺旋CT、CR、彩超、生化分析仪等大型设备。职工443人。其中卫生技术人员378人,有主任医师5人、副主任医师32人、主治医师71人。

地址:金台路13号内2号

电话:85993431(总机)

邮编:100026

E-mail:yj2195@sina.com

(杨　静)

【护理工作】　4月1日,7月27日,分两次接收黑龙江省卫校学生教学实习。上半年护理部重新完善、修订各项制度、流程、预案等90余项。组织两次临床基础知识考核,所有临床护理人员参加,共235人次。安排区级认可项10项,听课316人次。安排主管护师(或大专)以上人员院内授课25次,听课753人次。参加继续教育学习比率100%,进行各级培训19项次,901人次参加培训。主管护师及大专以上人员撰写论文88篇,其中公开发表3篇。召开一次论文年会。

(杨　静)

【国际交流合作】　6月,接待美国50多名MBA学员考查团来医院参观考察。年内,参加首届中国-澳大利亚-亚太地区微创妇科研讨会。

(杨　静)

【体制改革与管理】　年内,大力加

强特色科室建设。投入专项资金对体检中心进行改扩建，合理布局，规范服务。推行会员制、优惠卡，服务实行微机管理，建立健康档案，快速提供体检诊断和健康处方，建立终身制保健服务关系，将体检异常者按疾病分类转到各科进行治疗，发挥体检优势，达到资源共享目的。建设糖尿病防治中心，使之成为具有一级专业特色的糖尿病专科，建立科学、专业、合理、全面预防、治疗、康复体系。延长门诊时间，将周六、日门诊半天改为全天门诊，节假日隔日门诊改为每日门诊。合理改进就诊流程，B超申请单、放射科申请单不用到科室划价，可直接到收费处交费；急诊病人不用到急诊科拿号，白天直接到挂号室挂号、夜间直接到收费处挂号。社区中心继续完善服务功能，以医疗为切入点，以初级卫生保健工作为基础，完善双向转诊制度，建立双向转诊绿色通道，为居民提供方便、快捷、高效、低廉的连续性医疗护理服务。

（杨 静）

【医疗工作】 年内，门急诊累计282907人次（含社区门诊22682人次），急诊总量16974人次，住院人数2961人次，累计开放床63187日，累计占用床38926日，出院者累计占用床38943日，累计出院2890人次，床位使用率62%，病床周转率16.54%。7日确诊率96.74%，出院符合率99.83%。急诊抢救75人次，成功53人次，成功率70.67%，病房抢救88人次，成功37人次，成功率42.05%。手术量1500余例，其中大手术500余例，主要手术为胆囊切除术、胃切除术、乳腺癌根治术、直肠癌根治术、人工股骨头置换术、骨肉瘤切除术、全子宫切除术。妇科新开展慢性宫颈炎、宫颈肥大LEEP刀锥切术及下生殖道尖锐湿疣LEEP切除术系列治疗，输卵管异位妊娠的截断切除端端吻合术。

（杨 静）

【医保工作】 年内，负责呼家楼地区2.88平方公里6.7万常住人口、14家社会单位医疗服务工作，为参保人员提供医疗服务约32.4万人次。根据医保中心下发的《费用支出情况通报》，结合医院《病房管理综合评分标准》，根据工作量、住院次均费用、药费比例、病历返修率、拒报情况等指标进行管理，加强住院病人手册管理，严格审核、结算，保证医院资金回笼。对医保住院病人进行全程监控，做到周有检查月有评估，定期下病房对合理检查、合理治疗、合理用药、协议执行情况等检查住院病历，重点病历随时抽查，通过微机掌握住院病人在院期间治疗全过程，及时发现问题及时纠正。病人出院复核病例，对合理用药、合理诊断、病程记录、主任查房等记录情况，认真审核，发现问题奖惩到位。全年参保出院病人1047人，申报费用719.81万元，平均住院日21天，住院次均费用9922元。

（杨 静）

【医学教育与科研】 年内，医院派各类人员参加各种学习班、培训37次87人，参加国家级继续教育136人、市级继续教育142人，所有中级以上职称人员均参加了国家级或市级继续教育。鼓励职工参加学历教育，本科毕业4人，专科毕业2人；4人在读，研究生、本科各2人。外送进修医师1人（朝阳医院胸外科），培养学科带头人2人（朝阳医院心内科1人，妇产医院肿瘤科1人），接收进修医师4人。申报区级继续教育认可项目14项，内科主治医师李立艳撰写的《国产重组链激酶马尿激酶溶栓治疗老年人急性心肌梗塞疗效的比较》获区科技发展进步三等奖，在正式期刊上发表论文15篇。

（杨 静）

【基本建设】 年内，完成感染性疾病科改造，用房面积由80多平方米扩大到540平方米，功能区域设置合理，就诊流程出入分开，诊疗分开，单循环不交叉。建立急救站，改建洗衣房。完成西楼电梯井改造及电梯安装。投资60万元完成对3个社区站点装修改造工程。对冷热上水和采暖管道改造更新，增加生活热水循环管道和两台热水循环泵。完成院内东侧化粪池改造。

（杨 静）

朝阳区中医医院

【概况】 朝阳区中医医院为区卫生局直属二级甲等医院。医院设中医专家会诊、乳腺病防治、社区卫生服务三个诊疗中心，中医脑病、针灸、骨伤三个特色科室，临床科室内科、外科、急诊科、妇科、皮科、耳鼻喉科、眼科、口腔科、保健科，辅助科室放射科、检验科、功能科、中药房、西药房。

地址：工体南路6号
电话：65534914
邮编：100020
E-mail：cyqzyyy@163.com

（董鸿蓉）

【社区卫生服务】 8月19日，作为朝外社区卫生服务中心，代表朝阳区接受北京市社区卫生服务以奖代补绩效考核工作检查，取得北京地区第一名优异成绩；10月，代表朝阳区接受创建全国社区卫生服务示范区复核检查，接受国家级验收，顺利通过并得到好评。年内，发挥健康教育、慢病防治、社区专干三级网络作用，加强社区公共卫生宣传、健康指导、生殖保健指导，普及生活方式疾病综合防治知识，加强慢性病防治干预指导，完善社区卫生服务功能。进行义诊咨询12次，接受宣传人数21828人，发放宣传资料

26793份,开展健康讲座95次,受教育2800人次。配合市、区防病中心,在世界卫生日、爱牙日、计划免疫日、高血压日、糖尿病日、艾滋病日做好宣传工作。更换宣传专栏6期50块;结合各种卫生纪念日更换板报16期22块。

(董鸿蓉)

【基本建设】 10月18日,医院二期病房楼主体结构工程封顶。年内,改造门诊一楼大厅挂号室、划价收费处、西药房、中药房。将窗口操作台降低,为残疾患者提供便利;简化患者就诊流程,缩短排队等候时间。继上年实现划价、收费一体化后,原门诊中药房、西药房合并,调整为成药部和饮片部,患者取药只需站一次队,就可拿到西药、中成药、饮片;窗口由磨砂玻璃改造成透视性较高的可视玻璃,药房调剂工作便于患者监督。改造6个社区卫生服务站环境,修复无障碍设施,将全科诊室改造成一对一服务格局。

(董鸿蓉)

【医疗工作】 年内,总诊疗161618人次,门诊151700人次,急诊9918人次,急诊危重症抢救10人次,抢救成功率100%。住院879人,出院899人,床位周转11.6次,床位使用率71.38%,平均住院日22天,七日确诊率99.66%,出入院诊断符合率100%,治愈率25%,好转率65.7%,死亡率2.78%,院内感染率2.67%,住院手术例数65台。重点完善病案质量管理制度以及病案环节质量管理制度,包括病历全程质量管理制度、病历质量监控评价反馈制度、医疗文书书写制度、医疗文书书写培训制度、病历管理制度、运行病历管理制度、病历复制封存管理制度、病历传递安全制度等,完善全程管理各个环节。医院配备专人检查病历终末质量,每周检查现住院病历,逐科逐级逐人落实,病历质量按甲、乙、丙级分类。查出院病历440份,甲级病历率96.11%。其中,内科乙级病历5份、骨伤科乙级病历1份、外科乙级病历11份。所有乙级病历均对责任科室、责任人按照《综合评估奖惩实施细则》予以相应处罚。医保办公室每月统计通报医保患者出院次均费用、平均住院日、药费比例、自费比例,建立预警预告制度;建立住院、门诊量化考核指标,因超量化考核指标扣罚奖金14930.99元,因完成指标奖励8710元。住院、门诊量化考核的执行有效控制费用增长。截至12月20日医保出院229人,申报金额2129118.3元,比去年同期296人降低23%;1—9月份拒报4人次,金额225.76元,占申报金额0.02%;人均费用8950元,低于上年度4.25%,但仍高于市同级同类医院6.25%;药品所占比例57.37%,低于上年度9.29%,但仍高于市同级同类9%;本院医保平均住院日26天,仍高于同级同类3天。

(董鸿蓉)

【护理工作】 年内,医院成立院感管理办公室,成员由医务科、护理部、药剂科、后勤保障科、社区中心等组成,定期对全院院感工作进行全面检查,并将检查结果及时反馈科室,要求科室及时整改。护理部获市中医管理局授予的年度护理工作优秀奖,1名护士被评为年度优秀护士。

(董鸿蓉)

【医学教育与科研】 年内,参加继续教育159人,达标率100%。派出中青年卫技人员80人次参加国家级、市级、区级等各级各类培训班,特别鼓励参加全科培训,全年有22人参加全科医、护及防保医师培训班。接收大专院校实习生34人临床实习。接收德国、美国等285名医生和留学生在医院针灸科实习。录取研究生3人,其中硕士研究生2人、博士研究生1人。为本院职工举办各类学习班20次,参加培训1600余人次。承担继续教育项目19项,其中护理3项,114学时,19学分。参加讲座单位19个,培训人员约2100人次。医院在国家级、省市级杂志发表论文11篇,涉及中医、预防、骨伤、管理等方面内容。

(董鸿蓉)

药品监督管理

【概况】 北京市药品监督管理局朝阳分局负责朝阳区域内药品、医疗器械、保健食品、化妆品(简称三品一械)研究、生产、经营、使用全过程的监督管理工作,下设安全监管科、市场监督科、医疗器械科、保健品化妆品监管科、药品稽查办公室、办公室和药品检验所,办公室下设综合受理服务大厅,实施一站式服务。截至年底,区内有药品生产企业26家,药品经营企业475家(批发42家,零售433家),医疗器械生产企业122家,医疗器械经营企业1598家。另外,保健食品生产企业26家,化妆品生产企业8家。保健食品化妆品经营企业近2万家。
地址:管庄乡1号
电话:65776114　65776115
　　65776866
邮编:100024
区药品检验所地址:育慧北里世纪村2区9号楼3层
电话:84651170
邮编:100101

(孙晓芳)

【行政许可】　年内,组织人员依据《行政许可法》对涉及药品监督朝阳分局的行政许可事项进行全面清理,涉及行政许可10项。核发新办药品零售企业89家,变更160家次,换发新版《药品经营许可证》330家;核发新办医疗器械经营企业230家,办理变更148家;换发《医疗器械经营企业许可证》309家;核发新办医疗器械生产企业8家,变更9家,换发《医疗器械生产企业许可证》33家。

(孙晓芳)

【三品一械抽验与监督执法】　年内,完成药品抽验790批次,合格率99.1%,全检率62.41%;完成基础测试100批次,合格率95%;医疗器械产品抽样57件,合格率87.7%;保健食品抽验26批次,合格率100%;化妆品抽验50批次,合格率98%;对于不合格产品,分局均已立案调查。日常监督检查5200余家次;开展保健食品、化妆品、中药饮片等大规模专项整治9项;开展制假售假、无证经营等集中检查11次,增加专人负责举报投诉的受理答复工作,受理举报投诉714件,立案34件,作出行政处罚决定34件,罚没总计35万元,没收药品价值12万余元。

(孙晓芳)

【保健食品化妆品监管】　年内,保健食品、化妆品监管职能划转至药监部门。分局从严格组建队伍入手,在调研、分析基础上,制定"抓两头、带中间、以点带面,全程监管"思路,围绕保健食品、化妆品市场整顿关键环节,开展保健食品、化妆品生产经营现状大规模调查和专项检查,监督检查保化企业800余家。

(孙晓芳)

【药品安全社会监管网络建设】　年内,分局提出建设"药品安全社会监管网络"工作思路和工作方案,并经区长办公会研究决定纳入2005年朝阳区政府的50件实事。经过一年建设,监管网络初具规模,形成"四广泛"的良好态势。一是覆盖广泛:监管网络覆盖全区所有街道、地区,聘请社会监督员6人、药品协管员43人、药情信息员154人,详细建立人员档案信息库,明确网络人员职责及工作内容。二是培训广泛:由分局牵头,采取集中授课与日常自学相结合方式开展网络人员培训。内容涉及药品、医疗器械、保健食品、化妆品相关法律法规。组织网络全体人员集中培训2次,发放"药品安全社会监管网络培训讲义"、"安全用药知识读本"等学习材料2500余册。三是交流广泛:通过走访调研、每月编印《网络简报》、实行"药情信息"定期报送制等方式确保网络人员与药监部门交流渠道畅通。逐一走访42个街乡,发放《网络简报》千余册,收到"药情信息"报表100余份。四是影响广泛。监管网络建设极大提高了群众对药品违法违规行为关注程度和辨别力,得到社会各界大力支持。陆续接到药品协管员、药情信息员关于药品问题举报28起,占分局全部举报数10%;在社会监督员大力协助下,取得邮政部门积极配合,关闭违法邮寄药品信箱16个;与管庄、东坝、崔各庄地区联合进行集中整治工作3次,清理无证经营药品30处,没收药品36箱;此外,机场街道、潘家园街道和朝外街道禁止厂家、销售商在其地区举办宣传活动,有效防止违法销售药品行为发生。

(孙晓芳)

【安全用药进社区宣传】　年内,分局开展多次"安全用药进社区"主题宣传活动,通过系统工作,形成服务社区长效机制。一是建立合作长效机制,与北京药学会、劲松等试点社区签订协议书,制定长期宣传计划;二是组建稳定的志愿者队伍,形成一支由药品监督朝阳分局全体工作人员和北京市各大医院200余名药师组成的宣传队伍。三是通过咨询不断了解总结群众常见的用药误区,提高宣传指导针对性。四是运用多种宣传形式满足群众不同需求,常用形式有健康小课堂、清理家庭小药箱、真伪药鉴别、现场咨询等9种。五是充分发挥药师作用,保证每次宣传均有数名专业药师参加,提高指导专业性。六是公开药监局咨询电话和相关投诉电话,方便群众咨询和维权。全年深入社区67次,走入工地宣传2次,发放各类宣传材料40000余册。

(孙晓芳)

【科技药监建设】　年内,提出"科技药监"发展思路,不断提高药品监管科技水平。第一,高效办公自动化。建立基于OA系统的办公自动化网络平台,规范内部管理。在全局推行使用自动化办公(OA)系统,提高分局工作人员电子办公能力和网络应用水平,强化基于计算机软件的内部规范管理模式。实行岗位目标量化考核,建立实施《百分考核实施办法》,做好任务分解,运用量化指标强化每一名职工的具体工作职责和目标。从而建立"科技药监"智力支持体系和软、硬件保障体系。实现规范、公开、高效的政务运行机制。第二,规范监管科学化。根据新发展,开展全面深入的调研,把握方向,深入分析,寻找规律,统筹安排,不断探索科学监管新思路。进一步完善企业信用分类管理数据库,完善信用评价、披露制度和奖惩机制,突出监管重点,提高监管效率。第三,增强互动网络化。强化门户网站信息共享和网上审批功能,促进辖区内企业对电子政务的认识和应用,用信息化手段提高为企业、百姓服务的质量和水平。重点利用分局网站对最新法律法规及时宣传,提供法律咨询,实现政府部门与社会公众双向交流。开发基于网络平台的网上行政审批功能,探索网上咨询-网上申请-网上受理-现场验收-网上告知-发证-网上公告审批流程。科技药监各系统在分局全面推广应用,系统建设初具规模并取得一定实效。一是提高工作效率。以"朝阳区药品零售企业地理信息系统"(GIS)为例,该系统具有定位速度快、精度高(与实际测量误差在5米以内)、更新灵活、信息承载量大等特点,通过该系统,网络用户只需点击鼠标就可轻松查询有关药品零售企业具体地点和相关信息,免去药监部门部分现场测量工作,大大提高审批新办药品零售企业和日常监管效率。二是降低办公成本。自OA系统全面推行以来,分局办公用品费用大幅度降低。同时帮助工作人员从复印、传文、打电话等简单劳动中解放出来。三是实现信息共享。科技药监各系统能够有效地组织各种信息,使监管资源得到广泛合理使用。

(孙晓芳)

社会生活

民政工作

【概况】 朝阳区民政局是区政府职能部门,依法对社会事务进行管理,对全区民政工作进行业务指导、协调和检查,依法维护和保障人民群众基本生活权益。现有行政科室10个,事业单位21个。年内,在全市参加考核的27项工作中,25项荣获优秀,被评为民政工作全优单位。

地址:道家园6号楼附楼
电话:65023617
邮编:100025

(宋　磊)

【市领导慰问烈属】 2月5日,市人大常委会主任于均波、副主任索连生,副市长孙安民在市有关部门和区领导陪同下,看望了潘家园松榆西里军烈属储凤平一家,送去慰问金和慰问品。

(宋　磊)

【殡葬管理】 清明节期间,接待扫墓工作安全有序。圆满解决东郊殡仪馆临时停车问题,接待扫墓群众14.85万人,停放车辆1.43万辆。平坟工作采取疏堵结合方式,将以树代墓与绿化美化环境、促进精神文明建设相结合,摸索出一条解决乱埋乱葬等历史遗留问题有效途径。

(宋　磊)

【开展民办非企业单位诚信与自律活动】 6月7日,召开朝阳区民办非企业单位诚信与自律建设活动动员会,定于6月初至11月底在全区247家民办非企业中开展诚信与自律建设活动。

(宋　磊)

【农村社区建设】 6月中旬,与区委组织部、区委农工委等有关部门积极配合,启动农村社区集中审批工作,研究出台《朝阳区农村地区新建居民小区设立社区居委会暂行办法》。截至年底新批农村社区81个,加上原有34个,农村地区有社区115个。

(宋　磊)

【接受社会捐赠】 10月募捐月,全区募集衣被42万余件,按时发往江西、内蒙古、安徽贫困地区。年内,全区累计接收社会扶助金捐款465.83万元,为245名困难群众发放扶助款13.69万元。在向海啸受灾地区奉献爱心和共产党员献爱心捐款活动中,全区接收捐赠款466万余元,并按要求全部上缴。

(宋　磊)

【温暖行动在朝阳活动】 12月30日,开展温暖行动在朝阳活动。此活动由区委、区政府主办,区民政局、劳动和社会保障局、司法局、老龄工作委员会、红十字会、总工会、妇联、残联、慈善协会和团区委十家单位联合承办。主要救助生活在低保边缘人群,参加活动的还有各街道、地区、委、办、局等单位党政领导和基层相关部门负责人,捐款企业领导和个人代表,热心社会公益活动志愿者代表共千余人。

(宋　磊)

【爱心家园】 到年底,全区建成"爱心家园"13家,先后接受价值约71.8万元各类捐款捐物,为困难群众发放780张爱心救助卡。将节日送温暖与平常送温暖有机结合起来,使困难群众按需领取生活必需品。区民政局从福彩公益金中拨付150万元,用于"爱心家园"启动和运行。

(宋　磊)

【城乡最低生活保障】 年内,全区享受城乡低保待遇7226户14574人,当年发放城乡低保金、城市低保粮油帮困金4172.78万元。建立并实施每月330元农村生活困难补助制度,保障标准在全市范围内最高。区民政局协调16个职能部门,经过反复调研,拿出改善困难群众生活的实施方案,区政府常务会讨论通过。朝阳区在全市率先实现城乡低保并轨,各项低保政策全面落实,基本实现动态管理下应保尽保。

(宋 磊)

【农村基层政权建设】 年内,起草《关于调整充实朝阳区村务公开协调小组的请示》,充实完善朝阳区村务公开协调小组,健全机制,明确职责,形成一级抓一级、层层抓落实工作格局和纵向联动、横向配合、协力推进工作运行机制,在此基础上注重加强对各乡开展基层民主政治建设指导,组织部分村书记、主任外出参观考察,完成对157个村委会有关情况普查工作,为市委、市政府完善城乡基层组织建设保障机制,解决城乡基层组织工作经费不足问题提供参考数据。

(宋 磊)

【养老机构】 年初,区社会福利中心开业时只有几位老人,到12月增加到107名,入住率70%。年内,全区有养老服务机构30家,入住老人1869名。为促进养老服务工作由政府主导向社会化运作发展,对全区民办公助和公办民营养老服务机构给予补助(民办每个床位每月补100元,公办民营每个床位每月补50元)。

(宋 磊)

【福利彩票销售】 年内,销售福利彩票4.1亿元。

(宋 磊)

【征地超转人员管理】 年内,为解决区商业保险及乡自管超转遗留问题,区民政局在深入调研基础上与相关部门联合出台《关于解决我区参加商业保险超转人员生活及医疗补助问题的意见》和《解决我区乡自管超转人员生活及医疗补助的意见》,将于2006年1月1日起实施。

(宋 磊)

【婚姻收养登记】 年内,办理婚姻登记17634对,补领婚姻登记1744人,收养登记19件,婚姻收养登记执法合格率保持100%。

(宋 磊)

【信访工作】 年内,完成人大代表建议和政协委员提案9件,代表、委员满意率为100%。根据国务院《信访条例》,制定信访规范文书及相应配套工作制度,加大政策培训和宣传力度。办理来信来访110件(次),无遗留问题。

(宋 磊)

社区建设

【概况】 中共朝阳区委街道工作委员会、朝阳区人民政府街道工作办公室是负责本区街道工作的主管部门。全区下设朝外、建外、双井、劲松、垡头、机场、小关、安贞、望京、大屯、三里屯、六里屯、八里庄、酒仙桥、香河园、麦子店、团结湖、亚运村、和平街、左家庄、呼家楼、潘家园22个街道办事处和东湖筹备处,有188个社区。总面积115.95平方公里,常住人口176.968万人。

地址:日坛北街33号

电话:65099333

邮编:100020

(李志才)

【安全社区创建】 4月5日,世界卫生组织社区安全促进合作中心主席温斯朗在中国职业安全健康协会副理事长纪明波、秘书长吴宗之陪同下,来本区实地考察望京和麦子店两街道安全社区创建工作。望京街道作为市级和谐社区示范点试点单位,结合实际,推出安全社区网站和人口综合信息、社会单位综合信息、环境与市政设施数据库,制定社区安全指标体系,带动街道整体创建工作。同时加大科技创安力度,在重点大街及重点部位共安装监控探头162个,安装楼宇对讲10937户,创建工作得到世界卫生组织官员和国家、市、区有关领导肯定和居民群众认同。

(李志才)

【党建工作】 从7月开始,街道系统参加全区第二批先进性教育活动,全区22个街道1549个基层党组织和61298名党员顺利完成学习动员、分析评议、整改提高三个阶段的各项任务。年内,贯彻市委《关于推进基层党建工作创新的意见》,基层支部由1193个调整到1270个,配齐配强支部班子,健全并落实党支部工作制度,加强党支部书记教育培训。

(李志才)

【市领导调研】 8月9日上午,刘淇、强卫、吉林等市领导到望京街道调研朝阳区和谐社区建设工作。

(李志才)

【环境建设】 年内,街道系统完成平房灌渠麦子店段、朝阳无限小区北侧万米绿地、亮马河街心花园3处景观工程建设,完成中路南三条小区等32个旧小区改造项目、经贸大学等23处新小区绿化项目。新增绿地32.95万平方米,改造绿地18.12万平方米,铺装13.99万平方米。完成三里屯幸福二村首带钢小区路等24条居民小区路改扩建,道路总长25156延长米,修复路面39914平方米。

(李志才)

【构建为民服务体系】 年内,通过整合、置换、新建等途径,改扩建18个街道93个社区办公服务用房,使全区188个街道系统社区办公服务用房全部达300平方米。健全社区公示、听证会、财务管理、居务公开、居民代表会议和社区常务代表会等各项规章制度,不断强化社区自我管理、自我教育、自我服务、自我监督功能。新成立社会中介组织163个,其中在民政部门注册的26个,文体活动类中介组织43个、权益保障类24个、社会服务类96个;规范各类社区中介组织437个,在为居民提供服务、反映诉求、规范行为方面发挥积极的作用。建立社区网上论坛,以技术和文化为媒,发展电子民主,提高居民的参与率和归属感。

(李志才)

【解决八难问题】 年内,街道系统继续深入解决八难问题。新建51个菜点,解决39个社区买菜难问题;新建、改扩建社区卫生站20个,建立健康档案53264人,增设服务项目62项,看病难问题有所缓解;举办招聘会150场,培训13094人次,开发就业岗位47543个,实现就业人数18503人,其中安置4050人员5576人,就业率达58.17%;实施"阳光早餐工程",解决29个社区早餐难问题;新建停车场42处,新增停车位8892个。

(李志才)

【实施人文奥运工程】 年内,街道系统举办大型文艺演出310次,参加居民25.4万人次;各种群众性文体活动1383次,参加居民71.7万人次。朝外、麦子店、双井、垡头、潘家园5个街道投资1400万元,建成了总面积21500平方米的5个文化广场。22个街道文化中心全部达到800平方米以上。六里屯、潘家园、八里庄、小关、亚运村等5个街道单独设立文化中心;望京、小关、和平街等18个街道有5000平方米的文化广场;22个街道全部建成100平米以上万册图书馆。

(李志才)

居民生活状况

【概况】 年内,据城市住户调查资料和农村住户调查资料显示,全区城乡居民家庭人均收入比上年有所增加,城市居民家庭人均可支配收入17506元,同比增长11.1%,农村居民家庭人均纯收入11085元,同比增长8.0%;城市居民人均总支出比上年有所减少,人均家庭总支出16922元,同比下降2.3%,农村居民总支出比上年有所增加,人均家庭现金支出8812元,同比增长7.9%;城市居民人均储蓄总额较上年有所下降,城市居民人均提取储蓄款2471元,同比下降27.5%;人均存入储蓄款4499元,同比增长32.3%;人均储蓄性保险支出165元,同比下降25.3%。农村居民人均储蓄总额较上年有所减少,农村居民人均期末手存现金1568元,同比减少17.5%;人均期末存款余额9517元,同比下降13.4%。

(林玉珠 张沛忠)

【居民收入】 年内,全区居民家庭人均可支配收入17506元,比上年增加1749元,同比增长11.1%。在收入的四项构成中,人均工薪收入14326元,比上年增加1750元,同比增长13.9%;人均经营净收入230元,比上年减少19元,同比下降7.6%;人均财产性收入123元,比上年增加13元,同比增长11.8%;人均转移性收入5033元,比上年增加401元,增长8.7%。全区农村居民家庭人均纯收入11085元,比上年增加824元,同比增长8.0%。在收入的四项构成中,人均工资性收入7313元,比上年增加409元,同比增长5.9%;人均家庭经营性收入457元,比上年增加57元,同比增长14.3%;人均财产性收入2175元,比上年增加157元,同比增长7.8%;人均转移性收入1140元,比上年增加201元,增长21.4%。

(林玉珠 张沛忠)

【居民储蓄】 年内,城市居民人均提取储蓄存款2471元,比上年减少935元,同比下降27.5%;人均存入储蓄款4499元,比上年增加1096元,同比增长32.2%;人均储蓄性保险支出165元,比上年减少56元,同比下降25.3%。农村居民人均期末手存现金1568元,比上年减少332元,同比下降17.5%;人均期末存款余额9517元,比上年减少1471元,同比下降

13.4%。

(林玉珠 张沛忠)

【居民消费支出】 年内,城市居民人均家庭总支出16922元,比上年减少403元,同比下降2.3%。人均消费性支出13257元,比上年增加527元,同比增长4.1%,其中服务性消费支出4158元,比上年增加147元,同比增长3.7%。在人均消费性支出中,食品类支出4449元,占人均消费性支出的33.6%;衣着类支出1221元,占9.2%;设备用品及服务类支出821元,占6.1%;医疗保健支出1097元,占8.3%;交通和通讯支出1732元,占13.1%;教育文化娱乐服务支出2338元,占17.6%;居住类支出1018元,占7.7%;杂项商品和服务类支出580元,占4.4%。农村居民人均家庭现金支出8812元,比上年增加648元,同比增长7.9%。其中人均消费性支出8013元,比上年增加673元,同比增长9.2%;服务性消费支出2653元。在人均消费性支出中,食品类支出2595元,占人均消费性支出的32.4%;衣着类支出697元,占8.7%;设备用品及服务类支出545元,占6.8%;医疗保健支出643元,占8%;交通和通讯支出986元,占12.3%;教育文化娱乐服务支出1232元,占15.4%;居住类支出1147元,占14.3%;杂项商品和服务类支出168元,占2.1%。

(林玉珠 张沛忠)

【食品支出】 年内,城市居民家庭人均购买食品支出4449元,比上年增加316元,同比增长7.6%。恩格尔系数为33.6%,比上年增加1.1个百分点。在食品消费支出中,粮油类支出427元,增长3.6%;肉禽蛋水产品类922元,增长4.3%;奶及奶制品支出273元,增长1.9%;在外饮食支出1282元,增长9.9%。农村居民家庭人均购买食品支出2595元,比上年增加258元,同比增长11%。恩格尔系数为32.4%。在食品消费支出中,粮油类支出278元,下降6.1%;肉禽蛋奶水产品类805元,增长10%;在外用餐支出404元,增长11.6%。

(林玉珠 张沛忠)

【衣着支出】 年内,城市居民人均购买衣着支出1221元,比上年增加126元,同比增长11.5%。其中,购买服装类支出817元,比上年增加72元,同比增长9.7%;购买鞋类支出327元,比上年增加51元,同比增长18.5%。农村居民人均购买衣着支出697元,比上年增加144元,同比增长26%。其中,购买服装类支出446元,比上年增加104元,同比增长30.4%;购买鞋类支出217元,比上年增加44元,同比增长25.4%。

(林玉珠 张沛忠)

【耐用消费品支出】 年内,城市居民人均购买大件耐用消费品支出398元,比上年减少65元,同比下降14.0%。每百户居民家庭耐用消费品拥有自行车181辆,摩托车6辆,家用汽车15辆,洗衣机106台,电风扇127台,电冰箱105台,冰柜7台,彩色电视机154台,影碟机65台,录放像机49台,家用电脑94台,组合音响41套,摄像机17台,照相机112架,中高档乐器(不包括钢琴)11件,微波炉89台,空调器154台,电炊具126台,淋浴热水器101台,饮水机59台,吸尘器43台,健身器材15件,普通电话104部,移动电话207部。每百户农村居民家庭耐用消费品拥有自行车195辆,摩托车35辆,家用汽车13辆,洗衣机107台,电风扇141台,电冰箱117台,彩色电视机143台,影碟机66台,录放像机22台,家用电脑69台,组合音响37套,摄像机7台,照相机66架,中高档乐器7件,微波炉79台,空调器148台,淋浴热水器74台,吸尘器24台,普通电话113部,移动电话182部。

(林玉珠 张沛忠)

【医疗保健支出】 年内,居民人均用于医疗保健方面支出1097元,比上年增加14元,同比增长1.3%。其中:医药费支出589元,比上年增加31元,同比增长5.6%;滋补保健品支出210元,比上年增加2元,同比增长1%。农村居民人均用于医疗保健方面支出643元,比上年增加41元,同比增长6.8%。其中:医疗保健用品支出315元,比上年增加45元,同比增长16.7%;医疗保健服务支出328元,比上年减少3元,同比下降1%。

(林玉珠 张沛忠)

【交通和通讯支出】 年内,城市居民人均用于交通和通讯方面支出1732元,比上年增加90元,同比增长5.5%。人均交通方面支出(包括购置交通工具、支付燃料及零配件、交通费和维修服务费)848元,比上年减少51元,同比下降5.7%。人均通讯方面支出(包括购置通信工具、通信服务)884元,比上年增加140元,同比增长18.8%。农村居民人均用于交通和通讯方面支出986元,比上年减少23元,同比下降2.3%。人均交通方面支出(包括购置交通工具、支付燃料及零配件、交通费和维修服务费)423元,比上年减少136元,同比下降24.3%。人均通讯方面支出(包括购置通信工具、通信服务)561元,比上年增加112元,同比增长24.9%。

(林玉珠 张沛忠)

【教育和文化娱乐支出】 年内,城市居民人均用于教育和文化娱乐支出2338元,比上年减少3元,同比下降0.1%。其中,人均教育支出986元,比上年减少87元,同比下降8.1%;人均文化娱乐服务支出657元,比上年增加104元,增长18.8%;用于团体旅游方面支出421元,比上年增加125元,同比增长42.2%。农村居民人均用于教育和文化娱乐支出1232元,比上年增加110元,同比增长9.8%。其中,人均文化教育娱乐用品支出344元,比上年增加68元,同比增长24.6%;人均教育服务支出711元,比上年减少30元,下降4%;用于文化体育娱乐服务支出178元,比上年增加72元,同比增长67.9%。

(林玉珠 张沛忠)

【居住支出】 年内,城市居民人均用于居住方面支出1018元,比上年减少19元,同比下降1.8%。其中:住房支出487元,比上年增加22元,同比增长4.7%,水电燃料支出487元,比上年减少44元,下降8.3%;居住服务费支出44元,比上年增加3元,同比增长7.3%。农村居民人均用于居住方面支出1147元,比上年增加30元,同比增长2.7%。其中:购买居住消费品支出743元,比上年增加131元,同比增长21.4%,居住服务费支出404元,比上年减少102元,同比下降20.2%。

(林玉珠 张沛忠)

【杂项商品及服务支出】 年内,城市居民人均用于购买杂项商品和服务方面支出580元,比上年增加54元,同比增长10.3%。农村居民人均用于购买杂项商品和服务方面支出168元,比上年增加46元,同比增长37.7%

(林玉珠 张沛忠)

消费保护

【概况】 朝阳区消费者协会(简称区消协)是依法保护消费者权益的社会团体。年内,受理各类消费投诉7510件,办结7496件,办结率99.81%;接待来访咨询13764人次,为消费者挽回经济损失625.16万元;因欺诈行为得到加倍赔偿112件,赔偿额9.67万元;支持消费者起诉305件,提供案源后执法部门罚款2.9万元;收到表扬信19封,锦旗3面。

地址:霄云路霄云里1号

电话:51069404

邮编:100016

(贾向文)

【3.15活动】 3月15日,以健康·维权为主题咨询宣传活动,名优企业边咨询边销售改为在活动现场为消费者提供识假辩假知识的服务;12315食品检测车开进活动现场,让消费者亲眼目睹快捷简便的检测程序;启动巡回受理投诉车,深入社区、乡村、军营等地,为不同层次消费者提供快捷简便服务。发放宣传材料45000余份,接待咨询16758人次,现场受理投诉350件(均已办结)。

(贾向文)

【美容化妆品市场消费状况调查】 9月中旬,配合本市消协开展美容化妆品市场消费状况和消费者满意度调查。13日至20日,组织24名女性消费者分别对区内北京京华今日美容有限公司、娇雪创意美容有限公司等8家专业美容机构进行经营场所是否卫生、整洁,美容消毒设施是否齐全,美容化妆产品包装标志是否有检验合格标示,护肤后是否有痒、肿、过敏等11项调查亲身体验。

(贾向文)

人口和计划生育

【概况】 朝阳区人口和计划生育委员会是负责本区人口和计划生育工作的政府组成部门,具有开展区域人口发展战略研究,落实人口和计划生育相关政策、法规,开展以技术服务为主的计划生育优质服务,普及人口和计划生育科学知识等职责。下设生殖保健技术服务中心、避孕药具管理站、宣传站3个事业单位。朝阳区计划生育协会是协助政府动员广大人民群众参与计划生育工作的社会团体。年内,全区人口计生工作立足于为经济社会发展和满足群众需求服务,加快建立和完善人口和计划生育工作新机制,全面落实市政府下达的责任目标。

全区新出生人口10685人,计划生育率98.5%,人口自然增长率1.7‰。
地址:日坛北街33号
电话:65094604
邮编:100020

(肖志锋)

【第13亿小公民诞生】 1月6日凌晨00:02分,中国第13亿小公民,在位于六里屯街道的市妇产医院出生。全国人大常委会副委员长顾秀莲、国家人口计生委主任张维庆、北京市副市长孙安民等市区领导到医院迎接第13亿小公民出生。同时,本区采取多样化、全方位形式开展十三亿人口日宣传周活动。

(肖志锋)

【项目交流评比】 1月18日,区计生协、区教委召开青春健康项目、预防艾滋病项目交流评比表彰会。会议总结项目实施5年成果,表彰做出贡献的单位、个人,颁发十佳教案奖、十佳征文奖和优秀征文奖。试点校北京市求实职业学校、左家庄街道计生协和先进个人作典型发言。

(徐树津)

【综合治理工作研讨】 7月27日,区人口和计划生育综合治理工作研讨会召开。市、区人口计生委领导与区人事局、区劳动保障局、区民政局、区卫生局、区教委、区街办、区农委、区工商分局和公安分局等9个综合治理部门负责人参加会议。各综合治理部门结合自身职责分工和工作实际,介绍人口和计划生育综合治理工作情况,总结相关工作经验和存在问题,提出工作建议,并就人口和计划生育综合治理工作思路、工作方法和工作机制建设等重点问题进行研讨。市人口计生委领导强调要注重综合治理工作机制建设,做到宣传教育到位、领导责任到位、督促检查到位、协调保障到位、考核测评到位。

(罗汉妮)

【婚育新风进万家活动】 9月23日,朝阳区婚育新风进万家活动图片展开幕,有30个展板、140余幅照片,集中展示5年来婚育新风进万家活动在转变群众婚育观念、建设新型生育文化方面取得的成果。11月,在中宣部、中央文明办、国家人口计生委等10部门联合召开的2001—2005年全国婚育新风进万家活动经验交流暨总结表彰大会上,朝阳区获活动先进区称号。小红门乡、南磨房地区、首都机场街道、三里屯街道获活动先进乡(镇、街道)荣誉称号。

(王晓岚)

【首届人口论坛】 11月10日,朝阳区首届人口论坛召开。论坛以和谐与发展为主题。主论坛由资深人口理论专家从全局视野、宏观层面对北京市及朝阳区人口发展的重大问题进行研究论述,两个分论坛分别是流动人口与人口老龄化研究论坛、优质服务与人口和计划生育工作论坛。《朝阳区首届人口论坛优秀论文集》随论坛同时推出。国家人口计生委宣教司、市人口计生委、区有关领导以及吉林、湛江等省市人口计生委领导,中国社会科学院、北京大学、中国人民大学、首都经贸大学、北京市人口研究所等在京人口理论界专家学者,区综合治理部门负责人、街乡行政领导、计划生育干部300余人参加论坛。

(王晓岚)

【市专项督查】 11月25日,由市人口计生委主任邓行舟、市委督查室副主任郭淼任组长,由相关部门组成的市委、市政府督查组,到本区就《中共中央国务院关于加强人口与计划生育稳定低生育水平的决定》和《中共北京市委北京市人民政府关于稳定低生育水平加强人口与计划生育工作的意见》落实情况进行专项督查。督查组听取区政府汇报并与有关领导进行座谈,到安贞街道办事处听取汇报、进行座谈、视察社区。督查组肯定本区重视综合治理人口计生工作,汇报客观、实际,问题找得准,措施到位。

(肖志锋)

【"十一五"人口规划编制】 年内,作为重点专项规划朝阳区"十一五"时期人口发展与调控规划的牵头部门,人口计生委协调发改委等13家与人口问题相关的职能部门,与中国人民大学、首都经贸大学、市委党校等高校的人口研究所共同开展规划调研、数据收集、编写工作,完成规划初稿,送相关部门审批。

(肖志锋)

【农村部分计划生育家庭奖励扶助】 年内,落实农村部分计划生育家庭奖励扶助制度。经过数月调查、评议、公示,完成符合4项领取条件339名人员材料上报。符合条件人员获每人每年600元计划生育扶助金。12月15日始,向群众发放奖励扶助专项基金存折。

(高景梅)

【常住人口】 年内,朝阳区有常住人口655420户1722015人,男870928人,女851087人;其中非农业户口584198户1556080人,农业户口71222户154735人,18岁以下187073人,18至35岁476778人,35至60岁734996人,60岁以上323168人。

(丁义川)

【流动人口】 年内,朝阳区登记办证流动人口913352人,男560149人,女353203人,其中:探亲访友13075人,治病生育1249人,参观旅游路过3910人，开会外调汇报2586人，技术交流2913人，培训进修5915人，借调403人，借读7121人，建筑施工160901人，采购推销联系业务21622人，从事联营企事业34733人，从事个体经营221800人，临时工合同工418234人，保姆4449人，投靠亲属2888人，其他11553人。

（丁义川）

老龄工作

【概况】 朝阳区人民政府老龄工作办公室在区老龄工作委员会领导下负责全区老龄工作。年内，救助80岁以上特困老人35人，投放资金近三万元；对48位百岁老人定期走访慰问，发放补助金三万八千多元。

地址：日坛北街33号

电话：65094460

邮编：100020

（韩仲海）

【第五届老年运动会】 6月10日，朝阳区第五届老年运动会在区体育中心举行。比赛项目增至16项，全区42个街（乡）组队报名参加，三千多人参加比赛及表演。大会前多数街乡都进行预赛、选拔赛，有万名老人先后参与活动。

（韩仲海）

【健康老人评选活动】 6月，开始评选北京市及朝阳区健康老人活动，朝阳区有近万名老年人参与，经过层层选拔，严格测评，评选出市级健康老人之星20名，区级健康老人之星13名，健康老人1686名。

（韩仲海）

【帮扶工作】 8月初，在对全区“空巢”家庭老人服务需求情况进行调查摸底的基础上，与团区委携手启动一对一、多对一青年助老志愿服务工程，一批青年志愿者个人或集体与部分“空巢”老人签订帮扶协议，定期上门为老年人提供各种服务；同期下发《关于在基层社区建立“空巢”家庭老人帮扶服务网络的实施意见》，对区内建立老年人安全服务、医疗服务、生活服务、温情服务网络工作进行部署。年内，对区域内“空巢”家庭老人中的高龄、特困、重病及知名人士等几类人员进行了重点帮扶。由市级两级政府投资，为有特殊困难的“空巢”家庭老人免费安装紧急医疗求援呼叫器500个。

（韩仲海）

【老年人协会】 9月，望京街道老年协会成立，11月18日，朝阳区第二期社区老年人协会会长培训班在朝阳宾馆举办，来自42个街乡的老龄干部和老年人协会会长300余人参加培训。全国老龄工作委员会办公室政研处处长围绕国际国内关于老龄社会的基本认识、未来百年中国人口老龄化基本趋势、如何理解中国老龄社会和基层老龄工作开展四方面授课。

（韩仲海）

【双创建活动】 年内，开展争创敬老先进社区居委会、敬老先进村活动，结合先进性教育整改工作，深入街乡对社区（村）创建工作进行实地检查指导，根据创建标准逐项检查，及时反馈意见，及时解决存在问题，各街乡及典型示范社区（村）全部检查完毕，向市老工委推荐8个市级创建先进单位，对评选出的34个区级创建先进社区（村）进行表彰。

（韩仲海）

地 域

街 道

朝外街道

【概况】 朝外街道位于朝阳区西部,东起东大桥路,南到光华路,西至东二环东路,北临工人体育场,面积2.2平方公里。有7个社区居委会,户籍人口13254户、44591人,新出生210人,死亡211人,自然增长率为0.02‰;暂住人口4649人,人口密度每平方公里22381.82人。住有回、满、蒙、藏等19个少数民族5486人,南下坡清真寺成为远近闻名的伊斯兰教活动场所。驻地单位1759个,其中中央单位83个,市属单位63个,区属单位96个,街属单位19个,非公经济1498个,产业分支621个。入驻外企128家,世界五百强企业10个。商业饮食网点290个,旅店服务业16个,个体工商户4632户,有中学3所,小学2所,幼儿园3所,医院4所,社区服务中心1个,社区卫生站4个。域内驻有外交部、司法部、民主党派办公楼等国家机关和英国、朝鲜、罗马尼亚、印度、希腊等13个外国使馆。有街巷、胡同28条,朝外大街被市政府确定为第三商业大道,两侧云集丰联、联合、泛利、华普、天雅、中国人寿、蓝岛、旺市百利、百脑汇等22个大型商厦和写字楼。辖域内有日坛公园、东岳庙以及神路街琉璃牌楼等文化、文物古迹。街道设置党政工作机构11个,机关工作人员87人;事业单位2个,工作人员21人。

办事处地址:雅宝里15号楼

电话:85629992 85613794

邮编:100020

(张 群)

【街道社区建设网】 1月,以面向居民、面向社区为宗旨,利用互联网技术,在社区居民、社区居委会、街道办事处三者之间建立沟通交流的信息平台—朝外街道社区建设网(http://chwcc.bjchy.gov.cn)。该网站的开通,既通过社区介绍、社区新闻等信息通道,加强与居民群众联系,宣传社区建设成果,向社会展示朝外社区风采,还通过社区服务、办事指南、留言等系统,拉近政府与百姓距离,将网上为民服务、政民互动变为现实。

(张 群)

【社区志愿者协会成立】 3月4日上午,各社区同时启动社区志愿者协会成立和志愿者社区注册服务仪式。7个社区依托协会成立邻里一家亲、健康服务队、真情互助队和私企青年服务队等42支各具特色的志愿者队伍。1155名社区志愿者分别在所属社区注册、领取《朝外注册社区志愿者证书》。

(张 群)

【也门考察团考察社区党建工作】 4月25日下午,以政治与对外关系部部长尤尼斯·哈扎·哈善为团长的也门全国人民大会干部考察团一行6人,在中央对外联络部三局中东处处长陪同下,来到吉祥里社区,考察调研社区党建工作。也门朋友听取社区党委开展党建工作的情况介绍,参观社区办公环境、居民居住环境和社区文化活动中心,对中国的社区党建给予高度评价,表示要把看到的、学到的东西传递给也门人民,为促进两国人民的友谊做出积极的贡献。

(张 群)

【人大代表听证城中村拆迁工作】 6月30日上午,区人大街工委组织地区人大代表对“城中村”拆迁工作进行听证。听证中,代表认真听取了区市政管委领导关于芳草地“城中村”历史成因及朝阳区年内环境建设规划任务以及关于拆除芳草地38号院前期调查、评估、入户动员、拆迁招投标等准备工作情况汇报。负责该项目拆迁的公司领导同时向代表介绍被拆迁户基本构成、拆迁补偿、搬迁奖励政策等情况。代表们到“城中村”实地考察。

（张　群）

【城市环境整治】　6月，结合朝外大街无照摆摊、百脑汇门前贩卖盗版软件、乞讨人员屡禁不止等影响辖区社会稳定的热点、难点问题，在原有电子监控系统、治安岗亭和多警联动、突击整治基础上，投入近60万元，抽调公安4人、城管8人，雇用保安32人，组成朝外大街专项整治队伍，购置专用警车，采取人防、技防相结合管理模式，分路段从早8点至晚10点每天14小时对朝外大街治安秩序实施不间断巡视与监控。治安警情由原来平均每天20余起下降到平均每天8起。年内，针对雅宝路儿研所周边交通拥堵问题，以治理黑三轮为重点，联合公安、交通、城管等职能部门，持续不断地对雅宝路地区黑三轮、黑机动车、乱设广告以及流动盒饭进行不间断整治和规范，先后查缴黑三轮182辆，更换儿研所门前破损地砖1000平方米，拆除影响交通和环境秩序的不规范广告40余块；配合区政府及相关部门，拆除雅宝天地市场和盛世发打包站2处6400平方米违法建设，协调区绿化局在拆违清腾空地修建1处可容纳300余辆机动车的停车场；修建雅宝路生态环保公厕和自行车停车处，使该地区交通拥堵和环境秩序得到有效缓解。配合创建国家卫生城区迎检和创建全国文明城区验收、创建全国社区卫生服务示范区验收，全年街道清除脏乱死角32处，清运垃圾渣土、白色污染785吨，清除树挂453处、乱喷小广告330余处，端掉非法小广告窝点4个，收缴非法小广告52300余份，打掉露天烧烤、明火制作22个，查处修复霓虹断亮55处、门店招牌漆皮脱落24处，检查规范“门前三包”单位4850个次，查处各类违章4115起，罚款189500元。配合区有关职能部门拆除东大桥13号楼顶部430平方米巨型广告牌；拆除朝外大街私设灯箱广告70余块。加大对建筑工地管理力度，严格规范进出土方车辆。投入2万元对区政府周边工地实行全区街景和艺术围档。

（张　群）

【党建工作】　7月16日上午，街道工委在日坛公园马骏烈士墓前隆重举行“党徽戴起来，《国际歌》唱起来，入党誓词记起来，党员形象树起来”主题实践活动启动仪式。200多名共产党员面对党旗再次庄严举起右手，重温入党誓词，高唱《国际歌》，发出为共产主义事业奋斗终生的豪迈誓言。年内，根据区委部署，经过广泛动员、深入学习，认真分析，查找问题，积极整改，总结提高等步骤，广泛开展保持共产党员先进性教育活动，并通过集中学习、参观展览、专题党课、事迹报告、观看影片等多种学习教育形式，辖区党员参加教育活动覆盖率99.7%；工委广开渠道，广纳群言，积极搭建征求意见平台，先后召开支部生活会41场次，开展多层次谈心941人次，召开各层面征求意见座谈会50场次，征集各种意见建议571条次；在对存在问题进行认真分析研究基础上，制定涉及加强领导班子建设、提高机关工作效率、突出抓好社区工作、积极主动为民服务、优化辖区发展环境、推进基层党建创新等方面32条整改措施并坚持边整边改；建立党员分类管理、党员长期教育、党员行为约束、党员发挥作用、党建工作保障长效机制。通过领导接待群众、现场办公、社区工作日等制度，搞好上级组织为下级组织的服务；为离退休老干部和特困党员办实事；组建党员志愿者服务队伍，与重点帮困对象结对，做实党组织和党员为群众的服务；与229家社会单位签定双向服务协议，开展共建活动以及向群团统战领域延伸党建手臂，组织地区性文体活动、举办工会干部培训等，强化社区党组织与社会单位党组织间的双向服务。在社区居委会干部中发展2名党员。

（张　群）

【市社区统战工作调研会】　9月8日上午，市委统战部在朝外街道召开全市社区统战工作调研会，市委统战部部长尤兰田、副部长周伯琦等领导以及东城、西城、崇文、宣武、朝阳、海淀、丰台、石景山等城八区街道、社区统战工作领导参加会议。朝阳区委统战部部长沈乃宏向与会领导汇报充分发挥好宣传教育、民主决策、公益先行、文明示范4个作用开展统战工作的情况；朝外街道工委以“把握特色、挖掘内涵、努力开创统战工作新局面”为题介绍街道发挥民族街道特色，结合创建和谐社会开展和探索统战工作的做法。城八区领导分别结合自身开展统战工作实际、存在的问题以及今后努力方向，对如何加强新时期社区统战工作进行广泛交流与深入研讨。此次会议进一步明确了把服务群众作为当前社区统战工作的基本内容和切入点以及社区统战工作为社区建设服务、为构建和谐社区服务的根本任务。

（张　群）

【解决群众八难】　年内，继续深化解决“八难”问题。先后协调开发单位新开辟朝外MEN市场门前、区委区政府南侧、儿研所南侧3处停车场，新增车位近500个；投资78万元，新增绿地18500平方米；投入8000元新增芳草地、三丰里便民菜站2处；整合社会资源，鼓励芳草地社区内2处餐饮饭馆开设早餐项目；投资11.5万元，改扩建芳草地、吉祥里社区卫生服务站；依托社区积极开办健康教育医学讲座、举办地区人口与计生健康知识竞赛、开展争创全国社区卫生服务示范区活动，先后两次代表朝阳区接受创建全国卫生示范区专家组检查，获得好评；在发挥地区促进再就业联席会成员单位作用基础上，深入社会单位，广泛挖掘用人单位空岗信息，面向地区失业人员开展送经验、送政策、送岗位、送技能、送服务等多种形式再就业援助活动，对617人进行就业技能培训，开发就业岗位2126个，举办15场招聘会，626名下岗、失业人员实现了再就业。

（张　群）

【和谐社会细胞工程】　年内，在7个社区广泛实施以构建和谐社会从家庭做起为主题的和谐社会细胞工程，并将该工程与街道保持共产党员先进性教育活动相结合，与落实《朝阳区人文奥运行动宣言》、大力推进街道精神文明建设相结合，邀请中央民族歌舞团举行“走进民族大家庭，创建和谐社区”大型文艺演出；开展“科普进家庭，创建安全社区”现场展示活动；与社会单位共同投资25万元成立扶贫帮困的“爱心家园”；成立共产党员“先锋岗”，机关党员分别与辖区42个贫困党员结成对子，建立长期帮困“亲情岗”，带动辖区党员分别在安全、调解、教育、生态、服务等8个岗上发挥作用；成立与百姓连心互动的“民声聆听室”，及时为民消除怨气，使和谐社会细胞工程落到实处。

（张　群）

【安全稳定工作】　年内，联合165家社会单位，成立11个安全生产协作组，通过定期开展安全培训与互查，建立自下而上、主动防范、相互促动、齐抓共管的安全生产管理长效机制，消除各类不安全隐患112处。组织老番街市场、钱柜、儿研所等80余家重点单位和2000余名社区群众，举办大型消防和自救逃生演练。继续推动科技创安工程，对体东社区4个楼门安装楼宇门禁对讲系统。组织、发动社区治保积极分子实施“红袖标”巡逻监控工程，圆满完成春节禁放等各种敏感日以及重大活动期间安全保卫任务。进一步强化总值班室建设，通过引入电子安全防范系统，对辖区治安秩序实施全方位监控。成立了百姓连心互动的“民声聆听室”，建立处级领导社区接待日和地区矛盾排查分析会制度。全年处理政民互动投诉23件，处理信访63件，接待群众来访192件，调解矛盾纠纷64起，处理集体访4批次、200人；预防越级访30件次。

（张　群）

【医保报销服务大厅落成】　年内，为方便退休人员在居住地报销门、急诊大额医疗费，投资8万元在三丰里社区建成社会保障医疗保险报销服务大厅。厅内引入银行叫号系统，开设5个对外办公窗口，其中包括与残疾人无障碍通道相连的残疾人专用窗口；座椅、饮水机、便笺桌等设施齐全；医保报销相关政策、报销程序和服务人员职责以展板形式对外公示。大厅制定首问负责、工作无缺位、一次性告知、服务承诺等制度，确保服务到位。

（张　群）

【改善社区办公条件】　年内，投入133万元，采取置换、收购、追缴配套用房、原址改扩建等形式，使7个社区均实现300平方米集中办公服务。

（张　群）

双井街道

【概况】　双井街道位于朝阳区中西部，东起东四环，南至劲松大街和广渠路，西至东二环，北至通惠河，辖区5.08平方公里。东二、三、四环路、西大望路、广渠路等10条市级道路贯穿双井地区，有区级道路13条8044米。全部道路面积51万平方米，河道面积5.1万平方米，绿化总面积94.69万平方米，占辖区总面积18.6%，健身苑（点）23处，分布较为均匀。有7个社区居委会，一个社区筹备组，42个居民联组；常住人口2.7万户，8.1万人，其中流动人口14223人，人户分离人员占地区常住人口25%；育龄妇女20293人（其中户籍18571人，地区成年流动育龄妇女1160人），年内出生284人（男146人，女138人）；人口自然增长率0.56‰。驻地中央、市属单位17个，初具规模的独立经营非公企业596个。辖区内有幼儿园3所、小学3所、中学3所和社区老年大学1所、医院4家、社区卫生站4个。开发单位20个，施工项目33个，开复工面积2419063平方米，单体栋号154栋，年内交付使用建筑面积725854平方米，共49栋楼。

办事处地址：东三环中路16号（新锐大厦）
电话：67782507
邮编：100022

（金　晶）

【党建工作】　7月至10月，完成先进性教育活动集中教育学习动员、分析评议、整改提高三个阶段任务，初步达到提高党员素质、加强基层组织、服务人民群众、促进各项工作预期目的和效果。年内，以保持党员先进性教育活动为契机，从抓班子学习和抓科级干部学习入手，不断形成干部想事、干事、成事的良好氛围。落实制度抓整改。认真落实民主集中制，按照《区街工委关于开展领导班子贯彻执行民主集中制情况自查工作的通知》要求，广泛征求群众意见，认真开展自查整改行动；加大规范工作力度，先后完善制定并下发《双井街道制发文件的规定》、《双井街道会议制度》、《关于加强机关公务用车的暂行办法》和《关于严格机关用餐管理暂行办法》等一系列的制度和规定，促进机关工作作风转变；强化机关考核力度，把机关处级领导、科长、科员分12个小组，每月4次对机关干部进行检查，严格落实考核办法。广泛开展谈心活动，要求处级班子、科室成员每月开展一次谈心活动，每周召开一次科务会，促进和谐机关建设。继续落实干部签订党风廉政建设责任书制度，从源头上预防和治理腐败。抓重点项目监察，立项监察街道机关办公楼、百子湾5000平方米绿地建设工程，确保工程质量。加强社区党建工作。进一步建立和完善党建工作创新机制：创新和完善党员教育与管理机制，加强和实施分类管理，实行流动党员动态管理、困难党员帮扶管理、两新组织党员双重管理、人户分离党员真情管理。创新和完善党组织建设工作机制，将政治素质高、工作经验丰富的3名科级干部调整、充实到社区党委，将7个社区党委副书记配备到位，增补社区党委委员8人。开展党员评议和争优创先活动，评选出优秀党员127名、优秀党务工作者9名和先进党组织19个。

（金　晶）

【社区建设】　年内，开展组建富力社区筹备工作，在新建430平方米办公用房基础上，投入31万余元建设社区图书馆、电子数字信息系统，力争建设出精品、现代、数字型新社区。解决8个社区300平方米办公用房，使社区居委会办公总面积由原有657.65平方米增加到2360.62平方米，并根据社区办公、活动和服务等功能分别装修。

（金　晶）

【城市管理】　年内，查处各类违反城市管理法规案件577起，罚款168690元，其中规范“门前三包”1007次，查处23起，罚款10820元；取缔露天烧烤22起；没收散发小广告24300张，清除小招贴和喷涂14000余处，查抄小广告窝点22个；取缔黑三轮车、摩的违法行为200余起，罚款4700元，没收黑人力三轮车24辆，查处黑出租、小公共29起、罚款59500元；查处无照经营583起，罚款35900元；拆除违法建设109间、1478平方米。开展“城中村”环境治理活动，重点治理通惠河与崇文区交界处、铁路地下通道私搭乱建、店外经营、废品回收摊点等，清理废弃物14吨，拆除违法建设70间960平方米。推进门前三包管理，推出“432”施工工地管理新模式（即：“四个一”：一份施工工地台账、一系列相关法律法规宣传告知活动、一面评比流动红旗、一份月工地简报。“三查”：实行片组定期互查，管片队员定期检查，执法部门不定期抽查。“两会”：每月一次工地片组会，每季度一次施工工地例会），开展维权知识、安全常识、健康生活为主要内容教育活动，组织民工看电影、拔河比赛、歌咏比赛等文化娱乐生活，推进学习型工地建设，打造地区工地品牌。解决和协调因施工扰民而引发的各类矛盾180余起，解决因拖欠工程款而引发的拖欠工资15起2000余万元，涉及民工1600余人。

（金　晶）

【安全稳定】　年内，进一步完善治安防范体系，继续深化红袖标工程和社区创安竞赛活动，推进“四五”普法，组织开展专项集中整治，清理无照发廊14家，对地区82处人防工程建立动态照片档案，建立流动人口基础档案。加强信访和矛盾排查调处工作，严格贯彻落实新《信访条例》，做好排查和超前预测，及时化解各类矛盾。办理信访43件次，接待处理各类群众上访27批次，调解各类纠纷630件。接收矫正对象10人，解除矫正9人。

（金　晶）

【为民服务】　年内，开展送温暖、送信心、送经验、送政策、送岗位、送技能、送服务等形式的再就业活动，实现提档再就业1140人（其中，安置“4050”人员549人，实现再就业率54.48%）。切实抓好城市低保工作，街道享受城市低保人员达428户934人（其中新增50户97人），发放低保金约212万元。帮助救助对象办理医疗救助，67人次报销医药费15万余元。完成网上全程式代办服务和政务公开目录工作，解答网上咨询10件，解决网上投诉64件。受理购买经济适用房初审盖章、流动子女开具入学证明、计划生育咨询、代发工资、报销医药费等服务项目，接待居民4000余人次。建设垂西、垂东两个100平方米居民代办站，社区接待群众12300余人次，为居民代办各类事务12250余件。积极开展解决居民八难工作，在垂东社区新增1000平方米售菜服务网点，在富力小区增设2个早点店，协调光环物业，为双花园小区增停车位800余个。

（金　晶）

【社区文化】　年内，建成浩庭家园、易构空间2处健身苑；建立富力社区体能测试站，服务居民1300余人；建设金港国际小区室外文化广场1000平方米；增加群众室内活动场所210—763平方米。随着各社区硬件设施不断改善，开设阅览室、棋牌室和室外健身场所，各种舞蹈队、合唱队、表演队等文体队伍活跃在社区。启动双井地区100名老人、残疾人人文奥运宣传活动队，并在7个社区成立分队。先后举办文明礼仪知识竞赛、健身风采展示、家庭厨艺大赛、健康知识讲座和创建文明家庭、学习型家庭等活动，开设健康教育十分钟课堂，近2000名居民参加活动。在富力广场举办践行人文奥运、构建和谐双井和平杯夏日文化广场启动仪式。组织社区居委会干部参加朝阳区万人《黄河大合唱》活动，举办大型文艺演出13场，社区组织各类文体活动78场，参与居民达5000人次，受益群众达2万人次。

（金　晶）

【绿化美化】 年内，街道在百子湾东路投资80万元，清运渣土2500立方米，铺设喷灌管线1967米，栽植树木800余株，种植草坪和花卉3000平方米，建成5000平方米百子苑花园。以共建方式推进新建小区绿化美化一步到位，完成富力城一期绿化面积49880平方米，金港国际小区绿化面积达28600平方米。街道投入资金94万元，对建机厂宿舍老旧小区道路和6000平方米绿化工程进行改造，增停车泊位65个。

（金　晶）

【和平村拆迁工程】 年内，和平村拆迁启动以来，区委书记、区长等领导先后7次亲临现场指导。街道工委按照区委书记提出的把拆迁工作“做细、做实、做好”的工作标准，迎难而上，积极配合，全力参与。深入细致开展入户宣传。出版《今日双井》和平村拆迁增刊12期，发放宣传材料万余份。进入9月后，从机关抽出20多名干部，由机关干部、社区人员、拆迁人员和其他有关人员组成联合小组入户，坚持每周两次入户宣传解答政策，机关干部入户300多人次。努力做到真情拆迁。先后对拆迁区312名残疾人、180户低保户进行认真调查摸底，建立详细档案资料，制定帮困措施。出资解决公厕堵塞问题，组织开展环境集中整治，并制定突发事件应急措施，确保群众正常生活秩序。办事处带头腾退办公用房1400平方米，对在拆迁中涉及办事处在职和离退休的48户，经反复做工作搬迁38户。先后解决各类矛盾60余起近1000人次。其中对北京方向机厂职工与厂方矛盾，调解近20余次，历时2个月。签订住宅拆迁补偿协议2376份，占总数45.66%；非住宅26家单位签订拆迁补偿协议，完成非住宅拆迁面积99.05%。

（金　晶）

八里庄街道

【概况】 八里庄街道位于朝阳区中西部，东至青年路，南至京通快速路，西至大望路，北至二道沟河，辖域4平方公里，现有11个社区居委会，户籍人口25044户、74748人，暂住人口1万人。驻地单位2510个，其中中央单位23个，市属单位26个，区属单位37个，个体797个，其它1627个。中国纺织科学院、中电国华电力股份有限公司北京热电分公司、华糖洋华堂商业有限公司、北京京棉集团有限责任公司、区青少年活动中心、航空大厦、华商大厦等在辖域内。年内，财政收入达4.07亿元，区级财政收入3亿元。

办事处地址：柴家湾12号

电话：65001062

邮编：100025

（杨秀玉　杨晓昇）

【社区建设】 4月，街道在朝阳无限小区建设一处面积为2600余平方米的屋顶花园。该工程回填土方1594立方米，铺装面积500平方米、绿化面积2100平方米。其中栽种各种乔灌木634棵、竹子300株、木本花卉900株、草坪1400平方米。8月，街道投资450万元在朝阳无限小区北侧，建设一处长237米，平均宽度60米、面积为14200平方米绿无限公园。公园在强调生态效果、资源利用同时，兼顾休闲功能，设置多元化运动休闲场所。该公园以北京典型地带植被群落，以及华北地区耐旱、耐瘠薄乡土树种为主体植被，由多种群系组成绿地植物群落，植物种类80余种，通过艺术手法，充分发挥植物形体、线条、色彩等自然美来创作植物景观，突出反映收—放—收空间形态，综合利用雨水、河水和中水，实现公园水景和绿地灌溉用水自给自足，实现节能、节水、自我保育、生态环保等多重功效。年内，街道整合远洋天地小区73号楼1730平方米空间，投入100万元，建成社区综合服务中心，于年底投入使用。街道投入600万元在朝阳无限建一面积3300平方米的体育健身中心，预计2006年投入使用。

（杨秀玉　杨晓昇）

【成立三个社区政务工作站】 8月，延静里、红北、甘露园等三个社区政务工作站挂牌成立。社区政务工作站与社区居委会在社区党委领导、协调下，相互支持、密切配合，工作以计划生育、司法、社会治安综合治理、城管城建、低保、居民代办（行政性事务）等为重点。主要职能：向政府有关部门报告社区社情民意；承接政府职能部门交办的行政事务性工作；支持、帮助社区居委会开展社区自治，协调解决群众反映的热点、难点问题；配合社区党建协调指导委员会分会，促进社区单位共驻共建、资源共享；依照有关法律、法规，监督社会单位在社区共建情况；沟通协调解决社区内公共事务和相关矛盾。

（杨秀玉　杨晓昇）

【招聘政务工作者】 8月，街道面向辖区公开招聘社区政务工作者，147人报名参加，经笔试、面试、试用期等环节考核,有 12 人被正式录用,分配在 11 个社区工作。

(杨秀玉　杨晓昇)

【京棉集团危改】　8 月 23 日,京棉集团危改一期一步全部回迁。京棉集团危改地区是北京市第一个由政府组织、企业运作实施房改带危改区域,涉及住户 1.2 万户,3.5 万人。2003 年 8 月 23 日始已进行三个阶段拆迁,涉及 4963 户。一期一步 529 户全部拆迁;一期二步拆迁 1820 户,滞留 428 户;二期拆迁 1314 户,滞留 872 户。京棉集团危改项目得到市、区领导高度关注,区政府专门成立京棉地区危改分指挥部,由主管城建工作副区长任总指挥,指挥部由区建委、房地局、规划局、法制办、公安分局、及街道等有关部门组成。

(杨秀玉　杨晓昇)

【大科制试点改革】　年内,根据北京市第五次城管工作会议精神和《朝阳区街道系统关于贯彻落实市第五次城市管理工作会议精神的实施意见》精神,街道工委落实统筹辖区发展、监督专业管理、组织公共服务、指导社区建设四项职能,推进大科制改革试点工作。按照议事、沟通、协调和决策职能要求,在街道层面建立八大管理委员会,增强办事处综合管理职能和水平。采取归整、整合、集合、剥离、增设等方法,在机关层面设置七部四室,整合科室职能、减少工作环节、降低工作成本、提高工作效率。大科制改革试点工作顺利完成,得到区委充分肯定。

(杨秀玉　杨晓昇)

【党员教育】　年内,按照区委整体部署和街工委具体要求,街道工委组织地区 5918 名党员参加先进性教育活动,实现提高党员素质、加强基层组织建设、增强服务群众意识、促进各项工作等预期目标,群众满意率达到了 100%。教育活动进一步完善处级领导包片联系社区制度,形成工委书记—社区党委书记—支部书记三级党课教育网,针对党员人数多、年龄大、结构复杂、人户分离现象严重等特点,形成集中学、送学、导学、补学、边干边学等多种有效学习教育手段,通过创建专刊《先锋》,宣传身边人,报道身边事,发挥典型带动作用,营造良好宣传氛围。街道工委投入 5 万元,实施以"创建一百个特色党小组,帮扶一百个关爱对象"为主题的党建创新——双百工程。"双百工程"创建活动以党小组为单位,以服务党员、群众为切入点,关注党员和群众实际需求,解决帮扶对象的实际困难。历经一年实践,涌现出关爱帮扶型、志愿维稳型、亲情友情型、文体文娱型等多种特色党小组,使地区特困党员得到 100% 的关爱和扶助。

(杨秀玉　杨晓昇)

【朝阳无限罗马嘉园两社区成立】

年内,成立朝阳无限和罗马嘉园两个新社区。罗马嘉园小区东至青年路,西至京包铁路,南至朝阳北路,北至煤炭一厂北路;朝阳无限小区东至十里堡中路,西至京包铁路,南至朝阳路,北至二道河。两小区配套设施逐渐呈现规模,形成多层面社区管理模式。

(杨秀玉　杨晓昇)

【消防安全】　年内,对地区 80 个社会单位进行消防验收,与 50 个消防重点单位签订承诺书,对 17 个地区土地进行消防情况调查,对地区出租房屋进行联合检查,发放宣传材料 2566 份,与租房户签订责任书 518 份,销毁不合格炉具 38 座,安装风斗 143 个。

(杨秀玉　杨晓昇)

【社会治安综合治理】　年内,街道投入 32 万余元,在甘露园社区安装电子监控系统,对红北社区电子监控系统进行改造,街道除危改区域外电子监控覆盖率 100%。投入 23 万元,完成 76 个楼门门禁系统安装。投入 110 万元,用于支持公安派出所办公硬件建设,并为派出所配备 4 辆巡逻警车,使派出所办公水平得到改善,出警能力明显增强。街道投入 36.5 万元,在八个社区整合组建 800 人的"红袖标"巡逻志愿者队伍,人员由社区干部、楼门组长、党员骨干、治保积极分子等构成,完善群防群控工作机制。

(杨秀玉　杨晓昇)

【民政工作】　年内,走访慰问各类服务对象 670 户,完成 91 名伤残军人、35 名地退人员生活补助调标工作,建立爱心超市,为 30 户特困家庭办理爱心救助卡,新增低保 61 户,为 356 名特困人员办理医疗救助卡,双拥共建办实事送慰问金近 3 万元,全年捐款 52202 元,捐物 15410 件。

(杨秀玉　杨晓昇)

【环境整治】　年内,开展城市清洁日活动 20 次,协同相关科室清运垃圾渣土 11000 吨,取缔无照经营 287 起,取缔小广告窝点 29 个;查处夜间违规施工的行为 4 起,规范施工地 7 家;规范"门前三包"单位 146 家,规范户外广告 14 家;拆除违法建设 1000 余平方米,清理朝阳北路边 11000 多平方米的非法废品收购站;没收非法经营三轮车 123 辆,查处黑出租、黑小公共 28 辆。

(杨秀玉　杨晓昇)

酒仙桥街道

【概况】　酒仙桥街道位于朝阳区东北部,东、东南、西、西北与将台乡相邻,南面与东风乡毗连,北面与崔各庄乡接壤,辖域5.3平方公里。有9个社区居委会,北片包括大山子社区、中北路社区、高家园社区;南片包括红霞路社区、酒仙桥南路社区、酒仙桥电子球场路社区、酒仙桥东路社区、驼房营西里社区和怡思苑社区。有户籍人口23851户、70329人,其中男36774人,女33555人;年内新出生310人,死亡311人;流动人口6745人。驻地区单位850个,其中中央单位74个,市属单位235个,区属单位44个,街道单位34个,无主管单位449个,外省市驻京办事处(联络处)14个。商业饮食网点213个,旅店服务业293个,个体工商户1417个;有中学4所,小学6所,幼儿园6所,职业教育学校1所,全民健身场所17处。有三级甲等医院1所,一级医院3所,门诊部4所,社区分别建保健站或医务室9个。有酒仙桥路、机场辅路、将台路、万红西街4条主干道;酒仙桥北路、彩虹路、酒仙桥中路、酒仙桥南路、万红路、酒仙桥东路6条次干道,电子城东区向外辐射道路有6条;酒仙桥街道自管保洁道路和街巷21条。辖域绿化面积1.51平方公里,绿化覆盖率33%,人均绿地20.44平方米,其中道路绿地0.27平方公里,社会单位绿地0.86平方公里,居住区绿地0.38平方公里。街道工作机构17个(含派驻机构和按规定设置机构3个),其中街道工委6个,办事处11个;工作人员81人。

办事处地址:酒仙桥六街坊6号

电话:6436.2026

邮编:100016

(阮　翀)

【和谐社区建设】 5月21日,中北路社区银枫家园小区举办第二届邻居节,区长陈刚发来贺信并表示祝贺。邻居节举行,改善了邻里之间、业主与物业公司之间关系,为实现社区自治、构建和谐社会作了有益尝试。5月29日,街道召开庆“六一”儿童节“比家庭和谐、促人文奥运”主题活动,邀请海淀区人民法院“法官妈妈”尚秀云及其他社会知名人士参加。6月27日,中外合资企业北京·松下彩色显像管有限公司举行“小红帽”志愿者认岗启动仪式,标志着酒仙桥街道开展以“小红帽”为标识的责任岗活动得到了进一步的延伸和发展。

(阮　翀)

【社区党建】 6月29日,街道工委、办事处举行庆祝建党84周年先进表彰大会,会上对街道所属3个社区党委、12个社区党支部、8个单位党组织及100名地区优秀共产党员进行表彰。

(阮　翀)

【为民办实事】 9月12日,完成将台北路、红霞中路、大山子北里17、18楼楼前道路、大山子一中至一小道路、华信医院门前道路修复、改造及绿化铺装工程,并通过验收,方便了居民出行。

(阮　翀)

【社区文化】 9月20日,街道第一届社区艺术节落下帷幕。本届艺术节以“构建人文社区、搭建和谐社区、创建平安社区”为主题,突出奥林匹克精神。在为期三个月活动期间内,艺术节举办手工艺品展,书画、花卉、收藏品展,夏日文化广场,家庭才艺大赛,趣味运动会等12项系列活动。

(阮　翀)

【荣誉奖励】 9月27日,街道获由中国社会工作协会社区志愿者工作委员会颁发的“中国社区志愿者注册管理示范单位”荣誉奖牌。11月29日,在浙江省宁波市召开的中国社会工作协会城区工作委员会街道年会上,酒仙桥街道被命名为首批全国和谐社区建设示范街道。12月5日,在民政部、中国社会工作协会社区志愿者工作委员会召开的表彰大会上,酒仙桥街道被评为2005年度“全国社区志愿者服务示范街道”,此奖项在全国有5个名额,其中北京市只有1个名额。

(阮　翀)

【社区论坛】 12月14日,街道工委、办事处举办以“构建和谐社区建设”为主题的首届社区论坛。中国社会学会副秘书长、天津社会科学院法学研究所所长唐忠新教授作题为“社区志愿服务与社区自治”的讲座。会上还为地区“小红帽”社区志愿者代表颁发了中国社区志愿者证书。

(阮　翀)

【地区危改工作】 12月28日,街道组织动迁居民观看新住房样板间工作全面展开,在街道统一安排下,全部危改区居民分批次、时段参观沙盘及样板间。

(阮　翀)

【市领导视察】 12月30日,市委书记刘淇等市领导到798艺术区参观园区内百年印象画廊、时态空间画廊等艺术家工作室,并听取艺术家汇报。

(阮　翀)

垡头街道

【概况】 垡头街道位于朝阳区东南侧,东临王四营乡、南与十八里店乡接壤,西北毗邻南磨房乡,辖域9.6平方公里,其中生活区1.21平方公里,厂区8.39平方公里。有6个社区居委会,户籍人口8347户、23227人,暂住人口6238人。有区属一级医院1所,幼儿园2所,大中小院校5所,1096平方米社区服务中心1个,建起500平方米为民服务大厅,120平方米社区图书馆实现网上查询,社区服务站2个,社区托老所1个,6个社区居委会办公用房均达300平方米,并实现科技创安。

办事处地址:金蝉北里20号

电话:67370828

邮编:100023

（刘丑生 石立华）

【母亲健康行动】 年初,“寸草报晖”母亲健康行动正式启动。针对地区55岁以上无业老年困难妇女开展医疗救助,采取政府拿一点、个人出一点、医疗卫生部门让一点做法,使她们享受化工路医院免挂号费、免诊疗费、优惠药费医疗救助。筹集2.5万元作为医疗救助基金,为152位55岁以上无业老年困难妇女发放“寸草报晖”医疗救助卡。“寸草报晖”行动已被区妇联作为典型在全区推广。

（刘丑生 石立华）

【普法宣传】 4月,开展人民调解宣传周活动,提高人民调解社会影响力和公信力。5月,参加由区司法局等6单位联合举办的“两委”干部法律知识大奖赛。6月,认真收集整理“四五”法制宣传教育相关资料,通过电视宣传片宏观展示街道普法工作成果、多媒体微观展现街道法制宣传多种形式、文字总结全面回顾普法工作收获和体会,顺利通过区司法局检查验收。

（刘丑生 石立华）

【文化体育】 4月始,开展为期6个月的“我是垡头人”首届社区文化体育节活动,做到月月有活动,季季有主题,人人能参加,丰富群众文化生活,提高居民文明素质。举办朝阳区基层体育年系列活动启动仪式暨垡头地区乒乓球擂台赛、“社区一家亲”歌咏比赛、夏日广场电影周、地区运动会、健身风采展示、庆建军78周年军民一家亲联欢会等活动。年内,举办大型文艺演出16场次,参加居民8000人次,各种群众文艺活动24场次,参加居民1.3万人次。街道投资85万元升级改造垡头文化休闲广场,活动场所达一千平方米。

（刘丑生 石立华）

【社区党建】 7月11日至10月19日,6个社区党委、37个基层党支部、1800名自管党员参加先进性教育活动,党组织覆盖率100%,党员覆盖率100%,群众测评满意率100%。在整个教育活动中,编撰《群星璀璨》一书,印发3000本;建立专题网站1个,更新6次;编写专刊28期,上报区街工委信息56期,上稿16条,被评为街道系统信息工作优秀单位;为地区群众解决22项热点难点问题。年内,从建章立制入手夯实党建工作基础,创新党建工作机制。建立健全党员管理数据库,对部分社区党委委员和党支部进行合理调整,增加基层党支部书记补贴,制定《垡头街道党建工作制度集》。隆重召开建党84周年表彰大会,对2个示范社区党委、2个优秀社区党委、10个示范基层党支部和171名优秀共产党员进行表彰。推出《<关于推进基层党建工作创新的意见>的实施意见》、《保持共产党员先进性长效管理机制》、《关于广泛开展社区党员责任岗活动实施方案》等一系列长效管理制度,规范党员责任岗体系,创建记点得星制激励机制,为发挥党员先锋模范作用起到积极推动作用。党员认岗和党建创新成为本区街道系统典型,党员认岗率91.7%。

（刘丑生 石立华）

【协调解决拖欠职工工资问题】 9月12日,因合资企业兆峰陶瓷有限公司多年来拖欠职工工资和劳动保险金高达1700余万元,导致出现职工集体访。街道发挥对职工影响力、化解重大纠纷掌控力、对突发事件预警力、信息获取快捷准确力,成功预警大规模集体上访2次。经过多方努力,截至11月底,有266名职工与兆峰陶瓷公司签订调解协议书。

（刘丑生 石立华）

【便民服务】 11月1日,街道启用朝阳区全程代办系统。截至年底,受理全程代办登记10件。年内,建成500平方米一站式服务大厅。完成96156网上服务41项,接转96156市区通知57次,完成96156垡头地区信息1048条。接待居民来电、来访274人次,完成在线办理咨询、受理数目9938件。

（刘丑生 石立华）

【再就业工作】 年内,深入开展最充分就业社区活动,重点加强社区劳动保障平台建设。在地区事业人员中录用4人为社区劳动保障协管员,为社区劳动保障工作站争取部分办公设施和经费,完善社区劳动保障工作站考核方式,出台《垡头街道社区劳动保障工作站和劳动保障协管员奖励办法》。充分发挥街道社保所和社区社保工作站作用,各项就业指标提前完成。开发岗位1930个,“4050”人员就业161人,全年实现就业586人,就业率65.5%。

（刘丑生 石立华）

【帮扶困难户】 年内,针对地区弱势群体,组织找一份工作、帮一点资金、指一条路子、上一个项目、送一份关爱工程,处级领导开展与贫困残疾人家庭结对子活动。街道投入资金8万余元,帮扶优抚对象37人次、孤寡老人10人次、残疾人210人次、刑释解教人员42人次、贫困学生98人次、特困家庭114户。

（刘丑生 石立华）

【城市管理】　年内,成立地区城市建设管理委员会,实行双岗多责一体化管理体制,继续推进“垃圾渣土长效管理快速反应机制”。查处无照经营115起,罚款6220元;打击黑车22辆,罚款20800元;查抄小广告窝点10处,罚款1050元;清理没收招贴广告13500多张;拆除违法建设1355.2平方米,其中区挂账任务1346平方米,居民违建9.2平方米;清理垃圾渣土180余吨;规范“门前三包”单位80多家,300余次。全年处罚各类违章1143起,上缴财政罚款28270元。受理群众热线221件,办结213件,办结率96.4%。

(刘丑生　石立华)

【信访工作】　年内,通过上街宣传、讲座、看录相等形式深入宣传新信访条例。在办事处一层设人大代表接待室、信访接待室和群众诉求接待室,不断完善各项规章制度及相关表格,安排每周三上午为处级领导接待日和人大代表接待日。全年接待群众来电来访立案20件,其中来访10件(群访6件),来信2件,来电2件,上级转办件6件,办结率100%,化解矛盾纠纷10件。

(刘丑生　石立华)

【人口抽样调查】　年内,先后成立街道1%人口调查领导小组、调查办公室和质量控制小组,选派高素质调查指导员、调查员及办公室工作人员。举办抽样调查宣传日活动,使广大居民群众了解此次调查方式方法、目的、意义。调查员佩戴证件入户调查。共调查201户、591人,涉及问题2.47万项。

(刘丑生　石立华)

【社区区域调整】　年内,街道协调北京炼焦化学厂,将金蝉北里9号楼近800平方米设备层通过装修改造作为二区社区办公用房,三区社区搬至原二区社区居委会办公地垡头二区18号楼。对二区、三区社区管理区域相应调整,以垡头街为界,金蝉路以北,含金蝉庵开发小区为二区社区管理区域,社区常住户为2309户;金蝉路以南(不含金蝉庵开发小区)为三区社区管理区域,社区常住户为2253户。

(刘丑生　石立华)

【环境改造】　年内,街道筹集资金50万元,对辖区实施封闭工程。通过笔试、面试、培训等工作,在4050人员中招聘16名保安员,并在生活区8个主要出入口设立值班岗亭,对各出入口实行看管,有效减少发案数量。创建一区社区和二区社区为生态社区,改造面积9100平方米,街道投资60万元,利用地区大树多优势,强化立体效果,种植大量花卉植物,突出美化效果。街道投资35万元、区水务局投资200万元、区环卫服务中心投资75万元改造东里社区,甬路铺装4262平方米,改建公厕5个,修建雨水管线1880米,铺设柏油路面3200平方米,彻底解决东里社区雨水隐患问题。对金蝉路、垡头街进行拓宽改造,街道投资117万元,改造面积6731平方米,道路拓宽近2米;投资45万元对道路两侧人行步道重新铺装。

(刘丑生　石立华)

和平街街道

【概况】　和平街街道位于朝阳区西北部,东与香河园街道及太阳宫地区相邻,南与东城区和平里街道毗邻,西与安贞街道、东城区和平里街道接壤,北与小关街道隔北土城相望,辖域4.54平方公里。有9个社区居委会,户籍人口28233户,常驻人口74798人,汉族居多,另有满、回、蒙古、朝鲜等26个少数民族。驻地中央单位196个,市属单位155个,区属单位84个。商业服务业1013个,饮食网点53个,个体工商户1023户,中小学幼儿园10所,大学3所,社区学院1所,部级医院1所,社区卫生服务站4个,社区服务中心1个,街道为民服务办事大厅1个,社区事务代办站7个。有街巷、路26条,其中主要街、巷、路15条。城市铁路13号线2700米路段通过和平街地区,和平街北口为辖域主要路口,北为樱花东街,南为和平东街交叉路口,是和平街地区交通枢纽。街道设置工作机构16个,其中党群口工作部门6个、行政工作部门10个;机关工作人员编制83人,其中公务员80人、工勤人员3人。事业单位1个,工作人员编制16人。

办事处地址:小黄庄西苑10号楼

电话:84280465

邮编:100013

(王琳琳)

【成立社区早期教育指导中心】　5月29日,成立和平街社区早期教育指导中心。社区早期教育指导中心建成后,发挥辖区内4所幼儿园作用,开展丰富多彩活动:进行早期教育需求调查;举办3期预防婴幼儿夏季腹泻讲座,近200名幼儿及家长参加;在4所幼儿园分别组织家庭趣味篮球赛、少儿环保社区行、亲子乐园等活动;煤研院幼儿园、化研院幼儿园、建研院幼儿园对辖区散居儿童开放;以辖区一级一类园和平街幼儿园为基地,组织教学观摩活动,提高辖区幼儿园整体教学水平;举办巾帼风姿幼儿园教职员工技能才艺展示活动,加强幼儿园之间联系与沟通。

(刘　焱)

【四五普法】　6月13日,街道参加朝阳区“四五”普法总结验收工作。在五年普法宣传中,街道建立法制宣传阵地68个、法制宣传橱窗128个,现有法律宣传志愿者300余人,举办法制宣传和法律咨询活动56场,征订、发放法制书刊3000余册,印发法制宣传资料10万余份,发放录音录像带78盒,举办普法学习、培训班35次,上法制课41次,法制文艺演出15场,制作普法展板2000余块,张贴图片1000余张。

(汪国军)

【第一届非公企业职工代表大会】 8月8日,召开和平街地区第一届非公企业职工代表大会。大会代表由地区各非公企业在一线工人、技术人员、管理人员、企业经营者、党组织负责人以及其他方面人员中经民主选举产生。大会应到代表50名,实到代表48名。会议通报地区经济和社会发展情况,街道工会工作委员会主任作《关于和平街地区第一届非公企业职工代表大会筹备工作报告》和《和平街地区工会工作报告》。大会审议并通过《和平街地区第一届非公企业职工代表大会制度》和《和平街地区第一届非公企业职工代表大会工作组建议名单》。

(冯跃华)

【为重点工程保驾护航】 9月至10月,街道城管监察分队克服人员少、时间紧、任务重困难,全力以赴投入到北京市重点工程东北城角联络线拆迁工作中。针对影响工程进度的10余户拆迁钉子户,分队精心组织、入户调查、制作法律文书、申请法院强制执行、制作强拆预案、张贴强拆公告,通过大量耐心细致工作,10月19日配合拆迁公司顺利完成拆迁,未动用公安、法院等相关部门。

(王 彤)

【新增两社区】 12月14日,成立煤炭科技苑、胜古北两个新社区。煤炭科技苑社区东至煤炭科学研究总院东墙、西至和平东街、南至青年沟东路、北至和平街15区烟草街。社区面积105600平方米,总户数2085户,总人口5930人,社区党支部1个,自管党员64人。居委会位于青年沟东口煤炭科技苑32号楼101室,办公用房面积340平方米。胜古北社区东至胜古北里东巷、西至安定路、南至冶金设备厂北墙、北至元大都城垣遗址公园。社区面积102700平方米,总户数2767户,总人口9130人,社区党支部2个,自管党员136人。居委会位于胜古庄国典花园2号楼103、105、106号,办公用房面积374平方米。

(杨玉丹)

【侨联工作】 年内,街道将侨联工作纳入街道工委、社区党委议事日程,建立健全组织网络、侨联工作、侨联例会、侨联学习、侨联走访慰问、侨联信息通报6项制度,明确了委员职责。开展法律宣传,组织办事处机关干部、社区工作者、归侨、侨眷、台属200人学习贯彻《反分裂国家法》、《归侨侨眷权益保护法》,发放宣传资料400份。接待侨务政策咨询44人次,咨询回复率100%。开展慰问活动,街道工委领导走访慰问两位90岁以上侨眷和5位困难归侨、侨眷、统战人士。开展人道主义援助活动,街道侨联委员、侨界人士69人为印度洋海啸灾民捐款人民币5600元。开展爱国主义教育活动,街道工委组织社区党委书记、委员、统战联络员、侨务干部30人参观陈嘉庚先生故居。组织36位归侨、侨眷、侨联联络员参加"第二届首都新侨乡文化节"朝阳区分会场表演、展示类系列活动,男声合唱荣获1等奖,2篇征文、1幅摄影、1幅书法、1幅绘画分别荣获一、二、三等奖和优秀奖。街道工委投入5000元活动经费,组织地区归侨、侨眷、台属、统战人士开展联谊、参观活动7次,参加活动人数累计225人。街道工委被市归国华侨联合会授予"街道侨联工作示范单位"称号。

(麻慧溶)

【社区党建】 年内,街道工委以保持共产党员先进性教育活动为契机,开展社区党建活动。充实调整18个社区党支部班子,组织社区党务工作者赴福建省泉州市鲤城区开元街道泉山社区、福州市鼓楼区鼓东街道庆城社区参观学习。为落实市委《关于推进基层党建工作创新的意见》,分别召开街道工委班子、社区党委书记、党建指导员、党支部书记3期专题研讨会,召开两次社区党建协调指导委员会工作会。先进性教育活动期间,街道成立先进性教育活动领导小组、办公室以及教育、宣传、联络、指导、督导、后勤保障6个工作组,与各社区先进性教育活动领导小组以及专职党务工作者联络员队伍一起,组织召开各种动员培训、研讨、先进事迹报告、工作总结等会议及活动15场,编发优秀党员事迹汇编1500余册。举办党员认岗活动启动仪式,建立非公企业党支部与所在社区党委联谊制度。七一前夕,召开纪念建党84周年暨先进表彰大会,对18个优秀单位党组织、4个先进社区党委、9个先进基层党支部、108名优秀共产党员和30名党员志愿者之星进行表彰。街道对地区2700余名党员个人信息进行调查分析,建立党员、入党积极分子等数据库。

(崔玉华)

【老干部工作进社区】 年内,狠抓老干部工作进社区班子、制度、网络、志愿者队伍、活动场所建设,狠抓以人为本、真情服务,以老干部是否满意为工作标准,进一步创新老干部工作进社区新路子,在老干部需求上深入了解、登记造册。和平家园社区注重发挥社区文化特色,丰富老干部精神生活。砖角楼社区整合社区资源,竭诚为老干部服务。胜古庄社区倡导团结互助,解决老干部困难。和平家园和砖角楼社区2篇文章被区老干部局收入《真情奉献歌》。街道近万字的老干部工作调查报告《加强先进文化阵地建设　充分发挥老干部的作用》获鼓励奖。和平家园社区、砖角楼社区被区老干部局评为老干部工作先进社区。胜古庄社区被评为老干部工作达标社区,街道被评为朝阳区老干部工作先进单位。

(崔玉华)

【民兵正规化建设】 年内,街道投资40万元,为民兵连新建25间标准营房,并配备图书室、会议室、食堂等内部设施。保持共产党员先进性教育活动期间,民兵党员全部参加学习教育活动并撰写学习心得体会、党性分析材料和整改措施。民兵连团组织以"民兵之家"为阵地,开展丰富多彩的政治学习和文化体育活动。民兵连正规化建设,使民兵整体素质提高,在维护地区稳定、服务社区建设等各项工作中发挥积极作用。

(李亚为)

【和平福利塑料厂拆迁】 年内,和平福利塑料厂因和平南路综合整治道路工程实施拆迁。街道从维护地区稳定大局出发,将该厂21名残疾职工安置列入重要议事日程,协调民政局、劳动局、工商局、拆迁办等区有关部门,在政策允许情况下,积极争取资金,向残疾人倾斜。在解除劳动合同、发放安置款等环节,坚持公开、透明。此次拆迁安置,为没有档案的残疾人补办、建立档案,发放安置补偿款和补发工资53万余元,为所有残疾人上齐三险,解除残疾人后顾之忧。

(李平春)

【创建绿色社区】 年内,街道积极开展垃圾分类、治理白色污染、创建绿色社区活动,制定实施方案,组织召开餐饮美发等五小行业和辖区中央、市、区属企事业单位及社区党委书记、居委会主任动员会。3月18日,举办创建和平街绿色环保社区启动仪式,与社区居委会、社会单位及环保企业签订责任书,从运作机制上保证此项活动长期顺利开展。以"绿色环保志愿者—张志新"为宣传主题,制作宣传展板,图文并茂地展现老人十余年来的环保行动,激励社区居民、社会单位投入到环保行动中。街道7个社区围绕创建绿色社区开展多种形式活动,使创建绿色环保社区活动有序开展。小黄庄社区被评为朝阳区绿色社区。

(丽　玲)

【司法工作】 年内,街道受理电话及来访法律咨询470余件;调解纠纷1057件,其中邻里纠纷836件,婚姻家庭纠纷60件,其它纠纷161件;有10人正在接受社区矫正;刑释解教人员安置就业率98%。

(汪国军)

【规范劳动用工】 年内,街道规范三川大厦劳动用工,优化企业劳动用工环境,提高企业自觉遵守劳动法律、法规意识,较好地保护了职工合法权益。三川大厦写字楼内大多是非公经济企业,有用人单位15家,其中外商独资企业1家,中外合资1家,国有1家,有限责任公司12家,从业人员231人。普遍存在劳动合同签订率低内容不规范、职工缴纳社会保险覆盖面小、职业资格证书持证率低、企业用工制度不健全、拖欠职工工资现象。经过深入细致摸底调查,街道将规范工作与建立一街一册、一户一卡分类管理制度相结合,同时采取定期检查或不定期抽查方法,对用人单位执行劳动合同规定情况、办理参加社会保险情况、工资支付情况及落实规定工种持证上岗情况进行监察。在加大规范管理同时,注重加强与企业沟通。召开写字楼内企业规范劳动用工工作动员部署会,组织部分用人单位负责人召开专题座谈会,使企业自觉加强知法、守法意识。通过劳动用工规范管理,有4个单位与职工补签21份劳动合同,3个单位为12名职工补缴社会保险,1个单位对两名职工进行资格证书培训。

(邢　英)

小关街道

【概况】 小关街道位于朝阳区西北部。东起育惠南路,南至北土城公园绿化带,西临小关斜街,北至北四环东路,面积2.53平方公里。有居民住宅楼223栋,5个社区居委会,人口2.7万户、5.7万人。有各类社会单位1647家,其中,中央、市属单位76个,区属单位31个。有大中专院校和中小学10所、新闻单位2家、国家级出版社4个、科研院所14个、商场9个、医院4个,社区服务中心1个,幼儿园5所。

办事处地址:小关东街甲2号

电话:64923881

邮编:100029

(周瑞林)

【建设和谐小关】 年初,街道工委、办事处提出《建设和谐小关的构想》,对建设和谐小关缘起、基本框架、具备条件、主要内容、实现途径等进行阐述,为此召开多层面人员座谈会、问卷调查、研讨。街道工委、办事处决定:把建设和谐小关作为今后长时期工作总目标。街道召开大会,向社会单位、各社区、各级党组织、外来务工者发放《致力和谐小关建设工作意见》等宣传材料1500份;单位代表、社区代表、居民代表、外来务工者代表在大会发言，为共建和谐小关发出倡议、表示决心、开展宣传。年内，街道以创建安全社区、平安社区为重点，成立由公安、巡警、消防、交通、工商、医院、社区等部门组成的安全创建推进委员会，制定创建方案，按月召开专题会，研究部署创建工作。街道辖区实现电子监控全覆盖。社区把派出所民警吸收为党委委员，把保洁队、绿化队、看车公司、物业公司、保安2000人作为治安志愿者组织起来，形成地区治安工作重要力量。街道通过督促产权单位科技创安，新增安装楼宇对讲系统居民1920户。街道协调社区、物业公司、业主三者关系，建立地区物业管理协作委员会，实现社区建设和物业管理互动，疏通业主反映问题、解决问题渠道，减少了上访。物业公司和社区居委会通过参与协作委员会活动，加强沟通、形成物业和社区共建辖区的合力。

（周瑞林）

【学习培训】 年内，街道以现代化城市管理、现代文明建设、科技、法律知识为内容，开展讲座5场。组织街道干部外出参观考察3批，使其亲身感受外省市城市建设管理、社区建设发展新经验。街道选送4名科级干部参加本区学习培训、挂职锻炼。街道机关通过实行竞争上岗、岗位交流，有7名同志走上中层领导岗位。办事处专门为社区工作者举办提高领导主体意识与执政能力、努力实现和谐社会奋斗目标、提高服务管理水平和方法为内容的讲座3场次，举办为社会弱势群体服务的培训4次。安排社区工作者参加本区培训108人次，分2批参观革命圣地延安。围绕建设和谐小关和社区重点工作开展研讨6次。街道工委、办事处为社区工作者提供机会，由社区选派两批8名社区工作者到街道机关挂职锻炼，为时3个月，任科室主任助理或科长助理。

（周瑞林）

【党的建设】 年内，街道工委安排领导班子、全体党员对十六届四中、五中全会精神和胡锦涛讲话、区九届三次全会精神学习4次。下半年，集中3个月时间，开展保持共产党员先进性教育活动。街道工委、社区党委和支部以党员志愿者队伍为载体，开展志愿服务活动。有1285名党员自愿认领为群众服务责任岗，认岗人数占有活动能力党员90%以上。社区党委和支部采取对外公示办法督促党员落实责任制、开展志愿服务活动。

（周瑞林）

【文化活动】 年内，街道发展各类文化队伍33支；调整地区文体协会，吸收规模大的文体队伍负责人4名为协会成员；建立社区文体分会，吸收15家社会单位入会为社区文体活动提供资金支持。街道和社区在地区文化广场、社区活动站开展活动90多次。

（周瑞林）

【环境建设】 年内，街道对辖区绿地空置情况进行普查，依据普查结果全面绿化。对北内小区、市政南小区、搪瓷厂3号院、高原街4号院进行改造，绿化5100平方米，铺装甬路1320平方米，修整路面710平方米，种植各类植物32400株，修整路径、铺设卵石30平方米，栅栏刷漆420米，设置石桌、石凳。在街道组织的义务植树活动中，机关干部、社区工作者植树140棵。解决居委会不便解决的问题40多起，取缔无照经营2400多起，收缴、清除小广告50万张，整治环境脏乱3处，清理堆物堆料220处，清运暴露垃圾56吨。拆除广告牌匾27块，清理绿地3470平方米，纠正拴、钉、刻、划树木行为，替换补种树木。

（周瑞林）

【畅通群众诉求渠道】 年内，街道从两个层面畅通群众诉求渠道。在街道层面，通过领导干部接待日制度、机关干部夜间值班制度、执法分队夜巡制度，掌握情况，处理问题。领导干部接待群众来访，解决问题15件18人次；办公室接待群众来访、电话访，解决问题84件105人次；解决政务热线投诉26件、区转信件14件；街道通过召开矛盾排查会9次，查出并解决矛盾30起。通过调解委员会受理、解决各类纠纷265件。在社区层面，居委会中六大委员会承担专项工作，社区党委、党支部配合做群众工作，解决问题和矛盾，由社区解决群众各类需求3000人次。

（周瑞林）

【社会救助和社会保障】 年内，街道为1450名失业人员发放失业金177万元，为公益性组织人员发工资62万元。为625人办理求职证，为待业者提供就业岗位1165个，为退休人员报销医药费10.7万元。街道扶植有劳动能力的残疾人5人实现就业。街道新建博爱超市、爱心家园开业，有25个社会单位、上千群众为此捐款25000元、捐新品3200多件。街道利用节日走访慰问困难群众家庭42户73人，送米、面、油等生活用品，发放慰问金10400元。

（周瑞林）

三里屯街道

【概况】 三里屯街道位于朝阳区中西部。东靠东三环，南倚工人体育场南路和白家庄路，西临春秀路和工人体育场西路，北濒亮马河，辖区面积2.9平方公里，总人口5.5

万人,设有9个社区居委会。辖区内有驻华使领馆68家及联合国开发署、联合国难民署、联合国儿童基金会和一大批涉外宾馆饭店,有北京工人体育场和三里屯酒吧街等。驻地国家企事业单位51个、市属单位124个、区属单位61个。医疗机构有武警总队医院、三里屯医院和同仁长虹医院。大专院校有北京联合大学机械工程学院,有中学3所、小学3所、幼儿园2所。辖区内有10条纵向道路、12条横向道路,7条道路通行公共电汽车,12条公共电、汽车线路驶经辖区。

办事处地址:幸福村1号

电话:64165276

邮编:100027

(陈　宁)

【社区文化节】　5—10月,街道举办第四届三里屯社区文化节,以文化广场、四进社区讲师团、趣味竞技、百姓才艺等系列活动为平台,开展文化、教育、科普、体育活动,如“有氧健康大步走”、奥运倒计时1000天庆祝活动、酒吧街第三届调酒比赛、优秀共产党员事迹报告会、白西社区首届文化节等,举办各类活动280场次,参与人员19600人次,得到部队、企业大力支持。首次推出社区十大文化之星等先进个人和集体。

(陈　宁)

【关爱西部贫困女孩】　5月27日,街道邀请中国计划生育宣教中心记者举办“情系西部·贫困不属于她们”专题纪实报告会。8月13日,街道人口和计划生育办公室、社区建设办公室同志和地区居民冒雨到中国人口宣教中心对贵州贫困家庭中7名品学兼优的女孩进行一对一认领帮助,直到他们完成学业。当日下午,街道邀请24名贵州贫困家庭(双女户、独女户)品学兼优的女孩走进街道中纺里社区,举办“为了幸福的明天——手拉手爱心传递”活动,与地区居民和独生子女联谊。地区居民、社会单位积极响应,踊跃捐款、捐物,酒吧街经营者购买了28套新衣服;工体富国海底世界免费邀请孩子们到海洋馆参观,举行欢迎仪式,并派专人为孩子们讲解;玛欧娜商场员工向孩子们赠送精美礼品;地区中央、市属单位职工和9个社区居民纷纷献爱心,为孩子们精选书包、学习用品及工具书等,价值约人民币11000多元。

(陈　宁)

【党建工作】　下半年,街道工委开展保持共产党员先进性教育活动,地区直管党员2330人参加。整个活动组织动员有力,理论学习深入,群众发动广泛,征求意见真诚,党性分析深刻,整改措施扎实,机制建设到位。保持党员先进性长效机制的积极做法,在街道同行中介绍了经验,受到区委督导组和街工委充分肯定。年内,建立社区党建经费管理与使用机制、社区专职党务工作者学习培训机制和党务工作者信息补贴机制。解决党委活动场地;整合资源,着力解决居民党支部活动场地。建立工委班子成员联系点制度和党员代表联系党员、党员联系群众制度,每年召开一次由社区干部、党员代表、群众代表、社会单位代表等参加的反馈会议,倾听群众意见和建议。在先进性教育整改提高阶段推广幸福一村社区党员代表常任制,充分发挥党员代表作用,探索建立党员代表接待、提案、回复、质询制度,将社区党组织领导核心作用发挥与社区党员代表作用发挥有机结合,既扩大党内民主,又拓宽听取和反映党员群众意见和建议渠道。

(陈　宁)

【社区党员代表常任制】　9月27日,幸福一村社区召开党员代表全体会议,通过幸福一村社区党员代表大会章程、明确了社区党员代表职责和社区党员代表接待制度,幸福一村社区党员代表常任制正式启动。年内,制定落实党员代表接待制度,专门设立党员代表接待室,由党员代表轮流值班,接待来访的党员、群众,将党员、群众反映的问题及时向社区党委、居委会进行反映,由社区党委、居委会协调解决,并将处理结果及时向反映问题者反馈。以支部为单位成立党员代表小组,每季度召开一次小组会,汇报发挥作用情况,收集党员、群众意见、建议,小组长将小组会情况及时向社区党委汇报。社区党员代表常任制的实施,进一步畅通了社区党员、群众诉求渠道,健全了党内民主监督,调动了党员、群众积极参与社区建设积极性,有利于在构建和谐社区中发挥引领和示范作用。

(陈　宁)

【城市建设与管理】　年内,进一步落实街道统筹辖区发展、监督专业管理、组织公共服务、指导社区建设职责任务,完善城市管理巡视制度,街道职能作用进一步加强。结合城市建设挂账任务,对东三里小区道路、二村首带钢小路、二村110车站西侧路、幸福村1号楼西侧路、邮局西侧路、白西机电院南门等9条道路2670延长米重新铺装建设;完成幸福三村、南楼西、东三里3个老旧小区环境改造、绿化升级,铺装路面9500余平方米,有效提高老旧小区环境水平。地区危改开发项目全面启动。北三里新三里屯建设项目全面开工;白家庄西里拆迁工作顺利完成;幸福三村平房拆迁户达60%;富力城爱丁堡公馆主体结构完工;南三里项目主体工程区域拆迁完毕;幸福二村项目主体结构完成,进入装修阶段。

(陈　宁)

【时尚文化街区建设】　年内,提出以新三里屯建设为契机,打造国际时尚文化街区的目标。组织多层次人员参加研讨会、专家论证会,完成《三里屯时尚文化街区发展规划》(初稿),制作了三里屯形象片,展示地区时尚文化风采,提升品牌效应,扩大知名度和影响力,为打造时尚文化街区奠定基础。

(陈　宁)

【社区建设】　年内,街道将落实社区300平方米办公活动用房作为重点工作,下大力气加以解决,寻找各种可利用资源和空间,采取购买、共建、互换、整合等方法,积极协调,争取支持,投入经费700余万元,使社区办公服务用房全部达到300平方米,并拥有百平方米以上多功能活动中心。以各社区人文环境、居民组织特点为突破口,加强社区形象建设、制度建设,规范居民事务代办站,健全社区公示、听证会、财务、居务公开和居民代表会议等各项规章制度,逐步推进社区规范化管理。9个社区都有各自的徽标、社区精神和社区手册,社区规范化建设进一步加强,为构建和谐社区提供了有力保障。

(陈　宁)

【为民服务】　年内,街道继续以解决群众关心的八难问题为切入点,为居民办了一批实事:幸福二村社区"爱心超市"、卫生站投入使用;辖区医院与地区20户空巢老人开展一助一结对子活动;举办失业人员专场招聘洽谈会3场,联系用工单位123家,成功就业104人;幸福村中路科普画廊投入使用;朝阳实验小学外文化墙建设完成;街道社区图书馆挂牌成立;积极为地区残协和辖区残疾人办实事。

(陈　宁)

建外街道

【概况】　建外街道位于朝阳区西部,东起西大望路,与八里庄街道、高碑店地区接壤;南临通惠河,与双井街道相望;西至东二环路,与东城区建国门、朝阳门两街道交界;北至光华路,与呼家楼、朝外两街道相邻。占地面积4.4平方公里。辖区东部是CBD核心区。辖区有8个社区居委会,常住人口23841户,67138人;年内新出生191人,死亡229人,人口自然增长率为-0.8‰。流动人口12425人。驻地法人单位3803个,按产业结构分类,其中农业2个,工业83个,建筑业37个,交通运输邮电业23个,商业餐饮业1064个,服务业2337个,房地产开发及管理222个,金融业36个。有中国航空器材进出口总公司、赛特集团有限公司、中国化纤总公司等中央单位127个;有市人大常委会办公厅、市高级人民法院、北京广播影视集团、市旅游局等市属单位179个,外资企业456个,个体工商户1401户。摩托罗拉、三星、松下电器、奥林巴斯、JVC日本电器等企业在辖区落户。有清华大学美术学院,日坛中学等中小学幼儿园11所,社区服务中心1个,社区卫生中心1个,社区卫生站3个。道路30条,其中市属重点大街7条。经过建外的交通线路76条。有国贸中心、长富宫、国际大厦、国际俱乐部、友谊商店、赛特购物中心等星级饭店、宾馆、高档写字楼、大型商厦58座,现代城、建外SOHO等高档商住两用楼88栋。有国贸中心、国际俱乐部两家国际级会议厅、展览大厅。有联合国国际粮农组织、国际红十字会两个国际组织。有特色市场——秀水街。有28家外国驻华使馆,两个外交公寓群,其中13栋别墅、19栋公寓楼,1080套房屋,现有680套由外国公民居住。街道党政机关设置工作机构18个,工作人员89人。

地址:建国路88号现代城综合楼二层
电话:85890115
邮编:100022

(王惠珍)

【党建工作】　年初,社区党支部由41个支部调整为49个。社区开展摸查,失去联系的党员由400多降到13人。5月底,在地区范围内对发展党员工作全面普查,建立发展党员工作台账。编写《建外街道保持共产党员先进性教育活动先进事迹材料》。6月,对社区党委书记和社区党务专职工作者进行培训。街道投资近10万元购买8台电脑,为基层党建工作提供物质保障;对321名困难党员进行慰问,拿出4万多元对103名人员进行救济。7月上旬至10月中旬,开展保持共产党员先进性教育活动,党员参学率98.1%(2486名)。在工作中,街道工委紧紧围绕"两不误两促进"工作重点,高度重视,扎实做好准备工作;精心组织,形式多样地开展学习;把握重点,全面深刻地进行分析评议;务求实效,联系实际抓好整改提高。通过先进性教育活动,党员素质得到综合提高,基层支部建设得到有效加强,服务群众得到全面体现,促进了各项工作。到9月底,建外地区有非公有制企业262家,其中私营企业255家,外商投资企业879家,从业人员114961人,党员512名。有39家非公有制企业建立党组织35个,其中总支部1个,支部31个,联合支部3个。

(黑维娜)

【社会治安综合治理】　年初,调整健全建外地区社会治安综合治理委员会、防火安全委员会、交通安全委员会,与100余家社会单位签订社会治安综合治理责任书。6月,开展社区压发案竞赛活动。年内,确定周四联合执法日,组织公安、交警、工商、城管联合整治行动50余次。取缔无照游商千余起,救助乞讨人员270人次。开展打"七黑"百日专项整治活动,组织6次集中整治。执法检查发廊30余家(次)、取缔26家(次)。取缔无照废品回收点2处。建立健全社区防控网络,实现一区一警。妥善处置建外大街6、8号楼拆迁等81次治安事件。提高小区科技创安硬件防范能力,外交部幼儿园投资12万元安装视频监控系统。处置各类应急事件30起。完成老秀水市场拆除、全国《财富》论坛、美国总统布什来访、民间人士维护钓鱼岛主权等重大事件安全保卫工作。成立建外地区安全社区创建工作推进会,积极开展安全社区创建工作。作为全区试点街道,区街办组织全区40个社区领导到南郎社区参观学习。

(赵登亚)

【秀水市场拆除】 1月6日早7时,秀水指挥部协调公安、城管、消防、交管和保安等方面力量300余人,采取以闭促封、以封促拆、内外夹击方法,全力启动闭市工作。下午5时,写有"秀水市场"字样的门头被完全拆除,秀水市场南门周边全部装上围挡,市场内所有摊棚拆除。1月8日,办事处组织15辆"太拖拉"、4辆130型卡车和2台大型铲车,调集百余人进行垃圾清运工作。经过一昼夜紧张清理,截至9日17点,市场拆除产生的几千吨垃圾和渣土彻底清运完毕。秀水东街恢复市政道路用地原貌。

(王惠珍)

【构建和谐社区高层论坛】 1月26日,由民政部中国社会工作协会城区工作委员会主办的全国首届构建和谐社区高层论坛在建外举行。来自北京大学、人民大学、中央党校、中央民族大学的领导、专家教授及北京、上海、天津、南京、成都、武汉、杭州、沈阳、大连等15个城市的民政部门、乡镇、街道等单位70余人参加论坛。与会者参观了建外街道南郎社区居民自治、社区党建、便民利民、社区文体、社区环境等构建和谐社区工作情况。听取了街道工委书记对建外整体工作形势与存在主要问题的情况介绍。详细了解南郎社区构建和谐社区工作中取得的成绩及存在问题。民政部领导及专家学者对建外创新工作模式,探索构建和谐社区做法给予充分肯定,希望建外将工作中取得的经验进一步推广,不断提高工作标准,形成系统化材料,给类似地区单位提供可借鉴经验。8月5日,由全国政协人口资源环境委员会、中国社会工作协会、北京区街培训中心等8家单位承办,建外街道办事处、中国益民文化建设委员会协办的全国第二届构建和谐社区高层论坛在人民大会堂举行。全国政协人口环境资源委员会主任委员陈邦柱、中国社会工作协会会长徐瑞新、中国社会工作协会顾问兼城区工作委员会主任谭庆琏等及北京、天津、南京、沈阳、大连等10多个城市60余名代表参加论坛。建外街道工委书记作题为"在社会变化中追求和谐　在社会发展中探索创新"的发言,与会代表参观建外CBD红十字志愿者协会、爱心家园、街道为民服务大厅和南郎社区居委会,听取南郎社区党委工作情况介绍,对建外街道创建和谐社区做法给予高度评价。

(于雪峰　王惠珍)

【梅葆玖等与建外居民庆新春】 2月2日,建外街道在华彬大厦水晶厅举办地区迎新春团拜会。地区各方面代表、各界人士、居民代表300余人出席,在欢歌笑语中,与会人士与街道领导畅谈心语,共谋建外发展大计,彼此间加强交流。京剧表演艺术家、街道特聘文化顾问梅葆玖到场,即兴演唱《霸王别姬》和《贵妃醉酒》选段。建外SOHO总裁潘石屹、怡禾国际总经理张继光及中信国际大厦总经理袁勇等参加团拜会。

(周丽娟　王惠珍)

【构建和谐社区】 3月10日,区社区教育领导小组在国贸大厦1座会议大厅召开社区教育现场会,推出光华里社区社区教育先进经验。会上,光华里社区党委书记陶庆云介绍光华里社区以社区文教联席会为载体大力发展社区教育、努力构建和谐社区的工作经验。7月,各社区陆续成立奥运英语学习小组,其中南郎社区、永安里社区、光华里社区等小组成员共157人。8月,街道举办纪念抗日战争和世界反法西斯胜利60周年书画展,86人152余幅作品参加展览。社区各种兴趣活动小组如书画、京剧、编织、曲艺等参加人员增加到近千人。年内,加强社区配套用房配备工作力度,社区配套用房总面积达2292平方米,其中办公用房面积1550平方米、服务用房742平方米。

(周莉娟　那宏艳)

【秀水街大厦开业】 3月19日上午10点,秀水街大厦举行开业典礼。为保证秀水街大厦顺利开业,区委宣传部分别于3月1日、3日组织开展有新华社、《北京日报》、《北京晚报》、《京华时报》、《新京报》、北京人民广播电台等15家新闻媒体代表和专家学者参加的专题报道活动;区政府组织有关单位分别于3月1日、5日、10日、15日在秀水街广场开展主题为"提升秀水品牌"大型现场宣传活动;在秀水街广场设立咨询台,向行人发放宣传资料,接受群众询问。3月19日,公安朝阳分局、区城管大队、区工商分局、区消防处、区信访办等部门在现场维护秩序,办事处全体人员全力以赴做好协助工作，确保秀水街大厦顺利开业。

（李修来）

【劳动监察】 3月23日，举办工伤保险知识培训，地区110余家餐饮业、施工工地及高危行业法定代表人参加培训。日常巡查302家，日常巡查立案32件，处理举报案81件。为34名员工追缴拖欠工资；56名员工补签劳动合同；补办社保登记证6个，为16人次补缴社会保险费11543元。处罚11000元。贯彻落实国务院令375号《工伤保险条例》，加强辖区内未参统非公经济企业社会保险力度，提高非公经济企业参统率，根据区劳动社会保障局要求，举办《工伤保险条例》宣传月活动。6月3日，在建外社区服务中心召开建外地区规范企业劳动用工行为工作大会，150余家宾馆、饭店、写字楼、工地、商场等非公经济企业主管人事、劳资工作的负责人参加。6月12日，在秀水市场前举行大规模宣传活动，由劳动科、社保所及其它执法部门和LG工地、银泰大厦工地、赛特集团等45人参加。活动现场悬挂横幅2条、宣传板报25块、宣传画30张，发放宣传材料1000多份。

（王槐林）

【建立爱心超市】 5月，投入30万元建成建外街道"爱心家园"超市，供应米、面、油、衣被和家用电器等200多种。年内，发放爱心卡33张，其中面值500元的6张、面值300元的22张、面值100元的5张，价值10100元。特困群体用爱心卡购得商品493件，其中食品213件、日用品147件、服装5件、粮油128件，救助困难群体100户107人次。

（邢宏艳）

【完善为民服务体系】 8月1日，成立为民服务办公室，将各种服务资源整合为4个服务平台、4条服务热线，统一由为民服务办公室协调、指挥、开展对外服务。党政总值班室服务平台实行24小时值班制度，承传处理党政往来公文信息，上对区委、区政府及各职能部门，下对8个社区，横向对办事处各科室，保证政令畅通，各项工作政出一口；地区一门式服务大厅有服务窗口9个，工位19个，专门受理辖区居民和社会单位有关行政审批、许可、咨询、服务，服务项目涉及16个职能部门69项业务，实行全程代办、网上办公，年接待4万多人次；社区服务中心引进、培育中介组织，解决社区居民就业难、群众和社会单位吃早点难、买菜难、请保姆难、看病难、停车难等问题；社区居民事务代办站负责承接本社区居民和社会单位代办证件类、审批类、费用类、服务类、咨询类事项，使居民事务不出社区即可办妥，党员志愿者服务队为本社区特殊群体上门服务，弥补服务体系服务不到空隙；受理4条服务热线：96105政民互动投诉热线、960156家政服务热线、65008553地区居民诉求热线、85890118政务咨询热线。

（裘晓平 王惠珍）

【先进性教育活动做法上了中央简报】 11月14日，中央先进性教育活动办公室印发的《保持共产党员先进性教育活动简报》第649期刊登题为《北京市朝阳区建外街道在先进性教育活动中解决突出问题 拓展服务内容 建立长效机制》的文章。文章从着力解决突出问题、不断拓展社区服务、建立健全长效工作机制等三方面，简要阐述了本街道在先进性教育活动中，坚持从实际出发，把解决突出问题与拓展服务内容、解决长效机制有机结合起来，确保先进性教育活动真正成为群众满意工程的具体做法。

（李修来）

【城市网格化管理】 11月，建外街道城市网格化管理工作平台正式运行，对辖区地域实行数字化管理。街道设城市综合管理协调委员会，下设监督中心、指挥中心、处理中心。案件分城市事件和部件。监督中心设在街道党政总值班室，两块牌子一套人马。每天由3名同志24小时轮流值班。负责监控、接受、统计网格化平台上登载的立案信息，不定时督办、催办、反馈办结情况。

（裘晓平 王惠珍）

【流动人口健康教育】 年内，承接市疾控中心流动人口健康教育项目，在北京电视中心和大连万达西区两家工地进行健康干预。通过政府搭台，建立一条医疗部门对建筑工地的医疗健康援助直通车。通过健康知识答卷、健康讲座、展览、大型露天文艺演出、健康知识大奖赛等形式对工地民工进行健康教育和行为干预。项目在市专家团审评中获得一致认同和好评。

（徐 岚）

【区域经济】 年内，税源户4454家，其中中央单位126家，市属单位177家，实现税收31.1亿元，是"十五"初期2001年税收的2.4倍。这31.1亿元按税收种类划分：营业税金及附加131704万元，管理费用中税金（含房产税、车船税、土地使用税、印花税）12489万元，企业所得税72443万元，增值税94509万元。财政返还573万元。

（尹 亮）

【环境建设】 年内，新增绿化面积43855平方米，其中新建高档小区金地国际花园绿化11000平方米，通用时代绿化9495平方米，万达广场庭院绿化6500平方米，建外SOHO五期绿化8000平方米，单位庭院成中大厦绿化2800平方米，市高级人民法院绿化5560平方米,东三环光华路口建成500平方米小绿地。在对老小区绿地精心养护同时,重点打造精品工程,金地国际花园被评为优秀绿化工程,蓝堡国际公寓完成花园式单位创建。积极开展创建绿色施工工地活动,北京人民广播电台、金地国际花园等项目试点效果显著;对新开工地全部办理三同时手续,在施工地硬化或覆盖达100%。新实施垃圾分类小区、单位2个。完成五年一次绿化普查工作,普查居住区24个,工厂、学校、宾馆饭店等单位60个,有绿化道路23条,地区绿化总面积568827平方米。

(陈志刚)

【再就业及社会保障】 年内,开发岗位4358个、召开6场再就业招聘会,帮助910名失业人员实现再就业;对896名新增失业人员进行基础职业指导,组织354名失业人员参加免费技能培训,为309名失业人员办理自谋职业保险补助审批手续;发放失业保险金、低保金、民政地退人员工资等共500余万元;为建外地区建筑企业2298名农民工办理工伤保险参保手续;组织33名往届及外地回京考生在街道参加高考;7900余名企业退休人员选择在建外社保所报销医药费,为其中1824人报销药费520余万元、审核单据28262张。

(王军进)

【残疾人工作】 年内,收缴残保金228万余元,安置1名残疾人在辖区外单位就业。为34名精神病人办理药费报销手续,41名残疾人办理残疾证初审。走访慰问特困残疾人149名,发放各类慰问金20662元。为2名精残人办理减免部分住院费用。为1名残疾人办理特困补助。开展残疾人纳纱技术培训,探索残疾人家庭弹性就业新途径。两次组织辖区内残疾人郊游。每月在办事处多功能厅为残疾人免费放映电影。监督新秀水街市场、蓝堡公寓、温莎大道完成无障碍设施建设。为4个社区配备专职残协委员。

(杨志龙)

【社区划分】 年内,对辖区内两个区位结构、人员构成、职业收入差异大的社区重新划分。北郎家园社区以针织路为界划分为两个社区:针织路以西为北郎社区,占地0.4平方公里,总户数1113户,总人口2977人,社会单位497个,老小区4个;针织路以东为北郎东社区,占地0.42平方公里;总户数3345户,总人口6729人,社会单位520个,老小区2个,高档公寓住宅5个,高档写字楼5个。永安里社区以华彬大厦路为界分为东西两个社区:划分后的永安里社区占地0.45平方公里,有2栋高档公寓700户,老小区2402户;永安里东社区占地0.55平方公里,有居民楼2栋,拆迁后新社区有高档公寓1栋,有高档写字楼8栋,SOHO有500余家单位入住,已建写字楼18栋,在建设中6栋,计划未来建设8栋。

(那宏艳)

左家庄街道

【概况】 左家庄街道位于朝阳区西部。辖域东起东三环北部,西与东城区接壤,南濒亮马河,北抵静安西街,与香河园、麦子店、太阳宫、三里屯等街乡接壤。辖区面积4.17平方公里。常住人口总数83553人。受教育人数129050人。街道管理失业人员档案近4000份,享受失业保险待遇399人,自谋职业享受社会保险补助人员累计1130人,弹性就业享受社会保险补助人员1人,通过公益性就业组织及劳务派遣组织实现就业110人。辖区内流动人口6832人。街道有企业1831个。其中:服务业1097个,批发和零售业及餐饮业574个,工业60个,公共管理和社会管理33个,建筑业31个,交通运输业17个,房地产开发业12个,农业3个。区域主要道路85条。其中:市属19条,区管道路29条,自管道路37条。水源八厂坐落在辖区内。有18处燃气锅炉房,2处燃油锅炉房,2处燃煤锅炉房。环卫设施有1个封闭式垃圾楼,3个垃圾转运站。地区绿地面积107公顷,集中绿地面积10公顷,有幼儿园6所、小学6所、中学3所,职业教育1所,大中专院校5所,朝阳区委党校坐落在辖区。有小医院(新源里医院)1所,社区医疗站8个,红医站1个。有全民体育健身场所22处,体育检测设施1处,9个社区均设有室内健身场所。地区学校、社会单位体育场所与社区实现资源共享,曙光里小学有近2000平方米室内健身活动场所。有8个大型宾馆、写字楼,中小型宾馆27家,驻有一批国际国内商社、公司和驻京商业办事机构;餐饮、健身、娱乐、服务修理业132家。在左家庄地区南半部以京源商场、三源里市场为中心,形成有邮局、银行、书店、药店、副食蔬菜等经营服务的商业中心;左家庄北部有商贸综合的静安市场;昆仑、华都、京城大厦、渔阳饭店等大型宾馆、写字楼坐落在亮马河畔,高档住宅区力鸿花园、友谊花园、凤凰城、国际村分别在区域东北、西北角。

办事处地址:新源里西11楼旁
电话:64643210
邮编:100027

(王建萍)

【小区改造】 3月11日,市、区重点挂账工程项目三源里、顺源里两处旧小区改造工程开始。5月22日,改造工程完工。三源里小区绿化改造总面积30000余平方米,完成土方造型900多立方米，清运渣土3600多立方米，栽植各种花灌木20余种3万多株，改造小品4座，新建景亭1座，各种广场、道路铺装9000多平方米，新增停车位211个，投资400万元。顺源里小区改造占地40000余平方米，改造绿地面积10000平方米。其中种植丹麦草5500平方米。栽植各种花灌木26种3万余株。铺装5700平方米绿地喷灌1518延长米，增设停车位114个。两处合计改造占地面积110000平方米，其中绿地改造面积4万平方米，铺装1.57万平方米，绿地喷灌6018延长米，种植各类树木、花草69046株，增设停车位325个，投资110万元。

（林瑞敏）

【开展帮教工作】 4月14日，街道社保所与司法所在清园监狱组织了一场清园监狱、左家庄街道现场模拟招工、招聘会，帮助即将刑满的服刑人员了解就业形势及应聘、就业基本知识，使其做好回归社会的准备。会上，社保所职业指导员结合失业登记及《求职证》、《再就业优惠证》相关办理手续及求职、应聘注意事项进行详细讲解，在现场张贴多家单位招工、招聘简章，对简章中招聘工种进行详细解释和现场模拟应聘。近100名即将刑满服刑人员参加了此次活动。

（赵向东）

【五老进社区活动】 4月20日下午，左家庄街道“五老”（老教师、老专家、老模范、老战士、老干部）进社区活动启动。“五老”志愿工作者参与社区教育活动，采取本人自愿申请和街道聘用选择相结合方式产生。职责是在社区内定期组织中、小学生开展宣传教育活动，积极营造有利于青少年成长的社会环境，提高未成年人思想道德素质、法制意识、科学文化素质、心理身体素质。在“五老”进社区活动中，街道构建宣传教育、学校教育、家庭教育、社会教育、青少年教育、健康科普、国防教育、扶贫帮困教育、文体教育活动、监导督学评价等十大教育网络平台。街道第一批“五老”志愿者120余人到9个社区开展活动。

（王建萍）

【发挥社区作用确保稳定】 5月8日，静安市场一层东侧大厅49商户因市场装修后租金较高集体罢市，部分经营蔬菜商户为减小损失，未经批准，私自在马路、居民区内摆摊，群众反映较大。办事处、左东里社区党委、社区管委会了解情况后及时采取措施：由街道城管监察分队取缔个别未经批准私自搭设的摊位，并加大巡查力度，保证社区环境卫生良好；对居住在本社区的商户开展耐心细致的思想工作，要求他们不要参与任何违法活动，依法维权；社区党委、居委会及时与静安市场沟通，提出要求。由于措施得力，事态得到较好控制。10日中午，90%商户恢复经营。

（王　峻）

【助残日活动】 在全国第十五个助残日和“六一”儿童节期间，街道和区残联向新源西里小学97名智障小学生送去价值3000元的学习用品和智力拼图，为33名特教老师送去1800元慰问品，同时组织慰问地区63名残困户，送去慰问品和慰问金；开展“平等共享，促进残疾人就业”为主题的宣传活动，通过法律咨询、发放宣传材料、展板、横幅等，向过往行人宣传有关残疾人权益保障、法律援助等涉法问题，进一步提高全社会对残疾人的关注，提高残疾人自我维权意识，同时开展义务理发、盲人按摩、测血压、自行车修理、义展义卖等活动，接受服务对象200人次；街道、社区干部和部队官兵30余人携手组织地区残疾人40余人到北京植物园游园。

（贺　洁）

【人口抽样调查】 11月1日零时，全国进行1%人口抽样调查。左家庄地区有6个社区各抽中1个调查小区。调查结果：6个调查小区共登记659户，1673人。常住人口1444人，其中男727人，女717人；居住本街道的1024人，其中男529人，女495人；户籍人口1208人，其中男622人，女586人；2004年11月1日至2005年10月31日出生4人，死亡11人。

（南雅飞）

【义工服务队服务社区】 年内，在保持共产党员先进性教育活动中，街道工委在发动社区党员积极认领责任岗同时，组建、规范义工服务者队伍，使社区形成困难有人帮、矛盾有人解、急事有人办的良好氛围。左南里社区有居民2900余户8700余人，其中65岁以上老人1417人，特困人员57人，残疾和行动不便老人142人；有社会单位86个，其中：服务业51个（餐饮业、美容美发店、医院等），占社区单位60%以上。社区党委在摸底调查的基础上，利用召开单位座谈会、走访等形式，与社会单位沟通。争取社会单位参与社区建设，动员职工参加社区义工队伍，通过发放爱心卡等方式和手段利用自身特长服务地区居民，展示企业形象。街道、社区党委采取措施为义工服务队提供服务保障，建立义工服务管理的长效机制：签订责任书，登记造册；编织队伍，明确服务对象；发放联系卡，佩戴胸牌；明确责任，定期活动；组织讲评，鼓励先进。新源里医院分部坐落在左南里社区，当得知社区要组建义务工作者服务队时，医院负责人亲自到社区请战，发动医院所有职工参加到义工服务队行列。他们利用周六、日时间,义务为辖区居民讲健康课、义诊,为地区10名特困人员免费检查身体。左家庄二小教师义务为地区困难家庭孩子补课,假期腾出教室提供给社区搞活动,为社区合唱队提供教师和音乐器材,辅导社区合唱队编演文艺节目,合唱队在街道社区一家亲合唱节中获二等奖,并代表街道参加区里的演出。

（王　峻）

【开展走访慰问活动】　年内,街道统一部署,统筹安排对辖区各类民政对象及特困家庭走访慰问活动,不遗漏,不重复走访;以社区为平台,充分发挥社区管委会、居委会干部力量,逐户走访、注重实效,深入了解社情民意,把走访慰问与为群众办实事结合起来;把节日慰问与调查研究结合起来,力争做到平时帮困与节日帮困相结合、一般帮困与重点帮困相结合、帮困救助与安置就业相结合;将慰问金、慰问品及时送到各类民政对象及特困家庭手中。同时加大对送温暖活动宣传力度,广泛动员社会各方力量,开展形式多样、内容丰富的各种类型送温暖活动。如社区单位、共建部队、驻区学校对地区托老所老人慰问等。活动中,办事处10位处级领导、6名部长、9个社区管委会主任和党委书记、20多位科级干部、60多位社区居委会干部组成9支慰问队伍,分别对175户城市低保及200户因家有危重病人、家庭人均月收入低的贫困家庭、残疾家庭和革命伤残军人、烈军属等10类约5000人走访慰问,慰问经费384650元。

（王　峻）

【整治校园周边环境】　年内,中小学寒暑假两个新学期开学之前,左家庄城管分队分别组织队员对辖区内14个校园周边进行集中整治,对“门前三包”单位进行规范,对店外经营、门前堆物等违规行为实施行政处罚,对店外经营和环境脏乱问题限期整改,对学校门前无照经营摊商予以取缔,并组织人员对校园周边非法小广告彻底清理。

（李自红）

【规范企业用工行为】　年内,街道劳动监察执法查处213个企业,完成巡查158家,接受处理投诉案件55件,立案84件,其中追回用人单位拖欠劳动者工资39603.54元,追缴社会保险费66684.08元、补缴人员1102人;用人单位不与劳动者签订劳动合同258份,对严重违反劳动法律法规5家企业进行处罚,罚款金额10650元(含滞纳金1650元)。通过劳动监察扩大了单位参加社会保险的覆盖面。

（韩京平）

【民政工作】　年内,提高革命伤残人员保健(抚恤)金标准,将拨付的4.9万元用于解决优抚对象住房难、看病难、生活难问题。为优抚对象及时报销医药费4万余元,为革命伤残人员修配三轮车、病理鞋、轮椅,办理优抚对象死亡丧葬费、发放一次性抚恤金等计2万余元;春节期间为各类优抚对象发放过节补助6万元,足额兑现义务兵优待金19万元。完成审核军休干部、无军籍职工个人档案和核定工资标准及接收安置工作,按时发放各种经费近10万余元。地区困难群众195户443人发放低保金130万余元,依据应退尽退管理机制,对18户不符合低保条件的低保对象停止保障,基本实现动态管理下应保尽保。对15人次实施医疗救助,发放医疗救助金41311.87元;对4户特困家庭实施临时救助发放临时救助金10700元;为2户低保人员解决廉租住房问题;减免128名特困人员子女义务教育学杂费、书费2万元。为3名本地区见义勇为好市民发放3000元慰问金,为1名特困见义勇为人员特批一次性临时困难补助1000元。

（薄慧玲）

【双拥工作】　年内,街道把双拥工作纳入重要议事日程、纳入经济和社会发展总体规划、纳入年度财政预算、纳入各部门单位年度工作计划及考核,为部队解难题办实事30余件,投入资金3万元。驻军某部对营房进行大规模修建及办公大楼建设,对营区内和附近群众生活带来一定的影响,为使部队建设工程顺利完工,办事处、社区居委会积极配合,努力协调好施工期间群众和施工方关系,部队建设工程进展顺利。左家庄地区消防中队要建立计算机管理中心,当办事处领导得知后,当即给予3万元经济支持,为其购置电脑等设备。春节和“八一”期间慰问部队25次,赠送慰问金10万余元,赠送学习用品价值20万元。帮助6名家庭有特殊困难官兵解决实际问题。驻军部队竭尽全力支持地方建设,积极参加抢险救灾、扶贫帮困等急难险重任务。为使双拥工作制度化,办事处把每年1月定为拥军优属活动高潮月,9月定为国防教育月,11月定为征兵宣传月,利用元旦、春节前夕军地交往频繁时机大力宣传军民共建的好事实事,抓好新源里幼儿园国防知识小课堂活动,巩固和提高左一小、新源里一小两所少年军校建设成果;在助残日,街道机关干部、消防中队指战员一同到新源西里小学,同特教班弱智孩子们一同学习、游戏,为孩子们送去学习用品。

（来　杰）

呼家楼街道

【概况】　呼家楼街道位于朝阳区中心地带,地处商务中心区,东起金台路,南至光华路,西至东大桥路,北至工人体育场南路，辖区面积2.8平方公里。有10个社区居委会，总人口26494户、72957人，户籍人口21455户、63612人；新出生271人，死亡300人，自然增长率为-0.17‰；流动人口12292人，人口密度每平方公里26056人。地区从事各类产业活动的单位2706个，其中法人及产业单位1996个；医院5所，社区卫生服务站4个，社区服务中心1个。辖区内三环路纵贯南北，朝阳路、朝阳北路横穿东西，驻有人民日报社、京广中心、嘉里中心、汉威大厦、首都经贸大学等单位。

办事处地址：呼家楼北街甲6号

电话：65012264

邮编：100026

（高英梅）

【扶贫帮困】　1月3日，启动呼家楼街道社会捐助系统，发动地区各方力量向印度洋海啸灾区进行捐款。各捐助站专人负责值班和接听热线电话，共募集捐款8万元，衣物、棉被25300件。年内，街道出台《紧急救助长效工作实施办法（试行）》，筹措10万元专款专用的“爱心救助金”，对11名边缘困难人群实施救助；有58个单位安置残疾人就业324人，同比增长30.1%，218个单位缴纳残疾人就业保障金161万余元，同比增长36.9%。实施“爱心帮助工程”，开展结对共建，辖区196个困难户与党员志愿者结成对子，30家社会单位与困难户签订《扶贫帮困协议书》，走访慰问90户，260人。开办“爱心超市”，实行全日制营业，对地区93个困难家庭实施救助。成立街道白领爱心志愿者服务队，建立弱势群体法律援助基地，做到扶贫帮困、凝聚人心。

（高英梅）

【市领导慰问】　2月5日，市委副书记、市人大常委会主任于均波到人民日报社社区，慰问地区90岁高龄特困党员张惠英。于均波代表市委、市政府给张惠英拜年，询问张惠英生活情况和身体状况。5月26日，市委副书记杜德印到呼家楼北社区调研社区党建工作。听取呼家楼街道工委、呼家楼北社区党委工作汇报，杜德印肯定朝阳区街道系统在社区党建方面的探索和尝试，对基层党建工作提出中肯建议和希望。

（高英梅）

【党建工作】　2月21日，在朝阳文化馆召开呼家楼街道呼家楼北社区党委书记殷金凤先进事迹报告会，推出《“解难书记”殷金凤事迹汇编》。4月1日，启动朝阳区第二批保持共产党员先进性教育活动试点工作。相继推出社区干部典型殷金凤、离退休党员典型王志胜和街道社区百名优秀党员，形成“1+1+100”典型模式。“四查两访一发动”查找失去联系党员，将失去联系的158名党员全部找到。“七类党员十种学习方式”保证了社区党员的学习效果。“两表一会”社区党员分析评议新模式，针对性强。“党员志愿者社区行”，提出社区党员整改提高新形式。9月28日，召开“推进基层党建创新暨呼北社区党建工作创新经验推广会”，总结推出《建立党组织服务机制　凝聚群众共同奋斗　构建和谐社区》的党建创新经验，延伸教育活动、扩展教育成果。年内，投资近9万元加强社区党建工作硬件建设。对居民党支部进行调整，由上年39个调整为57个，按民主程序配齐配强基层支部书记。进一步完善4024名党员信息采集工作，实现全方位认知、规范化管理。为流动党员设立联络站，为搬迁党员建立联系卡，为失业党员设立党员服务中心，使组织能够找到党员，党员能够联系到组织。举办社区党委书记、副书记培训班，提高社区党委领导能力和管理水平。

（高英梅）

【干部队伍建设】　2月25日，启动呼家楼街道“基层日”活动，确定每个月第三周周五为“街道基层日”，处级领导班子成员带领相关科室人员到社区、社会单位开展调研，全面了解各社区基础情况，协调、指导工作，解决实际问题，听取社区对街道工作意见和建议。年内，坚持定期召开民主生活会，在文化传媒、拆迁机制、优化地区环境、提高服务水平等街道重点工作中，引入WTO事务所、城市发展研究院等专家学者。聘请心理学专家和有关学者，先后进行《政府工作人员面对拆迁如何应对》、《拆迁工作中的政策法规》等心理讲座，提高干部识别化解危机和应对复杂局面能力。加大后备干部培养力度，召开后备干部演讲测评会和42岁以上干部座谈会，选拔任用5名副科级干部，对试用期满的3名正科级干部、7名副科级干部、2名主任科员进行考核，征求意见70余人次。加大干部队伍关爱力度，将机关干部的体检由两年1次改为每年1次；健身房早、中、晚开放；足球队、登山队定期活动；领导带头保证干部休假的落实；成立机关事务管理委员会，定期征集意见，使干部保持强健的体魄和良好的精神状态。

（高英梅）

【金台曦照落成】　5月7日，街道投资，填土47车，安放山石300吨，种植各种花卉4000余盆，在金台路和金台西路之间建成绿化面积2250平方米的金台曦照街心花园。花园以金台独有的地理位置为依托，以深厚的古老文化为底蕴，以休闲返朴、感受文化、勃发生机为主旨，实现自然与人文和谐统一。花园内假山以地柏、草坪为基础，自然山石为主体,配以土山花卉和常青乔木;小广场以自然石收边,为不规则边界,设自然山石组合的自然花池作前景,置石呼应,清雅有致。

(高英梅)

【网格化管理试点】 12月1日,街道启动网格化管理试点工作。将地区10个社区划分为6个管理网格,明确纳入网格化管理18个部件、17个事件责任分工,加大对小广告、露天烧烤、施工扬尘、夜施扰民、无照经营等顽症治理力度,提高整体防范能力和突发事件应变能力,提升地区城市管理整体工作水平。启动1个月,处理居民各类问题200余件。

(高英梅)

【社会治安综合治理】 年内,针对化石营地区突出问题及重大安全隐患,由综治办牵头,与朝阳公安分局防暴队、工商所、派出所、城管监察分队、红庙消防中队等部门进行联合执法,拆除违建房屋近60间,清理流动人口300余人。整治3处废品回收、1处小广告集散地。开展科技创安,投资11万元为关东店社区及呼家楼北社区9栋高层楼安装楼宇对讲电子监控系统,投资20万元对地区电视监控系统进行维护保养。进行安全生产法和特种作业操作规程讲座,全年出动600人次进行安全生产检查。联合红庙消防中队,举办大型消防应急演习。配备交通安全流动宣传车,开展交通安全进工地和交通秩序集中整治活动。

(高英梅)

【推出文化传媒产业概念】 年内,街道提出建国际化街道、服务文化传媒、促进地区全面和谐发展的中远期发展目标。组建调研课题组、规划编制组,对CBD功能区,特别是辖区嘉里中心、汉威大厦、京广中心等重点单位,进行深度调查;对建外、团结湖等地700余家文化传媒单位进行调研;协调海淀区有关部门共同对中央电视台现驻地周边社会情况、资源情况进行研讨;对全区所有文化传媒、文化产业单位进行摸底;撰写了50万字理论分析报告和可行性研究报告,完成《北京CBD文化传媒产业发展规划纲要》(征求意见稿)。在第六届国际商务节上,推出北京CBD文化传媒产业概念,引起了媒体关注。

(高英梅)

【社区建设】 年内,改扩建呼北社区、东大桥社区办公用房;通过整合资源使小庄社区、人民日报社社区办公条件大为改善;拆迁配套解决呼南社区、关东店社区办公用房;金台里、关北街等社区通过装修粉刷,面貌焕然一新。在此基础上,妥善解决电力增容、供暖等遗留的难点问题。建立社区两委班子、楼委会、居民(党)小组三级双重管理网络,出台《呼家楼街道关于推广呼家楼北社区“十必访”制度的实施方案》,10个社区79名社区干部中有72人向119户空巢老人公布手机和宅电号码。制定《扩大社区专职工作者考核范围的工作意见》,组织辖区1120名各层面代表对除党务专职工作者以外的70名社区干部进行半年及年终考评。街道成立呼家楼地区文化委员会,组建社区文艺队,建立街道百米万册图书馆,举办社区一家亲、夏日文化广场、社区运动会、老年趣味运动会等文化活动,营造“人文奥运”氛围。

(高英梅)

【拆迁建设】 年内,地区有6个拆迁项目,动迁居民2266户,拆迁面积约136652.71平方米。启动的3个项目分别为:2月16日启动中央电视台新台址一期270户居民拆迁,6月30日启动针织路“城中村”94户居民拆迁,9月2日启动向军北里“城中村”拆迁项目。年前启动项目3个,包括首创朝阳房地产发展有限公司开发项目1163户居民的拆迁、奥中兴业60户居民的拆迁和双建花园502户居民的拆迁。建立《呼家楼街道拆迁中稳定与协调长效工作机制》,找准工作定位,完善“拆迁中群体性突发事件预警预控管理程序”,配合职能部门对3户居民进行强拆,会同社区居委会组织党员、居民、楼门组长召开恳谈会20余次,组织召开协调会议40余次,在拆迁区域内举办房源展览会7次,建立拆迁法规宣传栏2处。奥中兴业和双建花园两处拆迁完毕。

(高英梅)

【绿化美化】 年内,街道完成呼家楼北里13号楼、呼家楼西里22号楼2700平方米老旧小区绿地改造工程以及首都经济贸易大学宿舍1500平方米新建小区绿化美化工程。配合节日景观建设,在金台西路建设灯廊。对人民日报社东门、呼家楼中学门前以及东区邮局门前约3000平方米破损道路进行修复和改造。

(高英梅)

【城市管理】 年内,街道成立以解决群众热点难点问题为重点的社区组、解决扬尘污染和夜施扰民问题的工地组和“门前三包”组,建立社区工作协调会、施工单位联席会、企业讲评会制度。全年执法3000余次,出动1万余人次,查处拆除金台里1号楼等处各类私搭乱建30余处,拆除原灯泡厂内2000余平方米违法建设。

(高英梅)

【为民服务】 年内,街道完善以为民服务大厅、为民服务网络和社区居民事务代办站为载体的为民服务体系,普遍建立社区一站式服务模式,实行"1395"服务项目,使居民能享受到政务办理、法律服务、困难救助等多项服务。全年共受理政务类事项4522件,办结4522件,受理咨询8234件,承接事务类事项10146件,办结10146件,民愿接待86次,解决居民反映的问题86个;10个社区代办站代办政务类事项6112件,事务类事项6045件,接待居民来访265人次,解决反映问题265件。

（高英梅）

【劳动就业】 年内,街道为4043人代办社会保险登记手续,对56家非公企业、14113人次实行扩面征缴。初步搭建劳动关系三方协商机制框架,开辟新的协商平台。采取就业助理员、弹性就业直通车等措施,使1318人实现再就业,为9360名企业退休人员报销医药费。对10个工种推行劳动就业准入制。劳动监察全年立案89起,结案率98%,无一例行政复议。

（高英梅）

【司法行政】 年内,建立治安行政调解与人民调解联动工作机制,召开深化平安社区建设暨人民调解工作经验交流会,开展人民调解宣传周活动,化解矛盾激化11件,涉及4735人;建设法制阵地,开展户外法制宣传,邀请律师事务所律师举办"法制讲座",接待义务法律咨询164人次,解答法律问题156人次;做好社区矫正、安置帮教对象帮教工作,接收社区矫正对象24名,其中9名解除矫正,无一人脱管失控,安置帮教对象帮教率100%。

（高英梅）

劲松街道

【概况】 劲松街道位于朝阳区西南部。东以东四环南路为界与南磨房地区毗连,西临东二环南路北段、广渠门南滨河路与双井街道、崇文区龙潭街道为邻,南侧自西向东以劲松七区和劲松六区南侧、劲松南路东段、农光南路及东南郊灌渠为界与潘家园街道、南磨房地区接壤,北侧自西向东以劲松路、垂杨柳南街西段、垂杨柳南里南侧及广渠路为界与双井街道毗连。东西最长为6.2公里,南北最宽1.6公里。辖区面积约5.2平方公里,呈长方形。辖区内有707个社会单位,10个社区,设10个社区居委会;有居民22785户、61447人,另有流动人口9800人;人口密度13701人/平方公里。辖区内既有建设较早的劲松小区、农光东里、磨房北里住宅区,也有华腾园、富顿、乐澜宝邸、珠江帝景、风度柏林、百环家园等一批新建住宅小区和写字楼。辖区内有合资企业北京吉普汽车有限公司。有中学5所,小学4所,托幼园所6所,托老所1所,群众健身场14处,小区公园2处,医院、影剧院各1座,商业、服务业网点80余个。辖区绿化面积1376477平方米,绿化覆盖率33%,人均绿化面积1.35平方米。年内,街道工委、办事处全面加强党的建设,深化为民服务工作,解决群众关心的热点问题,努力提升城市管理水平,大力推进和谐社区建设,不断满足本地区人民群众日益增长的物质文化需要,确保地区安全稳定。为民办50件实事全部落实。引进中介组织8家,不断丰富为民服务内容。信访和人民内部矛盾排查调处工作取得较好成绩,妥善协调解决了华腾园居民上"万民折"事件和农光里中社区居民用电问题等多起群体性矛盾。搭建城市网格化管理信息平台,成立网格化管理监督分中心,初步建立起分工明确、责任到位、快速反应、处置及时的城市管理和监督长效机制。投入资金109万元,改造农光里西口、二区公园、五区公园、劲松1-8区全部破损甬道,共7997平方米。积极开展创建全国社区卫生示范区活动,劲松社区卫生服务中心代表北京市接受了国家级专家组评估,专家组对本街道社区卫生工作给予充分肯定。完成辖区税收32016万元。财政收入2945万元,比上年同期增长15%;财政支出2977万元,比上年同期增长15%。

地址:东三环南路华腾园甲6号

电话:87795566

邮编:100022

网址:jinsong. bjchy. gov. cn

（李大林）

【送温暖活动】 元旦春节期间,街道投入资金70万余元,开展50余次送温暖慰问活动,参加活动人数4200余人,走访慰问对象涉及13个社会单位、4000余人,走访慰问对象包括特困户、残疾人、军烈属、社区工作者、楼门长、积极分子、老干部、老党员、统战人士、见义勇为人员及外来务工人员等。

（屈树金　孙大力）

【国家信访局领导视察】 2月5日,国家信访局局长王学军、国家信访局办公室主任许杰、国家信访局来访接待司副司长徐宝安到劲松街道慰问基层信访干部,与工作人员逐一握手、亲切交谈,希望街道信访工作越做越好。4月19日,王学军在强卫、李士祥等市、区领导陪同下再次来到劲松街道检查信访条例宣传工作,认真听取各个服务窗口工作情况,对街道宣传信访条例工作十分满意,对民愿接待室工作给予高度评价。

（孙大力）

【社区卫生】 4月6日,开展婚检宣传活动,咨询人数68人,发放宣传材料188份。7月23日,市药品监督管理局朝阳分局、市药学会联合在劲松中社区举行安全用药宣传日活动,组织居民参加糖尿病生活方式调整及饮食控制、合理安排营养膳食等专题讲座和咨询活动,向居民发放宣传小折页和《安全用药知识读本》100 余份。9 月,劲松社区卫生服务中心代表朝阳区接受全国卫生服务示范区验收评估。在创建活动期间,街道及卫生服务中心认真布置和落实各项工作指标,顺利通过专家组考核验收。朝阳区获全国卫生服务示范区荣誉称号,劲松街道被评为朝阳区卫生服务先进单位。年内,开展预防艾滋病宣传,在劲松电影院、3 个社区卫生服务站等处设立安全套出售机 5 台,张贴宣传画 80 余张,发放宣传材料 2860 余份。开展流动人口儿童强化免疫工作,91 名外来儿童接受强化免疫。

(王爱军　王静媛)

【社区党建】　7 月始,开展保持共产党员先进性教育活动。针对社区党员成份复杂、人户分离、外出务工党员多、联系起来十分困难的实际,深入开展摸清底数工作,落实社会、家庭、邻居三位一体工作网络,加大对失去联系党员寻找力度,使失去联系的党员从 300 多人减少为 0。街道投入 10 余万元为辖区党员编印学习资料,购置学习用具、音像制品和党徽证章。针对街道党员实际,分 4 个层面制定教育实施方案。教育中注意创新教育方式,分类指导。建立 185 个互助帮学组,组成 650 对帮学对子,为 670 余名党员送学习材料上门。组织召开 8 个层面座谈会 63 次,征求意见 8 个方面 175 条。年内,进一步深化党建聚合力工程,建立党员长期受教育,永葆先进性长效机制。在倾听民意、了解民情基础上,广泛开展"红袖标"党员责任岗认岗定责活动,搭建党组织和党员为人民群众服务平台,使党员责任岗工作制度化、规范化。2628 名党员根据实际认领不同的责任岗位。进一步丰富和完善党员义务接待室制度,党员接待室由静态变为动态、由室内移向室外、由被动变为主动,较好地架起基层党组织联系群众的桥梁。积极探索新形势下党建创新工作,研究制定符合街道实际的保持党员先进性长效机制:一是以凝聚群众共同奋斗为重点,实施共建工程,建立党员联系群众的长效机制。二是以党员责任岗为抓手,实施服务工程,建立党员服务群众的长效机制。三是以服务群众为宗旨,实施便民工程,建立长效的管理服务机制。四是以文化活动为载体,实施素质工程,建立团结群众共创文明的长效机制。加强非公经济中党组织建设,加大对非公经济党组织联系和指导力度,并及时在新转制的榆光城物业公司中建立党组织。在街道党建协调指导委员会指导下,注重发挥共驻共建优势,与辖区 62 个社会单位保持定期联系,组织覆盖面和工作覆盖面得到提高。

(徐文峰)

【劳动和社会保障】　7 月,将退休人员医疗费报销工作沉入 10 个社区,由社保所下派专职工作人员进行指导。对行动不便的退休人员提供上门服务,退休人员足不出社区就可办理相关事宜。年内,对 320 个单位进行劳动监察,纠正违反劳动规定行为 73 起,立案 89 起,为 5100 名劳动者补签劳动合同,为 2300 人补缴社会保险,调查处理区下移举报案件 63 起,补发拖欠劳动者工资 93 万元,清除非法职业中介组织 26 家。将劳动就业工作向社区延伸,创建农光里阳光就业品牌社区,组成街道、社保所、社区三级服务网络。大力开展就业助理服务,与"4050"、残疾、低保等就业困难人员组成帮扶小组直至就业。社保所全年搜集空岗信息 3094 条,对 1173 名失业人员进行基础职业指导。有 497 名失业人员参加免费技能培训,取得《职业资格证书》,其中低保失业人员 130 名。有 1383 名失业人员实现提档就业,其中"4050"、残疾、低保、农转非人员 459 人。全年共有 14454 名企业退休人员选择在劲松街道报销医疗费,社保所共为 3260 人次报销医疗费 750 万元,被评为"朝阳区推进大额医疗费社会化报销工作先进单位"。

(王丽丽)

【精神文明建设】　8 月,劲松地区文体协会成立,街道投入注册资金 5 万元,并无偿提供 200 平方米办公、活动用房。10 月 2 日,街道举办庆祝建国 56 周年暨总书记视察一周年群众文艺汇演活动,各社区群众和驻辖区武警部队战士 1000 多名演员参加演出。武警战士表演了威风锣鼓、社区干部群众表演了合唱《总书记来到咱社区》等丰富多彩的文体节目。年内,建立和完善党建联谊、供暖、物业、阳光再就业等 10 个协会组织。开展学习型机关、学习型社区、学习型单位创建活动。组建街道文体协会指导下的合唱队、时装队、秧歌队、舞蹈队、太极拳队、太极剑队、书画组、京剧组等 27 个文体组织。利用辖区资源先后组织社会单位和居民群众开展"社区一家亲"、"共创和谐秧歌赛"、庆祝抗战胜利 60 周年、"和谐旋律"、"夏日广场大家唱"等各类文化活动。街道工委以创建文明街道、构建和谐社区为主题,加强社区文化阵地建设,开展送祝福、送健康、送知识、送音乐进社区系列文明宣传活动。投入 125 万元对 10 个社区市民学校进行装修,建设社区万册图书馆。投入 25 万余元在劲松北社区新建 2 处健身场,在 10 个社区分别安装乒乓球台,并制作遮阳棚。以党员先进性教育为契机,在辖区党员中开展了党员志愿者社区行活动,2000余名党员认领责任岗。

(屈树金 柏紫薇 王静媛)

【人口抽样调查】 从11月1日始,在7个社区开展1%人口抽样调查工作。7个普查区划分为280普查小区,普查员、普查指导员、工作人员深入到居民家中登记调查,共登记737户、2198人。同时完成所有入户登记人员户、人、行业编码工作和微机录入及复录工作,并通过区人普办验收。

(刘 慧)

【为民办50件实事完成】 年内,街道确定的为辖区居民、社会单位、社区工作者、老干部和机关干部办的50件实事全面完成。为社区居民办的10件实事包括改造劲松二区、五区小公园,解决多年扰民问题;对虎城中学门前路面铺油改造;整修一至八区全部破损道路等。为社会单位办的10件实事包括:丰富服务大厅窗口服务内容,为社会单位提供更加便捷透明的服务;将相关法规和承诺服务内容汇编成册,送达辖区单位;成立地区供暖行业联谊会等。为社区工作者办的10件实事包括:组织社区工作者外出学习考察;选送优秀社区工作者去名校培训深造;给予优秀社区工作者一次性奖励等。为老干部办的10件实事包括:组织一次体检;组织一次京城(朝阳)一日游活动;对老干部活动室装修改造等。为机关干部办的10件实事包括:组织一次健康体检;为每一名干部再提供一次继续学习的机会,提高机关干部文化水平等。

(孙大力)

【宣传工作】 年内,在保持共产党员先进性教育期间,摄制地区10名优秀党员事迹宣传片《为党旗增辉的共产党员》,同时配套出书《奉献颂》。开展《我曾向党旗宣誓》征文活动,并将获奖征文编印成书《永远的誓言》。组织优秀共产党员先进事迹报告团,举办报告会13场次,参加党员约4000人次。全年在中央及市区媒体上稿282篇,其中市级以上媒体上稿197篇,区级媒体上稿85篇。完成《立党为公 执政为民》宣传画册及《和谐劲松》音画宣传片制作。以构建和谐社区为主题,广泛开展送祝福、送健康、送知识、送音乐进社区系列活动。以庆祝建党84周年、建国56周年,纪念抗战胜利60周年、胡锦涛总书记到劲松街道视察一周年为契机,开展"以党建为龙头,提高素质,服务百姓,构建和谐社区"主题活动。街道以市民学校为阵地,开设反邪教警示教育大课堂,从普及健康科普文化知识为切入点,扩大教育覆盖面,进一步提高社区居民群众对"崇尚科学、关爱家庭、珍惜生命、反对邪教"认识。街道市民学校中心校、10个社区分校举办720场讲座,4万余人次受益。

(柏紫薇 孙 军)

【民政工作】 年内,强化低保对象分类救助管理,对低保对象实行分类救助,对法定劳动年龄段内、有劳动能力人员实施鼓励就业政策,对老人、儿童、学生、重残人员提高救助标准,不能就业人员按规定时间参加社区安排的公益劳动。落实医疗救助、医疗保险、房屋减免、廉租住房相关措施,逐步完善各项制度,做到规范化管理。全年审批房屋减免家庭42户,审批廉租住房6户,审批低保家庭医疗救助40户、47人、10.86万元。对因急重病造成生活困难或因子女教育费用负担过重导致生活困难的5户低保家庭实行临时救助,救助金额6000元。完成362户低保家庭自采暖调查摸底和取暖费发放工作以及本市因公致残返城知青护理费调标工作。全面落实按比例安排残疾人劳动就业工作及收缴残疾人保障金工作,收取残疾人就业保障金28万余元,积极推荐社会单位安置残疾人就业3名;社区安置残疾人就业4名。组织残疾人开展职业技能培训,鼓励求职残疾人参加培训,以培训促就业,培训取证率25%。为25名残疾人办理《再就业优惠证》,对151名精神病人按照病情轻重分类实施康复,继续对53名贫困残疾精神病人提供免费服药及药费报销待遇。对特困重度精神病人做好转介工作,对轻微精神病人定期举办工疗、娱疗等知识讲座,从生理和心理上帮助病人康复。为3名因病造成家庭生活困难的优抚对象申请困难补助8000元。同时重点落实好新接转的义务兵家属生活补助工作,按时足额为26名义务兵家属每人发放生活补助费10000元。完成伤残军人伤残证换发工作。完成69名地方退休人员、23名无军籍退休职工的生活待遇调标工作。为印度洋海啸募集捐款15.7万元,日常捐款3.05万元,全年捐助善款18.75万元,为灾区捐助衣被2.35万件。

(刘淑芬)

【工会工作】 年内,工会积极开展各种培训、教育、学习和竞赛活动,注意发挥代表体现全方位、教育体现多层次、维护体现力度、联谊体现广度、服务体现务实五大职能。新建工会组织5个,收缴工会经费4万元。建立以街道工会为中心的组织网络,在10个社区建立工会联合会和工会协管员队伍。推进职代会和厂务公开为重点的民主管理活动,非公企业中建立工会接访日的有10家,并充分利用意见箱、恳谈会、厂务公开栏、电子信箱等民主管理形式。在职工中广泛开展以协调稳定劳动关系、促进企业健康发展、优化区域发展环境为重点的征集合理化建议活动。推出华腾园俱乐部学习型工会组织先进单位和辖区5名争做知识型职工先进个人。调查统计94名劳模和先进人物,分别填写《北京市劳动模范登记表》,建立档案资料。

(韩文茹)

【人民武装工作】 年内,组建一支252人的民兵队伍,成员来自华腾园、乐澜宝邸、富顿中心、风度柏林、华腾大厦、大盟物业、劲松办事处、化工实验厂等单位,并按照年度训练计划完成800小时训练。抽调8名民兵,圆满完成为期一个月的民兵高炮分队集训任务。帮助、指导劲松二小完成少年军校筹建工作,积极协调武警七支队二中队帮助劲松一小、沙板庄小学开展少年军校军训活动,并参加朝阳区少年军校军训成果汇报表演,劲松街道被评为优秀组织奖。“两节”期间,走访慰问武警二师、武警二师七支队二中队、北京机要通信局等部队,赠送价值3万余元的节日慰问品。完成118名适龄青年兵役登记、537个兵役证核验工作。经过宣传动员、上站体检、政审联审,10名适龄青年应征入伍。

(沈丽娟)

【纪检监察】 年内,纪检监察部门把党风廉政建设和反腐败工作融入到街道整体工作之中,使纪检监察工作同加强党的建设工作相结合,同街道效能监察工作相结合,同街道为民服务工作相结合。围绕街道为民服务体系建设,纪工委制订、完善各项制度,注重工作机制创新,采用多种监督手段和形式,听取群众意见、建议和呼声,关注群众提出的热点、难点问题解决,不断提高、规范工作人员接待服务行为。效能监察考核工作做到内部考核与群众监督相结合,流程考核与结果考核相结合,定期考核与随机考核相结合。按照考核有关规定对各服务窗口人员履行职责、依法行政等工作进行科学性、系统性、规范性全程监督。

(王建军)

【信访和排查调处工作】 年内,认真宣传贯彻新《信访条列》,强化服务意识,按照科学发展观要求,拓宽社情民意反映渠道,加大信访工作力度,妥善协调各方面利益关系,保证辖区社会稳定与和谐。建立和完善信访预警、应急机制,及时有效协调处理突发性事件。街道信访民愿信息库汇集重要信息390余件,从中排查出重点信息53件,为及时化解矛盾纠纷、防止集体上访提供预警信息,为处置信访突发事件提供决策依据。民愿接待室、人大代表政协委员接待室、驻辖区职能部门领导接待室、残疾人接待室、党员义务接待室和党员走访小组等多层面、多方位听取群众意见的信访工作接待体系,解决了居民群众中的大量热点、难点问题,继上一年度再次实现了全年越级集体访零指标。

(尹长安)

【接待来访】 年内,街道为民服务大厅、社区居民事务代办站接待中央巡视组、中组部培训中心、中央党校、外交部、上海市、苏州市、无锡市、市委党校、新疆民政局、市纪委、市老龄委、市妇联、北京行政学院、北京工业大学、驻加拿大使馆和北京市各区县、有关部门及华人华侨参观考察,参观考察人员对街道一站式、窗口式公共服务形式十分赞赏,全年接待参观考察43批、1049人次。

(屈树金)

【小区建设与改造】 年内,街道自筹资金110万元,完成农光里西口等8处环境改造工程。农光里西口拆除旧路基材634.4平方米,铺设南北人行道两侧路面225.6平方米;劲松1—8区铺装路面3979.88平方米。劲松六区路面破损严重,坑洼不平,排水困难,绿化损坏严重。街道投入资金31万元,对该小区进行环境改造,种植乔木5株、灌木143株、花卉220平方米,铺草坪750平方米、色带260平方米,铺装道路1074平方米,修补路面130平方米,新增停车位460平方米,在小区主路新修排水管道170延长米。完成劲松二区公园改造,改造绿化面积2187平方米,铺装地面160平方米,种植各类苗木17641株,修复东西2个大门。完成劲松五区公园改造,新修文化墙225平方米,加高公园四周铁艺护栏280延长米。完成823楼南侧、西侧绿化改造工程,改造绿化面积407平方米,种植各类苗木3072株。完成劲松地区绿化普查工作。

(郭　艳)

【社会治安综合治理】 年内,在劲松4个多发案区域安装了50个电子探头。为派出所购置巡逻车2部,进行24小时不间断巡逻。对所辖10个社区实行封闭式管理。成立夜间治安巡逻队,对劲松地区,特别对劲松北社区、磨北社区、农光里社区、农光东里社区进行不间断巡逻,并为夜间巡逻队配备头盔、反光背心、胶皮棍和强光手电等装备,以遏制各类可防性案件发生。同时加强整合社会专业保安队伍,把物业保安、单位内部保安、民兵队伍组织起来,进一步壮大防范力量。街道注重社会治安综合治理宣传教育工作,大型宣传活动5次,向单位和居民发放宣传材料20000余份。全年无重大火灾事故发生,无重大交通伤亡事故。在基层平安建设工作中,劲松街道获区“典型示范单位”称号,并被评为区社会治安综合治理先进单位;劲松中社区、八棵杨社区和农光里中社区获“平安建设示范社区”称号。

（赵 立）

【流动人口管理】 年内，街道采取系统抽样法和入户调查方法开展流动人口情况调查，调查对象为居住在辖区范围内、没有北京市正式户口、年龄在16岁—55岁的流动人口，调查内容围绕流动人口分布情况、基本结构、生活情况、流动经历与生活预期等展开，调查取得满意效果，受到区流动人口管理办公室好评。为外来务工人员子女办理在京借读证明185件。以强化流动人口服务工作为主题，开展为外来务工人员送图书进工地、送电影进工地、送法律进工地等活动，引导其积极投身首都建设。劲松中社区保洁员、外来务工人员董学法被评为“北京市十大杰出青年”。

（赵 立）

【红十字会工作】 年内，红十字会开展大型募捐救助宣传活动、关爱弱势群体活动、慰问特困家庭独生子女活动、两节期间慰问困难家庭活动，募集救助资金59191.07元，投入2万余元慰问45户困难家庭和8户特困家庭独生子女。组织义务献血工作，有17人义务献血。

（王爱军）

团结湖街道

【概况】 团结湖街道位于朝阳区西部。东起水碓子东里、水碓子东路、朝阳体育馆西侧，南至呼家楼北街和二道沟北侧，西至东三环北路，北至农展馆南路。辖域面积约1.2平方公里，辖22条街巷，6个住宅社区，设6个社区居委会。人口16603户，43214人，境内团结湖路纵贯南北，与东西方向的农展馆南路、团结湖北路、姚家园路、团结湖中路、团结湖南路、朝阳北路、呼家楼北街依次相交，并与各楼区间道路相通。团结湖路两侧设有团结湖派出所、工商银行、邮局、书店、百货商场等商业服务设施，形成团结湖地区商业区。辖域内有中央企业27家、市属企业39家、区属企业74家、街道企业18家、无主管企业803家，全部从业人员15072人。驻有国家中医药管理局等4个部属单位，北京青年报社等4个市属单位，区计委等27个区属单位和区人大常委会、区政协等区级领导机关。建有中专1所、中职1所、中学2所、小学2所、幼儿园2所、托老所1所、医院3所。有各类商业饮食业281家，从业人员2905人。

办事处地址：团结湖北头条9号楼

电话：65825455

邮编：100026

网址：http://tjhserver

（李丹梅）

【党建工作】 3月，街道工委对地区47个基层党组织和1893名党员基本情况全面调研、核实情况，全面深入地开展保持共产党员先进性教育活动。期间，先后制定各阶段工作计划、总结以及长效机制、具体措施、保持共产党员先进性具体要求等40余种重要文件，为街道先进性教育领导小组和97名机关在职和离退休党员准备各种学习材料21种600余份，策划组织召开街道各阶段重要会议以及指导并参加基层活动104次，上报区督导组、指导组文件、材料及各项报表145件，建立健全有关制度60余项，确保了地区先进性教育活动各阶段顺利进行和规范实施。并指导社区党委在地区40余支文体队伍中成立5个临时党支部，采取自荐、党员群众认可、组织确定以及与党员责任岗相结合方法，选好配强支部班子，提高党组织服务党员、群众工作能力。各党支部配合中心工作、结合自身特色开展丰富多彩的党员活动，激发了党员参与支部活动的热情，增强了广大党员的党员意识。根据国家形势任务变化和社区发展需要，采取集中学习、外出考察和自学等方法，科学安排学习内容，自拟调研课题，先后利用13个学习日组织班子成员、机关干部认真学习党的十六届四中全会、五中全会精神和全国、北京市、朝阳区“两会”精神、《加强党的执政能力建设》辅导读本、《反分裂国家法》和《公务法》等，观看《加强党的执政能力建设》、《信访条例》等讲座光盘；举办“科学健身”百场科普知识系列讲座、《态度决定一切》体会交流和社区居委会干部拓展训练；集中利用3个月时间在地区开展保持共产党员先进性教育学习活动。同时，根据街道理论中心组学习讨论意见和建议，分别深入社区进行深入细致的调查研究，形成《团结湖街道关于推进社区党建工作创新的措施》，推动街道社区党建工作持续发展。

（李丹梅）

【红十字会工作】 5月12日，中路北社区司堃范志愿者爱心工作室成立，热线电话同时开通。年内，以红十字会倡导的“人道、博爱、奉献”精神为宗旨，在街道和社区积极发展和健全基层红十字会组织，在中路北社区开展创建红十字社区卫生服务试点工作，广泛开展普及卫生救护知识及技能培训等活动，80人取得市红十字会颁发的急救员证书。响应市、区红十字会号召，为印度洋地区地震和海啸灾民募捐32235.62元，积极组织宣传“博爱在京城”活动，募集捐款3万多元。开展扶贫济困送温暖活动，走访慰问贫困家庭5户，发放慰问金2500元；免费为社区低保家庭办理“连心卡”。继续强化社区红医站服务功能，为居民群众提供便利的医疗服务。组织世界红十字日纪念宣传活动，在辖区形成浓厚的宣传氛围。

在纪念《中华人民共和国红十字会法》颁布12周年之际,与区红十字协会共同举办健康大课堂活动。

(李丹梅)

【双拥共建】 11月23日,街道双拥办、社保所在九支队六中队礼堂举办“情系老战士 送岗进军营”暨招工招聘现场会。52名老战士参加,40名战士达成用工意向。年内,街道投资1万余元为部队购置3台电视机、1台万利达歌王及一套音响设备、21台英语复读机。

(李丹梅)

【老干部工作】 年内,按照老干部工作先进社区要求,街道工委成立社区老干部工作领导小组,建立有上百人参加为老干部服务的社区志愿者队伍,并设立服务热线电话。各社区积极整合社区资源,坚持老干部活动经常化、健康档案实时化、党员包户责任化、走访看望实在化。通过近一年努力,各社区全部达到老干部工作先进社区要求,通过区委组织部和区委老干部局联合检查组严格检查评审。12月,团结湖街道三四条社区、水碓子社区被评为朝阳区“老干部先进社区”,其余4个社区被评为老干部工作达标社区。

(李丹梅)

【募捐工作】 年内,组织地区单位、社区为海啸灾区募捐,捐款98278.1元。为国内灾区募集衣被,有42家单位参与,收集衣被610包,13624件,现金9880元。

(李丹梅)

【社区建设】 年内,街道投资400余万元,历时一年,通过置换、整合、改扩建等形式,为每个社区修建了300平方米以上办公服务用房,在原1055平方米基础上增加1394平方米,解决了6个社区居委会办公用房紧张、办公设施陈旧、社区居民无活动场所状况。投资96万元,将机关北侧平房翻建为一站式办公大厅,建筑面积258平方米。

(李丹梅)

【残联工作】 年内,街道残联按比例安排残疾人就业单位122个,收缴残保金55.8万余元;地区单位安置残疾人就业5人,社区安置残疾人就业3人(为其中2人搭建残疾人便民商亭),扶持3名残疾人个体就业,发放扶持金6000元;完成残疾人技能培训7人,取证率43%;走访慰问143户、396名残疾人,支出经费14400元;为5名精残人员8次申请住院补助,为22名精残人员报销药费;为9名特困残疾人无偿配发康复器材;为2名白内障患者实施复明手术;为3名特困残疾人办理临时困难补助9500元;投资5.5万元对本地区213栋楼近700个单元一楼安装扶手,方便老年人及残疾人出行。

(李丹梅)

【地下空间】 年内,街道采取单独摸底和联合检查方法,对辖区地下空间进行全面调查摸底,并建立台账,规范地下空间管理,有效消除一批安全隐患,较好实现全年安全无事故目标。经查全地区有地下空间单位118个,总面积72899平方米,其中人防工程89处,52251平方米;地下室29处,20648平方米。

(李丹梅)

【文体科普活动】 年内,拨款近11万元用于社区文化建设。在6个社区分别建千册图书室,为群众读书、阅览提供便利;举办迎新春文化周、“五月的鲜花”群众歌咏比赛等活动,成立街道奥运英语协会、诗书画协会、文艺协会、体育协会、读者协会,以协会为依托开展丰富多彩的文化活动。奥运英语协会不但教社区居民学外语,还将学外语活动推广到辖区服务行业,并组织开展英语进军营、团结湖公园英语角揭牌仪式等活动。街道在北京市第五届全民体育健身节中荣获市级先进单位称号;在朝阳区迎新春健身方式大赛中获一等奖;组织完成团结湖地区“盛煌天宇杯”运动会;社区文体队在第三届北京2008奥林匹克文化节、区体育局太极拳比赛、朝阳区区域机关运动会、朝阳区群众性乒乓球比赛中分别获一等奖、三等奖及优秀组织奖。开展涉及科学健身、牙防知识、食品安全、环境保护、节能知识、男性健康、家庭厨艺、法律法规以及文明礼仪等方面内容的科普知识讲座136场,受益群众上万人。在朝阳“科技周”期间,街道举办参加科普游园会、社区运动会、英语沙龙、书画笔会等20项活动;在“科普之夏”期间,举办各类知识讲座40余场,开展大型宣传活动8次,吸引7000多居民群众参与。

(李丹梅)

【社会治安综合治理】 年内,街道与地区社会单位签订《综合治理责任书》400份。可防性案件比上年相比下降33%。投资59万元,为地区1600户居民安装楼宇对讲技防门。组织安全检查联合执法100余次,检查单位1200个,与200余个重点单位签订《消防安全重点单位承诺书》。组织8次地区性防火安全培训,检查处置安全生产隐患110余起。组织扫黄打非联合执法80余次,处罚非法贩卖盗版光盘和非法出版物游商45人,收缴盗版光盘1800余张,盗版图书65本。接待群众来访来电1000余人次,处理信件380余件,处理劳资纠纷7起,为民工讨要工资18万元,预防越级访、集体访7次,处理率100%。对流动人口组织各类培训35次,受训人员达3500余人次,投资15000元为外来人口编印5000余册《团结湖街道流动人口服务手册》，并发放到每一位流动人口手中。

（李丹梅）

【法制宣传】 年内，街道司法所制定本街道“四五”普法验收内容和标准，并召开普法验收工作会议，明确分工，责任到位。在各社区、各科室大力支持下，司法所人员放弃休息日，加班加点，将形成的材料整理出文字档案72卷，照片档案11卷。运用宣传标语、横幅、举办法制讲座、开展法律咨询、分发宣传材料、刊登法制专栏、举办知识竞赛、图片展等方法方式，深入开展法制宣传活动。街道开展法制宣传48次，举办各项法律知识竞赛6场，受教育人数16000余人次，发放宣传资料20000份，法规展板82块，提供法律咨询150余人次。

（李丹梅）

【人民调解】 年内，为地区调解各类纠纷462件，成功451件，制定人民调解协议书6份，调解成功率98%。其中，防止群众性械斗1件12人，防止群体访5件165人。调解总数比去年同期增长近4个百分点。根据市、区工作要求，街道出资近3万元在团结湖派出所北侧建联合接待室，通过公开招聘方式在地区招聘2名调解员，开展工作后调处纠纷41件，达成调解协议5件，调解成功率98%。针对地区天宇市场经营者与消费者纠纷颇多现象，街道与天宇市场合作建立调解委员会，调解经营者与消费者之间矛盾纠纷，确保地区稳定。

（李丹梅）

【信访工作】 年内，街道认真宣传贯彻新《信访条例》，组织两次大型宣传，发放宣传品2000多份，在接待中严格按《信访条例》程序办理，成立了专门信访办公室。全年坚持人大代表、领导接待日制度。建立完善信访接待考核制度，处理来信67件、来访150件次、来电175件，处理区转信访19件，有2件来信未处理完毕，完成处理件占到总数98.4%。

（李丹梅）

【便民服务】 年内，社区服务中心引进房产咨询、飞机票火车票代办等多家服务商，初步建立较为完善的社区服务体系，做到居民基本服务需求不出社区。同时解决辖区再就业人员10名，通过小区改造增加停车泊位80处，开设市区社区大课堂8次，听课人员500余人次。通过96156热线及社区服务热线（85962303），面向广大居民提供服务。团结湖社区服务信息网信息采集录入量位居全区前列，全年信息录入1236条，96156服务单429张，小呼叫及热线电话959个。举办“96156亲情陪伴大年夜”活动，社会各界人士纷纷参与。1043名社区义工到1715个空巢户和1所敬老院陪伴2600名老人们包饺子，拉家常，累计服务达1580小时、1340余次。

（李丹梅）

【宣传教育】 年内，邀请《北京青年报》、《北京晨报》记者对各科室和社区通信员专门进行业务培训。在开通街道外网基础上，指定专人负责，坚持每天收集信息进行编辑整理，及时对网页进行更换，使地区家中有电脑的干部群众不出家门便了解到更多、更新的街道新闻和上级有关政策。与此同时，机关各科室和社区利用各种有利时机，采取发放宣传品、放录像、组织参观、举办知识竞赛等方法深入学校、工地、监狱及社会单位等场所对不同类型人员进行宣传教育，全年开展各种宣传教育活动231次，受教育人数近30000余人次。街道围绕街道中心工作，引导各个科室和社区及时反映情况、上报信息，做到准确反映街道工作和发展变化。全年在各报刊、电台、电视台发表宣传报道文章和图片134篇（幅），其中国家级3篇，市级81篇，区级50篇。

（李丹梅）

【环境整治】 年内，街道投资429万元用于街道建设和环境整治。其中投资183万元对团结湖中路南三条小区绿地、道路进行改造，改造后小区绿化面积9644平方米，增加座椅17组、晾衣杆26组，建广场1个，增加停车位86个。在办事处、节水办、自来水公司共同努力下，对水碓子3号、5号、9号、17号、18号5栋筒子楼进行一户一表改造，采用智能式一表多卡水表安装，工程包括内外管线全部更新，并采用新型环保镀锌材料。涉及749户居民，其中合住户455户，安装水表880块。改造后每户居民持水卡消费，达到了谁用水谁付费、减少浪费目的。

（李丹梅）

【再就业工作】 年内，街道社保所与200家社会单位签订空岗协议书，健全空岗报告制度，为失业人员搜集空岗信息2300个，利用社会单位力量，举办各类形式招聘会10次，免费职业技能培训166人，并全部取得职业资格证书。组织地区31人次就业困难人员以劳务派遣形式实现就业。对符合就业援助条件的就业特困人员实行托底安置（社区保安30人，再生资源回收、早餐工程安置6人，劳动保障协助管理员安置14人，城市管理监督员安置12人），同时建立“4050”就业困难人员台账，与195名“4050”人员签订《再就业援助协议书》，帮助189名“4050”人员实现再就业，并办理招工备案手续。全年587人实现再就业。

（李丹梅）

首都机场街道

【概况】　首都机场街道位于朝阳区东北部,四周与顺义区接壤。辖域面积12.23平方公里,分为航站区、工作区和生活区。其中生活区面积2.3平方公里,分设南路东里、南路西里、西平街和南平里4个社区。有常住人口2.3万、户籍数量1.1万,流动人口1.5万人。辖域内有民航华北管理局、北京首都国际机场集团公司、中国国际航空股份有限公司等中央单位46家,市属单位11家,区属单位8家,其它单位149家。生活区内有二级甲等医院1所、社区医疗服务中心1个、社区医疗站4个,中学1所、职业中专1所、小学2所、幼儿园4所,社区文化公园2个、体育场1个、体育馆1个。

办事处地址:首都机场宿舍区西平街2号
电话:64563946
邮编:100621

(陈兰珍)

【社区建设】　年初,召开街道首次社区工作会,制定《关于加强社区建设的决定》,明确社区干部福利待遇,出资20余万元对社区办公用房装修改造,通过外接阳台、安装空调、改装暖气、配备电脑和数码相机等措施改善社区工作条件。

(陈兰珍)

【地区文化节】　6月7日至18日,举办首届地区文化节和体育周活动。集书画、笔会、书市、晨练展示、电影晚会和文艺演出等形式于一体的文化节和体育周活动吸引了6000多名居民现场参加。

(陈兰珍)

【环境绿化】　年内,对小天竺路、副食东街、南平街和机场南路等地进行重点绿化改造,改造和新建绿地7000余平方米,铺设草坪6450平方米,栽种各类花卉、树木4000余株。通过政府购买服务方式,2万余平方米绿地得到专业化养护和管理。

(陈兰珍)

【公厕改造】　年内,街道协调区环卫服务中心,投资100余万元,新建两座节能型公厕,改造一座公厕,彻底解决了人员密集场所如厕难问题。

(陈兰珍)

【教育改造】　年内,投资1500余万元,将首都机场中学与机场第一小学合并,成立九年义务制教育94中分校,新建操场,装修教学楼,改善教学条件,为进一步提高教育水平奠定基础。

(陈兰珍)

【人口与计划生育】　年内,在“婚育新风进万家”活动中,开展计生宣传咨询服务月、“构建和谐社会、营造知心家庭”独生子女创造性思维等系列活动。举办以“关爱女孩健康,营造美丽人生”为主题的青苹果之家系列教育讲座。在流动人口育龄妇女管理服务工作中做到宣传教育、孕检服务、生殖保健服务、职业介绍等六到位,使孕检率达到98%。年末,机场地区获全国婚育新风进万家先进街道称号。

(陈兰珍)

【科技创安】　年内,积极开展创建安全社区活动,设置6个安全健康推进小组,实行主管领导分片责任制并层层签订责任书。加大科技创安力度,总投入76万元,安装电子监控探头43个,使机场地区始终保持在全区刑事案件发生数最低。

(陈兰珍)

【劳动就业和社会保障】　年内,为机场各单位派遣劳务800多人,除解决本地人员就业外,还积极为朝阳区东北部农民创造就业条件。为1200多名退休人员办理医药费报销手续。关心弱势群体,建立民政系统访贫问苦长效机制。为困难家庭6户9人办理低保手续,免费为残疾人开展职业技能培训,安排残疾人就业5人。

(陈兰珍)

潘家园街道

【概况】　潘家园街道地处朝阳区东南部,东与南磨房、十八里店乡相接,南与丰台相邻,西与崇文区相望,北接劲松街道,辖区面积4.3平方公里。常住人口约12万人,潘家园旧货市场、北京古玩城、河南大厦、陕西大厦、广西大厦坐落其间。有中国医学科学院肿瘤研究所、肿瘤医院、北京工业大学研究生院、北京眼镜厂等中央、市、区不同隶属关系社会单位1200余家。街道设工作机构17个,有工作人员82人,其中公务员78人、公勤人员3人。

办事处地址:华威西里29楼
电话:67710517
邮编:100021

(王太成)

【城管工作】　1月,全市暖心便民工程在潘家园地区拉开序幕。街道通过“六个一”(与辖区内12个社区各签一份责任书、定一份进度表、设一个意见箱、发一封致居民信、开辟一个城管宣传栏、开展一次咨询活动)活动,在12个社区内实施65项便民实事项目。2月,针对旧货市场周边西藏、新疆游商无照经营较多的情况,街道协调派出所、城管、交警、工商、税务等部门联合执法,加强对重点地段巡查力度和密度,取缔无照经营201起,罚款

18100元。市场周边无照经营行为得到有效控制。年内,街道不断加强城市管理力度,拆除逾期临建4户1519平方米,拆除违法建设2户1040平方米,拆除占压燃气管线建筑物2户148平方米,处罚"门前三包"单位38家,拆除非法设立户外广告23块,查处黑车33起,查处非法小广告71起,查抄小广告黑窝点24个,收缴各类小广告6万余张,查处无照经营410起,取缔露天烧烤51起,清除垃圾渣土1150吨,规范施工单位3家,查处扬尘污染1起,罚款133400元。

(王太成)

【综合治理】 3月,动员社会单位和治保积极分子2000人群防群控,圆满完成全国"两会"安全保卫工作。8月,开展交通安全整治、交通安全征文比赛,地区50多个社会单位640人次参加4个主要路口交通秩序维护工作,起到宣传交通安全作用。年内,对区挂账的磨房南里发廊一条街进行百日专项整治。继续推广松东社区经验,实施科技创安工程,安装电视监控2套、探头34个,为22个楼门1317户安装楼宇对讲系统。落实交通安全进社区,开展为期40天的交通集中治理。引入市场机制,拓展公联顺达公司停车管理范围,大大降低机动车丢失发案率。街道组织由社会单位、居民群众、流动人口等参加的各种安全教育培训163次。开展平安社区创建活动,有3个社区荣获区级平安社区称号。街道建立治安民调联合接待室和"反家暴妇女维权岗"。调解纠纷、接待法律咨询527件,同比增长78.04%。

(王太成)

【劳动监察】 3月,加强安全生产监察力度,检查社会单位198家、楼房153栋、地下空间71处,下达限期整改指令书72份。6月,对建筑施工单位、商场超市、学校、加油(气)站、物业、大厦宾馆等41家单位安全负责人进行安全知识培训。9月,对52家单位食品卫生安全进行检查,下达整改书45份。年内,街道深入学习贯彻落实《劳动监察条例》,加大日常巡查,检查单位218家,涉及职工5858人,监察立案单位77家,罚款3000元。通过限期整改补签劳动合同169份,追缴保险人数102人,追缴养老金16579元、失业金1063.47元、医疗保险6889元、工伤险2917.61元,追回工资人数42人,追缴工资30750.46元。加强社会保险扩面征缴工作,有15家社会单位办理社会保险缴纳手续,累计缴费4669人次,缴纳养老保险1120643.8元、失业保险165622.38元、工伤保险44318.83元、女工生育19473.6元、医疗保险1082108.3元;办理外地施工人员工伤保险381人、医疗保险538人。对7家建筑工地、13家施工单位进行安全检查,下达整改书7份。对4个加油(气)站安全生产情况进行专项检查。

(王太成)

【社区党建】 年内,认真开展保持共产党员先进性教育活动,建立并完善街道党建工作机制,结合市委《关于推进基层党建工作创新的意见》,制定《街道党建工作创新的意见》等一系列文件;对新转入街道的党员,及时提供学习资料,及时进行补课,及时介绍和了解情况。由于各级党组织工作到位,参加教育活动党员覆盖率达99.8%,党组织覆盖率100%。同时,以先进性教育为契机,街道工委启动了"三项工程",为群众提供服务。一是实施"党员手拉手,党群心连心"为主题的帮贫助困"连心工程";二是实施"掌握文体特长,引导文体队伍,占领文化阵地"的"悦民工程";三是实施"创造优美环境,维护社区稳定,创建平安社区"的"袖标工程"。运用已经建立的党员人才库,进一步完善党员信息库建设,引导党员认岗定责,为不同行业、不同技能党员发挥先锋模范作用找到途径,地区4461名党员认领5844个责任岗。建立谈话制度,处级领导带头,实行从机关到社区谈心制度。先在具备条件的4个社区,建立"党员驿站"、"谈心室",畅通相互交流、表达意愿的渠道,后在12个社区全面建立谈心室。实施聚合力工程,充分发挥地区社会单位党组织和民营医疗机构作用,共驻共建,服务地区居民群众。

(王太成)

【城建工作】 年内,完成松榆里公园改造,建设广场面积1700平方米,铺装2000平方米,绿化7300平方米,铺设雨花石及青石板甬路585平方米。新增围树座椅7套、长条座椅11套、石桌椅5套、庭院灯20盏、舞场围椅60延长米,调整树木200余株,栽植花灌木18种2500余株,栽植月季花980株,补种早园竹800余株、色带300延长米、花卉5万余盆,铺草7300余平方米。开设乒乓一隅、康体乐园、休闲驿站、曼舞天地、紫藤广场等多个景点。公园增设健身器材12件、乒乓球台两张、宣传栏1组、灯箱式宣传板21组和"天地和谐"主题浮雕1组。在区市政管委支持下,打通松榆北路断头路,拓宽改造华威南路。协调各有关部门融资近40万元,完成松榆东里、松榆西里、松榆里、潘家园南里、武圣东里等5个小区共6000平方米破损道路修补工作。全面开展城市园林绿化普查,经3个月努力,上报各种报表179套,其中居住区绿地92套,单位绿地55套,小区道路绿地4套,道路绿地11套,公园绿地1套,无绿地单位9套,征而未建土地5套,在施工道路2套。所有数据、电子版和纸质地图均上报。经统计,地区有绿地586942平方米,绿地覆盖率27%。完成筑博苑庭院绿化及拆墙透绿工程,绿化面积2900平方米,栽植乔灌木3000余株,栽植月季、大叶黄杨球、女贞球等花灌木500余株,拆除原有300米围墙,原有三环辅路绿化与新增绿化融为一体。完成漪龙台小区绿化工程,绿化面积2000平方米,铺设草坪1370平方米。完成潘家园南里1－4楼间绿地改造1500平方米,楼间绿地新增灌木80余株、月季200余株、绿篱300余延长米。完成建工小区改造二期工程,绿化2000余平方米。完成华威路、河南大厦北路竹林街建设工程,栽植早园竹8000余株。全年义务植树3620株,养护树木43900株,完成143707平方米绿地、树木保洁和156227.5平方米道路清扫保洁工作。

(王太成)

【民政工作】 年内,强化地区低保对象分类救助管理,对地区低保对象实行分类救助,按照对象劳动能力不同及种类不同制定相应救助标准,对法定劳动年龄段内有劳动能力人员实施鼓励就业政策,提高救助水平。对老人、儿童、学生、重残人员提高救助标准,并与地区爱心超市救助相依托无偿享受爱心超市救助。地区享受低保待遇家庭420户、857人,其中:享受长期救助的117户,短期救助的203户;为12户特殊困难家庭办理一次性临时救助,发放临时救助资金44000元;办理低保就业服务证248人,享受就业奖励61人,就业减退人员16人,累计发放低保金187万余元。落实医疗救助、医疗保险、房屋减免、廉租住房相关措施,为153名征地超转人员办理医疗保险手续;为93人申办医疗报销,报销资金416897元;为23人申办医疗救助,发放医疗救助资金98751元。审核办理廉租住房3户,审核办理房租减免家庭1537户。建立随时捐赠、随时接收扶贫济困工作网点,使募集活动经常化,利用街道爱心家园,负责常年接收捐赠。收到扶助捐款10450元,街道扶助金专户金额28217.90元;街道爱心家园接收捐款1188元,捐赠物资2094件,价值6135元,参加捐赠人员260人次;分两批为地区60户特困群众发放爱心救助卡,向困难群体发放救助物资1906件,价值12515.2元,救助地区困难群众649人次。核发退休费752114.8元、占地超转人员生活补助费770837元、伤残人员保健金202502.73元、烈属生活补助金8790元,为10人办理义务兵优待证。对53名贫困残疾精神病人提供免费服药及药费报销,为950名残疾人提供康复需求服务,对13名人员进行白内障复明手术。垂杨柳中学、潘家园街道社区服务中心、为民办事大厅、松榆西里社区居委会、松榆西里室外公厕进行无障碍设施综合改造;小区内14条道路路口、9栋中高层居民楼门口实行坡化。收缴残保金510803.09元,扶持残疾人个体从业1人,发放扶持费2000元。鼓励在职残疾人职业技能培训9人;安置残疾人就业5人,社区就业3人,完成各项安置任务和指标。

(王太成)

【社会保障工作】 年内,为失业人员提供服务,发放宣传材料1565份,提供上门政策咨询593人次,接受上门提供政策咨询服务的382人,发布就业信息3000余条,举办失业人员专场招聘洽谈会13场,联系用工单位208家,提供岗位信息2940个,推荐各类人员1920名,成功就业477人;组织8名失业人员参加民营企业招聘活动;为484名推荐免费技能培训,其中定岗培训236人,为47名失业人员送去慰问金;为失业人员支付失业保险金及医疗报销6667152.30元、1302人次,失业医疗费支出364509.33元,办理养老金月报外支付232923.33元,退休人员报销医药费近700人次,低保金支出136227.43元、8200人次,医疗救助金支出98751.11元、23人次,为93名征地超转人员办理医药费报销手续。

(王太成)

【计划生育工作】 年内,为地区群众办理一孩、二孩随父入户、换证201人次;落实一次性奖励9人次共9000元,一次性经济帮助2人次共20000元,发放独生子女父母奖励费4000余人次、110000余元。加大计划生育执法力度,进行综合检查执法12次,检查社会单位40余个;征收社会抚养费5人次、181742元;查验流动人口《婚育证》3100个,办理临时《婚育证》1060个,发出督办单1060份,录入流动人口个案信息近1000条,反馈344条;发放流动人口已婚妇女孕检通知1000份,安排孕检1000余人次;扩大避孕药具发放服务网络,已婚育龄妇女综合避孕率和享受各种生育保健服务达85%以上。印发30000册《生殖健康宣传服务指南》到地区每一个家庭。协调北京女子医院为1000余名育龄妇女和300余名流动人口育龄妇女进行免费生育健康体检。

(王太成)

【社区文化活动】 年内,街道举办大型文体活动9场次,参加人员5000人;街道举办各类文化演出183场次,社区举办各种文体活动240场,参加人员63000余人。一年一度的趣味运动会、庆"七一"文艺演出、迎国庆演唱、夏日文化广场、金秋合唱节、体育风采展示、筷子舞、韵律操等群众喜闻乐见的文化活动深得社区居民喜爱。街道、社区组织各种宣传活动19次,发送宣传品近万张；请专家给居民上保健课3次，受益听众500余人；组织义务献血1次，参加人员36人；组织募捐活动2次，筹款近13万余元；举办急救知识讲座2次，受益人员近300余人；组织防禽流感、动物防疫宣传2次，发放宣传材料3000余张；安装便民售套机10台；安装公共卫生户外宣传橱窗24块。

（王太成）

六里屯街道

【概况】 六里屯街道位于朝阳区东部，面积4.4平方公里。管辖范围东起京包铁路，南至二道沟河，西与团结湖街道相邻，北到农展南路。街道所辖10个社区，登记常驻人口113700余人，流动人口2万余人。辖区共有社会单位1400余家，拥有农民日报社、鲁迅文学院、北京画院、北京出入境检验检疫局等多家中央、市属单位，区法院、区绿化局、区卫生局等坐落于此。街道在朝阳区"十一五"发展规划中，被明确定位为CBD功能配套产业区，占据区环境建设五大区域中的CBD功能区、山青赛场馆区、城乡结合部三个区域。

地址：甜水园北里17号楼
电话：65067940
邮编：100026

（贾　宁）

【社区劳动平台网络化】 7月，实现社区劳动保障平台网络化。通过网络发布40家单位95个工种就业岗位2961个；439人网上登记，开始接受就业服务；105人根据网络发布信息就业。

（贾　宁）

【社区党建】 截至年底，街道有社区党委8个，党支部75个，自管党员3553名。年内，街道工委扎实推进保持共产党员先进性教育活动各个阶段的工作，组织党员集中学习136次，组织上党课41次，举办大型活动23次，使地区3607名党员受教育率100%，满意率100%；工委研究制定并落实《关于进一步加强领导班子建设实施意见》、《关于进一步加强干部队伍建设实施意见》、《六里屯街道2005年干部培训计划》等文件，使干部能力素质得到不同程度提高。先后出台《六里屯街道工委关于加强党建工作的实施意见》和《社区党委书记例会制度》，调整充实党建协调分会成员单位，重新制定《六里屯地区党建协调指导委员会章程》、《六里屯地区党建协调指导委员会工作制度》，签署《党建协调指导委员会协议书》，为地区党建整体发展奠定组织基础。推广十北社区党委工作法，以典型引路带动基层党委整体工作推进；推出制作先锋储蓄卡、社区党员管理积分考核办法等使党员责任岗有的放矢，为党组织和党员服务群众搭建平台；培育党员及群众性志愿服务团体近100个。

（贾　宁）

【社区建设】 年内，重新完善《关于社区居委会的考核规定》、《社区居委会办公用房管理规定》等，积极引导社区自治组织发挥作用，奠定管理与服务坚实基础。对甜水园社区、静水园社区实行规模调整，使社区规模更加科学、管理更加有力、服务更加便利。新招聘50余名社区专职工作者，年底前全部走上为居民服务一线，为加强社区建设、推进社区换届选举奠定良好基础。健全街道服务大厅为主体、社区居民事务代办站为补充的政务服务体系，全年接待居民4万余人次，为民服务满意率达97.5%。通过租赁、整合、回收、置换等途径，解决八北、晨光等5个社区300平方米办公用房，投资近49万元用于道家园活动站、静水园一站式大厅、八南新办公用房装修。发挥社区服务中心辐射作用，在十北社区新建社区级服务分中心。办事处完成14项为民办实事项目和17项重点工程项目，超额完成为甜水园平房区安装12盏路灯等计划外为民办实事项目3个；各社区为民办实事85件，其中新建秀水园便民服务站、八南社区便民市场、晨光社区早点站及蔬菜销售网点等受到百姓欢迎。

（贾　宁）

【优化发展环境】 年内，在区水务局、区市政管委支持下实现甜水园西街、枣营路、清真寺路和办事处北侧小区路4条市政道路修复，改造道路总长度1560米，面积11034平方米。加大对内统筹，投资400万元对八南、十北社区两个80年代初建成的老旧小区进行改造；完成甜水园平房区一户一表安装和热力管道抢修工程，进一步完善市政基础设施。配合开发公司和拆迁公司，推进东八里庄平房区拆迁和"城中村"改造。积极巩固花园式街道创建成果，推进绿化美化工作，截至年底，各类绿化面积89.9万平方米，绿化率33.3%。成立六里屯地区房地产开发企业联谊会，促进企业自觉支持城市管理，主动参与构建和谐社区。

（贾　宁）

【强化城市管理】 年内，城管监察分队查处各种无照经营行为2000多起，上缴三轮车200多辆，先行登记保存各类物品价值1万多元，拆除违法建设1007.8平方米、逾期临建2万多平方米，打击黑车25辆，捣毁小广告窝点98处，没收各类非法宣传品200多万余张，没收盗版光盘1000余张，全年累计罚款11万元。城管分队联合综治、派出所、工商所等部门，实行365天全天候环境维护，大力开展取缔无照商户、规范户外广告、清除暴露垃圾等集中整治活动。

（贾　宁）

【加强社会治安综合治理】 年内，联合执法15次，检查无照发廊32家，抓获贩卖黑车违法人员3名，收缴光盘近千张，查处当事人200余人次。截至年底，地区实行科技创安12070户，科技创安覆盖率27.7%；重点繁华场所1个，科技创安覆盖率100%；重点大街2条，科技创安覆盖率100%。电子监控系统覆盖辖区面积52%。街道通过投入12万元引进专业安保公司、8个社区1600人治保力量佩戴红袖标、与地区单位签订4种交通安全责任书3种措施，全面维护地区安全稳定。建立同"法轮功"邪教组织斗争、人民内部矛盾排查、安全生产与劳动监察长效机制；构建司法、派出所、城管三位一体人民调解组织体系，调解率100%。与派出所协作建立社区治安防范体系，健全公共事件应急处理机制，压发案保安全，连续五年未发生一起非正常死亡事件。

（贾　宁）

【推进劳动再就业】 年内，做好失业人员再就业宣传培训、空岗挖掘、政策咨询等工作，开发就业岗位3047个，召开专场招聘会8次，举办基础职业指导课41次，为各类人员报名培训574人。通过职业介绍、职业指导、劳动平台、招聘会、阳光就业网等形式，使737人实现提档就业，572人自谋职业，163人由于社保所推荐实现灵活就业，登记失业人员就业率68.31%。退休人员社会化管理工作全面铺开，在为原有1741人报销药费基础上，与区供销社、住总、海德瑞制药厂等4家退休人员较多企业分别与社保所签订委托授权协议书涉及3757名退休人员，全年共为各类退休人员报销医药费150万元。

（贾　宁）

【精神文明建设创品牌】 年内，以"文化是魂、教育是本"为指导，大力开展精神文明创建及社区教育活动，居民文化节、"同一个世界、同一个梦想"和谐奥运双人派对活动、流动人口民俗文化灯会等掀起地区文化体育活动高潮。培育了秀水园社区文化、十北社区党建示范、碧水园社区绿色环保、静水园社区法制等一批精神文明建设品牌项目。

（贾　宁）

【落实民政优抚政策】 年内，顺利进行地区低保人员分类工作，受理申请280户，其中47户95人经区民政局批准享受城市居民最低生活保障待遇；41户100人不再享受低保待遇；累计上报医疗救助23人次，均批准享受。通过创建八南、十北2个"温馨家园"，为73户安装快速应急家庭急救呼叫服务系统，在全地区完善邻里互助网络等措施，全面做好地区困难群体关爱帮扶工作。组织地区居民开展各类募捐活动近15次，募捐衣物207包、8563件，捐款11267元。

（贾　宁）

【组建民愿诉求中心】 年内，组建民愿诉求中心，使信访关口前移，接访528批2442人次，信访排查10次，信访办结率95%。

（贾　宁）

麦子店街道

【概　况】 麦子店街道位于北京CBD延伸区燕莎商圈，东起东四环，南临朝阳公园南路，西至东三环，北接机场高速，面积6.8平方公里，下辖5个社区，社会单位2106家。

办事处地址：朝阳公园西里南区6号
电话：58260700（或0701）
邮编：100026
网址：www.dumai.gov.cn

（刘　颖）

【《读麦周刊》创刊】 1月19日，运用市场化模式运作的社区报纸《读麦周刊》正式创刊启动，明确《读麦周刊》社区报定位及建设美好社区、体现新型人际关系、新的精神风貌的办报主题。1月31日，第一期《读麦周刊》出版，该报每周一期，每期八版，印发两万份，广泛发送到地区社会单位和居民群众手中，读者对该报热情关注，并给予充分肯定。据统计，年内上稿440余篇，其中中央级报刊、电视台采用40篇，市级报刊、电视台采用280余篇，区级报刊、电视台采用120余篇。

（刘　颖）

【建设国际化社区】 1月，《社区》杂志用两个版面登载街道办事处主任李中水的文章《打造北京国际化社区》，文章全面介绍本街道区位优势和建设国际化社区实践活动。"六一"期间，组织来自中、美、法、德、韩等51个国家的300多小朋友们用歌舞、时装秀、绘画等形式庆祝自己的节日。7月，《麦子店街道实用英语100句》编印完成，机关干部人手一册，并以此为教材对机关干部进行英语培训。年内，启动朝阳公园西路社区英语角和创建2008英语无障碍街道工程。承办市外办在本街道举办的建设国际化社区经验交流会。举办"民俗文化荟萃，中外居民过大年"活动、国际化社区建设论坛及国际化社区建设周年回顾展、圣诞联欢以及"走近国际，奔向2008——麦子店国际化社区中外青年夏夜Party"。

（刘　颖）

【成立姐妹同心社】　4月20日，街道创办姐妹同心社。姐妹同心社开办各类讲座、培训、对外交流等活动，为地区妇女学习知识、增长技能提供平台，并吸引着驻地外籍妇女爱好者参与，在国际化社区建设中树立了自己的品牌。

（刘　颖）

【推进安全社区建设】　5月26日，街道举行构建国际化社区安全体系，创建平安麦子店启动仪式。按照世卫组织安全社区的基本要求，建立麦子店社区安全促进委员会，抽调专人成立安全创建办公室，建立了10个安全工作组，召开安全促进委员会全体会议。与区综合治理办公室共同举行以共建平安家园为主题的社会治安综合治理宣传日活动；组织大型禁放宣传活动，接受宣传人数1000多人；投资5000元印制青少年火灾自救宣传手册5000份，发放到地区内每个中小学生手中；制作4000件印有“麦子店地区治安巡逻志愿者”标志的文化衫；积极开展以迎奥运，建首都，创和谐交通环境为主题的交通安全宣传活动，举办交通安全演讲比赛，印制宣传画册15000份发到居民家中，街道办事处投资11万余元建立街道交通安全电化教育中心。

（刘　颖）

【国际化社区文化节】　7月5日，街道首届国际化社区文化节在郡王府文化广场开幕。观众们欣赏到刘兰芳、姜昆、耿莲凤、卞留念等表演的节目和相声演员丁广泉与他的法国学生表演的相声《唱三国》。此后3个月内，文化节推出社区大课堂、才艺比赛、人文奥运文化广场等三大板块活动。

（据《北京晚报》）

【完善公共服务体系】　8月17日，麦子店百姓房地产咨询中心正式揭牌成立。年内，新建公共服务大厅，设置14个服务窗口，另外专设双语接待窗口、残疾人接待窗口、社会保障事务所、工商税务所办事台，以方便地区中外居民和社会单位办事。完善街道社区服务中心功能，集便民服务、教育培训、文化娱乐、医疗保健于一体。建设街道中英文双语网站，为居民出行、消费、娱乐、生活等提供体贴细致服务。按照五星级标准设计改建社区卫生服务站，为社区中外居民提供多种医疗服务。国际青年中心建成并投入使用，主要服务设施包括双语沙龙、志愿者之家、外文书店、体育活动室、图书阅览室、文化交流室等。建成爱心家园和银龄俱乐部，使贫困群众感受到党和政府的关心、社会的关爱。来自美国、荷兰等国的考察团对麦子店街道社会公共服务建设给予高度评价。

（刘　颖）

【美国社会工作者参观社区】　初秋，美国社会工作者协会访华代表团到麦子店街道参观社区。美国社会工作者协会成立于1995年，是世界上最大的职业社会工作者会员制组织。此次应邀来参观的35人，分别来自美国内华达、得克萨斯、北卡罗来那等十几个州。

（据《北京日报》）

【国际青年中心建成】　10月18日，街道国际青年中心建成并投入使用。国际青年中心以服务中外青年、构建和谐社区为宗旨，搭建地区中外青年交流平台，扩大团组织在社区青年工作中的覆盖面。中心与中日青年交流中心、燕莎商城等单位确定了合作意向。

（刘　颖）

【国际化社区论坛召开】　10月18日，麦子店地区首届国际化社区论坛在长城饭店隆重开幕。此次论坛主题为“服务中外居民，构建和谐社区”，由中国社区工作者协会、朝阳区人民政府、北京市社会科学院主办，市外事办公室、市侨务办公室协办，麦子店街道办事处承办。全国政协副主席、民进中央常务副主席张怀西，朝阳区政府区长陈刚及有关部门领导出席。国内外50余位学者和社区建设实际工作者围绕国际化社区标准、动作及可持续发展主题进行广泛探讨，会后奥地利维也纳市法佛理藤社区与麦子店社区签署友好社区合作协议。

（刘　颖）

【强卫视察麦子店】　12月2日，市委副书记强卫到麦子店街道视察，参观街道公共服务大厅、城市管理指挥中心，听取街道深化基层平安建设工作情况汇报。

（刘　颖）

【党建工作】　年内，顺利完成先进性教育活动学习动员、分析评议、整改提高各阶段工作任务。活动涉及5个社区党委，28个党支部，907名党员，教育覆盖率100%。启动“我是共产党员”主题教育活动。实施“党员关爱工程”，为地区175户空巢老人和解放前入党、卧病在床的困难老党员安装医疗紧急呼救系统，使电子呼叫系统100%覆盖空巢老人家庭。以“党旗为你骄傲”为主题，开展系列宣传教育活动，征集60多名共产党员先进事迹，利用《读卖周刊》、制作展板、编辑图书、制作专题片、成立报告团等多种形式广泛宣传。社区党员王铁辰被选为街道系统先进性教育事迹报告团成员，在区有关部门、街道系统作了8场报告，并在全区先进性教育总结大会上作典型发言。

（刘　颖）

【建设城市综合管理指挥中心】
年内，围绕社会治安防控、城市管理

和公共服务三项职能,依托电子监控、信息网络、通讯保障三大系统,遵循"以条为主、各负其责,资源共享、实现统筹"原则,整合公安派出所、城管执法分队、街道公共服务办公室力量建成地区城市综合管理指挥中心。设计高科技"麦信通"信息采集器,建成人口、法人单位和地区城市基础设施物件数据库。

(刘　颖)

【环境建设】　年内,完成平房灌渠景观改造工程,修建用17个国家文字书写"你好"字样的多语墙。安装世界文明文化墙,修建以"母子情"为主题的文化长廊,体现人人参与建设美好家园的国际化社区文化理念。认真做好推广万米单元网格城市管理新模式的各项工作。在首都第21个全民义务植树日当天,成功举办以"GREEN行动,绿色无国界"为主题的植树活动。对农南社区小广场进行改造。落实燃气锅炉的减压限气工作,对地区25家单位69台锅炉实施减压限气,先后两次接受市、区领导的检查,实现节约燃气4万多立方米。

(刘　颖)

【社区建设】　年内,投资近10万元对社区工作者进行培训。建立和完善社区楼委会组织,把居委会功能向楼门延伸,25个楼门成立楼委会。规范楼门文化内容,搭建邻里互动平台,对地区404个楼门实施楼宇文化工程建设。落实区政府关于社区办公服务用房达到300平方米要求,在区委、区政府直接关注和协调下,投资40万元建成农南社区办公服务用房并交付使用。推广量化评估标准,实行星级管理新模式,制定"深化社区建设量化评估标准实行星级管理的意见",坚持以人为本、服务群众原则,将社区党建、居民自治、良居环境、共驻共建等十个方面,分解为指标体系对"星级社区"进行评估。

(刘　颖)

香河园街道

【概况】　香河园街道位于朝阳区东北部,东起客四路北端、静安西街、左家庄西街、北京造纸一厂与左家庄街道相邻,南自北京造纸一厂、城市轻轨与东城区交界,西以城市轻轨与和平街街道相望,北自三环路太阳宫桥、西坝河桥、客四路北端与太阳宫乡接壤。南北最长2.5公里,东西宽1.44公里,辖域面积约2.5平方公里。有8个社区居委会,人口总数55334人。户籍人口13165户、33688人,人户分离(有人无户)7550人,外来人口14096人,居民中有汉、蒙、回、藏、满、壮、布依、土家、白等16个民族,其中汉族占96.6%,人口密度为每平方公里22134人。辖区内统建住宅面积88.87万平方米,共196栋居民楼,其中高层建筑占77.5%。公共建筑面积10.86万平方米。主要建筑有国际展览中心、静安中心、皇家大饭店、重庆饭店、远方饭店、金岛花园、金泰大厦等。有成人教育学校2所,中学(含职高)3所,小学5所,幼儿园、托儿所各6所。医院2所,文化馆、青少年之家、社区服务中心各1个。在辖区中心建有2900多平方米的文化娱乐中心。辖域内有企事业单位1200余家,其中中国国际展览公司、煤炭部总医院等中央部属33家,北京热力集团公司、北京首创集团等市属37家。有各类商业、饮食业350余家,社区服务网点119个,金融网点11个。家乐福国展超市、朝阳商业大楼、燕丰商场在辖域内。年内,地区实现总收入46.8亿元,上缴国税2.68亿元,上缴地税0.76亿元。

办事处地址:西坝河南里26号楼

电话:64677044

邮编:100028

(朱广林　何　涌)

【科普文体活动】　1月,地区腰鼓队参加区体育局举办的迎新春文体活动大展示,获二等奖。培训社区电影放映员2人、乒乓球裁判员3人、社区舞蹈小教员2人。5月16日,与区科协在坝桥金色广场举办有氧代谢运动——吃与动健康社区行暨科学健身学与练启动仪式,仪式上,健身教练通过形体示范展示,将大步走健身要领和方法介绍给社区居民,使有氧代谢健康理念深入到居民心中。5月28日,在柳南社区服装学院附中,承办朝阳区基层体育工作年系列活动暨香河园杯社区武术比赛,22个街道参加此项活动,本街道太极拳队获武术比赛一等奖。6月8日,在中国国际展览中心举办庆祝建党84周年地区歌咏比赛。是月,组织地区乒乓球爱好者参加区体育局举办的华腾杯乒乓球邀请赛,获优秀组织奖。7月9日,参加区体育局举办的第三届北京2008奥林匹克文化节,社区优秀健身项目比赛获二等奖。8—10月,在区文委举办的大型"社区一家亲"系列比赛中,地区舞蹈队舞蹈《手镯碰出花儿情》获二等奖,《傣家欢歌》获三等奖;光熙门北里北社区居民在摄影比赛中获一等奖。年内,腰鼓队参加北京市第八届中华老年人健身项目表演赛获创新奖。投资11万元,在西坝河东里东社区和西坝河西里社区设立百米科普画廊。

(陈　一　何　涌)

【物业纠纷调解委员会成立】　6月29日,全市首家物业纠纷调解委员会在本街道成立。市、区司法局和办事处主要领导为该委员会成立揭牌。该委员会由街道司法所、社区调委会代表、物业管理单位代表、居民代表、业主代表、特聘法律顾问等人员组成，是街道人民调解委员会下设机构。该委员会将人民调解委员会和物业管理单位两方面所具备的特长结合起来，为有效化解和调处涉及物业管理的矛盾纠纷搭建平台。同月，地区治安纠纷和民间纠纷调解联合接待室挂牌成立，7月正式办公。

（高金燕 何 涌）

【百日整顿行动】 6月至9月，为落实市有关职能局《关于规范旅店等营业场所经营行为整治社会环境秩序百日专项行动的通告》精神，街道综治办联合派出所、左家庄工商所、地区城管队对区挂账的12家无照经营场所进行查证整治处理。累计出动人员400余人次、车辆32台次，查处黑车5辆，取缔无照经营196起，罚没水果2000余公斤、非法出版物600余册、盗版光盘2500余张、小商品55包、切糕60余公斤、鲜花3箱、三轮车23辆，实施行政处罚8000余元。对辖区内的“黑摩的”进行法规告知和驱离。

（贾 辉 何 涌）

【党建工作】 7月至9月，街道工委完成保持共产党员先进性教育活动学习动员、分析评议、整改提高三个阶段各项工作任务。9个社区党委、42个党支部、137个党小组参加学习活动，2138名党员受到教育，做到时间、内容、人员、效果四落实。10月14日上午，街道在坝桥金色广场举行党员志愿者服务队启动仪式。街道工委成立党员志愿者服务总队，各社区成立服务大队，下设若干分队，设立社区环保、治安巡逻、医疗咨询等30个岗位，1361名党员认岗，占能参加活动党员认岗总数80%，社区群众参加志愿者服务队的达300余人。年内，配合保持共产党员先进性教育活动，开展观百部红色影片、唱百首革命歌曲、讲百个革命故事、评百名优秀党员活动，将评选出的“十佳百星”事迹汇编成册，为先进性教育树立典型、提供教材。在社区中广泛开展“爱我社区党旗红”主题实践活动。健全社区党委工作制度，扩大党的工作覆盖面。健全和完善社区党委工作评价体系以及社区星级评选工作。建立社区党组织工作和活动经费保障机制，加大党建经费投入，加强党员活动阵地建设。坚持每月基层党委书记、党务工作者、党支部书记学习制度，每年不少于两次大型集中培训。改进街道、社区干部选用、竞争和绩效考核机制，切实关心和解决社区工作者工作、生活中的实际问题。

（王德金 何 涌）

【国家级生态示范区创建迎检】 10月14日，国家环保总局对朝阳区创建国家级生态示范区工作进行考核验收，本街道代表朝阳区街道系统接受区域生态、人居环境、城市环境等项考核指标检查验收。国家环保总局考核验收组领导、专家们对国家级安静小区西坝河西里社区和国家级文明小区柳芳南里社区进行考察，在听取街道负责人有关生态型社区建设情况汇报后，对香河园街道工委、办事处投资8000余万元和大量人力进行生态型社区建设，特别是坚持生态特色、建设生态城区做法给予充分肯定，并希望进一步总结经验使之推广。

（鞠菲菲 何 涌）

【社区建设】 年内，投资46万元，解决西坝河西里社区绿化、娱乐、出行、扰民、停车难等问题。投资60余万元，改造柳芳北里社区新办公用房周边环境，新建柳北文化广场。投资90余万元，对西坝河南里小区内道路、西坝河东里西门门前道路、柳芳北里小区门前三条道路进行改造。投资20余万元，对三环路两侧进行环境整治。投资60余万元，用于提高地区绿化养护水平。

（吴桂昕 何 涌）

【环境卫生】 年内，建立健全地区环境治理长效管理机制，制定《香河园街道环境卫生管理细则》、《社区环境卫生工作考核办法》、《居民区环境卫生日常工作制度》等规章，建立社区卫生主任工作日制度，坚持每日一查、每月一评、每月工作例会，对各社区环境卫生考核记分，环境及时清扫、及时清运、不留死角、全天保洁。加强对小区垃圾分类工作指导和检查，创建垃圾分类示范单位。举办环保宣传活动4次，发放资料5000余份，组织居民完成环保知识答卷2100份。以社区为单位组织环保志愿者、在校学生、老年居民捡拾暴露垃圾累计约3吨，清除小广告2000余处，清理绿地宠物粪便5车。

（吴桂昕 何 涌）

【节水工作】 年内，举行宣传活动两次，组织社区居委会干部和社会单位人员12人次进行节水培训，推广节水器具38件套。创建柳芳北里社区和光熙门北里北社区为节水型小区，在全区创建评比中获第一名，区节水办在全区范围内推广上述两社区节水经验。

（吴桂昕 何 涌）

【城市管理】 年内，召开交通安全工作会5次，举办交通安全宣传教育活动25次、交通安全讲座4次，进行《道路交通安全法》知识测试2次，印发《致外地来京人员一封信》、《致青少年一封信》等宣传材料25400余份。举办“交通文明伴我行，新法连着你我他”演讲比赛，中央人民广播电台“都市之声”、中央电视台“红绿灯”、《朝阳报》、朝阳有线电视台等媒体作了报道。新增安装楼宇对讲3062户，实现楼宇对讲7985户，占全部居民户

36.73%。查处各类违法行为3116起,没收三轮车246辆、残摩3辆,实施行政处罚7万余元。规范门前三包1760起,收缴各类宣传品、小广告约100万余张,清除各类地贴、招贴、喷涂、手写小广告3万余处,拆除违建2626平方米,告知、劝导、救助38人,协调清除无主渣土120吨,处理督办举报285次。

(刘云惠 罗 斌 何 涌)

【劳动和社会保障】 年内,接待失业人员1568人次,接收档案529份,转出档案692份,存放失业人员档案1397份,办理求职证783个、再就业优惠证324个,自谋手续200人,办理停止享受社会保险补助62人,为14名自谋人员办理退休手续。529人接受基础职业指导,288人免费技能培训。发放失业金215万元1511人次,报销医药费18万元240人次;举办就业招聘会8次,开发再就业岗位1896个,推荐安置失业人员591人,登记失业人员再就业率78%;办理退休人员医保手续117名。发放退休养老金69万元595人次,报销医药费603万元2187人次,入户调查和生存认证70岁以上的社会化管理退休人员50名,对595名退休人员全部进行基本情况调查走访和领取养老金资格认证,同时协助异地住京退休人员生存认证150人次。街道劳动和社会保障事务所在实行退休人员药费报销工作中,因服务态度好、工作效率高、应急措施准备充分受到区里表扬,并被北京电视台《今日话题》节目报道。

(乔慧丽 何 涌)

【民政工作】 年内,发放各种民政事业费94万元,其中低保保障金579209.39元。为3名低保户老人发放年500元慈善医疗卡,发放特困人员扶助金70408.6元。对66处中高层居民楼进行无障碍改造,修建楼门坡道66个、盲道6300米。收缴残保金44万元,发放残疾人生活困难补助14400元,发放残疾人慰问金38600元,为4名贫困白内障患者进行免费手术,为2名残疾人免费配备轮椅,对526名残疾人免费体检。在向印度洋海啸灾区捐款活动中,地区居民、社会单位捐款14.5万元;在为灾区捐物捐款活动中,地区居民捐款3024元、冬衣棉被741包26663件。

(乔慧丽 何 涌)

【办公服务用房】 年内,通过整合社会资源、内部挖潜、收回社区三产用房等方式,投资240余万元,累计建设面积1650平方米,全面完成社区办公用房改扩建工程。9个社区办公服务用房均达到300平方米以上。

(尹 琦 何 涌)

【干部培训】 年内,组织自主培训35次,受训人员达1900余人次,投入经费15万元,主要进行保持共产党员先进性教育骨干培训、《信访条例》培训、《公务员法》培训、国际"三标"认证换标及监审培训、公共管理培训、公文写作培训等。

(王德金 何 涌)

亚运村街道

【概况】 亚运村街道位于朝阳区西北部,东接小关街道,南接安贞街道,西与海淀区接壤,北接奥运村地区、大屯街道,辖区面积5.13平方公里,分为10个社区,常住人口2.6万户7.8万人,流动人口约2.5万人,有社会单位2775家。其中,法人单位1216家,包括中央单位110家、市属单位146家、区属单位60家。街道机关设职能科室17个,有国家公务员82人、工勤人员2名。

办事处地址:安苑北里21号楼
电话:64960468
邮编:100029

(裴晓波)

【安慧里中心花园改造】 年初,办事处与北辰信诚物业协商后决定共同出资对安慧里中心花园进行改造。3月21日正式开工,改造工程主要从绿化、道路、公共设施三方面进行,于10月底前全部完成,总投资226万元。新增竹林园、月季园、樱花海棠园、美人蕉园、宠物娱乐园、武术健身园,将原有绿色植物加以规范后形成银杏林、油松林、木林等绿色园林景观。中心花园土建工程完成7560平方米。甬路新铺透水砖2800平方米,在原有基础上平均加宽1.2米。6个小型休闲广场铺透水砖2600平方米,葫芦岛内新换水磨石砖860平方米,外圈便道拓宽200平方米达730平方米,游泳池东侧健身舞蹈场地原建120平方米,新扩建450平方米,采用水磨石地面,便道用透水砖,新建一座22米休闲纳凉藤萝架。形成以羽毛球场、舞蹈场、轮滑练习场、健身教练场、乒乓球运动场等为主题的多门类休闲运动场所。绿化和土建工程施工完成后,陆续安装座椅12组、分类果皮箱10组、植物说明牌540块和各功能区域指示牌、路牌等。

(裴晓波)

【人文奥运进社区】 3月21日,街道在北京国际会议中心举行"人文奥运走进社区"启动仪式暨"人文奥运大讲堂"活动。街道工委书记分别向亚运村社区奥运志愿者常青队、员工队、青年队授旗。到2007年,街道将每年选拔500名社区奥运志愿者,作为2008年奥运会储备人才,直接参与奥运会服务工作。作家梁晓声以"人文奥运与我们的责任"为题开讲"人文奥运大讲堂"

首场报告。街道工委、办事处制定《“人文奥运进社区”三年规划》,以创建一流发展环境、人居环境、人文环境、市容环境为目标,把“人文奥运”纳入社区星级管理考核指标,并针对居民需求,同民盟北京市委联合在地区举办奥运知识讲坛、知识竞赛、市民学外语、市民礼仪教育及群众喜闻乐见的社区文化活动,全面提升市民文明素质。年内,街道先后举办三次人文奥运大讲堂活动,为地区近300名奥运志愿者进行奥运志愿者与礼仪素质提高讲座培训。第二课由北京体育大学奥林匹克研究中心主任黄亚玲讲解奥林匹克由来及发展,并把人文奥运同社区关系及两者如何进行有机结合进行详细讲解。第三课由中国人民大学哲学系教授、博士生导师葛晨虹主讲,从奥运志愿者应该具备的礼仪素质,志愿者的礼仪素质与能力的关系,仪态、礼仪和志愿者服务的关系以及着力打造礼仪教养的感受等方面进行讲解。

(裴晓波)

【接待来访】 4月26日上午,迎来台湾亲民党妇女访问团全体成员。访问团首先参观街道文体活动中心,观看老年时装队、舞蹈队及合唱团表演;舞蹈队热情邀请台湾朋友们共跳《阿里山的姑娘》;老年合唱团与台湾朋友一起深情唱起台湾歌曲《美丽的台湾岛》;老年绘画班学员将自己书写的书法作品《翔云常驻》赠送给台湾客人,随后,代表团来到亚运村第二幼儿园,孩子们为客人表演舞蹈《玩儿泥巴》、儿童打击乐《蜗牛与黄鹂鸟》等精彩节目,客人们参观了幼儿活动区域和亲子班活动。临别前街道工委向访问团赠送中华结。

(裴晓波)

【街道健康日】 5月21日,是街道首届“生命健康安全”健康日。在活动主场放置了5米高的安全卫士卡通形象,“人人都享有健康、人人都享有安全”横幅悬挂在显著位置。巨大拱型门下,来自15家相关单位各具特色的咨询服务台一字排开,吸引了众多群众。表演台上,精彩的文艺表演、健身操表演穿插安全知识、英语知识有奖问答引得众多观众驻足和参与。北京藏医院、中国人民解放军三零六医院、北京大学口腔医院、亚运村医院等医疗机构开设量血压、测冠心病、中医诊治、口腔疾病咨询、内科治疗、针灸按摩等义务服务项目,大家自觉排起了长队。健身教练现场向居民讲授科学健身、减肥方法,并向居民发放免费健身卡。

(裴晓波)

【党建工作】 7月起,街道开展保持共产党员先进性教育活动,街道工委、10个社区党委、94个党支部和2014名党员参加教育活动,教育覆盖率100%。随后将其中30名优秀党员先进事迹汇编为《我们身边的共产党员》一书,印制2500册下发,作为教育活动辅导教材。组织10名优秀党员组成演讲团在社区巡回演讲11场,直接受教育的党员达1000余名,用身边人、身边事教育身边人,提高党员保持先进性感知度。在先进性教育活动中,街道、社区党组织坚持以教育活动成果促进工作落实,以工作落实来推动教育活动的开展,坚持边学边改、边议边改、边整边改,取得比较明显成效。

(裴晓波)

【成立爱心家园】 8月23日,位于安慧里一区3号楼,建筑面积80余平方米的爱心家园在社区服务中心内对外营业。爱心家园接受爱心捐赠、实施热心救助、闲置物品交换、开展“爱心超市”便民服务。对辖区特困群体发放“爱心救助卡”,由受助对象到“爱心超市”自行选择救助物品,保障受助对象基本生活需求。凡居民家中长期闲置不用具有实用价值的物品均可以通过物品交换站进行交换,有偿转让,也可以将物品直接无偿捐赠。

(裴晓波)

【集中整治报刊零售摊】 8月,亚运村城管分队对辖区内报刊零售摊点进行集中整治。整治活动采取先书面告知后集中查处方式进行,对于经告知仍不自行撤销的无照报刊摊点,对其报刊先登记、异地保存,7日之内做出处理决定,同时要求报刊摊主按照有关规定采取合法方式进行报刊零售,不得再随意摆摊设点占用道路。集中治理后,受到过路群众好评。

(裴晓波)

【城管分队按规定执法保证供暖】 11月15日是北京市供暖第一天,根据区城管大队执法工作安排,亚运村城管分队在祁家豁子社区配合下,对该社区华严北里3号院2号楼供暖情况入户检查,发现楼内住户供暖温度不足16度,老人在家需盖毯子或穿上厚厚棉服,手摸暖气片却是冰凉的。了解到上述情况后,城管分队及时来到供暖单位北方昌宇科技开发有限公司所在的华严北里46号锅炉房,对锅炉房系统运行情况进行细致了解,并根据《北京市住宅锅炉供暖管理规定》给该单位制发责令改正通知书,供暖单位表示积极进行整改。

(裴晓波)

【禽流感防控】 11月30日、12月1日,积极配合市兽医站对辖区内鸽子进行预防禽流感免疫接种,共接种2486只。区领导亲临丝竹园社区鸽子免疫接种现场,并对社区接种工作给予好评。接种同时,对养鸽户进行预防禽流感宣传。街道从讲政治的高度重视和对待禽流感防治工作,对养鸽户进行地毯式摸底调查,并逐一通知,认真登记,做到不遗漏。鸽、鸟舍消毒坚持科学性和经常性。设立防控禽流感电话,确保24小时信息畅通。街道曾15次接到群众举报发现死鸽子、麻雀,在对现场进行消毒同时,及时与区防疫站联系及时处理。街道禽流感防控办公室根据市防控指挥部指示,对奥体中心和民族园两处养殖场进行监测。

(裴晓波)

【绿化普查】 年内,开展绿化普查工作。经统计,辖区内园林绿地面积193.36公顷,其中公共绿地72.66公顷,道路绿地40.43公顷,居住区绿地37.02公顷,单位附属绿地44.25公顷。人均绿地41.44平方米,绿地率37.83%,绿化覆盖率41.47%。

(裴晓波)

【建成老年健康安全推广中心】 年内,由街道和亚运村医院共同投资40万元兴建集医疗、家政、老年生活健康于一体的社区老年健康推广中心。该中心坐落于安慧里社区,建筑面积1000平方米,设饮食健康展览室、家居安全教育室、健康检查室、休息活动室、慢性病咨询与治疗室。特别是针对老年人口增加、疾病发病率逐年上升趋势,配备工作人员代为挂号、拿病例、引诊、取药;提供免费热饭、热水和午休床位等。中心设热线电话,全天候值班,采取一条龙服务方式。

(裴晓波)

【推出人文奥运读本】 年内,街道推出《和谐社区从我做起——亚运村街道人文奥运读本》一书,书中涵盖历代圣贤人文思想和文化观、文明礼仪篇、修身养性篇、家庭和睦篇、学习立志篇、为人处世篇、邻里和睦篇、亲近自然篇、街道社区居民自创文明礼仪作品、生活小贴士等内容,语言简洁、通俗易懂、针对性强,是街道工委历经半年收集整理的地区人文奥运文明礼仪知识汇总,该书作为文明市民学校主要教材之一,将人文奥运理念与博大精深的中华传统文明有机融合,用居民群众喜闻乐见的格言体形式传递给每个家庭,深受广大居民喜爱。

(裴晓波)

【交通微缩景园搬进幼儿园】 年内,街道投资8万余元,在亚运村中心幼儿园内建成380平方米的幼儿交通安全教育园地。交通微缩景园内设置有过街天桥、人行道、斑马线、盲道、十字路口、红绿灯及各种安全标志。聘请区交通支队交警作为宣传员,为小朋友实地讲解安全知识,孩子们在园地中模拟行人过马路、骑车过路口、做小司机、身着"警服"用标准的手势指挥交通等,既体验到玩的乐趣,又强化了安全意识。

(裴晓波)

安贞街道

【概况】 安贞街道位于朝阳区西北部,东邻和平街街道,南与东城区和平里街道接壤,西与海淀区花园路街道、西城区德胜街道相交,北与亚运村街道相接,辖域约3.6平方公里。有6个社区,常住居民26132户、67728人,汉族居多,另外有回、满、蒙、朝、苗、藏、维、土家等23个少数民族。有高等院校2所、中学3所、小学4所、幼儿园8所。有中央单位96个,市属单位112个,区属单位70个,街道单位11个,无主管单位1470个。有一级道路安定门外大街、安定路、昌平高速路、北三环中路,二级道路鼓楼外大街、外馆斜街、黄寺大街、健安东路、安贞路、安华路,三级道路裕民路。年内,辖区税收110774万元,其中区级收入170492万元。

办事处地址:安华西里一区12号楼
电话:64260018
邮编:100011
邮箱:azxzb@ sohu. com

(陈远荣)

【弱势群体服务】 元旦春节期间走访635人,发放慰问资金11.85万元;给地区特困老人发放助老"慈善医疗卡",为73位占地超转对象办理就医卡;开展扶贫济困送温暖活动,为海啸受灾地区组织捐款11.26万元,分两次为内蒙古、江西、广西等地群众募集衣被3.4万余件;组织地区老年人参加朝阳区第5届老年运动会,并举办老年书画暨棋牌赛、交谊舞大赛、健康老人评选、征文比赛;发动39家社会单位办理在职残疾人够超比例就业手续,132家社会单位缴纳90万余元残保金,安排4名残疾人就业。

(陈远荣)

【居民代表会】 1月18日至3月15日,6个社区分别召开第五届居民代表大会第四次大会,共有490余名居民代表参加。审议社区居委会、派出所和物业公司等方面工作,讨论社区建设,并提出意见和建议130条。意见和建议中,对物业公司48条、派出所11条、街道职能科室46条、社区居委会25条,内容涉及物业、环境、绿化、治安、文体、居民服务、交通等方面,街道按照居代会意见和建议办理程序,进行了汇总和分类,并交相关部门,7月底前全部处理完毕。

(陈远荣)

【公共卫生与人口管理】 4月22日起设立自愿献血站,至年底采血6648袋。年内,实施社区卫生服务工程,着手建立居民健康档案,组织开展义诊活动,开展健康教育大课堂系列活动；配备设施、大力普及宣传性病、艾滋病防治知识；加大工作力度，确保计划生育率超98%，流动人口计划生育率82%；组织开展老年人口生活状况与需求课题调研，为筹划本地区老年人服务提供可靠依据。

（陈远荣）

【领导调研】 4月23日，市委书记刘淇在市委常委、秘书长孙政才和市慈善协会会长张燕丽陪同下，到安贞里社区调研并看望低保户于叔会老人。刘淇详细询问老人生活保障、日常事务、看病和生活负担等问题及慈善医疗卡使用情况。刘淇在了解地区老人、弱困群体状况和采取的帮扶办法等情况后强调：建立帮扶机制，做好慈善救助工作，解决八难等等，都是构建社会主义和谐社会的需要。

（陈远荣）

【社会治安综合治理】 年内，发挥社区居民党员、积极分子作用，组成100人夜间治安巡逻队、1000人志愿治安巡逻队，划片包干值班巡逻，建立起社区警情网上通报制度，构建地区安全防控网络；坚持街道、社区、社会单位、派出所齐抓共管、群防群治，加大防火、防盗、防事故、防刑事案件工作力度；地区居民楼宇对讲安装56%，完成辖区内电子监控系统升级改造；加强对流动人口教育引导，加强出租房屋、地下空间检查，确保法规制度落实。地区可防性案件比上年同期下降14%。

（陈远荣）

【信访排查调处】 年内，街道宣传、学习并认真贯彻新《信访条例》，整合利用街道、社区窗口资源，明确并公布信访接待受理渠道、时间和处理方式，落实领导接待和包案责任制，坚持处级领导接待日、人大代表接待日、法律咨询日等制度。进行4次信访排查，对各渠道270起信访事项严格按程序进行处理，加大催办、督查力度，有效预防越级访、集体访。

（陈远荣）

【城市管理】 年内，街道推行城管进社区现场办公，落实“30分钟内赶到现场，3日内办理完毕并反馈举报人”承诺，现场召开144次社区会、64次“门前三包”会、60次工地会，集中力量严密监控亚西亚过街桥和旭芳园早市等挂账乱点，加大打击查处力度。处理举报、督办500余件，查处无照经营1100余起，打击黑车30辆，查处非法小广告窝点14个，解决群众关心的252件城市管理热点难点问题。

（陈远荣）

【环境整治】 年内，完成华北大酒店、安贞医院、中国藏语系高级佛学院等单位2917平方米逾期临建拆除工作；协调落实230万元，对地区8条共2991米长、19876平方米破损小区道路进行改造修补；对安华西里二区电声器宿舍楼前锅炉房废墟改建成小区绿地，拆除办事处原南门小院和传达室扩大公共用地、缩进围墙让路于民；充分论证、精心设计，对位于安贞西里社区的安贞社区公园全面改造；积极协调区有关职能部门，全力以赴、有策略地做好有关单位、居民和业主工作，促使外馆西街2、3号楼餐饮转项经营，解决了困扰两楼居民多年的老大难问题；外馆西街1、2号楼接通天然气。

（陈远荣）

【窗口服务】 年内，配备滚动式电子屏幕和电子触摸屏，陆续开设14个服务窗口并规范工作程序，增加便民服务项目，办事处服务大厅功能逐步完善。接待服务群众4万余人次，群众基本满意；推行社区居民事务代办，规范形成便民服务体系，在5个社区建立居民服务接待厅，逐步形成地区居民事务服务网络；社区服务中心积极推行个性化服务，增加服务项目至114项，组织志愿者为辖区239位老人排忧解难，开展社区知识讲座，开设老年大学。

（陈远荣）

【劳动与社会保障】 年内，举办招聘会5场，组织615名失业人员参加基础职业指导，开发空缺岗位2016个，推荐805人次上岗就业，176名失业人员实现自谋职业；劳动监察执法检查273个用人单位，立案163件，结案率100%，监察数量比上年同期增长29%；加大社会保险扩面征缴追缴力度，加强对建筑施工企业外地农民工参加社会保险专项检查，完成新参统单位35家，超额完成任务的300%；在浙江大厦开展劳动用工规范写字楼工程，对地区非公企业进行3次专项调查，为加强非公经济劳动用工规范做好准备。

（陈远荣）

【社区建设】 年内，成立地区文化体育建设工作委员会，引导成立20个文体协会，社区文体队伍从47支发展到71支并进行层级化管理；组织开展“社区一家亲”系列文化活动，组办“安贞社区之春元宵灯会”；以舞蹈、合唱、健身、综艺和知识竞赛等形式，举办庆祝“七·一”、纪念抗战、“情系奥运，创建和谐”等主题文体比赛或活动。为营造文明、和谐社区环境奠定良好基础。街道整合房屋资源，腾退、置换出租房产，在减少租金收入163万元基础上，投入683万元装修改造，使各社区办公用房达到或超过300平方米标准，硬件条件得到改善。安贞里社区办公用房600平方米，并将二层改造成居民文化活动中心；安华里社区办公用房1040平方米,其中社区居民服务、文体活动中心用房面积700平方米;安华西里社区办公用房528平方米,其中120平方米作为地区百米万册图书馆,另将一处地下自行车库,改建成900余平方米社区居民文体活动中心;出资15万元承租140平方米楼房,使黄寺社区用房达标。

(陈远荣)

望京街道

【概况】 望京街道位于朝阳区东北部,东临机场高速路,南接四环路,西连京承高速路,北至北小河。周边与来广营、南皋、将台、太阳宫、酒仙桥等街乡相邻。辖区总面积10.36平方公里,常驻人口19.8万(外籍、外来人口约5万余人)。建成社区17个,物业管理处29个,社会单位4193个,大专院校6所,中小学15所,幼儿园9所,医院2所。主要道路广顺南北大街、阜通东西大街、望京西路、花家地街、湖光中街等26条。主要商业京客隆超市、华润超市、华堂商场、宜家家居和正在建设的沃尔玛、华联商场、望京购物中心。文化活动场所有南湖公园、体育广场、文化活动广场。外企西门子公司、国际竹藤网络中心均落户于望京地区。

办事处地址:南湖东园225号楼

电话:64703102

邮编:100102

(郑玉梅)

【整治非法运营车辆】 1月27日,朝阳区三警联动在望京体育广场举行整治黑车启动仪式。望京城管分队现场销毁非法运营车辆300余辆。年内,街道组织整治活动140次,出动人员2130人次,收缴销毁非法运营车辆820辆。

(郑玉梅)

【中外居民过大年】 2月3日,街道工委、办事处和望京西园三区居委会在望京人家酒楼举办"外国人—我在北京过大年"活动,中、外居民300多人参加联欢,以不同形式展示自己民族的艺术。他们高兴地说:北京第二故乡,给我们带来了无限的快乐和幸福。

(郑玉梅)

【安全健康培训基地】 4月5日,世界卫生组织安全社区促进委员会主席温斯朗相继考察望京安全健康培训示范基地、望京新城幼儿园、白家庄小学望京一分校,温斯朗先生对培训示范基地宣传工作表示满意,对望京新城幼儿园及白家庄小学望京一分校建设给予很高评价。年内,望京安全健康教育培训示范基地设置3个功能区、11个安全健康促进工作室,以资料、模型、音像等方式开展宣传、教育,接待中央、市、区级及外省市领导119批次3690人次,组织培训学习95批次5500人次。

(郑玉梅)

【国际文化艺术体育周】 9月17日,第三届望京国际文化艺术体育周开幕式在望京文化广场举办。本届活动由望京街道主办,望京实业总公司、中央美术学院、北京国际技术合作中心协办。此次活动周安排了望京国际奥林匹克风情节、澳大利亚风情展暨斯坦福英语文化节、韩国风情展暨望京国际邻居节、望京地区建设与发展论坛、欧洲风情展暨佳能数字摄影节、"青鸟"健康节、闭幕晚会"望京儿女的祝愿"等8个活动主题。地区居民万余人次参加活动。

(郑玉梅)

【维护农民工权益】 10月18日,国家劳动和社会保障部在望京体育公园举行维护农民工合法劳动权益宣传活动,国家劳动和社会保障部副部长步正发、北京市副市长孙安民等出席。在望京施工的400余名农民工代表参加活动。年内,街道对在望京施工的38家工地用工进行监察。加强《劳动法》及相关法律、法规政策宣传,成立专门接待农民工来访的接待室,在施工工地树维权告示牌引导农民工依法维护自身权益。解决8起拖欠农民工工资问题,为1645名农民工追回工资及社会保险金8850874元。

(郑玉梅)

【全国人大领导视察工地】 10月19日,全国人大常委会副委员长李铁映、全国人大财政经济委员会副主任委员闻世震率《劳动法》执法检查组到望京视察大西洋工地、沃尔玛工地,检查贯彻落实《劳动法》情况并详细询问农民工吃住及工资发放情况。李铁映、闻世震指示:农民工工资发放问题,是维护社会稳定的大事,一定要确保农民工工资按期发放。

(郑玉梅)

【市区领导参加消防宣传周活动】 11月7日,在望京体育广场举行大型消防宣传周启动仪式。市领导刘淇、王岐山、强卫、孙政才、吉林、刘晓晨和区领导李士祥、陈刚、佟克克及望京街道工委、办事处领导出席。启动仪式上举行了文艺演出、高楼救护、灭火表演、消防知识和法律法规咨询等活动,望京居民1000多人观摩。

(郑玉梅)

【党建工作】 年内,在街道机关及17个社区党委、13个非公经济党支部2072名党员中开展保持共产党员先进性教育活动。分层次对各支部书记、指导员、联络员进行培训,各党支部根据支部党员情况,逐层进行思想动员,引导党员自检自评,查找问题，制定整改措施。开展“党徽在构建和谐望京中闪光”活动，要求党员每日佩戴党徽，自觉接受群众监督。社区党委成立13个聊天室、谈心屋，对辖区困难党员、困难群众开展“送一次温暖，办一件实事，解决一个难题”活动。开展“党员先锋岗”认岗定责活动，细化党员任务，党员带头完善安全社区建设。发动医疗单位义务为社区群众送健康、送服务，为地区居民建立健康档案。在17个社区组织培训和谐家庭顾问，以家庭沙龙咨询、辅导、培训形式为居民提供子女教育、家庭和谐、家庭健康方面的指导帮助。举办12名优秀党员事迹暨红色影片展览月活动，为地区党员放映优秀教育影片10余部。

（郑玉梅）

【创建学习型家庭】　年内，开展以文明礼仪、科普常识、文体娱乐、法律知识为主要内容的四进家庭活动，开展明星户评比，以积极参与绿色社区建设，自觉维护社区环境，积极参加社区公益活动并在活动中发挥带头作用，自愿参加美化环境，不乱扔、乱倒白色垃圾，积极规范文明用语、文明行为作为评比条件，评出文明礼仪明星户50户。

（郑玉梅）

【帮扶弱势群体】　年内，为191户低保家庭、优抚对象送去慰问金、慰问品共值122000元。为6名生活困难低保老人每人申请办理500元慈善医疗卡，为7名重点优抚对象办理医疗减免51999元，为13户特困家庭办理医疗救助27167元。为9户生活困难家庭申请办理一次性临时补助款23600元。建立特困助学奖励制度，对考入大学的6名特困、残疾大学生给予补助2800元。完成1845名残疾人或疑似残疾人康复筛查工作，为8名贫困白内障患者免费实施康复手术，为4名听力残疾患者免费发放助听器款约12000元；为38名精神病人办理免费药1500元，为重度精神病人办理减免住院费7500元。协调地区医院为社区60岁以上老人建个人健康档案4000余份。完成全国无障碍示范小区创建和迎检达标工作。街道爱心社为121名持爱心卡居民发放价值3万多元的救助物质。街道成立残疾人康复俱乐部并免费为残疾人编织组提供编织材料，编织手工作品50余件。

（郑玉梅）

【社会保障】　年内，为162名征地超转居民办理《征地超转人员医疗证》，为600余名征地自谋人员办理补缴社会保险，使其在达到退休年龄时可以享受退休待遇。为22名（超转、革命伤残、在乡复员军人、地退）死亡人员办理丧葬费19696元，为19名伤残军人换发新证书，为30名优抚对象调整优待标准。为161户375名享受低保居民由原290元/人标准调整为300元/人，为400多名自办商业保险征地超转居民生活情况进行调查、上报。完成调查160户低保人员住房情况，为2户贫困家庭办理廉租住房手续。

（郑玉梅）

大屯街道

【概况】　大屯街道位于朝阳区西北部，东邻来广营地区、望京街道，南靠亚运村街道、小关街道，西北接奥运村地区，地域面积10.013平方公里，有14个社区、55个小区，楼房1086栋，其中高层856栋，多层230栋。常住人口4.98万人；流动人口4.76万人。社会单位2789个，其中中央单位64个，市属133个，区属74个，其它2518个。大学2所，中学3所，小学8所，幼儿园10所，医疗机构14家，物业公司63个，团级以上部队10支。辖区道路41条，其中市管道路7条，区管道路16条，社区路18条。纵向道路自西向东有北辰东路、安立路、北苑路、小营路、关庄路等；横向道路自北向南依次有辛店路、大屯路、慧忠北路、慧忠路等。全地区绿化面积462万平方米，覆盖率46.2%。年内，撤乡建街顺利完成，揭牌成立大屯街道办事处。内设机构19个，其中街道工委6个，办事处10个，城管分队、社会保障事务所、街道社区服务中心各1个；公务员编制68人，事业编制25人，工勤编制3人。

地址：安慧北里雅园1号

电话：64917665

邮编：100101

网址：http://zwgk.bjchy.gov.cn

（王建军）

【撤乡建街顺利完成】　1月31日，区委常委会决定将大屯地区纳入城市管理后，大屯加快成立街道办事处筹备工作，积极研究解决乡事业编人员安置，乡级集体资产处置遗留问题处理等问题，与华汇亚辰投资有限公司调整有关职能，合理划分人、财、物。7月13日，大屯街道办事处举行挂牌仪式，成为北京市第一个撤乡建立街道办事处的地区，行政管理体制和工作职能转向城市管理。

（唐友平）

【扶危济困】　5月，军地双扶工程活动被市委宣传部、首都精神文明委评为“首都精神文明建设最佳活动”，成为本区双拥工作十大品牌之一。年内，发动机关干部捐款、捐物，筹集36万元帮扶残疾人等困难群体1738人次。实施军地双扶工程，投资35万元，解决80余名驻地部队官兵困难，改善4支基础薄弱连队工作生活环境。

（唐友平）

【完善治安防控体系】　7月,在全市年初确定的50个双向挂牌督战高发案地区中,大屯成为全区首个被摘牌地区,实现连续三年治安案件下降目标,万人发案率低于全区平均水平。年内,投入330万元,配备保安队伍,安装47个探头,组织全地区2700名保安人员、3000名治保积极分子佩戴红袖标巡逻,联合武警五支队开展机动巡逻和步巡工作,实现对重点大街、重点部位全面监控。

(唐友平)

【改善社区硬件设施】　年内,街道投入资金520万元,采取收缴、新建、购买、置换、租赁等办法,使14个社区(筹备组)办公服务用房全部达到或超过300平方米。建成800平方米地区文化活动中心、2.8万平方米地区阳光科普文化广场、1个百米万册综合图书馆。为每个社区建立室外宣传栏、图书室和活动室。建成8个社区卫生站,并为社区新配备4套健身设施。

(唐友平)

【便民利民服务】　年内,在继续做好解八难基础上,完善劳动保障网络,认真开展失业人员动态管理、做好再就业工作,为672名失业人员成功推荐工作;以96156便民服务热线为平台,积极开展便民利民服务项目,全年提供便民服务1577人次;建立"1885"政务事务服务机制,在街道层面建立全程办事大厅,在14个社区设立社区居民代办站,代理18项政务、8项事务和5类服务,累计接待27574人次,受理23124件次。

(唐友平)

【优化美化环境】　年内,积极协调、推动位于北辰东路、紧邻奥运场馆中心区的豹房南里小区改造,拆除违法建设2.2万平方米,其中挂账任务1.4万平方米,整治户外灯箱广告460块,取缔无照经营360起。新增绿化面积10.2万平方米。组建街道保洁队,负责24条道路、32万平方米保洁和垃圾消纳。与区市政管委各出资100万元整修联大北路和卧龙小区路。

(唐友平)

【强化安全生产管控】　年内,针对地区建筑物多、地下空间多、工地多、单位多、小区多、人口多特点,成立安全生产办公室,配备2名专职工作人员,聘请3名退休专业人员,对地区513个重点单位建立安全生产档案,每月联合工商、公安、消防、人防、安全生产局等单位,对重点单位和重点场所进行检查,实现连续三年未出现煤气中毒事故和重大责任事故。

(唐友平)

【精神文明建设】　年内,加强宣传教育,培育城市生活理念,举办9次科普大课堂讲座,开展群众性绘画、书法、手工艺品展览展示,进行文明家庭、文明楼院、文明社区、文明单位评选活动。开展生活礼仪、社会礼仪、赛场礼仪、职业礼仪、校园礼仪、涉外礼仪宣传教育活动。组建8支奥运志愿者队伍,志愿者爱心服务站在北京市率先进驻高档住宅区。在成人教育工作验收中,成为本区5个示范单位之一。慧忠里小学获得朝阳区第六届少年军校军训成果汇报表演特色一等奖和朝阳区先进少年军校称号。

(唐友平)

【群众文化】　年内,街道84支文体队伍、活动积极分子2100人,开展大型文体活动20余次,在区文体汇演中3次获得一等奖,组织以"迎奥运,运动你我他"为主题的文体娱乐竞赛和奥运英语进社区活动,有2000多居民参加家庭英语300句培训教育。成功举办地区奥林匹克艺术节和街道首届运动会。

(唐友平)

【党建工作】　年内,街道工委严格按照规定要求,圆满完成地区57个党组织、1520名党员的先进性教育活动。在工作作风、城市管理、社区建设、党的建设等党员群众普遍关心的难点、热点问题等方面制定整改措施并开展大量工作,启动党员16项责任岗活动,切实加强社区党委班子建设,扩大党员活动阵地,加强组织建设,确保党员受教育、群众得实惠。

(唐友平)

【打造廉政文化】　年内,通过举办书画会、诗歌会、故事会三会活动打造街道廉政文化。三会活动得到全街道13个社区居委会、企事业单位、机关各科室、部队、院校支持和积极参与,受教育面5600余人次。

(唐友平)

城乡结合地区

太阳宫地区(乡)

【概况】 太阳宫地区(乡)位于朝阳区中西部,地处连接CBD和奥运村枢纽地带,辖区被燕莎商圈、国展商务、使馆区和东北四环沿线汽车展卖、修理一条街所环绕,区位优势较明显。太阳宫地区面积5.9平方公里,有3个行政村,14个居委会,6家直属企事业单位;有居住小区20个,常住人口近6万余人(其中农业人口2743人),流动人口近4万人;中央、市、区属和社会单位462家,税源单位1274家;驻地区各类院校5所,医疗卫生机构12家,全天候开放体育场所17处,居家工程14处,文化场所21处,挂牌晨晚练点11个。

地址:夏家园13号

电话:5201.8656

邮编:100028

(秦少芳)

【双拥工作】 2月2日下午,地区领导班子及牛王庙村领导来到武警某中队给部队战士们送去2万余元粮油、肉等慰问品。同时为开展文化进军营活动,办事处为部队官兵送去一台电脑。4月12日,配合保持共产党员先进性教育活动,在区人武部协调下,乡党委组织部分区乡人大代表和机关科级干部,来到位于怀柔的北京卫戍区某团参观学习、体验生活,并带去5万元慰问金。年内,地区警民共建工作获得"首都军警民共建标兵单位"称号,地区办事处及武警五支队一大队被评为首都双拥共建标兵单位,牛王庙村被评为朝阳区双拥共建先进单位。

(秦少芳)

【乡人代会】 2月28日,乡第十四届人民代表大会第五次会议召开。出席会议的38名人大代表分别审议通过《政府工作报告》和《太阳宫乡2004年财政预算执行情况和2005年财政预算草案报告》。

(秦少芳)

【先进性教育】 7月,地区开展保持共产党员先进性教育活动,27个党(总支)支部1192名党员参加。通过近三个月学习,遵循规定动作不走样、自选动作有创新要求,开展丰富多彩的学习教育活动,地区党组织覆盖率100%,党员覆盖率99.58%,群众测评满意率100%。学习上狠抓一个"深"字,深入学习规定内容,创新学习方式切实增强学习效果;坚持集中学习与分散学相结合,学理论与学业务相结合等方式,做到了对规定篇目系统学、重点篇目反复学、专题辅导深入学。活动中把握一个"新"字,坚持特色活动贯穿始终,地区工委书记、办事处主任以保持先进性、提高党员素质和国内、市区、地区形势为主要内容讲党课。分析中贯穿一个"改"字,边学边改、边议边改、边整边改,切实解决各种突出问题。

(秦少芳)

【领导视察】 11月9日,全国政协副主席张怀西视察莱太花卉有限公司,先后参观莱太花卉市场花卉大厅,详细了解企业运行情况,并听取莱太花卉为迎接2008北京奥运会企业发展汇报。12月17日上午,刘淇、王岐山、张茅等市领导出席奥运场馆配套设施太阳宫燃气热电冷联供工程开工奠基典礼。

(秦少芳)

【区域经济】 11月11日下午,新云南大厦正式开工建设。该建筑地上25层、地下3层,建筑高度100米。年内,积极引进品牌商业落户太阳宫,签订E区超市合作协议,共同发展桑尼摩尔国际儿童发展中心项目。乡农工商总公司投资兴建的大泽方舟商贸公司在北四环东路营业。该公司注册资金412万元,建筑面积1930平方米,投资71万元。公司创建后致力于多元化经营,以货物配送、物流为主,零售为辅。正式营业的便民超市经营面积300平方米,主营劳保用品、耗材、日用品、百货、副食等千余品种。17名员工均来自本乡。

(秦少芳)

【经济指标】 年内,全乡经济总收入8.8亿元,实现利润1.1亿元,集体资产总额15.6亿元。调整统计口径后,全乡各项经济指标实际完成情况是:经济总收入完成12亿元,利润完成1.1亿元,集体经济上缴税金3565万元;全乡人均劳动所得17042元,劳均所得28026元。辖区完成税收3.3亿元。实现财政收入1.4亿元。

(秦少芳)

【社区建设】 年内,完成社区重新划分工作。新划分的10个社区通过民政局审批,管理体制进一步理顺。参加区组织的农村地区社区干部集中业务培训,社区在职干部实现持证上岗。加大配套设施收缴追缴力度,芍药居北里3800平方米配套用房在建设中。14个居委会12个党支部换届。地区工委、办事处投入资金1.3万元,对14个社区居委会56名社区干部进行业务培训，培训内容涉及《社区工作概论》、《社会心理学》、《社会工作调查方法》等。

（秦少芳）

【残疾人工作】　年内，辖区内有持证残疾人428人，其中肢体残疾258人、视力残疾28人、听力语言残疾31人、精神残疾56人、智力残疾53人、综合残疾2人。地区开展“党心连民心、党员献爱心”助残活动，地区处级领导与10户残疾人家庭结成帮扶对子并签订协议书。此项活动将作为长效机制开展下去。加大对地区无障碍设施建设和改造投入，完成芍药居北里9处无障碍坡道和1个超市、1个邮局、1个公共厕所无障碍改造工作。成立地区精神病人康复俱乐部，推动社区精神康复工作深入持久地开展

（秦少芳）

【太阳宫新区建设】　年内，配合用地单位完成南知味斋餐厅拆迁。完成A区5446平方米企业用房拆迁。积极推进E区农民回迁楼房屋产权证办理工作，为767户产权人办理房屋产权证。E、F区配套公建项目相继完工并交付使用。新纪家园配套商业楼交付北京电信公司；与北京蓝天幼儿园合作，E区幼儿园投入运营；E区敬老院、文化站暂作为乡政府办公楼使用；E区小学校工程全部竣工。

（秦少芳）

【城市管理体系建设】　年内，取缔无照经营、占道经营2213起；联合公安、工商、卫生、园林、综治等部门，拆除户外广告牌76块，清除各类城市小广告6.2万余张；整治非法生产经营窝点39家，整治各类黑车运营86起；拆除违法建设1.2万平方米，其中完成区年初下达拆违挂账任务8565平方米；清运垃圾4.5万余吨。以控制施工扬尘、噪声污染为重点，顺利完成7台燃煤锅炉改造任务。创建环境优美乡工作通过市、区有关部门验收。完成地铁10号线太阳宫站64户6603平方米建筑拆迁任务。对南尚家楼“城中村”进行整治，完成拆迁总任务95%。阜通东大街太阳宫段施工队伍全线进场，四环路立交桥、坝河大桥全面施工。积极配合，保障太阳宫三元变电站主体工程全面完工，确保地区供电迎峰度夏，为实现地区正式供电奠定基础。全力支持奥运重点项目建设，太阳宫燃气热电冷联供工程顺利奠基。完成太阳宫东路、太阳宫北街部分路段施工。太阳宫东路坝河桥、太阳宫大街坝河桥竣工移交市政管理处。与区环卫中心配合，在三环路旁建环保公厕一座，在育慧南路新建二类公厕一座，在新纪家园小区新建密闭式垃圾楼一座。积极协调区市政管委完成对西坝河路、育慧南路约2.6万平方米路面维修工程，更换步道砖1.5万平方米，疏通雨污水管线2400延长米。

（秦少芳）

【安全生产管理】　年内，制定太阳宫地区创平安地区工作方案，投资近22万元对太北村实施科技创安工程、完成中交建安和社科院小区电视监控设备安装，在村域主要道路安装13个360度旋转监控镜头，地区重点部位技防覆盖率79%，社会治安防控能力逐步提高。全年刑事发案率较去年同期有所下降，未发生重大安全事故和交通安全甲方责任事故。全力保障重点时期和节日期间安全。

（秦少芳）

【劳动及社会保障】　年内，组织703人参加农村劳动力转移引导性培训，组织262人参加技能培训。开发就业岗位1506个，446人实现提档再就业。协调解决202名特困人员安置工作，“4050”人员再就业率60%以上。登记报销退休人员医疗费人数达1600人，退休人员养老金、自谋职业人员社会保险、超转老人医疗费等各项社会保障金按时足额发放。社会保险扩面征缴工作进一步加强，养老、失业、工伤、基本医疗及生育保险基金收缴率不断提高。

（秦少芳）

【文化教育体育卫生】　年内，开展各类文体活动190余场，参与人数1万余人次。成功举办五月鲜花、夏日文化广场、庆“八一”军警民联欢文艺演出和太阳宫地区第16届农民艺术节等系列文化活动；组织参加第八届北京国际旅游文化节盛装行进表演、泰国风情节等大型风采展示活动，促进时尚文化、民俗文化、群众文化共同繁荣。太阳蓝天启航双语艺术幼儿园开园。为940名流动人口子女办理在京借读手续，加大对地区打工子弟学校监管和支持力度。有23名考生参加高考，18人考取大学本科专科院校。开展太阳宫地区第8届全国推广普通话宣传周活动，推进地区语言文字规范工作。围绕“迎奥运”主题，大力发展体育事业。荣获区体育局举办的“迎新春”群众健身风采大展示三等奖。积极培育群众健身辅导员队伍，十字口居委会晨晚练辅导站荣获全国优秀全民健身活动站称号。地区有文化活动广场18个、社区文化中心1个、百米万册图书馆1个、文化活动室17个、少年足球场1个、全民健身工程17处、国民体质测试站1处。1902人参加新型农村合作医疗，为31名参保人员报销大病医疗费17.2万元，农民大病统筹参保率91%；农民基本医疗资金投入88.9万元。完成现有三个村级卫生室改制工作，建立太阳宫社区卫生服务体系。为地区

15名独生子女父母发放一次性奖励计15000元，为1098名无业人员发放独生子女费计31325元，落实率100%。对地区31名失业独生子女家长进行就业指导和职业技能培训，实现再就业。

（秦少芳）

【民主法制建设】 年内，发挥法律顾问组法律服务作用，加强对全乡经济合同、合作协议审核把关，提高政府依法行政和企业依法经营水平，制定、审核各类合同文本及提供司法建议111份。开展集中纠纷排查4次，调解各类民间矛盾纠纷164件，成功率98%；开展社区矫正、两劳安置帮教和法律援助工作，妥善安置率93%。

（秦少芳）

【信息化建设工作】 年内，本乡加大投入，完成全程代办为民服务系统软硬件建设；完成视频会议室和乡级网络办公平台建设；按照区经管站要求，开展农村管理信息化基础建设工作，完成系统安装调试、人员培训和1246户、2691名农业人员、7万条基础数据调查、数据录入和上传等工作，初步建起区、乡、村三级网络。

（秦少芳）

【人口抽样调查】 年内，为制定"十一五"规划提供依据，有2个行政村、4个居委会参加1%人口抽样调查，共调查602户，1547人，其中外来人口1187人，占77%。

（秦少芳）

南磨房地区（乡）

【概况】 南磨房地区（乡）位于朝阳区南部，东与高碑店乡、王四营乡、垡头街道相邻，南与十八里店乡交界，西临东三环与双井、劲松、潘家园街道相接，北至通惠河，辖域10.23平方公里。辖域内有中央、市、区属单位134家，有两个村委会，7个社区。乡属集体经济有建筑公司、运输公司、商业公司、工业公司、开发公司、亮都投资公司、瑛达源物业管理公司7大专业公司，涉及城市商贸、开发建筑、现代物流、文化休闲等产业。有小学、幼儿园各1所，卫生院1所，敬老院1所。截至年底，全乡完成经济总收入50.8亿元，利润总额3.06亿元，集体企业上缴国家各项税金1.15亿元，人均劳动所得2.51万元。一、二、三产业比为0.4 : 31 : 68.6。
地址：西大望路甲29号
电话：67322223
邮编：100022
网址：nanmofang. bjchy. gov. cn

（田晓刚）

【信访工作】 年初，成立地区信访办公室，建立信访排查每周联席会和领导干部每周二信访接待机制，完善规范信访接待答复程序，在全地区构建重大信访事项预警机制。年内，接待信访91批次644人次，受理数83件；处理信件类信访32批次68人次，受理30件；处理网件类信访1批次1人次，受理1件。

（田晓刚）

【成人教育】 年初，投资2000万元，3900多平方米的地区成人教育中心投入使用。年内，开展领导干部、党务工作者、党员积极分子、公务员队伍、社区干部、企业管理者、乡属企业职工、城镇失业人员和农村富余劳动力、居民、流动务工人员10项培训工作，共计11627人，27200余人次。

（田晓刚）

【新村建设】 1-9月，四方新区重点工程开发建设开复工总面积110余万平米。世纪东方城一区5、6、7号楼回迁房建设项目稳步推进，世纪华侨城B区12万平方米回迁房全面开工，世纪华侨城B区18万平方米农民回迁房竣工入住。欢乐谷主题公园及工大奥运场馆三区一园一馆全面破土动工。年内，完成邱庄厚俸一期一片、垡头西路、祁家坟村、中市单位产权楼房、奥运场馆建设占地企业、608厂职工宿舍等7处拆迁工程，1748户、5260名村（居）民喜迁新居。

（田晓刚）

【党的建设】 3月和8月，组织大规模党组织、党员摸底调查工作，建立党内信息管理系统，开展信息化建设，形成组织管理网络。年内，认真完成保持共产党员先进性教育活动的学习动员、分析评议、整改提高三个阶段的任务，提出"保持先进性，全面推进南磨房城市化"的教育主题。成立地区中心党校，组织各支部开展关爱党员活动，为地区全体党员准备学习材料，对年老体弱党员帮学、助学，使教育活动覆盖率达98%；组织地区优秀共产党员先进事迹报告团开展巡回演讲；组织1100多名党员参观考察乡内重点工程、卢沟桥抗日战争纪念馆等爱国主义教育基地，明确保持共产党员先进性标准。重新调整党组织设置，将南磨房医院、田华小学党组织整体划出，纳入卫生、教育系统进行管理，成立乡清洁公司党支部。建立基层支部书记工作例会制度，规范基层党组织的工作，抓好党员发展转正工作，发展党员50名，转正党员50名。开展流动党员建档工作，举办"保持先进性，为党旗增辉"图片展，对13个先进基层党组织、10名优秀党务工作者、100名优秀共产党员进行表彰。

（田晓刚）

【安全稳定工作】 5月24日，对辖区内60余家建筑施工分包单位项目经理和劳资负责人进行进一步规范农民工劳动合同管理政策宣传与培训,讲解《北京市劳动合同规定》和《北京市工资支付规定》。6月12日,举行安全生产宣传咨询日活动,张贴宣传画1187张,悬挂横幅20条,黑板报、专栏80块,发放宣传材料2000多份。

(田晓刚)

【精神文明建设】 10月26日,荣获"全国文明村镇创建工作先进村镇"称号,在人民大会堂接受国家文明委表彰。年内,为创建文明村镇,刷白近万棵树木,彻底整治小广告、白色污染,清洗、更换300多个宣传栏,公示参评全国创建文明村镇工作先进村镇口号及服务热线,拍摄制作《创建现代文明的南磨房》电视专题片,在主要场所和重要路段悬挂近300条有关创建内容的横幅,发放10万张关于创建文明村镇的《致居民的一封信》。

(田晓刚)

【干部队伍建设】 年内,按照民主集中制建立健全党委工作制度、党建协调会制度,完善重大决策程序。建立干部廉洁自律、合同审计、调离审计、重大事项请示汇报制度,建立后备人才库,完善干部选拔任用机制。配齐办事处领导班子,提拔、调动科级干部7人;在海淀、朝阳组织3次外出招聘和企事业单位公开招聘活动,为基层单位招聘干部25人,制定干部年休假、外聘干部管理、后勤人员管理、事业单位干部待遇等制度,并提出人才工作总体设想。开展党风廉政教育活动,组织参观北京反腐败展览,对乡属重点企业拆迁重建等重点工作立项,按照程序抓好行政效能监察,对公务员工资监督和审查。

(田晓刚)

【市政建设】 年内,完成平乐园基础设施改造和紫南环路等建设任务;启动广渠门路、弘燕路升级改建和垡头西路、垡头中路道路建设;实施完成世纪华侨城主题公园、弘燕路、东四环西侧等一批绿化、美化工程。新修道路3000米;新增绿化面积368亩,其中完成5处500平方米以上地区小绿地;完成紫南家园、主题社区居住区等新建居住区绿化8处,平乐园、双龙等老旧小区绿化改造5处。对环境脏乱点进行集中整治。认真落实控制大气污染各项措施,改造辖区燃煤锅炉7台。

(田晓刚)

【城市管理】 年内,初步构建社区党建、城市管理、居民服务、居民自治社区属地管理服务模式,启动"平安社区"、"和谐社区"创建工作,进一步规范和完善城管监察、流动人口、绿化养护、环卫保洁、小区物业、水电保障6支城市管理队伍,实施与卫生、警务进社区,加大社区基础设施建设投入,有5个社区集中办公和服务用房达300平方米以上。

(田晓刚)

【文化建设】 年内,开展"五月的鲜花"等群众文化活动,成功举办首届地区文化艺术节系列文化活动和地区第二届长跑比赛等活动。完善各社区图书馆服务功能,新建2个社区万册图书室和5个社区便民书店。新建居民文化活动室4处、健身广场2处,积极扶持培育各种文化社团组织,成立了80人的地区威风锣鼓队和100人的老年合唱队等文化队伍,定期开展各项文娱活动。

(田晓刚)

【国防教育】 年内,加强地区幼儿园国防教育小课堂和田华小学少年军校建设,开展学军拥军等主题教育活动,在区第六届少年军校军训成果汇报表演中,田华小学少年军校荣获表演特等奖优秀组织奖。田华小学少年军校被北京市评为首都少年军校示范校。

(田晓刚)

【劳动及社会保障】 年内,《关于提高农民退休金实施方案》等3项制度全部按期兑现,对436名失业人员进行基础职业培训,举办各类人员就业招聘会7场,开发就业岗位1441个,228人实现再就业;地区各项社会保障基金收缴率均达到97%以上。

(田晓刚)

将台地区(乡)

【概况】 将台地区(乡)位于朝阳区中部偏北,东临东坝地区,南靠东风地区、麦子店街道,西接太阳宫地区、望京街道,北界崔各庄地区。辖区面积11.45平方公里,其中:城区面积1.03平方公里,乡域面积10.42平方公里。常住人口22549人,流动人口40564人。乡域基本农田88.287公顷,建设用地258.78公顷,产业用地32.58公顷,生态绿化用地531.438公顷,水面23.96公顷,铁路用地56.05公顷,道路用地153.905公顷。乡域中可开发用地238.56公顷。年内,农村经济总收入18.9亿元,同比增长25%;实现利润总额1.5亿元,同比增长17%,上缴税金7191万元,同比增长了130%,全乡人均劳动所得17846元,同比增长4%。三次产业收入比重为0.5:21:78.5。

办事处地址:酒仙桥甲1号

电话:64371688

邮编:100016

(刘 颖)

【民兵工作】 3月10日至4月1日,对本地区民兵组织进行整顿。3

月10日至15日，结合民兵组织整顿，对民兵干部和基干民兵进行民兵职能、任务、性质、形势、战备和人民战争思想等国防教育，提高民兵思想道德素质。8月15日至23日，聘请区法制办、派出所等专业部门老师和武警三支队二大队六中队6名教官对100名应急分队民兵进行了为期一周的法制培训和应急处理突发问题、队列、擒敌拳等集中培训和训练。

（刘 颖）

【乡直企业两项目获彩虹优秀成果奖】 3月23日，将台医疗结构厂与北京工业大学合作开发的“灭菌器控制系统研制”项目及北京实宝来游乐设备公司与北京机械工程学院合作开发的“游乐设备仿真设计”项目获得北京市彩虹工程优秀成果奖。

（刘 颖）

【经济建设】 4月16日，新建将台综合市场开业，市场占地23000平方米，建筑面积8800平方米，设摊位630个，消防安全等各项硬件设施齐备。4月21日，原将台奶牛场完成企业关闭调整工作，30名本乡职工全部到新成立的大山子仓储物流公司报到参加上岗培训，原企业档案、资产完成交接，原有的276头奶牛和40余件农机设备等集体资产的处置工作同时完成，企业实现平稳过渡。8月26日，由将台乡农工商总公司出资200万元，在重新改扩建的将台综合市场及朝酒市场基础上成立的北京阳光将台农副产品市场有限责任公司成立。10月10日，由将台乡农工商总公司和将台乡安家楼企业服务中心共同出资成立鸿盛恒运投资管理有限公司，作为安家楼农转工选择工作安置的接收单位。公司注册资金1000万元，接收农转工人员249人。10月18日，作为将台乡与松彩公司合作物流项目，大山子仓储有限责任公司举行开业暨公司工会成立仪式。11月19日，新改扩建的将台朝酒市场举行开业暨北京阳光将台农副产品市场有限责任公司挂牌仪式。新朝酒市场占地面积40000平方米，建筑面积11000平方米，新建5个营业大厅，总摊位900个。

（刘 颖）

【百日专项整治】 7月至9月，地区开展“百日专项整治”活动，解决地区一些无照经营、非法客运、小广告、非法露天消夏餐饮经营场所等影响城市秩序环境问题，以及部分行业场所，特别是歌厅、洗浴、电子游艺、美容美发、二手手机旧货业、废旧金属收购业等发展无序和无照、超范围、模糊经营现象，全部取缔市区挂账单位89家，取缔非挂账单位76家。

（刘 颖）

【党建工作】 7月至9月，乡党委认真组织开展了以学习实践“三个代表”重要思想为主要内容的保持共产党员先进性教育活动，全乡1150名党员参加，覆盖率99.74%，先进性教育活动得到了群众认可，测评满意度为100%。年内，整合地区党建资源，在东八间房村、安家楼管委会、驼房营村先后成立党总支，逐步理顺基层党组织关系，加强对在职党员和退休党员分类管理。在童乐幼儿园、教工家委会组建独立党支部。

（刘 颖）

【产权制度改革基础数据调查】 7月至10月，将台乡全面启动产权制度改革基础数据调查，调查分为农龄登记和清产核资两大部分。农龄登记调查以三个村（管）委会为单位，以各村民小组（居委会）为登记工作小组，分别对各村自1956年1月1日至2004年12月31日期间所有参加过集体劳动的将台乡农村劳动力年限进行登记，登记工作完成后分别张榜公示，三榜定案后汇总归档。

（刘 颖）

【东八间房村民读上大专班】 9月4日上午，东八间房村党总支与区成人教育中心联合举办的2005年中央党校经济管理专业函授大专班在北京电气工程学校式开班。首批60名村民将通过三年专业学习，经考试合格后获得国家承认的大专文凭。

（刘 颖）

【国防教育】 9月17日和10月22日，地区武装部在将府文化广场举办以“勿忘国耻，强我国防”、“加强国防教育，增强全民国防观念”、“国防连着你我他，安宁维系千万家”为主题的《国防教育法》大型宣传活动和大型冬季征兵宣传活动。按照区国防教育领导小组《关于举行第六届少年军校军训训练成果汇报表演的通知》精神，及时与共建部队和驼房营小学少年军校领导一起研究制定方案和训练计划，并认真组织实施。在10月20日举行的朝阳区第六届少年军校军训训练成果汇报表演中获二等奖，驼小少年军校被评为区先进少年军校，乡武装部获得优秀组织奖，消防中队教官被评为优秀教官。

（刘 颖）

【京润农转居遗留问题解决】 12月，困扰安家楼群众13年之久的京润安家楼农转居历史遗留问题得到解决。安家楼2230名百姓生产生活得到妥善安置，其中1265名劳动力就业和社会保险补缴问题得到妥善解决，250名超转人员和40名孤残人员纳入民政系统保障范围，超转人员生活补助差额如数发放，230名新增劳动力和60名已死亡人员家属均给予不同形式补助。

(刘　颖)

【编发将台快讯】 年内,编辑印发《将台快讯》74篇,新增构建和谐社会、建设学习型地区、加强执政能力建设、解决农民就业、建设绿色奥运等专栏,及时反馈基层上报的各种信息,做到上下沟通、内外联动,充分体现贴近群众、贴近生活、贴近实际的原则。

(刘　颖)

【干部队伍建设】 年内,地区工委把干部队伍建设重点落在抓好公务员队伍、基层干部队伍、后备人才队伍建设上,分别建立三个人才库。坚持对各级各类干部考核评议制度,按照《朝阳区国家公务员考核实施办法》规定严格对公务员进行考核,对社区、村及直属企业主要干部进行年度考核评议,坚持考核和工资、奖励挂钩,调动广大干部工作积极性。制定《关于加强干部队伍建设营造良好人才环境的工作意见》,通过采取实职竞聘、上挂下派、职位交流等多种途径营造人才健康成长的良好环境。乡党委选派4名机关科级干部到两个村和一个管委会分别担任副书记、书记助理和主任助理,从东八间房村、驼房营村、十二所居委会、佳丽饭店等单位调配4名年轻干部到武装部、城管分队、民政科等部门锻炼,从工作规范、工作能力上对他们进行培养。面向全地区,公开招考基层后备干部工作,有88人应聘。通过公开、公平、公正的笔试、面试程序,16名应聘人员留用,并迅速充实到基层单位。

(刘　颖)

【预防煤气中毒工作】 年内,投入1万余元印制25万份宣传材料发放到辖区居民家中,组织、动员各村、居(家)委会投入4.5万余元为出租房屋户家中安装风斗,销毁"杀人炉"1218个。出动1000余人次,检查出租户3482户,检查出租房屋16398间,安装风斗1542个。

(刘　颖)

高碑店地区(乡)

【概况】 高碑店地区(乡)位于朝阳区东部,乡域面积15.08平方公里,总人口18.5万人(其中城市居民8.4万人、人户分离4.23万人、流动人口5.63万人、农业人口2486人)。有5个村级单位和18个社区。年内,重点发展民俗、传媒、时尚三大文化产业,不断完善经济可持续发展、城市建设与管理、劳动就业和社会保障、社会治安综合治理、精神文明建设五大长效机制,完成经济总收入54亿元,利润总额3.1亿元,上缴税金1.6亿元,人均收入1.93万元,一、二、三产比重为0∶54∶46。

办事处地址:高碑店北路甲1号

电话:85778503

邮编:100025

(明宝军)

【高井网站建设】 3月初,高井网站正式运作建设。网站建设过程分为项目可行性分析—方案建设—需求调研—系统开发—上线、正式发布等一系列流程。目标将整个高井网项目建设成为集网站、短信平台、LED电子显示屏、数字视频监控于一体的综合服务平台。完成村委会机关办公楼局域网综合布线工程,实现各科室资源共享、协同办公需求。为提高机关工作人员工作效率,推行无纸化办公,开展电脑操作系统、计算机网络知识、Office办公软件、邮件系统等相关软件应用方面培训。

(明宝军)

【高碑店村旅游文化活动】 4月8日,高碑店村国际民俗旅游接待活动启动,在工商局注册成立高碑店旅游文化发展有限公司。4月28日,位于高碑店村东工业区的华膳园大酒店开业。5月,高碑店村举办五月鲜花村歌联赛。8月19日,在通惠灌渠举办首届"中元河灯节",3000余人参加。8月26日成立高碑店古典家具协会。商户加大企业改造面积,新建筑面积20000多平方米。9月17日,朝阳区商务节使节夫人活动在华夏民俗文化园举行。是月,村少儿高跷队参加北京市第八届国际旅游文化节开幕式表演。举办华夏民俗文化节,全国各地百余名民间手工艺品大师在园内展艺。

(明宝军)

【民政工作】 5月,举办老年合唱比赛,以歌会友,挥洒激情,有450名老人参加。6月9日,民政科与北花园党总支联合在北花园村委会松树园开展"以树代墓树新风"认养绿地,共同打造花园式和谐村庄活动。九九重阳节开展庆祝活动,手工艺表演、慰问、合唱比赛等达到和谐氛围。年内,同步成立18个社区,面向全地区公开招聘111名社区干部。全地区以树代墓植树2000多株。举办"文明—礼仪—北京"为主题的老年人征文活动,有28人参加征选。举办人文、老年人奥运演讲比赛,有10位老人参加。40名老人积极参加区老年人运动会,并取得个人和集体精神文明奖。八里庄社区为海啸灾区捐款31940元,为内蒙、江西等灾区群众捐衣被2460件;农转居自谋人员参加保险1124名,办理退休手续208人。进入劳务派遣企业参保的有140人,帮助876人办理个人保险。

(明宝军)

【经济建设】 年内,以高碑店村为

重点,在通惠河两岸大力发展民俗文化旅游产业。古典家具一条街品牌进一步确立,被市商务局命名为"北京市特色商业街"。启动国际民俗旅游接待项目,先后接待来自美、英、德、日、韩等20余个国家和地区游客500余人。以古典家具一条街、华夏民俗文化园、兴隆公园、紫檀博物馆、维奇奥工艺品步行街等为主体的民俗文化产业区初步形成。在高井村成立非公经济企业协会基础上成立八里庄非公企业协会和高碑店村古典家具行业协会,半壁店村非公企业协会在筹建中。成功引进华膳园大酒店、傣家村大酒店、远通桥丰田汽车专卖店,顺利完成兴隆家园三期开发任务,引进维奇奥手工艺品步行街、东方古缘家具市场,财满街、兴隆家园综合楼、耀辉国际城、高碑店水乡茶楼一条街等项目进展顺利。在全乡经济总收入中,三产增长比例超过二产,同比增长115%,占总收入46%,产业结构调整初见成效。

(明宝军)

【党建工作】 年内,作为市、区第二批先进性教育活动试点单位,各级党组织充分准备、精心筹划、周密实施,圆满完成试点任务,得到中央督导组和市、区各级领导充分肯定,群众满意率达到100%。集中教育活动结束后,围绕巩固和深化教育成果,重点开展以下几项工作,并取得明显成效。一是注重加强理论中心组学习为抓手,发挥学习型领导班子示范带动作用,加强思想政治建设。二是注重建设党员教育管理长效机制,形成加强班子建设和干部考核、培养、党员信息化管理等10个方面长效机制。三是注重推进党建工作创新,深化农村党建工作抓落实,创新社区党建工作抓典型,拓展非公党建工作抓特色,加强流动党建工作抓服务,探索两新组织党建工作抓效果。四是注重培养和树立典型,开展十佳百星评选活动。五是注重加强新建社区党建工作,同步成立18个社区党委,选准配强社区党委书记并及时进行全面培训,同时,在全地区范围内公开选拔社区专职工作者。六是注重加强干部队伍建设,制定实施《高碑店地区办事处机关工作人员绩效月考核办法》,落实和完善对基层工作考核办法,建立基层领导班子和机关各科室"政绩档案",每年签订工作目标责任书;建立健全干部考核评价体系,落实干部跟踪考察制度。实行机关干部竞岗交流、转任轮岗、挂职锻炼、横向交流等制度。七是注重坚持党建带动团建,在党员先进性教育活动中,同步开展增强团员意识、坚定理想信念主题教育活动。八是注重加强党风廉政建设,对重大事项决策、重要项目安排和大额资金使用及有关群众切身利益问题,坚持集体领导,集体讨论决定,切实增强班子拒腐防变、廉洁自律能力。

(明宝军)

【环境建设】 年内,修建通惠灌渠北路、民俗园南路、北花园工业区路、青年沟路、西店南路、小郊亭果园路、康家沟北路、北花园产业区7条道路,总长11576米,面积130085平方米,总投资3091.69万元。修建垃圾房28座,厕所22座。拆除各种违建、临建21850平方米。完成兴隆庄村、太平庄和熏皮厂拆迁任务,拆迁306户,面积3.7万平方米。完成绿隔地区搬迁上楼518户,1268人。完成通惠灌渠高碑店段和北花园段治理任务,对高井工业区路进行绿化。完成北花园工业区危桥改造重建。高碑店村民俗园南路与小郊亭路相接处原是一个臭水沟,村里加大改造力度,修路1000米,面积8000平方米,做下水管道1171米。更新3眼不合格机井,在高星公园内打水井一眼。全村植树47000余株。新建二类以上公共厕所9座、垃圾屋10座。翻修街道、胡同路面2400平方米。半壁店村新修粪窖一处,新铺西店渔场下水管道980米。新建小郊亭居委会办公用房和方家村老年活动站,扩建半壁店老年活动中心。北花园村建成室内健身房和村民体质测试站,新建1300平方米小型文化活动场地,装修各种文体活动室,拓宽村内长约500米主路,铺上五颜六色彩砖。安装了标志性路灯和宣传灯箱,两边装置休闲座椅,配上了统一规格垃圾箱。

(明宝军)

【劳动就业与社会保障】 年内,"双六百"工程(实现新增规范就业带保险600人、使600人获得职业技能证书)任务圆满完成。促进1045人就业,其中有保险的799人;有717人参加劳动技能培训并取得职业技能证书。农民劳动力中有333人参加引导性培训,232人取得职业技能证书。5个村级劳务派遣组织利用再就业优惠政策,开展以促就业、保生活、接保险为主题的大龄农转工自谋人员就业援助行动,建立以就业指导站牵头,劳务派遣组织协调、政策上促进的长效帮扶机制,有334人从中得到实惠,解决了他们就业难、交纳保险难问题。修建为民服务大厅,推广使用全程代办为民服务信息系统,为群众提供职业介绍和指导、法律咨询服务、办理城市低保、计生卫生等与群众工作生活密切相关的服务,接待群众约2.5万人次,为群众办理事项3000余件,接受群众政策咨询6000人次。积极开展残疾人工作"六好乡镇"、"五好村"创建活动。爱心超市成立两年多,运转良好,收到捐赠物品5万多件,捐资37万元,救助特困户456家。

(明宝军)

【社会治安】 年内,配合安全生产月开展交通安全进校园宣传活动,工会、共青团在561名来京务工人员中开展互动式安全应急培训大会,提高管理人员安全生产管理意识和水平,创造良好的安全生产环境。以建设平安高碑店为目标,整合治安资源,加强治安防范,强化安全宣传、检查和管理工作,组建地区治安巡防大队。全面落实安全生产责任制,开展安全生产、安全防火大检查和压发案专项治理工作,加强对出租房屋和流动人口管理服务。

(明宝军)

【卫生服务】 年内,基本解决百姓就医问题,保证90%以上居民步行20分钟到达社区卫生服务站,做到小病不出村。在17中青少年法制教育基地举行珍爱生命、远离毒品宣传活动。制定并实施《2005年高碑店乡新型农村合作医疗管理办法》,基本医疗参保率达到90%。

(明宝军)

十八里店地区(乡)

【概况】 十八里店地区(乡)位于朝阳区南部,东与通州区交界,南与大兴区相连,西与丰台区紧邻,北与崇文区和本区潘家园街道、南磨房乡接壤。乡域面积25.23平方公里,所辖8个行政村,5个居委会;全乡总人口31181人,其中农业人口21262人,居民人口9919人,劳动力11628人,流动人口约12万人。乡域毗邻京沈高速路,二、三、四、五环路和京津塘高速路穿越乡域,公路总长度54.7公里。通信条件优越,装机总量17100部。有线电视入户率100%,自来水普及率100%,生活用燃气普及率95%。乡域经济以家装建材和仓储物流为产业支撑,以大洋路农贸市场、民乐建材、建筑开发、大洋福运四大集团公司为经济主导,以大洋路商业街、吕家营餐饮文化街、西直河石材石艺街为重点开发建设的发展格局。商业街总营业面积60万平方米;仓储物流经营规模58.6万平方米,第三产业总规模达140万平方米。年内,经济总收入58.6亿元,利润实现4.6亿元,上交国家税金1.5亿元,人均所得1.8万元。有中小学10所,幼儿园6所,外地打工子弟学校10所,医疗卫生服务站9个,敬老院2所,农民大病统筹和基本医疗参保率为97.5%。文化站1个,图书室1个,藏书10000册,社区体育设施12处。

办事处地址:十八里店村18号
电话:67473502
传真:67473742
邮编:100023
网址:sbld. bjchy. gov. cn:9080/index content. jsp

(王　征)

【联合举办影友新春联谊会】 2月27日,十八里店乡与中国摄影报在乡礼堂联合举办影友新春联谊会。中国摄影家协会秘书长、中国摄影报社社长李前光,中国摄影家协会副主席、新华社摄影部体育中心主任罗更前等摄影界人士和摄影爱好者共300余人出席联谊会。联谊会上举行北京艺术设计院李绍杰作品讲座、中国摄影报房志国作品观摩、佳能竞苑12月赛“全民健身”公开评选等活动。

(王　征)

【商务活动】 3月6日,闽龙陶瓷集散地举行闽龙精品洁具展示厅开业暨诚信双“十佳”颁奖大会,由区消费者协会、区私营个体经济协会主办的闽龙陶瓷集散地“十佳诚信商户”和“十佳优秀导购员”评比结果揭晓。9月20日,在高力国际灯具港广场隆重举行大洋路商业街暨十里河家居建材街开街四周年庆典。9月21日到28日举办十里河建材商业街价值高峰论坛、群众性歌咏比赛、卡拉OK大奖赛、健身秧歌、知识竞赛、踢踏舞大赛、教师才艺展示、“第二故乡”才艺大比拼、书画家笔会等10项活动。9月30日,在世纪天天红小商品市场文化广场举行吕家营村商业街开街一周年庆典活动。吕家营村商业街位于南四环十八里店南桥北侧,博大路延长线吕家营村中路两侧。商业街现有商户300余家,营业面积6万余平方米。

(王　征)

【接待来访】 5月24日,成都市金牛区委副书记黄友竹及市容局、国土局、房管局、城管办、统建办等部门负责人,考察本乡流动人口居住小区建设管理情况。乡长向考察团全面介绍了我乡经济及社会发展情况和流动人口居住小区建设管理工作,并就小区规划、建设管理、经济效益、劳动力就业安置等议题进行了深入研讨,考察团到大洋路宏达物业管理中心进行实地考察。10月18日,江西省永丰县委书记肖达来、县人大常委会主任刘晓聪、县长戴龙华、县政协副主席李永春等四套班子领导一行来到我乡就发展地区经济、构建和谐城乡工作进行广泛交流。考察团先后参观了大洋路商业街闽龙陶瓷市场、高力国际灯具港、东方汇美家居商城和吕家营特色餐饮一条街,与我乡就加强友好共建关系,促进地区强强联合,实现资源共享,优势互补,共同促进各自地区经济发展和和谐城乡建设进行了广泛、深入的交流。

(王　征)

【国办秘书局信息处调研】 8月25日,国务院办公厅秘书一局信息处处长陈胜在市政府办公厅信息处处长丁小君、副区长佟克克陪同下来本乡调研。在听取关于地区流动人口管理工作汇报后，调研组深入到弘善旧货市场销售区和生活区，详细了解市场经营情况，对流动人口家庭人员构成、生活收入来源、医疗卫生、学习就业等多方面深入调研。

（王　征）

【重阳节慰问老人】　重阳节，西直河村百岁老人蒋素珍收到乡长送去的慰问品和1000元慰问金，乡长同蒋素珍老人亲切交谈，叮嘱老人保养身体、健康生活。民政科为全地区80周岁以上的346名老年人及503名超转老人发放慰问品，总计金额16万余元，为老年人送去节日问候。

（王　征）

【党建工作】　年内，在为期三个月的先进性教育活动中，全乡9个党总支、84个党支部1771名党员参加，学习教育覆盖率达到99.7%。在学习动员阶段全地区组织党课56次，组织形势报告会14次、学习交流会76次、座谈会154次，市区内参观学习43次，送学上门447次。全地区组织集中学习5次，集中学习时间均超过40个学时。各级党组织、党员干部开展形式多样讨论活动，为地区发展积极献计献策。在分析评议阶段，召开座谈会125次，参加座谈会累计2018人次，开展谈心活动426次，发放调查问卷2146份，通过各种方式征求意见和建议285条。广大党员对照《党章》和新时期共产党员保持先进性标准，认真开展分析评议工作，深挖自身各方面存在的问题和思想根源，明确努力方向。在整改提高阶段乡党委研究制定4个方面、14条整改措施，明确责任领导、责任部门、整改时限。各基层党组织根据群众反映的热点、难点问题，制定整改措施，抓紧落实。经测评，此次先进性教育活动群众满意率达100%。实现先进性教育学习、工作两不误、两促进，使先进性教育活动真正成为群众满意工程。

（王　征）

【乡村建设】　年内，乡村两级投资550万元完成全乡低压电网改造工程，投资912万元新建、改建深水井44眼，从根本上解决群众生活用水用电问题。绿化隔离地区建设稳步推进，周庄、吕家营两个小区开复工面积8.39万平方米，竣工面积1.58万平方米，搬迁上楼265户915人，两个小区绿化面积6000平方米，周庄嘉园荣获朝阳区2005年度规划设计奖。市政基础设施建设明显加快，完成周庄市场路、小武基中心路、吕家营中心路延伸等路网改造工程。在落实乡党委提出投资1000万元绿化美化的工作中，各村党总支高度重视，因地制宜，加大投入，从绿化美化入手，逐步向道路整修、管道铺设、路灯安装及卫生设施建设等延伸和拓展，总投入3486万元，达到综合整治，全面优化目的。

（王　征）

【向印度洋海啸受灾地区捐款】　年内，乡青年志愿者协会响应区青年志愿者协会和北京青年奥运志愿服务队号召，组织向印度洋海啸受灾地区捐款，设立捐款点9个，接受全乡各界捐款185370.3元。

（王　征）

【治理七黑】　年内，根据市公安局和朝阳分局关于清理整治七类等低级次产业场所工作部署，成立乡清理整治七黑领导小组，组成专项执法检查小组，对乡域内黑歌厅、黑影吧、黑二手手机店、黑发廊、黑游戏厅、黑洗浴店、黑旅店等治安乱点开展专项整治。经过近半年清理整治，检查门店568家，查处、取缔无证照门店333家。其中：查处无照发廊217家；检查浴池27家，查处无照浴池9家；查处无照网吧7家；查处无照影吧10家；查处无照成人保健店45家；查处无照非法行医14家；查处无照二手手机店7家；取缔无照烟酒店6家，废品回收点8家，非法食品制售点10家。重点解决地区存在的突出问题，有效地遏制社会丑恶现象发生。

（王　征）

小红门地区（乡）

【概况】　小红门地区（乡）位于朝阳区南部，东靠京津塘高速公路，南临北京经济技术开发区，西与丰台区、大兴区接壤，北距南三环约1公里。南四环路由东向西横穿乡域中部，成寿寺路由北向南纵贯全乡。全乡有4个行政村、3个居委会，乡域总面积12.41平方公里，人口11532户23877人。以城外诚家居文化广场为龙头的商业板块，以成寿寺路为依托的商、饮、服、住为特色的综合板块，以东部绿化区为主导的绿色板块构成全乡经济发展格局。在乡域规划总面积1241公顷中，绿化用地647公顷（北区127公顷，南区520公顷）；规划居住及公建用地约166.57公顷（北区约81.63公顷，南区约84.94公顷；不含代征城市道路）；规划乡镇企业用地89.63公顷（北区34.63公顷，南区55公顷）；城市道路用地125.33公顷；城市单位用地117.87公顷；市政用地30.7公顷；铁路、河流及其它用地面积63.9公顷。年内，经济总收入261719.3万元，比上年同期增长15.11%；利润总额18084.8万元，比上年同期增长10.68%；实交税金6243.9万元，比上年同期增长8.74%；人均劳动所得10380.5元，比去年同期增长10.90%。

办事处地址：龙爪树南里

电话：87694927

邮编:100176

(孙伟卓)

【爱心温暖空巢老人】 1月16日,小红门地区开展“计生国策结亲戚,爱心温暖空巢人”活动。国家人口和计生委宣教司、市人口和计生委、区政府领导参加活动。活动主要内容是当年带头响应计划生育国策而不幸中途丧子的白发、空巢老人,通过地区计生协会搭桥,与自己并无血缘关系的驻地空军某部战士结成亲戚,让老人老有所依,老有所乐。

(孙伟卓)

【科普讲座进乡村】 3月11日,科普讲座大课堂进乡村活动在小红门地区拉开帷幕。此次活动邀请市120急救中心、区疾病控制中心健康教育研究所等单位专业医师就家庭急救与护理、运动与健康等知识进行系列专题讲座。全年举办讲座3次,听众800余人次。

(孙伟卓)

【关爱女孩教女有方聊天会】 5月29日,小红门地区举办关爱女孩教女有方聊天会活动。国家人口和计生委宣教司、市人口和计生委领导参加活动。活动中,6组独女户讲述在培养女儿成长过程中,父母与女儿亲情沟通、家长如何教女儿先做人后做事以及母亲如何引领女儿顺利进入青春期的经历等等。70个独生子女家庭参加活动。

(孙伟卓)

【党建工作】 7月上旬始,全地区开展保持共产党员先进性教育活动,按照区委提出“规定动作不走样,自选动作有创新”的要求,领导带头学、机关做表率、党员齐参与,广大党员干部保持先进性的自觉意识得到提高。建立志愿服务长效机制,用贴心服务增强党组织凝聚力。坚持典型引路,评选出地区共产党员10颗星和40名“学习型共产党员”。深化党建带团建,不断加强党的助手和后备军建设,仅在先进性教育期间就有26名团员向党组织递交了入党申请书。地区党组织54个、党员1086名、流动党员42名参加学习教育活动,群众测评满意度达100%。8月11日,小红门地区城外诚家居广场举行共产党员服务岗授牌仪式,设立10个共产党员服务岗摊位,党员们一起重温入党誓词。城外诚党支部结合企业自身特点和企业文化,通过设立共产党员服务岗增强党员荣誉感和责任心,制定《党员营销员服务标准》,使共产党员服务岗真正成为群众放心铺子、群众满意商位。

(孙伟卓)

【联合国教科文组织到牌坊小学调研】 7月4日,联合国教科文组织可持续发展教育专家到小红门地区牌坊小学调研,北京师范大学教授王民、中国首届可持续发展教育研究生课程班学员以及来自海南省、山西省和天津市的代表一同参加此次活动。本次研讨会以联合国教科文组织专家共同探讨如何使牌坊小学可持续发展教育的实践与研究更加深入为主要内容,该校教师汇报了在教育教学中,如何围绕“主体探究、综合渗透、合作活动、创新发展”和“主体探究、关注社会、合作体验、创新发展”双16字原则,在数学、语文、综合实践活动三大学科,把可持续发展从课堂延伸到家庭、社区的具体做法和成效。牌坊小学通过播放本校EPD教育教学专题纪录片和由学校根据可持续发展教育编创、由该校学生表演的三字歌、四字歌、快板书以及京东大鼓表演唱等形式向来宾汇报师生共同参与EPD教育的成果。

(孙伟卓)

【构建服务群众长效机制】 8月10日,小红门地区举办阳光志愿服务团启动仪式。志愿服务团由政府牵头成立,鼓励地区有志参加社会服务活动的志愿者积极参与,建立一支长效社会服务救助体系,配合政府做好本地区社会服务工作,下设5支服务队:青年团员服务队积极做好送学服务,开展文化娱乐活动和爱民服务活动;助学服务队主要帮助文盲党员通读学习材料,帮助文盲党员认识100个字进而能够通读党章,帮助困难家庭孩子上学,寒暑假期间帮助学生辅导课程;巾帼服务队解决妇女心理问题,维护妇女、儿童和老年人合法权益;帮困服务队帮助老年人、残疾人等弱势群体开展有针对性的服务活动,并做好节假日慰问工作;幼苗快乐服务队针对敬老院、孤寡老人开展敬老活动,组织交通小警察开展安全宣传活动。各服务队根据群众需求灵活组建,所有志愿者统一标识,颁发印有“阳光志愿团”字样和团徽的服装、绶带等明显标志,对党员志愿者服务项目、所属支部等公开。

(孙伟卓)

【劳动力就业】 9月1日,地区社保所与区职业介绍中心共同开展“因人指导、因人送岗、因岗施训”乡村行活动启动仪式。在启动仪式上,三里屯、呼家楼、朝外三街道与小红门村村委会签订《“手拉手”促进农村劳动力就业协议书》并专场招聘。此次招聘会参会单位22家,涉及工种37个,提供岗位700余个,参会人员300余人,初步达成意向187人。年内,地区积极对村民开展引导性培训、劳动技能培训和学历教育。进行引导性培训755人,开办计算机、保安、保洁、营业员等7个技能培训班培训430人,与中央党校联合开办经济管理大专班一期87人。与各村委会签订《“手拉手”促进农村劳动力就业协议书》的企业单位22家，涉及工种37个，提供就业岗位1249个，83名失业人员走上工作岗位，安置农村富余劳动力424人，其中特困户、困难户、零就业户、残疾人家庭、单亲家庭、独生子女女孩家庭、军烈属家庭达60%以上。地区在4个村委会相继成立社会保障工作站。

（孙伟卓）

【经济普查】 年内，经清查登记、地图绘制、单位摸底、入户清查，普查企业单位921家，个体户2722家。专业报表正式登记921家，上报率99%。全面推行企业统计网上直报工作，上报率100%。

（孙伟卓）

【市政设施建设】 年内，完成三台山路拓宽、南顶路修缮、龙爪树路复铺、宋家楼路建设；配合成寿寺路拓宽工程完成拆迁1.02万平方米，完成通久路拆迁1.46万平方米；投资2100万元建设110千伏变电站；投资300万元进行横街子沟改造工程。投资1293万，新打岩石深水井19眼，建立5个供水站、两个水处理工程，超额完成年初制定的8眼水井任务；新建、改建厕所44座；完成一个传染病监化室和一处急救中心站建设。

（孙伟卓）

【拆除违法建设】 年内，拆除违法建筑9.36万平方米，清理垃圾6万余方，清理关闭低级次产业160余家。

（孙伟卓）

王四营地区(乡)

【概况】 王四营地区(乡)位于朝阳区东南部，东靠豆各庄乡，南接十八里店乡，西临南磨房乡，北与高碑店乡接壤。辖域约17.84平方公里，辖6个行政村、17个自然村。

办事处地址：王四营村甲1号

电话：67363954

邮编：100023

（李宝利）

【退休人员管理实行新办法】 1月1日起，实行乡人大十四届五次会议通过的《王四营乡退休人员管理暂行办法》，此办法涉及全乡退休人员1885人，每年退休费支出总额达800万元，比上年增453万元。办法实施后，全乡退休人员人均月增退休费100多元。

（李宝利）

【情系海啸灾区捐款活动】 1月4—10日，乡团委在机关年内开展情系海啸灾区捐款活动，乡领导带头，全体机关干部积极参与，各村百姓纷纷响应，捐款总额达10多万元。

（李宝利）

【春节慰问活动】 1月29日，乡党政领导到武警垡头消防中队、武警七支队慰问，送去节日生活必需品和慰问金20000元。春节前，乡党政领导相继走访慰问军烈属、优抚对象、困难户、低保户、残疾人困难户、失业困难人员、独生子女困难户和乡管老干部、困难党员等114户家庭，慰问金额共15万余元。

（李宝利）

【倾听打工姐妹心声】 2月21日至3月30日，在流动人口育龄妇女中开展倾听打工姐妹心里话、做打工姐妹知心人活动。通过座谈、征求意见和反馈等形式沟通、交流，拉近了她们与政府的距离，增进了理解与支持，进一步认清了流动人口计划生育工作的现状，为搞好流动人口管理和服务工作奠定了基础。

（李宝利）

【农转工退休人员领取退休证】 3月15日，乡政府在新落成的社保中心大厅，举行国家征地转工首批退休人员颁发退休证书仪式，乡党政和各村主要领导向138名退休人员颁发退休证书、养老金存折和医疗手册。

（李宝利）

【医疗安全专项整治】 3月28日，区、乡各有关部门一行50余人，对乡域内行医点执法检查，查抄取缔非法行医点16家，没收非法所得1000余元，没收药品、医疗器械价值人民币3万余元。6月22日，乡卫生部门联合相关部门和基层各单位工作人员共60余人，分4个执法组对各行政村进行检查，查抄取缔非法行医16处，没收非法所得1000余元，查获药品价值2万余元。

（李宝利）

【民族团结林植树活动】 4月2日，与市民委、市民族联谊会、市民族文化交流中心等部门联合在古塔公园组织民族团结林植树活动。参加植树活动的有2800余人，种植苗木6000余棵，养护树木40000余棵，发放宣传材料4000余份。当场招募绿色志愿者200多名，负责民族林日常养护工作。

（李宝利）

【残疾人两项建设竣工】 5月12日，地区残疾人康复指导站、残疾人活动中心在孛罗营村落成，举行揭牌仪式。康复指导站和活动中心总面积450平方米，乡、村投资36万元。

（李宝利）

【管理信息化试点通过两级验收】 6月，乡农村管理信息化建设试点工作启动。11月15日，乡、村两级信息化数据通过市、区两级达标验收，上传至市、区信息化管理平台准确无误。

(李宝利)

【经济合同调整】　年内,乡集体资产管理委员会修订完成《场地房屋租赁合同书》,印发各村作为合同蓝本参照执行使用。本次合同修订,依据《王四营乡集体资产管理办法》、《王四营乡集体土地和集体资产使用价格管理办法》及《王四营乡经济合同管理办法》的相关规定,召开专题会制订出合同调整工作方案,同时,对各行政村经济合同签订情况进行调查摸底,乡集体资产及土地收益管理领导小组下村听取各村工作汇报,提出具体指导意见。经统计,第一批合同调整工作以2003年8月1日以前签订并于2008年以前到期为重点,6个行政村共调整合同78份。

(李宝利)

东风地区(乡)

【概况】　东风地区(乡)位于朝阳区中部,东与平房乡、东坝乡接壤,南与八里庄、六里屯两街道相邻,西与六里屯、麦子店两街道相接,北界将台乡和酒仙桥街道。辖域面积7.38平方公里,下辖4个行政村、5个社区。截至年底,有大环境绿化用地213.05公顷,市政道路用地41公顷,乡镇企业用地22.9公顷,居住用地55.4公顷,保留公建用地0.57公顷。有幼儿园3所,小学3所,中小学合校2所,中专1所;有医院1家,村级医务室4家,全民健身场所14处,全民体质检测设施1处(石佛营医院体能康复室)。年内,本乡完成经济总收入100581.5万元,比上年同期增长23.4%;完成利润总额6066.7万元,比上年同期增长10%;完成税金总额2138.3万元,比上年同期增长21.0%;增加值14853.5万元,比去年同期增加1028.2万元,增长7.4%;人均资产净额5.09万元,比去年同期增加0.37万元,增长7.9%;人均劳动所得16231元,比去年同期增加1362.1元,增长9.3%。

办事处地址:北豆各庄甲1号
电话:85810712
邮编:100025
E-mail:chy_df@163.com

(陈　国)

【步步高老年民乐队成立】　1月初,石佛营南里社区步步高老年民乐队成立。该乐队是一支活跃在社区、颇受广大居民欢迎的民间自发队伍。有队员40名,平均年龄60岁左右,有扬琴、中阮、大革胡、大提琴、手风琴、琵琶、锣、鼓、镲等乐器20余种。建队后,周周有活动,月月有演出,先后开展娱乐活动百余次,举行文艺演出10余场。

(陈　国)

【成立劳务派遣组织】　4月7日,本乡出资成立东方琪玥劳务服务有限责任公司。10月21日经市劳动局批准取得劳务派遣资质证书,具有独立法人资格,以服务本地区农村劳动力缴纳社会保险为主,从事劳务服务为辅,主要从事组织劳务输出工作。

(陈　国)

【安全饮水工程竣工】　5月,本乡农村安全饮水工程启动,先后投资108万元,为辛庄村四路居村民安装自来水,为将台洼村开凿两眼300米深水井,水井开凿、水泵安装、泵房建设、管道铺设和水质检测等工作全部完成,并通过相关部门验收,解决了两千余村民饮水问题。

(陈　国)

【联合接待室挂牌成立】　7月6日,治安纠纷、民间纠纷调解联合接待室挂牌。联合接待室由东风派出所与乡人民调解委员会联合成立,办公地点设在东风派出所,办公用房和其它硬件设施由派出所负责,由一名专职民警和两名专职司法人民调解员组成。乡政府、司法所负责招聘专职人民调解员和业务指导工作。

(陈　国)

【永葆共产党员先进性】　7月中旬至10月,历时三个月,在1个党总支、22个党支部、1162名党员中开展保持共产党员先进性教育活动,摸索出全覆盖、小空间、小教材、小事例、小阵地、小教员学习教育方法,党员受教育率99.4%;建立了保持共产党员先进性长效机制,把党员教育、管理、发挥作用及基层组织建设、服务群众等方面内容规范化、制度化、经常化。采取行之有效措施,把保持先进性教育转化为群众满意工程。走访慰问党员28人,为困难党员办实事37件,走访慰问困难群众56人,为群众办实事109件。机关党支部组织党员与石佛营社区16户贫困家庭结对子,开展党员扶助活动;社保所主动联系用工单位,把企业招聘会开到村里,使137名下岗失业人员重新走上工作岗位。六里屯村党支部、豆各庄村党支部及时投入资金解决群众吃水等问题,本乡先进性教育活动测评满意度为100%。

(陈　国)

【体育健身】　8月27日,本乡第二届拓展杯运动会在朝阳区体育健身休闲公园拉开序幕。2008只和平鸽展翅飞向蓝天,千余名群众演员表演了精彩的文体节目:健美优雅的秧歌、健身操表演让人赏心悦目;武警官兵的擒敌术表演,引来阵阵喝彩声;将台洼村百人空竹队高超的技艺、娴熟的配合让观众不禁拍手叫绝。

(陈　国)

【建立村级社会保障组织】　9月28日，村级社会保障工作站启动。为各村配备1至2名专职劳动保障协管员，积极开发就业岗位，与辖区100多家企业签署服务协议，建立空岗报告制度。

（陈　国）

【成立社区】　11月1日，成立石佛营东里、石佛营西里、石佛营南里、东润枫景、将台洼、紫萝园、公园大道、泛海国际南、泛海国际北9大社区和观湖国际社区筹备组。

（陈　国）

【环境整治】　11月，为迎接第十一届世界青年田径锦标赛，对姚家园路进行环境整治，拆除工商银行朝阳支行库房等3家企业，拆除建筑面积5586.66平方米；拆除村（居）民住宅33个院、45户居民，拆除建筑面积5271.02平方米。

（陈　国）

【流动人口管理】　年内，按照属地管理原则，坚持以人为本、以房管人、以服务促管理工作思路，完善流动人口管理方式，社会治安秩序实现流动人口从被动管理到主动配合转变，区域环境整治实现从垃圾山、臭水沟到绿不断、景连片转变，出租房屋管理实现从私搭乱建、隐患突出到统一建设、规划管理转变，真情关爱服务实现从职能监管到主动融入转变，流动人口管理实现静态管理向动态管理转变，平安建设实现从一个一票否决后进乡到平安示范乡转变。先后迎接国务院、市、区领导及兄弟省市、区县、街乡调研70余次，流动人口服务与管理“东风模式”及整治、管理、服务三位一体流动人口管理工作经验得到市、区领导充分肯定，《人民公安报》、《竞报》、北京电视台、《朝阳报》、朝阳有线台等多家媒体专题报道本乡流动人口管理工作经验。

（陈　国）

【平安创建】　年内，按照属地管理、专群结合、平安引路、夯实基础要求，全面构建平安创建长效管理机制。一是采取乡副职领导包区、村居委会干部包片、机关干部包块、社会单位包点四级责任体系，层层落实责任制；二是充分发动各方面力量，整合治安队伍组建9支巡防队（专职巡防人员600人，治保积极分子和治安巡逻志愿者1200余名），分布到整个辖区，基本形成以派出所民警为主力、专职保安员为骨干、治保积极分子和志愿者为基础的群防群控队伍；三是加强科技创安，投入200多万元安装监控探头80余个（其中将台洼村安装24个），建成覆盖率90%以上的电视监控系统，各加油站、银行等重点部位技术防范覆盖率达100%，实现本乡治安情况全天24小时监控。地区连续4年刑事发案率下降10%以上，本年被评为“首都平安示范乡”、将台洼村被评为“首都平安示范村”。

（陈　国）

【拆除违法建设】　年内，按照以谈促拆、依法行政、尊重历史、面对现实原则，拆除违法建设、逾期临建23处，建筑面积总计4.6万平方米，实现拆迁工作与开发建设、环境整治协调推进。借助在腾龙粮油批发市场召开朝阳区农村地区迎奥运环境整治拆除违法建设现场会这一契机，一举拆除腾龙市场，拆除建筑面积近3.5万平方米。

（陈　国）

【扶贫济困送温暖】　年内，资助特困大学生、白血病患者和肝腹水肾移植患者共3户家庭申请救助金22000元。为海啸灾区、内蒙古灾区捐款70150元、衣物7107件，为广西、安徽等地震灾区人民捐助过冬衣物4500余件，为“博爱在京城”募捐活动捐款20000元；救助低保户12家、贫困儿童3户。与10户残疾人家庭结成帮扶对子，帮助其解决各类问题。走访慰问207户302人，赠送慰问金、慰问品价值4.5万余元。及时挽救长期在外流浪、体弱患病的石佛营西里居民黄涛，将其送往医院救治，支付住院费、手术费等3万余元，并为其申请办理残疾证、重残鉴定和生活困难补助，后安置到朝阳社会福利中心生活。

（陈　国）

【改革企业工资制度】　年内，先后出台《企业职工工资调整方案》和《职工工资审批制度》，成立待岗退休人员管理办公室，明确在岗、待岗、内退等优惠政策，进一步理顺待岗、内退职工审批手续。对年龄偏大群体，通过制定相对优惠的内退政策进行消化；对就业相对困难的中年群体，采取先培训后就业方式进行安置；对年轻群体，制定更为灵活的社会保障+基本生活保障+外出就业政策，鼓励其到社会这个大课堂进行锻炼，逐步更新就业观念，提高就业技能，拓展就业领域。乡属企业率先进行工资制度改革，涵盖上岗职工327人、待岗职工313人、内退人员21人、退休职工104人。

（陈　国）

【劳动技能培训】　年内，结合劳动力就业培训工作总体部署和劳动力现状，投资60多万元，先后为533名劳动力免费提供职业指导和计算机、汽车修理、中式烹调、插花艺术等10余个项目业务培训，为考核合格人员颁发《北京市职业技能培训结业证书》，取得证书率98%以上；对1100名劳动力免费进行以转变就业观念为主题的引导性培训，对新增失业人员进行职业基础指导和政策法规教育,促进就业,本乡城镇登记失业人员就业率达68.34%。

(陈 国)

东坝地区(乡)

【概况】 东坝地区(乡)位于朝阳区东部,东邻金盏地区,北临崔各庄地区,南与平房、常营两地区接壤,西接将台地区,总面积24.6平方公里,辖9个行政村、7个居委会。常驻人口26275人,农业人口13007人,非农业人口13268人。总户数12443户,农业户5915户,非农业户6528户。有法人单位746个,其中:农业企业4个、工业企业228个、建筑企业37个、商业餐饮业247个、运输企业28个、服务业189个、房地产企业13个。辖域内有集体办幼儿园5所、公立小学6所、中学1所、职业教育学校3所、乡卫生院1所,9个村有医务室。年内,全乡经济总收入123998万元,比上年增长13.3%;利润总额15156万元,比上年增长7.7%;税金3119万元,比上年增长12.9%;农民人均所得10508元,比上年增长8.3%。

办事处地址:东坝

电话:65491768

邮编:100018

(刘炳祥)

【党建工作】 4月14日,东坝地区流动党员总支部成立,同时成立两个基层党支部、12个基层党小组,在册登记流动党员117名,形成流动党员长效管理机制。7月上旬至10月上旬,圆满完成以提高党员素质、加强基层组织、服务人民群众、促进各项工作为总目标的保持共产党员先进性教育活动,辖区内5个党总支、9个党支部参加教育学习,党员参学率99.9%,做到问题指到位,交心谈到位,分析写到位,整改做到位。

(刘炳祥)

【文化体育】 9月,成功举办第二届"坝河之秋"大型文艺汇演和东坝地区第三届农民运动会。辖域内15个文化广场、19个不同形式文艺队伍举办各种演出20多场,放电影52场,有24人参加区举办的农民艺术节花会表演,10人参加在平房乡举办的乒乓球赛,100人参加朝阳区庆祝2008年奥运会倒计时1000天大型群众健身展示。

(刘炳祥)

【承诺办8件实事落实】 年内,向群众承诺的8件实事全部落实:一是完成驹子房路北段、东坝中街交通改造工程;二是投资270万元完成一站式服务大厅建设,并于10月投入使用;三是新打8眼饮用水井,解决群众吃水难问题;四是完成东坝家园万册图书室建设,并于11月投入使用;五是超额完成乡、村富余劳动力就业培训指标1000人,安置就业、提供就业岗位1000人;六是清除辖域内生活垃圾消纳点,生活垃圾全部进入乡中转站,统一运到指定地点进行无害化处理;七是完成东坝医院扩建工程中需要配合直辖市的工作;八是完成东坝家园正式用电建设规划许可证办理工作。

(刘炳祥)

【基础设施和环境治理】 年内,投资1100万元,清理积存垃圾2902吨,清理面积1.55万平方米;疏通排水沟、改水改电、购置垃圾箱垃圾车;确保辖域内年产4.2万吨垃圾全部密闭存储、密闭运输;拆除违法建设17处;清除低层次出租房屋7200平方米,清理流动人员3000人;完成东坝中街路、驹子房路北段和焦庄路改扩建工作,改建道路总长8.9公里;完成东坝中路绿化美化工程和驹子房路、东坝中街路灯安装改造;积极开展卫生村创建活动,新建无公害厕所22座。9个行政村全部成为市级卫生村。

(刘炳祥)

【绿化工作】 年内,完成200100平方米林地套种任务;围绕休闲、生态、旅游发展思路,对350路公交车路经两侧绿化,面积60000平方米,绿化隔离带建设成果进一步巩固。

(刘炳祥)

【流动人口管理】 年内,成立流动人口企业联谊会,建立乡、村、管理小组三级管理网络,提高管理服务效率,对重点户和重点人员,协调派出所进行重点检查和监控,有效地降低了流动人口发案率。

(刘炳祥)

【劳动就业和社会保障】 年内,举办汽修、插花、保安、家政、物业管理等技能培训班及引导性培训班19期,培训1094人,其中引导性培训711人,技能培训383人,挖掘就业岗位信息3000个,乡村两级推荐劳动力就业1055人。社保所为109户、211人办理农村低保,基本实现应保尽保。为劳动者追回被拖欠工资14万多元,为劳动者追缴各项社会保险费4200余元,责令用人单位为33名劳动者补签劳动合同,责令24家企业给680多名外地农民工缴纳社会保险费,对在规定期限内拒不改正违法行为企业进行处罚,进一步规范用工秩序,净化用工环境。

(刘炳祥)

【双拥扶贫】 年内,为驻区部队购买床上用品(凉被)及优抚对象慰问品,花费20451.78元;完成"五一"、"八一"、"十一"、春节期间走访慰问工作,为复员老军人、烈属、带病回乡军人报销药费44221.8元;为12户优抚对象发放应季服装每人一套羊绒衣裤,发放现役军人优待金(居民10000元、农民4200元,计17人)112000元;对优抚对象12人、在职伤残军人32人进行调标及补发工作,补发金额98259.6元。

(刘炳祥)

【计划生育】 年内,为全乡2075名妇女进行B超检查,与出租房屋户、用工单位、流动人口签订计划生育管理责任书,圆满完成了区人口和计生委下达的各项工作指标,乡被授予区"计划生育示范乡"和市"计划生育工作先进单位"荣誉称号。

(刘炳祥)

平房地区(乡)

【概况】 平房地区(乡)位于朝阳区中部,距东四环3公里。东侧、北侧分别与三间房乡和东坝乡接壤,南靠朝阳路临高碑店乡,西接京包铁路临八里庄街道、东风乡,区域面积15.18平方公里。区域内市属主干路有东西向朝阳路、朝阳北路和姚家园路,南北向青年路、平房西路、五环路、定福庄路。有4个行政村、3个居委会和6个社区,户籍人口2.2万人,其中农业人口8470人。流动人口约6万人。区域内有中央、市、区属和社会单位830余家。有中学3所,小学3所,敬老院1个,医院2个,体育中心1个,村内公园3个。建有5个社区卫生服务中心,实现群众看病不出社区(村)。年内,以东方基业国际汽车城、东郊汽配城、东方旧机动车交易市场为主的汽车产业板块初步形成;农民新村姚家园小区竣工11.2万平方米,顺利完成黄杉木店村撤村和集体资产处置工作。为迎接将在朝阳体育健身休闲公园举办的第十一届世界青年田径锦标赛,成立五大工作组推进场馆周边环境建设,开展社会环境综合整治。全乡农村经济总收入26.76亿元,比上年增长55.1%;利润总额1.85亿元,比上年增长40%;税金1.18亿元,比上年增长94.2%;人均收入13180元,比上年增长15.2%。

办事处地址:平房西口

电话:85573164

邮编:100025

电子邮件:pingfangxiang@263.net

(杨春青)

【社区建设】 年初,适应地区城市化建设要求,制定《平房地区关于公开招聘社区工作者的实施意见》,经过发布招聘信息、组织报名、资格审查、笔试、面试、公示、实习、考试等环节,从65名报名者中选出10名社区工作者,并通过培训锻炼不断提高他们的素质。8月,经区批准的地区社区建设规划为:成立雅成里、富华家园、星河湾、华纺易城、国美家园、姚家园西区、姚家园东区、润丰国际城、朝阳雅筑、和记黄埔、帝苑别墅、定福家园北区、定福家园南区等13个社区。其中,雅成里、富华家园、姚家园西区、星河湾、华纺易城、国美家园6个小区被批准成立社区和社区党委。社区工作者全部投入社区及社区党委组建工作。

(杨春青)

【汽车产业板块初具规模】 1月6日,东方旧机动车交易市场开业。5月18日,东郊汽配城开业,与上年开业的东方基业国际汽车城构成汽车产业板块。东方基业国际汽车城年内收入19.75亿元。

(杨春青)

【农民艺术节】 2月5日,乡第15届农民艺术节在石各庄村公园文化广场举行。本乡健身小腰鼓、长扇舞、民乐、舞狮圣会、小车会、中幡、文场及定福庄舞龙盛会、驼房营八面鼓、宝邸县小高跷10支表演队参加演出。

(杨春青)

【培训就业】 2月,制定《平房乡关于农村劳动力教育培训和就业管理的暂行办法》和《实施细则》。10月13日,召开岗位奉献就业标兵表彰大会,授予9名工作成绩突出的农村劳动力和失业人员"岗位奉献就业标兵"荣誉称号,并通过大会表彰、事迹报告、举办巡回展、发放宣传材料等形式广泛宣传,促进就业。年内,对404人进行转移引导性培训,组织264人参加计算机、物业管理等技能培训。建立健全就业服务体系,将774名失业人员纳入求职人员信息库。举办9场招聘会,提供岗位1037个,实现再就业228人。

(杨春青)

【庆三八学礼仪】 3月3日,召开庆"三八"表彰会暨女性文明礼仪讲座。对2004年度5个先进工作集体、50名先进个人、40户五好文明家庭和30户学习型家庭进行表彰,并由礼仪教师围绕仪容、仪表、待人接物基本礼节及其它日常生活中的文明礼仪知识进行讲解。

(杨春青)

【贯彻新信访条例】 4月8日,召开学习、宣传、贯彻国务院新修订信访条例工作部署会。4月19日,全乡设8个宣传站,开展信访条例宣传活动。4、5月间,乡、村组织讲座10余场。

(杨春青)

【党建带团建】 4月,组织团员青年深入基层开展挖掘身边共产党员典型事迹活动,将32名共产党员典型事迹材料汇编成《在党旗辉映下——我身边的共产党员》一书。7月26日,组建青年宣讲团,深入各村和社区宣讲先进党员事迹。9月28日,举办“我是一名党的后备军”演讲比赛。年内,24名团员青年向党组织递交了入党申请书。

(杨春青)

【文体活动】 5月14日,举办平房地区迎奥运第二届象棋比赛。5月19日,举行“五月的鲜花”、“夏日文化广场”开幕式暨迎奥运健身风采展示。5月28日,举办地区第四届交谊舞比赛暨流动人口“第二故乡”风采展示。5月29日,举行地区独生子女才艺展示活动。

(杨春青)

【田华六公司承建逸翠园项目】 6月8日,乡建筑公司田华六公司收到姚家园新村商品住宅Ia、Ib住宅总承包工程中标通知书,取得16万平方米建设项目总承包权,中标金额2.5亿元。田华六公司在和记黄埔公司逸翠园项目投标过程中以经济、技术综合指标第一优势中标,

(杨春青)

【村级残疾人协会成立】 6月15日,区残联、区农委在平房村召开朝阳区村级残疾人协会选举现场会,选举产生主席1名、副主席2名和委员6名。

(杨春青)

【爱心家园落成】 6月29日,爱心家园落成,并向救助对象发放爱心救助卡。爱心家园在短短几天收到区红十字会“博爱在京城,博爱在朝阳”捐款返还款12万元,民政局粮油等生活必需品700多件,地区党员捐助的衣被及日常用品数千件。

(杨春青)

【党员教育】 7月起至10月上旬,地区各级党组织扎实开展保持共产党员先进性教育活动,45个党组织、927名党员参加,党员参与覆盖面99.9%,参与教育活动群众7000余人;学习做到集散结合、正反结合、动静结合、读写结合、学讲结合,编印《在党旗辉映下》5个系列丛书,制作先进性教育专题片,创办专题刊物等;按照处级领导、机关党员、支部委员、普通党员4个层面分类指导,要求做到学习确保时间,党性分析诚、像、准、实,整改措施切实可行、明确时限;制定班子成员、机关党员具体目标要求;坚持边学边改、边议边改、边整边改,为群众解决各类实际生活问题100余件次,群众测评满意率100%。

(杨春青)

【迎接世青赛】 10月11日,作为第十一届世界青年田径锦标赛赛场所在地,召开全地区动员会,全面部署迎接世青赛各项工作。加大迎接世青赛宣传力度,在主要道路设置公益广告牌,悬挂标语口号,制作宣传展板,印制宣传画册,发放致地区群众一封信,以“为世青赛争光、为地区发展出力”为主题,组织开展多种形式文体宣传活动。12月2日,召开地区迎接世青赛全面加强环境建设动员大会,启动宣传、拆迁、环境整治、信访、疑难问题处置等项工作,明确分工,密切协调,共同推进环境整治工作。截至年底,拆除违法建设13万平方米,场馆周边重点地区环境明显改观。

(杨春青)

【青年干部研讨】 年内,制定并落实《关于在青年干部中开展研讨活动的工作意见》,针对青年干部成长需求和地区重点工作,举办两期63人次参加的青年干部研讨班。通过研讨交流、领导点评,提高青年干部调查研究能力、语言文字表达能力。

(杨春青)

【医疗卫生】 年内,投资426万元建成5个社区卫生服务站,相继于9、10月间开诊,形成覆盖全地区的医疗服务网络。有7584人参加基本医疗保障,13054人次享受医疗补助,补偿金额148.7万元。有8004人参加区大病医疗保险,157人次享受医疗补助,补偿金额74.9万元。

(杨春青)

【基层平安建设】 年内,不断加大技防投入,积极推广防盗报警装置,向地区居民免费安装2000余个门磁报警器;筹集资金270万元安装电子监控设施,安全监控网络得到完善;充实人防力量,增加130名保安队员,并加大安保器材设备投入。

(杨春青)

来广营地区(乡)

【概况】 来广营地区(乡)位于朝阳区北部,东邻崔各庄乡,东北侧为孙河乡,南接望京新城,西邻亚运村街道、奥运村地区,北部与天通苑为邻,面积25.88平方公里。全乡有常住人口4.6万人,其中农业人口7456人,流动人口约6万人。现有行政村7个,社区居委会7个,居委会13个。乡域内有600多个中央、市、区属单位。北五环路贯穿全乡东西,城铁13号线和京承高速公路纵贯全乡南北。安立路、安苑路、来广营路、新京顺路等城市主干路连接来广营和城市中心区以及首都机场。年内,实现经济总收入36.2亿元,同比增长17.8%;利润2.2亿元,同比增长15.1%;税金2.25亿元,同比增长50%;人均劳动所得1.5万元,同比增长8%。形成区级财政收入前30名企业中,100万元以上的有10家、50万元至100万元的有7家,税收挂钩经费收入1967.2万元。新增企业收入6.3

亿元,占总体17.3%;利润2431万元,占总体11%;税金2375万元,占总体10.6%。

办事处地址:来广营

电话:84911133

邮编:100012

(钱素君)

【党建工作】 年内,加大对党员管理力度。党组织向党员发放《党员登记卡》、《党员手册》,建立党员政绩考核档案。坚持一月一学,学理论、学党章,使党员牢记宗旨。实行按需设岗、自主择岗、党员认岗,地区600余名无职业党员认领岗位,并签订岗位责任书。开展民主评议党员和评先创优活动,调动党员积极性和创造性。紫绶园、清友园、绣菊园三个社区组建社区党委。朝来绿色家园成立居民事务管理服务中心,正组建社区党委。基层组织建设向非公经济组织建设延伸,加强正汇电子等民营企业党支部建设,新建大昌汽车服务有限公司党支部。将流动党员教育管理纳入地区工委统一管理。建立流动党员台账和联系卡。来广营村成立由老党员老干部组成的顾问团,清河营村成立社情民意反馈组,北湖渠村成立党员文艺宣传队,拓展党员联系群众渠道。在先进性教育活动中充分发挥上门活动示范作用,发动党员广泛征求意见和建议同时,为群众解难事、办实事。

(左秋玲)

【信访排查调处】 年内,落实信访工作一把手负总责和各级领导责任制。对于涉及群众利益的工作,特别是控制化解集体访工作一同研究,一同部署,一同要求,一同检查,尽力把问题解决在内部,把矛盾化解在当地。坚持领导接待日制度和领导包案制度。领导亲自阅批重要来信,亲自接待重要来访,亲自主持处理重大疑难信访问题。加强信访信息员网络建设,形成了由60余名信息员组成的信访信息预报队伍,将工作触角延伸到社区居委会、村委会、各单位。同时坚持信访排查调处会议制度,及时分析群众思想动态,把握当前群众关心的热点、难点问题,力争把问题解决在萌芽状态。全年接待地区群众来访86批1038人(其中集体访25批972人)。予以支持的16批,不予支持的70批。接到信访信件119件,涉及611人,受理96件。接办网件36件36人次,受理36件。做到事事有回音,件件有答复。没有本地区各项政策原因和政府行政行为而产生的集体访和越级上访。

(王立文)

【综合治理】 年内,开展与"法轮功"邪教组织专项斗争,加大对黄赌毒打击力度,开展"安全社区"创建活动,推进科技创安。绣菊园、清友园、时代庄园、朝来绿色家园等小区安装电视监控系统。规范外来人口管理,充分发挥9个外来人口管理站作用。为派出所配备治安巡查人员50人,实行群防群治和"打防控"一体化治安管理体制,构建派出所管面、管片、保安管点、老百姓看楼护院联动网络。整治农贸市场3个,治理臭水沟6条,新修公路7条,全乡道路全部实现硬化。组建500多人的专职保洁队伍,投资150多万元,建立46座封闭式垃圾房及1个垃圾中转站。拆除侵街占道等违法建设7.2万余平方米。清理废品回收站点,取缔无照经营市场、门面房,治理"城市牛皮癣"千余处、上万张,端掉黑窝点13个,查抄小广告11万余张。完成9626.1亩奥运绿化带建设养护任务和500亩绿化任务。出动2600人次、300台次车辆,执法30余次,打击和取缔辖区内无照经营、非法客运、黑发廊、非法行医、废品回收、黑旅店等355处。完善打、防、控一体化治安管理体制,成立由派出所直接指挥的地区巡防大队,继续推进科技创安工作,开展对出租房屋和重点部位清理检查工作,免费发放风斗8000个,进一步加强对流动人口管理和服务。地区可防性案件发案率比去年同期降低20%。

(刘雅茹)

【文化教育】 年内,成立15个学雷锋小组、10个青年志愿者服务站、55支帮困小分队,与孤、残、病、老等弱势群体结成帮扶对子122个,常年开展义务服务活动,为群众解难题办实事26项。大力开展未成年人思想道德教育,打造和谐家庭教育模式。建立家长学校、开办母亲讲座12次、成立少年军校、开设幼儿国防教育小课堂,加强流动人口子女教育,初步建立校校共建、师资共享、资源共用教育模式,开展公立学校和打工子弟学校手拉手、心连心活动,保证流动人口子女享受同等教育。

(王彩霞 胡文英)

【新型合作医疗】 年内,推进新型农村合作医疗保障体系建设,参保率97.7%。投资49.2万元,7170人享受大病统筹(其中农业人口6439人),865名农民参加农村社会养老保险,农民全部享受退休待遇。举办各种卫生知识讲座,强化外来儿童免役,北湖渠村和来广营村代表朝阳区一次性通过市疾控中心验收,完成无偿献血任务。

(胡文英)

【培训就业】 年内,投资200万元用于培训,在各村建起劳动保障工作站,举办电梯司机、电梯维修、电工、美容美发、汽车修理、家政服务、商品营业员等各类技能培训班16期,涉及11个工种,有560人取得技术等级证书,完成1000人引导性培训任务,挖掘岗位1300个,举办

5场招聘会,先后有800多人参加应聘,通过企业反馈有400多人实现转移就业。通过多渠道、多方面共同努力,实现967人就业和再就业。

(汪浩革)

【优抚助残】 年内,开展以党心连民心、党员献爱心为主题的扶残助残活动,地区领导与10户贫困残疾人家庭结对子并签订协议书,投资38万元,解决44户低保人员、残疾人生活困难。

(何新燕)

【城市建设】 年内,57栋多层楼房和7栋高层塔楼共82.12万平方米工程竣工,配套项目中的18班幼儿园、24班小学等2.68万平方米交付使用,来春园、赢秋苑、广华居的中心广场建设完成,配合市供电局完成110千伏配电站建站及供电工作,使朝来绿色家园具备永久性供电设施。商品房手续办理工作顺利进行,16.8万平方米农民房经市国土资源局批准上市销售。朝来绿色家园产权手续加紧办理之中。完成立水桥村72家企业、9户村民共12.4万平方米以及来广营村、北湖渠村28家企业共4.1万平方米拆迁任务。

(王秀玲 何恩华)

金盏地区(乡)

【概况】 金盏地区(乡)位于朝阳区东部,地处温榆河畔,北部、东部以温榆河为界与顺义区、通州区接壤。南接常营乡,西邻东坝乡、崔各庄乡,北接孙河乡。有13个行政村,区域面积50.1平方公里,常住人口28600人,流动人口21000人。金盏地区分别与东苇路、机场高速路、京顺路、朝阳北路、朝阳路相连,东苇路贯穿乡域。温榆河、小北河、小坝河流经乡域。全乡绿化覆盖率26.4%。大力培育高新技术现代制造业、生态旅游、体育健身、文化教育产业和农游合一服务业。乡域内大型支柱骨干企业有田华第二和第十一建筑工程分公司、昆仑电线厂、慧远电线有限公司、玉雪阿魏菇食用菌基地、益利化工厂、华阳市政建筑公司、志港公司和集培训、娱乐、休闲、服务于一体的蟹岛度假村、郁金香花园、绿岛白帆俱乐部、金港汽车公园,以及中澳国际学校、FID服装文化设计学院等。有中学4所、小学4所、幼儿园2所、乡医院2所、敬老院1所。年内,实现经济总收入336339.8万元,比上年增长25.4%;实现利润总额26013.8万元,比上年增长4.7%;实现税金8628.8万元,比上年增长9.4%;人均劳动所得12046.2元,比上年增长10.1%。

办事处地址:金盏
电话:84333130
邮编:100018

(赵希平 商桂华)

【武装工作】 3月初至5月底,整组基干民兵连和应急分队,确定民兵总数。年内,落实民兵训练计划,参训民兵及格率90%以上,优秀率50%以上。进行兵役登记、体检、政审等工作,选送11名青年参军入伍。

(赵希平)

【党建工作】 7月13日至10月10日,分学习动员、分析评议和整改提高三个阶段,在全地区1200名党员中组织开展保持共产党员先进性教育活动。地区工委高度重视,专门成立领导小组,精心筹划,严密组织,全程抓好各项工作落实。为加强年轻党员干部培养,制定《金盏乡关于开展年轻干部挂职锻炼的工作意见》,从乡机关科室选派11名年轻干部到各村进行为期一年的挂职锻炼。

(赵希平)

【为民服务】 11月1日,地区为民服务大厅建成并对外办公。大厅设职业指导、退休管理、城乡低保、民政残联、计生卫教、规划建设、财税服务等7个服务窗口。47项群众需求事务办理沉入服务大厅,公开办事程序,为地区农(居)民群众和社会单位服务。在13个行政村成立社会保障工作站,社会保障协管员定编31人,统一制定工作职责。

(赵希平)

【与绥滨县结为友好县乡】 12月22日下午,本乡与黑龙江省绥滨县本着平等互利、优势互补、长期合作、共同发展原则,签署缔结友好县乡协议书,努力拓宽各自发展领域交流与合作。

(赵希平)

【安置就业】 年内,按照产业、岗位、培训、就业四位一体工作方针,采取部门信息共享、就业与产业对接、加大与辖区单位协调力度、规范用工行为等措施,进行计算机、养老护理、社区保安员等引导性培训1120人次,开发就业岗位2644个,实现转移就业789人。

(赵希平 冯 巍)

【基础设施建设】 年内,建成金盏南路、焦马路、工业园区西路、东高路4条乡域主干路及各村街道、胡同道路73条,新修、改造、拓宽道路73条,总长度35633米,硬化面积230663平方米,新安装路灯800盏。农民安全饮用水工程稳步推进,建设300米深井19眼,完成楼梓庄集中供水厂一期建设,解决了周边1.4万群众安全用水问题。修建110变电站1座,缓解地区用电紧张局面。

(赵希平 商桂华)

【环境整治】 年内,创新环境整治模式,成立13个行政村村级环境综合治理办公室,加大对环境整治工作力度。新建垃圾中转站7座、农村公厕5座。增添和更新环卫车辆2部,基本实现清扫、保洁配套化。整顿区挂账单位75家,拆除违章建筑33552平方米,对10条乡域主干排水沟清淤、疏挖、衬砌,清理流动、占道经营商贩108个,清除暴露垃圾约15吨,拆除私设灯箱、广告牌匾100余块,清理环境脏乱点100余处、堆物堆料200起,取缔制假黑窝点5处、劣质食品加工点6处、非法行医12起、美容美发3起。制定金盏地区绿化养护管理办法,与各村签订《绿地养护协议》,完成第二道绿化隔离带任务850亩,完成3条道路周边景观绿化工程。顺利通过ISO14001环境管理体系第二次年度监督审核。

(赵希平 冯 巍)

【残疾人工作】 年内,以百分考核形式,把残疾人工作纳入政府工作和考核评比内容。促进残疾人就业,以多种形式安置残疾人就业28人。完成6处无障碍建设项目。组织12名精神残疾人以游园、采摘、知识讲座等形式每月开展一次工疗、娱疗活动,为15名患者做白内障复明手术,为5名听力残疾人安装助听器,发放用品用具10件开展肢体残疾人康复训练。

(赵希平)

【文化教育】 年内,先后举办首届全民运动会、金秋文化体育节、合唱比赛等群众文化体育活动,培育金盏龙腾艺术团等基层文化品牌。完善和落实《金盏乡关于对幼教、普教、成教学生补贴和奖励办法的规定》,对全乡考入大学的24名学生奖励4.8万元。

(赵希平)

【扶贫济困】 年内,完成城乡低保接轨工作,对农村低保实行分类救助,新办城乡低保28户70人,撤销低保10户14人。建立全乡60岁以上3274名老人基本情况档案,在重阳节期间对超转老人免费体检270人,为18户"空巢"家庭中80岁以上、生活自理困难老人安装"一按灵"紧急医疗救援呼叫器。改造8户贫困户危房。乡机关科级以上领导与16户单亲家庭开展手拉手结对子活动。

(赵希平)

【企业转制】 年内,在制定切实可行改制方案、严格履行民主程序、妥善安置原企业职工基础上,成功对隆昌建筑机械厂、五环软水设备厂、化工厂等4家集体企业进行改制,盘活集体资产,促进企业可持续发展。企业、农业合同调整工作初见成效,全乡调整合同150份,提高集体土地收益347.7万元。

(赵希平)

【旅游开发】 年内,引进中银利华、南非迈克尔钻石等企业,成立烟湖国际康体俱乐部,建设小店村明清家具文化第一街,蟹岛农民文化大院、天安生态园一期等重点旅游工程竣工,福海颐乐园基础设施建设稳步推进。实现旅游收入10874万元,利润7651.1万元。

(赵希平)

【卫生科技】 年内,新型农村合作医疗顺利开展,农民大病统筹和基本医疗参保率均达到86.7%。扩建金盏医院。投资39万元,完成13个社区卫生服务站新建转建,开展慢性病及相关因素监测,有效改善百姓就医环境。科技周期间,在蟹岛举办"欢乐在金盏,生态一日游"、"持续发展,循环经济"等主题科普活动,投资30余万元新建8处科普宣传栏。

(赵希平)

【信访调处】 年内,针对地区群众由于村民待遇、就业问题等引发矛盾不断增多的情况,加大信访排查调处工作力度,制定地区处理突发事件应急方案,变上访为下访、走访、约访,建立地区工委、办事处领导接访制度,办理信访事项240件,受理矛盾纠纷295件,调解成功285件。对全乡特困群众、未成年人和妇女等援助对象3000余人分类登记造册,建立档案,确保群众在遇有法律问题时都能得到援助。

(赵希平)

奥运村地区(乡)

【概况】 奥运村地区(乡)位于朝阳区西北部,东至北苑路与来广营地区比邻,南接四环路与亚运村街道、大屯街道接壤,西衔八达岭高速公路与海淀区相隔,北到清河与海淀区、昌平区相望。整个奥运村以大屯路、五环路为分割线,大屯路以南以场馆区为主,大屯路和五环路之间以山湖景观造型为主,五环路以北以绿化美化为主。大屯路、科荟路、五环路、清河东路横贯东西,北苑路、安立路、林萃路、八达岭高速路纵穿南北。辖区内有北辰绿色家园、万科星园、傲城、风林绿洲、倚林家园、澳林春天、闻涛苑、翠堤春晓等10多个住宅小区。有361、306、东方和舰船4所医院。有中专2所、中学1所、小学3所。云集感光所、地理所、生物所、遥感所、天文台、农机院、七院、奶牛研究所、稀土研究所、环科院等7家中科院研究所。集体企业有旭日房地产开发有限公司、世纪龙祥房地产开发有限公司、区三建六公司、林萃物业和清林物业。辖区社会单位上千家。年内,洼里、洼边、龙王堂、关西庄4个行政村撤制,成立风林绿洲、总装、科学园、南沙滩、北沙滩、林萃、双泉、龙祥、大羊坊、绿色家园、万科星园、运动员村12个社区。

地址:原洼里乡政府

邮编:100107

电话:84912224

(王世厚　郭宝玉)

【双拥共建】 3月17日,奥运村地区双拥共建促奥运行动启动。年内,围绕文明促奥运、文化促奥运、绿色促奥运、科技促奥运、体育促奥运、法制促奥运6大主题,先后开展先进性教育领导班子主题讨论、"七一"党建知识竞赛、军民文明礼仪知识讲座、"相约激情奥运会、牵手文明奥运村"军(警)民文艺汇演、首届迎奥杯篮球赛、奥运会倒计时1000天庆祝、奥运会倒计时900天揭牌仪式、创建平安地区等一系列活动。驻地部队先后出动兵力2万余人次参加驻地环境绿化美化和各种社会公益活动。军(警)民共建奥运林达1000亩。通过地区军民共同奋斗,军民奥运意识明显增强,文明素质得到提升,社会环境进一步优化,生态环境显著改善,军政军民关系更加密切和谐。双拥共建促奥运行动取得可喜成绩,被推荐参加"首都最佳精神文明创建活动"评选。

(韩　丽)

【精神文明建设】 7月13日,开展庆祝北京申奥成功四周年系列活动:举办奥运知识宣传;出一期奥运活动图片展;举办一次书画展和舞蹈翩翩迎奥运活动;在"同一个世界同一个梦想"主题横幅上写祝福语巡回签名等活动。年内,结合开展保持共产党员先进性教育活动,围绕"人文奥运",广泛开展"我是窗口、我是形象、我是奥运村人"大讨论。与北京大学、中国政法大学等7所高校开展青年志愿者进社区、奥运英语辅导、文明礼仪讲座、法律进社区等活动,暑期组织社区中小学生到北京大学参观学习。开展三礼宣传日活动,先后发放《文明礼仪读本》3000余册,进行丰富多彩的群众文体表演。先后在机关和社区开办8个奥运英语培训班,利用周末组织机关干部和社区居民,从ABC学起,目标是到2008年作为东道主掌握基本的英语会话。与共建单位306医院共同举行欢度国庆、喜迎重阳大型义诊活动,出资10万元为武警一师五支队组建100人的"龙腾迎奥"腰鼓队。大力开展扭秧歌、交谊舞、健美操等全民健身活动。

(郭宝玉)

【档案管理】 7月村级集体资产处置完成后,地区办事处档案室、经管站、财政科及时验收4个村应移交和应销毁的会计、文书、实物、公章、照片音像等全部档案,由档案室统一保管。

(王世厚)

【先进性教育促党建】 年内,地区在共产党员先进性教育过程中,紧密围绕支持奥运、服务奥运这一中心,密切结合奥运森林公园、征地拆迁、农民转居转工、集体资产分配、新划过来的4个社区建设及维护稳定等工作,克服因拆迁等原因,党员居住分散在全市13个区县、182个居住地等困难,提出"参加先进性教育活动的党员一个不能少"。通过开展"无论我走到那里,都要无愧于共产党员光荣称号"主题实践活动,通过组织通读经典、写读书笔记、传统教育、请英雄作报告、我是共产党员演讲、外出参观等学习形式,极大提高了党员素质。

(王世厚)

【社区建设】 年内,新建、改建社区12个,其中有6个社区建立党委,有社区党支部21个,其余社区党组织在筹建中。社区共有党员1176名,离退休党员占79.6%。地区办事处经过深入调研和讨论,确定以党建先行、以点带面、分类推进、总结提高为指导的社区建设工作思路。分三个层面对社区进行建设规划调整,一方面理顺产权关系,加强环境建设;再者协调各方,整合资源,促进社区建立符合实际的各类体制和机制;其三抓好社区居委会建设以及各类软环境建设和管理。从而逐步形成以社区党组织为核心,以基层政法、综治组织为主体,以群众自治组织为基础,以辖区党员为骨干,职责明确、协调配合的工作格局。对现有社区、居(家)委会、物业小区和居住区基本情况和各类资源进行摸底调查,调查内容涉及社区基本情况、社区居(家)委会固定资产情况、社区三产情况、社区社会单位资源、社区居民服务网点资源、社区名人资源、社区文体队伍资源及社区文化娱乐设施资源等150余个小项目。通过广泛和深入的调查,充分考虑地域、适度人口规模、居民认同感、新建小区发展前景等社区构成要素及地区土地功能定位,以居民小区为依托,以主要街巷为界限,对整个地区进行重新调整和划分,形成包括社区划分意见、社区分布位置图、社区平面示意图、社区基本情况、社区建设实施方案等在内的全套材料,经区社区建设领导小组审批,组建12个社区。其中:成立8个社区党委,1个社区党组织筹备组,10个社区居民委员会,2个社区居民委员会筹备组。为规范社区居委会管理和社区工作者行为,保证社区各项工作顺利开展,研究制定了《社区机构设置及人员管理办法》、《社区居委会办公经费管理办法》、《社区共建协调议事规则》、《学习、培训制度》《社区居委会工作各项制度》等14项相关配套制度。办事处面向本地区及周边地区公开招聘社区工作者。经过笔试、考核和二次面试、体检等环节,最终从217名报名人员中筛选出35名。并组织这35名社区专职工作者进行为期4天40学时岗前培训。对34名社区居委会干部进行业务培训、落实社区居委会办公用房、规范社区经费使用管理办法和自制31项内容89类信息采集表,完成居民信息采集和录入工作。

(鲁薇薇 范二丽)

【纪检监察】 年内,地区纪委在对洼里、洼边、龙王堂、关西庄等4个行政村村级资产处置工作中,全程参与监督,采取5项措施确保集体经济组织成员知情权、参与权、监督权落到实处。在清产核资、实物变现、劳动年限确认等关键环节上做到公开、公平、公正,使社员家底分配应得尽得,满意率在97%以上。

(任炎明)

【可持续发展】 年内,在北苑路口建设易初莲花商业楼,5.5万平方米项目当年开工当年完工,投资约2亿元,年租金3000万元,安置劳力100人次;已建成的林萃商场,投资5000万元,年租金预计2000万元,可安置劳动力200人。完成对乡渔场、水管站和林业站关闭审计,完成对公园外20多家租赁单位接管,调整合同,每年租金增加约400万元。

(张春红)

【环境整治】 年内,奥运村城管分队以规范门前三包为龙头,认真开展百日环境专项整治、"蓝天"行动、打击小广告等环境整治工作,开展打击无照经营、露天烧烤、店外经营大排档、夜施扰民、黑车、非法发放张贴小广告、拆除违法建设等多项活动,加强对施工工地夜间施工扰民、围档覆盖、泄漏遗撒、扬尘污染等违法行为查处。联合综治办、工商等部门查处黑发廊、非法行医等违法行为。联合派出所、综治办等部门对市政三院、仰山地区、百富超市、关西庄地区等处违法建设进行拆除,对区挂帐的南沙滩地区、大羊坊2号院、洼里渔场、昌指院、羊坊加油站、搅拌站等14处违法建设予以拆除。全年拆除违法建设29569平方米,清运垃圾渣土近万吨,捡拾白色污染3000余公斤,摘除树挂1000余处,没收小广告近10万张,清除小广告1万余处,整治环境25万平方米。

(刘丽亚)

【劳动监察】 年内,巡查174个单位,立案49个,涉及13932人次,为国家督缴社会保险58万余元。

(郭玉群)

三间房地区(乡)

【概况】 三间房乡位于朝阳区东部,通惠河畔,与常营乡、管庄乡、豆各庄乡、平房乡、高碑店乡接壤,辖区8.75平方公里,有12个行政村,13个社区居委会。人口8.4万人,其中常住居民约6万人,农民3350人,流动人口约2.1万人。全地区有法人单位647个,其中,工业98个,建筑业17个,交通运输邮电业8个,批发零售及餐饮业189个,服务业303个,行政事业27个,房地产业5个。辖区内有中国传媒大学、北京第二外国语学院、北京水利水电学校、天坛生物制品研究所等多家著名大专院校、科研单位和中央、市属单位。4所小学、1所中学,幼儿园5所。2所医院。乡属重点企业有京通天泰房地产开发公司、京通天泰建筑公司、三间房水泥构件厂、北京振中汽配公司、朝阳化工设备厂、北京市起重机械第二分厂。乡域内绿化覆盖率达47.7%。南区中华本草园千亩杜仲林,林木间套种中草药材,被农业部授予全国农业科普示范基地称号,并确定为北京市中草药种植示范基地。年内,提出北区以D区开发为重点建设宜居商务区、南区以文化创意产业为重点建设现代文化区推进动漫基地建设。全乡总收入79916.6万元,利润完成9980.8万元,上缴税金1993.4万元,人均劳动所得16831.2元。

办事处地址:三间房东柳村甲1号
电话:65420015
邮编:100024
E-mail:sanjianfang0127@163.com

(李 莎 于淑杰)

【承诺10件实事全部兑现】 年初,乡政府承诺为地区百姓办10件实事,岁末各项工作全部完成。这10件实事是:投资150万元建设西柳西路,改善南区环境;筹资230万元修建乡域北部褡白路,优化企业发展环境;投资近40万元,为规划塔营北街架设路灯;投资100万元实施地区电视监控二期工程;完成北双桥、白家楼、金家村农网改造工程;解决美然动力街区、珠江绿洲等4个新建商品房小区社区居委会办公用房,投资150余万元改善社区基础设施和环境建设;完成150人技能培训和327人引导性培训,512名农村劳动力进入劳务派遣组织,投入160余万元将1996年以来的69名超转人员全部纳入民政社会保险;积极开辟未成年人活动场所,深入开展未成年人思想道德建设实践活动;制定并落实《三间房地区扶危济困助残办法》,设立了助残济困专项资金,积极开展处级班子与贫困残疾人结对帮扶活动;打井6眼,改善饮用水质量。

(刘立华)

【地区侨联成立】 1月19日下午,地区召开第一次归侨侨眷代表大会,成立三间房地区侨联。驻三间房地区30余名归侨侨眷代表以及各村、社区书记参加会议。市侨联、区侨联和地区工委、办事处领导出席会议并讲话。

(周　颖)

【诗书画展】 1月21日,举办地区诗书画协会成立仪式暨首届作品展。书法家们为军属代表赠送春联。地区诗书画爱好者创作及驻区单位推荐的150余幅作品参加展出。7月13日,为庆祝中国申奥成功4周年,组织三间房地区未成年人迎奥运百米长卷绘画和百块“百年奥运会图片展”大型庆祝活动。本地区208名小学生参加百米长卷书法、绘画征集活动,亲手绘制主题为“同一个世界,同一个梦想”的208米长卷,并参观了“百年奥运会图片展”。12月26日上午,“朝农杯”诗书画摄影大赛暨庆祝朝阳区农民书画研究所建会十五周年优秀作品展在三间房地区开幕,各地区办事处组织100多人参观了展览。诗书画摄影大赛主题是“前进中的朝阳农村”,展出的200多件作品是从广大会员、各地区办事处选送的205首诗词、263幅绘画、220幅书法、117幅摄影作品中评选出来的。

(李　莎　刘立华)

【法制宣传教育】 4月6日,地区司法所在定福庄一小开展普法活动,通过孩子们现实生活中涉及到的具体问题,结合民法通则中的“人的权利能力、行为能力(限制行为能力、无行为能力)”、“未成年人保护条例”以及青少年遵纪守法等进行宣传教育。12月4日开展普法宣传活动,机关在福怡苑社区门前设置集中宣传站点,现场发放“致三间房地区村居民的一封信”“您了解奥运吗?”等宣传资料5000余份,播放上述“一封信”和《婚姻法》《继承法》《未成年人保护法》等相关法律法规;双桥法庭在现场设置法律义务咨询台。福怡苑社区秧歌队在寒风中进行精彩表演,为宣传营造良好氛围。此次宣传悬挂横幅32条,展示宣传板报85块,下发宣传资料5000余份,播放广播30余场次(包括各分散宣传点),出动宣传车辆5辆,参加宣传工作人员200余人,接待群众6000余人次。12月14日,定福庄一小和地区流动儿童项目工作组组织六年级学生到双桥法庭观摩一起小学生意外伤害赔偿案件,把课堂上平时生硬、枯燥的说教,用鲜活的庭审形式展现在师生面前。年内,北双桥村被评为北京市民主法制示范村,新房村、定福庄东村被评为朝阳区民主法制示范村。北双桥村坚持20年为村民订阅法制报刊、投资10万元建立图书室。

(罗文英　李德强)

【编撰信访工作手册】 5月1日,国务院颁布实施新的《信访条例》,进一步明确信访工作职责,规范信访工作程序。乡政府信访办公室依照《信访条例》规定,总结近年来基层信访工作经验,编辑《三间房地区信访工作手册》。该《信访工作手册》包括信访政策法规、信访工作规章制度、信访职责划分、基层信访工作、信访事项办理程序、信访工作样表、信访联系电话和留档备案材料八部分,涵盖信访工作全过程。实用性和可操作性较强,有效促进本地区信访工作规范化。

(白苏玲)

【社区支持流动儿童项目】 5月17日上午,三间房地区召开“社区支持流动儿童项目”启动仪式,标志着北京市妇儿工委办公室和联合国教科文组织合作开展的“社区支持流动儿童项目”在北京正式实施。三间房地区作为朝阳区的试点单位是北京市三个试点单位之一。年内,联合国项目官员和国务院、市、区妇儿工委领导先后6次到三间房地区视察和检查项目工作。

(李　莎)

【社区党建】 5月,地区工委制定下发《三间房地区“五个好社区党委”考核内容(试行)和考核评比办法》。“七一”,打破只表彰自管党员做法,将辖区单位党员纳入表彰范围,促进大党建格局形成。10月28日,地区工委召开社区党建协调委员会成立大会,辖区内15个社会单位成为委员单位,13个社区党委同时成立党建协调分会。会议通过社区党建协调委员会章程和制度。11月,对“五个好社区”创建工作进行验收。社区党委组织建设、思想建设、制度建设、作风建设通过先进性教育和班子重新调整得到加强。定北里、三间房南里、双柳、双桥铁路等社区党委精诚团结,发挥领导核心作用,社区自管党员素质明显提高,党员参与社区建设人数明显增加,居民群众对党员反映普遍较好,社区党员平均认岗率80%。社区党委工作务实,有创新。三南里社区党委提出“六携手六共建和谐社区”工作思路,大社区工作格局突显。双柳社区党委转变工作作风,变被动服务为主动服务,入户了解居民所思所想,关心有病、困难家庭生活,在社区居民中引起强烈反响。双桥铁路社区党委以社区教育为社区建设工作出发点和落脚点,总结社区教育经验,得到了市委有关部门负责人和区委、区政府领导肯定。

(杨仁玉　李　莎)

【处级领导与贫困残疾人家庭结对子】 9月6日,地区开展处级领导与贫困残疾人家庭结对子活动,13户残疾人家庭成为受益者。年内,处级干部纷纷慷慨解囊,拿出自己的工资为残疾人送款送物,累计金额5000元。副乡长周俊卿了解到与自己结对的程占军为治病花了很多钱，还有一个上初中的女儿，家庭生活非常困难，当即掏出1000元送到程占军手中。副书记明宝萍拿出500元，委托工作人员为残疾人王岩购买一辆轮椅。其他领导也纷纷给帮扶对象送去现金和慰问品。

（杨月明）

【构建食品安全防控网络】 11月，朝阳区召开食品安全三级防控网络现场会，向全区推广三间房食品安全防控网络这一经验和做法。三间房地区在构建地区食品安全网络上紧紧把握政府监管、企业自律、群众监督这一主线，完善地区食品安全三大体系。即建立由卫生监督、工商、派出所、城管等7部门组成的管理网络，完善食品安全监管执法体系；建立有25人组成的社区、村食品网络安全员队伍，完善以群众为核心的消费者自我保护体系；对辖区商场、超市、餐饮业经营者进行培训，与食品经营单位签订《食品卫生安全工作责任书》，完善以经营者自律为主体的食品经营者自律体系。

（李 莎）

【示范社区创建】 年内，提出示范社区创建实施意见。定北里社区定位为平安和谐型示范社区，福怡苑社区定位为文化服务型示范社区，三间房南里社区定位为共建和谐型示范社区，铁路社区定位为社区教育型示范社区。

（秦杨华 李 莎）

【出台扶危济困助残办法】 年内，地区出台《扶危济困助残办法（试行）》，救助低保对象以外生活困难人员。因大病医疗费支付困难或其它不可抗拒原因造成家庭损失2万元（含）以上家庭，老残一体、一户多残和生活不能自理的残疾人，医疗费年支出1万元（含）以上家庭，家庭月人均收入在本市最低工资580元以下，被公立学校录取的特困大学生及本科生，都可以申请使用救助金。救助金审批程序，与城镇低保和农村低保程序相同。

（杨月明）

【党建工作】 年内，三间房地区参加先进性教育活动的党组织75个（其中：社区党委13个，党总支1个，党支部61个），应参加学习党员人数2253名，实际参加人数2249名，覆盖率99.8%。通过学习动员、分析评议、整改提高三个阶段教育活动开展，各级党组织和全体党员在各项工作中充分发挥出战斗堡垒和先锋模范作用。地区工委班子带头开展学习，严格按照计划安排进行学习、评议、整改各个阶段的学习，为地区开展先进性教育做出表率。举行刘景山事迹报告会；挖掘、培育、运用典型，组织撰写地区先进党组织和优秀共产党员事迹材料，并汇集成《创新强基石先锋聚民心》一书，发放到地区每个党员手中；组织开展“保持先进性、为党旗增辉”演讲比赛、党的知识竞赛、“党在我心中”文艺汇演等活动，丰富教育内容，增强教育针对性，强化教育效果，确保先进性教育活动的长期性、有效性。

（李 虹）

【社区建设恳谈会工作机制】 年内，地区办事处为加强政府、社区、社会单位三方沟通与协调，建立社区建设恳谈会工作机制。社区建设恳谈会是在地区工委领导下，由政府组织主导，社区居委会、社会单位（包括开发商、物业公司）参与，政府各相关职能部门指导的协商会议，三方共同协商研究解决社区矛盾，促进社区和谐发展。通过协商会议，社区干部和物业管理部门负责人建立良好的相互信任、相互支持的工作关系。社区建设恳谈会不定期召开，会议时间和会议议题由地区办事处主任办公会研究确定。会后采取会议纪要形式通报会议情况。7月1日至2日在北京蟹岛度假村三间房地区办事处召开第一次社区建设恳谈会。三方代表围绕双惠苑、艺水方园、美然动力、绿洲家园等4个新建小区安全稳定、信访矛盾排查、办公用房配套设施建设等问题展开研讨。11月21日至22日，三间房地区办事处召开第二次社区建设恳谈会，三方代表围绕处理解决业主与开发商、业主与物业公司之间矛盾展开研讨。

（秦杨华）

【残疾人事业】 年内，举办业务知识培训班、手语培训班、精神病康复知识讲座。召开社会单位安置残疾人就业工作动员会，收缴残疾人保障金602375.27元，安置4名残疾人就业。帮助白家楼村一残疾人减免医疗费2600多元，为10名贫困残疾人免费发放铝合金腋拐等用品用具；为19名贫困精神病人报销药费5343元；6名贫困精神病人送到大柳树精神病康复中心免费进行治疗；将1名智障成人送到区弱智康复中心，为8名考入高中及大学的残疾学生和低保残疾人子女办理升学奖励4500元。为两位贫困老人免费装配助听器；从区残联为两位残疾人分别争取康复补助款9000元、临时困难补助4000元。为3名残疾人报销培训学费8115元；为34名残疾人办理重残鉴定，为18人办理重残补助；为6名残疾人办理临时困难补助。在元旦、春节、助残日和国庆节期间，对残疾人分别走访慰问，送去慰问金及米、面、油、熟肉制品等每户价值300元慰问品，走访慰问残疾人112户，总开支32800元。11个村建立残疾人协会。

（杨月明）

【社区调整】 年内,成立美然动力、绿洲家园、双惠苑、艺水芳园4个社区,将原来9个社区、3个居委会合并为9个社区,三西里居委会作为工作站纳入三间房南里社区,定东街1—5号楼居委会作为工作站纳入定西南里社区,茶家屯居委会作为工作站纳入绿洲家园社区。

(李 莎)

【民政工作】 年内,完成190户346人低保调标工作,补发低保金23472.9元;为16户17人申请医疗救助款57622.22元。在元旦、春节期间慰问活动中,为230户困难群众送去共计84103.63元的生活必需品。开展向海啸受灾地区捐款活动,全乡12个单位和2565名个人捐款共计90800元。定西南里社区赵旭东老人被评为"北京市健康老人之星"。

(刘 静)

【就业和社会保障工作】 年内,举办18场招聘会。实施劳动力培训工程,开展再就业培训、职业技能培训、引导性培训和创业培训等。开发空岗2486个,推荐193人免费技能培训,265人"4050"人员就业,1190名失业人员实现再就业,完成327名农村劳动力引导性培训。积极协调区有关部门,稳妥解决农转工自谋人员补缴社会保险后的问题。出台《三间房乡农村社会保障工作意见》,逐步完善农村社会保障体系,512名农村劳动力进入劳务派遣组织,纳入城镇保障体系。

(于淑杰)

【城市管理】 年内,城管分队重点打击主要街道和重点地段无照经营行为,查处无照游商310余起。清理乱贴乱挂、乱写乱画等广告、条幅、拱门等190余处。拆除违法建设63间,总计1500平方米。处罚黑车25辆,收缴人力小三轮车、残摩、平板三轮车等经营工具159辆。查抄小广告窝点12个。在社区和主要路口设立城管宣传牌5块。分队全年接受市、区各项检查18次,处理重大督办事项31件、一般督办事项74件,受理群众电话举报1560件、信访9件。通过举报热线,端掉一个黑心棉加工窝点。

(潘丽娜)

【重点项目建设】 年内,农民新村和房地产开发建设开复工15万平方米,竣工10万平方米。完成东柳村B8区农民腾退拆迁工作,B8区新村建设顺利开工。完成C区控规调整。完成D区一级开发概念性规划设计方案,准备招、拍、挂前期工作。加大招商引资力度,引进资金2.2亿元,建设中华本草园3-5%绿色产业项目。完成中华本草园内570米藤本长廊,种植中草药200亩,铺彩砖路1560平方米,园区功能不断完善。完成古典家具街设计及实施方案,一期工程新房村段开工建设。按照区政府发展文化创意产业功能定位要求,着手在本地区规划建设动漫产业基地,完成前期规划和可行性研究工作,天泰广场作为动漫产业中心立项审批手续完成。康达商区项目顺利开工。朝阳北路3家汽车4S店相继开业,汽车销售和服务产业基本形成。

(于淑杰)

【党员设岗定责活动】 年内,以定东村党支部为试点,分别召开党员设岗定责现场会、经验交流会,推动地区党员设岗定责活动开展。定东村以环境整治为突破口,设置13个岗位,强化党员先锋意识;三西村以健康咨询服务岗为载体,推动设岗定责活动开展;定北里社区"123"工程(即每年组织党员外出参观、学习一次,开阔党员的视野;举办两次教育活动,通过讲党课、党史、知识竞赛、征文比赛、文艺演出等形式,宣传党的方针、政策,确保党员的知情权;每年三次对有病、有困难、年老体衰的党员进行探访、慰问)和"124工程"(即每个党员至少认一个为民服务岗;实施党员"包楼"、"包户"两种服务;每年开展四次"党员奉献日"活动)进一步深化;三间房南里社区启动"党员爱心屋",建立爱心基金扶助病困老党员。

(于淑杰)

常营地区(回族乡)

【概况】 常营地区(回族乡)位于朝阳区东部,东邻通州区邓家窑村,南邻管庄乡,西与平房乡黄渠村接壤,北与金盏乡和东坝乡为界。辖域面积9.3平方公里,设10个村委会、1个居委会和3个社区居委会。常住人口12712人,其中农业人口7412人,流动人口4247人,回族人口6549人。常营乡党委、乡政府共设15个科室,行政编制54人,工勤3人。乡域内有中小学合校、医院各1所。年内,围绕地区建设现代化城区总体发展目标,以开展保持共产党员先进性教育活动为契机,加快产业结构调整,统筹规划建设管理,加强精神文明建设,较好地完成全年工作任务。全乡经济总收入21575.8万元,税收6870.35万元,利润总额1771.5万元,人均劳动所得2552.4元。

办事处地址:常营
电话:65481589
邮编:100024

(马媛月)

【穆斯林群众欢度古尔邦节】 1月21日,常营地区及附近1400多名穆斯林群众到常营清真寺参加古尔邦节聚礼,欢庆古尔邦节。区委统战部、区民宗办和常营乡主要领导到常营清真寺和广大穆斯林群众一起欢度古尔邦节。

（马媛月）

【中弘国际商务花园奠基】 4月12日上午，中弘国际商务花园项目奠基。项目占地39公顷，总建筑规模45万平方米，总投资20亿元人民币，是集办公、展览、酒店于一体的大型商务综合体。

（马媛月）

【促廉宣传教育】 6月3日下午始，在全地区中层以上干部中开展建立自我教育思廉线、构筑舆论导向倡廉线、牵动家庭邻里助廉线促廉系列宣传教育活动。年内，组织观看廉政勤政教育录像片30多场次，1500余人次；组织“迎‘七一’，展风采”党员签名、全体党员重温入党誓词、“庆七一、颂党情”文艺汇演等几大板块组成的实践三个代表、保持共产党员先进性宣传高潮日等活动；举办“建设新城区，党员当先锋”主题演讲比赛和廉政文化知识竞赛，并与乡妇联、团委共同开展亲情助廉互动活动。

（马媛月）

【领导调研】 7月4日下午，由全国人大常委会委员、民族委员会副主任陈士能等五人组成的全国人大民族委员会调研组到常营回族乡调研，市人大常委会民族侨务工作委员会副主任吴宝华和市民委副主任马中璞等市区领导陪同。

（马媛月）

【人口文化节】 7月10日至8月27日，首届人口文化节组织文艺节目演出、健康知识讲座、走访慰问服务等系列活动，展出各类宣传展板96块，悬挂宣传横幅24条，发放各类宣传资料3000余份，发放奖品1000余份，接待群众咨询解答问题1000余人次。近2000名地区群众参与活动。

（马媛月）

【东三村拆迁】 11月10日，正式启动东三村村民拆迁，拆迁期限为2005年11月10日至2006年1月20日。截至年底，签订协议1655户3450人，完成预计拆迁总户数1841户3929人的87%，拆除地上3017间，拆除预计总量31%。

（马媛月）

【居民素质教育】 年内，出资56.8万元用于居民素质教育活动。组织讲座20讲，受教育群众2500余人次。制定并推出《常营地区居民素质教育五年规划纲要》，组建空竹抖技、民族舞蹈、大型秧歌等8支特色文化队伍，队员近800人。组织举办夏日文化广场、金秋艺术节等大型文化活动13次，放映电影6场。建成民族家园社区图书室。北京市民族文化交流中心第一个全民健身辅导站在本乡挂牌成立。

（马媛月）

【环境设施建设】 年内，完成幺家店路东段、双桥东路、建材院中路等5条全长5000米道路建设。完善清真寺寺前广场、配套服务设施及穆斯林服务中心建设。开展大规模环境综合整治活动30余次，查处违法案件3659起，依法取缔废品回收站12处，拆除违法建设17000平方米。改建安全饮用水井1眼，引进731、834公交线路。投资66.48万元，安装邮箱4155个，解决常营民族家园小区通邮难问题。

（马媛月）

【劳动保障和社会救助】 年内，挖掘空岗408个，推荐就业412人，成功就业155人。开办各类培训班8期，培训1061人。为3246名农村劳动力建立档案，办理求职证3406人。发放城乡低保金和困难补助金43.66万元，动员辖区单位收缴残保金3.1万元，安置残疾人就业14人，向10户残疾人家庭子女发放补助金4000元，为12人次免费实施白内障手术。

（马媛月）

【计划生育和卫生工作】 年内，出资13万元为4300人次育龄妇女提供两次生殖保健服务。发放“六一”慰问金、独生子女奖励费及医药补助近70万元。5077人参加新型农村合作医疗，参保率73.2%，报销大病医药费12批64人次，人均报销额7321.9元。依法取缔非法行医黑诊所6个。组建常营地区食品安全网络体系，设食品安全监督员39人。奖励考入大学的43名应届高中毕业生8.6万元。

（马媛月）

【维护地区安全稳定】 年内，投资205.8万元为居民小区安装楼宇对讲系统，组建人口、内保、巡逻和电子监控四张防控网络。定期组织开展消防安全演练和交通、生产等安全培训及检查，未发生安全责任事故。实行流动人口长效管理机制，流动人口纳入视线率100%、办证率90%以上。开展法制宣传活动26次，举办青少年法制夏令营，受教育群众8066人次。成立治安民间纠纷联合接待室和行业性人民调解组织，调处纠纷380件，调解成功率96%。接待群众来信来访402批678人次，无越级集体访。

（马媛月）

豆各庄地区（乡）

【概况】 豆各庄地区（乡）位于朝阳区东南部，东临黑庄户地区，南临通州区台湖镇，西与高碑店地区、王四营地区、十八里店地区接壤，北接管庄地区，面积14.16平方公里，下辖12个行政村、5个社区,常住人口12000余人,流动人口15000余人。通惠灌渠纵贯全乡,萧太后河流经孙家坡村、水牛坊村和马家湾村,区域轮廓呈南北长东西窄不规则多边形,东五环路、京沈高速路穿境而过,411、363、847、810、753等多条公交线经过乡域。辖区内有市第二监狱、市第二看守所等市区属企事业单位近20家,有中学1所、全日制小学5所、一级甲等医院1所、幼儿园1所,老年公寓、公安派出所、商店、银行、集贸市场一应俱全。年内,全地区经济总收入121517.9万元,同比增长19%;利润总额8864.9万元,同比增长23.9%;税收总额6110万元,同比增长28.7%;人均劳动所得实现11795.3元,同比增长19.2%。

办事处地址:豆各庄村

电话:67380024

邮编:100023

(柳宝文　牛雨辰)

【党建工作】 1月上旬,豆各庄地区12个村党支部"三级联创"迎检工作全面展开。各村党支部分别结合实际查找问题进行整改,整理档案资料,撰写创建总结,制作年底公示材料,清洁、治理村内外环境等。豆各庄村党支部被评为区级五好党支部。于家围南村党支部在1月26日市农工委调研评估组检查中,获得市、区领导肯定,摘掉后进支部帽子。下半年,保持共产党员先进性教育活动在全地区22个基层党支部、500名党员中开展起来。党组织覆盖率100%,党员覆盖率100%。628名群众参加满意度测评,对先进性教育活动满意率99.7%。教育活动中,工委一是把先进性教育活动与党员联系户活动结合起来,促进先锋模范作用进一步发挥;二是把先进性教育活动与推进产业结构调整和布局结合起来,促进全乡经济与社会不断向前发展。三是把先进性教育活动与百姓关心的热点、难点问题结合起来,促进全地区社会进一步稳定和有序发展。四是把先进性教育活动与为百姓办好事、办实事结合起来,促进全地区和谐社会健康发展,使先进性教育活动在实际工作中取得实效。

(柳宝文　牛雨辰)

【万册图书馆接待读者】 4月28日,地区万册图书馆开馆接待读者。该馆设在张义祠堂内。按照相关标准和要求,配备1万多册图书,涉及政治、法律、经济、文学艺术、历史地理、自然科学等各个方面。

(柳宝文　牛雨辰)

【提高老干部生活待遇】 5月,地区工委出台《豆各庄地区关于农村正职领导干部退休待遇的暂行管理办法》及《豆各庄地区老干部医疗补贴暂行办法》,提高老干部生活待遇。

(柳宝文　牛雨辰)

【文体活动】 9月24日,代表朝阳区参加在延庆体育中心召开的京郊农民体育展示活动,58名运动员参加6个集体项目和10个单项比赛,挑担子障碍接力赛获第一名,健身秧歌赛获二等奖,"奔小康"接力赛获第四名,女子夹豆赛获第三名,掰腕子赛分别获男女第三、四名,女子推轮胎赛获第六名,豆各庄代表队获集体优秀组织奖。年内,成立地区文化工作委员会,制定并实施关于加强基层文化建设的意见,文化发展工作科学化、制度化、经常化管理体系带动并形成地区与村、村与村、专业与业余相互结合、相互促进和相互提高的一个和谐文化氛围。按照办事处提出的"村村有品牌,月月有活动,季季有高潮,活动有亮点"文化活动要求,地区举办人文奥运启动仪式,开展时尚体育健身节、金秋艺术节、群众歌咏比赛、夏日文化广场、假日文化广场群众消夏舞会、和谐杯篮球比赛等一系列文体活动。

(柳宝文　牛雨辰)

【区流动人口管理观摩会】 11月23日,朝阳区流动人口管理工作观摩会在豆各庄地区召开,管庄、王四营等6个地区主管领导和派出所、综治办、流管办等相关部门负责人参加观摩会。观摩中,与会人员参观豆各庄地区流管办公室和豆各庄、孟家屯、黄厂、石槽4个村流管服务站,听取工作开展情况及经验,并现场观摩流管档案管理、服务项目等内容。

(柳宝文　牛雨辰)

【便民服务大厅启用】 12月28日,豆各庄地区便民服务大厅启用。便民服务大厅位于办事处大院南侧,建筑面积500平方米。设有19个政务、事务接待受理窗口,其中11个固定窗口服务范围分别为失业受理、城乡低保、职业介绍、企业用工政策、自谋职业、劳动监察、民政业务、残联业务、计划生育、教育、卫生、流动人口、税收服务;8个流动窗口服务范围分别为党群事务、行政事务、规划建设、综治交通服务、农业服务、经管站、财政统计、信访接待、纪检监察、法律事务。大厅设引导台、等候区、电子显示屏及书写台、政策法规索取架等各类便民设施。

(柳宝文　牛雨辰)

【建立党员信息库区域人才库】 下半年,豆各庄地区初步建立起党员信息库及区域人才库。党员信息库存有22个党支部、513名党员及66名入党积极分子个人信息。内容包括个人入党情况、学历情况、个人简历情况等多个信息集组成的个人资料。区域人才信息库现有89

人信息,信息库由四个信息集组成,分别是党政人才、企业经营管理、专业技术人才、技能人才。

(柳宝文 牛雨辰)

黑庄户地区(乡)

【概况】 黑庄户地区(乡)位于朝阳区东南郊,东与通州区台湖镇工业园区接壤,南与光机电产业基地相邻,西靠垡头边缘集团与豆各庄乡相邻,北靠定福庄集团与管庄乡相邻,南北长约11公里,东西长约6公里,乡域总面积24.5平方公里(包括辖区内双桥农场0.6平方公里),有11个自然村,16个村民委员会,4个居民委员会。行政辖区内(含双桥农场)人口16933人,其中农业人口8114人。黑庄户乡是远近闻名的金鱼之乡,观赏鱼产业迅速发展,产业带逐步形成。年内,经济总收入10.87亿元,利润9849万元,税金3131万元。乡域内有怡景城、康城、温泉花园、双旭花园、东旭新村等7个大型居住区,以及东升药业、602所、蓝岛培训中心等大中小企业429家,有4所小学,1所中学,两所医院。乡域内东西有化工路延长路(小鲁店北路)、双石路、京沈高速路、万通路,南北有双桥中路、双桥西路、双桥东路、郎辛庄北路、通马公路、大东路。公交车有382路、397路、821路、731路通行,通讯上有139、130、136等通讯塔和6589局、8538局、8578局。

办事处地址:黑庄户乡工商大街甲1号

电话:85383651

邮编:100024

(王 鑫)

【春季招聘】 3月9日,乡社保所举办春季大型招聘会,500余人参加招聘会,涉及企业11家,248人达成意向。

(王 鑫)

【就业培训】 5月20日,乡社保所召开农村劳动力就业培训工作会,120多名学员参加,遵循以培训促就业、以就业促保障原则,开展定岗定单培训。会上对31名获得国家职业资格证书的培训班学员进行表彰。

(王 鑫)

【人文奥运活动】 5月28日,召开以“全民健身进万家,人文奥运、健康家庭”为主题的地区家庭趣味运动会。这是配合区体育局全民健身进万家系列项目的具体活动。18个村(居)委会117个家庭的300多名群众,参加独生子女家庭、残疾人家庭、老年人家庭三类6个项目比赛。

(王 鑫)

【大东路工程竣工】 6月,完成大东路建设。该路全长2450米,宽17米,两边各有2.5米步行道,安装有市政路灯。该路竣工,打通与京沈、京通等道路连接,解决本乡北部地区交通闭塞,缓解了万通路交通压力。

(王 鑫)

【防控禽流感】 11月,依据《北京市市容环境卫生条例》,对乡域内农贸市场禁止禽类及禽类制品交易,鸽子禁飞,特禽、观赏鸟封闭养殖,饲养鸡、鸭、鹅由乡政府收购后全部上交区畜牧中心填埋场进行无害化处理,彻底切断传染源。在这次防控禽流感工作中,扑杀禽类8783只,对7728只成年鸽、青年鸽采取免疫措施。组织专题宣传6次,累计发放宣传材料45620份,免费发放消毒药10000公斤。对乡域内集贸市场进行4次联合检查。

(王 鑫)

【为民服务大厅挂牌】 年内,为民服务大厅挂牌成立,开设财税事务、社会保障、规划建设和法律事务等10个服务窗口,涉及76项服务内容,居民可通过服务指南、热线电话和全程代办信息网咨询办理各项事务。大厅每天平均接待来访人员60人次。

(王 鑫)

【农村管理信息化建设】 年内,农村管理信息化建设工作以经管站工作为切入点,采集和录入数据涉及到财务管理、合同管理、人口、家庭、劳动力资源管理,依托朝阳政务网站 www.10.164.80.248/ns 可清楚查询各项资料。全乡采集家庭资料4000余户、劳动力资料近6000人、人口资料近万人。完成录入各类基础报表数据3万余份,涉及指标达60余万个。

(王 鑫)

【防汛工作】 年内,投资120万元,解决万通路北侧沿线10000余亩农田和周边130余户汛期排水问题,排沟治理工程长486米,上开口宽17米,沟深4米。大稿沟下游段治理工程全长1157米,新建桥3座,投资427万元,解决沿线25000余亩农田和上游3个乡汛期排水问题。

(王 鑫)

管庄地区(乡)

【概况】 管庄地区(乡)位于朝阳区东部,东邻通州区城关镇,南与豆各庄乡、黑庄户乡毗邻,西接三间房乡,北与常营乡接壤,在北京市城市总体规划中属定福庄边缘集团一部分。辖区面积10.2平方公里,常住人口61640人,其中居民56214人,农业人口5426人。下辖8个社区、12个村委会。区域内以汉族和回族为主,其中回族2321人,主要居住在管庄、杨闸、西会3村。朝阳路、京通快速路、地铁八通线、京秦铁路、通惠河贯穿全地区。全地区现有法人单位725个,其中:农业3个,工业企业100个,商、饮业法人单位235个,建筑业19个,交通运输业8个,服务业317个,公共管理法人42个,房地产法人1个。独立经营的企业分支机构166家,个体经营户2802家。有北京工业大学实验学院和北京科技大学东校区,中学3所,小学5所,幼儿园6所,社区卫生服务中心1个,职工医院、室11处,社区卫生服务站3个。年内,地区完成集体经济总收入24.8亿元,同比增长81.6%;实现利润总额17212万元,同比增长48.8%;实现税金8062.8万元,同比增长82%;人均劳动所得完成16634元,同比增长27%。

办事处地址:管庄乡1号

电话:65790560

邮编:100024

(万小兵)

【基础设施建设】　7月8日,管庄地区社区服务中心揭牌成立,设立家政、医疗保健、法律咨询、残疾人培训和康复等18项便民服务,开办5个文体活动室,开通96156热线网站系统,总投资50余万元。8月15日,机关食堂改造成的一站式便民服务大厅对外办公,为企业和居民提供8大类70项全程一站式服务和咨询业务,集中办公服务群众。年内,完成辛庄一路、果家店中街、小寺村路等道路设计和招投标工作。重兴寺东路、司辛庄南街正式建成通车,总投资2300万元。在通惠河滨河路和双桥东路之间修建了一条110米长临时道路,构成产业用地内完整道路系统。投入资金800万元,新建、改扩建公厕129座。完成咸宁侯排水沟清淤改造工程,确保汛期畅通。

(万小兵)

【农民新村建设】　7月,与宝嘉恒基础设施投资公司签定协议,共同建设绿化隔离地区以外建设用地。解决新村用电紧张问题,为新村一期住户更换磁卡1400块。8月,新村二期B区10万平方米工程正式开工。

(万小兵)

【新建四社区】　9月,京通苑社区、丽景苑社区、惠河东里社区、瑞祥里社区经区社区建设领导小组批准成立。

(万小兵)

【探索长效管理机制】　9月,启动社会治安综合治理工程,成立由公安、城管、工商、卫生等多部门组成的社会治安综合治理联席会,将社会治安、安全生产、环境整治等多项工作纳入系统管理。12月底,启动居民素质教育工程,通过分层次、多方面开展素质教育,使群众在生活方式转变同时,从思想意识和自身素质上适应城市化进程发展。

(万小兵)

【地区经济】　年内,燕京药业有限公司抓住原料药价格上调有利时机,投资近百万元提高两种发展前景广阔的原料药生产线生产能力,并获得冻干粉针剂GMP认证。双桥燕京中药饮片厂完成GMP认证。燕京医药公司继续拓宽销售服务网,在盘活资金同时,完善代理机制。通过加强和太极集团紧密合作,巩固曲美等品种在北京市场的区域总代理地位,争取到贵州同济堂仙灵骨葆、北京华宏益康医药公司牛黄降压等产品总经销权。明宏同泰大药房完成销售收入2500万元。管庄市场服务管理中心和博特公司分别在建材和电气开关领域,提升服务理念,加大科技含量,收入、利税水平不断获得持续增长。博特公司所属光明开关控制设备厂相继获得两种开关设备中国质量认证中心CQC认证,并获得中国质量诚信促进会授予的AAA级质量诚信会员单位称号。

(万小兵)

【产权制度改革】　年内,制定《管庄乡关于加强乡级集体经济组织代表大会建设的实施意见》、《管庄乡关于村级经济组织成员代表大会实施意见》,并通过民主选举产生了251名村级集体经济组织成员代表和25名乡级集体经济组织代表,组织成立管庄乡集体经济管理委员会,实现集体资产由农民自己管理。通过召开村级集体经济代表大会,完成全乡共计152户新增土地确权人员核定工作。经乡集体经济组织代表讨论通过《关于管庄乡绿化隔离地区搬迁上楼农民低保户免交物业费的决定》,保障绿化隔离地区腾退范围内困难农民基本生活。认真落实《管庄乡农村集体经济产权制度改革方案》。8月,乡集体经济管理委员会通过《管庄乡乡属集体企业改制工作的实施意见》,顺利完成燕京药业有限公司改制工作,改制后企业定名为北京市燕京药业有限公司。

(万小兵)

【环境整治】　年内,拆除管庄丽城汽配城、万象海鲜农贸市场、杨闸村建材市场、重兴寺村北京五洲诺亚停车场管理有限公司市场等各类违法建设和临时建设59800平方米,腾退土地210亩,为农民新村建设和绿化隔离地区建设奠定基础。整治卫生死角8处、清理暴露垃圾6处。取缔6个非法废品回收站,查抄19个小广告窝点,查处各类违法案件799起。先后开展迎奥运环境建设整治、2005年环境建设挂账任务整治等活动。

(万小兵)

【完善社会保障和救助体系】　年

内,出资2200多万元,为由历史原因造成的391名乡自管占地超转人员解决养老和医疗保险并移交民政部门。重新规范腾退安置范围内人员生活费管理。发挥新型合作医疗的作用,为参保人员报销大病医疗费47万元。乡、村两级共投资70余万元,建立基本医疗乡办乡管新体制,新型合作医疗覆盖率保持在90%以上。

（万小兵）

【劳动就业】　年内,针对农村富余劳动力开展基本技能培训、引导性培训,参加各类培训的农村劳动力1127人次,培训城镇失业人员1112人次。通过招聘会等多种形式搜集空岗1807个,有823名城镇失业人员和农村富余劳动力走上就业岗位。

（万小兵）

【解决热点难点问题】　年内,开办扶贫济困捐赠站,筹备百货、副食等118种生活必需品,保证地区困难群众基本生活。投资21.7万元建成的百米万册图书馆深受群众欢迎,并增加盲文图书。投入50万元建成2364平方米馨岛园小区篮球场、羽毛球场、乒乓球场,为地区居民健身娱乐提供场所。投资200多万元建成2000多平方米菜市场,使新村居民和周边群众不出远门就能购买食品。乡、村两级投入资金474万元,为1289名占地转居农转工自谋人员办理补缴社会保险手续。积极协调区有关部门,为400多名超转老人解决生活和医疗补助等历史遗留问题。

（万小兵）

孙河地区(乡)

【概况】　孙河地区(乡)位于朝阳区东北部温榆河畔。东距首都国际机场3公里,南距东直门交通枢纽12公里,西部与昌平区隔河相望,北部与顺义天竺空港工业区相邻。年内,全乡三次产业由上年9∶45∶46调整到7∶43∶50,经济总收入10.3亿元,实现利润1.13亿元,乡域税金4940万元,人均所得10532万。

办事处地址:顺白路6号
电话:84595710
邮编:100103

（张晓娟　贾民贤）

【法制宣传】　1月5日,举办“十三亿人口日”宣传活动。4月16日,开展了以自觉维护社会公共秩序和信访秩序为主题的《信访条例》宣传活动,发放宣传材料2000份,摆放展板20块,参加人员2000余人。6月16日,孙河乡“四五”普法宣传教育工作通过全区验收。12月4日,开展丰富多彩的法制宣传教育活动。年内,在乡域内组织开展劳动合同宣传月活动。

（张晓娟　贾民贤）

【送温暖活动】　1月10日,向海啸受灾地区捐款34061.8元。5月15日,全国助残日对乡域内10户困难残疾人家庭走访慰问,发放慰问金2000元;为低保边缘残疾人免费发放辅助用具10件;组织5名贫困白内障患者实施复明手术;为精神肢体综合残疾人孟庆利免费安装假肢。12月12日,在“温暖行动”中,捐赠衣物5913件。副职以上领导带领科级干部到乡域内困难户家中走访慰问。走访低保对象51户、困难户17户、残困户15户、烈属3户、现役军人17户和优抚对象37人,发放慰问品及慰问金共计8万余元。

（张晓娟　贾民贤）

【教育培训】　3月11日,举办效能监察暨监督员培训会,50余名党风廉政监督员参加培训。同月,对14个村党支部书记、村委会主任进行为期20天的计算机课程培训。5月10日,孙河乡区级示范性社区教育中心通过验收。6月,对14个村353名农村富余劳动力进行就业转移引导性培训。8月,乡政府出资5万元,对考取大学的25名独生子女进行奖励。对机关青年干部、村后备干部及入党积极分子共40人进行为期三天的培训。9月9日,民族职业高中教师对机关工作人员进行礼仪培训。11月25日,举办“十一五”规划系列讲座。

（张晓娟　贾民贤）

【招聘就业】　3月23日,举办首届农民春季招聘洽谈会。28家招聘企业应聘岗位477个,参加招聘人员400多人,当场达成初步协议的240人。9月20日,举办秋季招聘洽谈会,20家招聘企业应聘岗位500余个,参加招聘人员260多人,当场达成初步协议的143人。12月,公开招聘治安巡防队员。有38人参加笔试,基本符合条件的33人参加面试答辩,择优录取30名。年内,就业632人。

（张晓娟　贾民贤）

【乡村文体活动】　4月16日,举办孙河地区群众文化体育活动开幕式,16支运动队、14个行政村秧歌队及锣鼓队进行表演。5月21日,举办手拉手互动联谊会,28个独生子女家庭参加活动。6月11日,举办“夏日文化广场”健身秧歌大赛,来自11个村的11支参赛队伍500余人参加活动。举办奥林匹克日书画笔会。7月13日,开展庆祝北京申奥成功四周年奔向2008长跑活动。8月3日,开展廉政文化进校园活动,120余人参加活动。9月23日,孙河乡和东郊农场农民书画研究会分会联合举办廉政书画笔会。书画笔会上作者们现场创作

"公则生明、廉则生威"等10幅廉政作品。9月30日,举办"金秋大地庆十一"大型文艺汇演,来自全地区的近200名干部群众观看演出。年内,驻孙河地区部队歌手黄智博获北京市第六届乡村歌手大赛通俗组第三名。康营村"高跷老会"在"张镇莲花山杯"北京市民间花会大赛中获金奖。北京市举办的"新风吹开万户春"征联活动中,孙河村村民李荣英获三等奖。

(张晓娟 贾民贤)

【党建工作】 7月13日始,开展保持共产党员先进性教育活动。为把先进性教育活动办成"群众满意工程",实现党员受教育、群众得实惠的目标,编印《优秀共产党员先进事迹》、《孙河地区共产党员庄严的承诺》等4本书,开设党员学习夜校15所;开通孙河先进性教育网站,使党员学习覆盖率100%。年内,有一个村申报区级"五个好"支部,4个村申报区农村系统"五个好"支部,7个村被乡党委评为"五个好"支部。建立周三基层工作日制度,推行机关干部下村蹲点调研制度;全乡800名党员主动联系3500农户,帮助困难群众解决生活问题278起;下拨67万元基层支部保障资金,建成14个标准党员活动室。

(张晓娟 贾民贤)

【为民服务】 9月12日,孙河乡为民服务大厅开始试运行。大厅建筑面积210平方米,设置13个接待受理窗口,大厅提供的服务涉及党群事务、规划建设、法律服务、工商事务、财税事务、劳动事务、人口与计生、失业受理、两金发放、农村服务、低保办理、政策咨询和职业介绍等66项行政事项。为民服务大厅每天都有一名副职领导和科长值班。年内,先后投入1000多万元,为群众打生活饮水井19眼,更新井3眼,基本解决百姓吃水难问题。

(张晓娟 贾民贤)

【医疗卫生】 12月16日,本区新型农村医疗大病统筹最高限额补偿金第一位受益人9岁儿童徐得益,获得新型农村合作医疗大病补偿金6万元和基本医疗补偿金2000元。年内,先后投入158.9万元,成立9个社区卫生站和一个卫生服务中心,招聘10名医务骨干人员充实到地区农民合作医疗办公室,健全社区卫生服务网络,农村加入基本医疗和大病统筹覆盖率100%。建立农民看病"直通车"模式,为农民就医提供方便。组织机关、两个公司、派出所全体职工进行健康检查。

(张晓娟 贾民贤)

【环境综合整治】 年内,拆除违章建筑32890平方米。先后组织5次大规模环境整治,清理卫生死角300处,清理垃圾渣土3000吨,捡拾白色垃圾2000公斤,出动人员1万余人次,出动车辆3000车次,绿化面积1000余亩,绿化覆盖率由上年20%上升到30.3%以上。投资29.5万元,改建黄港和后苇沟两处垃圾中转站,建设面积1180平方米,采用全封闭管理模式。在孙河市场修建了两个高标准公厕。

(张晓娟 贾民贤)

【基础设施建设】 年内,先后投资1507.4万元,修建总长10350米面积83700平方米的康营主路、香顺路、沙黄路、沈家坟北路。投资780多万元,新修排水工程5200米。

(张晓娟 贾民贤)

【招商引资】 年内,华北电力局服务奥运主会场的变电站落户雷桥村。

(张晓娟 贾民贤)

【劳动监察】 年内,开展10次针对民工签订劳动合同、工资发放情况的专项大检查,检查了59个用人单位,涉及3558人;日常巡查案件103件;立案案件68件;处理举报案件24件;对5家有严重违法行为的用人单位进行行政处罚,送达处罚金额3.6万元;为283名职工追回工资90408元;为643名职工追缴社会保险费87440元;责令13家用人单位与职工补签劳动合同859份。

(张晓娟 贾民贤)

崔各庄地区(乡)

【概况】 崔各庄地区(乡)位于朝阳区东北部,东与金盏乡接壤,南邻将台乡,西靠来广营乡,北接孙河乡。机场高速、京承高速、机场辅路、京顺路、五环路、来广营北路、京包铁路穿区而过,顺白路、来广营东路、南皋路、北皋路等区域连接路横贯其中。辖域30.9平方公里,有15个行政村、4个居委会,常住人口11494户22344人,农业人口11535人,居民10809人,流动人口102967人。年内,坚持"一产做大,二产整合,三产搞活,土地增效,农民增收"经济发展思路。以经济项目引进巩固产业布局,以产业布局形成吸引经济项目。经济总收入9.76亿元,同比增长20.3%;实现利润总额1.174亿元,同比增长27.2%,上缴税金3862.3万元,同比增长25.2%;人均劳动所得11724.9元,同比增长22.9%。有公立中学2所、小学5所,打工子弟幼儿园30个、小学19个。文化休闲广场19个,面积24174平方米。图书馆3个,藏书量26800册。文化室16个,面积346平方米。文体队伍32个,成员810人。敬老院2所。社区卫生服务站14个。

地址:南皋路南

电话:64379211

邮编:100015

(花淑平)

【革命传统教育】 “五一”过后,地区机关及村委会以及直属企事业单位纷纷组织党员干部到井冈山、延安等革命教育基地进行红色之旅,参观学习,接受革命传统教育。

(花淑平)

【净化地区环境】 10-12月,全乡各级投入大量人力、物力、财力开展以拆除流动人口聚居大院等七类违法建设和打击“七黑”、低级次产业等为重点的综合整治活动。拆除各类违法违章建设9万余平方米。开展42次打击和清理“七黑”、低级次产业活动,取缔614(处)家。取缔1所打工子弟学校和3所幼儿园。

(花淑平)

【城市化建设】 年内,全力配合市、区有关部门改扩建南皋路、影视城西路、广顺东大街,协调有关单位增开五环路草场地出口。完成南皋路两侧30米22家企业拆迁、12户农(居)住户拆迁及20米绿化美化工作,铺种草坪1.7万平方米,新建公厕4座、封闭式垃圾站一座、配电室两座。绿化美化马泉营西路,完成对京承路、五环路、京顺路重点养护工作。完成来广营东路与广顺北大街、南皋路与大山子路对接规划设计。投资389万元修建北皋东路、黑桥南路、费家村中路,投资360.5万元完成北小河危桥改造、奶子房小学排水设施、鸭子湖方涵改造工程、望京中心沟改造工程和崔各庄村中心沟改造工程,投资170万元实施善各庄村水网改造。配合修建区重点工程东辛店村污水处理厂。新打饮水井15眼,其中7眼井深300米,初步解决群众吃水难问题。引进973路公共汽车,方便群众出行。

(花淑平)

【集体资产规范管理】 年内,针对规划约束导致集体增收缓慢等问题,加大集体经济合同调整力度和新签合同审查力度。乡村两级依靠法律手段、政策支持调整112份租金低、不规范村级经济合同,为集体增加800多万元经济收入。乡经济管理委员会对95份新签合同进行审定和鉴证,确保新签合同利益最大化。加强了村级财务管理改革步伐,推行会计代理记帐制度。由乡政府委派出纳人员、会计委托代理村极财务,有4个试点村和2个直属企业获得成功。在村务公开、财务公开工作上,制定新管理办法,村务公开、财务公开次数由一年两次增加到一年4次,增强了透明度和及时性,得到群众认可。

(花淑平)

【加强领导班子建设】 年内,每月举办一次理论学习,每半年组织一次专题研讨会,聘请专家教授授课辅导,先后组织主题授课15次,组织观看电教片14次,形成理论——实践——理论和提出问题——学习研讨——解决问题的理论学习两个循环,在党建规范化制度化建设、农村财务代记账管理、新型劳务派遣组织建设、村级领导工资福利待遇保险等项工作上创新,引起有关部门高度重视和关注。制定《崔各庄地区工委(乡党委)议事规则》、工委(党委)对人、财、物和经济开发立项决策准则,召开主题民主生活会。实行副职领导包村责任制,全年下基层时间均在100天以上。领导班子成员与乡域内困难户、残疾人结成帮扶对子,积极关心弱势群体。

(潘艳辉)

【加强基层基础建设】 年内,制定下发《关于在全乡进一步深入开展党的建设“三级联创”活动的实施意见》、《崔各庄乡2005年度“三级联创”百分考核实施细则》、《2005年崔各庄乡创建“五个好”党支部检查验收参照标准》和《2005年崔各庄乡党建工作考评标准》,广泛开展“三级联创”活动,基层支部形成7类37项建设考核体系。注重分类指导,增强工作实效。对村级两委成员分类指导帮助。分别召开党建、经济工作和安全稳定工作研讨会,组织谈心考察支部班子建设。建立基层两委成员学习制度,开展基层干部法律知识大赛。统一规范村级班子正职工资。为村级104名两委班子成员,建立干部档案。制定《村级干部管理办法》,试点推行《村级职位说明书》。明确党建工作5个方面17项工作任务和目标,编印《崔各庄乡基层党建工作制度化规范实用手册》。开展制度健全月活动。按照四有标准,落实党员阵地。全乡各支部建设势头良好,经民主评议,15个党支部中,7个为优秀党支部、4个为较好党支部、4个为一般党支部。

(潘艳辉)

【发挥党员干部先锋模范作用】 年内,扎扎实实地开展党员先进性教育,地区808名党员参加集中学习,参学率95.5%。分析评议阶段,广泛征求意见558条。整改提高阶段,针对加强学习、改变工作作风等15项内容立即整改;对加强教育提高党员干部队伍素质等14项内容限期整改。经过对全乡926名党员群众满意度测评,其中满意857票,地区先进性教育活动整体满意率达到92.5%。扎扎实实地进行党员设岗定职。拟定3类8个义务岗位,统一印制《党员先锋模范作用实录卡》,党员户普遍挂起“党员之家”牌子,全乡掀起“党歌唱起来,党徽戴起来,身份亮起来,作用显起来”活动高潮。扎扎实实地将党员作用与当前工作挂钩。采取致党员的一封信、座谈会、动员会和举行启动仪式等方法,倡导党员在实际工作中做好样子,在环境综合整治、强化社会治安、防洪抢险等项工作中,较好地发挥党员先锋作用,涌现出一批优秀共产党员,乡党委组织了共产党员事迹巡回报告。

(潘艳辉)

【精神文明建设】 年内,开展"文明礼仪进乡村"活动,下发《文明礼仪读本》3000册。举办健康宝宝大赛、乡首届新秧歌暨花棍舞大赛、"五月的鲜花"歌咏比赛、冬季拔河比赛、地区秋季运动会和金秋十月、"七一颂歌献给党"、平安社区宣传日专场文艺汇演。

(花淑平)

【平安地区创建】 年内,成立以无职党员为主体的义务巡逻队。建立212人组成的地区巡防大队,60人的综治直属队,扩充50人的城管队。在全地区实行封闭式和半封闭式管理,在有条件的两个村安装电子监控器,投资91万元,修建62个治安岗亭全部投入使用。全乡主要大街和8个村村内街道全部安装照明系统。地区发案率明显下降。

(花淑平)

【流动人口管理】 年内,制定《崔各庄乡流动人口管理办法》和《崔各庄乡出租房屋管理办法》,开展8次100人队伍执法盘查暂住证工作,通过综合整治集中清理大院内流动人口,共清理2.5万余人。

(花淑平)

【培训与再就业】 年内,全面落实就业安置各项优惠政策,建立部门分工负责、齐抓共管就业责任体系和工作机制。举办现场招聘会,完善就业信息咨询、职业介绍等服务体系,多途径、多渠道创造就业岗位。培训劳动力815人,其中引导性培训415人、技能培训400人,培训合格率100%,乡村两级推荐安置就业513人。就业率63%。发挥劳务派遣组织作用,开发就业岗位415个,累计派遣504人。

(花淑平)

【劳动与社会保障】 年内,依法规范用人单位劳动用工管理。检查单位139家,立案150件,处罚10件,共处罚金78700元。其中:接转举报38家,检查单位涉及劳动者人数12750人。为劳动者追讨工资31887.5元,补签劳动合同144份;对42家用工单位下达责令改正通知书,对12家用工单位责令补办社会保险登记,责令补缴社会保险11725.81元。为112户211人低保户和32名优抚对象支出民政事业费和保障金298万元,使绝大多数城乡困难群众基本生活得到保障,做到应保尽保。对重病、重残和无经济收入特殊困难家庭采取重点救助工作。为8户24人临时救助44300元。制定党政领导联系困难户制度。乡党政领导与困难户结成对子,帮助困难户解决13件实事和难题,3户家庭基本脱贫。完成25所打工子弟学校1624人次流脑接种和传染病防治工作。建立3所农村卫生服务站。基本医疗参保率82%,为6998名地区百姓发放报销款82万余元。

(花淑平)

【人民调解】 年内,全乡受理纠纷235件,调解成功226件,调解成功率96%。进行4次矛盾排查,排查纠纷41件,调处39件。

(花淑平)

【法制宣传】 年内,举办各种大型法律、法规宣传6次,参与宣传的人员620余人次,发放宣传材料32000余份,悬挂横幅170余条。

(花淑平)

人 物

领导干部

中国共产党北京市朝阳区第九届委员会

书　　记　李士祥
副 书 记　陈　刚　朱家麒　王力军
　　　　　韩子荣(5月调离)　张　洋
常　　委　李士祥　陈　刚　朱家麒　王力军
　　　　　韩子荣(5月调离)　张　洋
　　　　　辛燕琴　戴继楼　肖兴国　刘英男
　　　　　沈乃宏　刘希泉　王少峰
委　　员(按姓氏笔画排列)
　　　　　王　琳　王一俊　王力军　王少峰
　　　　　王玉英　王明达(1月调离)　吉广平
　　　　　曲　君　吕和平　朱家麒　刘军胜
　　　　　刘希泉　刘英男　李　明　李士祥
　　　　　李建海(满族)　肖兴国　吴金龙
　　　　　吴家荣　辛燕琴　沈乃宏　张　洋
　　　　　陈　刚　陈　捷　郑　煌　韩子荣
　　　　　戴继楼
候补委员　王瑞林　吴凤岐　赵全保　杨　霆
　　　　　卫停战

中共朝阳区委工作机构负责人

办公室主任　刘希泉
组织部部长　辛燕琴
宣传部部长　王少峰
统一战线工作部部长　沈乃宏
　　　　常务副部长　王建荣
党史办公室主任　李慧芳
精神文明建设委员会办公室主任　黄晓伟(6月免)
　　　　兰学军(6月任)
台湾工作办公室(区政府台湾事务办公室)
　主任　王建荣(兼)
政法委员会书记　朱家麒(兼)
　　　　常务副书记　曲　军
社会治安综合治理委员会办公室主任　刘印槐
防范和处理邪教问题领导小组办公室(区政府防范和处理邪教问题办公室)主任　霍国庆
直属机关工作委员会书记　张　洋
　　　　常务副书记　范少飞
教育工作委员会书记　吴金龙
老干部局局长　杨秀燕
党校校长　王力军(兼)
　党委书记、常务副校长　蒋自伟
保密委员会办公室主任　朱宝琪
非公经济工委书记　高世城

朝阳区政府、人民团体党政分设工作机构党委(组)书记

国有资产管理委员会党委书记　杨　治
安全生产监督管理局党组书记　陈云铭
国土资源和房屋管理局(3月机构改革,撤并)
　党委书记　王祖锷(3月免)
建设委员会党委书记　刘来祥(3月任)
文化委员会党委书记　张　前
卫生局党委书记　郭德宏
体育局党委书记　陈大中
规划局党组书记　赵　莉(3月免)
　　　　安建民(3月任)
街道工作委员会书记　吴家荣

农村工作委员会书记　吕和平
绿化局党委书记　赵全保
水利局党委书记　闻惠友

中国共产党北京市朝阳区纪律检查委员会

书　记　张　洋
副书记　陈家康　陈　琳　徐江波
常　委　张　洋　陈家康　陈　琳　徐江波
　　　　魏立波　赵新跃　盛国敏　范小明
　　　　耿　新

朝阳区第十三届人民代表大会常务委员会

主　任　朱家麒
副主任　任　强　闫学锋　于五一　孔德琴
　　　　谢正观
委　员(按姓氏笔画为序)
　　　　于　敏　王希桥　吕　岚　闫金山
　　　　闫维明　李　洁　李彦田　杨轩荣
　　　　杨津华　辛荣军　张玉琨　张克成
　　　　陈甸清　昌延力　侯湘君　费　珉
　　　　绛　云　聂启明　贾润深　徐　伟
　　　　高世城　崔源声　滑明达

朝阳区人大工作机构负责人

办公室主任　张克成
内务司法工作委员会主任　王希桥
财政经济工作委员会主任　贾润深
城建环保工作委员会主任　杨津华
教科文卫工作委员会主任　闫金山
代表联络室主任　辛荣军

北京市朝阳区人民政府

区　　长　陈　刚
常务副区长　戴继楼
副　区　长　孙世超(12月调离)　宋连娣
　　　　　　李　国　关三多　佟克克
　　　　　　束　为(12月调离)
　　　　　　贺　荣(10月挂职)
　　　　　　谢超斌(12月任职)
　　　　　　赵全保(12月任职)

朝阳区人民政府工作机构负责人

办公室主任　王　春
发展和改革委员会主任　张春秀
国有资产管理委员会主任　王亚贵
安全生产监督管理局局长　关　伟
商务局局长　郭宗喜
教育委员会主任　谢　莹
教育督导室主任　诸　平
科学技术委员会主任　吉广平
监察局局长　张树安
民政局局长　张凤祥
司法局局长　荣　容
财政局局长　尚　焰
人事局局长　郑　煌
机构编制委员会办公室主任　郑　煌(兼)
劳动和社会保障局局长　吕明杰
规划局局长　安建民
建设委员会主任　李建海
市政管理委员会主任　尹秀峰
国土资源和房屋管理局(3月撤并)局长　刘来祥(3月免)
街道工作办公室主任　王智玲
文化委员会主任　李龙吟
卫生局局长　殷　菁
人口和计划生育委员会主任　刘富强
审计局局长　邹立嵩
环境保护局局长　张永华
统计局局长　刘　野
水利局局长　李树东
农业委员会主任　赵增华
旅游局局长　杨伟萍
体育局局长　田巨清
绿化局局长　赵全保
民族宗教办公室主任　王均堂
侨务办公室主任　王建荣(兼)
外事办公室主任　宿静美
信访办公室主任　王海军
人民防空办公室主任　鄂曼叶
法制办公室主任　刘　勇
信息化工作办公室主任　梅诗曙
北京商务中心区管理委员会主任　束　为(兼)
北京商务中心区管理委员会常务副主任　洪继元(6月任)
投资促进局局长　吴学文
城市管理监察大队队长　王文军
城市管理监督指挥中心(9月组建)主任　皮定均(9月任)

望京高新技术产业区管委会党委书记　王瑞林
北京市工商行政管理局朝阳分局局长　方世成
国家税务局局长　张志伟
地方税务局局长　陈合庄
质量技术监督管理局局长　杨希迁
北京市药品监督管理局朝阳分局局长　闫学会
烟草专卖局局长　王爱国
档案局局长　申玺朝
地方志办公室主任　赵万顺
老龄工作办公室主任　陈　颖

中国人民政治协商会议北京市朝阳区第十届委员会

主　　席　李　明
副 主 席　张和平　谢　郁　刘乃晨　高春锦
　　　　　马万昌(回族)　杨文良
秘 书 长　王苏华
常务委员(按姓氏笔画为序)
　　　　　于　英　王永庆　王吉安　王均堂
　　　　　王建荣　毛大庆　方　炎　石凤云
　　　　　龙裕文　叶　青　史　彬　史麟昭
　　　　　司爱华　刘　福　安阿玥(回族)
　　　　　张汉东　张秀云　张国利　张笔从
　　　　　张淑明　严儒铨　杜　虹　李利民
　　　　　何子阳　何志强　沈根发　陈丽娟
　　　　　连玉明　茅玉麟　林安杰　罗钊明
　　　　　郑　宇　郝彦楷　胡克勤　胡建三
　　　　　高向宇　郭宗喜　黄关葆　曹厚昌
　　　　　崔新未　彭宗祥　傅志峰　谢　莹
　　　　　蔡克瑾　潘　迎

朝阳区政协专门委员会负责人

提案委员会主任　沈根发
学习文史委员会主任　连玉明
经济科技委员会主任　崔新未
城市建设与管理委员会主任　高向宇
教育委员会主任　林安杰
文卫体委员会主任　严儒铨
社会和法制委员会主任　石凤云
民族和宗教委员会主任　王均堂
港澳台侨委员会主任　潘　迎

朝阳区政协工作机构负责人

办公室主任　王苏华(兼)
城建处处长　霍　利
文教处处长　陈战锋
经济处处长　张淑明
联络处处长　尹国明

朝阳区政法、军事机构负责人

人民检察院党组书记、检察长　王一俊
人民法院党组书记、院长　王明达(1月免)
　　　　　　　　　　　　李新生(1月任)
人民武装部部长　李彦田
　　　　　政委　刘英男(兼)
北京市公安局朝阳分局党委书记、局长　肖兴国
　　　　　　　　　　　　　　　政委　王　忠
北京市国家安全局朝阳分局局长　姚一群
交通支队队长　张　诚

朝阳区各民主党派负责人

民革朝阳区委主委　关三多
民盟朝阳区委主委　马万昌
民建朝阳区委主委　王永庆
民进朝阳区委主委　林安杰
农工党朝阳区委主委　高春锦
致公党朝阳区委主委　高向宇
九三学社朝阳区委主委　方　炎
台盟朝阳区工委主委　潘　迎

朝阳区各团体负责人

工会主席　王玉英
共青团朝阳区委书记　吕　岚
妇女联合会主席　王　琳(6月免)　黄　敏(6月任)
科学技术协会主席　李春霞
残疾人联合会理事长　孙育力
归国华侨联合会主席　于　敏
工商业联合会会长　高世城
红十字会会长　关三多(兼)
红十字会副会长　宋凤泽
文学艺术界联合会秘书长　李龙吟(兼)
慈善协会(6月组建)会长　王　琳(6月任)

朝阳区各街道工委、办事处负责人

八里庄街道
工 委 书 记　刘北阳
办事处主任　闫　宾
左家庄街道
工 委 书 记　赵永山
办事处主任　宋国华
和平街街道
工 委 书 记　史素珍
办事处主任　付义军
双井街道
工 委 书 记　尹国明(9 月免)　赵　玲(9 月任)
办事处主任　良　彪
酒仙桥街道
工 委 书 记　张　岩
办事处主任　王　军
呼家楼街道
工 委 书 记　张永红
办事处主任　胡建三
朝外街道
工 委 书 记　武清林
办事处主任　郑金录
劲松街道
工 委 书 记　李金山
办事处主任　王建军(6 月免)　范力平(6 月任)
安贞街道
工 委 书 记　张丽鸣
办事处主任　孙明明
三里屯街道
工 委 书 记　李振启
办事处主任　李振玲
建外街道
工 委 书 记　张家逊
办事处主任　苏　民
团结湖街道
工 委 书 记　闫洪生
办事处主任　董跃美
潘家园街道
工 委 书 记　王小毛
办事处主任　李　洁
香河园街道
工 委 书 记　徐家亮
办事处主任　尹建立
六里屯街道
工 委 书 记　杨德勤(6 月免)　马　龙(6 月任)
办事处主任　王素荣
亚运村街道
工 委 书 记　苑文新
办事处主任　杨树旗
小关街道
工 委 书 记　闫立民
办事处主任　黄　亮
垡头街道
工 委 书 记　黄　敏(6 月免)　王建军(6 月任)
办事处主任　高智勇
麦子店街道
工 委 书 记　王　毅
办事处主任　李中水
机场街道
工 委 书 记　方　明
办事处主任　李　洋
望京街道
工 委 书 记　朱春霞
办事处主任　皮定均(9 月免)　韩俊英(9 月任)
大屯街道
工 委 书 记　王文远
办事处主任　张永新

朝阳区各地区(乡)工委(党委)、办事处(乡)负责人

南磨房地区(乡)
工 委(党委)书 记　张德亮
办事处主任(乡长)　张　奎
高碑店地区(乡)
工 委(党委)书 记　张富生
办事处主任(乡长)　刘军胜
将台地区(乡)
工 委(党委)书 记　刘新平
办事处主任(乡长)　左景全
太阳宫地区(乡)
工 委(党委)书 记　董万立
办事处主任(乡长)　张永贵
十八里店地区(乡)
工 委(党委)书 记　杨　霆
办事处主任(乡长)　王福丽(6 月免)
于海波(6 月任)
小红门地区(乡)
工 委(党委)书 记　兰学军(6 月免)
康志华(6 月任)

办事处主任(乡长) 路 军
王四营地区(乡)
工委(党委)书记 乔竹兰
办事处主任(乡长) 李世喆
平房地区(乡)
工委(党委)书记 周 坤
办事处主任(乡长) 刘长永
东坝地区(乡)
工委(党委)书记 孙振东
办事处主任(乡长) 安永存
金盏地区(乡)
工委(党委)书记 王宝军
办事处主任(乡长) 王静诚(6月免)
张建顺(6月任)
来广营地区(乡)
工委(党委)书记 赵万友(6月免)
陈晓东(6月任)
办事处主任(乡长) 陈晓东(6月免)
杨建海(6月任)
奥运村地区(乡)
工委(党委)书记 吴凤岐
办事处主任(乡长) 樊文祯(3月免)
胡良森(3月任)
东风地区(乡)
工委(党委)书记 张德明
办事处主任(乡长) 张仲凯
孙河地区(乡)
工委(党委)书记 纪海义
办事处主任(乡长) 刘大宏
崔各庄地区(乡)
工委(党委)书记 张树宝
办事处主任(乡长) 凌玉才
三间房地区(乡)
工委(党委)书记 牟燕东
办事处主任(乡长) 葛 强
常营地区(乡)
工委(党委)书记 吕 贵
办事处主任(乡长) 崔文荣
豆各庄地区(乡)
工委(党委)书记 李云飞
办事处主任(乡长) 张士华
黑庄户地区(乡)
工委(党委)书记 荣学强
办事处主任(乡长) 张建顺(6月免)
张克斌(6月任)
管庄地区(乡)
工委(党委)书记 杨 永
办事处主任(乡长) 晏 昭(6月免)
蔡淑敏(6月任)

区属其他处级单位负责人

奥林匹克森林公园管理委员会
主任 戴继楼(兼)
常务副主任 吴凤岐(兼)
社区学院院长 孙世超(兼)
党委书记 杨绍磊
常务副院长 孙桂华
广播电视新闻中心党委书记 洪建基
主任 奚传斌
温榆河开发建设管理办公室主任 冷雪峰
农村企业发展局局长 王 健
农村合作经济管理站站长 冯庆国
农业综合技术服务中心党委书记 赵希永
农业机械服务中心主任 张新国
畜牧兽医技术服务中心党委书记 凌 佩
主 任 夏玉茂
水产养殖服务中心党委书记 许永增
主 任 解 凯
农业综合执法大队党委书记 张思忠
队 长 韩珍义
世奥森林公园发展有限责任公司(6月组建)
吴凤岐(6月兼任)
望京新兴产业区综合开发公司党委书记 杨德勤
经 理 汪 洋
朝阳公园开发经营公司党委书记 刘怡玲
经 理 田锦種
朝阳城市建设综合开发公司党支书记 郭 艺
经 理 刘福利
京客隆商业集团股份有限公司党委书记 陈 捷
董事长 卫停战
总经理 李建文
昆泰房地产开发集团党总支书记 杜文玲
经 理 何志强
宝嘉恒基础设施投资公司党支部书记 丛微微
经 理 张 维
京广中心有限公司党委书记 孙俊利
京广中心商务管理分公司经理 闫 助
机关后勤服务中心党委书记 霍金华
主 任 张颖诚
环境卫生服务中心党委书记 黄庆林
主 任 梁振元

朝阳建筑工程公司党委书记、经理　马印秋
第二建筑工程公司党委书记、经理　苏启俊
工业局局长　杨士山
物资管理局党委书记、局长　王国敞
金朝阳商贸国有资本运营公司党支部书记　张建军
经　　理　李　默
蓝岛大厦党委书记　王东海
经　　理　黄　豪
副食品总公司党委书记、经理　顾汉林
粮食局党委书记　李长生
局　　长　史中苏
金朝阳新建材总支书记、董事长　张中原
华阳经济开发公司总支书记、经理　刘兴周
国朝国有资产运营有限公司党支部书记　李国胜
朝阳宾馆党总支书记　崔新荣
经　　理　马德山
郡王府党支部书记　王　彬
主　　任　李　杰
社区经济管理办公室党委书记、主任　刘　福
潘家园国际民间文化发展中心党委书记、主任　崔新未
垃圾无害处理中心党支部书记　郭团会
主　　任　任继民

全国(含系统)先进单位、先进个人

先进集体

全国民族团结进步模范单位
朝阳区
全国文化工作先进单位
区文化馆
全国精神文明建设工作先进单位
区文化馆
全国文明先进单位
朝外大街派出所
全国创建文明村镇工作先进镇
南磨房乡
高碑店乡
全国精神文明建设工作先进单位
区文化馆
蓝岛大厦
全国军民共建社会主义精神文明先进单位
来广营乡
全国婚育新风进万家先进集体
小红门乡
三里屯街道
全国群众体育先进单位
望京街道
东坝地区
全国和谐社区建设示范街道
酒仙桥街道
全国社区志愿者服务示范街道
酒仙桥街道
中国社区志愿者注册管理示范单位
酒仙桥街道
第一次全国经济普查先进集体
三里屯街道
朝外街道
来广营地区
奥运村地区
小红门地区
全国乡镇企业科技管理工作先进单位
区农村企业发展局
全国民办非企业单位自律与诚信民政活动组织奖
区民政局
全国扫黄打非先进集体
城市管理监察大队
全国百家示范乡镇
十八里店乡工会
劳动保障宣传先进单位
区劳动和社会保障局行政办公室
全国基层残联信息化建设优秀单位
区残疾人联合会
全国人防先进单位
区人民防空办公室
全国绿化先进集体
区绿化局

先进个人

中国法官十杰
钟蔚莉
第一次全国经济普查先进个人
张　岩　张仲凯　郑传友

全国民族团结进步模范个人

王均堂

全国乡镇企业统计先进工作者

孙　琦

全国乡镇企业科技先进工作者

王魁光　马锦元

全国乡镇企业财务先进工作者

杨景生

全国优秀劳动争议仲裁员

史宜宏

全国组织机构代码工作15周年优秀工作者

郭　峻

北京市（含系统）先进集体、先进个人

先进集体

北京市人口与计划生育先进集体

崔各庄乡

小红门乡

三里屯街道北三里屯社区

东风乡六里屯村

麦子店街道计划生育办公室

来广营乡计生文教科

北京市模范集体

区劳动和社会保障局劳动监察大队

区环境卫生服务中心第一清洁车辆场车间底盘班

蓝岛大厦化妆首饰卖场

呼家楼中心小学少先队大队委员会

市公安局朝阳分局国内安全保卫支队

亚运村第二幼儿园

朝来农艺园科技组

区疾病预防控制中心传染病地方病控制所

中集北京长城仪器厂（六九〇一工厂）化工车间

区劳动监察大队

北京市残疾人工作优秀标兵单位

区残联

北京市人民满意的政法单位

区法院

北京市城市管理综合行政执法系统先进大队

区城市管理监察大队

北京市先进城管监察分队

亚运村街道城管监察分队

酒仙桥街道城管监察分队

北京市爱国卫生先进单位

亚运村街道

香河园街道

崔各庄地区

区爱委会

区环境保护局

朝阳公园

北京市双合格家庭教育工作先进集体

亚运村街道

北京市基层妇女组织先进集体

亚运村街道

三里屯街道

北京市档案系统先进集体

区劳动和社会保障局行办

北京市保密工作先进集体

区国家保密局

北京市第一次全国经济普查先进集体

崔各庄乡

小红门乡

酒仙桥街道

东风乡统计科

麦子店街道

东坝地区

首都绿化美化花园式单位

区农村管理干部培训中心

首都劳动奖状

区总工会

十大优秀刑侦集体

朝阳公安分局刑侦支队重案二队

首都文明街道

香河园街道

建外街道

亚运村街道

麦子店街道

安贞街道

望京街道

酒仙桥街道

呼家楼街道

劲松街道

八里庄街道

首都文明乡镇

高碑店乡
南磨房乡
十八里店乡
东风乡
来广营乡
管庄乡
三间房乡
奥运村乡

首都文明社区

呼家楼街道人民日报社社区
香河园街道西坝河西里社区
香河园街道柳芳南里社区
亚运村街道安慧里社区
建外街道南郎家园社区
朝外街道吉祥里社区
三里屯街道幸福二村社区
团结湖街道水碓子社区
南磨房乡紫南家园社区
三间房乡三间房南里社区
太阳宫乡芍药居甲2号院社区
小关街道小关社区
小关街道高原街社区
六里屯街道十里堡北里社区
六里屯街道静水园社区
劲松街道八棵杨社区
安贞街道安华西里社区
垡头街道西里社区
望京街道望京西园三区社区
望京街道方舟苑社区
呼家楼街道呼家楼北社区
潘家园街道华威北里社区
麦子店街道霞光里社区
麦子店街道枣营南里社区
大屯街道秀雅社区
八里庄街道红庙社区
酒仙桥街道高家园社区
团结湖街道一二条社区
双井街道九龙社区
南磨房乡平乐园社区
管庄乡八里桥社区
三间房乡双桥铁路社区
三间房乡定北里社区
来广营乡北苑家园绣菊园社区
和平街街道樱花园社区
垡头街道一区社区
管庄乡建东苑社区

首都文明村

金盏乡北马房村
金盏乡黎各庄村
孙河乡上辛堡村
高碑店乡高井村
东坝乡三岔河村
小红门乡小红门村
小红门乡肖村
小红门乡龙爪树村
将台乡东八间房村
管庄乡八里桥村
管庄乡杨闸村
平房乡黄渠村
平房乡石各庄村
平房乡平房村
东风乡将台洼村
东风乡六里屯村
三间房乡北双桥村
三间房乡三间房西村
三间房乡新房村
王四营乡官庄村
十八里店乡十里河村
十八里店乡十八里店村
十八里店乡小武基村
南磨房乡大郊亭村
崔各庄乡马泉营村
来广营乡红军营村
来广营乡新生村
高碑店乡高碑店村
高碑店乡半壁店村
南磨房乡楼梓庄村
东风乡豆各庄村
东风乡辛庄村
孙河乡前苇沟村
孙河乡沈家坟村
孙河乡李县坟村
豆各庄乡西马各庄村
东坝乡焦庄村
将台乡驼房营村
管庄乡小寺村
崔各庄乡何各庄村

首都文明单位标兵

朝阳公安分局朝外大街派出所
蓝岛大厦
区文化馆

望京科技园创业服务中心
京客隆商业集团股份有限公司
城外诚家居广场
华普产业集团有限公司
陈经纶中学
城管监察大队
亚运村街道第二幼儿园

首都文明单位

区人民检察院机关
区教育委员会机关
区体育局机关
朝阳工商分局机关
区民政局机关
区气象局机关
区人民法院双桥法庭
区图书馆
求实职业学校
电气工程学校
京客隆京源商场
天利科技深冷股份有限公司
福润达化工有限责任公司
金三元新世纪投资集团有限公司
水科园水产养殖技术有限公司
蟹岛绿色生态度假有限公司
万乐佳时装有限公司
亮都投资有限公司
区审计局机关
区地方税务局机关
区国家税务局机关
区财政局机关
区绿化局机关
区劳动和社会保障局机关
区人民法院机关
区残疾人联合会机关
区卫生局机关
朝阳公安分局巡察支队四队
朝阳公安分局三间房派出所
朝阳公安分局酒仙桥派出所
市公安局交通管理局朝阳支队亚运村队
第十七中学
三里屯一中
和平街一中
朝阳实验小学
呼家楼中心小学
平房小学
芳草地小学
白家庄小学
光华路幼儿园
京客隆营运三部
朝阳公园开发经营公司
区环境卫生服务中心三队
燕京医药公司
莱太花卉有限公司
三间房水泥构件厂
华磊邦得集团
必鹤鹏物业管理公司
区城管监察大队和平街分队
左家庄幼儿园
团结湖街道中心幼儿园
双井街道社会保障事务所

首都文明旅游景区

红领巾公园景区
日坛公园景区
团结湖公园景区
工体富国海底世界景区

创建首都文明示范街

大屯街道慧忠北路商业街
十八里店乡吕家营商业街
首都绿色社区
三里屯街道东三里社区
和平街街道小黄庄社区
双井街道九龙社区
双井街道双花园社区
六里屯街道道家园社区
六里屯街道八里庄南里社区
劲松街道劲松西社区
劲松街道劲松中社区
安贞街道安贞西里社区
左家庄街道顺源里社区
左家庄街道三源里社区
望京街道西园四区社区
潘家园街道潘家园南里社区
潘家园街道潘家园社区
香河园街道光熙门南社区
香河园街道西坝河东里社区
亚运村街道安慧里南社区
亚运村街道安苑里社区
麦子店街道枣营北里社区
大屯街道安逸社区
八里庄街道甘露园社区
八里庄街道远洋天地家园社区
机场街道南平里社区

酒仙桥街道怡思苑社区
建外街道北郎社区
建外街道秀水社区
团结湖街道中路北社区
南磨房乡紫南家园社区
南磨房乡平乐园社区
三间房乡定南里社区
三间房乡定北里社区
三间房乡三间房南里社区
管庄乡管庄西里社区
管庄乡京通苑社区
太阳宫乡芍药居甲2号院社区

首都少年军校示范校
田华小学

首都先进少年军校
团结湖小学
酒仙桥中心小学

首都全民义务植树先进单位
区绿化局

京郊农村劳动力培训就业先进单位
区农村劳动力教育培训服务中心

北京市"园林杯"规划设计管理奖
区绿化局
朝园弘园林绿化有限责任公司

先进个人

北京市先进工作者
于　璐　孙宝东　钟蔚莉　刘燕辉

北京市青年岗位能手
刘　伟　于　璐

北京市劳动模范
孙爱军　高梦生　王福顺

北京市人民满意的政法干警
钟蔚莉　刘燕辉

北京市妇联系统基层妇女组织先进个人
刘秋华　孟燕玲　李　红

北京市城管工作先进个人
杨　力　徐光友　韩蓉蓉

北京市城管系统青年突击手
邢海燕

北京市司法行政系统先进个人
边文新　王子辉

北京市统计系统先进个人
陈　艳

北京市婚育新风进万家活动先进个人
张仲凯

北京市档案系统先进个人
花淑平　孔　雁

北京市第一次全国经济普查先进个人
苏　民　刘乃文　王大凤　郑传友　巴长瑞
陈　艳　张丽红　陈　岩　王　伟　李　欣
樊文祯

北京市地方志(《北京年鉴》)先进工作者
胡良骥　党京华

北京市爱国卫生先进工作者
郑　霞　叶德生　巩　健　李　荣
王　军

北京市人口和计划生育先进个人
岳卫红　王立新　王美丽　门立娟　苏　民
郑国强　高智勇　史素珍　沈永胜　路　军
崔铁山　史素玲　王　军　李振玲　朴美兰
张仲凯　董继勇　陈晓东　齐淑萍　蒋春茂

北京市保密工作先进个人
朱宝琪

北京市先进会计工作者
李雍轩

北京市防范和处理邪教先进个人
刘太平

首都精神文明建设奖获得者
司堃范　李建海　钟蔚莉　刘汉卿　张德亮
庄虔春　宋彦华　张德庆　孙　帅

首都绿化美化积极分子
李树东　闫洪生

十大优秀武警
刘　伟

朝　阳　区
先进集体、先进个人

先进集体

同“法轮功”等邪教组织斗争工作先进集体

潘家园街道工委
左家庄街道工委
八里庄街道工委
六里屯街道工委
三里屯街道工委
呼家楼街道工委
麦子店街道工委
和平街街道工委
双井街道工委
劲松街道工委
安贞街道工委
首都机场街道工委
东湖街道办事处筹备处
朝外街道体东社区党委
建外街道北郎家园社区党委
左家庄街道东里社区党委
八里庄街道延静里社区党委
三里屯街道中纺里社区党委
呼家楼街道核桃园社区党委
团结湖街道一二条社区党委
麦子店街道霞光里社区党委
酒仙桥街道高家园社区党委
香河园街道柳芳南里社区党委
潘家园街道潘家园东里社区党委
亚运村街道北辰东路社区党委
和平街街道小黄庄社区党委
双井街道垂杨柳西里社区党委
小关街道高原街社区党委
垡头街道二区社区党委
安贞街道安贞西里社区党委
首都机场街道南平里社区党委
望京街道花家地西里社区党委
大屯街道慧中里第一社区党委
东湖街道办事处筹备处利泽西园一区社区居委会
东坝地区工委
平房地区工委
王四营地区工委
东风地区工委
三间房地区工委
管庄地区工委
崔各庄地区工委
来广营地区610办公室
金盏地区610办公室
南磨房地区610办公室
奥运村地区南沙滩社区党委
太阳宫地区中交建安居委会党支部
将台地区芳园里社区党总支
东坝地区驹子房村党支部
平房地区姚家园村党总支
高碑店地区八里庄社区党委
王四营地区南花园村党支部
十八里店地区吕家营村党总支
小红门地区龙爪树村党总支
东风地区将台洼村党支部
黑庄户地区郎各庄村党支部
三间房地区双桥铁路社区党委
常营地区荟康苑党支部
豆各庄地区于家围南村党支部
管庄地区八里桥社区党委
崔各庄地区马南里居委会
孙河地区前苇沟村党支部
区司法局
朝阳公安分局法制处
朝阳公安分局看守所
朝阳公安分局警务督察队
朝阳公安分局国保支队三队
朝阳公安分局预审大队36室
区检察院公诉一处
区法院刑一庭
朝阳安全分局四科
朝阳公安分局安贞派出所
朝阳公安分局新源里派出所
朝阳公安分局小关派出所
朝阳公安分局香河园派出所
朝阳公安分局八里庄派出所
朝阳公安分局亚户派出所
朝阳公安分局太阳宫派出所
朝阳公安分局杨闸派出所
朝阳公安分局来广营派出所
朝阳公安分局酒仙桥派出所
朝阳公安分局建外派出所

朝阳公安分局六里屯派出所
朝阳公安分局高碑店派出所
朝阳公安分局垡头派出所
区委办公室
区政府办公室
区委组织部
区委宣传部
区委街工委
区委农工委
区科协
区人事局
区综治办
区城管监察大队
区财政局
区纪委案件审理室
区环境卫生服务中心
区委教工委610办公室
区文化委
区广电新闻中心

依法行政先进单位

区农委
区文化委
区统计局
区环保局
区司法局

行政执法先进单位

区城管监察大队
区安全生产局
区水务局
区建委
区财政局
区劳动保障局
区卫生局

法制环境建设先进单位

区国税局
公安朝阳分局
市规划委朝阳分局
药品监督朝阳分局
区质量技术监督局
工商朝阳分局

目标管理双百考核综合先进单位

区国税局
区城管监察大队
区街办
区发展改革委
区农委
区地税局
工商朝阳分局
区财政局
区司法局
区人事局
区审计局
区统计局
区市政管委
区建委
区文化委

目标管理双百考核单项先进单位

区国资委
区劳动保障局
药品监督朝阳分局
区教委
区卫生局
公安朝阳分局
区环保局
区信息办
区绿化局
区民政局

效能监察综合先进单位

劲松街道办事处
大屯街道办事处
团结湖街道办事处
三里屯街道办事处
潘家园街道办事处
酒仙桥街道办事处
和平街街道办事处
望京街道办事处
八里庄街道办事处
高碑店乡
南磨房乡
孙河乡
三间房乡
十八里店乡
常营乡
平房乡
东坝乡

效能监察单项先进单位

亚运村街道办事处
建外街道办事处
麦子店街道办事处
左家庄街道办事处
朝外街道办事处
双井街道办事处

来广营乡
管庄乡
豆各庄乡
崔各庄乡
东风乡
金盏乡
将台乡

突出贡献奖

望京街道

改革创新奖

麦子店街道
亚运村街道
酒仙桥街道

社区党建优秀奖

呼家楼街道
建外街道
和平街街道
三里屯街道
左家庄街道
朝外街道

社区建设优秀奖

安贞街道
潘家园街道
劲松街道
小关街道
双井街道
大屯街道

环境建设优秀奖

八里庄街道
香河园街道
团结湖街道
六里屯街道
垡头街道
机场街道

"五个好"乡党委暨全面发展先进乡

南磨房乡
高碑店乡
来广营乡
平房乡
十八里店乡
奥运村乡
管庄乡
东风乡
东坝乡
金盏乡
三间房乡
将台乡

环境综合整治先进乡

崔各庄乡
常营乡
王四营乡
黑庄户乡
太阳宫乡

农村劳动力转移就业教育培训先进单位

孙河乡
小红门乡
豆各庄乡
区劳动保障局

经济发展先进单位

蟹岛绿色生态度假村有限公司
方圆平安食品开发有限公司
缤纷四季园林有限公司
黑庄户观赏鱼养殖发展中心
北京汽车制造厂有限公司
华东电气股份有限公司
燕京制药厂
田华建筑集团五公司
大洋路商业街
亮都投资有限公司
盛华集团
世纪城房地产开发有限公司
城外诚家居广场
和众奥顺达物流有限公司
东方基业国际汽车城
百安居装饰建材有限公司百安居来广营店

社会治安综合治理先进单位

朝外街道
左家庄街道
八里庄街道
六里屯街道
呼家楼街道
团结湖街道
麦子店街道
香河园街道
潘家园街道
亚运会街道
小关街道
劲松街道
望京街道
大屯街道
奥运村地区
来广营地区

将台地区
金盏地区
东坝地区
高碑店地区
南磨房地区
十八里店地区
东风地区
黑庄户地区
三间房地区
豆各庄地区
管庄地区
崔各庄地区
区委办公室
区政府办公室
区委组织部
区委街工委
区直机关工委
区委农工委
区委政法委
区委610办公室
团区委
区妇联
区商务局
区教委
区国资委
区建委
区市政管委
区人事局
区信访办
区监察局
区城管监察大队
区人防办
区民宗办
区安全生产监督管理局
区财政局
朝阳工商分局
区劳动保障局
区统计局
区流动人口管理办公室
区文化委
区卫生局
区广电中心
朝阳公安分局
区检察院
区法院
区司法局
区民政局
区残联
朝阳安全分局
朝阳交通支队
蓝岛大厦
铁道部科学院东郊分院环行铁道实验基地

平安建设典型示范单位

麦子店街道
望京街道
酒仙桥街道
劲松街道
东风地区
高碑店地区

精神文明先进乡

王四营乡
豆各庄乡

精神文明先进行业

商业行业

精神文明先进单位

安贞街道社会保障事务所
垡头街道社会保障事务所
亚运村街道社会保障事务所
麦子店街道社区服务中心
和平街街道社会保障事务所
八里庄街道社会保障事务所
世纪嘉园物业处
新城幼儿园时间
北化房地产开发有限公司
东坝乡政府机关
燕京制药厂
天海工业有限公司
芳草工艺品厂
润天和物业公司
佳丽饭店
京通天泰物业公司
鑫辉电子配件厂
惠民物业管理中心
好仁缘食品有限公司
碧海银帆花卉中心
CBD国际高尔夫球会
黄港农工商联合公司
华东电气股份有限公司
王四营乡中心幼儿园
缤纷四季园林有限公司
博特科技实业发展公司
双桥燕京中药饮片厂

世纪华侨城实业有限公司
京新龙医药销售有限公司
东风洁洁保洁服务中心
实宝来游乐设备有限公司
北方文华汽车贸易有限公司
格林万德农业科技有限公司
方圆平安食品开发有限公司
丰苑物业管理有限责任公司
崔各庄六和农业发展有限公司
将台乡综合农贸市场
田华建筑集团四公司第二项目经理部
郡王府管理中心
朝阳宾馆
京广商务中心
京客隆配送中心
京客隆劲松店
京客隆望京店
京客隆管庄商场
京客隆机场商场
京客隆京源商场
京客隆华安商场
京客隆双龙商场
京客隆针织路商场
京客隆三里屯商场
京客隆甘露园商场
京客隆团结湖商场
燕晨物业管理中心
朝外社区经济管理中心
区机关后勤服务中心
望京实安科工贸中心
朝阳公园保洁公司
区建筑工程公司
华阳经济开发公司
北京市汽车滤清器厂
三五零一服装厂
区社区经济管理办公室
区垃圾无害化处理中心
朝海物业管理有限公司
朝批商贸股份有限公司
宝嘉恒基础设施投资公司
慧谷园林绿化有限责任公司
区环卫中心第二清洁车辆厂
腾远兴业汽车服务有限公司
团结湖社区经济管理中心
绿波朝阳公司景区管理中心
潘家园国际民间文化发展中心
望京实安科工贸中心京客隆西园店
北京工业大学附属中学
酒仙桥第一中学
五路居中学
北苑中学
东方德才学校
建国里中学
劲松第四中学
水碓子中学
民族文化职业学校
劲松职业高中
牌坊小学
东坝中心小学
白家庄小学
芳草地小学
关西庄小学
东小井小学
康静里小学
管庄中心小学
垂杨柳中心小学
酒仙桥中心小学
安慧里中心小学
黑庄户中心小学
垂杨柳第四小学
王四营中心小学
黄胄艺术实验小学
秀园幼儿园
团结湖第一幼儿园
群星幼儿园
西坝河第三幼儿园
光华里幼儿园
朝阳公安分局机关
区司法局机关事迹
区人民法院机关
区人民检察院反贪局
朝阳安全分局机关
区人民法院大屯法庭
区人民法院安贞法庭
区人民法院南磨房法庭
朝阳公安分局平房派出所
朝阳公安分局小关派出所
朝阳公安分局东坝派出所
朝阳公安分局建外派出所
朝阳公安分局双井派出所
朝阳公安分局新源里派出所
朝阳公安分局酒仙桥派出所

朝阳公安分局八里庄派出所
朝阳公安分局三里屯派出所
朝阳公安分局楼梓庄派出所
朝阳公安分局南磨房派出所
朝阳公安分局崔各庄派出所
朝阳公安分局花家地派出所
朝阳公安分局麦子店派出所
朝阳公安分局十八里店派出所
朝阳公安分局国保支队
朝阳交通支队
朝阳交通支队呼家楼队
朝阳交通支队高速路队
朝阳交通支队双桥队
朝阳公安分局出入境管理处
朝阳公安分局刑侦支队重案二队
区文化委员会机关
区体育局机关
北京民俗博物馆
朝阳剧场
区第三医院
安华医院
劲松医院
化工路医院
东坝医院
亚运村医院管庄医院
团结湖医院
中医医院
垂阳柳医院
新源里医院
太阳宫医院
三间房医院
南磨房医院
十八里店医院
朝阳体育馆
区图书馆
朝阳有线电视台
朝阳报社
区广播电视新闻中心
第二少儿业余体校
体育健身休闲公园
区人大机关
区政协机关
区人事局
区老干部局
区委组织部
区总工会
区委政法委
人口计生委
区委统战部
区市政管理所
区商务局
区统计局
区旅游局
区档案局(馆)
市规划委员会朝阳分局
京奥港集团
家和集团
佐特陶瓷技术中心
劳动大厦有限责任公司
洛娃集团实业公司
金吉列企业集团有限公司
京慧远电线电缆有限公司
京朝出租汽车有限公司
叶氏企业集团有限公司
中达国际经贸集团有限责任公司
斯丹利装饰工程有限公司
体之杰体育用品有限公司
大潮旅行社
沸腾鱼乡餐饮有限责任公司
雅宝路天雅服装市场有限责任公司

文明先进社区

双井街道大望社区
劲松街道农光里社区
垡头街道东里社区
麦子店街道农展南里社区
望京街道爽秋路社区
酒仙桥街道怡思苑社区
和平街街道砖角楼社区
机场街道西平街社区
三里屯街道幸福一村社区
八里庄街道远洋天地社区
潘家园街道磨房南里社区
香河园街道西坝河中里社区
东风地区东风小区社区
奥运村地区总装社区
东坝地区东坝家园社区
来广营地区朝来绿色家园社区

绿色先进社区

大屯街道安逸社区
大屯街道嘉铭园社区
小关街道高原街社区
六里屯街道晨光社区

亚运村街道京民社区
劲松街道八棵杨社区
望京街道方舟苑社区
酒仙桥街道南路社区
八里庄街道延静里社区
呼家楼街道核桃园社区
劲松街道农光里中社区
三里屯街道中三里社区
三里屯街道东三里社区
亚运村街道安慧里社区
望京街道南湖东园社区
八里庄街道城市华庭社区
麦子店街道农展南里社区
香河园街道西坝河东里社区
香河园街道柳芳北里社区
八里庄街道红庙北里社区
和平街街道小黄庄社区
南磨房地区平乐园社区
南磨房地区双龙南里社区
黑庄户地区康城社区
将台地区芳园里社区
将台地区安家楼社区
高碑店地区高碑店社区
东坝地区东坝家园社区
东风地区东风小区社区
来广营地区清友园社区
常营地区民族家园社区
高碑店地区高井社区
来广营地区朝来绿色家园社区
高碑店地区八里庄社区
豆各庄地区青青家园社区
三间房地区绿州家园社区
王四营地区观音景园社区
高碑店地区半壁店西社区
太阳宫地区芍药居北里第二社区

先进个人

见义勇为积极分子

任　颜

同“法轮功”等邪教组织斗争工作先进个人

杜春华　周辰昕　田兰广　王凤华　孟春玲
张建民　彭晓彦　王建萍　刘　毅　胡桂花
崔秀兰　俞燕萍　王　琳　张秀兰　国　培
陈　健　李　萍　安瑞兰　李桂林　李慧玲
张　平　马锁岭　李月华　张世贞　张改荣
崔淑玲　刘国林　赵　萍　孙玉良　殷金凤
郭群锁　刘德永　闫和军　张英琴　曹海霞
黄亚华　魏　君　吴　信　杨素芬　郗光琳
仇小萍　季永和　黄振彪　刘首燕　付可宾
杜长城　刘爱英　陈国文　马恩旺　孙　涛
金淑华　孙银虎　徐家祥　刘贺琴　何　茹
姚秀云　刘　骐　王荫宗　任文平　田秀春
么文龙　金连洞　高秀英　杨慈光　寇建红
邵希荣　王仲仁　李秀红　杨宝田　夏文华
冯老虎　方　敏　颜廷建　刘　伟　刘　颖
张　瑞　杨凤玲　马同玉　马德义　刘庆忠
崔立利　马胜利　马康伟　金淑霞　周瑞瑞
吴　虹　白久生　顾　浩　王　文　王跃东
王　鸿　王建军　孟祥旺　贺　青　王龙飞
孙润田　张国卿　周　莉　刘　硕　冯永国
丁来红　张　磊　许　铮　张　旭　王　强
李　飞　张世中　王小虎　陆　波　李洪波
蒋　毅　张宏东　李玉宏　杨宝利　李莹军
孙国权　陈宏利　钱京生　王丽娜　李俊锋
梁红生　张英剑　姜锦山　王　宁　徐凤江
顾德山　孟祥江　张京维　杨卫东　辛本岩
钱　琨　倪建东　吴长江　张　磊　安文忠
冯顺发　周耀程　彭智勇　许　利　杨凤元
杨　杰　马爱华　魏腾江　李相逢　李学良
张增义　白江涛　赵保华　康雅楠　李继春
焦　洋　谢晓萌　王丽萍　李文博　吕潍民
徐　勇　梁　玖　张　博　顾小琴　刘广岭
赵俊库　李小丽　康海滨　王黎明　郝慧芝
白欣杰　郭春锋　何　倩　姜宝军　袁自斌
赵金祥　陈　霞　陈彩云　王　静　石燕秋
杜娟娟　李新艳　李　玲　刘东霞　李　罡
徐国林　杨伟萍　全宝玲　兰万秋　洪　华
李　晔　叶元达　蔡永盛　杨守泉　王淑琴
吕旭钧　董印娥　赵文杰　权英淑　孙　欣
安宜慧　陈大中　张天清　姜　华　李秀珍

行政执法先进工作者

李树荣　李凤玲　许东保　韩小军　郭　江
姜明霞　关宝魁　王岳鹏　丁继峰　何李玲
夏　梅　陈　巍　张　洁　马俊颖　武　敏
袁　红　刘来山　赵海军　邓　芸　倪桂芳
陈晓哲　王　峰　侯宝申　勾军民　孙　欣
孙福成　孟　涛　刘桂梅　高景堂　林　琳
张　凯　张雪辉　陈宣英　吴朝辉　王　燕
徐　凯　覃　茁　孙　萌　王丽娜　包兰红
周小勇　金久谋　王学伟　李京生　袁　兵
左　钢　朱　凯　屈佩旺　牛亦民　韩蓉蓉

孙秀玲 张 超 张云亮 丁燕云

文明朝阳人标兵

岳明华 张改荣 尹士媛 李大林 徐文兰
李树莲 郭瑞琴 李树聪 杨庭椿 黄 莉
王铁辰 赵 博 申泽宝 焦文俊 袁 勇
司堃范 曹双玲 魏忠诚 黄景华 王文和
王文俊 张富生 杨 永 刘国固 冀世威
孟秀琴 古金虹 张桂山 刘 芳 杨 霆
崔晓娟 许 阳 侯秀廷 谢 强 李 晔
王瑞霖 赵福顺 张桂红 王来福 杨守泉
赵德广 张连俊 李建文 宋彦华 王玉华
王国秀 李桂云 陈筱梅 王力军 吕宪玲
单守民 刘素梅 李素华 韩振民 尹俊英
郭文英 于渊莘 王秀丽 刘红梅 朱 森
付长征 黄凌飞 孙 伟 申 红 刘 勇
张凤祥 吕启安 杨泰峰 张 成 陈大中
田巨清 张宝恩 丁燕红 高丹丹 骆勇志
尹妍伶 石 英 张 礼 葛 旭 徐龙潜
王 琳 王均堂 刘秀芹 任敬东 霍 利
南日日 张立华 刘 莹 李惠芳 叶 青
聂启明 石向阳 张国利 付秀平 耿 雨
李 伟 邹德威 泥军儒 苏云明 汪建新

五好文明家庭

萧泽赢 蒲秉义 林明哲 王 琪 任秀芝
朱丽钊 白文平 贾德宝 王 芸 王寿璋
朱振刚 赵锡年 戴连兴 张 勇 谢宝琴
崔英杰 何秋兰 张 伟 孙淑珍 崔 梁
王朝晖 许凤清 刘守敏 穆天齐 王振荣
刘金旺 李伟红 高庆贵 张德江 曹宗理
孙继光 张乃萱 卢玉红 付玉林 张德银
恒道福 陈邦茂 史万全 罗美娟 王淑慧
张淑凤 白如梅 孙宝林 王秀玲 李志援
赵兴夏 史新河 朱洪梅 滕丽华 曹 乐
王庆芬 高梦菊 王文雄 姜玉品 白 藕
李桂珍 赵 文 王秀英 陈凤新 赵艳珠
张新华 朱克敏 刘春明 韩宝茹 王淑玲
蒋兰芬 邱凤霞 刘树玲 计瑞瑾 张 君
时亚军 孙海霞 王培杰 尹士媛 孟大祥
杜英芳 张艳荣 孙长林 李从显 白英伟
原 野 赵 林 王艳婷 常克海 石军芳
梁美丽 张树森 叶如陵 于凤荣 张 梅
王罗民 刘文茹 侯秋平 史秀英 闫君若
沈云师 宋凤阁 王 英 张金玉
少莉·普古达

逝世人物

刘永国 北京市朝阳区人大常委会原主任、离休干部。男,汉族,中共党员,北京市门头沟区人。1923年12月出生;1939年9月参加工作,1940年5月加入中国共产党,相当高中文化程度。历任:抗日战争时期,宛平县抗日民主政府文书;宛平一区武委会青工部部长兼抗先队长;中共宛平县委组织部干事;宛平五区区委书记。解放战争时期,中共蔚县城关区区委书记;中共良乡县三区区委书记。解放后,中共良乡县委委员、县委宣传部部长;良乡县税务局局长;中共良乡县委副书记;中共通县地委直属机关党委副书记;中共怀柔县委书记兼县武装部政委;中共房山县委书记兼县武装部政委;中共周口店区委书记处书记;中共房山县委书记处书记;中共顺义县委副书记兼县人委县长;朝阳区和平公社党委副书记、革委会副主任、书记;中共朝阳区委常委、区革委会副主任兼和平公社党委书记;中共朝阳区委副书记;朝阳区人大常委会主任;中共朝阳区委顾问。2005年4月29日4时18分在北京因病逝世,享年82岁。

李瑜铭 北京市朝阳区人大常委会原主任、离休干部。男,汉族,中共党员,山东省东阿县人。1923年5月出生,1940年1月参加工作,1940年1月加入中国共产党,初中文化程度。历任:抗日战争时期,山东省东阿县二分区区委书记;冀鲁豫边区六地委试验区区委副书记;东阿县三区区委书记;解放战争时期,东阿县六区区委书记;中共东阿县委宣传部部长、办公室主任;徐翼县人民政府副县长。解放后,北平市十七区人民政府区长、书记兼区长;中共海淀区委副书记;中共石景山区委书记;中共门头沟区委书记;中共顺义县委第一书记;中共丰台区委副书记、区革委会副主任、区委书记、区革委会主任;中共北京市委农工部副部长兼市农办副主任;中共朝阳区委书记;朝阳区人大常委会主任,北京市顾问委员会委员。2005年9月14日在北京因病逝世,享年82岁。

统计资料

地区生产总值

表1

单位:万元

项　　目	增加值	构成(%)
总　计	12533946	100
第一产业	13776	0.1
第二产业	2378060	19.0
工业	1832173	14.6
建筑业	545887	4.4
第三产业	10142110	80.9
交通运输、仓储和邮政业	1344039	10.7
信息传输、计算机服务和软件业	542800	4.3
批发和零售业	2408770	19.2
住宿和餐饮业	520345	4.2
金融业	1278393	10.2
房地产业	1322974	10.6
租赁与商务服务业	846355	6.8
科学研究、技术服务和地质勘察业	601111	4.8
水利、环境和公共设施管理业	60636	0.5
居民服务和其他服务业	114531	0.9
教育	392048	3.1
卫生、社会保障和社会福利业	190837	1.5
文化、体育和娱乐业	211035	1.7
公共管理和社会组织	308237	2.5

地方财政收支

表2

单位:万元

项　　目	决算数	项　　目	决算数
一、财政收入部分	853038	二、财政支出部分	604394
一般预算收入	844852	一般预算支出	596191
(一)共享收入	718601	基本建设支出	39494
1.增值税	97561	企业挖潜改造支出	2182
2.营业税	405451	科技三项费用及科学支出	7410
3.企业所得税	169247	1.科技三项费用	3109
4.城市维护建设税	26677	2.科学支出	4301
5.城镇土地使用税	3337	农业、林业、水利和气象支出	19733
6.土地增值税	2488	1.农业支出	14250
7.教育费附加收入	13840	2.林业支出	2543
(二)固定收入	107353	3.水力和气象支出	2940
1.房产税	82443	工业交通等部门的事业费	
2.印花税	18842	文体广播事业费	9336
3.车船使用税	5860	教育支出	97483
4.农业税		医疗卫生支出	33760
5.耕地占用税	208	其他部门的事业费	18199
(三)非税收入	18898	抚恤、离退休及社保支出	105082
1.行政性收费收入	11591	1.抚恤和社会福利救济费	35619
2.罚没收入	4168	2.行政事业单位离退休支出	55399
3.土地和海域使用权有偿使用收入	2137	3.社会保障补助支出	14064
4.专项收入	512	行政及公检法司支出	115466
其中:排污费收入	67	1.行政管理费	59361
城市水资源费收入	445	2.公检法司支出	56105
5.其他收入	490	城市维护费	72869
		政策性补贴支出	2668
		专项支出	23526
		其中:教育费附加支出	23138
		其他支出	48983
基金预算收入	8186	总预备费	
1.地方财政税费附加收入	1	基金预算支出	8203
2.工业交通部门基金收入	7852	工业交通部门基金支出	801
3.其他部门基金收入	333	文教部门基金支出	637
		农业部门基金支出	610
		其他部门基金支出	1110
		地方财政税费附加支出	5045

数据来源:北京市朝阳区财政局

户数人口数(户籍统计)

表3　　　　单位:人

地区别	总户数(户)	总人口			在总人口中		出生数	死亡数
		合计	男	女	非农业人口	农业人口		
全 区	655420	1722015	870928	851087	1567194	154821	11008	7533
街道	403601	1156185	589455	566730	1156111	74	6265	5081
建 外	13822	42944	22108	20836	42944		210	223
朝 外	13254	44596	24035	20561	44596		188	221
呼家楼	21417	63919	31970	31949	63919		326	300
三里屯	14200	41649	20206	21443	41649		218	197
左家庄	24695	66127	33520	32607	66127		284	340
香河园	13145	33687	17086	16601	33687		170	196
亚运村	16227	47564	24930	22634	47564		287	180
小 关	12953	43840	21887	21953	43840		210	148
酒仙桥	24004	70804	37060	33744	70804		406	281
麦子店	7817	20114	10401	9713	20111	3	106	84
团结湖	14293	38162	19269	18893	38162		213	199
六里屯	22060	56442	28603	27839	56440	2	296	284
劲 松	23684	62578	31885	30693	62536	42	353	295
潘家园	29644	76618	38741	37877	76614	4	416	449
垡 头	7534	21863	11877	9986	21863		87	92
双 井	21765	64771	32998	31773	64748	23	289	244
机 场	6950	22530	12258	10272	22530		141	41
望 京	21628	54812	28101	26711	54812		410	189
和平街	24239	92989	48094	44895	92989		407	337
八里庄	24977	74497	37245	37252	74497		362	317
安 贞	18500	48667	24408	24259	48667		247	255
大 屯	18814	48128	23389	24739	48128		408	157
望京开发区	7979	18884	9384	9500	18884		231	52
乡	251819	565830	281473	284357	411083	154747	4743	2452
南磨房	18316	44962	23408	21554	42996	1966	259	199
高碑店	19442	40365	20370	19995	37836	2529	346	175
将 台	10673	22921	11343	11578	19876	3045	162	106
太阳宫	12881	28931	14800	14131	26184	2747	173	103
东 风	11338	24011	11916	12095	23772	239	184	90
小红门	11621	24130	11409	12721	8148	15982	216	98
十八里店	15481	33393	15798	17595	12716	20677	283	173
王四营	8601	16570	7980	8590	7510	9060	204	78
平 房	10805	22193	10724	11469	14073	8120	237	110
奥运村	17546	42941	21820	21121	42925	16	386	137
来广营	13059	25494	12716	12778	17839	7655	368	74
金 盏	11307	24391	12003	12388	6549	17842	209	175
东 坝	12984	27183	13797	13386	14238	12945	246	151
崔各庄	11477	21633	10557	11076	10709	10924	190	111
孙 河	9920	19422	9433	9989	7679	11743	158	91
常 营	5782	12738	6121	6617	5313	7425	159	30
三间房	19805	61997	29705	32292	58652	3345	362	181
管 庄	18257	46348	24557	21791	40606	5742	390	225
豆各庄	4676	9473	4728	4745	4846	4627	67	44
黑庄户	7848	16734	8288	8446	8616	8118	144	101

数据来源:北京市公安局朝阳分局

城镇固定资产投资完成情况

表4

项目	单位个数（个）	本年计划投资（万元）	本年完成投资（万元）	其中:基础设施投资（万元）	本年新增固定资产（万元）	本年施工房屋面积（平方米）	其中:住宅（平方米）	本年竣工房屋面积（平方米）	住宅（平方米）
总计	141	1279796	848807	144341	222856	3741662	845162	464365	70500
按注册类型划分									
国有	77	468394	425870	25710	104441	2179649	642417	195082	70500
集体	0	0	0	0	0	0	0	0	0
股份合作	0	0	0	0	0	0	0	0	0
国有联营	0	0	0	0	0	0	0	0	0
集体联营	0	0	0	0	0	0	0	0	0
国有与集体联营	0	0	0	0	0	0	0	0	0
其他联营	0	0	0	0	0	0	0	0	0
国有独资公司	4	26021	26021	852	20300	61582	0	30618	0
其他有限责任公司	18	245833	137900	85914	31183	508753	149459	131980	0
股份有限公司	12	69537	64849	0	15508	414787	0	35504	0
私营独资	0	0	0	0	0	0	0	0	0
私营合作	0	0	0	0	0	0	0	0	0
私营有限责任公司	0	0	0	0	0	0	0	0	0
私营股份有限公司	0	0	0	0	0	0	0	0	0
其他	0	0	0	0	0	0	0	0	0
与港澳台商合资	5	223668	95531	16806	1895	134176	53286	0	0
与港澳台商合作	0	0	0	0	0	0	0	0	0
港澳台商独资	0	0	0	0	0	0	0	0	0
港澳台商投资股份有限公司	0	0	0	0	0	0	0	0	0
中外合资经营	14	221160	79657	15059	26258	276327	0	18287	0
中外合作经营	4	2846	2337	0	3640	3917	0	0	0
外资企业	1	11452	5631	0	0	59394	0	0	0
外商投资股份有限公司	0	0	0	0	0	0	0	0	0
按隶属关系划分									
中央单位	47	239238	200418	16676	76565	1488536	446364	139040	49051
市属单位	69	720179	406046	41461	102795	2055980	398798	252654	21449
区属及无主管单位	25	320379	242343	86204	43496	197146	0	72671	0

房地产开发完成情况

表 5

	单位个数(个)	本年完成投资(万元)	商品房建设投资(万元)	基础设施投资(万元)	土地开发投资(万元)	其中:住宅(万元)	本年施工房屋面积(平方米)	住宅(平方米)	本年竣工房屋面积(平方米)	住宅(平方米)	本年新增固定资产(万元)	本年商品房实际销售面积(平方米)	本年商品房实际销售额(万元)	商品房空置面积(平方米)	住宅空置面积	一年以上	三环以外
总　　计	412	2679477	1299186	60696	37351	1150882	19734897	12545697	7599211	5311017	2553435	4763025	4209174	2367198	1076373	481327	1663780
按注册类型划分																	
国有	18	196373	66792	54463	273	45433	1284171	836969	786789	509913	234558	587489	345754	140939	84985	78378	115608
集体	2	13780	8702	0	0	0	89270	0	0	0	0	0	0	645	0	0	645
股份合作	1	2083	0	0	0	2083	15573	15573	0	0	0	0	0	17158	8210	17158	0
国有联营	1	7101	1005	2781	0	924	33831	30851	30851	30851	6264	15885	8855	15585	15585	1080	15585
集体联营	0	0	0	0	0	0	0	0	0	0	0	0	0	0	0	0	0
国有与集体联营	0	0	0	0	0	0	0	0	0	0	0	0	0	0	0	0	0
其他联营	0	0	0	0	0	0	0	0	0	0	0	0	0	0	0	0	0
国有独资公司	2	13899	12629	0	0	2177	137579	46255	50325	46255	17377	34210	20729	11402	7453	3949	7453
其他有限责任公司	213	1426648	703499	3452	36246	663440	10579738	7103544	3587491	2705748	872331	2183972	1780620	709863	339336	51266	414714
股份有限公司	7	130010	41427	0	0	23061	594269	230626	102551	56640	17013	121297	83090	68355	31810	39542	68355
私营独资	0	0	0	0	0	0	0	0	0	0	0	0	0	0	0	0	0
私营合作	0	0	0	0	0	0	0	0	0	0	0	0	0	0	0	0	0
私营有限责任公司	53	60870	39107	0	0	22855	752459	458180	573314	419460	114632	305950	206422	218423	108709	0	214665
私营股份有限公司	0	0	0	0	0	0	0	0	0	0	0	0	0	0	0	0	0
其他	0	0	0	0	0	0	0	0	0	0	0	0	0	0	0	0	0
与港澳台商合资	19	179142	91959	0	0	67630	1207495	974894	448013	389397	118238	373258	291130	139680	84348	50858	93615
与港澳台商合作	41	196543	122332	0	111	70570	1855348	959941	931911	456249	682493	402465	613702	693835	250732	167431	461013
港澳台商独资	6	43576	20914	0	255	20014	407282	329241	168618	124998	35083	136448	91396	43819	13209	0	43819
港澳台商投资股份有限公司	0	0	0	0	0	0	0	0	0	0	0	0	0	0	0	0	0
中外合资经营	17	148971	54746	0	0	78670	874047	583450	319227	230496	203737	273732	427265	62491	31388	15255	2214
中外合作经营	26	174373	96227	0	466	127128	1210455	620750	325420	154046	194857	151934	197275	188509	70958	53066	171309
外资企业	6	86108	39847	0	0	26897	693380	355423	274701	186964	56852	176385	142936	56494	29650	3344	54785
外商投资股份有限公司	0	0	0	0	0	0	0	0	0	0	0	0	0	0	0	0	0
按隶属关系划分																	
中央	16	110431	94379	0	0	81408	501324	363837	9799	9799	2738	14339	9181	29514	17376	12715	13282
市属	39	512021	192063	0	35816	128053	3261634	1787904	1304199	826192	320034	770626	448558	316882	100043	109200	147237
区及区以下	357	2057025	1012744	60696	1535	941421	15971939	10393956	6285213	4475026	2230663	3978060	3751435	2020802	958954	359412	1503261
按资质等级划分																	
一级	7	478497	214249	0	16518	138060	3664727	2484699	1655351	1136895	376771	1076531	606520	331569	104075	104404	177634
二级	15	78121	38997	0	19571	39479	1172377	966653	185345	168778	60793	166309	96351	49291	37469	9309	43545
三级	8	9237	0	0	250	2083	15573	15573	0	0	0	23805	13332	31009	16873	21007	12863
四级	0	0	0	0	0	0	0	0	0	0	0	0	0	0	0	0	0
暂定	299	2113622	1045940	60696	1012	971260	14882220	9078772	5758515	4005344	2115871	3496380	3492971	1955329	917956	346607	1429738
其他	83	0	0	0	0	0	0	0	0	0	0	0	0	0	0	0	0

房地产开发企业主要财务指标

表 6

	固定资产合计(千元)	累计折旧(千元)	其中:本年折旧(千元)	资产总计(千元)	负债合计(千元)	经营收入(千元)	商品房屋销售收入(千元)	经营成本(千元)	其中:商品房销售成本(千元)	经营税金及附加(千元)	营业利润(千元)	利润总额(千元)	其中:应交所得税(千元)	本年应付工资总额(千元)	年末从业人员(人)
总 计	13260633	2215698	473457	223584806	184707804	33763817	30526888	24937447	20770766	1885274	2211969	2469632	1051683	775556	15502
按注册类型划分															
国有	2283044	209147	55712	16153432	13879008	4508121	4311360	4040439	3197042	250440	-110825	-103732	28495	66790	1389
集体	365761	70880	16744	3682531	3511721	370580	100740	329800	0	18710	-164	-144	0	5319	159
股份合作	2762	3459	817	408563	236675	52746	32746	37164	37164	2898	3177	3797	356	1353	60
国有联营	725	456	199	610576	551831	107005	107005	83230	83230	5572	13049	13195	4354	6242	47
集体联营	0	0	0	0	0	0	0	0	0	0	0	0	0	0	0
国有与集体联营	0	0	0	0	0	0	0	0	0	0	0	0	0	0	0
其他联营	0	0	0	0	0	0	0	0	0	0	0	0	0	0	0
国有独资公司	1564	3775	531	537857	414693	154360	141711	124416	122787	8009	10296	222	107	2877	74
其他有限责任公司	1700087	186614	72577	92813962	78662439	13653041	13031888	10721060	9337739	810806	386107	433471	468869	279238	6023
股份有限公司	1472189	19928	9418	4892712	2631721	419656	338238	309133	243386	21821	19970	28554	19658	16127	228
私营独资	0	0	0	0	0	0	0	0	0	0	0	0	0	0	0
私营合作	0	0	0	0	0	0	0	0	0	0	0	0	0	0	0
私营有限责任公司	279940	52902	18077	4911085	3819081	1593968	1556492	1333909	1322665	111430	-10362	-41920	43769	17922	732
私营股份有限公司	0	0	0	0	0	0	0	0	0	0	0	0	0	0	0
其他	0	0	0	0	0	0	0	0	0	0	0	0	0	0	0
与港澳台商合资	64258	86321	16438	16803274	14101433	3002038	2775538	2402923	2154788	148907	18101	284688	66311	70853	880
与港澳台商合作	3080063	220780	45931	35839539	28668046	3905103	3289166	2631625	2403026	141929	254898	248776	82745	138095	2532
港澳台商独资	88593	3830	1893	5952442	5655789	455998	455998	301948	75597	22879	31809	32670	23939	21299	241
港澳台商投资股份有限公司	0	0	0	0	0	0	0	0	0	0	0	0	0	0	0
中外合资经营	1244940	699513	106447	16175763	13052444	3403277	2971414	1669161	1549807	196819	1118638	1105092	143591	61746	1207
中外合作经营	1113830	424798	87709	18939944	14718131	919142	336090	455056	32674	83770	28839	16597	20534	74093	1685
外资企业	1562877	233295	40964	5863126	4804792	1218782	1078502	497583	210861	61284	448436	448366	148955	13602	245
外商投资股份有限公司	0	0	0	0	0	0	0	0	0	0	0	0	0	0	0
按隶属关系划分															
中央	608034	159049	27086	9635607	7193204	461095	170099	335376	194416	22820	-142490	-139233	3317	35062	794
市属	717255	88473	20670	24302956	20454346	4708954	4320118	4048112	3155673	257873	-57035	-35700	75494	102553	1447
区及区以下	11935344	1968176	425701	189646243	157060254	28593768	26036671	20553959	17420677	1604581	2411494	2644565	972872	637941	13261
按资质等级划分															
一级	686507	175771	41776	23003656	20213293	6257324	5907250	5196077	4290620	335415	156185	419286	123064	105436	1083
二级	130065	53840	19729	12672596	11460144	1995224	1986262	1922018	1666960	106024	-183834	-181134	2756	27434	580
三级	640598	27661	11611	2286706	1645904	450450	429643	409696	409696	27459	-56533	-51614	1515	7717	240
四级	0	0	0	0	0	0	0	0	0	0	0	0	0	0	0
暂定	8028711	785301	209906	166358778	138144407	23443579	21772274	16539250	14083519	1327999	2180743	2177081	870902	565889	11276
其他	3774752	1173125	190435	19263070	13244056	1617240	431459	870406	319971	88377	115408	106013	53446	69080	2323

表 7

社会消费品零售额

单位:万元

项　　目	零售额	限额以上企业	限额以下企业	个体工商户	商品交易市场	其他
社会消费品零售额	7784413	5975965	808452	281106	483120	235770
按用途分						
吃类商品	1569942	956154	142288	130714	123878	216908
穿类商品	674096	561741	55783	13212	36277	7083
用类商品	3908412	2844559	595021	134088	322965	11779
烧类商品	1631963	1613511	15360	3092		
按行业分						
批发零售业	6923311	5636186	641911	171756	473458	
其中:个体	171756					171756
餐饮业	625332	339779	166541	109350	9662	
其中:个体	109350					109350
其他	235770					235770

表 8

集贸市场情况

项　　目	单位	2005 年	2004 年	2005 年比 2004 年增减%
年末集贸市场个数	个	251	245	2.4
全年成交额	万元	305765	283317	7.9
主要商品成交量	吨	788859	783669	0.7
1. 粮食类	吨	80965	70998	14.0
2. 油脂油料类	吨	14284	15701	-9.0
3. 肉食禽蛋类	吨	109057	105321	3.5
4. 水产品类	吨	27416	27947	-1.9
5. 蔬菜类	吨	425915	435477	-2.2
6. 干鲜果类	吨	131222	128225	2.3
主要商品成交额	万元	305765	283317	7.9
1. 粮食类	万元	21058	18448	14.1
2. 油脂油料类	万元	18663	16871	10.6
3. 肉食禽蛋类	万元	117525	109054	7.8
4. 水产品类	万元	26410	28139	-6.1
5. 蔬菜类	万元	83116	71668	16.0
6. 干鲜果类	万元	38993	39137	-0.4

注:工商系统年报的制作周期为上年的 12 月至当年的 11 月;全年成交额和主要商品成交量特指消费品市场的发生额。

数据来源:北京市工商行政管理局朝阳分局

城乡个体工商业基本情况

表9

项　　目	户数(户)	城镇	从业人员(人)	城镇	注册资金(万元)	城镇	总产值(万元)	城镇	销售总额或营业收入(万元)	城镇
合　　计	94287	65586	97186	68996	142155	97048	29664	14127	222080	183048
一、农林牧渔业	116	23	179	47	174	36	692		740	
二、采矿业	2		2		3					
三、制造业	2122	503	2546	514	3207	769	28467	14127		
四、建筑业	45	17	316	218	76	26	505			
五、交通运输、仓储和邮政业	1191	155	1194	410	1788	314			24062	10062
六、信息传输、计算机服务和软件业	2379	2120	2389	2263	3689	3015			522	490
七、批发和零售业	62279	42612	62700	44105	93420	63919			168222	146777
八、住宿和餐饮业	3493	2371	4466	2855	5241	2938			22102	19752
九、租赁和商业服务	264	261	264	261	396	391			337	330
十、居民服务和其他服务业	15604	12952	16003	13216	23380	18829				
十一、卫生、社会保障和社会福利业务业	157	121	157	156	236	132				
十二、文化、体育和娱乐业	3768	2305	3772	2565	5654	3459				
十三、其他行业	2867	2146	3198	2386	4891	3220			6095	5637

注:工商系统年报的制作周期为上年的12月至当年的11月

数据来源:北京市工商行政管理局朝阳分局

对外经济基本情况

表10

项　　目	单位	2005年	2004年	2005年比2004年增减%
新批三资企业	个	830	537	54.6
累计批准三资企业	个	3469	2932	18.3
合同外资金额	亿美元	25.5	23.8	7.1
实际利用外资额	亿美元	14.3	13.2	8.3
外贸出口额	亿元	60.5	38.1	58.8

外商投资企业新设立情况

表 11

项　　目	项目数(个)	
	2005 年	2004 年
按登记注册类型分		
合资经营	136	108
合作经营	19	18
独资经营	675	411
其他		
按三次产业分		
第一产业	3	3
第二产业	79	113
第三产业	748	421
按客商国别(地区)分		
日　本	86	56
美　国	87	75
香　港	166	102
澳大利亚	11	11
法　国	13	12
新加坡	33	23
加拿大	22	20
德　国	20	17
西班牙	6	3
中国台湾	28	33
瑞　典	2	8
泰　国	3	3
比利时	2	3
丹　麦	5	
韩　国	181	132
俄罗斯	3	2
其他	162	37

银行各月人民币存款情况

表 12　　单位:万元

月份	各项存款	企业存款			储蓄存款	农业存款	其它存款
		企业存款	活期	定期			
2004 年末	37178881	22663559	12135965	10527594	11845322	838236	1831764
1 月	37053571	22062253	11449182	10613071	11994607	809969	2186742
2 月	37408157	21970406	10876574	11093832	12289931	775655	2372165
3 月	38762872	23503691	11528943	11974748	12457587	823975	1977619
4 月	40293269	24446831	11472858	12973973	12676791	784791	2384856
5 月	41471272	25286481	12163301	13123180	12841972	817093	2525726
6 月	43068538	26352975	12735879	13617096	13098399	773264	2843900
7 月	42721610	25774558	12374062	13400496	13323212	750495	2873345
8 月	43535351	26426583	11919240	14903302	13470661	748830	2889277
9 月	45076469	27474345	12239044	15235301	13791759	780289	3030076
10 月	45702046	28151873	12992672	15159201	13877109	776029	2897035
11 月	46451750	28553457	13534558	15018899	14217754	831996	2848543
12 月	48149703	29539618	13933755	15605863	14627443	939291	3043351

银行各月人民币贷款情况

表 13　　单位:万元

月份	各项贷款	短期贷款	中期流动资金贷款	中长期贷款	其他贷款	其中:乡镇企业贷款
2004 年末	19375839	9319016	1264861	8123428	668534	253494
1 月	19542575	9290607	839365	8684519	728084	254358
2 月	19777763	9634641	817322	8646288	679512	254010
3 月	19892370	9736975	786311	8686253	682831	268053
4 月	19977230	9693169	712293	8793993	777775	270062
5 月	19663011	9685205	732869	8598417	646520	271803
6 月	19855190	9801022	657681	8701954	694533	286333
7 月	19380265	9534803	654496	8355432	835534	285047
8 月	19261428	9409084	650075	8317941	884328	277950
9 月	19526730	9733648	602538	8375584	814960	279690
10 月	19186365	9459176	580145	8432190	714854	278419
11 月	19643517	9714077	546372	8662042	721026	275272
12 月	20321924	9744247	601312	9111472	864893	274218

统计指标解释

一、地区生产总值

地区生产总值:是指以货币形式表现的一个国家(或地区)所有常住单位在一定时期内生产活动的最终成果。常住单位是指在中国大陆的经济领土范围内拥有一定的活动场所(厂房或住宅),从事一定规模的经济活动,并持续经营一年以上的单位(包括住户),不包括中华人民共和国特别行政区香港、澳门以及中国领土台湾省内的单位。

第一产业:是指农、林、牧、渔业。

第二产业:是指采矿业,制造业,电力、燃气及水的生产和供应业,建筑业。

第三产业:是指除第一、二产业以外的其他行业。第三产业包括:交通运输、仓储和邮政业,信息传输、计算机服务和软件业,批发和零售业,住宿和餐饮业,金融业,房地产业,租赁和商务服务业,科学研究、技术服务和地质勘查业,水利、环境和公共设施管理业,居民服务和其他服务业,教育,卫生、社会保障和社会福利业,文化、体育和娱乐业,公共管理和社会组织,国际组织。

二、地方财政收支

一般预算财政收入:通过一定的形式和程序,由各级财政部门组织并纳入预算管理的各项收入,也就是会计制度改革以前所称的“预算收入”。

基金预算收入:是按规定收取,转入或通过当年财政安排,由财政管理并具有指定用途的政府性基金预算收入等。

一般预算财政支出:是各级财政部门对集中的一般预算收入有计划地分配和使用而安排的支出。

基金预算支出:是各级财政部门用基金预算收入安排的支出。

三、固定资产投资

本年计划投资:是指经有权机关、单位批准或同意安排的当年计划投资额。

本年完成投资:是指从本年 1 月 1 日起至报告期(月、季、半年)末止累计完成的投资。

本年新增固定资产:是指报告期内交付使用的固定资产价值。包括本年内建成投入生产或交付使用的工程投资和达到固定资产标准的设备、工具、器具的投资及有关应摊入的费用。属于增加固定资产价值的其他建设费用,应随同交付使用的工程一并计入新增固定资产。

四、房地产开发

计划总投资:是指房地产开发企业(单位)在建的房屋建设工程或正在开发的土地开发工程,按照总体设计规定的内容全部建成计划(或按设计概算或预算)需要的总投资。

本年完成投资:是指从本年 1 月 1 日起至本年最后一天止完成的全部用于房屋建设工程和土地开发工程的投资额。

商品房建设投资额:是指房地产开发企业(单位)开发建设的供出售、出租用的商品住宅、厂房、仓库、饭店、度假村、写字楼、办公楼等房屋工程。不包括拆迁、回迁商品房。

土地开发投资额:指房地产开发企业完成的前期工程投资,即路通、水通、电通、场地平整等(也称七通一平)所完成的投资。未进行开发工程、只进行单纯的土地交易活动不作为土地开发投资统计。

本年新增固定资产:是指在报告期已经完成建造和开发过程并交付使用的房屋和土地开发面积的价值。

房屋施工面积:是指报告期内施工的全部房屋建筑面积。包括本期新开工的面积和上年开工跨入本期继续施工房屋面积,以及上期已停建在本期恢复施工的房屋面积。本期竣工和本期施工后又停建、缓建的房屋面积仍包括在施工面积中,多层建筑应填各层建筑面积之和。

房屋竣工面积:是指报告期内房屋建筑按照设计要求已全部完工,达到住人和使用条件,经验收鉴定合格(或达到竣工验收标准),可正式移交使用的各栋房屋建筑面积的总和。

实际销售面积:是指报告期已竣工的房屋面积中已正式交付给购房者或已签订正式销售合同的商品房屋面积。不包括已签订预售合同正在建设的商品房屋面积。但包括报告期或报告期以前签订了预售合同,在报告期又竣工的商品房屋面积。

销售给个人:是指实际销售给国内私人的商品房屋面积。不包括外销中销售给个人的部分。

空置面积:是指报告期末已竣工的可供销售或出租的商品房屋建筑面积中,尚未销售或出租的商品房屋建筑面积,包括以前年度竣工和本期竣工的房屋面积,但不包括报告期已竣工的拆迁还建,统建代建,公共配套建筑、房地产公司自用及周转房等不可销售或出租的房屋面积。

五、社会消费品零售总额

社会消费品零售总额:指国民经济各行业直接售给城乡居民和社会集团的消费品总额。它是反映各行业通过多种商品流通渠道向居民和社会集团供应的生活消费品总量,是研究国内零售市场变动情况、反映经济景气程度的重要指标。

六、市场成交额

市场成交额:指从事消费品交易的商品市场的全部商品成交金额。

七、实际利用外资额

实际利用外资额:为批准的合同外资金额的实际执行数,指外国投资者根据合同(章程)的规定实际缴付的出资额与批准的企业投资总额内以企业名义从境外借人的资金之和。以下情况不列入外资统计:1)企业在投资总额之外的境外借款;2)企业在境内外资银行的借款。

八、存款、贷款

存款:企业、机关、团体或居民根据可以收回的原则,把货币资金存入银行或其他信用机构保管并取得一定利息的一种信用活动形式。根据存款对象的不同可划分为企业存款、财政存款、机关团体存款、城镇储蓄存款、农村存款等科目。它是银行信贷资金的主要来源。

贷款:银行或其他信用机构根据必须归还的原则,按一定利率,为企业、个人等提供资金的一种信用活动形式。我国银行贷款分为流动资金贷款、固定资产贷款、城乡个体工商户贷款以及农业贷款等科目。

附 录

中共北京市朝阳区委主要文件目录

中共北京市朝阳区委文件

京朝发〔2005〕1号 《关于表彰2004年度朝阳区农村地区先进单位的决定》
京朝发〔2005〕2号 《关于在全区党员中开展保持共产党员先进性教育活动的实施意见
京朝发〔2005〕3号 《关于表彰2004年度朝阳区街道系统先进单位的决定》
京朝发〔2005〕5号 《关于表彰2004年度朝阳区社会治安综合治理先进单位的决定》
京朝发〔2005〕6号 《关于深化基层平安建设工作的决定》
京朝发〔2005〕7号 《关于表彰基层平安建设示范单位的决定》
京朝发〔2005〕8号 《关于大屯街道党政机构设置问题的通知》
京朝发〔2005〕9号 《贯彻落实〈中央关于进一步加强党领导的多党合作和政治协商制度建设意见〉实施意见》
京朝发〔2005〕10号 《关于建立朝阳区城市网格化管理平台的实施意见》
京朝发〔2005〕11号 《关于做好2005年军队转业干部安置工作的通知》

中共北京市朝阳区委办公室文件

京朝办发〔2005〕1号 《关于2005年随军家属安置指标的通知》
京朝办发〔2005〕2号 《关于下达2005年度信息任务的通知》
京朝办发〔2005〕3号 《关于成立朝阳区解决农村地区历史遗留问题领导小组的通知》京朝办发〔2005〕4号 《关于大屯地区纳入街道管理的通知》
京朝办发〔2005〕5号 《关于印发〈朝阳区区级机关及部分事业单位工勤人员管理制度改革的意见〉的通知》
京朝办发〔2005〕6号 《关于评选2004年度区委系统信息工作优秀单位、领导者和工作者的通知》
京朝办发〔2005〕7号 《关于印发朝阳区创建全国科普示范城区领导小组成员名单和任务分解表的通知》
京朝办发〔2005〕8号 《关于转发区信访办学习、宣传、贯彻新修订国务院《信访条例》的意见的通知》
京朝办发〔2005〕9号 《关于印发《2005年朝阳区委理论中心组学习计划》的通知》
京朝办发〔2005〕10号 《关于做好编纂《北京朝阳年鉴》工作的通知》
京朝办发〔2005〕12号 《关于印发〈2005年朝阳区党风廉政建设和反腐败工作主要任务〉的通知》
京朝办发〔2005〕13号 《表彰2004年度党委系统信息工作优秀单位、优秀领导者和优秀工作者的通报》
京朝办发〔2005〕11号 《关于区委书记、副书记、区委常委工作分工的通知》
京朝办发〔2005〕14号 《关于转发〈做好全区党政机关违规配备和使用小汽车清理纠正工作的意见〉的通知》
京朝办发〔2005〕15号 《关于印发《朝阳区贯彻落实国务院〈信访条例〉的意见》的通知》
京朝办发〔2005〕16号 《关于成立北京市朝阳区突发公共事件应急委员会的通知》
京朝办发〔2005〕17号 《关于印发《朝阳区基层文化

工作联席会议制度》的通知》

京朝办发〔2005〕18 号　《关于做好 2006 年度党报党刊发行工作的通知》

京朝办发〔2005〕19 号　《关于成立第十一届世界青年田径锦标赛组委会朝阳区工作委员会的通知》

京朝办发〔2005〕20 号　《关于转发京办字〔2005〕11 号文件的通知》

京朝办发〔2005〕21 号　《关于成立朝阳区党建专家顾问组的通知》

京朝办发〔2005〕22 号　《关于望京高新技术产业管理机构实行政企分开后有关问题的通知》

京朝办发〔2005〕23 号　《关于转发宣传部、民政局、文明办〈关于在我区开展紧急捐助活动的通知〉的通知》

中共北京市朝阳区人民政府主要文件目录

北京市朝阳区人民政府文件

朝政发[2005]1 号　关于印发政府工作报告的通知

朝政发[2005]2 号　关于加强农村劳动力教育培训工作促进农村劳动力转移就业的意见

朝政发[2005]3 号　关于朝阳区有形市场发展建设的指导意见

朝政发[2005]4 号　关于印发政府投资建设项目审计暂行办法补充规定的通知

朝政发[2005]5 号　关于印发区政府授权监管的国有资产重大事项报告制度暂行办法的通知

朝政发[2005]6 号　印发《朝阳区落实市政府第十一阶段控制大气污染措施的工作方案》的通知

朝政发[2005]7 号　关于印发《朝阳区 2005 年度国家级生态示范区建设工作方案》的通知

朝政发[2005]8 号　关于印发《北京市朝阳区人民政府推进依法行政规划(2005－2008 年)》的通知

朝政发[2005]9 号　关于表彰 2004 年度依法行政先进单位行政执法先进单位和先进工作者的通报

朝政发[2005]10 号　关于印发朝阳区财政国库管理制度改革实施方案的通知

朝政发[2005]11 号　关于授予任颜同志朝阳区见义勇为积极分子荣誉称号的决定

朝政发[2005]12 号　关于印发朝阳区街道财政管理体制实施办法的通知

朝政发[2005]13 号　关于进一步加强农村教育工作的意见

朝政发[2005]14 号　2005 年冬季征兵令

朝政发[2005]15 号　关于加强农村地区流动人口管理促进科学发展的意见

朝政发[2005]16 号　关于印发《朝阳区 2006 年元旦春节烟花爆竹安全管理工作方案》的通知

朝政发[2005]17 号　关于完善新型农村合作医疗制度的意见

朝政发[2005]18 号　关于做好 2005 年冬季退役士兵安置工作的通知

北京市朝阳区人民政府办公室文件

朝政办发[2005]1 号　关于成立朝阳区农民安全饮水工作领导小组成员的通知

朝政办发[2005]2 号　关于调整朝阳区防火安全委员会委员成员的通知

朝政办发[2005]3 号　转发区国资委关于开展区属企事业单位清产核资和行政事业单位不动产清查工作方案的通知

朝政办发[2005]4 号　关于调整朝阳区整顿和规范市场经济秩序领导小组成员的通知

朝政办发[2005]5 号　转发区财政局关于在街乡社会保障事务所全面试行会计委派制度意见的通知

朝政办发[2005]6 号　关于组建北京市朝阳区水务局有关事宜的通知

朝政办发[2005]7 号　关于成立朝阳区推进依法行政工作领导小组的通知

朝政办发[2005]8 号　关于印发朝阳区 2005 年在直接关系群众生活方面拟办重要实事的通知

朝政办发[2005]9 号　关于印发 2005 年区政府折子工程的通知

朝政办发[2005]10 号　关于做好 2003－2005 年全面实施素质教育自我评价工作的通知

朝政办发[2005]11 号　关于成立朝阳区药品安全社会监管网络领导小组的通知

朝政办发[2005]12 号　关于印发《北京市朝阳区行政投诉中心工作规则(试行)》的通知

朝政办发[2005]13 号　关于做好 2005 年绿地认养工作的通知

朝政办发[2005]14 号　关于做好电力迎峰度夏工作的通知

朝政办发[2005]15 号　关于表彰 2004 年度区政府信

息系统工作四优的通报

朝政办发[2005]16号　转发区卫生局关于落实打击非法行医专项行动方案实施意见的通知

朝政办发[2005]17号　关于朝阳区国土资源和房屋管理体制改革机构调整有关问题的通知

朝政办发[2005]18号　关于2005年继续深化目标管理双百考核工作实施方案的通知

朝政办发[2005]19号　关于开展2005年朝阳区1%人口抽样调查的通知

朝政办发[2005]20号　关于成立朝阳区2008奥运工程建设领导小组的通知

朝政办发[2005]21号　关于推进朝阳区农村管理信息化建设的意见

朝政办发[2005]22号　转发区监察局关于进一步加强奥运场馆工程建设监督工作意见的通知

朝政办发[2005]23号　关于建立朝阳区农村教育工作联席会议制度的通知

朝政办发[2005]24号　转发区农委关于农村地区迎奥运环境建设工作方案的通知

朝政办发[2005]25号　关于深入开展整治违法排污企业保障群众健康环保专项行动的通知

朝政办发[2005]26号　关于启用大屯街道办事处印章的通知

朝政办发[2005]27号　关于由東为同志分管科技工作的通知

朝政办发[2005]28号　关于印发2005年朝阳区整顿和规范市场经济秩序工作要点的通知

朝政办发[2005]29号　关于推进朝阳区企业信用信息系统平台建设的通知

朝政办发[2005]30号　关于成立朝阳区第二次全国残疾人抽样调查领导小组的通知

朝政办发[2005]31号　关于由東为同志担任中关村科技园区健翔科技园管委会主任的通知

朝政办发[2005]32号　关于印发朝阳区落实北京市2008工程指挥部督查工作制度实施意见的通知

朝政办发[2005]33号　关于印发朝阳区农村集体经济产权制度改革实施细则的通知

朝政办发[2005]34号　关于建立朝阳区食品安全三级防控网络的通知

朝政办发[2005]35号　关于印发朝阳区城市网格化管理平台建设工作方案的通知

朝政办发[2005]36号　转发区民政局等部门关于解决我区参加商业保险超转人员生活及医疗补助问题的意见的通知

朝政办发[2005]37号　转发区质量技术监督局关于消除本区老旧居民住宅电梯安全隐患工作方案的通知

朝政办发[2005]38号　关于印发加强农村地区环境整治拆除违法建设实施方案的通知

朝政办发[2005]39号　转发区民政局等部门关于解决我区乡自管超转人员生活及医疗补助问题意见的通知

朝政办发[2005]40号　关于印发北京市朝阳区人民政府全面推进依法行政规划任务分解方案(2005—2008年)的通知

朝政办发[2005]41号　关于印发朝阳区高致病性禽流感应急预案的通知

朝政办发[2005]42号　关于成立朝阳区创建国家环境保护模范城区领导小组的通知

朝政办发[2005]43号　关于成立朝阳区2008环境建设指挥部及其办公室的通知

驻区单位

驻区部分中央单位名录

中国石油天然气股份有限公司华北销售分公司	北辰东路8号	84978043
一汽丰田汽车销售有限公司	光华路1号嘉里中心南楼3－4层	85296688
中国石油化工股份有限公司北京石油分公司	静安里12号楼506	64678255
中航油股份有限公司	航安路	64567834
中国船舶燃料有限责任公司	安贞西里五区2－3楼A1305仟村商务大楼	64411718

北京东方石油化工有限公司	大郊亭 4 号	67712255
中国纺织物资集团总公司	安苑路 15 号	64961177
中建一局建设发展公司	望花路西里 17 号	64726644
路桥集团第一公路工程局	建东苑社区公路一局院内	65761831
中国石油天然气股份有限公司北京销售分公司	慧忠路 5 号远大中心 C 座 9 层	84892990
中国航空技术进出口总公司	北辰东路 18 号凯迪克酒店 9 层	84970320
中石化国际产品贸易公司	安立路 66 号 4 号楼安立花园 C 座 808 室	64907977
华能北京热电有限公司	观音堂	87737196
中国国旅贸易有限责任公司	北辰东路 8 号 2088A 国际会议中心	84973322
中外运－敦豪国际航空快件有限公司	新源街 45 号	64665566
北京飞机维修工程有限公司	北京首都机场 563 信箱	64561122
中国建筑第一工程局第五建筑公司	定福庄北里 1 号	65749930
中国国际石油化工联合有限责任公司	惠新东街甲 6 号	64990305
北京卷烟厂	西里 42 号	65762922
中国石化工程建设公司	安慧北里安园 21 号楼	84876131
中国航空器材进出口总公司	永安里中街 25 号	65683924
中国石化物资装备公司	惠新东街甲 6 号 2 号楼	64999402
北京首信股份有限公司	将台路 5 号	64338899
中国海外工程总公司	京信大厦 16 层	64661604
珠海振戎公司	慧忠里 222 楼	64982330
中信金属公司	新源南路 6 号京城大厦	84863023
中国石化财务有限责任公司	惠新东街甲 6 号	64999045
北京电力建设公司	定福庄西里一号	51962077
赛特集团有限公司	建国门外大街 22 号	65122288
中国化工建设总公司	安贞西里三区 15 号	64429966
北京凯姆克国际贸易有限责任公司	祥业大厦 1109 室	65802288
中电国华电力股份有限公司	力源里 3 号	65589276
中国化纤总公司	建国路 99 号中服大厦 23 层、22 层	65816699
中国纸张纸浆进出口公司	劲松九区 910 号四层	67766688
中国石化国际事业有限公司	大屯里社区安立路 66 号安立花园 C 座 7－11	64906354
路桥集团第一公路工程局第五工程公司	管庄周家井大院	65757313
人民日报社	金台西路 2 号	65368114
中建国际建设公司	盛福大厦 12 层	85276677
北京中纺物产化纤公司	安苑路 15 号	64961177
中国中信集团公司	新源南路 6 号	64661710
中轻日用百货进出口公司	劲松九区 910 号 8 层	67766688
中信国际合作公司	新源南路 6 号京城大厦 46 层	84861045
中国石油化工集团公司	惠新东街甲 6 号	64999160
北京中丽制机化纤工程技术有限公司	延静里中街 3 号	65014466
中国旅行社总社	北三环东路 2 号中旅大厦	64612560
中国国际技术智力合作公司	光华路 7 号 25B	65613920
中煤建设集团公司	十四区华表大厦 5 层	64463009
中国纺织机械和技术进出口公司	建国路 99 号中服大厦 18 层	65815588
北京中纺物产原材料公司	安苑路 15 号	64921660

驻区部分市属单位名录

北京奔驰－戴姆勒·克莱斯勒汽车有限公司	广渠路36号	67712233
北京市汽车修理公司	东直门外左家庄路2号	64604579
北京松下彩色显像管有限公司	酒仙桥北路9号	64363355
北京外企人力资源服务有限公司	朝阳门南大街14号	85618888
北京住总集团有限责任公司	东大桥社区	65061426
北京炼焦化学厂	化工路东路口	67364088
北京北辰实业股份有限公司	北辰东路8号	64991284
北京燕莎友谊商城有限公司	亮马桥路52号	64651188
北京西门子通信网络股份有限公司	中北路社区	64346228
北京服装进出口股份有限公司	安华里5区1号	64269784
北京市热力集团有限责任公司	西坝河南路2	84551872
北京化二股份有限公司	大郊亭	67783884
北京汽车投资有限公司	工体北路6号凯富大厦716	85235159
北京城建一建设工程有限公司	安定路35号	64428888
北京埃力生进出口有限公司	安贞西里3区26号楼17层	64438080
北京城建五建设工程有限公司	安苑东里三区10号	64895711
中远房地产开发有限公司	八里庄西里远洋天地61号楼	84516611
中国电气进出口联营公司	关东店南街8号	65866924
北京碳化公司	东南郊双家坟焦化厂内	67369872
北京青年报传媒发展股份有限公司	白家庄东里23号	65902631
北京飞利浦有限公司	中北路社区	64323300
北京ABB电气传动系统有限公司	酒仙桥北路甲10号	58217557
北京吉乐电子集团有限公司	酒仙桥南路5号	64354808
北京住总房地产开发有限责任公司	中纺街3号	65953953
北京旺市百利商业有限公司	朝外大街12号	65993301
北京市勤和汽车销售公司	建国路95号	65817268
北京天海工业有限公司	道口村委会白鹿司村南	67383444
北京牡丹电子集团有限责任公司	酒仙桥东路1号M8西门层	64325954
北京双鹤药业股份有限公司	利泽东二路1号	64742227
北京中石化首创石油投资经营有限公司	静安里12号楼201室	84481224
北京中油道亨石油销售有限公司	慧忠路5号C座19层	84892926
北京·松下电子部品有限公司	望京新兴产业区利泽中园一区一号	64392676
北京中油京胜石油销售有限公司	欧陆经典11号楼809－816	84852600
北京市朝阳烟草公司	百子湾社区	67790352
中国和平国际旅游有限责任公司	东土城路13号金孔雀商务大厦二层	64184898
北京青年报现代物流有限公司	朝阳北路225	65098882
北京城建七建设工程有限公司	祁家豁子2号	62011844
北京城建亚泰工程公司	东土城路9号	64225995
北京万东医疗设备股份有限公司	建外大街郎家园6号	65682238
北京三元石油有限公司	亮马桥路9号	64312107
北京博瑞祥云汽车销售中心	花虎沟2号	62958511
北京贵友大厦有限公司	光华里社区	65629122
北京首都高速公路发展有限公司	机场高速天竺收费站	64563399

北京燕莎中心有限公司	霞光里社区	64651013
北京市卷烟食品连锁配送有限责任公司	和平街十三区甲 17 号	64228669
北京城建地铁地基市政工程有限公司	北苑路 200 号 209	64961950
首创朝阳房地产发展有限公司	农展南路甲 1 号	65077039

驻区其它单位名录

索尼(中国)有限公司	朝外大街 18 号丰联广场 B 座 11 层	65880972
三星(中国)投资有限公司	建国路 118 号招商局大厦 22 层	65668100
松下电器(中国)有限公司	光华路甲 8 号和乔大厦 C 座 6 层、7 层及 802A 室	65831888
乐金电子(中国)有限公司	酒仙桥北路 5 号	64311188
西门子(中国)有限公司	望京中环南路 7 号	64721888
北京东方冠捷电子股份有限公司	酒仙桥路 10 号	64326699
索尼爱立信移动通信产品(中国)有限公司	望京科技创业园 A 座第 3、4 层	58656927
国际商业机器中国有限公司	工体北路甲 2 号盈科中心 IBM 大厦 25 层	65391188
北京京客隆商业集团股份有限公司	新源里社区	64688233
施耐德电气(中国)投资有限公司	芳园里	84346699
北京瑞钢联集团有限公司	霄云路 36 号国航大厦 2203	84475918
ABB(中国)有限公司	酒仙桥路 10 号恒通广厦	84566688
中国惠普有限公司	建国路 112 号惠普大厦 8－18 层	65643577
北京京奥港物资配套有限责任公司	北四环鼎成路 9 号	84899050
卡特彼勒(中国)投资有限公司	朝外大街 16 号中国人寿大厦 1701 室	85253636
国美电器有限公司	霄云路 26 号鹏润大厦 B 座 18 层	84585566
佳能(中国)有限公司	光华路 1 号嘉里中心南楼 1022	85296488
北京华油天然气有限责任公司	慧忠里甲 118 号	84975645
北京恒远经贸有限责任公司	裕民路 12 号元辰鑫 E1 座 614　616　618 室	82253007
北京富力城房地产开发有限公司	东三环南路大路园 2 号	87717777
北京国华物流有限公司	八里庄第一居委会	65589329
北京冠卓经贸有限责任公司	潘家园南里 12 号 1201 室	87702366
爱立信(中国)有限公司	光华路 7 号汉威大厦 9 层	65615566
北京汽车制造厂有限公司	方家村	87743332
北京朝批商贸有限公司	双龙南里 204 楼	87318720
北京恒通华泰汽车销售有限公司	安定门外安苑里 1 号	64978666
北京全国棉花交易市场电子商务有限责任公司	丽都商业大厦内	88086749
北京红石建外房地产开发有限公司	建国门外大街 4 号	58788189
北京市京新龙医药销售有限公司	高碑店村 1336 号	85778863
北京明炬达科技发展有限公司	裕民路 12 号国际会展中心 B 座 12AF027 室	82025050
北京城建三建设工程有限公司	和平街 13 区 1 号	84255588
马士基(中国)航运有限公司	建外大街 1 号国贸中心 2 座 30F	65058866
东陶机器(中国)有限公司	光华路 1 号嘉里中心南楼 2727 室	85298600
中国远大集团有限责任公司	慧忠路 5 号远大中心 B 座 25 层	84891818
北京中复电讯设备有限责任公司	工体东路 18 号	65916591
华糖洋华堂商业有限公司	十里堡社区	65561345
北京华胜天成科技股份有限公司	安定路 39 号长新大厦 401	64448399
洛娃科技实业集团有限公司	利泽中园二区 203 号	64391010

金光林浆纸业贸易（北京）有限公司	东三环南路2号航华科贸中心招商大厦25层	65666688
北京德奥达汽车销售有限公司	北四环十字口甲一号	84563338
奥林巴斯（中国）投资有限公司	光华路1号嘉里中心北楼28层08室	65613355
北京合生北方房地产开发有限公司	西大望路23号	87777061
华普超市有限公司	朝外大街19号（华普国际三层）	65801188
北京利乐包包装有限公司	广渠路29号	67739355
中贸联万客隆商业有限公司	北京市朝阳区酒仙桥路12号	64361600
京东方现代（北京）显示技术有限公司	北京市朝阳区酒仙桥路10号	64316698

学　　校

部分高等院校

北京工业大学	九龙山平乐园100号	67392239
中央美术学院	酒仙桥路万红西街2号	64380462
清华大学美术学院培训中心	东三环中路36号	65815565
中国音乐学院	安翔路1号	64874884
北京化工大学	北三环15号	64434820
中国金融学院	惠新里东10号	64495106
中国传媒大学	定福庄东街1号	65779319
第二外国语学院	定福庄南里1号	65778005
北京中医药大学	北三环东路11号	64213841
北京针灸骨伤学院	望京中环南路6号	64377035
首都经济贸易大学	朝外金台路2号	65976360
北京服装学院	樱花路甲2号	64288271
北京青年政治学院	望京中环南路4号	64722074
对外经济贸易大学	惠新东街10号	64492001
北京联合大学	北四环东路97号	64900098
北京联合大学师范学院	安定门外外馆斜街5号	64213054
北京联合大学机电学院	白家庄西里12号	65004885
北京联合大学自动化学院	北四环东路97号	64900710
北京联合大学管理学院	北四环东路97号	64900512
北京联合大学商务学院	延静东里甲3号	65940718
北京联合大学旅游学院	北四环东路97号	64900159
北京联合大学信息工程学院	北四环东路97号	64900316

中　学

陈经纶中学	朝外大街38号	65094792
陈经纶中学分校	望京南湖东园223号	84717641

一一九中学	建外永安西里 10 号	65685498
十七中学	高碑店西洼甲 1 号	85767201
三里屯一中	北三里屯幸福村路 41 号	64166435
服装学院附中	柳芳南里 20 号楼	64652463
新源里中学	新源街 31 号	64652102
垂杨柳中学	松榆里 20 号楼	67319045
工大附中	垂杨柳中街 1 号	67781018
劲松四中	华威西里 48 楼	67781970
和平街一中	和平街八区十六楼	64216403
中医学院附中	和平街 15 区	64215242
化大附中	惠新里 38 号	64936658
呼家楼中学	呼家楼西里南 2 号	65071942
八十中学	望京科技园利泽中园	64783592
日坛中学	光华西里 4 号	65072260
东方德才学校	水碓子北里 9 号楼	85961302
九十四中学	花家地北里 18、19 号	64734823
青年政治学院附中	大山子王爷坟	64371282
建院附中	管庄东里	65727778
信工附中	南沙滩 6 号	64879364
水碓子中学	团结湖中路 8 号	85989367
同仁中学	甘露园南里一区 10 号	85772185
北京轻工职业技术学院附属鸿阳中学	太阳宫芍药居甲 1 号	86935862
教科院实验中学	望京西园四区 28 号	64702845
首师大附望京中学	望京花园 133 号	64745843
朝阳外语学校	慧忠里 232 号	64974327
创新园中学	华严北里 68 号	82844649
体育场路中学	工体南路 1 号	65525113
虎城中学	磨房北里 230 号	67312472
劲松一中	农光里 100 号	67731693
劲松三中	劲松四区 406 楼	67755417
樱花园实验学校	北京市樱花园小区 16 号楼	64439334
五路居一中	安贞西里一区 13 楼	64420124
安苑北里中学	安苑北里 7 号楼	64911725
安慧北里中学	安慧北里安园 5 号	64952374
白家庄中学	白家庄西里 7 号	65301992
团结湖三中	水碓东路 14 号	85989412
中旅附中	八里庄西里 8 号	65565472
八里庄三中	八里庄西里 8 号	85836982
东方培新学校	朝外慈云里甲 1 号	65024926
酒仙桥一中	酒仙桥南路甲 7 号	64372045
酒仙桥二中	酒仙桥十街坊 3 号	64372452
高家园中学	高家园小区	64313577
机场中学	燕翔西里 19 号	64576844
定福庄中学	大黄庄	65761528
育人学校	八里庄北里 114 号	85833007
垡头中学	垡头西里三区 2 号	67362949

枣营中学	枣营南里1号	65025417
花家地西里中学	望京花家地西里小区115号	64727530
孙河中学	孙河镇292号	84592310
草场地中学	草场地中学	64332863
崔各庄中学	崔各庄乡马南路	84701376
奶子房中学	崔各庄乡奶子房西村	84911296
民族学校	常营乡民族家园12号	65481748
十八里店中学	十八里店乡周庄大队甲1号	67472284
七十一中学	小红门路5号	67622310
楼梓庄中学	金盏乡楼梓庄村	84311025
十六中学	东坝红松园甲3号	84312061
双桥中学	双桥中路	65895502
金盏中学	金盏大街1号	84334919
北苑中学	安外北苑中学	84922680
豆各庄中学	豆各庄乡豆各庄中学	67369693
九十七中学	平房西街130号	85755706
黑庄户中学	黑庄户乡	85383656
建国里中学	建外三道街24号	65673243
望京实验学校	望京西园5区313楼	64727464
大望路中学	西大望路下甸甲1号	67781103
朝阳工读学校	广渠门外广和里八巷2号	67783813
金融商贸职业技术学校	团结湖北三条10号楼	85972408
劲松职高	劲松八区811号楼	67710322
新源里职高	三源里街14楼	64676749
民族文化艺术职业学校	西坝河东里1号	64678754
东方职业学校	甘露园南里60号	85772265
电气工程学校	将台路4号	64363094
求实职业学校	望京北路20号	64391618
私立正则中学	楼梓庄乡东高路正则中学	84318444
私立新亚中学	十八里店886号	67473875
私立世贤中学	南新园14号楼世贤中学	87312961
私立世青中学	亮马桥路40号	64616054
北京实验女子中学	劲松3区	87710866
北京忠德学校	东苇路9号鑫兆家园	51397594
北京亚奥学校	安定门外北苑仰山路1号	84928247
北京北方中学	建国门外砖场胡同甲33号	65660752
北京拔萃双语学校	拔萃路1号	65747826
北京市实验外语学校	新源街41号	64674915
铁十六局子弟学校	东坝乡铁十六局	51883289
医疗器械学校	安定门外北苑6号院	84924965
西藏中学	四环东路高原街1号	84637738

小 学

芳草地小学	日坛北路1号	85611740

白家庄小学	三里屯南路40号	65074746
朝阳实验小学	实验小学	64154832
朝师附小	和平街11区17楼	64212623
花家地实验小学	花家地实验小学18号楼	64737775
安华学校	安华西里二区12号楼	64265837
三里屯小学	三里屯东街4号	64131481
新源里小学	新源里12号	64688684
新源里四小	三源里北小街5号	64672027
新源西里小学	新源西里中街17号	64671615
左家庄一小	左家庄后街4号	84510056
左家庄二小	左家庄前街2号	64662588
西坝河小学	西坝河村63号	84290696
西坝河三小	西坝河东里19号	64675043
黄胄艺术实验小学	西坝河中里37号	64677788
曙光里小学	静安庄曙光里40号	64684864
垂杨柳中心小学	垂杨柳中里14楼北侧	67782913
垂杨柳四小	垂杨柳四小	67781126
和平实验小学	劲松7区713甲楼	67783150
劲松一小	劲松一区124楼	67784949
劲松二小	劲松417楼	67782219
劲松三小	广渠门外东架松24号	67782086
劲松四小	垂杨柳南街14号	67785781
沙板庄小学	农光里1号	67312193
水南庄小学	百子湾路水南庄	67705724
垡头小学	曙光里8号	67383315
垡头二小	垡头三区9号	67383314
南磨房中心小学	松榆东里3号楼	67317538
武圣庙小学	松榆西里3号楼/40号楼	67326307
松榆里小学	松榆里14号	67323216
平乐园小学	平乐园小区103号	67315049
安华里一小	安华西里三区3号	84241138
安贞里一小	安贞里二区17号	64424243
安贞里二小	安贞西里二区28号	64429604
南沙滩小学	南沙滩33号	64854394
安慧里中心小学	安慧里四区12号	64913239
安苑北里小学	安苑北里6号	64910182
华严里小学	华严北里21号	82844359
关西庄小学	洼里乡关西庄村	62916031
安慧北里小学	安慧北里安园9号	64925745
安慧北里二小	安慧北里秀园18号	64891665
慧忠里小学	慧忠里小区414号	64921679
科学园小学	科学园南里703号	64876586
和平街中心小学	和平街12区	64277790
惠新里小学	惠新里东街甲243号	64930396
小关北里小学	小关北里中街205号	64919764
关庄小学	安外关店村	64949193

芍药居小学	芍药居北里212号	84625824
慧忠北里二小	惠忠北里409号	64864377
呼家楼中心小学	呼家楼西里七巷12号	65022843
呼家楼一小	呼家楼西里甲5号	65072688
呼家楼三小	呼家楼新街大院	65019521
光华路一小	光华东里19号	65024219
光华路二小	光华西里5号楼	65023002
日坛小学	通惠家园惠生园20号楼	65584115
团结湖小学	团结湖北10号楼	65825526
团结湖二小	团结湖中路南2条1号	85989512
针织路小学	金台西路2号	65024073
下三条中心小学	朝外杨家胡同3号	65522165
南中街民族小学	朝外雅宝里1号	85611295
永安里小学	永安里中街甲4号	65681372
八里庄三小	八里庄西里10号	65574177
十里堡一小	十里堡7号	85770142
十里堡二小	十里堡北里20号	85830901
大望路小学	西大望路5号	65813892
甘露园小学	甘露园南里1区18号	85771712
康乐园小学	康家园小区	85775875
枣营小学	枣营北里12号	65953393
辛庄小学	东风乡辛庄村	85812053
石佛营小学	石佛营东里125号	85815228
将台洼小学	东风乡将台村	84301535
康静里小学	东风乡康静里小区	65754720
酒仙桥中心小学	酒仙桥路乙28号	64358508
酒仙桥二小	酒仙桥红霞路9号	64372456
大山子小学	酒仙桥王爷坟	64367485
机场一小	机场宿舍区燕翔西里21号	64595215
机场二小	机场宿舍区燕翔东里11号	64570855
将台路小学	将台路小学	64349027
高家园小学	高家园小区112号	64373123
望花路小学	望花园小学	64723888
花家地二小	花家地西里113号	64734836
南湖东园小学	南湖东园109号	64712859
南湖中园小学	南湖中园239号	64706415
驼房营小学	驼房营村210号	64372379
东八间房小学	东八间房村	84315915
北湖渠小学	来广营乡北湖渠小学	64952380
勇士营小学	勇士营小学	84913374
清河营小学	来广营乡清河营村	84911671
北苑小学	北苑村	84926470
紫绥园小学	北苑家园紫绥园11号楼	84960847
管庄中心小学	管庄东里55号	65753171
定福庄一小	三间房西村	65767934
定福庄二小	定福庄南里2号	65762468

定福庄四小	定福庄北街	65761547
八里桥小学	八里桥北	85701938
京通小学	京通苑 39 号楼	65709825
瑞祥民族小学	管庄乡瑞祥里小区	85708655
双桥第三小学	双桥中路小寺村西	65766168
双桥中心小学	双桥路 4 号	65895525
高碑店中心小学	高碑店村	85761245
北花园小学	北花园村	65762954
大黄庄小学	大黄庄村	65761108
半壁店小学	半壁店村	87743386
北皋中心小学	崔各庄乡北皋村	64371370
大望京小学	崔各庄乡大望京村	64372674
康营民族小学	孙河乡康营村	64379112
苇沟小学	孙河乡前苇沟村	84311933
孙河中心小学	孙河乡孙河村	84594022
北甸小学	孙河乡北甸村	84591640
奶子房小学	崔各庄乡奶子房西村	84709118
马泉营小学	崔各庄乡马泉营村	64357124
崔各庄小学	崔各庄乡崔各庄村	64354193
上辛堡小学	孙河乡上辛堡村	64323276
黑庄户中心小学	黑庄户村	85382787
万子营民族小学	万子营村	85383370
双桥第二小学	双桥中路	85395632
定辛庄小学	定辛庄村	85370574
豆各庄中心小学	豆各庄乡豆各庄村南	67364404
于家围小学	豆各庄乡石槽村西	67364404
水牛房小学	豆各庄乡水牛房村	67367179
王四营中心小学	王四营乡观音景园 201 楼	51351001
官庄小学	王四营乡官庄村	67364290
孛罗营小学	王四营乡孛罗营 194 号	87390448
白鹿司小学	王四营乡白鹿司村	87390078
十八里店中心小学	十八里店乡十八里店村 885 号	67472730
老君堂小学	十八里店乡老君堂村	67383445
祁庄小学	十八里店乡吕家营村	87691597
小武基小学	小武基村 46 号	67364288
西直河小学	十八里店乡西直河村	67383841
新升小学	十八里店乡周庄	67330546
张家店小学	十八里店乡横街子村 19 号	87303606
小红门中心小学	小红门乡小红门村 130 号	87601802
牌坊小学	小红门乡牌坊中街 5 号	87601810
肖村小学	小红门乡肖村后街 15 号	67622458
龙爪树小学	小红门乡龙爪树村 834 号	87690680
东坝中心小学	东坝娘娘庙街 72 号	84311847
西坝小学	东坝西坝村	84320568
单店小学	东坝乡单店小学	65759899
东小井小学	东坝乡东小井村	65418808

东坝三小	东坝西门村 84 号	84311549
驹子房小学	东坝驹子房村	65490379
铁十六局子弟小学	东坝乡铁十六局	51884237
金盏小学	金盏乡金盏东村	84333519
长店小学	金盏乡长店村	84335300
楼梓庄小学	楼梓庄中心小学	84316551
北马各庄小学	北马各庄小学	65419803
平房小学	呼家楼西里七巷 12 号	85573217
姚家园小学	平房乡姚家园村	85576082
黄杉木店小学	黄杉木店村一巷 2 号	85772893

幼　儿　园

三里屯幼儿园	吉庆里 3 号楼	65022426
团结湖一幼	团结湖九头条 11 号楼	65823906
水碓子北里幼儿园	水碓北里 10 号楼	85982394
枣营幼儿园	枣营北里 26 号楼	65917384
新源里幼儿园	新源里 12 号	84486289
新源里二幼	三源里北小街 7 号	64662140
光华路幼儿园	光华东里 19 号楼	65071740
劲松一幼	劲松一区 126 楼	87719385
松榆里幼儿园	松榆里 21 号楼	67339920
垡头幼儿园	垡头 2 区 12 号	67383337
京通幼儿园	京通新城 38 楼	65700438
西坝河一幼	西坝河东里 71 号楼	64640175
西坝河三幼	西坝河中里 20 号	64678598
群星幼儿园	西坝河西里 12 号	64275351
和平街幼儿园	和平街八区 6 号楼	64211548
惠新里幼儿园	惠新里 230 楼	64948637
安贞里幼儿园	安贞西里一区 18 楼	64430614
安华里幼儿园	安华里二区 12 号楼	64234828
安华里二幼	安华西里一区 23 号楼	64251691
秀园幼儿园	安慧北里秀园 19 楼	64945420
花家地幼儿园	花家地小区 11 号楼	64730729
培华幼儿园	红庙北里 9 号楼	65018139

教委直属单位

社区学院(原朝师)	和平里南口砖角楼北里 5 号	64213152
北京教育学院朝阳分院	金台路甜水园	65088899
教研中心	柳芳南里 14 号楼	64631140
教育信息网络中心	水碓子北里 14 号	85979246
国资管理中心	西坝河东里 103 号	64654693
招生考试中心	团结湖南路 1 号	85988626

教学设备中心	酒仙桥路37号	64327903
青少年活动中心	红庙延静西里19号楼	65060549
保健所	团结湖路23号	64429304
香河园少年之家	西坝河南里1号楼	64669301
老干部管理服务中心	裕民东路甲1号	85989474
教育人才交流分中心	关东店北街23楼	85963971
社会力量办学管理所	关东店北街23号	65017723

医院卫生院

卫生部中日友好医院	和平里樱花东路	64221122
中国医学科学院肿瘤医院肿瘤研究所	潘家园南里17号	67781331
中国中医研究院望京医院	望京中环南路6号	64721267
首都医科大学附属北京朝阳医院	白家庄路8号	85231000
首都医科大学附属北京安贞医院	安定门外安贞里	64412431/2345
首都儿科研究所附属儿童医院	雅宝路2号	85628362
垂杨柳医院	垂杨柳南街2号	67718822
朝阳区第二医院	金台路13号内2号	85993431
朝阳区中医医院	工体南路6号	65534914
朝阳区妇幼保健院	华威六区	65952594
朝阳区第三医院	延静西里11号楼	65005221
煤炭工业部总医院	西坝河南里29号	64667755
北京酒仙桥医院	酒仙桥一街坊6号	64362631
民航总医院	高井甲1号	85762244
中国航空工业中心医院	安外北苑3号院	84931118－5226
北京首都国际机场医院	首都机场南路东里17号楼	64566811
北京冶金医院	安定门外小关街51号	64913931
老年病医院	华严北里小关西街甲2号	62027018
红十字会急诊抢救中心	德外清河东路急救中心	62922345
中国藏学研究中心北京藏医院	安外小关北里	64933181
中国人民解放军306医院	安翔北里9号	66356729
中国人民解放军北京军区总医院分院	麦子店	65386631－3722
中国人民武装警察北京武警医院	北三里屯	64161188
垂杨柳医院	垂杨柳南街2号	67711960
管庄医院	三间房	65762388
双桥医院	双桥东路	85390910
东坝医院	东坝乡东风大队二条	84313067
安华医院	安华西里二区11楼	64234017
和平医院	东直门外京顺路北皋北	64372525
新源里医院	顺源街1号	64672412
左家庄医院	左家庄前街3号	64671452

亚运村医院	安慧里1区17楼	64916748
慧忠医院	慧忠里小区301楼	64951752
三里屯医院	北三里屯	64155582
团结湖医院	团结湖北三条七号楼	85977775
化工路医院	垡头金蝉北里19号楼	67383282
高碑店医院	高碑店陶家湾	85757762
劲松医院	劲松五区501楼	67782554
双龙医院	双龙南里101楼	87310945
石佛营医院	石佛营西里29楼	85813671
常营回民医院	常营乡政府西	65755960
南磨房医院	西大望路29号	67326640
太阳宫医院	光熙门北里34号楼	64216660
安苑中医医院	安慧北里逸园甲10号楼	64947301
三间房医院	双桥中路火车站南	85362412
将台医院	酒仙桥路49号	64330039
望京新城医院	望京西园四区412栋	64750525
朝阳糖尿病医院	甜水园东里甲一号	65079996
慧新医院	慧忠里小区301楼	64951752
洼里乡卫生院	洼里乡	84916578
管庄乡卫生院	管庄村	65766890
世纪村门诊部	育慧北路8号世纪村二区9号楼	84593348
急救站	潘家园华威里25号	8778
妇幼保健院	潘家园华威里25号	87789952
疾病预防控制中心	潘家园华威里25号	87789475
卫生局卫生监督所	潘家园华威里25号	87789655
医疗器械修理所	甜水园东里41楼北	65022585
人才服务中心卫生专业人才分中心	农光南路5号楼1楼1单元	67307136
医院管理中心	甜水园东里甲1号	65850778
来广营乡卫生院	来广营乡来广营村	84912452
楼梓庄乡卫生院	楼梓庄乡中心街104号	84313901
王四营乡卫生院	王四营乡王四营村	67379393
小红门乡卫生院	小红门中街1号	87606741
十八里店乡卫生院	十八里店乡周庄六队	67473715
孙河乡卫生院	孙河乡西甸中街	84593347
豆各庄乡卫生院	豆各庄乡	67384620
黑庄户乡卫生院	黑庄户	85386211
黄港乡卫生院	来广营北路	84912328
平房乡卫生院	平房南街	8574840
金盏乡卫生院	金盏大街2号	84333650

公　证　处

区公证处	六里屯西里5号	65023752/65094862

律师事务所

高朋天达律师事务所	东三环北路8号亮马河大厦2座19层	65906639
明诚律师事务所	朝外大街20号联合大厦605室	65885805
嘉润律师事务所	建外大街22号赛特大厦601室	65142061
隆安律师事务所	建外大街21号北京国际俱乐部238室	65325588
广言律师事务所	团结湖北五条8号	85968745
盈科律师事务所	东三环中路乙16号世桥国贸2号楼103－105	87761162
天驰律师事务所	北四环中路汇欣大厦A座14层	84991188
金平律师事务所	亮马桥路32号高斓大厦202－205室	64606504
众一律师事务所	麦子店街37号盛福大厦1050室	85276155
康达律师事务所	工人体育馆内南小楼	65085840
潮阳律师事务所	六里屯西里5号	85972612
金杜律师事务所	东三环中路39号建外SOHO A座31层	58785588
中伦金通律师事务所	建国路118号招商局中心01楼12层	65681188
海问律师事务所	东三环北路2号南银大厦1711	64106566
李文律师事务所	霄云路38号盛世大厦408	84538877
天地和律师事务所	东三环北路5号发展大厦2020室	65908228
华正律师事务所	外馆东街23号院5号楼2－301	64265309
中创律师事务所	朝外大街吉庆里小区蓝筹名座A座二区16层	65528815
天睿律师事务所	呼家楼京广中心商务411室	65974147
海拓律师事务所	农展馆南里12号通广大厦3层	65389491

法律服务所

大屯地区法律服务所	大屯安慧北里雅园一号	64974871
双井街道法律服务所	广渠门外广和路3号楼	67717656

潘家园街道法律服务所	潘家园华威西里 34 楼 101 室	67780566
将台乡法律服务所	将台乡酒仙桥	64318232
劲松街道法律服务所	劲松一区 115 楼 317 号	87795566－1846/1912
八里庄街道法律服务所	八里庄街道办事处	65060391
小关街道法律服务所	小关东里甲 2 号	64923853
孙河乡法律服务所	孙河乡人民政府	84591769
三间房地区法律服务所	三间房西村三间房地区办事处	65768610
朝外街道法律服务所	朝外芳草地社区服务中心内	65094724
酒仙桥街道法律服务所	酒仙桥街道办事处 207 室	64371605－148
亚运村街道法律服务所	安苑北里 19 号楼 105 号	64986568
左家庄街道法律服务所	东直门新源里左家庄办事处	64673210－6515

公安分局派出所

朝外大街派出所	三丰里甲 11 号	85612407
建外派出所	光华里甲 1 号	65025557
三里屯派出所	三里屯南 41 楼	64166786
呼家楼派出所	呼家楼西里七巷甲 13 号	65021574
安贞派出所	安贞西里三区 7 楼	64419130
香河园派出所	西坝河南里 26 号	64643107
和平街派出所	和平街樱花东街 3 楼	64422553
新源里派出所	新源里 17 号	64674086
小关派出所	小关东街 5 号	64944842
太阳宫派出所	西坝河 8 楼	64212857
麦子店派出所	枣营北里甲 1 楼	65857190
团结湖派出所	团结湖路 19 楼	85989395
六里屯派出所	十里堡南里 8 号	85817657
双井派出所	垂杨柳中街 2 号	67716244
劲松派出所	劲松 101 楼	67782448
潘家园派出所	华威西里 29 楼	67788227
亚运村户籍派出所	安苑北里甲 8 号	64912193
大屯派出所	安慧北里雅园 1 楼	64949248
奥运村派出所(原洼里派出所)	洼里乡洼里村	84913594
来广营派出所	来广营乡来广营村	84913010
花家地派出所	花家地北里 8 号楼	84716377
将台派出所	酒仙桥村甲 1 号	64362030
首都机场派出所	首都机场燕翔东里 12 号	64561626
孙河派出所	来广营东路甲 7 号	84701104
东湖派出所	东湖渠路甲 3 号	64713294
南皋派出所	南皋乡老乡政府	84566383
八里庄派出所	八里庄东里北巷 2 号	65561089

高碑店派出所	高碑店村 252 号	85753893
平房派出所	平房乡平房村甲 88 号	85573553
东风派出所	南十里居甲 1 号	85849101
酒仙桥派出所	酒仙桥路 30 号	64371415
东坝派出所	东坝大街 64 号	65495368
金盏派出所	金盏乡金盏街	84333271
楼梓庄派出所	楼梓庄乡曹各庄	84312825
南磨房派出所	平乐园小区 105 楼	67312979
王四营派出所	王四营村 3 号	67364358
垡头派出所	垡头北里 12 楼	67381152
十八里店派出所	十八里店村 20 号	67471965
小红门派出所	小红门路 2 号	87690144
管庄派出所	管庄东里 21 楼	65761489
豆各庄派出所	豆各庄村 518 号	67364816
黑庄户派出所	黑庄户乡商业大街 1 号	85382586
杨闸派出所	管庄乡双会桥北侧 5 号	65761888
常营派出所	常营乡么家店路	65481123
三间房派出所	建国路 6 号	65702126
黄港派出所	来广营北路甲 110 号	84917631
崔各庄派出所	来广营东路	84703567
南湖派出所	南湖中园 238 楼	64704664
工人体育场派出所	工人体育场西门内北侧	65022662
亚运村治安派出所	安定路 1 号	64910477

工　商　所

六里屯工商所	甜水园北里 1 号楼	65069242
团结湖工商所	呼家楼北街乙四楼	65006552
双井工商所	松榆东里二号楼东侧	67320542
酒仙桥工商所	西十里居 69 号	64329430
左家庄工商所	太阳宫芍药居甲 6 号	64207507
亚运村工商所	安惠北里雅园 1 号楼	64915551
高碑店工商所	康家园 25 号	85777231
建外工商所	光华里 15 楼北侧	65001627－606
双桥工商所	管庄乡杨闸村环岛东	85708720
华威工商所	双龙南里 212 楼	87312145
小关工商所	惠新东街 2 号	84644537
望京工商所	望京西苑 103 楼	64728614

国税局税务所

第一税务所	左家庄东里甲 3 号	84516036
第二税务所	驼房营南里	64375466
第三税务所	管庄燕京医药公司东侧	65765701
第四税务所	潘家园华威北里甲 26 号	67764007
第五税务所	潘家园华威北里甲 26 号	67706514
第六税务所	左家庄东里甲 3 号	84516042
第七税务所	管庄燕京医药公司东侧	65765703
第八税务所	小八里庄 6 号	67343755
第九税务所	小八里庄 6 号	67344340
第十税务所	驼房营南里	64369396
第十一税务所	小八里庄 6 号	67343935
第十二税务所	安外小关东街 24 号	64946345

地税局税务所

第一税务所	安苑东里 3 区 1 号	64918178
涉外税务所	广渠东路 40 号	67799234
小关税务所	大屯东路 358 号	64915005
酒仙桥税务所	酒仙桥路 14 号	64314606
十里堡税务所	定福庄路 9 号	65711572
呼家楼税务所	团结湖东里甲 10 号	85967916
双井税务所	小八里庄 6 号	67344506
个体集贸所	安苑东里 3 区 1 号	64941174

银 行

中国银行股份有限公司

东大桥路支行	东大桥路 8 号尚都国际中心 A 座 102、103 号房	65515714

大北窑支行	东三环中路39号建外SOHO南办公楼B座1单元0101号	58694868
国际贸易中心支行	建国门外大街1号	
广渠路支行	广渠路21号1-3座一层	85200461
九龙山支行	农光里117号首层	67342094
双井支行	东三环中路大路园20号	87720845
潘家园支行	东三环南路25号	87665490
首都机场支行	首都机场公安路	64563982-221
朝外大街支行	朝外大街乙12号昆泰国际中心33-32号	58790411
工体东路支行	工体东路甲15号	65861640
白家庄支行	白家庄西里2号	65086091
静安支行	北三环东路8号	64689295
三里屯支行	三里屯西六街6号一号	64665306
花家地支行	花家地南里1号楼	64731770
北辰西路支行	北土城西路7号	84802157
朝阳支行	东三环北路霞光里18号	59207126
团结湖北口支行	团结湖上泗路2号	65043710
亚运村支行	安立路甲56号南楼首层	84802157
樱花东街支行	樱花园东街1号	64423797
永安里支行	建国门外大街永安东里8号三块板四号103B	85288037
柳芳北里支行	柳芳北里12号楼一层	84481908
望京园支行	望京园B25区1号楼	64731792
安立路支行	北京市朝阳区安立路68号(阳光广场一层)	64955316
建国门外支行	建国门外大街京华公寓1层	65150155
劲松东口支行	南磨房路37号	51909101
机场南路支行	首都机场燕翔西路22号	64561348
和平东街支行	和平街13区35号楼	64273175
松榆里支行	松榆里37号	67321785
和平西桥支行	北三环东路28号	64405889
金台路支行	朝阳北路177号	65019363
望京科技园支行	望京湖光中街1号(首层)	59207187
亮马河大厦支行	东三环北路8号	65906471
丰联广场大厦支行	朝外大街18号	65883072
东三环中路支行	东三环中路25号	65062831
三元桥支行	曙光西里甲1号东域大厦B座首层第11A号单元	58221402
望京支行	望京北路9号	64392062
霄云路支行	麦子店西路3号	64630899
新航站楼支行	首都机场2号航站楼二层	64590393
光华路支行	光华路8号一层	65831545
劲松支行	劲松五区518楼	67761272
光华东路支行	西大望路1号1-2层	65388082
将台路支行	酒仙桥路甲12号首层	64368832
现代城支行	建国路88号现代城A区S-2201、2202	67715359
五路居支行	安贞西里2区21楼	64430351
燕莎中心支行	亮马桥路50号	64651529
西奥中心支行	大屯路科学园南里风林绿洲18号B幢一层	64844598
安苑路支行	安苑路甲17号	64935245

逸园支行	安慧北里小区逸园 28 号楼	64893320
发展大厦支行	东三环北路西侧	65908304
西坝河东里支行	西坝河东里 77 号楼	64666527
西坝河南路支行	西坝河南路 1 号	64402901
丽都饭店支行	丽都饭店内	64369865
朝阳门外支行	吉庆里 9 10 号楼	65535830
北苑支行	春华路北苑综合服务楼一层	84958550
奥运村支行	安慧里三区六号楼一层	64970380
长虹桥支行	工体北路 4 号	85236960
京广中心支行	东三环北路 2 号	64108176

中国工商银行股份有限公司

朝阳支行	朝外大街 1 号	65042097
望京支行	酒仙桥路 10 号星城国际大厦 c 座 6 层	64379963
商务中心区支行	东环南路 2 号	65660817
亚运村支行	慧忠北里 407	64863550
九龙山支行	广渠路甲 40 号	67704884

中国建设银行股份有限公司

光华支行	光华路 7 号	65614010
安慧支行	北辰东路 8 号汇欣大厦一层二层	64935114
安华支行	安定路 35 号	64442603
朝阳支行	朝外大街乙 10 号楼	51995538

中国农业银行

朝阳区支行	工体路东 2 号	65522891
康运支行	麦子店街 78 号	65042615
亚运村支行	安定路 33 号	64411418
盈科支行	工体北路甲 2 号盈科中心大厦	65017946
健德支行	北土城西路 11 号	62383124
和平里支行	北三环东路甲 11 号	64275267
北苑支行	安外北苑路 68 号	84915364
英家坟支行	八里庄西里甲 616 号楼一层、二层	65566215
惠新里支行	惠新东街 8 号	84637406
八里桥支行	京通路北管庄乡政府联合办公楼一层	65790582
双北桥支行	安贞三区 23 号楼一层	64438886
永安里支行	光华里乙 1 号楼	65862258
展览中心支行	西坝河南里 22 号	64619398
小营支行	安苑路 11 号	64915397
安外大街支行	安外大街甘水桥甲 1 号	84257296

将台路支行	花家地街5号	64722969
三元支行	霄云路32号	64624388
水碓西里支行	团结湖水碓西里3号	85983470
团结湖支行	团结湖北路2号楼一层	65821393

交通银行股份有限公司

慧忠北里支行	慧忠北里小区111号	64808030
亚北支行	安立路60号润枫德尚6号楼	64820734
育惠东路支行	小营路12号亚运花园一层	84624401

北京银行股份有限公司

樱花支行	北三环东路15#	64284709
东大桥支行	东直门外大街22号楼东侧	65083196
北苑路支行	北苑路172号万兴苑11号楼一层04室	84854563
北三环东路支行	北三环东路26号	84274672
北辰路支行	北辰东路8号汇珍楼一层	84977083
关东店支行	东大桥三角地	65865739
红星支行	朝外大街20号	65886688－313
八里庄支行	朝外红庙延静西里2号	65002455
健翔支行	安翔北里甲11号	64889925
现代城支行	金台路北街1号楼一层	85985183
三元桥支行	东三环北路2号南银大厦一层	64109238
团结湖支行	白家庄北里甲5号	65067834
金台路支行	团结湖路52号	859840435
芳草地支行	东大桥路10号	65069743
安华路支行	外馆东街51号商业楼首层0102	64219645
新源支行	北三环东路6号	4653994
酒仙桥支行	酒仙桥路21号	64362269
亚运村支行	慧忠北里天创世缘309楼A座首层	64935341

中国民生银行股份有限公司

西坝河支行	西坝河西里甲18号	64295659
劲松支行	劲松三区302楼首层	87730408
电子城支行	酒仙桥路14号兆维大厦	84563984
三元支行	东三环北路甲2号	84489519
建国门外支行	建外大街甲12号新华保险大厦首层	65693081
国贸支行	东环南路2号	65674738
京广支行	呼家楼京广商务中心104室	65974216
建国门支行	建国门外大街21号	65326597
亚运村支行	惠新西街3号	64916092

奥运村支行	安立路66号4号安立花园C座华夏证券首层北厅	64906563
工体北路支行	工体北路9号	64155280
朝阳门支行	朝外大街22号泛利大厦首层	65884529

中国光大银行股份有限公司

建国门支行	建外大街3号京伦饭店一层	65941875
朝阳支行	朝外大街16号中国人寿大厦北一层、二层	85252500
光华路支行	光华路2号阳光100G座	65915259
新源支行	新源西里中街12号	64648256
安贞支行	安定路39号	64417743
望京支行	望京中环南路花家地街花家地商业1号楼	84726279
亚运村支行	慧忠东路5号	84891161

中信银行

奥运村支行	慧忠北里309号	64802818
中信银行	富华大厦C座	65543726
三元桥支行	曙光西里甲1号首层	58222277
酒仙桥支行	酒仙桥路14号兆维大厦一层	64319730
朝阳支行	农展馆南里12号	65389577
招商大厦支行	建国路118号招商局大厦1层C单元	65687836
东大桥支行	工体东路甲18号	65944945
望京支行	望京新兴产业区利泽中园二区208号院内B座1层	64390992
国际大厦支行	建外大街19号国际大厦一层	65008659
广渠路支行	东三环外广渠路31号九龙商厦一层	87768401
中信信托投资有限责任公司	新源南路6号京城大厦	84861373
京城大厦支行	新源南路六号京城大厦1－001号	84865399－8895
安贞支行	安贞西里3区26号浙江大厦1、5层	64453080

兴业银行

东外支行	东直门外大街23号	64688172
安华支行	北三环安华桥福建大厦	64450942
亚运村支行	亚运村安慧里16号楼	84885269
国贸支行	东三环南路2号	65661609
朝外支行	朝外大街77号	65922213

华夏银行股份有限公司

北沙滩支行	德胜门外北沙滩1号中国农业机械化科学研究院	64848722
秀水支行	秀水东街8号	65930582

亚运村支行	北辰东路8号汇宾大厦首层	64993441
京广支行	东三环中路7号北京财富中心一层	64465277
亮马河支行	东三环北路3号幸福大厦B座	64688010
东直门支行	东土城路14号北京建达大厦首层西侧	85271101
光华支行	光华路8号和乔大厦A座一、二层	65832578
国贸支行	东三环南路赢嘉中心	65669746
望京支行	望京西园222号星源公寓C座一层	84725983

广东发展银行股份有限公司

建国路支行	建国路112号	65669648
安贞支行	安定路39号	64445660
奥运村支行	北沙滩甲1号	64836760
亚运村支行	北辰东路8号	84980873
国展支行	西坝河东里18号	84603160

深圳发展银行

安华支行	安贞西里三区10号楼	64422058-8865
三元桥支行	霄云路38号	84538123
朝阳门支行	关东店北街国安宾馆1层	65841536

招商银行股份有限公司

望京支行	南湖南路15号院甲1号	64244869
朝外大街支行	朝外大街26号	85653362
建国路支行	建国路116号	65660161

新加坡大华银行有限公司

北京分行	建国门外大街1号国贸大厦2座2513	65051863

区农村信用合作社

十八里店农村信用合作社	十八里店乡	67471708
太阳宫农村信用合作社	西坝河北里	64219904
北京市朝阳和平农村信用合作社	东郊农场院东	64371595
将台农村信用合作社	将台乡酒仙桥村	64377060
金盏农村信用合作社	金盏乡	84311687
东坝农村信用合作社	东坝二条队部东侧	84311647
王四营农村信用合作社	王四营乡官庄大队陶庄个体公园南	67364352

来广营农村信用合作社	东湖渠	64726239
呼家楼农村信用合作社东风分社	酒仙桥南十里居 14 号楼前	64369892
南磨房农村信用合作社	南磨房	67311917
双桥农村信用合作社	管庄	65761658
呼家楼农村信用合作社六里屯分社	六里屯中街 209 号	65023217
高碑店农村信用合作社	高碑店乡政府	85775890
楼梓庄农村信用合作社	楼梓庄村	84313973
小红门农村信用合作社	小红门路 15 号	67632186
农村信用合作社联合社	北苑路 90 号	64945337
亚运村农村信用合作社	安立路甲 56 号(北座)	84802808

财务投资公司

中国国际金融有限公司	建国门外大街 1 号国贸大厦 2 座 27 层及 28 层	65051166 - 1176
西门子财务服务有限责任公司	望京中环南路 7 号	13701284797
中国石化财务有限责任公司	惠新东街甲 6 号	64999030
华闻期货经纪有限公司北京营业部	慧忠里 A 区 220 楼	64979640
首创证券有限责任公司	北辰东路 8 号辰运大厦	64182376
北京彼阳投资有限公司	慧忠里 221 号(住宅)楼	64922777
中国航空集团财务有限责任公司	霄云路 36 号国航大厦 19 层	84475959
中信控股有限责任公司	新源南路 6 号京城大厦 9 层 913 室	84868635
中国中信集团公司	新源南路 6 号京城大厦	64661157
北京国际信托投资有限公司	安定路五号 C 座	64436553 - 3620
北京国通宝元投资有限公司	鼎成路 9 号 A 座 702 室	84899197
北京博宥投资有限公司	农展馆南路棕榈泉国际名苑第 2 幢 21 层 A 型号	81698837
中创国际投资担保(北京)有限公司	工人体育场北路市机电研究院 81 号楼 108 室	13031163075
北京亚特投资有限公司	东三环中路 7 号北京财富中心写字楼 A 座 3907 号	86399872
北京勤加缘国际影视投资有限公司	广渠路南侧 44 号 4 号楼 302 室	62639156
北京伊维斯特国际投资有限公司	建国门外大街乙 24 号燕华苑乙 24 - 座(住宅)楼 1901 室	651958747.65158747
戴姆勒 - 克莱斯勒汽车金融(中国)有限公司	东三环北路 8 号亮马河大厦 1 座 21 层	65906668
北京普尼科国际投资顾问有限公司	奥运村地区千秋大厦 201A	62841267
北京鹤达科投资有限公司	东环北路 23 号北京财富中心板楼公寓 7 层 R 室	82618170
北京华实海隆石油投资有限公司	东三环中路 7 号北京财富中心 1 号楼 A 座 3003 室	65308929
北京天星世纪投资有限公司	朝外大街 26 号朝外们写字中心 A 座 2205 室	64619695
北京欣和投资管理有限公司	水碓东里 9 号楼	85987591
北京神河投资有限公司	关东店北街核桃园 30 号 B 座 302 室	65002901
北京信达创世投资管理有限公司	白家庄 3 号 4 号楼 1 - 2 层	13811051521
北京宏诚通投资有限公司	东三环农展北路甲 5 号永安宾馆 3415 房	82699348
北京盛金投资有限公司	西坝河南路甲 1 号新天第家园 B 座(住宅楼)3004 室	64462475 - 811
北京新亚信用担保有限公司	芳园里小区 37 楼	65912344
北京华原世纪燃气投资有限责任公司	安苑北里 23 号 610 号	65066522
富进盛隆投资顾问(北京)有限公司	裕民路 12 号元辰鑫大厦 E1 座 406 室	82251987
北京海德润正投资有限公司	慧忠里 221 号(住宅)楼	64936777

北京东润信德投资发展有限公司	惠新东街21号雅城宾馆504室	13501201003
中石燕安(北京)投资有限公司	北四环东路106号2号楼205房间	13701278797
永鸿基投资控股有限公司	呼家楼北街13号地下室上层25号房	84085820
北京润友盛世投资有限公司	建外大街郎家园11号万达广场4座(住宅)楼17C室	58766779
北京佳人乐国际影视投资有限公司	建外大街郎家园11号万达国际公寓3座(住宅楼)7层F号	62639156
天洋控股有限公司	建外大街郎家园11号万达广场第4座33层G(03)号房	58204988
北京金利帝玛投资有限公司	建外大街16号2号楼2208室	68973300
北京中资嘉美投资顾问有限公司	东三环中路16号2号楼7A室	51672316
力维斯投资有限责任公司	东三环南路小八里庄40号5－6层	87371188
北京基洛夫投资有限公司	东三环中路39号建外SOHO小区6号楼2902室	13901125557
中粮财务有限责任公司	建国门内大街8号中粮广场A座12层	65268888－1710
银基担保有限公司	东三环中路39号建外SOHO13号楼2102室	58691759
西部信用担保有限公司	建外大街甲12号新华保险大厦19层	85181163.85181912

保　险

新华人寿保险股份有限公司北京市朝阳支公司	安定门外胜古北路甲3号	64412335
中国平安人寿保险股份有限公司北京分公司朝阳亚运村营销服务部	北安慧里二区12楼院内东侧平房	64078251
中国太平洋人寿保险股份有限公司北京市朝阳支公司	安贞里二区一号楼	66418855
中宏人寿保险有限公司北京分公司	建国门外大街1号国贸大厦2座501	65050202
中英人寿保险有限公司	东三环北路霞光里18号佳程广场A－19层	84400888
中航三星人寿保险有限公司	建国路118号招商局中心01楼15层	65681888
美国友邦保险有限公司北京分公司	东环南路2号京汇大厦3楼(张红　王昌夏)	65683338－2091
美国友邦保险有限公司北京分公司朝阳建国路营销服务部	东三环南路赢嘉中心	65661338
美国友邦保险有限公司北京分公司朝阳亚运村营销服务部	安定路35号安华大厦8层	64416662
中法人寿保险有限责任公司	建国门外大街永安里8号华彬国际大厦1206室	85288588
中美大都会人寿保险有限公司北京第二营销服务部	北朝外大街乙12号昆泰国际大厦5层	58280088
阳光财产保险股份有限公司	朝外大街乙12号昆泰国际大厦(李艳婷)	58289985
阳光财产保险股份有限公司北京分公司	朝外大街乙12号昆泰国际中心29层	58289712
中国人民健康保险有限公司	朝外大街乙12号昆泰国际大厦12层(邵丹丹)	58696688－6102
合众人寿保险股份有限公司北京分公司	朝外大街乙12号昆泰国际大厦20层(姜宁)	58977755－82007
合众人寿保险股份有限公司北京分公司朝阳门营销服务部	朝外大街10号(A1区)11、14层	51209302
北京安康保险经纪有限公司	建国门外大街4号建外SOHO南办公楼B座16单元1906室	13911934008

北京万洋恒通保险代理有限公司	广渠路21号金海国际花园6幢(住宅楼)2单元1702室	13717581899
安诺保险经纪有限公司北京分公司	建国路88号北京现代城A区(SOHO)区D栋(住宅楼)706室	85806905
北京亿霖汇迦保险代理有限公司	日坛路6号安琪商务中心421室	65915101
北京惠通保险代理有限公司	双井1号优士阁住宅楼A-1903	58612031
北京中汇国际保险经纪有限公司	东三环中路39号建外SOHO11号公寓24-2801室	58691896
北京华融保险经纪有限公司	建国门外永安东里8号华彬国际大厦六层	85288595
北京智天保险经纪有限公司	建国门外大街22号赛特大厦111号	85110067
中国人民财产保险股份有限公司北京市分公司商务中心区营销服务部	东三环中路39号建外SOHO-B座2205室	58691436
中国人民财产保险股份有限公司北京市分公司奥运村营业部	北辰东路八号汇欣大厦A603室	85612486
北京润盛保险经纪有限公司	东方东路8号	84483226
安邦财产保险股份有限公司北京分公司	东三环北路东方东路9号	64650888
安邦财产保险股份有限公司北京市朝阳支公司	安定门外安定路12号1号楼202室	64412133
永安财产保险股份有限公司北京分公司	北三环东路28号易亨大厦15层	64405558-8822
宏孚保险经纪(北京)有限公司	西坝河南路甲1号B座住宅楼1007	13911828609
民生保险经纪有限公司	东三环北路2号22层	64106986
北京泛联保险代理有限公司	呼家楼向军南里二巷甲5号7层	51311885
都邦财产保险股份有限公司北京分公司	和平里13区35号煤炭大厦10层	84263823
标准(北京)保险经纪有限公司	朝外大街乙12号昆泰国际大厦29层02室	58797089
北京诚信保险代理有限公司	东三环南路58号富顿中心A座0606号	58672950
中国人民健康保险股份有限公司北京分公司	朝外大街乙12号昆泰国际大厦12层	58696688
中国人民财产保险股份有限公司北京市朝阳支公司	霄云里4号楼	84485273
中国人寿保险股份有限公司北京市朝阳支公司	金台北街7号	65916956
北京申根保险代理有限公司	三里屯北街81号凤凰宾馆102室	64177025
北京泛华保险代理有限公司	向军南里二巷甲5号雨霖大厦7层	51311885
恒泰保险经纪有限公司北京分公司	朝外大街19号华普国际大厦807室	86651049
中华联合财产保险公司北京分公司	安贞西里三区26号楼9层	64452504
北京长润保险经纪有限公司	慧忠北里111号楼423-430室	64808341-806
北京富达保险经纪有限公司	吉庆里9号、10号(住宅)楼B座1单元502室	65539301
北京中证鼎立理财顾问有限责任公司	吉庆里9号10号(住宅)楼A座2区905室	65536060-108
方胜保险经纪有限公司	朝阳门南大街14号	85639116
北京万和保险代理有限责任公司	干杨树甲16号综合楼2单元601-602室	64945044
北京华邦保险代理有限公司	小营路17号305、306室	84895908
北京万里安保险代理有限公司	北四环中路6号华亭嘉园F座住宅楼1005室	82844849
北京瑞丰民安保险代理有限公司	德胜门外黄寺大街28号	13381081097
天安保险股份有限公司北京分公司朝阳营销服务部	北四环东路108号千鹤家园5乙楼1504、1505室(住宅楼)	84831882
华安财产保险股份有限公司北京市朝阳支公司	慧忠北里219号华秦大厦301室	64843342
民爱保险公估(北京)有限公司	北辰东路8号L座1701室	84971877
北京厚泽保险代理有限公司	安贞里二区1号楼411、415室	64450644

金盛人寿保险有限公司北京分公司	建国路118号招商局大厦R2层	51358866
恒安标准人寿保险有限公司北京分公司	东三环北路霞光里18号佳程大厦A座22层	59235588
信诚人寿保险有限公司北京分公司朝阳区丰联营销服务部	朝阳门外大街18号丰联广场大厦A座6层	65888885
北京三元保险经纪有限公司	南十里居东风农场办公楼3楼305号	64385753
北京中昊国际货运有限公司	朝阳路英家坟村6号	65280336
北京安惠保险代理有限公司	通惠家园惠民园7号(住宅)楼1406室	65578968
华旅(北京)保险经纪有限公司	延静里中街3院5号楼308室	65035588
中际保险代理(北京)有限公司	北管庄杨闸环岛西侧北角京通新城13号(住宅)楼12－E室	51397938
北京泽楷高度保险经纪有限公司	北三环东路15号北方安华大厦513室	84972747
北京市卓越保险代理有限公司	小关北里45号世纪嘉园5号楼3层	84651688
国联(北京)保险经纪有限公司	安立路68号D3－402室	84892931
永安财产保险股份有限公司北京分公司朝阳亚运村营销服务部	安定路3号甲3号	64913699
北京新城保险经纪有限公司	北土城西路7号国恒基业大厦D座804室	51663231
安邦国际保险经纪有限公司北京分公司	慧忠北里306号(住宅)楼1307	85842437
金联安保险公估(北京)有限公司	安定路35号安华发展大厦6层630室	64413960
北京信德诚保险代理有限公司	北四环中路6号华亭嘉园E座公寓1205号	13910957787
太平保险有限公司北京分公司朝阳亚运村营销服务部	北三环东路28号	64405858
中华联合财产保险公司北京市朝阳支公司	胜古庄2号北京康瑞普冶金设备厂F座五层	64450126
中桥(北京)国际保险公估有限公司	永安西里灵通观5号院万豪国际公寓B座6G室	65698898
康桥保险经纪有限公司	首图东路5号院御景园2号楼7G室	87361556

文物保护单位

全国重点文物保护单位

东岳庙	朝外大街141号	65510151
西黄寺	安定门外黄寺大街	62018966
土城遗址	太阳宫芍药店居甲80号	64222821
日坛	日坛北路6号	85614261

北京市级文物保护单位

八里桥	通惠河东段	65795265
十方诸佛宝塔	王四营乡马房寺村外东北角	67372496
941电台	豆各庄地区办事处	87392145
北顶娘娘庙	德胜门外土城东北	84912224－878

朝阳区级重点文物保护单位

山东会馆	呼家楼街道	65045497
张义祠堂	豆各庄文化站	87392143
常营清真寺	常营民族家园1号	65484914
肃慎亲王敬敏墓	王四营地区办事处	67372496
显谨亲王衍璜墓	潘家园街道	67783641
那桐墓	三间房地区办事处	65410041
南下坡清真寺	朝外二条129号	85626316

体育场馆

北湖国际高尔夫俱乐部有限公司	安外北湖北京北湖国际高尔夫俱乐部有限公司	84919797
郡王府体育中心	朝阳公园南路19号	65940434
英特康乐城(英东游泳馆)	安外安定路1号	64910483
京体健身中心有限公司	南新园一号	87316973
震昊体育俱乐部有限公司	姚家园路10号	85974838
三纺体育运动发展有限公司	八里庄西里体育场1号	65564603
望京中韩体育中心有限公司	望京西园D5区体育公园	64753673
调良马术运动有限责任公司	孙河乡马泉营村北	64384947
邦泰达科技有限公司北苑高尔夫俱乐部	来广营乡红军营村北	84918058
奥林匹克体育中心	安定路1号场馆处	64912233－231/204
兴隆体育发展有限责任公司	高碑店兴隆公园内西侧	85777256
博美健身中心	三间房东路5号	65741827
悠季瑜伽健身中心	日坛公园北路6号院内	85615506/07
锦湖园物业管理有限公司康赢国际健身俱乐部	白家庄东里23号D座	65901638
三环健身有限公司	建国门外大街4号建外soho2号楼	58690666－818
东方飞鸟体育发展有限公司	姚家园路10号	85983737 85982070
朝阳体育馆	六里屯西口朝阳体育馆	85975547
竞时天地体育发展有限公司	望京利泽中园八十中学南门内	64783614
北京工体钰泰保龄球网球中心有限公司	工体西路6号	65522688－166 65522688－253、256
北京强鹰健身有限公司分公司	安慧北里逸园20号楼E－52强鹰健身房	64891858 84216387
北京郡王府康漫健身俱乐部有限公司	朝阳公园南路21号	65863130 65940432
北京东方天星华普休闲健身俱乐部有限公司	孙河乡雷桥村甲88号	84916987

北京杰点文化发展有限公司	酒仙桥东路9号A2栋东一层	58237100－1109
北京宇亭健身中心(蝉舟瑜伽)	西坝河南路1号新天地A座502室	64466778
中国国际贸易中心有限公司国贸溜冰场	建国门外大街1号国贸商城B2层	65055776
北京四季阳光健身俱乐部有限公司	白家庄东里1号一层	65065058
北京新利体育服务中心	定福庄南里6号	65758408
北京东方全红体育健身中心有限责任公司	来广营西路26号	84919966 84919666
北京金港展览展示有限公司(金港汽车公园)	金盏乡金港大道1号	84333486 86694651
北京山得尔体育发展中心	将台乡路桥下东侧	64333211
北京望京新城健身俱乐部有限公司	望京西园402号楼	64701050
朝阳公园开发经营公司网球中心	农展南路1号	65016481
北京朝来佳伟健身服务有限公司	来广营乡来广营村小刘各庄150号	84916966/8896
北京市华腾健身有限公司	东三环南路54号华腾健身总经理办公室	87735761
中日青年交流中心银橄榄体育世界	亮马桥路40号	64664824 64683311－3185
北京春泉体育发展有限公司	十八里店村18号	13701184025
北京学友健身服务中心	砖角楼北里5号	64215754
北京来鹏高尔夫俱乐部有限公司	来广营东外环北路1号	84904352
北京飞翔体育俱乐部	花家地东路3号	58250670
北京康城高尔夫球俱乐部	双桥东路康城高尔夫俱乐部	85393802 85788913
北京东方天星乡村俱乐部有限公司	黄港乡雷桥村	84916987
北京新恒基物业管理有限公司健身俱乐部	麦子店西路3号629室	13391833885
北京富力会康体俱乐部有限公司	东三环中路59号	58622277－3257
北京青鸟健身有限公司(兆龙店)	工体北路2号兆龙饭店三段写字楼	65972008
北京进步健身中心有限公司(大北窑店)	东三环南路2号	65670266
北京进步健身中心有限公司蓝堡店	西大望路3号蓝堡公寓	85997650
北京健乐菲力斯第一健身俱乐部有限公司	朝外大街16号中国人寿大厦商场B1/B3层	85251818－123/109
北京美松高尔夫俱乐部有限公司	高碑店乡兴隆西街10号	85753959
北京汉龙文化发展有限公司(朝阳公园游泳场)	双井北里18号2407室、朝阳公园南路1号	65025008
北京绿州健身俱乐部有限公司	东三环南路17号4层F座	67665432
北京奥克高尔夫球俱乐部有限公司	安定路1号奥体中心院内南侧	64910915 64914265
北京朝阳高尔夫俱乐部有限公司	团结湖小区上四路	65001225 65001149
北京维汀体育发展有限公司	望京西园三区316楼B1	64758329
北京高润体育俱乐部有限公司	来广营乡新北路1号	84917910
北京望京源林高尔夫运动培训有限公司	南湖渠落田洼东北郊苗圃	64791951
北京汪见虹围棋俱乐部有限责任公司	垂杨柳中街甲1号二层汪见虹围棋俱乐部	67710216
北京宝迪沃体育文化发展有限责任公司第四健身分店	机场路将台路丽都商业楼7号楼	64302008－81055
北京中体倍力霄云健身俱乐部有限公司	霄云路36号国航大厦第十七、十八层	84475188－817
北京金贝健身俱乐部有限公司	白家庄东里42号院13号楼	65828788

北京中体倍力动感健身俱乐部有限公司亚运村店	大屯路风林绿洲 18 号公寓楼 A 座 21A 室	64889966
北京匠心之轮国际体育中心有限公司	黑庄户乡朗辛庄村 88 号	85383876
北京中体倍力新概念健身俱乐部有限公司	望京西园二区 221 号二层、三层	64789998－333
北京星河湾四季会企业管理有限公司	平房乡黄杉木店后街 168 号	85529988 85512186
北京超级碰撞体育发展有限公司	东土城路 5 号	13011210627
北京奥力健身有限公司	安立路 60 号润枫德尚 A 座二层	85869533
北京鸿军豪门体育文化发展有限公司	将台乡大环里将府庄园内	64362913
北京动感空间休闲俱乐部有限公司	华威北里 43 号 3 段地下一层	87730809 87730810
北京奥零捌体育发展有限公司(张贝健身)	西大望路 19 号院 7 号楼底商 100 室	87755665－8016
北京空间蔚蓝体育发展有限公司(青鸟望京店)	望京湖光中街 1 号	64717811
北京第五大道健身有限公司(青鸟分店)	慧忠北里 309 号楼	64872009
北京奥林匹克置业投资有限公司	东坝乡驹南街 225 号	51079026
北京奇迹体育发展有限公司	望京阜通西大街 18 号院一号楼首层	64751911
北京金兰道保龄球俱乐部	团结湖东里 10 号	85981142

公　园

日坛公园	朝外日坛北路	85622612
团结湖公园	团结湖南里 15 号	85962151
红领巾公园	后八里庄 5 号	85810901
元大都公园	安外小关街 53 号	64222820
四得公园	将台乡赵酒路口	64384057
朝阳公园	农展南路 1 号	65077997
中华民族园	民族园路 1 号	62063616
丽都公园	首都机场将台路	64328570
朝来农艺园	来广营乡新生村	84913178
郁金香花园	金盏西大街路北	84335180
兴隆公园	兴隆庄甲 8 号	85759918－809
太阳宫公园	太阳宫乡西坝河路甲 1 号	84496800
北焦公园	化工路东口	67383866
个园	王四营乡	67361945
镇海公园	小红门乡牌坊村	87602010
康心体育公园	楼梓庄乡政府东	84317701
黄渠公园	平房乡黄渠村	65745569
姚家园公园	姚家园村	85756191
窑洼湖公园	南磨房南楼梓庄村	67315008
北花公园	高碑店乡花园闸通惠河南侧	65475896

南湖公园	望京	64727461-3273
牌坊体育公园	小红门乡牌坊村	87602010
立水桥公园	来广营乡	
朝来都市森林公园	来广营乡新生村	84903608
清洋湖公园	洼里乡羊坊村西	84910999
蟹岛绿色休闲公园	蟹岛路1号	84335108
望京公园		
奥林匹克公园	洼里乡	

街道社区
居委会、地区村(居)委会

朝外街道

芳草地社区居委会	东大桥路23号楼院内	85614934
吉庆里社区居委会	工体西里4号楼南侧院内	65522442
吉祥里社区居委会	吉祥里西区南门外东侧	65514388
三丰里社区居委会	三丰里14号楼南侧小楼	85612610
体东社区居委会	工体南路甲1号利康烤鸭店南侧	65522998
天福园社区居委会	天福园8号楼东侧	85611495
雅宝里社区居委会	雅宝里4号楼南侧院内	65094266

双井街道

广和里社区居委会	广和里2条14楼下平房	87775639
垂杨柳东里社区居委会	垂杨柳北里14楼1单元4-6号	67781829
双花园社区居委会	双花园西里甲8楼	67398192
垂杨柳西里社区居委会	垂杨柳西里6号楼西侧平房	67764486
广外南社区居委会	广渠门外大街22楼后平房	67751339
九龙社区居委会	庆丰闸后街39号	67748948
大望社区居委会	百子湾路百子园1号楼D单元304号	87732860
九龙南社区居委会	广渠路33号石韵浩亭5楼地下室	87760049
富力社区居委会	双井天力街3号楼1层	58621739
光环社区居委会	双花园南里2号楼6单元1层	87721559
广泉社区筹备组	广泉社区东侧平房	87753405

八里庄街道

红庙社区	慈云寺4号楼东侧平房	65046519

红庙社区政务工作站	慈云寺18楼南侧一层中门	65953483
红北社区	红庙北里40楼	65011745
延静里社区	延静西里22号楼东侧平房	65941040
甘露园社区	甘露园南里18号楼后	85781756
十里堡社区	十里堡东里27－28楼之间平房	65577555
八里庄西里社区	八里庄西里506楼前平房	65574650
八里庄东里社区	八里庄东里12楼后二层简易楼	65569064
黄杉木店社区	黄杉木店二巷5号	85773321
都会华庭社区	十里堡甲3号院城市广场2号公寓B2201	65561247
远洋天地社区	八里庄西里59号楼南侧二层配楼	85866626
罗马嘉园社区	朝阳北路107号院23楼	58627275
朝阳无限社区	甘露园10号楼1单元101号	85739508

酒仙桥街道

高家园社区居委会	酒仙桥高家园小区118号	64384786
大山子社区居委会	酒仙桥大山子北里18楼后平房	64367486
酒仙桥电子球场路社区居委会	酒仙桥三街坊2楼旁平房	64384657
红霞路社区居委会	酒仙桥六街坊11楼6单元	64384778
中北路社区居委会	酒仙桥万红路4号院平房	64384788
酒仙桥东路社区居委会	酒仙桥驼房营南里兆维小区综合楼2层楼	64380061
酒仙桥南路社区居委会	酒仙桥十二街坊4楼后平房	64384773
怡思苑社区居委会	酒仙桥南十里居15号院8号楼	84509756
驼房营西里社区居委会	酒仙桥驼房营南里兆维小区综合楼3层楼	64373149

垡头街道

垡头街道一区社区居委会	垡头一区6号楼1门前	67382011
垡头街道二区社区居委会	垡头二区18号楼1号	67365471
垡头街道三区社区居委会	垡头三区14号楼8门1号	67375893
垡头街道北里社区居委会	垡头北里17号楼西侧	67383534

和平街街道

和平家园社区居委会	和平街11区甲12号	64274683
计量院联合居民组	和平街11区30号楼东侧平房	64292987
砖角楼社区居委会	和平街砖角楼北里5号楼院内平房	64219740
十四区社区居委会	和平街14区14楼前平房	64290569
信息院联合居民组	和平街十四区15号楼	64226836
和平东街社区居委会	和平街15区3号楼101号	64296326
城建三联合居民组	和平街13区1号院	64206437
煤科院联合居民组	和平街13区29楼西侧	84262876
化工研究院联合居民组	和平街13区22号楼前平房	64281255

化工部联合居民组	和平街12区19号楼前平房	64212804
樱花园社区居委会	樱花园30号楼3单元101号	64443929
中日友好医院联合居民组	樱花园11号楼1单元101号	64430022
化工大学联合居民组	和平街胜古东里1号院	64435755
中医药大学联合居民组	北三环东路中医药大学院内	64286265
胜古庄社区居委会	和平街胜古庄南里前平房	64441057
环球联合居民组	和平街胜古北里2号楼后平房	64316711
核仪器联合居民组	和平街胜古北里6、7号楼院内平房	64387077
光电联合居民组	和平街胜古南里2号楼北平房	84042305
林业局联合居民组	和平街胜古南里33号楼院内平房	64427674

小关街道

惠新苑社区居委会	惠新西街9院1号1门	64810094
惠新北里社区居委会	惠新北里8号院	64935173
高原街社区居委会	高原街4号院	84626490
小关社区居委会	小关北里204楼院内平房	64914908
惠新里社区居委会	惠新里32号楼东侧平房	64810091

三里屯街道

幸福一村社区居委会	太平庄南里甲3号	64169217
幸福二村社区居委会	幸福二村5号楼北侧2层楼1层	64166399
幸福三村社区居委会	幸福三村5巷1号楼西侧平房	64169698
北三里社区居委会	北三里屯南楼西甲1号	64177960
中三里社区居委会	东三里屯中3楼院平房	66787026
东三里社区居委会	东三里中15楼西侧平房	64176151
南三里社区居委会	南三里屯西4楼1号	65086849
中纺里社区居委会	中纺里9楼北侧平房	65929071
白西社区居委会	三里屯南路4号楼1层	65912776

建外街道

建国里社区居委会	建国里三道街一号楼南平房	65683900
永安里社区居委会	永安里中街煤炭宿舍院外平房	65661488
永安里东社区居委会	建外通用时代国际中心4号楼B1层	58793364
秀水社区居委会	东大桥路5号楼院内平房	65069929
光华里社区居委会	光华西里一号温莎大道A座1层	65005301
北郎家园社区居委会	建外光华路12号院	65831573
北郎家园东社区居委会	蓝堡国际公寓D座S215室	85997485
南郎社区居委会	南郎家园小区(634所宿舍院内)	65687937

左家庄街道

新源里社区居委会	新源街23楼侧	84552609
三源里社区居委会	三源里夏园活动中心	84518079
顺源里社区居委会	顺源里04楼前平房	64679034
新源西里社区居委会	新源西里中街甲5号楼	84551479
北里社区居委会	左家庄北里38楼102号	84543008
东里社区居委会	左家庄东里14楼二层	84515169
南里社区居委会	左家庄西街10楼7门102	64656209
静安里社区居委会	左家庄静安里甲6号	84518140
曙光里社区居委会	左家庄曙光里39楼后小白楼	84515171

呼家楼街道

小庄社区居委会	342总站北侧平房	85991491
新街社区居委会	新街大院15号楼106号	65025529
关东店社区居委会	向军南里3号楼109号	65023450
关北街社区居委会	向军北里8号楼北侧平房	65861972
东大桥社区居委会	东大桥东里12号楼	65922005
金台里社区居委会	金台北街甲1号	85994144
核桃园社区居委会	农丰里7号楼7门101号	65947306
呼家楼北社区居委会	呼家楼北里平房甲1号	65950122
呼家楼南社区居委会	呼家楼西里5号楼后平房	65924251
人民日报社社区居委会	金台西路2号院北门	65369861

劲松街道

劲松北社区居委会	劲松一区132楼	6775 9027
劲松东社区居委会	劲松三区321楼一层	6775 8807
劲松中社区居委会	劲松五区507楼	6775 7904
劲松西社区居委会	劲松八区甲813楼一层	6770 0806
农光里社区居委会	农光里142楼西侧	6735 4935
农光里中社区居委会	农光里二区212楼一层	6735 4936
农光东里社区居委会	农光东里托老所一层	6735 6577
磨房北里社区居委会	磨北二区216楼北侧二楼	6731 3633
八棵杨社区居委会	华腾园乙7裙楼四层	6773 5144
大郊亭社区居委会	珠江帝景9号楼	8777 3466

团结湖街道

一二条社区居委会	团结湖北头条4－1－101	65824358
三四条社区居委会	团结湖北三条16号楼	85971899

中路北社区居委会	团结湖街道中路北一条 8 号楼	85982265
中路南社区居委会	团结湖路南一条 5 号楼西侧	85989270
水碓子社区居委会	团结湖水碓子 24 号楼	85986788
南北里社区居委会	团结湖路 21 - 1 - 101	85989524

首都机场街道

南路西里社区居委会	首都机场宿舍区苹果园 11 号楼	64571565
南路东里社区居委会	首都机场宿舍区东平里 2 号楼 101 号	64571579
西平街社区居委会	首都机场宿舍区西平街 1 号楼 101 号	64571567
南平里社区居委会	首都机场宿舍区南平里 18 号楼 101 号	64571574

潘家园街道

潘家园社区居委会	潘家园 27# - 2 - 204 号	87701306
潘家园南里社区居委会	潘家园南里 11 楼北侧平房	87715076
潘家园东里社区居委会	潘家园东里 12# - 1 层 10 号	67705015
华威西里社区居委会	华威西里 42#乙	87771754
华威北里社区居委会	华威北里甲 32#	67733310
松榆西里社区居委会	松榆西里 61#楼西侧	67321248
松榆里社区居委会	松榆里 26# - 104 号	67322086
松榆东里社区居委会	松榆东里 15# - 0 - 014 号	67321348
武圣农光社区居委会	松榆北路 7 号院 9 楼 2 层	87379079
武圣东里社区居委会	武东 51 楼 104 号	67322256
磨房南里社区居委会	磨南 22 楼 1 门 101	67356846
华威里社区居委会	华威南路 2 号楼地下一层	87731033

六里屯街道

秀水园社区居委会	水碓子北里 4 号楼前西平房	85988576
碧水园社区居委会	甜水园北里 6 号楼 7 单元 104 号	65033285
甜水园社区居委会	甜水园东里纺织小区存车处	65007498
道家园社区居委会	道家园 7 号楼 9 单元 102 号	65920781
八里庄南里社区居委会	八里庄南里 24 号楼北侧平房	85831049
八里庄北里社区委员会	八里庄北里 301 号楼 103 号	85830500
晨光社区居委会	晨光家园 212 号楼东 107 号	85827767
十里堡北里社区居委会	十里堡北里 29 号楼北侧平房	85832145
六里屯北里社区居委会	丽水家园 1 号楼地下室北侧	65862417
炫特家园社区居委会	炫特家园 3 号楼东侧	85856807

麦子店街道

枣营北里社区居委会	枣营北里社区居委会	65035934
枣营南里社区居委会	枣营南里 21 号楼前平房	65075094
朝阳公园社区居委会	朝阳公园西里北区 2 号楼 3 门 101 室	65383782
农展南里社区居委会	农展南里社区居委会(3 号楼)	85952831
霞光里社区居委会	霞光里社区 30 号院内	64601945

香河园街道

柳芳南里社区居委会	柳芳南里 6 号楼旁	64662898
柳芳北里社区居委会	柳芳北里甲 15 号	64662698
西坝河南里社区居委会	西坝河南里 5 号楼 108 室	64651709
西坝河中里社区居委会	西坝河中里 2 号楼前平房	64676023
西坝河西里社区居委会	西坝河西里 4 号楼	64296921
光熙门北里北社区居委会	光熙门北里甲 6 号楼	64297646
光熙门北里南社区居委会	光熙门北里 10 号楼 101 室	64200497
西坝河东里社区居委会	西坝河东里 33 号楼 1 单元 101	64669497

亚运村街道

安慧里社区居委会	安慧里一区甲 7 号楼	64980228
安慧里南社区居委会	安慧里三区 13 号楼	64932951
北辰东路社区居委会	安慧北里 1 号楼 104 室	64986781
安苑里社区居委会	安苑北里 9 号楼 107 室	64810748
祁家豁子社区居委会	华严里祁家豁子路	82026957
京民社区居委会	华严北里 2 号院	82028035
华严北里社区居委会	华严北里 45 号楼加建	82841857
华严北里西社区居委会	华严北里 27 号楼 1 层	82846023
丝竹园社区居委会	丝竹园社区 7 号楼 11 门 2 楼	64863772
安翔里社区居委会	安翔里 1 号	64886323

安贞街道

安贞里社区居委会	安贞里二区 20 号楼	64427731
安贞西里社区居委会	安贞西里三区 5 号楼东侧小 2 楼	64420118
安华里社区居委会	安华里二区 11 号楼	64246378
安华西里社区居委会	安华里一区 21 号	64268241
裕民路社区居委会	裕中东里一号院西小楼	82027289
黄寺社区居委会	黄寺大街甲 28 号院内	62355252

望京街道

望京西园四区社区居委会	望京西园403－107室	64728177
南湖东园社区居委会	南湖东园210－1－101	64706921
南湖中园社区居委会	南湖中园215－1－101	64706923
南湖西里社区居委会	南湖渠西里院内	64709018
望花路西里社区居委会	花路西里9－2－101	84715085
望花路东里社区居委会	金星路16楼后院平房	64782766
花家地社区居委会	花家地9号楼	84712151
花家地北里社区居委会	花家地北里17－2－101	64730512
花家地南里社区居委会	花家地南里2－1－1	64733093
花家地西里社区居委会	花家地西里109号楼	64716251
方舟苑社区居委会	方舟苑2－103	64780673
望京西园三区社区居委会	望京西园三区3304二层	64716249
南湖西园社区居委会	南湖西园101－4－202	64704359
花家地西里三区社区居委会	南湖实业宿舍院内	64719483
大西洋社区居委会(筹备)	大西洋新城C区307－2－B	64720193
圣星社区居委会(筹备)	圣馨大地B座负一层	64747841－661
爽秋路社区居委会(筹备)	嘉润花园C座负一层	64773107
华鼎世家社区居委会	物业	64706614
宝星园社区居委会	物业	84710628
夏都盈座社区居委会	物业	84714157
将南平房区社区居委会	小望京	64714298
	王爷坟	64361208
	将南物业	84722902
南湖平房区社区居委会	落田洼	64719114
	司家	64738479
	六公主坟	64393676
	南湖物业	64738749
坝北社区居委会	村内	64377907
建工一社区居委会	南湖渠三巷	64738755
童装厂社区居委会	宿舍4排7号	64329875

大屯街道

慧忠里第一社区居委会	慧忠里402楼8单元半地下室	64944067
慧忠里第二社区居委会	慧忠里B区108楼	64984710
慧忠北里第一社区居委会	慧忠北里411楼104号	64869360
慧忠北里第二社区居委会	慧忠北里202楼104室	64864019
安慧北里秀雅社区居委会	安慧北里秀园16号楼101号	64950058
安慧北里安逸社区居委会	安慧北里逸园18号楼0110号	64975352
育慧西里社区居委会	育慧西里3号楼9门101号	64979709
育慧里社区居委会	育慧里二区18号楼前二楼部分	84642597
世纪村社区居委会	世纪村西区8号楼107号	84633844

安慧东里社区居委会	北苑路178号院8号楼118号	64821725
欧陆经典社区居委会	欧陆经典社区172号院15号楼底商三层	84853151
嘉铭园社区居委会筹备组	嘉铭园社区A区5号楼12单元201号	84859840
大屯里社区居委会筹备组	大屯里社区A9座307号	84806303
新新家园联合社区居委会	亚运村辛店路1号物业楼	51737488

太阳宫地区

太阳宫村村委会	64235740	牛王庙村村委会	64380588
十字口村村委会	64625662		

南磨房地区

双龙社区居委会	双龙南里117楼北侧	87326993
南新园社区居委会	南新园小区26楼二层	87322076
平乐园社区居委会	平乐园小区218楼西侧院内	87379890
紫南社区居委会	紫南家园207楼	87353976
百子湾社区居委会	东石门村路6号	87716591
垡头西社区居委会	邱庄村委会院内	67372098
东郊社区居委会	水南庄168号	87705760
大郊亭村村委会	南磨房敬老院东院	67346570
楼梓庄村村委会	紫南家园217楼	87351374

将台地区

芳园里社区居委会	64365928	安家楼第二社区居委会	64372695
芳园南里西区社区居委会	64332235	安家楼第三社区居委会	64353942
酒仙桥社区居委会	64373952	安家楼第四社区居委会	64371296
丽都社区居委会	64370249	驼房营社区居委会	64362124
十二所社区居委会	64361731－2344	东八间社区居委会	84313604
七九八社区居委会	64332726	驼房营村村委会	64332876
南窑地社区居委会	64372892	东八间房村村委会	84313604
铁科院东郊分院社区居委会	64372892	安家楼管委会	64376801
安家楼社区居委会	64362667		

高碑店地区

甘露园南里一区社区居委会	高碑店康家园24号楼南侧	85752957
甘露园南里二区社区居委会	甘露园南里二区12－1－0104室	85752718
半壁店西社区居委会	高碑店乡高西店527号	67797776
半壁店东社区居委会	高碑店乡半壁店居委会	87741752
兴隆家园社区居委会	兴隆家园居委会12#101室	85774821

花北西社区居委会	妇联小区 7#3 门 003 室	65791272
花北东社区居委会	高碑店乡花园闸北里居委会	65745746
通惠家园社区居委会	通惠家园惠民园 7 号楼 103 室	65589291
丽景馨居社区居委会	甘露园南里三区 19 号院 9 号楼	85748207
北花园社区居委会	高碑店乡北花园村委会(社区)	65475886
八里庄社区居委会	八里庄农工商公司八里庄 38 号	65586729
高碑店社区居委会	高碑店村 1358 号	87741569
高井社区居委会	朝外高井甲 8 号	85765868
大黄庄社区居委会	大黄庄 52 号	85761780
康家园西社区居委会	康家园小区 9#八单元 002 室	85753107
康家园东社区居委会	高碑店甲 6 号院白领家园 5#楼 3 单元 201 室	51316821
太平庄南社区居委会	办公地点正在建设	
太平庄北社区居委会	太平庄 25 号楼 1 门 103 室	85501665

十八里店地区

弘善寺社区居委会	左安东路 259 号	67683114
白墙子社区居委会	十里河村白墙子居委会	67671547
前祁庄社区居委会	吕家营村前祁庄居委会	87699836
后祁庄社区居委会	吕家营村后祁庄居委会	87691516
六道口社区居委会	吕家营村六道口居委会	87696579
十里河村村委会	十里河村委会	67348869
吕家营村村委会	吕家营村委会	87691746
周家庄村村委会	周家庄村委会	67351958
十八里店村村委会	十八里店村委会	67471738
老君堂村村委会	老君堂村委会	87307508
小武基村村委会	小武基村委会	67471948
横街子村村委会	横街子村委会	87301239
西直河村村委会	西直河村委会	67388057

小红门地区

小红门村村委会	87602942	龙爪树村村委会	87695071
肖村村委会	67678343	牌坊村村委会	87606296

王四营地区

管庄村村委会	67366137	南花园村村委会	67362423
观音堂村村委会	87743314	道口村村委会	87390769
孛罗营村村委会	87393295	王四营村村委会	67381411

东风地区

六里屯村村委会		65862164
辛庄村村委会		85846037
豆各庄村村委会		85811977
将台洼村村委会		
石佛营西里第一社区居委会	石佛营西里9号楼3单元101室	85814852
石佛营西里第二社区居委会	石佛营西里30号楼1门102室	85814849
石佛营东里社区居委会	石佛营东里113号楼101室	85818642
八里庄北里第一社区居委会	八里庄北里125楼居委会	85835729
八里庄北里第二社区居委会	八里庄北里116楼912	85814853
东风小区社区居委会	南十里居13号楼后侧居委会	64366261
东商社区居委会	石佛营东里105号院内3号楼居委会	85846204
三印社区居委会	八里庄北里107号楼下	85839634
豆各庄社区居委会		85814846
辛庄社区居委会		85814847
将台洼社区居委会		84312621

东坝地区

七棵树村村委会	84311758	驹子房村村委会	65491303
单店村村委会	65497107	三岔河村村委会	84313874
西北门村村委会	84313563	焦庄村村委会	65792263
后街村村委会	84327363	东晓井村村委会	65418451
东风村村委会	84318341		

平房地区

平房村委员会	85573106	黄杉木店村委员会	85762303
姚家园村委员会	85577136	姚家园社区居委会	85764015
石各庄村委员会	65769907	平房社区居委会	85573772
黄渠村委员会	65754873		

来广营地区

北苑家园绣菊园社区居委会	北苑家园绣菊园11号楼101	84966936
北苑家园清友园社区居委会	北苑家园清友园12号楼201	84967852
北苑家园紫绶园社区居委会	北苑家园紫绶园10号楼104	84960696
北苑家园茉藜社园区居委会	北苑家园茉藜园19号楼101	84926067
北苑家园莲葩园社区居委会	北苑家园莲葩园9号楼108	84925448
黄金苑社区居委会	北苑路5号1号楼	84931521
新街坊社区居委会	北苑五号院四区冶金所院内	84927669

时代庄园社区居委会	红军营东路18号物业楼2层	84966474-809
青年城社区居委会	青年城小区会所三层	84954599
立城苑社区居委会	立水桥甲2号院	84816099
朝来绿色家园社区居委会	朝来绿色家园来春园小区综合楼	84950419
北苑一号院社区居委会	安定门外北苑一号院	66749494
北苑二号院社区居委会	北苑二号院7信箱	84936317
北苑三号院社区居委会	北苑三号院航空中心医院居委会	84929635
来广营村村委会		84904455
红军营村村委会		84921483
清河营村村委会		84914703
立水桥村村委会		84921705
北湖渠村村委会		52076966
东湖渠村村委会		64720003
新生村村委会		84916004

金盏地区

沙窝村村委会		84317838
金盏东村村委会		84343674
金盏西村村委会		84333579
皮村村委会		84331517
雷庄村村委会		84340177
长店村村委会		84339370
楼梓庄村村委会		84317960
黎各庄村村委会		84317601
东窑村村委会		84316859
曹各庄村村委会		84317813
小店村村委会		84333706
北马房村委会		84311013
马各庄村村委会		65418506
国营北京市朝阳农场家属委员会	朝阳农场居委会	84331049
金盏地区楼梓庄居委会	金盏大街2号	84333132

奥运村地区

总装社区居委会	安翔北里10号院14号楼	66355671
南沙滩社区居委会	南沙滩2号院3号楼101	58770913
科学园社区居委会	大屯路科学园南里三区	64889908
风林绿洲社区居委会	大屯路科学园南电动机风林绿洲F12楼一层	64874476
绿色家园社区居委会	北苑红军营南路天乐园1号楼	84924332
大羊坊社区居委会	仰山北、安立路西侧	84923643
龙祥社区居委会	世纪龙祥嘉园(洼里三街)	84940730
万科星园社区居委会	仰山路万科星园5号楼一层	84924006
北沙滩社区居委会	白庙路甲1号一层	64830556

双泉社区居委会	德外花虎沟	62925020
林萃社区居委会	林萃西里 26 号楼(物业楼)	82726339
运动员社区居委会筹备组	大屯路甲 3 号	64888019

三间房地区

三间房东村村委会	65755100	定北里社区居委会	65793017
三间房西村村委会	65797128	定西南里社区居委会	65761084
定福庄东村村委会	65738008	定西北里社区居委会	51962375
定福庄西村村委会	65726175	三间房南里社区居委会	65766922
东柳村村委会	65702506	福怡苑社区居委会	65407042
西柳村村委会	65751907	双柳社区居委会居委会	65702611
褡裢坡村村委会	65756279	双桥铁路社区居委会	65758180
白家楼村村委会	65750297	双桥路社区居委会	85366803
北双桥村村委会	65761784	美然动力社区居委会	65402495
新房村村委会	65758174	绿洲家园社区居委会	65461440
金家村村委会	85368437	艺水方园社区居委会	65400351
梆子井村村委会	65461988	双惠苑社区居委会	65427426
定南里社区居委会	65737663		

常营回族乡

常营第一村委会		65710704
常营第二村委会		65770006
常营第三村委会		65482634
常营第四村委会		65482097
常营第五村委会		65482263
常营第六村委会		65715986
常营第七村委会		65480844
常营第一社区居委会		65482251
十里堡村委会		58234009
五里桥村委会		65755813
草房村委会		58234549
荟万鸿社区居委会	荟康苑小区 3 号楼 8 单位 102 室	65728145
鑫兆佳园社区居委会	鑫兆佳园小区 28 号楼 101 室	65431082
万象新天社区居委会	万象新天小区 216 号楼 1 门 101 室	65436225

豆各庄地区

南何家村村委会	南何家村村委会	85308298
于家围北村村委会	于家围北村村委会	85367127
于家围南村村委会	于家围南村村委会	85369197
石槽村村委会	石槽村	85363416

东马各庄村村委会	东马各庄	85307401
西马各庄村委会	西马各庄村	85307187
豆各庄村村委会	豆各庄村	67372530
孟家屯村村委会	孟家屯村	67365172
黄厂村村委会	黄厂村	67364672
孙家坡村委会	孙家坡村	67385414
水牛坊村委会	水牛坊村	67373802
马家湾村村委会	马家湾村	67372892
青青家园居委会	青青家园	85300960
491 电台居委会	491 电台	85361425
阳光家园社区	第二监狱职工家属院	85392146
京城雅居社区	京城雅居小区	(未装)
绿丰家园社区	绿丰家园小区	(未装)

黑庄户地区

大鲁店一村村委会		85381789
大鲁店二村村委会		85384638
大鲁店三村村委会		85383595
小鲁店村村委会		85386256
郎各庄村村委会		85384603
郎辛庄村村委会		85380876
黑庄户村村委会		85385991
四合庄村村委会		85382081
万子营东村村委会		85385147
万子营西村村委会		85385830
双树南村村委会		85373302
双树北村村委会		85371154
定辛庄东村村委会		85372648
定辛庄西村村委会		85370139
苏坟村村委会		85372952
么铺村村委会		85370570
黑庄户村村委会		85384802
五号井村村委会		85391807
六号井村村委会		85391801
双桥南里社区居委会	双桥中路六号井小区	85395281

管庄地区

八里桥社区居委会	85701262	京通苑社区居委会	65709460
管庄东里社区居委会	51167315	双会花园社区居委会	65649668
管庄西里社区居委会	65740261	八里桥村村委会	85708767
建东苑社区居委会	65752017	杨闸村村委会	85708652
管庄西里社区居委会	65716088	果家店村村委会	85708929

管庄村村委会	65761536	塔营村村委会	65739028
东会村村委会	65457441	郭家场村村委会	85390172
西会村村委会	85709630	重兴寺村村委会	60533600
咸宁村村委会	85365773	司辛庄村村委会	65739289

孙河地区

孙河村村委会	84592764	上辛堡村村委会	64386995
前苇沟村村委会	84329653	下辛堡村村委会	64384940
后苇沟村村委会	84564543	黄港村村委会	64348581
康营村村委会	64332678	雷桥村村委会	84911232
北甸东村村委会	84594385	沙子营村村委会	84912178
北甸西村村委会	84590227	李县坟村村委会	84910132
西甸村村委会	85595500	沈家坟村村委会	84912989

崔各庄地区

草场地村委会	64371230	奶西村委会	84709812
北皋村委会	64371106	崔各庄村委会	64387673
东辛店村委会	64371273	善各庄村委会	64327634
东营村委会	84338829	何各庄村委会	64381679
望京村委会	64364894	马泉营村委会	64362005
南皋村委会	64368319	马南里居委会	84704447
黑桥村委会	64331668	崔各庄居委会	64382609
索家村委会	64389778	南皋第一区社区居委会	
费家村委会	64330157	东营社区居委会	
奶东村委会	64366547		

感谢以下提供图片人员对本刊工作的支持

于连河	于雪峰	马景惠	马景德	王　军	王　勇
王　琼	王飞力	王凤兰	王太成	王希平	王荣先
王荣荣	王洪斌	王晓玉	王艳霞	王海燕	王德金
牛　荣	叶　昕	付　坤	史大明	白中胜	田远新
卢晓霜	刘　阳	刘　洋	刘　晶	刘立华	刘青云
刘金娟	刘京铃	刘春梅	刘继岳	刘新华	刘婷婷
任希凤	宇娅薇	孙　莹	孙立全	孙伟卓	孙明华
孙海峰	池海峰	关　颖	许丹丹	苏会利	宋学民
条非法	那珊珊	宋　磊	吴　彬	吴日周	时彦芳
时新德	杨秀玉	杨春青	金连栋	周　屹	周　颖
周　磊	周庆原	李　君	李　莎	李　梅	李　蕊
李广彪	李宝华	李国荣	李学峰	李晓伟	李爱娇
李登超	张　英	张　洋	张　涛	张小丁	张文侠
张边民	张志勇	张丽琴	张延檩	张秀荣	张佳珅
张建军	张晓娟	张素珍	张毅川	沈庆锋	陈　迎
陈　波	陈　亮	陈洪波	郑海丰	赵　光	赵　越
赵　媛	赵亚杰	姜　军	姜　芳	姚　维	俞　森
段维义	侯鹏浩	郭　鹏	郭运动	郭春岭	贾　宁
贾新均	陶　均	黄　丽	黄　晶	黄　敏	黄煜盈
韩广奇	曹延伟	阎　梅	谭小昆	裴晓波	潘　鑫
魏　嘉	魏凤雪				

朝阳区劳动和社会保障局

2005年10月19日，全国人大副委员长李铁映率团检查指导我区《劳动法》实施情况。

7月9日区委书记李士祥同志到劳动保障局调研

5月11日市委先进性教育活动督导组高久长组长到劳动保障局调研指导

“十五”期间，朝阳区劳动和社会保障局坚持科学发展观，围绕全区中心工作，抓班子、带队伍、谋发展，为朝阳区改革开放和现代化建设作出了积极贡献。在2005年，紧密结合党员先进教育活动，坚持“服务为本，创新为先”的工作理念，立足岗位，真情服务，学习典型，坚持不懈抓整改，以加强班子作风建设为先导，强化服务和创新意识；以服务群众为工作的出发点落脚点，突出真情服务和改进工作作风；以争创一流工作业绩为目标，扎实推进工作创新和工作发展，使先进性教育活动取得了明显成效，全面完成朝阳区“十五”期间劳动保障工作任务。在2005年，朝阳区劳动和社会保障局的工作任务完成情况和行风建设市民民意测评，在全市十八个区县劳动保障系统中取得了综合第一名的好成绩。

统筹城乡就业，开展街乡“手拉手”活动，帮助农村劳动力实现就业。

10月18日，以政府和企业共同承诺的形式，开展“维护农民工合法权益，我们共同的责任”签字活动。

提供就业岗位信息，帮助农村劳动力实现就业。

上门为建筑施工企业外地人员讲劳动合同，维护他们的合法权益。

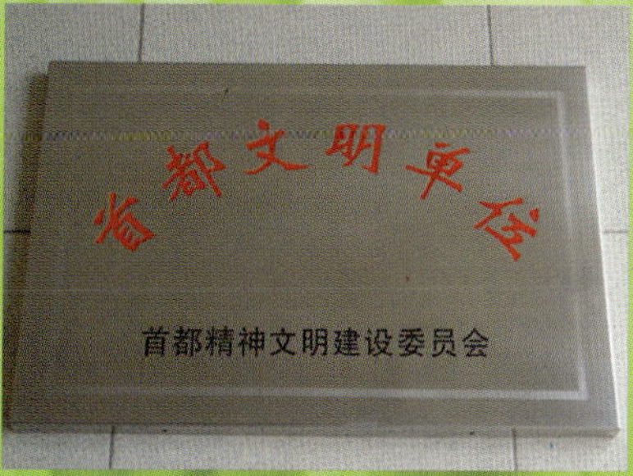

2005年朝阳区劳动和社会保障局局机关被评为首都文明单位

北京市朝阳区人民武装部

近几年来，北京市朝阳区区委、区政府、区人民武装部坚持以科学发展观指导国防后备力量建设，实现国防后备力量建设与经济建设协调发展。

在民兵军事训练工作中，重视发挥本地驻军和科研院校多的优势，与相关科研院校建立教学保障网络，与多家院校和军兵种部队建立了协作关系，采取“请进来”与“合起来”的方法，走同部队院校联训联演的路子；与组织民兵参加区域经济建设相结合，坚持在用兵中强兵，使民兵队伍的综合素质得到显著提高。重视抓好国防教育工作，将国防教育与全民的社会主义、集体主义教育及基础教育相结合，与创建“双拥模范单位”活动相结合，与各级领导干部过“军事日”制度相结合，与每年一次的征兵和安置转业、退伍军人工作相结合，积极创建“幼儿园国防教育小课堂”、少年军校、国防教育进社区、军民共建学习型军营等教育平台，整合社会资源，建立国防教育综合基地，推动了全区国防教育的深入发展。把双拥工作作为事关全局、涉及长远的大事来抓，在全区广泛开展了“争创爱国拥军、拥政爱民模范单位，争当爱国拥军、拥政爱民模范”活动，积极探索双拥工作新思路，全面启动了以“双建”、“双扶”、“双育”、“双优”、“双促”为主要内容的“五双”工程，确定每年的7月10日至8月10日为朝阳区文化拥军月，通过双拥工作的创新发展，促进了国防后备力量建设各项工作落实。

区委书记李士祥、副区长佟克克认真研究工作

区长陈刚到体检站看望体检新兵

区委常委、区武装部政委刘英男同志作动员

少年军校汇报表演

在石家庄陆军指挥学院集训期间，部长李彦田同志与专武干部一起在图书馆查阅学习资料

重温民兵誓词

区武装部领导同区委、区政府领导一起上街进行征兵工作宣传

少年军校汇报表演

课　堂　一　角

防　汛　演　练

巡　逻　执　勤

精　益　求　精

朝阳区民兵植树活动一角

长大要当宇航员

北京市朝

党组书记、局长　张志伟

领导班子全体成员

北京市朝阳区国家税务局于1994年8月正式成立，是北京市国家税务局的派出机构。主要工作任务是：在北京市国家税务局和北京市朝阳区委、区政府的领导下，贯彻执行国家税收法律、法规和规章，组织中央税收收入和中央、地方共享税税收及部分地方税税收收入，维护和规范税收秩序，为促进市、区的改革开放、经济建设服务。主要负责增值税、消费税、金融企业营业税、企业所得税、涉外企业所得税、储蓄存款利息所得个人所得税，及办理出口企业的退税工作。

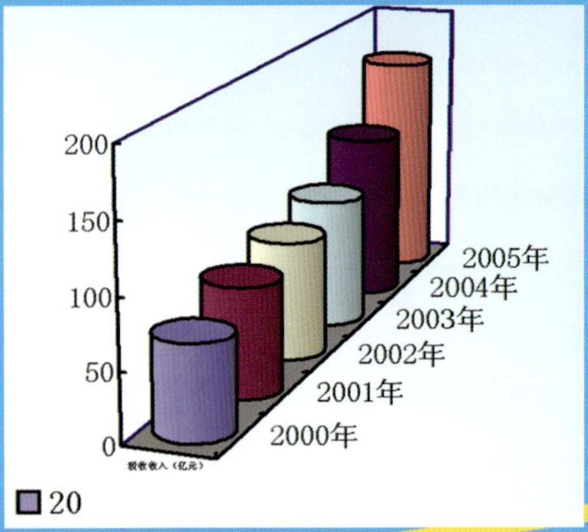

区国家税务局

国家税务总局局长谢旭人到朝阳区国税局调研

区委书记李士祥到朝阳区国税局视察

国家税务总局总会计师宋兰到朝阳区国税局调研

市国税局局长孙志强到朝阳国税局视察

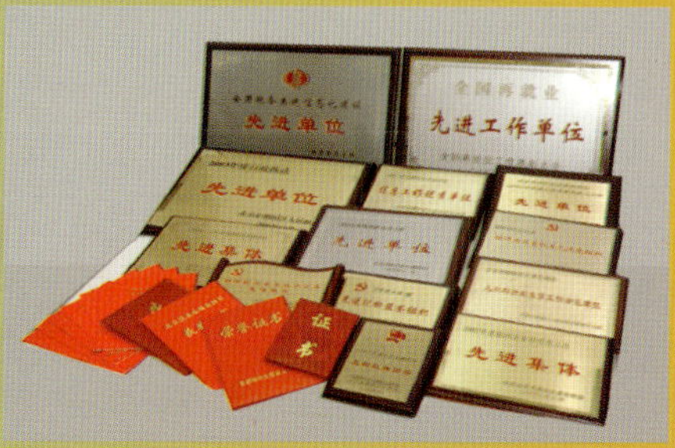

加快提升服务水平 迎接绿色奥运盛会

……朝阳区环卫服务中心以迎奥运为契机

朝阳环卫服务中心作为朝阳区唯一一支环卫专业作业队伍，肩负着洁净城市、美化朝阳的主要职责，是朝阳区环卫作业行业的主力军。几年来，中心始终以科学发展观为统领，以举办一届高水平、服务一流的奥运会为着眼点，以实现“三个100%”，即：垃圾密闭收集和机械化清运率100%、粪便密闭抽运和无害化处理率100%、可机扫面积机械化清扫率100%为目标，以突出“三个重点”，即：加强队伍素质建设，提升机械化作业能力，推进规范化作业服务为主要抓手，以紧跟首都城市现代化建设步伐和广大市民满意为核心，全面推进环卫事业发展，为朝阳区城市环境卫生建设、促进社会经济发展做出了突出贡献。目前，区环卫中心所辖的建成区生活垃圾管理已全部实现了密闭收集和机械化清运100%的目标，部分垃圾楼已改造升级为新型压缩式设备；粪便密闭抽运和无害化处理率达到了96%，2008年奥运会之前将实现100%的目标；可机扫面积机械化清扫率逐年大幅度增加，目前已达到了742万平方米……可以预见，朝阳环卫服务中心在区委、区政府正确领导下，将会以更快地发展速度，迎接奥运会的胜利到来。

区长陈刚（右一）到环卫中心调研公厕建设与管理现场听取中心主任梁振元（右二）汇报工作

副区长李国（右三）参加环卫中心2005年度工作总结会并讲话

环卫中心深入开展保持共产党员先进性教育活动

环卫推雪车正在实施道路除雪作业

发展向世界展示洁净美丽朝阳

党委书记黄庆林、主任梁振元、党委副书记诸志明等领导研究部署年度环境建设工作

为区内重要活动提供临时公厕保障

区环卫中心与各基层单位签订年度安全生产和综合治理责任书

区又一座新型垃圾压缩设备建成并通过验收

环卫清扫作业车辆正在实施夜间道路清扫作业

区环卫作业车辆正在实施喷雾降尘作业

朝阳区质量技术监督局

12月27日，吴平局长陪同区政协主席李明（左二）、副主席张和平（左一）视察局属技术机构。

12月16日，朝阳区召开老旧电梯专项整治工作，副区长佟克克、区长助理彭波、安监局局长关伟、质监局局长吴平分别讲话。

4月13日，副局长李健（左二）、刘书健（左三）检查有机化工厂液氯生产车间。

朝阳区质量技术监督局前身为区技术监督局、区标准计量局、区标准计量管理所、区计量管理所。2000年3月，朝阳区技术监督局划归北京市质量技术监督局直属机构，更名为北京市朝阳区质量技术监督局（以下称区质监局）。2002年2月，区劳动和社会保障局承担的特种设备安全监察、检验职能及人员编制划转区质监局后，内设5科1室1队，所属4个事业单位，即朝阳区产品质量监督检验所、朝阳区计量检测所、朝阳区特种设备检测所和朝阳区组织机构代码办公室。近年来，我们坚持“在巩固中求完善，在提升中求发展”的指导思想，紧密结合朝阳区经济社会发展实际，把确保特种设备和食品安全作为工作重中之重，以完成各项任务指标为基本要求，以提升监督检查和检验能力为基本抓手，扎扎实实打基础，开拓创新抓落实，较好地完成了市局目标管理和朝阳区“双百”考核指标，技术机构检验能力进一步加强，经常性的监督管理能力进一步提升，保证了食品和特种设备安全，高标准完成了为群众办实事和政府“折子工程”任务，为朝阳区经济社会发展做出了应有的贡献。

质量月期间，质监局深入街道社区宣传推介名优产品。

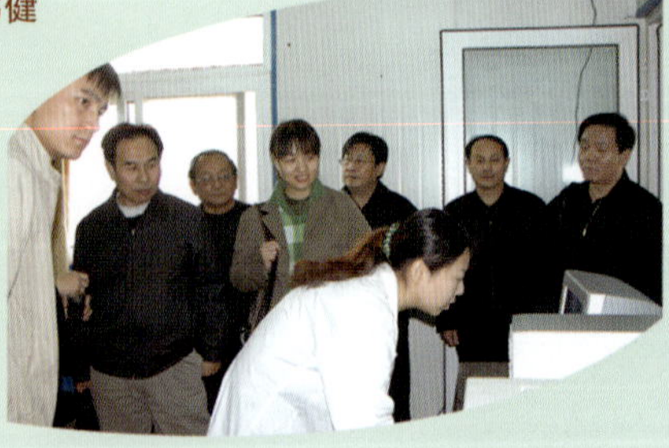

11月7日，市监察局、市质监局领导视察质检所煤炭检验室。

12月22日，国家质检总局专家组检查我区驻厂监管液态奶产品质量工作。

北京市工商局朝阳分局

2005年，北京市工商局朝阳分局在市局党组和朝阳区委、区政府的正确领导下，认真贯彻党的十六届四中全会精神和“三个代表”重要思想，以科学发展观为指导，分局建设和辖区经济秩序保持了全面协调可持续发展势头。年底，朝阳分局被评为北京市工商行政管理系统2005年度先进分局。

年内，北京市工商局朝阳分局围绕“打基础、强内功、抓落实、求发展”的建设主线，按照“紧抓奥运机遇，争取政府支持，解决工作难点，实现工商监管与城市管理有机结合”的工作思路，针对辖区有形市场存在的问题，制定并以区政府名义下发了《关于朝阳区有形市场发展建设的指导意见》，顺利完成了26家市场开业、30家市场升级改造和12家市场转型淘汰工作，受到吉林副市长和区委区政府的一致好评；在解决工作难点之一的无照经营方面，主动争取区政府支持，区领导亲自挂帅参与指挥调度，形成“联合执法打点、街乡组织打片、职能部门办案”的执法格局，仅在“百日专项行动”中就清理取缔无照食品制售行业504户、取缔无照聚集区4个、整治规范无照聚集区3个、办理无照经营案件805件，取得良好效果；规范行政处罚行为，推行案源管理、案情汇报、案件汇报会和法律顾问介入办案等四项制度，从而使复议、撤消案件明显下降,实现行政诉讼“零”败诉；加大大案要案查处力度，依法查处了北京大一种苗公司假种子案，没收产地标注“韩国”的萝卜种子991.83千克，罚没360.96万元，体现了工商部门“红盾护农”和落实中央“三农”政策的坚定决心与实际行动；有效整合资源，确立了以12315投诉举报中心为信息指挥平台，统一指挥调度，成立“保护知识产权机动队”，构建分局综合执法平台初见成效；开展食品检测，推广食品“冷链”管理方式，初步建立了区食品安全监管三级防控网络；协调区政府，采取增设网上登记系统（http://cy.baic.gov.cn）、服务窗口、休息坐椅等措施，进一步优化市场准入环境，截至10月底，在我分局登记注册的市场主体总数已达173570户，同比增长26.3%。

党组书记、局长方世成

吉林副市长视察我区副食品市场

国家工商总局王建华副局长来我分局视察

严把食品安全关

3.15宣传

严查市场侵权商品

朝阳区人民防（地震）空办公室

朝阳区人民防空（地震）办公室按照市人防办、市地震局的总体要求和区委、区政府的工作部署，坚持以邓小平理论和“三个代表”的重要思想为指导，认真贯彻“长期准备、重点建设、平战结合”的方针，坚持与经济发展相协调，与城市建设相结合的基本原则，紧紧围绕首都安全稳定大局和未来首都防空袭斗争的需要，积极进取，开拓创新，工程安全管理机制有所突破，人防组织指挥手段得到提高，依法行政能力得到加强，防震减灾“三大工作体系”进一步明确，圆满完成了各项工作任务。朝阳区人防办在第五次全国人民防空会议上被国家国防动员委员会评为“全国人民防空先进单位”；朝阳区地震办被中国地震局评为“全国市（地）防震减灾工作创新奖”。

中共中央政治局委员、国务院副总理回良玉观摩地震应急救援演习

地震应急救援指挥部在工作

北京卫戍区领导观摩人防专业队演习

人防法律法规宣传

7.28唐山大地震三十周年纪念日宣传活动

胡锦涛总书记等中央领导同志接见第五次全国人民防空会议代表合影

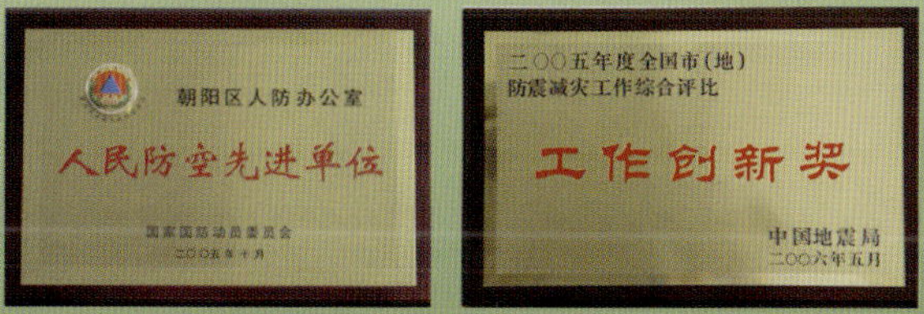

区委书记李士祥参观指导八里庄街道人防指挥所

人 防 法 律 法 规 培 训

防空警报器

人防应急指挥车

人防“86”客栈

朝阳区广播电视新闻中心

朝阳区广播电视新闻中心隶属于朝阳区委、区政府，是受区委宣传部的直接领导的全额拨款事业单位，主要负责本区的新闻宣传工作和新闻宣传队伍的建设，拥有《朝阳报》、朝阳有线电视和朝阳新闻网三个媒体平台。编制为120人，现有总人数117名，是北京第一家实行全员聘用制的广播电视新闻机构。中心下设办公室、总编室、人事科、财务科、资料室、新闻科、采访部、编辑部、时政新闻部、社会新闻部、技术部、朝阳新闻网、专题制作组等13个部门。

《朝阳报》于2006年1月1日起改为周三刊，每周一、三、五出报，对开四版大报，免费投递到全区各级单位和部分驻区企业，发行量为50000份。

区委书记李士祥听取中心领导汇报<朝阳报>的发展理念

区长陈刚到广电新闻中心视察工作

工作人员正在进行<朝阳新闻>录播前的准备调试

岁末年初举行的文艺节目汇演

区人大主任朱家麒接受<和谐在线>栏目的专访

区政协主席李明在郡王府接受记者的采访

这条片子是不是应该像这样编？

瞧！这期“世青赛”的专版咱排的不错吧！

朝阳有线现有《朝阳新闻》、《今日点击》、《一周新闻综述》、《和谐在线》、《朝阳城管》、《地税你我他》、《人口视窗》和《朝阳名师讲堂》等8个栏目。每天在北京电视台公共频道（九频道）分三个时段（7:30—9:00，12:30—2:00，19:30—21:00）播出。

《朝阳新闻网》（http://www.chynews.cn）于2006年6月进行了改版，是一个日均更新文字新闻15000余字、视频新闻50多分钟的专业新闻网站，日均点击率在2000次以上。

新闻中心大门

北京市国土资源局朝阳分局

根据中共北京市委，市政府（京发〔2004〕27号）批转的《北京市国土资源和房屋管理体制改革方案》，原北京市朝阳区国土资源和房屋管理局承担的土地、矿产资源行政管理的职能上划到北京市国土资源局，成立北京市国土资源局朝阳分局，作为北京市国土资源局的派出机构。

自我分局挂牌成立,在市、区两级领导的正确领导和支持下，分局领导班子带领广大干部职工顺利完成了体制改革工作。在忠实履行自身国土资源管理、利用、经营职责的同时，一如既往地积极实践“权为民所用、利为民所谋、情为民所系”的根本要求，为市、区政府领导的决策提供依据、当好参谋，为社会单位和广大群众解决实际困难。一年来，朝阳国土人以崭新的面貌和饱满的热情，积极探索国土资源管理新办法、新举措，圆满地完成了各项工作任务。

党组书记、局长樊文祯

团 结 的 领 导 班 子

国土部领导及李国副区长、樊文祯局长检察土地利用情况

宋连娣副区长检查工作

朝阳区卫生局

殷菁局长陪同全国人大副委员长韩启德视察朝阳区精神卫生工作

2005年，是实现“十五”规划的最后一年，也是卫生工作任务最繁重的一年。朝阳区卫生局在区委、区政府的正确领导和各部门的大力支持下，以邓小平理论和“三个代表”重要思想为指导，以开展保持共产党员先进性教育活动为契机，全面促进卫生事业与经济社会协调发展,公共卫生建设成果丰硕，基本医疗保障水平提升，卫生发展环境得到优化。同时，在不断完善公共卫生体系的基础上，以创建全国社区卫生服务示范区为契机，进一步夯实基础，创新实践，在发展中完善，在完善中发展，通过“四个创新”——创新管理体制，构建新型公共卫生管理体系；创新服务模式，实施社区新型精神康复模式；创新工作机制，构筑社区立体健康安全屏障；创新评价方式，“奥运”促进社区卫生发展，使社区卫生服务工作在发展理念和管理水平方面不断跃上新台阶，初步建立了具有时代特征、朝阳特色、可持续发展的社区卫生服务体系。为保障人民身体健康做出了积极的贡献，为实施“十一五”卫生事业发展规划奠定了坚实的基础。

卫生部副部长王陇德为区疾控中心教学基地揭牌

陈刚区长出席朝阳区创建全国社区卫生服务示范区活动评估大会

关三多副区长出席防治艾滋病宣传活动

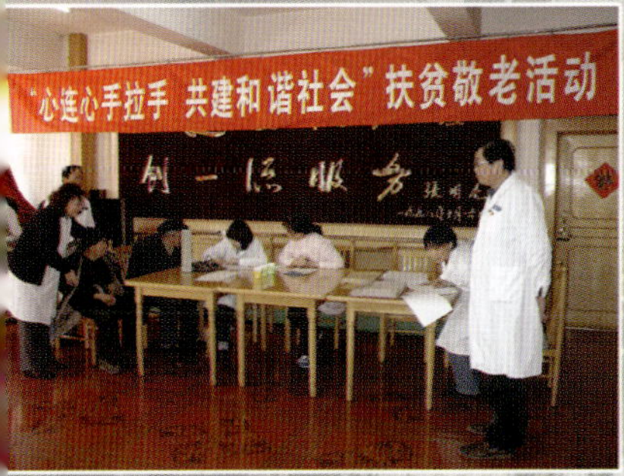

朝阳区开展多种形式的便民社区卫生服务

殷菁局长在创建全国社区卫生服务示范区活动总结大会上交流经验

召开朝阳区新型农村合作医疗总结表彰大会

北京市朝阳区卫生局

北京市药品监督管理局朝阳分局

北京市药品监督管理局冯国安局长到分局视察

市人大常委农工委主任刘宝善、北京市药品监督管理局局长冯国安、朝阳区委书记李士祥一行到分局视察指导,并于分局工作人员亲切合影。

朝阳区陈刚区长、市药监局冯国安局长等领导同志参加药师牵着您的手,健康路上大步走安全用药主题宣传日活动。

北京市药品监督管理局朝阳分局成立于2001年9月10日。是北京市药品监督管理局的派出机构，负责朝阳区域内药品、医疗器械、保健食品、化妆品研究、生产、经营、使用全过程的监督管理工作。

分局经过5年的发展，以统一、权威、高效的新形象承载起保障辖区300万人口用药安全与有效的神圣职责。2005年，确立“法制药监、服务药监、科技药监”的发展思路，立足本职，锐意进取，以监督执法为工作中心，开展了“人文奥运、人文药店在朝阳行动”、“药品安全社会监管网络”、“安全用药进社区”等一系列创新工作，树立了综合业务大厅服务窗口形象。得到市民和企业的一致好评，2005年，先后获得全国三八红旗集体、北京市三八红旗集体、朝阳区巾帼文明岗、朝阳区依法行政先进单位、双百考核先进单位、精神文明共建先进单位等集体先进奖7项，个人受表彰12人次，共收到表扬信11封，锦旗10余面。

闫学会局长在社区讲解安全用药知识

在社区设立药品回收箱,得到市民热烈欢迎

公开销毁假劣、过期失效药品

依法取缔无证经营药店

在社区设立药品回收箱,得到市民热烈欢迎。

朝阳区安全生产监局管理局

朝阳区安全生产监督管理局组建于2004年7月，作为北京市城、近郊区人口最多，区域最大的行政区，区政府一贯高度重视安全生产工作，每次常务会议必研究安全工作，集体观看《镜头对准死角》内参片，集体曝光处理安全隐患。不仅制定了《全区突发公共事件总体应急预案》，而且要求各行业、系统、各职能部门及街乡也分别制定了相应的安全生产应急预案。作为区政府负责安全生产综合监管的职能部门，区安全生产监督管理局一直认真贯彻落实党中央、国务院和市区两级政府关于安全生产工作的重要指示和精神，坚持以“安全第一、预防为主、综合治理”的方针为指导，以人民生命安全高于一切为出发点，以安全发展观统领全局，以宣贯《安全生产法》为主线，狠抓整治为基础，以依法行政为手段，以宣传教育为方法，以遏制重、特大事故和减少一般事故为目标，相继制定出台了《政府各工作部门及各街乡安全工作职责》、《关于在查办渎职案件中加强协调配合建立案件移送制度的意见》、《关于进一步加强劳动保护和安全生产工作的意见》，并且狠抓基础工作，在全区街乡实行安全生产三级监管体系，通过开展“安全社区”创建，实现打造“平安朝阳”，初步实现了政府统一领导、部门依法监管、企业全面负责、群众参与监督、全社会广泛支持的安全生产工作新格局。

朝阳区安监局党组

示范演练观摩会

局领导检查铁路道口安全

安全生产月宣传咨询日

局领导检查特种作业培训机构

市领导带队检查危化企业

区领导带队检查

朝阳区第一届职业病防治知识竞赛

朝阳区投资促进局

朝阳区投资促进局是区政府直属事业单位，2004年8月成立。内设办公室、投资服务大厅管理办公室、资讯中心、投资服务科、投资推广科、投诉中心，编制25人。负责营销全区整体经济形象，宣传招商政策和投资发展环境；负责区投资服大厅的日常管理和考核工作；建设全区投资网络体系，搭建招商引资平台，建立相关数据库，组织实施重大招商项目；对投资者提供咨询及信息引导等综合服务，对重大项目进行全程跟踪。二年多来，我局组织并参与了商务节、京港洽谈会、中国国际贸易投资洽谈会等多项商务活动，并赴新加坡、印度、日本、韩国、英国、德国等地举行投资说明会，宣传推介我区良好的投资环境，优越的投资政策，吸引国内外企业投资朝阳。与区内40多个街乡保持联络，与区内多家外国商会保持伙伴关系，与区内1000多家企业保持合作。架起投资的桥梁，服务的平台，为企业解决困难和存在的问题，做好投资促进和跟踪服务工作。

在“第十届中国国际投资贸易洽谈会”上陆昊副市长关注朝阳文化创意产业

举行“全国政协委员展望朝阳座谈会”，陈刚区长介绍CBD规划建设情况

洪继元局长与英中贸易协会副主席唐伟嵘在投资北京推介会上

向英国总裁协会代表团介绍朝阳投资环境

商务朝阳

投资服务大厅

向印度工商会联合会赠送礼品

北京市规划委员会朝阳分局

北京市规划委员会朝阳分局是北京市规划委员会派出机构，按照《市规划委各分局规划管理权限方案》行使行政职权。

一、人员编制和机构设置

人员编制62人。其中公务员编制45人；事业编制14人；工勤编制3人。现有人员53人。

机构设置为1室5科1队1中心。即办公室、综合业务科、规划法制科、建设用地管理科、建设工程管理科、市政交通工程管理科；规划监察执法队；规划设计服务中心。

二、工作职能

1、参与起草本市城乡规划方面的地方性法规、规章、规范性文件和技术标准、规范。

2、参与组织城市总体规划、详细规划、专项规划和城市设计等各类规划的编制和修订，重点项目的前期规划研究。

3、按照审批权限，负责受理本区域建设项目的申报事项，核发规划意见书、建设用地规划许可证、建设工程规划许可证。

4、按照审批权限，负责本区域内区级以下公共服务设施、工业园区内建设项目、市级工业园区以外的产业项目和自有用地建设项目的用地规划管理，拟定建设项目征求意见函复函、规划意见书。

5、按照审批权限，负责本区域内建设工程（中央、在京部队重大工程和机要工程除外）的规划管理，拟定建设用地规划许可证和建设工程规划许可证；

提供规划设计方案审查等技术服务，拟定规划设计方案审查意见；

参与组织危旧房改造历史文化保护区保护修缮、自有用地建设项目修建性详细规划的审查工作。

6、按照审批权限，负责本区域内市政、交通工程的规划管理，拟定建设用地规划许可证和建设工程规划许可证。

参与本区域内市政、交通工程的方案审查及前期调研工作。

7、负责区域内的测量标志管理、地名管理、勘察设计招投标管理。

8、按照审批权限，统一负责本行政区域内建设项目规划方面的执法监督工作，依法查处有关违法案件。

局长安建民陪同区委书记李士祥、副区长李国观看规划展览馆朝阳展区

市委巡视组到我局视察

先进性教育期间李士祥书记参加我局党组民主生活会

先进性教育期间李士祥书记到我局调研

05年1－3季度工作分析会

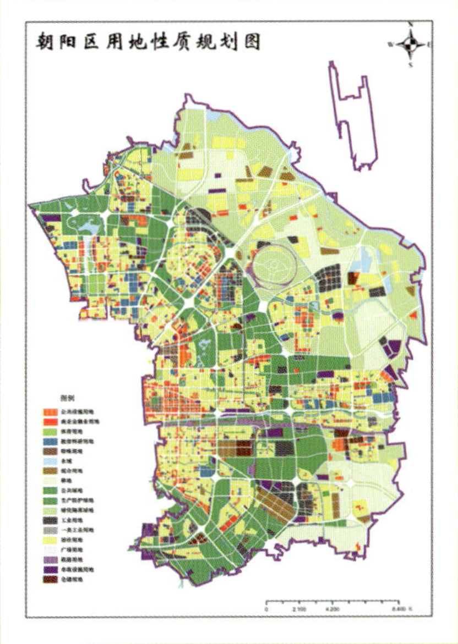

朝阳区规划图(完整)

建外街道

工委书记 张家逊

主任 苏民

8月5日由建外街道协办的全国第二届构建和谐社区高层论坛在人民大会堂举行街道工委书记张家逊做主题发言

建外街道地处北京商务区（CBD）核心区，辖区面积4.4平方公里，常住人口6.7万，单位人口11万，地区有摩托罗拉、诺基亚、三星等国际知名企业，有各类经济实体6800余家，有美国、日本等29个国家使馆，33幢外交公寓楼，两条迎宾线路从建外通过。建外街道是展示北京市及朝阳区社会经济发展和对外交往的重要窗口地区。

面对独特的区域位置，建外街道工委、办事处坚持以邓小平理论和“三个代表”重要思想为指导，紧紧围绕区委、区政府和街道的中心工作，以服务地区单位和社区居民为工作的出发点和落脚点，优化地区发展环境，深化城市管

5月31日建外街道在国际大厦举行“爱心家园暨红十字协会成立”揭牌仪式地区社会单位及居民踊跃为“爱心家园”捐款捐物

3月10日朝阳区社区教育现场会在国贸举行

5月31日建外街道在国际大厦举行“爱心家园暨红十字协会成立”揭牌仪式地区社会单位及居民踊跃为“爱心家园”捐款捐物。

12月31日市长王岐山视察建外街道南郎社区禁放工作

建外街道主任苏民陪同副市长陆昊、区委书记李士祥在朝阳国际商务节参观建外街道展台

4月27日在建外街道送文化及民工健康夜校进北京电视中心工地开班仪式上区卫生局局长殷菁、建外街道工委书记张家逊向民工赠送文化书籍

区委韩子荣副书记、区团委郑宇副书记、建外办事处苏民主任等领导慰问建外街道建国里社区残疾少年崔莹。

理体制改革，积极探索创新工作举措，推动地区政治文明、物质文明、精神文明建设全面发展，城市管理、安全稳定、和谐社区建设等各项事业的全面进步。2005年圆满完成秀水市场提升改造工作；在人民大会堂举办的全国第二届构建和谐社区高层论坛上张家逊书记做主题发言；成功举办朝阳区社区教育现场会，建外街道社区教育成果得到推广；荣获全国和谐社区建设示范街道、全国第一次经济普查先进单位、区社区党建优秀奖、区人口与计划生育示范单位等40多个奖项。2005年建外地区实现税收入31.1亿元，形成区级财政收入4.5亿元，税收返还名列全区街道系统第一。

3月10日朝阳区社区教育现场会在国贸举行，会上社会单位向建外街道光华里社区捐款8万元、捐书1000册

全国首届构建和谐社区论坛组专家和代表到建外街道参观听取街道构建和谐社区情况汇报

2月2日在建外地区新春团拜会上，知名相声演员李嘉存与安宁在表演相声。

11月11日建外街道辖区群众载歌载舞，喜迎奥运倒计时1000天。

创新基层党建

——朝外街道

朝外街道领导班子筹划未来

党员志愿者热情为群众服务

为贯彻落实市委《关于推进基层党建工作创新的意见》，针对目前辖区内党组织类别和党员构成日趋多样化、复杂化的实际状况，朝外街道工委在认真调查研究的基础上，于2004年3月份推出了加强和改进社区党建工作的“两个分类管理”举措。即制定和实施了《关于对街属党组织和党员实施分类管理的试行意见》、《关于对驻地党组织和党员实施分类协调的指导意见》两个文件。第一个分类管理，就是对

党员同唱《国际歌》

“知荣辱 做奉献”演讲会

为非公经济党组织建立活动阵地

端午节“包粽子”比赛

构建和谐社区

党建工作剪影

注重吸收非公企业新党员

街道所属的不同类型党组织和党员的分类管理。第二个分类管理，就是对组织关系不在街道的不同类型驻地党组织和党员的分类协调或协管。

两个分类管理措施的推行，是对属地管理原则的具体化、实效化，是推进聚合力工程的有效途径。增强了工委对社区党建工作指导的针对性，有力地促进了区域性“大党建”工作格局的形成和辖区各级各类党组织和党员作用的发挥。

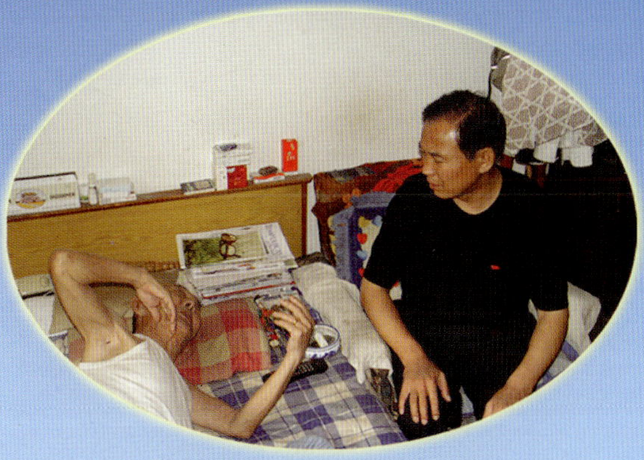

街道领导带头认领“亲情岗”

侨友书画展

大力拓展非公经济党组织

全民健身活动丰富多彩

党员志愿者队伍日益壮大

三里屯街道

在第七届CBD国际商务节上刘淇书记在区领导陪同下观看“新三里屯”展位

陈刚区长视察三里屯街道白西社区300平米办公用房情况

三里屯街道位于北京市朝阳区中西部，辖区面积2.9平方公里，有7个社区，常住人口5万余人。辖区内有社会单位1493个，驻华使（领）馆70家，一大批涉外宾馆饭店、外交人员公寓、外国驻华商社、著名的北京市工人体育场和三里屯酒吧街、太平洋百货商业中心等座落于此。作为CBD的功能区，是朝阳区经济文化发展最活跃的地带之一。

三里屯街道在北京市朝阳区委、区政府的领导下，依托区位优势，整合辖区资源，以环境优美、秩序良好、生活方便、社会和谐、各项事业健康发展为目标，不断优化、提升地区的人文环境、居住环境和发展环境，地区面貌发生了翻天覆地的变化，成为集文化、教育、餐饮、休闲、娱乐、体育、商贸、居住等多种功能于一体的国际时尚文化街区。

近几年，街道工委、办事处坚持“加强城市管理、迎接奥运盛会、构建和谐社区、促进地区发展”的工作方针，围绕“打造国际时尚文化街区，建设新三里屯”的构想，以“时尚文化”作为发展主线，着力抓好党的建设、城市管理、文化教育、平安建设、便民服务五大重点工作，全面提升街道整体工作水平，为地区发展奠定了坚实基础。

街道工委书记李振启在“九九重阳节”慰问地区老人

街道办事处领导于春节期间慰问地区老干部

三里屯街道舞蹈队在第五届“三里屯社区文化节”表演拉丁舞

三里屯街道舞蹈队代表朝阳区参加第九届“北京国际旅游文化节”盛装行进表演

街道工委书记李振启为地区困难户赠送“爱心家园”便民卡

街道办事处主任李振玲陪同区街办主任王智玲参观社区万册图书馆

幸福二村社区“幸福艺术团”成立

中纺里社区社区党委慰问参加过长征的老红军战士

为 民 服 务 大 厅

社区居民积极参与全民健身迎接奥运盛会

三里屯心欣舞蹈艺术团在第五届“三里屯社区文化节”表演藏族舞

团结湖街道

区委书记李士祥节前看望地区居民

国家副总理曾培炎、市委书记刘淇、建设部部长王光涛到地区供暖中心视察

2005年，在区委、区政府的正确领导和区街工委、区街办的具体指导下，团结湖街道工委、办事处以邓小平理论、“三个代表”重要思想为指导，认真贯彻落实党的十六大、十六届三中、四中全会精神，以保持共产党员先进性教育为契机，结合地区实际，以人为本，奋力拼搏，开拓创新，圆满地完成了市区街道三级政府挂帐任务，在街道社区党建、地区绿化美化、社区文化、综合治理、文明共建等方面取得了突出的成绩。先后荣获“首都军警民共建社会主义精神文明先进单位”、“北京市人口和计划生育工作先进集体”和“朝阳区人口和计划生育工作示范单位”、“首都绿化美化花园式单位”、“朝阳区社会治安综合治理工作先进单位”、“朝阳区安全生产管理先进单位”、“朝阳区基层文化先进集体”等荣誉。

区长陈刚到团结湖中路北社区调研

区委常委、宣传部部长王少峰在团结湖街道办事处主任董跃美陪同下慰问老居干

董跃美主任向副区长李国汇报节前各项工作部署

区委副书记王力军慰问地区下岗职工

区长陈刚在团结湖办事处主任董跃美的陪同下到团结湖中路北社区视察司堃范爱心工作室亲切与志愿者交谈

区政协主席李明到团结湖中路北社区司堃范爱心工作室调研

副区长戴继楼在团结湖慰问地区老干部

团结湖街道办事处主任董跃美、纪工委书记娄阳、办事处副主任王寿凯观看先进性教育展览

团结湖街道在小区改造中注重绿化与居民活动空间有机结合

团结湖街道中心幼儿园迎六一儿童运动会

香河园街道

2005年7月22日，香河园街道工委书记徐家亮同志在保持共产党员先进性教育活动中讲专题党课

2005年7月20日香河园街道工委书记徐家亮在先进性教育中为练过法轮功的党员赠学习材料

2005年，香河园街道以社区党建为龙头，推行独立负责、独挡一面、独立处理复杂问题能力。让干部在“三独”中得到锻炼和提高，把干事和培养人结合起来，促进后备干部的培养和成长。以学习是团结的“魂”、事业是团结的“根”、素质是团结的“本”、通是团结的“桥”来凝聚力量、凝聚人心。以科学发展观为指导，确立“继承中创新，创新中发展，精雕细刻”的城市管理工作思路，以建设“精品社区”、“生态型社区”、“和谐社区”为目标，有计划地对所辖社区进行提升改造。经过提升后的老社区重新焕发青春，展示出无穷的魅力。如今，全地区8个社区中1个被命名为全国文明小区、2个被命名为北京市安静小区、5个被命名为首都绿色社区和文明社区。

2005年5月18日香河园街道一站式为民服务大厅对外办公

春节街道领导慰问困难群众

4月18日祥和园地区艺术节开幕，图为西坝河东里社区残疾人乐队表演

9月26日香河园庆国庆文艺汇演

香河园成立流动人口法律服务站和流动人口之家

2005年6月29日香河园街道物业纠纷调解委员会成立

2005年6月5日香河园街道西坝河西里社区被北京市首批命名为安静居住小区

2005年6月23日香河园街道召开纪念建党84周年大会

2005年5月24日香河园地区少工委成立

2005年4月16日举行香河园街道与社区医疗单位共建和谐社区启动仪式,并开展义诊活动

香河园街道西坝河西里社区一景

亚运村街道

街道举办创安全社区首届“居民健康日”活动

街道工委、办事处领导慰问地区百岁老人

街道同亚运村医院联合为残疾人开展送温暖活动

2005年，亚运村街道工委、办事处按照区委、区政府的总体工作部署，加强了“一个工程”——街道社区党建工程；健全完善了“三个平台”——为民服务大厅和社区事务代办站平台、社区服务中心平台、街道文体中心平台；深化了“六个机制”——社区事务参与机制、社区共建机制、社区服务和社区福利的社会化机制、社区文化形象和构建良好社会风尚机制、维护安全稳定机制、城市建设和管理机制。在加强社区党建方面，以广泛开展保持共产党员先进性教育活动为契机，开展了“五好”社区党委的创建工作。深化党员责任岗活动，各类党员认岗1793人，认岗率90%，新增党建协调单位11家。在精神文明创建方面，协调有关单位共投资300余万元，对安慧里中心花园大型文体广场进行改造，绿化面积37000平方米。举行了“人文奥运进社区启动暨人文奥运大讲堂”活动，招募了728名奥运志愿者，深入开展“迎人文奥运、展巾帼风采、创和谐家庭”活动，树立了100户“文明礼仪明星户”。在城市建设与管理方面，全面启动了“安全社区”创建工作，深化“社区杯”评比活动，积极探索社区星级管理模式，在政务事务服务上，从规范工作流程、工作标准，严格工作纪律入手，做到“无障碍10对接”全面提高了政府工作效率，地区建设和发展呈现出稳步前进的良好态势。

构建和谐社区夏日文化广场

迎奥运倒计时1000天活动

安全教育从娃娃抓起——幼儿园交通安全教育基地

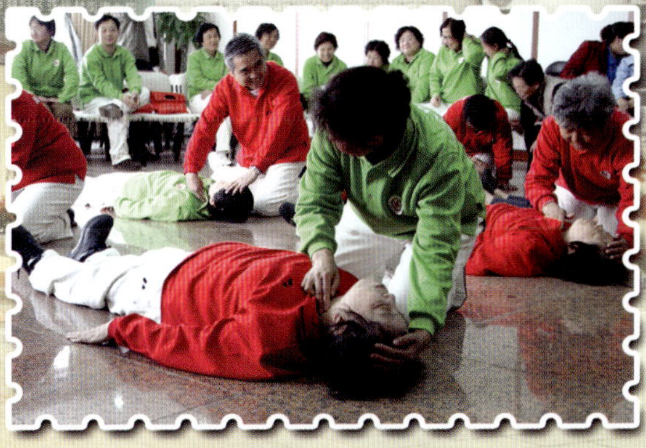

奥运志愿者接受急救训练

双井街道

区委书记李士祥到和平村拆迁现场进行调研

双井街道位于朝阳区西南部，东西以二环路、四环路为界，南北与劲松及建外街道毗邻，是CBD的生活区。2005年双井街道在区委、区政府的领导下，在区街工委、街办的具体指导下，以保持党员先进性教育活动为契机，加强执政能力建设为着眼点，强化党员管理，推进队伍建设，达到“提高党员素质，加强基层组织，服务人民群众，促进各项工作”为目标；以迎接世青赛、备战奥运会为主线，以强化城市管理水平为突破口，全力以赴参与和平村危改拆迁工作，本年度的挂帐任务得到全面落实，城市环境治理工作取得成效；以构建和谐社会为出发点和落脚点，以建设和谐社区、推进基层平安建设为着力点，社区自治能力、文化生活、服务体系、硬件设施均有了提升和完善，治安防范体系、劳动保障体系均有了新的突破。

街道工委书记赵玲为地区爱公益事业老人张怀乐颁发奖状

“八·一”建军节前夕慰问驻地武警官兵

集邮进军营

办 事 处

青年志愿者授旗仪式

市教委领导慰问双井街道中心幼儿园

助 残 日 活 动

迎奥运市民讲英语活动

社区群众健身活动

迎奥运倒计时800天庆祝活动

北京市朝阳区人民政府

北京电子城新区管理服务办

广顺北大街

书记 王瑞林

主任 张维刚

北京市朝阳区人民政府东湖街道办事处筹备处位于朝阳区东北部，辖区面积约4.95平方公里，其中中关村科技园区电子城科技园政策区1.15平方公里；常住人口约5.8万人。

东湖街道办事处筹备处（电子城新区管理服务办公室）是根据朝阳区委、区政府《关于望京高新技术产业区管理机构实行政企分开后有关问题的通知》（京朝办发[2005]22号文件）成立的，其中，东湖街道办事处筹备处主要负责东湖地区的城市管理、社会管理和居民管理等行政管理工作，北京电子城新区管理服务办公室代表区政府行使园区管理和企业服务职能。电子城新区管理服务办公室与东湖街道办事处筹备处合署办公，实行“一套人马，两块牌子”的办公体制，均为朝阳区人民政府派出机构。

2006年，东湖街道筹备处（电子城新区管理服务办公室）围绕“加强城市管理、迎接奥运盛会、促进科学发展”这个中心工作，注重公务员队伍建设，认真落实抓班子、带队伍、谋发展的工作思路，充分发挥园区服务和社会管理两项职能，抓好政策保障、产业服务、环境建设、社区建设和安全稳定五项工作，为东湖地区实现经济社会又快又好地发展创造了良好条件。

截止到2006年6月底，东湖地区有各类企业893家，实有企业669家，其中高新技术企业157家；电子城西区共有企业500家，实有企业401家，2006年上半年完成技工贸总收入65.5亿元，上缴各种税金总额5.04亿元。索尼爱立信、摩托罗拉、LG、爱立信、朗讯、北电网络、三星等国际知名电子企业的研发中心或总部聚集电子城西区，电子城西区沿五环路的空间形态初步形成，国际化、现代化氛围日趋显著。

瑞典国王出席爱立信大厦落成典礼

北小河公园

东湖街道办事处筹备处
公室

摩托罗拉（中国）通信技术有限公司

东湖街道在“旺角”广场举办庆“七一”文艺晚会

区领导视察工地现场

北电网络（中国）有限公司

北京第八十中学

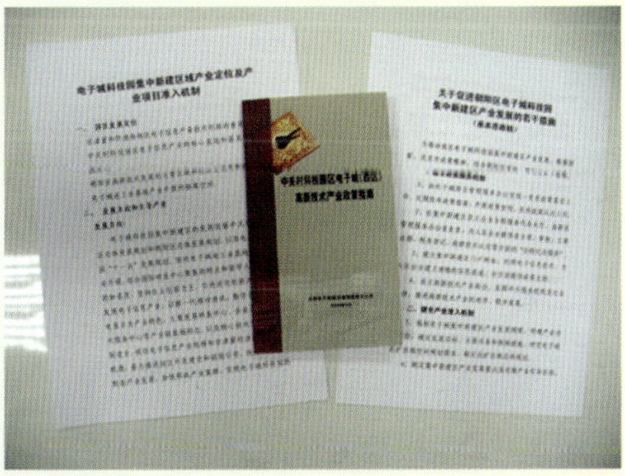

高新技术产业政策指南

科技园区一角

电子城功能区空间布局示意图

望京花园社区

潘家园街道

街道党工委书记 王小毛

街道党工委副书记、办事处主任 李洁

潘家园街道位于北京市朝阳区的东南部，是一个正在崛起、充满文化气息的街道。它北以劲松街道为邻，西临龙潭湖畔，东接南磨房乡，南抵十八里店乡。

潘家园街道办事处成立于1985年元月。街道辖区面积为4.3平方公里，常住人口约13.6万人，划分12个社区，驻有中央、市属等不同隶属关系的1200余家社会单位。

潘家园地理位置优越，交通网络发达，经线分明，纬线清晰。西跨二环路，东携四环路，三环路穿境而过。华威路、潘家园路、松榆路自然分割，整齐如带。

物华天宝，人杰地灵。步出小区，购物商场华丽，著名的王府井海文百货大楼、京客隆松榆里商场、京客隆华威副食品商店分布其间。河南大厦、广西大厦、陕西大厦、潘家园大厦、华泰大厦、龙潭饭店、乐游饭店等星级饭店高耸。潘家园有清显谨亲王的墓地等文物保护单位。特别是北京古玩城、潘家园旧货市场享誉中华，闻名世界,是中外游客必选的场所，也是收藏家探宝寻珍的福地。“文化兴街，造福百姓”。漫步在潘家园街巷、公园，石刻的楹联、铁艺的剪纸，让人置身于传统文化氛围。群众性的文化活动丰富多彩，夏日广场、露天舞台，您还能听到李光曦、李元华、万山红的演唱，看一看名家们的表演。

从小热爱环保

享誉中外的旧货市场

市委书记刘淇、区委书记李士祥到潘家园视察

市委副书记阳安江慰问困难职工

市委副书记强卫与少年儿童庆祝六一

街道先进性教育动员部署会

看看失明党员写的心得体会

科普之春启动仪式

社区举办书画展

老党员举办党史收藏展览

积极分子为群众服务

大屯街道办事处

市委书记刘淇到大屯街道社区调研

大屯街道位于朝阳区西北部，地处奥运主场馆的核心区域，面积10.013平方公里，有14个社区、55个小区，常住人口11.5万人，流动人口4.76万人，法人单位3054个，绿化面积462万平方米，覆盖率46.2%。

近年来，大屯街道（前身为大屯地区办事处、大屯乡）在区委、区政府的正确领导下，依托得天独厚的区域优势和良好的人居环境，逐步发展成为服务业发达、配套设施齐全、生态宜人的综合性区域。面临奥运契机，大屯加快成立街道办事处的筹备工作，完成了乡级集体资产处置，实现了政企分开。2005年7月13日，举行大屯街道办事处成立大会，成为北京市第一个撤乡建立街道办事处的地区。撤乡建街后，街道工委、办事处认真破解发展难题，增强发展实力，拆建管相结合，改善地区环境面貌；投入520万元，使14个社区办公服务用房全部达到或超过300平方米，完成育慧西里小区绿化改造；投入330万元，配备60名保安队伍，安装47个探头，连续三年治安案件持续下降。

区委副书记张洋到大屯街道社区调研

大屯街道领导慰问地区高龄老人

2005年7月13日大屯街道工委、街道办事处揭牌成立

大屯街道开展“送书进军营”活动，大屯“双扶”工程被评为朝阳双拥十大品牌。

向辖区群众宣传劳动法及社会保险相关政策

2005年7月13日隆重召开大屯街道办事处成立大会

大屯军民开展丰富文艺节日庆祝迎奥运倒计时一千天

大屯街道举办“迎奥运万人签名”活动，营造奥运氛围。

社区“女红社”拍卖手工作品帮助困难居民

开展计生工作进高档社区活动

酒仙桥街道办事处

街道工委书记 张岩

街道办事处主任 王军

2005年8月29日下午，市委组织部副部长朱秉春到酒仙桥街道调研社区党建工作。

动迁区居民参观地区危改建成后的新型小区模型

危改知识大讲堂

地区区人大代表参观地区危改建成后的新型小区模型

2005年是酒仙桥地区发展建设的大事之年、喜事之年——地区大面积危改项目已通过批准，前期准备工作基本完成，即将进入全面动迁阶段；历时三个月的保持共产党员先进性教育经过学习动员、分析评议、整改提高三个阶段扎实、细致的工作，已全面结束，长效机制正逐步完善；继酒仙桥街道“小红帽”志愿者责任岗活动在全区街道系统推广之后，酒仙桥街道连续荣获国家民政部、中国社会工作协会授予的“中国社区志愿者注册管理示范单位”、“全国和谐社区建设示范街道”、“全国社区志愿服务示范街道”、“全国和谐社区建设自主创新奖”和“全国社区服务示范街道”五个国家级荣誉称号，以及由首都精神文明建设委员会授予的“首都文明街道”荣誉称号。

酒仙桥街道“小红帽”志愿者服务

区委书记李士祥到酒仙桥街道视察时与工作人员亲切交谈

陈刚区长陪同张矛副市长到北京798艺术调研

2006年是“十一五”的开局之年，也是酒仙桥街道全面启动地区危改、推动地区发展建设整体提高的关键一年。酒仙桥街道将在区委、区政府的坚强领导下，以科学发展观统领全年工作，认真贯彻落实“加强城市管理，迎接奥运盛会，促进科学发展”的工作目标，紧紧抓住“地区危改工程、电子城功能区建设、北京798艺术区发展”三大地区发展机遇，努力开创街道工作的新局面。

“爱心拍卖会”

酒仙桥街道首届社区艺术节

酒仙桥街道“小红帽”志愿者巡逻队

朝阳区“十大新闻人物”——焦文俊向国外志愿者传授中国剪纸艺术

电子城发展日新月异

2005年7月，一幅长2.65米，宽2米，面积为5.3平方米，用8.5万余颗珠子编织而成的北京2008年奥运会会徽由地区各界人士共同制作完成。

酒仙桥街道保持共产党员先进性教育活动动员部署会

北京798艺术区

和平街

和平街地区在元代为元大都安定门内地区。明、清时为大兴县地。目前辖区面积4.6平方公里，根据第五次人口普查的数据统计，有住户27000户、90000余人。辖区内有和平家园、樱花园、小黄庄、胜古庄、和平东街、十四区、砖角楼七个社区。

和平街在北京的历史长河中，积淀了深厚的群众文化底蕴。精美的手工制品、多彩的民间艺术、活跃的群众文艺团体，街道工作紧紧围绕文化这条主线，定位在“文化建设，和谐发展”。多年来，街道工委、办事处不断深化街道工作的内涵，创新工作思路，以社区党建为龙头，以文化建设为主线，以服务群众为根本，以构建和谐为目标，在社区建设中提出了“创首善、创一流、创特色”的建设目标，投入大量资金建成了和平东街“大家乐”舞台、中华五千年文明史浮雕墙、社区图书馆、社区文体中心、社区科普长廊、城铁和平街街区公园、城市发展博览室、社区艺术馆等群众文化设施，使辖区文化资源与群众文化活动形成良好的互动，融为一体。2005年，街道工委、办事处进一步深化文化型社区建设，推出了　“邻居文化节”活动，文化节把辖区的大邻居与小邻居拉到一起,使辖区文化建设的主题更加突出，社会单位和社区居民广泛参与，共同唱响辖区构建和谐社会的主旋律。

邻居文化节

区委书记李士祥参观社区艺术馆

区长陈刚参加邻居文化节开幕式并寄语好邻居

居民群众寄语好邻居

我们都是好邻居文化活动

德国友人参观社区艺术馆

邻居节里迎来洋邻居

劲松街道

建立“民愿诉求，服务群众，利益协调”三种机制 构建为民服务体系数

劲松街道为民服务大厅

劲松街道工委坚持以抓党建创新为龙头，大力解放思想，强化服务意识，创新完善为民服务体系，健全群众利益表达机制，在街道和社区两个层面设立了民愿接待室、驻辖区职能部门接待室，人大代表、政协委员接待室，残疾人接待室等倾听群众意见的民愿诉求平台。在社区设立了党员接待室、规范了党员服务群众责任岗，开通了优秀党员服务热线；建立了街道、科室和社区三级群众诉求信息报送网络，积极协调解决工作中的难点问题。2006年初，街道工委、办事处在下岗失业人员集中的农光里社区实施了“阳光就业工程”真正做到了与百姓零距离沟通，无障碍对接和全方位服务。通过创新党建工作体系，探索服务方式，增强服务功能，充分发挥了基层党组织和党员凝聚人心、服务群众、为百姓办实事的作用，密切了党同人民群众的联系，用实际行动诠释了“金杯银杯不如老百姓的口碑”的真谛，为推动社区建设和构建和谐社会打下了坚实的基础。2006年七一前夕，劲松街道被区委组织部评为基层党建创新奖。

劲松街道庆祝建党85周年表彰

劲松地区10个社区党员接待室实现与居民群众零距离服务

劲松街道领导除夕慰问特困户

劲松街道为民服务大厅窗口工作人员接待居民群众

望京街道办事处

望京地区大规模开发建设始于1993年，是连接首都城区和2008年奥运会主场馆的重要交通衔接点和对外窗口区，是朝阳区高新技术产业功能区和首都商品住宅集中开发区。

望京街道办事处于2000年6月28日正式成立，是朝阳区最年轻的街道，也是北京市城市开发建设十大边缘集团之一，周边与朝阳区将台、崔各庄、来广营、大屯、酒仙桥、太阳宫6个街道（地区）接壤。辖区面积10.36平方公里，建成社区17个。辖区人口19.8万，外来人口近5万，其中外籍人员约3万。社会单位4193余家，国际竹藤网络中心、北京国际技术合作中心、沃尔玛、西门子、宜家家居等中外知名企业都落户望京，是朝阳区区域国际化和首都现代化的重要窗口区。

几年来，望京街道以加强社区党建为龙头，以安全社区创建为载体，以构建和谐望京为目标，坚持以做“德高、行范、文丰、体健”望京人为行为标准，提升望京人素质，塑造了望京新形象。

刘淇、王岐山视察望京

1月5日望京街道召开社区建设总结表彰大会，对2003-2005年间表现突出的社区党委、居委会进行表彰。

品牌社区——望京西园三区

在北京首届魅力社区评选中，望京街道所辖的7个社区进入前100名。9月1日，7个社区在望京体育广场进行魅力展示。

为隆重纪念北京申奥成功五周年，7月15日晚，望京街道在体育文化广场举办了以喜迎奥运为主题的社区舞蹈大赛。来自望京街道社区16支舞蹈队的200多名演员参加了比赛。她们以优美动人的舞姿，给炎热的夏日夜晚带来了一股清凉的风，展现了望京人崭新的精神风貌。

左家庄街道办事处

朝阳区左家庄街道办事处位于北京市区的东北部，东临三环路、南至亮马河、西与东城区接壤、北与国际展览中心交界，机场迎宾路穿越而过。辖区面积4.17平方公里，社区9个居委会，常住人口83673人，社会单位3871家。左家庄地区拥有昆仑饭店、京城大厦、渔阳饭店、中旅大厦等四星级以上涉外饭店9座。

区委书记李士祥视察三元里生态社区——夏园

街道工委、办事处在区委、区政府领导下，以“三个代表”重要思想为指导，认真贯彻落实党的十六届六中全会精神，紧紧围绕“加强城市管理，迎接奥运盛会，促进科学发展”的战略构想，以聚合力工程建设为龙头，成立专业特长服务型党组织；以“五老”进社区为载体，着力搞好未成年人思想道德建设；以生态文化街区建设为目标，认真抓好地区环境综合治理；以活跃群众文化生活为动力，成立地区文化促进会；以服务社区百姓为目的，建立地区弱势群体救助协会，努力构建社会主义和谐社区。通过不懈努力，扎实工作，社区环境日新月异，辖区百姓安居乐业，促进了地区政治文明、精神文明和物质文明的协调发展。

左家庄南里社区悦乐合唱队文艺演出

机场街道办事处

首都机场街道位于朝阳区东北部，四周与顺义区接壤，辖域12.23平方公里，分为工作区和生活区。工作区面积约10平方公里，生活区面积约2.3平方公里。生活区分设南路东里、南路西里、南平里、西平街4个社区，常住人口3.3万人，驻地法人单位215家，其中中央单位47家、市属11家、区属8家。

工委按照区委统一部署，开展了“创建和谐新机场，共产党员在行动”保持党员先进性教育主题实践活动。

机场街道工委、办事处在区委区政府的正确领导下，按照“抓党建、抓社区、抓环境、抓文化、抓稳定、抓服务”的整体工作思路，以保持共产党员先进性教育活动为主线，以服务群众、凝聚民心为切入点，积极探索建设和谐社区的有效途径。2005年，机场街道共获国家、市、区级先进21项，其中国家级1项：全国“婚育新风进万家活动”先进街道。市级8项：北京市人口计生工作先进集体、北京市侨联工作先进集体、北京市“双合格”家庭教育先进集体、北京市爱国卫生先进单位等。区级12项：先进社保所、绿化美化先进单位等。

举办了地区首届文化节和体育周

机场街道筹资73万元，安装电子监控探头43个。

投资70万元，建成165平米的社区综合活动中心。

广泛开展群众文体活动，全年共举办各种活动30余次。

投入82.6万元，对小天竺路绿地、机场南路绿化带、机场一小北侧便道进行了改造，并协调区环卫局投资100多万元，新建两座公厕，改造一座公厕。

协调区政府有关部门投资1500万元，对地区三所学校进行修缮和整合。

垡头街道办事处

2005年以来，垡头街道工委、办事处在区委、区政府的领导下，以保持共产党员先进性教育为契机，全面落实科学发展观，在城市建设和城市管理中，全力解决群众关心的热点难点问题，使地区呈现出“老小区改造出新貌，新社区建设展风采”的可喜局面。

近年来，街道在关注弱势群体、道路改扩建、雨水管线、绿化美化环境等方面取的了可喜的成绩。开展“我是垡头人”社区文化体育艺术节活动，丰富群众文化生活，提高居民文明素质；“医疗守门人”制度和“寸草报晖”老年妇女医疗救助制度，解决了老年人看病难的问题；改善居住环境，创建东里、北里两个安全社区和北里、二区等生态小区，完善街道社区两级为民服务体系，极大地方便了居民生活。

在创建和谐社区的工作中，垡头街道工委、办事处将在区委、区政府的领导下，加倍努力工作，用优异的工作成绩来回报上级党委、政府的关心和地区百姓的信任，为把垡头建设成适宜居住的生活区而奋斗！

区委书记李士祥查看街道自动监控系统

工委王书记和办事处高主任到北里施工现场

困难母亲领取救助卡

办事处机关合唱队

改造后的一区社区

管庄乡

书记　杨永

主任　周卫东

管庄乡位于朝阳区东部，是北京市城市总体规划中定福庄边缘集团的一部分。东邻通州区城关镇，西接三间房乡，南面与豆各庄乡、黑庄户乡毗邻，北面与常营乡接壤。2003年2月管庄乡正式改为管庄地区办事处。2004年6月区划调整后，管庄街道的一部分划入管庄地区办事处。目前辖区面积10.2平方公里，共有8个社区和12个自然村，常住人口61640人，其中居民56214人，农业人口5426人。区域内以汉族和回族为主，其中回族2321人。另外，还有流动人口约3.38万人。管庄乡党委现有33个基层党组织，在册党员2179名。京通快速路、朝阳路、朝阳北路、地铁八通线、京秦铁路、通惠河等贯穿地区。区域内有始建于明代的市级重点文物保护单位八里桥以及建于清代的区级文物保护单位管庄、杨闸、西会村3座清真寺。

近年来，管庄乡党委和乡政府以和谐社会建设为目标，牢固树立和落实科学发展观，以实施绿化隔离地区建设为重要契机，坚持规划引导发展、环境推动发展、改革促进发展、产业带动发展的战略，区域环境进一步优化，经济实力不断增强，管庄乡农村城市化进程快速推进。

以经济建设为中心，以改革为动力，精心打造以燕京药业有限公司、燕京医药公司、双桥燕京中药饮片厂三家医药企业为龙头的医药板块和以管庄刨花板市场中心为代表的建材商贸板块，做大做强优势产业，地区经济实力和综合竞争力进一步增强。2005年，管庄乡集体经济总收入24.8亿元，实现利润总额17212万元。

古八里桥风光

杨闸村清真寺

管庄村清真寺

管庄地区文化休闲广场

以绿化隔离地区建设为契机，优化环境，加快推进农村城市化进程。坚持科学规划引导促进地区经济和社会的全面发展，建成了绿化隔离地区240亩景观绿化公园和管庄地区首座文化休闲广场，修建了重兴寺东路、司辛庄南街等一批乡级、村级道路，走专业化保洁、市场化运作道路，探索出了环境卫生管理长效机制，保证了地区环境的整洁优美。

区委书记李士祥带队到北京美好家园保洁服务有限公司调研

地区领导赴河北慰问驻训的66322部队官兵

以和谐社会建设为目标，统筹协调发展社会各项事业。建立了“管庄地区新闻”网站和一站式便民服务大厅，努力营造廉洁高效的诚信政务环境。建成了管庄地区社区服务中心和百米万册图书馆，开展科室与特困残疾人结对子活动，开办了扶贫济困捐赠站和爱心超市，在农民新村建设了篮球场、羽毛球场、乒乓球场和菜市场。采取加强培训、转变就业观念、拓展就业领域等多种方式，促进农村和城镇失业人员就业。启动居民素质教育工程，不断提升地区文明程度和居民文明水平，努力实现人与思想同上楼，文明素养与人文奥运要求同步。

北京市燕京药业有限公司年生产能力达10亿片以上的口服固体制剂车间

2005年，管庄乡荣获“首都精神文明乡”、朝阳区“五个好”乡党委暨全面发展先进乡和朝阳区“先进基层党组织”称号。

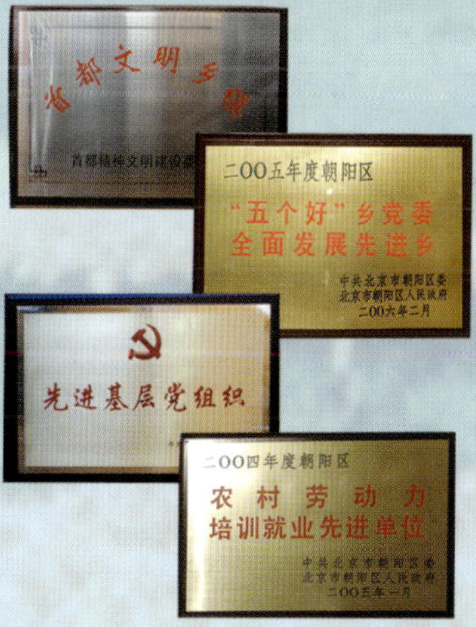

北京市燕京医药公司明宏同泰大药房开业典礼

管庄地区便民服务大厅

管庄惠河建材市场外景

富有民族特色的管庄乡农民新村

地区秧歌队

朝阳区豆各

乡党委书记 李云飞

乡长 张士华

举办环境综合整治法律法规知识竞赛

随着农村城市化进程的不断加快，在区委、区政府的正确领导下，豆各庄乡党委、乡政府带领全乡广大党员干部和群众，以“三个代表”重要思想和科学发展观为指导，认真落实区委“抓班子、带队伍、谋发展、想问题、抓落实、找规律、重基层、打基础、强基石”的要求，不断加强干部队伍建设，着力提高党员干部自身素质，广大党员干部的责任意识、大局意识、服务意识、敬业精神都明显得到提高。在2005年开展的先进性教育活动台中，党委采取以调查为先导，以统一化为标准，以关键环节为重点，紧紧围绕“四个结合、四个促进”，使先进性教育活动在实际工作中取得了实效，百姓在教育活动中得到了实惠。

党建工作的有效开展带动和促进了经济建设的持续发展，乡党委、乡政府紧紧把握绿化隔离地区建设给农村发展带来的机遇，以农村城市化为目标，按照规划引导发展，环境促进发展的思路，通过整合引进、调整结构和抓一批重点项目，全乡产业结构进行了战略性调整，产业布局得到了优化，实现了经济社会协调发展，2005年，三个产业的结构比例已调整为80：17：3，实现了三、二、一的产业发展格局，全乡综合实力也因此得到进一步增强，百姓生活水平明显提高，发展空间和发展潜力得到了极大拓展。

豆各庄乡在实施绿色产业战略中，以创建、发展原生态精品蔬菜为重点，打造以出口创汇农业为主导的绿色生态农业园区，现已初具规模的豆各庄格林万德科技园区运用生态学、生物学规律和地理优势，进行跨纬度、跨地区种植，保证了稳定的货源，做到四季蔬菜均衡的国际和国内市场供应体系。园区采取了“（公司）+（基地）+（农户）”的经营模式，逐渐走出了一条科技含量高、经济效益好、资源消耗低、环境污染少、人力资源优势得到充分发挥的高科技农业发展的路子。乡党委、乡政府积极引导该企业规模发展，通过大力发展蔬菜深加工项目，提高产品的终端高科技含量，不断

庄 乡

延伸产业发展链条，2005年，格林万德农业科技园区年产精品蔬菜1万吨，销售收入达3000万元以上，实现出口创汇300万美元。伴随着绿色产业的发展，全乡绿色通道也初步构筑起了以绿化隔离带为中心，以“五路两河”为基本框架的绿化体系，建成绿色通道总长47.3公里，绿地2179.9亩，全乡林木覆盖率提高到25.2%，绿色产业的发展为全乡带来了良好的经济、社会和生态效益。

2005年，乡党委、乡政府还将挖掘文化资源、促进文化建设，作为本地区发展的重点内容和重要任务，纳入全乡整体建设之中。文化活动的繁荣和文化发展工作的科学化、制度化、经常化的管理体系带动并形成了乡与村、村与村、专业与业余相互结合、相互促进和相互提高的一个和谐文化氛围。张义祠堂、萧太后河、双起翔京剧脸谱等地区传统文化在发展中得到了传承和发扬。2005年，豆各庄乡分别获得朝阳区文明乡和北京市体育先进乡的光荣称号。

“十一五”期间，豆各庄乡的产业发展、功能定位得以重新进行调整和规划，豆各庄乡将面临更大的发展机遇。当前，全乡人民正满怀信心，为建设平安、文明、繁荣、和谐的豆各庄而努力奋斗着！

区政协委员参观张义祠堂

举行“喜迎世青赛、企盼奥运会”全民运动会开幕式

豆各庄乡为民服务大厅正式启用

“知荣辱、树新风、唱和谐”文艺汇演

豆各庄乡篮球协会成立暨“和谐杯”篮球赛开幕

豆各庄乡农民再就业技能培训

东风乡

党委书记　张仲凯

乡长　马文虎

东风地区（乡）位于市区东郊（东四环路东侧），亮马河以南，东与平房乡、东坝乡接壤，南与八里庄、六里屯街道相邻，西与六里屯、麦子店两街道相接，北界将台乡和酒仙桥街道，属于典型的城乡结合部。辖域面积7.38平方公里，下辖4个行政村、5个社区。截止年底，有常住人口25047人，其中居民人口24838人，农民人口209人；流动人口约3.45万人；汉族居多，另有满、回、蒙古族等少数民族。规划调整后大环境绿化用地213.05公顷、市政道路用地41公顷、乡镇企业用地22.9公顷、居住用地55.4公顷及保

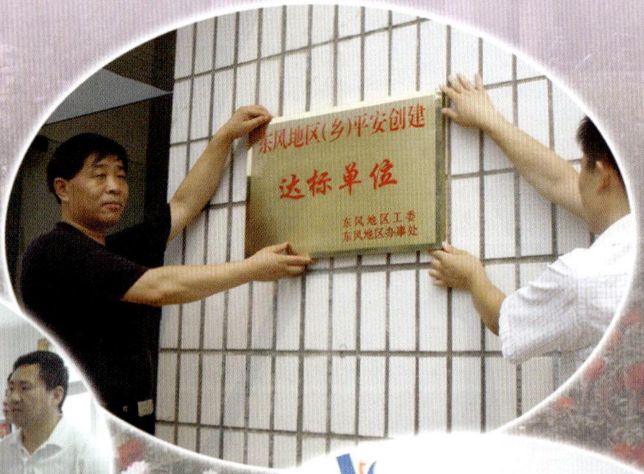

1月13日 东风地区平安乡村创建挂牌现场会

6月16日　深圳出租屋管理局领导参观东风乡流管工作

4月6日　北京市各区县领导参观东风流管工作

留公建用地0.57公顷。有幼儿园3所，小学3所，中小学合校2所，中专1所；有医院1家，村级医务室4家，全民健身场所14处，全民体质检测设施1处（石佛营医院体能康复室）。年内，本乡完成经济总收入100581.5万元，比上年同期增长23.4%；完成利润总额6066.7万元，比上年同期增长10%；人均劳动所得16231元，比上年同期增长9.2%；完成税金总额2138.3万元，比上年同期增长21.0%；增加值14853.5万元，比去年同期增加1028.2万元，增长7.4%；人均资产净额5.09万元，比去年同期增加0.37万元，增长7.9%；人均劳动所得16231元，比去年同期增加1362.1元，增长9.3%。

（陈　国　　谢　健）

3月21日　2006年度东风地区党建工作会议

4月18日　市局领导和基层派出所长参观东风乡流管工作

6月30日　“七.一”前夕，东风地区领导深入社区慰问抗日老战士

7月26日　“八.一”前夕，东风地区办事处向共建单位捐赠健身器材

7月14日　姚家园路景观大道上的党员标兵模范岗

6月23日　“七.一”前夕，东风地区社区党员志愿者捐款活动

社区党员　自制标牌，爱护绿地

十八里店乡

书记　杨霆

乡长　于海波

十八里店乡地处北京东南的城乡结合部，北邻CBD，南接亦庄经济开发区，三、四、五环路横穿南北，京津塘高速路横贯东西，地理位置优越，交通便利，是朝阳区东南部的一颗璀璨明珠。乡域面积25.23平方公里，下辖8个行政村，5个居委会。全乡总人口31181人，其中农业人口21262人。

近几年来，乡党委以“两确保、三加强，凝聚合力建小康”的总体目标，大力发展第三产业，形成了以家装建材和仓储物流两大经济版块为产业支撑，以大洋路农贸市场、民乐建材、建筑开发、大洋福运四大集团公司为经济主导，以大洋路商业街、吕家营餐饮文化街、西直河石材石艺街为重点开发建设的发展格局。

党委委员合影

授　　牌

文化舟开幕式1

文化舟开幕式2

十八里店乡成功举办了首届时尚家具文化舟暨十里河家具建材一条街开街五周年庆典活动。文化舟活动以“政府搭台、企业唱戏、群众参与”为宗旨，以“树立新形象、展示三条街、构建新农村”为目标，充分展现了十八里店乡经济社会等各项事业取得的新成就和建设社会主义和谐新乡村的崭新风貌，全面推进了社会主义新农村建设，服务了乡特色的商业经济，提高了全乡的整体形象。

今后，十八里店乡将落实科学发展观和实施“新北京、新奥运”的战略构想，把握新形势，抓住新机遇，创造新优势，实现新发展。全面推进农村城市化进程，推进产业发展、城市管理、社会保障、安全稳定和环境建设。努力构建社会主义新农村。

区领导视察

领导视察靓丽街

文化舟新闻发布会

自编自演的文化节目

文化舟之走进吕家营

大洋路商业街口

太阳宫地区

太阳宫乡新一届党委班子成员

太阳宫地区办事处位于朝阳区中西部,辖区面积5.9平方公里,是连接CBD和奥运村的枢纽地带，商业位置极佳。分别与望京办事处、麦子店办事处、和平街办事处，左家庄办事处，香河园办事处接壤，与使馆区，燕莎商业区、国展商业区相毗邻。地区办事处下辖3个行政村、10个社区居委会、6家直属企事业单位，基层党组织21个。其中，社区党委10个，党总支2个、党支部9个，共有党员1403人。现有居住小区20个，常住人口近4万人。驻地区中央、市、区属和社会单位462家，税源单位1274余家；驻地区各类院校5所，医疗卫生机构12家，全天候开放的体育场所17处，居家工程14处，文化场所21处，挂牌晨晚练点11个。辖区内城市轻轨10号、13号线和众多的公交线路编制了四通八达的交通网络。占地37公顷的太阳宫公园、奥迪汽车4S专卖店、桑尼摩尔北京国际儿童发展中心、国际村、太阳国际公馆、太阳星城等现代化高楼拔地而起，宛如一颗颗耀眼的明珠镶嵌在地区。绿化隔离带的建设更加快了太阳宫地区城市化的进程。现代服务业的崛起使太阳宫地区经济得到迅猛发展。随着产业结构的调整，太阳宫地区大力发展服务于国际化大都市功能的第三产业；在北三环繁华地区建设了太阳宫宾馆、明宫宾馆等企业。第三产业蓬勃发展，有利地促进了社会和各项事业的全面进步。

市重点建设工程——市政府为民办60件实事之一的太阳宫公园占地37公顷的太阳宫公园经过设计、施工、建设于2003九月正式开园。

太阳宫公园园区

太阳宫乡新一届纪委班子成员

2006年“七·一”，地区工委对地区先进党组织、优秀党务工作者和优秀党员进行了隆重的表彰

北京市劳动服务管理中心李维主任和地区办事处工委书记董万立(左)共同为“太阳宫地区创业服务中心”揭牌

知名文化创意企业 — 北京莱太花卉商城金源分店

地区合唱团

村办企业 — 天恒鸿混凝土搅拌站

太阳宫公园全景

孙 河 乡

乡党委书记 纪海义

乡 长 刘大宏

孙河乡在区委、区政府、区农委和乡党委的正确领导下，结合地区发展现状，依据区委、区政府“十一五”发展规划，制定了全乡“十一五”规划，确立了“点面结合、块状管理、区域统筹”（点面结合：以方圆平安、缤纷四季为引导，突出抓好农村产业结构调整；块状管理：以奥运促发展为先导，集中整治环境和流动人口管理；区域统筹：以执政为民为主导，提升农村各项事业发展水平）的发展目标，通过不懈的努力，全乡经济和社会发展得到持续发展。实现了一产向二、三产的延伸，第三产业已成为全乡经济和主导产业。三次产业由2004年的9：45：46调整到2005年的7：43：50，初步形成三次产业协调发展的新局面。到2005年，全乡经济总收入10.3亿元，比区划调整前增长47%；实现利润1.13亿元，比区划调整前增长46%；乡域税金4940万元，比区划调整前增长30%；人均所得10532万，比区划调整前增长31%，为城市建设和事业发展提供了坚实的物质基础。

区乡两级领导观看“先进性教育”展板

对机关工作人员进行礼仪培训

2005年秋季农村劳动力招聘会

农村劳动力转移引导性培训开班

陈刚区长到培训学校计算机教室参观

领导到卫生服务站检查工作

领 导 班 子 民 主 生 活 会

平　安　创　建

百姓在为民服务大厅
向工作人员咨询事务

夏日文化广场

与打工子弟学
校的孩子们一起过
"六一"

传统文化创新

美丽的温榆河畔孙河段

来广营乡

书记陈晓东做党委工作报告

乡长杨建海做政府工作报告

近年来，来广营乡党委、政府高举邓小平理论的伟大旗帜，以党的十六大精神和“三个代表”重要思想为指导，紧紧抓住绿化隔离地区建设、北京成功申办2008年奥运会等难得机遇，以加强党的建设为龙头，以加快农村城市化建设为主题，以实现农村城市化、经济繁荣化、地区文明化为目标，以构建和谐乡村为主线，以提高乡民生活水平为根本出发点，团结和带领全乡干部群众，求真务实，开拓创新，使地区各项事业得到了突飞猛进的发展。

通过抓班子、带队伍、强基础，使党的建设得到全面加强连续四年被评为区“五个好”乡党委暨全面发展先进乡，今年又被中共北京市委授予“北京市基层先进党组织”的荣誉称号，来广营村、红军营村等也多次被评为区级“五个好”村级党组织。

来广营乡新一届党委成员

世界500强企业--英国百安居建材市场

农民新村--朝来绿色家园

朝来农艺园玻璃日光温室

绿色产业板块的新秀--
北京馨叶高尔夫球俱乐部

规划中的七大产业板块建设初具规模，并开始显示出其强大的生命力，2005年在板块经济支撑下全乡经济总收入实现36.2亿元，实现利润2.2亿元，乡域上缴国家税金2.25亿元，农民人均劳动所得为15000余元。

实现了农村城市化建设的快速发展，朝来绿色家园总计已完成115.2万平方米，实现入住6000人，并在2005年被评为“北京市优秀管理居住小区”和“朝阳区综合宜居小区”。

面对新的历史机遇难，来广营人将继续高举邓小平理论和“三个代表”重要思想的伟大旗帜，全面落实科学发展观，在区委、区政府的领导下，进一步解放思想，振奋精神，开拓创新，以更加旺盛的斗志，更加科学的态度，更加严谨的作风，更加务实的工作，齐心协力加快发展，埋头苦干狠抓落实，为全面完成“三区”建设任务，基本实现“三化”目标而努力奋斗

中央领导到来广营视察

区领导来我乡视察

绿色产业板块中的朝来足球活动中心

1、百安居市场内部

2、建材建专买板块中的东方家园建材市场

3、红太阳生态园

4、第十一届全民运动会

5、金秋文体展示月活动颁奖晚会

崔各庄乡

乡党委班子

市委副书记、政法委书记强卫视察崔各庄乡环境整治工作

崔各庄乡位于朝阳区东北部，东邻金盏乡，南接将台乡和酒仙桥街道，西靠望京街道和来广营乡，北与孙河乡接壤。辖区面积约31平方公里，下辖15个行政村，3个居委会，地区常住人口20982人。

崔各庄乡地处温榆河绿色生态走廊、第二道绿化隔离带地区，同时规划中的大环文化产业园区、第四使馆区和电子城西区北扩区也在地区范围内。辖区内中国铁道博物馆、北京航空航天模型博物馆、中国电影博物馆、影视城、左特陶瓷艺术中心等资源成为地区旅游新亮点。乡域内京包铁路、机场高速、机场辅路、京承高速路、京顺路、五环路等骨干公路与筹建中的城市轨道铁路第13号线、第二条机场高速公路交汇，形成了四通八达的立体交通网络。辖区内有华北电网孙河变电站，北小河、来广营北路沿侧的超高压、中压天然气，以及草场地地区自来水、排污管线、沿机场路自来水管线，形成了基本完善的市政设施构架。

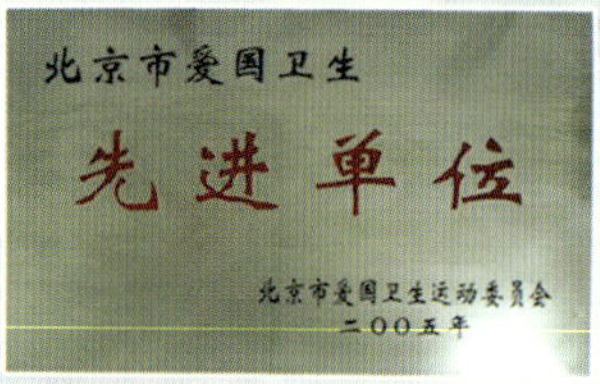

荣获北京市爱国卫生先进单位称号

荣获2005年度朝阳区环境综合整治先进乡称号

乡党委书记张树宝慰问困难群众

乡长刘伯明为辖区“共产党员之家”挂牌

区委书记李士祥视察崔各庄乡草原城绿色产业

村民在创建和谐乡村条幅上签名

崔各庄乡党委、乡政府以区划调整为契机，坚持打基础、保稳定、谋发展，按照“组团式规划建设，板块式经济发展”的战略设想，大力实施“四区五带三组团”发展战略，紧紧依托温榆河生态走廊地区、电子城高新技术产业区、广顺高档商业服务区、大环文化产业园区四大功能区，大力培育京顺路汽车服务、马泉营西路—北皋加油站西式文化、南皋路创意文化、机场辅路仓储物流、顺白路绿色休闲旅游观光五大产业带，全力推进南皋宜居组团、奶西宜居组团、雍景桃园宜居组团三大组团建设，注重加快教育、科技、文化、体育、卫生等社会事业和精神文明建设的协调发展，努力实现产业实力更加雄厚、服务功能更加完善、人民生活更加富裕、社会风气更加文明，扎实推进经济持续、快速、协调、健康发展和社会全面进步。

开展丰富多彩的体育活动

民间文艺团体彰显特色

基层文化活动蓬勃发展

马泉营村新村新貌

新开通的南春路

麦子店街道

麦子店街道位于北京中央商务区（CBD）的延伸带——燕莎商圈，辖区面积6.8平方公里，有社会单位2100余家，常住人口35000余人，其中外籍人员7800余人。作为80年代发展起来的一个新型社区，麦子店拥有众多国际化资源，地区集燕莎商圈、北京第三使馆区、朝阳公园和全国农业展览馆四大功能板块于一体，是朝阳国际交往的重要窗口和现代服务业发达地区。

针对地区特点，麦子店街道在2004年率先提出了建设国际化社区的工作目标。两年来，街道在营造和谐氛围、提供公共服务、创建平安社区、培育多元文化、推进社区自治等方面开展了一系列工作，相继建设了城市综合管理指挥中心、公共服务大厅、社区卫生服务站、国际青年中心、银龄俱乐部等管理服务设施，完善了《读麦周刊》、读麦中英文网站、96156社区服务热线等信息平台，构建了麦子店国际化社区安全体系及公共服务体系的基本框架，取得了初步成效，成为我市首批较为成熟的国际化社区之一。

外交部长李肇星视察麦子店街道（图为李外长在公共服务大厅与工作人员亲切交谈）

麦子店城市综合管理指挥中心

活力社区 幸福家园

温馨关爱 共享阳光

公共服务大厅

国际青年中心

奥运村地区办事处

奥运村地区位于朝阳区西北部，东至北苑路与来广营地区比邻，南接四环路与亚运村地区和大屯街道接壤，西街八达岭高速公路与海淀区相隔，北到清河与海淀、昌平区相望。2004年4月29日，市政府批准成立了奥运村地区办事处。6月29日上午，奥运村地区办事处挂牌成立，正式更名为奥运村地区办事处，原大屯地区办事处管辖的北辰东路以西，大屯路以南，安翔北路、慧忠路以北部分区域，及亚运村街道办事处管辖的北辰东路以西，成府路以南，北辰西路以东，北四环中路以北部分划归奥运村地区管辖。辖区面积由原来洼里乡的15.7增加到18.8平方公里，户籍人口由原来洼里乡的2.13万人增加到5.5万人。

本地区是北京市第一批绿化隔离地区试点之一，是国家奥林匹克公园所在地，曾五次接待党和国家领导人来此进行绿化活动。特别是近几年国家奥林匹克公园建设，这里的交通、环境、将大大改善，区域城市化、现代化、国际化进程空前加快，奥运功能区的特色正在形成。

工委书记吴凤岐在地区工作会上做重要讲话

市长王岐山到奥运森林公园植树合影

党委班子成员

举办军地青年鹊桥联谊会

地区举办《迎2008奥运盛会展军民体育风采》足球比赛

办事处机关干部自编自演的小品《军人军嫂都姓军》

小红门乡

乡党委书记 康志华

乡长 路军

小红门乡位于北京市东南郊，北距南三环路约1公里，南临北京经济技术开发区，西与丰台区接壤，东靠京津塘高速公路。南四环路由东向西横穿乡域中部，将小红门乡分为南、北两区，成寿寺路由北向南纵贯全乡。小红门乡现有4个行政村、16个自然村，乡域总面积12.41平方公里。全乡现有农、居民11677户，其中农民6981户、居民4696户；总人口24305人，其中农业人口15968人、居民人口8337人。

小红门乡在区委、区政府的正确领导下，解放思想、坚定信心、开拓进取、狠抓各项工作落实，乡党委围绕地区开发建设、农民搬迁上楼、产业结构调整、农民劳动力就业、维护地区稳定等重大问题，深入调研。在认真分析的基础上，明确提出了抓住规划的龙头，突破拆迁的瓶颈，创新企业发展的模式，确保农民生活稳定，全力构建和谐社会的工作思路。经过全乡广大干部、群众的努力奋斗，开拓进取，全乡各项工作取得较大进展：着力打造了以城外诚家居文化广场为龙头的商贸区，品牌效应明显加大；镇海寺游乐中心、北京经开国际花卉展示中心等项目均在建设中；按照“产权置换，腾退上楼”的腾退原则，农民上楼工作即将启动；基础设施建设成果显著，拓宽了三台山路、修建了南顶路和宋家楼路、复铺了龙爪树路、完成通久路拆迁，投资2100万的11万变电站已竣工，投资300万的横街子沟改造工程也已完成。

区委书记李士祥同志现场调研

乡领导到敬老院慰问

经过多年的努力，小红门乡形成了党的建设持续加强、经济总量和综合实力稳步增长、绿化隔离地区建设稳步推进、农村城市化水平不断提高、各项社会事业全面进步、群众生活不断改善的良好局面，先后荣获“朝阳区精神文明示范乡”、“六好党委”、“首都文明乡镇”、“全国体育先进乡”、“全国婚育新风进万家先进乡（镇）”、“全国先进计划生育协会”、“市级绿化先进乡”等称号。

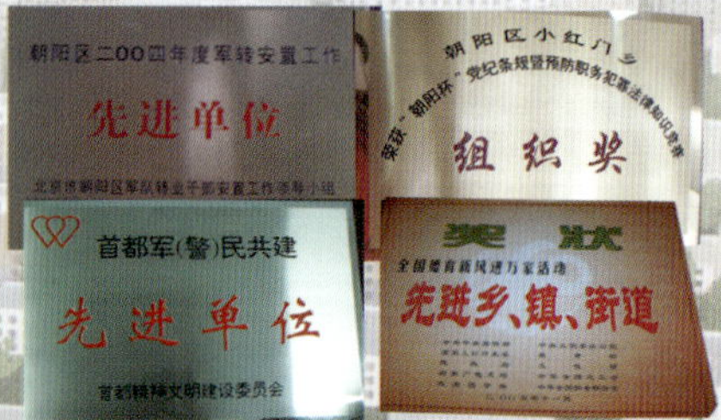

经常性地召开班子民主生活会

学习型党员表彰

军民共建绿化家园，驻小红门地区武警与肖村小学学生共同植树，共建绿色环保基地

三间房国际动漫产业园是三间房乡通惠河文化创意产业园区的核心子园区，拟以“天泰广场”建设国家动画产业基地，辐射周边的已有项目转型，园区座拥中国传媒大学及其十二所二级学院包括国家动画教学科研基地、亚洲动画漫画研究中心、北京第二外国语学院、旅游学院、北京天坛生物制品研究所、中华本草园、天籁村音影制作中心等优质的发展文化创意产业的软硬件资源，发展动漫产业的人才优势及硬件设施是目前全国已命名的各大动画产业基地所望尘不及的。

拟建的三间房国家动画产业基地，占地面积51200平米，总建筑面积为12万平米，地上104400平米，地下2万余平米，由6栋8000平米大开间写字楼，一座5000余平米的卡通艺术互动体验馆及一座4万余平米的展览中心组成，项目建成后将是集动漫产业相关的创意、设计、制作、后期合成、版权交易、节目交流、展示、交易为一体的完整的动漫产业链。

“天泰广场”目前各项前期手续齐全，全部投资约3.4亿元，随着资金的到位，约在两年内完成全部项目建设，目前围绕周边已启动天籁村音影制作中心、3800平米动漫产业孵化器项目建设，时尚消费产业中的古典家具民俗一条街一期已投入使用，沿通惠河的运河新时尚文化街规划即将出台，地方政府正在整合资源着力促进与中国传媒大学共建的国际动画学院早日建成。

在乡党委、乡政府的领导下，在全乡人民的关注参与下，三间房国际动漫产业园的美好蓝图正在实施落成中。

中国·北京
三间房国际动漫产业园简介

地址：北京市朝阳区建国路甲3号三间房乡政府　邮编：100024

电话：010-65420024　传真：010-65420027　联系人：牛锦娜　荣安泰　栾进印

创意无限·北京展会现场

天泰广场动画产业基地

中国传媒大学国际动画学院

天籁村影音制作中心

浪漫传媒甲板

区域总体规划项目沙盘

CARTOON
IN BEIJING

金盏乡

乡党委书记张建顺与乡长于志刚在研究工作

党委理论中心组学习《江泽民文选》

金盏乡位于北京城市东部温榆河畔。东部、北部与顺义区、通州区接壤，南接长营乡，西部与东坝乡、崔各庄乡相邻，距首都机场6公里。区域面积50.1平方公里，常住人口28600人，外来人口24000人，辖13个行政村。

金盏地热资源丰富，公路四通八达，森林覆盖率达到24.6%，大气、水、土壤等指标均达到国家环保A级标准，是全国造林绿化百佳乡之一，也是全国十二家农业资源持续高效利用实验区之一。2000年，通过了国家环保总局ISO14001环境管理体系认证，是目前全国唯一获得此项认证的乡镇。

依托优越的区位条件和良好的自然环境，金盏乡党委、政府按照朝阳区“三化四区”的战略部署，紧紧把握农村城市化这一主题，以发展绿色都市农业、生态旅游服务业和高新技术制造业为方向，以增加农民收入为主线，带领金盏人民发扬“励精图治、锐意进取、求实创新、自强不息”的精神，努力“提高管理水平，打造生态金盏，发展休闲乐园，建设宜居新区”，形成了以蟹岛度假村、金盏郁金香花园等为龙头的现代都市农业高科技园区。全乡经济稳步发展，社会各项事业、精神文明建设有序推进，人民生活水平不断提高，农村城市化进程明显加快，先后获得“朝阳区经济发展十强乡”、“朝阳区优化发展环境先进乡”和“朝阳区五个好乡党委暨全面发展先进乡”等多项殊荣。

① 金盏龙腾艺术团的舞龙表演，深受欢迎。
② 郁金香摩锐水世界开业以来，赢得了消费者的盛赞。
③ 花艺古典家具形成特色产业。
④ 金盏乡运动会深受群众欢迎，老年人托乒乓球比赛引人入盛。
⑤ 润丰石材是近年来引进的大型企业，在区域经济发展中发挥了促进作业。

观音堂文化大道

王四营乡

王四营乡位于北京市东南地区，距市中心15公里，乡域总面积约17.84平方公里，常住人口16255人，流动人口4万人，2004年7月正式挂牌为地区办事处。王四营乡是朝阳区绿化隔离地区建设16个重点乡之一，西有四环路，东有五环路，北有京通快速路，南有京津塘高速路，京沈高速路横贯东西，五环路南北穿越，形成了高速、便捷的道路交通网络，造就闻王四营乡得天独厚的区位优势。

市区领导参观商务节展览

近年来，乡领导班子围绕中心、统揽全局、强化功能，按照抓班子、带队伍、谋发展的总体要求，团结务实、开拓进取、勤政廉政，不断提高领导水平和执政能力，呈现出了班子和干部队伍建设的新加强；乡域内汽车服务产业发展壮大，以盛华驾校等为龙头的驾驶培训、汽车检测、汽车配件、汽车修理、汽车商贸产业链初步形成，以郎家园枣基地、CBD高尔夫球会等为龙头的绿色产业实现规模发展，以盛华宏林粮油批发市场等为龙头的商贸服务产业不断拓展提升，以观音堂文化大道、古塔公园等为龙头的文化创意产业蓬勃兴起，呈现出了经济发展的新气象；围绕三项工程，实行三贴近，采取四包机制，坚持拓面提质，不断创新工作机制，呈现出了党建工作的新亮点；积极畅通民意诉求渠道，建立健全信访排查、矛盾调解和生产责任制，呈现出了社会稳定的新局面；以“环境整治迎奥运”为主题，开展环境整治、绿化美化、清理“三低”活动，呈现出了环境面貌的新改善；先后投资1246万元，兴建了幼儿园、文化服务中心、老年活动中心、一站式办公大厅，逐步完善保障体系，积极开展引导性培训，呈现出了社会事业发展水平的新提升；深入开展精神文明创建活动，加强基层文化建设，广泛开展各项文化体育活动，不断提升地区百姓素质，呈现出了文化文明建设的新推进。

王四营乡古塔公园

2006年初，乡第十四届人民代表大会第八次会议讨论通过了《王四营地区(乡)“十一五”期间经济和社会发展规划》，科学规划了今后五年王四营乡发展的宏伟蓝图。“十一五”期间，王四营乡将按照“规划引导发展，环境促进发展，管理服务发展，党建保障发展”的总要求，紧紧依靠区委、区政府的坚强领导，依靠全乡各级党组织和全乡人民，不断创新工作思路，加快地区经济建设，促进各项社会事业全面进步，走文化领衔发展之路建设新农村，努力构建一个安全、稳定、富裕、文明、进步、发展、和谐的王四营。

北京市朝阳区农村人才培训中心

（北京中华会计函授学校朝阳分校）
(北京市朝阳区农村劳动力教育培训服务中心)

培训中心主任　康雪茹

朝阳区农村人才培训中心（原朝阳区农村管理干部培训中心、北京中华会计函授学校朝阳分校），隶属于朝阳区农委，是在我区农村城市化背景下设立的专门致力于农村人才教育培训的服务机构，主要职能是协助农委进行农村劳动力转移就业教育培训的管理和服务工作；承担农村劳动力职业技能培训和引导性培训工作；负责农村专业技术人员和管理人员的培训工作；负责农村劳动力就业指导、岗位开发及有关的统计分析工作；负责农村人才培训就业网络的开发、维护工作。

与部分用工单位召开座谈会，达成合作意向，积极为培训学员搭建就业平台

中心地处朝阳东坝地区，环境优美，设施完善，教学面积达2000平方米，建有绿化工、汽车维修工、家政服务员等11个实习室及北京市农村远程教育及信息服务站点。具备星火职业技能培训学校及中华会计学校等培训资质，拥有绿化工、插花员、计算机操作员、保洁员等13项培训工种。

近年来，中心深入农村实际，加强调查研究，在农村劳动力教育培训转移就业政策调研、培训工种开发、企业员工岗前岗位培训、定岗培训、教学资源整合及学员就业推介、跟踪服务等方面，取得了显著成效。结合劳动力愿望及企业用工需求，有针对性地为企业输送合格员工，通过联合办学开设物业管理员、电梯司机等专业课程，广泛开展岗前岗位及定岗培训，并成功为北京世奥公司多次举办岗前岗位培训，有力支援了北京奥运建设。大力开展农村劳动力转移引导性培训，用农民爱听的语言，把转变观念、法律法规、道德礼仪、区情、乡情等知识内容融入生动的课堂，让农民朋友在轻松愉悦的

积极拓展就业渠道，开发用工岗位，联合各乡社保所，多次组织学员择业就业推介会

组织学员参加用工单位的招聘面试

氛围中提升自我。创建“培训—跟踪调查—就业推介”一条龙服务模式，通过对培训结业的学员进行调查问卷、开展座谈等多种方式，收集学员信息，实现数据库管理，并联合多家职介机构及用工单位，积极为学员搭建就业平台，拓展服务领域。

截至今年6月，中心共为17个乡提供培训服务，培训农村劳动力21735人次，其中转移引导性培训15317人次，职业技能培训4352人次，岗前岗位培训1986人次，党校大专学历教育80人次。农村财会人员继续教育培训6500人次。举办就业推介会4次，成功推荐学员33人，受到各单位及学员的高度好评。

联合办学

获奖证书

培训中心在农村劳动力教育培训转移就业方面不断努力耕耘，得到了市、区政府及相关部门的肯定，被国家科技部星火办批准为第一批国家星火计划农民科技培训星火学校，荣获“二〇〇四年度朝阳区农村劳动力培训就业先进单位”，“2004年朝阳区社会力量职业技能培训机构先进单位”，“北京市农村富余劳动力转移培训示范基地”，“2005年北京市农村劳动力培训与就业工作先进单位”，“京郊农村劳动力培训就业先进基地”，“2006年朝阳区职业教育先进单位”等称号。

在区农委的领导下，朝阳区农村人才培训中心将以需求为主，以人为本，以“立足朝阳，服务于农村教育和社会发展”为宗旨，以创建“师资力量雄厚、培训门类齐全、造就各类人才的学习基地”为目标，打造经典培训品牌，突出培训特色，积极投身我区农村城市化建设工作，大力开展调查研究，结合培训就业工作需求，拓展服务领域，为朝阳区农村人才整体素质的提高做出努力和贡献。

积极为北京世奥森林公园开发经营有限公司举办岗前培训

绿化工实操培训

家政服务实习中教师示范切菜

引导性培训授课

插花实操课上学员认真学习插花技术

黑庄户地区（乡）

黑庄户地区（乡）位于朝阳区东南郊，东与通州区台湖镇工业园区接壤，南与光机电产业基地相邻，西靠垡头边缘集团与豆各庄乡相邻，辖域面积24.5平方公里（包括辖域内双桥农场0.6平方公里），乡下辖11个自然村、16个村民委员会、6个社区居民委员会。行政辖区内（含双桥农场）人口16933人，其中农业人口8114人。黑庄户乡有200多年宫廷金鱼养殖史，近年观赏鱼产业迅速发展。乡域内有怡景城、康成、温泉花园、双旭花园、东旭新村等7个大型居住区，以及中国建筑工程设计研究院、三元乳品厂、京客隆配送中心等中央、市、区属单位21家，大中小企业429家，有小学4所，中学1所、医院2所。2005年全乡经济和社会各项事业协调发展势头良好，经济总收入达10.87亿元，利润总额9849万元，税金总额3131万元，群众收入稳步增加。

办事处地址：黑庄户乡工商大街甲1号
联系电话：010 85383651
邮政编码：100024

北京市朝阳支公司

中国人民财产保险股份有限公司是中国最大的保险企业，以人才荟萃，资金雄厚、业务广泛、保障充分和一流的服务，树立了良好的市场形象，并成为全国保险业唯一一家北京2008年奥运会保险合作伙伴。

人保北京市朝阳支公司总经理高勇

本公司即中国人民财产保险股份有限公司北京市朝阳支公司，自一九八〇年保险业恢复以来，在上级领导和朝阳区委、区政府的关怀及社会各界的支持下，努力开拓，积极进取，先后开办了企业财产保险、机动车辆保险、家庭财产保险、建筑工程保险、责任保险、货物运输保险等10大类险种，承保了如外交部、北辰集团、中央电视台、北京现代集团、北京奥运会主会场（鸟巢）等重大项目，承保总资产近千亿元，现已成为北京市分公司下属乃至全国同行业中发展最快，业务规模最大的地区公司。

人保北京市朝阳支公司办公大楼

我公司现有员工人数83人，其中，具有大专以上学历者占员工总人数的80%以上，拥有高级经济师、经济师职称者占员工总人数的30%以上。较高的知识层次也给我公司的业务发展和管理水平的不断提高起到了巨大的推动作用，使我公司业务一直处于良好的发展势头，实现保费和利润一直在本市同行业中名列前茅。

我公司将突出“以人为本、求真务实、团结进取、完善服务、和谐向上、共享发展”的主题，在今后的工作中一如既往，通过业务水平的不断地改进和提高，主动、热情、周到地为社会各界提供优质、高效的保险服务，不断满足社会各界的需要和期望。我公司全体员工将继续努力，开拓进取，与社会各界精诚合作，携手共进，为我区的经济建设和和社会发展发展做出更大的贡献。

公司柜台员工正在为顾客办理保险业务

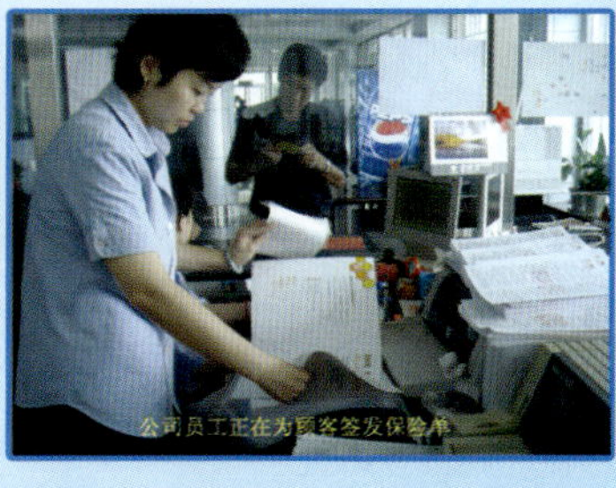
公司员工正在为顾客签发保险单

理赔工作人员正在为受损保户核定损失

人保北京市朝阳支公司理赔定损中心

中国建设银行股份有限公司

北京朝阳支行

行长　王宝奎

中国建设银行股份有限公司北京朝阳支行（以下简称建行朝阳支行）成立于1989年10月。建行16年来，建行朝阳支行按照建设银行的统一部署，坚持以快速健康发展为主题，以提高综合效益为核心，以扩大市场份额为重点，以优化人力资源配置为保障，坚持综合营销策略，完善风险防范体系，开拓进取，努力拼搏，全面提升了经营管理水平，促进了各项业务快速健康可持续发展，主要业务指标在系统位居前列。截至2005年末，建行朝阳支行内设14个部室，下设1个营业部、8个升格支行、11个储蓄所，在职员工597人。本外币全口径存款余额202.93亿元，其中人民币存款余额194.27亿元，贷款余额94.42亿元，实现利润4.1亿元。

总行郭树清董事长来行调研

北京分行李卫平副行长来行调研

与中建一局建立良好的银企关系

以总分第一的成绩成功中标朝阳区国库集中及授权支付业务

大　门

营　业　大　厅

北京联合大学

北京市副市长赵凤桐来我校考察工作

北京联合大学是北京市属综合性大学，成立于1985年。学校坚持为区域经济服务的办学理念，20多年来，共培养了10万多名毕业生，为首都的经济社会发展做出了突出贡献。学校是北京市重点建设的技术应用性人才培养基地，是全国职业教育师资培训重点建设基地。

学校现有17所学院，设有3个硕士点，54个本科专业和72高职教育专科专业。拥有8个校级实践教学中心和100多个实验室，以及大量的设备先进的计算中心和现代化的多媒体电化教室。

校领导班子集体合影

目前，学校共有全日制在校生近3万人，专任教师1600多人，拥有部分国内外知名学者，同时也拥有一批具有行业、企业从业经验的双师素质教师。

学校现有3个市级科研机构和21个校级科研机构。承担一大批各级各类课题。编辑出版核心期刊《旅游学刊》和《北京联合大学学报自然科学版》、《北京联合大学学报人文社会科学版》3种学术刊物。

依靠高素质的师资，优良的教学设施，先进的管理，北京联合大学努力为首都发展培养出更多更好的应用性人才。

北京市政治文明建设研究中心在我校揭牌

我校台湾研究院隆重举行建院一周年庆典

我校学生演出精彩文艺节目
“千手观音”

朝阳社区学院

（朝阳区职工大学）

孙桂华常务副院长在和平西街教学区揭牌仪式上讲话

作为北京市第一家社区学院，1999年9月8日，以朝阳区职工大学为基础，在整和了北京电大朝阳分校、朝阳师范学校之后，朝阳社区学院正式挂牌运行。

朝阳社区学院是以大教育观为指导，实现教育资源区域融通的新型成人高等学校；是以终身教育为指导，集高层次、开放式、综合性、大众化于一身的学习型组织；是以区域经济和社会发展为契机，推进地区成人高校改革发展的一种新尝试。

注重青年教师培养

建校七年来，朝阳社区学院始终坚持“立足社区，服务社区”的办学宗旨，秉承“以社区为依托，以改革为主线，以教学为中心，以质量求生存，以特色求发展”的办学方针，根据区域经济的发展需要，积极拓展办学功能，通过建设成人高等教育基地、社区教育培训基地和社区理论研究基地努力发挥社区教育的龙头作用。

和谐的团队

召开教职工代表大会

进行区地区办事处社区党组织书记培训

区领导为和平西街教学区揭牌

朝阳社区学院目前设有五个教学区，即和平里教学区、和平西街教学区、双龙南里教学区、首都机场教学区、管庄教学区。占地186.7亩，设有27个大专层次专业和6个大本层次专业，学历教育在校生近四千人，非学历教育年均培训万余人次。学院现有教职工123人，专任教师54人，其中具有硕士以上学历的18人，具有高级职称的11人。

学院本部地址：北京市朝阳区和平里南口砖角楼北里5号
邮编：100013
电话：（010）64211719　　传真：（010）64210193
网址：www.bjccc.com

北京市民族文化艺术职业学校

■校长：薛宝祥　　■党总支书记：耿芃

北京市民族文化艺术职业学校动漫画专业“校企合作”办学的又一创举！

北京市民族文化艺术职业学校创建于1980年，是省（市）级重点职业学校（公立）。学校曾多次荣获北京市教育先进集体称号；被评为北京市“文明礼仪示范学校”、民族团结进步先进集体、职业教育先进单位、科研先进集体、“全面育新人，办学有特色”窗口校、课间操示范校和校园环境、校园文明示范校；被认定为北京市优秀重点对外参观单位、北京市共青团外事交流基地、北京市电化教育优类校；被列为北京市民族教育窗口校；并获“朝阳区文明单位”、“朝阳区职业教育先进单位”、“朝阳区绿化先进单位”等称号。

此外，学校还是中国职业技术教育学会理事校以及联合国教科文组织北京分会会员校、北京市中小学外籍学生教育研究会会员校等。

学校具有接收外国留学生留学资格和聘请外教资质。

学校共有16个专业，划分为以民族烹饪为骨干专业的现代服务专业群、以民族音乐、民族舞蹈为特色的学前教育专业群、以美术为特色的动漫专业群以及适应首都经济社会发展的会展专业群。

学校现有两个办学校址及两个附属幼儿园。各学部所处地理位置优越，交通便利。在校生近2000人，60多个教学班；全校教职工近200人，全部具有合格学历和专业资质，而且学历层次高,专业水平强，技艺精湛、敬业精神强，有深厚的技能技巧功底。

各学部均设有教学楼、综合实习楼，建有学生电视台、校园网站、各种技能专业教室，教学设备十分先进。学校常年聘请王霞、谢芳及北京饭店厨师长、动画会展公司总经理等著名艺术家、行业专家、业内资深人士担任学校顾问。

学校坚持教育与市场接轨、与高教接轨、与国际接轨的办学思路，二十多年的辛勤耕耘，为社会培养了近万名初中级实用型人才。

北京市民族文化艺术职业学校与孙河乡签定“共建协议”

北京市民族文化艺术职业学校校长薛宝祥做《加强民族团结，挖掘民族教育内涵》专题报告

▲2004年4月北京市民族文化艺术职业学校首届艺术节开幕式

▲北京市民族文化艺术职业学校礼仪专业的学生参加“夏日文化广场活动”

北京市民族文化艺术职业学校师生与澳大利亚朋友跳竹竿舞

▶北京市民族文化艺术职业学校会展专业学生服务社会

芳草地小学

北京市朝阳区芳草地小学始建于1956年，是一所中学建制的国立公办涉外学校。1973年在周恩来总理的亲切关怀下，学校开始大规模接收外籍及港澳台地区学生入学。1978年学校被确定为北京市重点小学。

学校在半个世纪的办学历程中，先后培养出特级教师7名，中学高级教师32名，专业学术团体会员8名，市级学科带头人26名，市级骨干教师34名。并以“开放时尚，名师荟萃，教育优质”享誉海内外，被誉为“小小联合国”和“世界小窗口”。芳草地小学的毕业证书为世界各国所承认。

迈入21世纪以来，学校形成了集团化办学、集约式管理的现代化办学模式。目前学校拥有90个教学班，在校学生3336人（其中外籍和港澳台学生793名），教职工238名，以一校四址五部的规模办学，教育功能齐全，能够满足人民群众不同的教育需求。仅近4年来，学校获得国家、市、区级集体荣誉就达50余项。

2005年我校少先队员与中央领导植树

苏国华校长是孩子们的大朋友

部分市级骨干教师合影

在人民大会堂欢庆六·一

学校电视台

国际部大厅

书法教室

朝师附小

朝师附小是北京市朝阳区教委直属小学，建于一九五八年，目前拥有本部、寄宿部、望京分部三个校址。学校本部位于朝阳区北三环和平街11区17楼（和平家园内）。学校寄宿部位于朝阳区太阳星城内。望京分部位于朝阳区望京利泽西园116楼（澳洲康都旁）。前任校长王秀云是全国知名的特级教师、北京市模范校长、享受国务院特殊津贴的专家。现任校长齐振军是教育管理本科毕业。参加了北京市第二期小学高级校长研修班的学习。参与了《整体构建学校德育体系的研究与实验》国家级课题实验工作。是《品德与社会》（广西版）教材的编委。

校长 齐振军

拓展活动空间——这是我校学生在攀岩墙健身

今天我们是附小的幼苗，明天我们是祖国的栋梁。

学有所长学有特色——我们的朝花艺术团在迎接西部小伙伴

走出校门出色的附小人——参加中央电视台动画城活动

朝师附小始终坚持“一切为了学生的发展”的办学理念。坚持“以师育生、以境育生、以生育生”的育人思路，以科研推动改革，以改革促进发展。

朝师附小形成了以语文教学改革为龙头，带动其他各科全面发展的办学特色，在语文的改革中，积极拓宽内容，改进教学方法，进行了“古诗读唱，累诗陶情”“以文为例，训练学法，自主扩展，自主阅读”“长文学精，短文学深”“由说到写，由述到做，指导观察，强化感受”等语文教学的改革，不断突出“新、深、活、实”的语文教学特色。

学校的艺术教育呈现出勃勃发展的生机，我校管乐队多次参加市、区举办的各种竞赛均创佳绩。学生每年考级通过率达到100%。历年来附小的毕业生有不少被市区重点中学接收。

乘着国际列车——我们环游世界

多年来，学校坚持全面落实教育方针的要求，不断推进教育教学改革，取得了一系列的成绩，现为首都文明单位、北京市德育先进集体、北京市校园环境示范校、北京市教育科研管理先进校、北京市电化教育优类校、北京市课间操示范校、朝阳区校风建设示范校、朝阳区小学素质教育示范校。

丰富多彩的学校课余生活——这是我校舞蹈队在训练。

美丽的校园——学生健康成长的乐园

市级一流的动物标本室——学生探索大自然秘密的第一门

朝阳保安分公司

Chaoyang Security Branch Company

朝阳保安分公司成立于1987年，隶属于北京市保安服务总公司，2005年通过了ISO9001国际质量体系认证，全系统2006年被中华全国总工会、北京市工会分别授予“全国五一劳动奖状”、“首都劳动奖状”荣誉称号。

朝阳保安分公司现有保安员6000余名，已发展人防、技防服务客户1000余家。公司还有一支百人特勤队，专门为商业展览、展销、文体活动及知名人士和贵重物品押运等提供特种安保服务。近几年，朝阳分公司以自主创新为宗旨，由单一经营模式向多元化发展，取得了良好的经济效益。2005年，全年营业收入8760万元，同比增长16%。朝阳保安分公司在辅警工作中也取得了显著成绩，公司拥有1660名社区专职保安员，分布在本区47个派出所。这些力量为维护朝阳区一方平安，协助公安机关打击违法犯罪发挥了重要作用。朝阳保安分公司将继续坚持勇于开拓、自主创新、与时俱进的发展方向，以坚定的步伐把保安服务业做大做强。

经理 孔繁树

ISO9001国际质量体系认证

保安员配合公安机关圆满完成
第十一届世界青年田径锦标赛的安保工作

保安员正在进行严格的训练

为客户提供优质的人防服务

技防服务采用与朝阳公安分局110指挥中心联动的报警系统

装备精良的特勤队

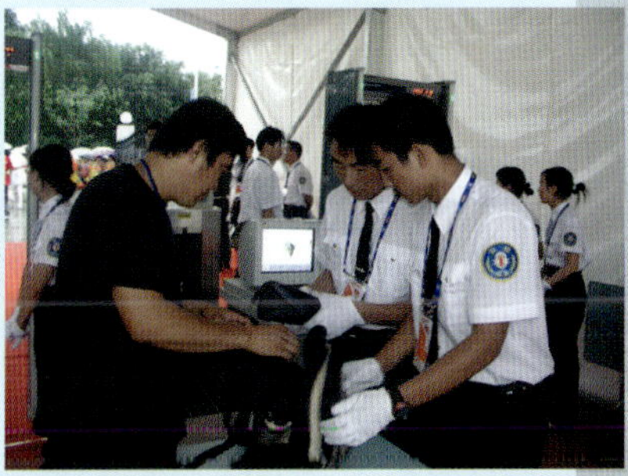
保安员正在执行安检任务

社区保安协警巡逻

2005年6月，新西兰前总理珍妮·辛普利女士来京时由特勤队员执行安保护卫

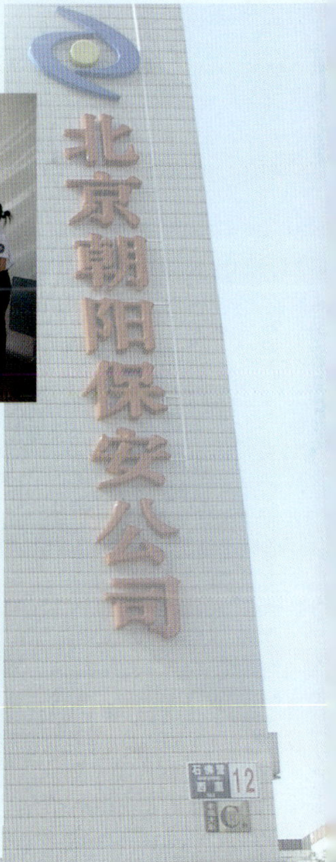

地址：北京市朝阳区石佛营西里12号楼C座
邮编：100025
网址：www.bjcyba.com
邮箱：chaoyangbaoan@126.com
电话：010-85817569(传真)

保安纠察

北京职工体育服务中心

领导班子

北京工体中心成立于1959年，作为北京十大建筑之一，目前是北京最大的综合性体育活动场所。占地面积40万平方米，建筑面积20万平方米，绿化面积10万平方米，三季有花，四季常青。

工体是新中国体育蓬勃发展的历史见证，从建立至今，始终以服务群众、服务社会为宗旨，是群众开展全民健身活动的重要场所。同时，工体也是最早适应市场经济需要，将体育作为产业来运作的公共体育场馆之一，经营范围涉及体育产业、旅店业、餐饮业、商业、房地产业、出租汽车业、广告业、舞美音响业、展览展销业等多种行业，已形成一个以体育场馆经营为龙头的体育产业链，成为朝阳体育及文化产业的聚集区。

工人体育场内景

工人体育场和工人体育馆已分别被确定为2008年北京奥运会足球和拳击比赛场馆。工体中心将全面贯彻以经济建设为中心，以奥运工程建设为重点，以保持共产党员先进性教育活动为主线的指导思想和工作方针，将为奥运服务、为全民健身服务、为首都发展服务作为落脚点，抓住奥运契机，力争建立一流的现代体育文化管理集团和体育文化休闲活动中心。

工人体育馆内景

工人体育场外景

工人体育馆外景

地　址：北京市朝阳门外工人体育场内
邮　编：100027
电　话：65016655——5601
传　真：65022484
网　址：www.gongti.com.cn

SUN PARK

朝陽公園

■ 市区领导到朝阳公司视察

朝阳公园是经国务院批准的《北京城市总体规划》中确定的重点项目之一，始建于1984年，位于北京市朝阳区中部，南北长2.8公里，东西宽1.5公里，规划总面积288.7公顷，其中水面面积68.2公顷，绿地占有率87%。1996年完成总体规划，1999年12月江泽民总书记亲自题写园名，1992、1996、2004年中央领导先后三次来公园植树，2004年9月15日全园建成向社会开放。

20余年来，在市、区政府及几代朝阳公园人的共同努力下，朝阳公园建设发展成绩显著，绿色景观不断丰富，文化内涵逐渐充实，积极发展文化产业，品牌效应持续提升，“春节·国际风情节”、“五一·流行音乐周”、“十一·欢乐游园会”等公园大型文化活动蓬勃兴起；“中法文化年·跨跃音乐2005法国现代音乐会”、“纪念中泰建交30周年·泰国风情节”等国际文化交流活动初具规模；国际商务车展、“奥林匹克文化广场”等活动的成功举办，使公园的知名度和影响力不断提升，被评为北京市朝阳区文化创意产业聚集区。2005年，朝阳公园共接待游客230万余人次，已逐渐成为首都市民休闲娱乐、户外活动的最佳选择之一。

■ 公园鸟瞰图

■ 春节国际风情节开幕式

■ 五一流行音乐周演出

■ 巾帼文明岗

■ 世纪喷泉广场

北京市东郊农场

北京五元物流中心

东郊农场领导班子成员

东郊农场隶属于北京三元集团有限责任公司。地处北京市朝阳区，位于温榆河绿色生态走廊区域内，北接顺义区，南邻望京新城。机场高速路、机场辅路、京顺路和京承高速路，穿过境内，交通便利，地理位置优越。

朝阳区委、区政府领导到东郊农场调研并指导工作

农场自创立至今已有50余年历史。近几年来，农场坚持以市场为导向，加大改革和调整力度，调整经济结构和产业布局，大力推进企业重组、改制，积极探索产权多元化，建立灵活的企业运营机制，充分利用区位优势，全力以赴发展第三产业。2004年，朝阳农场整建制并入东郊农场，目前农场现有总资产8.9亿元，占地2万亩，年实现总收入1.3亿元。目前主要从事房地产开发、物业管理、仓储物流行业。

农场依托较强的交通、区位和环境优势，近年来大力发展以房地产开发为主的第三产业，合作开发了香江别墅、东隆别墅、建兴别墅、大湖山庄、长岛澜桥、观唐别墅、香江雅园、京西学校等项目，总建筑面积达200万多平方米，目前该区已被列为北京市高档别墅区和高级商务区。

“十一五”期间，农场将依照《东郊农场发展战略规划》，以土地资源开发和区位优势为依托，加大资源整合力度，推进体制创新。发展以第三产业商贸服务、物业、物流等行业为主的经营开发；以对外投资参股为辅的产权多元化的现代国有控股公司。

文体活动丰富多彩

香江花园别墅

发展中的朝阳管理部

国营北京市东郊农场

首都儿科研究所

首都儿科研究所地处朝阳区雅宝路2号，成立于1958年，是以研究儿童保健、儿科疾病为重点，兼有医疗、教学和预防任务的应用医学研究机构。隶属北京市，1986年附属儿童医院正式成立。

所内设有世界卫生组织儿童卫生合作中心、中国儿童卫生保健疾病防治指导中心、北京市感染与免疫中心实验室等。为国务院学位委员会批准的儿科硕士、博士学位授权单位。常年承担部、市以上重大课题50余项，多项课题获奖。

附属儿童医院是三级甲等医院、北京大学教学医院。设有床位400张。专科专业齐全，医疗设施先进。特色专业有：内科呼吸、哮喘、神经、血液、心血管；外科泌尿、新生儿；小儿急救。年门诊量120万人次，年住院病人1.5万人次，门诊应诊专家100余人。

在月坛南街设有首儿所专家门诊部、在京郊顺义设有北京市医用生物制品中试基地及首儿药厂。

在北京市政府关心支持下，首都儿科研究所附属儿童医院门诊楼、病房楼于近年相继落成。

近20年来，研究所独立培养博士、硕士研究生200余人。

医院突出“以人为本”的服务特色，小动物标识、天真的儿童画、彩色的墙面，为小患者营造了温馨、舒适、人文的就医环境。

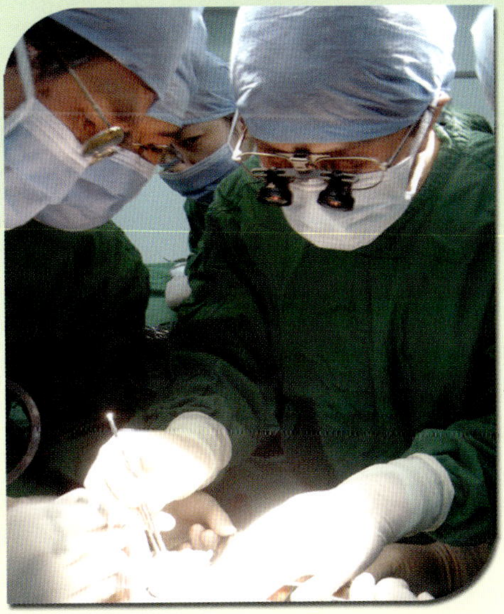

新生儿外科率先提出了先天性巨结肠早期诊断、早期治疗的原则，并应用呼吸器和呼吸道持续正压技术对食管闭锁患儿进行围手术期呼吸管理，使存活率由30%提高到78%；开展腹腔镜手术治疗先天性胆道闭锁、肝脏肿瘤、巨结肠等疾病，微创手术治疗项目获得全国首届宋庆龄儿科医学奖。

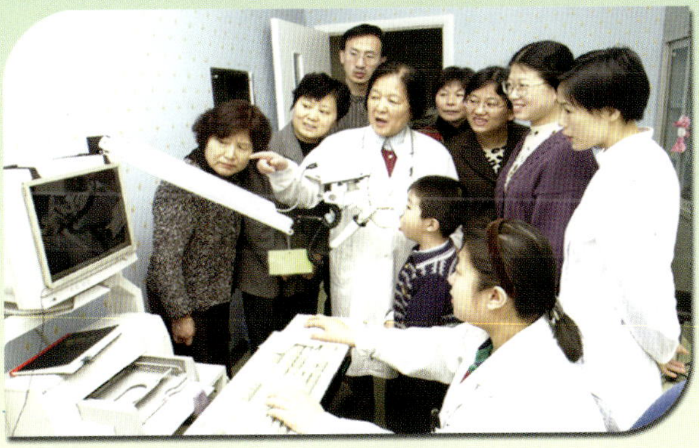

小儿呼吸专业是北京市重点扶持学科，是中华儿科呼吸学组牵头单位，北京市儿科呼吸道疾病诊治中心；小儿哮喘防治中心按照WHO全球哮喘防治战略，总结出的全新的哮喘防治方法，已作为卫生部“十百千项成果推广计划”推广全国，现居全国领先水平。

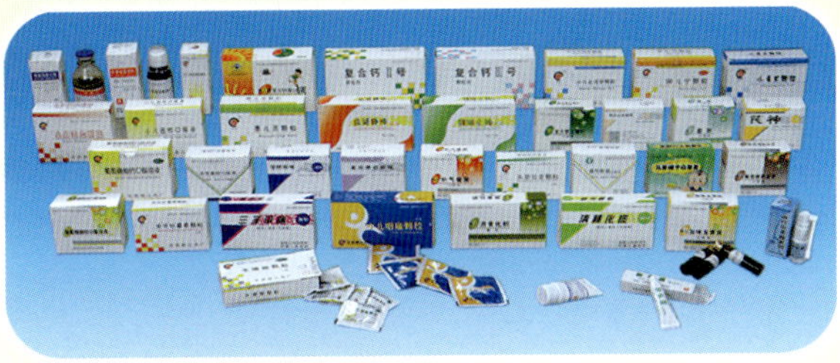

首儿药厂研制、开发、生产的儿童特色产品。

北京燕丰商场有限责任公司

北京燕丰商场有限责任公司起源于朝阳区西坝河居民小区的商业配套网点，自1992年开业以来，坚持“眼睛盯着社区百姓的需要，而不是顾客的钱包”经营服务理念，多年来，紧紧抓住市场变化，不断调整、服务百姓，取得了较好经济效益，为国家税收、安置就业作出了积极的贡献。目前，已发展成为集吃、穿、用服务为一体的综合性商场、商场另有四家分店，总体面积15000平方米。其中便民服务项目140余项，商品8万余种、大类190个。燕丰商场根据自身的经营服务特点积极开展企业文化活动，总结出了贴近社区百姓，为小区居民提供“家庭式”服务、融入社区生活，为小区居民提供“邻里式”服务、着眼社区发展，为小区居民提供“亲情式”服务的服务特色，并注册了“社区情”服务商标。商场多年来连续获得了首都文明单位标兵“五连冠”、全国优质服务先进单位、北京便民服务最佳企业、北京市商业名牌企业、北京市商业服务名牌企业、北京用户满意服务企业、北京重合同守信用企业、全国内贸系统先进企业等多项荣誉称号。

燕丰股东大会

药品燕丰商场

燕丰商场社区菜市场

家庭厨房在燕丰

服装鞋帽日用百货

北京市热力集团

企业简介

北京市热力集团有限责任公司是由市政府批准成立的国有独资公司，承担着首都北京集中供热的生产、输配和供应任务。2000年6月集团公司成立以后，在市委、市政府的领导下，负责管理的供热管线从285公里增加到660多公里，热力交换站从1162座增加到1655座，固定资产原值从50.9亿元增加到108亿元，集中供热面积从4828万平方米增加到1.01亿平方米，这六年发展集中供热面积超过了集团成立前40年发展面积的总和。

市委书记刘淇到左家庄供热厂视察

供热优势

北京市热力集团以集中供热形式为首都人民提供优质的供热服务，集中供热有着经济安全、稳定可靠和环保节能的优越性。集中供热具备稳定的热源，目前全市集中供热已实现多热源联网运行，其联网最大面积、装机容量均达到了国际上的先进水平。

集团于2005年4月18日取得了质量环境职业健康一体化管理体系认证证书，不仅标志着企业在管理方式上与国际接轨，更是国内首家取得该种类证书的供热企业。

王岐山市长到热力集团视察

集团董事长刘淀生向温家宝总理介绍热力厂情况

建设部长汪光焘慰问热力职工——全国劳模印伟民

质量环境职业健康安全一体化管理体系证书

前景展望

2008年奥运会在北京举办，为首都集中供热事业提供了难得的发展机遇，北京热力集团一定会抓住机遇，加快发展，努力打造以热电联产为主，技术设备先进，服务质量优良，经济效益和社会效益俱佳的国有供热企业。未来五年，首都集中供热面积将达到1.5亿平方米，全市集中供热主干线达到780公里。

先进的无人值守热力站设备

田华建筑集团公司

集团总经理宋士芳和班子成员共谋五年规划

北京市朝阳田华建筑集团公司是国家一级资质建筑企业，全国最大经营规模500强建筑企业之一，年产值20亿元，年开复工面积突破300万平米。顺利通过了ISO9001国际质量管理体系认证、ISO14001国际环境体管理系认证以及OHSAS18000职业健康安全管理体系认证。

田华建筑集团公司下设24家分公司，现有员工19000余人。拥有一支业务齐全，工种配套、经验丰富、技术先进、机械设备齐全、服务质量上乘的施工队伍，能承担各类型的工业与民用建设项目的建筑施工及城市道路、桥梁、市政管道、燃气、热力管理、仿古建筑和古建筑修缮工程的施工。

近几年来，连续创出200余项优质工程和市级安全文明工地，受到了有关领导的高度赞赏。率先将科技创新的清水模板新工艺应用于高层住宅工程，荣获了北京市首届结构长城杯将第一名，凭借慧新苑小区精湛的施工技艺和优秀的施工质量一举摘取了“鲁班奖”的桂冠。企业文化理论也得到社会各界高度赞扬，获得了“首钢杯”企业文化创新实践奖。

田华建筑集团公司在走质量效益型企业发展的道路上，先后荣获了“全面质量管理银屋奖”“全面质量管理金屋奖”“全国优秀施工企业”，北京市质优单位和行业代表称号，并连续十三年被评为“精神文明建设先进单位”，在社会上创出了良好的信誉和美誉。

回龙观文化居住区

慧新苑小区

首都机场 ►
高速公路收费站

北京市朝阳万科房地产开发有限公司

朝阳万科揭牌当日,朝阳区李士祥书记、陈刚区长；万科集团王石董事长、郁亮总经理接受媒体采访

朝阳万科成立揭牌启动仪式

北京市朝阳万科房地产开发有限公司成立于2006年2月，以房地产开发为核心业务，注册资本2亿元人民币。

公司系具有长达25年房地产开发经历，资质一级、资信一等的大型国有房地产开发企业分立改制时，由万科企业股份有限公司控股、北京市朝阳区人民政府国有资产监督管理委员会参股组建，具有现代化运营机制的大型房地产开发公司。

公司是万科企业股份有限公司开拓北京市场又一大举措，与北京万科企业有限公司等形成了资源共享、优势互补，加强了万科企业股份有限公司在北京区域中心的战略地位。

公司正在开发的项目有紧邻朝阳公园的高档精装修公寓万科东第，该项目专为成功人士打造。此外，公司在朝阳公园附近还有存量土地等待开发。

公司将发扬创新精神，凭借专业开发优势，为社会各界人士提供自然、温馨的家居。

公司将扎根于北京市朝阳区，努力发展为有实力、有品牌及良好经济效益、社会效益的一流综合性房地产开发公司。

朝阳万科成立后第一次拓展活动集体照

▼ 朝阳万科办公楼

▼ 正在销售的万科东第

昆泰集团
KUNTAIGROUP

北京昆泰房地产开发集团

北京昆泰房地产开发集团是成立于1992年的国有企业，注册资金1亿元人民币，现有全资子公司、中外合作公司及参股企业10余家，开发项目和所属物业超过20个，资产总额超过50亿元人民币。

昆泰集团自成立以来，始终致力于北京市朝外市级商业中心的开发建设，现已建成包括昆泰大厦、泛利大厦、昆泰国际中心等在内的76万平方米的大型公建项目，2005年9月，昆泰国际中心全面竣工，标志着朝外市级商业中心基本建成。9月24日，第八届北京旅游文化节盛装游行和 “这里通向世界——朝外市级商业中心开街庆典晚会”在朝外大街举行，充分展现了十余年来朝外商业中心开发建设成果和今非昔比的巨变。

2005.9.24，由朝阳区人民政府主办、昆泰集团和北京电视台承办的“这里通向世界——朝外市级商业中心开街庆典晚会”在朝外大街昆泰文化广场举行1